江南历史名人年谱丛刊（第一辑）

杨洪升 著

缪荃孙年谱长编

（上册）

复旦大学出版社

本书由上海文化发展基金会图书出版专项基金资助出版

出 版 说 明

唐宋以来，江南一直是中国的经济中心和文化中心，名人辈出。了解江南历史人物的生平、学术与思想，年谱是必不可少的工具书。为此，我社将陆续推出"江南历史名人年谱丛刊"，第一辑共收录江南地区清代历史名人年谱十二种。诸谱以时间为坐标、史实为切面，以编年的形式，真实而全面地叙述了谱主一生的行迹，保存了江南地区名人珍贵的历史文化遗产和思想学术资源，对谱牒学和江南区域文化的研究，具有重要的意义和价值。

由于各谱主生活时代不同，著作旨趣有异，因而各谱作者撰述方式亦各有侧重。为体现年谱的学术性，各谱自为凡例，自成体系，不强求体例统一。各谱作者长期致力于该人物的研究，有着较深厚的学术功底。此次集中将江南地区历史名人研究的新成果展示出来，以期继承和弘扬江南地区传统文化乃至中国传统文化。

复旦大学出版社
2020 年 11 月

目　录

上　册

前言 …………………………………………………………………… 1
凡例 …………………………………………………………………… 1
谱前世系 ……………………………………………………………… 1

卷一　童年时期 ……………………………………………………… 1

　　道光二十四年　甲辰(1844)　一岁 ………………………… 1
　　道光二十五年　乙巳(1845)　二岁 ………………………… 2
　　道光二十六年　丙午(1846)　三岁 ………………………… 2
　　道光二十七年　丁未(1847)　四岁 ………………………… 3
　　道光二十八年　戊申(1848)　五岁 ………………………… 3
　　道光二十九年　己酉(1849)　六岁 ………………………… 3
　　道光三十年　　庚戌(1850)　七岁 ………………………… 4
　　咸丰元年　　　辛亥(1851)　八岁 ………………………… 5
　　咸丰二年　　　壬子(1852)　九岁 ………………………… 5
　　咸丰三年　　　癸丑(1853)　十岁 ………………………… 5
　　咸丰四年　　　甲寅(1854)　十一岁 ……………………… 6
　　咸丰五年　　　乙卯(1855)　十二岁 ……………………… 6
　　咸丰六年　　　丙辰(1856)　十三岁 ……………………… 7
　　咸丰七年　　　丁巳(1857)　十四岁 ……………………… 8
　　咸丰八年　　　戊午(1858)　十五岁 ……………………… 8

咸丰九年	己未(1859)	十六岁 ········· 9
咸丰十年	庚申(1860)	十七岁 ········· 9
咸丰十一年	辛酉(1861)	十八岁 ········· 11
同治元年	壬戌(1862)	十九岁 ········· 12
同治二年	癸亥(1863)	二十岁 ········· 13

卷二 客蜀十年 ········· 15

同治三年	甲子(1864)	二十一岁 ········· 15
同治四年	乙丑(1865)	二十二岁 ········· 16
同治五年	丙寅(1866)	二十三岁 ········· 16
同治六年	丁卯(1867)	二十四岁 ········· 17
同治七年	戊辰(1868)	二十五岁 ········· 18
同治八年	己巳(1869)	二十六岁 ········· 19
同治九年	庚午(1870)	二十七岁 ········· 20
同治十年	辛未(1871)	二十八岁 ········· 20
同治十一年	壬申(1872)	二十九岁 ········· 22
同治十二年	癸酉(1873)	三十岁 ········· 23
同治十三年	甲戌(1874)	三十一岁 ········· 24
光绪元年	乙亥(1875)	三十二岁 ········· 26

卷三 居京廿载 ········· 29

光绪二年	丙子(1876)	三十三岁 ········· 29
光绪三年	丁丑(1877)	三十四岁 ········· 33
光绪四年	戊寅(1878)	三十五岁 ········· 38
光绪五年	己卯(1879)	三十六岁 ········· 40
光绪六年	庚辰(1880)	三十七岁 ········· 45
光绪七年	辛巳(1881)	三十八岁 ········· 48
光绪八年	壬午(1882)	三十九岁 ········· 53
光绪九年	癸未(1883)	四十岁 ········· 56
光绪十年	甲申(1884)	四十一岁 ········· 61
光绪十一年	乙酉(1885)	四十二岁 ········· 69

光绪十二年　丙戌(1886)　四十三岁 …………………… 79
　　光绪十三年　丁亥(1887)　四十四岁 …………………… 89
　　光绪十四年　戊子(1888)　四十五岁 …………………… 98
　　光绪十五年　己丑(1889)　四十六岁 …………………… 121
　　光绪十六年　庚寅(1890)　四十七岁 …………………… 142
　　光绪十七年　辛卯(1891)　四十八岁 …………………… 156
　　光绪十八年　壬辰(1892)　四十九岁 …………………… 174
　　光绪十九年　癸巳(1893)　五十岁 ……………………… 189
　　光绪二十年　甲午(1894)　五十一岁 …………………… 207

卷四　钟山书院 ……………………………………………… 224
　　光绪二十一年　乙未(1895)　五十二岁 ………………… 224
　　光绪二十二年　丙申(1896)　五十三岁 ………………… 245
　　光绪二十三年　丁酉(1897)　五十四岁 ………………… 271
　　光绪二十四年　戊戌(1898)　五十五岁 ………………… 304
　　光绪二十五年　己亥(1899)　五十六岁 ………………… 334
　　光绪二十六年　庚子(1900)　五十七岁 ………………… 359
　　光绪二十七年　辛丑(1901)　五十八岁 ………………… 377

卷五　高等学堂 ……………………………………………… 394
　　光绪二十八年　壬寅(1902)　五十九岁 ………………… 394
　　光绪二十九年　癸卯(1903)　六十岁 …………………… 413
　　光绪三十年　甲辰(1904)　六十一岁 …………………… 427
　　光绪三十一年　乙巳(1905)　六十二岁 ………………… 440
　　光绪三十二年　丙午(1906)　六十三岁 ………………… 456
　　光绪三十三年　丁未(1907)　六十四岁 ………………… 469
　　光绪三十四年　戊申(1908)　六十五岁 ………………… 483
　　宣统元年　己酉(1909)　六十六岁 ……………………… 504

下　册

- 卷六　流寓沪上(上) …………………………………… 531
  - 宣统二年　庚戌(1910)　六十七岁 …………………… 531
  - 宣统三年　辛亥(1911)　六十八岁 …………………… 557
  - 民国元年　壬子(1912)　六十九岁 …………………… 583
  - 民国二年　癸丑(1913)　七十岁 ……………………… 634

- 卷七　流寓沪上(中) …………………………………… 692
  - 民国三年　甲寅(1914)　七十一岁 …………………… 692
  - 民国四年　乙卯(1915)　七十二岁 …………………… 751
  - 民国五年　丙辰(1916)　七十三岁 …………………… 804

- 卷八　流寓沪上(下) …………………………………… 838
  - 民国六年　丁巳(1917)　七十四岁 …………………… 838
  - 民国七年　戊午(1918)　七十五岁 …………………… 876
  - 民国八年　己未(1919)　七十六岁 …………………… 904

- 附录一　缪荃孙著述 …………………………………… 942

- 附录二　缪荃孙传记资料 ……………………………… 950

- 参考文献 ………………………………………………… 956

- 人名索引 ………………………………………………… 967

- 后记 ……………………………………………………… 1044

前　　言

　　缪荃孙(1844—1919),字炎之,号筱珊,晚年号艺风。道光二十四年(1844)八月九日生于江苏常州府江阴县申港镇缪家村,民国八年(1919)十一月一日卒于上海虹口谦吉东里四百七十七号寓所。他的一生与中国近代史相始终。道光二十四年的江阴申港镇缪家村,面山背江,小溪环绕,村人造双桥以渡,古典而静谧,安适宜人,还停留在以自然经济为主体的农业文明阶段。这是当时中国的缩影。江山之秀蕴育了缪荃孙的聪明灵慧,时代遭际与家世文化、社会惯习决定了其生命趋向与生活框架。缪荃孙出生于一个仕宦家族,成童以后便循例入家塾读四书五经,以便走科举仕宦之途。十岁这一年他遭遇了太平天国战乱。咸丰十年(1860),太平军攻陷常州,江阴陷,申港为乱军盘踞,缪荃孙被迫携家人流离失所。四年后奉父缪焕章命入蜀,始得安定的读书生活。同治六年(1867),缪荃孙寄籍华阳,为座师孙毓汶、李文田所赏识,得中一百二十八名举人。后四上春官,终于光绪二年(1876)中进士第,并于一年后散馆授编修,从此开始了为期二十年的居京为官生涯。这是当时大部分读书人的经历或终生追求的人生目标。接下来的缪荃孙更加深刻地融入了中国社会。

　　缪荃孙仕宦并不顺利。虽然他在京与当朝达官显宦常有交集,但宦途始终没有什么起色。这与缪荃孙的个性有关,也与其时时政为保守派所把持密切相关。光绪十一年(1885)四月,缪荃孙任国史馆总纂,因办"儒林传"坚持己见,与国史馆总裁徐桐意见不合。此事本系学术事务,然旗人出身的徐桐不学无术,顽固守旧,心胸狭窄,以此构怨,此后与缪荃孙事事龃龉,限制缪荃孙的仕途发展。光绪二十年(1894)御试翰詹,缪荃孙考卷为徐桐抑为三等一百二十四名,罚俸两年①。缪荃孙的仕途陷入了困境,乃"浩然有归志"②,遂乞假省墓,自此倚身江表,一去不归。在当时的政治与社会背景下,这不是缪荃孙一人的遭遇,与其相先后,他的同辈友人若梁鼎芬、李慈铭、朱一新、袁昶、费念慈、许景澄等均有相近乃至更为惨烈的遭遇。

与宦途相反,缪荃孙在学术上是不断取得进展的。缪荃孙走上学术道路,与其自幼受到常州先贤影响有关。常州为清代学术重镇,硕儒辈出,缪荃孙自幼受当地学风熏陶。李兆洛、丁晏、孙星衍、洪亮吉、汤成彦等都或直接或间接对其产生过重大影响。时代学术风气也对缪荃孙影响甚大。缪荃孙在成都的学术实践,以及得入李文田、张之洞之门,在京抠衣翁同龢、潘祖荫之门,均对其治学大有助益。在居京二十年的宦途生涯里,缪荃孙与当时中国最顶级的学者朝夕相处,在京所结交诸友,如王懿荣、李慈铭、朱一新、沈曾植、王锡蕃、盛昱、朱澂、丁绍基、孙德祖、陶在铭、屠仁守、张鸣珂、汪鸣銮等,无一不是在乾嘉学风影响下长成的学者。夏孙桐评价其"恪守乾嘉诸老学派,治经以汉学为归"③,其上承乾嘉余绪是一种时代的必然,也是清代学术演进的惯性。

缪荃孙是张之洞阵营中的重要人物。自光绪元年(1875)缪荃孙执贽张之洞门下,一直深受张之洞眷重。修《顺天府志》,张之洞引为副手;丁母忧,邀其进广雅书局;丁父忧,畀以经心书院讲席;受徐桐压制南还,命其主讲钟山书院;清末新政,招其主持江苏教育变革,继而授意其创办京师图书馆,等等。缪荃孙的学术及仕宦,无不受到张之洞的助力。从另一个角度说,张之洞是晚清改革派的领袖、清末新政的积极推动者,缪荃孙则一直是张之洞新政的积极襄助者。从光绪二十七年(1901)至辛亥革命

---

① 《艺风老人年谱》光绪十四年(1888)条(第16页)和二十年(1894)条(第20页)、《艺风老人日记》戊子年(1888)五月二十八日条、黄濬《花随人圣盦摭忆》页78《缪艺风与徐桐之龃龉》条,均言该事甚详,其中《缪艺风与徐桐之龃龉》载有荃孙致张之洞一札,记述该事,并有柳诒徵和黄濬的考证语,可证荃孙所说不虚。缪荃孙:《艺风老人年谱》道光二十八年戊申(1848)五岁条,民国二十五年(1936)文禄堂刻本;黄濬:《花随人圣盦摭忆》,上海书店出版社1998年版;缪荃孙:《艺风老人日记》,北京大学出版社1986年版。

② 缪荃孙:《艺风老人年谱》道光二十八年戊申(1848)五岁条,民国二十五年(1936)文禄堂刻本,第21页。

③ 夏孙桐:《缪艺风行状》,缪荃孙:《艺风老人日记》,北京大学出版社1986年,第3443页。

爆发,缪荃孙顺应这一时代潮流,为中国近代教育和文化事业做了一系列有意义的事,其要者一是主持江苏书院转向学堂的变革,二是创办南北两大公共图书馆。这是缪荃孙一生中最为闪光的事业,也无疑是张之洞新政的成绩。

从学术史与思想史的角度上来认识,考据之学到了晚清,事实上已经完全脱离时代思想、学术的前沿,此时今文经学与西学挽救危亡的思潮大兴。缪荃孙实际上没能理解这一趋势。他治考据学,至老而不悔,为此也曾与梁启超发生龃龉①。然正是由于缪荃孙的坚持,使他在方志学、金石学、史学等领域以及在典藏、传播古代典籍方面作出了不可磨灭的贡献。当近代教育变革勃兴,西学汹涌而入,而中学被日益抛弃之际,他主张中、西学并重,旧学、新学同举,保存旧学,增入新学,并因理念与他人抵牾而辞去学职,转而创办可以开启民智、保存典籍的江南图书馆。当时持这一立场的不是缪荃孙一人,若张之洞、樊增祥、沈曾植等均有这种理念,故此时存古学堂在各地兴起。

从宣统辛亥年(1911)十月起,至民国八年(1919)缪荃孙去世,他一直以遗老的身份流寓沪上。这期间缪氏所交往之人亦多为遗老,他一直参加超社、淞社、逸社等雅集,赋诗饮酒,抒发亡国之恨、衰年之感。沪上遗老形成了一个近乎封闭的交游圈。他在沪上的生计,多依赖售书与坐馆脩金。馆事与其一生醉心的刻书、藏书事业及学术追求密切相关,成就了他生命最后一个阶段的学术辉煌。他先后与邓实合作编辑出版《古学汇刊》;为盛宣怀愚斋图书馆编藏书目录;为张钧衡、刘承幹刊刻丛书,鉴定版本,编纂藏书目录。缪氏自己也编刻了《烟画东堂小品》《菦圃藏书题识》等典籍。张元济、傅增湘、陶湘等好古之学者也时向其请益,张氏主持的民国间最著名的丛书《四部丛刊》的编刻,也是缪荃孙率先发起的。这

---

① 《汪康年师友书札》页1843梁启超第十九札载:"缪小山来书,舍弟节其大略来,已阅悉。弟之学派,不为人言所动者已将十年。然请告缪君,弟必不以所学入之报中,请彼不必过虑,不然《书目表》后之文早登报矣。所以不尔者,自信吾学必行,无取乎此,不徒为人之多言也。若夫吾之著书,则彼乌能禁我。今直恨所著之书未成,刻书之资未充耳。他日鄙志苟逮,则将裒然成巨帙,藏之名山,传之其人,缪氏抢地呼天,又奚益乎? 考据之蠹天下,其效极于今日。吾以为今天下必无人更敢抱此敝帚以炫者,而不意缪氏犹沾沾然志得意满,谓其文字有来历也。此等人吾欲以待林乐知之法待之,我固不与之较,彼亦无如我何也。"此可见也。上海图书馆编:《汪康年师友书札》,上海古籍出版社1986年版。

是在中国社会进入民国之后,西方文化对中国影响一步步加深,中国传统文化、学术受到前所未有冲击的背景下,他为文化递承、学术传承做出的不可泯灭的贡献。

总体来看,缪荃孙的一生和整个中国近代史相始终,和近代文化、学术息息相关,他也是时代的产物。在政治上他没有机会做出什么重大建树,但他对近代文化、教育发展有其独特的贡献。缪荃孙自幼在学术上深受乾嘉学派影响,最终也没有突破它的桎梏开创或接受新的治学方法,其学术成就很大程度表现在理董旧籍上,他是清代最后一代理董旧籍学者的典型代表,也一直是中国固有传统文化的坚定支持者与传承者。

宋以后之士人,往往有年谱,或士人自订,或门生故旧别撰,述其一生之行谊。缪荃孙遵古法,在民国元年(1912)也曾自撰年谱一卷,时间至"皇帝逊位,民国南北合同"而止,叙述他此前之经历与行谊。这为我们研究缪荃孙及其时代提供了珍贵资料。今天来看,缪荃孙自订年谱只是述其生平大要,且有其时代固有的视角,欲较为全面、深入研究缪荃孙的生平、学术,确立其历史地位,进而更为全面、立体地认识他生活的时代,还需要对其事迹做进一步的发掘研究。编写《缪荃孙年谱长编》无疑是一个很好的研究方式。这不仅可以更为全面地梳理其一生的事迹,还可以将其放在近代史的框架下深入认知他和时代的关系。

缪荃孙一生著述甚富,今多传世,这为我们编写缪荃孙的年谱长编提供了足够的文献资料。长达三十九年的《艺风老人日记》无疑是最为核心的材料,其次是其文集、诗集、藏书记、金石目、笔记、校记、书札等著述,凡一百三十九种,另有其代人撰著三十三种。此外还有《艺风堂友朋书札》,保存了缪氏同时代一百五十七位知名学者与之论学的书札二千余通,无疑也是承载他与时代关系的重要资料。其交游友朋之别集、日记等著述,则可以为研究缪荃孙提供丰富的背景资料。近些年不断涌现的相关研究成果,也可以为编写工作提供研究基础。本次研究即以上述资料为基础展开。

由于缪荃孙编年研究的相关文献极为丰富,为更好地展现缪荃孙的生平事业及行谊,本《年谱长编》注重四个方面的研究。一是注重将其事迹放在时代背景下展开系年,力图在时代的框架下展现缪荃孙的生平,也通过缪荃孙作为一个视角去书写那个时代。二是虽然是一部年谱长编,但也无法对谱主的方方面面做事无巨细的书写,本谱剪裁文献力求从大处着眼,以点带面立体化地叙次缪荃孙的事迹。三是对缪荃孙事迹的考证,充分理解文献信实的层级,力求客观。如,虽然《艺风老人年谱》与《艺风老人日记》都是缪荃孙所撰,二者相较,前者是二手文献,后者是一手文献。原因之一是《年谱》编写因总括而易失真;原因之二是《年谱》编写与所记事实发生时间相隔久远而难免记忆差池。故当两者记载有差异时,往往经过考察而取信于《日记》。四是充分利用书札。书札不仅可以呈现缪荃孙与友人的互动事迹,弥补《日记》记载之简陋,且书札的撰写往往是随情所至,不加布局擘画,真实记载个人情感,从而可以更加丰富真实地谱写谱主及时代。为此,本谱对相关书札系年考证做了大量工作。

由于时间仓促,笔者学养有限,笔力孱弱,不足之处,恳请读者不吝指教,笔者不胜感激。

凡　例

一、本谱所系,包括谱主的行迹、交游、言论、著述等,均按序排列。

二、凡确于某年、某月而不能确定日期者,一般系于年末或者月末。

三、本文年月一般采取农历,以随旧俗。必要时则注出公历。

四、谱中称缪荃孙一律称先生,而对友人、亲戚等一般径称其名、字。

五、本谱所据文献,系年均经过了详悉、严谨的考证,限于体例,一般不述考证过程,必要时加脚注。

六、本谱系年所据文献,为便于读者核按,一般随文注于各条之末。

七、当年发生的重要事件,一般系于各年之末,而对于与缪荃孙有直接、重要关联者,则随文而系,以避割裂。

八、征引缪荃孙的著述,一般在注文中径称《诗存》《文集》《文续集》《文漫存》《日记》《藏书记》《书札》等,不再加谱主室号。

九、征引他人整理书信等文献,遇有标点及系年等错误,径改不出脚注。

十、作为背景的各年发生的重要事件,一般取材于《清史稿》《清实录》《东华录》等,偶参考其他文献,为避繁琐不随文注出处,均于"参考文献"部分列出。

十一、凡征引文献,遇异体字,在不影响文意的情况下,径改为规范字体,地名、人名、书名除外。

十二、文中所征引文献,遇原文阙字或字迹模糊无法识辨之字,以"□"替代,不再加脚注一一说明。

十三、本书卷末附有人名索引,按照首字汉语拼音次序排列。

谱 前 世 系

先生讳荃孙，初字小珊，号楚艼，后改字炎之，号筱珊，晚年又号艺风。江苏常州府江阴县申港镇人。(缪荃孙《四川乡试朱卷·履历》)

始祖缪宏毅公。先世本居汴梁，靖康中宗族南渡，留居金陵。建炎中公仕宋为统制官，镇守毗陵，遂家于暨阳之申溥，为申港缪氏第一世祖。(《兰陵缪氏世谱》卷三《远祖记略》)

远祖缪鉴，字君实，号苔石，生于元代，以诗名于江阴，著有《效颦集》。世数无考。(《兰陵缪氏世谱》卷三《远祖记略》)

远祖缪煜，字季光，郡庠生。世数无考。中洪武二十一年(1388)进士，官吏部员外郎，历官云南道御史。建文时殉难卒于官。缪煜后，家业稍替，子孙多迁徙他处。(《兰陵缪氏世谱》卷三《远祖记略》)

八世祖缪应祥，礼部儒士，三举乡饮大宾。诰赠昭武都尉，浙江偏沅都司。貤赠儒林郎，浙江定海县知县。晋赠文林郎，广东恩平县知县。(缪荃孙《四川乡试朱卷·履历》)

七世祖缪嘉谟，邑庠生，直隶冷口守备。浙江偏沅都司。诰授昭武都尉，敕赠文林郎。(缪荃孙《四川乡试朱卷·履历》)

六世祖缪燧，康熙间山东沂水县知县，浙江定海县知县，历署浙江鄞县、慈溪、镇海县知县，宁波府海防同知。(缪荃孙《四川乡试朱卷·履历》)

五世祖缪民坊，太学生。(缪荃孙《四川乡试朱卷·履历》)

本生五世祖缪民垣，廪贡生，候选州同，敕授儒林郎。(缪荃孙《四川乡试朱卷·履历》)

高祖缪淳，邑庠生。貤赠朝仪大夫，甘肃平凉府知府。妣徐氏，貤封恭人。(缪荃孙《四川乡试朱卷·履历》)

曾祖缪秉奎，邑庠生。诰赠朝仪大夫，甘肃平凉府知府。妣赠奉政大夫，宗人府主事。妣杨氏，诰封恭人。妣封宜人。（缪荃孙《四川乡试朱卷·履历》）

祖缪庭槐，嘉庆甲子（1804）举人，联捷进士，曾官平凉府知府，署西宁、甘州等府知府，平庆泾兵备道。诰授中宪大夫。妣吴氏，诰封恭人。（缪荃孙《四川乡试朱卷·履历》）

父亲缪焕章，字仲英，道光丁酉（1837）举人，官贵州候补道，与徐松交往甚厚，本朝诗人尤服膺查慎行。著有《三朝北盟汇编节要》四十卷、《云樵诗话》二卷、《云樵诗草》不分卷。（《江阴县续志》卷二十《艺文》，杨钟羲《雪桥诗话·余集》卷七）

卷一　童年时期

道光二十四年　甲辰(1844)　一岁

八月九日癸卯亥时,先生生于常州府江阴县申港镇缪家村祖居西宅。时先生祖母年七十,父亲缪焕章年三十有四,生母瞿恭人与焕章先生同岁。(《年谱》)

缪家村在申港镇之北,"去镇一里,距江二里,距邑十八里。村落三四百家,自明嘉靖居此。面山背江,小溪环之,造双桥以渡人"。村有里门,先生家居村西第一家,"隔岸古木参差,微露山影,槐龙一株,根长溪南,过溪而踞,当门双木承之,黛色参天,干大四围,数百年物也"。(《乙丁稿》卷二《穑堂旧话序》)

缪焕章凡三娶,原配朱恭人,吴县朱敬亭第三女。敬亭先生官至四川分巡永宁道,官甘肃时与庭槐先生同官相洽而联姻。焕章先生于道光十三年(1833)赴川赘姻。朱氏于道光十六年生子三日后而亡,后子亦殇。续配瞿恭人,武进瞿绶伯先生长女。绶伯先生名敬邦,嘉庆二十四年(1819)举人,工部候选主事改知府候选。焕章先生于道光庚子(1840)入赘瞿家。再续薛恭人,江阴四河镇薛庭楠先生次女,咸丰丙辰(1856)夏来归。(《兰陵缪氏世谱》卷三十一缪焕章《朱、瞿、薛三恭人传》)

是年正月,清廷准许葡人于澳门三巴内免领牌照,听凭建造房屋。

是年五月十八日,美侵略者迫使清两广总督耆英在澳门附近的望厦村,签订中美《望厦条约》。

是年九月十三日,中法《黄埔条约》签订,这是清政府与法国签订的第一个不平等条约。

是年，洪秀全在广东广州、顺德等地传教。

是年，先生师友吴昌硕(1844—1927)、冯煦(1844—1927)、赵尔巽(1844—1927)、盛宣怀(1844—1916)、汪洵(1844—1915)生，丁晏(1794—1876)五十一岁，陆增祥(1816—1882)二十九岁，彭祖贤(1819—1885)二十六岁，俞樾(1821—1907)二十四岁，李鸿章(1823—1901)二十二岁，杨颐(1824—1899)二十一岁，李慈铭(1820—1894)十六岁，屠仁守(1829—1900)十六岁，翁同龢(1830—1904)、刘坤一(1830—1902)十五岁，黄体芳(1832—1899)、谭献(1832—1901)、张曜(1832—1891)十三岁，李文田(1834—1895)、陆心源(1834—1894)十一岁，萧穆(1835—1904)、吴大澂(1835—1902)十岁，张之洞(1837—1909)、恽祖翼(1838—1901)七岁，吴重憙(1838—1918)七岁，汪鸣銮(1839—1907)、杨守敬(1839—1915)六岁，沈家本(1840—1913)五岁，陆润庠(1841—1915)、金武祥(1841—1924)四岁，王先谦(1842—1917)三岁。

道光二十五年　乙巳(1845)　二岁

自先生出生，先生母婢女王如意司保抱者数年。(《文集》卷一《庞沈二节妇传》)

是年，林则徐起复，署陕甘总督，于甘肃凉州驻扎。

是年夏，山东滕县大雨，浙江东平大水，台湾大雨飓风，水灾颇恶。

是年，先生友王懿荣(1845—1900)、许景澄(1845—1900)、柯逢时(1845—1912)、王秉恩(1845—1928)生。

道光二十六年　丙午(1846)　三岁

是年三月九日，钦差大臣耆英与英公使德庇时于虎门签订《英军退回舟山条约》。

是年五月，昭文县农民因官府勒索在金得顺领导下聚众暴动，十一月失败。

是年五月，湖北枝江大水入城；江苏青浦大水，漂没数千家。

是年,先生友张人骏(1846—1927)、朱一新(1846—1894)、袁昶(1846—1900)、樊增祥(1846—1931)生。

道光二十七年　丁未(1847)　四岁

四月,种痘危甚,瞿恭人日夜泣哭。婢女王如意保抱甚勤,幸而获安。是年冬,先生始识字。(《年谱》)

是年十月,瑶民雷再浩等在湖南发动起义。

是年十二月,湖南乾州厅苗民起义。

是年,广东省城、佛镇两地泥水木工两行公议,不许承包英人在粤建造楼屋,建筑围墙。

是年八月,汪喜孙卒于怀庆府。

是年,先生友张亨嘉(1847—1911)生。

道光二十八年　戊申(1848)　五岁

识字数千,并诵唐人小诗,皆母瞿恭人口授。(《年谱》)

是年九月,杨以增为江南河道总督。

是年,先生友吴庆坻(1848—1924)生。

道光二十九年　己酉(1849)　六岁

是年先生入家塾从族祖集珍先生读书。集珍先生讳以康,岁贡生,时年七十余。塾中童子二十余,咿唔杂沓,罕能成诵。归,先生母瞿恭人必令重读,音有讹,句有误,正之唯谨。窗北设竹榻,陈书榻上,督先生读书,日以为常。(《年谱》,《兰陵缪氏世谱》卷三十三《先母瞿恭人事略》)

时家有祖母婢女祁氏,先生生时年五十余,而特爱先生,幼则提携之,稍长则教督之,先生一日废学,则一日不悦。(《文集》卷一《庞、沈二节妇传》)

是年夏,大水淹塾,停课月余。是岁大荒。(《年谱》)

是年秋,族曾祖缪秋舫先生为族长,主持修第七届缪氏家谱,设局于丹桂轩。叔祖缪庭楷、族叔缪同书秉笔,焕章先生与族叔缪荣绶、伯父缪蓉照抄写,族叔缪树芳、族兄缪增、族侄缪鋡均将事人。(《兰陵缪氏世谱》卷首缪锡畴序、卷五十四《序录》)

是年,江阴大水,苏、松、常、镇四府皆成泽国,各关商船免米税。清廷命两江总督陆建瀛、巡抚傅绳勋尽力赈灾、抚恤。是年江浙等地水灾严重。

是年六月,梁章钜卒于温州官署;七月,胡培翚卒。十月,阮元卒,年八十六岁。

是年,先生友黄国瑾(1849—1891)、叶昌炽(1849—1917)、陈田(1849—1921)、王鹏运(1849—1904)生。

道光三十年　庚戌(1850)　七岁

是年,先生与族兄缪圻同受业于族兄缪翮飞先生。缪墀,字翮飞。缪圻,字仁域,号禄田。时缪圻八岁,先生七岁,对坐于翮飞先生案头。至十二岁翮飞先生卒,乃各就别师。先生与缪圻性情相洽,功课亦相等,在学中相依,不在学中亦往其处嬉游。(《兰陵缪氏世谱》卷二十九《族兄禄田先生小传》)

是年夏,母瞿恭人归宁,先生随侍。时外祖父瞿敬邦掌教山东兖州书院,将返常州,妗董恭人在常州赁房以迎,继而不果,先生遂与母于七月旋里。(《年谱》)

九月,先生与母又至常州府城,外祖父十月到常,旋返江宁。瞿敬邦,嘉庆己卯(1819)顺天经魁,历官工部虞衡司郎中,候选知府。先生随母归宁,外祖见其读书,后曾谓缪焕章说:"是子口齿清,记性好,或能绍书香也。"(《年谱》)

是年,洪秀全在广西金田发动起义。

是年四月,钱仪吉卒。

是年,金鹗《求古录礼说》刊行。

是年,先生友瞿鸿禨(1850—1918)、沈曾植(1850—1922)、王颂蔚(1850—1895)、盛昱(1850—1900)、柯劭忞(1850—1933)、丁立诚(1850—1911)生。

咸丰元年　辛亥(1851)　八岁

是年,仍从族兄缪犀读书,读《四书》毕,遂读经。(《年谱》)

  是年三月,朝廷调广东、湖南、四川兵赴广西助剿起义军,又发内帑银一百万两备广西军储,发四川仓谷碾运湖南。

  是年闰八月,洪秀全陷永安州而踞之,建国号太平天国,分封诸王。

  是年,两江总督陆建瀛奏请禁天主教,得旨:"与外夷交涉,当慎之于始。原约所有者,仍应循守旧章。"

  是年五月,方东树卒于祁门东山书院。

  是年十二月,朱骏声进呈《说文通训定声》,以引证赅洽,有裨小学,为留心经训者劝,御赏加国子监博士衔。

  是年,先生堂弟缪祐孙(1851—1894)生。

咸丰二年　壬子(1852)　九岁

是年,仍从族兄缪犀读书,始学作诗。(《年谱》)

  敕各省绅士在籍办理团练。

  是年,天平军攻陷汉阳、武昌。

  是年五月,桂馥《说文解字义证》刻竣,日照许瀚主持校勘,收入《连筠簃丛书》。后不久因兵乱而板毁。

  是年,先生友廖平(1852—1932)生。

咸丰三年　癸丑(1853)　十岁

是年,仍从族兄缪犀先生读书。(《年谱》)

  是年三月,太平军攻破金陵,将江宁改名天京,定都于此。(《清史稿》卷四七五《洪秀全传》)

  是年,金陵陷,时先生妗氏董太夫人依母家居常州郡城,专健仆冒险入城,探知外王父殉难,家亦破,外王母冯太夫人出险,走溧水一带。先生母瞿恭人茹痛于心,时时悲泣,患癖疾,久不痊愈。(《兰陵缪氏世谱》卷三

十一《朱、瞿、薛三恭人传》,《乙丁稿》卷二《晋封恭人瞿母庄太夫人家传》)

六月二十一日,先生祖母卒,百日后祔于四河保李家村祖坟。先生伯父缪荣吉丁母忧而因太平军盘踞江宁道路梗塞未能回乡守制。(《年谱》,《旧德集》卷十三缪焕章《亡兄伯康事略》)

是年,太平天国军陷桐城,马瑞辰被害。

是年,太平军陷扬州,罗士琳死于难。

是年,先生友沈曾桐(1853—1921)、张謇(1853—1926)、陈三立(1853—1937)生。

咸丰四年　甲寅(1854)　十一岁

是年,仍从族兄缪墀读书,"五经"读毕,读《周礼》《仪礼》。(《年谱》)

是年,外王母冯恭人走常州,舅姈迁至江阴西乡居住。瞿恭人携先生前往祭外王父,恭人恸绝者再四。(《兰陵缪氏世谱》卷三十一《朱、瞿、薛三恭人传》)

七夕,族祖缪庭楷诏先生至家,以"七夕"命题。先生立呈一诗,族祖击赏,贻以酒果,柎其背曰:"好自为之,读书种子在是矣。"先生饮酒怀果归,意甚得。嗣后,族祖辄勉之、誉之,而先生恃爱,嬉戏过度,亦斥之不少恕。庭楷先生为例监生,为人方正,居常言不苟笑,一言一动皆足为人效法,见人有过必加训饬,乡里宗族畏之如严师。而有能读书自立者,亦誉之不置。夏日家居消暑,于荷花池上广延众宾,时复长讴,间亦分韵。其以"七夕"诏先生命题赋诗,当即此年消暑之时。(《兰陵缪氏世谱》卷三十《族祖哲堂先生墓碣》)

是年四月,曾国藩攻克湘潭。

是年八月,英、美二国军抵天津海口。

是年九月,刘文淇卒。是年,曾钊、王筠卒。

是年,先生友华世芳(1854—1905)、范当世(1854—1905)、黄绍箕(1854—1908)、杨钟羲(1854—1940)生。

咸丰五年　乙卯(1855)　十二岁

是年,先生从缪墀读书。又从族叔缪重熙作应制诗文,先生多承诱掖奖劝,倍于常童。缪重熙,字星熊,一字心农,号息纯。洪亮吉之弥甥,郡庠生。"常从舅氏洪符孙、洪龆孙两先生游,习闻北江先生学问名节,读所著书,慨然以立学敦品为务","肄业龙城、延陵两书院,院长瞿丽江先生等莫不称许。以堂上年高授徒里中。①(《年谱》,《兰陵缪氏世谱》卷二十九《族父星熊先生传》)

七月望日,瞿恭人病虐,后病痢,终而下血,时焕章先生从军金陵大营。(《兰陵缪氏世谱》卷三十三《先母瞿恭人事略》)

八月十二日,瞿恭人晕绝。先生时时号泣狂呼,恭人神志转苏,苏后神志转清。(《兰陵缪氏世谱》卷三十三《先母瞿恭人事略》)

八月十八日,焕章先生从军营归,瞿恭人自知不起,处分后事,至周且密。(《兰陵缪氏世谱》卷三十三《先母瞿恭人事略》)

八月廿六日,先生母瞿恭人长逝。弥留时,先生起趋床前,恭人口不能言,含泪瞑目。(《兰陵缪氏世谱》卷三十三《先母瞿恭人事略》)

先生幼年失恃,常在舅家,为妗氏董太夫人所钟爱,表嫂庄恭人尤顾惜之,饮食寒燠,无不照拂。(《乙丁稿》卷二《晋封恭人瞿母庄太夫人家传》)

是年二月,天平军散天京女馆,允男女匹配,恢复家庭生活。

是年,太平军北伐失败。西征军退出湘、鄂,进军江西。

是年九月,刘宝楠卒。

是年,河南学政俞樾出题试士以遭弹劾革职,此后终身不出仕,以教书为业,著述为志。

是年,杨以增卒于清江浦任所。

是年,先生友费念慈(1855—1905)、马其昶(1855—1930)生。

咸丰六年　丙辰(1856)　十三岁

是年,先生守制,从族兄缪墀及族叔缪星熊先生读书。(《年谱》)

三月,先生继母薛恭人来归焕章先生。(《年谱》)

---

① 按,《族父星熊先生传》谓:"荃孙年十一从先生受诗文法,年十七遘乱始别先生。"先生自撰《年谱》系从星熊先生读书于十二岁,今从《年谱》。

是年,先生表兄瞿廷仪(字贞甫)子世泉生,瞿廷仪遂赴蜀,表兄廷韶(字赓甫)亦赴汴,瞿廷仪妻表嫂庄恭人侍奉两代孀亲先生外王母冯太夫人与妗氏董夫人,茹苦含辛,孝养备至,缝纫井臼,一身兼之。(《乙丁稿》卷二《晋封恭人瞿母庄太夫人家传》)

是年大旱。(《年谱》)

是年三月,曾国藩攻打樟树为石达开所败,被下部议处。

是年,天平天国洪、杨内讧。

是年十月,英法联军攻打广州,被军民击退。

是年,先生友文廷式(1856—1904)、屠寄(1856—1921)、郑文焯(1856—1918)生。

咸丰七年　丁巳(1857)　十四岁

是年,先生从族叔缪星熊先生学文,又从表兄吴伟读书,读《国语》《战国策》《史记》《汉书》《唐宋八家文》。(《年谱》)

是年春,焕章先生赴川省兄酉阳官舍。时先生伯父缪荣吉服阕就近在川起复,咨部允议,以通判分发四川补夔州府通判,是年署酉阳州。(《旧德集》卷十三缪焕章《亡兄伯康事略》,《年谱》)

是年,焕章先生在蜀与汤成彦相见甚欢,两人二十余年不通音讯矣。时汤氏亦客蜀。(《听云仙馆俪体文续集》卷末缪焕章跋)

是年,先生始阅《纲目》《北史》《续资治通鉴》。先生只令读应制诗文,家中有书四橱,随意检阅,无人教督,然心甚喜阅之。(《年谱》)

是年,英法借口"亚罗号"事件,攻入广东省城,劫总督叶名琛以去。

是年三月,魏源卒。是年,马国翰卒。

是年,先生友朱祖谋(1857—1931)、蒯光典(1857—1911)生。

咸丰八年　戊午(1858)　十五岁

是年春,先生伯父缪荣吉题补四川夔州府通判,委署酉阳直隶州知州。会新任贵州提督蒋玉龙督办全黔军务,素与荣吉先生相善,邀焕章先生入幕,遂从军贵州营次。由于道远且梗,音书往往不达,家内赖薛恭人主持,食贫茹苦,兼督先生课业,独为其难。(《年谱》,《兰陵缪氏世谱》卷三十一缪焕章《朱、瞿、薛三恭人传》,《旧德集》卷十三缪焕章《亡兄伯康事略》)

是年,先生从族叔缪星熊先生及表兄吴伟读书,始读《文选》。(《年谱》)

  是年,清军进围金陵。
  是年四月,英法联军北上占领大沽口,抵近天津,五月撤离。
  是年五月,清廷与俄、美、英、法分别签订《天津条约》。
  是年十一月,中英签订《中英通商章程善后条约》。
  是年,李鸿章入曾国藩幕。
  是年十月,朱骏声卒。
  是年,先生友李盛铎(1858—1937)生。
  是年,康有为(1858—1927)生。

咸丰九年　己未(1859)　十六岁

是年,先生从族叔缪星熊先生及表兄吴伟读书,始读《说文》。

二月,咸丰帝奕詝召廷臣,宣示戊午科场舞弊罪状,依载垣、端华所拟,主考官、大学士柏葰坐家人掉换中卷批条,处斩。

是年三月,洪仁玕达天京,综理太平天国国政。

是年,先生友梁鼎芬(1859—1919)、李详(1859—1931)生。

咸丰十年　庚申(1860)　十七岁

是年,先生从族叔缪星熊先生及表兄吴伟读书。(《年谱》)

春二月,先生应童子试,为邑侯祥煦舲先生拔置前列,阅卷者为马鸿翔先生。祥和,字煦舲,满洲正白旗人。马鸿翔,字仞千,山东人,道光丙戌进士。(《年谱》)

是年春,荣吉先生奉命前往永川、荣昌各县联团防堵云南起义军。(《旧德集》卷十三缪焕章《亡兄伯康事略》)

闰三月,金陵大营溃,继而常州陷落,江阴戒严练乡兵。先生表嫂庄恭人奉重堂走江北,赴淮安,覆舟于高邮,两太夫人为器物所压,不能出声,恭人竭力扶持出水,致右腕脱节,治久始瘳,而子世泉溺毙,因卫两太夫人而不能兼顾,然心尽焉饬之。(《乙丁稿》卷二《晋封恭人瞿母庄太夫人家传》,《年谱》)

四月六日,太平军攻陷常州,溃兵难民,晨夕过境,闾里惊扰。(《年谱》)

四月①,先生侍庶祖母、继母迁于徐村西路,火光烛天,夜不能寐。十一日晚觅小舟奉庶祖母、继母渡江露宿沙滩。十二日移居靖江正东圩草屋三间,上漏下湿,与吴氏二姑母同住。十三日,乡兵溃,江阴陷,申港为贼盘踞。十九日渡江回宅,窗坏物无,奉先人影像、检遗书返回。(《年谱》)

四月十三日,太平军陷江阴,缪重熙避太平军至石柱庙梁氏寓居,为太平军搜出,遭吊打,指军士大骂不屈,被太平军刃斫首七八处,血流斗许,又击其左臂,伤重,然侥幸得生。(《旧德集》卷八缪重熙《庚申四月十三日贼至,余拟避至江口,行抵石柱庙梁氏寓居,始知沿江亦有贼,余遂不复前进。下午被贼搜出,端坐听天吊打,索断掷余于地,遂以刀斫余头顶七八处,血流斗许。又以刀击左臂,筋骨几折,幸未发晕,逾时就卧草间,踵至者见受重伤,不复加刃。十九日界回寝室,家已掳掠一空。六月杪勉强渡江,始能徐步》,《兰陵缪氏世谱》卷二十九《族父星熊先生传》)

是年,先生与缪重熙别离。(《兰陵缪氏世谱》卷二十九《族父星熊先生传》)

六月,先生返宅检剩物,两日即回正东圩。(《年谱》)

七月朔,云南农民起义军张五麻子由富阳突犯荣昌。荣吉跃马冲阵,力竭阵亡。(《旧德集》卷十三缪焕章《亡兄伯康事略》)

七月二十八日,朝廷"予四川阵亡通判缪荣吉、巡检张锡祜、都司唐廷扬、守备杨定发祭葬、世职"。(《文宗实录》卷三二六)

八月二十一日,先生庶祖母病殁。(《年谱》)

---

① 《艺风老人年谱》误作"八月"。

九月,葬庶祖母于沙洲。(《年谱》)

是年冬,由泰州、高邮、宝应至淮安,寓姑丈丁林宅。(《年谱》)

十月二十七日,焕章先生因清军克复瓮安县城,被赏戴花翎。(《文宗实录》卷三三四)

是冬,先生病疟。(《年谱》)

是年四月,曾国藩署两江总督,擢兵部郎中左宗棠四品京堂,襄办曾国藩军务。

是年七月,英法联军陷大沽炮台。八月,咸丰帝奕詝走承德避暑行宫,联军劫掠圆明园。

是年,清廷与英、法、俄分别签订了《北京条约》。

是年十二月,设立总理各国事务衙门。

是年,宋翔凤卒。

是年,先生友江标(1860—1899)、郑孝胥(1860—1938)、汪康年(1860—1911)生。

咸丰十一年　辛酉(1861)　十八岁

先生与薛恭人寓淮安,无力从师,自携《随园诗话》《吴会英才集》以及洪、黄两家诗文选,辄仿为之。于居所湖畔吟咏成帙。(《兰陵缪氏世谱》卷三十一《朱、瞿、薛三恭人传》,《年谱》)

五月,捻军又日迫,奉薛恭人走宝应、兴化至泰州,寓北门外韩家桥,饘粥不继,晨夕一餐。(《年谱》)

七月,始接到焕章先生贵州信并资斧。(《年谱》)

是年九月,先生作诗述一年来战乱,所谓"聊赋短歌,即当恸哭"。其一云:"江南闰三月,雪花大如掌。阳和变肃杀,天意先垂象。是夕大营溃,坏云时下上。十万良家子,同声呼放仗。洒血平清渠,暴骨杂榛莽。或云贼四合,无计御粗犷。或云饷内缺,有心吝金帑。参肉岂足食,谡诛讵云枉。浩劫叹茫茫,抚膺恨畴曩。"其二云:"虎臣真矫矫,将军岭南张。只手撑乾坤,半壁坚金汤。一朝落陷阱,命尽鼓不扬。战马失主归,悲鸣春草凉。云车逐风马,披发叩九阊。自愿为厉鬼,随众扫欃枪。天子亦震惊,览表泪浪浪。申甫期复生,宣力为疆场。"其三云:"赵括真竖子,卫青亦人奴。枢府失胜算,严疆倚懦夫。赫赫建高牙,指挥包睢盱。闺房溺声色,余事工呼卢。一朝局势急,籧篨窜海隅。三吴五百里,席卷归萑蒲。鲸鲵吞舻艎,麋鹿游姑苏。万死不塞责,何日欧刀诛"?其四云:"乡间治团练,自甲军特起。利器只耰锄,高垒惟棘枳。激发忠义忱,不自知生死。楚氛朝甚恶,相距仅尺咫。夜半觅小舟,卢碕先偷舣。奉母彳亍行,暂息沧江涘。苟能全性命,不复顾簪履。窜身豺虎间,草草偷活耳。回首望江南,烽火数千里。"(《诗存》卷一《庚申闰二月,金陵大营溃。三十九日丹阳陷,江南提督张忠武公国梁死之。四月朔,两江总督何桂清弃常州遁。初六日,常州陷。余居在江干,距常州不五十里,昕夕震惊。族祖浙江临平司巡检珊宝先生瑶、廪生吴仲明先生铭率练勇拒战数日,势不支。十一日二鼓,余奉母渡江,寄寓靖江之正东圩。十三日,贼大至,江阴亦陷,珊宝、仲明两先生阵没,焚烧杀掠而去。族中男妇死者二百余人。十六日,余闻贼退,买舟渡江,破屋仅存,衣物罄尽。前后陈尸三人,不知谁何。老仆胡五相与掩土埋之。奉先人木主影像,略检书籍而还江北。九月,至山阳止焉。迄今已及一载,贼氛甚恶,克复无期,南望江云,不自知涕之何从也。聊赋短歌,即当恸哭》)

秋冬间,捻军渐退,姑丈丁林先生仍接先生母子暂回淮安。(《年谱》)

是岁,与缪重熙相遇于泰州,谈一日而别,自此不复相见。(《兰陵缪氏世谱》卷二十九《族父星熊先生传》)

    是年,英、法等国公使入驻北京。

    是年八月,湘军攻陷安庆,屠城三日。

    是年十一月,慈安皇太后、慈禧皇太后御养心殿垂帘听政。

    是年,冯桂芬撰《校邠庐抗议》成。

    是年十二月,奕䜣奏办京师同文馆。

    是年十二月,邵懿辰卒。

    是年,先生友端方(1861—1911)生。

同治元年　壬戌(1862)　十九岁

正月,捻军扰山阳河西,一夕数惊。(《年谱》)

是年春正月,开州教案起。法国传教士文乃尔指使当地教徒抗捐被开州知县戴鹿芝处死,出于贵州提督田兴恕之批示。(《贵州通志》前事志二十七)

二月,乱稍定。先生世丈山阳葛绍裔(字子贤)迎先生至其家,从六合汪芝兰(号竹堂)先生读书。(《年谱》)

三月,战乱又逼迫。先生随葛绍裔先生至盐城乡间暂避旋返。丽正书院甄别,漕帅吴棠拔取先生第二名,入院肄业。山长丁晏教以读经先研究小学。先生一生治经,宗主汉儒故训,盖植基于此时。(《年谱》)

八月,先生晤常熟张保慈,与之比邻而居,时相过从,为莫逆之交。先生学作骈体文,保慈每为之指示派别,点定疵纇。保慈,字敬堂,晚号补盦,江苏常熟诸生,曾任安庐滁和候补道。缪焕章先生馆常熟时,保慈曾及门受业,书法之美,文思之锐,屡获赞誉。(《文集》卷一《三品衔安徽候补道张君传》,《年谱》)

是年十一月,曾国荃军剿金陵太平军援兵,大捷。

是年,英、法等联军助防上海、宁波等地。

是年,石达开部入川。

是年,广东举人桂文灿进经学丛书,诏嘉勉。

是年,黄式三卒。六月,何秋涛卒;八月,徐鼒卒于福宁府署。

是年十二月,上谕国子监以"经世性理诸书命题,用觇实学";谕翰林院教习庶吉士"务当课以实学,治经、治史、治事及濂洛关闽诸儒等书""讲论正学"。

是年十二月十五日,先生门人陈庆年(1863—1929)生。

同治二年 癸亥(1863) 二十岁

先生寓淮安,仍从葛氏读书,得晤杨慧生守备,一见如故。杨氏时负博雅之名,诗文卓然成家,对先生赞誉有加,邀至别墅,"告以诗学源流,专重明几社派而薄随园"。先生此一阶段对词章之学用力颇勤,即其后来所谓"溺于词章"者。(《年谱》,《诗存》卷二《萧寺养疴焚香枯坐怀人感旧得三十篇柬锦里同人兼寄都门旧友》其三)

是年,先生作《池阳江口对月同吴二谔生饮酒作》一诗,述离乱之悲,有句云:"……一朝鼙鼓满江乡,天南地北皆移徙。何日相逢再把杯,眼中惟我与君尔。吁嗟乎!离合悲欢在一瞬,有酒不饮亦如死。今日池阳口,明日皖江头。不辞典尽鹔鹴裘。一杯重酹江中月,消尽青莲万古愁。"(《诗存》卷一《池阳江口对月同吴二谔生饮酒作》)

八月,焕章先生遣刘、唐两弁迎先生及薛恭人入湖南,"买小舟出扬州入大江,过金陵、芜湖、安庆、九江至武昌",表兄吴侃(字鹤生,又作谔生)送至汉口别去,"又浮洞庭至长沙,住文星桥,晤族兄子勤"。(《兰陵缪氏族谱》卷三十一《朱、瞿、薛三恭人传》,《年谱》,《文集》卷五《梁曦初先生文集序》)

先生别吴侃,作《留别吴谔生表兄》二首,其一云:"江天风急雁行分,一曲骊歌不忍闻。已是天涯同作客,那堪今夕又离群。帆开吴楚江头月,泪洒潇湘水上云。惆怅临歧珍重语,日初斜处酒初醺。"(《诗存》卷一)

先生自武昌至长沙亦多有诗作,其《嘉鱼道中》云:"落叶飞如雨,柴门静闭关。人驱黄犊返,我羡白鸥闲。落日下高树,寒烟沉远山。蓬窗无一事,村酒破愁颜。"其《沔阳舟次》云:"极浦与云齐,轻舟怕路迷。风驱群木偃,天压万山低。远渚聚饥雁,荒村鸣午鸡。客中听不得,况有鹧鸪啼。"《岳阳道中》其二云:"风叶如云坠远汀,蛟龙长带水花腥。一声月下关山笛,吹得秋心满洞庭。"可见其心境。(《诗存》卷一)

八月二十三日,因劳崇光等奏将庸劣不职各员革职一折,道衔补用知府缪焕章被控"办理军营文案,捏叙战功,屡次滥膺保举,轻浮妄作",谕旨即行革职。(《同治朝实录》)

十一月二十五日,莫友芝为莫绳孙聘缪祐孙之姊为妻。(《莫友芝年谱长编》页319)

是年,先生得诗一卷曰《萍心集》。(《年谱》,《诗存》卷一)

  是年,李鸿章淮军夺取苏州。

  是年,李鸿章设上海广方言馆,冯桂芬任馆长。

  是年六月,陈奂卒。

  是年,先生友恽毓鼎(1863—1918)生。

卷二　客蜀十年

同治三年　甲子（1864）　二十一岁

正月，先生与薛恭人寓长沙。焕章先生遣苏、萧两弁寄资命先生侍继母薛恭人入蜀。（《年谱》）

五月，先生由长沙买舟赴川。先经常德溯江而上，历瓮子洞、青浪滩诸险达辰州，复陆行至镇筸厅住二十日。又由永绥苗疆至酉阳州，州牧董贻清留住三日，陆行至龚滩，赁船浮乌江而下，行七百里而达涪州，转大江至重庆，陆行十日至成都寓堂兄缪荫孙处。（《年谱》，《兰陵缪氏世谱》卷三十一《朱、瞿、薛三恭人传》）

先生在镇筸，赋诗五首，其三云："民居多绕郭，了了数炊烟。树老根盘屋，山高顶凿田。砌滩支急碓，刳木引流泉。山泉能引以过屋。但愿龚黄治，逍遥乐岁年。时李司马有政声。"其四云："逋寇边烽紧，时黔贼逼境。征人战血殷。怪风占白贼，满月啸乌蛮。鼓角鸣秋垒，星河落晓山。古今名将相，遗恨不生还。汉新息侯，国朝福文襄郡王均没于境。"（《诗存》卷一《镇筸》）

八月，先生陆行至保宁府，转至平武县属之蒿溪，于周达武营次见到焕章先生，乱后父子重逢，悲喜交集。住十日，先生返成都侍继母薛恭人。（《年谱》）

是年冬，焕章先生自黔返成都，与友人汤成彦比邻而居，过从无间。汤成彦，字梅生，号秋史，阳湖人，道光辛丑（1841）进士，博闻强识，才思敏捷，诗名当世，工于辞赋，著有《听云仙馆诗文集》等。（《听云仙馆俪体文续集》卷末缪焕章跋，《年谱》）

是年，先生在成都，开始从汤成彦先生读书。（《年谱》）

是年，先生得诗一卷，曰《巴歈集》。（《年谱》）

是年，曾国荃攻克金陵，洪秀全自尽，李秀成被俘，太平天国灭亡。

是年，广州外国语言文字学馆开馆。

是年三月，林昌彝《三礼通释》在广州付梓。

是年九月，郑珍卒。

是年，俞樾撰《群经平议》成。

是年，先生友章钰（1864—1934）、叶德辉（1864—1927）、徐坊（1864—1916）、周庆云（1864—1933）生。

同治四年　乙丑（1865）　二十二岁

是年，先生在成都从汤成彦先生读书。（《年谱》）

五月，焕章先生自营次归，一移居西河沿。薛恭人肝疾大作。（《兰陵缪氏族谱》卷三十一《朱、瞿、薛三恭人传》）

秋，先生病嗽，至冬始愈，数年奔走，是年稍定而病废半年，殊觉光阴可惜。（《年谱》）

是岁，焕章先生赐先生一表。此后，先生随身携带二十五年，至其于光绪十五年一月二日丢失于广雅书院。（《日记》页97）

是年先生与族弟缪祐孙执别于成都，此后十余年未得相见。祐孙光绪丙寅、丁卯之间曾四致书于先生而未获先生回信，未知是否送达。（《友朋书札》页253 缪祐孙第十九札）

是年，曾国藩剿捻军。

是年春夏，川省旱，米价腾升。

是年九月，清廷与比利时签订《北京条约》。

是年，李鸿章设上海机器局。

是年，王先谦登进士第。

先生门人曹元忠（1865—1923）生。

同治五年　丙寅（1866）　二十三岁

是年，在成都从宋宝槭先生及汤成彦读书。宋宝槭，字英湾，双流人,咸丰己未解元,贵州双节县知县。先生在省两年,专攻帖括。汤成彦勖以经、策,一月三课,首课三艺,次经,次策。先生并为目录之学。同受业者张人端、凌兆熊、王秉恩兄弟。(《年谱》,《竹汀先生日记抄》王秉恩跋)

是年,先生翻阅《三通》《御览》《皇清经解》诸书,始为考订之学。(《年谱》)

是年,先生与王光裕(字问山)、华阳吴祖椿(字柚农)、光州吴镜澄(字幼岑)、吴镜沅(字月笙)、德清傅云龙(字懋元)、傅鼎(字鹏秋)、芜湖沈芝田(字鹤农)、合州秦代馨(字剑香)、华阳王秉恩(字雪澄)、成都杨寿昌(字葆初)、遵义杨作霖(字济生)订交。(《年谱》)

是年冬,焕章先生为先生聘庄思琇。庄氏,江苏元和人,甘肃茶盐厅同知署平凉府知府庄裕崧之女,性情淑婉,工画花鸟小品。庄裕崧于同治二年殉回人叛乱之难,妻蔡恭人携子女归蜀。至蔡恭人卒,裕崧从弟庄裕筠迎庄思琇之官舍,继而许嫁先生。(《文集》卷七《亡妇庄孺人事略》,《年谱》)

是年,左宗棠助剿捻军。

是年六月,左宗棠在闽建厂试造轮船。

是年十一月,授李鸿章钦差大臣,节制湘、淮各军,专任剿匪。

郑珍《仪礼私笺》付梓于成都。

是年,许瀚卒。

是年,先生友王仁俊(1866—1913)、罗振玉(1866—1940)生。

同治六年　丁卯(1867)　二十四岁

是年,先生在成都读书,书院应课,受知于杨重雅(字庆伯)、钟峻(字仲山)两先生。(《年谱》)

春初,与王秉恩晤于成都,"词锋飙起,情文乳洽,推襟连襼,三载于兹"。(《文集》卷七《王雪丞东山牧话图记》)

八月,先生以寄籍华阳监生应丁卯正科带补壬戌恩科乡试,先生中一百二十八名举人,房师朱麟泰,座师孙毓汶、李文田,以经、策受知。(《年谱》)

先生中式,座师李文田勖以目录之学。(《书林清话》卷首缪荃孙序)

是年秋,缪重熙先生试南闱,不售。是年重熙先生年五十四岁,南北应试亦十四次矣,抑郁成疾,卒于鄂。(《兰陵缪氏世谱》二十九《族父星熊先生传》)

十月,先生与庄思琇成婚于成都。(《文集》卷七《亡妇庄孺人事略》,《年谱》)

时,先生表姊左锡嘉亦家成都,依浣花溪结茅而居,鬻书画,制通草像生花鸟,得赀以供子读书。庄思琇亦能画,时就正表姊,气谊之孚,几同骨肉。(《文续集》卷二《曾太夫人左氏家传》)

十一月,先生赴会试,与友人傅鼎同行,"由水路至重庆,下巫峡至宜昌,陆行至襄城度岁"。先生自弱冠即溺志于金石之学,从此"三上计车,陆则由栈道入秦晋,水则泛舟岷江出夔门以达楚,每逢阴崖古洞,破庙故城,怀笔舐墨,手自椎拓,虽极危险之境,甘之如饴"。(《年谱》,《文续集》卷五《王仙舟同年金石文抄序》)

是年春,命左宗棠为钦差大臣,督办陕、甘军务。

是年十二月,吴棠调任四川总督。

是年八月,刘毓崧卒。

是年,先生友董康(1867—1942)、张元济(1867—1959)、李瑞清(1867—1920)生。

同治七年　戊辰(1868)　二十五岁

元旦,即行入汴梁,避捻军卫辉乱,循河由济宁、德州、固安至京师,寓天仙庵。谒孙毓汶、李文田两座师。孙氏带见全庆等,李文田带见王发桂、成琦、贾桢。蜀人因籍贯不允会试,覆试后改归原籍,在礼部递呈行查寄籍、原籍。(《年谱》)

春夏间,移寓崇实宅内半亩园,园内饶有水石花木之胜。先生始收书为目录之学,是时书值尚贱。(《年谱》)

五月,先生出都返川,偕傅鼎、张懋柔(字希仲)、毛隆恩(字季彤)同行。过保定,于清河道署谒见世丈费学曾,识其公子费念慈(字屺怀),年方十四已觉顾视不凡。自井陉入太原,经汾阳、霍州至蒲州,渡河至华阴、临

潼,入西安经子午谷出洋县、城固至汉中府,再入南栈,经剑阁、千佛崖抵成都。(《年谱》)

先生出都,作《出都题壁五首》,其一云:"红尘飞十丈,冠盖满华京。挥手出门去,西山一笑迎。萍踪游子恨,絮语故人情。桥下桑乾水,都成呜咽声。"(《诗存》卷二《出都题壁五首》)

过霍州,作《霍州道中》八首,其二云:"路半崎岖壁半斜,竹篱茅舍野人家。红红白日扶疏处,开遍空山莺粟花。"(《诗存》卷二《霍州道中》)

六月,完颜崇实招先生入总督署办书记。先生为崇实激赏,"佛龛燕集,久侍吟咏"。(《年谱》、《文集》卷一《盛京将军兼奉天总督旗民地方军务完颜文勤公神道碑》、《清史稿》卷二十)

八月,吴棠到川督任,招先生入书局,校刻《朱子全书》。先生与刻书人作缘,始于此。(《年谱》)

十二月,傅春官招先生及同人凡十四人游浣花草堂。日出而行,日落而返。乘兴而去,兴尽而归。(《文集》卷七《游浣花草堂记》)

是年,先生汇抄两年诗,曰《北马南船集》。(《年谱》)

本年六月,扬州英籍教士戴德生强行租屋设教堂,法教士金缄三虐死育婴堂婴儿,扬州百姓发生反教会活动。

是年,先生友吴士鉴(1868—1933)生。

同治八年　己巳(1869)　二十六岁

先生在成都书局,刻方苞选本八家文、殿版《汉书》,与嘉兴钱宝宣、张人端同事。钱宝宣,号圜山,钱仪吉之次子,闻见该洽,语言隽永。因先生粗知向学,遂悉心教导,先生获益不浅。(《癸甲稿》卷四《钱衎石定庐集跋》、《年谱》)

是年,为董祐诚刻《董方立遗书》九种十六卷。(《年谱》)

是年,先生为业师汤成彦刊刻《听云仙馆俪体文续集》,任校雠之役。(《听云仙馆俪体文续集》卷末缪焕章跋)

是年九月,福州造船厂新造第一艘轮船成。

是年十月,法使罗淑亚与其水师提督以兵船赴赣、鄂、川省查教案。

是年，陈乔枞卒、陈立卒。

是年，先生友徐乃昌(1869—1943)生。

同治九年　庚午(1870)　二十七岁

年初，先生在成都，与嘉兴钱宝宣同事官书局。(《年谱》)

三月，女儿福保生。(《年谱》)

闰十月，赴京会试，与吴镜澄同行。由南北栈自陕入豫，孟津渡河，至孟县，由西大道入都。(《年谱》)

先生在京，友人沈芝田、傅鼎、傅云龙在京约同住绳匠胡同，吴镜澄、吴镜沆、杨寿昌、杨作霖寓伏魔寺，相距咫尺，友朋之乐最盛。(《年谱》)

是年，先生在京始为金石之学。(《年谱》)

是年八月，李鸿章会曾国藩查办天津教案。

是年九月，崇实仍赴遵义办教案。

是年，设立南、北通商大臣，李鸿章、曾国藩分任之。

是年，刘宝楠《论语正义》付梓。

同治十年　辛未(1871)　二十八岁

三月，先生在京参加会试，落第。卷出茂名杨颐房，力荐，以微疵斥。杨颐极惋惜，手抄二三场文。(《年谱》)

是年，先生参加会试，与仁和朱澂订交书肆，畅谈板本之得失，书籍之源流，四部七略，如瓶泻水。先生善问，朱澂亦善答，往往夜以继日。朱澂，字子清，朱学勤长子。时先生寓绳匠胡同，与朱学勤望衡对宇，而谭献、张预、孙诒让三同年，皆客朱学勤所，过从益密。(《文续集》卷五《朱修伯大理结一庐文集序》)

是年春，先生曾患病，于僧舍养疴，焚香枯坐，忆旧人，得诗三十首。所吟诸人有缪仲诰、吴仲铭、杨慧生、丁次郁、僧荫可、张镜堂、汤彦成、周达武(字渭臣)、沈贤修、冉崇文、刘小石、吴镜澄、傅云龙、沈芝田、吴镜沆(字月生)、傅鼎(字鹏秋)、秦代馨(字剑香)、屠仁守(字梅君)、董学周、沈懋、徐石甫、周子谦、黄晓损、汤似瑄(字伯温)、瞿廷韶、黄绶芙、章寿康、董子

中等。(《诗存》卷二《萧寺养疴,焚香枯坐,怀人感旧,得三十篇,柬锦里同人,兼寄都门旧友》)

是年夏,致杨策卿一札,有云:"仆春莫以来,养疴僧舍……短僮而外,惟携破书,石友不来,空封古砚……年来颇欲潜心经籍,饫志义训。而掘井九仞,未见原泉,刻楮三年,空嗟往日。优哉游哉,如何如何。溽暑多厉,伏维自爱。"(《文集》卷五《与杨策卿书》)

五月,先生出都,大水过正定,滹沱河水涨不得渡,遍游大佛寺、龙兴寺、开元寺,搜拓旧碑。水落渡河,由西大道至卫辉,再趋孟县,漂至偃师,访碑。由洛阳入西安,住二十日,遍游名胜,仍游南北栈回蜀。至五连访开元寺画壁,得唐宋刻数种。(《年谱》)

九月,至成都,再入书院。(《年谱》)

秋冬间,与沈芝田一札,有云:"吾侪碌碌,已及壮年,思欲怀铅握椠,上溯结绳,申纸渝墨,下穷倚杵。千秋位置,自有定论,科第得失,何足重轻。以此自慰,兼慰足下。近校迁史,渐有条理。寄居萧寺,经旬闭关,拂楮隩辞,一灯如豆,窗竹鸣秋,声和落叶,此情此景,愿足下思之也。"(《文集》卷五《与沈鹤农书》)

十月,先生堂兄缪长龄殁于巴州吏目任。时其长兄缪荫孙早殁,伯父一家男妇十一人均焕章先生任之。(《年谱》)

冬,致京城友人汤似瑄一札,有云:"仆软红再蹋,曳白依然。未得东归,仍复西笑。星饭牛屋,露宿鸡栖。折柳秦桥,叱云蜀栈。遍数磨驴之迹,流水销魂。重寻旅燕之巢,青山识我。中秋前夕,始达成都……行李仓皇,负惭骨肉。近复寄居萧寺,司事校雠。一灯风雨,古佛瞰其悲欢。万叠云山,羁人役于魂梦。株守无能,瓠落自惜,如是焉已。"(《文集》卷五《与汤伯温书》)

是年六月,清廷以坊本小说,于风俗人心殊有关系,例禁綦严,近来各省书肆违禁刊刻小说,公然售卖,著各直省督、抚、府尹饬属查明应禁各书,将书版全行收毁。

是年八月,王闿运《尚书大传补注》付梓。

是年九月,莫友芝卒。

是年十月,方玉润《诗经原始》付梓。

是年,四川夏旱秋潦,收成歉薄。

同治十一年 壬申（1872） 二十九岁

二月，先生在成都，移居小福建营。(《年谱》)

四月，川东道姚觐元到川，约先生入幕，与杨寿昌同事。杨寿昌，字葆初，成都人。(《年谱》)

四月六日，姚觐元与先生一札，邀先生即时入幕助其刻书，不必待秋日，并言及刻书、借书等事。盖先是姚氏邀先生，先生答以秋日成行。札云："昨由大帮寄到手书，敬悉种切……《集均》三校本、张刻《佩觿》、曹本《续复古编》并潘侍郎寄书均已收到。伯更七校本去腊已取到，现属仁甫照写，尚未毕工。《复古编》已从伯更借得，尚未携来，当与《续编》一同付刻。《困学纪闻》且存尊处，俟录毕付还不迟。《石鱼题名》铁江已寄来，已付写矣。所恨刘四不肯用心检看，故三年来从无一完本，迟迟未即奉者，亦为此也。此种拓本并弟处续刻各书，统容面奉。弟自去岁以来，奔走俗尘，且多不称意。除治事会客外，非不终日伏案，然所治者官书而已，非特无读书校书之暇，抑且无看书之暇。幸伯更在此，将《说文考异》校好，然尚差四卷未完。伯更于上年冬间回里，一去杳然，今正书来告急，川资寄往，又复杳然，令诸事阁起。民手仅溜数人余，也散去。亟思整理，而苦无人相助。吾兄惠然肯来，不胜欣幸！小园荷花上年大盛，来此消夏至佳，何必待凉风天末乎？切盼。"札中所言"伯更"者，即郑知同。(《姚觐元致缪荃孙尺牍》第五札)

五月，先生浮江东下，覆舟于道士观，书籍衣履尽湿，犍为令林之洛接入署住二十日，陆行至重庆。姚觐元工篆书，搜访金石刻，与先生最莫逆。(《年谱》)

夏秋间，与张德昇一札。张氏于先生多所导引，先生至重庆，遂札告近况。(《文集》卷五《与张瑞之书》)

九月，先生大病几死，"量药调水，彦侍、葆初晨夕护持之，交冬始渐痊"。(《年谱》)

十二月十八日，屠仁守自成都复先生一札，谓得十月之书，知先生江行，需有衣裕，"箧中书籍竟成敲门砖，大为戚戚"。月前叩见缪焕章先生，寻又晤杨寿昌，知先生感寒疾几不可支。遂慰先生："书之弃可复得，不必忧，我弟加意珍摄，不可令有用七尺躯转为怯弱。至羞涩空囊，更无须措意。"札又云:"闻居停主人传家之书甚富,且多家刻,又手精篆、籀,能攫取一二慰我饥馋否?"屠氏所谓"居停主人"者乃指姚觐元。(《友朋书札》页77屠仁守第一札)

是年,先生为章寿康刻张惠言《词选》《绝妙好词笺》,又汇写数年诗《惊乌集》。(《年谱》)

是年二月,曾国藩卒。

是年三月,《申报》发刊,英商美查等创办,该馆兼营书籍出版。

是年七月,清廷派幼童出国留学。

是年十二月,轮船招商局在上海成立。

是年,孙诒让撰《商周金识拾遗》成。

是年,先生友傅增湘(1872—1949)生。

同治十二年　癸酉(1873)　三十岁

四月,到涪舟游北岩之胜。到忠州转垫河谒袁绩震,邻水谒吕烈嘉,合州谒见费兆钺、张德昇,住匝月,游濮岩、钓鱼城,复返重庆。(《年谱》)

是年六月,张之洞充四川乡试副考官,十月简放学政。(《清秘述闻续编》页732、809)

七月,先生复返省寓。(《年谱》)

七月十二日,姚觐元致先生一札,谈章寿康借刻《新斠注地理志集释》事及向先生借书事宜,云:"顷读致葆初兄书具悉,《新斠注地理志集释》弟本拟自刻而尚未暇,硕卿刊入丛书甚好,但于序中述及鄙藏,则所获多矣。弟非靳者,但工匠写本往往将原书折污,狼藉不堪,弟处《说文校议》已受其累。此书前后及书面皆星伯先生手迹,至为精美,尚祈加意忧护,勿为抄胥所损,至祷至感!至'徐注'半在眉端,似宜列在'钱注'之后。先请士夫写一定本,然后再付工匠,如何?计偕想在初冬,荣发时务将原书掷还也……《说文考异》将次写完,而苦于无书可校。汲古阁《说文解字》务恳即为购寄,又尊藏《佩觿》乞假一校,能另觅一本购寄尤感。"(《姚觐元致缪荃孙尺牍》第九札)

八月十七日,姚觐元致先生一札,并附赠新印《四书琐语》四本。札谢先生惠赠《绝妙好词笺》《词选》,言先生所寄碑目亦领到,并云其久欲将蜀中金石汇为一编,欣幸先生答应椽笔主裁,先生所示体例与其意正合,请先生暇时为之,如有所见,亦请告知。又言及其刻书事,《说文校议》已毕工,《考异》尚未理有首目,未能付写,现先刻《大云山房杂记》,尚有小品数种,拟次第刻之,书目呈览。又言杨寿昌回省在即,昨葛味荃荐同乡阮尧恩,询先生其人品如何,如有所闻请示知。(《姚觐元致缪荃孙尺牍》第十札)

十月,同杨寿昌以会试入都。过绵州住三日,游西山观;到剑州,并秉炬游鹤鸣山,拓《重阳亭记》;到广元游千佛崖;到褒城游石门洞;到长安,住六日,游雁塔、碑林、华塔寺,访碑选胜无虚日。(《年谱》)

十二月,入都寓老墙根傅云龙宅。(《年谱》)

是年八月,盛宣怀被委任招商局会办。

是年,戴望卒于金陵书局。

同治十三年　甲戌(1874)　三十一岁

三月,先生在京参加会试,首题"君子坦荡荡",次"自诚明谓之性",三"君仁莫不仁,君义莫不义",诗"无逸图"得"勤"字。卷出王先谦房,力荐而不售。王氏同荐而不售者尚有李慈铭、朱一新、赵铭等,均一时富才学者。(《年谱》、《虚受堂文集》卷六《葵园校士录存序》)

会试后,王先谦留先生在京度夏。(《年谱》)

五月初八日,与傅云龙、杨寿昌做主人开诗社,是日同饮者有周子谦、余揞珊、鲍印高两内翰、黄晓损仪部、杨子达拔贡。(《傅云龙日记》页306)

五月二十一日,与傅云龙、杨寿昌共游书肆。(《傅云龙日记》页307)

七月,先生航海到沪,回乡修墓,乱后十四年相见,亲朋相见不甚相识。在江阴两月有余,修先墓,迁庶祖母柩在肥场。(《年谱》)

在江阴两月,均寓族兄缪禄田家住。此后先生回乡,即依居禄田家,亲如胞兄,置田置典,唯禄田是询。而先生所为之事,禄田必为之委屈周全,无微不至。禄田,名圻。(《兰陵缪氏世谱》卷二十九《族兄禄田先生小传》)

是年返乡,与族弟缪葆忠朝夕相见。缪葆忠,字秋坪,缪重熙之少子,少先生五岁。先生见其经史皆有门径,劝其出游藉以开拓心胸,增长学识。葆忠欣然与先生同行,至湖北为瞿廷韶延入幕。(《兰陵缪氏世谱》卷二十九《族弟秋坪家传》)

先生是年返乡,乡人高星五以《忠义录》见贻,且述建忠义祠未成事。《忠义录》者,乃乾隆间高东川辑,以表彰清初抗清就义之江阴士民。天平天国起义,版毁祠焚,高星五节衣缩食,称贷典质,重新刊版,并议重建忠义祠。清兵南下,江阴以弹丸之地,城坚守八十一日,就义者数十万人,最见气节。(《文集》卷一《高星五传》)

先生返乡,进谒夏炜如表丈,适丈病疟,未之能晤。(《癸甲稿》卷二《䈆录斋稿序》)

先生在里中,曾致族弟缪祐孙一札,并自撰骈文一首。祐孙"读之喜与忭会,约已附轮舟西驶,因裁复径递蜀中。比冬初至常,晤董氏昆仲,乃知先行一日,怅惘久之"。(《友朋书札》页253缪祐孙第十九札)

是年,先生返乡过苏州,往谒俞樾,受益良多。俞樾与焕章先生为同年。俞氏训迪先生,殷殷不以寻常后辈见待。(《艺风堂书札》页251致俞樾第一札)

十月,先生附轮至鄂,谒藩司林之望,助先生百金。(《年谱》)

先生由宜昌返蜀,抵成都已是祀灶日。(《年谱》)

十一月,章寿康刊钱坫著、徐松集释《新斠注地理志集释》,先生与姚觐元、章贞同校正。章贞系章寿康原名。该书内封页牌记题"会稽章氏用咫进斋藏本校刊"。是书之刊是章氏刻书之始。(《新斠注地理志集释》卷末题记、卷前牌记,《辛壬稿》卷二《章硕卿传》)

十二月,四川总督吴棠招先生入督署司记室。因吴氏之荐,先生往访到蜀候补的钱保塘,"和风隽语,能移我情,遂订交焉"。(《癸甲稿》卷二《钱铁江大令清风室文集序》)

是年,为吴棠校刊《魏鹤山文抄》三十二卷。(《魏文靖公年谱》卷末缪荃孙题识,《乙丁稿》卷四《魏鹤山大全集跋》)

是年正月,法国威逼越南签订《第二次西贡条约》,攫取在越特权。

是年四月,冯桂芬卒;七月,何绍基卒于苏州。

是年,先生友丁福保(1874—1952)生。

光绪元年　乙亥(1875)　三十二岁

正月,先生在川督署幕府,与同事陈垓(字孝兰)订交。(《年谱》)

二月,尊经书院建成,择诸生百人肄业其中。吴棠延先生与钱保塘、钱宝宣同阅官师课卷。书院之建,缘于同治十三年四月"兴文薛侍郎偕通省荐绅先生十五人,投牒于总督、学政,请建书院,以通经学古课蜀士",盖由于四川原只有锦江书院,惟科举是务,造就不广之故也。先生由此得与钱保塘、钱宝宣三五日一聚,于学问多所砥砺。先生与钱保塘性情最为接洽,先生谓蜀中益友,保塘举首。(《年谱》,《张之洞全集》卷二八一《创建尊经书院记》,《癸甲稿》卷二《钱铁江大令清风室文集序》)

三月二十三日,姚觐元致先生一札,谈刻书事,请先生代向章寿康索《地理志》校本。札云:"先公《说文考异》去年已校有头绪,开岁以来又束诸高阁,拟俟仁甫回来另写清本奉求校订。《韵会》竟未觅得。幸检得先公同严先生当日手校底本,当不致讹也。承惠各书内《湘馆斋寓赏编》一种最精,陈先生乃敝乡宿儒,生平抄书不下数千卷,今已散佚,弟尚得其二三种,若严先生之书则竟不可再得矣。前岁吾兄所假《地理志》校本想已刊就,务祈代为索还,即交大帮带下,至祷之。《佛图关铭》已刻好,容将拓本交大帮带呈。石鼓文想早鉴及矣。"札中所云之《地理志》校本,盖指先生代为章寿康借刊之《新斠注地理志集释》;所云陈先生系归安陈焯,字映之,室名湘管斋。(《姚觐元致缪荃孙尺牍》第二札)

四月十四日,姚觐元致先生一札,赠先生《精印说文校议》一部、模刻《观世音菩萨像》一幅、《咽喉脉证通论》六本,又其所书《佛图关铭》一通。札云其昨已收到先生所寄章寿康信及秦刻《九经》,其近将《说文考异》校出三数册已录清本,俟录出即寄请校正;请先生《学津讨原》本《急就篇》《学古篇》交下,欲借录副本。又言先生友人钱保塘可与谈刻书事,云:"有新到教习知县敝同乡钱南陂大令保塘于此道三折肱,大可与谈。弟尚欲调其来此,不知其愿否耳?"又附一札附章寿康所寄《地理志》样本,并将封面写好黏在内,请先生转交。(《姚觐元致缪荃孙尺牍》第三札、第四札)

五月十日，姚觐元致先生一札。札言先生所寄《说文检字》已收到，徐昌绪两部亦代为转送。又先生所寄之《急救篇》亦收到，言其恐非王应麟之旧本，请先生取别本详校，择一善者寄之，其欲刊入丛书。又言先生托其所抄之《群书治要》第三卷，现已精抄，毕工即寄奉；《说文系传》大致刻就，尚须校补。又言其现刻之书无甚善本，奉上一单，刻工张文光所刻者注明，请先生与钱保塘共阅之。（《姚觐元致缪荃孙尺牍》第六札）

　　五月十五日，姚觐元致先生一札，寄先生《群书治要》第三卷。札询先生《急救篇》是否另有善本，言其欲将《再续三十五举》与桂馥所续三种合刊。又言有江西蔡氏以舟载书求售，无甚秘笈，而价昂，其只购得数种。又言《说文检字》"巾"部脱一"市"字，其重刻已添入，并寄先生清样，请先生再为一校。（《姚觐元致缪荃孙尺牍》第七札）

　　是年春夏间，先生致俞樾一札，告以近况及或再往谒。札云："客岁吴门系棹，马帐抠衣，仰承训迪，殷殷不以寻常后辈见待，谈经讲义，茅塞顿开，举十余年来读古人书而未得其径，并读《春在丛书》而未窥其涘者，心领神会，目击道存，几几乎如王粲之遇中郎、和仲之见六一也。奉辞后倏忽半载，料皋比早返圣湖，道体康娱，凡百增胜。迩来诂经诸弟子谅又蒸蒸日上，六桥花柳，尽在春风，远望经帷，曷胜忻羡。侄于岁除夕方抵成都，西抹东涂，坐荒朴学。幸游子言旋，庭闱健饭，晨羞夕膳，且赋闲居。约计开到梅花重蹈宣南鸿雪，彼时道经江浙，或可再谒讲堂。此间尊经师席尚复虚悬，将来所主非人，诚恐汉学源流，淄渑淆杂，万仞门墙，未能东受，犍为文学，吴会英才，相去真不可以道里计矣。"（《艺风堂书札》页251致俞樾第一札）

　　八月，先生执贽张之洞门下受业。张氏知先生熟与目录版本，命先生草撰《书目答问》四卷。先生时引章寿康为助，张之洞知之，亦礼章氏为座上客。（《年谱》，《辛壬稿》卷二《章硕卿传》）

　　九月，先生到富顺游中严千佛洞；到宜宾游涪翁陵。又回至简州，先生缪矩卿八叔新署简州，偕缪云孙游绛溪，归途又游大佛岩访碑。（《年谱》）

　　十二月，先生至重庆，住姚觐元川东官舍，为姚氏校定《咫进斋丛书》十二种，即《咫进斋丛书》二集中所刊者。其中《说文检字补遗》一卷是先生取《说文》原书一一排勘,补《检字》脱讹所得;《中州金石目补遗》一卷,系先生正原书脱讹所得。(《年谱》,《咫进斋丛书》二集)

是年九月,汪曾唯刊刻梁履绳《左传补释》蒇事。

是年十二月,丁晏卒。

是年九月,先生友人刘世珩生。

卷三　居京廿载

光绪二年　丙子(1876)　三十三岁

一月七日，先生在重庆，受姚觐元之托，从重庆川东官舍携打碑人浮江而下二百四十里至涪州，赁小舟至石鱼，"鱼出四五十步，人从字上行。旁午交错，淘沙剔石，得宋谢昌渝题记等一百零八段。自宋开宝迄元至顺，而唐刻终不得"。唐刻水尽涸方能见。先生尽拓所见，次日扬帆东下应试，而拓工携之归渝交与姚觐元。(《涪州石鱼文字所见录》卷末缪荃孙跋，《藏书记》卷五《涪州石鱼文字所见录》一卷)

先生从夔门下宜昌，至襄阳入汴梁，二月二十一日至京都。(《年谱》)

是年，先生赴京应试，张之洞曾致札潘祖荫，称先生："其人警敏非常，淹博好古，目前江东之秀，殆罕其匹，充其所造，殊未可量。"(《张之洞全集》页10107《致潘伯寅》)

二月十四日，姚觐元致先生一札，谈刻书及金石拓本等事，札云："前月接夔门手书，尚未奉覆。比计元旆业将抵都，即惟春风得意，首占蓬瀛，可为预庆。《石鱼题字》《宣牧沉吏目》各送到一分，与寄下之单数目大致相同，而互有增减。其唐广德及太和题字则竟未有，复使仆人程忠(此人能刻字)前往搜求，亦竟不可得，大约仍在鼋鼍窟中耳。其文字已录出，少有考据，尚未脱稿，容写出求鉴定(因老刘未回，尚冀其续有所得)。原拓一分，当寄省呈姻伯收存也。张文光至日昨方来，细阅丛书，《大云山房杂记》开卷'壚'字即讹作'壚'，①已逐一看过，刻补，并将除夕所刻各张另写重刊矣。《类篇》修补将完，惟第一本原本遍觅不得，万一之想，不知在行

---

① 按，此处疑原札有笔误。

笈中否？乞一检之。闻钱馨伯太史处有此书全帙，乞转借，将《类篇》序文景抄寄下，以便补刊，至恳至盼！昨善成堂书贾来此刻《通鉴辑览》，张文光允五十五文包办，而另有人在其本店承揽，只须三十六文，窃恐其必不能佳也……"（《姚觐元致缪荃孙尺牍》第十一札）

三月会试，首题《康诰》'曰克明德'两节，次"施于有政，是亦为政"，三"维义所在"，《诗》"南山苍翠若浮来"，得"来"字。二场，《易》"孚于家，吉"，《书》"宽而有制，从容以和"，《诗》"雨我公田，遂及我私"，《春秋》"仲孙蔑、卫孙林父会吴于善道"，《礼》"温柔敦厚，《诗》教也；疏通知远，《书》教也"。三场，经史：官制、选举、仓储、夷。（《年谱》）

四月，会试榜发，中三十一名，房师三原梁景先先生，以经、策补荐。座主甘泉董洵、宛平桑春荣、善化黄倬、蒙古崇绮。（《年谱》）

先生覆试一等十三名，殿试二甲一百二十五名，朝考一等十七名。（《年谱》）

五月十二日，光绪皇帝引见新科进士。旨下，先生等着为翰林院庶吉士。（《德宗实录》卷三十一，《清实录》第五十二册页454）

闰五月六日，缪祐孙致先生一札。札云"前阅会试录，及分甲分职单"，欣知先生"南宫捷后，翔步木天"，"欢慰无量"。以为先生于百年之后，上接其曾祖申浦公入翰林，使厌弃书史，薄示儒术的宗族子弟，"闻风兴起，将不待策而行"，乃为一族之荣。又言其"缘于癸秋奉母侨寓白下，借馆谷以资甘旨，无如运蹇数奇，所入辄阻，遂竟赋闲。惟持考书院课，月博膏火为日用，境况支绌不堪。"又言其光绪乙亥乡闱荐而不售，"良由学养未纯"，"久困帖括，而于经史根柢之学，都不能究心"，而艳羡先生搜访淹博，著述富有，盼先生请假归里，盘桓金陵，得聆先生面教。（《友朋书札》页253—254 缪祐孙第十九札）

六月，入庶常馆。大课大教习颜札景廉、殷兆镛，分校完颜嵩申。嵩申，完颜崇实之子。（《年谱》）

六月二十六日，寄堂弟缪祐孙一札，勉其勤恳读书。又以家中"食指过多，家山太远"，而颇为踌躇。（《友朋书札》页254 缪祐孙第二十札）

七月，移居粉房琉璃街屠仁守宅内东院。（《年谱》）

八月大课，"重修翰林院及庶常馆赋太液秋风诗"，殷兆镛阅置首卷。（《年谱》）

八月,先生与曹鸿勋、冯文蔚、吴树梅、倪恩龄、黄彝年、王锡蕃、陆宝忠、冯金鉴、冯崧生等人,为诗赋小课,月两集。时沈芝田入京应乡试,表兄瞿廷仪解饷来都,友朋之乐于斯为盛。(《年谱》、《辛壬稿》卷二《内阁学士兼礼部侍郎衔冯公墓志铭》)

八月中旬,王懿荣致先生一札,转交张之洞自蜀寄《吹角坝摩崖》汉刻石本一通,张氏嘱其转交先生鉴释。札略述其于此刻之鉴识,并云其出场后以其所藏旧本对释。王氏又附札赠山东新出土之《琴亭侯李夫人石门题字》一通,乃东汉刻石之未经人拓者,询先生所校《韩诗外传》是否有复本,盖先生曾为吴棠望三益斋校此书,吴氏于光绪元年刊之。(《友朋书札》页121王懿荣第一札)

八月二十日,缪祐孙答先生一札。札勉先生安心志业,云:"尝观我朝经史大儒,其官多在翰林,实缘清要之职,足资著作。若第求一简缺知县,目前事尚未识能了与否,而平生志业,恐消磨于簿书、钱谷间也。尚望吾兄审之。"又随札寄先生金陵刻官书单、《天监井栏》拓本。(《友朋书札》页254缪祐孙第二十札)

九月十九日晚,赴朱迺然之招,同座有李慈铭、钱振常、程颂芳等。先生为诸友谈及姚觐元购书及金石甚多,刻《咫进斋丛书》及《曹楝亭集》《集韵》《类篇》皆竣工;又谈及章寿康从父在富顺,不求仕进,独喜读书,收藏精椠秘本颇夥,刻有徐松校注《汉书·地理志》、严可均校辑《意林》,皆世所未见之书,还刻有《绝妙好词笺注》附张惠言《词选》。李慈铭对先生赞誉有加,称先生"久客蜀中,读书颇富",筵后偕先生步月分道而归。二十日,李慈铭答拜先生。二十一日致先生一片,托转购蜀中所刻书,先生次日复之。(《越缦堂日记》页7145、7146、7147)

九月三十日,先生往访李慈铭,为言陈倬近校曹寅刻本《集韵》,取宋本及严可均、段玉裁两校本过录甚多,拟作校勘记寄姚觐元刻之;又言满洲费莫文良以四川道员被骆秉章劾罢,藏书甚富,丛书尤备,可以借读。(《越缦堂日记》页7158)

十一月二十九日,李慈铭致先生一片,约晚饮泰丰楼,同座者刘介臣、程颂芬、陶在铭、王彦威、孙德祖,饮至二鼓方归。(《越缦堂日记》页7226)

十二月四日,走访李慈铭,以章寿康刻钱坫著、徐松集释《新斠注地理志集释》一部赠之,并为言徐松所辑《九国志》及所撰《汉书西域传补注》等书章氏亦将陆续付刻。又与李氏多谈刻书掌故,为其言章宗源《隋书经籍志考证》史部四册存海宁管庭芬家;乌程张鉴有《晋书》十八家辑本,未知今尚存否;杭世骏《三国志补注》已有刻本,向所称"杭氏七种"者,首为《鸿词所业》四卷,次为《史记考证》四卷,次《三国志补注》六卷,次《诸史然疑》,次《续方言》,次《榕城诗话》,满洲费莫氏尚有其书,唯缺《三国志补注》,目前所行本前三种板片已失,姑以《两汉蒙拾》《文选课虚》《晋书补传赞》附入;邵晋涵《南渡事略》(戊辰以前)在江宁书局,曾国藩将刻之,以移都直隶而止,是书本藏友人沈寄凡家,寄凡以卑宦至江苏,故此书得至金陵;钱仪吉《三国会要》稿本已失,唯《清碑传集》尚在其从子钱应溥所,曾国藩亦欲刻之,未果。(《越缦堂日记》页7233、7234)

十二月十八日,至李慈铭处谈良久。(《越缦堂日记》页7254)

是年缪葆忠入京应乡试,邀与同住。(《兰陵缪氏世谱》卷二十九《族弟秋坪家传》)

十二月,先生致姚觐元一札,告以近况。(《姚觐元致缪荃孙尺牍》第八札)

是年,先生在京与朱潆订交。朱潆,字子涵,浙江仁和人,朱学勤次子。此时朱学勤逝,朱潆改官江南。子涵为先生言,佳本悉载往江南,所余无凡。然一瓻之借,子涵亦不吝惜。(《文续集》卷五《朱修伯大理结一庐文集序》)

是年,先生赴计车,从黄国瑾同年所见邵懿辰《半岩厂所见书目》,大喜捧归,觅人录副,小小讹脱,见即订正,并就所见书目,添注眉头,藏诸箧中,以作枕秘,寝馈其中数十年。(《文续集》卷五《半岩厂所见书目序》)

是年,先生因费莫文良、锡缜之介而识盛昱,"与谈板本源流,蹊径甚合,后先入词馆,称同志"。(《辛壬稿》卷二《意园文略序》)

是年,先生于杨继振处见蜀石经残本,包括《周礼》卷九、卷十两卷,一缺首,一缺尾,缺均无多;《左传》卷十六"襄二"全卷,《谷梁》卷十六。杨氏嘱为校异,因循未果。先生亦曾托王懿荣代借阅该书。杨继振,字彦起,又字又云,号莲翁,别署又翁、燕南学人、苏斋学人、星凤堂主人等,江苏阳湖汉军镶黄旗人,居北京,富收藏。(《癸甲稿》卷三《蜀石经残本跋》,《友朋书札》页122王懿荣第四、五札)

是年，先生表兄瞿廷仪分发江西，挈庄恭人及四子一女赴南昌。(《乙丁稿》卷二《晋封恭人瞿母庄太夫人家传》)

是年，先生官翰林，询《永乐大典》于清秘堂前辈，"云尚有三千余册。请观之，则群睨而笑，以为若庶常，习散馆诗赋耳，何观此不急之务为，且官书焉能借"。(《文续集》卷四《永乐大典考》)

是年，康有为应乡试不遇，愤学业之无成，乃从同邑朱次琦学。

是年，林昌彝卒。

光绪三年　丁丑(1877)　三十四岁

一月初七日，先生在京。午后，先生至厂庙，晤李慈铭，同至厂甸，阅市购书，晚归。是日天晴雪融道泞艰于行。(《越缦堂日记》页7269)

一月十二日，姚觐元致先生一札。札请先生寄其托先生录副之《集韵校本》，云郑知同亦从黄彭年录得一本，不知异同，拟并刊于原书之后，公之海内。又云其正在校订《说文考异段注匡谬》，已付梓人，夏间方能竣工；《石鱼题字》上年未拓全，已遣人往拓，检齐后寄与先生；《类篇》等三书已刊成，及《系传校议》各一部，请先生转交李慈铭；《农部丛书》中新添《公羊问答》一种，并新《政玉篇》，《广韵》已有传本，故不再刻，拟别取《龙龛手鉴》《五音集韵》《韵会集》，询先生以为何如。(《姚觐元致缪荃孙尺牍》第八札)

一月二十日，至李慈铭处谈良久。(《越缦堂日记》页7281)

二月一日，李慈铭作书与先生，借《北齐书》一帙，又邀晚饮泰丰楼，札云："今日中和节，已约仲彝、彀夫，午后出城，希台从傍晚同至丰楼一叙。丰楼在梅市桥，因其上一字犯先君讳，不敢称也。《蛾术编》及杭大宗《三国志补注》《史记考证》，乞假观，如有《北史》或《北齐书》，并祈将《刘贵传》检借一查。"先生即复之。晚上同座者鲍临、黄绍箕、陶在铭等。(《越缦堂日记》页7297，《友朋书札》页164 李慈铭第三札)

二月十一日，李慈铭致先生一片，还《三国志补注》等书。先生至李慈铭处谈良久。(《越缦堂日记》页7332)

二月二十三日，李慈铭致先生一札。(《越缦堂日记》页7344)

二月二十四日，先生复李慈铭一札。(《越缦堂日记》页7345)

是年春,王懿荣致先生一札。札有云:"前读丙子行卷,嘉庆甲子、道光丁酉,两代年谊,重续旧好,义为兄弟,来示称谓,请收还成命。"盖先生与张之洞有师弟之分,张夫人乃王懿荣胞妹,缪氏欲长称懿荣,而懿荣坚欲续祖、父辈旧谊以兄弟相称。札又谈及碑刻鉴赏并赠先生拓本,王氏云:"尝谓六朝书脉嫡派,在唐惟李北海,宋惟东坡,乃世传两公石墨,皆出覆本,祖刻绝少,刻帖则不在此数。李书《任令则碑》既蚀,《云麾》陕石以重磨而瘦,《麓山》以重开而肥,惟敝省济南《灵岩》一石,尚出唐刻。阮志仅据旧拓传本,原石至咸丰间始大显。昨有山东公车,见赠一纸,弟已复出。午间既呈《李秀》摹本,兹再上《灵岩》祖石,即祈捡入。"王氏于金石志学造诣深醇,先生与其多有研习之乐。(《友朋书札》页 121 王懿荣第二札)

三月二日,至李慈铭处谈。(《越缦堂日记》页 7358)

三月五日,李慈铭作片致先生,即复之。先生六日又致李氏一书。(《越缦堂日记》页 7360)

三月中旬,汪鸣銮致先生一柬,约饮并言及购书事。柬云:"吴中新科王莆卿颂蔚、叶鞠常昌炽,皆杰出之士也。场后当约同过敝寓一叙,何如?久未至宝森,新得书中有小学、经学书否?如有记得可要者,祈示及之。昨送来段《说文》,纸张尚好,而非初印,价值亦过昂也。"(《友朋书札》页 6—7 汪鸣銮第五札)

三月十七日,走访李慈铭不晤。(《越缦堂日记》页 7366)

三月十九日,约李慈铭等明后日饮万福居,李氏因有同乡泰丰楼之约而辞。(《越缦堂日记》页 7369)

三月二十一日,李慈铭往访先生,不值。(《越缦堂日记》页 7371)

三月二十三日,先生致书李慈铭,送姚觐元新刻书《类篇》《集韵》《礼部韵略》《说文校议》四种与李氏。李即复书,为前日却饮致歉,并请代向姚觐元致谢,并邀先生明辰饮宴宾斋。(《越缦堂日记》页 7372,《友朋书札》页 165 李慈铭第七札)

三月二十四日,赴李慈铭之约,同饮者朱一新、孙德祖、陶在铭等。(《越缦堂日记》页 7373)

三月二十五日,先生往访叶昌炽。时叶氏来京应会试,寓崇文门江苏会馆。此盖两人相交之始。(《缘督庐日记》页 402)

是年春,丁立诚进京入试不遇,留京就学,日与袁昶、钱振常剖析疑义,"暇则入厂肆访求《四库》著录之书,为补抄文澜阁全书计"。先生在钱振常座上识立诚,见其"眉宇清旷,问学渊雅",遂订交而相往还,此后时作一瓻之借。丁立诚,字修甫,浙江钱塘人,八千卷楼主丁申之子,丁丙之侄。(《文续集》卷五《钱唐丁氏八千卷楼藏书志序》,《辛壬稿》卷二《丁修甫中书传》)

四月六日,汪鸣銮招夜饮,叶昌炽、钱振常同席。(《缘督庐日记》页 403)

初夏,与表兄丁绍基晤于京师,畅谈金石,颇蒙嘉许。以后邮筒往复,商榷考订,岁三四至。丁绍基,江苏武进人,字听彝、汀鹭,时以知县官直隶,奉檄至京师。(《文续集》卷六《求是斋金石跋书后》)

四月十一日,钱宝宣致先生一札,并附寄《鹤山集》样本一卷。札云吴祖椿偕计入京,当于春仲已达,关中、邺下往往有旧家善本,吴氏必有奇遇,前岁入京过洛阳,得《史记志疑》全部,是书刊本甚少,不胜艳羡。又云蜀中犹昔,谭宗浚学使至蜀后,于尊经书院观风,所出之题皆繁重,限时两月交卷;《书目答问》,前院生张孝楷、杨锐议改刊小板,依姚觐元《咫进斋丛书》密行式,已写清样,刻成寄奉;新翻刻《蜀典》前月初竣工,尚未校,先印数部,交章寿康呈先生清览;《鹤山集》五六月间方能蒇事,先呈先生样本一卷。(《友朋书札》页 721 钱宝宣第二札)

四月十四日,李慈铭诣先生谈。(《越缦堂日记》页 7392)

四月二十七日,致书李慈铭,送其姚觐元刻《咫进斋丛书》八册:姚舜牧《孝经疑问》、恽敬《十二章图说》、吴玉搢《说文引经考》、薛传均《说文答问疏证》、姚晏《中州金石目》、《苏斋唐碑选》、汪士铉《瘞鹤铭图考》、宋千佛寺僧《咽喉脉证通论》、恽敬《大云山房杂记》、姚舜牧《药言》,共十种。李氏即复先生一札。(《越缦堂日记》页 7401)

四月,散馆,题为"三阶平则风雨时"赋、"奇文共欣赏"诗,先生一等二十七名。江苏名在第七。(《年谱》)

四月二十八日,光绪皇帝引见丙子恩科散馆人员。得旨,先生等二甲庶吉士着授为编修。(《德宗实录》卷五十一)

四月,汤金钊家藏书全出,先生以千金购之,又购韩泰华家碑版拓本四大箱。(《年谱》)

五月,屠仁守移居,先生迁居南柳巷永兴寺,与吴祖椿同居。五月间,章寿康以知县分发湖北,入都引见,亦同寓。时章氏"挟巨资广收书籍,至扬苏书贾,闻风而来",其出都时捆书百箱而去。(《年谱》,《辛壬稿》卷三《章硕卿传》)

五月,周寿昌嘱先生为曹振镛编定文集。(《年谱》)

六月九日,走访李慈铭。(《越缦堂日记》页7444)

六月二十三日,李慈铭致先生一柬,以章寿康过访未及走答为歉,邀先生及章寿康等晚饮泰丰楼。同座者程颂芬、孙德祖、王彦威、张鸣珂、姚宝勋(字伯庸)后至,至夜二更后方散。章寿康为李慈铭之同乡,于本月二十日曾往访李氏,李氏以其为"吾乡仅见之佳士"。(《越缦堂日记》页7458、7462,《友朋书札》页167李慈铭第十六札)

六月二十六日,走访李慈铭。(《越缦堂日记》页7465)

六月二十七日,李慈铭致先生一札,请先生转交章寿康书二种,并询章氏印结之事,意欲助之,云:"昨畅谈为幸。今日蒸溽益甚,又牧庄兄在坐,不克走访。《文史通义》《校雠广义》共五册送上,希转交石卿兄。石兄是否浙籍,此次印结,未识已有人否?祈为转询。近有识认一项,所费甚多,如尚未托人,弟虽向不出结,可以进署往取,将来应得四成,弟可奉送也。"(《友朋书札》页164—165李慈铭第四札)

是年夏,王懿荣致先生一柬,询与先生同寓之章寿康所携带之《汉书地理志校注》及所印《华阳国志》佳者肯任值否,请先生各代购一部。(《友朋书札》页123王懿荣第九札)

七月二日,李慈铭来答拜先生及章寿康。(《越缦堂日记》页7471)

七月四日,李慈铭致先生及章寿康一札。(《越缦堂日记》页7473)

七月十一日,李慈铭致先生书,为章寿康借《乾道临安志》事,并问先生何时旋锦城。札有云:"前日以《乾道临安志》一册交硕卿兄,想早察入矣。书中曾托执事先告彭君,未识已转致否?顷彭君来索《畿辅》等志,恐其复来索此书,希即字知为幸。"《乾道临安志》盖本彭祖贤藏,李慈铭借阅,章寿康欲转从李慈铭借抄,而慈铭劝其刻之,李欲请先生转告彭氏章氏转借此书事。章氏于光绪四年刊刻此书,收入《式训堂丛书》中。先生次日复之。(《越缦堂日记》页7474、7479、7480,《友朋书札》页165李慈铭第五札)

是日，夏彦保来送印盒、旧墨，以其太翁集求序。夏彦保名勤邦，字彦保，江阴人。彦保工文章，于经学、小学、书画鉴赏均有造诣，又通算术、天文、舆地，生平尤善抄书，多抄集桑梓文献，佐先生甚力。(《日记》页 2617)

七月十六日晚，李慈铭邀饮泰丰楼，同饮者樊增祥、章寿康、张鸣珂、王彦威等，二更后散归。(《越缦堂日记》页 7484)

七月二十四日，走访李慈铭。(《越缦堂日记》页 7492)

七月底，王懿荣致先生一柬，问先生何日出发，欲图良晤。并言有人嘱其浼先生代购《汉书地理志校注》，并询《华阳国志》之值，其将以所藏石像浼陈家拓手细拓以报。(《友朋书札》页 123 王懿荣第十札)

是年夏秋间，顺天府尹彭祖贤议修《顺天府志》，延先生充纂修，张之洞自蜀旋京，为总纂，发凡起例，迥殊凡近。顺天府修志，以同治间直隶总督李鸿章奏修《畿辅通志》，调取各府、州、县志，顺天独阙故也。是志之编纂，彭氏亦曾属之李慈铭，李氏辞之。李氏《日记》于本年六月二十三日载："得彭芍庭府尹书，并送来《畿辅通志》等九函，又抄本《乾道临安志》一册，共三卷……作书复芍庭。余以修志事既匪易，而经费又甚绌，且余名为总纂，而共事者有一无知识之大兴陈某，狂谬自炫之同年生潘某；分纂者有终日淫昏之杭人姚某，著名轻妄之粤人张某，又总纂之上又监纂者故按察谢膺禧等五人，意不得行，肘且多掣，已决计辞之，因先于书中言其略。"(《年谱》，《越缦堂日记》页 7461、7462)

八月，先生乞假回籍扫墓，仍由鄂中水道返成都。初一日晨，李慈铭致先生一札，昨晚欲诣先生送行，因为风雨未果，臆先生亦必因风雨道路泥泞推迟行期，故晨即致札问行期，欲趋诣话别。二日，先生复李慈铭，告以明日准行。傍晚，李慈铭遂至永兴寺为先生送行，樊增祥与李氏同至。(《年谱》，《越缦堂日记》页 7509、7510，《友朋书札》页 164 李慈铭第六札)

是年，先生返乡，进谒夏炜如表丈，于病榻前得见一面，不数日而夏氏捐馆。(《癸甲稿》卷二《鞠录斋稿序》)

十一月二日，先生过鄂渚，午后徒步往访叶昌炽，叶氏"倒屣见之"。时叶氏应柯逢时之邀，游于鄂。先生为言姚觐元在蜀刊刻辽金元韵书三种：《龙龛手鉴》《五音集韵》《元韵会》。又为言洪亮吉之后裔侨居鄂中，现重梓《北江全书》，并有前所未刻者。叶氏慨叹："当今海内升平，四方士大夫敦尚朴学，遗经古籍及国朝儒先著述，渐次开雕，有志之士，不患无书可读矣。"（《缘督庐日记》页442、443，《语石》卷二"湖北"条第三则）

十一月四日，叶昌炽来送别，并交来《续复古编》一书，属携至蜀中求姚觐元重梓。此书自元迄无传本。先生云姚氏勇于传古，必能代为剞劂。（《缘督庐日记》页446）

是年冬，先生在蜀，假阅姚觐元、钱保塘《涪州石鱼文字所见录》①。先生上年在石鱼所拓金石文字，姚氏理之而交钱保塘考释完毕，并录成清册，先生假阅之，遂留于箧中。姚氏旋擢湖北提刑以去，打本终界先生。（《涪州石鱼文字所见录》卷末缪荃孙跋）

是年，先生在蜀期间，与同年杨调元订交。杨调元（1851—1911），字龢甫，贵州贵筑人。光绪二年进士，授户部主事。四岁随父杨垲入蜀，垲官四川绵竹知县。先生乞假返蜀，调元亦返蜀丁父忧，同寓成都。调元家富藏书，与先生借书一瓻，时向过从。（《文集》卷一《杨惠甫墓志铭》、《碑传集补》卷三十四《杨龢甫先生家传》）

是年，焕章先生客方濬颐臬署。（《年谱》）

是年，钟文烝卒。

是年，先生友王国维（1877—1927）生。

光绪四年　戊寅（1878）　三十五岁

正月先生在成都。（《年谱》）

四月二十五日，樊增祥自湖北致先生一札，请先生为李慈铭代谋尊经书院讲席，札有云："兹有启者，昨接纯客先生京邸书，述及近况，殆岌岌不可终日。盖自入春以来，仅得印结廿余金，此外则以典鬻自给，旧交邑子一无存问，言之可为痛心。伏念莼翁之在今日，论其所学，可云卓绝。徒以生不偶俗，嫉之者众，又孤介性成，罕能汲引……我辈同气数人，而又皆处极穷之遇。但分润虽则无力，而游扬或尚能为。湖北局面狭小，不足回

---

① 《艺风藏书记》卷五"涪州石鱼文字所见录"条，称"次年观察与海宁钱铁江大令保塘考订成书，邮寄校正，遂留余箧"。与此处称"假阅"不同。

翔，因念蜀中尊经书院，自孝达师创建以来，未有掌教。名山讲席，诚难其人，若以处莼师，则为两有裨益……敢求执事鼎力玉成，切为推荐，大要以必成为主……"(《友朋书札》页109樊增祥第一札）

五月，先生出成都访游。走乐至转遂宁，又到顺庆下合州谒见费兆钺表丈，再游钓鱼城至重庆姚觐元川东道署，集资赆行；至叙州游涪岩，得宋人题名五十段；转富顺中岩寺得蜀武成造像四、宋人题名十五段；自流井盐商王颜诸君厚资先生，仍回省城。(《年谱》)

六月九日，王懿荣自四川龙安致先生一札。札云其三月晦日出都赴蜀，六月六日至龙安府署。其所有书箧与先生藏书同，亦当于李估。《士礼居藏书题跋》想先生已刊成，如有副本，请先生惠赠。又询先生章寿康若在川如何通信，先生近来得何秘籍，云将于秋凉时拟往成都一游。(《友朋书札》页124王懿荣第十一札)

七月九日，王懿荣自江油致先生一札，请先生开示《上庸长》、《赵懿简碑》、章惇题名等蜀碑及唐宋诸石之煊赫者主名地址，以便其访求。(《友朋书札》页124王懿荣第十二札)

七月二十四日，王懿荣致先生一札。札云其到川后连上两书，嗣闻先生早在川东，故未得覆，计已经辗转此间，幸赐鉴察。另言广元县千佛崖有隋造像一二种，请先生示其主名及年月。(《友朋书札》页124王懿荣第十三札)

是年七月，周家楣为顺天府尹，询彭祖贤办府志之要领，"则奏稿已具而未之上"，但已购得大量书籍，备长编之用，并商请李鸿章筹款九千金。周氏遂商之兼尹万青藜，拟设局开办。(《光绪顺天府志》卷首周家楣序)

八月二十六日，叶昌炽致先生一札，托汉口蔚礼厚票庄转达。此札即其撰于二十四日者。札询前携去之《续复古编》是否授梓，"此书屡经写官，脱误甚多，又误别本可以参校，廓而清之，殊不易也"。知姚觐元新迁鄂臬，洵先生其所刊书籍今后是否可以就近向鄂垣购取，"共若干种，价值若干"。(《缘督庐日记》页526，《友朋书札》页399叶昌炽第一札)

九月二日，王懿荣致先生一札，复先生八月十九日之函。札言先生去函所言新出汉《高颐右阙》、《上庸长》画像三段、忠州《丁房阙》画像二段、梁天监《鄱阳王题字》、隋大业《县界碑》，省中碑贾，如蓄有副本，请先生先为代购，恐先生九月中入都时其尚未到省城，以后难求故也。(《友朋书

札》页125王懿荣第十四札)

九月三日,王懿荣再致先生一札。札云起自京至川,自携一儿一女,北人南下,甚为不易,恨不能与先生同行北返。又言其过渑池之土壕,于村庙中得一石像,开皇张钦所造,将载之以行;北朝碑本,其所藏副本尚多,俱在京师,明年京师相见,出以分藏;姚觐元及章寿康皆因故不便相渎,请先生将二人所刊及未刻各书并蜀垣所刻录示一目,先生去后,其将无从问津;先生如过鄂,请先生代购刘宝楠《论语正义》一部,到京领取。又询及友朋中有得何秘籍者,请先生示及一二,其仅收得《湖海楼丛书》一部,聊以解嘲。(《友朋书札》页126—127王懿荣第十五札)

九月,先生由水道至眉州,游中岩寺,得唐宋刻三十余段,皆刘喜海所未见者。(《年谱》)

十月,由重庆水道至武昌,附轮船至镇江、扬州,得书颇多。由是不复入蜀。(《年谱》)

十一月,从东大道入都,途中瞻望泰山,未能往游。(《年谱》)

十二月,到京,仍寓永兴寺。(《年谱》)

是年,先生友同治丁卯同岁生湖北候补知县钟桐山请先生为乃父撰碑铭文。(《文集》卷一《蒲江县教谕钟君墓志铭》)

光绪五年　己卯(1879)　三十六岁

一月,先生在京供职。(《年谱》)

一月十一日,先生过访张佩纶。张氏私谓先生能鉴别金石,校勘经史,"时髦也"。(张佩纶《箑斋日记》)

二月三日,先生招李慈铭、鲍临、陶在铭、陶方琦、许景澄饮,一更后散。(《越缦堂日记》页8185)

二月十一日,钱宝宣自蜀致先生一札。札言"蜀垣官民交困,更甚于昔"。又云钱保塘新正二十八日被委以清溪之任,尊经书院一席王闿运已经到馆,而其本人不必再拟题阅卷,现仍事佔毕,尚无馆,宪幕不易得。又云《鹤山文抄》已刊竣,现编目录;父钱仪吉之文稿将开刻。(《友朋书札》页720钱宝宣第一札)

二月十九日晚,李慈铭邀饮,同饮者朱一新、许景澄。(《越缦堂日记》

页 8214)

二月,王懿荣由川返京,致先生一札,言及其在龙安拓碑的情况,赠先生龙安宋刻拓本二分,称"取自乡间真武像并神号糊匠所拓"。(《友朋书札》页 128 第十九札)

清明后,连日大雪。三月十六日,李慈铭致先生一札,借阅汪辉祖《九史同姓名略》《三史同名录》《元史本证》,又欲借《岭南遗书》,并转请先生代索姚觐元刻书全份。先生即借予汪氏三书,并作札复之。三书乃先生新得自琉璃厂者,系高邮王引之故物。(《越缦堂日记》页 8234、8236,《友朋书札》页 171 李慈铭第二十五札)

三月十九日,李慈铭还先生汪氏三书,并作札论之:"《九史同姓名略》,架中本有数部,经乱尽毁。往日越中屡屡见之,价亦甚廉,近则不可得矣。其书体例可议,如既以《唐书》为断,而于《世系表》《艺文志》中人名,虽在三代秦汉亦牵连之……其中缪误尤不胜指……《三史同名录》《元史本证》印本甚稀,弟所未见。两书经其子苏潭吏部补辑,故较为客观。《本证》有功《元史》,然其精确者,大约取之钱氏《考异》耳。要之三书皆读史者所必需,非细心耐劳,不能为之。兄以为何如?"还书之余,李氏又向先生询借林伯桐《修本堂遗书》、宋翔凤《浮溪精舍丛书》、林春溥《竹柏山房十一种》,乞便中一阅。又问姚觐元何时离京,欲求其所刻书全分。(《越缦堂日记》页 8345,《艺风堂友朋书札》上册页 170 李慈铭致缪荃孙第二十四札)

三月二十五日,李慈铭致先生一札,借阅宋翔凤《四书古今训释》《过庭录》,先生即借予并作札复之。(《越缦堂日记》页 8248)

三月二十八日,缪祐孙致先生一札。札云其舌耘奉母,碌碌如旧。又谓陈小峰交来梁碑拓本,无法径寄。又云其见李慈铭文,以为能追步徐、庚,心中爱悦,请先生代索其《湖塘林馆集》。又言及今秋缪桐孙及缪葆忠将至北场应试,先生若有学差、试差,但祝毋分校京兆,致其二人不得入场。(《友朋书札》页 255 缪祐孙第二十一札)

闰三月五日,费念慈致先生一札。札谈其杜门佔毕以待秋试之近况,又谈及昨日往见俞樾之状云:"昨谒荫甫丈,讨论竟日,语次辄念执事不置。其学大而博,金石竹素,靡不甄综。谓弟曰:治朴学有两途,一为典章之学,博览强识,久而贯通。一为训诂之学,潜研沈思,务期心得,必自小学始,高邮王氏之书至精,此门径也。盛年不在,日力可以,不可以不勉。其为人平易,引掖后学,娓娓不倦,向闻其孤僻者误也。"费氏随札寄与先生《毛诗传疏》一部、笔廿二枝,系吴承潞交与费氏转交者。(《友朋书札》页308费念慈第一札)

四月十七日,走访李慈铭,李慈铭还《四书古今训释》《过庭录》。先生借李氏《读书脞录》。(《越缦堂日记》页8323)

四月二十四日,顺天府兼尹万青藜、府尹周家楣以修《顺天府志》事上奏,得旨俞允。(《光绪顺天府志》卷首周家楣序)

四月,保和殿考差,经题"信而好古","望于山川";诗"进贤兴功"。(《年谱》)

五月,周家楣以丁忧去职,梁肇煌继任顺天府府尹。《顺天府志》的纂修定期开局,周家楣、万青藜、梁肇煌、张之洞时诣商议修志事宜。张之洞允于各门纂齐后,为之划一厘订,而以总纂事由先生代之。(《光绪顺天府志》卷首周家楣序)

六月十五日,费念慈致先生一札。札谢先生惠赠半夏及所寄白银十两,自述其佔毕、治学之近况,又谈及先生嘱其觅购之书云:"属购各书,《尔雅》单疏、《通鉴释文》,已函达湖州往购。《说文外编》《吹网录》《欧陂渔话》,尚未装订。宁波宋元六志、王批《金石三例》,未见其书,当询泖翁,昨访之未晤也。"费氏此札,系请其侄彝训赴京之便带致,故请先生"幸教诲之"。(《友朋书札》页309费念慈第二札)

七月一日,费念慈致先生一札。札述为先生觅购书之事:"承属购各书,兹乘史冠千兄入都之便,先带上《说文外编》《通鉴释文》《尔雅》单疏三种各两部。《吹网录》《鸥陂渔话》,询之翰文斋,据云印好者已卖罄,须待重印,约在秋仲时容觅便再寄。《金石三例》、宁波宋元六志,属孙少山询泖翁,亦不知刻于何处。已属侯念椿留心觅之。此两种新刻本,弟皆未见也。"(《友朋书札》页310费念慈致缪荃孙第三札)

是年,先生告友人陈倬钱大昭有《汉书辨疑》二十二卷、《后汉书辨疑》十一卷、《续汉书辨疑》九卷,刻于樵李沈氏《铜熨斗丛书》中,其板久亡不可得。陈氏从先生借归,录于其所藏同治八年金陵书局刻本之上,至七月毕而跋之。(《上海图书馆善本题跋选辑·史部》陈倬手跋《汉书》条)

八月,先生充顺天乡试同考官。族弟缪葆忠入京应乡试,先生分房回避。先生入闱,阅卷七百余,荐四十卷,中福山谢隽杭、开州刘云卿、福山王懿荣、雄县张文泉、安平杜庭荣、丰润王熙鋈、吴桥梁豫熙、天津张连元、旗籍齐普松武、曲阜刘永绶、汉军郑文钦、安丘王敫、昌黎张钧、天津韩金鳌、天津刘恩源、深泽司空群、旗籍恒年、满城单蓉镜、河间刘炳、蔚州班毓琛、邢台赵允中二十一人,副榜清丰郝卿云、冀州王钧如、汉军萧廷琛、汉军文烋、满城桂斌五人。其中王懿荣以经策补荐,主考官徐桐多疑,欲置之副榜,先生力争始得之。(《兰陵缪氏世谱》卷二十九《族弟秋坪家传》,《年谱》)

九月十五日,榜发,王懿荣中式,出先生房。李慈铭致先生一札,先生次日复之。(《越缦堂日记》页 8482)

九月十八日,先生走访李慈铭不晤。(《越缦堂日记》页 8484)

十月十二日,李慈铭致先生一札,先生走访李慈铭。(《越缦堂日记》页 8502)

十月十四日,李慈铭走访先生,不晤。(《越缦堂日记》页 8503)

十月十八日,王懿荣致先生一札,试策五道缮就,呈先生。札言其日内为煤气所熏,几同大病,未及自书,倩人所为,字迹草率,如不可用即掷还再写。又每篇俱按定场内卷幅字数,计后尚余默写起讲地步,惟书者未能各篇首尾衔接,遂形纸费。(《友朋书札》页 128 王懿荣第二十札)

十月十九日,李慈铭致先生一札,还《崇百药斋文集》,并借他书,又托购书,云:"《崇百药斋文集》六册奉缴。张介侯《二酉堂丛书》求借一读。丁氏《颐志斋丛书》及《六艺堂诗札》诸种,昨询宝森无有。执事前示,有直四金余者,未知在何处,再求示悉。"先生即复之,并借与张澍《养素堂集》。又于晚上再致李慈铭一札,送《颐志斋丛书》二十种,李氏即复一札解释前嫌:"日间奉环云并《养素斋文集》,顷复赐教,论《颐志斋丛书》,敬悉种种。弟浅直而轻信,平生时多失言,前所云云,早已付之太虚。笆仙本无微嫌,芗涛尤为旧交,其事自当冰释,晤两君时幸致谢也。顷云门在坐,方见芗涛而来,亦代致讹言之误。爽秋文字,诚如尊谕,自为难得,晤时亦当婉劝之耳。"札中之笆仙即钱振常,浙江归安人,同治十年进士,官吏部主事。芗涛系张之洞。爽秋即袁昶,浙江桐庐人,与先生系同年进士。札中所言之事已不可考。(《越缦堂日记》页 8506,《友朋书札》页 171 李慈铭第二十六、二十八札)

十月二十四日，李慈铭作札致先生，问《颐志堂丛书》之值是否四两几钱，是否需即付，又问大红庙前小笔铺的铺名，在庙之前后何处。(《越缦堂日记》页 8512，《友朋书札》页 169 李慈铭第二十二札)

十月二十八日，吏部尚书兼管顺天尹万黎青、顺天府尹梁兆煌约先生赴松筠庵饮，为志局中人初晤分书第一期。总修张之洞因家事未到，分纂九人，到者傅云龙、刘恩溥、廖廷相、蔡赓年、羊复礼、詹宏谟、洪良品与先生，凡八人，黄国瑾未到。此外，尚有收掌官冯□□，勾稽官彭□□。创修以长编为先，人任二分，分以书八百卷，编先正史为章。(《傅云龙日记》页 321，《顺天府志》卷首沈秉成序)

十月中下旬，王懿荣致先生一札，言蒯德模之子进京，送人影宋刻《管子》，未知是章寿康所刻还是戴望所借沈树镛家真宋本，若先生知之详请示之。又告先生亲供已填讫。(《友朋书札》页 129 王懿荣第二十三札)

十月，顺天府兼尹万青藜、府尹梁肇煌延修《顺天府志》，先生与同事刘恩溥、洪良品、廖廷相、傅云龙、潘通、蔡赓年、羊复礼八人同事，晨夕搜讨，先撰成沿革表四卷。(《年谱》)

十一月十五日，李慈铭致札先生，还《颐志斋丛书》值四金，并论之云："丁氏书，细密确实，近儒中微不及陈硕甫，似胜于宋于廷也。宋之学，博而稍杂，等其所得，亦可相骖骥。若近之莫子偲、俞荫甫，则不及矣。阁下以为如何？"又请缓还前借之《养素堂集》。又请先生代补已藏《礼记注释》中所缺卷三第二十一叶。先生即复之，还前所借《读书脞录》，又借与李氏张澍《续黔书》。(《越缦堂日记》页 8532、8533，《友朋书札》页 168 李慈铭第十七札)

十一月十六日，先生至致李慈铭一札，并代补《礼记注释》缺页。李氏即回复致谢。(《越缦堂日记》页 8534，《友朋书札》页 168 李慈铭第二十七札)

十一月二十五日，中午翁同龢请先生饮，梁兆煌、冯崧生、吴树梅、庞鸿文等同席，薄暮散。(《翁同龢日记》页 1460)

除夕前夕，王懿荣致先生一札，以潘祖荫所贻之天津子蟹、西山石鸡二包分赠先生。(《友朋书札》页 130 王懿荣第二十七札)

是年，金武祥表兄"自粤东转饷，相遇于都门，古欢若素，相见恨晚，间示近作，兼推新义"。此后，两人时"通笺札而交勉，又约裒集邑中先辈著述,广为流传"。申港缪氏与金氏,数百年来如朱陈秦晋,代有联姻。金武祥后有《杂议乡居诗》,有云:"东邻申浦旧姻连,著述今看后起贤。握手燕台各情话,离乡犹记廿年前。"(《文集》卷五《粟香随笔序》,《粟香随笔》卷一)

是年,王先谦从陈培之借藏抄本沈钦韩《两汉书疏证》录副,嘱先生校字,先生亦录副一部,凡《汉书》八册,《后汉》纪传十二卷、《地理》十八卷。(《文续集》卷六《浙刻沈文起两汉书疏证跋》)

是年八月,王先谦刻乾隆朝《东华录续录》成。

是年十二月二十五日,先生门人柳诒徵(1880—1956)生。

光绪六年　庚辰(1880)　三十七岁

一月,先生在京供职。(《年谱》)

年初王懿荣致先生一札,其浼人录得其试卷内批,送先生呈阅。又云其晤许景澄,知章寿康、杨调元在川垣,请先生示及其又刻何书。又自言习与书画金石相近,不喜板本,与之不熟,章氏来信与之言出宋椠数种,深恐其上当。(《友朋书札》页129王懿荣第二十二札)

春正,缪祐孙致先生一札。札云其时在乃舅张沄卿幕下以解目前之乏,询先生迎养之举,约在何时。又谈及购书事:"属购金陵诸书,无缘市寄,赧汗赧汗。陈氏《经跋》,还祈惠一二。姚氏《咫进斋丛书》如易觅,希代谋之。"又告先生壬午科乡试,决意上北闱。(《友朋书札》页257缪祐孙第二十四札)。

二月九日,费念慈致先生一札。札述上年秋试落第后,退而研经,"假读书养疴,罗列图书,驱染烟墨,亦足自怡"。又谈及家事、吴下事及天下事。又陈近为先生代购书情况:"兹乘陈养原兄之便,带上《金石三例》二部。四明六志迄未觅得。《吹网录》《鸥陂渔话》两种,已属石君秀板存渠家。于印书时为留数部矣。"(《友朋书札》页310费念慈致缪荃孙第四札)

二月二十五日,费念慈致先生一札。札云"念慈杜门读书,一如曩日,懒散之性,不好诣人,往往经月不出"。又云:"昨晤洪庚虞,为言春初在楚中得执事书,有夏首入蜀之语,未知信否?若至澄江,能来吴门作数日留否,翘企无似。"又随札为先生带上《吹网录》两册,乘谢亦篯入都之便,托

其携带。(《友朋书札》页311费念慈第五札)

二月,缪篯来京应试,与先生相见。缪篯襟怀洒落,与先生尤相莫逆。此后,光绪癸未、丙戌,篯赴春官,与先生数数相见,先生并由识篯弟缪彝。缪篯,字坚士,江苏溧阳人,光绪己卯科举人。现代文史学家缪钺之祖父。(《文集》卷七《菁华山馆诗文遗稿跋》)

三月二十四日,往访叶昌炽。此时叶氏至京应考,此其第二次应会试。(《缘督庐日记》页652)

三月会试入场前,王懿荣致先生一札,送先生王筠书六种,并请先生将许诺惠赠于其的陆刻《尔雅》单疏赐下。又言先生处写官如有暇,其拟写栖霞牟氏书,将以寄登州志局,先生亦可自留一份,写价一依门下旧数。先生一一应之。(《友朋书札》页130王懿荣第二十八札,页131第三十二札)

是年春,先生致缪祐孙一书,祐孙暮春得之。札指授祐孙骈俪津逮,以徐、庾相期,并属录旧作诗文寄正。又请祐孙代购金陵书局所刻印戴望及洪汝奎之书。(《友朋书札》页257—259)

是年春日,友人陶濬宣至会稽东跳山访汉建初石刻,并督工拓数纸,作长歌以纪之,三月录呈先生。(《友朋书札》页673陶濬宣第二札)

四月十四日,走访李慈铭,贺其会试中第。李慈铭于此科会试中第一百名,殿试后本月二十四日排名二甲八十六名。是科先生同好中式者还有王颂蔚、梁鼎芬、沈曾植等。(《越缦堂日记》页8673)

四月中旬,王懿荣致先生一柬,告先生其会试幸中,房主为陈启泰,谢隽杭出王先谦门下。(《友朋书札》页132王懿荣第三十六札)

五月一日,走访李慈铭,不晤。(《越缦堂日记》页8689)

六月二十七日,缪祐孙致先生一札。札云其随舅氏浙江学政张沄卿按临各郡县,甚是神疲力倦。询先生所纂《顺天府志》是否藏事,嘱先生宜早日定迎养之计,并云其已于五月中奉母归于白下。又云甚思批读先生所著金石著述,以窥实学门径,盼付剞劂。又云戴望在金陵书局与提调洪汝奎有隙,故戴氏之书并不印售,版片亦不存局。先生所托购之书,戴氏所撰《颜氏学记》,其有刘寿曾所赠一本,其余无从购。至于洪氏之书,局中不甚行,近亦未印此书,闻洪汝奎近仍欲印发,便中市寄。又言王懿荣、李慈铭、汪宗伊皆捷南宫春榜,可称极盛,来科其亦决意北场应试。又云其在张氏幕下分润无多,且终局只是三年,其携张氏之书谒当道,"谋一扬州书局分校,不意颇有难色"。又叹家计迫人,虽有志为学,终成虚愿,"每思顾炎武车中著书之乐,令人钦慕而已"。(《友朋书札》页 257 缪祐孙第二十五札)

春夏间,先生辑《吴兴山墟名》成,撰序。序考此书作者为张玄之撰,而非王韶之,指出章宗元及严可均之误。先生辑是书凡得一卷,源自《舆地胜览》、《永乐大典》、清郑元庆《湖录》、劳钺《湖州府志》、《太平寰宇记》等书,各条皆注明出处,颇为谨严。(《吴兴山墟名》卷首缪荃孙序)

八月七日,有旨:命詹事府少詹事黄体芳提督江苏学政。

八月二十二日,走访李慈铭。(《越缦堂日记》页 8803)

八月末,先生专人赴蜀迎焕章先生并眷属。后先生将自往武昌寓瞿廷韶表兄处候之。①(《年谱》)

九月十三日晚,李慈铭招饮泰丰楼,同座者五人。二更后转饮朱霞精舍,用"露似珍珠月似弓"分韵作诗。(《越缦堂日记》页 8814)

十月既望,代彭祖贤撰《重修荆州府志序》,论"志乘之作,有二难",一曰考古贵于勿误,一曰征今贵于勿漏,颇有见地。(《文集》卷五《重修荆州府志序》、《光绪荆州府志》)

十一月,缪焕章先生至武昌,恽祖翼为借小轮拖放镇江,换船入江阴口。到苏州赁司前街谢宅暂住。先生时境困甚,行赀无出,李瀚章、彭祖贤、周小棠、杨寿昌资之始得度岁。(《年谱》)

十二月十二日,先生往访费念慈未遇。费氏至先生一束,约明日至其舍小饮,盛柏莼、程小沄及费起云、费季香奉陪。又云有荡口书估周景亭自常熟来,携旧书甚多,皆虞山李氏物,现在其处,先生欲觅《知不足斋丛书》初印本,周估有之,可一观。先生在苏期间与费念慈订金兰之交,往来无间。(《友朋书札》页 312 费念慈第六札、页 313 第六札)

十二月十三日,费念慈致先生一束。称得先生手书之《教童子法》当属梓人写样刊刻,《顺天府疆域沿革表》三数日读毕当先行奉缴。(《友朋

---

① 《年谱》载:"八月出京,时专人赴蜀迎焕章先生并娪属入都,自往武昌寓瞿廷韶表兄处候。"与《越缦堂日记》载九月十三日尚邀先生等人饮泰丰楼相抵触,《年谱》在时间上当有误记。

书札》页312费念慈第七札)

十二月十五日,叶昌炽访先生,畅谈。十二日先生曾往访之,未遇。王颂蔚、叶昌炽本约十七日公请先生,以先生是日将赴沪而延后。(《缘督庐日记》页700)

十二月十六日,费念慈致先生一柬。《顺天府疆域沿革表》读竟还先生,称其"引证该洽,辨订精赅","其显为抄胥讹夺者,一一检出"。又询先生沪行何日返棹,请先生过太仓时晤馨吾代索古砖拓本。又云其觅一拓工,拟令其并拓郡学各石,及城内宋人井阑题字。(《友朋书札》页312费念慈第八札)

十二月十七日,先生从苏动身至沪。此次沪行,访朱澂,得见宋十行本《晋书》,宋刊东西汉《会要》、《宋诸臣奏议》,元刻《农桑辑要》,皆世所罕见者。(《缘督庐日记》页700、《文续集》卷五《朱修伯大理结一庐文集序》)

是年,先生《五代史方镇表》撰成。(《年谱》)

是年,先生在京时,辑《吴兴记》成,于都门南坊之永兴寺寓所为之撰序。序考该书作者山谦之事迹及此书亡佚与前人辑佚情况。先生辑该书于《初学记》《永乐大典》《颜鲁公集》《太平寰宇记》《世说新语注》《湖录》等书中凡得六十六事。(《吴兴记》卷首缪荃孙序)

光绪七年　辛巳(1881)　三十八岁

一月,先生在苏州。(《年谱》)

是年,潘祖荫充国史馆正总裁。潘祖荫与提调廖寿丰奏办《儒林》《文苑》《循良》《孝友》《隐逸》五传,派张佩纶、陈宝琛为总办。(《潘文勤公年谱》、《日记》页32)

一月十四日,王颂蔚、叶昌炽在王颂蔚处公请先生,费念慈、管礼耕做陪。(《缘督庐日记》页704)

一月十六日,叶昌炽致先生一柬,附有士礼居题跋三册并草稿。光绪六年十月二十八日叶氏曾于王颂蔚处得《荛圃题跋》四册,"筱珊编定",盖此本也。(《缘督庐日记》页704、693)

三月二十五日,汪鸣銮致先生一柬,送来先生所属购浙江官书局所刻子书及《廿一史四谱》，云《新旧唐书合抄》须五月中方可印出，已为先生订购一部。汪氏昨日始自杭州归来。(《友朋书札》页6汪鸣銮第四札)

是年春，缪祐孙致先生一札。札谈及蜀中家事及族姻近状，"变迁凋谢之感，不觉撑突于怀"。又言及"钱宅银函送去，已酬《甘泉乡人稿》二部"，"局刊、莫刊诸书购呈，惟有一二种时尚须续印，俟来年再寄"；其"明岁亦思下北场"。又先生接缪祐孙数札均署名"懋森"，先生去札曾示其更名不合，祐孙于札中解释系前岁失意后牢愁中事，"既思违《戴记》之训，即已中止"。又告以先生所赐陈鳣《经籍跋文》已经收到。(《友朋书札》页256缪祐孙第二十三札)

四月三日，缪祐孙致先生一札。札云陈小峰代打梁碑四种，先托钱应溥之子钱骏祥带上，其余萧宏、萧绩二石尚未拓得。又请先生告知前所托买金陵书局之书所缺的数种，将补寄。钱应溥，字子密，钱泰吉之子。(《友朋书札》页255缪祐孙第二十二札)

四月初五日，薄暮，汪鸣銮招饮，叶昌炽、薛惠同席。(《缘督庐日记》页718)

四月七日，叶昌炽与薛惠同访先生话别，未遇。九日，先生与费念慈同至叶昌炽之馆，亦未晤。先生此时携家眷返京，在苏州得费学曾、刘翊宸为纠会得五百金始得成行。(《缘督庐日记》页719，《年谱》)

四月，与表兄金武祥相会。时先生与焕章先生自运河至济宁。至济宁后，先生先陆行入都觅宅布置，焕章先生换船随漕艘行。(《年谱》，《粟香行年录》)

四月十五日，费念慈致先生一札，时二人话别六日矣。札云仲鲁卧疴，藏印未能奏刀，将来可函达；所购书寄上，价不必寄苏，以其欲于都中购书，稍缓函恳。(《友朋书札》页313费念慈第十札)

四月二十三日，费念慈致先生一札。札请先生代索《董方立遗书》及董基诚文集，以其旧藏本已赠叶昌炽之故。又言《教童子法》已刻成；李芝绶所藏洪亮吉《四史发伏》虽重价不售，不肯借抄，已属其自觅人录之，尽四月写竟，而缴其写资，将来须重校录清本，丐潘祖荫刊入《滂喜斋丛书》。又言及慈安太后去世之事，云里中想已得闻，而遗诏则尚未到。(《友朋书札》页313费念慈第十一札)

五月二十八日，缪朝荃曾致先生一札，并寄奉钱溯耆制辛巳笺两匣。

札谢先生北返濒行时颁赠考卷,言先生所托搜燕中名人著述,当随时留意。又云钱溯耆所制辛巳笺,以今年为时稍迟,所印已罄,从别处觅两匣寄呈,明年壬午笺定当早日寄奉,以副先生谆嘱。札又索先生所刊之书及先生所校之《式训堂丛书》。

又附一札云其乡里以乡前辈彭兆荪《小谟觞馆全集》兵燹后板毁欲集资重梓,并增辑录年谱、赠答诗文、哀婉诗文、各书序跋及注引书目等,以里中藏书甚鲜,若王昶《春融堂全集》等竟不能得,若先生有藏,求便中假借。(《友朋书札》页769缪朝荃第二、三札)

七月七日,复彭祖贤暮春一札,代友人杨寿昌谋弥补亏空,札有云:"侄四月起程,由运河入都,行至沛宁,家君命侄陆行,先抵京部署一切。昨卜居大川淀,一椽虽赁,三径犹荒,惟涵秋一阁,苇湖十顷,犹是软红尘中清境耳。兹恳者,前任汉川县扬令寿昌,现以丁忧开缺,任中官累积至数千。竭日张罗,冀图弥补。惟官项定例綦严,尚祈俯念微员,略垂庇荫,该员亦极知自爱,万不敢以骈幪幸托,致生延玩公款之心。侄与该员廿载旧交,确知其窘乡苦况,不得不代申吁恳之忱。若蒙逾格成全,则感激亦同身受也。"(《艺风堂书札》页252致彭祖贤第一札)

七月十九日,先生走诣李慈铭。(《越缦堂日记》页9112)

七月三十日,走访李慈铭,谈良久。先生言章寿康近在蜀刻书甚多,入《丛书》者有《乾道临安志》、《衢本郡斋读书志》、邵晋涵《南江文集》、梁玉绳《人表考》诸书,别行者有赵一清《水经注释》、施国祁《金史补遗》,近日方刻《嘉泰会稽志》。(《越缦堂日记》页9120)

闰七月五日午后,李慈铭与先生晤谈。(《越缦堂日记》页9128)

闰七月,焕章先生舟至通州,先生自往迎入宅①。(《年谱》)

闰七月十九日,李慈铭作札致先生,还《养素堂集》及《续黔书》,云:"数日不晤,伏想版舆安抵都门,采侍康娱,阖潭燕喜,敬贺敬贺。弟一病数日,迄今腹疾未愈,常欲奉邀一叙,竟未得间。兹先送还张介侯书两种,余容晤谈。"李氏借此二书已一年有余。先生即复之。(《越缦堂日记》页

---

① 按,先生自编《年谱》谓"七月先大夫舟始至通州,自往迎入宅"。然李慈铭闰七月十九日之札云"数日不晤,伏想版舆安抵都门,采侍康娱,阖潭燕喜",系推测之语,先生闰七月五日曾与李氏晤谈,是闰七月五日焕章先生当尚未至京。焕章先生至京当在闰七月,先生自编年谱当系约略言之。

9141,《友朋书札》页164李慈铭第二札)

闰七月杪,丁立诚致先生一札,索先生所借《东湖丛记》及先生新刊本,并录赠莃圃题跋两通,云:"……顷得学吕先生书,知执事安寓城南,定想著述千秋,起居万福,颂颂。《东湖丛记》未知刻成否?原本如已校毕,望便中寄下。泽山同年,现馆宗氏,相去咫尺,时时晤语。伊渴欲见新雕本,如已印行,早日赐下,以便转交。莃圃题跋近又得二篇,录呈汇梓。湖州陆氏究有无抄寄,何妨请伯寅尚书索之。敝刻《武林掌故》小种,俟来年得有成数,再行呈览。"(《友朋书札》页694丁立诚第一札)

八月一日,先生与焕章先生移入新赁之大川淀涵秋阁伯温旧居,整理家具,庋置书籍。涵秋阁系朱为弼书额,阁不甚高,下临苇荡数十顷,秋风萧瑟,颇近江南风景,远望矩堞,西山时在目前,向称胜地。(《艺风堂书札》页258致金武祥第二札,《年谱》)

八月十七日,李慈铭致先生一札,约明日午饭。十八日先生与李慈铭、鲍临、吴讲、孙禄增等同饮。(《越缦堂日记》页9168)

九月九日,王懿荣自蜀致先生一札。札云其于本年六月抵蜀,得先生札,承命向王苶臣致书索逋,于七月六日得款,未悉先生是否已抵京,如已至京即将原款汇缴。又云其到蜀尚未见叶燮生,先生借与叶氏之《金石苑·三巴香古志》一书,已为叶氏拆散,零入渠所著《全蜀金石志》稿本内,原书已毁。又言"川省官场,士风日下,不可久居"。(《友朋书札》页134王懿荣第四十五札)

九月,先生辑校《元和郡县志》成,于涵秋阁寓所跋之。序述此书缺亡情况,及后人辑补之漏略,先生遂剌取各书辑校而理为三卷。(《元和郡县志》卷末缪荃孙跋)

十月四日,费念慈致先生一札。先生与其执别越半年矣。札言其别后之况,称近日于汪鸣銮坐上识得精通许书隐于药肆之张容亭;假得芬陀遗著一种,辑《仓颉》《三仓》《埤仓》《通俗文声类》为一编,以《说文》部居编次之,惜属草未竟,为补之而明春录清本寄上,另有《夏小正笺释》《月令章句》二种,已属丽孙录副;昨日于汪鸣銮斋中假得钮玉树重校定《急就章》皇象本,据汪中所藏松雪临本,参以明正统间吉水杨氏石本,已录一一通;《四史发伏》已移书倩李芝绶录副,俟春暮交汪鸣銮携都。又言汪鸣銮假其《六艺纲目》已登板重刊;请先生于都中觅购张穆《月斋集》;请先生买淳化宣楹帖数联,丐张之洞、王懿荣书之,买生乌丝栏或朱丝栏宣屏四副请王懿荣以小篆书之;请先生见示所编孙星衍遗文目,欲助辑佚文。又言常州郡志有明春开局之说,当托刘翙宸为先生分任一门。随札并附其撰《说文经字考疏证》,辑《公羊逸礼考征》佚文。(《友朋书札》页317费念慈第十六札)

十一月初五,王先谦招饮广和居,同饮者瞿鸿禨、李慈铭、徐树钧、钱振常、张度诸人。(《越缦堂日记》页9226)

十一月九日,王懿荣自川寄先生一札。札云九月之札,先生当已览察入,王荇臣之原信及还银尚在其处,请先生示知住址,刻即即上。又言明年其将侍其父王祖源全眷北上,其在川终日浮泛,会府及学道等肆旧书、佳拓、名迹均绝流,只有王闿运物色到足本《文苑英华》一千卷,携之南行。(《友朋书札》页135王懿荣第四十六札)

十一月廿二日,王懿荣自川致先生一札,寄来九七川平纹银二百两正并及先王荇臣索通个信。札云得先生手札,知先生已安居大川淀涵秋阁新宅,先生收到函、银请赐收字,旧券与林书原相商。又言章小雅、章寿康昆仲专以鬻书为事,刻工为川第一,惜所刊无甚正色秘笈,但已胜俗流万万;闻先生示及沈子湄近得元本《史记》,至为健羡,以其曾立志搜集旧本史书曾得数本故;闻国史馆现修儒林、文苑两门,唯须先生与其从事其间,或可助理诸老前辈。(《友朋书札》页135王懿荣第四十七札)

十一月,张之洞调任山西巡抚,其赴任后先生成为《顺天府志》事实上的总纂。(《德宗实录》卷一三九,《清实录》第五十三册页995)

十二月初四日,下午诣李慈铭谈,至晚方归。(《越缦堂日记》页9263)

十二月二十八日,李慈铭诣先生坐清涟漪阁谈良久。是日,费念慈致先生一札,告知先生问月楼本《古微书》已奉到,言其向瞿念慈索得《离骚释韵》。又云"国史续修儒林、文苑传,想仍踵阮仪征旧例,经学大师如欎轩、皋文诸公,是否即用仪征旧稿所列各家,望录其目见示,当为博采行述碑志,抄录寄都。赵**扔**叔撰《国朝经师师承记》将成,曾见其稿否?必大有可采也"。又其有百金在都,欲觅一妥处生息以便买书,询先生有没有可靠之处。(《越缦堂日记》页9295,《友朋书札》页314费念慈第十二札)

是年冬,先生招缪祐孙入京,馆业宅。(《年谱》)

是年,先生在皖中曾与张保慈晤面。(《文集》卷一《三品衔安徽候补道张君传》)

是年,缪荃孙开始办理《续碑传集》。(《续碑传集》卷首缪序)

是年,朱次琦卒。

是年,先生友刘承幹(1881—1963)生。

光绪八年　壬午(1882)　三十九岁

一月,先生在京供职。(《年谱》)

春正,周家楣再任顺天府府尹,《顺天府志》已完成三分之一。周氏知张之洞巡抚山西,划一之约恐无及,往商之。张之洞云得周氏再任京兆,得先生主总纂事,事无不成,"成书必不至谫陋也"。此前周家楣丁忧里居期间,先生曾去书论志事,谓"考古难矣,证今尤难",一字未确,往往搁笔。(《光绪顺天府志》卷首周家楣序)

一月十五日,致表兄金武祥一札。札谈购书、撰著、搜集江阴文献及官私琐事甚多,有云:"《贞孝事略》,在京送出多本,收回颇少,俟考差后,当为请客面催,或可多得佳制。嘱购孙、乐二先生诗集,厂肆遍觅不得,搜到即呈。近来厂书佳者绝种,徐徐俟之。弟此次入都,顺天志局事,接办香涛师总纂一席,颇为忙冗,私家著述,权且倚阁。江阴宋志,一图从明赵志绘出,一图从《咸淳毗陵志》绘出,并自撰沿革一表,录出即呈览。江阴人著作搜得无多,《席帽山人集》《墙东类稿》《霞客游记》《杨氏全书》《家文贞公集》《法喜志》《东林列传》《试畯堂集》之类,不及十种。吾兄取得几许,先请示知,将来复者互换,短者写藏,此等冷事,西乡人尚肯为之,东乡城内,发者屡屡,恐见不及此矣。大著何日付梓,弟愧无以稗益,甚愧愧。乾隆十年《宝坻志》,蔡寅斗犹为善者。江阴艺文甚难成,弟拟杂考数十条,编入大著中,复者去之,未知可否? 闻重闻要兴修。挹泉殁矣,执庵忧去,季士周得京察而屡列弹章,似非佳事,燮卿亦回里,方山、聘臣时时晤面,秋晖失馆,甚是无聊,昨为曹竹铭同年请去阅卷,弟荐之也。柚岑舍弟顷来郡门,预备应试。子占能署缺否? 全仗大力提携。方伯处顷为提及,能代其觅一饷差入都否? 筱塘京兆来都,来函面交矣。"(《艺风堂书札》页259致金武祥第二札)

二月八日,先生致费念慈一札,并漕平足银伍拾两。(《友朋书札》页316费念慈第十五札)

二月二十七日,午后走访李慈铭。(《越缦堂日记》页9357)

三月八日,费念慈得先生二月八日之札并银,即复先生一札,并云其二月十五日前后有札寄先生并白金百两寄其外舅徐郙处,先生可以着人去取。又言洪亮吉未定之手稿《四史发伏》已倩李芝绶影写,"拟于场后精校付刊";于杨岘处见《铁桥漫稿》,思影写之;汪鸣銮去夏得钱绎《方言笺疏》定本,当系陈奂录存者,其与王颂蔚、叶昌炽传抄之,拟墨于板与《四史大伏》等合为丛书;叶昌炽有沈钦韩《左传补注》副本,将为蒋汝藻校勘付梓。又言其近日常晤杨岘,杨氏之学宗臧寿恭、陈奂,于经深于《周官礼》,尝为义类约百万言,又通《春秋》历法,撰《中朔表》,皆失于兵火;于子通《管子》,尝精校数过,欲厘正文字,考定错简,重编而为之注未果,以校本赠戴望,戴氏据以作校正,曾国藩刊于金陵。又言为秋试将近故,致力于为制科之文。(《友朋书札》页316费念慈第十五札)

三月二十八日,费念慈得先生函,即复先生一札。札云《遗山集》收到,先生致叶昌炽之函已转达,奠分洋一元已代付。又云汪鸣銮过四月将北上,汪氏所刊《六艺纲目》,管礼耕为作校勘记,已墨于板;《四史发伏》李芝绶已录副见赠,因为非手定本,颠倒讹舛甚多,须与王颂蔚、叶昌炽、管礼耕悉心雠比;《铁桥漫稿》已觅人录副;《通鉴长编》已托俞樾代购,当交汪鸣銮带上。(《友朋书札》页315费念慈第十三札)

是年春,表兄瞿廷仪猝殁于江西。其在江西,得厘差一次,赋闲四年。庄恭人揩挂中馈,辛苦备尝。而身后萧条,几无以敛,令庄恭人痛不欲生,而幼稚满前。时表兄瞿廷韶署鄂盐道,即迎恭人一家到署。(《乙丁稿》卷二《晋封恭人瞿母庄太夫人家传》)

四月,先生大病几死,傅云龙药之得生,然考差未能参与。(《年谱》)

四五月间,先生致潘祖荫一札,言其因病未能参与考差,并以友人寄来之正定石墨十余种呈阅。此次考差,潘祖荫为阅卷官。(颜建华《缪荃孙致潘祖荫函稿辑释》第十六札,《艺风堂书札》页256致潘祖荫第十四札)

五月初八日,费念慈致先生一札。札云其"日究心于制举之文,揣摩时世装束,辞类俳优"。又云《铁桥漫稿》三月中从杨岘处假得尚未写竟;

《四史发伏》属管礼耕覆校甫及半；先生所托购之《通鉴长编》，已属俞定君用阔纸印两部，尚未寄到。又请先生代查吴氏报捐职须补交之银两。(《友朋书札》页315费念慈第十四札)

六月初五日，费念慈致先生一札①，云其将于本月十三日自苏北上，盖欲参加北闱之试。札有云："昨得手毕，知以清恙未豫考差，为怅怏者累日。申季偕郋亭北行，弟为之怦怦心动。潘西圃师暨滨石、云孙诸丈，皆劝之甚殷。昨又得家外舅书，亦敦促北上。今意已决定十三日自苏启行，计月尾当可一握为笑矣……《铁桥漫稿》当携来共欣赏也。"(《友朋书札》页330费念慈第三十四札)

是年春夏间，潘祖荫致先生一笺询蜀中王懿荣及姚觐元近况，先生复之云："姚、王二处久不得书，外间有言廉生归道山者，近得蜀中友人书，未曾提及，恐讹言也。彦侍近校《大唐类要》，亦梁杭雪所说。"(南开大学图书馆藏缪荃孙致潘祖荫一札)

是年夏秋间，代潘祖荫录副沈涛《说文古本考》，多有书札往来谈论此事。是年潘氏即以此录副本为底本刊之滂喜斋。(颜建华《缪荃孙致潘祖荫函稿辑释》第十一、十二、十三札，《说文古本考》卷首潘祖荫序)

八月一日，有旨：命江苏学政黄体芳留任。

九月，顺天榜发，缪祐孙中式。(《年谱》)

十月二十九日，费念慈致先生一札。札言其于京中与先生执别后于九月十九日抵吴，并于九月末收到先生之札，悉其被挑取誊录。又言《铁桥漫稿》其已觅人写样，《四史发伏》管礼耕校讫请寄其处，《毛诗天文考》请录副后寄南转致原主李芝绶。(《友朋书札》页318费念慈第十七札)

十一月八日，管礼耕自吴致先生一札。札言自京南返途中之情状，十月二十九日旋里。告先生吴门述古堂书店及属访之书之情况："述古堂本有东西两店，自今岁主人作古后，仅存东店，寥落不堪。委访之书，虽系残璧，已不胫而走矣。"又言曾见刊刻中的《皕宋楼藏书志》，中多有黄跋："昨在陶升甫刻字处见吴兴陆氏《皕宋斋藏书志》，全载序跋，略展一二卷，复翁手墨颇为不少。惜记忆难真，与尊辑未识异同若何也。"(《友朋书札》页

---

① 《艺风堂友朋书札》页315费念慈第十三札言"郋亭前日赴杭，过四月亦将北行"，本札云"郋亭已晤未"，末署"初五日灯右"，费氏此行系为秋试，故系本札于六月五日。

760 管礼耕第二札)

十二月,先生充国史馆协修。(《年谱》)

是年莫绳孙曾致先生一札,附札寄赠先生《复古编》及用日本皮纸所印之新刊《说文》。札谢先生致札吊慰其母丧及缪祐孙寄达先生所撰莫氏先世史传。又告先生其姑丈黎庶昌在日本拟刻《古逸丛书》,并以目呈阅。又言黎氏在日搜得顾野王原帙《玉篇》残本及《一切经音义》一百卷,其欲怂惠淮南书局刊刻,请先生便中转告张之洞,共享欣快。(《友朋书札》页639 莫绳孙第二札)

是年,康有为入京参加乡试,谭宗浚有札向先生引荐:"日前承扰郁厨,谢谢。兹有恳者,敝同乡康长素上舍,人素博雅,志行甚高,为朱子襄京卿高弟子,久钦道范,欲得见紫芝眉宇久矣。兹特为之先容,乞俯俞所请,幸甚。"(《友朋书札》页73 谭宗浚第一札)

是年,陈澧卒,刘寿曾卒。

光绪九年　癸未(1883)　四十岁

一月,先生在京供职。是年正月,潘祖荫以父卒丁忧,徐桐接任国史馆总裁。(《年谱》)

二月十四日,费念慈致先生一札。札谢先生惠赠各种拓本,并以未得手书而惘然。又述及祖母弃养及其本人累月之病况,以及友人管礼耕、叶昌炽、姚觐元、潘祖荫等人近况。又言刊刻书事:将于三月中刊《铁桥漫稿》,"属徐元圃锓木","与申季共校之",请先生"所集刊资,幸早筹寄"。《四史发伏》乞先生"交芍舲携归",将来亦刊入丛书,即在南中集资。《毛诗天文考》先生录副后请交玉舟或郑文焯带回。《论语说义》《孟子赵注补正》亦乞交秦毓麒。又向先生索章硕卿所刊《国语正义》。又谈亲友刊书情况:其外舅徐郙拟刊丛书;叶昌炽校梓五家宋椠书目将毕工,《左传补注》尚需时日。(《友朋书札》页319 费念慈第十八札)

二月十六日,费念慈致先生一札。请先生觅能书人代录副申受先生《尚书集解》,代购王筠《说文系传校录》《鄂宰四种》《张月斋集》,并索《万善花室集》《莐圃题跋》,"五六月间会式,诸君有归者可倩其携南"。(《友朋书札》页320 费念慈致缪荃孙第十八札)

三月，先生被奏派国史五传纂修。(《年谱》)

三月十五日，费念慈致先生一札。札云因不能违鲤庭侍奉，又心悝远役，故今年不北上。又询先生《万善花室集》《士礼居藏书题跋》是否刊毕，先生所辑孙星衍遗文是否付梓，并寄与先生遗文一篇。又请先生代觅章寿康所刊《国语正义》。(《友朋书札》页321 费念慈第二十札)

四月一日，费念慈致先生一札。札云《皕宋斋书目》缓数日即寄先生，又请先生在都代购苗夔之遗著。(《友朋书札》页321 费念慈第二十一札)

四月十一日，是日红录出，族弟缪祐孙落榜。祐孙在店中，"烦扰形于面，临案食不能咽"。(《郑孝胥日记》页43)

五月十五日，费念慈致先生一札。札云其前托沈乐庭带上《皕宋斋藏书志》，如未送达，可着人前往五老胡同取，又询王颂蔚改官何部，又言及与潘祖荫、姚觐元近常晤面，叶昌炽馆况不恶等友人近况。(《友朋书札》页330 费念慈第三十三札)

五月二十四日，午后走访李慈铭。(《越缦堂日记》页9924)

五月二十五日，缪祐孙致先生一札。札告先生其于四月二十七日出都，津、沪小作句留，月之既望，始抵邗江。桐泽太守处一馆，张沄卿舅氏允为竭力推荐。在沪见盛宣怀，亦允为设法。"但渠为人非可倚者，亦姑听之可也"。又张华奎曾允为谋南中书院及笔墨馆，请先生晤时为其一言。先生所撰仪征刘氏传稿，已交刘贵曾；所刊《万善花室集》，已交与莫绳孙。又言朱崇绎屡致问候，询《曹子建集考异》能否怂恿汪鸣銮刊播，《昌国典咏》亦望函问鄂局。随札又奉上莫绳孙近刊《张乖崖集》及祐孙在浙所得唐经幢拓本。(《友朋书札》页263 第三十三札)

六月二十四日，费念慈致先生一札。札云先生为其购各书已照收，先生致伯度及潘祖荫书已分致。又言叶昌炽、管礼耕、王颂蔚近状。又谈拟撰儒林、文苑传稿云："郎亭拟儒林、文苑稿，已成数篇，其黄仲则、李滨石两传，弟所拟也，不日当可邮览。"又请先生代购以后式训堂所刻书，"望购未装订者，以便汇成一律。但须竹纸，不必连史也"，"无则白纸已装者亦可"。又言将游皖，《说文经字考疏证》《赵松雪年谱》已脱稿，自皖归当录呈；陆氏丛书前集已托钱恂觅便寄都。(《友朋书札》页322 费念慈第二十三札)

是年夏，南海谭宗浚以伍崇曜刻《金文最》百二十卷见贻，即张金吾所辑者。先生翻阅数日，如获得瑰宝，并辑近时新出碑记出于《文最》之外者，为补录百数十篇，寄伍崇曜附刻《文最》之后。(《辽文存》卷首缪荃孙序)

七月二十九日，费念慈于安徽姑孰致先生一札，并随札转交章小雅一札。费念慈有百金闲置，托先生觅妥处存放，"每月以分二厘行息"。(《友朋书札》页323费念慈致缪荃孙第二十四札)

九月初三日，费念慈返吴，致先生一札。札询六月底寄先生《十万卷楼丛书》是否收到，委先生处置之茶行百金如何安顿，以未得先生复札之故也。又云钱宝廉之侄钱星征，欲考会典馆眷录，请先生代办。(《友朋书札》页324费念慈致缪荃孙第二十五札)

九月初七日，李慈铭致先生一札，索求先生新刻书《万善花室文集》《东湖丛记》《齐云山人文集》，并述前约傅云龙走访先生未果事，约重阳后畅叙。先生即赠与书并作札复之。(《越缦堂日记》页10031,《友朋书札》页166李慈铭致缪荃孙第九札)

九月二十四日，费念慈致先生一札。札询陆氏《十万卷楼丛书》是否寄达。《道藏》本《文子》是否觅得。(《友朋书札》页324费念慈致缪荃孙第二十六札)

九月二十七日，费念慈致先生一札。谢先生为安置百金之款，告先生《十万卷楼丛书》迄未寄到，已属钱星征函查。又告以梁于渭、叶昌炽、董康等友人近况。请先生将《四史发伏》交瞿念慈带回，属管礼耕一手校勘，即于吴中付梓，版口依《万善花室集》，归入《云自在龛丛书》。又云购得王聘珍《大戴礼记解诂》将寄上，《说文经字考疏证》明春可竟，并近作骈散文、诗词得暇录以呈正。又谈及俞樾精神尚好，张文虎掌教新设置南菁书院，等等。(《友朋书札》页324费念慈第二十七札)

是年秋，室人庄氏大病，延傅云龙治之得生。(《年谱》)

十月十九日，缪祐孙致先生一札。札云闻先生得总纂，可望京察，喜甚。又云在馆学生淘气难制，虽世锡之待之甚好，然太吃力，不能久处，前曾求周家楣荐事请先生于放人时为一言。又言其体先生"敦宗收族"之意，子占广东谋职事，其自竭力。又言晤王仲光，"言顺天大兴府案，为赵姓夺去，甚为六弟惜之"，"乞兄属其用功，亟练前八行，此小试要诀"。又言及江阴东西乡水灾之事云："陈令勘过，改无收为歉收详司。乡董来省，诉于方伯。藩周有信，兹寄阅。其不恤民，亦可见也。"有言及庄夫人此次

病已愈,极应该调养。(《友朋书札》页 259 缪祐孙致先生第二十六札)

十月,缪祐孙又致先生一札。札询屠仁守得补谏官,有所建白否?并言及缪子占谋职事,"此子自是美材,未宜任其弃置,容缓恺切函告,俾知外间谋事之难,及吾兄目前光景,与殷殷培植之意,庶得其实在情形。"有言及朱崇绎所抄寄《曹子建集考异》《昌兴典咏》乃节数月馆金为之,其心良苦,务求力图汪鸣銮刊之。又请先生为催朱氏在书估小韩处寄售之书,请先生催之,或易小韩书,或乞取交他店。又请先生将其所存先生处之《全唐文》残本便中寄予。(《友朋书札》页 261 缪祐孙第二十八札)

是月,莫绳孙托京饷官汪君带与先生黎庶昌新刻书八种。先生旋复一札,请其转寄黎庶昌一札,并谈缪祐孙馆事等,云:"前奉手书,未能即报,疏懒万状,咎无可辞。屡惠奇书,均属精美无匹,贫儿暴富,眼界稍充,感念盛情,愧无以报。比维著述宏富,动定绥和为颂。弟词垣供职,珞珞如恒,长安人海,谋生匪易,况值歉岁,倍觉艰据。厂肆偶有佳帙,价重兼金,即偶寓目,仍复置之,然亦无可如何也。黎莼斋丈搜罗古籍,景刻精絜,可与芜圃抗行,近百年来,殆无他人可以鼎足。日本之工匠亦复知古法,大约刻手之劣,无过京城,因朱卷入手故也。弟复黎丈一械,恳转寄,并乞代索丛书全分为荷。此等以初印者尤佳,久之则锋棱退矣,无厌之求,得无笑我。柚岑馆苏寔不得已,霁丈病殁,扬州一馆能不摇动否?尚赖大力维持之。近人情浮薄,初非过虑,柚岑非此更难为计,弟现校刻芜圃题跋,年终可毕,再尘清玩。郑子尹先生事寔恳即寄来,馆中尚无定稿,出奏须明年矣,此复即请著安不一。"(《友朋书札》页 640 莫绳孙第三札,《艺风堂书札》页 308 致莫绳孙第一札)

十一月二日,莫绳孙与先生一札,附郑珍行状,经学曾转致。札云因张沄卿殁,缪祐孙淮南书局之馆事殊为可虑。其昨已恳主政者,此公任内当无更动。又云先生撰定郑珍之行状后,希先生录示。又云《一切经音义》为稀世秘笈,亟欲淮南书局刊之,但经费尚难以筹措,而一二老儒新选之古文数十卷,主政者却不得已诺为刊刻;书局所刊《韵会举要》虽蒇工尚待修补;《古逸丛书》续有成者,黎庶昌当随时致与先生。(《友朋书札》页 640 莫绳孙第三札)

十一月十一日,费念慈致先生一札。札告前托寄先生之《十万卷楼丛书》殆付殷羡矣。又述为《礼记》郑注重作疏之构想,近代研究《春秋谷梁传》之不足。又言其外舅于颍州立书院之事,言及叶昌炽、管礼耕等友人。又言及苏沪近况令人堪忧:"苏沪市面大坏,富人大贾,相继亏折,为从来所无。东南财赋甲天下,一旦萧索至此,匪细故也。而海南战事日亟,如何如何?"(《友朋书札》页325费念慈第二十八札)

十二月八日,缪祐孙致先生一札。札云先生属命各处贺年信,兹已作好,叫署中折便。属交费念慈、钱振常之言,已面达世信面交。又云"朱崇绎处抄书费,原不必偿,师意在刊播",先生所托购之戴望《颜氏学记》已得,明年寄上。又言及苏中官场之状云:"中峰木讷,屏蕃偏听不明,子将已暮气乘之,桐子沾尚无笑话。王仲光常来弟所诉冤,弟以模棱处之,缘渠近颇受子云挤排也。海防尚是湘阴认真,然此老近益昏愦,闻午前尚有明白时,午后直是鸡窠中小儿矣。如此封疆,得无令外邦齿冷?"祐孙此处所云之数人,皆当时掌两江及江苏权柄者,其中"湘阴"当指左宗棠。又询先生前札请先生代托周家楣荐常镇道馆事,周处有无讯息。(《友朋书札》页264缪祐孙第三十四札)

十二月十八日,晡时赴周寿昌招饮,同坐者朱一新、陈三立、李慈铭、陈懋侯等。(《越缦堂日记》页10151)

是年,先生表姊左锡嘉自定襄来都,相晤匝月。(《文续集》卷二《曾太夫人左氏家传》)

是年,先生被派教习庶吉士,门生有山东管廷献、江苏秦绶章、浙江童祥熊、山东李兆勋、江西刘昺燮、甘肃张琦、福建张亨嘉、河南马吉樟、河南冯汝骙、广西骆景宙。(《年谱》)

是年,先生与谭宗浚充国史馆总纂,共办儒林、文苑、循良、孝友、隐逸五传,相互商榷,往还甚多。若谭宗浚曾致先生一札谈分办事有云:"史馆分办各节,即遵尊谕,弟专办文苑,阁下专办遗逸便是。至儒林传既须各办,鄙意亦欲画分。大约大江南北,暨两浙、江右诸传,必仰仗大手笔。若北直及边省各传,则弟任之。如此办法,于学问源流既能洞悉,且应删应补应附,不致棼乱如丝,未审尊意以为然否?大作诸传,典核精博,具良史才,曷胜钦佩。中有贡疑数处,条列于另纸上,然终是管测之见,未能以涓滴增益裨瀛也。"又云:"儒林传分办之说,不过弟等私议如此,若送史馆,署名覆辑,则可不拘。如足下吴人,则吴中先达各传,送馆或用弟名。弟粤人,则粤中先达各传,送馆时拟借重尊衔。此则临时变通,似无不可,仍

望卓裁为要。"(《友朋书札》页74谭宗浚第四札)

又一札有云:"敝省著述自远不及大江南北,然一二笃行朴学之士,亦有其人,得大君子表彰而甄录之,幸幸。兹谨拟数人,此皆乡评极确,列入儒林而无愧者。其稍逊者,弟不敢滥列也。可否仍候卓裁。"(《友朋书札》页73谭宗浚第三札)

又一札有云:"昨日领教言为慰。送上吴子序编修传一篇,乞察入……另呈上王介山书籍两种,其自撰年谱,语多鄙俗;为其妻作行状,而称实录,语太不检……意纪文达公但见其有与朱子抵牾处,遽称许之耳……但其君应入儒林,其可采与否,望大法眼卓夺。"(《友朋书札》页73谭宗浚第二札)

又一札有云:"手示祇悉。任东涧宜入儒林,至潘四农亦谈理学,然似不及其诗文之佳,且嘉、道间文苑亦无几人,若再抽去,则更寥落矣。刘椒云究以入儒林为正,邵位西亦然。"(《友朋书札》页75谭宗浚第五札)

又一札有云:"送复刘彦清、王眉叔、高伯平诸集,乞察入。刘、王两家骈文,成就甚小;伯平《东轩集》亦不见有独到处,此公似宜入儒林,或径拟删归下篇,统候卓裁。"(《友朋书札》页76谭宗浚第七札)

是年,先生刻《东湖丛记》。(《年谱》)

是年六月,刘恭冕卒。

是年,吴重憙刻桂馥《历代石经略》。

光绪十年　甲申(1884)　四十一岁

一月,先生供职京师。(《年谱》)

一月十七日,致李慈铭一札,约饮期。李慈铭即复之,应允。然李氏自去腊尾旬,"血疾三作,改年以后,忽忽不怡,强出贺年"。(《越缦堂日记》页10177,《友朋书札》上册页167李慈铭致缪荃孙第十三札)

春正,缪祐孙致先生一札。札云其去腊祀后灶一日抵扬,现拟廿一日东渡。先生所托带之《全唐文》残本已奉到。以在苏用度过费,且不能兼顾家事,踌躇是否就世锡之之馆。其想谋新任运司德静山书启之职,又欲乞新办江甘五岸商盐蹉务李盛铎之席,均请先生帮助。又其十舅张端卿升安徽按察使,计将入都,请先生将其一札送交,或交费学曾转交亦可。

随札寄李盛铎所刊《孙氏祠堂书目》,并告先生李氏"新得袁漱六所藏宋元本旧抄本十余种,又有顾千里、张石洲手校之书一二册,甚为矜异"。(《友朋书札》页265缪祐孙第三十五札)

一月二十二日,先生招饮晴漪阁,晡时设饮,赴饮者有李慈铭、许景澄、樊增祥、王懿荣、黄绍箕、梁鼎芬,肴核颇精。(《越缦堂日记》页10181)

二月七日,走访李慈铭。(《越缦堂日记》页10194)

二月八日,致缪祐孙一札,并附吴镜沆一札、缪圻一札。(《友朋书札》页267缪祐孙第三十六札)

是年二月王先谦刊《郡斋读书志》成,钉成亟以一部为赠,并请先生转致王懿荣一部。王氏合校袁州本和衢州本《郡斋读书志》,多以先生所藏旧抄本为校本,并借校先生藏单行本《经籍考》,先生往日校得者,亦予以汇入。(《友朋书札》页14王先谦第二札,页15第四、五札,页16第六札,页20第十九札;《郡斋读书志》卷首王先谦撰《凡例》)

三月九日,缪祐孙致先生一札。札云其在苏如常,考书院仅得其次等,"以此间大半情面,不比江宁也","锡之相待尚优,惟学生太吃力,全不能用功"。札勉先生云:"兄官京师,必日见资深望重,但财源不旺,亦是难处。闻帮总亦可得京察。又今年恐有大考,升官可望,当由坊缺跻卿贰,不必恃作府道也。"又言族内兄弟诸事。又云:"文冶翁甚可怜,弟已有信附锡处便带去,并送洋分,不得不然也。"(《友朋书札》页267缪祐孙第三十六札)

三月十七日,费念慈致先生一札。札言《说文经字考疏证》已粗就,又筹划作《通鉴长编》。又历数郑玄注《礼记》之精及后人多有出入,欲申明郑氏一家之言,合同数人共任之。又欲精研《谷梁传》而成一家。又请先生为录副刘逢禄《尚书集解》,索先生代为潘祖荫所刊《士礼居题跋记》。又谈及"吴中市面之坏","大盗不操矛弧,雪岩作俑,云老继之",等等。(《友朋书札》页326费念慈第二十九札)

是年春,莫绳孙寄予先生《毛诗要义》《韵会举要》及《古逸丛书》八种。(《友朋书札》页639莫绳孙第一札)

四月二日,缪祐孙致先生一札。札云其馆苏如常,扬寓皆安,唯局薪不能按月领用,又闻有裁汰之说。又言及时局云:"法越一局,传闻甚不佳。边帅鲜谋,将不用命,夷氛已逼滇、粤……江浙滨海之区不下数十,在在可虑,当事者苟且之处之,如何使好。法兵船来华,意在要挟,乘此大胜,狡焉思逞,东南诸省,实觉可危也。"又云刘贵曾寄来刘文淇之集,属为寄赠先生。刘贵曾,字良甫,刘文淇之孙,刘毓崧之次子,刘寿曾之弟,刘师培之父也。又询先生,正月之札附寄李盛铎托寄先生之《孙氏祠堂书目》,及是托号带去之《颜氏学记》,是否收到。《曹集考异》如先生要一部,寄请寄回,托朱宗崤觅人代抄一份,南边抄手尚易得,价亦可稍廉。札又谈及代子占谋职等事。(《友朋书札》页268 缪祐孙第三十七札)

四月十四日,费念慈致先生一札。札言其日照之行,于舟中观书之乐。又询王懿荣之请复《古文尚书》是否议准。又谈及三月至四月初中法北宁之战及当下局势,颇为激愤:"刘义用兵如神,法人畏之如虎。而黄卉亭努视之……卉亭日拥越南舞妓四十余人为笑乐,法兵猝至,刘军不援,遂弃北宁,率五十余营望风而溃……江防海防,毫无把握,时事如此,如何如何?救世宿将杨厚庵、刘省三,何以未见召用?"其所云刘义即刘永福,黑旗军将领;黄卉亭即黄桂兰,广西提督,战败自杀。(《友朋书札》页328 费念慈第三十札)

四月二十日,缪祐孙致先生一札。札云其一切如常,得家中信亦平安,唯一用度总不敷,不能添置书籍,每对费念慈等生艳羡。其赴粤谋差之事,尚在待定之中。费氏为丁心斋家事赴日照,不知何时返还。又言"法越事近日毫无消息,官中仍恬然如故"。(《友朋书札》页270 缪祐孙第三十九札)

五月十三日,先生淑配庄思琇卒于京师,年三十七。先生极为伤心。(《兰陵缪氏世谱》卷三十三《缪编修元配庄宜人诔》)

五月十七日,先生致缪祐孙一札。札告以夫人庄氏于本月十三日卒于京,并寄上《尧圃题跋》四部,嘱其自留一部,三部分致友人。又告以六弟已入学。(《友朋书札》页272 缪祐孙第四十一札)

五月二十日,缪祐孙致先生一札。札云其致张端卿之札,能得先生袖交更妙,其欲图一安徽小书院可遥领者,"俾可脱身入蜀一行"。又言《曹子建集》收到,即倩人录副寄上,可以当去年八月先生之寿礼。又言先生所需之骨牌凳俟秋间大运差使寄上,如要他物,亦便购买。先生若要致信李盛铎,但谢赠《孙氏祠堂书目》即可,不必代其说项谋馆,以李处馆非佳

且难谋,而世锡之处之馆亦不宜遽辞。又云其已放弃粤东谋馆之行。(《友朋书札》页269缪祐孙第三十八札)

五月二十八日,钱振常致先生一长札,并以去冬刊成之朱大韶《实事求是斋经义》以及山阴王诒寿《缦雅堂骈文》、武昌张裕钊《濂亭文集》为赠,另有《舒艺室随笔》《续笔》《杂著》《甲乙剩稿》《诗存》《索笑词》及扬州书局春间刻成之《清溪旧屋集》请先生转送李慈铭。札谢先生惠赠《东湖丛记》《齐云山人俪体文》《万善花室文集》等书,并云吴门新刻大率帖括蓝本,偶有略胜之种,亦系贾人射利,面目可憎。又谈及蒋廷黻索《东湖丛记》事:"《斠补隅录》,蒋稚鹤重刻告成。稚鹤为泽山胞弟,生沐先生第十八子也。丁丑计偕,似曾谒台端。阁下前借泽山之《东湖丛记》,所有阙叶,弟代借稚鹤之完帙,奉上补抄。稚鹤闻《丛记》刻成,极为欣慰,欲求赐寄一部,先以《斠补隅录》奉上,属弟介言,定邀俯允。"札又言,姚觐元有兴刻书,将开雕谈钥《吴兴志》;魏鹤山《九经要义》,苏局借得数种付雕,底样太劣,校勘触目鲁鱼;杭局刻《玉海》江宁藩库本,据近年局刻诸史纠其讹字;杭局重刻《经义考》将成,翁氏补正附后,蒋泽山又怂恿续刻谢启昆《小学考》,俞樾当从之;苏局刻《东汉会要》,借《斠补隅录》补全,《唐会要》将成,议刻钱仪吉《三国会要》,不知先生能索得稿本否?又云邗上淮南书局重刻《韵会举要》若先生没有,当寄上;所刻《说文斠诠》不甚精工,重雕翻刻眉山程舍人本《东都事略》神气单薄,先生当有旧帙,均不需要此,等等。(《友朋书札》页756钱振常第七札)

闰五月二日,王懿荣致先生一札,代先生从陈介祺购得石拓全分并铜、铅各种造像拓本,并交还先生余额十六金。又自言其自上次叩谒先生后,中暑误治,卧疴半月。(《友朋书札》页140王懿荣第六十一札)

闰五月初八日,缪祐孙以致先生一札交诸差弁。札云其近读《汉书》,摘录而别其类,仿郝懿行《宋琐语》之例。又云《曹集》已觅得写官,及秋亦可成册。又云十姊去冬亡于粤西,而九妹年长尚无人提姻,请先生将其葬亲嫁妹之情告于其舅氏张端卿,或稍能为设法。祐孙欲筹资入蜀,故设想此法。又附言告先生王子云在苏州知府桐泽处,外招摇而内把持,与伍姓司会表里为奸,桐为其所愚久矣,终因桐泽之亲戚来王排挤之而被看破。随札又带钱振常致先生一札,并钱氏所赠张文虎《随笔》等书,又缪祐孙乘贡便,带与先生骨牌凳八张。(《友朋书札》页271缪祐孙第四十札)

闰五月初九日,缪祐孙接先生五月十七日札,即致先生一札,为先生夫人庄氏之丧倍感怆戚,并慰先生。札云:"五哥伉俪情笃,其为感悼,固不待言,尚祈格外排遣,以慰伯父、伯母大人之思,万勿过事于邑,是所切祷。"札又告先生《荛圃题跋》四部奉到,将其中三本作函致送。祐孙又随札寄上十金,以代祭奠。(《友朋书札》页272缪祐孙第四十一札)

闰五月十三日,李慈铭致先生一札,慰先生鼓盆之戚,邀先生饮聚宝堂,以先生同宗缪彝来之故。缪彝,缪巩之弟,时领天津官书局。晚上,同饮者还有陈梦麟、濮子潼、吴讲、潘通。(《越缦堂日记》页10338,《友朋书札》页166李慈铭第十二札)

闰五月末,缪祐孙致先生一札。札云其前日奉到先生函及讣,当即予以分送。先生所撰庄氏之传略已交费念慈,并致叶昌炽及管礼耕,均拟作诔。祐孙本人亦拟作一篇。又谈及曾国荃在沪上与法人订合约,坚持不偿币,再迟数日,必有成说。又言屠仁守弹劾楚北一案,所办极快,从此声望日起。(《友朋书札》页273缪祐孙第四十二札)

六月初六,莫绳孙致先生一札,随札寄先生《江阁文集》二十四卷、《古逸丛书》七种及序目。札云谢先生赠《士礼居藏书题跋》,并慰先生鼓盆之戚。又向先生荐黔人当入史传者,云熙雍时黔人之入文苑者,惟周起渭,附史申义传,盖以边僻采访难周。当时名儒,平安陈法撰有《易笺》八卷,《四库》箸录,莫友芝曾搜得其事实及诗文杂箸,藏在黔中,而《易笺》一书,京都藏书家当有之。又询先生,贵阳江阁康熙己未曾举博学宏词,有文集二十四卷,可否补传。(《友朋书札》页639莫绳孙第一札)

六月二十八日,费念慈致先生一札。札慰先生黄门之悼。告知先生妻庄氏事略已录示叶昌炽、管礼耕,而自撰诔文一篇,欲与《云龛晓梦图赞》并寄,请先生告知图卷的高矮广修。又谈及刻书事,叶昌炽所刻影宋本书六种甚精;杨守敬携来东瀛写刻之本不让士礼居;杨氏所携旧本数部,陶方琦、柯逢时拟集资于湖北校梓。缪祐孙,时时相过从,馆课甚至严。又谈及法人攻鸡笼之事,甚为激愤。(《友朋书札》页328费念慈第三十一札)

是年夏秋间,缪焕章先生命嗣志文为子,改名祖保,寄厝观音院。缪志文为先生伯父缪荣吉之次子长龄之子。(《年谱》)

七月一日,走访李慈铭。(《越缦堂日记》页10387)

七月二十六日,晚李慈铭诣先生小坐,先生言于吏部议御史刘恩溥处分,仅降二级留任。(《越缦堂日记》页10421)

是日,钱振常致先生一札,慰先生鼓盆之戚,呈分银贰金。又告先生吴下抄胥不易觅,先生所嘱抄书,《曹子建集》付写,未及十分之八,令觅抄工,数日内可毕。(《友朋书札》页755钱振常第五札)

八月,移居绳匠胡同。(《艺风堂书札》页259致金武祥第三札)

八月二十八日,汪鸣銮自山东致先生一札,随札寄先生管礼耕所撰拟传六首。札以迟复为歉,称先生惠寄代潘祖荫校刻之《士礼居藏书题跋记》校刻精审,前托李怡亭带交的五经岁遍斋校书等三种,当已鉴存。又言及东省之状:"河流又决,被灾甚于去年,蒿目流离,徒深焦闷。海氛不靖,瞬息万变,外间狃于故常,虽添募防营,力筹战备,临事能否得力,殊不可知。"又叹陈介祺遽作古人,东省又少一耆宿。陈氏是年七月二十日卒于家。(《友朋书札》页8汪鸣銮第十四札)

九月廿二日,费念慈致先生一长札,随札交来其所撰先生妻之诔文及《云堪晓梦图赞》。札言及叶昌炽新刊书情况,为蒋凤藻刊丛书尚有《佩觿》一种未成,已转达先生将购三部之意。为潘祖荫新校刊《功顺堂丛书》,费氏与管礼耕及叶昌炽各获赠一部。又云见杨守敬从日本携来之慧琳《一切经音义》,惜其所值太昂,此书在中土失传已久。又言及庄述祖《古文甲乙篇》仅得借抄十分之四,余则不可见。又请便时寄其《四史发伏》,此书曾许诺为友人刊刻。又询先生是否有意为《礼记》做疏证,以其力难以兼及也。又言其整理旧稿,为顾文彬代撰之《过云楼书画记》已写定,《说文经字考疏证》年终可以缮清。又言其开春专心为世俗之学,明年北上应乡试,以其外舅徐郙任皖学政须回避故也。又言先生属购之李焘《长编》即购寄。又言及东南海防、江防之乱象,忧法人开春恐再犯。(《友朋书札》页331费念慈第三十五札)

九月,先生聘同邑夏诒钰之次女夏镜涵为继室。夏诒钰,字范卿,号研斋,江阴人,官永年知县,著有《十五研斋诗草》。(《年谱》,《晚晴簃诗汇》卷一百六十八)

九月,先生充国史馆总纂。(《年谱》)

是年九月前后,王懿荣致先生一束,转交潘祖荫自苏州寄先生信一函及书十四本,又四夹板。又言其病将五阅月,仍缠绵未愈,不能看书作字

及对客。(《友朋书札》页 146 王懿荣第七十七札)

秋冬间，缪祐孙致先生一札。札言及时局，云："都门景象如何？夷事朝旨决战，然将帅实在无人，二十年来效法泰西，制造利器，皆不足恃。张幼樵督师马江，一败不复振，既堕彼诈术之中，又不能动合机宜。长门系穆图善守口，曾有小捷，然彼舟轰坏炮台，从容而遁。今闻声向北向，此殆恫吓之计，疑孤拔已中炮死，欲待济师，暂泊芭蕉岛，恐我乘之，故为此言耳。法使于沿江郡县出示安民，曾帅又有弃海防江之议，扬润之民为之骚动，纷纷迁徙，寓中来信极为惶恐，实则断不至在金、焦开仗也。"又请先生代其向其乡试座师乌拉喜崇阿求馆，并随札寄先生其所做庄氏诔文一篇。(《友朋书札》页 276 缪祐孙第四十五札)

十月，先生辑校《集古录目》成，撰跋于宣武城南绳匠胡同寓庐云自在龛。跋考《集古录目》源流，及先生辑佚始末。考该书盖元时已佚，清黄本骥曾辑出六卷，刻入丛书。先生以其仅取材于《宝刻丛编》，即《隶释》《舆地纪胜》均未甄录，爰重加搜辑，得六百十二首，合欧阳修有跋者一百二十七首，已得全书三分之二。(《集古录目》卷末缪荃孙跋)

是年冬，缪祐孙致先生一札。札言接先生节前托费念慈带到手书，知先生迁新居，并已代其向乌拉喜崇阿求馆。又言代先生录副之《曹集》，已交刘传福太史带都，先生可着人往取；其明年会试拟借住张丹铭处，得先生便中为言更妙。又附札言乌拉喜崇阿处所谋，托先生托张丹铭往探一确信，不成则求先生托周家楣或嵩申两师，为其留淮南书局薪，因书局经费太歉，新任一到，必大裁汰。又谈论所闻中法之战之传讯云："再基隆又为法夺，此一月内养精蓄锐，一发而胜。彼国不可谓无人，而我诸疆臣各分畛域，各守门内，听其在中国从容办理，亦殊可恨也。前有人谈张会办在马江，闻炮即逃，诸般丑态，令人绝倒。陈在金陵，或赴沪一游，毫无展布。但闻欲招上海流氓一千五百人为勇，用五百里排单饬属代办，并云此辈见惯夷人，素不畏避。此真儿戏，况华人但欺华人，一闻巡抚即遁，谁云不畏西人哉！有人云此类乃众人身上之毒，大钦差欲聚在自己身上，此说正是。"(《友朋书札》页 277 缪祐孙第四十六札)

十一月八日，先生致书李慈铭，以新刻唐甄《潜书》为赠，并告以乡人吕懋蕃自天津来，欲往见之，属为先容。李慈铭即作书复先生，以病辞。(《越缦堂日记》页 10551，《友朋书札》页 166 李慈铭第十一札)

十一月十二日，上午致李慈铭一札，李氏即复。(《越缦堂日记》页10563)

十二月三日，李慈铭致先生一札。(《越缦堂日记》页10589)

十二月八日，过李慈铭，夜饮，王先谦、朱一新、沈曾植、黄绍箕同座，清谈甚畅。(《越缦堂日记》页10597)

十二月十四日，李慈铭致先生一札，借书。先生十五日复之，并借与徐松《登科记考》、陆游《老学庵笔记》，李氏即复，并云陶方琦咯血，状可危。时先生已移新寓。(《越缦堂日记》页10607、10608，《友朋书札》页166李慈铭第十札)

十二月二十六日，陆继辉致先生一札。札云其昨晤缪朝荃，得先生所致手书，谢先生对其父陆增祥遗著之关切。言其春以来已先将《八琼室金石补正》稿本按次分卷，凡百三十卷，又附《祛伪》一卷，并雇书手抄录清本，随时校对，然尚未周遍，拟俟初校毕，检拓本覆校碑文，检所引原书覆校跋语。目下窭乡困守，刻资万无可筹，唯有校成定本，以俟异日。又言《札记》四卷，多载三代彝器及汉器款识，原稿未挨次序，尚须悉心厘订；《篆墨述诂》一书，二十四卷，每卷七八万字，初稿既成，乃父欲俟古今字表成，将全书分类重次，与表相辅而行，而未及卒业。陆氏随札又附寄行述一册、志铭二纸，言若史馆文苑按例须采录《补正》，原书抄匪易，而凡例可缮写寄上。(《友朋书札》页59陆继辉第六札)

十二月，先生京察保送一等。(《年谱》)

十二月，复表兄金武祥一札，札谢金氏寄赙，并谈及近况，有云："弟自八月移居绳匠胡同后，尚称顺适。京察幸列一等，记名恐犹未能，聊胜于无而已。续室新定同邑夏氏，完姻须在明春。津贴全裁，生路日迫，空空妙手，不识作何打算。刻书清兴久已不作。如明岁得差，先刻《北郭集》及凤先生《经说》两本，均校好矣。委撰序言，尚无暇晷，容即属稿。《顺天志书》一百卅卷，现付削氏。筱棠郁郁不得志，伯温亦然，士周、次远俱属顺利，伯绅又将得鸿卿，吾乡阔人也。子占事总不得谐，须劝其耐心守候。报中祝嘏赏顶戴者，为宗叔鸿初，家严并未前往。废员略有好处，余则加级，尚须部费，可笑。《落落斋集》，拟钞未果，正月一定为之。吾兄又得江乡老辈书籍否？"(《艺风堂书札》页259致金武祥第三札)

十二月末，王懿荣连致先生两札。札述其自四月以来患眩晕呕吐之疾云:"荣一病八月,缠绵未复,每日俱有小不适,数日大作。自夏徂东,所苦眩晕、呕吐、不寐三种,医药试遍,百无一效。"又言及其所《黄御史集》自立一校法,刻亦未半而病,延搁至今;山东寄来《戒坛合祠图册》,系合祀图,可据以入《顺天府志》,并属先生题尾,述入志缘由,以备掌故;潘祖荫寄来《马贞女碑传》一分,转属向先生求诗。(《友朋书札》页145 王懿荣第七十五、七十六札)

是年,表姊左锡嘉闻先生淑配庄思琇卒,哭之哀痛,手书挽联以志哀。(《文续集》卷二《曾太夫人左氏家传》)

是年,曲阜孔氏荭谷家藏书尽出,戴震《直隶河渠书》稿本流落厂肆,先生以贱值得之,中短永定河八卷。(《文续集》卷六《戴氏〈直隶河渠书〉跋》)

是年,湘潭袁芳瑛卧雪庐藏书被辇至厂肆火神庙,名抄旧校触目琳琅,而值极昂,先生境又极窘,无计得之,逐日蹒跚书城之侧,寝食俱废,见友人中能得者,则谨志之,为他日借阅地。先生见徐松抄本《河南志》,议价不成,为翁同龢所得,先生探知,乞归录副而细校①。(《文续集》卷六《元河南志跋》、《元河南志》卷末缪跋)

是年冬,先生致丁绍基一札,询其搜罗金石之况,并赠以自刻《东湖丛记》《万善花室文集》《齐云山人文集》。(《友朋书札》页805 丁绍基第一札)

是年,桂文灿卒。

是年,先生友刘师培生。

光绪十一年　乙酉(1885)　四十二岁

一月,先生供职京师。(《年谱》)

岁初,费念慈致先生一札。札云其杜门拥书,潜心科举之学,北行之期,当在夏首,至都约在端阳前;叶昌炽随潘祖荫北上,当亦在四月,或结伴行;缪祐孙辞锡而赴皖。又言及去年中法马尾港之战,虑及敌船入长江

---

① 《藕香零拾》本《元河南志》卷末跋语与《艺风堂文续集》卷六均作此跋作于"光绪壬申",光绪无壬申年,当为先生手误。《元河南志》卷末跋语下文有"秘之箧中廿年,甲辰交梓人丁德洲刻于金陵,三年始毕"语,《艺风堂文续集》作"甲辰春交姜文卿刻之金陵",甲辰为光绪三十年(1904),上推二十年为光绪十年,即甲申年(1884),"壬申"当为"甲申"之误,故系于此年。

之可危。(《友朋书札》页357 费念慈第六十九札)

一月四日,黄国瑾致先生一笺,告以明日团拜事。笺云:"明日乙巳,团拜,须一到,约在未刻一点钟前,谨当奉陪也。子玖前辈视学浙江,顷闻报,附告。"(《友朋书札》页85 黄国瑾第六札)

一月七日,杨颐自沈阳致先生一札。札谈其往任奉天学政事,云其于十一月十二日启程,月杪抵达沈阳。询先生高州学人林联桂、吴懋清、邵咏附何人传内,请费心一查,"若得附名骥尾,以为乡人观法,亦激扬之要事"。又云若《顺天府志》刻竣,请先生嘱沈秉成寄其一部。(《友朋书札》页10 杨颐第一札)

新春,王懿荣致先生一札,假先生以厂肆影宋抄校连筠簃本之《韵补》过录,询先生吴棫《尚书裨传》,王鸣盛曾据以引入所注《尚书》,此书是否还存世。(《友朋书札》页144 王懿荣第七十四札)

一月二十八日,丁绍基致先生一札,谢先生赠书,并告自家与夏诒钰家眷属往来颇多,审知先生续缔继室夏镜涵,足为良配。又告以去年购得《曹真碑》及往年所得《韩寿碑》考证之况,质之先生。又赠与先生《唐智城碑》一纸,此碑金石家罕见著录。(《友朋书札》页805 丁绍基第一札)

春正月间,缪祐孙致先生一札。札言近况,谈及时局云:"江浙各口岸自法事日炽,银钱日艰,长江轮船至每月不过八九次出口,殊非好景象也。昨闻官电,法舟大有窥长江之意,所派援台之轮,已为追入石浦,击沈二艘。缘管驾之员畏死却避,不敢于大海中与之角胜,急投绝港,如雉入棘,遂为所乘,殊堪痛恨。防饷浩繁,广东倪中丞来书,有非百万不能度岁之说。江苏所恃,厘捐而外,藩库、运库,然而支绌异常。尚翁都转日夜焦虑,自云欲筑债台,又欲力求交卸,实在难胜筹饷之任也……"又附四札言家人及友人事,其一札言其今年思入蜀扶榇归葬,"然一家浮寄江滨,恃馆为活。值此海氛甚恶,法人有窥视长江之意,扬、润间一有风鹤之警,全家老弱避地无方,此身又难遽然远去"。向闻先生仆人曾福,老成敏干,拟乞其代赴蜀扶榇,如允即寄川资至京。(《友朋书札》页279 缪祐孙第四十七札)

二月初一日,《顺天府志》稿成开雕,计划于本年七月间竣事。(《顺天府志》卷首奏表)

二月十四日,光绪皇帝载湉引见京察一等圈出人员,先生等二十七人

未著记名。(《德宗实录》卷二零三)

二月十五日,走访李慈铭。(《越缦堂日记》页10672)

二月二十八日,李慈铭致先生短札,次日复之。(《越缦堂日记》页10686、10688)

二三月间,缪祐孙致先生一札。札云奉先生手书,"欣知上考已膺,即卜御屏记列,遥听之余,莫名庆颂";"又悉星期已定,喜气充闾"。又询前向先生恳借曾福蜀中一行,先生是否俯允;莫绳孙云黎庶昌刻诸书均陆续全寄先生,是否已收到;先生为其向谭宗浚所索字,是否已得到。又告先生黎庶昌已携家旅黔,服阙乃出。等等。(《友朋书札》页282缪祐孙第五十札)

三月二十五日,顺天府兼尹毕道远、府尹周家楣以《顺天府志》成上奏朝廷。是志之纂,草创凡例者为张之洞,《京师志》之城池、宫禁、风俗,《地理志》之风俗,《食货志》之户口及故事志,为洪良品所撰;《人物志》系洪良品与廖廷相、鲍恩绶分纂,鲍氏又纂《经政志》之仓储;《河渠志》《官师志》及《京师志》之兵制、水道,《地理志》之方言,《经政志》之官吏、漕运、兵制、驿传,《人物志》之选举表,出于傅云龙;《食货志》之田赋、旗租,为傅云龙与刘博泉同纂,刘氏又撰《故事志》之兵事。《京师志》之衙署、官学、仓库、厂局、寺观,《地理志》之山川、城池、治所、冢墓、村镇、边关,《食货志》之物产,《经政志》之典礼,为蔡赓年纂;《京师志》之坊巷,朱一新纂;《京师志》之坛庙、祠祀、苑囿,陈寿纂;《京师志》之关榷,《经政志》之盐法、学校,潘通纂;《地理志》之晷度表、气候表,席淦、汪凤藻、胡玉麟、陈寿田纂。先生纂《地理志》之疆域、寺观沿革,《经政志》之矿厂、钱法,《人物志》之乡贤及《艺文志》《金石志》;又领全书之覆纂,而傅云龙佐之。全书为卷一百三十,为字三百五十万有奇。(《顺天府志》卷首奏表,卷首沈秉成序)

三月二十九日,上午李慈铭诣先生小谈。(《越缦堂日记》页10717)

三月末,缪祐孙致先生一札,交莫绳孙带交先生。札谈其近况:"弟橐笔谋生,殊无臧淑。月初赴皖省母,兼谒舅氏,谋假入蜀之资,适皖抚新除。芝舅将复皋任;又值戚族辐辏,半为借贷,半求栖枝,弟事竟无从提起,殊为失望。小住一旬,便趁轮东返。到馆后,闻两淮一缺已简。清河馆事又未卜能否蝉联?年年做嫁,已属无聊。矧府主屡更,营巢鲜定,生平所遇,大抵如斯,良自伤耳。"又请先生教诲其甥莫小农:"仲武署缺三月,仅得数百金,稍还凤债。兹以解饷入都,携甥小农来应秋律,拟求五哥饮食教诲之。小农年少谨饬,他日或有成就。仲武亦知兄之光景,自有图报之处,幸无漠视也。"札又请先生将为其所求王懿荣、谭宗浚之书幅交莫绳孙带回。(《友朋书札》页 285 缪祐孙第五十三札)

四月一日,缪祐孙致先生一札。札述及先生近况,有云:"伏审侍奉之余,日增撰述,考差在即,定卜得意。星期小阻,殊非所料,若循俗例,数月后便可议及。若得近省学差,尤属易办耳。"又自言其馆运署一切如常,其十舅张端卿不日将回臬任,"运司已放张妃堂,秋间履任,以家累之故,甚望蝉联","若竟不遂,其时正好入川"。(《友朋书札》页 283 缪祐孙第五十一札)

四月四日,缪祐孙致先生一札。札告先生友人沈自芳将入京应京兆试,"为人驯谨聪敏,时文极用功,因初次出考,都中亦鲜熟识",欲往访先生,面求教益,祈先生指示一切,并云:"闻今岁国学考录科较往日严紧,务祈代蔡崧夫格外照应。"祐孙又随札寄《平津馆读碑记》,系李盛铎近刊,属其赠先生。(《友朋书札》页 281 缪祐孙第四十八札)

四月十日,费念慈致先生一札。札谈其近况,大病五十余日,几死而幸存。秋试北闱,拟端午节过后遵陆入都。请先生代询国子监候补、候选人员过五月二十六日尚可补否。札又谈及是否汇款京师以应急需,及叶昌炽将于五月随潘祖荫海舶北上等事。(《友朋书札》页 333 费念慈第三十六札)

四月,考差,首艺"古者言之不出"一节,次"一曰食,二曰货"。诗"华月照芳池"。(《年谱》)

四月,先生因办"儒林传"与总裁徐桐不合,迩后事事龃龉,亦自此时始。(《年谱》)

四月,先生续娶夏氏。(《年谱》)

四月,王懿荣致先生一函,言潘祖荫二十八日自苏起程。又言先生委托借阅盛昱之件,当容晤询,先将《韵补》索来,并前函一齐呈先生。又言其病小有转机,暂难复原,感激先生时加关注。(《友朋书札》页 144 王懿荣第七十二札)

五月八日,费念慈致先生一札。札云其昨日已到沪,盖初十开行,恐到京迟二十六日,不及赶办送考,请先生将部监照请托徐执庵等先为一办,监中门斗,亦请代为招呼。又谈及携带五百金以应先生急用,乃父费学曾先生续汇五百金六月可取用。又言叶昌炽已携蒋刻丛书赠先生,《通鉴长编》已托鲍廷爵代办寄都,六月可到。(《友朋书札》页334费念慈第三十七札)

五月二十一日,叶昌炽访先生,不值。叶氏本月初四日至京。(《缘督庐日记》页1034)

五月二十二日,叶昌炽致先生一柬,赠以其代蒋氏所辑刻丛书一部。(《缘督庐日记》页1034)

五月二十九日,叶昌炽访先生,畅谈拓本。时先生寓绳匠胡同,藏有拓本四千种,在孙星衍《寰宇访碑录》、赵之谦《补寰宇访碑录》之外者甚多。(《缘督庐日记》页1036)

六月一日,往访叶昌炽。先生为叶氏言在其蜀中,停舟夔峡,自搜得《圣宋中兴颂》摩崖,径十余丈,撰、书人皆赵氏,宋宗室。又为其言武清县有《唐高士郑重碑》出土。(《缘督庐日记》页1037)

六月二日,叶昌炽致先生一柬,借《古夫于亭杂录》《香祖笔记》《居易录》《寰宇访碑录补》等。(《缘督庐日记》页1037)

六月四日,偕叶昌炽同至琉璃厂,遍游书肆。(《缘督庐日记》页1038)

六月十五日,王先谦奉旨补授国子监祭酒。(《清王葵园先生先谦自定年谱》卷中)

六月十六日,叶昌炽致先生一札。诉新丧弟之痛,拟七月初即南归。随札还前借先生藏王士禛书三种,又询所借"赵补碑目可否携归缮录,重阳后入都奉还",如先生须常翻阅则觅人一抄,润笔若干先送呈。又借先生《顺天府志》之金石门稿,十八日缴还,以其欲将都城石幢缮出,属人往拓故也。(《友朋书札》页400叶昌炽第五札,《缘督庐日记》页1045)

六月十七日,先生于费念慈知叶昌炽新有弟丧,皆前往致唁。(《缘督庐日记》页1045)

六月十八日,先生致叶昌炽一札,赠其石刻八种,内有《金天会楚字经幢》《报国寺佛像幢》。叶氏即复一札,还《续访碑录》,并告先生顺天经幢已嘱琉璃厂估人往拓。(《缘督庐日记》页1045)

六月十九日,叶昌炽晚访先生,先生见示所藏旧抄本《麈史》《庶斋老学丛谈》,皆士礼居旧物,有荛圃跋。先生告诉叶氏其续从翁同龢搜得士礼居题跋二十余则,又从场肆见北宋刻《嘉祐集》,录得荛圃三跋。(《缘督庐日记》页1045—1046)

六月二十日,先生送叶昌炽一经幢,在四川理番厅,题元和十二年立。(《缘督庐日记》页1049)

六月二十日,有旨:以大理寺少卿冯尔昌为江南乡试正考官,翰林院编修戴彬元为副考官。(《德宗实录》卷二一零,《清实录》第五十四册页968)

六月二十二日,李慈铭致先生一札,还《老学庵笔记》;又问章寿康书何日寄来,并云回信从先生处转寄;又云借先生之《登科记考》久借不还的原因是拟抄副本。(《越缦堂日记》页10810,《友朋书札》页168李慈铭第十八札)

六月二十四日,谕旨梁鼎芬交部严加议处,部议降五级调用,以其去年四月反对中法战争和议,弹劾李鸿章六大罪状故也。梁氏寻乞假归里,并镌"二十七岁罢官"小印。(《德宗实录》卷二一零,《缘督庐日记》页1050)

六月二十九日,叶昌炽薄暮来访,借去先生《云自在龛金石目》二册。(《缘督庐日记》页1052)

六月末,缪祐孙致先生一札,有云:"江南主考竟是冯、戴,可决其不中好手。轺车四出,日盼喜音,此次必胜己卯,亦可决其非房考也。小农寄来文章,颇饱满,得兄教诲,必许有成。王益师补缺,弟稍迟肃贺。"(《友朋书札》页290缪祐孙第五十七札)

七月三日,莫友芝致先生一札。札谢在京承蒙缪焕章先生教诲赐予饮食,谢先生课其长子莫小农,多获教益。又告先生其堂弟莫棠赴试北闱,莫小农入场时,可令小农与之同寓,试毕令小农随莫棠南旋。又云其销差后即往金陵见曾国荃,昨始旋邗。(《友朋书札》页640莫绳孙第十八札)

七月初,缪祐孙致先生一札。札云细询莫绳孙,先生近况尤慰积私,"考差诗句极佳,传诵亦非溢誉";但望先生得一学差,或浙江、江西试差,以分光宠。又言及录副《左传集解》稿本事:"吴吉甫处《左传集解》稿本,弟可为兄经理录副,然吉甫从未见过,不便冒昧往谒。又闻渠在金陵当差,吾兄如寄一书,由弟面交。借钞此笈,在吉甫断无不允,而弟亦不嫌唐突矣。"又云:"李木斋处《读碑记再续》一卷,已由凌麈遗钞得。"札又以迎其先父柩归葬江阴事请先生代为斟酌。(《友朋书札》页 289 莫绳孙第十八札)

七月十日,缪焕章先生早访庄宝澍,先生午后亦往访,长谈。庄宝澍字甘来,号仲芳,常州人,来京参加乡试,曾于本月六日至绳匠胡同访先生而不晤。(《庄宝澍日记》页 306、308)

入秋,费念慈邀饮,先生不至,遂致先生一札。札云:"昨以桐叶报秋,大饶乡思。旅人多感,贳醉出城。柚农之到甚早,以待君不来,至日移始入座,比散已夜阑人静矣。"又向先生借校汪鸣銮所拟《石鼓》,告先生试毕出都将留二十金请先生代觅写官录副《尚书今古文集解》等书数种,借阅先生所藏《尚书今古文集解》及《研六室集》,询郑玄生日设祀是否已邀同志。又告先生翌午当走谈。费念慈在京,与先生往来甚密,访碑、购书、宴饮,不亦乐乎。(《友朋书札》页 334 费念慈第三十八札,《缘督庐日记》页 1052)

七月二十六日,丁绍基致先生一札。随札寄先生乃祖所撰《水经注·游水疏证》,以夏孙桐云及先生刊刻《云自在龛丛书》,曾索阅此书之故也。札谢先生函告《顺天府志》刻成,将先以金石一门相示。又谈及时政,多有抨击,并寄望于高才济世:"三海之修,闻已兴工,惟是两粤、楚、吴,洪流作虐,哀鸿遍野,拯救良难,安得监门绘图上告。此时高才生云集京师,定有雄略高谟,足以宏济时艰。阁下留心物色,曾得其人否?"丁氏所谓"三海之修",乃慈禧太后挪用海军军费勘修南海、中海、北海等处之事。(《友朋书札》页 806 丁绍基第二札)

七月中下旬,缪祐孙致先生一札。札言试差虽渐毕,知先生必有好消息,"翘祝无似"。又言刻书事:"大箸谋刊,弟意先《疆域考》,再《续访碑录》二者,诗文集可稍缓,先以实事求是之学示人,以张汉学门面,何如?"又云:"弟所作因坊友劝刊,趁科场出售,虽不获大利,可以收回刻印工本,渠且为经理张罗,遂冒昧为之……兄许制序,感泐无已。兹将所印寄呈一部……有不是处,教之可改,序文即速寄下,以便补入,更有荣施也。"札又言莫棠入京乡试往访先生及先生管教莫小农等事。(《友朋书札》页 290 缪祐孙第五十八札)

七月,王懿荣致先生一札,言先生嘱鉴题之《胆巴碑》墨本的真,跋已

拟就。又言同学多人,今年仍盼先生入闱。(《友朋书札》页138 王懿荣第五十七札)

是年逢酉年乡试,八月开考,下北闱诸君子,先生晤面时,无不谆嘱"近来风气颇重后场","从未有进而叩其所以然者,迨至进场三两日,方问后场应带何书"。诸君子以为后场之佳不佳,惟在带书之善不善,先生以为太轻视后场。(《艺风堂书札》页260 致金武祥第四札)

八月一日,有旨:国子监祭酒王先谦提督江苏学政。

八月三日,先生招饮庄宝澍等于聚宝堂。(《庄宝澍日记》页316)

秋日,缪祐孙在皖致先生一札。札慰先生未能得差,有云:"吾兄竟未得差,深为不平。近日朝邑当国……所用半属资格,半徇情面,并不知所谓学问,正是斯文之厄。"又谈及本次江南乡试,云:"江南主试,发题毫无道理,断不能得真才。"又论及先生前程,有云:"江宁尊经山长脩金可千金,书院房屋极大,可住家眷,并有花木山林之胜。卢寅谷始而不服人望,既亦安之。如求此席,得大老推毂,未尝不可夺来。但五哥已得京察,虽未记名,可望复带,似宜待之。明后年如有大考,亦不可误,偶不得差,千万勿郁郁,蓄而必发,理势然也。稍缓或得两斋,或入清秘,出路自大。孙莱公在军机,当能为兄设法也。词禄虽佳,山林亦复拥挤,翰林资格有此数年,亦殊可惜。寅谷是本地人,科分较深,摇动不易。书院能住家眷,系新筑之屋。钟山一席,系江南春,名璧。益师同年也。此老籍扬州,非金陵人所敬,其官只一令耳。年逾七十,精神颇衰,跪拜吃力。大约一二年必有出缺之信。至时吾兄如尚未外放,大可图也……明年弟自推贱造有官鬼争权之弊,恐不能中。兄苦守京华,明春得一会房亦好。弟又何忍求我兄请假,况弟入场得失莫定。"(《友朋书札》页283 缪祐孙第五十二札)

九月四日,莫绳孙致先生一札。札谢莫小农在京多蒙先生教诲,莫棠极承雅爱。又云其下月将随刘瑞芬出洋,虽为刘氏允派为参赞,恐为京中人相挤,请先生作一书请朝邑协相再为嘘拂。又告以缪祐孙赴皖迎母尚未旋,馆事尚可仍旧。(《友朋书札》页641 莫绳孙第六札)

九月八日上午,李慈铭致先生札,约重阳日小集崇效寺,登西来阁,饯王先谦。(《越缦堂日记》页10880,《友朋书札》页168 李慈铭第二十一札)

九月九日晚,先生与李慈铭、沈曾植、袁昶集崇效寺,饯王先谦督学江左。王先谦濒行,询先生江苏在庠知名之士,略举数十人以应。江阴仅举顾保畴一人,系李升兰所推许者,然先生"尚不知其为羊公鹤、叶公龙也"。(《越缦堂日记》页10889,《艺风堂书札》页260致金武祥第四札)

九月十日,李慈铭致先生一札,还《登科记考》。(《越缦堂日记》页10882)

九月十一日,是日红榜下,先生友人杨锐、沈子桐等皆得隽,而费念慈落第。先生往观红榜,晤李慈铭、王颂蔚等。(《越缦堂日记》页10883)

九月末,费念慈致先生一札。札云其至迟十月初二日出都,已约屠寄同伴,明后日当诣先生告别。又谈及刊刻书事,以为不如先刻《公羊正义》,次及《尚书集解》《诗地理征》《方言笺疏》,又次及《咸淳毗陵志》,而不必汇刻成丛书,单行可也。(《友朋书札》页335费念慈第四十札)

九十月间,缪祐孙致先生一札。札谈其近况,及明年之打算云:"弟仆仆道途,日前始奉母旋扬,馆事幸张屺堂留办武闱,兼派查勘。运道一时不到任,可延至明正矣。承派曾福南来,甚感,甚感。一切承兄训示,自应照此办理……弟馆事有隙,即自理旧业,明年倘能侥幸,如天之福,否则考一教习或有出路。"又谈及乡试南北榜,云:"北榜之弟二张季植,曾随吴小轩至三韩,为幕僚之冠。其家世甚微,实通海沙上荒籍,原名育才,后改蹇。弟与十年前旧交,写作俱佳,且极善走声气,明年可问鼎。熟人中如养吾、屠奇,必是屠静山。长孺、杭叔①、新甫,皆得意,为之大快。南榜绝少知名之士,闱墨甚劣,许多笑话。何秋辇之弟彦达,向不能文,居然中举,外间传说是有人捉刀。亚元次艺有'千古无穷蝉而帝佐者'一句,直不知穷蝉为何人。又有袁抡者,首艺后比用到恶来、管、蔡,真荒谬绝伦也。益师尚未来,钟山一席优于尊经。江公不久必出缺,益师必能为兄谋定。"又言其拟明正底动身赴京应会试,二月到京。(《友朋书札》页286缪祐孙第五十四札)

十月中下旬,复十月九日收到金武祥之札,感慨良多,札谈及近况云:"弟冷官羁栖,如恒珞珞,差事既漂,百忧煎人,冷蠹干萤,仍复埋头故纸,然居亦不易,去亦何之,长此劳劳,能无怅怅耳。"又谈及近年乡人举业云:"吾乡南北两榜,仅得两人,吾兄此时想已早悉。黄漱兰学使交卸折子,江阴竟在三等,吾邑文风衰坏至此,固由提倡者乏人……南菁书院开已两

---

① 原文作"抗叔",据文意改为"杭叔",即梁于渭。

年,院长张啸山、黄元同,皆海内夙学,邑人视之疑信参半。如与谈八股,则无不眉飞色舞,以为身心性命之学矣。"又谈及近来购抄书及搜刊乡贤哲文献云:"《北郭集》无力付梓。弟又购得《定峰乐府》刻本、《归愚集》钞本,又托人在文渊阁钞《沧螺集》,尚未能成。《江上诗钞》,弟未见过。小传必不可少。吾辈两人,如早得意,稍有仰事俯畜之资,便当结邻青山,矢志白水,收拾乡先辈著述,校而刻之,庶几可以藏事乎!《青芝山馆》,弟觅之数年不能得,当再细觅。"又谈及粤中师友及计划明天赴粤事及为姊母请旌事。先生又附札,请为多年失去联系流落梧州的堂弟缪芝孙,鉴其才具何如,在局中谋得一职。今年三月起,金武祥受运司之调督办临全大江梧局。(《艺风堂书札》页 260 致金武祥第四札)

　　十月二十六日,新任江苏学政王先谦抵达江阴驻署。(《清王葵园先生先谦自定年谱》卷中)

　　十一月六日,莫绳孙致先生一札,并以淮南书局新刊郎晔《注陆宣公奏议》相赠。札云莫小农旋邗,奉到先生之札并相赠之王氏新椠唐人两集;莫小农获得誊录,极服先生改笔之善。又云李盛铎已将《廉石居读书记》付刊,已嘱其明春北上时致先生一部;刘瑞芬尚未出京,其欧洲之行将迟至岁晏。(《友朋书札》页 641 莫绳孙第五札)

　　十一月七日,费念慈致先生一札。札言其陈箧发书,排次旧稿,《说文经字考疏证》当先写出,来岁便专心"三礼"之学。"黄元同孝廉明岁仍主南菁,春初当往谒之。闻其所馔《三礼通诂》多采宋人说,鄙意总不甚谓然"。又言叶昌炽以母病留待,决计不北上应试。又询先生:"《永乐大典》中又辑得何?《元一统志》已有条理否?"言及文廷式"魄力绝大,异日必有大著述"。又言"《通鉴长篇》已托汪蔗生购之,来年外舅北行可带上矣"。(《友朋书札》页 335 费念慈第四十一札)

　　十一月十二日,走访李慈铭。(《越缦堂日记》页 10935)

　　十一月十三日,屠寄致先生一札。札云其朱卷已刻,籍贯改归事南中已安排,须部文到即迅覆。又云明春其仍拟入都参加会试。(《友朋书札》页 473 屠寄第三札)

　　十一月十八日,先生招饮福隆堂,李慈铭、庞鸿文、庞鸿书、沈曾桐、施补华、王兰同席。(《越缦堂日记》页 10941)

　　十一月二十七日,莫绳孙致先生一札,并附陈法事略一册。札云去岁先生之札言陈法之事实仅见于《先正事略》,现其于黔中采访得行略一册,特寄呈。闻陈法之传系黄在同分撰,果尔则请先生转致。(《友朋书札》页642 莫绳孙第七札)

十二月初七日,早走访李慈铭。(《越缦堂日记》页10956)

十二月初八日,李慈铭邀晚饮腊八粥,同坐者施补华、王兰、沈曾植、沈曾桐、王彦威、朱福诜、徐琪,粥馔精洁,清谈甚畅,夜二更后始归。(《越缦堂日记》页10957)

十二月十八日,李慈铭致先生一札,借与先生《樊川集》二十卷本,并云:"尊藏钞本想佳,如刻本有误处,并望阅时便赐校正,尤幸"。又以纨扇一柄,求转索图画。(《越缦堂日记》页10967,《友朋书札》页165 李慈铭第八札)

十二月十九日,值东坡生日,徐琪邀同先生与沈曾植、王彦威、朱福诜、黄绍箕、朱文炳过越缦堂为李慈铭预作生日。(《越缦堂日记》页10968)

十二月二十二日,费念慈致先生一札。札询先生是否收到《慧琳音义》。由于典当业萧条,建议先生将存于幼亭先生典处的款项提出,转存于恽祖翼典中。又谈其近状,云日沉酣于金石书画,补辑《小学钩沉》未及十之三,《说文经字考》春暖可写出,《郑志》疏证犹未就。请先生检示金台什事始末,因其考纳兰容若为金台什嫡曾孙,金台什曾效节于明,故容若词中有"斜日十三陵下,过新丰猎骑"等家国飘零之感。又谈及《西夏书事》开轮后即寄先生;《四史发伏》明岁寄交叶昌炽,丐汪鸣銮交张之洞刊之。(《友朋书札》页337 费念慈第四十二札)

十二月末,王懿荣致先生一柬,称先生所告《经籍访古志》言十行本注疏乃至正十四年刻,有总序,极是。"中国误认为宋本久矣",其本人"苦力搜罗,已有七经,亦上当矣"。(《王懿荣集》页192 与缪荃孙第九十札)

是年十一月,江苏新任学政王先谦开设南菁书局,汇刻先哲笺注经史遗书,捐千金为倡。(《清王葵园先生先谦自定年谱》卷中)

是年正月,张文虎卒。

光绪十二年　丙戌(1886)　四十三岁

一月,先生供职京师。(《年谱》)

春正,缪祐孙致先生一札。札言王先谦刻书事云:"益吾师到任后,来信托觅剞劂,已为荐去。并约弟正初起前往江阴。弟本要返里觅地,可以顺便一行。益师将刻《续皇清经解》《史学汇函》,此举甚善。有《劝学琐言》颁行各学,将令诸生分纂经史疏注。各学分派甚不均,以不知文风优劣也。此则奢愿难偿,亦未审诸生谋食谋衣之况,百人中难得一真能著书者也。杞怀、心云皆有家务,岂能常在局中。皆将延入南菁书局,此二君弟决其不能终事。又函召孙渔笙,是更无所用者。"(《友朋书札》页288 缪祐孙第五十五札)

一月七日,夏勤邦致先生一札,并赠先生《沧螺集》《清旸集》各一本。札言其"近年以来,购求乡贤遗著,意欲积铢累寸,缮写一通,而编处访求,所得无几。谨将已录各种,开单呈览"。又请先生将所藏书目录相示,以便将来"以有易无"。又请先生惢惠在京刊刻《说文引经证例》:李新吾计偕进京,将携带此书谋图在京镂板,先生"倘肯便道取阅,夸奖而惢惠之,则事必谐"。此书为承培元瘁毕生心力而成,拟手写成帙而未得,为李氏辗转借出。李氏先请宝应刘恭冕校之,刘氏未蒇事而逝,后乃经勤邦督书佣誊校而成。札又言其近悉梅花书院将重建,并特设书局开雕《公羊义疏》《皇清经解》等,请先生留意代图校勘之役,以其在李瀚章家训蒙已八年,而家母年高需就近赡养故也。(《友朋书札》页972 夏勤邦第二札)

一月八日,诣朱福诜,拜其母八十寿辰,李慈铭、庞鸿文、庞鸿书、沈曾荣、徐琪、杨崇伊、徐宝谦、陈云裳同饮。(《越缦堂日记》页10987)

一月二十六日晚,赴沈家本、沈曾植招饮,同坐有庞鸿文、庞鸿书、朱福诜、徐琪等。(《越缦堂日记》页11008)

一月二十八日,李慈铭新刊《越中先贤祠目》,以一册为赠。(《越缦堂日记》页11009)

一月二十九日,上午走访李慈铭。晚赴庞鸿文、庞鸿书兄弟招饮福隆堂,坐有李慈铭、徐琪、沈曾植、沈家本、朱福诜、杨崇伊。(《越缦堂日记》页11009)

二月六日,费念慈致先生一札。札云:"弟昨来江阴谒益吾师,柚岑已先一日渡江,未及晤。师于初三日启节,按临苏郡。南菁已设书局,刊《经解续编》。《公羊正义》已写样,其原缺数条则元同先生补之,惟经费难筹耳。李焘《长编》一部,兹托薛幼梅丈携都,惟检入。明后日另有函,则由局寄也。弟四月中易将北征,以捐例将停,到都分部。纳粟京员,真同鸡

胁,吾兄闻之,得毋发大噱耶?"(《友朋书札》页338费念慈第四十三札)

二月十七日,晚赴福隆堂,朱福诜与王彦威共设全筵招饮,坐有李慈铭、庞鸿文、杨崇伊、沈家本、徐琪等。(《越缦堂日记》页11021)

二月十八日,晚赴徐琪招饮,在梅云家,肴馔精美,丝竹间作,坐有李慈铭、沈曾桐、朱福诜、沈家本、王兰。是日天寒,晚狂飙卷天,冻彻寒骨。(《越缦堂日记》页11022)

二月二十一日,费念慈致先生一札。札询先生《访碑续录》已付写官,何时脱稿?梁于渭觅人所拓辽碑已寄到否?又请先生备生宣求李文田书楹榜一联、横看一幅。又言王先谦现拟刊《经解续编》,设局于南菁,"五月中附片一奏,因经费无出,奏准后拟合江宁、淮南、苏州四局合刻,三年可成,然非两万金不办";陈立《公羊正义》原稿及清本均存南菁书院,所缺数条,王先谦倩黄元同补编,"书是长编,多采宋说";先生所藏《诗地理征》寄其处转交,当即可付梓;王先谦修复学署寄园,并为永慕庐,作记两篇,其与佑丞写而上石,拓出后将奉上;汪鸣銮所得微波榭秘本甚多,闻尚有东昌杨氏书;盛昱、王懿荣、黄绍箕皆鉴赏家,不识戴震《直隶河渠志》及《宋会要辑稿》两稿本之宝,故皆为先生所得;《宋会要》如言之王先谦,与《经解续编》合刻,交苏局刻之,为不朽之盛业。又谈其与管礼耕共为元朗之学,为俗事所累,为读书地步,托人将捐照携都,分发核准,欲于京中纳粟也。又言王先谦按临,苏郡江标为第一,吴县则曹元忠为第一;代先生向姚觐元索石鱼之拓本,姚氏言所存尚不如先生处藏为全。又言先生为其代购之月斋两种,不必寄南,价与代先生所购之《通鉴长编》互抵即可,先生托购之《荔墙丛书》等容觅得即寄上;明年其父费学曾六十寿辰,乞先生为寿言骈文,并请先生代乞潘祖荫、盛昱等人撰书寿联。(《友朋书札》页348第五十七札)

二月二十六日,午后先生招饮,至者李慈铭、吕耀斗、黄绍箕、袁昶、徐琪、王颂蔚、王兰,傍晚始散。(《越缦堂日记》页11030)

二月二十七日,上午诣李慈铭。(《越缦堂日记》页11031)

二月二十八日,李慈铭致先生一札,送来云南缪嘉惠润笔银二两。缪嘉惠,字素筠,先生族姊,守节寡居二十余年,随其弟计偕居京师,卖画为活,李慈铭请其缋《霞川老人桃花圣解盦填词图》。(《越缦堂日记》页11031)

三月五日,上午走诣李慈铭。(《越缦堂日记》页11038)

三月九日,徐琪邀饮梅云家,坐有李慈铭、沈曾桀诸君。(《越缦堂日记》页11041)

三月初十日,晡时李慈铭来拜先生父母。(《越缦堂日记》页11041)

三月十一日晚,李慈铭邀饮万福居,坐有吕耀斗、朱福诜、徐琪、曾之撰、沈家本、张预。(《越缦堂日记》页11042)

三月十五日,庶常馆试诸庶常,先生为分教之一,与恽次远后至。大教习翁同龢出题,"制器尚象赋",以制器者尚其象为韵;"试院煎茶",得"苏"字。午初二刻在馆饭。(《翁同龢日记》页2008)

三月十七日,晡时赴袁昶、王颂蔚招饮,饮后吕耀斗、李文田先去,先生偕李慈铭、沈曾植谈至夜归。(《越缦堂日记》页11046)

三月,《顺天府志》成,监尹毕道远、府尹薛福成进呈交部议,先生叙加一级。(《年谱》)

四月初四日,晚赴沈曾桀招饮,与李慈铭、沈曾植、沈曾桐谈甚畅。(《越缦堂日记》页11060)

四月十一日,晚赴文昌馆,到者朱一新等二十二人,与李慈铭略谈。(《越缦堂日记》页11067)

四月十二日,午后至安徽邸之碧玲珑馆,至者李慈铭、沈曾桀、沈曾桐、沈曾植、徐琪、王兰、朱福诜,旋报沈曾桐得隽。是科先生从弟缪祐孙中式。(《越缦堂日记》页11068)

四月十三日,得李慈铭札,贺先生从弟祐孙得隽,即复之。(《越缦堂日记》页11069)

四月十六日,致金武祥一札,寄代购之《韵语阳秋》《青芝山馆》。札有云:"弟虽不得会房,而柚岑因之中式,甚惬敝怀,今口覆试,但望其馆选耳。江阴黄连闸修起,会榜一中三人,为癸丑(乾隆)至今未有之盛事,可见弟在家倡议兴修,不为无功也。"可见其情怀与心态。又谈及代购书及近所得江阴人著述等事:"嘱购各书,先呈上《韵语阳秋》,《青芝山馆》(短七卷),乞哂收。他书弟只有《得月楼书目》,明李如一著;《北郭集》,元许恕著。近夏彦保又寄来《大雅集》(孙作)、《张宣集》,俱未见过,兄如录付,当付钞也。彦保收同乡人甚锐。弟又假得《归愚》《丹阳》二集,即录出矣。《史姓韵编》,新书,不过二两余,在上海出售,到京则贵。"(《艺风堂书

札》页261致金武祥第六札)

四月二十日前后,先生致陶濬宣一束谈购碑等事:"正拟走谈而尊使适至。《凝禅寺三级浮图碑》;价贰千。《达牧碑书经》在房山,宋刻;价五百。《苏书道德经幢》,价十千。均系寻常之物。诵凡用钱甚多,何以报之。房山石经俟碑估来再议。子封定入词林,舍弟则分部而已。此及。张氏书两种即以奉赠,祈哂收。"所谈各碑均出于直隶或京畿。是科进士试,陶濬宣也来京应试,故先生得与其交游。然陶氏于本科未中,札中所云之"子封"指沈曾桐,"舍弟"指缪祐孙。(张慧禾《缪荃孙致陶濬宣手札七通辑考》,《艺风堂书札》页333致陶濬宣第六札)

四月二十一日,上午走诣李慈铭,慰李慈铭亡弟之痛。(《越缦堂日记》页11075)

四月二十三日,李慈铭、陶濬宣、徐树兰相招同游西山。上午从西便门出发,午至三贝子花园,憩车小食。晡至澄怀园,入一酒家,院宇颇洁,小饮而饭,晡后至万寿山清漪园,不得入,循南垣,踰山麓坐昆明湖畔,望园中。晚抵青龙桥,宿旅店中。二十四日早起饭后发青龙桥,至玉泉山下停车,诣静明园,不得入,坐门前品茗。上午至普觉寺,入寺而游,登藏经楼。二十七日晨起灵光寺粥后肩舆至长安寺,下山过北新安村,过石景山,渡浑河浮桥,抵奉福寺,午时渡浑河返城。是日夜,先生致李慈铭一札,先生较李慈铭返城为早,故念之,并谈酬谢徐树兰招游雅意。(《越缦堂日记》页11078,《友朋书札》页168李慈铭第十九札、页674陶濬宣第四札)

四月二十八日,李慈铭致先生一札,答先生昨夜之札,云:"中凡雅意,相招同游,然不便乘之,尊意甚是。弟亦拟送十金,以有肩舆之费,且多带一车一仆,拟再送票蚨三十千。如仲凡执意不收,拟俟秋深红叶时,弟与兄作主人,邀之为翠微三宿,似亦足相报也。"(《友朋书札》页168李慈铭第十九札)

四月中下旬,费念慈致先生一札。札贺缪祐孙中式,叹乔树枏、杨锐、文廷式等之落第,询中式者"松溪、子封、梦华、莆卿及宋育仁、丁良翰之外,更有知名之士否"。又称其北上无定期,最早在端节后,或竟中止亦未定。又谈及梁鼎芬、瞿念慈等友人近况。(《友朋书札》页338费念慈第四十四札)

五月二十五日,李慈铭季弟李惠铭终七,请九僧人颂经,先生与庞鸿文、庞鸿书、杨崇伊合送素馔一筵,并前往吊唁。(《越缦堂日记》页 11101)

六月十三日,费念慈与先生一札。札云其以持论不合,不赴北洋之调。二月间所云之北上分部捐职亦决定放弃:"分部费巨,虽同鸡肋,实类蛇足,亦中辍。有此暇日,不如著书;有此巨资,不如刻书,何必自寻苦境哉?"又谈其详校《释文》之情况,曩所为之《说文经字考疏证》亦大半散之《释文校证》中。谈及近人研究《谷梁传》之情状云:"近人为此学者,钟固失之,柳亦未得,廖际平涵泳白文,徒尚冥悟,亦未足折服范武子。此经为孤学,字字征实犹虑蹈虚,遑尚议论耶?"又谈及慧琳《一切经音义》,以为其引唐前小学诸书极多,大可用来校《释文》,将辑出以补《小学钩沉》,年内可就。谈及先生代盛宣怀编纂之《经世文续编》云:"子渊就杏荪之聘,为《经世文续编》,谈何容易。杏荪非满耕之比,子渊则远不及默深……子渊书法颇佳,次则时文,小学已疏,遑言经济耶?见属云云,自当为兄图之。"又请先生购《刁遵》《王僧》二志,寄其《根法师碑》。《荔墙丛书》等有即寄与先生。(《友朋书札》页 339 费念慈第四十五札)

六月二十四日,屠寄致先生一札。屠氏暮春与先生于京都叩别赴汉。札谈是科进士第,云:"柚岑高捷,闻之狂喜,未知签分何部?他若刘镐仲、陈伯严、陈松山诸君,皆素所心折者,何、刘、谢果可暗中摸索邪?冯孟华学有本原,获鼎良非天幸,虽楷书未必致工,正可见国家破格取人之意,转移风会,其在斯乎?沈子封得馆选,固意中事,寄特为方长孺、张季直、杨叔峤、易实甫诸君惜耳。"又言其"校文之暇,专攻小学,旁涉艺文,并心为之"。又请先生将江苏巡抚咨覆文书一件,交徐铸庵纳部,并属取批见示。(《友朋书札》页 472 屠寄第二札)

七月二日,梁鼎芬自粤致先生一札。札云王秉恩言《宋会要》书价二百金已汇寄先生,请先生将原书固封,妥交陈宗侃带粤。戴震《河渠志》稿本亦一并交其带上。别有秘本,请先生随时赐示。又言其现已返里,即回惠州丰湖书院创建书藏,亦望先生将所刻各书捐数部,交陈氏携回。(《友朋书札》页 157 梁鼎芬第四十三札)

七月二十一日,钱振常致先生一札。札询汪鸣銮渡岭任广东学政延何人同行,缪祐孙分发何部。又云章寿康近补嘉鱼令,所刻丛书新增《春秋夏正》《晚学集》《家语疏证》《知圣道斋读书跋》《钟山札记》《龙城札记》、又得其《樊榭集》、刷本《石笥集》，似买旧版印行，俟其从越中出，可图再晤；云钱保塘管重庆厘务，罕通函。札又请先生代乞王懿荣书其室名学吕斋榜。(《友朋书札》页753钱振常第二札)

八月五日，费念慈致先生一札。札请先生代垫其送内弟徐星署之贺分六金，可从其存款子金扣除，或抵划南中买书之用。告先生《荔墙丛刻》诸书已交世尚衣携带入都，冬月抵京。向先生请教"丨即师子焉之子"一条，并请代询之长孺，得此其《说文经字考疏证》即可交写官录清稿矣。又言及叶昌炽、管礼耕、江标皆已赴粤。(《友朋书札》页341费念慈第四十七札)

八月十日，李慈铭致札约夜饮，作札辞之。(《越缦堂日记》页11174)

八月十二日，费念慈致先生一札。札言叶昌炽、管礼耕均改九月望后赴广东汪鸣銮幕下，以叶氏需留办丧事故也；前信中所言《说文经字考》中"丨即师子焉之子"不得其解，昨晚细思之，"丨"乃"レ"之误。又请先生代询千禾、盛昱是否购得《一切经音义》。(《友朋书札》页352费念慈第六十一札)

八月十三日，费念慈致先生一札，此札与前札同寄。札言先生属购之《小万卷楼丛书》沪上有之，将函托鲍廷爵；《左传补注》潘祖荫所刻无售者，当询叶昌炽，或有存者；先生所需湖绉将交先生之侄；先生所寄叶昌炽幛分及瞿氏书目，叶氏均已收到；廖平为《谷梁》学甚勤，全书将成，勇猛精进。又询其大父之传状、志铭、事实是学使咨送史馆，抑径封送先生。并随札寄先生《永慕庐记》新拓一纸。(《友朋书札》页351费念慈第六十札，《缘督庐日记》页1189)

八月十八日，李慈铭招饮陶然亭，坐有陈璚、庞鸿文、庞鸿书、杨崇伊、徐琪、王彦威，薄暮始散。(《越缦堂日记》页11180)

八月二十五日，费念慈致先生一札。札云《顺天志》订好即寄，刘、朱两书已发刻，年内恐未及毕工。又云其已借阅廖平《起起谷梁废疾》，意主涵咏白文，与王闿运相似；易顺鼎学术，极似俞樾，而辞章过之。又恳先生代其同乡吴静甫查捐三班县丞加不积需银若干，部费印结若干，选期迟速。(《友朋书札》页358费念慈第七十札)

八月二十六日，费念慈致先生一札。札云缪祖保至苏，存项以付其百金。又言南菁掌教，明岁竟需别延，因黄以周已得瑞安教谕，且院中高材生皆工词翰,少通经之士,与黄以周优绌相反,故元同不乐就。春间王先谦有延请王颂蔚之意,然王颂蔚补缺已近,且记名枢直,断无南下之理。又王先谦拟延李慈铭,而李氏掌教津门讲席。又言其日以校定《释文》为事,晚间写《经字考》,此外尚有《郑志辑释》《公羊逸礼考补遗》,亦思录出。《一切经音义》所引佚书,亦拟通辑,与王颂蔚函约分任。(《友朋书札》页358 费念慈第七十一札)

八月二十八日,朱一新因前上《豫防宦寺流弊疏》,弹劾李莲英降六部主事候补。朱氏遂以母病为由请准回乡。(《德宗实录》卷二三二)

九月初六日,走诣李慈铭。(《越缦堂日记》页11196)

九月,缪祐孙自都返扬后致先生一札。札言其八月二十五日至扬,即往皖中吊其舅氏张端卿,并及张氏身后宦橐萧然,豪奴舞弊,幸得护抚照管,同僚厚赙,才全家庶几不至冻馁种种情形。又言其"现虽定计明春全眷入都,但恐张罗不遂,未能成行"。又谈及朱一新左迁云:"朱蓉生因建言左迁,十分可惜。蓉生此奏关系甚大,惟太老实,所以激怒;复奏又胆怯,宜其获遣。然自此以后,若辈益无忌惮,言官绝不敢言,国是不堪问矣。奈何?"札又告先生其欲归葬先人,族人索需甚奢,眼小如豆,等等。(《友朋书札》页291 第五十九札)

季秋,表兄金武祥自羊城寄来《粟香随笔》,先生撰序报之。序云是书:"簿书期会之地,补缀缣缃;关河行役之余,纲罗风雅。追述旧德,奉扬清芬。举枌榆之嘉话,矜式后贤;叙山水之昔游,徘徊陈迹。"(《粟香随笔》卷首缪序)

夏秋季间,夏勤邦致先生一札。札谢先生赠《北郭》《沟南》《效颦》三集,称先生所得之书目五种为无上妙品,令人生妒。又询先生所得之《归愚》《无怀》两集是几卷,是否足本。先生前去札曾询及其对明乡人夏树芳著述的收藏情况,夏氏此札云:"茂卿先生著作盛富,弟仅得明刻《奇姓通》一种。《消暍集》乱后尚有收藏者。《词林海错》近日亦有人见志,均未借到。《毓麟女镜》遍访无著。《法喜志》则并闻其名,不知若干卷。"又谈及《戒庵漫笔》,云其本欲抄写,当多缮一份以献先生。(《友朋书札》页972 夏勤邦第一札)

夏秋间,先生纳妾任氏,易州人。(《年谱》)

是年秋,先生面允盛宣怀代其编辑《经世文续编》。(《友朋书札》页647盛宣怀第三札)

十月二日,走诣李慈铭。(《越缦堂日记》页11214)

十月五日,费念慈致先生一札。札告先生属购各书,《小万卷楼丛刻》现无印就者,须俟明春;《左传补注》版片在京,无从觅购。又言《顺天志》已订好交曹元忠带至江阴,曹氏时于南菁书院肄业。又言及友人近况,若叶昌炽、管礼耕于上月二十三日赴广东汪鸣銮之招,汪氏时主广东学政。又言明冬将移家常州,并及其近时治学情况。又随札奉缴先生去岁属题之扇,并书四册乞转致盛昱。(《友朋书札》页342费念慈第四十八札)

十月八日,下午赴朱潜招饮,坐有李文田、吴大澂、黄绍箕、李慈铭、王仁堪,肴馔甚精,赏菊读画。李文田出示旧购《华岳庙碑》拓本,有孙星衍跋,云是玲珑山馆物。(《越缦堂日记》页11220)

十月十日,陆宝忠致先生一札。札谈其在湘按试情形,称"湘中文风极佳,绩学之士所在多有,长沙尤为翘楚",然士习却欠纯谨,"有才气者意气用事","下者武断乡曲"。又言其与缪葆忠及阳湖董若洵相处日久,极为融洽,葆忠即日同出棚,若洵以事暂归,约明春返。又言及朱一新以谏去官事,以为值得,为同谱之光,然极念其近况。又询及先生近况,并附寄先生《椒花》二十韵。(《友朋书札》页91陆宝忠第一札)

十月十一日晚,赴徐琪招饮,坐有李慈铭、沈曾桐、王彦威,在梅云家。(《越缦堂日记》页11222)

十月,先生为缪祖保娶阳湖吴氏。(《年谱》)

十一月一日,李慈铭来贺祖保娶妇,馈酒两坛。(《越缦堂日记》页11237)

十一月十三日,钱振常在吴门致先生一札,询友人近况及海防、铁路时政。(《友朋书札》页754钱振常第三札)

十一月十九日,先生晚招福隆堂之饮,李慈铭、沈曾棨、沈曾桐、王兰、徐琪、庞鸿书。(《越缦堂日记》页11253)

十一月二十五日,缪朝荃致先生一札,附札并寄前先生托其所撰彭兆荪文苑传草稿,系仿阮元《揅经室集》之例为之。札云其拟辑江左"艺文""金石"两录,及《娄东杂纂》等种,数年以来,尚未及半,未知能卒业否;《小谟觞馆集》附录,亦《杂纂》十种之一,现清本已成,尚须续采,当再寄奉。

又询先生京中所刊《九朝圣训》价能稍通融否,并乞先生寄示《光绪顺天府志》及先生续刻《云自在龛丛书》各种,等等。(《友朋书札》页 770 缪朝荃第四札)

十一月二十七日,夜诣福隆堂,王兰招饮,李慈铭、庞鸿文、庞鸿书、杨崇伊、沈曾桐、沈曾植同席。(《越缦堂日记》页 11261)

十二月十三日,致书李慈铭,借与抄本《大唐郊祀录》,并约其十七日夜饮。李慈铭即复致借书之谢意,并允赴饮。此书系先生传抄艺海楼本,校以《指海》,并据各书校正,有跋存集。此本最终为李慈铭借失。(《越缦堂日记》页 11281,《友朋书札》页 167 李慈铭第十四札,《文集》卷七《大唐郊祀录跋》,《藏书续记》卷四"大唐郊祀录十卷"条)

十二月十七日,先生晚在寓所约消寒第二集,李慈铭、沈曾植、王颂蔚、袁昶同集,"佳鲭絮膳,左以鲜果蜜诸风味,香甘转胜,万钱一箸"。(《越缦堂日记》页 11287)

十二月二十日,李慈铭邀至其寓斋消寒第三饮,至者沈曾植、王颂蔚、徐琪、黄绍箕,袁昶以病目先去,至二更后散。(《越缦堂日记》页 11289)

十二月二十四日,夜赴黄绍箕招消寒第四集,李慈铭、袁昶、王颂蔚、徐琪、沈曾植同集。(《越缦堂日记》页 11294)

十二月二十七日,赴李慈铭处为其庆生,李时年五十九岁,先生与友人袁昶、黄绍箕、沈曾荣、徐宝谦、王颂蔚、徐琪、朱福诜合馈内外肴馔两席及桃面、桦烛,烛上金书"见寿者相,为当世师"。(《越缦堂日记》页 11296)

十二月二十九日,午后,李慈铭来的答谢。(《越缦堂日记》页 11298)

年末,缪祐孙致先生一札。札言及其欲办葬事及目前之境况:"弟在扬张罗,仅得百余元,合程尚翁所赠二百元,只敷还账而已。幸三分司处经程寄卷去,尚无回音,又托人函吹,或可一二百元。现因年内为日无多,而上海道处投信后亦无消息,只好先至上海,再之浙。此行先运浙江先柩回里,再来扶先本生柩去合办葬事。其时长沙师约已返署,如太窘时,求师为力,谅可分润。"又谈及为李文田借抄《南北史合抄》事:"若农师所要《南北史合抄》副本,当谒李木斋未晤。弟行李已登舟,详作一函留致,想渠无不允。借到手后即交良甫照办。良甫处已面托矣。"又谈为先生借抄《左传集解》事:"吴吉甫屡谒未晤,其人闻颇自矜,托人问之,称《左传集解》在全椒,已往取。缘长沙师亦有信向伊要也。"又告先生明正先生长女缪福保出阁,其不能至京助事,请先生将其存俸分八金为福保花粉之需。(《友朋书札》页294缪祐孙第六十二札)

是年,志锐始导先生入翰林院敬一亭观书,并允借阅《永乐大典》。《大典》"每册高广一尺六寸,九寸五分。以至粗黄绢连脑包过,硬面,宣纸,朱丝阑,每叶八行,每行大十五,小三十字。朱笔句读,书名或朱书或否。乾隆间,馆臣原签尚有存者"。先生前后阅过九百余册,而至光绪戊子丁内艰而止。"零落不完,毫无距帙,抄出《宋十三处战功录》《曾公遗录》《顺天志》《泸州志》《宋中兴百官题名》《国清百录》诸书"。志锐,字伯愚,满洲正红旗人,时任翰林院侍读。(《文续集》卷四《永乐大典考》)

是年,先生曾从李文田假抄《藏说小萃》,录副九种,以《戒庵漫笔》有清初刊本而未抄。此书罕见。(《藏书续记》卷五"藏说小萃"条)

光绪十三年　丁亥(1887)　四十四岁

一月,先生供职京师。是年先生始购书画。(《年谱》)

一月七日,赴王颂蔚消寒第五集,到者李慈铭、袁昶、沈曾植、黄绍箕,谈甚畅。(《越缦堂日记》页11306)

一月十五日,光绪帝载湉亲政,慈宁宫率王公百官行庆贺礼。(《翁同龢日记》页2082)

一月二十四日,赴李慈铭处夜饮,同坐者王颂蔚、周福清、徐树兰、鲍临、庞鸿文、庞鸿书、吴讲、沈曾植、沈曾桐、杨晨、陈梦麟、殷鸿畴、徐定超、郎仁谱、黄绍箕、徐琪、朱福诜等。(《越缦堂日记》页11319)

一月二十七日,屠寄自宜昌道中寄先生一札。札云前所代交张仁黼《湖北金石目》一册,张氏谓恐非全璧,欲借《湖北通志稿》副本完帙,缘以搜求。(《友朋书札》页472屠寄第一札)

是年正月,先生长女缪福保归于阳湖恽毓良,恽祖翼之长子。(《年谱》)

二月中上旬,缪祐孙致先生一札。札云:"出洋游历,乃弟平生之志,千祈即为谋得。"又云其廿二日由扬州动身,三月初必到京。又云闻先生去年用度之费骇然,"京中应酬是一大端,真可畏耳"。又附札王先谦托寄先生《经解目录》一本。又祐孙附言若先生晤王颂蔚,告之所要局书,即为带上。(《友朋书札》页295—296 缪祐孙第六十三札)

三月十一日晚,黄绍箕邀饮宜胜居,同坐者沈曾植、王颂蔚、李慈铭。(《越缦堂日记》页11362)

三月十九日,诣李慈铭谈。(《越缦堂日记》页11369)

三月二十日,李慈铭致先生一片,即复之。(《越缦堂日记》页11370)

三月二十五日,李慈铭晤先生谈。(《越缦堂日记》页11373)

春,缪祐孙致先生一札。札言其去冬移寓,不无亏累,现设法弥补,入都盘费尚未筹出。又言抄《南北史合抄》事:"李木斋常晤,《南北史合抄》稿本不肯出门,现自募写官录副寄都,卷数甚繁,一两月万难毕事,幸先转致顺德师。弟虽来京,木斋必不食言而肥。"(《友朋书札》页293 缪祐孙第六十札)

四月初,先生致盛宣怀一札,汪洵代达。札谈编纂《经世文续编》事,云:"再启者,去秋幸聆雅教,甚惬。鄙怀承委协同子沅编辑《经世文续编》,因未与子沅晤面,无从臆度。惟偶见道光以来名人文集略择可入选者录目汇存而已。本月之朔先晤子沅,再晤敬孙,略述大概。现恳阁下先将选本交子沅并录目见视即可。到处辑补史馆奏议道光朝百廿五卷、咸丰朝百五十卷、同治朝二百卷,史馆所存及弟处所藏文集亦不下二百种,及时汇而成书,尚属不难,惟取去之间颇费审度耳……公暇尚恳时锡教言以匡不逮,幸甚幸甚。"札中所云"子沅"即汪洵,现任职于轮船招商局天津分局。(《艺风堂书札》页309 致盛宣怀第一札,《友朋书札》页502 汪洵第二札)

四月十六日,汪洵自天津致先生一札。札云先生致盛宣怀一札,已经代达。又云《经世文续编》搜集甚少,属盛氏发箧陈书,列单寄津,以印证先生所藏之当增益者。又询先生奏议抄得多少,史馆奏议于各家专集中尚不能不留意采取。又请先生将前见示所存书目,录寄一份,以免繁复徒劳。又告先生,所询大床一张,存于招商局栈房,先生婿恽毓良过津时即为代取。(《友朋书札》页502 汪洵第二札)

四月十八日,午后,诣崇效寺雅集,至者有袁昶、李慈铭、缪祐孙、黄体芳、黄绍箕、沈曾植、沈曾桐、徐宝谦等。(《越缦堂日记》页11394)

四月二十一日,费念慈致先生一札。札云管礼耕身后至为萧条,已商之王颂蔚，"约同人作一月帮"，王氏与叶昌炽不谋而和，已告之蒯光典，人各月赠一金，请先生准此例。又言寄慧琳《一切经音义》，今查得在吴郁生处，月初将再寄与先生一部。(《友朋书札》页 350 费念慈第五十九札)

四月二十三日，费念慈致先生一札。札询先生两部《一切经音义》在吴郁生处，是否取到，现乘殷柯亭之便，再寄一部。又云管礼耕遗书编定即封送，王先谦拟请咨国史馆，事若成请先生为做佳传。又言其读书粗识门径，先生实为其导师，平时志同道合者，唯王颂蔚、叶昌炽、管礼耕。又询缪祐孙壮游之事，是否得请。(《友朋书札》页 353 费念慈第六十三札)

闰四月十三日，盛宣怀致先生一札。札谈编纂《经世文续编》之意见："再承惠示《经世文续编》，道光以来史馆所存，以及尊处所藏文集不下二百种，及时成书尚属不难……臆见四朝文献，不仅海防、通商两门，自古以来无此奇辟，即散见于吏、礼、户、兵、刑、工者亦多，因时制宜之作，欲求紧要文章一无遗漏，不得不先博后约……只得先倩抄手，悉以行书录一底本，再行分类删择。能于年底汇齐抄本，来年厘定部类，已算极快。尤虑有关系文字不在史馆及各家文集之中，网罗散佚，端赖贤者。余言已属子渊转达一切。"(《友朋书札》页 647 盛宣怀第三札)

闰四月廿三日，费念慈致先生一札。札云邵介生之监既系漏报，即请代补；姚觐元病已月余，湿热时令，患嗽而服姜附，颇危之；管礼耕遗孤月帮，南北止有蒯光典、王颂蔚、叶昌炽、蒋凤藻等七人，自五月起，或半年、一年，或每月，听便；管氏之遗文，仅存院课四百余首，择其可存者十之二三，删者或有碎金即摘出条记，选定后即寄阅，然王益吾旋署，刻书事终来不及；盛昱景宋十行本《十三经》不知何时寄南，若属之国学诸生，不如不刻，万勿列入其名。又言其作至今未录，无人代写，一笔一墨皆亲自动手；明岁有回避事，乡试不再北上。(《友朋书札》页 352 费念慈第六十二札)

闰四月二十九日，汪洵致先生一札。札谈辑《经世文续编》之事："续辑一事，杏公必求大手笔主持。阅手致弟书，深虑执事不鉴其诚，意存可否，用特专函，属为转达，幸详察之。伏维执事学综百氏，才擅三长，早窥中秘之书，益宏大雅之业，斯文所萃，物望允归，成此巨编，何庸多让。务希广征博览，悉付钞胥，求备求多，如长编之例，成书后再加严定去取，以折衷精当……如须抄书笔资，以及杂用，祈随时示知，当为筹寄。杏公意甚殷挚,书成自当重币申敬。此编蓄意已久,得大贤董成,亦生平快事,所需自不吝也。"又谈及陈名珍云沪上有葛士浚所辑不少,愿举以相附。若果富于所储,则斯举事半功倍矣。又告知先生婿恽毓良行时已将大床取去。(《友朋书札》页503汪洵第三札)

五月五日,缪巩中热疾,一夕而卒。先生闻信往视,目已瞑,与弟祐孙同哭之。偕友人姚制芝、杨崇伊,敛其于旅店,并电促缪彝于天津。翌日,缪彝至,扶其柩而还。(《文集》卷七《菁华山馆诗文遗稿跋》)

五月十一日,汪洵致先生一札。札谈《经世文续编》编辑之原则,有云:"搜书先列篇目,广征博采,如长编之例,随得即付抄胥,俟后再加删择……国史奏议中大抵皆奉俞允之件,兹所续者,不在一时之从违,而在异时之论定……奏议中录存大端,其余仍须求之私家著述,网罗散佚,以存文献"。又云:"至陈陈相因之语,或有大著作则录之,否则略之,而详及道光以来新章沿革流变之作。庶与原编,如薪之续,无拇之骈。"又询先生"洋务"一门如何设置,并请向盛宣怀言及;"生存"一门,"尤宜严别其有关系者,固以名位为断,其私家著述,则符和标榜,亦涉嫌疑",应如何抉择。又言及所需费用于六月杪筹寄。(《友朋书札》页504汪洵第四札)

五月二十七日,莫绳孙自俄都致先生一札。札述俄地气候之殊:"七月杪已见雪珠,中秋后即雰霾不已。春夏之交,冰始解……"(《友朋书札》页642莫绳孙第八札)

六月三日,汪洵致先生一札。札云其兼任《经世文编》校印事宜,续编之事只以余力为之,全仗先生为之,并以续编之搜书条理请先生鉴定,以洋务一门驳杂难处,请先生教之。(《友朋书札》页505汪洵第五札)

六月九日,先生致汪洵一札,答其六月三日之札。(《友朋书札》页506汪洵第六札)

是年六月,两湖总督裕禄入都,延请先生覆纂《湖北通志》,与柯逢时同事。此志系光绪七年柯逢时发起纂修者,时彭祖贤抚鄂,柯逢时为孝廉,典记室。至光绪十一年,彭氏薨于位,初稿略就,凡二百数十卷。(《年谱》,张仲炘等纂《湖北通志》卷末杨承禧后序)

六月二十四日,费念慈致先生一札。札云先生刻经之愿大难尝,想已作罢,撰著数种,如欲付梓可寄南,徐元圃年六十余,尚能刻字,吴下雕景宋者止此一人。又云其在家为俗事所误,不能终日读书;吴晋仁漏报监生,情愿补捐,请先生即为一。又言《一切经音义》误置之吴郁生处之原委;询缪祐孙何日出洋,能谋参赞否;询先生是否为管礼耕作传,寄南可附梓于集后。(《友朋书札》页 353 费念慈第六十四札)

六月二十五日,黄体芳、黄绍箕父子邀游什刹海,李慈铭、袁昶、王颂蔚同游。花事已过,翠盖亭亭,莲叶田田,流连无尽。(《越缦堂日记》页 11467)

六月二十九日,费念慈致先生一札。札谢先生录寄曹肃孙为乃祖费庚吉所撰别传,并云庚吉先生于定例应入国史循吏传,其集句传拟五日内寄都,请先生酌定如何送交史馆。以欲编集故,请先生设法从吏部查录庚吉先生奏疏两篇。又谈及管礼耕遗文已录竟,仅存院课,拟从严取十之二三,成一家之言,并希望先生能在陈奂、冯桂芬传中为管氏附传。又言欲托傅云龙想写日本金泽文库藏宋本《经典释文》。又言及友人近况,吴祖椿得总纂,杨锐得尊经书院院长,梁鼎芬掌端溪书院,王先谦八月初出棚。又言其家沙田八千亩,乃父费学曾已约姚文楠悉数捐入南菁书院充经费。又言姚觐元病愈大半,其病乃因眘一伎起。其子姚慰祖开书坊于鄂,前年毁于火,去岁开于观前前月二十六日又毁于火,尚闻再开。又请先生再次录寄曹肃孙所撰费庚吉之传。(《友朋书札》页 344 费念慈第五十三札)

夏间,夏薇卿进京,带来丁绍基致先生一函,及其赠先生唐刻《道德经》与元氏汉唐碑数种。(《友朋书札》页 807 丁绍基第三札。)

是年夏日,直隶开州黄河漫溢,灌入东境,大水漫漶。既而郑州决口,皖北、淮阳岌岌可危。

七月初五日,王秉恩致先生一札。王氏自庚辰年与先生作别,至此七年矣。此时其应张之洞之招,居其幕下,主广雅书局。广雅书局开局刊刻《广雅丛书》,以经史为主,令先生在京为访购、抄底本,乃至谓"当具币聘,并属方太守致脩羊矣"。此札多谈及此,其请先生检《宋会要辑稿》《中兴礼书》《续中兴礼书》三稿本让陈宗侃携回;请先生代觅《云自在龛丛书》《滂喜斋丛书》《功顺堂丛书》《天壤阁丛书》;代购《朔方备乘全书》《延昌地形志》及顾炎武、阎若璩年谱,"其价示悉,或兑京,或换粤刻"均可。又云"外有经史精本,随时寄粤尤妙",先生"储藏有年,愿宏开秘钥,尽出琳琅,照耀海天,其为神益非非独广雅矣"。札亦言及张之洞在广东励精图治,

然相助乏人,精神疲苶。又言及王秉恩将不回黔应缺,而以在粤能多刻数卷书为乐。(《友朋书札》页707王秉恩第一札)

七月十九日,梁鼎芬致先生一札。札谈先生为广雅书局采访书局及校勘事宜。札云:"见时已将陈先生遗书抄刻,刘氏《尚书》当可续办。昨集众议定刻《史学汇函》,经学附刻。如有可刻之书,祈随时示知。"又云:"南皮创设书局,诚为美举,得君采访校勘,即南皮奉请之意。局面尤大,样本尤精雅,真快事也。"又附札详列其与王秉恩同议书局各事:

一、纸价南北不同,请酌定照办。

一、抄费有上等次等无定,亦请酌示照办。

一、各书抄毕,请君约能校勘者,先分校一过,每百叶笔金二两局例。

一、各书抄毕,请君约能校勘者,先分校一过,每百叶笔金二两局例。

一、分校校毕,请总校再细校一回,即寄。

一、各家秘藏书目,或抄本,或不甚通行本,请随时开列细目,某家某人所藏,再行酌定,复请抄寄。

一、抄书以史学为主,经学附刻。

一、孙氏书请即先抄速寄。

一、《宋会要》请即全稿妥寄。

一、来示各种大书,从缓再议。

一、蒿隐各书,或未肯借寄,见时京中有总校,有分校,有抄写,待得蒿隐书目后,当即函复,就京录副。(《友朋书札》页162梁鼎芬第六十一札)

七月二十二日,汪洵致先生一札。言其采辑《经世文续编》文之情状。并问先生"抄存者已得凡几,是否随录随编",又言其八月杪将来京面商体例。(《友朋书札》页506汪洵第六札)

七月二十六日,李慈铭偕袁昶邀饮万福居,同坐者蔡右年、傅云龙、王颂蔚、吴讲、沈曾植,傍晚始散。此系李、袁二人为缪祐孙、傅云龙出洋饯行,缪祐孙将游俄,傅云龙将游日。缪祐孙不至,而傅云龙"颇欣欣有得色",真可谓"人各有志"。(《越缦堂日记》页11517)

七月二十七日,李慈铭致书先生,借抄本李光《读易详说》,先生即借予。李慈铭又欲请先生转借旧抄本《简庄集》作校本,欲刊之也。又请先生转缪祐孙纨扇一柄,求左方画秦淮河坊一角,右方写王士禛秦淮绝句。

又问李文田生日是否八月十九日，欲为之庆生并为缪祐孙饯行。《读易详说》久亡佚，四库馆臣从《永乐大典》中辑出，李光系李慈铭先祖，欲借抄而刻之①。(《越缦堂日记》页11517，《友朋书札》页169李慈铭第二十札)

七月二十九日，先生致李慈铭一札并缪祐孙为其所缋纨扇，告以从弟缪祐孙八月初二日即行。李慈铭即复。(《越缦堂日记》页11519，《友朋书札》页172李慈铭第三十二札)

八月十一日，王秉恩致先生一札②。札云得先生六月廿二日书，"悉切朝局汶暗，师门寥落，良深感喟"。札谈及一些友人近况，又谈及先生代广雅书局所购《宋会要》稿本事："前文云阁云《宋会要》三书，足下购其稿，凡二百金，急欲出买，因屡向孝达师陈说，始允兑京。现观君上师书，与云阁言颇殊。刻下拟请先将可抄者精抄，纸费抄资即在二百内除算，其可寄来者寄来，或补撰，或缺卷待补均可。惟抄格高低，行数字数，当即将此间红格寄一分来，照刻一式，便付写刻。"又云："孙氏《左集解》先抄，《宋会要》寄粤，余从缓。"又谈及以后带书交月折差弁，急商之事，由百川通转寄督署文案善后局坐办。又向先生索赠《顺天府志》。(《友朋书札》页708王秉恩第二札)

八月下旬，缪祐孙致先生一札。札言其返途一路平安，于中秋节到家，先生所寄护照已收到。闻先生得抱孙大喜，"自慈亲以下均称贺，有小孩饰随即寄上"。又言其过津拜谒李鸿章，谈甚久，相待迥异寻常。又言出洋将遵奉先生教导之言，并备述准备情况。(《友朋书札》页293缪祐孙第六十一札)

九月二十九日，费念慈致先生一札。札言将乃祖之传稿录寄，请先生代为假补入其为御史时一折，"照集句例悉从原文"。又云《皇清经解续编》已成千一百余卷，来秋可印发；王先谦昨试苏州，江标四试三居首，"然其人不及从前沉静矣"。又言及邵介生捐事，望尽封河前为办妥寄去。(《友朋书札》页346费念慈第五十四札)

---

① 此条所谈内容，《越缦堂日记》作七月二十七日，《艺风堂友朋书札》李慈铭致缪荃孙第二十札末署"七月廿八日"，盖书札末所署有讹误。
② 此札末署"十一日子刻"，其所谈之事在第一札之后，第一札作于本年七月五日。而第三札所谈之事在此札之后，札中言"自前岁九月奉手教后，倏逾三年，讫未裁答。"第三札撰于光绪十四年。故系此札于八月十一日。

初冬，先生致赵凤昌一札。札自云："弟浮沉人海，闭户自修，岁月如流，造诣罕进。上不能执畚荷戈，冀当途之一盼；退不能怀铅握椠，绍绝业于千秋。非狷非狂，如是而已。"可见其此时之心境。又言及黄河决口及对时局之担忧与无奈："黄流横决，直灌陈颍亳寿，即淮扬亦岌岌可危，而宫廷土木未停，游观如故，司农仰屋，置吏托钵，人心涣散，终无益于事也。顾瞻时事，殊切杞忧耳。"札又请赵氏代侄子占谋缺事，并谢赵氏寄赠之张金吾《金文最》。(《赵凤昌藏札》第一册页155)

十月初二日，汪洵致先生一札。札谈《经世文续编》事云："承示盛、王两公处收藏甚多，倘得开目，尚求见示。弟处官书文字尚可得，若文集则搜罗不易。杏翁亟欲观其成，求加意选录。明春入都，当假馆尊斋，商酌编次序例事宜。所需之款，随后即寄上。"(《友朋书札》页507 汪洵第七札)

十月十九日，晚徐琪招饮，坐有沈曾植、李慈铭等。是日，汪洵致先生一札，札言《经世文续编》洋务诸端，"遗编孤集，采摭为难，全仗大雅宏达，就都人士访录，方得该备"，请先生专意为之。又言及陈名珍有意于参与录辑，可以分任选录。录富之后，咸就正于先生，宏总成编。汪氏随札寄先生《圆明园图》一部，印工颇精，请先生遍示同人。(《越缦堂日记》页11590，《友朋书札》页507 汪洵第八札)

十月二十五日，晚赴徐琪招梅云家之饮，与李慈铭、沈曾植畅谈。(《越缦堂日记》页11596)

十月二十八日，得李慈铭一札，即复之。(《越缦堂日记》页11597)

十一月初二日，上午李慈铭、沈曾植来拜先生父母寿。(《越缦堂日记》页11601)

十一月初四日，夜赴杨崇伊福隆堂之饮，李慈铭、沈曾植、朱福诜、王咏倪、庞鸿文、庞鸿书、袁昶、黄绍箕、张预同坐。(《越缦堂日记》页11605)

又汪洵昨日与先生晤面，未获倾谭，是日致先生一札。札云"洋务另立一门，本杏孙原议，惟与六政时有出入，体例颇难限断。得鸿才卓识，主持其间，俾弟藉手校订，成书有日，何幸如之"。请先生之例言早见示，其体例数则亦随后录呈先生，并子目类别，可相互印正。并告先生"现以搜集奏疏为第一义"，请先生专致留意，随时录其篇目，较易着手。(《友朋书

札》页508汪洵第九札)

十一月十六日,费念慈致先生一札。札云管礼耕遗文王先谦已允收入《皇清经解续编》,询先生入国史附传是否果能行,王颂蔚为管氏所作别传寄先生备采,其所作墓志铭也将寄先生。又邵介生捐照望先生从速寄下。(《友朋书札》页347费念慈第五十五札)

十二月一日,缪禄保生。(《年谱》)

十二月六日,盛宣怀致先生一札。札谈及《经世文续编》之编纂,云刊刻贺长龄正编竣工,即移至烟台,与汪洵就近商榷,否则旷日持久,难观其成。又述及其办理荣成一案之原委,此事已在朝廷引起山东士人公愤,列名上折参奏。"不敢乞诸公原谅而消弭,愿请季樵太史转商乡达,遴派一公正绅士,回里详细查明实在情形,归告诸公,庶几是非曲直可晓然。"其所云季樵系王锡蕃,其闻先生与王氏为莫逆之交,请先生与其婉商。札又谈及其尽力在东及豫、皖赈灾情形。(《友朋书札》页648盛宣怀第五札)

十二月七日,走诣李慈铭。(《越缦堂日记》页11623)

十二月十六日,先生致赵凤昌广东一札。札谈先生为广雅书局抄书一事,有云:"聚书一层,弟始终未知刻书之旨,与佛青亲到局中者不同。今承示知已刻、未刻目,南皮师又分门授以寻书踪迹,现即添募写官,昕夕抄校,开正先寄三四种,余亦陆续筹寄。今开一单,托叔峤转呈函丈,如有去取,望恳叔峤飞示。补领抄资及冬季脩金,仍希转告早寄。关爱深切,始终铭感耳。"(《赵凤昌藏札》第一册页160)

十二月十七日,丁绍基致先生一札,为郑工决口担忧。(《友朋书札》页807丁绍基第三札。)

十二月二十五日,汪洵致先生一札。札云先生致其《经世文续编》采择书目,除《世忠堂集》及《桦湖文抄》外,皆未见;先生托访各种,只有毛岳生稿友人允借,余当留意。又云其明年春印书竣工,可专意于采编《经世文续编》,并意欲在都商榷甄采。三月间必入都面商一是。至先生为甄采《经世文续编》文献所费之写资,请先生先行垫付,开春后汇上。(《友朋书札》页508汪洵第十札)

十二月二十六日,馈李慈铭烛及酒一坛,为其庆生,李复书并反之。(《越缦堂日记》页11645)

是年冬,致盛宣怀一札。札谈编辑《经世文续编》云:"自三月间奉到手书,即发箧别录,分类编纂,已得一千余篇。史馆奏议先搜正本,止得三百余篇,近又翻到历朝档册,可取者亦复不少。子渊新约聘臣同年相助,更可速成。惟精当殊不易,此则弟等学识限之矣。"札中又谈及"保大"船触礁引发的荣成案云:"荣成一案,已详次远函中。此事可已不已,由于领钱者无处开销。首列谢太史,其人闭门读书,绝不干预人事。同乡单到,遂众画诺,若王季樵辈均不肯列名,翰林院止一人,遂首列矣。呈递后,谢君方知之,无可更改主意,只王嘉禾、李萃吉二人是真告状者,无甚大碍,只可听之。"(《艺风堂书札》页309 致盛宣怀第二札)

岁暮,费念慈致先生一札。札云邵介生监照、清单、银已交付,官照邵氏自去领取;先生所校三书,明春才能发写,因能仿宋者金缉甫方为姚觐元写《说文翼》、为蒋凤藻写《汉隶字源》;王先谦年内赶考淮安,历扬、通而归,约在明年三月;沙田入南菁书院,思办围筑,拟加膏火,欲添山长,请先生掌教;其明年恐因回避就南闱。又请先生录寄其祖费庚吉任御史一疏及传稿;其内人托购拼金用之五色线,请先生之夫人为其代购。(《友朋书札》页355 费念慈第六十五札)

是年,先生京察一等。(《年谱》)

光绪十四年　戊子(1888)　四十五岁

一月,先生供职京师。(《年谱》)
一月初,王懿荣致先生一札,以吴重憙所刊《溽南遗老集》相赠,并询先生是否藏有李俊民《庄靖集》,以吴氏欲刊金源五家集,李集为其一也。(《友朋书札》页137 王懿荣第五十札)
一月二十日,文廷式来辞行,将作湘游。(《文廷式文集·湘行日记》页1115)
正月,先生撰《先母瞿恭人事略》。(《兰陵缪氏世谱》卷三十三《先母瞿恭人事略》)
一月二十七日,继母薛恭人病逝。薛恭人病咳,咳甚则喘,时发时愈,至是日不治。柩暂停观音院。(《兰陵缪氏世谱》卷三十一《朱、瞿、薛三恭人传》)
一月二十九日,下午李慈铭来唁先生丁母忧,并慰先生父。(《越缦堂

日记》页11672)

二月十七日,翁同龢、李慈铭至观音院吊先生母。(《翁同龢日记》页2181,《越缦堂日记》页11695)

二月二十五日,接李慈铭札,并去腊代其购《金文最》值三金。(《越缦堂日记》页11703)

三月一日,时距先生母见背之期已三十四日,由观音院移回寓所,杯棬无恙,触处生悲。是日先生选校魏源《默觚》之文入《经世文续编》。又录开封金石。晚手录史馆《孝友传》,付《黄贞麟传》于管生士修。从本日起,先生开始抄校《通鉴纪事本末》,写官抄写,先生校,以为日课,至本年七月十六日毕功。(《日记》页1、47)

三月二日,赴观音院,延僧唪经并放瑜伽焰口,三鼓始归。是日董耀曾、夏孙桐来行礼,夏孙桐、姚子湘送祭席。同乡吴际昌、朱朝江、梅文明、徐家树自延庆公送祭幛。是日,先生校《姚石甫集》选入《经世文》;还《山海舆图》于陆继辉,"图系康熙初年用西洋法刻,甚精小,地名亦多,迥胜《会典》《一统志》图,惜短山西一省",又假其《同治奏议》五十卷。还《赋汇题解》于殷厚培。蒯光典还先生《群书拾补》及《西域图志》。(《日记》页1)

三月三日,校《京师坊巷志》毕。先生从朱怀新借得该书底本,已校之多日,今毕事而还于朱氏。是日,先生拟分地录金石,名之曰《云自在龛金石分地编》,可谓宏愿。(《日记》页2)

三月四日,撰《国史隐逸传序》,并定传十五篇。此传乃先生在国史馆创修,所录钱澄之等十余人著于篇,皆大节凛然,无惭前史者。是日先生又录尉氏、中牟、郑州金石,并改《孝友传》。(《日记》页2,《文集》卷五《国史隐逸传序》)

三月五日,费念慈致先生一札,致唁。札又谢先生为乃祖费庚吉撰定列传,并请录示。又谈及当时之史馆风气云:"吾兄纂辑史传,汉学、儒林,以郑重未就,叹息之至,此亦运数所关。黄、顾崇祀孔庙,格于部议,为东海所持,此次各传又入少东手,如何如何。"①谈及姚觐元刻书事:"彦老处《说文翼》已写完,尊辑三种即可发写。"论及汪鸣銮:"郋亭世味深,其待申

---

① 文中"东海"原形讹作"东河",东海指徐桐,径改。

季尤薄，不能以大兴、弇州望之。"又及梁鼎芬："广雅局新设，刻书之事，尚是空言。南皮与星海甚契，延领局事，星海长髯满腮，出入公廨，日事游宴，近方欲以三千金纳妓，颇不似平时所为，则痛乎时俗之移人也。所立院课，规条甚严，而乡人不满之，广州属无一人投卷者……"（《友朋书札》页361费念慈第七十七札）

三月六日，发扬州莫小农信，寄讬并寄先生为其所改八股文三篇。是日，打碑人李云从送曲阳碑来。（《日记》页5）

三月七日，交《隐逸传》于国史馆提调陆继辉。是日又补撰《孝友传》。（《日记》页5）

三月八日，接王先谦信、缪九畴嘉善信、章小雅上海信。先谦阅邸抄，以先生未引见为讶，可谓关切。小雅札言将售所藏金石，然其无甚旧拓，不足贵。其言在四川得袁少兰藏六朝金石二百余种，皆道光初年兰村先生官河南时所拓，其中或有佳者。缪九畴寄来湖笔廿支。缪九畴系先生族侄，字书屏，一作书坪。（《日记》页6）

三月九日，缪佛保出生，妾任氏所出。是日，先生给打碑人二十金，令其赴唐县一带访碑。（《日记》页6，《年谱》）

三月十日，是日先生母生辰，上庙设祭。（《日记》页7）

三月十一日，先生从本月四日起开始改补《孝友传》，至今日改毕。（《日记》页2、7）

三月十二日，表兄金武祥自梧州来信，寄贺分五金。呈柬李文田，并代钟桐山求书楹帖。翰文送《国朝文类》来，十二行，行二十三字。卷首至元、至正下杭州西湖书院札二道，先生以为然字体不甚似元刻，疑明翻元西湖书院本。（《日记》页7）

三月十三日，先生母尽七，上庙设祭。值黄枚岑同年移殡于庙，先生回忆乙酉春间在院同习楷法。今又值考试之期，先生居忧，枚岑已归道山，回忆前尘，不胜叹息。是日，李鸿章送唁函并赙廿金，于式枚寄信并幛。（《日记》页8）

是日，张之洞致先生一札，邀先生往粤，并电汇奠敬二十金。札有云："闻奉讳，曷胜震悼，目前拟回里否？尊体何如？系念之甚。如能出京，来粤为盼。千万节哀珍卫。匆匆不及多书，余托仲韬转达。"可见其对先生拳拳师生之谊。（《友朋书札》页4张之洞第二札）

三月十四日，接陆心源湖州信，赠《皕宋楼丛书》初、二集及《尔雅单疏》。(《日记》页8)

三月十七日，先生从本月五日起校《湖南文征》入《经世文续编》，今日始毕，凡得文四十六篇。还《湖南文征》于黄麓泉。(《日记》页9)

三月十九日，沈其谷自四川来，沈贤修之子也。得沈贤修手书，并寄篆书屏幅及藏香，盖遣其谷来从先生受业，欲入国子监也。陈名珍以无暇选文为言，前汪洵曾请其助选《经世文续编文》。陈名珍，字聘臣，江阴人，光绪九年进士。(《日记》页10)

三月二十日，复谢恽祖翼、何小山、吕耀斗信，为其数日前皆致寄赙或幛也。书估修文送新装《韩文考异》来。(《日记》页10)

三月二十一日，校《宋纪事本末》第卅八，吕夷简事迹原阙贰叶，以《长编》所载孙沔、蔡襄二疏补之，字数适合，甚快。从是日起，开始检理《汉学儒林传》稿，为日课之一。(《日记》页11)

三月二十三日，接湖北志局函并志书两箱，盖备先生办理《湖北通志》之用。(《日记》页11)

三月二十四日，接汪洵十七日之札。札于先生多有慰语，甚为关心先生丁忧期间之计议，云："闻益吾先生有延主讲暨阳之说，果否？又闻各省地志寄呈纂辑者相接，是则主持笔削，未便移归，究竟做何计议，深为企切。"又谈及《经世文续编》事，云："前搜辑《经世续编》，全赖宏才提挈，弟勉励附和，实无能为役。未审此后尚能留意及之否？"又谈及葛士俊《经世文续编》："上海葛君，近有五例之刻，颇觉浅陋。大旨与弟意相同，惟重在补遗，旁及算学，未免无限制。其书号称百十四卷，其实尚有目无书。弟此行专诚往访，与语不合。且渠意甚居奇，势难互证。怵他人之我先，借之以自警，庶免浮沉无日耳。"先生谓："葛君意在补遗，旁及算学，且采《申报》议论，虽多何益。"(《日记》页12，《友朋书札》页509汪洵第十一札)

三月二十五日，假屠仁守（梅君）所藏曹廷杰绘《俄境七图》，盖为《经世文续编》故也，四月二十八日还之。是日撰《龙启瑞传》，附以附苗夔、庞大堃。(《日记》页12)

三月二十六日，辑《柳兴宗传》，附钟文烝、许桂林、梅毓。(《日记》页12)

三月二十七日，改定《孔广森传》《刘逢禄传》《凌曙传》《陈立传》，皆传

《公羊》之学者。(《日记》页12)

三月二十九日，接缪祐孙森得比堡信，并寄小像。(《日记》页13)

是日，改定洪先生传，改宋翔凤、戴望附刘逢禄传，以明庄氏之学。改王松附郑珍传。(《日记》页13)

是日，先生以《金石分地目·河南》第一册交老杨装订。月初确立编《金石分地编》之后，录各地金石为先生日课之一，至今日河南部分第一册完成。(《日记》页13)

三月三十日，复张之洞一札，昨日先生得张之洞广东信，以广雅书局见招。(《日记》页13)

是日，撰《王念孙传》，改《金榜传》，读《经学博采录》。

四月一日，改定《孙星衍传》《臧琳传》。李文田来谈。(《日记》页14)

四月二日，校《儒林传》草稿、清稿，改定《刘宝楠传》。(《日记》页14)

四月三日，改《褚寅亮传》，又以顾广圻附《江声传》，顾氏本为江氏弟子故也。还《天启从信录》于李文田，盖即沈国元《两朝从信录》，先生从李文田借校多日矣。还《钱氏家刻书目》于王颂蔚，又从其假得葛立方《归愚集》十卷，系旧抄，劳格藏本，劳氏以残宋本校用绿笔，残宋本存卷五至十三，以朱彝尊藏本校用朱笔，并辑有逸文数首，可谓善本。此本系王氏光绪五年闰月以饼金得自世经堂者。后先生费多日之力校之。(《日记》页14，王颂蔚《古书经眼录》"归愚集十卷抄本"条)

四月五日，选李小湖《好云楼集》，入《经世文》。先生云："江苏学使，向以前祁后李并称。李主讲钟山，甚负时望，身后沈文肃奏请宣付史馆，列入《儒林传》。今读《好云楼集》，学术粗窥门径，绝无心得，散文沓冗，骈文俗，诗笔亦拙而平，何以负此盛名，殊不可解。《儒林》之请，沈文肃本不知学术，滥厕其中，殊难位置。近来奏付《儒林》《文苑传》，李含春之猥鄙，刘绎之浅率，吴观礼之凡下，均属可叹。刘熙载之律身，桂文灿之汲古，虽非定论，究属彼善于此。"(《日记》页15—16)

四月六日，校《顺天志》毕，还《同听秋声图》手卷及《永乐大典》三册于志锐。《永乐大典》中有明初《顺天府志》二十卷，今存四千六百五十起，四千六百五十七止，为《府志》卷七至卷十四，中引《元和郡县志》六条。此志《明文渊阁书目》未载，罕有知之者，先生从《大典》中录出而校之。《大典》

三册系先生通过志锐而借于翰林院者。(《日记》页16,《藏书记》卷三"明初顺天府志残本七卷"条)

四月七日,接缪圻信,言青旸有一穴地可葬先生伯父母,荻桥尚未扩充房屋,有住处,甚慰。(《日记》页16)

是日,莫绳孙自巴黎致先生一札,慰先生亡母之悲,并致奠仪。又附一札略言缪祐孙在俄之况,谢先生允为莫小农改文。(《友朋书札》页643莫绳孙第九、十札)

四月九日,接王先谦信,寄幛一轴,约南菁讲席,札云:"前见吾弟京察无名,方深疑讶……奉到大讣,惨悼良深,尤望强节哀思,善自珍摄为幸。弟既遭大事,更不可无馆,决计于南菁增设一席,请弟主讲。昨费幼庭观察来澄,并与熟商及之。"王先谦请先生主讲南菁书院讲席,系出于师弟之谊,亦因现主持讲席者黄元同,尽管"诸生尚佩服",先谦亦敬之,然"经学甚深,特不解词章"。王氏所约,实为一年,"明年则后任主持",非其"所能预知耳"。至于其与费学曾"熟商",乃因南菁书院廪给不敷,费氏以包办之横沙田地举以补书院之不足之故。是札王氏又请先生代觅购《九朝御制诗文集》,以其欲摆印故也。是日,先生改《陈寿祺传》。(《日记》页17,《友朋书札》页26王先谦第三十七札)

四月十一日,补前辑《元和郡县志》。是日,接费学曾信,代王先谦约定南菁讲席。(《日记》页17)

四月十二日,打碑人李云从来,新拓得曲阳碑廿余种。沈其谷来,取去监照,交时文三篇。(《日记》页18)

四月十七日,黎庶昌约过日本,托傅云龙致意,先生作札辞之。是日,王懿荣送《柽华馆文集》来,系朝邑新刻,先生粗阅一过,以为"识见庸鄙,文字芜陋,古近体诗高者近于木,下者近于率,全无真气,视孙豹人、李子德相去天壤矣"。(《日记》页18)

四月十八日,得费念慈四月十一日之札。札云邵晋仁捐照等收到,吴中事如昨,管礼耕藏书大半散出,其精本均为其所得。又言乃父举寿觞择四月,如乔树柟、长孺撰书之屏已成,请先生从速寄下。又请先生代廖樾衢购《连筠簃丛书》。樾衢,廖寿丰嗣子也。(《友朋书札》页350费念慈第五十八札)

四月十九日,致费念慈一札,并寄去儒林传稿四篇,费庚吉先生奏议

一篇,寿幛账一纸。(《日记》页 19)

四月二十日,崇文阁送江氏《尚书集注音疏》来,博文书局送旧刻《汉隶分韵》来。先生云:"《汉隶分韵》似明翻本。估人因书局有'绍兴乙亥万卷堂镌',推为宋版,索值甚昂。《拜经楼藏书题跋记》载有宋版、有元版,《提要》云不知撰人姓氏。此书次行有'大宋郭忠恕编次',然用平水韵,必非宋人所撰,焉得有宋版也!且'大宋某人',他书无此,决为书估伪托无疑。"(《日记》页 20)

四月二十一日,先生自十八日来,连日校沈钦韩《韩集补注》,今日校毕付装。此书殆从蒯光典抄校,二十九日还之。是日,修文送书来,先生购得《阁帖考证》《画史会要》《大雅集》。(《日记》页 18、19、20、39)

四月二十二日,金武祥致先生一札,并赙二十元。札谈及近年节衣缩食所刊小种丛书已得九种,先生所寄之《得月楼书目》现已写样付梓。又向征求续刻建议并向先生询借足本《戒庵漫笔》、许恕《北郭集》、陆文圭《墙东类稿》、包文在《易玩》等。又请先生代在江阴陈、蔡县志中查考《宜斋野乘》之作者吴枋。先生曾撰《李如一传》,金武祥以所见江阴志书中之不同记载请先生考疑。先生撰此传,集各家成语而成,金氏谓:"近时颇尚此格,未识昉于何时何人,并求复示为荷。"又金武祥所撰两序文,亦请先生改削。(《友朋书札》页 849 金武祥致先生第一札)

四月二十二日,先生从本月四日起,多日读《曾文正公书牍》,今日校读毕,遂还《曾文正公全书》于陈名珍。又校选毕《同治朝奏议》一百一卷至二百卷并还于陆继辉,已借阅累月矣。二书皆为官书,盖为办理《经世文续编》之故也。(《日记》页 21)

四月二十四日,柯逢时来谈,送《湖北通志》之《疆域沿革》《艺文》来。是日,先生还《东北边防备要》于李文田,先生本年三月二十五日抄校该书。(《日记》页 21)

四月二十五日,张楚生、汤似瑄、杨颐来。楚生面致盛宣怀托带一札并赙五十金。盛札手书于四月九日。札云《经世文续编》拟在烟台设一总局,乃父盛康总纂,期以一年告成。其与汪洵分校,先生在京荟萃文章。请先生告知现已抄者之目录,庶免重复。又言及成山抢案,获犯十不及一,得赃万不及一。又谈及其利津海口浚通尾闾之事。先生于盛氏《经世文续编》,自定议以来,选文校抄,以为日课。(《日记》页 21—22,《友朋书

札》页646盛宣怀第一札）

是日，打碑人小王自河南来，拓得磁州、安阳多种，先生均购之。是日先生又托陆继辉借史馆各文集，盖为国史列传及《经世文续编》之用也。（《日记》页21—22，《友朋书札》页646盛宣怀第一札）

四月二十六日，读王宝仁《旧香居文集》、潘德舆《养一斋文集》，选入《经世文》。是日录河南金石已毕，通校一过，补录鄢陵八种，检常茂徕《中州金石续考》《祥符金石志》各种还陆继辉，又赠以《麟德像》一纸。撰《郝懿行传》。（《日记》页22）

四月二十七日，补录河南金石两叶。打碑人小王送湖南题名来，选得卅种。（《日记》页22）

四月二十八日，小王送湖南金石来，先生挑得六十余种。是日撰《邵晋涵传》，附以翟灏。先生云："《晋涵传》原附《念鲁传》，因学派不同，故以念鲁附《沈国模传》，为蕺山之正宗。而别立《晋涵传》，附以翟灏，因翟有《尔雅补郭》也。"（《日记》页22）

又是日汪洵致先生一札。札云其处有续刻奏议，恐与先生犯复，尚未搜辑，若先生未选录，即示知。又先生去函因不满现状多有抑郁之言，至有"择术不慎"一语，汪氏深有同感，札亦慰藉先生云："蝉高难饱，蚓操能充，上下其音，不可同年而语。已考差诸同乡，谁称得意？"（《友朋书札》页510—511汪洵第十三札）

四月二十九日，小王送九龙岩石刻来，挑得卅种。补录河南金石两叶。交《问经堂丛书》《皇宋纪事本末》两函、《高丽史略》做套，又交河南金石一册、《东北边防》《黑龙江外纪》《探路记》并图交修文堂装订。撰《丁晏传》。（《日记》页23）

四月三十日，取翰文初印朱本《续复古编》，即丁丑年持赠姚觐元者。撰《朱彬传》，附以成蓉。送河南金石于修文堂装订。（《日记》页23）

五月一日，翰文来，购其《国朝文类》七十卷，取《朝野杂记》去。先生从四月二十二起校潘眉《三国志考证》，至今日校毕，随付修文装订。（《日记》页24）

五月二日，先生录顺天、京师金石。接瞿廷韶寄幛及银十两。是日先生定《李富孙传》，李遇孙、李超孙附。（《日记》页24）

五月三日，赴观音院设百日祭，先生感慨"岁月匆匆，已届卒哭，归葬

何日,尚未能定也"。亲友夏孙桐等人前来行礼。(《日记》页24)

五月四日,发天津汪洵信,烟台盛宣怀信。是日地大震三次不止。先生云:游观日兴,金人当国,河决未塞,旱象又成,杞人之忧,曷云其已。"(《日记》页24)

五月五日,以宋本《隋书》赠王懿荣,并媵以《章仇禹生大像》一种。王氏借去该书已及一年而未还,先生即举以相赠。王氏曾立志搜集旧本史书,盖对此书恋恋不舍。(《日记》页24)

五月六日,先生整理直隶碑,发现尚不能编录,故从今日起改录山东历城金石。是日改定《黄式三传》《方成珪传》。(《日记》页25)

五月七日,发缪圻、缪葆忠信,告以捐监事已妥。接梁鼎芬唁函并账一悬,函有云:"昨日从王先生署中,惊悉太夫人仙逝之讯……益以频年诸事乖违,未能遂志,惊心动魄,如何得释……今年能扶灵榇南下否,见厝何处?"可谓知心者也。是日,改《崔述传》,附以林春溥,以二先生皆用功于三古,下及洙泗而止故也。(《日记》页25,《友朋书札》页157 梁鼎芬第四十一札)

五月十日,刘佛青托蒯光典还来书十四册,尚短四册,拟赔抄还史馆。旋检前假史馆各集,同缴还国史馆提调陆继辉处,又借来沈曰富《受恒受渐斋文集》四本。(《日记》页26)

五月十一日,先生晤史幼润,以其父润生太守事略见视,欲请先生改定也。陆学源来访先生。学源号笃斋,陆心源之弟。费念慈致先生一札,谢先生寄其大父庚吉先生佚文及史传等。(《友朋书札》页362 费念慈第七十八札)

五月十二日,先生访夏孙桐,请其代校《魏书地形志图》。(《日记》页26)

五月十三日,先生晚阅邸抄,知朝廷设坛祈雨。是年五月,奉天大旱。(《日记》页27)

五月十四日,往调李慈铭马夫人丧。马夫人卒于四月二十八日。(《越缦堂日记》页11778)

五月十六日,接裕禄信,寄赙十六两。柯逢时来商办《湖北通志》。是日先生撰缪氏科名掌故。(《日记》页27)

五月十七日,诣柯逢时谈,柯氏面交《湖北通志》稿,凡诏谕、疆域、沿革、舆度、山川、形胜、关隘、津梁、隄防、城池、公署、乡镇、风俗、物产、户口、田赋、漕运、蠲恤、仓储、盐政、钱法、关榷、礼仪、坛庙、学校、刑律、军政、邮传、兵事、古迹、艺文、金石、祥异、藩封、职官、选举、人物、列女、流寓、释老、杂记诸门。(《日记》页28)

五月二十一日,偕夏孙桐至琉璃厂购书,得明刻陈同甫《龙川集》《西藏志》《毛传郑笺异义解》《全唐文》《姓氏韵编》《吕晚村家训》《质园集》。(《日记》页30)

五月二十二日,杨颐来,托撰陆善堂墓志。先生于本月二十八日撰之。六月六日交与杨颐。(《日记》页30、32、35)

五月二十四日,偕夏孙桐至厂肆,阅常估山东书。书佳而值太昂,仅取《禹贡说断》《元人百种曲》,亦未知能购否。(《日记》页31)

是日,陶濬宣致先生一札。札云南菁书院添置院长事立案皆已妥当,闻先生拟于六月南图,喜忭无量。又云川沙沙田一事,初姚文楠、费学曾再三往说,王先谦因事多窒碍,且亦离奇,决口复之。经其竭力苦口,再三赞成,"且一切公牍文字皆自任",期年而成,而适先生主此席,欣慰无限。又附一札云其去年托缪祐孙寄存翰文斋书坊石印《佩文韵府》四部,请先生出都时为交兑清楚,能随身携带两部南下或代销几部最妙。《友朋书札》页674陶濬宣第五札、页675第六札)

五月二十五,杨锐自广东来,先生得王秉恩、杨锐札。王氏札云闻先生母丧,由百川通将广雅书局先生之春季脩金、抄书及电费等百四十金已兑京;闻先生秋间南旋,继将游粤,尤所殷盼;先生所代购各书收到,委代销之丛书全销,《顺天志》尚存。又先生将徐松辑《宋会要》手稿交付广雅,多所记挂,王氏此札亦言及此书,云因徐松在从《永乐大典》辑出之时未加分门,故未贸然刊刻,然"同局诸君亦能遽了此事","原书具在,决不致使孤本自恩失之,为儒林所诟病","局中已写刻者,另目麈鉴"。又询《皇宋纪事本末》是否抄毕,佛青是否有续寄之书。王氏随札寄来六金为赙。(《日记》页31,《友朋书札》页708王秉恩第三札)

五月二十七日,常估偕先生往狗尾巴胡同看书。书甚佳,留十余种,二十九日,购《鸡肋集》《契丹国志》《郝陵川集》《滇云历年传》、旧刻《韵语阳秋》各种,价四十两。(《日记》页32、33)

五月二十八日,先生交《儒林传》下卷和新借各书于提调陆继辉。光绪十年先生充国史馆总纂,与谭宗浚同任,谭氏外简,先生独任其事,"成《儒林传》上二十二篇、下四十九篇,《文苑》七十四篇,《循良》四十三篇,《孝友》二十九篇,《隐逸》十五篇,分并去取,略具苦心"。然馆中有金人谮之于总裁徐桐,徐桐不知是非,以先入之言为主,随加排斥,埋没苦心,以后应得之差,均未派到。今先生已完竣交馆,初稿亦拟即付梓人,与天下读书人共证之。先生云:"如特旨宣付史馆者,刘绎之空疏、李元春之鄙俚、吴观礼之庸下、李联琇之拘滞,均不足以立传。刘熙载、桂文灿犹为彼善于此矣。"(《日记》页32、33)

是年秋,先生晤徐乃昌于琉璃厂书肆,"谈及经籍目录,如瓶泻水,余心佩焉,因以订交"。(《乙丁稿》卷二《积学斋藏书志序》)

六月七日,假陆继辉《金石补正目》三册来,付写官录副。翰文来,先生托觅《八朝御制诗文集》,代王先谦购也。(《日记》页35)

六月八日,接陆心源信,并寄赠先生《潜园全集》。先生次日复之,并寄讣。(《日记》页36)

六月十二日,接费学曾信,托办户部课定则事。(《日记》页37)

六月十三日,殷厚培来,托先生撰策题。先生后数日为其撰经学策、史学策、兵政策、赋税策、金石策五策,二十二日殷氏取去。(《日记》页37)

六月十八日,李文田来,假去《契丹国志》。是日先生发广东信,托杨肖岩带去,内有上张之洞笺一件并《三国志考证》《韩集补注》,此系先生代广雅书局所抄书。又带谢王秉恩信一件、杨锐信一件。又寄金武祥一札,并《质园诗集》《法梧门诗集》。致金氏之札系十七日所撰,云:"弟居忧以来,倏又半载,诸事留滞,尚难首途,天气郁蒸,心亦怯甚。现定于七月半后,由轮船回南,中秋可达里门矣。柚岑时有书来,办理尚为顺手,归期约在明秋,不过转瞬可到……夔卿亦有信来,亦顺手也。《质园诗全集》,又《法梧门诗全集》,均托杨肖岩带上,乞哂存为幸。"(《日记》页39,《艺风堂书札》页262致金武祥第七札)

六月十九日,谒李文田,还《黑龙江外纪》。先生从其假抄该书。是日又假其《三垣笔记》回。(《日记》页39)

六月二十日,王秉恩寄先生广雅局刻《毛诗天文考》《两汉书辨疑》。又金武祥寄所刻书来。(《日记》页39)

六月二十二日，是日先生获悉李文田典试江南乡试，副以王仁堪，颇为欢畅，以为"江南学人可以搜拔无遗矣"。（《日记》页40）

六月二十四日，改《湖北疆域志》，交宋望坡誊录。（《日记》页41）

六月二十六日，缪祐孙自尼日里旅次致先生一札。札云其接到巴黎寄到家书，骇悉先生母之丧，悲痛实深。其印结祈先生留作添补京寓零用，略尽衷曲。否则，则请先生于此项内留五十金作其香楮祭奠之敬。又云其旅途劳顿异常，几乎大病。所幸见闻随时采录，已成二帙，并前译件时加改订，或稍有报称。（《友朋书札》页296缪祐孙第六十四札）

六月二十八日，撰《临潼县祀缪翰仙大令祠堂碑记》。（《日记》页42）

是年秋，王先谦刊《皇清经解续编》成，以余力刻《南菁书院丛书》，其未及搜采者，后属先生编修赓续成之。（《王先谦《虚受堂文集》页70）

七月一日，汪洵自天津来，欲与先生商榷编辑《经世文续编》事。是日先生拟编《全辽文》，确立应先阅《辽史》《契丹国志》《辽史拾遗》《拾遗补》《金石萃编》《续编》及近拓辽石、《盛京通志》《热河志》等书，并即日从《八琼室金石补正》录文三篇。（《日记》页43）

七月三日，汪洵访先生，见视新选《经世文续编》八百篇并凡例，及上海葛士浚五例、征书启。（《日记》页43）

七月十日，缪祐孙致先生一札。札建言先生不必羡覃园诸君外补，因"翰林外补，得意固多，失意者亦不少，况外省督抚实难伺候"。又言其出游数月，采访之外，惟自理笔墨，所遇俄人，无不倾怀相结纳。"俄人于西学已落牛后，且多借重英美诸邦"，于黑海船厂及大铁甲等，借曾往观，"彼皆指示周详，奈总未透彻底蕴"，"惟陆军操练及各学堂伎艺，本一目了然，尚觉有益"。克雷木半岛、切尔赤皆元时旧地，闻多古碑，访之皆为希腊文字，无一元碣。又附一札言其翻译《中俄交界图》《行军道里图》之情状，并云"购图甚多，他日回国，送兄一分"。（《友朋书札》页297缪祐孙第六十五札）

七月十一日，发盛宣怀烟台一札，交王锡蕃带。札谈编辑《经世文续编》事，有云："荃孙诸事留滞，迄未成行，渊兄送来选本，重出一百余篇，实得二千篇，再加聘臣处百余篇，共二千二百篇，稍加决择，立可成书。然知其名而未见其书，与见其书而近未得者，尚可开出百余种，尚有不在文集中者。渊兄云阁下之意再令博采一二年，具此卓识，自不难成就伟业。

荃孙当随时补缀,往交各处电报局转寄,谅无遗失。抄录全稿,日内全交渊兄,疏漏之咎,在所不免,尚望随时指教为幸。荃孙蒙王益吾师招就南菁讲席,张孝达师又招往粤东,须到家方能定局。赐函仍交京寓,必能送到。"又关心黄河决口赈灾之事:"郑工未合,水患方长,赈济宏愿,深恐难乎为继,不识里下河水势如何耳。"又附札请盛氏亲自提审王锡蕃所托其同乡前任通山令单复梓子妇身死一案。(《日记》页 45,《艺风堂书札》页 310 致盛宣怀第四札)

七月十三日,汪洵移居云自在龛,为方便与先生商榷《经世文续编》故也。(《日记》页 46)

七月十四日,先生出拜曹鸿勋、黄国瑾、曹堃泉、李佐周。黄氏为先生言王闿运家遭回禄,次子病重,旦夕不保。先生感叹"文人暮年,厄至于此,可叹"。(《日记》页 46)

七月十六日,整理《通鉴纪事本末》一百五十卷,抄校毕,付装。十七日付老杨装订。此书亦系代广雅书局所抄者。(《日记》页 47)

七月十八日,先生校《归愚集》,至二十三日毕功。盖以王颂蔚藏劳格校宋本校先生所藏抄本。(《日记》页 14、47—49)

七月十九日,检李佐周《说文逸字辨证》两册还佐周。此文系李氏本年六月二十五日交先生读者。李氏乃同治间岁贡生,湖南善化人。此乃其重要之作,李氏自称:"往读《说文》,窃见许氏本有二例,一重文间见注中,一古籀篆偏旁不皆列篆。许为书时当已有遗文,不必皆传写脱漏。"(《日记》页 48)

七月二十一日,托冯润田为表侄瞿世珪办补缺事。是日先生至琉璃厂,购书颇多,至宝华堂购《浙江采集遗书总目》;至翰文斋购《李竹懒说部》、《明季稗史》十四种、《柚堂笔记》、《南宋杂事诗》;至经香阁得《绥猺厅志》;至文友堂得《河内金石志》,又假《镜塘全集》《许海秋文续集》。(《日记》页 49)

七月二十四日,编录《皇朝经世文续编》学术门,分圣学、原学、儒行、广论、法语、文学、师友七子目。(《日记》页 50)

七月二十六日,赵凤昌自广东来,赠先生《舜庙碑》《荔子碑》《党籍碑》。是日编录《经世文》治体门,分原治、政本、治法、用人、臣职五子目。(《日记》页 50)

七月二十七日,编录《经世文》吏政门,分吏论、铨选、考察、大吏。(《日记》页 50)

七月二十八日,编录《经世文编·吏政》,分守令、吏胥、幕友,共七子目。(《日记》页 51)

七月二十九日,在观音院啐经,丙子同年、己卯门人公祭。晚录《纪世文编》户门政,分理财、养民、赋役、屯垦、八旗生计、农政、仓储、荒政、漕运、盐课、榷酤、钱币。今增建置于赋役之上,增厘金于榷酤之后,增开矿于钱币之前,皆今来经政之大者,合前共十五目。(《日记》页 51)

八月一日,有旨:命大理寺少卿杨颐提督江苏学政,张亨嘉提督湖南学政,柯逢时提督陕西学政。

八月二日,柯逢时来,其新得陕西学政差,言《湖北通志》不能兼办,交先生全数带回鄂省,又允借《章实斋全集》。是日先生编录《经世文续编》礼政门,分礼论、大典、学校、宗法、家教、婚礼、丧礼、服制、祭礼、正俗,增选举一目,附学校末。(《日记》页 52)

八月四日,诣李慈铭、张亨嘉等友人告别,言即日扶柩南还。是日,先生典书籍于亨丰典铺,得八百金。(《越缦堂日记》页 11835,《日记》页 52)

八月五日,编录《经世文续编》工政,分土木、河防、运河、水利通论、直隶水利、各省水利、海塘七子目。是日,沈曾植来,还先生《明会典》及《皇元圣武亲征记》,又言何秋涛《律心》稿在翰文斋。(《日记》页 53)

八月七日,下午李慈铭前来送行。晚乔树枏、朱咏裳、陈琇莹、陈珍、许诚斋来送行,先生留陈珍、许诚斋、夏孙桐晚饭。(《越缦堂日记》页 11836,《日记》页 53)

是日,先生致金武祥一札,并书数种。札云:"前托杨啸崖兄寄上一函并《质园诗集》等,未知何时察入。弟现于初八日起程回里,明春当至粤东。新得《拜经楼丛书》,内有《阳羡名陶录》。及张、孙二家集,先托王雪澄弟湘澄带上,收到后示复为幸。弟仍在申港居住,兄函由府报来,当可得也。"(《艺风堂书札》页 262 致金武祥第八札)

八月八日,先生携亡母及亡妇两柩登舟起行。许诚斋、夏孙桐、乔树枏、常永祥等亲友来送行,汪洵同行。先生感慨:"忆辛巳来接全眷入城,正闰七月六日。六年之中,了无佳况,命运如此,几不知人生之乐。"(《日记》页 54)

八月十二日,至天津。先生坐马车至杏花村石印书屋,汪洵于昨日先至。先生交《经世文稿》于汪洵。是日先生拜吕耀斗、沈保靖,观机器局,又观铁道。机器局水与师学堂同在一处,环以土城,城外流水一渠,杨柳数重,掩映官道,风景颇佳。是日先生编录《经世文续编》兵政门,分兵利、保甲、饷需、团练、地利、兵法、塞防、海防、蛮防、剿匪诸子目。先生携《经世文续编》兵政、洋务两门稿于行箧,此门自本月九日开始编录。(《日记》页55)

八月十三日,先生谒李鸿章,谈良久。又拜津道胡云楣、关道刘含芳、戴鸾翔等人。(《日记》页55—56)

八月十五日,先生在津访友赴约。汪洵邀先生赴局观上海葛氏《经世文补编》。先生谓:"《补编》采取未遍,以算学入学术,以中西条约入洋务,均不可解。粗阅一过,是于此等文字,体例稍乖,即原书亦未细阅,而又志在渔利,故草率若此。"(《日记》页56)

八月十六日,先生访友未遇,偕汪洵、张寿朋至城东古董铺搜书,购明刻《图绘宝鉴》《佩觿》。(《日记》页57)

八月十八日,开轮,出大沽搁浅,至十九日来潮得行。(《日记》页58)

八月二十日,先生在烟台上岸拜盛宣怀观察,长谈。盛氏答拜,并馈贶百元。(《日记》页58)

八月二十二日,抵沪,寓泰安栈。晤友姚岳望。(《日记》页58)

八月二十三日,先生在沪访书。先至醉六堂晤吴申甫,随即拉往扫叶山房,晤朱槐卿;又往鸿文书局,晤凌霞。此为先生与凌氏首次晤面。先生耳其名久矣,其人善气迎人,议论亦和易近情,不为诡激以钓名者。随偕凌霞饮于聚丰园。(《日记》页59)

八月二十四日,先生在沪访友,费念慈自金陵来,相晤大喜,约同行。先生检团扇及缙绅赠姚岳望,检《石柱颂》、杨刻《续千字文》赠凌霞。(《日记》页59、60)

八月二十五日,先生于醉六堂购书,得《句余土音》、《鲒埼亭诗集》、《拜经楼题记》、《陵阳小稿》、《金石例》、《祠部集》、《牧庵集》、《伊犁总统事略》、《泾渠志》、《复社姓氏传略》、《沙河逸老小稿》,凡十一种。(《日记》页60)

八月二十八日,午刻抵苏州,泊阊门。上岸谒费学曾、叶昌炽、瞿丙生、诸竹卿。晚宿费学曾处。时叶昌炽馆于费氏,晚与叶氏谈至三鼓始睡,先生言黄再同有名臣气,等等。(《日记》页60,《缘督庐日记》页1503)

八月二十九日,蔡右年致先生一札,答先生离京前后转致其一函,言荐其将来接续先生主南菁讲席之事。札以先生出京未能走送为歉,感谢先生函荐南菁讲席,云其为祠禄之求,仍不忘进士,若先生倘以为可,来年会试后,将谨奉先生之命。(《友朋书札》页751蔡右年第七札)

九月一日,早诣幼丈议沙洲及书院事。过蘧园,晤李赓猷,借其千金,署券与之。(《日记》页62)

九月二日,早上船发,日暮泊无锡。(《日记》页62)

九月四日,船驳至申港,先生乘轿先行,抵镇晤缪圻及诸本家。(《日记》页63)

九月初,接姚觐元一札,致赙。札云:"日前姻伯母大人灵輀莅此,弟因得信较迟,未获登舟一拜,歉悚万分。比想安抵柯乡,葬事能即办否?道远未能趋诣绋敬,一函伏希代荐几筵,无任惭恧。弟归来七载,百念俱灰。自去年大病,至今一岁有余,精神总未复元,终日独处一室,如入定僧,不堪为知己告。闻台旆即欲来苏,一切统容面罄不宣。"(《姚觐元致缪荃孙尺牍》第十二札)

九月六日,先生拜同族中人。午刻备席,祭蒋家坟及肥场坟。先生自谓:"不到墓门,七载于兹矣,毫无寸进,得慰在天之灵,瞻望松楸,曷胜呜咽。"(《日记》页63)

九月八日,谒王先谦,长谈。(《日记》页64)

九月九日,诣夏屏周谈,同诣夏勤邦,观其所藏江阴人著述。(《日记》页64)

九月十日下午,王先谦招饮,费学曾、姚文楠、王小廷、陶潈宣、沙从心、冯铭同席。此盖接待先生入讲南菁之筵。(《日记》页64)

九月十一日,沙从心来送南菁讲席聘书。(《日记》页64)

九月十三日,先生谒其家哲侯公墓道,并在在看坟人谢姓家早饭,欲往寻墓地。饭后,"谢姓引入花山看地。未及山半,大雨忽至,白云瀚郁,咫尺不相见,急投九莲庵避雨。庵僧粗率如村麋野鹿,煮茶颇清冷可啜。寺后即葛文康公墓道,未能往视。雨稍止,回南闸,松涛夹道,山泉从石罅中流出,声音相答,道虽泥泞,亦甚乐也"。(《日记》页65)

九月十五日，上午先生过李家村上坟，并定伯父、母穴道。(《日记》页 66)

九月十七日，先生辰刻抵陈家桥，谒其缪燧墓道。"地名火圣堂，正穴蓉浦公，附以紫宿公、心范公，域外昭穴葬琴川公、金和公。坟地约四亩许，尚有余地，足葬二家。晋叔为定穴于昭穴之下，为葬慈亲地；又定穴于正穴之西，为葬亡室地。俟商之本房，未知可否。"(《日记》页 67)

是日，王先谦致先生一札。札询先生何日到馆；有人以所著《文选笺证》咨送史馆，此时补送是否有益。又请先生将南菁书院章程酌定后发还，以黄以周亦欲一阅故也。先生二十日得此札。(《友朋书札》页 23 王先谦第二十八札，《日记》页 68)

九月十九日，得家书，知北闱十五日揭晓，江阴只杜葆光一人中式。(《日记》页 67)

九月二十一日，午刻先生到南菁书院，学政王先谦、监院秦赞尧、沙从心、冯铭率诸生入见成礼，又晤院长黄以周先生。(《日记》页 68)

是日，先生接费念慈本月十七日自苏州致先生两札。一札言刻书事问徐元圃，云金缉甫可写，尽年内可刊成。唯缉甫应试归，榜后方能发交耳。又言姚觐元有信请其面交先生；张之洞去书约其游粤，尚未复，南闱如报罢即行。另一札向先生索寄管礼耕附传，托先生为其友包祖同补南菁书院住院生。随札奉寄先生江标所写刻《海源阁书目》朱、墨两本。(《友朋书札》页 365 费念慈第九十、九十一札)

九月二十二日，夏勤邦来，赠先生《效颦集》一册，假《戒庵漫笔》四册去，将赴京。先生检《士礼居题跋》《三续千字文》及京物赠黄以周。是日起，先生以校阅《湖北通志》为日课。(《日记》页 68)

九月二十三日，阅南闱题名录，知江标、江衡、刘富曾、刘显曾、刘树屏、谢钟英、张锡恭、陈玉树、赵椿年及费念慈皆中式。先生谓李文田"宗工巨眼，不负南人期望矣"。(《日记》页 69)

九月二十四日，黄以周赠先生《儆居集》八册。是日王先谦致先生一札，借阅先生所撰儒林传稿，并询董子诜后继何官以终，傅桐系何科举人。(《日记》页 69，《友朋书札》页 25 王先谦第三十四札)

九月二十七日，王先谦致先生一札，赠新刊《江左人制艺辑存》，又见示自注《三家诗》名曰《三家诗义通绎》之《卫风》一卷。札云："拙撰《三家诗义通绎》，抄得《卫风》数篇呈上，务望详加纠正，勿稍客气，曷胜感幸。"又录赠学校人才一份，云："学校人才，略区门类，平时随手记录，不免挂漏，贡监亦不与。吾弟留意人才，录赠一分，不必令外人见也。"(《日记》页70，《友朋书札》页23王先谦第三十札)

十月朔，撰《夏百初先生传》，并于十一月十六日交与夏涤初。夏子龄，字百初，江阴人，道光十六年进士，故易州直隶州知州，先生继室夏夫人之祖父。(《日记》页71、83，《文集》卷一《夏百初先生传》)

十月初，费念慈致先生一札。札言戊子南榜云："南榜与乙酉北榜绝似，其间就弟所知，以朴学举者张锡恭、陈玉树、江衡、刘富曾、显曾、刘奉璋、赵元益、沈嘉树、谢钟英，已十余人。此外当尚不少，惟榜首是桐城姚，然季直亦桐城派也。刘良父、孙洨民、范肯堂为沧海遗珠，是一缺陷，亦与乙酉同也。"又云其于王先谦交替之前，赴江阴填亲供，拟于十月初五、六日间动身。(《友朋书札》页383费念慈第一百二十九札)

十月二日，校《集古录目》付刻。(《日记》页71)

十月五日，费念慈致先生一札，言其因胃痛未愈及内子复小病，改为于本月十一日至江阴填写亲供，届时移寓书院，作数日叙。又言及先生所辑之书刻书价，云："大辑三种，连写样工资，金缉甫写，徐元圃刻，照香生原价。统计每百字需钱二百五十文，精则精矣，不以为昂否？如嫌昂，速示，可改刻寻常宋字也。皮纸封画绢，容携呈。"(《友朋书札》页356费念慈第六十七札)

十月六日，早约徐永成来，备言李家村坟运败证，永成即劝停用，又至朱家帮看一地，甚合先生意，然价甚昂，且扶人屋基。(《日记》页72)

十月九日，发第一课，以包君祖同卷首选。此先生九月二十一日所出课题《吴越之间有具区》赋、《题□》七言排律二十韵。(《日记》页68、73)

十月十一日，江标、叶维翰访先生。二人新中举人，至江阴填写亲供。(《日记》页74)

十月十二日，阅定第二课，以章际治为第一。此先生九月二十五日所出课题《秦博士考》《宋胡翼之立经义治事二斋论》《春秋宫词》。(《日记》页70、74)

是日，缪祐孙自额尔口致先生一札。札云其游况，"自裘免登舟后，便大病"，"幸同舟德商倭聂尔知医，为合药诊治，不至大困"。"惟食鸡子、黑麦饵尚便,若他物或至大镇市有之,然味粗恶,多不新鲜"。"一昨始至额尔口","终日闭户养疴","日来风雪连番,严寒砭骨,凭窗整理笔墨,如逃空谷,但所受之苦,真平生所未尝者"。(《友朋书札》页299缪祐孙第六十六札)

十月十三日,费念慈偕张瑛、沈嘉树访先生,亦新中之举人。(《日记》页74)

十月十六日,撰《蒋玉田传》,应乃弟蒋一冰之嘱也。(《日记》页71、75)

是日,撰《姚华国传》。姚华国,字文山,阳湖人,为李兆洛乡里后进,于书无所不览,遇善本即购藏之,积至五千余卷,手自校勘,不释卷。曾即李兆洛家课其子弟,与兆洛考究中外舆地、天文、算学。乐善好施,奖掖后进,急人所急。先生与华国仲子彦嘉有交。先生扶柩返乡,曾与彦嘉相见于上海,撰此传当即应彦嘉之请。(《文集》卷一《姚文山先生家传》,《日记》页75)

十月十七日,先生抵苏州,拜费学曾,贺费念慈中式。(《日记》页75)

十月十九日,先生在苏拜访友人。拜访俞樾,又拜见张子馥、刘子雄、恽景夔、恽季文、查翼甫、任小园,又拜见钱振常、沈玉麒、李传元、姚觐元、江标等。(《日记》页75)

十月二十日,费念慈约先生与江标友人同游苏州名胜。游虎丘,饮于拥翠山庄,入山观剑池宋人题名及显德幢,塔砖有"武邱山"、"岁在己未"等字,皆唐代物。晚入城,俞樾招饮,费念慈、张子馥、江标、恽景夔、恽季文同席。(《日记》页76)

是日,俞樾致先生一札,馈丧葬之仪:"昨承惠顾,畅谈为快。前奉太夫人之讣,未及稍伸束刍之意,甚歉然。今闻大葬有期,敬呈番佛二尊,聊助执绋,伏乞鉴存。"(《俞曲园致缪筱珊手札六通考实》第一通)

十月二十一日,是日先生过访姚觐元寓,十年不晤,姚觐元"渐增老态,而清谈娓娓,犹同畴昔"。姚氏出示"宋本《说苑》《放翁诗集》,均黄荛圃跋;景宋抄本《战国策》、《宝祐会天历》、影辽抄本《龙龛手鉴》、影元抄本乃贤《金台集》、《道园遗稿》、《玄珠语》,均精妙可爱"。(《日记》页76)

十月二十二日,先生在苏购书,并买舟辞行。在世经堂看定监本《后汉书》;过尊古堂,购朱印《续复古编》各种;过扫叶山房,购得《甲乙事案》

《行朝录》。(《日记》页76)

十月二十四日,先生在无锡游惠山,并访碑版。夏道生、夏荫庭约先生游慧山,将入山里许,登岸,连过云林祠、华孝子祠、李忠定祠,至惠山寺。寺前双幢对峙,一乾符、一宋刻也。入门流泉夹道,道左有老石,"听松"字刻其上,旁面有宋题名两段,寺毁于兵,改建淮军忠义祠。再上为泉亭,又上为玉皇顶。下游张睢阳祠,访得宋绍定牒一通、元至顺碑一通。先生又诣秦萃峰谈,秦氏检赠先生新得圣历《仙台山铭赞》、元祐《虞大熙墓志》两种。萃峰名臻,字莅风,秦瀛之孙,咸丰戊午举人,雄于赀,好藏书画、金石。(《日记》页77、78)

是日,钱振常致先生一札,请先生代购南菁书院新刊《续经解》初印竹纸本。(《友朋书札》页758—759钱振常第八札)

十月二十六日,先生返江阴南菁书院,谒见王先谦、杨颐旧新两任学政。(《日记》页78—79)

十月二十七日,新任学政杨颐致先生一柬,邀先生作陪与王先谦话别,云:"作晤谈,未罄所怀。今午答拜未晤,为怅。明日申刻,薄具杯酌,与益吾先生话别,欲邀足下过此作陪,此外别无他客。因足下尚在制中,不敢折柬,尚乞惠然。"(《友朋书札》页12杨颐第四札)

十月二十八日,王先谦致先生一札,送《南菁书院丛书》未刻书来,将续刻事宜交与先生。晚,应杨颐之约陪王先谦离别之筵。王氏札云:"顷诣谭为快。送上丛书底本廿三。中惟《蔡氏月令》刻成后,祈将元稿本并《茗柯集》赐还为荷。惟《毛诗异文笺》卷三有刻样,余皆写校发刻未齐,其未经写齐之书,另单呈核。此单均与刻匠核过不误。《毛诗异文笺》十卷发刻。四集以上写刻价,均已给清。五集以下……其付过写价者,并钱店折一件。另单交院董矣。"(《日记》页79,《友朋书札》页24王先谦第三十一札)

十一月一日,王先谦致先生一札,送还《唐登科记考》,此书已新刻入丛书。又欲录副先生所撰史传稿,因未及蒇工,乞带至湖南,并将《南菁书院丛书》总目交与先生,并介绍各书发刻及校勘情况。(《友朋书札》页24王先谦第三十三札)

十一月二日,为王先谦送行。代钱振常购《续经解》壹部,交费念慈带苏。(《日记》页80)

十一月四日,谒杨颐,谈良久。是日先生读《山东军兴纪略》。(《日

记》页80)

十一月六日,许子舒约账局写捐,先生伍拾千。是日改殷俊文时艺。俊文,名作霖,缪葆忠之内弟,葆忠请从先生游。(《日记》页71、74、81)

十一月八日,接屠寄本月六日之札及《汉图》一分。札谢先生本月四日所寄奠仪,云其闻先生东祭之后南行,故家奠、谢步之后,于本月二十日买舟奉谒先生于南菁。又言其承先生揄扬之力,"又感南皮好士之诚","不得已禀命老母,要经远征",先生"既能代筹入粤川资,十一月底南行或可附骥"。又附一札向先生荐其友人阳湖附生吴翊寅字孟荼者,其人欲肄业南菁,亲受先生教益;荐其友人李宝淦字经宜者,耽说经典,绍述桐城家文派,为其新交之最心折者。(《日记》页81,《友朋书札》页474屠寄第五札、页475第六札)

十一月十二日,杨颐来访。撰《天彀阁诗序》。是日接费念慈九日之札,札云昨晤屠寄,屠氏当可与先生同往南海,先生是否待之。又言有一函请先生携交张之洞。(《日记》页82,《友朋书札》页362费念慈第七十九札)

是日,费念慈又致先生一札,请先生代询学政杨颐安徽抚部公文所云"凡由监生中式者,须缴部监二照"之事,免致被挑驳留难,又碍将来到部一层。(《友朋书札》页357费念慈第六十八札)

十一月十三日,缪圻来,为购西乡田二十八亩,共叁百九十□千,外加中费、酒水,共携四百元去。(《日记》页82)

十一月十五日,是日发第六课,以陈庆年为第一。董事送先生脩金来,又送明岁关书。(《日记》页83)

十一月十六日,秦训导来,领诸生叩见先生,解馆。谒杨颐辞行,先生将赴张之洞广东之招。(《日记》页83)

十一月十七日,饭后返里,于圩门河局晤胡景堂、张艺斋、缪晋卿、缪圻诸人,议疏浚舜河事。(《日记》页83)

十一月十九日,是日冬至,先生拜祠,议修族谱,众分长均以为然,即发草谱与各房分支修理。是年先生返里归葬,焕章先生曾手定族谱章程,命先生就近理董,"从宽甄录,不与人竞",而唯冀其事之成。缪氏族谱之修,自道光己酉至今已四十年,中经咸丰庚申之变。其间,同治癸酉,缪景寿、缪葆忠、缪养含四人曾倡议续修,"编询各房,考田宅,订坟主,一一笔之。颠倒者正之,错乱者理之。""有遇乱中绝之家,无田产者,当嗣不嗣;有田产者,不当嗣而嗣,唯恐谱之成而人之议其后也。把持阻挠,时以非礼相加",期年而初稿毕。光绪庚辰,焕章先生自四川归,而复议续修,检前稿而增纂一二,因费绌而中止。故此时促先生成之。适缪葆忠等人亦在里门,乃重加搜订。(《日记》页84,《兰陵缪氏世谱》卷五十四《序录》)

此次修谱,前谱所有而此改者,科第改为表,艺文改列书名;前谱所无而此次增补者,宗祠图、祖坟图、得姓考、节孝表。前谱之艺文两卷,甄录诗文,此广为《旧德集》十四卷。焕章先生主修,先生任主笔,先生族叔缪莹(字介三)、族兄缪圻(字禄田)管事,族兄缪曾孝(字吟南)、族弟缪延曦(字莲舟)、缪葆忠(字秋坪)、缪凤祥(字季昌)分纂,族弟缪景寿(字荣福)、缪养含(字伯绅)将事。谱从己丑十一月六日付梓,庚寅闰二月告成,凡刊印九十部,分散各房。(《兰陵缪氏世谱》卷五十四《序录》)

十一月二十一日,启程作粤东之游,应张之洞之招。族人及亲友缪葆忠等多有来送行者。先生赠里中亲友寒贫者各数元,又交缪圻田价贰百元、谱捐贰百两。(《日记》页85,《年谱》)

十一月二十五日,在苏州交宝银四百两于瞿丙生,请其代存永丰钱庄。(《日记》页86)

十一月二十六日,先生自二十四日抵苏以来,逐日访友畅谈无虚日。是日钱振常送还先生代其购《经解》书价,交代先生所购《湖州三先生集》。先生又过姚觐元小谈,观其新得《淮南子》及《书经补遗》,皆黄荛圃跋,并晤其子姚慰祖。又至费念慈处取新刊辑逸书二种样本。李远臣㫋先生以《苏邻诗》廿册。(《日记》页87)

十一月三十日,抵沪。先生此次过沪,访友、宴饮无虚日。是日访姚文楠,过醉六堂观吴申甫书。(《日记》页88)

十二月二日,是日先生偕友人毕晋川、朱福诜、庞鸿文游静安寺、徐园、张园。屠寄、赵震自常州来,将与先生同行赴粤。(《日记》页88)

十二月四日,购书于醉六堂,得初印《笠泽丛书》、《古文苑》、《元和郡县志》、影宋抄本《广陵文集》。(《日记》页89)

十二月十日,在广州。早拜访赵凤书、赵凤昌,即令移居莲塘街公馆,与屠寄同室。先生昨日抵达广州。(《日记》页91)

是日,缪祐孙于伊尔古城致先生一札。札云其"出洋事事谨慎,不意遭使臣之陵折,受翻译之挟制,种种不情,生平所未见","仍以隐忍将就,逊顺以应之,后皆平静,使臣且自惭其无礼"。其现游至伊尔古城,大病两月余,幸稍有转机,可望生还。又言洪钧与其种种为难,为人骄贪忌刻,随员大半怨望。(《友朋书札》页300 缪祐孙第六十七札)

十二月十一日,谒张之洞。(《日记》页91)

十二月十四日,金武祥、章寿康来,同游双门底观书铺,先生购得《国朝诗人小传》四册。杨锐约游菊坡精舍。菊坡精舍"依山造屋,梯数百级,最高处曰崔台,崔文献公读书处也。梅花数十株,甚茂密,暗香袭人,尚有桂、菊未落,闻桃、李不日将开,合四季之花于一时,亦云奇矣"。先生在广州,日与友人相聚甚欢,访友聚宴无虚日。(《日记》页92)

十二月十七日,接费念慈苏州一札。札请先生代为张之洞言明年会试后方能赴粤,云:"顷得盛菊荪电,言香涛丈促弟就道,且云迄未得覆。然则前函之由驿申递者,果付殷羡矣。十月七日尝由局寄书叔峤,乞为言弟之所以急切未能首涂者何,叔峤亦置之也。弟明年会试后,必作粤行,一遂积年仰慕之忱,特迟早未敢必,晋谒时乞详言近状。"(《日记》页93,《友朋书札》页356 费念慈第六十六札)

十二月十八日,王秉恩传言,张之洞命先生二十日移入广雅书局。是日假得章寿康《愈愚录》二册。(《日记》页93)

十二月十九日,张之洞命阅广雅书院卷。(《日记》页93)

十二月二十日,午后移入广雅书局,与陶濬宣、屠寄、章寿康同寓。"轩宇宏敞,水木明瑟,夹河华屋,接以红桥,真胜境也"。先生下榻东校书堂,"东即三大忠祠,祀文信国、陆枢密、张范阳三公。再东即南园十先生祠,中有抗风轩,环房八间,金碧迷离,房闼缭曲,阑外荷池十顷,假山数峰,均有幽致"。时王秉恩、王存善为提调。是日先生出拜赵承炳、黎永椿、刘尧年、谢彭发、谢师元等人。(《日记》页93、94)

十二月二十三日,王秉恩送《通鉴长编》及《长编拾补》来,嘱先生重校杨氏《长编纪事本末》。(《日记》页95)

是日,朱一新悉先生至广雅,自肇庆致先生一札。札云闻先生已抵羊城,憾未能挐舟相访,作一畅谈。又言肇庆近州治处山水清奇,可游者颇多,星岩唐宋题名极夥,际此水落之时,便于访求椎拓,询先生有意否。新岁无事,其想先生惠然肯顾。(《友朋书札》页87 朱一新第一札)

十二月二十五日,章寿康持汪文台《淮南校勘记》、陈鳣《简庄文集》相赠。(《日记》页95)

十二月二十八日,先生购得古钱三,一嘉泰、一永历,又旧拓《郭家庙碑阴》。是日,友人陶濬宣亦移居书局,其二十四日新从浙江来。(《日记》页95、96)

十二月二十九日,是日除夕。先生晚独坐一灯,萧瑟特甚,窗外小池,潮水初灌,沙沙作响,颇生悲凉之感。(《日记》页96)

是年,先生堂弟缪长庚殁于富庄驿,伯父缪荣吉所出尽矣。(《年谱》)

是年六月,王先谦刻《皇清经解续编》成,凡一千四百三十卷。

光绪十五年　己丑(1889)　四十六岁

一月,先生在广雅书局。(《年谱》)

新正元旦,陶濬宣、屠寄、章寿康同酌于抗风轩。金心香、陈小兰、金武祥诣先生谈。(《日记》页97)

一月四日,金武祥送《江上诗抄》四十大册于先生,先生祖辈入选者有缪鉴等十一人。(《日记》页97)

一月九日,偕屠寄、章寿康游光孝寺,吴虞翻之故宅,"中有唐宝历幢、南汉大宝铁塔、宋大鉴禅师碑、元泰定六祖像"。先生谓:"诃林胜地,室宇轩敞,江南无此寺矣。"(《日记》页99)

一月十二日,局中开局公宴,晤方功惠。方功惠,字庆龄,号柳桥,官广东四十年,时任广雅书局提调。"好书有奇癖,闻人家善本,必多方钩致之","讫于晚年,最其所藏,为卷几盈五十万,而京师、上海诸书估,不远数千里,奔走其门者,犹无虚日"。(《日记》页100,《雁影斋题跋》卷首李希圣自序)

一月十三日,陶少筼约先生游花地,"放舟而上,过海珠炮台、白鹅潭至花地,花圃三家,群英杂茁。中有一圃,水阁欹斜,绿荫忘午,略有幽趣"。"再过海幢寺,龙像庄严,梵呗静穆,惜宋鱼篮大士像为俗僧磨去,无从摹拓"。(《日记》页101)

是日,先生得吴镜沆太仓信,谋修镇洋县志。(《日记》页101)

一月十五日,廖平访先生,贻先生《四益馆经学丛书》五册。时廖氏应

张之洞之招,在广雅编纂《左传疏》,以配清《十三经注疏》。(《日记》页 101)

一月十六日,督署文案请张之洞于广雅书局。是日,先生游学海堂,谒阮文达祠,有画像。楹帖云:"公羊注经,司马记史;白虎德论,雕龙文心。"又云:"此地有狮海珠江之胜,其人在儒林、文苑之间。"皆阮元撰。(《日记》页 102)

一月十九日,方功惠来,假其《太常因革礼》《政和五礼新仪》《中兴小纪》三种。先生来粤,与方氏多有典籍借阅赠与之往来,曾赠方氏《唐科名考》一部,方氏后亦以其所刻书两种为赠。是日先生移居西校书堂。(《日记》页 103,《友朋书札》页 703 方功惠第一札)

一月二十五日,洪月舫携《期功解组图》属题。图为"扬州八怪"之一江都罗山人聘所绘,并为火毁,又落他氏,汤贻汾将军赎还而归月舫之父洪子霖先生。(《日记》页 104)

一月二十六日,张之洞招饮于三君祠,与郑知同、杨锐、屠寄、陶濬宣、廖平、王秉恩同席。是日,先生假得陶福祥《持静斋书目》五册。陶福祥,字春海,别号爱庐,广东番禺人。光绪二年举人,陈澧门人。时任广雅书局总校。(《日记》页 104)

一月二十八日,是日先生移襆被作香山之游,伍润之之约也。巳时开行,日暮抵香山,移入丰山书院。(《日记》页 105)

一月三十日,先生假得《香山志》八册,黄培芳所修,"颇完密可观"。(《日记》页 106)

二月一日,先生从胡注《通鉴》考的族人缪坦,从《香山志》考得缪士杰。(《日记》页 106)

二月二日,丰山书院开学,李徵庸暨汪半樵率生童入见。先生阅甄别卷。(《日记》页 107)

二月四日,先生阅卷毕,开课。(《日记》页 107)

二月五日,门人缪国璋以家乘见示,"谱自元初迄今十八世。条例谨严,不攀附古人,不表章仕宦,祠图、墓图尤为精致"。(《日记》页 108)

二月七日,李铁船为先生治具饯行,将返省城。此次先生在香山开课,受业门人凡五十五人。(《日记》页 109)

二月十四日,先生假陶福祥《宋史》,编纂《宋会要·兵制门》。(《日

记》页112)

二月十五日,与金锡龄、黎维枞、叶兰台、陶福祥、廖泽群祀南园十先生,至抗风轩小酌。金锡龄"年七十有九,乙未孝廉,曾受业钱衎石给谏之门,清谈娓娓,终日不倦,经师人瑞,兼而有之"。(《日记》页112)

二月十八日,张之洞送菊坡精舍课卷三百份,与屠寄分阅。香山送课卷来,晚阅毕。(《日记》页113)

二月二十二日,阅课卷毕,定甲乙。上书张之洞,求东归江阴。(《日记》页113)

二月二十六日,梁鼎芬招至广雅书院。"气局宏敞,为地球上书院之冠"。连日来先生与友人告别。(《日记》页114)

二月二十八日,张之洞招饮于学海堂之夕秀楼,陈其荣、许景澄、屠寄、陆敬轩、赵凤昌等同席。是日,先生交赵魏《竹崦盦金石目》五册与汪颂虞,交《味经窝图》与屠寄,还《期功解组图》与洪月舫,还《宋史》《唐会要》与陶福祥。(《日记》页115)

三月一日,张之洞来送行,谈良久。张氏派广贞兵轮船送先生至香港。是日,梁鼎芬致先生一札,赠先生《七星岩石刻》,言院事甚忙,以值开馆之际未得再送为歉。(《日记》页116,《友朋书札》页160梁鼎芬第五十四札)

三月十日,先生在沪发香山李徵庸信,寄四、五、六三月课题,附伍润之信。晚吴申甫偕看凌霞,凌氏正校《绿牡丹传奇》。先生谓:"此书牵述复社公案,从未访得,今得印行,甚善。"(《日记》页117)

三月十一日,友人叶维翰约海天春吃番菜,并出碑目二册、郢锾一方见示,先生略为考证。(《日记》页118)

三月十二日,赎黄熙亭处《云自在龛丛书》版片。取曹堃泉处《续经解》乙部寄广东陶福祥,托鲍廷爵带。(《日记》页118)

三月十六日,在苏州。先生昨日拜姚觐元,今日得其一札,并所代录荛圃书跋六种十二通,又告知尚有一二种未在手上,容再抄奉。(《姚觐元致缪荃孙尺牍》第十三札)

三月十七日,在苏州。"于尊古堂购《新旧唐书合抄》,去洋十一元;在绿润堂购《地图综要》《建康集》《避暑录话》《李硕夫诗》,去洋三元"。李赓献招饮,出宋拓《隶韵》《多宝塔》《西庙堂碑》,又《高贞》《刁遵》,皆精拓,又

唐志一百余种，则真赝杂出矣。其书目亦少精本。(《日记》页120)

三月十八日，下午至无锡，先生赁小船重游惠山寺，"时新雨初过，湿雾滃郁，泉声淙淙，琴筑之声不绝。拂拭听松石而去。暮霭苍然，皇甫墩一带，星火四起，佳境也"。(《日记》页120、121)

三月二十日，下午到江阴，院监冯铭率诸门人来见。晤黄以周先生，先生以《定海遗爱录》抄本见赠。(《日记》页121)

三月二十一日，西郊书院课期，出"政事冉有、季路"(已进)、"树之以桑"(未进)、"春江水暖鸭先知"；小课《春赋》(以"树下流郁客，沙头渡水人"为韵)；问《十三经》撰、注、疏人名。西郊书院在江阴城西三十里西石桥镇，邑人金国琛所创，小有规模，招先生为之阅文。(《日记》页121)

三月二十三日，受业门人陈庆年将赴国子监朝考，为作书与蔡千禾同年。(《日记》页122)

三月二十五日，屠寄致先生一札。札告先生委代阅香山文卷，已阅毕转寄。香山门生来访，章寿康亦已代复之。又自言受先生教益甚多，云："孤子学不师授，自游徐州，获方氏父子、刘氏叔侄教益，稍知读书。入京之后，先后三载，质疑问难，受先生之教为多，此则感之没齿者。未通籍时，缘先生之言，得见知于潘尚书。此段南来，受知张公，亦承提挈吹嘘之力。虽先生以主持风雅，奖进人伦为己任，而于孤子若有独厚者，其衔感为何如耶！孤子赋性狂率，承先生辱而教之，他日问学如有尺寸之进，无非奖诱之力也。"又言有初印《经籍籑诂》，无补遗，价十金，可代先生购。(《友朋书札》页475、476屠寄第七札)

三月二十六日，接鲍廷爵上海一札，并《郎官石柱郎官考》《全唐文纪事》两书。(《日记》页123)

三月二十九日，编《宋会要·帝系》。(《日记》页124)

四月二日，先生编定《宋会要》"后妃"门发抄。是日，缪祐孙致先生一札，此时已回国返扬州。札言其近况，"滞伊城，患病百余日。不得已南发至恰图就医，又复大发前疾，幸服药颇验。径由商路入口，经外蒙古境，其苦万状，病小发小俞，差能受劳顿，因暂还邸延医调理，兼理记载"。又言其被人谗于洪钧，洪氏已悟，馋者形迹全露。又言其经济状况云："弟在外用费甚巨，洪发薪又折扣太重，薪已用至六月，翻译亦支至六月，故一时不能出面。去冬又送译署总办炭金，闻法来函云，又德比者已送百金，故不得不效之。现在妙手空空,归家只余百金耳。抄书等等,用度不资。老母无恙,而长子富长病年余不愈,终日坐守药炉,愁闷而已。"又询:"兄前书言弟在京得罪之人甚多,请示一二,以便回京弥缝。"(《日记》页 124,《友朋书札》页 301 缪祐孙第六十八札)

四月八日,先生发广东赵凤昌一札,札言返苏之情状,并告以访姚觐元与连日编抄《宋会要》以及为广雅访书情况等,有云:"委寄彦老信件,到苏面交,黄柑只留一半,余腐矣。彦老好古兴致尚好,为弟手抄茪圃跋十余,惟步履甚艰,不如去岁。伯更书籍已将尊指达到,彦老亦甚感激,复言岁月如流,年齿衰谢,不知及身能见此书否。弟闻此语亦觉凄然,恳兄早为之计。伯更所言亦文人之结习。《宋会要》全交静三,行时复与静三商酌带归。首门帝系,次门后妃,穷十日之力,编成十四卷付抄,抄毕即寄。如行仄径,如析乱丝,凿崄蹈艰,心窃自喜,并愿秘密,不告他人。以此推之,恐伯更亦类乎此。并非奇货可居,但弟拙而速,伯更工而迟耳。弟归装除用费外,约及两竿。饮水思源,敢忘大德,搜书业已四出探听,以多为贵,不敢负函丈培植之深心,吾兄吹嘘之雅意。"札中所言之"伯更"系郑知同,时在广雅书局为总纂。(《赵凤昌手札》第一册页 165)

先生又附一札言其编辑《宋会要》之计划,请赵氏禀报张之洞,云:"《宋会要》本系长编,未曾撰次,荃孙今春翻阅并辑成十四卷,稍有端倪,愿以一手编定,录出清本寄鄂。望于函丈前述知,将底稿带至沪上,俟荃孙来见面交,以到京后一年为期。所需各书,箧中均有,惟《太常因革礼》《政和五礼新仪》二种须假方太守藏本。荃孙并非因广雅局倘将撤,为恋栈之计,实愿此书之成,只求书成发给抄资而已。"(《赵凤昌手札》第一册页 168)

同日,亦发一札与金武祥。札告以归途及到书院之情状,又述及卜葬事云:"地去冬购成,在峭岐五保,地止七分,价二百余元,可谓贵极,今冬方能卜葬。"又言及江阴近况:"惟家乡节交之夏,寒若隆冬,非特蚕麦交病,人亦病者屡屡。兼之护院懦弱,盗风四起,西乡连出抢案,夏港一带复有打闷棍者,为乡人捆送,一讯即放去,尚忧成何事体。一念及此,可为寒心。"又言及归装惟金氏所赠南汉金石六种为足润色耳,《归愚集》《苔石公诗》两乡贤文献一定付刊,而校勘脱手须夏秋之间。(《艺风堂书札》页 264 致金武祥第十三札)

四月十日，发三月廿五日课期案，以吴生凤翔为第一。(《日记》页126)

四月十二日，沈玉麒寄《湖北通志》来，是日，先生定《湖北通志·诏谕》五卷，以《缪氏得姓考》付刊。(《日记》页127)

四月十三日，是日得瞿丙生信，知费念慈中式，并代购到《唐会要》《五代会要》。晚阅《申报》，知叶昌炽、江标、朱怀新、李传元、李盛铎、张华奎、廖平、梁于渭、徐德沅、吴肇嘉、王㪺均捷。(《日记》页127)

四月十四日，先生赁船回申港，宿缪圻宅。"申港向于四月十三日作会，售器物者甚夥。庚申之乱，太平军亦以是日窜申港并陷县城，乡人因讽经茹素，游者益寥寥，不及承平时十分之半"。(《日记》页127、128)

四月十八日，接缪祐孙信，寄《昌国典咏》二册来。西郊送书院卷玖拾壹本来。(《日记》页129)

四月十九日，屠寄致先生一札。札云先生南菁门生吴翊寅助辑《湖北通志》，与庄蕴宽亦供左右笔札，二君富于才，又得名师指导，他日造就未有量。又云费念慈联捷，梁于渭、叶昌炽、毛庆蕃得中亦可贺。唯陶濬宣、张子馥不中可惜。先生预策四人，仅失其一。又云知先生卜宅未成，不遂勇退之志。先生年事方盛，本不宜作归田计，乃天意使然。又云张之洞欲令其入署，不能复却。然先生离粤后，广雅书院、菊坡书院课卷仍送分阅，兼之书局中校勘，入署后恐更不便办外事。又云先生所寄《宋会要》卷目及版样已收到，当按照先生条理遵办。先生所嘱交陶福祥刷印《经解》及《南菁书院丛书》纸样已转交，刷成后算找书价。(《友朋书札》页476屠寄第八札)

四月二十一日，阅南菁卷。校《宋会要·宗室·杂录》。夏涤初来取吴冠英藏《石盆铭》旧拓本、吴育篆书价去，其本月十一携示先生者，又携示李兆洛先生条屏一、山子行书联一。(《日记》页129)

同日，缪祐孙致先生一札。札言已收悉先生所寄手书及曹纹三百两，又询先生："今年印结未知如何？能否凑出大衍之数作送礼之用？仍希酌夺。五月内示知最妙。倘不敷用，当备出俟兄来扬面交也。"又言洪钧待属下刻薄，不得人心；"章程首言减使薪为游薪，末言择尤保奖，皆为诸人树敌招忌而已"。又言其撰《俄罗斯疆域表》已成，而手稿必自写，"他稿尚可觅人写，刘良甫荐人在寓誊写清，价亦不清，盖抄手皆为石印诸件所谋去。正是科场年分，无不赶紧办书，其价又好，所以难觅也"。又询王先谦

开缺之实情,并建议修谱及雇仆事。(《友朋书札》页 303 缪祐孙第七十札)

四月二十二日,撰《阳江舜河水利备览序》。此序系为胡景堂撰,原书名《疏浚舜河录》,先生以为名不雅,为改作《阳江舜河水利备览》。先生后曾记录此事原委,云"光绪戊子冬,荃孙衔恤南归,承乏南菁讲席。阳湖胡东翘明经来院言曰……昔人傍山凿港,曰舜河。北行十余里,入江阴境,又十余里,经虞门通大江。港门曰新沟,旱则引潮内权,涝则导水外泄。内灌,则濒河阳湖田七千二百五十六亩,江阴田七千一百六十八亩,均受其利。外泄,则远至芙蓉圩、马家圩,均去其害,又不仅濒河诸田也。然而潮汐往来,泥淤堆积,水道日窄,岸沙日高,不十数年即宜大浚。且萃两邑之人,合数乡之力,乡民蠢蠢,意见多歧,富者吝财,贫者惜力,欲成其事,戛戛其难。荃孙闻而韪之,谋诸族叔晋卿先生及诸晓事者,咸以为然。乃核田亩,鸠贵财。定丈尺,立标识。集夫役,具畚挶。搜隐匿,考勤惰……始于戊子冬十月下旬,成于己丑春二月中旬,共百二十余日而竣。"(《日记》页 129、130、131,《文集》卷五《阳江舜河水利备览序》)

四月二十四日,夏涤初借先生《碧血录》去。是日校改《湖北通志沿革表》,先生谓:"《湖北沿革表》纷如乱丝,非三、四月所得清厘。杨同年守敬此作尚妥,拟留之。"(《日记》页 130)

四月二十七日,庄蕴宽以张惠言旧藏《始平公造像》见示,"纸墨均佳,百余年前物也"。齐估以拓本来售,先生购得二唐碑、两齐造像。是日先生发缪祐孙一信,戴福携去,并还《昌国典咏》二册,又寄其《缪氏得姓考》。信中谈及先生考据之文已得四卷,宗祠已修,谱事将办,等等。(《日记》页 131,《友朋书札》页 302 缪祐孙第六十九札)

四月二十八日,夏涤初来还《碧血录》,"偕往广福寺寻宋碑,仅存其一,余想砌入墙脚"。(《日记》页 131)

五月一日,诸生进见。(《日记》页 132)

五月二日,是日先生得京报,知宋育仁、王守训、沈曾桐、秦绶章、章兆熊均留馆,张琦得知县。(《日记》页 132)

五月九日,是日得王先谦一札,寄还《国史五传》稿。札云:"先谦去岁仲冬杪抵里,疾病缠绵,春深始渐向愈。公私百未料理,宦游本非素愿,重以嗣续尚虚,心境恶劣。出既无补于时,不如屏迹读书,稍有读书自得之乐,此所以长往而不顾也。借读大撰史稿,至三月杪始抄齐,校勘粗竣,敬以奉还。如刊布流传,嘉惠不浅,尚希留意。《南菁丛书》已否续刊?如都当在何时?书院沙田更有兴王气象否?因便奉布数行……"(《日记》页134,《友朋书札》页25第三十五札)

五月十二日,得缪祐孙五月一日之札,并《江宁金石记》。札言是年科举事:"木斋扛鼎,费屺怀大约亦前十,菊裳、蔼卿、芷帆、新甫、杭叔、巽之亦必馆选,此榜得人最盛。惟张謇、文廷式不与,可惜!陶心云不知赴试否?如在都,其懊恼何如耶?"又感于知遇之恩,询其房师梁耀枢家人是否返粤,拟致赙唁。梁氏已于去年逝于山东官邸。(《友朋书札》页302—303缪祐孙第六十九札)

五月十九日,先生发王先谦长沙一札,言南菁一席,冬日必须辞馆,向王氏询替代者。(《友朋书札》页28王先谦第四十札)

五月二十一日,校《宋会要·宗室·杂录》,重辑《皇子皇孙》一卷、《诸王》一卷。先生连日以校《宋会要》与订《湖北通志稿》为日课。(《日记页136)

五月二十三日,先生托冯铭向陈翔翰假承培元著《说文引经证例》,答语含糊,未知肯假否。先生谓:"乡人眼小于豆,又不知传流广播,惟以扃钥为事,亦书之一厄。曹倦圃所谓于古人有深雠宿怨者,即此等事也。祁子禾之《延昌地形志》,吴吉甫之《左传集解》,丁氏之《禹贡锥诣订误》,与此而四。"(《日记》页137)

五月二十五日,陈翔翰送《说文引经证例》来,凡六册。(《日记》页138)

五月二十六日,发广东王秉恩、屠寄、章寿康信。寄《毛诗异义》《任云倬文集》《魏三体石经释》与广雅。(《日记》页138—139)

五月二十七日,印格纸,为抄书计。是日得王先谦三月十五日札,托购聚珍版《列朝诗文集》。札云:"敝同年冯伯申去世,其眷属想必回南。渠有《列朝御制诗文集》摆印本,在京时曾见借阅。其家此时或不须此,敬求吾弟托人询访,倘可出售,即恳卓裁主持,即百金亦所不吝,请弟暂垫付。取书交舍弟光敏号莪英者便带回湘,至为感祷。兄纂皇后、嫔妃、皇子、公主列传,大致就绪,意可补馆书之阙,得此书方能脱稿也。"(《友朋书札》页28王先谦第三十九札)

六月一日，赴西乡试馆。晤汪学懋等，均来岁试。(《日记》页140)

六月七日，返南菁书院。是日王先谦致先生一札，复先生五月十九日之书。王氏云朱一新思归甚切，若得其接替，实为得人。可函询朱氏，得实即向杨颐极力言之。王氏又言及请先生代购冯光勋所排印之《御制诗文集》全书事，称若不能得，将来入都后，请先生访有珍藏之家借出，将关系后妃、皇子、公主者出资饬录见寄。又言十家骈文及其《思益堂集》正在刷印，将随寄不误。(《友朋书札》页28 王先谦第四十札)

六月十三日，恽毓鼎饭后来祝先生继室夏夫人三十正寿。(《恽毓鼎澄斋日记》页46)

六月十七日，得缪祐孙十二日扬州之信，并寄《扬州府志》正、续志及《轮舆私笺》《郑学录》等等。札言先生"不愿外任，足征高致"。又言先生许以暂权讲席之事，请先生便中游扬，并先为学政杨颐言之。又言先生得沙田，"颇能获利，为最根本之计"，并云："弟久蓄田舍计，顾力甚薄，又近族无可托之人。吾兄如将弟意向禄兄及晓叔言及，弟明年稍有所余，即可办此。"(《日记》页144，《友朋书札》页305 缪祐孙第七十二札)

六月十八日，出南菁课卷，以金钺为第一。是日先生接陆心源湖州信，并所寄《礼耕堂丛说》四册。(《日记》页144)

六月二十二日，过抱芳阁，购得汲古《十七史》，短《史记》一种。(《日记》页146)

六月二十四日，金武祥寄先生一札，并百六十元，盖先生广雅脩金也。(《日记》页146)

六月二十八日，发粤东王秉恩、屠寄两信，寄《宋会要》十卷，先生所校定者。(《日记》页147)

六月三十日，购黄体芳刻《心学记言》五十卷。(《日记》页147)

七月上旬，缪祐孙致先生一札。札云其将于八月初二三动身北上，中秋节前至京。先生命带之建昌板《续经解》等，必随身携带，花板须另交轮船公司。其《俄游汇编》石印之件，月底可得，十月方许出卖。又询先生准许其入股川沙田，每股价若干，西石桥与缪禹臣合开一典，每股若干。先生所云书院代先生阅卷之事，若能换聘最佳，否则则请先生遥领，其权作襄校，且秘之为要，畏有人生谣及托请也。有附札言先生此次到扬，以七月下旬为最妙，八月初到白门，以南闱热闹在场前，好书亦在月初售尽故也。又言俄都来书,洪钧之妾临产,一切准备照西俗,大为铺张。又洪钧暗使人向俄外部挑拨是非,欲害保案,德馆随员有与总署至好者,竟为弟作公函辩诬,力诋洪之为人。(《友朋书札》页 239 缪祐孙第二札)

七月二日,发扬州缪祐孙信,云将于七月望后渡江,先之如皋、泰州,后至扬州。(《日记》页148,《友朋书札》页 305 缪祐孙第七十一札)

七月四日,诸生会课,"文学子游、子夏"题。是日先生诣许子舒大令谈,言惩治江细大及抽猪捐助西郊书院事。江细大乃申镇棍徒,以滋事送办,被收入卡。(《日记》页149)

七月八日,偕殷作霖回申港。乡民忧旱,桔槔之声不绝。(《日记》页150)

七月十一日,返江阴。得缪祐孙一札。札索前寄与先生之《俄游汇编》首卷,又请先生往丰利索逋,以助其八月节关之用。又告先生如皋有陈紫珊,系其旧交,可往访之。是日,先生亦得陆心源湖州一札,并石墨五十三种。下午申时,申刻,陆心源之长子陆树藩自湖州来,以元刻大字《白虎通》、《范文正集》、明刻《范氏遗书》、宋拓《圣教序》为贽受业。先生急延入院小住,夜谈良久。(《日记》页151,《友朋书札》页 305 缪祐孙第七十一札)

七月十二日,先生答陆心源一札,媵以《经解续编》一部。陆树藩辞归。是日阅定南菁课卷,以沙元炳为第一。(《日记》页151)

是日,得王先谦六月二十九日之札,并其为乃师周寿昌编刊之《思益堂集》及《国朝十家四六文抄》各一部。札有云:"荇师文集刻成,合诗、词、文、日札共为六册,见并《十家骈文》印成,道远不能多带,先以一部寄上,共十本。荇师骈文已入十家选本,故未另刊。冠大著《文苑传》稿于首册,更觉冠冕。史传谅已进呈,刊入想无妨碍。倘未进呈,拟寄都中之书,不入此传,候示遵行。集中倘有不合,及骈文中有宜酌定者,乞惠示为感。"札又询朱一新近况。(《日记》页151,《友朋书札》页 29 王先谦第四十一札)

七月十五日,王先谦致先生一札。札谢先生允回京后代谋《御制诗文集》,"便宜固善,即稍贵亦不嫌",因其"思补撰各传,有玉牒、实录为据,加以《御制诗文集》中所载,大致粗备"。又请先生抄寄《御制董后传》,询先生撰《艺文志》何时可以观成。先生去札曾言院事交缪祐孙之事,王氏以为极好,希望先生与杨颐商之。又札中对对文廷式、梁鼎芬大加辱斥:"文廷式狗彘,亦得中书乎! 星海比匪,可为切齿。"(《友朋书札》页29、30 王先谦第四十二札)

七月十七日,先生检书入箱。冯铭致先生脩脯,即交洋四十元与张熙载,印《南菁丛书》拾部,交钱二千为给信力之费。又是日收《续经解》十部,携二部上扬州,八部寄上海抱芳阁寄卖。(《日记》页153)

七月十八日,早渡江至八圩港候船,欲赴扬州看望缪祐孙。(《日记》页153)

七月十九日,午正入扬州城,晤缪祐孙。"祐孙精力尚好,病症已去,似易复元"。又谒四婶,语家事良久,相别九年矣。(《日记》页153)

七月二十二日,缪祐孙招游小金山,友人陈达斋、莫绳孙、赖丰熙先后至,同游。(《日记》页154)

七月二十三日,读《桃溪客语》,又读《续江都县志》。先生以为《续江都志》修整有法。莫绳孙约晚饮,友人赖丰熙、陈达斋、马秉彝同席。(《日记》页155)

七月二十四日,游坡子街及教场书铺,无所得,取新订《瞿氏书目》回,价甚巨,订殊不佳。是日又游天宁寺,方濬颐重建,甚壮丽。(《日记》页157)

七月二十六日,离扬州赴金陵。(《日记》页158)

七月二十九日,至金陵。过贡院街,购书数种。先生得缪祐孙二十六日致先生一札。札以未能为先生送行江干为歉,并言乡人将抗猪捐,询先生至金陵之游况,可曾到状元境、东牌楼访书,等等。先生即复缪祐孙一札,札云乡里猪捐之事,严禁闹事。(《日记》页160,《友朋书札》页240 缪祐孙第三札、页241 缪祐孙第四札)

八月一日,过东牌楼文运堂,购书数十种。先生一路访书不辍,盖为广雅书局搜访底本也。谒杨颐,又拜吴炳祥、朱澂两道台及陈子受、刘显曾。吴炳祥系吴棠次子,刘显曾为刘毓崧之子,刘师培之叔父。(《日记》页160)

八月四日,友人田朝元约游玄武湖,"神祠、轩亭两三,纵横水际,清风瑟瑟,荷香幽幽,非软红中人所能知也"。又登北极阁,全城在目。田朝元,字子春,金陵六合人。其子田北湖后为先生南菁书院门生。是日先生得缪祐孙八月一日于扬州致先生之札,札云其将于初四日动身前往沪上候先生,盘桓数日,中秋节后趁轮北上。(《日记》页161,《友朋书札》页241缪祐孙第六札)

八月七日,先生得缪祐孙一札,札云猪捐事已照先生之意复函,因莫绳孙等坚留,改为本月初七日动身赴沪,先生可从容赴沪。(《日记》页162,《友朋书札》页241缪祐孙第四札)

八月八日,乡试诸生入场,先生族人缪葆忠及女婿恽毓良兄弟均入试。先生送友人张鹤年、董景苏入场。先生至龙门观点名,以为"场规脱略,百弊丛生"。(《日记》页163)

是日,蔡右年致先生一札。札云得陈庆年所携先生手书,愿陈氏往游,然其因病南返。又询先生前所荐南菁一事,果可谋否,倘能承乏,即为大愿。又向先生请教《新安文献志》版本,云:"近新得《新安文献志》,万历己酉毕孟侯重刊,卷六十七,文六十卷,行实七卷,与《简明目录》一百卷不同,祈为详教为幸。"(《友朋书札》页749蔡右年第一札)

八月十二日,先生骑驴访明故宫,观方正学血影石,谒正学祠,谒铁、景、练三公祠。又寻山径谒明孝陵。见寝宫享殿碑碣松楸,均为太平军毁尽。又入城谒毗卢寺,曾国荃新建。(《日记》页164、165)

同日,屠寄致先生一札。札云王秉恩属先生将《宋会要》从速寄来;《国语翼解》如已校成,亦求一并寄去;《晋书校勘记》缺载记,如可补抄,请先生设法抄足。又言广雅所存《宋会要》,大约已理清,得二十余卷,然无人相助。又言"季平房师是张子预,传闻叔峤之卷已中在廖仲山手,吴县师令抽去而中季平"。又言张之洞"十一月初北首","铁路事尚未有眉目,缘筹款难"。张氏拟将此间未发刊之书,带往鄂省,"将来就崇文书局恢廓之,局面必更一新",望先生多搜秘笈,以待校刻。又言梁鼎芬已辞馆,广雅山长拟请陈宝琛,朱一新亦离端溪书院南归。张之洞欲留其于广雅,其愿得就书多之处,以成述造,唯地气于其身体不相宜。又附言局书刻竣者尚少,其拟私刷《宋州郡志校记》《历代史表》红本五分,寄与在局诸公;庄揭阳属校张惠言《说文解字谐声谱》,其将撰骈文一首叙述作者之意,自比孔广森《戴氏遗书序》,书成将奉与先生。又建言先生离南菁书院,可荐梁于渭代之。(《友朋书札》页480屠寄第十三札)

八月十五日,先生抵沪,送缪祐孙返京。晚与缪祐孙及友人宴饮甚

欢。(《日记》页166)

八月十八日,缪祐孙携其同年谢昌年来见。谢昌年曾到南洋新加坡、槟榔、六甲等处,著论数篇,先生谓其为有心人。(《日记》页167)

八月二十日,缪祐孙离沪赴京,先生赁马车送其上船,少谈而别。先生是日访朱澂,朱氏抱病而见,谈良久,十年不晤面矣。(《日记》页168)

八月二十二日,是日与友人话别,将赴镇洋,应吴镜沆之邀助其修《镇洋县志》。又诣扫叶山房,购《槐庐丛书》《行素草堂目睹书录》(《日记》页170)

八月二十四日,先生登岸拜访吴镜沆。晚吴氏招先生饮,缪朝荃同席,谈修《镇洋县志》事。缪朝荃以乾隆时金鸿修旧志见示。(《日记》页171)

八月二十五日,王祖畬、钱溯耆来访。王祖畬言王惟俭《宋史记》稿在闻茂才处,书二百五十卷,索价三百金,先生嘱为广雅图之。(《日记》页171)

八月二十六日,读《苏州府新志》,拟定《光绪镇洋志目》。(《日记》页172)

八月二十七日,读王昶纂修《太仓州府》,以为"一州四县,体例秩如",胜其《金石萃编》多矣。(《日记》页172)

八月三十日,至苏州,入住费宅。先生此次游苏,在苏半月有余,多有友人宴饮、访碑及访书之乐。(《日记》页173)

九月一日,是日先生出访俞樾前辈及周荣植等友人。(《日记》页173)

九月二日,费念慈于返苏舟中致先生一札。札云其乞假南还,与缪祐孙相失于道,至沪上先生也恰于三日前离去。颇为怅惘。又询先生南菁讲席明春所荐何人。在都时汪鸣銮有函与杨颐,荐袁宝璜,袁氏经学辞章皆有根柢,唯体弱耳。又言张之洞十月尾南来,届时四迎谒于申江,想先生亦必至,可作十日畅叙。(《友朋书札》页373费念慈第一百七札)

九月五日,出拜黄彭年、刘树棠、赖丰熙、李超琼、沈嘉树、沈作霖、姚觐元、费延釐、潘谱琴、叶昌炽、李传元等友人。告叶昌炽常州范某善访碑,新得南唐井阑,在天宁寺侧;溧阳新出武后时一碑;丹阳新出一唐钟。又告以在江宁得文登于氏书,颇有旧抄本。(《日记》页174,《缘督庐日

记》页1697)

九月七日,瞿丙生邀先生游留园。晚,周荣植邀先生晚饭,费念慈同席。晤荣植次子莼舫,"公事精细,惜烟瘾尤甚,面白如纸",与姚觐元之子姚慰祖仿佛。(《日记》页175—176)

九月八日,费念慈出示包世臣藏《元公及姬氏墓志》旧拓本、孙星衍藏宋刻《吉日癸巳》拓本、《泰山廿九字》、《鲁恭王刻石》、黄易画《嵩洛访碑廿四图》,均天壤间有数佳品。是日,文廷式自京至,费念慈留饮,纵谈半日。(《日记》页175—176)

重阳,友人沈玉麒招饮,钱振常、沈嘉树、费念慈、汪瑞曾同席。是日先生购钱葆初笔,又《明纪》廿册、《三国志证闻》二册、钱仪吉《苏州城厢图》一。(《日记》页177)

是日,俞樾致先生一札,赠以《自述诗》。札云:"连日阴雨,弟明日即有杭州之行,未及趋候为歉。附去《自述诗》一本,自道平生,只算预分行述耳。"(《俞曲园致缪筱珊手札六通考实》)

九月十日,先生购的袁褧刻本《六臣文选》卅册,天顺、正德、嘉靖递修本《欧阳公集》卅册,均精绝。此二书后为先生载入《艺风藏书记》卷六,其中《欧阳文忠公全集》系潘介祉旧藏。介祉字玉笥,号叔润,其藏书处为桐西书屋,藏书即此于前后散出。(《日记》页177)

九月十三日,读叶昌炽《藏书纪事诗》。(《日记》页179)

九月十四日,出拜文廷式、汪瑞曾、李超琼、姚慰祖等。姚慰祖出示黄荛圃跋述古景宋抄《韩非子》、旧抄《太平乐府》、元本龚端礼《三礼图》、《中庵集》、《江月松风集》,共五种;又元刻《玉山草堂集》,最精妙。又以宋井阑拓本求先生题。(《日记》页179)

是日,陶濬宣自广州致先生一札。札谈及广雅书局及广雅书院事,云书院因梁鼎芬辞馆,已改聘朱一新,另添学长四人;"书局已由运库拨添长年经费十万两,连前每年可得息银一万五千余两,局事可以支持",张之洞欲遥领其事,郑知同、屠寄及陶氏均留粤。又云其曾向张之洞推荐谢钟英,不知行踪,请先生将其函交投,并加一书劝导。又询沙田租息收益何如及目前情形;请先生转告沙循矩、冯箧翁速印去年已约定之陶方琦《汉孳室文稿》,并求其将目录及陶氏所篆封面附印;催拓碑人沙士瓒速拓去年所欠拓本;转告许子舒属书墓志铭略迟即寄。(《友朋书札》页675

陶濬宣第七札）

九月十七日晚抵江阴，到书院。得陆心源湖州信，并寄赠先生《十万卷楼丛书》。(《日记》页180)

九月十八日，出拜杨颐，辞明年南菁书院馆，荐朱一新，此乃先生徇黄体芳及王先谦之意也。(《日记》页180)

九月十九日，接缪祐孙北京一札。札告以返京之状况，途经天津曾拜谒李鸿章，李氏曾询及先生近况。又询先生是否已将其《俄游汇编》寄与王先谦，请先生速寄。又言欲将此书托付鲍廷爵、吴申甫在沪上各代销一百部。又言其暂不销差，因一销差，要到各堂私宅求见，并须送礼，其妙手空空，所带一二件，实不敷用。(《友朋书札》页242 缪祐孙第七札，《日记》页181)

九月二十一日，费念慈致先生一札。札言在京时朱怀新言朱一新端溪一席仍可蝉联，未必能来南菁书院。其父费学曾日内曾有函致学官郑澧筠，商及此事。又云"淫霖不霁，秋收无望。平望及湖州城外，皆有客民抢米之事。再十日不霁，不堪设想矣"。又言江苏巡抚刚毅于公事茫然无知，而绝不言久雨报灾。又言《嘉祐集》请先生让与他，昨日已购定。缪祐孙《俄游汇编》请惠其一部，以广见闻。(《友朋书札》页376 费念慈一百十四札)

九月二十二日，发扬州莫小农信，并寄《江宁金石记》《普陀山志》。(《日记》页182)

九月二十五日，门人吴翊寅应张之洞之招赴粤东，屠寄所举荐也。先生交其《宋会要》底本、刻本《新旧唐书互证》、《元史本证》、抄本董锡熊《厉樊榭山房集注》、王铭西《春秋二种》携入广雅书局。(《日记》页182，《友朋书札》页482 屠寄第十四札)

九月二十六日，寄《续经解》十二部、竹纸印五部和白纸印两部《南菁丛书》于上海抱芳阁寄售。又退去《元百种曲》、洋印《群书拾补》五部、《黄氏士礼居丛书》一部，盖先生为其代销者。(《日记》页183)

九月二十九日，发杭州丁次郁信，贺子侄中式，并托刊丁晏未刻书。先生搜集丁氏未刊之稿，欲设法为其刊刻问世。(《日记》页184)

十月一日，发费念慈、瞿丙生信，寄刻《苕石集》并校好之《三水小牍》。(《日记》页185)

十月七日，先生游无锡。访秦臻(字萃峰)，秦氏谈锡山金石甚悉。过学宫，得《宋淳祐增置学田记》，元至元、至治、元统、至正《修学碑》各一。访嘉祐、绍兴两碑，不见，而所见碑碣皆古，先生谓："疑在元碑之正面，俗人以后为前，往往有之。"又过崇安寺得两石幢，一咸通，一驳蚀无年月，疑同时所造。(《日记》页186)

是日，费念慈致先生一札。札云昨奉先生札知书两种即交徐元圃刻。张之洞廿二日交卸，月底当可到申。其拟于廿四、五间至沪，以待迎谒。又云闻李文田明日可抵苏。"浙榜中张、汪而外，尚有诂经高材数人，曲园所言也。南榜中孙得枝、刘葆珍而外，尚有章式之钰，是后起之秀，将来可有成就。唯良甫再中副车，为可惜耳"。(《友朋书札》页376费念慈第一百十五札)

十月九日，先生过北禅寺，访得《宋淳祐寺产记》一碑，阴为《元至治檀越施田记》。是日借秦臻《焦山志》，录《金石目》，十一日还之。(《日记》页187)

是日，屠寄致先生一札。札谈及己丑乡试南闱云："通州三范并不售，刘贵曾乃落副车，此榜虽胜乙酉，去戊子尚远也。孟斐又报罢，为之不怿累日。然此君气盛，终必获解，迟速间耳。"又谈及办理《湖北通志》事云："湖北志事，师帅之意不在褒贬，特欲藉此名目安置同人。如星海辈。阁下秉笔，既存实录，函丈非有疑也。寄所以布腹心者。诚恐润笔之资未尽支取，欲阁下知之而及早往索耳。"又谈章寿康意欲随张之洞往湖北事，云其在粤之差谅可牵引月日，然其意颇欲张罗捐复，然捐复之费谈何容易。又云王秉恩甚欲赴鄂，张之洞以粤事重坚留，渠必不行矣。又言朱一新已就广雅一席，必不能往南菁矣。建言南菁一席，先生可荐梁鼎芬，抑或由翁同龢、潘祖荫推荐屠仁守，须先生电托翁、潘。然张之洞亦欲请仁守掌江汉之教。又言南菁乃其乡育人之本，不可听其糟，先生总须妥为交代，若陈三立、刘慈民品学兼优，又谭献、钱振常、洪良品、左绍佐、蔡右年等均可待选。(《友朋书札》页479屠寄第十一札)

十月十日，与友人游锡山。李文田浙江试差毕事返京，泊舟城北门，先生唤肩舆挑灯往谒，谈良久而别。归而读浙江闱墨，先生以为"五光十色，真才士渊薮。而宗工巨眼，亦非俗学能知矣"。先生于十四日返江阴。(《日记》页188)

十月十二日，蔡右年致先生一札。札云其尽管姬人怀孕且来岁又有会试而决计归矣，询先生去年所荐南菁一事，能不弃否，因其舍此，别须谋食，请先生惠以好音，以便其设法告退。(《友朋书札》页 752 蔡右年第八札)

十月十七日，发南菁卷，以王家枚为第一。是日先生接凌霞上海信，寄傅云龙刻日本书两种。书止两叶，序跋、封面至六、七叶。(《日记》页 190)

又是日，费念慈致先生一札，札云张之洞二十二日受代，已函属子梅，如得张之洞航海南下之电，即寄一电。又言叶昌炽已到白下，江标将赴沪，谢钟英属索《南菁丛书》总目一观，请先生便中寄下。(《友朋书札》页 375 费念慈第一百十三札)

十月二十日，与友人夏饴谷、夏道生偕至广福寺观《政和庄田记》《延祐修寺碑》，于寺外草间得《绍兴罗汉名号碑阴檀越名》残石，约百许字，奉之而归，并汲水涤清，立拓数纸。(《日记》页 191)

十月二十一日，叶昌炽自苏州来，畅谈。是日得缪祐孙一札。札云抱芳阁存《俄游汇编》，不知秀文交去多少部，请先生代函询，以其费三百余元仅得二百部书故也。又告先生焕章先生在京平安，请释远念。(《日记》页 192,《缘督庐日记》页 1708,《友朋书札》页 241 缪祐孙第五札)

十月二十四日，校《吴兴记》《吴兴山墟名》毕，寄费念慈转付梓人。黄以周自杭州归，与先生谈良久。是日，接盛宣怀烟台一札，询常府水灾事，先生于二十五日复之，并寄其所选文。(《日记》页 193)

是日，费念慈致先生一札。札询先生锡山访得之碑，乞示其目。又言《毗陵志》索得即寄，《苏州府志》目亦录寄。又附杨锐之电，云张之洞已受代，十一月初即自粤来。(《友朋书札》页 374 费念慈第一百九札)

十月二十七日，得屠寄广东十月初五日之札。札云先生交广雅《宋会要》已收到，所留广雅者均未着手，先生愿一手排校甚善，"先生既书与南皮师力任此事，师座必有定见，或可带交"，又王秉恩云帝系、妃子各门，先生既交清本，亦需底本覆勘精详，请先生交付其原书，如《国语翼解》校毕亦一块寄去。札又言七、八、九三个月局脩已面属缪子占与王秉恩补送。又言张之洞已改请朱一新主广雅书院，林绍年主端溪书院；欲留屠寄于广雅书局，并命历举知友任校勘。又询其属先生代函招谢钟英、吴翊寅入广雅,何日始到。又云张之洞欲携屠寄及杨锐来沪,期会先生、费念慈诸名士,畅游江上名山,并锐意游匡庐胜处,拟于十一月初旬启节,届时当知会费念慈,先生从费氏处问消息可知。(《友朋书札》页 482 屠寄第十四札,《日记》页 194)

十月二十八日,接刘贵曾信,寄新抄王冀凤《声远堂文抄》、杨亮《世泽堂文集》、田普光《汉学堂文集》、张宗泰《天长县定稿》。(《日记》页 194)

是日,王先谦致先生一札。札云其与郭嵩焘创议开一小书局,每岁可刻千金书籍,请先生代恳杨颐为访求朱右曾《左传服贾注疏》及松江府学廪生张声驰家所藏某君所著《古微书疏证》两稿本,从速办理,将筹资刊行。此外,先生如见精本好书,有亟应付刊者,亦多告示。札又言先生抵京后,《御制诗文集》《董后传》亦无望搜访及代抄。(《友朋书札》页 31 王先谦第四十四札)

十月廿九日,下乡,宗叔缪敬伯约宗人饮于家,议谱事。(《日记》页 194)

十一月一日,为缪志名定姚宅亲事,缪圻、缪联洲为媒。(《日记》页 195)

十一月四日,返书院,得汪洵沪上十一月初一日之札。札云其十月下旬至沪,拟日内赴澄江一行,访先生商订续编《经世文续编》之事。然闻先生须至沪上候张之洞,虑相左,故特函询。(《日记》页 196,《友朋书札》页 513 汪洵第十六札)

十一月七日,先生至沪。诣抱芳阁,晤鲍廷爵,费念慈亦至。又访汪洵,不晤,晤章小雅。(《日记》页 196)

十一月十日,与汪洵、盛宣怀、余思饴小饮海天春。酒后汪洵偕往电报沪局,观王翚山水册、明人尺牍十二册。(《日记》页 197)

是日,缪祐孙致先生一札。札云京寓老幼均平安,月初其已满学习,现正办奏留。又云傅云龙到京,奔竞二十日才拜故旧,著书极富,《日本图经》乞观不允,赠《日本金石》四册,"文笔粗率,大半录日本人著述"。(《友朋书札》页 247 缪祐孙第十一札)

十一月十三日,谒见张之洞。先生在沪之日,与友人欢聚,宴饮无虚日。在沪与游友人有赵凤昌、杨锐、樊增祥、费念慈、梁鼎芬、吴昌硕、汪凤鸣、江标、高邕之、潘清荫、叶昌炽、王继香等。(《日记》页 199)

十一月十四日,缪祐孙致先生一札。札云王懿荣考御史第一,李慈铭次之,杨崇伊、庞鸿书、袁昶又次之,而陈名珍及蒯光典在倒数十名内,倒数第一则劳凯臣。题为"居敬而行简论""同律度量衡策",竟有两翰林不知出处。(《友朋书札》页 243 缪祐孙第七札①)

十一月十五日,张之洞招早饭。是日得屠寄广东十月二十五日一札。札云张之洞于十月二十二日受代,十一月初七日乘德国公司由香港开行,约初十到沪。又云张之洞欲留其于广雅书局悉心雠校,有济助之深意,然其畏湿未宜久居瘴乡。又附纸告先生各种书事,《宋会要》已见清本,尚未覆校,吴翊寅代携底本亦收到,先生所言一手经理之事已告诸王秉恩,张之洞尚未示下;刘逢禄《尚书集解》、朱百度《三体石经考》刻否在两可之间,底本存王秉恩处,一时未便奉缴,决不遗失;彭辑《五代史》尚未查出;《樊榭集注》局中不刻,张之洞属王秉恩别谋付梓;王铭西《春秋说》已代呈张之洞,未置可否,尚未细阅;《尚书记》已托王秉恩代抄一分,成后抄由章寿康转寄先生。屠氏又随札寄来四十二元,殆系前挪用先生之金。(《友朋书札》页 478 屠寄第九、十札,《日记》页 200)

十一月十八日,费念慈致先生一札。札云其昨日晡时到家,询张之洞金、焦之游若何。又云梁鼎芬属书纨扇,未及就,其即刻解缆赴浙,当于舟中作,归后径寄煤粉街。(《友朋书札》页 364 费念慈第八十八札)

十一月十九日,与张之洞及杨锐等群友宴游张鸿禄味莼园。此园为晚清私家园林之最。(《日记》页 201)

十一月二十日,张之洞约游焦山。(《日记》页 202)

十一月二十二、二十三日先生与张之洞及友人许景澄、樊增祥、梁鼎芬等友人畅游焦山。先生有《焦山》四首,其三云:"节庵少年负奇气,抱冰不冷火不温。夜深呜呜发高唱,惊起老蛟来扣门。"(《日记》页 202、203,《诗存》卷二《焦山》)

十一月二十五日,返南菁书院,与黄以周晤谈,接家信及师友信多通。(《日记》页 204)

十一月二十八日,先生肩舆回申港,上祠,知《家谱》已开活字版刷印,然条例未能完密,采访未及周到,欲速苟完,未知何意。(《日记》页 205)

---

① 按,《艺风堂友朋书札》载缪祐孙第七札,系两札误合为一札。

十二月初,先生至青旸西洋桥看坟地。(《日记》页 206、207)

十二月七日,屠寄致先生一札。札云广雅书局局面大变,王秉恩开却书局差,"改派蒙古常守名穆者为提调,又添派支应、文案各一人,刊刻木质关防,官派十足,名为节省,其实靡费,主谋者为方柳桥","安得使南皮闻之,"仍令王氏在书局。又言《樊集》注本及愚溪《春秋》书不刻,其稿本由寄收回,俟便寄上。刘逢禄《尚书集传》底本在郑知同处,顷集股分合刷。屠氏又寄先生光洋八十元,请先生代交冯铭作预定十部《续经解》之定洋。(《友朋书札》页 489 屠寄第二十札)

十二月八日,在无锡。夏道生取汪宅宋刻《唐书》请先生看,建安魏仲立刻本,十行二十九字,字画清挺,精妙无匹,牌子云"建安魏仲立宅刊行贤士大夫幸详察之"十六字。与王懿荣藏《后汉书》及先生自藏《隋书》一律,惟少小,似闽翻官本。短五十卷,又抄配十四卷,索百元。(《日记》页 207)

十二月十二日,谒代理江阴令孙诒绅,吊故令许子舒。先生昨日返书院。(《日记》页 208)

十二月十六日,谒杨颐。杨氏言朱一新不能来,明年停古课,以所入添造房屋,先生颇以为怪。《日记》页 210)

十二月十七日,是日选定南菁课卷,为刊刻《南菁讲舍文集》故也。(《日记》页 210,《南菁讲舍文集》卷首黄以周序)

十二月十九日,王先谦复先生一札。王氏于昨日得先生十一月二十八日之札。札云先生代筹刻三书皆佳,尤以承培元《说文引经证例》为要,急欲一观,请赐寄。《顽石庐集》、董氏《樊榭诗注》亦俟依次递及。又云书局约春暮方开,局刻先取书好而卷数少者,请先生觅示,并请先生便中示及所考订金石之书是否已成帙,为卷若干。又云朱一新不来澄江,南菁讲席惜不令缪祐孙得之。又云江瀚返蜀,函告已得原板《函海》,先生若晤面,请代为收寄。(《友朋书札》页 31 王先谦第四十五札)

十二月二十日,打碑人送《建炎牒》来,云又得绍兴碑一,先生急遣人往拓。是日,先生撰《族父星熊先生传》,略述其一生事迹,谓:"今得粗知训诂,薄窃微名,木本水源,敢忘所自?"(《日记》页 211,《兰陵缪氏世谱》卷二十九《族父星熊先生传》)

十二月二十一日,景梓人刻《集古录目》《定海遗爱录》毕,交版,先生

拟印朱本三十分、墨本七十分。(《日记》页212)

十二月二十二日,接沪上醉六堂吴申甫信,知其得风疾,口哑舌强,年已六十,颇为可危。是日,种树人沈老喜来,讲定为墓地扎篱百丈,种石楠卅株、柏树四百株、松树五百株、柏梓桐棍八株、子孙柏两株,先付七十元。(《日记》页212)

十二月二十六日,检影元抄本《名臣事略》交志名抄脱叶,先生校是书多日矣。又打碑人送绍兴牒来,先生撰建炎、绍兴两牒跋尾。(《日记》页213)

十二月二十八日,接屠寄、陶福祥广东信,定《续经解》十部。是日先生谒杨颐谈良久,杨氏见示龙继栋《十三经地名今释》及朱凤毛诗、古文。朱凤毛,字济美,号竹卿,拔贡出身,先生友人朱一新之父。(《日记》页214)

十二月三十日,撰《顾倚山训导传》。此缘于顾倚山之子顾子田之请,乡人缪迈仁为之介。顾师竹,字仲雅,号倚山,江阴杨厍镇人,安徽太平县训导。(《日记》页215、《文集》卷一《顾倚山训导传》)

是日,先生致杨颐一札指《十三经地名今释》疵谬。杨颐复先生一笺,言"松岑此书,鄙意正嫌其疏略,今奉手示尤确,若将全帙细加搜剔,恐可议者尚不止此,著述一道,固不可卤莽为之也"。又言及南菁书院新增房屋事,言开正当邀各董事到书院面酌,缘簿已酌捐二十员,惟簿内捐项寥寥,兴工时可凭簿取,云云。(《友朋书札》页13杨颐第六札)

是年缪氏族谱重修。自道光二十九年修谱,至今日重修已四十年。幸有缪葆忠先办有草谱,成之较易。

是年,先生撰《芷卿先生传》。芷卿先生即缪尚诰,肄业于暨阳书院,为李兆洛所器重。"年幼即致力于三史、《文选》,继乃博综经术,直入两汉诸儒之室,晚更求精六书,旁及天文、地理诸书"。道光庚子(1840),尚诰举于乡试。礼闱不第,归,得咯血疾卒。缪尚诰之同乳弟缪仲诰,字若芳,与尚诰同受业于李兆洛,廪膳生,馆于同郡庞氏二十余年。先生生晚,不获见芷卿先生,而于若芳先生,则每回里,必三四见。先生见其厅事陈书十余架,每抽一帙皆丹黄丹黄满目,若芳先生告之:"此皆余兄弟所校勘者。李先生常训人读书:读必校,校必精;始而句读,继而考订;楷书其眉,以为日课,自能渐知大意,以底于通人。"先生受之唯谨,终生读书谨守此

义。(《兰陵缪氏世谱》卷二十九《族父芷卿先生传》)

是年先生撰《族祖哲堂先生墓碣》。(《兰陵缪氏世谱》卷三十《族祖哲堂先生墓碣》)

是年,户部郎中丁麟年持乃师日照郑作相行状请先生作碑铭。郑作相,字仲岩,岁贡生,著《易说揆方》十二卷。郑氏自唐即居日照,最为旧族。(《文集》卷一《郑君墓志铭》)

是年,先生为侄缪志选娶同镇黄氏女。志选,字子明,先生堂兄缪长龄之子。(《年谱》)

光绪十六年　庚寅(1890)　四十七岁

一月二日,先生在江阴。屠寄自广东致先生一札。札云书局提调王秉恩、王存善并已撤去,改委蒙古常穆,添派文案俞肇荣、支应委员俞莹,设书办四人,账房师爷一人左登瀛,又委派尹恭保、徐玮文为总校,陶瀍宣亦得总校,变乱为奸,局务大坏。他人若郑知同、廖平心知其非,"遇事不肯作出头椽子";吴翊寅新到,不便多言。其不识时务,维持其间,撑不过时,即决然舍去。闻知先生二月赴鄂,乞将其所述局中情形告知张之洞。又言先生之局脩不裁,已托金武祥代领。又言局刻各书情况,《水经西南诸水考》已刻成,现有熟方纸者,《历代史表》《诸史考异》亦成,均询先生要否。(《友朋书札》页490屠寄第二十一札)

一月四日,校改《湖北通志》金石门,定十四卷。(《日记》页217)

一月十日,缪祐孙致先生一札。札言京寓家人平安,其供职如常。又言京中局势:会典绘图尚未开办,议论纷纭,袁昶以不得总纂甚怪,沈曾植得总纂,冯煦、刘岳云皆纂修,傅云龙亦纂修;江澍畇(字韵涛)放山东济南知府缺,颇得意,清秘堂一席卸与霍维懋;屠仁守应太原之聘,约二月出京;李慈铭得御史,甚自得;陈名珍将谋讲席,"已向黄漱老云荐唐公主南菁,而自领礼延",未知定局否,等等。又自言其亟怀南归,倘待至闰二月尚无消息,只好他图,或归省,或迎养至京。又询先生何时入都,如在闰月或二月,其当移他所,虑到时无下榻之处。(《友朋书札》页246缪祐孙第十札)

一月十二日,先生葬伯父母于青旸石砫头新阡。(《日记》页219,

《年谱》)

一月十六日,梁鼎芬自上海来,先生于杨颐处遇之,邀其晚饭。(《日记》页 220)

一月十八日,先生早携徐永成、晋叔、缪圻至凤凰山寻地,又至香山,又至大桥火圣塘,寻葬母之穴地。天晚乃归,大风挟雨,奔腾澎湃,舟人鼓勇,天明乃得返江阴东门。(《日记》页 221)

一月二十二日,往拜常州亲友,拜者有恽竹坡、恽鸿仪、恽毓龄、恽彦琦、恽毓鼎、汤闰之、刘泳如、钱诵清、史致谟、史佳若、史通定、刘翊宸、刘怿、朱仪训、刘宗藩、陆尔昭、庄凤威、庄隽甫、瞿世瑄等。(《日记》页 222)

一月二十三日,恽毓鼎回访先生,未晤。(《恽毓鼎澄斋日记》页 60)

一月间中下旬,陶濬宣致先生一札。札云其月杪返浙,出月即北上,闻先生二月间有鄂渚之行,真否。又称先生云南菁沙田必须自行派人经理为高识,请先生转恳郑澧筠照拂指教拟代其经理沙田之舍亲徐梅仙,并祈先生将所有派人赴沙情形详细指示。(《友朋书札》页 676 陶濬宣第八札)

二月一日,返南菁书院。接刘贵曾札并《汪梅村集》。(《日记》页 226)

二月二日,先生看扬州书估汤、冷二位携至之书,书坏而价过昂,止购定江氏《音学十书》,为院中置书四五部;购王筠《说文句读》,赠殷俊文。是日,先生谒杨颐辞行。(《日记》页 226)

二月四日,杨颐馈先生赆仪五十金,并致一笺,言其身体不适,未能与先生作饯,特命庖人治一品锅并点心送上,以当杯酌。(《日记》页 227,《友朋书札》页 13 杨颐第七札)

二月六日,印书人送印出朱本《集古录目》白纸四十本、墨本白纸壹百本、竹纸陆拾本;墨本《定海遗爱录》白纸二十本、竹纸五十六本。(《日记》页 227)

二月七日,先生离开南菁书院,诸生为先生送行。先生上船。(《日记》页 228)

二月九日,船至无锡,先生登岸访友。是日缪祐孙致先生一札。札云屠仁守已应山右关聘,大约闰月半后方能出京;江澍畇月底出京;傅云龙入会典馆后,沾沾自喜,其以《日本金石志》单册赠人,自进呈以后,便镌一

"御览"图章,印于楣间,浅陋可笑;清秘堂缺去年张子馀得之,今年闻霍为懋、刘名誉早向院长说订;陈次亮得捐纳房,从前并未记名,张之洞与翁同龢硬派;工部钻营之风尤甚,礼部、吏部略好,高阳、东海二公相较,李又胜徐多矣。(《友朋书札》页245缪祐孙第九札)

二月十三日,偕夏道生至无锡旧署基,寻得元至元无锡县题名记、大德重建谯楼记、至正无锡州官题名碑三石,又访柳润之,拓县学嘉定碑。先生在无锡数日,访碑得多种。(《日记》页230)

二月二十日,先生在苏州访友,晤叶昌炽、李传元、黄彭年、张子馥、姚觐元、俞樾、朱镜清、周荣植等人。先生此行,在苏州停留十日,访客宴饮无虚日。是日访叶昌炽,赠其所辑刻《集古录目》及《宋建炎二年江阴复军牒》《宋绍兴三十一年江阴军牒》石拓二种,又告之:"在常州天宁寺新得泰定柱础;在无锡崇安寺得经幢二,县署得宋元碑二,学宫得宋元碑三。"(《日记》页232,《缘督庐日记》页1748)

二月二十六日,至玄妙观前看书,无一可购者。入茶所,晤姚觐元,留啜茶并看唐画像及宋《蓑衣真人事实》。(《日记》页234)

二月二十七日,俞樾致先生一札,赠书。札云:"昨承赐新刻各书,皆精绝,奉持把玩,欣喜无量。兹附上拙著《茶香室三抄》一部,未知去年曾以呈教否?实则琐琐,不足登大雅之堂也。所刻《经说》十六卷,记已奉览矣。"(《俞曲园致缪筱珊手札六通考实》)

二月三十日,屠寄致先生一札。札谈及杨颐对南菁课生加试制义之事:"南菁改章,非茂名本心,然太邱果来,则时文之风必炽矣。"又谈及办《宋会要》事:"《会要》已动手,诚如先生所言,甚难之中自有乐趣,寄必力成此书,以报南皮知己之德。现在穷日夜之力为之,好在提调以下彼此甚相投契,一切通融商办,尚为顺手。"又言先生采访馆事,言其"月月代催","提调常君,虽是外行,然以旗人得书局差,欣欣自喜,极愿多刻几部书以壮局面",请先生将沈钦韩《郡国志考证》速缮清本寄下,此外如有史学类可刻之书,只管抄寄,"抄价局中照发",书由其代交,价也由其代取。又言刘逢禄之书现在郑知同处,其欲借为蓝本以成己书,屡所未交。又随札寄先生《续经解》价百二十元,又洋十元,李子华托先生购《南菁丛书》。(《友朋书札》页473屠寄第四札)

闰二月三日,王先谦致先生一札。札云领到先生正月所寄江阴二碑跋文及《南菁古学题》。又言其竭力张罗，为刻书谋得四五千金，打算即用李道平《周易纂疏》开手，《续经解》所未备，极力搜补之，忆先生有《刘孟瞻集》，欲借之提出经解另刻。又请先生代购广雅之所刻书之佳者，设法见寄邵晋涵辑《旧五代史》元辑书目。又言先生属其翻刻抱经堂旧本甚好，当以图之，等等。(《友朋书札》页30王先谦第四十三札)

闰二月五日，先生至沪上，访友人章小雅、吴申甫、巢光翰等，又入静安寺，访得宋孝宗"云汉昭回之阁"六大字。(《日记》页236)

闰二月八日，访梁鼎芬于也是园。也是园在沪城南角，清初钱曾曾藏书于此。梁氏所寓小屋三间，枕流拥竹，布置精洁，客居胜㮰。是日先生拜客甚多，有龚照瑗、裴大中、高邕之、王昱文、吴昌硕、钟伟臣等。(《日记》页238)

闰二月十日，访程秉钊、章寿康，又诣醉六堂借宋《澉水志》。是日，谢钟英呈其所著《三国疆域志补注》，但先生以为"考订颇精，但以攻击乡先达为主，终非著书之法"。(《日记》页240)

闰二月十三日，屠寄致先生一札，寄还先生为广雅书局所提供底本董注《樊榭集》及王铭西《春秋经说》。又云刘逢禄《尚书今古文集解》，郑知同借阅未竟，未肯即还，先生将返京，此书寄交何处，请先生示知。(《友朋书札》页484屠寄第十六札)

闰二月十五日，先生抵达汉口。女婿恽毓良过江来迎，入粮道署，晤亲家恽祖翼。缪福保出见，容颜如昔，转觉腴润。先生二表兄瞿廷韶亦来同晚饭。(《日记》页241)

闰二月二十一，是日屠寄致先生一札。札云先生前所属购广雅书局各书，"尔时未经刷印，今提调禀明刷印各书，价目比工料有加倍者，有加半者，其中有人欲藉此发财也"。"三月底计可出书，当代购白纸两分奉寄"。又请先生代合理折算从南菁书院所购《续经解》及《南菁书院丛书》。又言及《宋会要》"五礼""职官"二门梳理已毕，"食货门"略有头绪。又云其暇时抄录常州先哲骈俪文字为总集，已发刻。(《友朋书札》页483屠寄第十五札)

闰二月二十二日，屠寄续致先生一笺，言王秉恩属购《南菁丛书》一部，吴翊寅搭购《续经解》一部。(《友朋书札》页484屠寄第十六札)

闰二月二十四日，上王先谦一笺，寄承培元《说文引经考例》六册。

(《日记》页243)

闰二月二十九,先生出拜罗缙绅、赵滨彦。瞿世瑄、樊增祥来访。(《日记》页244)

三月七日,薛华培招饮,出示宋刻《圣宋文选》全部,黄荛圃跋;宋刻《伪马令南唐书》,均绝佳。又见王翚画卷子、仇英《蚕织图》、《国朝名人手札》、《万岁通天帖》等。薛华培,字次申,四川华阳人,薛焕之子。(《日记》页245)

三月九日,先生晚过访瞿廷韶,交《湖北通志》二百三十卷,先生多日来校改该书,于昨日完成。又交瞿氏嘉庆志一部、旧志稿两箱。张之洞来拜,长谈,并约多住月余。(《日记》页246)

是日,屠寄致先生一札。札云《宋会要》"五礼""职官""食货"三门最繁,而职官尤冗乱,该门编已竟,五礼亦略有头绪。张之洞以此书责成料理,必当辛苦纂就。先生属购之《粤雅堂丛书三编》,适有抱芳阁伙计回上海,属其携交。代支先生闰月之束脩,待先生属陶福祥所刷经解书成时算找。(《友朋书札》页480屠寄十二札)

三月十日,张枢邀先生八旗会馆,与樊增祥、谭献、凌仲桓同游伯牙台、晴川阁、月华楼。张枢,字子密,张之洞堂兄张之濂之子。(《日记》页246、247)

三月十六日,张之洞招饮,樊增祥、许景澄同席。是日,先生借船、检行李,将作黄冈之行。(《日记》页248)

三月十八日,先生抵达黄冈,住县署。友人杨寿昌新得黄冈县令,先生与其六年不晤矣。是日又拜李方豫、邓琛及杨守敬。杨守敬好收藏,是时官黄冈教谕,购城北隙地辟一小园,编篱作门,构邻苏园,东建书楼五楹,庋置书籍。杨氏向先生出示宋本《周礼》《五代史记》,日本刻本《和名类抄》、《南藏》全藏,所藏景抄宋本尤多佳者。(《日记》页249)

三月十九日,杨寿昌约游赤壁。酌于二赋堂,杨守敬携观景抄《外台秘要》《游仙窟》《脉经》并唐人写经十数种,均极佳。(《日记》页250)

三月二十一日,先生表兄孝感县丞杨景薇约先生游西山。晚赴杨守敬约饮,托杨氏抄《太平圣惠方》各经单疏,携归《和名类聚抄》《游仙窟》《开天遗事》《冥报记》。(《日记》页251)

三月二十三日,诣谭献,谈艺久之。(《复堂日记》页340,《日记》

页 252)

三月二十六日,与谭献长谈。谭献检《箧中词》相赠。(《日记》页 252)

三月三十日,在镇江,拜运台江人镜,又拜田恩厚、刘贵曾。贵曾之犹子刘师苍来见,先生与长谈。师苍字张侯,刘寿曾之子。(《日记》页 254)

四月一日,得赵刻《咸淳毗陵志》《表忠录》《李申耆先生年谱》《暨阳答问》《养一斋诗》《江阴节孝录》《孝悌录》,又得旧刻《历代法帖考》、《孟东野集》、《萨天锡诗集》、《唐人十种集》,明慎独斋本《大明一统志》,九行本《尔雅注疏》、《杜工部文集》,文运、文富、酉山各书估所送书也。(《日记》页 255)

四月七日,先生返申港,在宗祠设祭,除服。(《日记》页 257)

四月十一日,过书院,小坐,去岁肄业诸生出见,即将返京,先生颇有怅惘之意。(《日记》页 258)

四月十八日,先生渡江返京。(《日记》页 260)

四月十九日,午刻抵上海,诣吴申甫、鲍廷爵、章寿康、章小雅谈。接屠寄、吴翊寅、陶福祥广东信及陶福祥寄放印《粤雅三集》来,屠寄寄董注《樊榭集》、王铭西《春秋经说》来,吴翊寅寄《汗简笺证》。(《日记》页 260、261)

四月二十三日,致盛宣怀一札,赠盛氏自刻书,并请照拂返京。札云:"弟现入都起复,拟趁商局船赴津,同行七人,书籍甚多,行李一百余件,深恐洋人为难,尚盼照拂。去岁承乏南菁,刻成丛书八集,并自刻辑校书四种呈政。"又请盛氏关照钟伟臣:"再恳者,钟君伟臣系仲山师之世兄,在川往还,最稔。近承派入漕务司事,敬恳饬知,总局改为长差,感荷云情有同身受。"并约明早往敂,有要事面述。(《艺风堂书札》页 311 致盛宣怀第六札)

四月二十五日,偕吴申甫、章小雅至广方言馆,访萧穆长谈。萧穆能为桐城古文,工赏鉴,海内文人均有交契,先生谓之为"才人"。(《日记》页 263)

四月二十七日,先生晤周星诒,长谈,并赠以新刻书。(《日记》页 264)

五月一日,盛宣怀招饮。(《日记》页 265)

五月六日,离沪赴京。先生在沪十余日访友宴饮无虚日,尽享友朋之乐。(《日记》页 267)

五月十二日，入城回寓，缪焕章先生健旺，家人均好。是日夏孙桐来见。(《日记》页268，《年谱》)

五月十三日，托冯润田办起复。(《日记》页269)

五月二十日，先生出谒孙毓汶、李文田。(《日记》页270)

是日，屠寄致先生一札，并寄先生广雅书局所刻三部，其一部请先生转交费念慈。又附寄李兆洛文，请先生转交费念慈。札言先生所寄《续经解》及《南菁丛书》均已收到，缺页俟查清补印。询南菁书院先生一席为何人所得，忧黄以周离院，杨颐以耳为目，诸生放荡，士习何能整顿。又言及《宋会要》，其拟先将草本案次编排，再为搜辑。告知先生为广雅书局所采书，如系珍本，只可抄寄；如人间尚可购得，则原书寄交其即可，不致失落；请先生速寄《梁疆域志》《历代职官表》，待刻。又其所刻《常州骈体文录》刻成者已五六家，请先生代访桐华馆文、辟疆园文、顾兼塘文，并抄示零篇佳文。又言广雅局事糟不可言，其因受张之洞之知，不敢不尽心力，近设舆图局，其亦与纂说之事。札又索先生所刊《吴兴山墟名记》《金石录补》等书。(《友朋书札》页484屠寄第十七札)

五月二十六日，先生出拜客，晤潘祖荫、黄绍箕等，走诣李慈铭。又送《南菁丛书》《云自在龛丛书》于潘祖荫、李文田。(《日记》页271，《越缦堂日记》页12489)

五月二十七日，缪祐孙离京。冯煦访先生。先生返京后，多日庋置书籍，至今日略有条理。(《日记》页269)

五月二十八日，王懿荣、蒯光典访先生。是日先生购得翰文斋曹刻《隶续》，又得聚珍版《唐语林》《悦心集》《宋元宪集》。(《日记》页271)

是年五、六月间山东、畿辅等地发生洪涝灾害。

六月三日，先生寓所东面大墙颓声如雷霆。五月二十九日以来京城连日大雨，屋漏墙塌频见。(《日记》页273)

六月七日，文廷式招饮，沈曾植、蒯光典、黄绍箕、黄绍第、江标、曾广钧等同席。(《日记》页274)

六月九日，沈曾植借《黑鞑事略》去，先生近校此书已数日，系从江南新得者。沈氏借先生此书系抄录。此书内容多涉元代塞外制度、风俗，沈氏颇有涉猎。沈氏抄本今藏上海图书馆，有其手跋："此本借抄于缪小山编修，编修归自江南，新得书也。李詹事春间从厂肆得一旧抄本，复借之校一过。缪本胜李本,然所出之源不同。缪本误脱而李本是者,亦若干条,此书大略可读矣。"后沈氏撰有《黑鞑事略注》一卷。又是日先生送《养一诗集》及自刻六种与表兄夏彦保,并送自刻书于李经畬。(《日记》页274,上海图书馆藏沈曾植抄本《黑鞑事略》)

六月十一日,先生得盛宣怀一札并书票五十张。札云《经世文续编》草草编就,尚待删芟,俾成精本,请先生托农曹熟人代觅雷以诚厘金一篇;石印廿四史五百部,已售去六十部,特寄上书票五十张,并请莫棠带上样书一部,请先生设法疏销。(《日记》页275,《友朋书札》页649盛宣怀第六札)

六月十二日,李文田借先生《明稗史》。打碑人李云从送三监本《皇甫碑》来。(《日记》页275)

六月十四日,先生送《双溪醉隐集》《劫灰录》《根本迁谟》等于李文田,而取《三垣笔记》回,拟假抄。《双溪醉隐集》系先生在南抄得,后李文田曾以之为底本作笺,李氏有跋及之:"光绪十六年,门人江阴缪小山从江左入都,抄得此集。以其足与《湛然集》相配,尤有资于元史也。亟命工抄之,手校一过……是集之贵,在于考证元人舆地,非以文词为重……"(《日记》页276,李文田笺《双溪醉隐集》卷末李文田跋)

六月十八日,发李瀚章、金武祥等人广东信,交百川通。发广雅屠寄信,寄新刻书、《三国职官表》《汉学堂文集》《世泽堂文集》,交沈曾樾携带。是日起先生开始编写书目。(《日记》页277)

六月二十日,周立可来,以周家楣文集托先生抄清本。(《日记》页277)

六月三十日,送《南菁丛书》与袁昶。本月初先生赠《集古录目》及《元和郡县志》等五种与袁氏,袁氏曾专函致谢并言欲购此丛书。是日先生借沈曾植元本《翰林珠玉》,欲以校己藏屠倬旧藏旧抄本。(《日记》页281,《友朋书札》页93袁昶第二札,《藏书记》卷七"翰林珠玉六卷"条)

七月九日,沙从心南返,托带致杨颐一笺,告以安抵都门。(《日记》页284,《友朋书札》页10杨颐第二札)

是日,王先谦致先生一札。札言得先生本月初六之函,知先生已安抵京邸;先生前所寄《说文引经证例》已收到,唯王铭西《春秋》二种未到,请先生查询;闻陶澍宣言缪祐孙为太上所知,命入海署,果又成局,亦一佳音。札又请先生便中寄赐雷氏经说各种备刊,决不遗失;托先生转求缪祐孙及费念慈各书墓志,得允即专函奉恳。又询缪焕章先生九秩开庆,彩觞在何月,以便寄联物。(《友朋书札》页25—26王先谦第三十六札)

七月十三日,光绪帝于勤政殿召见先生,询履历、年岁、江南丰歉、直隶水灾等,先生一一奏对。是次召见,先生被记名以道府用。(《日记》页286)

是日,先生取宝书堂《明季南北略》《沈龚渔四种曲》,又李云从送《元公姬夫人志》就拓本来。(《日记》页286)

七月十六日,往祝沈曾植太夫人寿。是日黄体芳招饮于全浙会馆,龚照瑗、瞿鸿禨、黄国瑾、蒯光典、吕佩芬、吴庆坻同席。(《日记》页287)

是日,屠寄自广东致先生一札。札云其刊《常州骈体文录》已成十一卷,已发刻者又十余卷,专候先生所藏零篇,望先生倩抄胥录寄,或将原稿封寄。又言《宋会要》"职官门"约百卷,初次清本草草已就,唯不能专心于此。吴翊寅因书局精于校雠者不多,只得专司校书,不能助纂辑。现雇抄胥四人,常年写《宋会要》,约明年草本可成。又附一札言正欲发书,得沈曾樾送来先生手书并采访各书赐件,并云《三国职官表》当同《梁疆域志》并付刻,田、杨二集俟再酌。《尚书集解》即遵先生之意觅便寄京。又言"思缄事容缓缓俟机会,然此君于小学外行,恐不足当此任,已有书劝其从事此学矣。局中人不明小学者甚多,然拉同乡入局,不敢不斟酌,否则恐贻笑于粤人也"。思缄即庄蕴宽,先生南菁书院门人,常州人。盖先生欲托屠寄谋入广雅书局。札又言:"都门大水,粤中现在筹赈,合肥亦甚出力。南菁局面未知何日能整顿?元同词章不在行,奈何?"札所言合肥指李瀚章。(《友朋书札》页485屠寄第十八札)

七月十七日,吴申甫寄明抄《文苑英华》来,又寄来《平津馆金石萃编》一册。李文田送还先生安国本《雍录》,六月三十日所借。(《日记》页287)

七月二十四日,阅西郊课卷毕,寄之。发郑澧筠信,寄《横沙咨稿》。是日先生往谒潘祖荫。(《日记》页289)

七月二十五日,先生校《归愚集》毕,校此书数日矣。(《日记》页290)

七月二十七日,翁同龢招饮,文廷式、王颂蔚、叶昌炽、费念慈、吴丙湘同席。(《日记》页290,《缘督庐日记》页1808)

八月一日,叶昌炽约江苏馆小酌,文廷式、程秉钊、黄国瑾、王颂蔚同席。是日起先生以录江苏金石为日课,编《金石分地编》故也。(《日记》页291)

八月四日,撰周中孚《九曜石刻录》提要。先生自七月二十九来,连日为元明清人著述撰提要,计有曹学佺《紫云山房集》、黄之隽《唐堂集》、王恽《中堂事纪》、《马孟祯奏议》等。(《日记》页290—293)

八月八日,程秉钊来假先生藏江有诰《音学十书》去。(《日记》页293—294)

八月九日,先生生日。两年客居,今幸团聚,颇欢乐。是日夏孙桐、缪祐孙来吃面。先生游琉璃厂。(《日记》页294)

八月十日,志名考誊录次取十二名。缪志名,名永禄,字子许。(《日记》页294)

是日谒李文田,还《汇刻书目》,借《藏说小萃》两函回。跋王东槐《王文直公集》。(《日记》页294)

八月十五日,致盛宣怀一札。札言返京后京中霪雨之情状:"弟由沪到津,探知家君小恙,星夜遄行,于十二日入都,家君业已全愈,稍觉放心,而甫拂征尘,即逢霪雨,水灾之大与辛未年仿佛。房屋坍塌更为过之。敝庐侥幸无恙,金石、书籍一无损伤,万幸万幸。城内盛伯熙、王莲生,城外则黄仲弢与弟四家耳。潘、翁两尚书,徐颂丈、李苕翁所藏均有毁损矣。其它可想。"又言及目前之愿:"七月十一日补行京察引见蒙恩记名,然弟但愿长守京职,以养亲著书为事。谒见当道,颇陈素志,不识能如愿否。""弟自返衙门,无所事事,逐日编录藏书及金石目录,亦非三四月不能就绪也。"又谈及代盛氏售石印本二十四史事:"廿四史票五十分收讫,楚生亦屡晤谈,书止来一部,售去,闻有廿部到京,翘盼之至。同文保单书票上有之,保单未来,望速寄五十张缺叶缺卷,免致哓舌。同文在琉璃厂开店,尚存许多跌价抢售,颇为所挤。楚生目击情形,想已上达,乞设法维持,非弟督销不力。"又言询及《经世文编》:"《经世文编》刻将告成,望抄目见视。弟尚思小有补苴。书名、仕履已补撰否?"又托盛氏为丁佑申谋一差:"舍亲丁副贡佑申乞赏一电报局差。家严去岁托费屺怀,今岁托汪子渊,近又托张楚生代达,务恳位置一席,感同身受。"(《艺风堂书札》页312致盛宣怀第七札)

八月十七日,屠寄致先生一札。札云《常州骈体文录》将渐次刻成,今将已成未成、已得未得诸家姓氏集目呈先生，此外之遗珠，务求先生同费念慈代为搜罗抄寄汇刻。零篇望先生速寄，以诸小家必得会齐，乃可依年辈交谊，合并成卷故。孙泰云、陈玉瑨文急切不可得，先生有孙集，请选一二寄下，陈集亦请代为搜访。又言王秉恩仍得书局提调，局中诸事顿有起色；《宋会要》难于得帮手，现写工四人，终年抄写，不暂停手。又言："阅邸抄，知记名，今日外重内轻，以二千石禄尊养太公，以余资校刻精本古籍，是深望于阁下者，但祈特放省分，不关涉治瘼，即至善矣。"屠氏随札又寄先生骈文序草稿，请先生及费念慈削正。(《友朋书札》页487屠寄第十九札)

八月十八日，杨颐致先生一札。札谈南菁书院沙田升科事，因事经先生办理，请先生函致董事处拟稿禀复户部。又谈及南菁书院事，云黄以周今年在院日多，住院生徒亦众，未闻有辞馆之说，而黄体芳竟自都中致书挽留，"不知此语从何得来，殊深惶惑"。(《友朋书札》页10杨颐第二札)

是日，先生还元板《翰林珠玉》于沈曾植，于本月十四日校毕矣。为该书作跋。(《日记》页296)

八月二十一日，走诣李慈铭，以刘毓崧《通义堂集》《王船山年谱》及先生所辑刊《三水小牍》《集古录目》《吴兴记》《元和郡县志逸文》和李少温篆书"听松"二字拓本赠之。(《越缦堂日记》页12576，《日记》页297)

八月二十四日，撰石韫玉《独学庐文集》跋。(《日记》页298)

八月二十五日，游琉璃厂，购明刻初印《元人百种曲》，图甚精。(《日记》页298，《藏书续记》卷七"元人百种曲百卷"条)

九月三日，接费念慈一札，约公请李文田。札云其在会馆中与先生匆匆一谈，归忽大病，惫卧五日。知先生于八月二十二日、九月二日两次得吴申甫自上海寄达之书各一箱，询是否有可观者。又云刘世安(字静阶)、劳肇光(字次芗)两同年约同公请李文田，询先生能同之否。又云其将于重九后独请杨靖(字绶臣)，请先生一陪。此札之后，费氏下帖之后，又致先生一柬，约定本月十六日公请。(《友朋书札》页373费念慈第一百零八札，页363第八十五札)

九月八日，黄绍箕招饮陶然亭，樊增祥、黄国瑾、叶昌炽、缪祐孙、王懿荣、王颂蔚、王守训、蒯光典同坐。是日先生校蒋湘南《七经楼文抄》、辛筠谷奏疏。(《日记》页302，《缘督庐日记》页1819)

九月九日,瞿鸿禨约在天宁寺小饮,黄体芳、许景澄、唐景崇、黄国瑾、王懿荣同席。(《日记》页302)

九月十三日,先生致赵凤昌一札。札谢赵氏赠焕章先生香合一件,并谈及请其代为侄子缪镕素谋事等事云:"昨奉手书,并承赐香合一件转呈家严,感谢无已。辰维起居迪吉为颂。弟四月初四道出常州,闻兄下乡卜葬,未能晤谈,即日返江阴,于五月十六入都,寓中一切平安,堪行远廑。香帅禀一件乞转呈。委买书攸二事孙铨伯竟不肯出售,无可如何。近为叶孝廉伯皋提姻事,闻已有成议矣。再恳者,舍侄镕素谙机器局工作,现来鄂谋事,望转恳蔡、徐两观察录用为幸。"(《赵凤昌藏札》第一册页174)

九月十五日,录江西南昌、饶州、广信金石。先生录江苏金石毕,自是日起录江西金石以为日课。(《日记》页304)

九月十六日,先生偕劳肇光、刘世安、费念慈、缪祐孙公请李文田于丁氏种榆园长廊广厦,甚有逸致。(《日记》页304)

九月十九日,是日录江西金石毕。谒李文田,面呈《卫藏通志》价廿金。(《日记》页305)

九月二十日,焕章先生病,先生侍其至芥子园,延詹印阶诊脉。(《日记》页306)

九月二十三日,录长沙金石。是日起,先生以录长沙金石为日课。(《日记》页307)

九月二十六日,欧景芬同年来,面交丁次郁函及托次郁抄丁晏所著未刻书《周易解诂》、《左传集解补正》、《日知录□□》、《楚辞天问笺》四种。(《日记》页308)

十月二日,先生约樊增祥、袁昶、黄绍箕、沈曾植、叶昌炽、王颂蔚等小饮,出示"南宋刊《新唐书》,有季振宜、汪士钟藏书印;又涂祯刊《盐铁论》,即张刻之祖本;又游明本《史记》,残本广东崇德书院本《汉书》;传是楼抄《孝经》,楮墨清朗,与毛抄无异"。(《日记》页309,《缘督庐日记》页1827、1828)

十月初五日,焕章先生胃弱不能食,口涎舌肿,延汪文枢(字干亭)诊脉辨方。(《日记》页310)

是日屠寄自广东致先生一札,并其新刻骈文一卷样本呈政。札云其前月入学院助樊稼翁阅广府古学卷,于今月朔日出棚,得先生手札,知先生现编纂金石,考订逸文,盼早日卒业,蒇然成书。叹先生精力过人,记问强博,然理宜珍摄,幸勿太劳。又言其仲冬下旬拟回里举葬,明岁二月返粤。《常州骈体文录》刻成二十三卷,盼先生寄上零篇,以便分并付刻。又言代先生刷之局书,拟托许少卿附带。又言王秉恩嘱托先生代抄寄沈钦韩《郡国志疏证》。(《友朋书札》页 491 屠寄第二十二札)

十月八日,发广雅屠寄信并寄骈体文。(《日记》页 311)

十月十一日,老孟打碑旋京,送来碑六十余种。(《日记》页 312)

十月十二日,延汪干廷为焕章先生诊脉。焕章先生多日不食,气亦渐促,可危之至。是日缪祐孙、夏孙桐来。(《日记》页 312)

十月十六日,延请李文田诊脉,用吉林参,焕章先生病略舒。是日先生发浙江丁次郁信,寄银廿四两等。(《日记》页 313)

十月十七日,先生未记日记,盖焕章先生病加重故也。至十一月十八日始复作日记。(《日记》页 315)

十月二十日,先生父焕章先生卒。是日,恽毓鼎闻讯前来探丧。是冬时疫盛行,逝者甚众。(《年谱》,《恽毓鼎澄斋日记》页 72)

十月二十一日,走诣李慈铭,告以父捐馆事。(《越缦堂日记》页 12576)

十月二十二日,晚,李慈铭来唁。(《越缦堂日记》页 12576)

十一月三日,屠仁守自太原致先生一札,随札寄来旧作两首,先生去函所征取。札云其阅邸抄知先生前以道员奉旨记名简放,并蒙召对。谢先生惠寄佳刻四种,称其"搜采备而雠校审"。又言及其至太原八阅月,诸事无龃龉,寂寥闲旷,于性为宜。(《友朋书札》页 79 屠仁守第四札)

十一月十五日,翁同龢来吊焕章先生丧。(《翁同龢日记》页 2412)

十一月十七日,焕章先生今日开吊,李慈铭送来奠仪二十千。(《越缦堂日记》页 12662)

十一月十八日,先生寓观音院,焕章先生殡宫。时天阴如墨,西风怒号,先生旧感新愁,百端交集。是日先生读《元人别集提要》。(《日记》页 315)

十一月二十日,得屠仁守西信,寄停报效一疏,先生以为"悚切动听,不愧谏官,心佩之至"。(《日记》页 315)

十一月二十二日,致杨颐笺并郑澧筠、冯铭信,盖欲重谋南菁书院讲

席。(《日记》页 316)

十一月二十四日,夏孙桐送周家楣《通政文集》十六册来求点定。(《日记》页 316)

十一月二十九日,李文田送还明人杂著十一册,假《红雨楼题跋》去。先生借其《还山遗稿》明刻、新抄二本及《红雨楼书目》。先生曾据李氏所藏《还山遗稿》录副。(《日记》页 317、318,《艺风藏书记》卷七"还山遗稿二卷附录二卷"条)

十二月二日,焕章先生卒后六七,先生赴殡宫设祭。是日先生接金武祥信并《随笔》二册。(《日记》页 318)

十二月八日,取大德玉四百金为缪祖保捐官。是日,缪祐孙引见,记名总理衙门章京。友人杨宗濂自通州来,赴观音院行礼,致赙十六金。(《日记》页 319)

十二月十日,致盛宣怀一札,谢其致赙,并寄缴代售书价三百两。札言在京代盛氏售书事,云:"史书在京竟无销处。荃孙四月在徐园早言其难,京官中以百金购书者有几人,后鲍叔衡在尊处或有饰说与否?亦未可知。来函言已销至三百部,合之叔衡百部,业已过半,即使缓售,亦不至十分亏折,将来剩四五十部,定然昂贵,亦一定之理也。荃孙处销去楚生带来一部,后电局取来两部,共三部,价京松三百两呈上,乞察收。另一部在荃孙处作样本,局中尚存十七部。不知黄慎之处曾代售否?"又请盛氏寄《经世文续编目》:"《续编目》望速寄,并撰人爵里著作望开一底子,不知则阙。荃孙当为补完。现拟三月出京,趁书未收入箧,易于考订,千万弗迟。"又云:"荃孙孤露余望,绝无生人之乐,此次回里,立锥无地,乞食无门,如绝少机缘,尚恳代谋一席,以资糊口,先祈留意为祷。"(《日记》页 320,《艺风堂书札》页 312 致盛宣怀第八札)

是日,先生编次《周通政全集》,请乔树柟覆阅。(《日记》页 320)

十二月十四日,致金武祥一札,致讣,告以收到金氏手书并广雅脩金及新刻书两种。先生于本月八日得金氏之札及脩金。又告以焕章先生逝世之情状:"荃孙回京以后,应酬繁杂,七月以来,先君即患胃疾,饮食锐减,精神步履,日衰一日,延医评药,刻无暇晷。记名之后,深恐外简,增先君之顾虑,照例具呈内用。老亲迎养在京,不愿外用。孰意立冬以来,不能饮食,服药无效,至十月二十,弃荃孙等而长逝矣。痛哉!荃孙三载之中,双亲并逝,侍奉无状,何以为人,惟是旅殡未归,遗书未刻,不得不苟延残喘,以襄大事,而立锥无地,乞食无门,吾兄闻之亦代为伤悼也。"又言及代抄书等事云:"八月接信,本拟即复,因代抄《藏说小萃》全部未毕,拟同寄览。又,表伯大人寿诗,初拟写成条幅汇寄,现均不便,只可寄稿代呈诲政。柚岑闻有函及寿诗,交沈树人寄上,想亦收到。柚岑以员外郎过班本衙门,得北档房阔差,会典馆得纂修,总理衙门记名章京第二,隆隆日上,胜荃孙百倍。江阴部署胜于翰林,殆风水耶?"(《艺风堂书札》页265致金武祥第十五札,《日记》页319、321)

十二月十五日,先生录湖北省毕。是日,李文田假《法藏碎金录》,还先生《今献汇言》。(《日记》页322)

十二月二十一日,接李鸿章唁函并赙二十两,周达武函并赙四元。(《日记》页323)

十二月二十七日,先生接杨颐函,知馆事不成,殊为焦急。是日送《地图综要》于李文田,假其澹生堂抄本《师山集》归;代吴申甫售《锦秀万花谷》于李文田,售《欧集》于费念慈。(《日记》页325)

十二月二十九日,先生校《三山志》毕,付小杨装订。自上月末以来,校之多日矣。(《日记》页325)

光绪十七年　辛卯(1891)　四十八岁

一月一日,先生在京守制。录阆中、南部金石,校《广陵集》。(《日记》页327)

一月五日,先生柬叶昌炽,借阅其《藏书纪事诗》。(《缘督庐日记》页1852)

一月六日,叶昌炽致先生一柬,送阅《藏书纪事诗》。柬云:"拙稿敬求大雅是正,红格十三叶及白纸百八叶写者,并乞代付写官,不必求工,但以稍速为妙。"又嘱:"计七包三百八十八叶。未抄者另一包,外绿印空格,此外并无副本,又不及装订,乞婉嘱写官勿脱落为感。"(《日记》页328,《缘督庐日记》页1852,《友朋书札》页403叶昌炽第十八札)

一月八日,叶昌炽致先生一函,假《金石分地编》江苏省一帙去。叶氏谓之搜罗甚富。先生是日校读《藏书纪事诗》廿叶,自是日起亟校读之。

(《日记》页328,《缘督庐日记》页1852)

一月十日,撰《经世文续编姓氏爵里考》。(《日记》页329)

一月十二日,撰《元昭宗年号宣光考》。此文据官印、碑、寺、诗文等考"宣光"是北元昭宗爱猷识理腊达年号,发前人所未发。(《日记》页329,《文集》卷三《元昭宗年号宣光考》)

一月十三日,付《栲栳山人集》交宏京装订。上年十二月二十八日,修文堂以此集送阅,系经鉏堂抄本,先生即据以录副,至今日抄校毕而付装。(《日记》页330)

一月十七日,先生张之洞一笺。又寄《藏说小萃》与金武祥,由折差带,先生代其录副之本也。(《日记》页330)

一月二十一日,叶昌炽致先生一札,还先生《金石分地编》江苏一册,索《藏书纪事诗》。札云:"大稿谨缴,搜罗之富,体例之精,为自来著录家所未有……嘉定摩诃揭若般帝幢,侍有拓本,仅存半截,且闻见在一小刹,不在萧王祠矣。敝郡复泉井阑及龙兴寺幢,侍确知其已佚,敢以奉闻。拙稿倘已录竣,敬求掷还,因亟须编次付装也。润资若干,亦希示及,即行缴上。"又欲购买《独学庐集》,请先生作缘:"去年所见《独学庐集》,侍因是乡先哲遗书,欲购之。如其书尚在,不识能为侍作缘否?"(《缘督庐日记》页1862,《友朋书札》页404叶昌炽第二十一札)

一月二十二日,先生致叶氏一函,还《藏书纪事诗》原稿五十八页于叶昌炽,又借其《金石分地编》易两湖一册。札告叶氏《藏书纪事诗》当"以宋为始,而冠以蜀毋氏"。叶氏即复先生一柬,谢先生费神为之校正,以先生所言为是,又告先生"清本有涂乙太甚及分合者,如能属写手重缮更妙"。又随柬复还先生《广雅目》一册。(《日记》页331,《友朋书札》页403第十九札、页404叶昌炽第二十二札)

一月二十三日,致叶昌炽一函,告以已为其购得石韫玉《独学庐集》一部。是日,先生还《三山志》于蒯光典,殆借以录副之本也。(《缘督庐日记》页1864,《日记》页332)

一月二十六日,送陆继辉《缪苔石先生集》、"云汉昭回之阁"六大字。(《日记》页332)

一月二十七日,焕章先生卒期百日,在观音院嗶经,余寿平、刘石甫、周茂侯、吴祖椿、夏孙桐、夏润轩、张怀初、缪祐孙来行礼。(《日记》页

332—333)

是年一月先生为族嫂王孺人撰守节立嗣记。先生与族人及表兄金武祥议以孺人族侄缪永裕为孺人后嗣。孺人为先生族兄缪光佐妻,早寡无嗣而守节四十余年,时年六十六矣。(《文集》卷七《旌表节孝族嫂王孺人守节立嗣记》,《兰陵缪氏世谱》卷三十三金武祥《缪节母王孺人事略》)

二月一日,还《藏书纪事诗》五十页并原稿于叶昌炽。王懿荣送李俊民《庄靖集》一函来。(《日记》页333)

二月一日,盛宣怀致先生一札,谈《经世文续编》及请先生办理《毗陵文征》之事,札云:"再所辑文续编久不成就,亦恐贻消于人。拟即募手民到烟,先将文字发刻,序目可随时办理。渊若近困于日行公牍,弟尤无暇校正。一事未了,弟又想办一事。毗陵文献佚而无征,亟宜搜罗,仿《湖南文征》收刻成书,拟即发征文公启。尊处必多存件,度里中转不及外省流传之多,或即以国朝为限制,不录前朝文字。昨渊若出示手书,颇蒙挚爱,甚感心。倘能乘此读礼之年,屈留蓬莱,以成此二书,并得时聆教益,岁奉薄俸六百金,未知以为然否?"(《友朋书札》页647盛宣怀第二札)

二月三日,先生致王懿荣一札,谢其赠《庄靖集》。札云:"前日颁到《庄靖集》一函,谢谢。是日先君百日,在观音院啐经,未能即复,甚歉。荃孙困苦万分,舍购书更无生趣,在外则浪游耳,然腰脚已不如昔年之健矣。近又见好书否?"(杨洪升《缪荃孙与王懿荣六札考释》,《艺风堂书札》页327致王懿荣第十札)

二月八日,王懿荣来,示张曜之信,言泺源书院讲席已定先生,《山东通志》之编纂到东面商,并嘱多带书。前此,先生重谋南菁书院讲席不能得,乃请同年王锡蕃转托王懿荣谋《山东通志》纂修及泺源书院讲席之职,为此先生曾有札致王懿荣:"前托季樵达意,闻已应允,谢谢。荃孙不足言学,然志局编辑尚奈劳苦,现处水尽山穷之际,求糊口之方耳。南皮相待尚好,然岂能厚颜再往,故思改计。《海东金石》刻本二册附呈。"(《日记》页335,《缪荃孙与泺源书院》,《艺风堂书札》页327致王懿荣第九札)

二月十日,张英麟送泺源书院关书并山东巡抚张曜及学政裕德之札来,约先生月内前往。裕德之札有云:"顷晤张朗帅宫保,道及王莲生太史来函,知阁下读礼闲居,因思泺源书院今岁尚未延师,拟请主讲斯席,庶冀文教聿兴,且吾兄品粹学优,朗翁素所钦慕,特属修函劝驾,如蒙惠然肯来,东邦人士何幸如之。朗翁平时极为培植人材,今年又逢大比,务祈文斾早临,俾多士得奉楷模不胜翘盼。"(《日记》页335,《友朋书札》页86裕德第二札)

二月十一日,先生拜张英麟、王锡蕃。诣琉璃厂取翰文《皇舆表》《皇舆全览》《玉篇》《广韵》《云南通志》归。(《日记》页335—336)

二月十三日,为叶昌炽抄《藏书纪事诗》毕,还全稿于叶氏。十二日,叶氏曾有札谢先生。(《日记》页336,《缘督庐日记》页1868)

二月十五日,王懿荣来,张曜电讯行期,告以廿日。是日碑贾李云从送元拓家庙碑来,议价六十金。(《日记》页336)

二月十八日,先生谒李文田辞行。得汪洵一月二十六之札,并赙银十两。札云先生正月十一日致札属其将《经世文续编》目录抄寄,并姓氏小传俱加搜采,现已赶紧编录,略为排比,须二月中旬方能寄呈。此事须先生主持,"且标题选择,尤有关系"。若现急拟付刊,草率图成,前功尽弃。又言及盛宣怀欲编《毗陵文征》事:"杏公有搜可《毗陵文征》之意,欲得大雅商榷可否。其意深望执事之来,而未敢亵留高躅,属略道其诚,倘南行道出东海,面商行止何如?"札又请先生代其询选缺之事。(《日记》页337,《友朋书札》页511汪洵第十四札)

二月十九日,先生检书毕,装成四十四箱,将携十八箱赴东省。是日拜谒李鸿章,呈自刻书籍。送《晓方塔记》于翁同龢。(《日记》页337—338)

二月二十日,接俞樾信并挽联。是日先生发广东王秉恩信,寄《史记考证》《三国志辨微》《南北史世表》《古今人表考校补》,由森昌盛带,为广雅书局搜罗者。(《日记》页338)

二月二十一日,登车赴东省。缪志名、瞿世瑄、王士模随行。(《日记》页339)

二月二十九日,渡黄河入济南城,张曜专弁持名柬来迎,先生湖南小门生胡凤藻迎于路,友人洪用舟、吴邦镠、毛澄均差人迎于城外。泺源监院孙建策、尚志监院孔庆瑢来约初一日移入书院。(《日记》页340)

二月三十日,出拜福润、赵国华、王作孚、黄玑、李翼清、孙葆田、鲁琪光、毛澄、姚岳度、张元燮。在孙葆田座知陆心源在日升旅店,急往候之,谈良久。陆心源之来济,盖为捐银万两与山东灾民,欲谋开复之事。本月十七日,山东巡抚张曜上奏前广东高廉道陆心源捐助山东赈银一万两,请

开复原官。得旨,吏部引见。(《日记》页 341;《德宗实录》卷二九五,《清实录》第五十五册页 922)

三月一日,移入泺源书院。(《日记》页 341)

三月三日,福润、彭登焯、钱懋熙、孙葆田、夏子焜、夏永声来拜。夏子焜约先生同观趵突泉,"出西门折而南,过板桥,流水一湾,垂杨数树,可谓清绝。入吕祖祠,池大数亩,三穴麟次,直上如塔,昼夜水旱,滔滔不绝,泉泉奇异,斯为大观,左右皆沮洳万斛珍珠,不择地而涌"。先生叹:"安得于此结庐!"(《日记》页 342)

三月四日,录闽县金石。是日起先生录福建金石。(《日记》页 342)

三月六日,先生校《建炎以来朝野杂记》。先生在济期间,以校《朝野杂记》为日课,至五月十七日而毕。(《日记》页 343、363)

三月十日,陆心源致先生一札,并来辞行,留五十金为拓碑之费。其札云:"顷示手示,并张轴、董册敬悉。兹奉协同庆票壹百两,乞察收。其伍十两祈付画价,五十两留作碑价。凡东省碑已有者,另单开呈。余容午后走谈。"又云其"藏重出书之可去者,当遵逾留存申甫","《好大王碑》伏祈代留一纸"。(《日记》页 344,《友朋书札》页 606 陆心源第三札)

三月十二日,福润、赵国华、王作孚、黄玑来送学礼,出题开课。李宝淦来,同游明湖,至小沧浪、汇泉寺、历下、亭北极阁,"涟漪百顷,绿苇丛丛,青山飞来,扑人眉宇"。先生谓:"城中得此胜境,江南亦甚少也。"是日先生于汇泉寺得《唐同光经幢》一,各书均未著录。(《日记》页 345)

三月十三日,游书肆,上三友堂购得《宋史》一部,去大钱八千五百文;万古堂购《湘管斋寓赏编》一部,去大钱贰仟文。(《日记》页 345)

三月十五日,缪祐孙致先生一札。札言闻志局已开办,总纂孙姓,张曜致李文田函言将约沈曾植入局,"然吾兄夙负盛名,于方志尤精,恐当道亦必借重,但不知局中诸人能合手否?"(《友朋书札》页 249 缪祐孙第十四札)

三月十七日,阅卷毕,出案,以刘继范为第一。(《日记》页 346)

三月十八日,先生检《顺天志》及所著书呈张曜。(《日记》页 346)

三月二十一日,安阳赵寿彭、张霆来从先生受业。题钱步文《破车图》,先生前曾得《大金集礼》抄本,前有"破车钱氏藏书"图记,盖即此人所藏。(《日记》页 347)

三月二十三日,知友人黄国瑾殁于湖北,甚为惋惜。(《日记》页 348)

三月二十七日,阅课卷毕,出案,以张云崿为第一。是日,先生假孙葆田《山右金石记》。是书凡十卷,先生以为系不通金石学者所为,"不录全文,不分存佚,不全载撰书篆额,人止有某年无干支日月,毫无凭信,大半摘录志书而成,略有跋尾,甚为苟简,且以碑、碣、摩崖、幢、柱石、题造像、法帖、砖瓦分类,从无此例"。(《日记》页349)

三月二十九日,张姓打碑人自长清来,交宋元碑二十分,黄姓打碑人送碑十七种来。先生主泺源期间,张曜有续编《山左金石志》之愿,延先生主之,先生遂大力搜拓山左金石。此间,门人尹彭寿为觅得泰安打碑人黄士林,尽拓泰安、肥城、汶上、东阿、济宁、兰山、沂水、蒙阴十余县碑刻。先生又另雇张天翔拓长青、青州等地碑版。(《日记》页349,《艺风堂金石文字目》卷首缪序,《语石》卷二"山东五则"条)

四月二日,录太原金石。为黄姓打碑人开西路金石单。是日起先生录山西金石。(《日记》页350)

四月九日,曹倜招游千佛山。"出南门五里至山麓,盘旋而上约二里抵千佛寺,入门见隋造像千数,记十余段,皆有拓本,龛外有元人题名一段,似无人拓过者。小阁北向鹊华两山,风雨离合,黄河一线自西而东,浮沙两岸,风旋成塔,东民杼轴空矣,油然沛然"。(《日记》页352)

四月十一日,叶昌炽致先生一札。札询先生在历下所见金石书籍较厂肆如何;千佛山造像,前人著录之外,尚可访否;《玉函山房辑佚书》在山左工价若何。又言先生所委抄之莞圃题跋,其子仅寄到五种;《广韵》校本即先生目中所有者,先行寄览。(《友朋书札》页404 叶昌炽第二十札,《缘督庐日记》页1886)

四月十七日,费念慈致先生一札。札询陆心源光复,何时入都;请先生录示郑一泉墓表;其家友于兄,欲谒张曜谋一席位,请先生为言。又乞先生八月间到都后,扶柩南下,亦将其亡儿之柩携下,届时其将派人随行。又云南书房"自夔臣居忧后,仅三人,理当添考,而政府不肯请旨……如考则冠生必得,木斋次之,廉生擅能大书之名,或有望"。又言其如不得差,八月中必归省,或可与先生同行。"长安居真不易","果无外放之事,决计挈眷而归"。又告先生《河南志》已录副本,黄跋尚未抄来。(《友朋书札》页368 费念慈第一百零一札)

四月十九日,孙葆田代先生购得初印本《绎史》《江南通志》,价叁拾

金。(《日记》页355)

四月二十一日,先生撰张曜六十寿序。本月七日毛澄所托也。(《日记》页351、355)

四月二十六日,致书法伟堂,专张天翔拓青州金石。时法氏官青州府教授,欲其相助也。(《日记》页356)

四月二十八日,先生出加课题,"好是稼穑,力民代食,稼穑维宝,代食维好","问两汉齐鲁大师家法"。(《日记》页356、357)

四月二十九日,刘鹗赠《治河五说》,与先生所见相合,先生阅之喜甚,然以为"惜文笔不甚畅快,不足动当道之目"。是时刘鹗任鲁河下游提调。(《日记》页357,《刘鹗年谱》页16)

四月三十日,与孙葆田同游古董铺,得旧拓《多宝塔碑》、赵秋谷条幅。先生检新刻书赠蒋庆弟。(《日记》页357)

四月间,缪祐孙致先生一札。札言缪禄保病已痊愈;代先生批阅之西郊课卷二、三两月均到,连日批阅,以后两月之课题,亦先为拟去。又言京中无甚新闻,"惟库款支绌,设法补救,有停办外洋军火及加土药税、改米折为本色、展缓捐输诸议"。又言莫绳孙改差扬州堤工,又得沈秉成保举出使备员。丐先生为张曜一言,将其列保使员。"若能列保,他日出路自宽;若专守译署,出头恐非十余年不可。"此事于李鸿章处已托缪彝为言之,但恐彼处拟保及求保者人多耳。(《友朋书札》页250缪祐孙第十五札)

五月四日,早诣孙子方游曲水亭,又到历城学宫访碑,得元乡试题名碑一。(《日记》页358、359)

五月九日,致陆心源一札,并新打碑两包。(《日记》页360)

五月十日,夏子焜约龙洞。"乘舆而往,出南门,转东圩门十二里三元宫,远望华山亭亭而立,迤东又一小山孤立似之,略少姿态。六里蔡村,七里龙洞村,入山蹋山涧而行,愈转愈深,山愈峻,泉愈激,树木愈密。七里至寺门,迎晖峭壁刻'敕龙洞寿圣院'六大字,去地廿丈外。入寺见《宋元丰牒》及《记》元人再刻两石均在……饭毕,出游佛峪。高岭绕寺如屏风,与夔峡仿佛,雄奇幽丽,他处罕匹。佛峪,距五里许,寺门枕小溪,水声潺湲,雨后瀑布最胜,三折百余级始达禅室,渴甚,索茗,牛饮三四盂而渴不解。造象奇古,最高处为《开皇造象记》……夕阳欲下,仍回龙洞,夜色虚寂,明

月正皎,四围山色悉入冰壶,三鼓始寝"。(《日记》页360、361)

五月十一日,续游龙洞。"五鼓即起,循行寺中,得金天德塔记一、元重修龙洞寺记一。寺僧导游西洞,洞去地二百余级,洞门造象最多,皆六朝时物。入洞有大象,面泐如削。四座无题字,想已泐尽。洞无天光,笼烛而入,行数折,洞愈低,初伛偻,继匍匐,行半里许,出前洞,洞口有陈预、工引之题名。再转则为诚应岩,宋元明人摩崖四、五段,仍由原路下,再上独秀峰,未半而心悸即下,未能登绝顶也。回寺小憩入城。(《日记》页361、362)

五月十六日,杨颐致先生一札。札谈南菁书院事,言近来书院经费支绌异常,去年余利仍有一千五百贯串,郑澧筠托词升课部费以先生函催汇京名义,将此结余扣留不缴,近接沙从心手书,乃知其实。请先生请前途将部费若干说妥,并函嘱绅董。尤望先生函致费学曾言明倘续交部费,都中可代垫,尚有此千五百串余利,回家自当速缴还。又言其前曾托沙从心致函,请先生从本年每月评阅官课试卷,闻已承诺,而其按试通州、泰州两棚试卷寄到其处,不知何故,揣测未明。(《友朋书札》页11、12杨颐第三札)

五月十九日,先生晤程绳武。程氏年八十三,"精神步履,应对酬酢,无不如六十许人,耳稍重听。年已及耄,遗孙在腹,广行赒恤,积蓄无多,殊可伤"。饭后先生至黑虎泉,"泉声瀺瀺,清入梦寐,临河小屋,轩敞凉生,煮茗清谈,殊消热脑。(《日记》页364)

五月,缪祐孙致先生一札。札言其近况:"弟于五月节后入译署,隔二日值班充司务厅收掌,事琐而劳,颇觉吃力,询其所入,岁不过百六七十金,可望甲午保案而已。"又言目前局势,云:"教案叠出,江阴东乡亦有一起,江湖间人心思乱,防营废弛已久,大虑激成事端。刘岘庄到任后,亦乏振作,其才本不恢张。德使巴兰德屡纠英、法、美、意诸使来署辩诘,诸多要挟,即前奏请旨谕各督抚晓谕百姓一节,皆从所请,似此实太阿持之渐。"又言朝廷情状云:"在廷诸老专事敷衍,但求苟且了事耳。济宁师喜任事,到为难之时,众皆诿之,名为推重,实则谢责。日前见师须发多白,亦忧惶之所致也。"又言朝廷大兴土木事,云:"土木之工,日盛一日。匠役以发款不济,相约罢工,借洋款百万予之方起。而颐和园尚未得半,部库支绌万分。前有五条:一请停采外军火,一请停京官米折发本色,一请饬盐商捐输,一请减防军一成,一请请土药税尽解部。后二条颇好,而勇实难裁,土税又为奉宸苑奏拨工程矣。"所言诸条,内忧外患,其危亡之势不可逆转可见也。(《友朋书札》页252缪祐孙第十七札)

六月二日,先生门人丁孔章送宋拓《多宝塔》及《名贤手札》等来。(《日记》页368)

六月三日,跋宋拓《多宝塔》。(《日记》页368)

是日先生致丁孔章一札,札云:"昨谭甚洽,见视各种,无一不佳。《多宝塔》宋拓,固佳不待言,即乙本亦不数见。宋拓勉作一跋,乙本书一观款。《名人手札》内,翟文泉以济宁藏《郭有道碑》为不真,与鄙见合。王菉友以《湖南金石诗》为不佳,今杨氏丛书内有《湖北金石诗》,亦印林先生署签,大约即是此种,而误'北'为'南'。马君诗诚不入格,菉友强分南北学,亦可怪。手札,何子贞、张石洲二丈家胪诚,汪慈聚最迂谬,不如容甫先生多矣。明岁晋省,贵邑金元碑能拓到否?莒州《唐省堂寺碑》闻尚存,迄未见其拓本,尊藏有是碑否?攀古小庐《吴氏捃古录》,则望代索一份。荃孙在京曾刻《云自在龛丛书》初集,在南又刻二集,明岁当持赠也。足下英年,又承家学,乞努力精进,勿忘、勿助长,以期大成为盼。(《顾黄书寮杂录》页41《缪筱珊致丁孔章》,《艺风堂书札》页532致丁孔章第一札)

六月五日,先生还丁孔章《千佛寺碑》及《名贤手札》。(《日记》页368)

六月六日,纪钜维以《花王阁剩稿》见赠。纪钜维,字香骢,一字伯驹,号悔轩,献县人,纪昀五世孙。博览群籍,精考据,善鉴别,工诗古文辞,旁及绘事。(《日记》页369)

六月八日,先生与钱少云、恽积勋同游开元寺。"出南门约五里入山,又三里抵寺门,曲折而上。壁间造像悉隋唐间物,中一像甚伟然,题字均驳蚀。就岩下石磴坐,甘露泉在侧,颇得清凉之趣。饭后出寺门看黄河,高岩有大佛,头旁刻两塔,道险不能往。申刻出山,回书院"。(《日记》页369、370)

六月十二日,王崇燕来,得王懿荣手书。(《日记》页370)

六月十四日,《复初斋集》。黄士林送泰山碑来。(《日记》页371)

六月十八日,陆葆霖招饮景乐园,孙葆田、秦宪文、孙宗策、何汝翰、周梦非同席。孙宗策招游湖,"坐铁公祠、北极阁最久,月明如画,人在冰壶,

风送荷香,凉生簌簌"。(《日记》页372)

六月二十日,钱少云约先生观李佐贤画廿三件,"以宋元明人稿册大幅,元盛子昭《纳凉图》,查二瞻山水卷子,杨龙友《兰影》、《宋人村学图》、《群贤游戏图》,文修承山水为最。宋杜祁公山水,赵子昂墨竹,陈白阳《雪蕉文》《五峰观瀑图》,黄圣谟《仕女茗集图》次之。"(《日记》页373)

六月二十四日,张曜招饮珍珠泉亭,裕德、孙葆田同席。"荡小舟,行可里许,草树萦翳,游鱼泼剌,时绕阑干,行皆园中院落也。又观名人字画,以钱允治题明人画山水册、石涛册为最。(《日记》页375)

六月二十五日,先生出决科题"子贡问为仁两章""蟾宫织登科记",评判学生优劣。先生在济四个月,除此决科题外,凡出课题十次,约十天一课。(《日记》页375)

六月二十七日,先生购钱少云杨文骢《兰影图》与查士标手卷,共计百金。晚张曜送壬辰泺源关书并《通志》关书,张虞箴送秋冬束脩来。(《日记》页376)

六月三十日,先生撰《戴澍人太守东游十六图赞》,七月三日撰毕。戴杰,字澍人,江苏丹徒人,在东省为官多年。六月九日,先戴氏以此图索题,先生将各图系以赞后于七月九日还之,以匆促未能工而叹。(《日记》369、377、378,《文集》卷七《戴澍人太守东游十六图赞》)

七月二日,先生上泺源拟改章程、优生名单于张曜。(《日记》页377)

七月三日,赴尚志堂孙葆田之招,王咏霓、刘曾骙、王崇燕同席。接张曜信,出决科案以王一鹤为第一。先生是日辞行。(《日记》页377)

是日,陆心源致先生一札。札谢先生代购各碑,又云:"春间到京,本拟为志局发凡起例,商定章程,追见孙公,知朗公非期于必成,故不为越俎之谋。朝廷湔雪之恩,朗公知己之感,洵为千载一时。惟该省民穷财匮,有事堪虞。弟本无宦情,倘当事误采虚声,俾以事任,进无可为,退已悔晚,必至为羊公之鹤,贻诮蒙茸,转不若仰屋著书,姑安晚遇之为得也。《宋诗纪事补遗》之辑,增多樊榭原书千八百家。樊榭所收三千家,其中无里贯及舛误者不下千余家。长夏无事,与小儿树藩暨门下士广搜群籍,订正数百家,复成《姓氏补传》一编,今秋均可付梓。而《金石粹编》补遗、补正两书,约可二百卷,现正料理,踵付手民,若作一吏,则此事遂废矣……即将来有以季路君臣义废之言来责,亦当于入都引见后,就部丐疾,策款

段出国门耳。"札又邀先生秋深返南作苕溪十日之游。(《友朋书札》页605陆心源第一札)

七月七日,姚岳度、张熙鸿、尹彭寿、孙葆田来送行。是日先生为钱少云致函裕德学使求分校,为吕耀鼎求赵国华联南运差。寄书箱九只于电报局,寄书桌乙枚于张熙鸿处,备来年冬日返回书院之用。(《日记》页378)

七月八日,先生启程返京,孙宗策率门人饯送于十王殿。水潦难行。是日,裕德致先生一柬,以不克远送为歉,并约明冬握叙。(《日记》378、379,《友朋书札》页86裕德第一札)

七月十三日,自德州船行。先生检视箱箧,《八琼室金石目》、焕章先生诗草及先生自著文集均为水湿。(《日记》页380)

七月二十三日,先生返家。叩焕章先生灵座,恸哭久之。阅邸抄,知张曜骑箕,十分骇悼。(《日记》页382)

七月二十五日,游琉璃厂,得初印孙刻《抱朴子》,褚寅亮重订《朱子年谱》、卢文弨刻《西京杂记》、《吴梅村诗文集》、《贰臣逆臣传》、《七经楼文抄》。(《日记》页383)

七月二十九日,整理书籍。是日先生接南菁六月分官课卷、西郊课卷。(《日记》页384)

八月一日,有旨:命礼部右侍郎李文田提督顺天学政,内阁学士溥良提督江苏学政,詹事府右春坊右庶子秦澍春提督山东学政。是日,先生得李文田简直隶学政信,江苏学政为溥良、山东学政为秦澍春。(《日记》页384)

八月四日,先生购《开元廿七年投龙璧记》《明文在》《诗经乐谱》《两汉文鉴》。(《日记》页385)

八月八日,先生阅南菁卷毕,以胡玉缙为第一。(《日记》页386)

八月十二日,发山东福润信、姚彦鸿信、李恂伯信,撰挽张曜联附信寄东省,并托姚彦鸿办祭席。(《日记》页387)

八月十三日,先生假沈子封《奇酸记》二册,沈氏又假先生《醒世恒言》去。(《日记》页387)

八月十六日,借沈曾桐《醉醒石》四册。(《日记》页388)

八月十八日,读山东长清灵岩寺碑。(《日记》页388)

八月二十四日,先生还明赵氏本《玉台新咏》、旧拓《曹景完碑》于江瀚,还《醉隐集》于李文田。(《日记》页 390)

八月二十八日,交《太平广记》于小杨装订。先生于上年十月十日刻补抄《太平广记》格纸,准备补抄其所藏《太平广记》残卷,本年八月九日补抄完成开始覆校,至此校毕交付装订。先生据以补抄之本系翰文斋待售之本。(《日记》页 311、386、391)

八月二十九日,李慈铭晡时诣先生谈,至傍晚始离。晚,先生走诣李慈铭。(《越缦堂日记》页 12987)

八月,江标为先生刊刻《吴兴山墟名记》、《吴兴记》署篆。(《吴兴山墟名记》、《吴兴记》卷首)

九月二日,吴祖椿、陈子元、乔树柟、许诚斋、吴镜沅、余联沅、何彦升、周茂侯、徐德沅、徐养吾、沈公诒在观音院公祭焕章先生。(《日记》页 392)

九月四日,先生发焕章先生灵柩南下,小雅、瞿世瑄、王士模先行扶柩启程,由水路赴通州。是日先生校定《国语翼解》。(《日记》页 392)

九月六日,先生启程,抵通州。(《日记》页 393)

九月七日,自通州发船开行。是日先生撰《菁华山馆诗文遗稿跋》。《菁华山馆诗文遗稿》乃缪巩遗集,缪彝寄来,请先生编定,先生为删去重复者,去其游戏者,得诗、文各若干篇,以《海上厄言》附于后,撰此跋识其原委,并寄慨叹。① (《日记》页 381、394,《文集》卷七《菁华山馆诗文遗稿跋》)

九月九日,至天津。诣双井缪彝寓,晤缪彝,交其《菁华山馆诗文遗稿》六册。是日先生撰汪梅村传。(《日记》页 394)

是日,汪洵致先生一札。札云前闻先生有前月十八日启行南下之说,久未得确耗,殊深悬系。又告先生所询之《姓氏小录》,现已开雕,"每卷修饰删订,颇形竭蹶",盛宣怀颇欲得先生审校一过,方觉意释,"然工程有日,不能不遽作定本"。(《友朋书札》页 512 汪洵第十五札)

九月十日,先生谒李鸿章,晤季邦桢、胡燏棻、傅云龙、吕耀斗、于式枚、张佩纶、佘昌宇等。(《日记》页 394)

九月十二日,傅云龙送祭席,下船行礼,又送先生《日本图经》一部。

---

① 《艺风堂文集》于是跋末题"光绪辛卯七月江阴缪荃孙识于德州道中",先生删定此稿即在此时,此据《日记》系于此。

陈重威送幛乙轴，李鸿章送赙廿四元，季邦桢送十六元。(《日记》页395)

九月十六日，至烟台，随即开行。(《日记》页396)

九月十八日，至沪。先生上岸，晤吴申甫并晤章小雅，购得宋本《五曹算经》一部，去洋四十元。(《日记》页396)

九月十九日，发广雅王秉恩信并《国语翼解》六册，交《汪梅村传》于蒯光典。(《日记》页396)

九月二十日，先生诣醉六堂购得平津馆影宋写本《钟鼎款识》《宋景文集》《夷白斋集》《傅与砺文集》《敬斋古今黈》。(《日记》页397)

是日先生撰致盛宣怀一札。札谈借其千金办理葬事及刻书、代售书等事，云："沛南四月曾布寸缄，谅已早邀青鉴，昨闻世兄新捷京兆，德门衍庆，家学流芳，引领乔云，忭贺奚似。荃孙七月由东入都，本月旋里，附新裕轮船回沪，道出烟台，本拟诣辕叩谢，孰意日为外国礼拜之期，账房以两刻开行恫喝，只可中止，区区寸衷，抱歉无比。近接渊若信，云《续编》业已付刊。荃孙有无限商榷之处，匆匆一晤，亦未能畅所欲言，现定于十二月安葬先灵，明正即可出门，拟先至烟台敬聆大教，再赴泺源讲席，一知半解，或于是书略有裨益。委销全史止售六部，去岁交王仲良三百金转寄尊处，想已察入。现尚存三百金，京师百金之件，销路极窄，不比外任也。荃孙去夏入都，喘息未定，复遘大故，千疮百孔，无计为生，泺源脩金为数无几，前托姚彦鸿亲家函商阁下商借千金，俟服阕筹还，先由驿递致书，濒行时再电询渊若信，云阁下已允而未知其数，是驿递已付洪乔之证。伏恳筹寄江阴，俾得速办葬事，殁存均感。《常州文征》，或刻《先哲遗书》，想有定议，荃孙亦乐预采访之役也。山东河流顺轨，年谷顺成，东民略有苏息，而江苏先伤于旱，继伤于风，近伤于雨，论岁尚有七八成，恐民情狃于己丑之宽政，未必便能宁帖。刚中丞近于木讷，潘、臬二公又非黄、刘之比，办事亦甚棘手，荃孙亦不能在家久居也。"是札先生于二十三日发出。(《艺风堂书札》页313致盛宣怀第九札)

九月二十三日，至苏州，泊阊门。先生上岸诣费学曾，又拜钱振常、沈玉麒、恽季文、叶昌炽、俞樾。(《日记》页398)

九月二十四日费学曾、沈玉麒、程苏石、瞿炳孙公送祭席并下船行礼。叶昌炽来行礼，先生出示影北宋本《五曹算经》，汲古阁毛氏旧藏；平津馆抄《薛氏钟鼎款识》，严可均手写。(《日记》页398，《缘督庐日记》页1939)

九月二十五日,李超琼、林之祺、任之骅、李赓猷、费荫棠、周莼舫下船行礼。先生交《三水小牍》《效颦集》改讹及刻各种书封面、签子,又刻《奉天录》,托瞿炳生办。侯驼送书来,先生购得《国史经籍志》《三朝北盟会编》《平巢事迹考》《杜东原集》《客舍纪闻》,又购《茶香室经说》《茶香室丛抄》《续抄》《三抄》。(《日记》页398)

九月二十六日,开船离苏州。先生是日起校《藏书纪事诗》,盖遵叶昌炽之嘱托。叶氏二十五日曾致先生一束。(《日记》页399,《缘督庐日记》页1939、1940)

九月三十日,移焕章先生柩入宗祠,喑者数十人。是日接姚彦鸿电报,云福润另换关书,专弁人入都。(《日记》页400)

十月四日,入祠祭祖,族人立议以哲侯公坟右一穴葬焕章先生及先生继母薛恭人。先生奉四百元入公账。此事奔走四年,始得就绪,先生自感"良用自慰"。(《日记》页401)

十月五日,县令刘有光专轿来接先生赴城,即起程,行李用船驳送。是日先生晤黄以周、沙从心、冯征若、刘有光、郑澧筠。(《日记》页401)

十月八日,先生发苏州瞿丙生信、叶昌炽信,寄还《藏书纪事诗》六册,已校毕矣。(《日记》页402)

十月十一日,晚写履历办到籍文书。(《日记》页403)

十月十三日,先生接山东孙同策两信,附山东题名录、优贡名单。先生在山东得人甚多,经学有胶州黄象栻,博洽有诸城尹彭寿、日照丁文瀚、福山王崇文,词章有世昌王鹤年、单蓉镜、单步青、刘彤光等,是科大半中式。(《日记》页404,《年谱》)

十月十四日,谒杨颐,交官课卷并拟题。(《日记》页404)

十月十八日,延徐伟三上灰萝圩定穴。卜穴、定向,又择动工期、卜葬日期。(《日记》页405、406)

十月二十六日,先生自申港抵江阴,欲赴鄂。在江阴谒新任学政溥良及县令刘有光,并送杨颐行。溥良,爱新觉罗氏,字玉岑,满洲镶蓝旗。为清雍正帝六世孙。光绪六年(1880年)二甲第三十七名进士,选庶吉士,散馆授编修。溥良曾与修《光绪顺天府志》,与先生颇有交谊。(《日记》页409)

十月二十八日,在常州。发瞿丙生信,寄所刻书红样补页。先生在古

董店晤季估,购得南京摄山题名,又看定吴让之书画扇书柄。是日得金武祥寄书,金氏已自粤旋里。(《日记》页409、410)

十一月一日,抵镇江。与梁鼎芬蓦然相遇,惊喜交集,决意留谈三日。(《日记》页410)

十一月三日,江苏学政杨颐奏:南菁书院,主讲遥领,事同虚设,请令常川住院,并饬学署著为定章。从之。

十一月七日,先生到汉口,渡江诣亲家恽祖翼。女儿缪福保出见,先生自言:"颜色丰腴,转胜于昔,孕而不育,何耶?"饭后又诣表兄瞿廷韶表兄谈。是日张之洞约经心主讲。(《日记》页412)

十一月八日,赵凤昌来,见示宋本《周礼单注》《五代史记》《周易单疏》各种,皆从杨守敬处购来。(《日记》页412)

十一月九日,谒见张之洞,呈宋刻《五曹算经》《直隶名贤手札》。张之洞命主讲经心书院,先生自惜已应泺源书院之聘,荐钱保塘自代。致赵凤昌一札详言之云:"昨日至织布局,适晤江君叔澥,言钱铁江大令寓成都会府东街钟观察公馆,全眷均回海宁,去志甚决。乞发电延订铁江,藉可脱身东下,其才学胜荃孙十倍,足胜经心之任,且系长局,如铁江覆电未能即定去留,命荃孙先承乏年余,断不敢固辞以重罪戾,望转禀帅座酌定是祷。"(《日记》页413,《赵凤昌藏札》第一册页175)

十一月十日,先生拜胡开元、章寿康、王之春、陈宝箴、湛富山、余吉甫、瞿廷韶、易顺鼎、史越裳,于易顺鼎座上晤陈三立。此为先生与陈氏相识之始。时三立父陈宝箴在鄂为按察使,三立携家居鄂。(《日记》页413)

十一月十二日,赵凤昌来言经心讲席已定局,势难再辞。(《日记》页414)

十一月十四日,缪祐孙致先生一札。札言及南北榜情状,云:"北闱榜发,名手亦有获隽者。薛斋诸君,卷票未留,不知曾否出房?小农经于子元刑部呈荐,堂批亦佳,不中可惜。南榜颇有得人之庆,浙榜亦然。不识吾兄以为何如?"言及自己窘境,云:"弟趋公甚忙,颇形困乏,前复小病,大类伤寒,幸服石羔桂枝汤乃可。王书舫姑丈又来逼索,勒令典质应付,竟索去现银四十余两,又兑债十余金,年下代还。弟计年节所入,不过数十金,如今此真是不了。外官炭资,向来甚罕。同乡中惟章宜甫去年曾致六金,今渠已归田矣。见译署新到,亦复寥寥,如方冕甫、孔斐轩、成端甫皆不送也。"又代李传元询校《北堂书抄》事:"李橘农嘱弟代询,前乞吾兄校渠所刻《北堂书抄》,不知已校否?便中复知。"(《友朋书札》页253缪祐孙第十八札)

十一月十五日,偕杨锐、章寿康过两湖书院,规制亚于广雅而湖水清涟胜之。章寿康、陈三立、杨锐约小饮,邓保之、易顺鼎、宋育仁、汪康年、屠寄同席。先生与汪康年相识始于此次来鄂。(《日记》页414)

十一月十七日,先生叩张之洞辞行,张氏留先生晚饭,宋育仁、汪康年、易顺鼎、杨锐、屠寄同席,并约明正早到,四五月回京一行。是章寿康送先生《曹子建集》黄跋。(《日记》页415)

十一月十八日,赴陈宝箴、瞿廷韶、易顺鼎处辞行。屠寄、杨锐、汪康年等友人均来送行。张之洞馈赆甚丰,并送经心关书来。是日先生在易顺鼎处见寒山赵氏刻《玉台新咏》初印本,罗纹纸,松烟墨,精致可爱,章寿康误以为宋本;又有《婚礼新编》,乃宋刻元补明印者,又吴道子《地狱变相图》,跋多而真。(《日记》页416)

十一月二十一日,抵镇江,缪九畴上船来迎,言得张之洞电报,托先生购书籍。(《日记》页417)

十一月二十三日,先生发申甫信索书目,欲为鄂购书也。是日先生上山东福润一笺,辞渌源馆并还书币,并发济南姚彦立、李洵伯、毛澄、孙宗策信。(《日记》页418)

十一月二十五日,读沈钦韩《幼学堂集》,先生以为"诗文均不入格,考校稍胜"。(《日记》页419)

十一月二十八日,抵申港,接溥良、费念慈、陆心源信。费氏之札作于十一月四日,谈及南菁书院事云:"昨到澄奉留札,知已取道镇江赴鄂,怅惘怅惘。弟泊二日即行。玉岑前辈已晤谈,详告以沙洲始末,虽未能尽了,然当不致视捐户如佃户矣。玉岑言,本延吾哥阅官课卷,嗣因茂名临行有封奏,言书院事,云院长当终年住院,阅文课卷,不得寄出。拜折后始以稿示玉岑,玉岑以此未便奉约,属道歉忱。玉岑欲去时文,官课仍出诗古题,又以初到任,遽改茂名旧章为嫌。弟谓南菁,是瑞安师奏定。通省经古书院,添课时文,与奏案不符。且调各属高材生而课以制艺,亦从来未闻,不独贻笑通人,亦恐见讥士子,渠颇以为然,已决计复旧矣。弟又言沙洲学息余利三千串,每岁解为常额,既不刻书,又不添造学舍,不如仍延山长,此项与存款不同,岁岁完缴,断无短绌不敷之事,以充束脩加奖之费,绰乎有余。既可培植士林,又免从中蠹蚀,渠亦以为然。言现方有人控绅董一案,须查明后再议,如请院长,仍欲延吾哥,属先道意。至翔翰已掌礼延,玉岑言在都时,郎亭、蘧庵交荐之,以主南菁。然元同经学大师,断无辞退之理,而翔翰时文世家,不知古学如何。正在踌躇,适闻绅士以延主礼延甚妥,遂更赞成之,已定局矣。玉岑之意,一切皆遵瑞安旧章,人亦和平,似胜茂名之坚执己见也……晚间访循矩,见南皮师来电,延兄主仲修一席,已定见否?"札又谈及治学及购书事:"元同谈半日,三礼之学,卓然名家,索得已刻《通故》数卷,顷于舟中读之,有极精到处,惜无家法,浙东学派皆如此也。仲容在鄂否?《周礼正义》如刻成,乞携一部见惠。弟思为郑笺作专疏,因陈南园《毛诗疏》于训诂极精,于礼制多舛,殆为金诚斋所误,故欲为此以补正之,申发郑义,为专家之学,明岁到京无事,正堪为此也。旧尝畜志作《小戴正义》,因循至今,卷帙既多,大义繁文,莫殚莫究。自度识暗才疏,又不能无人事之累,恐此生未必能成。而高邮、仪征之三世传经,更不能望之豚犬。又见左笏卿,知其致力甚久,积稿已多,虽未见其书,而其人质朴,其论平实,又为叔俛弟子,一遵师法,当有以自立,遂决意让之,而从事诗笺。旧时说礼杂稿,尽纳入笺疏中,故亟欲见仲容、元同之书,备采用也。《释文校证》之作,已得其半,三年内当可写定矣。仲山观察所藏宋本,兄尝见之者,能为物色否?弟近日得婺州五经正文、元印本《玉海》,皆申甫之物。又于常熟得宋刻《昌黎集》,前缺诗十卷,自十卷至末皆有。澹生堂藏本,今从张芙川家出也。又元刻《宋史》,亦芙川家物,据云无修板,尚未来,书估颇居奇,奈何?又得钱求赤手校韩、柳集甚精,韩集用宋吴汝明本校,柳集用韩醇本校。又得毛绥万子晋从子。依宋本校元白《长庆集》,毛宝之藏书,则张仁卿代购也。画则仅得麓台一帧耳。公蓼逝世,遗孤稚弱,所藏虑有觊觎之者,奈何?《北堂书抄》止印一半,此事遂已,鞠衣①在北无能及此也……承惠十行本《孝经注疏》,不知秋间已取出否?弟尚缺《论语》《谷梁》《周礼》《礼记》四种,务望兄为物色之,至感至祷,虽重价不惜也。存老有信一函、碑一包附呈,惟鉴入。"费氏又随札留与先生本年浙省闱墨五本,请先生分与张之洞、杨锐、屠寄、陈三立。札

---

① "鞠衣","鞠裳"之误,指叶昌炽。

中并详述本次乡试所得之人,及在闱中处处为鄙陋无学的另一主考李端遇掣肘。此札云"存老有信一函、碑一包附呈,惟鉴入",存老指陆心源,陆札及碑,当系费氏从浙江携来。(《日记》页420,《友朋书札》页371费念慈第一百零六札)

十二月四日,先生在江阴,金武祥来,谈至三鼓。(《日记》页421)

十二月七日,以宗祠为丧次,结白张灯,延宾设祭。先生阅南菁官课卷毕。(《日记》页421、422)

十二月九日,焕章先生开吊,行礼者四百余人。(《日记》页422)

十二月十二日,午刻移焕章先生柩入坟屋,祭毕回申港。(《日记》页422)

十二月十八日,在苏州。是日先生拜凌焯、周莼舫、钱振常、沈玉麒、沈嘉树、李少梅、吴大澂、葛味荃、李超琼、任小园、恽季文。吴大澂见示古玉及吴历、王鉴山水立轴。先生与郑澧筠处小谈,结算横沙田账。(《日记》页424)

十二月十九日,先生过尊古堂,张伙云姚慰祖去世,已歇业,嘱其觅《咫尺斋丛书》。在世经堂购得赵侗敦《欠园集》、明芸窗书院刻《扬子》。是日又谒吴大澂,约许镛、金铒、倪宝田、顾麟铒等拜东坡生日,择东坡事迹,各绘一图,观吴大澂手书《金刚经》《祭黄几道文》,又得王祁原手卷、陆恢临王恽各家山水花卉。(《日记》页424、425)

十二月二十日,尊古堂送新旧《唐书合抄》《廿一史》《四谱》《郎注陆宣公集》《续复古编》来,先生购之,去洋十九元。吴大澂致先生一束,送《祭画图》索题。束云:"两承枉顾,病躯未能走答为歉。兹送上《祭画图》一册,乞题为感。能于台从赴鄂之前寄下,尤盼。"(《日记》页425,《友朋书札》页52吴大澂第五札)

十二月二十七日,在江阴。先生访金武祥,吊武祥父晴初先生殡所。西郊书院送明岁关并脩金五十元。(《日记》页427)

十二月二十八日,接梁鼎芬信并银四金。接姚彦立信。送廿元与晋叔约初二日覆勘。心跳头晕,服翼如药。(《日记》页428)

十二月二十九日,先生晚心跳,彻夜不眠。先生此怔忡之症,心悸不寐,治之两月始愈。(《日记》页428,《年谱》)

是年,完颜景贤属先生为乃祖完颜崇实撰神道碑。(《文集》卷一《盛

京将军兼奉天总督旗民地方军务完颜文勤公神道碑》)

是年六月,郭嵩焘卒。

是年六月,先生友孙葆田在山东书局校刊《周易本义》。

是年七月,康有为刊《新学伪经考》成。

是年十一月,曹元弼撰《礼经校释》成。

光绪十八年　壬辰(1892)　四十九岁

一月四日,先生在江阴,安葬焕章先生灵柩于灰罗圩,继母薛恭人附葬。(《年谱》,《日记》页429)

一月五日,先生诣丁春源诊脉,服养心汤,晚睡仍心仍跳不止。(《日记》页430)

一月十二日,先生延承蓉蒲诊脉,服养心兼温胆汤。晚安睡。(《日记》页431)

一月十七日,延姚蓉第诊脉,服疏痰剂。睡适。(《日记》页431)

一月二十一日,先生为两湖购书,共用二百元,又自购得《菊坡丛话》《陈忠裕公集》《牧潜集》《玉山草堂集》数种。盖皆购自扬州文运堂书估。(《日记》页432)

一月廿八日,先生乘车至三河口上船,欲往鄂。(《日记》页432、433)

二月二日,船泊无锡,夏道生来访。晚为炮鼓所扰,睡稍不宁,校焕章先生遗诗,盖欲编《旧德集》。(《日记》页433)

二月五日,在苏州。先生诣费学曾谈,费氏下船检回广雅局书及费宅收回书价。(《日记》页434)

二月七日,先生诣友人李少梅谈,少梅为诊脉,定心肾交补兼治痰饮方。徐元圃送重订书来,侯驼送《南唐书》《汇刻书目》来。(《日记》页434)

二月十二日,抵上海,先生上岸,知友人章小雅大病。(《日记》页435)

二月十六日,屠寄自湖北来谈。(《日记》页435)

二月十八日,姚蓉第自镇江来,为先生诊脉,亦心肾交补,参术地并用。先生数日未能外出,是日始下楼。梁鼎芬、文廷式来谈。是日家中为

缪志名娶姚氏妇,"武进姚彦嘉女,庚子世谊"。(《日记》页 435—436,《年谱》)

二月二十日,吴申甫约先生赴花园听书。是日申甫送旧抄本来,书甚佳,值亦甚昂。(《日记》页 436)

二月二十三日,吴申甫送书目来。章小雅以《仓山月话图》长卷押先生四十元去。"图嘉庆丁卯袁湘湄为兰村作,杨蓉裳作记",先生谓"乾嘉老辈词翰如林",此为名卷。(《日记》页 436)

二月二十五日,先生得家信,知缪祖保已就粮库大使验看,甚慰。(《日记》页 437)

二月二十八日,先生病甚,延姚蓉第开方。(《日记》页 437)

三月一日,王先谦致先生一札。札云张亨嘉湖南学政任满归京,曾托其携赠先生近刻荀、桓二书;近悝祖翼往湘,知张之洞聘先生主经心书院。又自言其家园寂守,乏善可陈,近刻《水经注》合校本,夏间必可竣工,将随时寄览。(《友朋书札》页 27—28 王先谦第三十八札)

三月三日,孙廷翰、萧穆来访。(《日记》页 438)

三月八日,李少梅送缪九畤关聘来,先生所荐也。(《日记》页 438)

三月十一日,先生因病决计辞馆回京。(《日记》页 439,《年谱》)

三月十五日,先生购定抱芳阁书、修本堂书,均代两湖书院所购也。拟嘱冠贤上鄂,交割申甫之书,另派伙计同行。(《日记》页 439)

三月十六日,先生看小雅病。章小雅病日深,殆不能久,先生临别凄然。(《日记》页 440)

三月十七日,先生发张之洞、瞿廷韶、赵凤昌、缪福保、杨寿昌信,盖皆告以因病无法赴鄂,将返京医治。先生致赵凤昌札云:"苏、沪两电,瞿观察求香帅委人代馆,回电仍以前命见督,固辞不获,何敢再为烦渎。惟弟自春初撄疾以来,日与药炉茗碗为缘。到沪就医,稍形瘥减。乃近因整理书籍,不过偶一劳动,而怔忡又复大作,夜不成寐,虚阳上升,精神十分困惫,奄忽固属可委,残废亦复可虑。非不欲恪遵师命,勉力到馆,一觇江汉人文,而揆之目下,精力实有难堪。经心为楚才荟萃之所,何敢以病躯塞责,此弟不得不辞馆回京之实情也。兹又另禀辞谢,尚祈吾兄代达苦衷,必使听许,俾得回京,一意静养,是所至祷。"又详告代两湖书院购书事:"委办书籍,新书每种可以两部,旧书甚难得,有一新一旧者,有两部而板两样者,有止得一部者,价较广雅购书时又昂。扬州新旧书共购七百七十七元,续购杭州旧书三百廿八元。百川通六百金业已收入,除付尚短若干元。抱芳阁已闭歇,存书无多,叔衡愿意贱售,亦购百十种。三处均归弟报销,俟族弟保孙来鄂交书开单呈览。至醉六堂吴申甫书单,前已寄呈,现从叔衡处抄到广雅所购书目,广为搜辑。闻叔衡先领三千金,然后分批送交,申甫可仿此例否?一切箱绳水脚均照叔衡旧例。书不合意,尽可退还,乞兄酌定,与醉六堂伙计面商,弟以后不与闻矣。"先生又附札送赵氏《江苏诗征》一部。(《日记》页 440,《赵凤昌藏札》第一册页 170)

是日先生延陈西庚诊脉,陈氏为悉心定一长服之方,先生登船得安睡片刻,甚为欢喜。(《日记》页 440)

三月二十日,先生至天津,小睡,竟然六刻始醒,觉通体舒畅。盛宣怀亦自烟台至,晚饭后来长谈。(《日记》页 441)

三月二十九日,至通州,缪祖保来迎,住已三日,询问阖家安好,欣喜无量,酉初抵家。先生自言:"卧病三月望入京师,已属万幸。惟生计毫无不知,何以措手耳。"(《日记》页 442)

四月一日,先生延左绍佐诊脉,用行水之剂。左绍佐,字季云,号笏卿,湖北德安应山人,光绪六年进士。(《日记》页 443)

四月六日,延左绍佐诊脉,用补血之剂。(《日记》页 443)

四月九日,发湖北瞿廷韶信、恽祖翼信、恽祖翼信、赵凤昌信、杨锐信及上海吴申甫信、江阴缪圻等信。先生病已转轻。(《日记》页 444)

四月十日,先生出拜冯润田、汪洵、屠寄、吴翊寅、刘可毅等友人,盖皆来京应试者。(《日记》页 444)

四月十一日,先生知妻兄夏孙桐是科中四十三名。先生友人是科中式者还有屠寄、汪洵、汤寿潜、刘可毅、叶德辉、李希圣、张元济、蔡元培、朱家宝等。(《日记》页 444)

四月十九日,先生出拜陈名珍、王锡蕃、夏孙桐、陆继辉、费念慈、左绍佐。在费念慈处出观《梁思俭志》《砖塔铭》初拓本。先生送费念慈十行本《孝经》,王琦、吴翌凤旧藏,大十七字,小二十三字,序文行十六字。(《日记》页 446)

四月二十二日,费念慈招饮广和居,陶濬宣、曹元弼、沈曾植、沈曾桐、冯煦同席。饭后,偕费念慈至陶濬宣处,观龚自珍藏北碑,内以《雀颉常丑魏奴志》为最佳。又观沈曾植藏《高植》《刁尊》两志,皆旧拓本。费念慈来观先生所藏杨文骢兰影图、查梅壑卷子。(《日记》页 446—447)

四月二十五日,诣陶濬宣谈。陶濬宣借观先生所藏《魏司马绍志》《齐朱昙思造象》。(《日记》页 447)

四月二十九日,张亨嘉过访,先生得王先谦寄来新刊《荀子集解》《盐铁论》。(《日记》页 448)

五月三日,接冠贤上海信,并新刻《奉天录》,先生去年九月所交付刊刻者。是日延左绍佐诊脉。(《日记》页 449)

五月六日,校《奉天录》,取《云自在龛丛书》十部交老常装订。先生自上月二十六日起开始整理友朋书札,至今日理毕。(《日记》页 450)

五月十日,先生致王懿荣一札,札云:"荃病已渐愈,尚未入城诣谈,歉友殊甚。舍亲夏闰枝进士敬恳赐书大字名片,预备付刻,明晚专价走取。费神。容再晤谢。蒋星甫昨始晤面,人甚儒雅。在济南见箸生世丈,未见星甫也。"先生请王氏为夏孙桐写名片,盖夏氏新中进士,为交游投刺之用也。札中所云蒋星甫,指蒋式瑆,字星甫,亦本科进士,昨日曾过访先生。"箸生世丈"指蒋庆第,曾任山东章丘县知县,先生在泺源书院与其多有往来。蒋式瑆为蒋庆第之次子。是年,王懿荣次子王崇烈续娶蒋庆第之次女,此盖王氏曾向先生提及蒋式瑆,故先生札中言及之。(《缪荃孙与王懿荣六札考释》第五札,《艺风堂书札》页 328 致王懿荣第十二札)

五月十一日,校《安徽金石略》毕,并跋之,先生校之数日矣。是书赵绍祖撰,校本盖系同好堂书估本月八日送阅之《赵琴士全集》之一种。是日,缪祖保自济南携书碑九箱回,先生于上月六日专祖保往济南,盖欲取回寄存之物也。(《日记》页 443、451)

五月十三日,先生送自刻书于张亨嘉;还《西域图志》于袁昶;抄缪燧、缪植遗诗,编《旧德集》。是日系先生亡妇庄氏祭日,为设祭。殁已八年,先生颇怀之。(《日记》页 451、452)

五月十六日,柯逢时、王锡蕃及门人唐文治来访。是日先生接吴申甫上海信,云店面被焚。先生近曾于其书店寄售《丛书》五十部,并有书板存醉六堂。(《日记》页 452)

五月十七日,先生取江标所借校补《艺文类聚》三册回。江氏致先生一束,云其本已经付森宝堂重装,其南行返后送上。后先生所藏明翻小字本所缺七卷即据江氏本补足。札又云其闻醉六堂被焚事,为吴申甫惋惜。
(《日记》页 453,《友朋书札》页 397 江标第六札,《藏书记》卷五"艺文类聚一百卷"条)

五月二十一日,先生出赴广和居冯煦之约,黄绍箕、黄绍宪、蒯光典、文廷式、袁宝璜、叶昌炽同席。(《日记》页 454)

五月二十五日,陶濬宣取广雅格板去。先生赠其旧拓孔荣碑、高丽信纸,交丁晏《左传杜注集正》《周易解故》《楚辞天问笺》托其带广雅书局刊刻。(《日记》页 455)

五月二十七日,校《奉天录》毕。(《日记》页 455)

六月二日,先生出拜冯润田、汪洵、恽孟乐、恽毓鼎、沈曾植、沈曾桐、杨颐,假得沈曾桐藏张埙《吉金贞石稿》一册。(《日记》页 456)

六月三日,先生上张之洞一笺,发鄂臬陈宝箴、武昌太守李荆南及恽祖翼、瞿廷韶等鄂信,交缪祖保带呈。是日先生辑李术鲁翀《菊潭集》。(《日记》页 457)

六月四日,嗣男缪祖保挈妇及孙星联、孙女缪纺同赴湖北。祖保自同治十二年来先生家,光绪四年同至京师。光绪十年,先生夫人庄氏殁,焕章先生命立为嗣,相依廿年,娶妇生子,先生家中米盐琐碎,赖之经理。今为捐道库大使,赴鄂候补,临别而先生泫然。本月先生令祖保仍归本生,承伯父缪荣吉之长子长恩大宗。是日门人王仁俊来访,呈《读〈尔雅〉日记》,先生以为颇核。是日起先生开始录安徽金石。(《日记》页 457,《年谱》)

六月五日,先生校《还山遗稿》得逸文一篇、逸诗十余篇。(《日记》页 457)

六月十五日,先生致金武祥一札。札言先生春来患病之状:"今春,弟因病势已成怔忡,急赴苏州就医,遂未能进城一晤。乃赴苏未久,又移沪渎,愈治愈坏,大有不起之意,不得已辞馆入都,安心调理,尚称顺手。迄今三月之久,病甫十去六七,现稍能翻阅书籍,步履一切照常,尚不能多用心。医家云,须秋冬方能复原。权且耐心静守,惟今年失馆,旅况艰难。香帅因弟不去,颇不满意,不知弟病实在危殆也。李经宜到沪,奉读手书,谨悉一切,迩时一字不能写,一纸阅不完,心已怦怦欲动,日夜偃卧,又不成寐,皆经宜所亲见,久不作复,谅不为怪。经宜为作函恳香帅招致,亦未能成。"又谈欲辑《常州金石记》事,往拓碑版事,及办理《常州府志》金石部分之建议:"江阴金石存者,自唐迄元共有十二种,均有拓本,弟意欲辑《常州金石记》,已不过四卷书,拟收至明止,可得十卷书,佚者为待访目附于后。武阳止有十余种,无锡有二十余种,秦君萃峰知之特详,宜、荆最多,须兄亲自往访。舟车、纸墨、工架亦须数百千文,吾两人力量恐不能到,府志局能帮贴否? 问竹坡。尚有何法想。全郡金石目,迟数日即开来。而明碑无目,明碑如衙署、学宫、桥梁、庙宇、神道,均与志事有关。讲金石收至元即可,《萃编》止金。为志书起见,应收至明,均乞兄酌之。如就江阴一县,亦宜收至明朝,方站得住,候示。弟各碑均有跋,可录呈政。"(《艺风堂书札》页266致金武祥第十六札)

六月十六日,先生复校安徽金石毕。(《日记》页460)

六月十八日,先生检自刻书及扇送潘希郑,并托抄瞿氏宋本《荀子考异》一卷。(《日记》页460)

六月十九日,先生始录广东金石。(《日记》页461)

六月二十日,先生延左绍佐诊脉。(《日记》页461)

六月二十六日,柯逢时送先生阅毛凤枝《关中金石存佚考》十巨册。(《日记》页462)

闰六月一日,以江藩《尔雅小笺》付写官抄。(《日记》页463)

闰六月二日,柯逢时致先生一札,遣舆走取《畿辅通志》。札又谈及遵先生之意对毛凤枝《关中金石存佚考》一补订、续辑事:"金石本宜编至明止,时在陕时曾竭力搜罗,自宋以来所得仅七八十种,并属院中高才生四处搜访,亦属无几。毛君意在考订,极以为非,而其所藏,自宋以来,尚不及此之多。尊论极是,自应遵办。拟先将原稿补订宋至明者,再属陕人续辑,亦不甚难也。"《畿辅通志》凡二百四十册,先生前曾允于柯氏,今交之,并以自刻丛书相赠。(《日记》页463,《友朋书札》页207柯逢时第四札)

闰六月三日,费念慈来,约至德宝看绍熙七十卷不坿释音《礼记注疏》,内有元明补叶,海内孤本。是日购得马守真兰竹一帧。(《日记》页463)

闰六月六日,接费念慈一札。札索《尔雅小笺》第一册原本并副本,欲持易绍熙本《礼记》。又云盛昱初十日有大觉寺之游,此书原本盖从盛氏借得。先生于七日将《尔雅小笺》还费氏。札又请先生录副《韩文》:"《韩文》首册乞觅人景副,侍得残帙,有文无诗,此从翁幼申假来,思补抄前十卷,亦从速为幸。其纸当用何种,惟酌定。十二日在家,望过我谈一日,统容面言。"(《友朋书札》页367费念慈第九十七札,《日记》页464)

是日,先生检自刻书送王仁俊,答其昨日赠《许学丛书》。是日撰《常丑奴志跋尾》。(《日记》页464)

闰六月七日,先生抄《尔雅小笺》成,并原书还费念慈。是日接陈庆年信,并《湘军记》。(《日记》页464)

闰六月九日,先生理《金石书目》毕。是日先生出拜曹邃翰、袁宝璜、王颂蔚、叶尔恺、汪康年、柯逢时、黄绍箕、袁昶、黄思永、毛玉麟、何乃莹、何寿轩、王锡蕃、曾光岷等。(《日记》页465)

闰六月十一日,跋《石耸门铭》,昨日从刘可毅所借。(《日记》页466)

闰六月十二日,先生出拜吴大澂、陆恢、蒋式瑆、盛昱、张子元。费念慈借先生藏宋巾箱本《周礼》、卷子本《礼记单疏》,先生借费念慈藏宋拓《李元靖碑》、游师雄跋《昭陵图》、《董文恭山水册》。(《日记》页466)

闰六月十五日,立秋,先生编《浙江金石目》、《陕西金石目》。是日陶濬宣还金石各种,点抹不堪,令先生懊恼之至。(《日记》页467)

闰六月十八日,李文田招饮天宁寺,黄绍箕、王懿荣、志锐、王颂蔚、蒯光典、冯煦、陈遹声、沈曾植、沈曾桐、刘佛青、费念慈、叶昌炽、刘世安、文廷式、李盛铎同席。(《日记》页468)

闰六月十九日,陶濬宣见示《论书绝句》,语多臆断,与廖平之解经仿佛,中采先生语归之吴大澂,先生颇不快。是日接金武祥信,并《随笔》四卷。(《日记》页468)

闰六月二十三日,陆树藩来,赠先生景宋本《石林奏议》,盖答先生昨日赠其《隋书经籍志考证》。(《日记》页469)

是日先生致李盛铎一笺,检自刻丛书及代购《龙门》全送之。笺云:"《龙门》全分一捆呈上,希察收。拙刻呈政。《木樨轩丛书》乞赐一部为祷。抛砖引玉,殊自愧耳。"次日李氏即还碑价,并以《木犀轩丛书》为报。(《日记》页470,《艺风堂书札》页367致李盛铎第三札)

闰六月二十六日,还屠寄诗文集。先生为其校读数日而毕。(《日记》页468)

七月二日,二酉堂书估送《浙江通志》《读书脞录》《续录》《毗陵志》《山海经笺疏》等书来。本年先生在京与琉璃厂翰文斋、二酉堂、勤有堂等书

估往来甚多,或购或借抄、借校,或请其代售。(《日记》页 472)

七月五日,先生与四川丁卯同榜公宴李文田,与凌心坦(字东甫)、杨宜治(字虞裳)、石渠(字书舫)、祥清(字伯山)、蔡茂秩(字联裳)、梁亨吉(字会亭)七人及李文田集于陶然亭。是日王颂蔚招饮江苏馆,王咏霓、柯逢时、朱福诜、左绍佐、蒯光典、叶昌炽、费念慈同席。(《日记》页 472)

七月八日,柯逢时致先生一札,还《畿辅通志》。札又言及补订毛凤枝《关中金石存佚考》事,并索该书,云:"毛君所著金石书,已属其赶辑宋元以来各碑。其原辑之书,拟采目录,略志数语,注其存佚,名曰存佚考。先行刊刻。其全文及考订各语,容另为一书,名曰《关中金石文字考》。新凉得暇,拟即为之,请将原书掷下,当随时请益,庶告成有期,未识以为然否?并请示知。"(《日记》页 473,《友朋书札》页 206 柯逢时第三札)

七月九日,先生接广东吴翊寅信,寄抄费贰拾金。盖先生代广雅书院抄书之资也。(《日记》页 473)

七月十一日,校阅复《静轩集》,先生所辑也。(《日记》页 474)

七月十三日,往访翁同龢。是日先生送自刻《丛书》一部于吴大澂。吴氏致先生一笺,并以所刻《古籀补》为谢,云:"前承枉过,失迓为歉。硁硁尚未走答,渴思一晤,以伸积悃。承惠丛书十二册,谨领。谢谢。拙刻《古籀补》呈教。"①(《翁同龢日记》页 2542,《日记》页 474、475,《友朋书札》页 52 吴大澂第四札)

七月十四日,先生发王先谦一札信,寄《董后行状》,托吴大澂带。吴氏被新授湖南巡抚,将赴任。(《日记》页 475,《吴愙斋先生年谱》页 205)

七月十六日,先生招王咏霓、柯逢时、文廷式、张亨嘉、陆树蕃、叶昌炽、江标、王仁俊、汪洵小饮江苏馆。(《日记》页 475)

七月十八日,先生校《陕西金石目》,以《金石萃编》对核。(《日记》页 476)

七月二十一日,诣李文田送行。李文田及费念慈均过先生谈。(《日记》页 477)

七月二十三日,江标送元刻《柳集》零本来。先生检《经典集林提要》赠王仁俊。(《日记》页 477)

---

① 按,此札末原作"十二日",疑为"十三日"之误。

七月二十四日,叶昌炽来访,先生见视新得《寇白门小像》。(《缘督庐日记》页 2031)

七月二十九日,先生发上海吴申甫信、大通凌霞信,寄凌氏《金石书目》,并《李禹表跋》,此跋系先生昨日所撰。晚先生撰《缪氏考古录》。(《日记》页 479)

七月三十日,先生还柯逢时《关中金石存佚考》。(《日记》页 479)

八月二日,屠寄欲南返,先生托带西郊课卷一分、缪承祖信、金武祥信。(《日记》页 480)

八月四日,先生接恽毓良信,并《江苏诗征》四部。先生以为"《诗征》搜采不博,扬、镇两府较备,分姓类编,尤从来选本所未有"。是日发湖州陆心源信、天津盛宣怀信。先生致盛氏之札系为陆树藩引见,并为其请募捐之委任,云:"弟跧伏京师,如恒路路,旧恙已愈,仍作蠹鱼生活而已。渊若兄时时晤面,不日旋津。兹恳者,归安陆纯伯中翰为存斋观察之长子,给假回籍,道出津门,拟上崇阶,伏乞赐见为幸。津直振局闻交吾兄总办,纯伯愿在嘉湖一带募捐,宜不负委任也。"(《日记》页 480,《艺风堂书札》页 310 致盛宣怀第三札)

八月五日,诣费念慈谈,观其元板《大戴礼》、宋板《晋书详节》,并假其《楹书隅录》、《尔雅小笺》回。(《日记》页 481)

八月十一日,游琉璃厂,得《唐荆川文集》嘉靖本。(《日记》页 482)

八月十四日,跋《蔡中郎集》。(《日记》页 483)

八月十五日,跋《楚辞集注》明翻宋本。(《日记》页 483)

八月十六日,先生校《陵阳集》并跋之。(《日记》页 483)

八月十七日,跋《曹子建集考异》。(《日记》页 483)

八月十八日,跋《陶渊明集》。(《日记》页 483)

八月二十一日,跋《嵇中散集》。是日起,先生以录陕西金石为日课。(《日记》页 484)

八月二十四日,先生约诸友人小饮江南馆。先次,先生致李盛铎一札约之:"廿四日邀诸君聚谈,并未敢请客,务恳便衣早临为祷。左笏卿、朱桂卿、黄仲弢兄,拘馆礼不肯僭坐亦可。沈氏昆仲系弟戚,莆卿、屺怀则勿却是幸。"左绍佐、李盛铎、沈曾植、沈曾桐、王颂蔚、费念慈皆如约至。是日黄绍箕送《谢康乐石门诗刻》两种、《古籀拾遗》一册来。沈曾植假先藏《寓庵集》去,是书系孔继涵旧藏,该集久不见于世,是本盖孤本流传。(《日记》页 484,《艺风堂书札》页 367 致李盛铎第四札)

八月二十八日,先生跋《昭明太子集》。(《日记》页 486)

八月二十九日,跋《陶隐居集》。(《日记》页 486)

八月三十日,蒯光典招饮,康际清、寿子年、马吉樟、叶昌炽、朱祖谋、王颂蔚、冯煦等同席,又同游隆福寺,于小摊见张岱《石匮书》,不全,议价未成而罢。(《日记》页 487,《缘督庐日记》页 2043)

九月二日,校张埙《吉金贞石录》毕。先生传抄张氏此书,校之多日矣。张埙曾入毕沅幕府,修兴平、扶风、郿县三县志,汇三县志之金石部分而改名为此书。此传抄本经先生"以蓝墨校过,抄缮极精,版心有'云自在龛'四字"。(《日记》页 487,《藏书续记》卷五"吉金贞石录五卷"条,《石庐金石志》卷六)

九月五日,先生发昨日所作致吴申甫、凌霞之札。致凌氏之札谈相互代录副金石书等事云:"昨由申甫交寄到惠书,快同晤语。承示金石各书,内有急欲观者数种,即恳广觅抄胥付抄为祷。纸工照开,互抵不敷。再寄兴平一卷、扶风二卷、眉县二卷,均张瘦铜埙所撰,统名为《张氏吉金贞石录》,即丁同所载之书。黄松石先生曾宰两邑,属笔则瘦铜先生。此书校毕交敝同乡带至沪,交醉六转寄。现先将《石鱼文字所见录》《古墨斋跋》第六卷先抄。河内、高要、赵州、益都、山右均可购求。高丽,刘燕庭《海东金石苑》有全文,稿本在王莲生处,弟全从录副,非鲍刻之仅有跋尾者。弟鄂馆亦辞,起复在明正,不出京矣,寓所仍在绳匠胡同,通信亦便。"又云:"再者此次代抄《吉金贞石》,采用弟格纸,以后当用重毛太纸照行款抄。姚文僖《说文考异》,不识底本在何处。伯夔自著书亦不知何名。姚彦公乔梓继逝,伯夔之子不肖,所著无从问讯。静山已赴湖北矣。"(《艺风堂书札》页 334 致凌霞第一札)

九月九日,叶昌炽招饮江苏馆,袁昶、沈曾植、刘世安、李盛铎、王颂蔚同席。(《日记》页 489,《缘督庐日记》页 2046)

是日,盛宣怀致先生一札。札详谈先生代盛氏编录毗陵文征之宗旨及办法:"毗陵文征阁下俯允代为搜罗,感何可言。但必须我公一力担荷,方能速成。尊意拟分经、史、子、集四类,刊为丛书。以搜逸为主,通行有板者从缓,另编丛抄,附刻于后。先尽有稿者付梓,余俟或借或抄续刊。

弟细想分四大类可以简括,于四大类之中仍各自为编,譬如一人兼有经学、史学,则经入经类,史入史类。如一类中所取一人之文不满一本,不妨两三人合成一本。如一人只有一二篇,吉光片羽,亦应收入。似此可以随选随刻,任我去取,无虑其不成书。但总目须书成而后能定。定自兄之意,前代亦不少名作,均宜兼采。鄙意既各自成帙,姑先采国朝人,体例愈窄愈好办。尊处现有多少人已得稿者,乞将目录先行抄示,并请代撰书启,以便分寄各省同乡,广搜遗书,寄呈采取。此事须乘阁下闲暇之时一手编成,其余不尽之言,已属渊若兄转达。"又言及陆心源任劝捐事:"纯伯颇有才,已请傅相委派存斋劝捐。昨存斋自解万金,傅相已允专奏请存记矣。"(《友朋书札》页 647 盛宣怀第四札)

九月十五日,诣江标谈,交《大金集礼》一册托江氏校。(《日记》页 490)

九月十七日,先生请曾纪平、梁亨吉、石渠、杨宜治、凌心坦、曹惠斋、曾光岷小饮广和居。(《日记》页 490)

九月二十日,先生拜周家锴、陈遹声、梁于渭、王懿荣、赵君坚、唐景崇、王锡蕃、裴景福。裴景福出示范纯甫告身墨迹、旧拓《夏承碑》。裴氏为光绪十二年进士,嗜收藏书画,精鉴别。是日校《石鱼文字所见录》毕,先生校此书数日矣,盖系为凌霞录副。(《日记》页 491)

九月廿四日,发大通凌霞信,寄代其录副之《石鱼文字所见录》。(《日记》页 492)

九月二十五日,叶昌炽访先生,先生以苏轼《雪浪石铭》相示,有杨沂孙、等题字,徐锴题名,系先生在栖霞千佛岩搜得。(《日记》492,《缘督庐日记》页 2051)

九月二十七日,编《常州先哲遗书目》。(《日记》页 493)

九月二十八日,吴大澂自湘致先生一札。札谢先生惠赠丛书两集,告以先生属交王先谦之书,到湘即送之。又云近日屡晤王氏,得思贤书局所刻各书,寄先生一部,交解铅委员刘令桐带上。又言其已访得长沙府学铁柱,系宋刻经幢,尚未遣工往拓。(《友朋书札》页 53 吴大澂第七札)

十月七日,严崇德约先生小饮江苏会馆,费念慈、江标、王同愈、王仁东、夏寅官、晏振恪同席,饭毕观王同愈、江标作画。(《日记》页 494)

十月八日，打碑人赵姓送《唐山造象》全分来。(《日记》页495)

十月九日，夏勤邦还《经义考》《尔雅小笺》来，又假《销毁书目》去。《尔雅小笺》系先生交与夏勤邦代为录副，后先生交此本于广雅书局付梓。先生所作《题江郑堂募梓图》其三云："遗书今已再三镌，伍后居然媲阮前。琐碎雅笺亦收拾，一灯偏向粤东传。"下注云："先生《周易述补》《汉学师承记》皆阮文达刊于广州，《隶经文》《乐县考》，伍崇曜刊于粤雅堂。客岁荃孙抄得《尔雅小笺》副本，寄广雅局汇刻。前后镂板，皆在粤东，亦一奇也。"及言此事。(《日记》页495，《诗存》卷二)

十月十一日，先生购书估谭锡庆之明刻《辍耕录》，购修文店《陈白沙集》。(《日记》页495)

十月十五日，先生在书估小杨处取元刻《仪礼》归，欲购之。(《日记》页497)

十月十六日，发盛宣怀信，寄所拟《常州先哲遗书目》。(《日记》页497)

十月十八日，叶昌炽访先生，先生告以元氏新拓石刻较《常山贞石志》所录已增出七十余种。(《日记》页498，《缘督庐日记》页2059)

十月二十一日，先生出拜友人，在费念慈处早饭，并假其《嵩洛访碑图》归。是日先生购得《居易堂集》。(《日记》页498)

十月二十二日，先生校《东潜文稿》毕，新录副者也。(《日记》页498)

十月二十四日，录陕西金石毕，自今日起先生录浙江金石。(《日记》页498)

十月二十七日，宋育仁送还代先生校《大金集礼》十七卷。(《日记》页499)

十月二十八日，先生出拜汪鸣銮、张仁黼、吴璯臣。李盛铎招饮，左绍佐、文廷式、江标等同席。其出示宋天香书院《论语》，二十行，行十七字；监本《书经》，小字白文《书经》，《纂图互注周礼》，皆绝佳。(《日记》页499)

十一月八日，先生发天津汪洵信，寄还盛宣怀书票，并让其转致盛宣怀一札。先生所致盛札谈办理《常州先哲遗书》事："委拟《常州先哲遗书章程》，窃以吾郡为文人渊薮，又值吾兄举办，规模必须阔大，使数百年名贤事业、硕士精神自我而传，功德亦未可限量，似未可拘拘文征之例，与屠静三庶常《骈体文抄》并驾齐驱也已。前则伍氏《岭南遗书》，今则徐氏《绍兴先正遗书》,古今并收,分集刊刻,有全集而择要刻一二种者,有旧帙而加校勘者,其例甚善。《岭南遗书》郘架想有之,《绍兴遗书目录》附览,其书校刻均佳,板式亦大方,津肆想可购得,兄阅之便知弟言不谬,先定目录一册,国朝以上为前编,国朝为后编,乞照目寻书。尊藏所有,逐种付刊,如无其书,或广购,或借抄,弟与渊若可充是役。目外之书,先撰求书一启,请渊公大笔。登之《申报》。常州须托一妥实之人或假或抄,假则定期归还,抄则逐叶细校,送弟与渊若评阅,或刊或不刊,刊则列为二集,不刊则还之似无不可。集部有必须全刻者,有不必全刻者,似宜再选一部于宜刻全集之文,彦选以撷其华,于未刻全集之文,多选以存其概,孤文只义,均可附入,名之曰《常州文录》(此种至多不过廿册),两端并举,无甚遗漏,吾兄以为何如? 酌复为荷。弟身体已愈,约赵仲固同年同来津门,敬聆雅教,并读尊藏名迹以广眼界,一切面谈。陆存斋捐助万金,可邀上陆纯伯,亦干敏,亦博雅,子弟中能品也。"先生又随札寄代盛氏购之陈鼎《东林列传》、刘逢禄《礼部集》、陈玉瑲《学文集》、徐书受《教经堂集》八册等,托赵仲固带。(《日记》页501,《艺风堂书札》页314致盛宣怀第十札)

十一月十一日,校《楹书隅录》。梁于渭、陆学源访先生。(《日记》页502)

十一月十五日,先生访恽彦彬,偕至其寓读碑。(《日记》页503)

十一月二十四日,辑《九国志》。(《日记》页505)

十一月二十五日,先生谒李文田,借其元周伯琦《近光集》一册。(《日记》页505)

十一月二十六日,况周颐、孙同康、刘树屏、左绍佐来访。况周颐假《传砚堂丛书》、《鹤征录》去,先生假况氏《水云楼词》一册。(《日记》页505)

十二月一日,先生接广雅脩金。(《日记》页506)

十二月五日,李盛铎致先生一札,送先生《大金集礼》。札云其细检《大金集礼》,旧藏者未携行箧,将此前岁于都中所得者送呈先生。先生即复之,并以旧抄《直斋书录解题》见假,云:"《大金集礼》一函收入,抄手亦旧,俟校毕珍复。《书录解题》二册附上。"李氏所假先生之旧抄《书录解题》系二十卷残本,然尚是陈氏五十六卷之原书,其据以录出之副本今藏北京大学图书馆。(《日记》页507,《友朋书札》页307李盛铎第一札,《艺

风堂书札》页 368 致李盛铎第五札）

是日，况周颐送《四名臣词》一册来，又还《鹤征录》，又假先生《灵芬馆全集》去。先生送自刻《丛书》于况氏。（《日记》页 507）

十二月十一日，况周颐来，假先生藏旧抄《贞居词》去。（《日记》页 509）

十二月十二日，是日起先生以编录广西金石为日课。（《日记》页 509）

十二月十四日，先生拜李盛铎、志锐、文廷式、陆宝忠、费念慈、缪介臣等。（《日记》页 510）

十二月十五日，况周颐借《双溪集》去。先生是日游琉璃厂，取《李穆堂集》《词综》《橘山四六》归。（《日记》页 510）

十二月十六日，先生拜见孙毓汶、王懿荣、洪钧。（《日记》页 510）

十二月十七日，庄福基招饮江南馆，丰魁、宝熙、岑春煊、汪嘉棠、连文仲同席。（《日记》页 510）

十二月十九日，先生谒李文田。是日得盛宣怀一札并三十金，又得汪洵本月十二日之札。札云："承嘱转致杏公书册四种，并书票四十二张，另示云云，早经面达。"有谈及先生代盛氏编《续经世文编》酬劳事："五百金一款，杏公允酬纂辑《续经世文》之劳，如数画抵，结束前事，无烦筹虑。"又谈编《常州文征》事："至文录一事，古今并列，具征卓识。但杏公之意，主于选录各家，抉择精要，以成一家之言。若整部搜辑，丛刻遗书，规模阔大，成书既不易，体例纷赜，窒碍又甚多，虽集乡帮文献之全，殊非私家著述之体。杏公另有函详复，无俟赘陈。鄙意务本之学，先河后海，则主博不若主精，执事亦有另选文录之说，与杏公之意相同，似宜先从此事做起。仍断代分为两集，各家以时相次，无论宏编孤集，均可抄录，骈赋诗词则不收，章程既定，一面刻启征文，一面便可就各大家先行选起。洵学问空疏，无能为役，现以续编之刻，本年不无旷废，必须专心致志……万不能分任其劳，倘有所见，效愚献疑。如商定后，即请台端操持选政可耳。"汪氏又随札寄《经世文续编》样本，请先生鉴示。又请先生代还《周介存集》五册，编《经世文续编》所借也。又假先生所藏山子先生文集，欲抄入《续编》。又邀先生访津："春融能否来津一行，借得晤叙。想文录事宜，非与杏公面定，无从着手也。"（《日记》页 511，《友朋书札》页 514、515 汪洵第十九札）

十二月二十日，先生谒孙毓汶。录《校九国志拾遗》。(《日记》页511)

是日，洪钧致先生一笺，送先生联太守信，并助先生刻赀四十金。(《日记》页511，《友朋书札》页50洪钧第四札)

十二月二十二日，先生发金武祥一札，系本月二十日所撰者。札谈近况及盛宣怀欲刻《常州文征》事云："前奉手函并《江阴艺文志》一帙，藉稔兴居受福，适符远颂。弟跧伏京，瞬néng服阕，旧病十去八九，校勘考订不厌其繁，惟握管作文时，心气尚不宁帖。现已止药，惟慎起居、节饮食而已。委撰两文，须明春报命。礼之、子占得子否？子占赴广否？久不接其信。心香目疾愈否？静三到广，本领绝大，抽丰必胜，将来留馆一路顺风，不似我辈，局促辕下也。盛杏生欲刻《常州文征》，弟劝其刻丛书而杏公不愿，将来不过与《骈体文抄》并驾齐驱而已。以六朝至明为前编，国朝为后编。有专集者，集盛行则精采，集少见则多留。无专集为闰编。吾邑人，宋元稍多，国朝则远不逮矣，八股累之也。《水云楼词》佳甚，弟即翻刻。兄常言莲舫文，不题此人，其人胜莲舫文十倍。我辈二人外，通邑人无知此人者，可笑之甚。兄知其事实，望抄寄，为撰传地步。"(《日记》页512，《艺风堂书札》页267致金武祥第十七札)

十二月二十三日，先生代李文田补《元名臣事略》。(《日记》页512)

十二月二十五日，代费念慈检《楹书隅录》，代李文田清《职官分纪》。是日况周颐还《墙东类稿》《陈定宇集》，又借《盘洲集》去；刘建伯借《鲒埼亭外集》去。(《日记》页512、513)

十二月二十六日，跋《秦边纪略》，考其著者及藏者。是日，先生谒李文田，还其《职官分纪》《元名臣事略》。(《日记》513，《文集》卷七《秦边纪略跋》)

十二月二十七日，况周颐假《秋崖小稿》去。时王鹏运刊《四印斋汇刻宋元三十一家词》，况周颐助校勘，多借先生所藏集备校或录副。费念慈来，先生面交其《楹书隅录》新旧两分。先生假李文田《郑师山集》《揭文安集》，送还《秦边纪略》。(《日记》页513)

十二月二十八日，况周颐送先生自著词，假《立方词》去。先生送守山阁《救荒活民书》与夏勤邦；还《皇明文苑》于李文田；借费念慈《万善花室词》。是日，先生接尹寿彭山东信，并帖片两包。(《日记》页513、514)

十二月二十九日,还况周颐《水云楼词》。翰文斋代先生购得宋刻《隋书详节》二十卷。(《日记》页 514)

是年四月,黄以周《礼学通故》刊成。

光绪十九年　癸巳(1893)　五十岁

一月一日,先生在京。题葛子杰《陶山守城图》。(《日记》页 515)

一月二日,王颂蔚招饮江苏馆,李文田、文廷式、李盛铎、蒯光典、陆继辉、叶昌炽、费念慈同席。是日,先生校《万善花词》一卷。(《日记》页 515,《缘督庐日记》页 2078)

一月五日,况周颐来假《临川集》《覆瓿集》《四库总目》一册,还《盘洲集》,先生假其《梁溪词选》。(《日记》页 516)

一月六日,先生购聚珍版《九域志》。(《日记》页 516)

一月七日,游厂肆,购得《敬斋古今黈》《冯鱼山诗》《范寿昌文抄》,又购大安香炉,保大井阑。况周颐来,先生假其《涵通楼师友文抄》。(《日记》页 516—517)

一月八日,接恽祖翼湖北信,托调缺事。(《日记》页 517)

一月十一日,先生游厂肆,购得《平叛记》《粤寇纪事》《南疆绎史》。是日校《九国志拾遗》。(《日记》页 517)

一月十三日,先生招请李慈铭、黄绍箕、沈曾植、沈曾桐、王颂蔚、叶昌炽、庞鸿文小饮。(《日记》页 518,《缘督庐日记》页 2081)

一月十五日,况周颐来,假先生藏《陵阳集》去,还来《四库总目》《覆瓿集》。(《日记》页 519)

是日,先生课"玉阶仙仗拥千官"诗。此后至四月十五日保和殿考差,先生课诗及时文、经史策论甚勤,盖为应付考差故也。(《日记》页 519)

一月十六日,先生致凌霞一札,并寄代凌氏录副之《历城金石志》《宝丰金石志》,及借以录副之《古墨斋金石跋》,均托严崇德携带。札云:"客岁寄呈金石两种,均已察入,辰维著述日富,精力日强为颂。弟于岁杪服阕,就近起复。年将半百,重又作剪红刻翠句,当尚能与三五少年争一日之短长哉!拟恭观庆典后,乞祠禄以归。逢春秋佳日,游佳山水,与良朋相晤对,其乐亦何减于金印紫绶,奔走风尘者。先生应亦以为然也。存斋以振捐万金交军机处记名,闻春间来候简,此老兴复不浅。武虚谷《宝丰金石志》、李南涧《历城金石志》两种寄呈,祈察收。申甫今年生意何如,先生亦作沪游否?"(《日记》页 519,《艺风堂书札》页 335 致凌霞第二札)

是日,叶昌炽致先生一札,借先生藏徐燉《笔精》四册。(《缘督庐日记》页 2082)

一月十九日,阅孔毓埏《远秀堂集》,凡《远秀堂文》二卷、《诗》一卷,《蕉露词》一卷、《曲阜赋》一卷、《拾箨余闻》一册。先生以为"赋得敷陈之体,余均庸浅"。(《日记》页 520)

一月二十日,先生知恽祖翼调补汉黄德道,前曾于本月九日及十二日两次诣恒裕询恽氏补缺事。(《日记》页 517、518、520)

一月二十一日,先生办起复。(《日记》页 520)

一月二十二日,撰《梁曦初先生文集序》。前此,上年十二月二十八日,梁潛甫送文集,求先生为乃父文集作序。先生序文有云:"光绪丙子,荃孙应礼部试,以经策受知三原梁曦初师,成进士。撤棘后,执贽门下,一年之中时时进谒。师长身玉立,颜色和蔼,奖其所已能,诲其所不及。勤勤恳恳,每言必尽。丁丑九月,荃孙旋蜀,戊寅自蜀还,师已选授福建兴化府知府,出都时,借同门送至城外花之寺。呜呼,孰知不二年师归道山,而此别遂成永诀耶!今年冬,潛甫世兄抱诗文稿来,开缄申纸,宛如觌面,文采犹在,典型已非,悲从中来,不能自已。"先生于廿七日将序并集交梁潛甫。(《文集》卷五《梁曦初先生文集序》,《日记》页 521)

是日,王鹏运、况周颐诣先生谈。(《日记》页 521)

一月二十三日,游琉璃厂,遇费念慈,同诣德宝观宋刻黄鹤注《杜诗》,精致可爱;又诣茹古德真寄观看字画。取小杨明刻《疑耀》四册归。(《日记》页 521)

一月二十五日,先生谒徐桐、麟书。是日先生校定《九国志》,共二十叶。(《日记》页 521)

一月二十六日,接吴申甫信,寄影宋抄《诗经要义》《盘洲集》来。(《日记》页 522)

一月二十八日,况周颐来还《冰壶集》《蜕学斋词》。(《日记》页 522)

二月一日,况周颐借《湘真集》《凤楼填词》,又借来宋词四册。(《日记》页 523)

二月三日,撰《三品衔安徽候补道张君传》。传主张保慈,明敏吏事,循声洋溢,光绪十五年三月七日,卒于安庆,年六十有三。(《日记》页524,《文集》卷一《三品衔安徽候补道张君传》)

二月八日,今日校《郑师山文集》毕,先生校之多日矣。(《日记》页524)

二月十二日,徐坊假先生藏旧抄本《徐常侍集》去。先生接到吴大澂去年九月二十八日之札,及《水经注》一部。是日,取董效曾结并费十二千,交清秘堂消假。(《日记》页525)

是日,屠仁守致先生一札。札云先生服阕,"前以道员记名简放,当亦指顾间事,果其荣莅三晋,诚大妙也",昔日旧友诸君中,先生为岿然灵光。又询先生著述几何,能否相示;近来言路李慈铭、林绍年等人之文可否录寄数篇,以其私衷不无过虑也。(《友朋书札》页77屠仁守第二札)

二月十七日,奚绍声为先生过严元照校《鲒埼亭集》二十三卷来。(《日记》页527)

二月二十四日,况周颐借《雪山集》《盘洲集》《龙川集》去。(《日记》页529)

二月二十七日,李盛铎、文廷式、叶昌炽、费念慈、刘世安、江标公请于江苏馆,同席者有王锡蕃、志锐、袁昶、宋育仁、冯煦、沈曾植、沈曾桐、蒯光典、陈遹声等十六人。(《日记》页529,《缘督庐日记》页2095)

三月一日,江标、沈曾植招小饮并观书画。先生见赵文度山水卷二、石谷山水卷一、石涛山水卷一、南栖老人山水册一、蒋南沙花卉册子、唐人写经两卷,均绝佳。(《日记》页530)

三月三日,费念慈约长春寺修禊,叶昌炽、王同愈、江标同集。观吴历山水册、查士标百尺梧桐阁卷子、吴伟业雕桥庄图卷子等,"寺中梨花、海棠、丁香、莺枝皆盛开,钟声闲寂,花香袭人,散步回廊,颇得幽趣"。(《日记》页531,《缘督庐日记》页2097)

三月五日,况周颐、王鹏运访先生。(《日记》页531)

三月九日,接凌霞南京信,寄先生《中州金石记》两册(杨石卿著)。是日公饯袁昶,先生约李慈铭作陪,袁氏将南下任芜湖关道。后袁氏曾赋《致仕前侍郎黄漱兰、李莼伯、缪小珊、盛伯羲祭酒、沈子培秋曹、叶缘督、王廉生、黄仲弢、吴子修、朱叔基、文云谷六太史,亲家王蒿隐枢部先生城

西祖帐为平原十日之饮,率为赋诗》一诗为记。(《日记》页 532,《安般簃诗续抄》癸集)

三月十日,拜陈田等,以自刻书送陈田。(《日记》页 533)

三月十二日,发凌霞信,并寄《河内志》两函,交袁昶带。(《日记》页 533)

三月十七日,借徐坊《潞国集》《丹渊集》,又借陈田《崇祯朝纪事》;陈田假先生藏《吴斗南集》。(《日记》页 534)

是日,至诣缪祐孙宅,新到家信言祐孙母病重,计全家出京。(《日记》页 535)

三月十九日,发《潞国集》交费斗才抄,先生据徐坊藏明嘉靖本录副也。(《日记》页 535)

三月二十一日,先生赴费念慈处会课,刘安世同集,课"小雨翻萍上浅沙,新巢语燕还窥砚"诗。(《日记》页 536)

三月二十二日,送缪祐孙之妇出京返扬。(《日记》页 536)

三月二十三日,谒翁同龢,交其《晓方灵塔记》旧拓本。(《日记》页 536)

三月二十六日,李桂林致先生一札,言其得先生手示,知会经堂书已到,先生所开示书数种,已嘱估送至其处一观,再呈先生览。又请先生为其谨留《续复古编》,价即送。(《友朋书札》页 88 李桂林第二札)

三月二十七日,撰《金正大提控所印考》。此跋考证极精,首辨真伪,次考官衔,再论制造场所与时间,皆与现有文献互证。(《日记》537,《文集》卷六《金正大提控所印考》)

是年,安阳赵彭寿持乃父故曹州总兵赵鸿举之事实来请铭墓道之阡。赵寿彭,山东候补知县,先生泺源书院门生。(《文集》卷一《山东曹州镇总兵赵公神道碑》)

三月二十九日,陆树藩来,赠先生张刻《建康实录》、明抄《甲乙经》。先生约丁绍基、陈田、况周颐、陆树藩、沈曾植、沈曾桐、冯仲芷、恽毓鼎小饮。是日,先生为叶昌炽点定课卷。(《日记》页 537)

三月三十日,游琉璃厂。是日沈曾桐借先生藏《剥复系校证》。(《日记》页 538)

四月四日,门人唐文治送先生陈、陆二公集来。(《日记》页 538)。

四月六日,先生赴叶昌炽处课"故至诚无思"文,"夕阳楼阁半山红"诗。(《日记》页539,《缘督庐日记》页2107)

是日,李盛铎还先生旧抄《直斋书录解题》。先生致李氏一柬,还其《大金集礼》,借其《瑶华集》。柬云:"奉还《大金集礼》一函,乞察入。尊藏《瑶华集》恳赐假一阅为荷。"(《日记》页539,《艺风堂书札》页368致李盛铎第六札)

四月八日,先生借况周颐《百家词》,况氏假先生藏洪、陆两刻《白石道人词》。(《日记》页539)

是日,李桂林致先生一柬,言其已嘱会经堂书估将《小谟觞馆集》原刻本及《晚闻居士集》呈先生阅,该估拟合《曲江集》《江湖长翁集》并致。又告先生会经堂估人所携各书向其索价情况。(《友朋书札》页89李桂林第四札)

四月十日,是日先生购得购《邓枎桐集》《吴文正集》及伍宁方《林居漫录》(《日记》页540)

是日,李桂林致先生一柬,交姚氏刊《续复古编》书价三金,请先生转致。又言及其对会经堂书估之鲍刻《太平御览》还价情况,并以旧藏一书向先生请教版本。(《友朋书札》页89李桂林第五札,《日记》页540)

四月十一日,徐坊借《揭文安集》及明天顺沈刻《揭文安公文粹》去。徐有札索之,云:"昨承允借明本《揭文安文粹》,又李侍郎藏抄本《文安文集》,祈赐掷下。将以鄙藏谦牧堂抄本一校之也。"(《日记》页540,《友朋书札》页627)

四月十五日,在保和殿考差,同考者三百卅三人。钦命"泽梁无禁时"文题,"辞尚体要,不惟好异"经文题,"密林生雨意"得"林"字,辰初下题,酉正交卷出场,"八年不与考,颇觉辛苦"。(《日记》页541)

四月十六日,江标招饮,吴承潞、陆心源、陆润庠、叶昌炽、王颂蔚、费念慈同席。江标以新辑《莼圃年谱》稿本托校。(《日记》页541)

四月十九日,先生引见。大雨如注,衣冠濡湿,五云楼阁全在烟波浩渺中。(《日记》页541)

四月廿二日,先生致张鸣珂一札,送祭幛、自刻书,札云:"客岁奉大计,未知台从税驾何方,迟迟未复,歉仄殊甚。昨承惠顾,又未倒迎,死罪,死罪。弟考差后,疲乏已极,前日引见,大雨如注,薄寒中,人未敢出外。

稍间即诣聆雅教,先呈账乙轴,自刻书两集,祈察存是幸。"(《日记》页542,《艺风堂书札》页252致张鸣珂第二札)

是日,偕费念慈公请吴承潞、陆心源、徐小云、洪钧、李经畲、王颂蔚、李盛铎。在费念慈处观《瞻巴碑》、《杭州福神观记》、《酒德颂》、《千文》、王时敏山水叶册。(《日记》页542、543)

四月二十六日,先生校《文潞公集》毕。先生借徐坊藏该集明嘉靖本录副,明刻讹字亦甚多,先生校之多日,撰有校勘记一卷。(《日记》页544,《藏书记》卷六"文潞公集四十卷"条)

是日先生到国史馆任,掌提调。(《日记》页544)

是日,先生过琉璃厂,得《崔颋志》。(《日记》页544)

四月二十九日,徐乃昌以新刻集相赠。晚,况周颐来,赠《词雅》半部,言有大不如意事,须往天津避之,求信推介。先生拟为作函与吕耀斗、盛宣怀及傅云龙三观察。(《日记》页545)

五月一日,况周颐来,先生假其杨夔生《真松阁词》、左辅《念宛斋词》、顾贞观《弹指词》、顾翎《茝香词抄》、杨芸《琴清阁词》。先生近来借况氏词集较多,盖为编纂《常州词录》故也。(《日记》页545)

五月二日,先生分韵排常州词家,为编《常州词录》故也。(《日记》页546)

是日,还徐坊《文潞国集》八册,又假徐氏《揭文安公集》旧抄本。徐氏有札复先生,有云:"《文潞公集》八册收到。大著校勘记能早赐一阅为盼。徐集尚未校毕,容迟日奉还。《晚闻居士集》尚在厂中,今日取回,遣价送上。附呈谦牧堂抄本《揭文安集》一函,文与《文粹》同,当出抄撮也。"(《日记》页546,《友朋书札》页627徐坊第四札)

五月三日,赴洪钧招饮,吴承潞、陆心源、汪鸣銮、费念慈、江标同席,观宋拓太清楼贴六卷、董临宋人山水册、王翚虞山十二景,均绝佳。(《日记》页546)

五月四日,先生至孙毓汶、翁同龢等师长处叩节,并赴洪钧招饮,观宋拓太清楼贴六卷、董临宋人山水册、王翚虞山十二景等。先生是日始选常州词家之词纂《常州词录》,并以此为日课。(《日记》页547)

五月八日,往祝钱应溥七十岁寿。(《日记》页548)

五月九日,编定《常州词人目》。(《日记》页548)

五月十三日,撰《常州文录例言》,次日毕事。所谓《常州文录》是盛宣怀欲请先生代为办理者,先生意见是办丛书取代总集,然于此序中表达了其对总集的理解,有云:"古人总集,约有分代、分家、分类、分体之不同。分代主于世运,分家主于流别,分类主于比例,分体主于法度。各擅所长,不可偏废。兹辑以分代,分家为主,于分别部居之中,存知人论世之意,而风气之变易,学派之宗尚,无不随文见焉。"文中对《常州文录》的体例也有具体的说明,足见先生的地方总集编纂思想,如其云:"远法《会稽掇英》之集,近仿《甬上耆旧》之编。"又云:"今自唐至、明曰前编,国朝诸家曰后编。其采自选本者,曰闰编。"又云:"唐以前人,专集均佚。然周鲂诱曹之书,见于本传。恺之赋序之类,得之短书。零璧碎金,何可轻弃。他如宋、元、明人,仅于选本,流传一二。与夫山经地志、稗官野史所载,存人存文,关系最重,并注所出,以便覆勘。"(《日记》页549,《文集》卷四《常州文录例言》)

五月十四日,况周颐来,先生还其《孙无言选词》《琴画楼词选》《孙月坡词》。是日先生检稿本《黄荛圃年谱》还江标,已为之校毕;江氏以过校《老学庵笔记》相借,此本乃过录黄丕烈校影宋本,有黄氏及顾广圻校书题跋多则。(《日记》页549,《藏书记》卷二"老学庵笔记十卷"条)

五月十六日,汪洵来访,先生交其《常州文录例言》。先生致盛宣怀一札,谈《常州文录》事并为友人谢祖沅谋差,云:"兹有恳者,友人谢君祖沅曾经出洋,洋务甚为熟悉,客岁翁叔平师曾经函荐台端恳派电局,现到津晋谒,务恳赐见,量才器使,不胜感祷。谢君令弟系辛卯孝廉,与逵臣同年,当执年家子礼。俯念世末,格外栽培为荷。渊若兄日内回津,弟与面商事宜,当一切达到,《条例》撰成,亦交渊若带上也。"(《日记》页550,《艺风堂书札》页315致盛宣怀第十一札)

是日,先生校《老学庵笔记》,盖从江标藏本过录黄丕烈校影宋本。(《日记》页550,《藏书记》卷二"老学庵笔记十卷"条)

是日,唐景崇借先生藏宋刻《新唐书》九册去,后陆续借阅该书别卷,盖为撰《新旧唐书合注》故也。(《日记》页550)

五月十七日,先生偕况周颐同诣王鹏运谈,看宋刻《花间集》五卷,"十行十七字,背有宋人印信,盖公牍纸印也"。"卷首短五叶,影写,有昆山徐仲子、查有圻等印,海源阁藏"。此本乃王氏从杨凤苞所借,将影刻入《四

印斋所刻词》中。(《日记》页550、551,《四印斋所刻词》本《花间集》卷末王鹏运跋)

五月二十二日,增益常州词人目。(《日记》页552)

五月二十三日,先生约张鸣珂、王鹏运、唐景崇、何荫楠、况周颐、叶昌炽、江标小饮江苏馆。先生以《双红豆图》属张鸣珂题,江标借先生藏《仓山月话图卷子》去。(《日记》页552,《缘督庐日记》页2118)

五月二十五日,况周颐招饮广和馆,陆树蕃同席。饭毕先生偕况、陆二人游慈仁寺。"破瓦颓垣,蓬蒿满径,四松已断一株,殿缺一角,脚夫四五席地作叶子戏。客堂所悬查声山、孙岳颁字条及祁文端、孔绣谷、何子贞墨迹一概不存。山僧蠢如山麋,见人不能应对"。先生七年不到,见颓败如此,感慨久之。(《日记》页552、553)

五月二十八日,还陈田《崇祯朝纪事》,先生录副并校毕矣。是日先生又增益常州词人目。(《日记》页554)

六月三日,张鸣珂致先生一札,谈为先生题双红豆卷子事:"日前雅集,醉酒饱德,感何可言。双红豆图,勉赋《浣溪沙》两阕,另笺录呈雅教,可否缮写,尚求赐示。第二首专为图人自己写照,未免有意牵和,如嫌未妥,删之可也。"先生即复之云:"拜读大著,清丽无匹,务恳赐录两首为幸。正拟奉复,又承函询,歉仄之至。另件交建霞,并促其速藻矣。"(《友朋书札》页654张鸣珂第一札,《艺风堂书札》页252致张鸣珂第一札)

是日,先生接陶濬宣所寄之《清仪阁题跋》(《日记》页555)

六月五日,先生诣况周颐谈,还其《名家词抄》,又假其黄燮清《词综续编》。是日先生定《常州词录》卷一至卷五目。(《日记》页555)

六月九日,定《常州词》弟六至十四目。(《日记》页556)

六月十一日,定《常州词闺秀目》。(《日记》页556)

六月十二日,先生家厨房墙倒,更房北墙倒,尽与间壁通。小院界墙倒,马号墙、屋山北墙均卸,大雨已连续多日。(《日记》页557)

六月二十日,先生往祝孙毓汶寿。(《日记》页558)

六月二十三日,先生校《常州词录》卷第一。(《日记》页559)

六月二十四日,况周颐来借《众香词》去,还先生《白石集》。(《日记》页559)

六月二十六日,刘世安、费念慈招饮,杨文骏、李经羲、蒯光典、叶昌

炽、王同愈同席。先生请费念慈双红豆卷子。(《日记》页560)

七月一日,先生撰《常州词录序》,叙清初至光绪中叶常州词发展、变迁之历程,云:"国朝词家,推吾州为极盛。在昔先路之导,邹、董并称,以及玉虬、舜民、青门、椒峰狎主。敦盘同音,笙磬顾矜。语性灵颇流率易,溺情闺闼,亦落猥琐。沿明季之余习,犹大雅所弗尚。其年郁青霞之奇气,谱《乌丝》之新制,实大声宏,激昂善变。梁汾抱范张之友谊,蹈秦柳之茂矩,兴往情来,庶几并骛。他若纬云、半雪,皆迦陵之连枝;藕渔、汉石,亦弹指之同调;麇彬风雅,辉映一时。红友词律,取法唐宋,考名调之新旧,证传写之舛讹,辨元人词律之分,斥明人自度腔之谬。词析句读,不立三等之名;谱填平仄,谨辨四声之异;句敲字炼,宫鸣商应。倚声之士,奉为圭臬。雍、乾以降,词学少衰,拾阳羡之余沈,储史同盟,续梁溪之逸响,邹华竞秀。当浙派横流之时,而有振衣独立之慨,皋闻晚出,探源李唐,止庵和之,遂臻正轨。极意内言外之旨,推文微事著之原,比傅景物,张惶幽渺,约千篇为一简,戚万里于径寸。上之则小雅之怨诽,离骚之俶诡,次之亦触类修邕,感物流连。予怀信芳,结想斯远,真乐府之揭櫫,词林之津逮也。子居、季重同学,识其苦心。晋卿、申受及门,演其坠绪。读江都之续选,具有典型;聆山阳之异议,何损毫末。海内正宗,于斯为盛。渊源授受,师承可表。刘子芙初,微自矜异。清词丽句,雅近竹屋。蒹塘兰崖,别有宗尚。锡山诸子,生面独开。寇氛洊棘,水云特起。旨深而词婉,神清而色艳。词人之词,成项鼎足。箧中伟论,讵同谫言。芬陀秋雅,工力相称。享年不永,搥骨未坚。但论意味,一时瑜亮。大抵国初宜兴、无锡最擅长胜场,嘉、道迄今,武、阳尤萃,江阴作者寥寥,靖江只徐时浚一阕而已。"(《常州词录》卷首缪荃孙自序,《日记》页562)

是日,蒯光典借先生《金石书目》去。(《日记》页562)

七月二日,缪祐孙中风,先生往视之。(《日记》页562)

七月五日,视缪祐孙疾,已能言矣,手亦稍动。(《日记》页563)

七月六日,先生致盛宣怀一札,谈近况及编《常州词录》事,以编《常州词录》为《常州文录》之嚆矢也。札云:"京城狂潦,胜于庚寅,倒屋逐流,日有所闻。谕旨抚恤,官绅并举。旱荒未已,又加水灾,筹款之艰,阁下尤重财力竭矣。何天以之不转圜耶!黄慎之隔在晋北,此间熟手渐少其人,近樊介轩、濮子潜亦此事于此矣。次远持衡江西,果如所愿,弟自揣命薄,年年□□,只觉无颜对俗人耳。《常州文录》拟例言转托渊若呈览,如有不妥之处,尚祈指教。弟先辑《常州词录》以为嚆矢,今春始为之,现已勒成廿卷,共得五百余家,见全词者百有二家,余皆得之选本,友人书坊百计凑集,昕夕为之,约九月间可以写出草本。又函致湖北徐士庵、史仲平,常州吴孟蚩、广东庄心阶,俟各交回信,或有未刻之本,陆续增入。津门庭芷前辈、汀翳袁丈,亦拟函托吾兄,晤面乞先代询为祷。弟于辑录文字,尚不甚劣,胜于作时文、写白折多矣。同乡应试诸公来者寥寥,想到津门必有流连也。"(《艺风堂书札》页315致盛宣怀第十二札,《日记》页563)

是日,先生读钱恂《中俄界约斠注例》。(《日记》页563)

七月七日,先生过琉璃厂,购得《剪灯新话》《破邪集》。是日写《常州词录》第五卷。(《日记》页563)

七月九日,诣况周颐、王鹏运谈,还况氏《燕香词》《赌棋山庄词话》及新抄《迦陵词》,借其《江苏诗征》五册回。王鹏运以《谢石朣文》两册相赠。(《日记》页564)

七月十一日,王懿荣托先生拟策题两道。(《日记》页565)

七月十三日,杨鸿遗送杨寿昌新刻《脉经史略》《文馆词林》与先生。(《日记》页565)

七月十四日,先生拜费念慈等,送杨寿昌新刻书与费氏。况周颐来,借先生藏《湘烟小录》《江南画舫录》。(《日记》页565)

七月十七日,撰《花间集跋》。先生所跋之本系宋本宋印,十行行廿字,南宋刻,以鄂州公文册子纸印行,纸背有官衔,先生详考之。此书藏于海源阁,王鹏运借刊,先生曾于五月十七日偕况周颐诣王鹏运处观之。先生撰此跋,于七月二十日录交于王鹏运。王鹏运影刊本卷末有王氏自跋,末题"光绪癸巳长至临桂王鹏运识于四印斋",实其内容不过在先生之跋上略赠数语记此书卷首藏书印及记从杨氏借刊此书而已。(《日记》页550、566、567,《文集》卷七《宋刻鄂州本花间集跋》,王鹏运刊《四印斋所刻词》本《花间集》卷末王跋)

是日,先生从钱恂借得和林碑刻照本全分。(《日记》页567)

七月十九日,游琉璃厂,得《黄文献公集》十卷。(《日记》页567)

七月二十日,录《花间集跋》交王鹏运。王氏见视《通鉴纪事本末》,明刻而未分卷者。(《日记》页567)

七月二十三日，王先谦致先生一札。札告以去秋先生托吴大澂所带之札及《董后传》已收到，并对先生多所鼓励，有云："轺车心数，吉报未来，惟祝得春闱同考为佳。若能早得外官，一摅伟抱，以文章经济追踪孙、毕一流，尤快事也。大著写成几种，至祷，至盼。"札又谈及王铭西《春秋》三种及自刻书云："王铭西《春秋》，在江阴文林晋霞、王理庵两君所尼，到湘后局事又非一人所专，其书久存兄处，不至遗失，承谕容检寄。《水经注》刻成校本，可供学人考核之资。前拟作疏，迄未能就，刻下专力《汉书》，无暇旁及，殚精八志，先其难者，先刊地理，再及其余，欲以两载成之，不知能否？"王氏又随札寄赠先生其所刊《荀子补注》及吴敏树文、欧阳辂诗。（《友朋书札》页26 王先谦第三十七札）

　　七月二十六日，撰《顺德李夫子六秩寿序》。先生撰是序，非常审慎，历二十七、二十八日，至二十九日撰毕。是序述李文田经、史及目录、金石、校勘之学的深厚造诣，以及其他方面之才干、修养、成就。八月二十日，先生往祝李文田寿。（《日记》页569、570、574，《文集》外集《顺德李夫子六秩寿序》）

　　八月二日，黄绍箕招饮浙江馆看山楼，盛百熙、钱恂、汪大燮、汪大钧、叶尔恺、沈曾植、沈曾桐、孙宝琦同席。沈曾植借先生藏《居庸关佛经》《宴台国书记》。（《日记》页570）

　　八月三日，先生借沈曾植藏《伫素楼词》，选廿一首入《常州词录》。是日，汪大燮赠先生陈澧《东塾集》三册。（《日记》页570）

　　八月六日，绶甫借先生藏《海国图志》《诸子平议》《蒙古游牧记》，钱恂借《铁桥漫稿》。（《日记》页571）

　　八月八日，先生子初到国子监，参加国子监祭祀活动，充分献官，卯初祭毕。（《日记》页572）

　　八月九日，先生五十生辰。沈曾桐、费念慈、乔树枬来拜寿。是日，先生走诣江标，江氏以《江郑堂先生募梓图》属先生题。（《日记》页572、573）

　　八月十日，先生谒借李文田，借其《和林金石录》回。是日，况周颐借先生藏《读书脞录》。（《日记》页573）

　　八月十六日，况周颐借《贮素楼词》去。（《日记》页574）

　　八月十九日，撰《四印斋汇刻词序》于宣武城南诵诏览夷之室。此序系为王鹏运所撰,王氏弁诸《四印斋汇刻宋元三十一家词》卷首,先生收入《艺风堂文集》名《宋元词四十家序》。序略论宋元词流变,盛称王氏校刊之功,有云:"国朝汇刻前人词者,以虞山毛氏为最富,江都秦氏为最精。他若长塘鲍氏、盐官蒋氏,亦尝探灵琛于故楮,采片玉于珍秘,倚声之士,沾溉良多……洵足使汲古逊其精,享帚输其富者矣。荃孙冬心冷抱,秋士悉多,未谙律吕之声,粗识目录之学。奉兹瑰宝,叹为巨观。抉幽显晦,共和搜集之苦心,嚼徵含宫,俾识源流于雅乐云尔。"(《日记》页575,《文集》卷五《宋元词四十家序》,《四印斋汇刻宋元三十一家词》卷首)

八月二十五日,洪钧侍郎因病出缺,先生往吊。(《日记》页577)

八月二十七日,先生购谭锡庆《异苑》,庄刻《淮南子》一函。(《日记》页577)

八月二十八日,沈曾植借先生藏《张文贞公集》去。是日先生接凌霞芜湖信,寄先生《江左石刻文编》十卷。(《日记》页577)

八月三十日,诣况周颐谈,还其《词综续编》,又借其《西青散记》。(《日记》页578)

九月三日,况周颐借先生藏《敬斋古今黈》《瘦鹤轩词》《函竹斋稿》《知止斋诗词》,先生还其《昭代词选》《净因室诗》《沈珂词》。(《日记》页579)

九月五日,费念慈自天津致先生一札,将南返。札谈及盛宣怀刻《常州先哲遗书》及请先生为总校等事,云:"濒行留书,有窗心一卷,及顺德师书堂额楹联,乞代去寄苏,想已交局。弟阻浅,六日易车而行,昨始到津,天津晴暖,明日即东渡矣。杏兄刻书事,项已商定刻丛书,先取卷帙少者付梓,其有版已毁,及传抄本如《齐物论斋集》、《吴山子集》之类,卷帙繁重,家有一编者,从缓。请兄总校,岁奉三百金为寿。板口及字体一仿仲修所刻《唐文粹》,闻此书亦惺吾经手,乞兄移书问之,工价若何,在何处开雕。或问仲修亦可,惟酌定。弟又劝其影刻君坚所藏宋本《毗陵志》,仍属金缉甫写,徐元甫刻,亦请兄校定,先以奉闻。"(《友朋书札》页370费念慈一百零四札)

九月六日,谒李文田,借其《新政纪略》一册回。(《日记》页580)

九月九日,过翰文斋,购得明《名臣言行录》、徐注《李义山文集》、《湛园未定稿》,又于书估小杨处购得《困学纪闻》。(《日记》页581)

九月十一日,撰《刘竹坡传》。(《日记》页581)

九月十三日,赴礼部,磨勘试卷。是日,蒯光典取先生藏宋拓《圣教

序》去。(《日记》页 582)

九月十四日,徐树钧请先生和其尊人《重宴鹿鸣纪事诗》。(《日记》页 582)

是日,陈田访先生,又致先生一札,送《采诗图》求题诗文,并请转求况周颐题,并假阅先生所藏《沧海遗珠》。先生于本年十一月二十二日为陈氏题《采诗图》而还之。(《日记》页 582、601,《友朋书札》页 236 陈田第一札)

是日,先生约叶大庄、刘建伯、刘樾仲、程鹄云、程灿琳、沈曾植、方煦、余寿平、叶昌炽小饮云自在龛。(《日记》页 582)

九月十六日,先生致叶昌炽一柬,还其《贻安堂稿》一帙,并借《汤伯芍文集》。叶氏即复先生。(《日记》页 583,《缘督庐日记》页 2150)

九月十七日,费念慈在苏致先生一札,云:"前在津时寄一信,想达矣。侍于十二日到家,严亲安健,眠食步履均如常,意兴尤好。沙田事尚不至有他枝节,吾哥所有似可不必速售也。广庵得苏粮,虽非海关,却甚安逸。香生书尚未销去,大约归幼樵矣。顺德师书堂额楹联,至今未见寄到,务乞代取,与窗心一并寄苏为幸。伫盼伫盼。《毗陵志》已函询君坚,尚未复,拟在南中刻,寄京校也。侍京寓中想安好,幸照拂。归来五六日,旧书名画一无所见。申甫书船自杭归,又为小火轮撞沉廿七箱,幸无旧籍。其《平津馆金石粹编》尚在,索价更昂矣。"(《友朋书札》页 369 费念慈第一百零二札)

九月十八日,洪钧开吊,先生往陪客。(《日记》页 583)

九月二十日,接盛宣怀信,嘱先生刻《常州先哲遗书》。(《日记》页 584)

九月二十一日,先生交李文田新抄本《南烬纪闻》,代其录副也。(《日记》页 584)

九月二十二日,先生谒李文田,借其所藏《破梦闲谈》归。(《日记》页 585)

九月二十四日,题江郑堂《募梓图》,凡七绝四首,其四云:"红桥西畔谒鳣堂,为语传经事较详。太息令威已仙去,笛声哀怨起山阳。"自注云:"先生曾主讲淮安丽正书院,山阳丁俭卿师曾以经解受知。咸丰辛酉,荃孙流落淮上,亦在书院肄业,俭卿师时时为学者言之。"(《日记》页 584、

《诗存》卷二《题江郑堂募梓图》)

九月二十八日,徐坊来,先生借其旧抄本《张文忠公诗集》《鸿庆居士集》。此《鸿庆居士集》系影宋抄本,周永年藉书园旧藏,先生即耗时数月用其校自藏传抄本。(《日记》页 586,《文集》卷七《鸿庆居士集跋》)

是日,四川丁卯榜公请孙毓汶、李文田两座主,张荫桓作陪。(《日记》页 586)

十月三日,翁同龢招饮西爽阁,李文田、李慈铭、刘世安、刘树屏、吴士鉴同席。是日况周颐借先生藏《太平广记》首函去。(《日记》页 587)

十月四日,王懿荣寄先生河南闱墨。(《日记》页 587)

十月五日,先生觞己卯门生于云自在龛。(《日记》页 588)

十月六日,王鹏运借先生藏海宁陈师曾刻本《郡斋读书志》。(《日记》页 588)

十月八日,借翰文斋《南岳总胜集》元刻本及《未灰斋文集》来,盖欲以前者校己藏本,以后者录副。(《日记》页 588)

十月十日,拜况周颐,借其藏黄永《溪南词》一册。(《日记》页 589)

十月十二日,王仁东、黄绍箕、沈曾植、沈曾桐招饮全浙馆,为李文田饯行,柯逢时、王颂蔚、叶昌炽同席。(《日记》页 590)

十月十四日,送《淮阳集》与徐坊,先生代其所录副本也。(《日记》页 590)

十月十五日,徐氏收到《淮阳集》,复札请借及录副他书,云:"《淮阳集》收到,谢谢。抄资若干,祈示知。前恳转借《太仓志》,如有之,希掷下也。雪晴寒甚,容再走谭。《桂隐文集》虽出自明本,亦乞代借移写为幸。"(《友朋书札》页 627 徐枋第三札)

十月十六日,与李文田送行,并还其《张淮阳诗集》《新政纪略》《破梦闲谈》。李氏赠先生《双溪集》一部。(《日记》页 591)

十月十八日,先生理所拓得山东碑,呈一分与陆心源,遵前在东省之约定也。(《日记》页 591)

十月十九日,长沙涂景涛访先生,先生旋回拜。本月二十一日,先生约饮涂氏并送新刻书与之。(《日记》页 591、592)

十月二十一日,理东平、济宁、宁阳、东河金石一分送陆树藩。是日先生接凌霞信并《郏县金石志》一册,盖凌氏代先生所录副本。(《日记》

页 592)

十月二十四日,发凌霞芜湖信,并寄代其录副之《诸城金石考》二卷。(《日记》页 593)

十月二十五日,先生购修文斋万玉堂刊《太玄经》。此书半叶八行,每行十七字,为"明人翻宋刻最善致书,莫氏《经眼录》以为宋刻,误矣"。(《日记》页 593,《藏书记》卷二"太玄经十卷"条)

十月二十八日,约陆学源、柯逢时、李子丹、陈同礼、宋育仁、王懿荣、管廷献、徐致靖、蒯光典小饮云自在龛。(《日记》页 594)

是日,费念慈自苏州回,带到纱料六件,又许刻《唐文粹》一部、局刻《文类》一部及西郊书院课卷两期等。(《日记》页 594)

十月三十日,先生磨勘河南、山东、山西、陕西试卷。(《日记》页 595)

十一月一日,碑估袁回回送志铭来,先生挑十七种,以三两四钱酬之。后先生屡次购其碑版。(《日记》页 595)

十一月二日,江标致先生一束,送还先生属题之《双红豆卷子》,请借抄先生所辑《士礼居藏书题记续编》,又借先生所藏《唐人小集》,先生许其影刊。(《日记》页 595、596,《友朋书札》页 397 江标第四札)

是日,先生交《双红豆卷子》于况周仪索题,并借其《邃怀堂骈文》。(《日记》页 595)

十一月四日,接凌霞芜湖信,寄《鲁山金石志》一册。是日,江标借先生藏明刻《唐人集》去。(《日记》页 596)

十一月五日,校《南岳总胜集》毕,先生校之多日矣。(《日记》页 596)

十一月六日,添一男,夏氏所出,先生赐名庆保,后改名僧保。(《日记》页 597)

十一月八日,叶昌炽来访,先生告以"王孝禹及皮生影得旧拓《唐公房碑》"。(《缘督庐日记》页 2164)

十一月十日,撰《南岳总胜集跋》。先生所校此书,今藏上海图书馆,系手校于嘉庆七年果克山房刻本之上,卷末有先生手跋。(《日记》页 598)

十一月十一日,还翰文斋宋刻《南岳总胜集》三册,又借《扪虱新话》旧抄本归。《南岳总胜集》,先生前称元刊,此称宋刻,盖校勘中新鉴定为宋本。(《日记》页 598)

十一月十二日，张鸣珂致先生一札，札谢先生盛馔之招，以所刻书相贶。张氏又以所选《骈体正宗续抄》赠先生，"中有误字，务乞签出寄示"。并告先生其所著诗文，"因手民赶办新举人硃卷，无暇顾问，只好俟之明岁矣"。（《友朋书札》页654、655张鸣珂第三札）

十一月十五日，黄体芳约消寒，李慈铭、盛昱、王兰、沈曾植、沈曾桐、徐定、林开謩、黄绍箕同席。（《日记》页599）

十一月十六日，先生读宋育仁《城南消寒呈同社》诗，其诗云："城南乌栖尾毕逋，燕市雪下压酒垆。五侯座上不称意，还过肆门更相呼。高歌明珠岁华宴，对此不醉将何如？鄱阳暴谑时间作，分满报空行复沽。揭来觞政指喻指，徒手呼白分枭卢。哀丝感人两耳热，按节击缶歌乌乌。酒阑振衣起长啸，我辈岂是高阳徒。昨夜朔风冻海水，发春冰解群龙苏。绿波浮天九万里，鹏风徙运将南图。志士苦心有时有，岂谓从事官职粗。古来河梁叹歧路，只今环海成交衢。裨瀛一咫若襟带，安能坐视旁狙。书生自笑空踯躅，欲行且复住斯须。诸君清望自台阁，由来魏阙同江湖。陆生昔倦承明庐，长卿曾难父老书。有约梅花守寒岁，何时蒟酱通番禺。他时请念望明月，日下旧游交勿疏。"（《日记》页599，《友朋书札》页237宋育仁第二札）

十一月十七日，诣叶昌炽谈，告以"磁州新出《北齐兰陵王碑》。又闻打碑人王估已自朝鲜归，所得无几"。（《日记》页600，《缘督庐日记》页2165）

十一月十八日，孙毓汶招饮。是日，先生荐周龄与宋育仁抄书。（《日记》页600）

十一月十九日，先生上史馆，将本月十三日所借《江阴志》《龚县志》还馆上，又借《石峰堡记略》三册归。（《日记》页600）

十一月二十日，王继香致先生一札，请先生为其亡弟题《发冢图》，诗文不拘，并以朝鲜《真兴北狩碑》为赠。王氏云《真兴北狩碑》地处荒僻，至为难得，若先生他日有考证题咏，亦祈先生录示，转致朝鲜拓碑者徐正淳，载入彼国志乘，以为增重。（《日记》页601，《友朋书札》页433王继香第一札）

是日，先生约谢光绮、吴柚岑、赵亦山、费垕、费念慈、余联沅、江标、吴士鉴、夏孙桐小饮云自在龛。（《日记》页600、601）

十一月二十一日，先生接王先谦信并《荀子集解》、吴敏树文、欧阳辂诗集。（《日记》页 600—603）

十一月二十三日，跋《扪虱新话》。先生从本月十一日从翰文斋借得此书旧抄本，校己藏从明刻影写的四卷本，十二校第一册，十三日校第二册，十四日校第三册，十五日校对第四册。其跋略考此书版本源流。翰文斋系琉璃厂中一著名书肆，主人韩俊华，受宝文斋主人徐苍厓之传，"先得益都李南涧藏书，再得内城李勤伯藏书，琳琅满目"，先生之宋元本，大半韩为搜得，即《宋会要》亦得之此肆。也屡屡从该肆借校、借抄旧本。韩俊华，字星垣，衡水县人。（《日记》页 598、599、602，《文集》卷七《扪虱新话跋》，《乙丁稿》卷三《琉璃厂书肆后记》）

十一月二十五日，费念慈约广和居小饮，沈曾桐、孙廷翰同席。孙廷翰携宋刻《诸葛武侯传》，楮墨佳甚，有黄丕烈跋。（《日记》页 602）

是日，李慈铭招销寒，黄体芳、鲍临、朱福诜、王兰、林绍年、沈曾桐、徐定超、丁立钧同席。（《日记》页 602）

十一月二十七日，先生和宋育仁消寒诗。诗云："寒天无计偿宿逋，宋侯招我饮市垆。吟朋三五不期集，着衣倒屣相追呼。玉釭万杓倾冻碧，举杯一吸长鲸如。入馔黄羊来朔漠，盈筐紫蠏推津沽。谈碑上追欧曾赵，琢句高压王杨卢。歌声遏云杂丝竹，绕树惊起西飞鸟。幕天席地无不可，刘伶阮籍皆吾徒。朔风扑檐白日黯，盎盎一室春魂苏。有日吟篇积巨轴，几时社集摹新图。宋侯英姿天下无，用世不辞官职粗。楼船东指四万里，蓬莱弱水成康衢。掉尾恣睢狎海鳄，无情喜怒调田狙。挥手行矣休踟蹰，瞬经安息通遮须。标格棱棱竦华岳，襟怀浩浩倾江湖。儒生报国文字耳，试看奉使西游书。只我偃蹇同瓠落，桑榆无术挽东隅。颓然一醉完事足，回头冻月穿窗疏。"（《日记》页 602，《诗存》卷二《销寒第一集和宋芸子参赞韵》）

十二月一日，撰送周渭臣军门诗。周达武，字梦熊，号渭臣，湖南宁乡人。同治间先生入蜀，周氏任贵州提督，颇有往来。先生《巴歈集》有《阶州营次呈周渭臣军门》诗，有云："营门人静大旗凉，陇右山河气莽苍。万马无声秋月皎，催诗更补菊花觞。"至先生中举后，南北奔波应试，《北马南船集》中有《萧寺养疴，焚香枯坐，怀人感旧，得三十篇，柬锦里同人，兼寄都门旧友》，其八即咏周渭臣，谓："刀光如泼水，冻月斗吟卮。长揖容吾辈,狂谈忆往时。诗吟宣武幕,敲怖顺昌旗。金筑烽烟靖,铭功好致辞。"(《日记》页603,《诗存》卷一《阶州营次呈周渭臣军门》、卷二《萧寺养疴,焚香枯坐,怀人感旧,得三十篇,柬锦里同人,兼寄都门旧友》)

十二月三日,录明季逸史目。(《日记》页604)

十二月五日,徐坊来访,借先生藏《结一庐书目》《玉芸堂集》。况周颐还本月二日所借《沈晴庚词》,并以晏氏父子词集及《遂怀堂四六》易先生新得王先谦所撰《荀子集解》。(《日记》页604、605)

是日,先生发甘肃周达武信,寄书及诗。时周氏任甘肃提督。(《日记》页605)

是日,先生校《听秋声馆词话》,盖节录以入《常州词录》之"先辈词论"。(《日记》页605)

十二月八日,先生约傅云龙、赵完、孙廷翰、曹再涵、吴敬修、陈名珍、孙君裴小饮云自在龛。(《日记》页605)

是日,况周颐来借《春融堂集》《泰云堂集》。(《日记》页605)

是日,先生撰《山东曹州镇总兵赵公神道碑》。碑主赵鸿举,字雪堂,河南涉县人,以参与绞杀太平天国及捻军而建功。先生述其一生仕履事迹而铭之,有云:"国朝科目,文武并重。顾中兴以来,将帅大臣以折冲御侮得名者,类皆出于行伍,遂疑挽强命中与杀敌致果判为两途,甚有欲废武科而专重行伍者。亦知有人掌环卫,出膺节钺,民怀其德,寇慑其威,如涉县赵公者,亦可为武科增重矣。"(《日记》页605,《文集》卷一《山东曹州镇总兵赵公神道碑》)

十二月九日,先生京察一等。(《日记》页606)

十二月十日,先生诣恽次远、陈田、江标、况周颐谈,借陈田《清虚山房集》《小岘山人集》。(《日记》页606)

十二月十五日,门人唐文治借先生藏《弇州别集》。是日先生还况周颐《涵通楼师友文抄》,况氏假先生藏《黄雁山人词》。(《日记》页607)

十二月十八日,鲍临约销寒,盛昱、李慈铭、黄体芳、沈曾植、沈曾桐、丁立钧、王兰、徐定超、黄绍箕同席。(《日记》页608)

十二月二十二日,到史馆,候翁同龢总裁上任。翁氏于本月十五日接军机处信,任国史馆副总裁。是日其第一天到任,故先生往侯之。然翁氏经筵直讲后午初方至,先生不及见。(《日记》页609,《翁同龢日记》页

2658—2660）

是日,雪竟日,先生游陶然亭蹋雪,并与家人小酌。归撰《南浦》一阕:"楼台重迭,是何人、弹粉写生绡。一片冷云堕地,飞白满平皋。隔岸猜疑久立,讶芦花、低压酒旗高。奈轮蹄踪迹,渐吹渐没,去路近偏遥。　　那更倚栏望远,问几时、春信到梅梢。漫说临风咳唾,珠玉九天抛。历尽番番寒信,问热中、滋味也应消。只寒猿冷雁,一般同度可怜宵。"(《日记》页609,《碧香词》页12《南浦·大雪登陶然亭》)

十二月二十四日,接瞿世瑄、金武祥信,寄周、方、刘、谈各家词。(《日记》页609)

十二月二十七日,写《高丽碑目》,与碑估小王定高丽碑值,口议给其十六两。是日先生录明季逸书目毕。(《日记》页610)

十二月二十九日,王鹏运送先生其所刊《宋元三十一家词》。是日夏孙桐借《皇甫诞碑》去。(《日记》页610)

壬辰、癸巳间,先生起复,预盛昱约消寒之会,与嘉兴沈曾植谈掌故,折衷于盛昱,终日不倦,同人目为谈故三友。(《辛壬稿》卷二《意园文略序》)

是年,先生询翰林院《永乐大典》之情形,仅"剩六百余册"矣。(《文续集》卷四《永乐大典考》)

光绪二十年　甲午(1894)　五十一岁

一月一日,先生在京供职。卯刻朝贺,先生到史馆库神祠行礼。(《日记》页611)

一月三日,游琉璃厂,于书估谭锡庆处得《吴莲洋集》《校经庼集》。(《日记》页611)

一月七日,先生游厂肆,得书估谭锡庆天顺本《绀珠集》、靳健伯家书及楹贴;在宝华堂得《词苑丛谭》《使黔集》《计改亭集》;在翰文斋得《红豆树馆诗》及《侯鲭词》。(《日记》页612)

是日,先生送陆静夫词交况周颐再选。先生编陆氏之词,请况氏助选。陆氏词稿原藏夏孙桐处,夏氏视诸先生,欲为编刻。夏氏曾述此事始末云:"同邑陆静夫,逸士也。五十后,妻、子皆殁,依女家长泾,课村蒙自给。襆被外惟携一洞箫。工长短句。种菊横斜潇洒，得其天趣。余归里值秋时，同醉花下。携其词稿视缪艺风，为编刻二卷。吾乡词少专家，水云楼外研声律者，静夫一人而已。"（《日记》页612，《悔庵词笺注》页246《卜算子》其四）

一月八日，接西郊关书，先生出西郊二、三月课题。（《日记》页613）

一月九日，游琉璃厂，得《梁疆域志》、《严小秋词》、吴伟业三种传奇。是日闻缪祐孙又得风疾，不语八日。（《日记》页613）

一月十日，开塾馆，送缪禄保、缪寿保上学。是日先生偕夏孙桐游琉璃厂，于奎文斋得《顾祖香文集》。（《日记》页613）

一月十一日，况周颐借《萍心词》，并以《小罗浮馆别录》见视，先生从中录得常州词四家。（《日记》页613）

一月十四日，先生约黄体芳、李慈铭、盛昱、林绍年、徐定超、王兰、沈曾植培、沈曾桐、丁立钧消寒第五集，小饮云自在龛。（《日记》页614）

一月十五日，先生录《江苏诗征》中常州词人小传。是日送陆志渊词于夏孙桐。（《日记》页614）

一月十六日，先生购修文斋《容斋五笔》。况周颐借《元公姬氏志》石拓本。（《日记》页615）

一月十九日，先生交《桂隐集》《炊闻词》与徐坊。此系先生应徐氏之请代徐氏录副也，抄赀并合五十六千。（《日记》页616，《友朋书札》页626徐坊第二札）

一月二十一日，游琉璃厂得《武溪集》旧抄本、《滇系》、《顾侠君诗》，况周颐借《石门集》，先生又交《常州词》首册请其勘订。先生刊《常州词录》请况氏助校勘，陆续交各卷于况氏。（《日记》页616）

一月二十二日，陈田还《水东日记》来，借《匏翁家藏集》。是日蒯光典送端方所藏石拓本一百五十五种赠先生。同日蒯氏亦赠与叶昌炽百五十余种。（《日记》页617，《缘督庐日记》页2181）

一月二十三日，公请宋育仁、彭述，在聚宝堂。宋氏盖将使欧，先生于本月二十四日有五律二首为赠。（《日记》页617、618）

一月二十五日，先生读端方藏石拓本，送桂林岩洞拓本六十八种与蒯光典，盖相报也。（《日记》页618）

一月二十六日，沈曾植、沈曾桐约消寒第六会，黄体芳、黄绍箕、李慈

铭、徐定超、王兰、盛昱、林绍年、丁立钧、鲍临同席。(《日记》页618)

一月二十七日,检新抄《客舍偶闻》送李慈铭,为其所录副本也。先生假其宋李光《庄简公集》抄本三册。(《日记》页618,《友朋书札》页172李慈铭第二十九札)

一月二十八日,游琉璃厂,得《南邦黎献集》。是日,先生校《云溪友谈》。本月二十日,宝华斋书估送来该书旧抄本,盖先生据以录副,故校之。(《日记》页619)

一月二十九日,诣陈田谈,观其新刻《明诗纪事》。(《日记》页619)

二月一日,到史馆,录高丽道郡州县名。(《日记》页619)

二月三日,先生至西苑引见。(《日记》页620)

二月五日,先生约张端本、孙宝琦、冯润田、张亨嘉、吴士鉴、秦绶章、张仁黼饮江苏馆。(《日记》页620)

二月六日,京发未圈出,先生颇觉愤懑。(《日记》页621)

二月七日,赴销寒第七集,黄体芳、黄绍箕、李慈铭、盛昱、林绍年、沈曾植、沈曾桐同席。(《日记》页621)

二月九日,先生至琉璃厂,在宝华斋得《南唐书注》《翠薇山馆词》《苏长公外纪》。至兴隆居购得明抄《长安志》。(《日记》页622)

二月十二日,接陶湘宣信,代其定保安寺房屋,盖陶氏于信中告先生将来京应万寿恩科之试。(《日记》页622)

二月十六日,先生校史馆第二单进传。是日,盛昱约西爽阁销寒,黄体芳、黄绍箕、黄绍第、鲍临、王兰、沈曾植、沈曾桐、林绍年同席。(《日记》页623)

是日,先生发盛宣怀一札,谈刻《常州先生遗书》事及近况,又姚彦鸿一札,请盛氏转交。致盛札云:"客岁奉到手书并承馈岁廿金,敬谢敬谢……《常州先哲遗书》,弟代搜得集部十种,已校好者八种,即可先行付梓。湖北陶君经手,大约每千字不过一两四钱之数,写、刻、校、修四项全数在内。现与柯太史商酌,唤五人来京,陶君必派其弟或徒弟,未必自来。一管事,二写手,二刻手,在弟寓左近租房住下,交彼写成校妥,交管事寄往湖北该铺发刻,刻样寄京再校,仍发彼修理。湖北无须设局,由电局交陶君手,字数银钱均在电局与彼面算,弟不过问。来京之五人,刻手可刻零种之精者。盘费要先给,京师房饭要贴补,人少所费亦不多,板式照《唐文粹》样,兄如以为然,即行办理,候复函,即飞告湖北,令其派人来。一盘费,或与其轮船票。二安家,每人数金,仍可扣回。并陶君写一承揽便可动手。弟命途乖舛,京察又不记名,再候三年,资格较深,开坊亦近,大约外任无望。惟弟年将半百,精力日衰,薪桂米珠,日甚一日,当索我于枯鱼之肆,奈何?渊若何时来都,屺怀为李苑客所纠,交掌院察看,甚不得已。姚彦鸿七兄来都引见,费用甚巨,一械乞即转交,保举有旧例,未知上次保案均核准否?印结须见文方能作准,所查不过大概而已。"(《日记》页 622,《艺风堂书札》页 316 致盛宣怀第十三札)

二月十七日,先生还江标《瓯香馆尺牍》,录副毕矣。(《日记》页 623)

是日,先生拜柯逢时,借其《巢氏病方》。柯氏借先生藏钱乙《小儿直诀》去。(《日记》页 623)

二月十八日,先生借徐坊明嘉靖刊《鸿庆居士集》十四卷本。此后,耗时二十余日校已藏传抄本,并于三月十五日校毕并撰跋。(《日记》页 624、632,《文集》卷七《鸿庆居士集跋》)

二月二十二日,徐乃昌求先生撰刘瑞芬神道碑,并馈百金。(《日记》页 625)

二月二十三日,先生游琉璃厂,得《欧阳文粹》《全芳备祖》《石渠随笔》。(《日记》页 625—626)

二月二十四日,先生游琉璃厂,得旧拓《孔羡碑》《尹宙碑》,又得《居业堂文集》《吴越备史增订》。(《日记》页 626)

二月二十五日,先生约吴昌硕、徐乃昌、恽积勋、方恒、瞿熙生、王颂蔚、江标、费念慈小饮云自在龛。(《日记》页 626)

是日,先生接金武祥信并抄常州词。先生编《常州词录》,金氏亦助搜寻,补先生所缺。(《日记》页 626)

二月二十八日,河南小门生来见,凡五十六人,王懿荣去年主河南恩科乡试所取士也。(《日记》页 627)

二月二十九日,撰《唐太淑人传》。唐太淑人者,名韫贞,字佩蘅。董康之母。唐氏自幼工长短句,有《雨窗词》三卷,及《秋瘦轩词选》若干卷。先生撰是文,缘于董康之请。(《日记》627,《文集》卷一《唐太淑人传》)

三月一日,先生拜访杨锐、康有为。(《日记》页 628)

三月二日,先生偕王颂蔚、叶昌炽、费念慈、江标公请文廷式、黄绍箕、

沈曾植、端方、李盛铎、孙诒让等于江苏馆,到者十六人。(《日记》页628,《缘督庐日记》页628)

是日,丁立钧、林绍年约浙江馆消寒,黄体芳、李慈铭、沈曾植、沈曾桐、鲍临、盛昱、黄绍箕、黄绍第同席。(《日记》页628)

三月三日,先生送《方瑞兰传》稿于方启南。先生盖应硕辅之请为之改订。(《日记》页628)

是日,陆树藩访先生,托售兰雪堂本《蔡仲郎集》、会通馆本《容斋五笔》,先生以为"均佳"。(《日记》页628)

三月四日,吴堪借《匏翁家藏集》,夏孙桐借《日本图经》,费念慈借《新罗久杨柳鸳鸯》。(《日记》页628、629)

是日,先生发吴申甫信、章寿康信、凌霞信,寄凌氏《益都金石记》、方彦闻《金石补正》、《括苍金石续志》。致凌氏信云:"客冬奉到手书并《溪南词》一迭,未能即覆,歉仄之至,辰维履蹈百福,著述千秋为颂。弟京师伏处,珞珞如恒。为抄得《金石补正》二册,《括苍续志》四卷,购得《益都金石记》一部,乞察收。《天下金石志》乞代录为感。舍亲仰承嘘植,得一吉差,感谢无既。硕卿仍在上洋。申甫讼事尚未断结,受累无穷,闻近时亦罕见秘籍。太平府学金石春间能拓致否?公暇尚望时通消息为幸。"(《艺风堂书札》页335致凌霞第三札)

三月六日,先生拜梁于渭、费念慈、夏孙桐,借梁于渭《龙门山碑目》。(《日记》页629)

三月九日,是日课"杭肥醮水露华香"试贴一首,本月下旬将大考翰詹。自今日起先生多日课试帖、贴体诗、七言排律,直至二十五日移入史馆,与陈田联床待考。(《日记》页630—634)

是日,先生游厂肆,得《文征明集》二部。(《日记》页630)

三月十日,黄体芳招销寒弟十集,在浙江馆,李慈铭、徐定超、盛昱、沈曾植、沈曾桐、丁立钧、林开暮同集。是日先生编周家楣《通政遗集》,拟分政书及文集为二编。(《日记》页630—631)

三月十七日,先生送《政和五礼新仪》三册与况周颐初校,盖先生据一月十日借夏孙桐之本录副。(《日记》页632)

三月十九日,先生约吴德㴆、乔树枏、王秉必、周茂侯、张式卿、杨绍璧、顾印伯、杨锐、家仲清小饮广和居。(《日记》页632)。

三月二十六日，是日保和殿大考，"水火金木土谷"赋，"书《贞观政要》于屏风"论，"杨柳共春旗一色"诗七言排律。午后大风，昼晦，笔墨枯涩，佥不成字。晚仍宿史馆，次日卯刻出城。(《日记》页 634)

三月二十七日，校《李庄简公集》。先生于本年一月二十七日从李慈铭借得该集，此盖录副本而校之，历时多日而校毕。(《日记》页 634—636、643)

三月二十八日，拜恽祖祁、叶昌炽、恽彦彬、冯申甫。诣费念慈谈，得考列三等信，借费念慈过校《荀子》六册回。本次大考初阅卷者为昆冈、孙毓汶、孙家鼐、陈学棻、志锐、王文锦、李端棻、龙湛霖、徐会沣、梁仲衡，于三月二十七日完成。先生本日所知者，当系初阅之名次。大考复阅者为张之万、徐桐及翁同龢，遵旨分二十八、二十九两日阅毕。此次复阅据翁同龢记载情况如下："阅至巳正粗毕，青荫老写奏片清单讫，遵旨改定三卷，拟改后者二卷，拟改前者一卷，三等末廿名重排定。未初递上，二刻许发下，于清单拟改前者，上硃笔批著即列入一等末，正折传旨依议。遂与青老定三等后数十名，皆脱字、出韵、涂改者。请军机章京二人写名单、名次签，重粘一过，余一手经理，申正二刻始毕递上。酉初传散，乃归。夜诣夑臣。连日头眩。"(《日记》页 634，《翁同龢日记》页 2687)

三月二十九日，沈桐约至怡园小饮。"出西便门，西南约卅余里，沙石荦确，登降为芳园，半菜半花，饶有野趣。牡丹数十本，本皆数十花，时当盛午，花光少逊耳"。(《日记》页 634)

四月二日，冯联棠送大考全单，先生知已移入三等之末，谓："命也！夫复何言？"(《日记》页 635)

四月三日，先生复梁鼎芬一札，述近况。札云："昨得手书并《东塾集》，悉著作日增，起居时益，聊慰远念。荃孙运蹇，匪夷所思，又漂京察，亦无庆典，大考劣等，改官罚俸，尚未能定，命也。现拟出京省墓，后来鄂相晤，匪遥矣。诗集，客岁在龙明经处见之，已付梓否？杂文成稿否？荃收拾各种稿本，得文四卷，骈文两卷，诗尚未编辑。自愧希慕富贵，不能如廖泽群之决。十年京国，竟无一枝之借，犹幸谨守绳尺，负债不多。今尘梦已醒，返我初服，徜徉山水，以娱暮年。惟上无片瓦，下无立锥，不能不图馆以糊口耳。南菁一席，溥玉岑亦已定人，然实未妥，此中尚费斡旋。闻说林下亦拥挤，然去志已决，不再游移以取辱矣。"(《艺风堂书札》页

356 致梁鼎芬第一札)

四月八日,引见于乾清宫。午刻得光绪皇帝谕旨,三月试翰詹各员,定一等六员,二等七十七员。三等一百二十三员,四等二员。考列一等之编修文廷式着以侍读学士升用;先生友人、门人编修王懿荣着以侍读升用。而先生名列三等一百二十四名,罚俸二年。此次朝考,先生原被定为三等一名,经张之万、徐桐、翁同龢露名覆阅,抑置三等一百二十四名。此因先生在史馆与徐桐不合,徐桐有意求疵。至此,先生浩然有归志矣。(《日记》页637,《德宗实录》卷三三八,《年谱》)

四月九日,先生拜张謇。是日,先生读沈赤然《辊山读书随笔》,以为"空议论无考订也";读《寒夜丛谈》,以为"多阅历见道之言"。(《日记》页637)

是日,先生编定《周通政集》。(《日记》页637)

四月十日,沈桐、康有为访先生。(《日记》页637)

四月十一日,先生致张之洞一札,告以近来遭遇及欲图南返:"……受业时乖运蹇,计无复之,只有归耕一途,犹可苟全性命。第自遭寇难,生计毫无,奔走卅年,一廛未卜,不得不图馆谷,以为饘粥之需,仰恳夫子大人悯其穷途,赐以末席,效趋承于左右,藉报答于涓埃。而衰病之余,性灵日退,枯肠难索,彩笔已还,不敢希席上之珍,但免作沟中之瘠而已。受业之开罪徐掌院也,因《儒林》等五传,奏派受业与谭叔裕总办。徐太无学术,又坚愎自是,硬交纪大奎、方东树入《儒林》,受业等两人恐为清议所鄙,力持不肯。属有逸人交构其间,遂固结而不可解。此次入都撰文,旧缺不派,庆典不派。会典馆潘文勤索之于前,翁尚书索之于后,允而不派。京察不能不列一等,考语平常,以致不能记名。掌院例不阅大考卷,忽特旨命之覆阅,业已拆封,恩怨易辨。受业卷初列二等,因一讹字改置三等之首,亦可以已矣。徐一见大喜,谓非置四等不可。翁尚书再四挽救,置三等倒数第四名,夺俸两年。徐尚以为未快也。深仇宿怨,为之下者不亦难乎!现拟收拾图书,提携细弱,午节前后,航海而南,趋敬崇阶,面聆训诲。"(《日记》页637,《艺风堂书札》页257致张之洞第一札)

四月十二日,早得题名录,知江阴脱科。(《日记》页638)

四月十三日,先生赴礼部,磨勘会试卷。(《日记》页638)

四月十四日,校戴震《尚书义考》。(《日记》页638)

是日,先生撰刘中丞神道碑毕。碑主为贵池刘瑞芬,先生挚友徐乃昌之岳父。刘瑞芬,由邑庠生、中书科中书叙军功累保至花翎道员,分发江苏。光绪三年,简苏松太兵备道。八年,迁江西按察使。九年,再迁江西布政使,护理江西巡抚。十一年,诏以三品京堂充出使英、俄诸国大臣。旋补太常寺卿,转大理寺卿。十三年,改充出使英、法、义、比四国大臣。十五年,授广东巡抚。十八年,死于位,年六十有六。(《日记》页638,《文集》卷一《广东巡抚刘公神道碑》)

四月十六日,梁鼎芬致先生一札,安慰先生大考被置劣等。札有言:"今日之事皆如此,何必深究,能归甚好,但恐不归耳。公才乃抑塞至是,亦不可解也。江山大佳,鱼鸟相逐,艺风,艺风,其有意乎?"(《友朋书札》页159梁鼎芬第五十札)

四月十九日,先生重定《常州词录》。(《日记》页639)

四月二十日,蒯光典招饮久和兴,张森楷、王懿荣、盛昱、王守训、江标、丁立钧、端方、刘岳云、刘显曾、沈曾桐、冯煦、李盛铎同席。饭后与李盛铎、文廷式、江标、盛昱同至端方处,"碑石林立,真赝参半,然《郛休》《曹真》《蔡儁》各碑皆绝纱也"。(《日记》页640)

是日,梁潆甫从山西寄梁景先文集与先生,殆此时已雕版刷印。(《日记》页640)

是日,先生撰《江阴先哲遗书序》,二十五日撰毕,二十七日又改之。《江阴先哲遗书》系先生表兄金武祥所辑刊,此序文当从其请而为之,有云:"士大夫居乡,收拾先辈著作,寿之梨枣,以永其传,有三善焉。一邑读书之士,能著述者,不过数十人,著述而能存者,不过数人,吉光片羽,蟫盦为巢,及今传之,俾不湮没,其善一也。土风民俗之迁革,贤人才士之出处,贞义士女之事实,耳目近接,纪载翔实,是传一人之诗文,即可传数人之行谊,其善二也。乡曲末学,志趣未定,贻以准则,牖其心思,俾志在掌故者,既可考订以名家,工于词章者,亦能编纂而成集。佩实衔华,闻风兴起,其善三也。顾前人亦有二体,一则采撷诗文,选择精审,部别代分,汇成总集。如孔延之之《会稽掇英》、郑虎文之《吴都文粹》是也。一则经、史、子、集,各因其类,首尾悉具,序跋仍之,或就旧帙翻雕,或勒行款如一,如前则胡震亨之《盐邑志林》,近则邵子显之《娄东杂著》是也。二者之中,尤以丛刻为最善。"(《日记》页640,《文集》卷五《江阴先哲遗书序》)

四月二十一日,先生致盛宣怀一札,谈将南返及刻《常州先哲遗书》等事:"二月初,谨肃一楲奉达左右,内附与姚彦鸿七兄一函,迨彦鸿来都询此函并未收阅,洪乔误我,歉仄倍增。辰维百福骈臻,四方欢洽,长才伟略,操纵裕如,引领下风,莫名颂祷。弟浮沉人海,意气全消,京察既不记名,大考又复夺俸,年华老大,无所归宿,现求南皮师为觅湖北一书院便移眷出都,返我初服,徜徉山水,著述自娱,免得奔走,软红受人轻贱,计亦良得。屺怀为人中伤,与弟均未考差。弟出京之期速则五月,迟则七月,去志已决,万无留恋。《常州先哲遗书》弟已定出十种,编为初集,鄂馆定后就近招集匠人,仿《唐文粹》式开雕,过津晋谒,当面达一切。薇孙开坊,恽氏正属热闹。武阳新中三人,均在弱冠,必有得庶常者。屠静三考在江苏第七,能散知县为佳。今年才士可谓摧折殆尽,令人不得不思潘文勤矣。"(《艺风堂书札》页 317 致盛宣怀第十四札)

四月二十三日,抄《朝鲜金石目》,多日乃录毕。(《日记》页 641)

四月二十六日,得鄂电,促先生早日南下。(《日记》页 642)

四月二十七日,祝翁同龢寿。又诣蒯光典谈,看字画,沈曾植、陈同礼、费念慈同集。(《日记》页 642)

五月五日,校《张文忠公集》。先生于去年九月借得徐坊旧抄《张文忠公集诗集》,此盖录副本而校之。(《日记》页 586、644)

五月七日,赴陶然亭费念慈、杨锐、顾印愚之约,吴德潚、屠寄、王秉必同集。(《日记》页 644)

五月九日,黄体芳招饮天宁寺,同集者卅人。(《日记》页 645)

五月十五日,检书毕。先生准备告假南返,近日检书入箱。(《日记》页 647)

是日,刘可毅、刘树屏招饮,江标、叶昌炽招饮,孙孟延招饮。近日友人招饮者甚多,先生均赴之。(《日记》页 647)

五月十七日,先生装衣箱毕。恽祖祁、周立可来送行。周氏交先生《周通政集》刻赀壹百两。(《日记》页 647)

是日,先生诣吴德潚、顾印愚谈,诸君子皆谓先生十九未必成行。(《日记》页 647)

五月十八日,王颂蔚、陆继辉、李子丹、杨宜治、凌心坦各招先生饮。(《日记》页 648)

是日,先生诣李文田叩辞。(《日记》页 648)

是日,翁同龢来柬坚留,陆继辉亦来言掌院徐桐亦慰留,提调派署暂不开缺。(《日记》页 648)

五月二十一日,起程,抵通州。是日先生读《骈体文正宗续编》。(《日记》页 649)

五月二十五日,先生在天津谒李鸿章,拜盛宣怀、季邦桢、沈家本、吕耀斗、吴积曐、姚代耕、丁绍基、张佩纶等。(《日记》页 650)

六月三日,为浙人卢洪昶题山水立轴两诗:"杨柳丝丝夕照黄,遥山一抹接林塘。石凉清境分明在,中有君家旧草堂。""卅载天涯愧浪游,一廛何日筑林邱?而今小结圆鸥梦,江冷芙蓉卧几秋。"(《日记》页 651)

六月四日,抵沪。先生上岸拜吴申甫、章寿康等友人。先生此次在沪凡八日,颇得访友宴饮之乐,所见之友人有萧穆、纪钜维、冯开第等。(《日记》页 652)

六月六日,先生拜薛福成、沈能虎。(《日记》页 652)

是日,先生致陶濬宣一札,札谈及代其订房、抄《五礼新仪》事及先生近况,又言及本科进士试之状况:春间奉手书,满拟三月初畅聆雅教。兄需保安寺房,于二月初定到三月间,窗明几净,月价六金,另一间为厨房,位置已妥,候至初八入闱,不见兄到,询莼客方知兄抱恙已回嵇山,不胜怅惘。初八退房,寺僧晓舌之至,给与一月房钱,颇不愿意。拟即致函问候,而考信忽降,抢攘廿日,考劣等罚俸。弟之不才,原无所怨尤,然以一字之讹,加以严谴,考起诸公有不止讹一字者,古所谓高下在心,是也。从此万念俱灰,何所系凭,差亦未考,于五月廿一乞假出都,昨日到沪矣。眷属尚留京师,俟弟定居,专价迎之。从此跌宕湖山,研究文字,犹胜软红尘中仆仆道途也。兄近来大愈否,何日赴广?弟抄《五礼新仪》,木斋书不能带出京城,移交静三管照。静三散入水部,意兴顿颓,然已派庆典,明年以知府分发候补,犹胜于弟也。季直大魁,常熟一人之力,字已退且生,并有讹字累句,有人照应,不妨也。嘉兴沈卫书法冠场,无凭借人,至第五而止。试问前四人力量,沈能及之乎?凡事如此,人巧夺天,类推可悟。"(《日记》页 652,张慧禾《缪荃孙致陶濬宣尺牍七通辑考》,《艺风堂书札》页 333 致陶濬宣第七札)

六月七日,拜黄祖络、聂缉椝。(《日记》页 652)

六月十三日,在镇江,诣招商局晤姚岳望。是日先生游金山寺。先生在镇江,欲访梁鼎芬及姚岳望,不意梁氏已返鄂,凡在此三日,游金山寺、焦山、竹林寺、鹤林寺而后赴鄂。(《日记》页654)

六月十五日,先生游竹林寺、鹤林寺。鹤林寺,"茅屋数椽,不蔽风雨,残碑断碣,罗列井边,嘉定、景定,仅存年月,惜天气过热,未能凑集重拓"。(《日记》页654、655)

六月十八日,抵汉口,缪祖保来迎。先生晤恽祖翼,渡江住瞿廷韶表兄处。先生此次在鄂凡一月,颇得师友见交游之乐,中间曾代出经心书院题,代阅卷,最后张之洞关聘主重修鄂志。(《日记》页655)

六月十九日,先生就谒张之洞,又拜谭献、梁鼎芬、瞿念慈、瞿炳堂。(《日记》页655)

六月二十日,先生拜王之春、陈宝箴、岑春蓂、李方豫、徐士彦等,并诣梁鼎芬谈。(《日记》页655、656)

六月二十三日,恽毓良、缪福保夫妇来见先生。(《日记》页656)

六月二十四日,遵瞿廷韶之嘱拟经心书院经题。(《日记》页657)

六月二十五日,送陈紫澜行书屏十二帧、《俄游汇编》、影宋《花间集》于张之洞。(《日记》页657)

是日,湖北梓人陶子林来见先生,先生交《荆川集》全部、《周通政集》首册与之。(《日记》页657)

六月二十六日,恽祖翼来谈,先生知中日开仗。(《日记》页657)

六月二十七日,先生至恽祖翼署小酌,观恽氏所藏恽源濬花卉册、钱维乔、钱维城及同人画山水册、戴熙山水册,均极佳;旧拓唯翁跋明刻《化度》较佳,《皇甫》及《九成》为赝本。(《日记》页657)

六月二十八日,先生诣三佛阁,观新刻《山谷集》,"影宋极佳"。陶子麟刊书于此处。(《日记》页658)

七月二日,先生定重修志书局,张之洞请先生主之。(《日记》页659)

是日,屠仁守致先生一札。札慰先生大考之居后,虑时事之纷扰,云:"特时事有大可虑者,虾夷猖獗,鼙鼓惊涛,传说纷纷,莫得其实。而此间派拨急饷廿万,数日遂已起解。私意悬度,左顾右盼,不禁忧从中来。祸原固匪自今,但发难非同寻常。将恐掣动大溜,洪流遂难遏遏。敢乞详底蕴,千万之恳。"又云:"海疆既有事,懋元系在局中,当可展布所长,得时则驾。惟闻之道路,合肥似觉气馁,然与否与?近日言路,颇益发舒,圣明英断,中外拭目望治,乃有此轩然大波,致廑宵旰。任事诸君,何以仰答,殆不可有几微失著,以巩此无缺金瓯。蝼蚁微忱,但为社稷生灵,夙夜默祷耳。"又自言近况云:"令德堂课业照常,诸生谨愿者多。远道之才,十中一二,未卜终能成就何等。兄目疾未甚发,精力勉可支持,惟读书迄无心得,徒深愧负,尚祈垂爱,时有以警厉之,斯为厚幸。"(《友朋书札》页78屠仁守第三札)

是日,梁鼎芬致先生一札,约请先生七月四日饮,云:"今早闻杨叔子说,从者已居快园,想尊体清愈为快。四日治酒奉请,乞早蚤,如不得暇,希示。欲改订,一依雅命。"(《友朋书札》160梁鼎芬第五十三札)

七月三日,梁鼎芬交团扇索先生题,并携去先生癸巳文稿一本。是日先生访丽宝斋,购得《明名臣琬琰录》,安刻《初学记》、《友林乙稿》、《果堂集》、《古泉山馆诗集》、《东观汉记》。(《日记》页659)

七月四日,梁鼎芬招饮,沈瑜庆、赵滨彦、陈三立、余肇康、志钧、杨锐等同席并诗钟。(《日记》页659)

七月六日,沈瑜庆约至安徽会馆诗钟,梁衍若、余肇康、赵滨彦、陈三立、杨锐同席。(《日记》页660)

七月八日,先生诣张之洞辞行。(《日记》页660)

是日,先生闻日本信息,甚恶。(《日记》页660)

七月九日,先生接重修鄂志关聘。(《日记》页661)

七月十一日,李观涛送经心书院经学课卷,张之洞命先生代阅。凡三课,先生至十七日方阅毕。(《日记》页661)

七月十八日,张之洞馈先生百廿金。先生登船离汉。(《日记》页662)

七月二十一日,先生在江宁,至文运堂、文富堂买旧书,得旧抄本《太平寰宇记》、《云川阁集》、《新安志》、《内简尺牍详注》、《哀江南赋注》、《韦斋集》、赵注《颜氏家训》、方刻《草堂诗笺》、《楚辞》、明刻《唐人小集》等,又得《小仓山房文集》、《夷坚志》、《锡山文抄》、《词律》(《日记》页663)

七月二十二日,先生又诣文运堂,得《尔雅》、《疑狱集》、旧抄《元音》、《燕兰小谱》、《东山集》、《龟巢集》。(《日记》页663、664)

七月二十三日,先生诣西山堂,得《王忠文集》《焦山志》《百宝箱》三

书。又诣玉池山房,得《文苑英华选》、《梦陔堂诗》二。又诣文富堂,得《释名校》。(《日记》页 664)

七月二十九日,先生至申港。(《日记》页 665)

八月一日,有旨:刑部右侍郎龙湛霖提督江苏学政,翰林院编修庞鸿文提督湖北学政,编修江标提督湖南学政,福建学政王锡蕃留任。

八月一日,先生阅西郊书院二月课卷,至六日三、四、五月课卷阅毕。(《日记》页 666)

八月七日,先生得龙湛霖督学江南信,以为"江南文事可知矣"。(《日记》页 666)

八月十一日,先生往拜刘玉霖,托询江阴布置炮台洋炮情状,奉张之洞之命也。拜刘有光、郑澧筠、黄以周、仉翼南。(《日记》页 667)

八月十四日,先生上庆罗圩祭坟。(《日记》页 668)

八月十六日,先生为其堂叔父、母请制。(《兰陵缪氏世谱》)

八月十八日,得京师电报,促回京,先生随即覆电。(《日记》页 669)

八月二十日,先生出江阴北门,上红船,出黄田港巡视,"东北风紧,赶落潮水势使帆作之字行","过鹅鼻嘴炮台下,经大石湾、小石湾",船转侧不定,入黄山港小避。"午饭毕,风雨交作,湖面大作,转舵仍入黄田港"。是日同行者有王守晟、王士祯、章成信、缪圻、缪筱雅六人。(《日记》页 669)

八月二十八日,先生抵沪,诣吴申甫谈,至泰和馆小酌,章寿康同席。(《日记》页 671)

九月一日,先生上张之洞一笺,寄江阴防营炮单。(《日记》页 672)

是日,吴申甫先生晚饭,托先生代售《金石补正》十三部、《事实类苑》一部。(《日记》页 672)

九月十日,先生抵京寓。家中大小安好,知缪祐孙于前月廿六逝世。先生忧其母老子幼,无以为生,"辗转踌躇,彻夜不寐"。(《日记》页 674)

九月十一日,盛昱代先生录副《石林燕语辨》一册,所据为明抄《儒学警悟》本。光绪十八年,先生闻明抄《儒学警悟》为山西书估携京,访而未见,而为盛昱捷足先得。阅陆心源所赠旧抄本《滋溪文稿》,乃卢文弨旧藏本。(《日记》页 674,《文续集》卷七《石林燕语辨跋》)

九月十二日,往吊缪祐孙。(《日记》页 674)

九月十三日,谒见孙毓汶、翁同龢,拜张佩纶。王懿荣、蒯光典、费念慈、陆继辉、陈梦陶、江标来访。是日,先生定计出都。(《日记》页 675)

九月十五,先生谒李文田。(《日记》页 675)

是日,先生售《唐人廿四家诗》与江标,得廿金。还《章实斋遗书》与柯逢时。(《日记》页 675)

是日,先生校《张文忠公集》毕。去年九月二十八日,先生借徐坊藏旧抄本《张文忠公诗集》,先生盖据以录副也。(《日记》页 596、675)

九月二十三日,李慈铭致先生一札,赠先生《傅忠肃公集》,云《大唐郊祀录》亦将写完,即日可奉缴。札又云其入夏久病,七月四日中危疾,至今不能出户,询先生何日还都,是否决计携眷南还。(《友朋书札》页 172 李慈铭第三十一札,《日记》页 677)

九月二十四日,先生售书与徐坊,得九十金。(《日记》页 677)

九月二十五日,先生妻夏氏赴吕祖祠求签,志不欲行。(《日记》页 677)

九月二十七日,叶昌炽来访,长谈。(《日记》页 678,《缘督庐日记》页 2249)

九月二十九日,李慈铭招先生饮,有蔡元培等同席。(《日记》页 678,《蔡元培日记》页 24)

十月三日,先生安排家眷登程离京。(《日记》页 679)

是日,高翰清赠先生《拥双艳三种》,万树所著。(《日记》页 679)

是日,家眷船抛锚阴沙外面,先生致盛宣怀一札,请其相助,并谈刻书事:"前过津门,诸承照拂,感谢无似,到鄂后即闻中日开仗,想吾兄异常劳勚,刻书一事,未敢以电报相混,昨托子渊兄转交承揽一纸,唐集业已交彼写刻,并垫款百千,俟今冬到鄂理料妥协再行报销领款也。军务败坏,至此伊于胡底。今弟为国捐躯,实为伤惨,然世家子弟只有国不知有身,视统帅尚书逍遥河上不啻有天壤之别矣。吾兄鸰原谊笃,排解万难,务祈帷幄运筹,灭此朝食,国耻家仇,庶一雪乎!弟鄂馆定后,回京挈眷,适当风鹤交警之际,书簏百廿,实费踌躇,不得已先命令侄志名护眷属出都,乘轮回里,闻船抛锚阴沙外面,须用炮船,恳赐小火轮拖带,实为妥协并给护照。如轮船不通,即转船至德州登岸,亦望派勇护送为祷。弟俟见香帅后

即行到津面谢一切。"札又附言夏孙桐同行,亦求盛氏予以照拂。(《艺风堂书札》页317致盛宣怀第十五札)

十月七日,沈曾植、沈曾桐招饮义胜居,王颂蔚、黄绍箕、叶昌炽、丁立钧、费念慈同席。(《日记》页680)

是日,得旅顺警信。(《日记》页680)

十月八日,先生校《夏文庄公集》毕,盖系借书估谭锡庆之本录副。(《日记》页680)

十月十一日,王颂蔚邀广和居小饮,沈曾桐、沈曾植、黄绍箕、刘显曾、冯煦、叶昌炽、屠寄同席。(《日记》页681,《缘督庐日记》页2253)

十月十二日,李慈铭致先生一札,闻先生将行,甚为怅惘,欲为先生饯行,并自云"近觉病甚,恐不久于人世,未知此生能否出都"。(《友朋书札》页172李慈铭第三十札)

十月十四日,先生谒翁同龢、孙毓汶辞行,又拜张佩纶、王懿荣、盛昱、李祖章等。(《日记》页682)

十月十六日,收拾行李起程,交唐文治、王懿荣信与田福,交李慈铭信与屠寄,向唐文治索《匏山堂别集》,向王懿荣索《海东金石苑》,向李慈铭索《大唐郊祀录》)。(《日记》页683)

十月十七日,五更大风,是时慈禧太后还海,百官跪送之。先生谓"时也天意,垂戒深矣"。(《日记》页683)

十月十九日,抵天津,晤汪洵、盛宣怀。先生在天津凡五日,盛宣还付刻赀京平足银二百两,又送先生《经世文续编》半部四十册。(《日记》页683—685)

十一月一日,抵上海,晤吴申甫、章寿康等。先生在沪凡十日,十月七日发书箱六十四只上船往鄂,十日与四婶即缪祐孙之母登船离沪。(《日记》页686)

十一月十二日,抵达江宁。先生在江宁凡留三日,十三日先生谒张之洞,晤沈塘、梁鼎芬、杨锐、纪钜维,游煦园;十四日拜胡廷桢、吴炳祥、杨模、沈廷瑜、陈元颐、叶大庄;十六日,步行至静海寺观三宿岩,得宋人题名若干段。(《日记》页689、690)

十一月十四日,先生友李慈铭卒于京。(《李慈铭年谱》页298)

十一月十八日,船过安庆、九江。是日先生读《史记·六国表》,知春

秋战国时即有"史记"之名。(《日记》页690)

十一月十九日,先生抵汉口。(《日记》页690)

十一月二十二日,校《元文类》。(《日记》页691)

十一月二十五日,先生渡江看抚辕西街屋,价二十两,勉强合式即留下。(《日记》页692)

十一月二十七日,取《江左石刻文编》,校补《江苏金石》。(《日记》页692)

十二月二日,先生拜钟桐山、陈宝箴、庞鸿文、瞿念慈、毛石君。(《日记》页693)

是日,先生取《荆川集》第二册交刻书人陶子麟,该集为《常州先哲遗书》之一种。(《日记》页693)

十二月四日,撰《布政使衔广东按察使金公神道碑》。传主金国琛,字逸亭。江阴人。金氏"少时读书,留心地理、兵事。补邑庠生,再试不售,遂弃去"。入湘军,参与绞杀太平军而建功。"将兵十余年,噢咻拊循,同甘共苦,爱军士如子弟,士卒奉之如父兄。坚苦踔厉,所向必捷"。其率军与石达开、陈玉成之军皆有对阵,"转战江西、湖北、湖南、河南、安徽五省,经大小一百八十余战,克复省、府、州、县城二十有四",官至广东按察使。先生详叙其一生大要,云:"荃孙生同里闬而流徙黔、蜀,迄未能晤,至以为恨。"是传乃应金国琛之孙金家幹之请而作。是年,湖广总督张之洞、湖北巡抚谭继洵,以金国琛战功上于朝,请祔祀湖北胡林翼祠,且宣付史馆立传,诏允。次年二月二十日,先生寄该传于金武祥。(《日记》页693、716,《文集》卷一《布政使衔广东按察使金公神道碑》)

十二月十三日,先生入新居,放爆竹,张灯。(《日记》页695)

十二月十六日,恽祖祁来谈,于京师事甚悉。(《日记》页696)

十二月十八日,先生拜刘保林、岑春萱、姜汝谟、张鹤年、谢聘璋、陈三立、谢得龙、刘鹤龄、盛春颐、赵惠襟、陆妃堂、施纪云等。(《日记》页696)

十二月十九日,交《荆川集》写样与陶子麟。(《日记》页697)

十二月二十二日,先生领监修薪水四十八两。(《日记》页697)

十二月二十六日,盛宣怀寄百金催刻书。(《日记》页698)

是日,萧文昭与先生辞行返湘。先生托其携祀灶日所作致江标一函。函述近况云:"都门握别,瞬息三月有余。昨阅汉报,藉知提倡文风不遗余力,大才藉此展布,真湘中之幸。下风行领,欣羡奚如。弟十月初间先送眷属出都,十八日只身就道,由宁而鄂,本月始移寓省城抚院西街,而倭信日逼,大局瓦解,未知明年又在何处,殊不能预料也。十年京寓还账并盘缠,去贰千有零,新积累累,馆谷仅有千金,糊口而已。香帅须军务稍平,拟为位置南中一席,不知有此清福否?湖北片纸只字未见,大可省钱,惟刻书之兴未阑,现先将士礼居跋、瞿氏书目付刊,再拟将叶兄《纪事诗》及弟所见古书标附之《楹书隅录》,绝无以得,不足重也。廉生推重其乡人,然近年来陈介丈之金石、伪品极多。杨鼹丈之书籍、书佳跋不佳。李仁明之书画皆不过尔尔,似尚不如南中也。"又云其欲作《史籍考》之事:"《续经义考》钱氏书未见过否?谢氏《史籍考》道光中潘芸阁得其残稿,在清江开局补撰后亦未成,昔年问之潘氏子孙,据云毁于金陵矣,弟曾有志为之,仅成'金石''目录'两门初稿,方知竹垞先生精力不可及也。小学考、经义考稍易。"又言及近来事云:"一梧师想常晤,弟竟不能作小楷,俟舍侄来,方能撰启请安,耳目手足俱衰,如何如何!兄到永州拓金石否,亦非易事,非拓过者不知其难。屺怀一人尚留京师,御史尚未考过,鞠之住皦家坑邓宅,南中亦惊慌,香帅有出驻江阴之信,不知兵力能御倭人否?"(《艺风堂书札》369页致江标第一札)

十二月二十九日,闻李慈铭病殁京邸。先生自谓:"今年封疆大吏如刘中丞锦棠、谭中丞钧培、周提督达武、黄提督翼升,吾辈如朱鼎甫同年一新、蔡松生同年右年、许鹤巢先生玉琢、陆存斋观察心源均谢世,今越缦又继之,大有老成凋谢之感。沈仲复之贪劣,潘伟如之巧滑皆不足惜者。"(《日记》页699)

除夕,章寿康在先生处早饭。章氏本月二十日自上海来。是日,先生颇多感慨,自谓:"去岁今日万不料蹉跌至此,然而干戈未息,内忧外患,未知明年能如今日否?不胜浩叹。"(《日记》页699)

是年七月,清廷颁谕查康有为《新学伪经考》,李鸿章上议该书"并非离经","饬其自行抽毁"。

卷四　钟山书院

光绪二十一年　乙未(1895)　五十二岁

一月一日,先生在鄂修志。刘承基自江阴来,持江阴绅士公函及刘玉霖函,嘱电张之洞,留张景春春字营守炮台。张之洞自去年十月起署理两江总督兼署江宁将军,锐意改革旧营制,欲成江南自强军。先生于二日发电过江宁,又发江阴绅士公函、刘玉霖函。(《年谱》,《日记》页701)

一月四日,章寿康送字画来,以陈撰分书小联为最,包世臣联系挖款,汉画像、隋千佛塔两拓本妄人题坏,余亦平平。(《日记》页701)

一月五日,先生友钟桐山病甚,以手稿嘱先生订。(《日记》页702)

一月十四日,陈三立、梁鼎芬约先生小饮,杨守敬、志钧、余肇康、章寿康、叶瀚、李本方、徐家干、邹代钧、吴德潚乔梓等同席。(《日记》页704)

一月十八日,袁昶自芜湖复先生一札。札谈中江书院一席云:"去年朱鼎父同年辞世后,中江一席本拟请公主持,因未知能否出京。而向例脩金菲薄,故仓猝即就近延请汪仲伊兄。现仲兄筮日即开馆,遇有他处讲席,可以资公遥领者,当另奉闻。"谈及先生之辞官事及时局云:"前有一笺,托苇卿舍亲转呈,既而知公拔宅图南,定居鄂渚。唐末有韩相偓之入闽,有此情景。北事一至于斯,衣冠之族,咸卜避地,为之慨然……韩文懿荬,深羡秀水朱竹垞先生,以七品秩归田,先生与䣙舫政尔伯仲,他日光焰万丈,与西河、竹垞两先生等,何论腐鼠哉!上年张廉卿、李莼老、朱鼎父、孙琴西丈,先后物化,海内知旧,政值兵火时零落,尤令人短气。外吏气味之难堪,办事之棘手,真有朝朝呕气,不能信心,无言对衾影者。亦欲挂衣冠,从公后,觅一片清静地上住,以资养生服食,颐性长年,免为日游神骑大驰者所构也。"札又谈及其已刊之书有《黑龙江外记》《湛然居士集》《宁

古塔纪略》;未刊竣者,《吉林外记》《卫藏通志》,并随札呈送先生数册。(《友朋书札》页 98 袁昶第十九札)

一月二十二日,先生偕章寿康访梁鼎芬长谈。(《日记》页 706)

是日,接袁昶信,并寄新刻《圣元亲征录》《云气占》《孙子逸文》三种。(《日记》页 706)

一月二十三日,先生送丛书与梁鼎芬,借其《全上古三代秦汉南北朝文》。是日先生发《风俗通义逸文》交徽州王人杰写,盖先生新辑者。(《日记》页 706)

一月二十六日,重编书画目,分"东""壁""图""书""府"五箧。检新刻书及《藤阴杂记》《恩福堂笔记》送余肇康。(《日记》页 707)

一月二十九日,招陈三立、吴德潚、丁国钧、梁鼎芬、瞿廷韶小饮云自在龛。(《日记》页 708)

二月一日,朱盐道送来自强书院商务主讲关书,年俸八百金,系张之洞主政。自强学堂系张之洞创设,初分方言、格致、算学、商务四门。(《日记》页 709)

二月四日,先生与梁鼎芬送行,其将往江宁主钟山书院,并参张之洞之幕。梁氏借先生藏费刻《景定建康志》两函去。(《日记》页 711)

二月九日,先生发吴申甫信,托购西书,盖为主讲自强学堂商务科故也。(《日记》页 712)

二月十日,先生上自强学堂开学,同事算学斋华蘅芳未来,方言斋李一晴,格致斋汤金铭,汉文教习史蘅若,主人龙锡庆、瞿廷韶、岑春蓂、朱其煊,提调盛春颐,委员孙钟杰率诸生来见。(《日记》页 713)

二月十三日,先生为钟桐山编从政录毕。(《日记》页 714)

二月十六日,陶子麟送《荆川集》刻样三卷,先生交去《荆川集补遗》一卷。(《日记》页 715)

二月十九日,先生读许宗衡《玉井山馆笔记》,撰跋。(《日记》页 716)

二月二十日,谭献索《云自在龛丛书》,已无全者,检第二集与之。又自强学堂明日开课,盛春颐索题目去。(《日记》页 716)

是日,先生重订元明善《清河集》。(《日记》页 716)

二月二十一日,接吴申甫信,并《法国律例》《富国策》《西国近事汇编》《列国岁计政要》《公法总论》《曾侯日记》《庸庵续集》及《外编》《罪言存略》

八种，先生所托购者。(《日记》页 717)

是日，先生撰《奉天录》跋。跋叙先生刻《奉天录》始末云："《奉天录》四卷，唐赵元一撰。自建中四年十月至兴元元年七月，记德宗如奉天，再奔梁州，收复京师还长安事甚悉。载于《新唐书·艺文志》，与徐岱《奉天记》、崔光庭《德宗幸奉天录》等并列。书已久亡，乾隆间馆臣从《大典》唐字韵抄出，未及进呈。大兴徐星伯先生得其稿，付四川龙燮堂观察以活字版印行。原书不分卷数，江都秦伯敦编修因其截然四段，似即原书四卷次第，遂据唐、宋《艺文志》分为四卷，刊之石研斋，顾千里为之校记撰序，并考《新唐书》之误二条。荃孙因石研斋本流传日少，因刻之。刻之既成，又得一本，亦秦刻，而字句多异……是秦氏初刻如此，而后又校正重刻，非修改也。"又论此书"于浑公极力铺张，不无溢美"之原因云："按，唐世私史，皆幕僚为之，疑元一为浑公幕僚，同在围城之中，故记载推重详于他人。"又论馆臣未收入《四库》之原因云："《大典》辑出之书未收入《四库》者，如《九国志》、宋元两《镇江志》，后由阮文达公进呈；未进呈者如《嘉泰吴兴志》《中兴礼书》之类，亦复不少。荃孙备员史馆，曾假阅《大典》六百余册，原书一万零数十册，今只存九百余册。见馆臣签出发抄原单尚黏册首，地志、宋元人集失传者甚多，大约期限过促，考订未详者遂未及著录，并未深意也。《通鉴考异》引《奉天纪》《幸奉天录》数条，亦附刻以备参考。"(《日记》页 717，《奉天录》卷末缪荃孙跋)

二月二十二日，重编阁复《静轩集》。(《日记》页 717)

二月二十五日，先生校《春卿遗稿》毕，撰跋。此跋后署盛宣怀之名刊于《常州先哲遗书》本《春卿遗稿》卷末。跋考该集之流传及刊刻始末云："传称其有《吴门集》二十卷，而晁、陈两目均未著录，是集在宋时已佚。今传本乃明天启元年堂二十世孙镬掇拾佚稿而成，凡赋一篇，诗二十九篇，记一篇，不及原书十分之一。《提要》谓北宋遗稿流传日少，存之以备一家。今汇刻桑梓名家，又何敢因其一鳞片甲而遂尔弃置，因为校勘，复收《吴郡志》《会稽掇英总集》《成都文类》《西湖高僧传略》，得十三首以益之。《吴郡志》有……惜佚其全首。原附希鲁侄之奇诗一篇、文二篇，今辑得诗六十三首、文七篇，并录之奇兄之翰诗一篇，以识蒋氏一家之学。"(《日记》页 718，《春卿遗稿》卷末"盛宣怀"跋)

二月二十五日，诣谭献谈，借其《文恭集》及《吕氏春秋补正》一册。是

日自强学堂送课卷九十五册来。(《日记》页718)

二月二十九日,汪康年送先生《振绮堂丛书》二集,又借其藏钱塘丁氏《书目》。(《日记》页720)

三月四日,先生阅自强课卷毕,例取二十卷:刘邦骏、陈炳焕、刘炳簧、魏国鼎、周毓棠、王葆心、王楚乔、李永贞、李家玿、沈平喆、卓从乾、万彬森、李文藻、朱兆春、刘国英、程文藻、彭维年、徐廷幹、帅元镇、余澄清。(《日记》页721、722)

三月五日,华衡芳赠先生秦缃《虹桥老屋遗稿》。(《日记》页721)

是日,周志钧送《吕览补正》首卷来,换《阁复佚文》四篇去。周氏为陶公馆之西席,先生在鄂期间,为先生写书多种,如《风俗通义逸文》《徐州金石记》等。(《日记》页721)

是日,陶子麟刻《常州先哲遗书别集类目》成,送刻样来,先生又交《清阙阁集》与之。(《日记》页721)

三月六日,先生撰《元清河集》跋及《清河元氏世系图》。跋云:"右《清河集》七卷,元元明善撰。明善,字复初,大名清河人,官至翰林学士,事迹见具《元史》本传。复初早年以文章自豪,晚益精诣。吴伯清称其文脱去时流,畦径而进古作者之道。虞伯生谓其发扬蹈厉,藐视秦汉。马伯庸亦谓'公文刻而不见其迹,新而必自己出。蔚乎其华,敷镪乎其古声,倡古学于当世,为一代之文宗者,柳城姚遂及暨公而已'。其为名流所推重如此。文集五十卷,明《文渊阁》《绛云楼》两书目尚有其书。《南雷文定·例言》云:'余多叙事之文,尝读姚牧庵、元复初集,宋元之兴废,有史书所未详旨。'是南雷尚见全集,不知佚于何时。马伯庸撰神道碑云其文赋五篇,诗一百六十三篇,铭、赞、传、记五十九,序三十,杂著十五,碑志一百三十,分五十卷。今掇拾丛残,存诗十四篇,诏制六篇,碑志铭表十六篇,序三篇,记六篇,传三篇,杂著五篇,分七卷。诗存十分之一,文存十分之二,并录吴文正公序、《元史列传》,张云庄、马伯庸两神道碑以益之。明宋廷佐辑《还山遗稿》收入《四库》,今虽吉光片羽而先生华实并茂之风尚可见大概。《山左金石志》有《堂邑县尹张君去思碑》《焦氏先茔碑》二通,未得拓本,以俟异日。"是跋及《世系图》刊诸《藕香零拾》本先生辑《清河文集》卷末。(《日记》页722,《清河文集》卷末缪荃孙跋)

三月十日,先生重订《常州词录》卷一至四卷,又增《荆溪词》廿余人为

第五卷。(《日记》页723)

三月十六日,陈三立致先生一札,送书三种请先生鉴别并托售,札云:"顷有乡人过此者,以宋板书求售,计三种,请公先定其真赝,次定其价值。若系真本,且价属便宜,拟为销一二种也。品定后即乞掷还,是荷。"先生鉴定《柳文》半叶十三行,系明刻本;《古今源流至论》前、后、别、续四集,系元刻本;《文章正宗》系明刻本,然售者均以为宋刻,遂于次日还之。(《日记》页724)

三月十九日,汪康年送还《续经世文编》又借《西域地理图说》去。先生在鄂期间与汪氏互相借阅甚为频繁。(《日记》页725)

三月二十六日,杨守敬自黄州致先生一札,借《好大王碑》,云:"前承允借《好大王碑》释文,匆匆未领。昨由上海寄到此碑拓本,磨泐殊甚,非得释文不可读。且此碑远在东陲,购置不易,因双钩一通,付之梓人,使乡僻亦得见此。前谭尊架储本颇精整,能否借我,尤为至幸。必不至有污损遗失之虑。"(《友朋书札》页660杨守敬第三札)

三月二十八日,先生始编自藏书目录,从"明人集目"编起,至五月末方毕。(《日记》页728)

三月三十日,先生借凌霞芜湖信并《米襄阳书学宫碑》。(《日记》页728)

四月五日,陈三立约饮两湖书院天水阁,黄遵宪、叶瀚、夏曾佑、邹代钧、吴铁桥、梁鼎藩、汪康年同席。(《日记》页730)

是日,先生接徐乃昌一札,谈其近况,时其移居金陵。札云:"客岁在都,畅聆麈教,夏五匆匆握别。昌因暂留京邸,旅居岑寂……八月初为周郁山廉访、袁蔚庭观察招往前敌,遂即关外之行,当蒙委司文案及转运等差。鄙志久切戎行,窃愿藉伸葵献,而事机屡挫,时世孔忧,厥寇之猖狂,统驭既惜其无方,将士复不获用命,昌更以位卑而进言不能悉听,良可慨也。嗣袁观察回津筹商军事,昌亦随节而行,乞假南返到沪。时闻执事为接佑岑先生灵舆而来,亦驻旆于此,晚间趋诣贵寓,适值公出,未得一倾渴怀……今春本拟计偕北上,只缘慈闱垂暮,未忍远离……现移节家于石头城畔,得晤旧好王雪岑观察……日来又晤及梁星海太史、王信卿太守……建霞视学三湘,屺怀、鞠裳尚在京华,而执事皋比坐拥,种桃李于襄江、鄂渚间,天涯地角,洄溯维劳,能无怅然者久之。安得附米家船,载陶家酒,

相与促膝论心,作平原十日饮耶?"(《友朋书札》页740徐乃昌第一札)

四月七日,自强学堂送修金百两,取课卷去。先生于四日阅课卷毕,昨日定出商务科第二课二十名:王葆心、刘嘉模、王楚乔、刘炳簧、甘鹏云、胡瑞霖、周毓棠、陈炳焕、吴利彬、汪先弼、余澄清、朱庆云、沈平喆、徐廷干、吕迈夫、陈考绩、王劭恂、刘作钟、刘树松、李文藻。(《日记》页730)

四月十日,江标自湖南致先生一札。札云:"世事万变,一官如赘,公能决然脱此羁绊,或又疑公过激者,此非知人也。"又云其自出省按试后,刻无暇晷,"欲如祁文端堂上读书之乐,难矣"。又介及叶德辉,云:"湘潭有叶焕彬吏部德辉,原籍苏州洞庭山,入籍长沙,住居省城,校勘之学,今之思适也。藏书亦多,亦有宋元本,益吾师极称之。吏部与前辈有闻声相思之雅,大约同出一源者,仍我苏州派也。"又附札邀先生秋日作洞庭之游。(《友朋书札》页396江标第一札、第二札)

四月十二日,先生校《宣室志》毕,得逸文四十条。先生自上月二十七起校该书,所据校本为《稗海》本。(《日记》页727、732,《藏书记》卷八"宣室志十卷补遗一卷"条)

四月十四日,先生交二十元与丁立诚,托抄书。(《日记》页732)

四月十五日,撰《快园秋色赋》,十七日毕。是文为表兄瞿廷韶而撰,二十一日送与瞿氏。先生于光绪甲午秋至鄂曾寓快园浃旬。此园旧为蒯德标所创,瞿廷韶因旧基,结新构,"岑楼挹凉,广厦祛暑,画廊缭曲,空水澄鲜"。(《文集》卷七《快园秋色赋》,《日记》页732—734)

是日,恽元复自京来,并带屠寄、翰文斋书估韩俊华信,四家词版一捆,元刻《新唐书》、元刻《艺文类聚》各一部。(《日记》页732)

四月十八日,发盛宣怀天津信,寄新刊之《荆川集》全部。(《日记》页733)

四月二十四日,先生覆黄冈杨寿昌信、杨守敬信,并寄《好大王碑》全分,交陶子麟觅便交之。(《日记》页735)

四月二十六日,吴德潚致先生一札,借书三种,云:"苦雨闷损,公坐拥百城,检点排比,以此遣日,可云清福……奉假书三种,《石筍山房集》《广阳杂记》《颜氏学记》。想邺架中必有之,望检交去手。"(《友朋书札》页706吴德潚第三札,《日记》页736、742)

五月二日,先生编定《阎静轩集》,并校《宣室志逸文》一册。(《日记》

页 737)

五月四日,先生假谭献藏周广业《意林校注》写本,并携已藏本两卷诣其谈。周氏亦约借抄,庶两家皆成完书。(《复堂日记》页 376,《日记》页 737)

五月六日,先生阅定自强商务科第三次课卷,定前二十名:李家玿、王葆心、胡瑞霖、吴利彬、郑衍瑞、王劭恂、王祖恭、王楚乔、李文藻、刘邦骏、万树森、刘嘉模、魏国昇、陈炳焕、赛士文、陈考绩、帅元镇、刘肇基、甘鹏云、廖正寅。(《日记》页 738)

五月八日,先生托周林带屠寄信,并《奉天录》四册,又汤似瑄一信,寄《词选》。(《日记》页 739)

五月十六日,撰《毗陵集》《文恭集》两跋。(《日记》页 741)

五月十七日,重编《从野堂文集》。(《日记》页 741)

五月二十一日,撰周家楣《期不负斋集》后序。(《日记》页 742)

是日,谭献借先生藏校宋本《说苑》。先生所藏系明仿宋刻本,用海源阁藏宋本校一过。(《日记》页 742,《藏书记》卷四"说苑二十卷"条)

五月二十二日,金武祥来函,并寄新刻《粟香五笔》五卷。(《日记》页 742)

五月二十四日,先生录编桂林岩洞拓本入目。(《日记》页 743)

五月二十六日,先生接陆心源讣。(《日记》页 743)

五月二十七日,谭献致先生一札,还《说苑》。札云:"借校《说苑》补阙十余则,鄂刻皆有,仅少木门子高一节,其各卷异文,亦多同校本,翻帑一过,遂已卒业。《群书拾补》所主宋刻,异字尚多,似与左右所见非一本也……尊处词刻,何时可印行?"(《日记》页 744,《复堂日记》页 377,《友朋书札》页 679 谭廷献第二札)

闰五月三日,费绍训自常州来,携费念慈致先生一札。札云其于二月二十八即以乃父患漱而乞假南返,现拟暂不北上,"长作识字田夫,终胜于向猪嘴关头讨生活"。又言龙湛霖到苏任,与乃父费学曾谈极契洽,有意扩充南菁规模,整顿沙洲出息,坚约乃父主持沙务。现招租招佃,每亩加四百文,一改郑澧筠管理时之积弊,先生之田亦如此办理,"此后当有起色,于书院亦多裨益"。又言其舍侄费绍训,欲往投瞿廷韶,请先生鼎言吹嘘拂。又言章寿康在金陵窘极,《渭南集》已押出。(《日记》页 745,《友朋

书札》页 389 费念慈第一百三十六札)

闰五月初五日,王先谦致先生一札。札谈先生辞官事及国家局势云:"不得音问,积想弥襟。奉到杨君携来赐书,敬悉吉抵鄂城,暂安砚席,为之快慰。名山撰著,自定千秋,矧时事如斯,勇退为是。国家鼓舞人才,全持黜陟赏罚,颠倒如此,良可寒心。南皮电奏情事瞭悉,言不见用,则国运为之也。每念列祖厚泽深仁,无事不曲尽情理,不应遽有大变。十年耽乐,遂致决裂,患在不以为纷争之天下,而误仞为宁一之天下,安之不可偷也,乃如此乎!"又谈其情状及刻书事云:"先谦伏处家园,把书度日,今年逾五十有四,后顾仍复茫茫,实亦了无意趣,从事《汉书》,先刊十志,惟《地理》排日参究,尚未发写,而省中俗务纠纷,几无暇晷,益信清福不多得也。已刻数志,先行呈上,外上菘云观察处,乞转致。有不合,尚可改订,教之为幸。蓉生、蒓客俱为古人,追念朋游,大半零落,可胜怅惘。"(《友朋书札》页 32 王先谦第四十六札)

是日起,先生以校改《湖北通志》为日课。(《日记》页 746)

闰五月十一日,先生接王先谦沙信,并新刻《汉书补注》五册;又接夏勤邦寄《从野堂全集》,先生以为的系初刻本,当据以刊入刊入《常州先哲遗书》。(《日记》页 747、748)

闰五月十二日,先生发夏孙桐信,寄代其录副之《滋溪集》三册。(《日记》页 748)

是日,谭献作札与先生,借《经世文续编》,云:"昨拟奉谈,过门一瞥,不复回车。闻盛辑《经世文续编》已有刻成卷帙,乞借先睹,余晤语"。(《复堂日记》页 377,《友朋书札》页 680 谭献第七札)

闰五月十四日,发天津盛宣怀信并寄新刊成之《春卿遗稿》《毗陵集》。(《日记》页 748)

闰五月十五日,先生致王先谦一笺,寄新刊之《春卿遗稿》《奉天录》。(《日记》页 749)

是日,先生校《藏书纪要》,将汇刊入《藕香零拾》。(《日记》页 749)

闰五月十七日,校《流通古书约》,将汇刊入《藕香零拾》。(《日记》页 749)

是日,先生校改《鄂志沿革图》。又辑《从野堂集逸文》,该集已交陶子麟发刻。(《日记》页 749)

闰五月十九日,诣正觉寺三佛阁清理所刻书。(《日记》页750)

是日,先生得钱振常苏州本月五日之札,并寄震泽张履《积石诗荐》一册、《积石文存》六册。札自云"耳渐塞,目日昏,作字看书皆不便",又询先生:"近年公得何精帙,能分中驷之重复者畀我否?铁江数年前有函至,不知近宰何邑,公倘知其踪迹,愿语我也……复堂在精舍,度频晤。陈容叔近官何处耶?长嗣幼郎,暨柚岑之子,名字年岁,求示我。鄂工不精,近年崇文书局有新刻否?吴门刻《金文最》将竣,从粤本重缮耳,非张月霄旧藏也。"又张履之集云:"震泽张渊甫先生《积石集》,其稿昔在同岁生张忻木、陈桂青许,曩年费芸舫中允取付雕工,今春书成,而三君子皆宿草矣。诗稿皆先生手录,文出写官,亦经手校,故鲜讹字,间有所疑,亦仍之不改。因须修版,未墨,辄将朱本奉览。"(《日记》页750,《友朋书札》页759钱振常第九札)

闰五月二十日,先生撰《蒙城县训导金先生墓表》成。碑主金谔,字一士,江阴人,先生表兄金武祥之祖。此文系应金武祥之请而作。文有云:"大江以南,阀阅相望。韦、平之族,台鼎承家;郄、祁之伦,大科接踵。而欲代通儒术,世传词藻,惠、钱而外,实罕俦偶。况乎下邑,凤称朴陋。若乃人人有集,续风雅于一门;济济群彦,扇芳馨于七叶。杜陵诗圣,膳部开其先;坡老文宗,斜川为之继。发挥前烈,腾蹈余踪,如一士先生者,有可述焉。"继而详述金谔祖、父之科第、仕履,金谔之异秉、性情及一生踪迹、遭遇、成就,并云:"荃孙窃观邑中华族,品行之敦饬,文采之联翩,未有如大岸金氏者。先生光前辉后,尤平昔所服膺者也。"(《日记》页750,《文集》卷一《蒙城县训导金先生墓表》)

闰五月二十七日,先生偕高仿青阅书市,得新刻《芝龛记》。(《日记》页752)

六月一日,发金武祥信,寄新刊《春卿遗稿》《毗陵集》《奉天录》及蒙城县训导金先生墓表》。(《日记》页753)

六月四日,先生阅自强商务卷毕,定前二十名:刘树松、刘邦骏、李家玙、彭邦桢、陶塎、刘国鉴、李永贞、刘炳簧、万树滋、曹文郅、王寿嵩、晏孝传、廖正寅、刘肇基、胡瑞霖、郭桂林、王承耀、陈则汪、帅元镇、卓从乾。(《日记》页754)

六月七日,是日,谭献致先生一札,还《经世续编》廿二册,又借他书。

札云:"《意林》逸文即觅写人。酷暑或小辽缓之。欲借汇刻书目中《经苑》子目一检,凉暇时,乞翻郤见示不忙。《经世文续编》先送还廿二册……"其所谓《意林》逸文,系昨日从先生借阅者。(《日记》页 755,《友朋书札》页 681 谭献第十一札)

六月八日,先生校《常州词》第二十卷,又编定《常州词》第二卷。(《日记》页 756)

六月十一日,先生辑《毗陵集逸文》一卷,重订《辽文存》。(《日记》页 756)

是日,谭献还《续经世文·户政》四十册,以为"风疾渐入膏肓,方术已穷之日,况庸医杂进乎!"其又借《钱币论》《曝书杂记》去。(《日记》页 756,《复堂日记》页 378)

是日,先生重订《辽文存》。是日起,先生以辑《辽文存》为日课。(《日记》页 756)

六月十二日,屠寄致先生一札。札云已接到先生所寄赠之《奉天录》四册,并将两册代致盛、沈,致汤似瑄之信及《词选》已代送。又言及台湾局势及朝内形势云:"台湾倭寇,确已被刘军逐去,因该处打狗、沪尾二口岸。海关签手洋员为刘所迫,令其当差,该签手不敢自主,电请赫德之事,赫德复以台湾经中国割弃,该签手系中国所用之人,未便帮刘办事云云。可知台北、台南并无倭人矣……济宁两腿皆不仁,只得开缺,并非恬退。合肥觊觎回任,中朝装糊涂,大约须其自退,而渠已接眷至津矣。奉省人尚未撤退,六七州县侵地未复,如日人不得志于台湾,必且甘心于奉省也。甘回肇衅未靖,热河、吉林、直隶、山东盗贼公行,此正中国之隐患。刻下朝政稍觉清明,未始非翁、李二公之力。钟御史军台罪名已定,自取之也……"又言及友人近况:"屺怀暂去,或当复来;云阁亦未甘枯槁者,惟礼卿、新吾、松山长往不顾耳。仲弢、叔容并随漱老在豫也。木斋亦去矣。"(《友朋书札》页 495 屠寄第二十五札)

是日,先生接凌霞芜湖信,寄《天下金石志》抄本。(《日记》页 757)

六月十六日,校定《毗陵集补遗》,交陶子麟发刻。(《日记》页 758)

是日,谭献致先生一札,还书并推荐匠人:"酷烈杜门,不克奉诣。《意林》补编,写人将完卷矣。弟处旧识写宋样人老尤,颇勤拙,兄或需用,当遣走叩。借书二册奉还。"(《友朋书札》页 681 谭献第十札)

六月十九日，先生编定《常州词录》第二十五卷，重定《常州词先哲遗书目》毕。(《日记》页 759)

六月二十日，先生致袁昶一札、凌霞一札。致凌氏之札系昨日所作，谈抄书及七月将往游芜湖事，云："奉到两函并《天下金石志》抄本，藉谂起居顺适，著述宏富为颂。弟跧伏鄂垣，如恒珞珞。廿日不雨，盾威可畏，久未作答，职是之故。此间初来，人情不熟，三月付抄《古泉山馆金石跋》，久而不来，询之经手者，则云赴黄州小试，直至月底始将底本索回，并未录副，其可恶如此。现只得招两人在寓抄书，不日付彼，便易完矣。《海东金石苑》，弟所藏者为张松坪所刻之前四卷，后六卷底本为王廉生所得，本拟借抄补足，廉生前借刻本去，两年不还，均是全文影摹，与《三巴汉石志》相类。张刻系光绪三年，贵省尚可寻觅否？现只有叶东卿《高丽碑录》，亦是全文无考据，无行款，与《江左石刻文编》仿佛。兄欲抄否，前与刘书相校，互有出入，抄资兄处有账否？弟已不甚记忆，统俟面谈。弟在此间日有排纂之事，写官又不得力，故尔迟迟。长江带水，寄银、寄书均便，不似北方费事，决不为此。重黎公事棘手，刻书之兴何如？秋凉即下驶，把晤匪遥，诸可领教。由芜到宁坐江船须几日，顺道一游采石何如？尚希告我。回江约两月，住先芜湖则游采石，后芜湖则游九华，先后不能预定，看眷属同行不同行，必先到家矣。"(《日记》页 759，《艺风堂书札》页 335 致凌霞第四札)

六月二十二日，编定《常州词录》廿六卷，大致粗毕。(《日记》页 760)

六月二十四日，先生常郡七家词印成，送谭献、高仿青各一。此七家词后汇入《云自在龛丛书》第四集中。(《日记》页 760)

六月二十六日，先生校定《常州词录·闺秀词》刻本，付俗。(《日记》页 761)

七月一日，先生友王颂蔚卒于京师。(《缘督庐日记》页 2336)

七月三日，先生录《辽金石目》毕，盖将附于《辽文存》刊行。(《日记》页 762)

是日，先生撰《水龙吟·桐绵》："卷帘惆怅春深，何人系得春魂住。沉沉庭院，蒙蒙池馆，罢飞绿乳，生怕东风，和云吹起，乍开还聚。纵飘茵无分，沾泥也好，总不化、萍流去。　回忆呼莺道上，堕斜阳、万红如雨，无情一例，绿阴成幄，参天古树，寂寞唐宫，未逢秋信，已添愁绪。盼栖香小

凤,生怜坠落,衔归高处。"颇可见其心绪。(《日记》页 762,《碧香词》页 5《水龙吟·桐绵》)

七月五日,先生阅自强商务课卷卷第六课毕,定前二十名:徐廷幹、胡瑞霖、李固松、姚汝说、陶埙、甘鹏云、王楚乔、程光昌、王劭恂、许鼎楷、王寿嵩、叶家琛、郭定钧、曹文淦、阎庆萱、刘炳簧、李家珩、万林森、戴齐柱、沈平喆。(《日记》页 763)

七月六日,丁国钧送《晋书·艺文志》校本来,又新刻曹元忠《荆州记》辑本与先生所辑本较,多四五条,少数十条。(《日记》页 764)

是日,屠寄致先生一札。札谈及先生借与李慈铭及沈曾桐之书:"《郊祀录》近知在吴介堂前辈处,介老因病尚余廿余叶未抄。子封云介堂诚笃,阁下所知,属转告左右,放心勿失。子封处《剥复录》,俟《郊祀录》抄毕,一并交寄寄上也。"又谈及友人之近况及朝廷局势云:"蔚庭已丁内艰,幸未到任,先归省侍,得亲汤药。王莆卿前辈于本月初一卯刻,因时疫逝世。此人辛苦一生,未得实际……木斋、礼卿、道希、仲弢、叔容、劭予、渔溪、屺怀、松山、凤石诸公,纷纷去国,可谓见几而作。济宁、海盐罢斥政柄,消长之故,容再占之。高阳暗于知人,疏斥南中冠冕之士,居心不免有私。常熟苦心调剂,然少英断。印刘虽死,死于疫。皮李尚存,复心之害未去也。士大夫轰然请变法,独不肯请废科举,殆为己之学乎! 寄以为科举不废,满、汉尚分,捐例不停,内患不去,人心不改,天下未必治也。合肥初八可到京,与林董议条约细目,直隶京官联名递折字,阻其回任。然合肥诚可去,继合肥者未得其人也。南皮夫子圣眷方隆,近所陈情请,规模宏远,惜天不多生如公者三五人,分布内外南北,以挽末运也。自经世变,士大夫拘牵之见,幸少破除。铁路一事,皆知其利,皇上亦意在必办。但中国自办,或包与外国代办,尚未定耳。近日杏生被人王幼霞纠参,交李鉴堂查复,恐难保无事……"札中所言之高阳指李鸿藻,"印刘"系慈禧太后之太监刘诚印,"皮李"指李莲英。(《友朋书札》页 496 屠寄第二十六札)

七月七日,赴陈三立招饮自强学堂。谭献因病不能至,致先生一札告假并借书:"今日学堂再集否? 如从者往,乞代告伯严,弟昨回似著凉,头又岑岑,腹又辘辘,不克再与文燕,朽木不雕,并不易有清言文酒之欢也。广雅书目幸检示,访碑全目亦快睹。"先生借与《八琼宝金石补正目》并赠以广雅书目。(《日记》页 764,《友朋书札》页 683 谭献第二十札)

七月八日,先生到正觉寺点《期不负斋集》。又诣谭献谈,索其《词辨》一册。(《日记》页 764)

七月九日,先生校《荆州记》三卷毕,较旧辑本多十一条,脱一百零四条。(《日记》页 764—765)

七月十四日,先生辑辽人诗。(《日记》页 766)

是日,先生撰《菊潭集》《静轩集》两跋。《菊谭集》跋论孛术鲁翀文并考该集流传情况,云:"翀状貌魁梧,不妄言笑,其为学受萧贞敏奭、姚文公燧之传,一本于性命道德,而记问宏博,异言僻语,无不淹贯。文章简奥典雅,深合古法。天下学者仰为表仪。所著《菊谭集》六十卷,《文渊阁书目》已不著录,足见明初已佚。明刘昌《中州名贤文表》内有翀文二卷,亦刺取《文类》及金石碑版而成,未见全集也。今又采得文四、诗七以益之。《访碑录》载有《襄城学记》《大兴尹题名记》《重修香城院记》,均未见著录。《元史》列传苏天爵撰神道碑,虞集撰画像赞附焉。"(《菊谭集》卷末缪荃孙跋)

《静轩集》跋考阎复事仕履、事迹及集流传情况,又云:"复美风仪,操笔缀词赋,音节谐叶融洽,事理严实……复在翰林最久,以文学自任,不肯为执政官……宜其文气春和融粹,绝去町畦,卓然为元一代宗师。列传云著有《静轩集》五十卷,袁桷撰神道碑云又有内外制集若干卷。《文渊阁书目》均未著录,明初已佚。今从《文类》及金石碑版共得四十三篇,不过十分之一。《访碑录》尚有《高唐州重建庙学碑》《重修东方朔碑》二通,均未见。"(《日记》页 766,《静轩集》卷末缪荃孙跋)

七月二十日,杨守敬、谭献来谈。杨氏送元平阳刻《论语》来,又校李元阳刊本两册。次日,先生检新刊《七名家词》《荆川集》送杨守敬。(《日记》页 767)

是日,先生赋《辽后妆楼·公城路》。(《日记》页 767)

七月二十六日,先生选定缪葆忠《桂荫山房诗》。(《日记》页 768)

七月二十九日,况周颐来,先生偕至经心书院晤谭献、高仿青。(《日记》页 770)

七月,郑文焯等结鸥隐词社于苏州城西艺圃,先后入社者有刘炳照、费念慈、夏孙桐等。先生亦入社,得识刘炳照,交谊日深。(《癸甲稿》卷二《刘语石无长物斋词存序》)

八月一日,先生送帖片一百八十种交况周颐代售。(《日记》页770)

八月二日,先生校《论语》十卷毕,以杨守敬藏本为校本。(《日记》页770)

是日,撰《二品荫生唐君墓志铭》,代况周颐也。志主唐运溥,字度周,广西灌阳人,唐景崧之子。(《日记》页770,《文集》卷一《二品荫生唐君墓志铭》)

八月四日,阅自强商务科第七课卷毕,定前二十名名次:尹福昌、刘嘉模、徐廷幹、王祖恭、郭桂林、黄廷燮、胡璠、帅元镇、胡瑞霖、朱庆云、徐逢科、陈式金、姚汝说、曹文淦、刘作钟、王楚乔、陶埙、黄兆桢、刘炳黉、王寿嵩。(《日记》页771)

八月六日,况周颐来,代先生售出《南北史》《广陵集》《索隐》《北梦琐言》《苏子美集》《墨妙亭碑目考》六书,旧拓《麓山碑》《冯绲碑》《无忧王碑》,共价七十五元。先生赠况氏《七名家词》一部、《小金石存》一部、小墓志三种。(《日记》页771)

是日,先生题友人刘炳照《留云借月盦填词图题词》,有云:"吾州乾、嘉之间,才人辈出。茗柯导其先路,止庵扬其清芬。趋盛轨于唐音,订中声于宋调。意内言外,洨长之雅故;文微义著,《春秋》之通例。淫哇既屏,厥体遂尊。正宗之称,薄海无间。百年以来,遗绪欲坠。刘子语石,生长毗陵,循先贤之矩矱,被新制于弦管。江山助我,敢辞汗漫之游,文字累人,大有怨诽之语……荃孙蝇钻贻销,蚓唱徒劳。读君之词,想君之所居,安得晤君于疏帘、清簟之旁,坐我于酒榼、棋枰之侧。捉枝代塵,扫叶煮茶,相与发浩歌,腾新唱,深情一往,此乐千秋。"引为引为同调。本年十二月十二日将一序一词题于卷端。(《日记》772、808,《文集》外篇《留云借月盦填词图题词》,《碧香词》页7《柳梢青·题刘语石留云借月盦填词图》)

八月九日,赏秋第一集,集于安徽馆,吴德潚、陈三立、张通典、邹代钧、汪康年、叶瀚、吴樵同聚。(《日记》页773)

八月十日,谭献约先生及高仿青小谈并赠《箧中词》。(《日记》页773)

八月十一日,赏秋弟二集,集于两湖书院水榭,同人咸集。是日,汪康年借先生藏《和林金石录》去。(《日记》页773)

八月十三日,赏秋第三集,与同人先过长春观,再上洪山宝通寺,餐素

面,后上陈氏义庄。先生病足,不能多行,领略大概而已。(《日记》页774)

八月十四日,先生发盛宣怀天津信,并寄《文恭集》清样,附缪彝一信。(《日记》页774)

八月十五日,先生发江标一札,附寄《七家词》二部、《荆川集》红样一部。札云及近况及索借《鹤缘词》等事:"弟滞留鄂渚,璐璐如恒,七十日不雨,井枯河竭,干燥异常,而弟尚发湿气,不能步履,以致不能回里,倘遇阴雨,两脚尚为我有耶?可虑之至。蒿隐得意而逝,鹤缘失意而亦逝,梦幻泡影,不堪设想。兄藏鹤缘词,能见寄补入《词录》否?蒿隐著书未成,屺怀、鞠裳已为刻其遗文,不知有几许,亦不知已成何书也。陈佑老抚湘,较老德为优。长沙考毕否?明年何日在省,望早示知。新刻各书乞先示目,所寄刻本尤妙(红印止有一份,乞呈王师,兄处随后再寄)。《荆川集》七家词呈览,外一分代呈长沙师。词甫明日即行,不及作书。"(《艺风堂书札》369页致江标第二札)

八月十六日,吴德潚还先生《双红豆图》卷子,题一诗于其上。(《日记》页775)

八月十七日,先生以《归愚集》付陶子麟刻。(《日记》页775)

八月十九日,借章寿康藏《杨量买地记》,六舟和尚之拓本。(《日记》页775)

八月二十日,先生校定缪焕章先生诗残稿。(《日记》页776)

八月二十六日,结傅梓人《周通政集》刻价、印工共四百十一千三百九十四文。先生自光绪十六年起编次该集,至此刊成。(《日记》页777)

八月二十七日,先生同人约姚园照相,赏秋第七集。(《日记》页777)

八月二十九日,恽祖祁将往京,先生寄王懿荣信并《七家词》二册、《荆川集》一部;寄屠寄信并《七家词》二部、《荆川集》二部、《周通政集》二部,均托恽氏带。(《日记》页778)

是日,接吴申甫上海来信,又附陆树藩信,寄先生《皕宋斋藏书志》二册、《全唐文拾遗续》四册、《穰梨馆书画录》十册。(《日记》页778)

是日,赏秋第八集,同人集江西馆演戏,有彭世华、志钧、傅良弼、徐芝孙、薛华培。(《日记》页778)

九月一日,以《周通政集》版四木箱、书一箱亦交瞿世瑄带常州,俟周立可面取。(《日记》页779)

九月四日,先生发黄冈杨守敬信,寄还元贞本《论语》及九行本《论语》。(《日记》页779)

九月六日,先生阅读自强商务第八课卷毕,定名次:王楚乔、刘观澜、徐廷幹、彭维年、尹福昌、刘国英、郭桂林、程光昌、刘嘉模、朱庆云、周毓棠、王葆心、陶塽、帅元镇、刘炳黉、陈济之、胡瑞霖、王祖恭、魏国鼎、陈业炳。(《日记》页780)

九月七日,先生录《碧香词》。(《日记》页781)

九月八日,接王鹏运信,寄《萧闲集》。(《日记》页781)

九月九日,丁国钧来,送先生黄以周父子家集。(《日记》页781)

九月十一日,先生抵芜湖,到新关银号晤凌霞,送其《七家词》、新抄《山西金石目》、《古泉山馆金石跋》,又借去《山右金石记》六册。(《日记》页782)

是日,先生拜道台袁昶,送新刊《七家词》《唐荆川集》《期不负斋集》。袁氏留先生住,晚盛筵招饮。(《日记》页782)

九月十三日,袁昶招游赭山塔院、黄庭坚祠、滴翠轩。(《日记》页782,《友朋书札》页98 袁昶第十八札)

九月十四日,袁昶为先生设席饯行,赠诗三首、赆仪五十元。所赠诗其三云:"微径塔边上,孤云天际归。衣怜京洛旧,歌和郢中稀。筱老主鄂中讲席。羹臁石华瘦,木衎精卫微。何时两埋剑,霄汉逐腾飞。"(《日记》页983,《友朋书札》页98《奉陪筱珊先生同年大人登小九华里句呈请削政》)

是日别后,袁昶致先生一札。札云:"奉攀高轩,极惭辎袭。丹邱逸人之驾,既不可久留,又吏琐纠缠,不可走送顿船,把臂话别,主臣主臣!今日与方启南兄会禀曲江师,刻甫缮竣,专差赍呈节辕,守候批示。如我公进见时,乞赐面恳,迅赐批示,以便遵循,是所拜祷。"先生将往南京拜见张之洞,袁氏故有此恳请。(《友朋书札》页98 袁昶第十七札)

九月十七日,先生至南京,往谒张之洞,并拜梁鼎芬、恽祖翼、柯逢时。先生在宁期间访友宴饮无虚日。(《日记》页783)

九月十八日,先生移寓钟山书院。还《全上古三代秦汉六朝文》十函与梁鼎芬,赠心其《七家词》《荆川集》一分;赠徐乃昌《荆川集》、《周通政集》二书、《七家词》。(《日记》页784)

九月二十日,康有为自京来,同住书院。是日先生在刘世珩处见张蓉

镜旧藏宋刻《两汉诏令》、明刻《仪礼经传通解》。(《日记》页785)

是日,李桂林致先生一札,寄先生托抄之癸未至庚寅上谕,并请先生抄示志例。札述其近况云:"蔚廷前辈出守,史馆之事弟遂承乏,劳而寡效……《画一传》计明年冬季可以告成。志例计草定,能饬写人抄示,一开毛塞否?今通行《湖北通志》,相传为章实斋创稿,观之殊不类,其故何也?"又谈京城近况云:"都门年来人事颇异,处堂巢幕,大抵皆同,然振古如兹,不足怪也。廉生超升,有光师门;聘臣溘逝……翰文小韩,竟亦物故,其兄接充其事,不甚在行……存书尚夥,颇有旧者。元刻《玉海》,明季补印,古色可爱,索价太昂……尊属当谨依总裁,亦当无所靳也。"又谈时局云:"时事孔棘,来日大难,和局既成,颇有久安长治之意。卧薪尝胆,昔闻其语;瓜分豆剖,今肇其端。会见东周之衰,仅余七邑;敢望西辽之窜,犹支百年。其何能淑,载胥及溺而已。"又请先生赐以所刊书:"允赐佳刻,日日以冀,《大金集礼》一书,尤悬悬也。"(《友朋书札》页88李桂林第一札)

九月二十二日,吴炳祥送《吴勤惠公年谱》及奏议来,求校定。先生即日勘定《年谱》。吴炳祥昨日曾送先生《三益斋丛刻》。(《日记》页785)

九月二十三日,先生送三十元与况周颐,又以《碧香词》词稿请其点定。(《日记》页786)

九月二十七日,先生与徐乃昌、康有为同游雨花台、莫愁湖、清凉山、扫叶楼。(《日记》页787)

九月二十八日,先生谒张之洞辞行。是日先生购定文运堂聚珍版书。(《日记》页787、788)

十月一日,先生抵沪,拜赵凤昌、李盛铎、夏勤邦、章际治,送李盛铎及夏勤邦各唐集一部、词一部。是日先生交吴申甫寄卖《荆川集》一部、《周通政集》四部。(《日记》页788、789)

十月二日,得赵凤昌一笺,并张之洞电报。先生即复赵氏一笺,约明日约卧室中谈,并告以承张之洞厚爱,"在鄂在宁,无所不可":"顷奉手书,如聆面语,惟起居珍摄为颂。弟承南皮师厚爱,在鄂在宁,无所不可,复电即恳交电局,电价随后补之。明日午刻拟至尊寓(便衣)一谈。虽在卧室,亦可晤谈也。"(《日记》页789,《赵凤昌藏札》第一册页181)

十月三日,复张之洞电。诣赵凤昌谈,观其病状似可愈。先生别后曾有一札告以疗疾之法:"兄之贵恙与弟前病仿佛,但兄前后数年,而岁数少及十余岁,又观气色纯正,不难得原,谨上刍言,伏乞采纳。一不必顾虑寒暑饥饱,慎之又慎,如遇风日晴朗,不妨坐马车出游,舒散筋骨,清新耳目,或寻友人长谈,局促一室,非计也。一看新书,择不必用心之书,或《通鉴》《通考》之类,阅之可以消遣。一习起跪,我辈不能多走路,清晨拜佛,一起一跪,初亦不过十数,渐进至五十以为常课,实为有益,如觉身上微热,将出汗即止,不可使乏。初学愈少愈好。一参释典,此中自有至理,阅之但觉喜说,心气融和,自易安睡。以上皆弟所阅历而有效验者。药宜少服,尤为至要。"(《赵凤昌藏札》第一册页179,《日记》页790)

十月五日,先生约自强商务科第九课卷毕,定课卷名次:"王楚乔、李家玛、甘鹏云、徐廷幹、刘嘉模、李文藻、曹文郅、卓从乾、杨远山、刘邦骏、余绳金、徐逢科、董坤、谭雍、王瑞朗、胡咸福、叶家琛、程光昌、吴利彬、王葆心。(《日记》页790)

十月九日,先生至苏州,寓夏孙桐寓。(《日记》页791)

十月十一日,先生往拜任小垣、恽毓龄、文焯、沈玉麟、盛旭人(盛宣怀之父)、刘炳照、费学曾、费念慈。在费念慈处观宋巾箱本《荀子》,极精,"汲古阁旧储印记工极"。(《日记》页792)

十月十二、十三日,夏孙桐约先生及周立可同游天平山。(《日记》页792)

十月十五日,刘炳照访先生,送先生朱珩《桥亭词》、蒋锡震《登岳谣》、吴宝书《鐪仙词》、刘嗣富《澧兰初稿》、刘汝鬐《富春吟》、吴颉鸿《荃石居坿词》六种,先生受益良多。(《日记》页794)

是日,李少梅约晚饭。先生与费念慈代其查书籍,宋本以《通鉴》为最,廿二行二十九字,即胡三省所谓蜀本,"余《赵清献公集》有补板,《刘后村集》缺廿一卷,未为完美"。"元本,如《中论》、《刘静修集》皆极佳。明本、国朝刻本、旧抄本,更美不胜收"。(《日记》页794)

十月十七日,费念慈、夏孙桐、沈玉麟公请于颐园,此鸥隐词社第二集也。同席之生人有宝山陈如升(字同叔)、桂林陆嘉谷、余杭褚德舆、颐园主人顾鹤逸,熟人有有郑文焯、张祥龄、刘炳照,先生以沈塘临黄易《扪碑读画图》向同人索题,"击钵催成,拢弦和讫"。(《日记》页795,《癸甲稿》卷二《刘语石无长物斋词存序》)

是日，费念慈致先生书，言欲购《仪礼图》，并赠仪礼白文及旁图，价俟明春付，先生答以可行。（《日记》795）

是日，谕旨汪鸣銮上年召对，信口妄言，迹近离间光绪与慈禧太后之关系，革职永不叙用。（《德宗实录》卷三七八）

十月十八日，先生偕夏孙桐游虎丘，雨中泊南望亭，先生为夏孙桐题《山塘秋泛图》，用《金缕曲》，其下片云："天南战鼓犹纷扰，尚留得、清凉世界，供吾词料。葭荽一丛鸥外去，牵惹离愁多少，伫我辈衔杯吟啸。放眼古今，无限恨，叹吴宫陈迹，先如扫弃，一醉度昏晓。"而夏孙桐则绘《风雨同舟图》，并作《夜飞鹊》一首以纪之。其词下片云："凄绝转蓬身世，偏共卧沧江，经岁经年。今夕茫茫云水，波深月黑，何处鸣舷。拥衾剪烛，想芦中、梦醒都寒。怕栖乌惊起，明朝揽镜，换了朱颜。"颇可见二人之心绪。（《日记》页795，《碧香词》页7《金缕曲·题闰枝山塘秋泛图》，《悔庵词笺注》页10《夜飞鹊》）

十月二十日，先生师李文田长逝于京。（《翁同龢日记》页2857）

十月二十四日，先生至江阴。（《日记》页796）

十一月二日，先生题陈如升《绿梅花下填词图》，用《水龙吟》。（《日记》页798，《碧香词》页6《水龙吟·题陈同叔绿梅花下填词图》）

十一月三日，先生致金武祥一札。札告以行程，云："弟重阳登程，芜湖小住四日，金陵半月，上海八日，苏州十日，江阴城里乡间又半月矣。明日附轮仍至江宁，缘香帅电催面商重修文宗阁事宜。适梁心海辞馆，又命弟主讲钟山，不能不往，旋鄂之期当在月半边矣。"又谈刻《常州词录》事："《常州词》已刻二十卷，后十卷呈刘光珊勘定，亦即付梓，明年三月必出新书也。粤东集赀，吾兄能为之倡否？次远前辈曾议及否？昨过无锡，有人言丁先生《词综补》尚有未刻十余卷，可以借出。弟拟倩光珊删定，明年刻之，亦一快事。蒋鹿潭不得其死，其柩在苏州破庙中，蒋氏已无人过问，同仁拟葬之虎丘，吾兄谅以为然。"又请金氏代领广雅脩金及编定词集事："弟广雅一席减而未裁，正月至五月，有百五十金，想归孟萤经手，抄书购书，乞今未寄，闰月，至年有百六十金，乞兄代领，仍由百川通寄湖北可也。弟自选常州词，三年以来填词二三十阕，夔生、仲修以为可存，老去填词，亦属可哂。然每日阅数十首词，操笔即来，近日欲求深处，反觉思涩，能于涩中再入自然，当有进境。"（《艺风堂书札》页268致金武祥第十九札）

十一月四日,王守晟、夏涤初、夏晓初、啸崖议沙田事,定议分析。议毕,四鼓始寝。(《日记》页799)

十一月六日,先生至无锡泊望亭。是日阅西郊卷毕。(《日记》页799)

十一月八日,先生抵沪,诣醉六堂。(《日记》页800)

十一月十一日,先生拜康有为,见其弟子邓仲可。康有为招饮金宝仙寓,李盛铎、蔡砚孙、熊方遂同席。(《日记》页801)

十一月十三日,先生抵金陵,晤张謇,梁鼎芬留住钟山书院。(《日记》页801)

十一月十八日,张之洞来拜。(《日记》页802)

十一月十九日,徐乃昌招饮。先生得张之洞回鄂任信。(《日记》页802)

十一月二十七日,先生抵鄂。(《日记》页804)

十一月二十九日,先生致汪康年一柬,柬云:"前日回来,积压课卷并校刻书必须清理一番,方得出门拜客,又在途感冒,嗽疾缠绵,友人来此,尚以未到覆之。兄处代抄之件,乞交来手。上海令弟处三书亦收到,南皮回任,学会当在鄂设矣。余三四日后走谈。"汪氏随即来谈。(《日记》页804,《汪康年师友书札》页3055,《艺风堂书札》373页致汪康年第九札)

是日,先生阅自强商务科第十次课卷毕,定前二十名名次:王葆心、王楚乔、陈济之、刘国英、李家玙、姚汝说、曹文淦、许鼎楷、徐文佐、徐廷幹、周毓棠、张国纶、陈炳焕、徐桂林、甘鹏云、郑璪、董坤、丁义修、陈光昌。(《日记》页804、805)

十一月三十日,先生阅第十一次课卷毕,定名次:甘鹏云、李家玙、李时敏、余绳金、陈玠、徐廷幹、王葆心、王祖恭、丁义杰、刘邦骏、徐文佐、郭桂林、万彬森、刘林模、吕用宾、单人清、陈济之、刘国英、叶家琛、张性善。(《日记》页805)

十二月一日,汪康年送先生新抄《三垣笔记》《句余土音》《古泉山馆宋元本书目》。(《日记》页805)

十二月五日,发二日所作致芜湖凌霞信,寄《彭子大集》,又寄袁昶信,寄沈祥龙信及《蚁术词选》。致凌氏札云:"道出鸠江,幸聆雅教,又承招饮,感谢奚如。辰维道履绥和,撰著宏富为颂。弟在里门,勾留月余,金陵亦廿日以外,至前月杪始回鄂省。课卷、校件堆积如山,未知何时方能清理。香帅命明岁主讲钟山,约正月底东下,相距较近,得暇同作采石游也。新得《彭子大文集》并《高要金石略》,乞哂存。恳代抄《泰岱金石》《台州金石》,均望抄成。弟又得冯晏海《崇川金石》,亦稿本也。沈约斋先生想已归里。弟一函并一帙乞代寄。爽秋观察一缄亦恳转交,琐渎不安之至。"(《日记》页806,《艺风堂书札》页336致凌霞第五札)

十二月十日,重编《得月楼书目》,并撰跋。跋略考得月楼主人李如一其人及藏书,并考此目所载世间已佚之书,凸显其价值。此目先生此前从汪鸣銮借抄,原系黄丕烈旧藏,与《述古堂书目》《传是楼宋元本书目》各为一帙,先生录副,又录副赠金武祥,金武祥曾刻入《粟香斋丛书》。此目止百九十余种,系摘录,先生苦其原来编次无法,故重编。后以此为底本刊入《常州先哲遗书》,此跋亦刊入。(《日记》页807,《文集》卷七得月楼书目跋》,《常州先哲遗书》本《得月楼书目》卷末缪跋)

十二月十三日,题孙翰香《小灵鹫山馆图》。(《日记》页808)

十二月十六日,题《校经书屋图》,友人薛培华嘱题。(《日记》页809)

十二月十八日,先生发盛宣怀一札,寄书并报本年用账。札云:"在沪匆匆西上,未能晤谈,到金陵十日,即旋鄂省,又未能留迓旌麾,歉仄殊甚。辰维道履绥安,潭祺曼福如祝。今岁付刊各书,《荆川集》《春卿遗稿》《毗陵集》《文恭集》清样陆续寄呈,并得环翰沪上。来东云清样均已无存,兹补呈《荆川集》乙部、新刻《山阳录》《清閟阁集》《从野堂集》三种清样呈览。《春卿遗稿》《毗陵集》《文恭集》亦嘱另印样本,快则年底,缓则正初,决不有误。领款用款亦遵命作一小结束。账二纸一并呈上,望察入为祷。此间尚余百金,而年节在迩,该谱非三百千不敷用,弟亦思领年脩百金,乞速寄名世之数,明年可支至午节再领。《落落斋集》二月可成。今年银价之低,我们吃亏。米价之昂,该铺亦无余羡,幸事尚顺手。至提板一层,明年正月即可提三种。该铺亦因堆积无地,屡求提板矣。弟承香帅明年移主钟山讲席,约二月到金陵,刻书仍照旧办理,略有布置,吾兄可不问也。渊若想在沪,弟至吴门亦未见,但与屺怀相聚几日。薛次升欲将书画售与吾兄,佳者约十之七,价甚昂。闻屺怀亦代提。兄意何如?"札又及湖北铁政局事:"铁政局南皮有意交兄,闻我彭言此次未提,何故?弟意以为包与洋商不若交兄为妥,南皮颇以为然,特惑于蔡道耳。南皮受累不浅而不自知

也。岘帅衰病,南洋亦不能振作大局,殊不堪设想。"(《日记》页809,《艺风堂书札》页318致盛宣怀第十六札)

十二月二十一日,先生校薛华培旧抄《事实类苑》六十三卷,欲据以校己藏本。(《日记》页810)

是年,先生作《金鞠对芙蓉·送春》,颇有寄意:"柳眼微舒,蕉心尽吐,断肠人在天涯。怅绣幨,难护羯鼓频挝,辽阳信断。东风紧,渐吹散,鬓雾衫霞。相思红豆,嵌来入骨,是也非耶？　管甚春深春浅,把春光一半,分送邻家。更买春开宴,重拨琵琶。莺嗔燕咤,真多事,有谁能收拾芳华。可怜杜牧,绿阴如水,尚逐香车。"(《碧香词》,《粟香五笔》卷八《缪夏二君词》)

光绪二十二年　丙申(1896)　五十三岁

一月一日,先生在鄂。先生编校《旧德集》,近日多以此为日课。(《日记》页813)

一月三日,门人寄张锡恭寄先生松郡先哲遗像及《淞滨全集》。(《日记》页813)

一月六日,先生编定《常州词录》。(《日记》页814)

一月十三日,先生编定《旧德集》。(《日记》页815)

一月二十日,先生诣谭献谈,以其将赴杭州。(《日记》页817)

一月二十三日,撰《从野堂跋》。是跋载《常州先哲遗书》本《从野堂存稿》卷末,署盛宣怀名。跋述缪昌期其人之大节,并考该集之流传与刊刻云:"此集初刻在明崇祯丁丑,子虚白编成,诗文八卷。再刻在雍正戊申,五世孙诜删存文集二卷。三刻在同治甲戌,十世孙之镕重订诗文八卷。三编各有不同,而崇祯本最为完备。今以崇祯本为主,以雍正、同治两本校其得失,择善而从。崇祯本所无者则为补遗一卷。崇祯本最少,江阴夏彦保从里中、粤东两残本汇录成书;雍正本系叶氏敦夙好斋藏书,均非易见。同治本刊于海陵,版式最陋,编次无法,有遗事、有赠答、有哀挽,有圈点、有评语,原跋云从抄本出,恐系当时家藏初稿,决非赝笔。谨将遗事、赠答、哀挽、年谱附刊于此,而圈点、评语未便刊入,先生之集亦最为完备矣。"(《日记》页818,《从野堂存稿》卷末"盛宣怀"跋)

一月二十四日,张之洞入城,回湖广总督任。(《日记》页818)

是日,先生撰《落落斋集跋》。是跋载《常州先哲遗书》本《落落斋集》卷末,署盛宣怀名。跋述论李应昇其人之忠义事迹,又考该集之刊刻流传始末云:"此集为其子逊之所编辑,颇为完整,刻于崇祯甲申。弘光建国之后,版久不存,邑人亦鲜有藏者。赤岸李氏祠宇尚存全帙。光绪丙戌后裔某挟书赴都,求邑人致函王一梧学使集款重刻未成。夏君彦保录一副本,今与《从野堂集》同刊以行,亦足慰忠魂于九原已。"(《日记》页818,《落落斋集》卷末"盛宣怀"跋)

一月二十五日,先生拜梁鼎芬,谒张之洞。(《日记》页819)

一月二十六日,先生撰《田忠普墓碑》,应碑主之子镇筸田应全之请也。(《文集》卷一《前钦差大臣贵州提督兼署贵州巡抚田公祠版文》,《日记》页819)

一月二十九日,先生交李徵棠《湖北通志》七卷至廿八卷,皆职官表。(《日记》页820)

二月八日,先生赴金陵,将就钟山书院讲席。表侄瞿世瑄同行,从先生游数年矣。(《日记》页822)

二月十一日,先生抵宁,拜李廷箫知府、况周颐。(《日记》页823)

二月十二日,谒两江总督刘坤一,移入书院。"院西偏一小园,精室三间,回廊四合,北望钟山,植梧桐、杨柳、海棠、芙蓉、梅桂数十株。屋后丛竹数百竿,一方池有芙蕖焉。消夏坐卧于此,最为闲适"。先生在钟山,每月一课,约四百卷。(《日记》页823,《年谱》)

二月十五日,先生接门人王家枚之讣文。(《日记》页824)

二月十六日,况周颐赠《蕙风词》。(《日记》页824)

二月十八日,托况周颐校词,又借其《词综补》。(《日记》页825)

二月二十日,先后和刘炳照自寿《百字令》。(《日记》页825)

二月二十一日,刘坤一来访。先生往拜刘世珩、刘世玠、甘元焕、陈卿云、张佩纶、周衍龄等。(《日记》页825)

二月二十二日,况周颐《江宁金石记》,先生送《清闷阁全集》托其校。(《日记》页826)

二月二十三日,况周颐约至静海寺,访三宿岩,打碑人聂明山为拓得题字六段。(《日记》页826)

二月二十四日,写《续碑传集目》。其法是检阅清人文集,录其中碑传文之篇目,待编辑之时将所采各家文校入。自是日起,先生以此为日课。(《日记》页827)

二月二十五日,先生开课。(《日记》页827)

二月三十日,得费念慈致先生一长札。札云今年系考差之年,入春即病,未往销假赴考,感叹"木天清秘,数年来竟成一钻营倾轧之场","世运日降,至于斯极"。又谈及其所见沈树镛家藏刘喜海旧藏之金石拓本:"燕庭碑拓,弟亦略看,六朝以前抽换颇多,唐宋以后皆好。当时均初所藏旧拓,接蒴装,疑是抽出另装,间有装轴者。为弟所见,所得已将及廿种,其最新者,恐即徐翰卿为之。见有检无碑者,妄补之耳,无从究诘。然以除去抽换,就现存原物,已是便宜,故决意留之,而苦于无资。既收蒴装极旧本,已力尽筋疲,押去书画种种,且得此整幅两千余,合之旧有,尚不满三千种,去兄远甚。故慨然奉让,一意止收旧拓,不备名目,将来亦可以成一书,如《金薤琳琅》及近日绩敢堂之类,聊以自喜,不敢望孙、赵及老哥也。"又云:"新春又见两种,一为永初官墼公乘题名、罗凤墓石,合装一册,即赵晋斋竹崦庵物,《访碑录》所据者,世无二本也。又一为朝鲜灵通寺大觉禅师碑,字字完整,浓墨精拓,高丽旧藏,有苏斋跋,东卿印,字纯似率更,温虞公几疑集字而成,然实彼国吴彦侯所书,当宋宣和七年。在今日亦天下孤本矣。连造象一本共三册。索二百元,阙一不可,亦均初物,今在徐子静处,设法与争,尚未成。"又云:"仲饴年丈好古至笃,可否援廉生之例,以新得之物作抵,将来取赎。必须有一东家,便可尽收肖均所有。其家藏旧本极富,弟所得已不少,子静亦得许多。然今年祝少英得其郑谷口藏之宋拓《少室阙》,又印若处有法善寺造象碑,亦孤本。少英亲至其家纵观,云似此者尚多,两石经皆极佳。肖均既大卖,势不能止。而弟又孤掌不足支大厦,如何如何?如得一东家,便自往其家一行,可一鼓而下,其中便宜至多,胜于供翰卿、印若、墨耕之中饱矣,不知兄能谋之否?或约聚卿、积馀,然总不如仲饴丈,因此是廉生办法,是其亲家,知其事也。"又云:"石经两本,一小松,一渊如,弟已约定取小松本。如有援师,则以渊如本让兄矣,亦时哉不可失者也。"其所谓肖均者,即沈毓庆,字肖均,沈树镛之子。又云沈秉成之二子欲将耦园出典,耦园所藏碑版胜于蓬园,彝器中之师望鼎、虢叔钟为天壤间之瑰宝,不知吴重憙有意于此否,而其则以四百金购得《张迁碑》。又谈及抄瞿氏书事："礼卿所言不误,瞿氏书小种可抄,当遣人往耳。兄如欲往观,当约张仁卿,非此老不可。弟到彼在三月望后,能以此时来否？菘耘昨过此,亦甚盼兄之来,兼作浙游也。"费氏又附一札,谈及为潘祖荫编辑文集之事,拟将"有关时事故实及金石考证者"录入,臆先生处必多,请先生录寄。又言叶昌炽得史馆提调,已属其录潘氏之列传。(《日记》页936,《友朋书札》页386费念慈第一百三十五札)

三月四日,小门人长沙叶德辉来畅谈,先生以为"其人熟于目录之学,所见亦博,近时之英隽"。(《日记》页829)

三月五日,先生阅卷毕,填名次交首府,凡四百一十五卷,定超等五十名,特等七十名,一等二百八十七名,录旧二名,雷同六名。二月取超等前十名是：端木锡保、梁荚、杨炎昌、王瀅、张承沅、即陆春官。赵曾藩、窦宗周、即程先甲。周冕服、曹钧、刘嘉谋。(《日记》页830、844)

三月七日,接芜湖凌霞信,寄碑一包。是日盛宣怀来访。(《日记》页830)

三月八日,接钱塘丁立诚信,寄书七种,盖先生所托抄者。(《日记》页830)

是日,先生往访顾云等。顾云在薛庐授读,"庐背清凉山,枕乌龙潭,一胜地也"。(《日记》页830)

三月九日,先生借况周颐《丹阳词》补足《大典》本,共得词十八首。(《日记》页831)

三月十日,先生致凌霞芜湖一札。札云："昨奉环云,并寄东碑一包,谢谢。内有鸳鸯碑一套,孝堂山汉画、肥城数石亦可收。弟与友人搜拓金陵旧刻,为严子进所未收者,约有六七十通。临桂况夔生为《金陵石刻补记》,甚有致也……约翁允拓松府金石,已得几许,所藏北碑较多。此次一包,只肥城两碑,不记有无,须查新目,余则均有。南碑则少极,江苏碑尤少,可见苏人无好此事者,故拓本罕见如此。"又谈近况："自到馆后,阅卷一次,公事甚简,私事甚忙,终日伏案,不甚见功。晚间睡魔缠绕,甫及三更,万不能做事,甚矣衰也。内子回苏州,弟亦不能脱身,惟盼阁下来宁,庶慰饥渴……弟正月间脑后忽起一块,色微红,肉坚硬,不知痛痒,服小金丹,阳和汤均无效,汉口王济人照湿痰凝治法治之,乞转询莲翁治法是否。后遂稍松,渐小渐软,皮亦起皱,然尚未消尽,忌发物,甚苦,亦须消尽开忌,

方能出门。抄件容觅写官。又揆一处生地方,诸事不便,此则闷气。"(《艺风堂书札》页 337 致凌霞第六札)

三月十一日,校鄂志"兵事"。是日起,先生以校《湖北通志》为日课。(《日记》页 832)

是日,书院门人陆春官、杨炎昌来见。近数日多有门人来访。(《日记》页 832)

三月十三日,先生检《常州词录》廿一卷至廿六卷写本交况周颐校。(《日记》页 832)

三月十八日,张謇招饮文正书院,蒯光典、顾云、郑孝胥、郑孝樫、陈庆年同席。时张謇新主文正书院讲席。郑孝樫为郑孝胥之弟。(《日记》页 832,《张謇全集·日记》页 380)

三月二十四日,接金武祥信,寄先生《粟香随笔》五卷。(《日记》页 836)

三月二十五日,撰《田忠普祠版文》成,交田应全。传主田兴恕曾任贵州提督,焕章先生多知其遗事。兴恕以勇称,参于绞杀太平天国军石达开,建立功业,传文述之甚详。(《文集》卷一《前钦差大臣贵州提督兼署贵州巡抚田公祠版文》,《日记》页 837)

三月二十六日,先生阅卷毕,拟开经古季课章程。(《日记》页 366)

三月二十八日,先生出师课案,仍以端木锡保为第一。出季课题:《象胥赋》《公论国之元气论》《送春词》。(《日记》页 837)

三月课前十名:端木锡保、侯尧昌、杨炎昌、叶子长、梁荋、周景镐、卢重庆、程先甲、龙跃衢、江士瑶。(《日记》页 844)

春季古学取十二名:陆春官、陆维炘、程先甲、梁荋、王瀣、王受畴、金世和、傅良弼、周永济、卢重庆、夏仁虎、邰怀泌。(《日记》页 844)

三月二十九日,先生接叶德辉长沙信,寄《世说新语注》《沈下贤集》《淮南子间诂》《万毕术》《阮文达三家诗辑》诸书。(《日记》页 838)

三月三十日,顾云招饮乌龙潭上,作饯春之会,"水木明瑟,两山抱青,裙屐联翩,琴尊酬答",先生饮二十巨觥而醉,即席而赋古风一首为赠,有云:"石公如虹气,胡为长偃伏。昨从粟末回,新诗骇殊俗。壮志甘泥途,余生付醲醁。东流一扬尘,四方同蹙蹙。火迫慨积薪,劫急感棋局。侧闻建章宫,复造西湖曲。丹青淡兵气,谈笑清胡服。吾侪本小人,所见逊食肉。

旧雨来两三，提壶劝不速。红紫虽烂漫，春光仍满目。且赓山枢诗，莫效长沙哭。"（《诗存》卷三《顾石公招饮乌龙潭上水木明瑟轩，作饯春之会，即席赋赠》，《日记》页838，《张謇全集·日记》页381）

四月三日，先生诣张謇谈，面交大生纱厂股分数目。时张謇与两江总督刘坤一议兴通州纱厂，张謇实掌其事。其议实出于张之洞，以《马关条约》许日人内地设厂，欲谋设厂而自救。先生积极入股。（《日记》页839）

四月五日，费念慈致先生一札，谈李文田之丧，欲为其募款："闻枝来，得手诰，审悉顺德师之丧，三月十五日到沪。世兄报荫时改名渊硕，字孔曼……家事甚难，景况亦窘。江南至今当道及门生，均未发讣。弟任苏州一分，江宁一分，交兄代发。弟此时赴虞，十五归，归后即寄兄处，望属炳卿于同门中一言，能从丰尤善……"又谈及其近况云："弟为南皮师校承华事略画稿，设局拙政园，与廉夫、雪庐、琴庵共晨夕，刻工甚细，过夏方毕……家严血证虽无碍，而缠绵至今，时止时作，未免有衰象，近患外疡新愈，久未出门矣。"又谈及近来国家局势云："京师事光怪陆离，合肥归后，局面尚不知如何？各国邦交，断不能持，将来不知成何景象。家山可恋，弟亦有终焉之志矣……若我辈则在此时，真朝廷所不甚爱惜者耳。"（《友朋书札》页385第一百三十三札）

四月八日，先生接汪康年上海信，寄《振绮堂藏书志》两种、《曲目表》、《云南省图说》。（《日记》页841）

四月十日，先生致汪康年一札，托沈瑜庆带。札谈抄书事："弟到宁接手书，承拟代校抄书，感谢之至。书箱至月底方全寻出，内只《古泉山馆宋元本题跋》讹字无可寻校，乞兄再抄一分，纸略放大，使旁可注校字。余如《三垣笔记》有他书可校，《句余土音》已校好矣。省得往返，何如？修甫亦通书，云吾兄长出门，渠愿代弟承办，可感。今又重托修甫矣。兄今年究在何处为长？学会可振兴否？……应酬之简，更甚于鄂，每月阅卷约五日，以五日应酬，走荒滩，游胜地，足可得廿日闲，亦中年不易得之境也。拙著可次第写出付刊矣。兄杭城住处，申江寓所，均乞告知。并望长通音问。"（《日记》页841，《汪康年师友书札》页3052缪荃孙第五札，《艺风堂书札》371页致汪康年第五札）

四月十一日，接芜湖凌霞信并孙星衍《泰山金石记》一册。（《日记》页842）

四月十六日，编《碑传集》，得八册。(《日记》页843)

是日，先生撰《陆务观题名》跋。先生盖跋据《入蜀记》考陆游题名之始末，纠正赵翼《放翁年谱》系年之误。据《景定建康志》，考陆氏所题字之定林庵系下定林寺。末云："是刻金氏鳌曾见之，久已湮没，打碑人山东苟估携拓本来，阅之喜甚，时大雨如注，东望钟山，在烟云出没间，犹想见镜湖词客蜡屐独行时豪兴也。"先生撰此考，顾云后五月曾为赋长诗《钟山题名考为小山先生作》，云："钟山山长歌得宝，遣使饷我题名考……钟山山长故嗜奇，谁贶拓本如拜爵……此考既出诗宜赋，百年慨若水往东。放翁更在乾道时，又宋河山多黍离……深宵题诗意苍莽，报饷聊复投山长。著录喜君金石增，传烽忆我雪霜往。"(《文集》卷六《宋陆游钟山题名跋》，《日记》页843，《友朋书札》页763、764顾云第四札)

四月二十日，先生接李文田讣。(《日记》页845)

四月二十一日，先生致汪康年一札。札云："连奉三书，聆悉一是，弟不知兄寓在上海何街何衖，无从发信。三月后，丁修甫附与兄一书，不知到否？昨沈观察来，接到抄件，又发一信，并《句余土音》仍交沈观察，以为此必能达，昨方知观察上至湖北，又不知何时方到？顺德师讣收到，当即代送。未能到沪一叩灵輀，实为负负，托人不当，苦于不知，非不来也。弟月底定到沪，兄能候我否？晓邨何时出京？今年兄之馆事何如？学会何如？杨信即送去矣，丁三简沂州府尚算下得去，想仍是泰山之力。《曲目表》已校，寄湖北刻之。云南省说似从《通志》录出，尚未覆核。《寿昌乘》闻已刻好，能让弟否？硕卿与我辈翻。我辈细想，去年亦可谓竭力，特力薄，无益于彼耳，何至绝交，真不可解。"札中所云"又发一信，并《句余土音》仍交沈观察"指本月十日之事，沈观察指沈瑜庆，沈葆桢第四子，为张之洞督署总文案兼总筹防局营务。所谓"弟月底定到沪"，指先生打算至沪送夏孙桐北返之事，后因身体欠佳而作罢。(《日记》页846，《汪康年师友书札》页3053缪荃孙第七札，《艺风堂书札》371页致汪康年第四札)

四月二十四日，先生致徐乃昌一札，寄《安徽词人目》，谈况周颐所言徽词，并索《崇川金石志》及拓本。札云："赐顾尚未走报，歉甚。因课卷须阅，又将有沪上之行，拟出案方走，故昕夕无暇。新刻三种及友人赠《易学》，乞哂存。夔生前日来，为言安徽词，渠所说云，安徽词三四百家。大言欺人，往往如是。工太贵，价太菲。弟想无是多人，即检《词综》《续词综》，只得九十人,有全稿者不及十人,纵夔生所藏多,不过倍之,焉有三四百人? 录目呈览。可否将来将此词录出,交夔生令其补足,仍合旧年原议。既有此底子,应不甚作难。弟以其言太夸,思破之,并非想谋其事也。夔生如选定,尚须征同乡名人抄所未备,断非倾刻能成。凡事皆然,不独选词。《江宁金石续记》亦草率时为之也,尊惠万不敢收。允赠《崇川金石志》及拓本,甚盼,甚盼。舍侄能打碑,或令其来拓,可不至漏泄。"(《日记》页646,《艺风堂书札》页 385 致徐乃昌第十三札)

四月二十五日,接梁鼎芬二十一日之札,寄回《景定建康志》。札云:"钟山小印奉赠,《建康志》二函谨缴。又《长吉集》六部,每部二元。请交刘聚卿。性懒,不复作书,希代质疑。书价齐后寄鄂。"(《日记》页 847,《友朋书札》页 161 梁鼎芬第五十九札)

四月二十六日,张謇来,面交先生大生纱厂股份收条。(《日记》页 847)

四月二十七日,先生专家人井升上沪送夏孙桐,寄夏氏赵刻《咸淳毗陵志》、《先哲遗书》蒋、张两种、《建康实录》。又致汪康年一札,札云:"闰枝日内到沪,弟又因病不能前来,殊为闷损。今专家人来沪,兄有函及书交彼甚便。何时到鄂?吴晓邺到沪否?均示知。从前托抄书籍,共价几何?乞核算。弟共付六十元,不敷,当再找寄。"(《日记》页 847,《汪康年师友书札》页 3054 缪荃孙第八札)

是日,先生托夏孙桐带叶昌炽一札,及在江宁访得钟山题名六段,句容绍圣石刻金刚、观音、贤劫三经,茅山唐咸通题名。(《日记》页 845,《缘督庐日记》页 2415)

是日,先生寄陶子麟《丹阳集》、《内简尺牍编注》、新写《墙东集》三册、《常州词录》二册发刻。(《日记》页 847)

四月二十八日,先生阅卷毕,定名次,前十为:侯克昌、程先甲、窦昀、周景镐、于廷扬、傅良弼、端木锡保、张承沅、秦汇生、江士瑶。(《日记》页 848)

是日,先生借徐乃昌《崇川金石志》,徐氏借先生藏唐韫贞《秋瘦阁诗余》、陆蓉佩《光霁楼词》、陆恒《哀弦集》、左锡嘉《冷吟仙馆词》。(《日记》页 848)

是日,张謇致先生一笺,还《盐法议略》《困学纪闻注》,索抄《洪福寺碑

录》及笺封式,先生与之。(《日记》页 848,《友朋书札》页 569 张謇第十一札)

孟夏,顾云作古风《醉歌赠小山先生》致先生,有云:"峨峨百尺糟邱台,独醉坐使神先索。酒友昔遇李翰林,子丹。数言缪袭思弥襟。同官不独推善饮,酒德尤自称愔愔。抗手岂谓逢客座,晤伯虞席上。果然酒户如我大。开怀痛饮两不辞,为乐宁输阵亲破。风日妍丽雨廉纤,但同游宴争掀髯……天生刘伶解颂酒,无独那知忽有偶。悠悠万事皆浮云,不见白衣变苍狗。君拥皋比辞玉堂,岩扉我亦扃沧浪。酿法愿共中山访,陆沈傀不沈醉乡。"(《友朋书札》页 762 顾云第一札)

五月二日,考辽碑。(《日记》页 850)

五月六日,家人丼升自上海回,得夏孙桐信、汪康年信、吴申甫信,带回《全上古三代秦汉三国两晋南北朝文》、元大德本《风俗通》,又新购《海东金石苑》《泽雅堂文》《蒋剑人文集》三种。又汪康年寄来《金史补》四卷。(《日记》页 851)

五月九日,先生致盛宣怀一札。札赞盛氏接办铁政事:"远闻力顾大局,接办铁政,凡在知交,同声钦佩,非常之事必待非常之人,彼琐琐者何足见及此?目下钩稽款目,整齐程法,想已费尽经营,而谋食者源源而来,又多一番酬应,作事所以不易也。"又谈刻《常州先哲遗书》及《毗陵志》事:"渊若同来,何时返沪?弟初意到沪送夏闰枝,即将《青门集》《学文堂集》送至尊寓,以便苏局刊行,孰意抱病辄复中止,两书业已包好,静候有便带去,渊若能至金陵,耽阁一日,诸事可以面商,较为妥帖。至于款式,兄提《荆川》《春卿》《毗陵》三集,不难一望而知。今年由楚旋宁,四月之中尚未交卷,殊深惶愧,现赶将《文恭》《从野》《清闷》三集定本印行。今岁刊成《落落斋》《归愚集》《遂初堂书目》《得月楼书目》,清样呈览再行领款。又有字样数纸,拟交渊若,两局可望画一。又《咸淳毗陵志》宋本在赵惠甫所,屺怀从前与弟言及,可托屺怀假出在苏影刊,亦一盛事。如其可行,弟藏一钱竹汀抄校本可以互校也。"又谈及缓刻《续经世文编》洋务一门:"《经世文编》已成,先读为快。弟已得四十册,至户政,止望赐配全。洋务一门缓刻亦可。现当危疑之际,不得不留以有待,免致贻人指摘。其实要言洋人,亦无不知之,特不能为浅陋者言耳。"(《艺风堂书札》页 318 致盛宣怀第十七札,《日记》页 852)

是日,先生发恽毓良信,寄《万柳溪边旧话》《文选考异》《吴中水利书》三种付刻。(《日记》页852)

五月十五日,接芜湖凌霞信,并寄先生唐墓志拓本。(《日记》页854)

是日,先生致徐乃昌一札,借其《崇川金石志》抄毕还之,并论之云:"此书不全,第二行标'石'一则,知尚有金文矣。晏海将所得砖瓦均归之石,又截止本朝道光间,以此例之,将《金石索》上真赝杂出之镜、钱等件及各庙炉、钟,不愁不成帙也。弟抄至至正为止,所以快还。"又谈及沈吟樵之词集,让徐氏录副与刘世珩:"又沈吟樵丈《无定云龛词》一卷,此是池州人,乞代抄送聚卿,弟止一帙,吟丈与先君四十年至好,拟留之,非小气也……吟丈一门风雅,弟兄、妯娌均能书画,当函致其犹子觅之,必可得数家。"又谈及况周颐选词之法:"夔生选词如严师一般,浓圈密点,长批横抹,不顾人愿不愿,只可抄出供其选改,乞谅之。弟有借同乡稿本与之一阅,到处圈抹,只可另抄还本人,据说原稿已失,种种对不住人。兄将来觅得珂乡词稿与之入选,不可不防此着。"(《艺风堂书札》页385致徐乃昌第十四札)

五月十六日,先生致徐乃昌一笺,还《安徽词人目》,告以访编皖词之法,云:"《安徽词人目》交上,可以照目选抄,作为底本。搜访是至要,庐州可问履卿,省城可问寿平,桐城可问敬甫,因地以求,因人以求,不愁不裒然成巨编也。《常州词》四册昨遗下,今补呈。"(《艺风堂书札》页386致徐乃昌第十五札)

五月二十日,先生致徐乃昌一笺,还其梁绍壬《七十二鸳鸯楼诗》《弹指词》,云:"梁晋竹诗沿乾嘉派,清新可诵,梁节庵见之必痛诋,词纤仄不可学。《弹指词》,弟本短一序,已影抄补上。修能勘订,极在行,可宝也。二书先缴,希察入。《香草斋》须录副,乞从缓。"近来先生与徐氏互相借阅颇频繁,笺中所云三书系先生本月十六、十七两日所借。(《日记》页854—856,《艺风堂书札》页387致徐乃昌第二十札)

五月二十三日,先生和顾云诗。顾氏昨日以诗索和。(《日记》页856,《友朋书札》页764第五札《雨酌龙潭怀小山先生》)

五月二十七日,先生寄陶子麟《落落斋集》二册、《鸿庆集》五册交刻,托汪康年带。

是日,先生致凌霞一札,寄《崇川金石志》《和林金石所见考》《陕西得碑记》三书。札言近况："弟书院索居,应酬绝少,出游之说,已成虚愿,大为顾石公所笑。季直已旋通州,天热水大,秋以为期而已。刘氏《陕西得碑记》二册,《崇川金石记》一册,均托程舍亲带呈,察入是幸。"又为请其关照前往芜湖经商的亲戚程宝炎云:"再者,程君仁安宝炎,婺源人,寄籍苏州,家道殷实,其为人也慷慨仗义,干练有为,现来芜湖创办打米机器局。在观察处具禀,自集资本造厂开设,不须请领公款,如本地有愿入股者,亦不阻止,惟求立案转详给示札,委允其专利若干年,以为鼓舞商务地步。并求兼派一差,不拘薪水,只要稍有局面,庶于地方办事可以顺手。观察处及顾石翁,弟均专函重托一切,敬求吹嘘推爱照拂,感同身受。至请设埠团局以清匪类,原为地方有益起见。好在毋容上筹经费,第求赐一公事,饬县出示,想可允行。惟应否在道署或县署进禀,程君面商。尚希代为酌夺,鼎力玉成,不胜盼祷。"(《艺风堂书札》页337致凌霞第七札)

是日,先生拜徐乃昌、章灏,面托其购买《时务报》。盖先生于《时务报》创办之初即代为宣传经销。(《日记》页858)

五月三十日,先生阅卷毕,定名次:程先甲、王受畴、端木锡保、杨炎昌、周景镐、李松年、卢重庆、梁荽、张承沅、王瀍。(《日记》页858)

是日江宁打碑人聂明山以孔褒碑、孔宏碑来售,先生以三元购留。(《日记》页858)

六月一日,致盛宣怀一札,寄其《邵青门全集》《学文堂集》,又新刻《归愚集》《落落斋集》《明月楼书目》三种样本。(《日记》页859)

是日,叶昌炽致先生一札。札告先生夏孙桐到京相访,奉读先生之信,谢先生以在南访得新出土之拓本见寄。又言北地石刻,自先生与梁于渭、黄绍箕出京后,椎毡绝响,顷与吴郁生商订,李云从秋间至山西潞安一带拓碑,如能成行,定当为先生留一份交夏孙桐。又言北地新出者仅磁州高盆生、高翻、兰陵王高长恭碑碑阴三种,若先生未藏即代为购寄。又言吴郁生曾欲拓江苏碑版,请先生恳饬拓工遍拓全府石刻,梁碑之外,各拓三分。(《友朋书札》页406叶昌炽第二十七札)

六月七日,先生送《时务报》公启二十分及《包安吴词》与徐乃昌。(《日记》页861)

六月九日,先生四子缪恺保出生,夏镜涵出也。(《日记》页861)

六月十日,先生送《时务报》廿本,托章灏代售。(《日记》页862)

六月十三日,先生撰张之洞之六十岁寿言,数日乃完成。(《日记》页863)

是日,先生阅古学卷毕,夏季古学取十二名:陈作求、梁焱、夏仁虎、金世和、李佳、王受畴、陆春官、周永济、陆维炘、桂培源。(《日记》页863)

六月二十日,先生致翁同龢一笺,赠送词及《毗陵集》《荆川集》《春卿遗稿》。致唐文治、沈曾植、沈曾桐信,分别赠送词及《毗陵集》《荆川集》《春卿遗稿》。(《日记》页864、865)

六月二十二日,编定《辽文存》。先生编辑是集已历时八年。(《日记》页866)

七月三日,先生阅六月课卷毕,出案以金世和为第一:金世和、李经熙、侯克昌、窦昀、端木锡保、曾宗元、桂培森、杨炎昌、蒋桂名、陈作求。(《日记》页868)

七月四日,先生撰《辽文存序》,述编辑该集之不易:"昔年读《黄琴六文集》,知昭文张氏月霄曾辑金文,心仪久之。癸未之夏,南海谭叔裕前辈以伍刻《金文最》百二十卷见贻,即张氏所辑者。翻阅累日,如获得瑰宝。第见近时新出碑记尚多出于《文最》之外者,为补录百数十篇,叔裕前辈允寄伍氏,附刻《文最》之后。余因思契丹开国久于完颜,文教之彰,使命之美,亦与金源仿佛。因采金文见有辽文亦并甄录。惟辽时书禁甚严,不准传于邻境。五京兵燹,缥素扫地。迨元人修三史,以文献无征,致蹖简略之诮。今辽人遗书,止存《龙龛手鉴》《焚椒录》《星命总括》三种,而《焚椒录》尚有因与《契丹国志》不合言其伪者,即记载辽事之书,正史外亦止《国志》一种。降而搜采金石文字,又仅得顺天属易州、宣化一带,山西、奉天力所未及,晨抄暝写,单词片语,靡不搜采,共得诗文二百余篇,不及金文十分之一,然其难十倍矣。辽时文学之士,如萧罕嘉努、李瀚、王鼎、马得臣、耶律孟简、张俭、沙门了洙均得其一二,吉光片羽,弥可宝爱。至塔记、幢记有古雅者,有村俗者,凡可释文均与编次,不得以文律绳之。金诗有钦定本,所以未收。辽诗止数十首,悉以汇入此编。周松霭《辽诗话》录西夏、高丽之作。两国虽常臣服于辽,然止能采其纪辽年号及可考者,余悉从删,不能以卷轴之隘而滥收也。并编《辽艺文志》一、《辽金石目》一附刻于后,藉可考见梗概云。"(《日记》页868,《辽文存》卷首缪荃孙序)

七月六日,先生分《时务报》四十份与徐乃昌,十份与蒯光典,二十份

与刘世珩,十份与郑孝胥,自留一分,况周颐、朱孔彰、吴增仅、吴树藩各一份,十六份送各典。(《日记》页869)

是日,费念慈致先生一札,寄代先生所购书,请先生代购袁昶所刻书及《徐骑省集》并谈及往祝张之洞寿事。札言:"兹先寄局书并目一本,即希鉴入。其价已垫付。乞代买重黎所刻书及《徐骑省集》。闻在一状元境书坊中。外履卿一书,乞转交。南皮师八月三日六十寿,闻仲修已赴鄂。瑞安师及中容皆往祝,公去否？如去,望为弟一言,为医药所累,未得渡江也。闰枝有信来,寓浣花别墅。高阳师得偏中,恐一时难痊,奈何！"札又请先生代索柯逢时刻《常山贞石志》。(《友朋书札》页375费念慈第一百十二札)

七月八日,接汪康年信并《杨蓉裳年谱》《句余土音》。(《日记》页870)

七月十日,袁昶自芜湖来,长谈。袁氏后有《夜至钟山书院访小珊山长》诗记之:"真元两(鞠)士,白下一经师。同榜君尤隽,侔年我觉衰。春葑琥珀碗,月泛芙蓉池。却羡卢姚逸,开元遇盛时。"(《日记》页870,《于湖小集》卷五)

七月十一日,袁昶赠先生新刻书来。先生送袁氏《钟山陆放翁题名》并《清閟阁全集》《文恭集》及《楹书隅录》。(《日记》页870)

七月十二日,先生偕袁昶、龙继栋、徐乃昌往游玄武湖。袁昶有《游玄武湖》一诗纪之。(《日记》页870、871,《于湖小集》卷五)

七月十四日,先生接第二期《时务报》,分送徐乃昌四十份,刘世珩三十份,龙继栋一份,袁昶二份。(《日记》页871、872)

七月二十日,撰《遂初堂书目跋》,考此目之重出及尤袤其人。(《日记》页873,《文集》卷七《遂初堂书目跋》)

七月二十一日,撰《陈定生遗书三种》跋。所谓三种者,《秋园杂佩》《山阳录》《书事七则》。是跋载《常州先哲遗书》本《陈定生遗书三种》后,末署"光绪丙申正月谷日盛宣怀跋"。跋称陈贞慧身居望族,名重党魁,"念故国而伤心,走空山而雪涕"。《秋园杂佩》"其词微,其旨远";《山阳录》"噍杀志哀";《书事七则》"推原祸始,维持国本"。又考该书刊刻流传情况:书原系"其子宗石所刊",缺"杜鹃""永定海棠"二则,其子陈维岳、陈宗石所补;书"流传颇罕",《粤雅丛书》止刻《秋园杂佩》一种,跋云"未见

《山阳录》《七则》",今据宗石原刻付刊。又称:"定生所著,尚有《皇明语林》《雪岑集》,如有以稿本见视者,当并付之剞劂焉。"(《日记》页 874,《常州先哲遗书》本《陈定生遗书三种》卷末"盛宣怀"跋)

是日,丁立诚致先生一札。札谈为先生代抄书事:"《文恭集》敝藏为聚珍版,即四十卷本。文澜旧存本已失,无可查。提要多十卷不可信。总之七阁所藏与武英殿所刻同,必得旧抄本方可补全青词、致语各种也。《明名臣琬琰录》第十九卷至廿四卷及后编八卷,与《诗传旁通》,全部均抄未毕工……《萧茂挺集》已抄成,托人校过,奈敝藏非精本。据云《全唐文》有一篇可补。《天兴墨泪》敝藏所无……《摘文堂集》已由穋兄借抄矣。《道乡集》敝藏有明刻本,究未知与道光刊本如何? 记得二十余年前无锡重刊,曾来借过,似近年尚有版存也。《容春堂集》敝藏本对校何如? 兹附近刻二种,乞察存。"又答先生问避蠹之法云:"承询辟蠹之方,实无良法。大约不读必须雇人翻动,三年不得人气,新订者必蛀。订好数年不蛀者,本书必不生蠹也。"又向先生请教并索书:"尊藏《播芳大全》明抄本为谦牧堂藏书。谦牧堂何家? 弟多年蓄疑,未得其详,乞示知。《从野堂集》如成,尚乞见赐一部。《戒庵漫笔》如成,亦乞见惠。"(《友朋书札》页 697 丁立诚第八札)

七月二十三日,门人倪文昶来见,能读常州派古文考者。(《日记》页 874)

是日,先生阅课卷毕出案:杨炎昌、卢重庆、程先甲、于廷扬、侯克昌、梁荛、桂培森、周永济、端木锡保、周景镐。(《日记》页 874、881)

七月二十八日,在汉口,谒见张之洞,并呈寿诗。先生此专程为张氏祝六十岁寿。(《日记》页 875)

八月二日,诣张之洞督署祝寿,与黄体芳、蒯光典、宋育仁、黄绍箕、汪康年、黄绍第同饮五福堂。(《日记》页 876)

八月十日,先生登返程,与杨文骏、汪康年、蒯光典同船。(《日记》页 878)

八月十一日,读《隋书地形志考证》,杨守敬所撰,先生以为"书颇佳"。(《日记》页 879)

八月十二日,先生抵金陵。得丁立诚信,寄代抄之《萧茂挺集》《诗传旁通》《西湖志补遗》各种来。(《日记》页 879)

八月十四日,门人金世和来,告知先生入汇文书院读西学书。(《日记》页880)

八月十七日,先生送第五次《时务报》。(《日记》页881)

是日,校订《鄂志地理门沿革表》一帙。(《日记》页881)

八月二十日,考《江阴葛氏世系》。(《日记》页882)

八月二十一日,撰《归愚集》跋。是跋载《常州先哲遗书》本《归愚集》卷末,署"光绪丙申五月武进盛宣怀跋"。跋考葛立方其人及著述,并述该集之流传情况云:"《归愚集》本二十卷,今所存十卷。据宋本止存九卷,弟四卷、弟五卷、弟六卷、弟七卷均律诗,弟九卷赋、骚、铭文,弟十卷、弟十一卷均外制,第十三卷表、启,后人另以词一卷羼入,作为十卷。《四库简明目录》有此书而《总目》无之。当时不收,恐是馆臣误遗,未必以残缺见弃……兹据翰林院底本及劳季言校宋本校定上板,又辑《播芳大全》《临安志》《韵语阳秋》为补遗一卷附益之。"(《日记》页882,《归愚集》卷末"盛宣怀"跋)

是日,张謇来为大生硪股,先生推荐缪申保,然疑未知何日开市。(《日记》页882)

八月二十三日,先生诣徐乃昌、萧穆、龙继栋谈。徐乃昌见示廿卷本《韩柳文》、钱东垣《建元类聚考》。萧穆出宋本九行十七字《家语》,抄配两卷、一旧抄、一新抄,汲古跋及图记皆真;旧拓《麓山寺碑》,字字精神,年月、后赞俱全;徐乾学藏两种,均佳。(《日记》页882、883)

八月二十四日,先生致徐乃昌一笺,云:"叶跋奉缴,黔纸奉上两张,如可拓,再送呈也。敬夔三宝昨日均见,《家语》字形不方整,为用南宋刻无疑,字亦不过大,荃所见尚多也。抄二卷,一旧抄,一新抄。东坡墨迹仅存魂魄,即真亦不足贵。《麓山碑》最精,惜无题跋,以此为压卷耳,题跋想为人装入赝本。此亦有翻刻。老翁甚可怜,荃此语幸弗告聚卿。"札中所言之《孔子家语》,系萧穆同治初年所得,原系汲古阁毛晋旧藏,毛氏并曾据以刊本行世。该本萧穆鉴定为北宋蜀刻大字本而南宋时重印,上所钤"东坡居士"印,系宋元间好事者为之。此书极为萧穆宝爱,一再手跋,视为插架之冠。光绪二十一年秋,吴汝纶等纠资刊刻刘大櫆《历朝诗约选》,萧穆在江宁总司其事。然所集之资不足,萧氏乃欲以此书质于刘世珩,得资以成之。此书先生鉴定为"南宋刻无疑",故札中告徐乃昌"老翁甚可怜,荃此语幸弗告聚卿"之语。(《日记》页883,《艺风堂书札》页388致徐乃昌第二十五札,《敬孚类稿》卷五页100《跋孔子家语》、页102《再跋宋版孔子家语》、《跋影刊宋椠孔子家语》)

八月二十八日,先生撰《金忠洁公文集》跋。跋载《常州先哲遗书》本《金忠洁公文集》末,署"丙申十月上旬武进盛宣怀跋"。跋述金铉之事迹,又考该集之流传情况云:"《明史·经籍志》载文集六卷,久佚。道光《武进阳湖合志》载'有集四卷,存',亦佚于庚申之乱。今从《乾坤正气集》所采二卷录出,又得金氏后裔抄本校定梓行。前一卷为疏,揭劾张彝宪、杜勋三疏均在后一卷。杂文皆学道有得之言。《天下金石志序》集中未收,谨抄出附刻于后。他日如遇全稿,当为重梓以行。"(《日记》页884,《金忠洁公文集》卷末"盛宣怀"跋)

八月二十九日,先生约莫绳孙、萧穆、龙继栋、傅春官、况周颐、刘世珩、张謇小饮云自在龛。傅春官赠先生《金陵诗征录》一册。(《日记》页885)

九月一日,先生赠萧穆倪瓒《清闷阁全集》、唐顺之《荆川集》,萧氏答以吴殿麟、方东树全集。(《日记》页885)

九月三日,有旨:以江西按察使松寿为江宁布政使。

九月五日,先生阅卷毕,发课卷,以程先甲为第一:程先甲、侯克昌、桂培森、杨炎昌、梁炎、于廷扬、顾朴基、侯其昌、王受畴、张祖庆。(《日记》页887)

是日,先生约萧穆、洪子彬泛游秦淮,坐小船,餐问柳,又开至吴园,冒雨而回。其间言及《永乐大典》,先生告诉萧穆在京师翰林院见《永乐大典》事,道:"每册高二尺,广一尺二寸,书大小字均照寻常之书字各大一两倍,粗黄布连脑包过,如今洋人书本。按其官衔,乃明嘉靖间世宗所命重写之本,今皇史宬绝无其书,则永乐时原写之本久不可问矣。"又告诉萧穆该书及《四库》底本咸丰以来遭窃情形:"今翰林院所存者,咸丰末三、两年,多为英人窃购,送之西洋。院中存者,不过九百多本。其书一人所窃,不过能携四、五本。又翰院内有宝善亭三间,内贮多书。凡书之出入,皆办事八翰林主之,其他编检无权也。又修《四库全书》底本,有刊本,有抄本,亦多为人零窃去。然皆翰院中人预先将衣服装一大包,命价负入,所带之衣,后皆身服之。即以内书装一大包,命价负出,一若衣包然者。"萧

穆于次日皆作为掌故笔之于《记永乐大典》一文中。(《日记》页886,萧穆《敬孚类稿》卷九页234《记永乐大典》)

九月八日,先生跋王穉登诗文手稿,十日写定。是手稿先生从蒯光典先生借归录副,凡两册,首册首题"南有堂集",旧为魏源所藏,末有龚自珍手跋。先生前后多日通校全书,故得于跋中得考其始末,又考王穉登其人。(《日记》页888,《文集》卷七《明王百谷诗文手稿跋》)

九月九日,先生约陈昌绅、洪子彬、萧穆、郑孝胥、傅春官、徐乃昌、顾云小饮鸡鸣寺,瞰后湖及游北极阁,至暮方归,是日重阳也。(《日记》页888)

九月十日,顾云致先生一札,送先生其撰著并昨日登高之诗,云:"拙诗附政,字里行间似尚有酒气,一笑。昨日之日,天下所同去,咏觞相继,恐不多遘。同人所作,必有传者,则昨日之日,直我徒所独,左右宁不谓然。"其诗有云:"九日例须谋一乐,钟山院长豪兴作。召客高宴鸡鸣寺,倚天磴道出寥廓……剧饮聊可解束缚,奇语不妨偶穿凿。伸足鸡笼山踏破,鸣鸡纵使声四薄。一鸣海氛不敢恶,再鸣朝政遂咸若。三鸣玄武湖中水,化作香醪任斟酌……当筵孰与俾兴象,分咏仍自杂嘲谑。院长西指峰戌削,罢酒偕登北极阁。"(《友朋书札》页762、763顾云第二、三札)

九月十一日,徐乃昌借《江右石刻文编》。先生奉上,并致一笺询重阳日分韵诗成否。此次分韵赋诗,以"花落家童未扫"分韵,郑孝胥得"花"字,赋七律一首;顾云得"落",赋七古;先生得"扫"字。(《日记》页889,《艺风堂书札》页388致徐乃昌第二十六札)

九月十四日,洪子彬来,求为其父撰志墓,送《平斋文集》《韩柳年谱》《泉志》《隶释》《隶续》五种。(《日记》页889)

九月十六日,接杭州丁立诚信,寄《抄补明碑传集》六卷。(《日记》页890)

是日,先生定《藕香零拾》书目。(《日记》页890)

九月二十日,撰《忠贞录序》毕,应顾云之请也。(《日记》页891,《文集》卷五《上元顾氏贞节录》序)

是日,先生撰《藏书纪要》跋。是年先生将该书汇刊入了《藕香零拾》。跋称该书"所记皆甘苦之言,益人识见不少",又录屠隆《考槃遗事》"论宋版"一则,谈宋本书之精及明人作伪之法,供好书家之采择。又言是书黄荛圃原曾刻入《士礼居丛书》,光绪癸未得长沙袁芳瑛所藏一抄本,颇胜黄刻,爰为校定付梓。(《日记》页891,《藏书纪要》卷末缪荃孙跋)

九月二十一日,撰《聚学轩丛书序》,次日撰毕。此序系应刘世珩之求而撰,廿六日寄与世珩。① 世珩,刘瑞芬之五子,先生经由挚友徐乃昌而识之,气谊交孚,时相过从。序有云:"钱竹汀先生云,荟蕞古人之书并为一部,而以己意名之者,始于左禹锡《百川学海》……今宗室伯希祭酒,购得喻鼎孙《儒学警悟》,刻于宋嘉定间,又前禹锡数十年,是真丛书之祖。然前人类刻,另立名目。元、明至国初,如《夷门广牍》《盐邑志林》《津逮秘书》之类。至以丛书著称,则始于明万历间《格致丛书》……以斋阁名书,则始于国朝乾隆间奇晋斋《雅雨堂》。其佳者如黄氏之《士礼居》,秦氏之《石研斋》为最雅。其巨者如伍氏之《粤雅堂》,吾友章氏之《式训堂》为最宜。自有此丛刻,人谓收拾零星小种,俾不至于湮没,有功艺苑甚巨。"(《日记》页892、893,《文集》卷五《聚学轩丛书序》)

九月二十六日,先生撰《濠上集》序,应王咏霓之索也。《濠上集》系王氏近作。先生序云:"夫牛羊下括,君子于役之诗;鸿雁哀鸣,《小雅》劬劳之什,自来行旅,惯写牢愁。纵或拥传壮游,绾符经涉,风餐露宿,水驿山邮。其间都邑之骈阗,原泽之珍玮,关隘之夷险,民俗之盛衰,俛仰百变,悲欢万态。而况天星乱动,海水群飞。被发伊川,不及百年之叹;和戎魏绛,难收五利之功。于是,情寓于迹,思会其通,俾色敦彝,含音琴瑟。此六潭同年《濠上》一集所由成也……六潭负通脱之才,属干城之寄,官舍闲暇,大可啸歌。征途栗陆,不妨题咏。气以敛而益醇,词以真而愈峻。昔使泰西,尚有輶轩之采。兹来濠上,倍深今古之情。补缀沈吟,勒成二卷。悯余近岁,迹类飘蓬,属为弁言,以证心曲。嗟乎,饥驱出走,敢希五马之荣;秋士言哀,时作一鳞之露。黄垆风雨,故人之音沫犹存。施均甫、李苑客、朱蓉生诸君。白首烟霞,归隐之田园何在。落落四海,耿耿寸心,写视六潭,同增感喟。"可见先生之心态与诗学思想。(《日记》页892、894,《文集》卷五《王六潭同年濠上集序》)

---

① 《艺风老人日记》丙申年九月廿六日载:"寄《聚学轩丛书》与聚卿。"按,刘世珩刊《聚学轩丛书》,先生多以所藏书赞助,其书之印行,据《艺风老人年谱》在光绪三十年,此时所寄当系先生所撰之序,《日记》偶手脱一字。

是日，先生发莫绳孙信，寄太康砖、《投龙记》拓本，交程恩带。(《日记》页893）

九月二十八日，撰《流通古书约》跋。先生将《流通古书约》刊入《藕香零拾》中，颇有弘扬流通藏书之愿望，此跋有云："此《约》刻于《知不足斋丛书》，为流通古书创一良法。藏书家能守此法，则单刻为千百化身，可以不至湮灭，尤为善计。"（《日记》页894、《流通古书约》卷末缪荃孙跋）

是月，先生跋传抄文澜阁本《诗传旁通》："此书抄自文澜阁，刻入《常州先哲遗书》，书中讹误，无别本可校，颇费考订。朱签皆同人商榷语也。光绪丙申，授衣之月荃孙识。"是本即《常州先哲遗书》之底本。(山东大学图书馆藏抄本《诗传旁通》卷末缪荃孙手跋）

十月一日，门人崇藻来见，京口驻防，甲午举人，治《逸周书》。先生以庄述祖《尚书记》，托其校雠。崇氏于本月十七日校毕还先生。(《日记》页895、900）

十月二日，改定《丹阳集》跋。先生将此集刊入《常州先哲遗书》，此跋即为其所撰，刊于卷末，署"光绪丙申中秋日武进盛宣怀跋"。跋考葛仲胜其人，考其籍贯系江阴，丹阳是郡望，指晋时之丹阳郡，非宋时之丹阳县，纠正宋陈振孙《书录解题》及《宋史》以来之误。又考该集流传及本次校雠情况："此集藏书家罕见。昔年厂肆曾出孔荭谷抄本，为汪柳门侍郎购去。今从文澜阁录副，取以刊行。讹错满纸，校雠不易。《丹阳词》一卷，《四库》别收，汲古毛氏刻入《六十种词》。今取集中诗余一卷互校，有汲古无而本集有者三首，汲古有而本集无者十八首，字句亦有短长。乃重为校定，而以汲古所有之词附刊于后。《鸿庆集》中有序文一首，阁本未录，今仍冠于集首，以符其旧。七言古诗有《次韵郑维心游西佘山诗》系七言律两首，为改附七言律诗之后。"跋中云所用底本系传抄文澜阁《四库》本，今考阁本有部分原抄，余者系丁氏补抄，错讹颇多。跋中谓"昔年厂肆曾出孔荭谷抄本，为汪郎亭前辈购去"，此孔继涵抄本，系孔氏乾隆四十一年(1776)八月从四库馆传抄之本。（《文集》卷七《丹阳集跋》，《丹阳集》卷末"盛宣怀"跋，《日记》页895，《书林掇英》页381）

十月三日，有旨：以湖北按察使恽祖翼为浙江布政使，江苏江安粮道马恩培为湖北按察使。

十月四日，聂明山送来江宁、溧水、句容拓本一百零一种，共三分。聂明山,江宁人,熟于目录之学,是和北京打碑人李云从并称的"南聂",先生在金陵期间请其为遍拓江宁、句容、溧水,及上江之太平、当涂、潜山、桐城、贵池,下江之常熟、松江、太仓等处的碑石。(《日记》页895)

是日,接上海汪康年信,并第十期《时务报》。(《日记》页895)

十月七日,致徐乃昌一札,还书并借《江宁金石记》,昨日曾往访而不遇。札云:"夔久不来,亦未通问。此片奇极,如此人来,拟请其写封面,岂不大佳。昨诣谈未晤。《香草斋词》奉还,卷面已有油污,不安之至。松生委撰水榭联语呈政,可以给人观否?《江宁金石记》,希假一阅,可与《张绩志》并还。"札附《丙申九秋雨中,松生仁兄招饮水榭撰句》:"撷篚旧楼台,纵六代云遥江山犹昨;敲诗新缟纻,恰重阳将近风雨频催。"札中所谓招饮委撰联语,指九月二日傅春官、傅松生招饮之事。(《日记》页886、895,《艺风堂书札》页389致徐乃昌第二十七札)

是日,撰《朝鲜金石目考览》跋。是书盖系先生从龙继栋借抄,抄校毕而跋之。跋云:"嘉、道间,朝鲜士人之谈金石者,曰赵寅永云石,曰金正喜秋史。诸城刘燕庭方伯均与之善,因得其国之拓本最多,释其文字,考其原委,为《海东金石苑》八卷。又撮其目,为《海东金石存考》一卷。其无存者,列为待访目,至精至确。此《金石目考览》二卷,为朝鲜金秉善所撰,碑较多于燕庭所得,然存佚不分,惟存者考其额若干字,足以取信,非稗贩而为之者。今取燕庭两书校之,梁贞明《白日栖云塔碑》脱碑侧,《晋天福忠湛塔碑》脱碑阴,《元普济尊者浮屠碑》脱元宣光六年年号。元顺帝子,庙号昭宗。宋脱《圆觉禅师碑》,元脱《弘觉禅师碑》、《大藏移安碑》、《庆平寺石幢》。考证脱王融,崔惟清,韩文俊,李之茂,李弘孝,李奎报,梁载,权汉功诸条,非特金君未见,鲍子年亦未见也。荃孙又藏叶东卿《高丽碑》全文,内有《宋大觉国师墓室》及碑铭、《安立事迹记》、《圆光遍照弘法禅师碑》、《元元贞普觉大师塔碑》、《皇庆权文清公墓志》。明碑尚夥,不足记。金石随时隐见,如此书者,其搜访亦不为无功云。"(《日记》页896,《文集》卷七《朝鲜金石目考览跋》)

是日,先生接两江总督刘坤一下明岁关书。(《日记》页896)

十月八日,莫绳孙致先生一札,附札赠先生刘宋陶尊全形拓本、建安砖拓本各一纸。札谢先生托程恩携赐晋砖、唐拓,并云先生前示所藏《开元投龙记》一石并辽金元经幢,拟售价刻书,其已函致刘世珩,若欲购,托徐乃昌评价即可。又言其以言获咎三年，家乏恒产，数十口无以为计，前托先生代售之《唐写本说文木部残卷》真迹，闻盛宣怀极知重此，请先生致函为询勿滞，欲售价三千，押金二千。（《友朋书札》页644莫绳孙第十二札）

是日，先生阅九月课卷毕，出案：周景镐、杨炎昌、黄宗干、张祖庆、李经熙、程先甲、张承沅、陆恂、于廷扬、王镛。（《日记》页902）

十月九日，撰《澹生堂藏书约》跋。跋考该书作者祁承爜藏书之法，又考其书之流散，有云："此《约》刻入长兴鲍氏《知不足斋丛书》，分子目四，曰读书训，曰聚书训，曰购书训，曰鉴书训，约简而明，足为藏书者法。后遭丧乱，其家悉载至云门山化鹿寺，因之遂散。黄太冲先生入山，检点三昼夜，载十捆而出，其精华悉归之。其奇零者归于石门吕庄生。庄生有诗云：'阿翁铭识墨犹新，大担论斤换直银。说与痴儿休笑倒，难寻几世好书人。宣绫包角藏经笺，不抵当年装钉钱。岂是父书渠不惜，只缘参透达磨禅。'祖父积累有年，一入子孙之手，无不烟销灰灭，凡收藏家类然，不但澹生堂也。"（《日记》页897，《澹生堂藏书约》卷末缪荃孙跋）

十月十日，撰《栖霞小志》跋。跋考作者盛世泰事迹，及是书之著述由来，有云："仲交落拓不偶，颓然自放岩壑，以笔墨写其无聊不平之气。栖霞擅名于齐、梁间，距城止四十里，尤屐齿所常到，磨岩题字，氈椎殆遍。此志于前人故迹、名流题咏未尽甄录，特访寻寺碑，缒幽凿险，所记宋人题记约三十余种，其叙述简洁，文体亦游记之佳者。"又考是书之流传及志中所载石刻所得拓本情况，有云："同时焦弱侯为刊之，传本罕见。国朝嘉庆己卯，津逮楼甘氏重刊……"先生再跋之，考订甘刻之误。（《日记》页896，《栖霞小志》卷末缪荃孙跋、再跋）

十月十一日，改定鄂志城池、廨署二卷。（《日记》页897）

十月十二日，跋《宋寿昌县君胡氏墓志》。是志新出于江阴迤北滨江里许田中，先生属族弟缪晋初拓之，缪志名于九月二十四日携至金陵。志"字迹圆劲，文亦有法。惜廑存下半，撰人、年月均不存，但闻人言元祐年而已"，先生跋据史籍略考志主之身份。跋末云"吾邑金石最少，又得宋志一种，足为志乘光"。（《日记》页893、897，《文集》卷六《宋寿昌县君胡氏墓志跋》）

十月十四日，先生挈打碑人聂明山、贾升游栖霞山访碑，十五日方回，

访得吴平阙、萧憺碑、萧秀东西碑并西阙等,并在栖霞寺遍访佛龛。(《日记》页 898、899)

十月十七日,诣薛庐,顾云主寿陆放翁,同集者潘敦俨、秦焕尧、陈作霖、陈光宇、程先甲、茅谦、刘世珩、徐乃昌、梁炃,分"今年立冬后,菊花盛开小饮",先生得"冬"字。(《日记》页 900)

十月十八日,先生致徐乃昌一笺,还《江宁金石记》四册、《辽张绩志》、《栖霞小志》,又以江阴试馆基地事请其转托张刺史顾庆。札云:"《栖霞小志》《辽张绩志铭》,祈察入。《小志》刻来再假对也。敝馆基地坐落地方呈览,恳转托张刺史。"前此,先生曾致其一笺,谈试馆基地事:"张刺史,弟日内即往拜。敝邑试馆地基,为流人盖草屋,有四十余家,去年曾托江宁出示而不遵。闻局内可以驱逐,须官派人勒令迁移。弟另托本地邻居,稍侪助之,方能有济。如可转达更妙。"(《日记》页 900,《艺风堂书札》页 389 致徐乃昌第二十八札,页 392 第四十一札)

十月二十一日,撰薛庐寿陆放翁诗,凡两首,其二云:"立国推和议,输金息战烽。古今嗟一辙,涕泪洒无从。黄菊花犹盛,黄藤酒尚浓。瓣香祠下拜,遗象草堂逢。"(《日记》页 901,《诗存》卷三《十月十七日放翁生日同人集薛庐分韵得冬字》)

十月二十二日,先生送诗与顾云,顾云亦送诗来。(《日记》页 901)

是日,跋《中兴百官题名》。跋述先生汇刊是书之初衷。是书凡三卷,一是《中兴学士院题名》,系乾隆癸巳钱大昕从《大典》抄出;一是《中心行在杂买务杂卖场提辖官题名》;一是《中兴东宫官寮题名》。后二种在《永乐大典》中,先生于光绪乙酉抄出。先生以其据有较高的文献价值,《大典》亦残缺不完而汇集三种刊入《藕香零拾》中。跋又考所据本之误,有云:"资善堂官,绍兴十四年李若容下径接庆元六年萧遂,恐有脱误,亦无他本可考。另《中兴三公年表》一卷,亦起建炎讫嘉定,在《大典》一百五十九卷,不知宋何人所撰。今附于后。"(《日记》页 901,《宋中兴百官题名》卷末缪荃孙跋)

是日前后,先生致徐乃昌一笺,借《谥法考》。笺云:"薛庐寿陆诗交卷,合公份乃一元八角一位。弟请已交去。前向夔生借《谥法考》一查,竟不借,兄处如有,乞假我一阅即赵。"(《日记》页 901,《艺风堂书札》页 389 致徐乃昌第二十九札)

十月二十五日,先生寄丁立诚"缪、李二公集"。(《日记》页902)

十月二十六日,先生阅十月课卷毕,名次:周景镐、侯克昌、梁炎、金世和、禹佐尧、伍步瀛、窦昀、程先甲、曾宗元、秦臻。(《日记》页902)

十月二十八日,撰《萧茂挺文集》跋。先生是跋系为刊刻《萧茂挺文集》入《常州先哲遗书》而撰。跋考该集流传情况及本次刊刻所据之本之优:"《唐志》载其《游梁新集》三卷、《文集》十卷。《宋志》仅载《文集》十卷,而《游梁新集》已佚。晁、陈书目同《通考》,只有一卷,恐是十字之误。自明以来,仅存一卷,系后人抄撮《文苑英华》《唐文萃》诸书而成,非本书矣。《四库》所收,系曹倦圃藏本,《提要》纪其赋九篇,表五篇,笺一篇,序五篇,书五篇,惜其不载《与崔园书》。今本抄自钱塘丁氏,赋多一篇,而《崔园书》尚在,大致与史所云略同,并有诗四十首,与倦圃本不合。诗后《羽山》《游马耳山》《与□□□赵载同游焦湖夜归作》三首,《全唐诗》亦不收。又于《全唐文》内搜出《扬州李长史贺立皇太子表》一首,今补列于后。"及此次刊刻(《日记》页903,《萧茂挺文集》卷末"盛宣怀"跋。)

十月三十日,跋《鸿庆居士集》,考此集版本流传及优劣。先生所跋之本系已藏传抄本,校以徐坊所藏影宋抄本及明嘉靖刊十四卷本。此本刊入《常州先哲遗书》中,卷末之跋即先生此次所撰,题"光绪丙申立冬日武进盛宣怀跋"。(《文集》卷七《鸿庆居士集跋》,《日记》页903,《鸿庆居士集》卷末"盛宣怀"跋)

十一月一日,聂明山送句容碑来。(《日记》页904)

十一月五日,先生遣聂明山往拓太平碑。(《日记》页905)

十一月九日,编《辽金石目》。(《日记》页905)

是日,先生致盛宣怀一札。札谈及盛氏办铁路事:"昨闻台旆自燕返申,又阅简授常卿之信,大才磅礴,帝眷攸隆,引领下风,踊跃三百。铁路先创芦汉,想已勘道,实则吴淞至上海,可以先办,获利较易,津通虽形热闹,芦汉道成,则津通差矣。兄以为何如?"又谈及刊《常州先哲遗书》事:"委刻书籍现成《墙东类稿》《戒庵漫笔》十余本,书目内可成清样,又有《清闷阁集》《胡文恭集》板片已做好,架子候提请,谕我彭往取。今年领过五百金(规银),无奈银不值钱,垫用不少,乞兄再付千金,可至明年二三月用账,去年报至十二月,今年年底当续报也。弟现将书院事清理,约月半后到沪,急思面陈一切,恐又有公务远行,希先电复为盼。"(《日记》页905,

《艺风堂书札》页 319 致盛宣怀第十九札）

是日，叶昌炽自苏致先生一札。札谢先生通过夏孙桐邮寄到江宁、当涂石拓多种，并备述其西河之痛。又告先生于皖江古刻当为其留一份，陆继辉亦有此意。又言购沈树镛碑拓事云："闻沈韵初所藏刘燕庭拓本五千通，去其精者两千通，尚有唐、宋、元三千种在屺怀处，索价二千元，公其有意否？"又告知先生所托其录副之文职宰辅七卿表当即属于供事缮录，明春当可寄呈先生。(《友朋书札》页 405 叶昌炽第二十六札）

是日，门人陈庆年自鄂致先生一札，札谈在鄂情状向先生索所刻书，云："门生自来鄂垣，即得谒南皮，坐语移时，并未询及《通志》之事。与星海往还，彼此相左，尚未得晤。赵森兄于书启一席，性最不近，且其居停，已由北洋奏调，开春即行，必须另谋位置。星海允为谋译书局事，已将其学行言于南皮，书来谓谅可报命，惟不能刻期云云。如得函丈再为进言，当可得劲，森甫甚盼之也。《洋务辑要》须大加整顿，方可写定。近寓自强学堂，从事董理，尚无眉目。此间译书尚多，惟故书无旧籍，无人留心，雅道凌夷，深可慨叹。旧侣旷绝，谋假无从，殊觉怀抱为劣耳。函丈所刻《奉天录》《曲目表》，谅已有印本。《留溪外志》与盛刻他种能陆续见赐，以资研悦，尤所盼也。此间武备学堂近来情形，已详与礼卿信中。两湖书院尚拟改章，容再另布。"(《友朋书札》页 959 陈庆年第一札）

十一月十二日，重编《常州先哲遗书目》。(《日记》页 906）

十一月十三日，接上海盛宣怀信，言停刻《常州先哲遗书》。(《日记》页 906）

十一月十四日，先生阅卷毕，定名次：侯克昌、周景镐、卢重庆、杨名世、金世和、李经熙、郜怀泌、梁荚、杨炎昌、黄宗幹。(《日记》页 907）

十一月十八日，先生至沪，将往江阴扫墓。诣醉六堂，访吴申甫不值，见江标所刻《灵鹣阁丛书》三集。(《日记》页 908）

是日先生诣盛宣怀长谈。(《日记》页 908）

十一月十九日，先生往看吴申甫书，大半皆蔡右年书。(《日记》页 908）

十一月二十一日，取醉六堂《长短经》、《中吴纪闻》、《青阳集》、《归田类稿》、宋刻《纪事本末》。离沪赴苏。先生在沪三日，晤吕海寰、沈芝楣、汪康年、陆树蕃、章寿康、华蘅芳、李盛铎等友人。(《日记》页 908）

十一月二十二日,至苏州。诣李少梅,留住蘧园。看蒋氏书,以俞贞木手抄《存梅斋集》、明抄《太玄经》、《黄文献集》二十三卷本为极佳。(《日记》页909)

十一月二十三日,先生诣费念慈谈。费氏出示明拓《张迁碑》《刘熊碑》《王稚子双阙》《宋拓麻姑仙坛记》《麓山寺碑》《华阳生先生碑》《常丑奴志》,皆绝佳。另,刘喜海藏碑三千种,以二千元让,先生意可得之。此批碑自八月初为费氏截留,而无力购之。(《日记》页909)

十一月二十四日,先生出拜吴大澂、汪鸣銮、陆润庠、赵舒翘、聂缉椝、陆元鼎、吴承潞、凌焯、李超琼、钱振常、刘炳照等。(《日记》页910)

十一月二十六日,先生谒俞樾,长谈。(《日记》页911)

十一月二十八日,李少梅检元刻《静修集》,明刻《栾城集》《樊川集》,旧抄《宗元先生集》《古今岁时杂咏》《严陵集》《凌阳先生集》《道园遗稿》相赠。(《日记》页911)

十二月二日,在常州,诣屠宽谈,允还《宋会要》。屠宽,字元博,屠寄之长子。(《日记》页912)

十二月三日,先生购得鉴宝斋孙宏烈山水、方子鲁墨、张崟扇面。屠宽送先生《宋会要》一箱。先生发屠寄一札。(《日记》页912)

是日,先生谒丁绍基于局前街故宅,绍基为鬻酒摘蔬,清谈竟日。① (《日记》页912,《文续集》卷六《求是斋金石跋书后》)

十二月四日,金武祥偕先生游天宁寺,同游者陆鼎翰、丁绍基。先生赠陆氏及丁氏宋人墓志各一份,名家词各一部。(《日记》页913)

十二月七日,至江阴,先生往拜刘谦山县令、龙湛霖、薛葆楹等。(《日记》页913、914)

十二月八日,先生到观察院访孙□碑。到南菁书院访王孝竭碑。(《日记》页914)

十二月十一日,先生填《齐天乐·锡山道中》一阕:九龙山色浓于染,乱烟织成新暝。湖雨抽丝,岭云擘絮,一白微茫千顷。天公做冷,把乡梦催回,酒潮逼醒。隔岸渔家,菰蒲深处响等筜。　　沧江惊又岁晚,冲寒

---

① 按,缪荃孙撰《求是斋金石跋书后》作"丁酉冬日,借金淮生谒丈于局前街故宅",考诸《日记》光绪丁酉冬日缪氏实未返常州,当系光绪丙申之事,作"丁酉冬日"当系其误记。

同旅雁,飞鸣不定。一样天涯,灯前酒底,换了旧时情性。凋年急景,恁转瞬阴晴。也无凭准,夜半枫桥,听钟声猛省。"(《日记》页915,《碧香词》)

十二月十二日,至苏州阊门,随开至盘门青旸地,看刘喜海藏碑。(《日记》页915)

十二月十四日,先生在沪,诣盛宣怀谈。是日接丁立诚信并《蔡定斋集》《容春堂集》。(《日记》页915)

十二月十五日,与汪康年结账,一年《时务报》报价清缴。(《日记》页916)

十二月十六日,先生致盛宣怀一札,嘱其寄费念慈五百金。札云:"昨日幸聆雅教,今送上屺怀信一件,乞并洋五百元寄去为祷,余洋饬送敝寓,尚须在沪略购什物,明日即行,恕不叩辞。"札所谓致费念慈五百元,当系先生购刘喜海旧藏碑版费氏代为垫付,先生暂用盛款先偿部分。(《艺风堂书札》页320致盛宣怀第二十札,《日记》页916)

是日,吴申甫送《渭南文集》、明拓《乙瑛碑》来,先生酬以五百元。(《日记》页916)

十二月十九日,费念慈致先生一札,欲得《渭南集》《乙瑛碑》。札云:"昨寄书后,得手教,知《渭南集》《乙瑛碑》已以五百元取得,狂喜,求之数年,焉有不要者。但金陵便人,不知何时有,渴思一见也。《乙瑛碑》是否有潘笳庵题字者,乞示……"又谈及其代先生垫付先生购沈毓庆碑价事:"碑价已垫给,借诸钱庄出一分息,势不能久持,以一月为限。杏荪处五百元尚未到,其余一千元,务乞于灯节前属禹兄寄苏,至感至盼。过灯节便须算两月利,弟既不能垫,吾哥亦犯不着也。"(《友朋书札》页379费念慈第一百二十札)

十二月二十日,先生在金陵。收拾新得碑三十二包上楼。读《金碑》一包,共一百零二种。先生购此三十二包沈树镛藏刘喜海旧藏碑凡费二千金,系移用卖南菁沙田拟置宅之钱,可谓好之若痴,取之也豪。碑凡三千二百通,内有刘喜海、翁方纲、吴式芬、韩崇手跋本,《开赵埋铭》《张伯颜圹志》等孤本皆在其中。(《日记》页917,《缘督庐日记》页2499)

十二月二十二日,先生接俞樾一札并《文编》、试草,系十一月先生在苏时所致者,辗转至今始得之。札有云:"弟今年重游泮水,戏取当日院试题再作一篇,刻《重游试草》,分贻知好以为笑噱,谨以一卷呈览。又拙著

《杂文》第五编八卷,文虽卑下,然近时名公颇有见于鄙文者。又《经课续编》第四卷,皆说经之作,近时所吐弃者。然'有妇人焉解'一首,自谓极确。并以呈教从者。"(《日记》页918,《俞曲园致缪筱珊手札六通考实》第四通)

是日,先生定《常州词录目》并勘定讹字,校刊该书毕。(《日记》页918,《年谱》)

十二月二十六日,先生诣徐乃昌谈,送《奉天录》一册、《缪李二公》一部。(《日记》页919)

十二月二十九日,接吴翊寅,寄广雅束脩二百四十两。(《日记》页920)

是日,费念慈致先生一札,解释先生购沈毓庆碑较原目缺廿余种事:"杏荪寄来洋五百元及手书一函备悉。硕卿所得拓本,弟亦闻之。其间有故:秋初翰卿至沪,肖均以此卅二包携交翰卿……惟原目阙廿余种,恐是当均初得时抽出别装①。弟得翦本《西狭颂》《苻秦》二石,皆有燕庭印,是翦装整幅之证,弟意恐所漏尚不止。硕卿所得之一包,当属翰卿物再包之也。其价年内不能不付清,因自八月间为弟所扣,至今未付,为日太久。然弟借之钱庄,正月无息,过此便认息,太犯不着,请速寄下。"(《友朋书札》页380费念慈第一百二十一札)

是年七月,孙诒让撰《逸周书斠补》成。
是年,康有为撰成《孔子改制考》。

光绪二十三年　丁酉(1897)　五十四岁

一月,在钟山书院。(《年谱》)

一月一日,易顺鼎来访。(《日记》页921)

一月二日,先生重编《葛归愚集》,并撰《墙东类稿》跋。是跋载《常州先哲遗书》本《墙东类稿》后,署"光绪丙申小除夕武进盛宣怀跋"。跋述刊刻该集之底本云:"是集二十卷,久已失传,馆臣从《大典》中搜得遗文三百余篇,诗词六百余篇,仍厘为二十卷。道光己亥,陆氏后人清臣承阳湖李

---

① "当",疑系"肖"之讹。

申耆先生之指,从文澜阁抄出刊于江阴。兵燹后板亦残缺,爰就印本重刊。金君湜生就读是集,成校勘记一卷,附刊于后。至清臣补遗诗文六篇,不注所出,亦一病也。"(《日记》页921,《墙东类稿》卷末"盛宣怀"跋)

一月三日,校《朝野杂记》。自是日起,先生以校此书为日课。(《日记》页921)

一月四日,校改鄂志《堤防》。是日起,先生以校改该志为日课。是日先生撰《沧螺集》跋。跋载《常州先哲遗书》本《沧螺集》后,署"光绪丙申荷花生日武进盛宣怀跋"。跋论作者孙大雅之文云:"大雅以诗文负盛名,尝著诗文十二篇,号东家子。宋潜溪为作《东家子传》,并赞其文曰:'神采俊发,正气满容。'李武曾称其诗曰:'胥元季之人,咸袭抱遗老人诗派,大雅独以苏黄为宗。'其为名流推重如此。"又考该集之刊刻流传及本次所据之底本云:"其集为弘治间里人薛尧卿所辑,跋云得文于都玄敬,得诗于黄应龙,合而梓行,后汲古毛氏子晋刻之,印本均罕见。近金湜生同转刻入《粟香室丛书》,并辑附录于后,今为重梓以广其传,至周伯温序文仍阙如也。"(《日记》页921,《沧螺集》卷末"盛宣怀"跋)

一月五日,秦焕尧招饮,李素、邓嘉缉、陈作霖、顾云同席。(《日记》页921)

是日,先生撰《万柳溪边旧话》跋。跋载《常州先哲遗书》本《万柳溪边旧话》后,署"光绪丁酉正月中旬有九日武进盛宣怀跋"。先生是跋考作者尤玘为宋元间人,入元曾任司徒。(《日记》页921)

一月六日,二女祉保出生,春姬所出。(《日记》页922)

一月十二日,吴重憙赠先生《捃古录》。(《日记》页924)

一月十四日,撰《泽宫位次考序》。此序为洪恩波撰,历十五、十六日撰成。二十日序并原书交与洪恩波。洪氏该书此年刊于金陵。(《日记》页924、925、926,文集卷五《泽宫位次考序》)

一月十九日,招门人金世和来,询汇文书院规条,拟送表侄瞿世琨附学。(《日记》页925)

一月二十一日,题易顺鼎《四魂集》。(《日记》页926)

一月二十二日,先生送《奉天录》、缪李二公集与易顺鼎,又送改琦《双红豆图》索易氏题。二十四日,易顺鼎还先生《双红豆图》,为题七律一首。(《日记》页926)

一月二十六日，寄江宁金石与京师叶昌炽，托王仁东带。(《日记》页 927)

是日，先生送《云自在龛丛书》《常州先哲遗书》与吴重憙。(《日记》页 928)

一月二十七日，徐乃昌以郑蕙百花卷子属先生题。(《日记》页 928)

正月间，叶昌炽致先生一札。札谈购石刻拓本云："侍岁杪碌碌，海王庙市，每下愈况，阮囊无可破悭。李云从尚未归。新出石刻，稀如星凤，间有稍难得者，又恐执事已有藏本。《云自在庵碑目》如有副本，能寄示一部最妙。按图补缺，不至有骈拇指也。"又谈先生刻《常州先哲遗书》云："前在子培昆仲处见新刊《常州丛书》，椠印精良，有功先哲。侍窃不自量，留心吴中文献二十年矣，箧中亦颇有不传之本，惜举鼎绝膑，敝郡又无可语此者，徒有浩叹而已。"又谈先生购沈树镛藏碑云："屺怀来函云，沈韵初拓本之千通已归邺架，闻之艳羡。其中唐、宋经幢，侍曾致书屺老求之，渠云不过一百余通，大约除去侍旧有者，至多约二三十通，在公不过沧海之一粟。五百经幢馆得此，略增箸录，为益匪浅。如可割爱，可否开示一目，年月及造幢人。其值即当先行寄上。再闻沈所藏皆刘燕庭物，蜀石居多，公重出者必不少。蔚若前辈颇愿得之，如欲售人，亦请开示一目，侍可为两公作介也。句容《李含光碑》，都中拓本甚鲜，南中亮尚易得，亦乞拓寄两分，种种费神，感荷之至。"(《友朋书札》页 409、410 叶昌炽第三十二札)

二月三日，先生撰《韵语阳秋》跋。跋为刊该书刻入《常州先哲遗书》而撰，论该书云："是书杂评诸家之诗，兼论史事，有偏驳处，有严正处……此书流传于世，以正德己卯本为最远，如'慎'字注'今御名'，知源出于宋本，而讹脱尤多。又有万历本，国朝何文焕《历代诗话》本，互有出入，今参校诸本，并以唐宋人文集订正，虽未能尽臻完善，较之他本，稍微可读。至'郭子能诗'一条，卷三、卷十八两见；卷四缺五、六两叶四十行，各本皆同，无从补缀矣。"(《日记》页 929,《韵语阳秋》卷末"盛宣怀"跋)

二月四日，吴重憙致先生一札，送钟鼎拓本四帧，又先生所借其《捃古录》《金石汇目分编》稿本。札云："前奉赐笺，并颁惠佳刻多种，罗列满前，欣慰何似。丛刻绝精，古香古色。《遗书》中西溪、仲达两先生书，尤所钦仰……承询先著《捃古》《分编》两目录，愧至今都未成书。《捃古》红本得十四卷，尚未校对。《分编》于戊子、己丑间，托单父时吉臣孝廉，在汴省校梓未就绪，而吉臣故于梁园，未及一面。其中舛误极多，即如书名，'汇目分编'首行多讹作'目录'。《分编》无暇校补，故从未敢呈鉴方家。今蒙垂询，谨于箧中检出，请一教迪。未完之本，仍请付还为荷。先许印林师遗书，记曾带一红本，尚未检得。谨附呈家藏彝器四幅，赐鉴为幸。"（《日记》页929，《友朋书札》页608吴重憙第三札）

二月七日，写《梁溪尤氏世表》。（《日记》页930，《文集》卷一《梁溪尤氏世表》）

是日，跋《戒庵漫笔》。跋云："明李诩撰。诩，字厚德，江阴人。诸生，坎坷不遇，年八十余而卒。厚德蚤岁课业必记，旁及奇闻异见，晚乃记岁月阴晴，自署曰'戒庵老人漫笔'，积成数册。万历丁酉，其孙如一为之刊行，附《藏说小粹》之后，王百谷序之。国朝顺治五年玄孙成之又刊于世德堂，今刊本亦寥寥矣。是书杂志朝野掌故、诗文琐语，时近小说家，诚不免《提要》所讥。然如《提要》所举各条外，如辨天禄阁外史之伪；辨《容斋随笔》之误；辨《元史》速不台、雪不台，完者都、完者拔都二传为一人；辨《唐诗鼓吹》误收宋胡文恭诗；又倪云林《与张藻仲第二柬》，《清秘阁集》未收；记茅山颜鲁公四面碑、张从申三绝碑，可见明万历时尚完整；记嘉靖间江阴出唐大中、宋德祐两墓志，皆足以资考证。惟《铁椎铭》以为宋翰林学士王文炳作，此铭颂王著击阿合马事，事在至元十九年，而以为宋学士则误矣。"考证甚力，唯称李诩字厚德为误，盖受《提要》之误导。①（《日记》页930，《戒庵漫笔》卷末"盛宣怀"跋）

二月十一日，方宾穆送《读书秋树根图》求先生题，并送《安徽图表说》。（《日记》页931）

是日，先生寄陶子麟《戒庵漫笔》《韵语阳秋》《万柳溪边旧话》《吴中水利书》新刊本，需补。（《日记》页931）

二月十三日，先生接《知新报》及去年《时务报》。盖本年又兼代售《知新报》。（《日记》页932）

二月十四日，闻师课弥封信，先生作柬询柯逢时。（《日记》页932）

二月十六日，接吴重憙信并《攀古小庐杂识》。（《日记》页932、933）

二月十八日，汪康年寄《代数通说》五十部来代售。先生随致徐乃昌

---

① 参拙撰《李诩表字延误考》，见《中国典籍与文化》2008年第4期。

一束,交徐乃昌廿部。束云:"汪穰卿寄《代数通编》来,送兄一部,又廿部请代售,每部乙元,又地图股票乙本,均察收为荷。(《日记》页933,《艺风堂书札》页394致徐乃昌第四十八札)

是日开课,文题"入其疆,土地辟,田野治","风柳自摇春"。(《日记》页933)

二月二十二日,先生送云自在龛影宋本缪、李二公集与府尊刘名誉,刘氏旋以《越事汇抄》见赠。(《日记》页933)

二月二十七日,茅谦率二子茅乃登、茅乃封来见先生。(《日记》页935)

二月二十九日,先生致徐乃昌一束,谈借《泾川金石记》等事。束云:"《沈西雍集》两种呈览,沈集一册交,弟书四本。一与尊藏同是初刻也。严铁桥手摹《薛款识》,此种须二百元可以让人。余再议。《泾川金石志》兄本略假一阅即赵,亦抄蒋之奇两跋也。(《日记》页936,《艺风堂书札》页394致徐乃昌第五十札)

二月三十日,先生阅卷毕,定二月课生名次:傅良弼、云书、王镛、杨炎昌、鲁应奎、周景镐、严泽、翁长芬、端木沉、石凌汉。(《日记》页936)

二三月间,先生曾致盛宣怀一札,谈刻书事。札云:"去冬敬聆雅教,并扰华诞,感谢奚似。辰维公私顺序,动定迎喜,谅符私祝。弟索居讲院,碌碌如恒。《先哲遗书》逐日经理,承公指示,专事收束。所拟之数,五竿。断不能过,惟排场局面总须过百册,成者有七十三册。方足壮观。至于校字薪资,均以叶计,亦无浪费,将来归结总账便可知弟之用意矣。前后共领过三千乙百余金。弟力薄,只能垫千余金,尚望再发五百金,便可敷衍到完,余俟结账再算,然邮政局寄书甚不方便,再加科场,今年能否完工,实未可定,惟款项决不再增耳。闻兄即来金陵,盼之许久,何日惠临,能否先示。"(《艺风堂书札》页321致盛宣怀第二十二札)

三月三日,先生致徐乃昌一束,交《百花图》及所撰田鼎臣寿序,并滕以丁氏书两册。束云:"丁刻两书乞哂存。《寿序》《百花图》均缴,并乞斧削为荷。抚台去否?程道上皖南否?"(《日记》页937,《艺风堂书札》页394致徐乃昌第四十九札)

三月五日,费念慈致先生一札。札云:"窭斋到宁,不必提及买碑事,恐为所阻也……吾哥言三月续寄之五百元,亦待用孔亟,二月一月拆息如何认法？弟春来窘到不名一钱。《渭南集》《乙瑛碑》如能押于尊处，乞多寄五百元救我眉急，如可行，愿出五厘息，六个月为期也。至恳至恳，愈速愈妙……周廉昉求吾哥切实托菘耘，云渠是实缺人员，又是家传治谱，实非不舞之鹤，思得一署缺，必当重报也。弟已面托过，再乞吾哥一函，至恳至恳。弟与一为援手。渠有老亲，恐为毛义所笑，急欲奉檄耳。"（《友朋书札》页 380 费念慈第一百二十二札）

三月六日，编次《续碑传集》。（《日记》页 938）

三月八日，盛宣怀来，同早饭。（《日记》页 938）

是日，先生赴傅春官刘园之约，张謇、郑孝胥、顾云、刘世珩同席，又同看涌金井栏。（《日记》页 938）

三月十日，跋《梁溪遗稿》。跋考该集流传情况云："延之所著有《遂初小稿》六十卷，内外制三十卷，见《宋史》本传；有《梁溪集》五十卷，见陈振孙《书录解题》。明《文渊阁书目》即未著录，可见明初已佚。其十八世孙长洲尤西堂先生得秀水朱竹垞本，存诗四十七首，文二十六首，釐为两卷，康熙庚辰付梓，竹垞为之序……道光辛巳，其廿三世孙兴诗再刻之，而传本亦罕见，今为重梓，以广其传。复搜得《三朝北盟会编》载《淮民谣》一首，《天台别编》载诗十首，《文选跋》一首，以益之。"（《日记》页 939，《梁溪遗稿》卷末"盛宣怀"跋）

三月十一日，吴鉴堂、郑孝胥在吴园招饮，并至郑孝胥新辟之濠堂，山色溪光，收满几席；隔岸梨花淡白、小桃深红，尤助诗兴。章蔓仙、徐乃昌、傅春官、沈礽庵、顾云、王仁东、张謇、郑孝柽、刘世珩、孙明廉、程先甲同席。（《日记》页 939）

三月十二日，寄湖北谭献信，寄《湖北通志》四十四卷。（《日记》页 940）

是日，跋《梁昭明太子集》。跋考其书流传及刊刻源流云："按，《梁书》本传云有集二十卷，《隋·经籍志》、《唐·艺文志》同，《宋·艺文志》则云五卷，已非其旧。此怡府藏影宋抄本，为宋淳熙辛丑袁说友池阳郡斋所刊，卷数与《宋志》同。袁跋云：'池阳郡斋既刻《文选》与《双字》二书，于以示敬事昭明之意，今又得《昭明文集》五卷而并刊焉。'胡公果泉重刻《文选》风行海内，陆君伯刚复为补刻袁跋及《考异》，今又刻此集，独惜双字不传于世耳。《四库》著录六卷本，为明嘉兴叶绍泰所刊，不但卷数不同，即辑录亦不同。此本所采，不出《梁书》《文苑英华》《艺文类聚》《广弘明集》诸书，知亦掇拾之本，但源出于宋，流传已久，究于明本不同。《提要》讥叶本误录梁简文帝诗，此本有《拟古》第二首、《林下作伎》一首，余若《照流看落钗》《美人晨妆》《名士说倾城》三首并未录入，则前二首或宋人另有所本欤？今别辑逸文二十一首，为《补遗》一卷。"（《日记》页 940,《梁昭明太子集》卷末"盛宣怀"跋）

三月十三日，辑《梁溪遗稿补遗》。（《日记》页 940）

三月十五日，叶昌炽致先生一札。札述近况云："天之所废，谁能兴之？负公惓惓之意，为可愧耳。京察第一次本不敢仰邀简记，惟史馆提调四人，总纂六人，记名者九，仅一人向隅耳。君子见几，不俟终日，但既在此，四月十五日不能不一为冯妇。秋后决计南旋……"所谓"天之所废，谁能兴之"，盖指国运而言也。所谓"负公惓惓之意"者，盖指将纪大奎传入儒林传一事，叶氏屈服于徐桐压力。又谈拓碑事："蔚公云，茅山尚有各种大碑，宣州陶大举德政碑、铜井镇福兴寺碑，并在江宁境内，未识可补拓否？李含光残碑，乞觅精拓三分，厂肆近颇不易得也……兹寄呈天统二年□显邑造象一通，乾封二年重修延庆道场碑一通，皆磁州一带新出者……尚有焦铣碑，赵明诚著录，今存半截，其文为铣弟郁所撰，结衔尚存，书人则裂失矣。厂肆仅见一纸，奇货可居，容俟续到，再行购上。"又谈先生所购沈树镛藏刘燕庭碑云："燕庭三千二百通，闻之艳羡，物必聚于所好，亦非公之精诚，无以致此。"又云："蔚公新得高丽碑全分，照《海东金石苑》有赢无绌。亦沈喜海物，未归公时，为吴中骨董鬼挑出，共七十余分，渠以三百金得之。内有重分约十余通，公如需此，乞示及，当属其开一目，可归公也。"又言先生所托抄文职大臣表事："据供事云，道光朝已失去，仅有咸、同两朝，业以抄竣，缮写装订，并皆精整，月内可交闰翁矣。道光朝，须与子丹前辈商为补缉，但渠即日可望外简，侍则归志甚决，恐徒托空言耳。"（《友朋书札》页 407 叶昌炽第二十八札，《缘督庐日记》页 2506）

三月十六日，跋《阳羡茗茶系》。跋称该书"考证翔实，叙述尔雅"。（《日记》页 940,《阳羡茗茶系》卷末"盛宣怀"跋）

是日，先生出课题"日省月试"三句；山僧多解说南朝。（《日记》页 940）

三月十八日，缪志名夫妇起程返江阴，先生请其带金武祥信、《韵语阳

秋》《云川阁集》,及送金氏之"缪李二公集"、两书目、《陈定生遗书》。(《日记》页941)

三月十九日,编定《昭明集》。(《日记》页941)

三月二十四日,跋《三续千字文》。跋考是书之成书及体例,称其"自注颇详,瞻所采逸书甚夥",自谓篆法"可远绍前修"。又谈现将此书刻入《常州先哲遗书》之底本:"德卿自篆之本,曾在沪肆一见,未曾收得。此本为聊城杨氏海源阁影宋刊本,无篆字,亦无德卿自序,今重为写刊,从《皕宋楼藏书志》录自序以冠其首,他日得篆字本当重为摹刻。"(《日记》页943,《三续千字文》卷末"盛宣怀"跋)

是日,吴重憙出示金板韩道昭《五音集韵》,板大于成化本几二寸,"洵海内孤本也"。(《日记》页943)

三月二十五日,友人王韵生来访先生,先生前曾多请其诊脉。先生作函荐与吴重憙为西席授数学,并谈及《五音集韵》等事。吴氏两日后回函云:"日前奉赐书,未及裁复,适陈寿之孙祜曾太守自潍来,遂稽延两日,至歉至歉。王韵生先生授数学事,亟承费心,所居相距不近,自难逐日贶临,数日一来,自无不可。束脩须如何酌定,曾否谈及? 此时无可坐谈之室,俟初旬弟行后便可相邀也。文勤师所持《五音击韵》恐即此本,其时记曾假去耳。祜曾谈及《印举稿》在廉处,急欲排定印行,而寄还无日。弟属其寄一分来,与执事同一商定,俟寄来时当不相拒也。行前得暇,再面聆雅教,以当话别。"(《日记》页943,《友朋书札》页608吴重憙第四札)

三月二十六日,校《满城韩君碑》《渑池龙骑尉杨君世庆碑》入《菊潭集》。(《日记》页943)

三月二十七日,先生再跋《藏书纪要》。跋考宋人印书纸工墨价,云:"按,宋王禹偁《小畜集》影宋抄本有绍兴十七年校刊开列纸墨工价云:'今得旧本,计一十六万三千八百四十八字,一部共八册,计五百三十二板,书纸并副板五百四十八张,表背碧青纸共一十一张,大纸八张,共钱二百六文足,赁板、棕、墨钱五百文足,装印工食钱四百三十文足,除印书纸外,共计钱一贯一百三十六文足,见成出卖每部钱五贯文省。'按此知南宋钱法行用有足与省之分,但未详省之视足相去几何耳。"又云:"又冯时行《缙云集》附《重庆府推官李玺呈四川巡按文书》略曰:本府所属璧山县,宋有冯缙云先生名时行,字当可,经明行修,嘉熙间登状元第,初……又有《缙云文集》行于世,迨后胤嗣落寞,世代兵燹,而此集竟失其传,又访乡少参刘培菴抄录旧本五十三卷,共计四百余板,但其原未删正,多散佚不全。又复呈蒙兵备张佥事、李命官校选,凡得诗文之有关系而精且粹者一十八卷,计一百四十板,估计买板、刊匠工食共该白银九两八钱,将原发该县贮库,无碍赃罚官钱动支翻刻。"又云:"唐李长吉诗,明弘治壬戌宁国刻本,开卷有'制书雅意'四则,一、纸用清水京文古干或太史连,方称一印,用方氏徽墨、孙氏京墨,凡墨弗用。一、殼用月白云绫纸、厚青绢椒表阴干。一、裁用利刀,光用细石,俱付良工。"最后先生云:"右三则宋人印书,纸工墨价与今仿佛,但流传于世者无不精妙,不似今之粗率。明人刻工最轻,'制书雅意'在有明中叶尚属讲求,末造则不及也。"先生此跋汇聚宋明刻书掌故,其意盖欲补孙氏《藏书纪要》之缺。(《日记》页943,《藏书纪要》卷末缪荃孙再跋)

三月二十九日,先生改定《湖北通志例言》,发抄。(《日记》页944)

四月一日,徐乃昌见示元刻《象山集》,二十八卷,十一行,行廿三字。(《日记》页945)

四月五日,顾云送先生新刻《本草纲目》。(《日记》页946)

是日,先生发三月课案,名次:范绪曾、端木锡祚、孙启椿、周景镐、夏仁溥、桂殿华、薛斯瀔、严宾、郜怀泌、哈璜。(《日记》页946)

四月六日,接陶子麟寄新刻书。《旧德集》已刻毕,错讹极多,先生叹"未知何日修起耳"。(《日记》页946)

四月九日,傅立斋寄《常州词录》全部来。(《日记》页947)

是日,刘世珩以旧拓《夫子庙碑》求先生勘读。(《日记》页947)

是日,醉六堂转来丁立诚近新刻书。(《日记》页947)

四月十日,撰《濠堂铭》。是文为郑孝胥撰,十四日交与郑氏。郑氏认为颇清稳。(《日记》页947、948,《文集》卷七《濠堂铭为郑苏堪作》,《郑孝胥日记》页600)

四月十二日,约郑孝胥、张謇公请文廷式于吴园,并请杨文会、曹巽甫、徐乃昌、吴学廉。先生赠文氏《常州词录》红本一部。(《日记》页948)

四月十四日,送百花卷子题辞与唐锟华,唐氏嘱先生撰也。(《日记》页948)

是日,刘世珩来,求改乃父神道碑文。先生二十二日改毕还刘氏新改

本。(《日记》页 948、950)

四月十五日，先生致徐乃昌一笺，交其广雅书单。笺云："聚卿嘱改刘中丞碑，有易改处又有不易改处，颇费事也。"又言及购书事："广雅书单呈阅，荃可奉让。广雅均散篇，不装订也。赵观察言经书只售百元，然则老董亦赚钱矣。"(《日记》页 948，《艺风堂书札》页 384 致徐乃昌第八札)

是日，先生重校《常州词录》毕。(《日记》页 948)

是日，郑孝胥复先生一札，谢先生撰《濠堂铭》，云："承赐《濠堂铭》，绵丽工雅，如出诚斋、后村手笔。雒诵欢悦，不能自已。"(《友朋书札》页 629 郑孝胥第二札)

四月十八日，王鹏运致先生一札，索《常州词录》。札云："上考辉煌，星轺杂遝，正金华殿中人，气象万千之时，而执事独超然于多事之外，若无与于己者，日与诸生讲道论德，此其襟韵已足师表人伦，临风想望，钦迟曷已。闻去秋得金石佳拓极夥，能示知一二以慰怀思否？近刻又成几许？常州词抄计已脱手，幸惠赐以为先睹之快……"(《友朋书札》页 658 王鹏运第六札)

四月二十一日，先生四鼓起，排比鄂志"艺文"十八卷。(《日记》页 950)

是日，叶昌炽致先生一札。札谢从夏孙桐处得先生惠赠朱印丛书《从野堂集》、《落落斋集》、《得月楼书目》、《陈定生遗书》十二本，皆"椠印精良，东林诸君子謦欬如接"。又言王仁东到京，先生托其所携金石打本三分收到。告知先生，先生所托抄之大臣年表及代购之延庆道场碑、大统造象各一通前月已交给了夏孙桐转交先生。又云打碑人李云从从山左尚未归，不日可回京。赞先生所刻"《藕香簃丛书》版式精致，皆系罕见之本，不朽盛业，先睹为快"。又言其所搜罗乡先哲遗书亦复不少，惜其郡未有如盛宣怀者；京察史馆十人，记名者九，仅其一人向隅，考差虽攘臂作冯妇，万无幸得之理；江标撰潘祖荫弟子记，可继《雷塘庵主弟子记》，其所刻《灵鹣阁丛书》已成三集；其所撰《藏书纪事诗》业已寄湘上木，《经幢目》亦欲属彼刻之。(《缘督庐日记》页 2520，《友朋书札》页 408 叶昌炽第二十九札)

四月二十二日，发金武祥信，寄《常州词录》廿一至廿六卷、《葛归愚集》一分、《题跋稿》一分并给缪志名信。致金氏札云："子许回，寄上缪李二公集、《云川阁集》，想已察入，惟未奉复为盼。兹又寄上《常州词录》红本廿一至廿六，此书已全。另题跋一册呈政。子许现在三河口。《容春堂集》务望全部带来，便可发刻，迟则刻不入。刻成四十种便歇手，盛太常不愿故也。"又附一札："兄入城，见新邑尊，可将西郊积弊、夏港人可恶悉与邑尊说明，省得夏港人想法。至要，至要。"（《日记》页950，《艺风堂书札》页268致金武祥第二十札）

四月二十三日，约周景镐、顾孝珣、窦昀、孙启椿、卢重庆、郜怀泌会课，石凌汉、翁长芬兄弟、张之纯领卷回去。（《日记》页950）

是日，读《契丹志》，得辽文四篇。（《日记》页950）

四月二十五日，过词源阁书铺，购得《严氏诗辑》《鄞县志》《小岘山人集》。（《日记》页950）

是日，先生辑《金文》《修武志》得三篇。（《日记》页951）

是日，先生发湖北谭献信，寄《湖北通志例言》、梁鼎芬信。（《日记》页951）

四月二十七日，诣词源阁看书。归途访问徐乃昌，未晤，留与一柬云："词源阁有宣城汤宾尹集，明板，公同郡人，可购之，不常见也。"（《日记》页952，《艺风堂书札》页395致徐乃昌第五十四札）

是日，接江标信，寄先生《灵鹣阁丛书》。（《日记》页952）

四月二十九日，跋《小辨斋偶存》。跋考作者顾允成之事迹，谓其"论事慷慨，直抒胸臆，但求有益于国，终身沉沦而不悔，不可谓非豪杰之士"。又谓："今之藉口讲学，躐取高位，媚权贵则卑谄以取容；慕声气则攻讦以邀誉，视之真狗彘不若也。其文不事词藻，自臻高格，固由其根柢之厚欤。"（《日记》页952，《小辨斋偶存》卷末"盛宣怀"跋）

五月一日，读《湘学新报》，即还谭嗣同。（《日记》页953）

五月五日，发陶子麟信，寄《诗传旁通》三本、《定斋集》贰本、《据鞍录》一本、《宋中兴百官题名》一本。（《日记》页954）

是日，先生得谭献一札。札云："《常州词》校改处均已寓目不误。大序引鄙论为之同心之言，亦牙旷之赏矣。目中避家讳字已划缺。窃以为人姓名似不必拘，已改亦可耳。志例目原本及宋样，仍交傅掌柜，候兄审定。"（《日记》页954，《友朋书札》页682谭廷献第十七札）

五月十日，接丁立诚信并《方少集》一部。（《日记》页955）

五月十二日,扬州文运堂寄《内简尺牍》补叶来。先生曾于四月十七日,向文运堂借抄该书。(《日记》页 949、955)

是日,先生送《三续千字文》《梁溪漫志》《萧茂挺文集》与马子英校字。(《日记》页 955)

五月十七日,刘世珩索《钱竹汀札子》去,送来宋刻《孔子家语》,托先生写影宋上板。(《日记》页 957)

是日,先生接叶昌炽所寄《天统碑》《乾封碑》。(《日记》页 957)

五月十九日,撰《唐焦铣神道碑残石跋》。(《日记》页 957,《文集》卷六《唐焦铣神道碑残石跋》)

是日,先生校《澹生堂藏书约》毕,又校《山房随笔》。(《日记》页 957)

五月二十二日,先生出四月课案,前十名:杨炎昌、周景镐、鲁应奎、侯克昌、戴立仪、云书、顾孝珣、应元、司马允宽、茅乃登(《日记》页 958、959)

五月二十三日,先生影《家语》,不甚得手,须用美浓纸。(《日记》页 959)

五月二十四日,先生重排《藕香零拾》。(《日记》页 959)

五月二十五日,得冯煦凤阳之札,谢先生惠赠佳刻,赠先生《徐州二生集》《明皇陵碑》。札云得先生手书,知缪祐孙之遗孤能读楷书,甚善;羡称先生"端居教授,巍然为东南硕师"。(《日记》页 959,《友朋书札》页 221 冯煦第一札)

是日,先生游其外曾王父瞿曾辑先生故宅,今为友人濮文暹士之寓所。从濮氏借得何日愈、吴廷栋文集,欲校入《续碑传集》。(《日记》页 960)

是日,先生发徐坊信,寄《常州先哲遗书》数种。(《日记》页 959)

五月二十八日,叶昌炽致先生一札。札谈购碑事,云:"蔚若前辈碑价尚未送来,昨从闰枝兄处奉到碑账一分,即行送去。《兰陵王碑》新从厂肆觅得全分,因有阴额,厂估甚为居奇,计直一金,即乞检入为荷。近新到《郑伸碑》,即《访碑录》之《朝请大夫郑君碑》,孙著录元和二年,云八分书,实正书也。不过三四千文,如尚未有,希示及,当寄呈。"又询柯逢时是否卸篆在省。(《缘督庐日记》页 2532,《友朋书札》页 409 叶昌炽第三十一札)

五月二十九日,聂明山自皖回,得贵池、桐城、潜山金石多种。(《日记》页 960)

六月二日，发瞿廷韶信，寄《湖北通志稿》四十八卷，四十五卷起，九十三卷止；又《艺文志》陶方琦稿十八卷、《金石》明迄国朝四卷。(《日记》页961)

是日，发叶昌炽信，寄贵池、桐城、潜山各题名，又《李含光碑》两套，与前徐坊信，均交瞿世瑄带。发缪圻信，寄西郊卷一课，附养和兑十元。(《日记》页961)

六月三日，跋《存余堂诗话》。谓此诗话"论古有识，无所偏倚，在明人诗话中，最为上乘"。又考朱承爵工文词，精鉴别，所蓄鼎、彝、名画、法书及宋、元梓本，皆不下千品，其所藏书为后世诸家珍视，所刻书亦向为艺林推重，爱妾换宋版《汉书》尤脍炙人口。先生所跋之本系李如一编《藏说小萃》本，以此为底本刊入《常州先哲遗书》，此跋载于卷末，题"光绪丁酉季夏朔武进盛宣怀跋"。(《日记》页961，《文集》卷七《存余堂诗话跋》，《存余堂诗话》卷末"盛怀宣"跋)

六月四日，接丁立诚信并《孙尚书大全集》七十卷。(《日记》页961)

六月七日，叶昌炽致先生一札。札谈碑事云："前从闰翁处奉上寸笺，并《高长恭碑》一通，亮可递到。顷诵手示，敬悉丽碑目录已交蔚若，尚无回信，大约渠处重本为尊目所无者不多。至嘱抄丽碑辽金文字，准当录呈。李云从赴山右，杳然如黄鹤，香饵无多，似不至为脱钩之鱼也。"又谈及近况："辐车仅存八省，转瞬晨钟，遽然梦觉，司空见惯，毫不为怪，承为运筹，感何如之。侍孑然顾影，将为若敖之鬼，京华尘土，又何所恋？得此可以养拙，可以读书，安得有此菟裘，以娱晚景。但非揭晓，不便托人关说。一经揭晓，又恐为捷足者所先。谋之内与谋之外，何和为善，解铃人能作系铃人否？公能为推毂否？均求赐教，深感无既。"(《友朋书札》页408叶昌炽第三十札，《缘督庐日记》页2535)

六月九日，校《敬斋古今黈》一、二，又重编卷五、六。(《日记》页963)

是日定五月经文课十名：程先甲、司马允宽、曹昌祚、吴鸣麒、孙启椿、卢重庆、马振德、余瑸、陆春官、杨炎昌。(《日记》页961)

六月十一日，接丁立诚信并《容春堂集》十九卷。(《日记》页963)

六月十六日，出课题：问酒课；问周官司市。(《日记》页965)

六月十七日，先生跋尤本《文选考异》。跋云："延之为池州仓使，议刻《文选》，郡守袁说友助之赀，阅一岁有半而后成，时淳熙辛丑也。《文选》

有李善注本,有五臣注本,两本字句间有不同。延之专据善本,五臣异字别为考异一卷,而不加论定,俟读者自得之。嘉庆己巳鄱阳胡公克家影刻宋本时,未得《考异》,颇为憾事。今宋本原刻在常熟故家,急为摹刊以便学者,书中'讓''敬''徵''貞'均缺笔,'游''遊''鈎''鉤''紀''記'均举出,校勘之密,细于毛发。惟江文通杂体首共三十首……此刊刻之误,今亦仍之,而著其误于此。胡本后载陆敕先过宋本,有袁说友残跋。今此跋全在,为录于卷首,以补胡本之缺。"(《日记》页965,《文选考异》卷末"盛宣怀"跋)

是日,先生接费念慈十三日一札,札谈款事及下月将携子费毓桂赴宁乡试,云:"前款先后共壹竿,已照收矣。侍七月十六携小儿来宁,寓借尊斋,藉倾积愫,可抽空一谒南皮师于汉上,访爽秋于鸠江,纵观江山之胜。叕夫亦送阿郎应省试,京师旧友忽焉相聚,亦一奇也。寿老、冶秋、仲叕同日乘轺,江南星使未知谁属,恐是墨卷手矣。"又谈沈毓庆售碑事:"石经,肖均不肯让人,此外止一宋拓礼器,余皆鳞爪,整片已尽。高丽一包为蔚若所得,是翰卿疏忽所致。翁印若与肖均结,亲为谋主,以慹翰卿,于是无物不贵。石经孙本索二千金,礼器索千金,银龙简索五十金,隋善法寺塔砖记一纸,虽孤本,索二百金。无从问津矣。公乘题名等三种,侍今岁不名一钱,亦为子静夺去。蔚若试事毕,必请假,又来一劲敌,如何如何?仲午无不外行,却能保守,昨见吉金拓册标题之检,无一不错,近方为编录订正。其光景尚可敷衍。书中宋元精本碑板精拓及铜器几四百件,悉无恙。至藏石百余,在京时由隶古以三千金卖出,卖于黄县丁氏。新拓整幅亦星散,新书皆归翰文矣。肖均买①碑,窬斋至今不知,郘亭亦不知,肖均深讳,尤忌两公。懿丈一托郘亭,大约从此绝响矣。现已赴都应试,闻携珍品数种,不知何物也。石经孙本,的是越州石氏,借观月余,逐笔细考,知义门、苏斋之言不诬,惜终未见黄本耳。"又谈及吴大澂之病况云:"窬斋病大有起色,去年仅能作大字,近日居然能画扇矣,附闻。"又论及苏常之乡情,请先生言之于刘坤一,云:"苏常盗窃之案,无日无之。盐枭横恣,天水刚愎而讳盗,恐酿巨患。久旱,若再一月不雨,事不旋踵,公能剀切与越石一言,弭患于未形,江乡之福也。"(《日记》页965,《友朋书札》页381费念

---

① "买",疑为"卖"之讹。

慈第一百二十三札）

六月十八日，门人金世和自日本来，托求学师举优，为致书鲍云墅、张鹤年两学官。两学官于次日知会先生允之。（《日记》页965）

六月二十日，跋《薛堆山先生文抄》。（《日记》页966）

六月二十一日，李时敏还长沙，先生托寄江标信及"缪、李二公集"二部，又赠以《蜀典》一部。（《日记》页966）

是日，先生跋《宜斋野乘》。跋考作者吴枋系南宋人，在周密之后。又据序考此书原十余卷，"似其书古事、今事并载"，而今但存古事十一条，并无今事，删节不全，"大约出于《说郛》，各本皆从《说郛》转录者"。按，先生为盛氏刻《常州先哲遗书》，该书系用金武祥《粟香室丛书》刊版原版汇入，而加此跋于卷末，署"光绪丁酉四月分龙日武进盛宣怀跋"。（《日记》页966，《宜斋野乘》卷末"盛宣怀"跋）

六月二十四日，诣张景祜、谭嗣同、徐乃昌谈。是日接三十三期《时务报》。（《日记》页967）

六月二十五日，李桂林致先生一札，寄先生委书之楹联。札云："委书楹联，未敢率尔，搜述索偶，久乃得之。许君代书，乞君览察，弟之笔力薄劣，不敢作大书也。《毗陵丛书》之刻，闻已中辍，盛事不卒，深为惜之。鞠裳言君以买宅钱市旧拓碑版三千余纸，豪举快事，一时罕俦，何不仿欧、赵之例，勒成一编，使海内快睹，亦嘉惠后学之盛心也。弟承乏史馆，实非所堪，幸得鞠裳与之共事，每同商榷，获益良多。《画一传》全书告竣，惟清文未缮，俟其讫事，即付装潢，约计冬初可以奏进，知念附白。"（《友朋书札》页90李桂林第七札）

六月二十九日，接陶子麟、傅集文寄书。送《名家词》四册与傅春官。（《日记》页968）

是日，先生复王懿荣京师一札。札云："四月奉环云，聆悉近况，辰维起居纳福为颂。荃讲院萧寥，瑟居无俚，焚香选梦，拄笏看山。在金陵为无足轻重之人，在鄙人为不可多得之境。每月课期约五六百卷，十日可毕。暇则温理旧书，间或出游，城南诸山，腊屐殆遍。萧秀东西碑，均有数十百字，精拓之尚可读，唐人题名，宋之各碑，于严子进《记》外，约得七八十种。打碑人聂姓，精细不亚李云从，并由安徽太平，走池州齐山、安庆潜山、桐城，拓得百五十余种，皆昔人未著录者。去年到苏州，屺怀邀同购沈韵初所藏，屺怀得精拓五六种，帖片卅二包全归荃手，皆刘燕亭拓本，极旧者有王弇州、顾亭林手跋本。至方彦闻、六舟和尚、方可中所拓均有百十种，燕亭自跋亦极多，出《访碑补录》之外约六七百种。大约归韵初后，原包未曾打开，原签尚系龚庭题。唐前则无甚旧拓，大约提出。而撰《补录》时，仅据刻本《金石苑》，所以蜀中未载之碑，亦溢出百外，不可谓非幸事。小韵尚存汉石经两本，一黄小松藏，一孙渊如藏，索值四千元，无售处，将来不知归谁富儿矣。仲午回苏，尚能保守。仲饴同年，在省时常晤谈，七八月当到通州，不知入城否？梧生所得令人艳羡，南川简曲靖，与竹铭作伴。惟病躯远道，实属乏味。出京否？当时何不求内用也。荃官情久淡，大约田间终老，心中亦无抑郁，而两年须发全白，衰老如是之易。京中故旧，通候者无多，尚盼时锡音问，藉知京华景况，并望罗笺楷书，一切捐去。长笺行草，挥洒自如，将来可装成册叶，尤所望也。近刻成《常州词录》三十卷，家集十四卷，又为盛太常刻《先哲遗书》四十种。灾梨祸枣，聊以自娱而已。"
(《日记》页 968，《艺风堂书札》页 328 致王懿荣第十四札)

是日，先生定书院六月策问课名次：卢重庆、马君寔、傅良弼、程先甲、司马允宽、翁长芬、杨炎昌、吴鸣麒、陆春官、张祖庆。(《日记》页 968)

七月二日，先生赠徐乃昌《常州词录》及《名家词》，又赠王德楷《常州词录》。(《日记》页 969)

七月三日，叶昌炽致先生一札。札谈碑事云："蔚若前辈奉使浙江，临行送来丽碑十二种及碑值折扇，原函呈阅。又丽碑目一纸。据云渠所得沈韵初丽碑，大小通算，有画象无字，有至小者。每种四金，兹拟照此作价，以公之笃好，想不以为过也。兹将各刻一包，又折扇一件。外碑价京松。廿四金，钱帖四千，合银二钱八分，一并交夏闰枝兄转呈，即祈检入，并希迅赐复音为荷。蔚账已清，侍处尚有尾款，且俟李云从归再算。李杏如黄鹤，询之厂肆，皆云春间至晋，必不至为黎邱之鬼也。前寄下之《李含光碑》，细检只有一分，余一分仅残拓二三纸未全，当系碑估遗漏。此碑都中愿得者甚多，可否再拓四五分寄来，与厂估换碑甚合算也。茅山题名亦似未全，不知有补拓否……皖中石刻如拓到，仍乞为留一分。"又言："再，丽碑公如有推敲，侍愿得之。当照价即交闰翁，因见之垂涎极，又不敢夺公所好，故为此万一之想，非敢以此言要公也。"又谈近事云："轺车络绎出都，仲弢昆仲尤为佳话。侍人世浮名，已如脱屣，倘得追随讲席，与公共看秣陵山色，则桑榆之愿毕矣……南皮师薨后未四十日,高阳师继之。老臣凋谢,国事可忧……"(《缘督庐日记》页2544,《友朋书札》页413叶昌炽第三十七札)

七月十日,重排北宋碑四。先生近日以开包读所购沈树镛藏碑及重排艺风堂金石目为日课。(《日记》页970)

是日,先生寄卖《常州词录》二十部、《名家词》十部,托醉六堂售。《词录》价贰千四百,《名家词》价五百。(《日记》页970)

是日,接夏孙桐六月初三日信,寄来《咸丰同治文职大臣年表》《琴川志》《碑传集》十八篇。(《日记》页970)

七月十四日,金武祥自江阴来,即寓书院,先生赠以《常州词录》《名家词》。是次金武祥游金陵,下榻先生主讲之钟山书院讲舍,唱和颇多。(《粟香五笔》卷八《缪夏二君词》,《日记》页971、972)

七月十六日,撰《金缕曲·题司马晴江〈倦游归卧图〉》:"竟打回帆鼓。计归途,桁探朱雀,洲谈白鹭。廿载江湖伤摇落,领略荒汀风雨,趁春水,送侬归去。纱帽印囊多弃却,只乡心,飞挂津亭树。晨梦醒,听柔橹。　故乡劫火,重关阳。最关情,儿时游钓,几无寻处。夹岸好山容依旧,凉翠扑人眉宇,似旅燕,重营门户。料理传家真画稿。更溪声树色,从头补。支石磴,点琴谱。"(《日记》页972,《碧香词》)

七月二十一日,晚费毓桂及其师徐鋆来访,先生留住书院。费毓桂将参加乡试。(《日记》页973)

是日,先生赠秦焕尧《常州词》一部。(《日记》页973)

七月二十三日,恽积勋托先生寄售《瞿氏书目》四十八部。(《日记》页973)

七月二十五日,接芜湖袁昶信,寄《元秘史注》《齐民要术》《卫藏图志》等书。札云:"《常州先哲遗书》已停刻,殊可惜。荆川唐襄文公集最佳,公能见惠一部否?如蒙允许,宠逾珠玉之赐也。有人传兄大人来年有出山之志,弟亦愿劝驾……盖此时不比乾嘉之代,有卢雅雨、汪稼门一般礼贤慕雅之士大夫,故名山讲席可居。今则大府难舍草堂之资,如裴冕者有几人哉?不如重入承明,京察存记在前,外擢一麾,胜于寒毡片席,鄙见代谋如此,幸老同年俯察焉……宁士轻薄好訾议,李小湖先生尚挂人臧否,今日门人非复曩时抱经、惜抱之门下,故以重入承明为适志也。"又谈己况云:"弟处公事,因洋债欠解太巨,税收奇绌,怕不能久居此地。各省散勇过境,三年中至三四十起,亦担心事,故愿弃繁就简,已请大府为对调也。"又请先生荐能胜书启之人:"弟处书启四人,只有陈吟钵尚佳,亦只能四六,不能作散行论事之信,以通上下同僚之情……现弟急求一好手,缘陈要去春闱,殷不能胜任,请公思索。门下佳士甚多,有似渔洋、竹汀之门。如有书札翩翩如祖腹中所欲出者,乞赐荐一人,以代弟削札之劳,如有真正好手,束俯可加丰,遵示照送可也。幸甚,祷甚。附呈《元秘史注》、新刊成。《齐民要术》、汪氏兵学之书、《西藏志》……"(《日记》页974,《友朋书札》页100袁昶第二十一札)

七月二十八日,谭嗣同来访,寄售《湘学报》。(《日记》页975)

八月一日,有旨:命詹事府詹事瞿鸿禨提督江苏学政,侍讲学士戴鸿慈提督福建学政,翰林院编修王同愈提督湖北学政,编修吴庆坻提督四川学政。

八月二日,先生送《留溪外传》《戒庵漫笔》与夏勤邦,又赠以《韵语阳秋》一部。(《日记》页975)

八月三日,接门人潘任(字师郑)《孝经郑注疏稿》及丁国钧寄《三游洞题名》。(《日记》页976)

八月四日,叶昌炽致先生一札。札谈碑事云:"前寄呈《兰陵王》、《高长恭碑》全分,蔚若使浙,临行送来折扇一件、丽碑十二通,碑值二十四金有奇,均交闰兄转寄,亮登签记。昨李云从自山右归。半年之久仅到寿阳、平定、泽州三处,所拓约八十种,虽无精品,皆前人所未箸录。深山古刹,搜访不易,顷与平心商榷定价,大小通算,每种银二钱,都中兑价竟绌,每两钱帖仅十一千有奇,原串十三千零,从来所无也。似尚丰俭得中。公一分已属送闰兄寄南,如闰兄不便,侍处有秋试者闱后南旋,亦可带奉也。据云晋省古刻,此次所得仅十之一,此后轻车熟路,若得旅资百数十金,留晋一年,周历全省,当可囊括包举。但侍软尘涸辙,昨学政命下,春梦婆醒,惟有对之浩叹耳。"(《缘督庐日记》页2557,《友朋书札》页414叶昌炽第三十八札)

八月八日,刘世珩送《贵池沿革考》及样纸,盖请先生勘定。九日,先生勘之。①(《日记》页977)

是日,与先生同寓之诸生入场应考。(《日记》页977)

---

① 按,此《沿革考》,当即下文所言之《贵池沿革表》。

是日，费念慈致先生一札。札言承先生多方关照其子费毓桂投文事，乃得应考，非借先生斋同寓，"竟为胥吏所持矣"。又言："浙江前月之晦，亦有风灾之异，贡院旗杆二均拔去，魁星阁吹毁，魁星不知去向，抚署、藩臬署旗竿皆拔，织造存其一，惟学署巍然无恙。江浙皆有此变，殆崇向西学，蔑弃圣经之验乎？"又言及苏州患盗两年，盐枭猖獗，谣传四腾。又言丁立钧事："叔衡事终不妙，公能力救之保其功名，否则竟无生路奈何？"盖指丁氏任内教案事也。又告先生将《渭南集》《乙瑛碑》并瞿氏书目交乃子带归。（《友朋书札》页392费念慈第一百四十一札）

八月十日，叶昌炽致先生一札。札谈碑事云："初四日寄上寸笺，旋即从闰翁交来手示，并潜山、桐城、贵池石刻，皖南碑版前贤箸录寥寥，骤获巨观，非公搜访之力不至此，侍坐受其成，珍感何极。所余一分，当俟蔚若轺旋交去。李云从所拓，日昨略为理董，大约寿阳李长者院、泽州青莲寺最多，琵琶泓仅一石，不知既入宝山，何以空手而回？昨郝估自山左来，行囊如牛腰，开视无一通可采，讯其何以寂寞至是，则云自公南旋，航叔心疾，蔚庭诸公外简，都中有此癖者，侍为硕果，故无敢拓宋元碑，真可叹也。《李含光碑》有便拓之，不汲汲。再，宁学有元黄履《金履杂咏》、唐润州潮阳寺钟铭，如有拓本，亦希代购一分。经幢目如写就，亦求寄示，至感至感。新得方孝通经幢，中有溧水尉及新江路云云，疑亦吾乡古刻，会昌毁火中，重立。不知有可考否？又令亲庄小尹到京乡试，携唐刻佛经见赠，整张两纸为《波罗密经》，与《心经》不同。其余皆残石，大小不等，约数十方，经中频言药王字，无年月题记，据云灌县新出，言之不能详，公蜀刻最多，必知其来历，均求赐教，以广见闻，至祷至祷。"（《缘督庐日记》页2560，《友朋书札》页414叶昌炽第三十九札）

八月十一日，先生发芜湖袁昶、凌霞各一札。致袁氏之札系复其七月二十一日札。致凌氏之札告以抄金石书事，有云："《台州金山志》抄成，心感之至。《陕西得碑记》《崇川金石志》去岁收到，愧未奉复，疏忽之至。今夏始觅得抄胥三人，字迹既佳，脾气亦合，现在入场应试，场后即交《宝鸡金石记》与之，余陆续付与。拙著《常州金石记》实系乱稿排理，俟鄂志告成，拟以一月成之，当携原稿呈政。弟俟同人场后赴浙一行，随即到鄂。道出鸠江，再图晤教。观音画像，即交殷亦平带呈。手笺布覆，敬请台安百益。八月初十日，弟缪荃孙顿首。"（《日记》页978，《艺风堂书札》页339

致凌霞第十札)

八月十二日,跋《五行大义》。(《日记》页978)

八月十六日,董康访先生。(《日记》页979)

八月十八日,还费子彝一百元、明拓《乙瑛碑》乙本、《地图》贰分。费子彝,名毓桂,费念慈之子。(《日记》页980)

八月二十四日,顺德龙凤镳自皖南来,留住书院。龙凤镳,字伯銮,曾刻《知服斋丛书》。此次相见,先生赠以《常州词录》一部。(《日记》页982)

八月二十七日,先生发刘炳照一札,送其《十家词》一部、《常州词录》一部。(《日记》页982)

八月二十九日,送《金石契》新刻本八册、旧刻本四册、散氏盘两帧交刘世珩,并致其一札。札云:"《散盘》拓本,赝鼎也,太肥。想子静为人所蒙,又来蒙老兄耳。《金石契》收到,谢谢。将来乞一墨本,以墨本较有精神。《隐拙》是五十卷,弟有之,俟寻出再呈览。"(《日记》页983,《艺风堂书札》页567致刘世珩第三札)

九月一日,费念慈致先生一札。札谢先生对其子费毓桂之关照,并谈此次乡试云:"南闱点名之挤,从前尚不至此。又闻弊端百出,恐不久将成大狱。"又谈及他事:"《乙瑛碑》已收到。《渭南集》乞俛从来苏时带下,甚盼。蔚若榜后请假一月,拓本望早寄吾哥处,重分中如有《刘平国》,乞为侪留。菊常信来,大病几殆,意兴日减,奈何。侄七月中次女之病竟不起,心绪甚恶,内人亦以伤悼,而病尚未愈也。"(《友朋书札》页392费念慈第一百四十二札)

九月三日,诣徐乃昌谈托售重分碑事。(《日记》页983)

九月五日,聂明山来算账,给卅一元,清安徽金石账。(《日记》页984)

是日,先生理碑毕,束重分为二十三包,一千九百种,新做碑箱十六只,送上楼,归碑于箱。(《日记》页984)

九月六日,门人杨炎昌呈《新刻乙未年钟山课艺》。(《日记》页984)

是日,编定鄂志共二百〇六卷。先生从光绪十三年起参纂《湖北通志》,与柯逢时同事,后柯氏调职,先生独为之,至光绪十六年到鄂交与张之洞,凡校阅了"疆域"一卷、"藩封",校定了"诏谕"五卷,校改了"沿革表"

"山川""古迹""兵事""乡镇""关隘""川一""川二""大江""汉水""夷水""水道""堤防""城池""公署""津梁""坛庙""学校""艺文志""宦绩传""列传""职官表",重编了"武备志"五卷,复位了"渭水""溾水",改定了"学校门"九卷、"金石门"十四卷。光绪二十一年,先生再次领命改修,重辑第一卷,又校改了"诏谕门"五卷、"沿革图""职官传"十卷、"地理志"九卷、"职官表"二十二卷、"职官门"二十六卷、"兵事""鄂兵""武功""团练""武备""建置门"十卷、"宦迹"八卷、"人物传"六卷、"忠义传"二卷、"忠义传表"六卷、"孝友传"两卷、"孝友传表"一卷、"儒林传""文苑传""方伎传""沿革表""地理门"廿一卷、"堤防"五卷,勘定"武备志"十二卷、"学校门"七卷、"经政门""关榷门",改定"坛庙"二卷、"城池"一卷、"廨署"一卷,校定"艺文志"十八卷,至今日乃成。(《日记》页984)

是日,先生送张之纯菜点,又洋十元、缪李二公集两分。(《日记》页985)

是日,先生撰《贵池沿革表后序》。此后序系先生为刘世珩撰,八日将此后序曾与世珩,并将《贵池沿革表》及原序还之。序有云:"即以此一表,为续修方志之权舆,而疏通证明,不误,不漏,庶几近之。荃孙昔尝究心地学,又两修顺天、湖北通志,曾汇聚古今舆地书,而考其沿革,则各书动辄抵牾,证之于史,抵牾尤多,往往思穷日夜,多采旁证,而后贯通。亦竟有不能贯通者。君此表,虽寥寥数叶,然用心良苦矣。君亦许为知言也乎。"(《日记》页985,《文集》卷五《贵池沿革表后序》)

九月八日,另定重分包作为二十四包,送重分碑目与徐乃昌。(《日记》页985)

九月十二日,先生得徐坊京师一札。札云:"别来数载,正切怀思,忽奉惠书,并承赐新刻书六种,感谢无似。阁下主讲钟山,姬传、弓父而还,得君而三,真可后先辉映矣。弟自甲午十月,奉母出京,遂游秦中,茌苒征尘,了无所得。乙未冬,还都后,始得《周易》、韩文,较之伯兮黄唐《礼记》,有过之无不及也。近较刻《四溟集》,尚未毕工。系用冰玉堂二十四卷本,又附以补遗一卷。邺架如有赵康王、盛以进两刻,祈惠假一校异同,无任感祷。《鸿庆集》望赐一部,是否即从敝藏明抄本出?《赐余》《文介》两集,弟处无之。如有必抄寄。前承代借仲约侍郎十四卷本《揭文安公集》,未及迻写,至今耿耿。尊处必有副本,敬祈录副见寄,纸工若干,或由宝华堂李子馀拨还,或由弟处寄上不误。佩南素车白马,来临高阳之丧,晤谈一次。又以丧侄,匆匆东归矣。"(《日记》页986,《友朋书札》页626徐坊第一札)

是日,叶昌炽致先生一札。札云已得先生八月二十九日之札,并谈访碑事:"罗、丽各碑,山西石刻,前闻枝兄交来,由舍亲带沪交吴申甫转递,日内想可达览矣。皖中碑版箸录者鲜,经此次刘君搜访,岩壑遗文必将尽出,为之快慰。敬求所得,各留一分,至感至感。前次所寄潜山、贵池等石刻,中有《李含光碑》二分,侍未及检出,顷始见之。续拓者如尚未寄,再需两分已足。如已在途,则厂肆换货均愿得之,亦无妨也。"又谈近事云:"屺怀入京供职,甚善甚善。此间朋好寥落若晨星,极盼其北来也。侍本拟尽室南旋,因津沽新得一席,兼旧有各馆,南中祠禄相去亦不甚远,遂复恋此刍豆,为浮沉之计。自问后顾茫然,本如一个打包僧,到处为家,可南可北也。"(《缘督庐日记》页2574,《友朋书札》页415叶昌炽第四十札)

九月十四日,袁昶致先生一札。札云奉到先生八月初十日之札,以为如"洒落藩枑,掬示珠玉","宛如面谈,所言皆阅历有得之言,足以发蒙药滞"。又云:"兄在蒋阜、卢、姚诸先生及唐确慎,故当雁行,梅柏岘公殆弟之……弟曩见湘乡相侯,同时有一般雅士为坡翁、王深宁、郑司农作生日,今皆无之,真气象促促,令人干笑。"又言:"南兰陵先辈遗书停刻,殊可惜,孤负兄一片苦心也。将入浙,何时返白下?何不俟寿衡老人出闱,一相见邪?出山讹传,得公言始释。然老、严之术,处此浊世,正合用耳。"又言请先生物色书记云:"弟处欲聘高手书记,承公惠为物色吕幼舲、汤伯迟两君,想系骈体散文俱佳,书记当行出色。湘文观察代去,伯迟兄想必觅馆……弟拟两君同时并请,至每月送修金若干,希公酌定,弟必遵办。此亦如买宋元明版书,既须以时代分别版刻,亦有精窳之不同。又以真正元刻或系麻沙翻刻定高下,公有人伦精鉴,乞赐一言为定,至祷至祷。"(《友朋书札》页96袁昶第十三札)

九月十六日,写老君洞造象,至十八日乃毕。(《日记》页987)

九月二十日,赴顾云薛庐之约,邓嘉缉、张謇同席。(《日记》页988)

是日,得叶昌炽信。(《日记》页988)

九月二十二,子时乡试放榜。(《日记》页988)

九月二十四日,撰《八声甘州·送邓十三熙之赴徐州幕》。(《日记》页989,《碧香词》)

九月二十六日,先生发与盛宣怀一札,交《常州先哲遗书》清样十二种。(《日记》页989)

是日,先生撰《湖北待访碑目》,至十月十日乃毕。(《日记》页990)

九月二十七日,先生接两江总督刘坤一下明岁关书。(《日记》页990)

九月下旬,先生致徐乃昌一札,谈购书及访碑等事:"顷诣谈未晤。昨文运忽送四五种书,均未裱,恐是安庆书到矣。价单送上请与一讲,朱圈者拟购之,对折尚贵,奈何。石鼓文定本只索一元可得也,愿让与兄,弟与《畿辅通志》一对,尽收入金石门矣。老曹如来尚可谈。赵姓碑估闻是常州人,开在何处?雨阻不能遍访,闷甚。今年科场所得如此,不禁大失所望。"(《艺风堂书札》页395致徐乃昌第五十五札)

九月二十八日,接恽孟乐函、华世芳函,请先生明年遥领龙城书院经古一席。华氏札云龙城书院自前岁恽孟乐等主持改课,其即校阅算学一斋,经古一席亦仓猝承乏,近以躯多病,算学住院诸生,朔望加课,精神不能兼顾,决意辞去经古。郡太尊有庆念先生学问文章为后进所敬仰,请先生遥领,属其函告,容后即行备聘敦请。束脩岁奉二百四十千,每年十课,每课百六十卷。(《友朋书札》页802华世芳第一札)

九月二十九日,费念慈致先生一札。札云乃子往宁欲住先生所,不知先生移居也,未知达否。其今年多病,唯乃子幸中,为一差强人意事。北行不能定期。又言:"少怀、册庵两前辈,闻有奏准航海北行之说,不知信否?乞示。如果,当率小儿候谒于海上。京师一别八年,晤时乞先致声。"(《友朋书札》页393费念慈第一百四十三札)

十月四日,撰《濮岩访碑记》。(《日记》页992)

十月五日,撰《钓鱼城访碑记》。(《日记》页992)

十月六日,定九月课卷名次:卢重庆、陆继炘、杨熙昌、程先甲、吴鸣麒、罗运经、窦昀、万霖、陈常、黄宗幹。(《日记》页993)

十月七日,聂明山赴芜湖。先生与凌霞一札。札云:"昨得兄书,并重黎书洋五十翼,藉谂气体大愈,慰甚。《泰山石刻记》,迟迟不妨,《台州金石记》尚恳续付写官为祷。弟所得江宁石刻,府志所存已拓,不全;摄山题名近卅种；新在句容塔上得《金刚经》《千佛》《名经》三种。另有造经记两石。绍圣三年写极精，共六十一张，前人并未见，并目亦不存，即日亲往茅峰一行。打碑人聂姓，甚可爱，南中之李云从也。茅峰回，拟由铜井到太平府游采石，不知礼房先生准他人拓否，闻方堃吾太守连轸已到任，此京中旧游，或借官势以行之。游山访碑，均极雅事，然不借官势，往往有不能畅者，殊属可哂。如游采石，当函告兄，能扁舟东下一叙否，总在十日后矣。手笺布臆，敬候起居不戩。弟缪荃孙顿首，初六日。"(《日记》页993,《艺风堂书札》页338致凌霞第八札)

十月十一日，发天津傅云龙信，寄《常州词录》、缪李二公集并题跋一册。(《日记》页994)

是日，费念慈致先生一札。札云先生所寄碑目及沙场新章各件。吴郁生尚未相见，其碑目面交后，如欲观，即驰电奉闻。又言："南榜所中刘师苍，恭甫子也，甚渊雅；昭文俞钟銮，八股好手。"(《友朋书札》页384费念慈第一百三十札)

十月十二日，先生为刘世珩影写宋本《家语》毕，连原书及余纸还刘氏。(《日记》页994)

十月十五日，叶昌炽致先生一札。札云其顷从夏孙桐处奉到先生所赠《李含光碑》四分，钟铭、墓志各两分。又言其本拟秋后南返，因南中讲席不易得，近得津沽一席。又谈购访碑事，索先生所辑荆襄碑目，云："厂肆近无所睹。李云从日内到苏，收买书画古帖，侍劝其赴宁一行，未知果否？王胜之同年奉使鄂渚，前此同居半载，讨论碑版之学，已有门径。顷属其到鄂后搜访石刻，每种各留二分，如有所获，当以一分寄呈同好。公所辑分省碑目，如能将荆襄两属录示一通，新修《湖北通志》内金石一门，并无新得。寄胜公为先导，当更事半而功倍也。"(《缘督庐日记》页2589,《友朋书札》页416叶昌炽第四十二札)

十月十七日，先生接芜湖袁昶本月十二日之札，寄自刻书一箱并汤宝荣关聘及龙井芽四瓶。札谈其聘书记事云："秋冬之交，丹枫黄槲，风景正美，恨不与兄携手游栖霞也……敬山水部前荐之童树棠，伊门生，黄州人，无从物色。陈兰洲亦荐一人，皆未定。弟思汤兄伯迟，系亡友宗湘文之友，必是高手。打定主意聘请汤兄，月致饩廪，遵命按月送英羊叁拾元，聘金十六番，关一件乞致。伙食常例，一主一仆为限，再添仆则不管。每日大厨房饭，上八十,下七十。由账房开陈。吟钵孝廉系骈敬①。书牍兼撰文字,寿文挽对之属。湘老讲究文字腔子,想义仍玉茗家风,降格为之,即可俯视文泉子、玉溪生也。殷亦平只能就小教读馆,容为设法。"又谈本年闱墨云:"今年秋闱,见浙鄂闱墨均佳,江左直是狐鸣鸟噪,主司何冬烘至此……中江好手均黜落,中五六名皆劣手。"又谈刻书事云:"《严陵集》尚未写样,缘讹字太多未校正。又弟欲补之,并续《严陵集》,粗吏舒服,殊愧无此闲日月也。《商文毅集》,弟只六卷,缺佚将来或向丁松生与公处抄副付梓。奢愿欲刊新定丛书,无此力量,思陆续凑集,如愚公移山法耳。"(《日记》页995,《友朋书札》页99袁昶第二十札)

是日,先生接常州龙城书院聘并郡守有庆信。(《日记》页995)

十月十八日,缪祖保起程旋鄂,带瞿廷韶信并寿礼四包、诗四首、联一副、缎幛一轴、宁缎袍褂一套等。(《日记》页996)

是日,广雅书局提调王存善致先生一札。札言"《宋会要》一书,久未校成,匪特未能付刊,并尚不能付写,几有头白汗青之消",上年从屠寄处索回,又将屠氏所写者九卷寄达先生。此事非先生莫办,请先生于讲帷之暇,速赐校定,陆续寄粤。(《友朋书札》页716王存善第二札)

十月二十四日,先生售重分碑于刘世珩,价一千元。(《日记》页998)

十月二十八日,先生阅定课卷名次:王镛、马振理、桂殿华、苏城、朱式仪、金遗、何允恕、善润、司马允宽、吴廷璋。(《日记》页999)

是日,先生约顾云、徐乃昌、刘世珩小饮云自在龛。(《日记》页999)

十月二十九日,刘世珩致先生一札,谈先生让重分碑及托觅《孔子家语》事,云:"碑刻二千二百数十种见让,令人感靡不已。已拟归积公来取,仍还经手,尊见何如?《家语》石印翻本已得,当属儒懋上尘。他本拙藏乏此,容觅。长者见之,亦乞代为罗列,珩照奉资也。"(《友朋书札》页731刘世珩第一札)

是日,刘世珩又致先生一札,借抄先生所藏金石目四种,云:"《玉雨堂》《平安馆碑目》《高丽碑全文》《八琼室碑目》,又《补正目》,合五种,昨面承允假,感激不已。云及《平安馆目》一册,藏之他箱,归来再行检出交下,尤感无既。余四种请惠下,正有写官四员,可以分书,以今年终为率,长者

---

① "骈敬"疑为"骈散"之讹。

返宁时,原璧归赵,绝不至损坏稽阁。如有此项,查例得下次勿假,所具甘结是实。"先生即复一札并交其《玉雨堂》《八琼室碑目》。刘氏当晚又复先生一札索《高丽碑全文》,又谈刻书事,云:"谒客归,得手教,并《玉雨堂》《八琼室碑目》二种,《平安馆碑目》有储在别处箱中,找出再为惠下,尤感尤感。惟缺《八琼补目》,而写官尚空一人。《高丽碑全文》,乞并惠校抄,至恳至恳。《庄子解》学究气太重,诚然。刘吴《二妙集》板样才刻,刻成连纸并上,四五日始可,鄂工稍俟何如。"(《友朋书札》页731刘世珩第二、三札)

十一月一日,刘世珩取碑三箱去,并借去《玉雨堂碑目》《高丽碑全文》《八琼室金石补正目》。(《日记》页999、1000)

是日,先生致徐乃昌一札,言借与徐氏两《访碑目》及将往武昌事,云:"初三招商方能成行,两《访碑录》明晚送呈……碑箱三只已交李儒懋。"(《日记》页1000,《艺风堂书札》页396致徐乃昌五十七札)

是日,况周颐来,送扬州碑五种,易《隶释》一部去,又索致梁鼎芬一函。(《日记》页1000)

十一月三日,先生起程趁江裕轮船赴沪,张义澍、李智俦、文廷式等同舟。(《日记》页1000)

十一月四日,先生午刻抵沪,寓观音阁晋升栈,并诣吴申甫、章寿康、陆树藩、汪康年谈。陆树藩出示《古文苑》《韩昌黎集》《三苏文粹》《陶渊明集》《宋名臣琬琰集》,皆宋本;《五代史》《黄文献公集》,皆元本;《稽古录》《内简尺牍》皆明本;又金农山水册页,铭心绝品也。先生从《稽古录》《内简尺牍》录得黄丕烈跋。(《日记》页1000)

十一月五日,诣农学会报馆晤蒋斧(字伯斧)、罗振玉。诣译书公会报馆,访杨模、董康、恽积勋。(《日记》页1001)

十一月七日,先生患眼肿病,决计返回金陵养病。(《日记》页1002)

是日,先生购定章寿康之孙星衍篆书联、武亿条幅、曹贞秀阶书联、《梅花喜神谱》,价卅元。(《日记》页1002)

十月九日,费念慈来,先生面交其《渭南集》四函等。是日返宁。(《日记》页1002)

是日,罗振玉赠碑五种。(《日记》页1002)

十一月十二日,跋孙觌《内简尺牍》。跋考其宋、元、明、清时期版本刊刻情况。所跋之本系清乾隆丁卯无锡蔡氏刻本，先生以此本为最备，以此本为底本刊入《常州先哲遗书》，此跋亦收录，题"光绪丁酉二月春分日武进盛宣怀跋"。(《日记》页1003,《文集》卷七《内简尺牍跋》)

是日，先生发汪康年一札，拒代售《时务报》。札云："沪上晤谈甚畅，昨日到宁，阅四十六号报，倡狂无理一至于此！公主政上报，意欲何为耶？试问有何益处？恐报之不行，于此可卜。荃穷老愁困，不愿与诸公争，然阅者愤愤，必不止荃一人也。明年荃已面辞，千万弗寄，寄来亦止有原封退还耳。存收存报，下月一并寄还，不敢与闻报事，尚不如看《戏报》，足令人笑，不令人愤也。"又附记云："同治年《申报》有一则云，洋行中畜一犬，无故乱吠，人问其故，有知之者曰：无他，止是吃洋屎太多耳。书此，以博一笑。"札中所谓之"四十六号报"，发行于光绪二十三年(1897)十一月二十四日，该期载有徐勤的《中国除害议》，公开抨击考据、词章之学为无用之学，又有些文字易被认为攻击张之洞。此后先生与《时务报》决裂。(《日记》页1003,《汪康年师友书札》页3056缪荃孙致汪康年第十三札,《艺风堂书札》374页致汪康年第十二札)

十一月十三日，跋《诗传旁通》。跋考作者梁益始末，其自署"三山梁益"者，以其先闽人也。又考此书云："此《诗传旁通》十五卷，为疏证朱子《诗传》而作，亦仅有传抄本，讹误多端。今以朱传略为考订，有傅会朱传而误者，如……"(《日记》页1004,《诗传旁通》卷末"盛宣怀"跋)

是日，先生题陈诵声《峰泖宦游图》。(《日记》页1004)

十一月十四日，跋《崇祯朝纪事》。跋论该书云："世所传旧抄本及《荆驼逸史》本均不全，此从京师故家抄得崇祯一朝为书四卷，较《逸史》所载崇祯朝不啻倍之。疑《逸史》系删节本，此则全本也。惜仍缺泰昌、天启两朝，无从补全。然以当时之人序当时之事，不偏不倚，宛曲详尽，在明末野史中论议最为持平，亦可想见胤公之为人也。"(《日记》页1004,《崇祯朝纪事》卷末"盛宣怀"跋)

十一月十五日，跋《梁溪漫志》。跋有云："此书所记多为当代前言往行，而典章制度居三之一，在宋杂家类中最为精博，《提要》极其推重。梁溪以梁伯鸾寓居得名，在无锡县城西，补之是其邑人，故取以名其书。观其自序，自以为平生无益于时，其学迂阔无可用时，以所欲言者记之于纸，岁月寖久，积而成编，因目之漫志。然成书未久，即取入史馆，亦不为无益矣。《宋·艺文志》尚有《续志》三卷、《文章正派》十卷、《文选李善五臣注异同》若干卷,今皆不传。无锡尤文简公刊《文选》于池州郡斋,曾附《善本五臣本同异考》一书,补之为邑后学,乃更考及注之同异以补文简所未及,惜未能与文简书并行也。此书宋嘉泰辛酉初刻,前明两刻,国朝乾隆丙申鲍氏又刻之……今刊是书复值丙申,距鲍氏重刊时又一百二十年矣。所据系影抄宋开禧本。翰林院藏书,抄颇精致,特摹序牒及衔名两叶以存旧式。"(《日记》页1004,《梁溪漫志》卷末"盛宣怀"跋)

十一月十六日,出课题:固国不以山溪之险;道逢麴车口流涎。(《日记》页1004)

是日,先生跋《定斋集》。跋详考该书作者蔡戡生平始末,又论该书云:"集四十卷,其季子户部郎官总领四川财赋廪所刊,眉山李壄为序,亦见《书录解题》,书久佚,馆臣从《大典》搜辑,勒为二十卷。其谟虑深远,文笔尔雅,卓然为南宋一家。并李壄序尚存,尤可考见定夫生平行谊,不可谓非厚幸。惟七绝内'王侍中智兴'云云系唐康骈《剧谈录》所载,但节略过甚,'平生'四句即智兴之诗,谨为节去。"(《日记》页1004,《定斋集》卷末"盛宣怀"跋)

十一月十七日,跋《摛文堂集》,略考慕容彦逢其人,又辨四库馆臣从《永乐大典》辑出时误入之伪篇。先生所跋此集之本,系从托汪康年从杭州文渊阁传抄,作为底本刊入《常州先哲遗书》,此跋也刊入卷末,题"光绪丁酉日长至武进盛宣怀跋"。(《日记》页1004,《汪康年师友书札》页3050缪荃孙致汪康年第十一札,《文集》卷七《摛文堂集跋》)

是日,先生题徐乃昌《定林访碑图》。(《日记》页1004)

十一月十八日,周家驹以其父周盛传之集《周武壮公遗书》向先生求序。廿九日,先生撰《周武壮公遗书序》,于十二月三日成之,廿日交与周家驹。(《日记》页1005、1008、1009、1014,《文集》卷五《周武壮公遗书序》)

是日,校定龙门造象,先生编之多日矣。(《日记》页1005)

是日,接广雅信,寄先生一百八十四金。(《日记》页1005)

十一月十九日,还徐乃昌《定林访碑图》并托其售《北堂书抄》。(《日记》页1005)

十一月二十一日,撰鄂志"厂局"毕,撰之多日矣。(《日记》页1005)

是日,检三次剩碑,写目交徐乃昌转售。(《日记》页1005)

是日,罗振玉致先生一札。札索茅山题字及先生所刻书,云:"前杖履小驻沪滨,得瞻企颜色,甚慰平生。比想已安抵金陵矣。侄沪滨学稼,旧学都忘,引领龙门,益深惭愧。前闻茅山有颜太师后人题字,为之神往。倘有复本见示,感且无量。裒可桴孝廉《刘平国治路诵跋尾》一通附赠,敬祈检入。近刻共成几种?能见赐一部,尤为感恩。"(《友朋书札》页998罗振玉第一札)

十一月二十四日,先生接山西胡延信,胡聘之托校阅《山右金山志》。札有云:"晋中碑版,向鲜专书,欧、赵所录,孙、王所编,附见虽多,漏略仍夥。近人嗜古,非无辑述,而汇录之作,志略之成,未付剞劂,已臻散佚。新编通志、金石之记,厥有专门,考证备详,原文不列,爱博之士实用憾之。蕲帅抚晋,新政聿兴,退食之间,敏求有志,爱诹列邑,广为搜拓。齐、隋以上,远及正光;金、元而还,断自至正。并属下走,附志辨证,碑六百余,卷二十四。两历寒暑,乃用有成。郦注之碑,建德多毁;乐记之石,贞观犹存。北朝则造像斯繁,李唐则墓碣惟众。宋氏多祠庙之记,金源盛道佛之词。今所搜罗,元石为盛。盖自辛未南牧,以迨庚申北狩,文通武达,晋士为多。而吴、梁、聂、蕲之功,史文不录;裴、李、宋、徐之美,列传未书。以及中统,罢侯之规,大德修学之制,观诸斯录,能得其详,可补史者,惟元而已。杀青将竟,别白当严。蕲帅雅慕盛名,久钦大雅。元丰稿内,知金石之累编;长庆集中,待品题于一字。特咨下走,俾达清聪。拟于附解洋款之便,将现集《山右翠墨编》二十四卷全稿,寄呈籤阁。箕兹有误,亥豕或讹,勿吝笔削,俾成善本。广微为次,汲书以传;士安有序,左赋不朽。弁言简首,惟希宏制……"先生于次日电复允之。(《友朋书札》页623胡延第一札,《日记》页1006)

十一月二十六日,发芜湖凌霞一札并《宝鸡金石志》。(《日记》页1007)

是日,先生接江苏学政瞿鸿禨札,邀先生主讲南菁词章讲席。札有云:"欣闻琴从将还珂里,何日把晤,舒写积怀。弟謇浅无似,承乏大邦,被命以来,凤夜惶惧,过辱期奖,愧负如何。尚乞导以南针,随事开益,幸甚,荷甚。见示一节,实获我心,谨当董理,以副盛恉。院长分而为三固当,惟一时经费无出,尚有难行。拟且就一院长俸数,改聘两贤。欲以算学延华若溪先生主之。分三百金为算学脩,以四百金为词章脩。闻公明岁,舍钟山而近就龙城,未知有是说乎?果尔则郡城密迩,往来甚便,敢求台驾来领词章一席,不胜大愿。惟脩羊损薄,有辱高贤,倘蒙不择细流,裁成乡党,功德岂复有涯,而不才得时亲教论,其私幸更何如也。"(《日记》页1007,《友朋书札》页65瞿鸿禨第三札)

是日,先生定课卷名次:陆春官、鸿渐、马振彪、夏仁溥、周景镐、王镛、善溥、程先甲、孙启椿、侯巽。(《日记》页1007)

十一月二十七日,撰《湖北通志》序录毕。先生自本月二十一起撰该文,费时七日。文首叙湖北通志之源流,及此书编撰之始末,下次第述各编之大旨,颇得太史公以来之史家家法。(《日记》页1005、1007,《文集》卷四《光绪湖北通志》序录)

十一月二十九日,先生诣刘世珩谈,见孙氏《汉石经》,有孙承泽跋、朱彝尊跋、林佶及孙星衍两跋、翁方纲四跋一诗、王念孙跋,顾广圻和王引之观款,何绍基篆书引首《思适斋集》,所谓铭心绝品也。又有《七姬权厝志》十三行、刘墉手卷,均佳。(《日记》页1008)

十二月一日,先生启程赴鄂。(《日记》页1008)

十二月七日,先生在武昌,谒张之洞。(《日记》页1009)

是日,先生以《常州词录》赠余肇康、王秉恩、梁鼎芬。(《日记》页1009)

十二月八日,先生交《湖北通志》第一百零九卷至二百零六卷及志稿于杨司事。(《日记》页1010)

十二月九日,先生送《常州先哲遗书》账与盛宣怀。盛氏于十一日还先生一千六百金刻书款。(《日记》页1010、1011)

是日,先生偕蒯光典同赴张之洞之招,陈庆年同席。张氏言胶事又变,唏嘘不已。(《日记》页1010)

十二月十二日,瞿廷韶送志脩与先生。(《日记》页1011)

十二月十三日,先生交《三续千字文注》《景仰撮书》《宜斋野乘》《阳羡茗壶系》《昭明太子集》《小辨斋偶存》《存余堂诗话》清样七种与盛宣怀。(《日记》页1011)

十二月十五日,先生抵寓,得瞿鸿禨札,谈聘南菁讲席。札有云:"若溪先生算学之聘,幸邀许诺,台端自可强为一行。惟伏读来函,钟山既已蝉联,精庐又较南菁为胜。琴从方赴芗帅之招,恐两湖分席,必且借重,合之龙城寄卷,已不胜烦,若再以累公披阅,未免劳矣。区区之诚,俟诸异日,岁内已无多日,礼聘未可过迟,鄙意拟即招鹤琴学博,且主词章。唱初兄则荐杭州陈杏生太史,早晚当即定局。相去不远,尚望随时开益。"(《日记》页 1012,《友朋书札》页 66 瞿鸿禨第四札)

十二月十六日,先生送黄以周《礼经通诂》《儆居集》与蒯光典。(《日记》页 1012)

是日,还《四书是训》与徐乃昌。徐氏即致先生一札,还两《访碑录》并还书款等,札云:"正续《访碑录》已抄好,并新添夹板奉还,盛情至为感激。舆图股单奉上,并缴廿元,祈即注明收洋数目,并付过头批图共几张为叩。尊藏重分碑,丁先生初十回怀宁,留下六十三种,送来洋廿元零五分,余碑如数奉还。兹送上洋廿元零五分,并所余各碑,一并祈察收。又缴上代买时务报馆书七元六角零五厘,祈收账,至盼。统共呈上四十七元六角五分五厘,尚有山西碑银十一两。又广雅局书三种,价未悉。黄花书二种,价未悉,蒯未送来。款稍迟再为措奉。至尊假抄各书,现一齐还清,只《铁桥漫稿》转借聚卿,闻已抄成,尚未校毕。《北堂书抄》价亦由刘五自缴,毋俟再展转也。蒙代取回《四书是训》,甚感。《休复居集》应答含糊,是雪澄与毛先生为仇,若能交出,先生必能为之刊布,以广流传,岂不大妙。此真毛先生之大幸也。现检得硕甫先生辑《十三经字义》书残本一帙,末有先生手跋一行,先生如以为可藏,何妨转借抄,祈酌。原书附上,祈察入。"(《日记》页 1012,《友朋书札》页 742 徐乃昌第五札)

是日,接丁立诚一信,并所寄影绘《离骚图》一册。(《日记》页 1012)

是日,先生撰《好水川考》,十九日撰成。北宋仁宗年间,宋与西夏为争夺牧场发生战事,宋将任福被西夏李元昊败于好水川。而各书不言好水川所在,先生"以今舆图考之,好水川是水名,非地名,即今甜水河",并略言当时战争局势。(《日记》页 1012、1013,《文集》卷三《好水川考》)

十二月十七日,徐乃昌致先生一札,欲与先生相互借抄书目两种。札云:"《鉴止水斋书目》三册,新从许从如外舅处假抄。周生先生为乃昌外曾祖,藏书半得之瓶花斋。粤匪陷城,书并未失,及左文襄克复时,悉搜括捆载而去。第二册末汪先生跋云,瓶花斋书皆归入振绮堂,释典归鉴止水斋,今瓶花斋目不可得,能得此二家书目,尚能窥及旧时面目。闻先生藏有振绮堂目,能为互相借抄,可称合璧,乞酌。《鉴止水斋目》三本奉上,祈察收。再瞿中溶集、《古官印考正》,刻本向未之见,能赐观更感。"先生即借之《振绮堂书目》,并复札云:"《振绮堂目》六册,然缺经部矣,乞察收。许目借抄,甚感。《集古官印考证》再检。"(《友朋书札》页742徐乃昌第六札,《艺风堂书札》页397致徐乃昌第六十一札)

十二月二十日,致徐乃昌一札,送其《集古官印考》。札云:"《集古官印考》一册呈览,夹板大而且翘,不合宜,仍奉缴。夔住扬州安定书院,匪夷所思也。"(《日记》页1014,《艺风堂书札》页397致徐乃昌第六十札)

十二月二十一日,先生发瞿鸿禨一札,谈南菁讲席事。札撰于本月十八日,云:"南菁词章一席另延名师,是老前辈谅晚苦心,非弃晚也,感荷,感荷。晚到鄂交《湖北通志》全稿于南皮师。两湖一席,两监督为梁心海、蒯礼卿,分校八人,晚自分浅陋,何敢当此重任。明年鄂志已毕,一钟山、一龙城,校阅之暇,拟完自著书一二种,藉求指正,或有可以培植之处,当再函恳,不汲汲也。南菁分席之议,自晚发之,更以避嫌为是。时事愈趋愈下,德事未了,必尚有继德而起者,如何,如何。明正何日起节,晚拟初间归里,当可畅聆雅教。珂乡西学大行,忠勇奋发,又有咸丰年间气象,第不知国家尚能稍待否。香帅焦劳,岘帅镇静,其无济则一也。"(《日记》页1014,《艺风堂书札》页345致瞿鸿禨第一札)

是日,先生致金武祥一札,云:"弟冬月到沪即病,二十日而返江宁,养廿日而愈。复上湖北交志书,又与杏公结《遗书》账,望日返讲舍矣。明春正月回里拜年,又可与兄畅聚,能偕至苏常尤佳。《常州词》末卷亦付雕,壹百部共售出五十余千,连送人亦差不多完矣。汉口无毛太纸,须运板至常州再印。申港殷先生诗在灵芬馆,板刻与于辛伯书一样,遂致误记,今录呈。又,《存余堂诗话跋》,均可添入诗料。友人毛翥云诗,能添入《随笔》否?五笔大约可以成否?胶州为德所占,朝廷便欲奉送,不知天下能几送乎。无故办庆典,用以百万,保举九百人,天下解体。岘帅镇静,香帅焦劳,其为无益则一也。家乡中稔,百物昂贵,寇盗横行,如之何是好。兄在乡能实行保甲,保障一方,亦士大夫居乡之责也。"(《日记》页1014,《艺风堂书札》页269致金武祥第二十二札)

是日,陈安园来,交其小本《时务报》十九分、洋二元,《会计录》十分、《通艺录》廿三分、《剩报》七十三本、《知新报》七十一本、收票一本。致汪诒年一札言报事交代已毕:"自湖北回,接手书与穰卿书,方知总理不能管主笔之事,然则不能外曰总理矣。此即名家所不取也。湖北从制台、心海、礼卿等,物议沸腾,果不出弟所料。制台请王淦郑秉笔,开官报驳诸报之不纯者矣。金陵报事全数交与陈安园,今日交割,弟无经手事。《知新报》单乞交报馆,报亦交安园。《蒙学报》来三期,止送出一本,亦须换人经理,弟送不出去,奈何!报亦不好。《农学报》并与季直通身不管矣。"(《日记》页1014,《艺风堂书札》页379致汪诒年第一札)

十二月二十四日,先生得袁昶一札及赠先生衣料及所刻书,因汤宝荣不至请先生续荐记室。札云:"社谒宗、雷,方思继侍清尘,年矢催归,今日禀辞,不得不轻舟西上,佳招恐不及赴矣。伯迟迟迟不来,公夹袋有记室参军,仍求示荐一位,以佐铅椠。宏农老懒,但冀坐啸耳。劣刊数部、绸料二端,聊献芹曝,惟希赏收为幸。"(《日记》页1015,《友朋书札》页101袁昶第二十三札)

十二月二十五日,赴薛庐顾云之约,曾丙熙、志钧、龙继栋、袁昶同集。袁昶坚约明早同游燕子矶。(《日记》页1015)

十二月二十六日,袁昶致先生一札,将返芜湖。札云:"既饱欢娱,回船萧瑟。顷接到敝署专足来函,有安公须明晨解维赶回。燕子矶之游,俟明春来,奉订公与百约、松岑同往,并上栖霞,陪杖履一扪苔,索石刻耳。"(《日记》页1015,《友朋书札》页97袁昶第十五札)

是日,聂明山自太平归,得碑二十一种。先生随即致徐乃昌一札云:"老聂自太平归,所搜各碑倍蓰于旧目,真可与李云从并论矣。皖省金石若照此方访搜,岂不可一大著作,乞与聚兄提倡为盼。鞠生寄来碑贰张,价一金,乞察收。"(《日记》页1015,《艺风堂书札》页397致徐乃昌第六十二札)

十二月二十七日,以《常州先哲遗书》封面请刘世珩书篆。(《日记》页1016)

是日,先生拟龙城书院古学题。(《日记》页1016)

是年,先生得乾隆间抄《永乐大典》本《仪礼识误》,卢文弨手校并题识。先生在书院阅而手题之云:"光绪二十三年,岁次丁酉,阅于钟山书院,去卢先生校勘之时百二十年矣。江阴后学缪荃孙识。"(《上海图书馆善本题跋真迹》第二册页211)

是年十二月,黎庶昌卒。

光绪二十四年　戊戌（1898）　五十五岁

一月一日，先生在钟山书院。撰《晋陵胡氏世表》。（《日记》页1017）

一月三日，拟龙城古学二、三、四、五四个月题。（《日记》页1017）

一月四日，撰《眷巷陶宅造桥记跋》。（《日记》页1017）

是日，先生接叶昌炽去岁十二月十六日之札并《郑公墓志》。札云："前奉还云，敬悉严寒病肺，兼以岁阑晷促，碌碌久未通问，歉何如之……蔚若已北来，知尊斋石刻副本，别有所归，即承寄之浮山、齐山、石牛洞诸刻，皆前贤所未见，侍宝之若拱璧。而蔚公意亦不属，盖其所笃嗜者，在晋、唐名笔及旧拓精本，仍未脱骨董家习气也。顷已移交陆蔚庭前辈，工价因未奉示及，约平原南旋，迳行寄缴尊处。侍处除画账外，所缺计尚不少，即求开示，是否暂留购物？如需奉归，岁暮支绌，当于春初转交闰翁可也。《郑仲碑》，厂肆忽罄，当有续到。兹中州又新出另一郑君碑，敬贻一纸，即祈晒纳。郑君之名无可考，文中从兄先护，则为郑羲之族孙，《魏书》附见羲传。虽有武定年号，恐是追述之词，非拓跋氏刻也，希大雅鉴定之。又见山西辽州石经一通，纵横各数丈，审其笔势，定为高齐，以《山右金石志》考之，或是屋駥磴石经，乡宁杨氏所憾其未见者，厂估云极难拓，索二金，往返谐价，尚未能得也。顷阅《江宁金石记》有赵文敏夫人所书观世音传略，在左所巷地藏庵，碑版文字出闺人之手者，惟交城石壁寺颂，此外不多见，不知管书兵燹后尚存否，乞留意为幸。"（《缘督庐日记》页2612,《友朋书札》页416至417第四十三札，《日记》页1017）

一月九日，发京师冯润田信，托借百金为缪志名办誊录。（《日记》页1018）

是日，复叶昌炽一札。札云："正月四日奉到惠书，郑君碑收到，谢谢。维新春万福，餐卫咸宜，谅如远颂。弟十一日到沪，因病仍回讲舍。与屺怀、芸阁相聚三日，谈䜩极欢。十二月到鄂交志书，并与盛大臣交刻书账，两事均竣。而《道乡集》《龟巢》《方山》《容春堂》各集，瞿畊莆观察接刻。"（《日记》页1018,《艺风堂书札》页331致叶昌炽第一札）

一月十一日、十二日，先生撰《曹辅墓志跋》。此碑是旧拓孤本，蒯光典以重值购得。先生曾于癸巳年九月十八日向蒯光典借此碑，此跋后曾于本年六月八日交蒯光典。此墓志文杨时《龟山先生文集》有载，先生该跋即以志文校勘万历刻本集文,校出集文脱、衍、讹误多处。又以志订补《宋史》和《北朝北盟汇编》,以致其用。(《日记》页583、1019、1066,《文集》卷六《宋曹辅墓志跋》)

一月十四日,先生编《鸿庆集补遗》二十卷目。(《日记》页1020)

一月十五日,刘世珩嘱先生代辑删刘城、吴应箕年谱,并送脩金八十两。(《日记》页1020)

一月十六日,赴刘世珩招愚园之饮,龙继栋、蒯光典、顾云、傅春官、徐乃昌等同席,并照相。刘世珩将赴京,先生请其带太平碑与叶昌炽,带《揭文安集》《鸿庆集》与徐坊。(《日记》页1020)

一月十七日,先生自下关登船返乡,与蒯光典同行。(《日记》页1020)

是日,先生接接刘世珩函并八十元,及《贵池志》。(《日记》页1020)

一月十九日,先生在江阴,拜见瞿鸿禨,长谈,赠其《常州词录》一部,缪、李二公集一部。(《日记》页1021)

一月二十三日,先生至父母坟地,"松楸渐茂,坟隅稍有脱落,嘱坟人修补"。又入七里港,看缪荣吉先生坟,新修,颇为坚固。(《日记》页1022)

一月二十四日,坐船至李家村,看曾祖父、祖父母坟,亦新修也。(《日记》页1023)

是日,费念慈致先生一札,云其有事到澄,晤瞿鸿禨,知先生过此,相左甚为惆怅。札有云:"侍随侍家严来此谈沙田事,月底方回苏。公如以其时来吴门,可留数日作春游,偕访文川,并观书于瞿氏也。侍行时,适文川进省,已告之。文川欲函约心云修禊于琴河,我作序,公赋诗,心云书之,刻石于溪山最幽处,并书题名,王逸少后千五百余年无此乐矣。南越尉陀何讵不若汉,正不必疾首蹙额,日日作杞人也。礼卿、闰枝,皆宜变至道,季直亦还朝散馆。好勇过我,无所取材,然则耦耕归隐,天下英雄,惟使君与操耳。日来率儿子辈习卜筮医药之术,为处季世之法……"(《友朋书札》页385 费念慈第一百三十二札)

二月二日,先生在常州,金武祥来访。(《日记》页1025)

是日,书估老顾送书来,购《南村帖考》《庚子销夏录》,去洋四元。鉴赏斋送张釜山水来。(《日记》页1025)

是日，李正光送来龙城卷四百一十本。先生送《词录》与李正光，又送《中江丛书》于龙城书院。(《日记》页 1025)

二月三日，先生拜有庆太尊及赵、高两大令等。(《日记》页 1025)

二月四日，龙城书院绅士约晚饭，金武祥、恽积勋同席。(《日记》页 1026)

二月七日，先生送《常州词录》及三、四月题与有庆。(《日记》页 1026)

二月十四日，致徐乃昌一札，索刘世珩所留交先生之书。先生已于昨日返钟山书院。札云："弟到常州，初二日在龙城书院，开馆后忽发怔忡旧恙，因此折回。聚卿图书，兄致建霞函件，专人送往不误，特未能取回信耳。聚兄想已行，留书望掷下，内有致念石书，当补寄。稍愈走谈。"徐乃昌即送《贵池志》及《吴次尾年谱》来。(《日记》页 1028，《艺风堂书札》页 402 致徐乃昌第八十七札)

二月十六日，跋《韵会举要》。(《日记》页 1028)

二月十七日，跋《五音集韵》《尔疋》《埤雅》。(《日记》页 1029)

二月十九日，诣徐乃昌谈，还《易经象类》《鉴止水斋书目》。(《日记》页 1029)

二月二十日，先生致金武祥一札，赠以所撰诗三首。札云："话别之次日出城，方舟云集河道内，悬索河快巡勇十余人，仅移至西仓桥而止。次日未刻，始到西大王庙，方得畅行，是日住吕城，十一次新丰，十二到镇江附轮，十三旋书院矣。贱恙日愈。龙城词章卷已看出，经史尚须七八日，月内定寄还常州。今日奉手书，幼舲事即致函公路，然而必不能成，中江局面不到此也。惠题佳甚，如宝箴处收回，即留兄处，弟当来取。闰月拜寿，届期再约。薛斋想已入都。小诗三首呈政。"(《日记》页 1029，《艺风堂书札》页 270 致金武祥第二十三札)

二月二十一日，跋《平水韵略》《重续千字文》。(《日记》页 1030)

二月二十二日，先生上王先谦一笺，寄《常州词录》、朱一新所著书，托易顺鼎带。(《日记》页 1030)

二月二十五日，钟山书院开课。(《日记》页 1030)

二月廿六日，先生撰《尔雅有脱衍文考》，历廿七、廿九与三月一日，三月二日撰成。(《日记》页 1031，《文集》卷三《〈尔雅〉有衍脱文考》)

是日，先生定龙城书院经史卷、词章卷名次。(《日记》页1031)

三月一日，寄《常州词录》、缪李二公集、拓本各两分于《农学报》馆，送与蒋斧、罗振玉。(《日记》页1032)

三月三日，撰《郑康成弟子考》，历四、五、六日而成。先生撰此文，早有此意，光绪庚寅(1890)正月已在积累材料，壬辰(1892)八月、乙未(1895)二月和四月各有所得，至此时撰成。(《日记》页1032，《文集》卷三《郑康成弟子考》)

是日，先生撰《秘本书目》。(《日记》页1032)

三月五日，发京师王鹏运信，寄《常州词录》《曲目表》；发李桂林信，寄缪、李二公集，均请褚成博带。(《日记》页1032)

三月六日，凌霞自芜湖来。(《日记》页1033)

三月七日，写《蜀两汉经师考》，历八日、九日而成。(《日记》页1032，《文集》卷三《蜀两汉经师考》)

三月九日，接徐州邓嘉缉信，寄来沛酒十斤，并托售高其佩画。(《日记》页1033)

三月十日，先生写所辑《华阳国志逸文》。(《日记》页1034)

三月十一日，约凌霞、徐炳、黄介夫、陈三立、曹巽甫、曹钧、顾云、徐乃昌小饮云自在龛。(《日记》页1034)

三月十五日，顾云招饮，徐乃昌、王德楷、秦焕尧、翁长森、傅春官等同席。又游清凉山，观南唐井阑，上扫叶楼，"长江如练，双阙远竦，亦极登眺之胜"。(《日记》页1035)

三月十六日，凌霞赠先生永康砖。(《日记》页1035)

是日，先生撰《扫叶楼诗》，并出三月课题。(《日记》页1035)

三月十八日，先生撰《刘伯宗先生年谱》。(《日记》页1036)

三月二十三日，接丁立诚二月信，并《汉书艺文志疏证》。(《日记》页1037)

三月二十四日，编《缪氏考古录》。(《日记》页1037)

三月二十八日，送书与翁长森。翁氏来约到杭州会，并赠先生《苍玉洞题名》《观妙斋藏金石文字考略》二种。(《日记》页1038)

闰三月一日，接陶子麟信，寄《内简尺牍》《诗传旁通》两清样，《据鞍录》、《家语》五、六两卷毛样。至是日，先生所编刻《藕香零拾》已刻成《澹

生堂藏书约》《藏书纪要》《流通古书约》《据鞍录》《栖霞小志》《东西京城坊考补遗》等数种。(《日记》页1038)

是日,《珂雪词》写讫,送交徐乃昌。先生并致其一柬云:"《珂雪词》抄毕全缴,价希发下。《家语》刻来三卷,云蒲香时节一并刻完,尚不慢也。受之何时来。兄行时乞面谈一次为祷。"(《日记》页1039,《艺风堂书札》页401致徐乃昌第八十二札)

是日,王鹏运致先生一札,谢先生惠赠书。札谈《常州词录》云:"常州词选足备国朝词家流别同异,得失盛衰之故,不独为珂乡文献之征,而只字片言,穷儒笔墨,借以流传者,亦复阴德不浅,甚盛举也。足下著作满家,固不仅此,然此亦千秋不朽之盛业矣。"又谈况周颐云:"夔笙未上计车,近以近刻见寄,词笔亦似渐退;会典保案仅得分发同知,恐此后不能见谅,鄙人亦当在骂中,自为荆棘,于人何尤。从来曾力劝之,如不从何!去年弃归时,櫰叟曾贻书属为规劝,然岂弟所能做到耶!天生美材,不自顾惜,真有爱莫能助之叹,亦殊引为内愧耳!"又谈时事云:"时事日坏一日,目前已不能了。无论何以善其后,自惭识力卑下,即欲稍有所陈,为万分一之补,思之亦不可得,不入文字又有日矣。执事江湖魏阙之思,必不能恝然置,高见何似,能开示一二,以开茆塞之胸否?"又谈刻书事云:"拙刻凡已成者,皆已寄呈。兹再奉上一分,托伯约带呈。近年兴会大减,即铅椠旧嗜,亦久已不亲。前年在丁松生先生处抄得宋元词廿余家,秘本佳词正复不少。唯《樵歌》苦不可得,如何如何。顷见铁琴铜剑斋书目内载《天下同文集》,亦元词上选未有刊本者,执事能为鄙人一物色否?如可抄得,或可一鼓梨枣精神耳……下征拙书,弥切知己之感,草草涂上,幸不吝教益,大为指疵。闻近来邺架得古拓佳本极夥,惜不克快阅,一洗尘眛也。"(《友朋书札》页657王鹏运第四札)

闰三月二日,跋《孙尚书大全集》,略考其各卷分类及抵牾之处。此本乃先生请丁立诚代为传抄。(《日记》页961、1040,《文集》卷七《孙尚书大全集跋》)

是日,先生重编《缪氏考古录》。(《日记》页1040)

是日,先生阅卷毕,定三月课卷名次:黄宗幹、郑颐、余璜、卢重庆、顾孝珣、曹钧、周景镐、孔宪黁、姚燕年、杨熙昌。(《日记》页1040)

闰三月四日,写《晋陵胡氏世表》。(《日记》页1040)

是日,先生撰《江南丁酉科文闱纪实》。(《日记》页1040)

是日,叶昌炽致先生一札。札云刘世珩至京师,领到先生所托携碑拓二十二通,自留一份,陆继辉不欲购之,将交刘氏带缴先生。而其本人因纳簉等因,所费不资,删弃嗜好,请先生无须再寄京。其所藏江阴开元经幢,如先生欲收之,当托夏孙桐南还后觅便寄先生,可作价与欠先生之碑价相抵。《郑仲碑》、辽州石经尚未有续到者,后将奉寄。(《友朋书札》页411叶昌炽第三十四札)

闰三月六日,写《宜兴蒋氏世表》。(《日记》页1041)

是日,先生重编《孙尚书大全集》。(《日记》页1041)

闰三月九日,起程上下关,与顾云、傅春官同船,将往游杭州。(《日记》页1041)

闰三月十日,抵沪。先生在沪凡四日,访友聚饮无虚日,多得友朋之乐。所访者有吴申甫、郑孝胥、何嗣焜、章寿康、凌霞、江标、蒋斧、罗振玉、汪康年、志钧、董康、文廷式、盛宣怀等。(《日记》页1042)

是日,汪洵致先生一札。札告先生刻印《经世文续编》及《邵青门全集》《学文堂文集》事:"留园刊工已竣事,现刷印二三百部,以备收藏版片。《青门》《学文》两集均告成,急就不及细校,略附印数部作样,须四月初一律出书。尊处前索去续编前半两部,此次一律配齐,请随后函致杏公索取,计序例、总目、小传一册,礼政以下三十九册,合成八十册。惟以后抽换添补之处甚多,无从更正。最要者则户政建置一目抽去;台湾数篇列入兵政,台防必须抽去,方免重复。其建置目录一篇已另刻矣,并附陈。《青门》《学文》两集刻本,亦可向杏公索取,以备一格。其原书在洵处,留校一过,《青门集》批点均未刻,拟照原本一录之。由洵寄还不误。此书旷日持久,糜费已多,现尽闰月撤局,便须另行觅食,叫化无獬豻弄,大是苦事。"又请先生为将来生计指点迷途:"洵家累日重,牵制多端,万不能入都供职,外省无一事可图。杏公雅意,为挂名商、电两局,干俸为数无多,亦已竭尽欢,无可说法。时局如斯,朝不谋夕,此身漂泊无归,竟乏自全之策,务乞老前辈指示迷途……"又向先生介绍其同年杜召棠:"杜伯憩同年召棠以甲午即用,分发江苏,现办东台厘局,与洵多年至好,曾于星海前辈席间与老前辈相晤,想亦久稔其人。此次在沪相遇,闻将有金陵之行,特寓书问讯起居,并为介绍通谒。伯憩胐诚练达,品谊素敦,惟时患重听,于衙参不便。近闻厘捐总办为欧阳润生观察,此公

素立崖岸,恐见时或有参差。老前辈必与欧公熟识,乞先为道地。"(《友朋书札》页 515 汪洵第二十札)

闰三月十三日,先生给章寿康百元,押其《侨吴集》。(《日记》页 1042)

闰三月十五日,抵杭,晤翁长森。拜恽祖翼,移行李入藩署,住后乐园。"园中有四照楼,正对吴山;有逢峦轩,阮文达题宋时秘书省故址"。数日后迁寓云抱水边楼。先生在杭半月有余,得以遍游名胜,亦尽享友朋之乐。(《日记》页 1042)

闰三月十六日,先生拜友人廖寿丰、陈允颐、世杰、丁立诚、罗槃、杨文滢、谭献、樊恭煦、周绪益、朱启凤,并赠罗槃缪、李二公集。(《日记》页 1043)

是日,丁立诚借《汉书疏证》廿二册,盖《后汉书疏证》也在其内。先生又赠以《常州词录》一部。后丁氏刊于浙江官书局,刊本牌记署"光绪二十六年浙江官书局槃"。(《日记》页 1043,《文续集》卷六《浙刻沈文起两汉书疏证跋》)

闰三月十八日,送许增《唐荆川集》等五种。(《日记》页 1044)

闰三月二十日,偕傅春官游孤山,谒林逋墓,登放鹤亭。翁长森约赴江心船小饮,由苏堤、南屏、万松岭至江干,又复至涌金门,唤小舟而归。(《日记》页 1044)

闰三月二十一日,丁立诚偕先生登文澜阁,请钥观《四库全书》。(《日记》页 1045)

闰三月二十二日,赁湖舫游湖心亭、三潭印月,入退省庵,拜彭玉麟遗像。复至南屏山净慈寺,对雷峰塔,复入白云庐,瞻钱武肃王庙,读苏文忠庙碑。又访六一泉,过俞楼,再入定慧寺,谒薛庐,品君子泉而归。(《日记》页 1045)

闰三月二十三日,偕丁立诚作山内之游,冒雨至石屋洞,"洞口凿佛像数百尊"。再过烟霞洞,象鼻岩,观吴越千官塔。又由杨梅岭历九溪十八涧,至隆安寺。出江干,溯江而上,至梵村,再入山,修竹茂林,新绿欲滴,宿金栖寺。礼莲池大师塔院,观御题董书《金刚经》及大师遗墨。(《日记》页 1045、1046)

闰三月二十四日,逾五云山,至六和塔,塔内绍兴刻《金刚经》《四十二

章经》均完好。再入山游虎跑寺。过六桥至清莲寺观鱼,与寺僧闲话,系副将为僧者。(《日记》页1046)

闰三月二十五日,与翁长森同上至灵隐寺飞来峰冷泉亭。(《日记》页1046)

闰三月二十七日,诣丁立诚谈,登八千卷楼,所见书以《两汉书》、《旧唐书》、开禧本《云仙杂记》为最佳,先生假书目一册回。先生后曾谓"登八千卷楼,钦家教之整齐,睹图书之美富",然后知丁氏之至行,不仅目为学人也。(《日记》页1046、1047,《辛壬稿》卷三《丁修甫中书传》)

闰三月二十八日,读八千卷楼善本书目。交《侨吴集》托丁立诚付装,并交洋蚨廿元,托抄书。(《日记》页1047)

闰三月二十九日,许增、谭献、陈豪招饮于娱园,杨葆光、翁长森、汪子容、丁立诚同席。(《日记》页1047)

是日,先生还丁立诚善本书目,又借嘉惠堂书目回;送《常州词录》、及缪、李二公集与林启;送《常州词录》与许增。(《日记》页1047)

四月二日,先生过修本堂,购《盐邑志林》《词雅》《括苍金石续志》《姑溪居士集》。(《日记》页1048)

是日,丁立诚送先生《武林往哲遗书》;许增送《娱园丛刻》。(《日记》页1048)

四月三日,诣丁立诚、谭献辞行。还丁氏《书库抱残图》《文渊归书图》《流芳图》三种卷子,及嘉惠堂书目八帙。(《日记》页1048)

四月七日,先生在沪。诣汪康年,购《元史译文补证》。(《日记》页1049)

是日,过沈曾植谈。又过章寿康寓,取旧拓《李含尧碑》。(《日记》页1049)

四月九日,抵钟山书院。得京城叶昌炽等人信,龙城书院三、四两月课卷,并四月脩金。(《日记》页1050)

四月十四日,接湖北陶子麟信,并《孔子家语》全部样本,先生代刘世珩所刻书也。(《日记》页1051)

四月十六日,定钟山闰三月卷名次:杨熙昌、余璜、周景镐、黄宗幹、姚燕年、何允恕、王吉棻、周心藩、萧文龄、李鸿才。(《日记》页1052)

是日,先生致金武祥一札。札云:"弟抱恙回宁,至三月小愈。顾石公、傅苕生怂恿赴杭,借山水以涤愁闷,遂于闰月九日起程,十五到杭,十七移居湖上西泠硚湖楼。畅游十日,廿七入城,寓松云署中,初四回沪,九日到书院。以灵隐、韬光、孤山为最胜。云楼以竹胜,虎跑以泉胜。九溪十八涧,昔人最以为佳,弟以为蜀南北栈处处皆是,不足一览也。共得诗四十余首,先录数首呈政。归读手教并新诗。闰上巳,弟等亦集于薛庐也。《词录补》,共得廿余人,容录目先呈。恭邸无恙,南皮仍旧回任。如再北上,定当走送。幼丈生日,弟以一联一幛寄祝,不能往矣。天雨过多,豆麦均坏,岁事奈何。长夏未敢出门,秋凉再图把晤。"先生随札寄金氏《出钱塘门至孤山》《西湖莼羹歌》《水龙吟·闰三月到西湖》诗词三首。(《日记》页1051,《艺风堂书札》页271致金武祥第二十五札)

四月二十日,先生定龙城三月课卷名次。(《日记》页1053)

四月二十四日,先生以新购明翻宋刻《百川学海》补足昔年所购本。此明翻宋本,每页二十四行,行二十字。"明弘治十四年无锡华汝德珵重雕,亚于宋刻一等,非明人后刻可比"。(《日记》页1054,《藏书续记》卷五)

四月二十六日,阅龙城书院课卷毕,定闰三月、四月课卷名次。(《日记》页1054)

四月二十七日,先生接山西胡延一札,寄《山右石刻丛编》卅二册、洋蚨一千元。札云:"山右碑版,现已录竣。所考证者,原本正史,旁采志乘。稗官文集,苟寓于目,亦所弗遗……执事衷辑,多至数千。百廛之市,珍奇毕罗;五侯之鲭,脆藏或有。当于异日,更辑续编。至皇览之成,实借众力;中经之校,亦有专人。容俟刊书,再当补列。庐陵所考,岂无或舛。秘阁之籍,多有未窥。纠缪补遗,是望大雅。兹奉蕲帅谕令,将《山右石刻丛编》稿本三十二卷,并银币千元,交李笠茵大令转呈籤阁。蕲帅制后序稿,并录呈正。所愿荆潭之序,赐撰于昌黎;茶绮之遗,不拒于居士。俾成完璧,用光来叶。借兹不腆,奉达拳拳。"(《日记》页1054,《友朋书札》页624胡延第二札)

四月二十九日,常估王升起程,先生令其带去吴申甫信一件、瞿鸿禨等人信、常州龙城书院卷子,并附上五、六、七、八月题目,又金武祥信并书。先生致金氏之札云:"月内自浙还,寄上械并小诗,想察入,维节祺纳福为颂。弟专人归接舍侄到宁,友人贻书多重份,望晒存。红豆卷如取归,可付还。新以重价得旧抄《龟巢集》二十卷,十五元。将来携至常州,与彼藏一校,不过十日毕,无须抄。贤子孙太锢蔽,否则刻入《先哲遗书》矣。"(《日记》页1055,《艺风堂书札》页272致金武祥第二十六札)

四月三十日,诣邰云鹄处祝寿,知朝内驱逐翁同龢回籍,不胜骇异。(《日记》页1056)

五月八日,致凌霞一札并《畿辅碑目》。札云:"别来匝月,弥切怀思,辰维顺时纳祜,消夏延釐为颂。弟前月初九自浙省归,课卷堆积,廿余日方始清理。节关已届,俗务又多矣。重黎升授陕臬,何日起程,先生想未必同去。世兄奋发有为,可以颐养,无杂事分心,读书更多所获也。抄成《畿辅碑目》四卷,乞查收为祷。如重黎交卸,寄函何处,尚希示悉。《台州金石》如已校好,即望寄弟,抄资太巨,可缴价也。"(《日记》页1058,《艺风堂书札》页339致凌霞第十一札)

五月十一日,接粤东王存善信,寄广雅脩金乙百八十六元。(《日记》页1059)

五月十二日,阅报知初五日上谕废八股,改用策论。(《日记》页1059)

五月十三日,阅钟山卷毕,定前十名次:钱鸿保、余璜、黄宗幹、李鸿才、吴鸣麒、杨熙昌、丁传靖、杨文藻、窦昀、蔡有骍。(《日记》页1059、1060)

五月十五日,先生校《敬斋古今黈》刻本毕,发湖北陶子麟。(《日记》页1060)

五月十六日,校《山右金石记》,跋《栖岩舍利道场碑》。(《日记》页1060)

是日,先生阅报知学政奉谕改试策论。(《日记》页1060)

五月十七日,撰《东乡叛迹纪略》毕。先生自五月六日开始撰此文,至今日乃成。(《日记》页1057、1061)

五月十八日,撰《书洪仁夫先生墓铭阴》,应上年九月洪子彬之请故也。(《日记》页1061、《文集》卷一《书汉阳洪仁夫先生墓铭阴》)

是日,先生接丁立诚信,寄传抄《元牍记》一册。(《日记》页1061)

五月十九日,先生接陶子麟信,寄来《摘文堂集》《定斋集》《五行大义》《崇祯朝纪事》清样。(《日记》页1061)

是日,先生得刘世珩京师五月八日之札。札谈时局:"时局败坏,无意出山,行将作归计。"又云:"常熟撤政归田,深是幸事。从此可以优游林下,颐养天年,惟朝事变幻,日有所闻,改弦时政,大肆维新,时文废去,苦煞许多乡曲老儒矣。"又谈及刻书事云:"积馀供差通州,拙刻仗长者助校雠,督梓氏,心感心感。《北征录》力托费铁迦同年谋之瞿家,渠意以为不易。昨获苕生内弟书,悉长者游杭州,抄得一部,人间秘笈,可以复睹,一大快事。《秋浦双忠录》可成,子西华先生必罗拜地下,谢长者搜求之功,非特珩私心祝谢者。顷奉手教,备读一一。伯宗先生年谱已考得生卒岁月,固不寂寞,且可补敝邑邑志之缺。吴谱为删汰,足称二妙。李儒懋随入都下,金陵刻字诸匠纷扰,积馀曾备述之,儒懋自苦耳。《二妙集》初议恳长者属鄂匠镂板,以李姓乞怜,虽是长者与之,敝处并不过问,今儒懋已知难而退,函致渠匠,将板样尘左右,未到可索之,仍归鄂局,速而且精。《家语》影宋本字迹不差累黍,半年成十卷书,是其效矣。《二妙集》、《年谱》、目录须合长卷格式,乞长者定正。礼卿已返江南。季直常相见。鞠常居住西城,不时得面。珩处东边,道路隔越,近与曼仙同住,客中良友,差慰岑寂。惟渠散馆水部,未免抑抑。《家语》尾款,此时将归,归作书致汉上,付去似未晚,免得周转何如?"又谈先生游西湖云:"长者西湖之乐,兼怀瑰集,较珩宣武城阙仅见红尘十丈,一无所得,奚啻天壤。"(《日记》页1061,《友朋书札》页733、734刘世珩第七札)

五月二十二日,写《碑传集目》,注撰人姓名。先生是日起以写《碑传集目》为日课。(《日记》页1062)

是日,先生撰《范季远仕隐后图记》,应友人范德培索题故。二十九日写毕交与范氏。德培为范志熙之子。(《日记》页1062、1063,《文集》外篇《范季远仕隐后图记》)

是日,先生接周绪益信,寄杨保彝刻《大亭山馆丛书》。(《日记》页1062)

五月二十四日,有旨:以江苏巡抚奎俊为四川总督,调江西巡抚德寿为江苏巡抚,以江宁布政使松寿为江西巡抚,陕西按察使袁昶为江宁布政使。

五月二十五日,撰《吴次尾年谱》。先生为刘世珩撰《吴次尾年谱》,实系在夏燮所撰《忠节吴次尾先生年谱》基础上增删订讹。夏谱刊于《楼山

堂遗书》中,同治六年(1867)刻。(《日记》页1062,《缪荃孙研究》页126、127)

六月一日,校《湖海新闻》后集毕,校之多日矣。(《日记》页1064)

六月五日,撰《孔北海年谱》。(《日记》页1065)

六月六日,送《孔子家语》新刻本与刘世珩。(《日记》页1065)

六月八日,先生以《曹辅墓志跋》交刘世珩。在刘氏处见改琦《寒林秋思图》,奚冈、王树云两山水卷,曹贞秀、王芑孙合璧卷子,又手札百余,皆极佳。(《日记》页1066)

六月九日,送松江府太仓州、常熟金石一百零一种金石、《楼山堂稿》与刘世珩。(《日记》页1066)

六月十一日,李儒懋送《贵池二妙集》稿本来。(《日记》页1067)

六月十二日,先生得江西张鸣珂四月十九日札,并寄词一册。札云:"都门晤教,倏已六年,驰企之私,无时或释。近闻主讲钟山,启迪来学,令人想见惜抱遗风,曷胜快慰。弟丙岁旋里,卜居郡城北门外秋泾之上,水木清华,大可栖隐。惜囊空如洗……泾县寓公朱幼拙农部,将刊其族祖兰坡先生《说文假借义证》,属为校勘,借消闲暇。又为弟刻《词选》二卷,《疑年赓录》两卷。《词选》已断手,附呈一册,聊伴荒函。风便乞赐数行,以慰饥渴。"(《日记》页1067,《友朋书札》页655张鸣珂第四札)

六月十三日,先生接金武祥五月十日之札,并恽府千金八字来。札请代购袁昶所刻书,云:"五月初奉布一函,言恽宅姻事,并言乞寄徐刻女史词两部。是日下乡。昨由西硚寄到惠函,并书十册,皆未见之本,何啻百朋之锡耶!感甚感甚。前在上海,顾缉庭见赠《元史译文证补》洪文卿所撰,云时务报馆有寄售,甚昂。于芜湖袁刻李评之《元秘史》可互相发明,阁下常与于湖往还,拟乞代购一部。并闻所刻多种,可否趁其未赴陕臬前,均代售一分,该价即汇算,切勿客气。惟太昂及太费事,则亦不必。"又赠先生书,云:"沪上又遇龙伯鸾,见赠新刻,云即当觅送阁下书籍也。兹抄奉刘召扬、谢兰生两词,系在北乡徐墅亦园所藏抄本内录出,可刻入《续词录》中。"又向先生所序:"祥近来增删《陶庐杂忆续咏》,甲午在粤所作,亦有百首。长夏无事,当可定稿。家乡古迹,十得八九,并加考证,拟求大笔撰一骈序,以期附骥以传。"又谈时事云:"常熟相业,本无所表著,惟经此罢斥,江苏人不免减色,且值此时艰,不敢谓一夔已足。朝政纷纭,亦非佳兆,高明以为何如?祥自沪旋常,即往候葆桢,未遇。下次入城,当往催取红豆卷。家乡近日米麦极昂,幸雨水尚足,秧已插开。忧国愿年丰,正今日之谓。祥秋冬间拟另办一积谷仓,仿朱子社仓之法,拟先立一章程。不识能如愿否。"(《日记》页1067,《友朋书札》页850、851金武祥第二札)

是日,先生发通州徐乃昌信并寄影抄《杜樊川集》、《士礼居题跋》、《楹书隅录》、《百宋一廛赋》、《藏书纪要》。(《日记》页1068)

六月十五日,先生复金武祥一札,欲与恽氏联姻。札云:"十三日奉手书并恽府女八字,费神之至。三日后赴占所敬占,三知堂既合,谅必合也。定须十四岁下定,想系近年有何冲犯,占后便知。八字不放人家过年,弟亦闻此说,然既两愿,过年何妨,如还八字,则一言为定乎,希酌示。弟因老年得子,想将姻事料理,免得再求人耳。"又谈代购袁昶刻书等书事云:"《元秘史注》,弟有重出,即以奉贻。于湖已调宁藩,得之较易。积馀主通州花布捐,去已两月。刘、谢两词录出,尚不盈一卷。两误定改,惟板片尚在鄂,未取回。去年百部书只存数部。《元史译文》书需贰元,叔畬刻瞿氏书目,竹纸十小本,价亦三元二,并不便宜。词印竹纸,须俟板片运回再印,湖北无竹纸也。"又谈时事诸端云:"朝政纷纭,常熟在内必不至此。仍是母子争权。蹈汪长之辙,恭邸在,尚保全,殁则发作,转谓恭邸毁之者,误也。时文之害,中于人心,策论虽空,胜于时文多矣。西郊《征信册》何以不刻,亦须改策论、算学,殷亦平可胜任。闻今年主之者系老学客,恐棘手矣。金陵抢米,制军尚不严办,何况外府。天下之乱,均此无用之督抚酿成也。制军急于求子,十四妾而无子。不忍杀人,恐干造物之和。钟山改策论,要改学堂,俟于湖到再看光景,如不能,只可告辞。惜常州无屋可租,仍须住金陵。然想弟一生,下场时不会作时文,当翰林不会写白折,以为掌教可以胜任,忽又钻出西学。读书万卷,于世路永远不合,亦可笑也。月内,《缪氏考古录》《东乡叛迹记略》《艺风堂所存金石目》《孔北海年谱》均写成。笃信汉学,至死不变。我自下考语,兄以为何如。廖泽群、黄元同、谭仲修、叶鞠裳、费屺怀,海内同志虽所得各有深浅,而学派则一。弟门人中,丹徒陈庆年最佳,金陵人则无一可谈。家乡半月不雨,何至人心皇皇。荳、棉花须削两次,老农以为须连晴二十日方好。稻田廿日亦不能受干。有水可车之田方种稻,无水之田不宜种稻,弟少时便习知之。总之,人心思乱而已。士周可惜。江阴连一个候补道(谢方山)多该不佳,县运之坏如此。江阴去冬不必赈济,至小觐西乡,今年收回积谷须屯,谷仍入积谷仓。西郊共几何,示知。兄何不与城董争之,弟与名写一公信与董事,何如?"(《日记》页1068、《艺风堂书札》页273致金武祥第二十七札)

六月十六日,先生校《山右石刻丛编》,自此日起以校此书为日课。(《日记》页1068)

是日,先生得叶昌炽京师本月五日一札,札谈访碑、换碑、购碑事云:"西泠之游,何时返旆……承示湖上拓本,闻之艳羡。侍于此事颇知甘苦,岂敢言昂。所以不欲文津者,一则因付托之无人,一则因挹注之无款。然犹其次也,航雪已死,无两人外,实则更无同好。侍为拓苏州碑,受尽闲气,即公所拓江宁各碑换高丽碑,亦侍调停之法,不能尽言。此后再不敢饶舌。侍自揣一人之力有限,不足助公搜采,故激而为截止之说也。天宝石幢,西蠡所赠,若以易米,无以对良友。今与公为祊田之易,且为暨阳留一掌故,当亦岂老所首肯。其石寄舍亲王康吉孝廉处,其家住苏城皮市街,兹另上一函,即乞以此函交熟人持取可也。王君处侍已函告之矣。公属抄史表及前后所购拓本,共银十六两八钱九分,此月望前,当再以二十金送闻枝兄处,共合银三十六两有奇,洋三十元,所阙当亦无几,敝处实未记账,务希示及,当再补奉。稽迟罪罪,幸鲍叔之知我贫耳。西湖各碑,心向往之,而力有未逮,如拓得,可否为留一分,暂存公处,俟有闲款,再偿此愿。非敢为是龂龂也,因以此书生结习,有累吾公,则良所不安耳。其价不妨先示及。必不嫌昂。朝局蜩螗,新说蜂起,吾辈犹以此商榷,可云痴绝。"又言友人近况云:"蔚庭前辈已出京。岂怀居忧在苏,见否?季直到京,彼此往还,竟未一晤。刘聚卿则曾晤两三次,后起之秀,公言洵不虚也。"(《缘督庐日记》页2704,《日记》页1068,《友朋书札》页411、412叶昌炽第三十五札)

六月十七日,先生校《湖海新闻》,添补遗一卷。(《日记》页1068)

是日,先生定《艺风堂金石目》十六卷。(《日记》页1068)

六月二十二日,袁昶来见先生。袁氏来赴江宁布政使之任。(《日记》页1070)

是日,先生覆勘《刘伯宗年谱》。(《日记》页1070)

六月二十七日,先生覆勘《吴次尾年谱》。(《日记》页1071)

七月一日,先生得丁绍基讣。去岁先生与丁绍基曾相聚于天宁寺,不

意今日讣至。(《日记》页 1072,《文续集》卷六《求是斋金石跋书后》)

是日,先生发苏州费念慈信,并祭幛一轴,交聂明山带,以费学曾卒故也。(《日记》页 1071)

是日,先生接汪洵六月二十八日一札,寄篆书封面并盛宣怀信。札有云:"接诵两次赐书,并委书封面八种,敬稔道履冲和,与时大适,羡羡。洵难日迫,际此时艰,出处都无良策,目前诸事无可言者,未识老前辈何时可为苏沪之游,一图良晤,藉抒积愤。七月十二费处开吊,洵拟前往,老前辈亦能为一行否?洵大约七月望后可返沪也。委书封面八种,照篆奉寄。内《定斋集》后款请填补。"又谈《经世文续编》印本云:"《续编》初印仅三百部,杏公颇自珍惜,现大半书存留园,此间发坊者尚寥寥。定价竹纸者九元,白纸者十元。阁下应分一部,及需购数部,杏公行期匆促,无暇及此,俟从者来沪时,可以代取也。"又谈《邵青门全集》《学文堂文集》云:"《青门》《学文》原本,尚存洵处,拟将《青门集》过批,暂缓奉缴。此两种仅印二十部,当可索取一部。他时俟尊处版集,再怂恿多印,以惠桑梓后学。"又言及家乡精舍改办学堂事:"家乡致用精舍,章程不妥,现拟遵旨改设学堂。老前辈现在主讲,能酌下规条,俾共遵守尤妙。总须与从者相晤,诸事方可熟商,得暇能来沪一行为盼。"(《日记》页 1072,《友朋书札》页 517 汪洵第二十一札)

是日,《时务日报》改名《中外日报》。

七月四日,先生定钟山策论前十名次:程先甲、黄宗幹、茅乃封、姚日新、窦昀、郜怀泌、汪缵尧、杨熙昌、周以藩、徐绍端。五月课题:"国不以利为利论""问子产、班超"。(《日记》页 1072)

七月五日,先生发汪康年一札,札谈报事,云:"别来两月,惟起居万福是颂。近来新政迭颁,康先生志气发纾,大有王介甫、张太岳气象,言无不听,计无不从,可谓盛矣!报馆官办,贵报另改名目办理,甚是。官报不敢谈,即贵报大约亦须进呈,所载议论戒太偏,新闻戒太谬。前月代恽方伯剖白,理明词正,各报如此者甚多。如官报、贵报均须谨严为上。各处抢米,自浙而苏而宁而徽,近且及于湖南。即因《申报》误登徐州抢署而起,实则并无其事,民气因之嚣然不靖,岂不可怕。又如近日改策论删律例,贵报先非矣之,云除去破承、起讲,每两比去一比云云,何尝不是如此办法。然乡里学究只可如此弄起来,可不必骂。至律例,能删总比不删强,每部司员亦有熟于例者,不可一概抹杀,更不当骂。金陵三事,可以入庄谐否?

弟更亲见熟闻,另纸呈览,不必登报。惟周寿彝太取巧,经费全数上腰,忽上条陈,又想骗钱,贵报如此恭维,入其彀中矣。南京访事人为谁?乞示姓名,如《新闻报》唐姓,诸生。最为混账,三月忽托人来求取前列,因其不通,斥之。五月忽上一段全无影响之事诬蔑人,以后打听,方知即托情而不得者。中国无是非,无赏罚之国,报愈多愈糟,幸看报者不肯出钱,流传不甚广,此等糟报亦不劝人看也。兄以后于买登之事,总祈留心报实,自然消路广。然官报出,于兄有碍否?"又云:"日报每张十文外,需带费六十文一月,是否如此办理?销路何如?《时务报》销路又何如?乞示悉。"(《日记》页1073,《汪康年师友书札》页3060)

七月八日,先生与挚友顾云送行,并赠序一篇。七月五日,顾氏曾来辞行,欲赴荆溪训导任。前此,四月间顾云选荆溪训导,以是官最为世所轻,有不屑为之意,先生谆谆劝导,于此序中复加勉励。(《日记》页1073、1074,《文集》外篇《送顾子鹏之荆溪训导任序》)

七月九日,刘名誉太尊招议学堂事宜,集者龙继栋、秦焕尧、梅荄,并晤王豫熙大令。(《日记》页1074)

是日,先生购正统本《汉书》。(《日记》页1074)

七月十一日,先生阅《中外日报》,该报又议书院事,"全属子虚,不胜愤愤",随与汪康年一函,痛责之,札云:"前日一函,尚未赐覆,连日看贵报,所采南京各事,无一真者。正拟再布,忽于今日见禀控山长一条,更为骇异,无论并无禀控之事。弟性最急,下课、开课时,上课必出,惟五月课,俟改定策论,他书院仍出时文,弟不肯暂停,俟官课改策论后补课。至六月十二补课,业于十二发出,六月一课在手,十六方课七月课,日内亦必发出,焉有半年不发之事?横加污蔑,再加以任情延缓,未免尸位之考语。此兄所加,何所见而云?然如上年两湖书院说兄闲话,百无一真,弟尚为之不平,何今日自伤其类耶?两兄为弟脸面何?他报挂洋招牌,听其狂吠。贵报总理、主笔非洋人,弟理直气壮,要来讲理。御史参人尚要查办,兄等听一面之词,即行发报,颠倒黑白,变乱是非,此等采访,一处如此,处处可知。然则所谓《昌言》,昌谣言而已。弟即日来沪,奉请两兄分一人到宁,逐件细查,事分列在下。如有一合,请罚弟;如一不合,两兄受罚几何,外国有例在也。张季直、褚百约、龙松岑各位同此致意。立候回玉。弟荃孙十一日申刻,阅报后即发,立赐回玉,请示采访何人。"札后附先生本年二月至七月初发课及出案具体时间单,并云:"请执此单赴江宁府礼房查,如有虚言,照报例受罚。"又详列七月初三、五、八、九四日具体赶办学堂事宜,并云:"请示南京采访何人,弟闻一劣生唐姓,上海各报为其兜揽,到处换姓名,实则一人耳。弟前为《新闻报》所诬,尚想贵报辨雪,今贵报亦附和,弟尚有何望?然两兄相处年余,尚不知弟性情耶?阅报后手战,手不成手,恨不即刻到沪,与兄讲理,亦不空讲,请来南京查查,何如?"(《日记》页 1074,《汪康年师友书札》页 3057、3059,《艺风堂书札》页 356 致梁鼎芬第二札)

七月十二日,先生辑《金文逸》。(《日记》页 1074)

七月十五日,先生再致汪康年一札,谈书院事:"连上两书,未蒙赐覆,系念之至。贵报采访即南京一处,无不虚假,请速更正。弟已知访事人陈忠倚,号鹤甫,住三元巷,与《新闻报》访事人唐金波狼狈为奸,到处讹人,不久必有大事。弟知之以兄主持其事,并未向彼闹也。贵报请将情理不符之事慢登。如传闻叔志之类,亦知其假,何不去之。少采无稽之言,则报自然增重。十二日报又说制军乞休,焉有此事?制军阅之,恐不能不查也。又如山长一事,今日已前实无此事,恐兄责彼,尽可捏写数名字,故乱递呈,然钟山课已全阅毕,天下不能如此诬告。他如制军自操作六万修学堂,谕办团练,设两学堂,额设一百六十名,及制军乞休,疫疠流行,各项事又将何说?初十报上论逆伦巨案,细思之恐无是事,想必有谣言。贵馆访事人讹索不遂耳。上海县有一办法,请贵馆访事人来,递一节略,一面传厂新开棺检验。如实,照例办逆女、差人、邻里,不重赏访事人;如虚,则将访事人亦照例立决治罪。贵馆亦照西例罚钱,有何难办?因南京所登事如此,便知贵馆访事人无一靠得住。中国有报,乱政则有之,诚所谓有损无益也。卓如来函,词气决是,卓如并非伪为阁下一辨,何畏,畏甚?迩时出钱是广东人多,香帅等之帮忙,兄之面子居多。现在百计不遂,至假朝旨来夺,又夺不去,至于上报,甚使穷矣!惜兄之报不足看,如弟者亦会小有微劳,兄一秉大公,登报辱骂,又是并无此事,合群二字,兄亦未必讲也。接信后,务乞覆我,不必含糊不理。至盼至盼。"(《日记》页 1075,《汪康年师友书札》页 3061、3062,《艺风堂书札》375 页致汪康年第十四札)

是日,先生阅龙城课卷毕。(《日记》页 1075)

七月十六日,撰《重建常州府署记》。先生是文系应常州知府有泰之请而为之。文考常州府志沿革,记府署于太平天国战争中被毁之事,述复

修之筹划及完成之经过,并期"后之人继此修葺,俾历久而如新"。(《日记》页1075,《文外集》之《重建常州府署记》)

七月十九日,䴢光典招议学堂事宜,龙继栋、张謇、秦焕尧、梅荄同集,约以明日呈院。(《日记》页1076)

是日,先生得汪康年复札,即复之,谈书院及康、梁等时事,札云:"昨见更正报章,今又奉到手书,前事冰释。弟当时气不可遏,因正欲为贵报考订实事,为报增重,忽连鄙人诬说在内,兄竟未想及耶!陈忠倚请不必换,换不出好人来,须时时诫饬之。昨报登盐道云云,恐有口舌,兄既看出,后二则如周寿彝甚混账,同在书院必要闹气,明年定撤去矣。想可不上。头一函与兄说事,事起讫如此,不盼兄登报也。另两则望登报,皆实事。康、梁如此行为,是乱天下人,岂是治天下人。国家将亡,必有妖孽,此妖孽也。兄事如定,望告我。《新闻报》今年上南京逆伦,连上三日。府县拿人,拿地甲,拿邻里,实无其事,不能办,只未开棺耳,实为讹钱而起,因思上海逆伦,恐亦如此,弟并无确见。《新闻报》上蔡芝斋聚麀得一百二十五元,屡上伍芝荪正法,伍宅未给钱也。五月上书院山长一段,为弟探知,访事唐金波托人送去廿元,渠竟不收,并认错,愿意更正,随又上七月初七日报,痛赞一番,而并不更正,情节甚可恶。然大家知其人,以后不敢造谣言矣。弟之留陈忠倚亦此意,一出名便不能乱说,南皮为兄解围否?弟日内为学堂事,舌敝唇干,今日方有名目,然去留尚未定,月内须到沪一谈也。"又附云:"今日更正书院出案,此弟今年出案如此,非一定日期。他书院未能也。又正五个月未出案,季直在京之故。尊经四月案亦未出,惟不应将弟一并说在内,然控告并无其事。"又云:"南京书院二月因委员阅卷得处分,贵报将制军批语尽数详载,四月课生,课卷十分荒唐。委员批语。首府牌示亦全抄与贵报,何以不肯详载?并牌示亦改名字,此事似乎忠厚,而不知南京士习,渠一人校数卷,有真名,有假名,凡写人者抄成文者,皆假名,连查办均无从查,不必为之远虑。是何意?与南京士子靠《新闻报》馆,是南京人主笔,颇为可恶。弟拟将此批载入,与人看看,足见士习之坏,贵报尚不肯登,岂有人不愿与。"又云:"又唐穆如、王桂祥索织造二百元不允,连登报说贡品烧毁,印亦烧坏。织造派差锁去,要发县惩办,并与印示之,二人磕头如捣蒜,自愿更正,随即见各报均更正。随即托人说情放出,然讹人之钱,亦为人讹去不少。"(《日记》页1076,《汪康年师友书札》3062、3063)

七月二十一日，先生定钟山六月课卷名次，前十名：程先甲、姚日新、程殿峋、陈作求、顾孝珣、徐绍思、赵师鼐、黄宗幹、杨熙昌、胡骏达。六月课题为"易穷则变，通则久论""问国朝汉宋学派源流得失"。(《日记》页1076、1077)

是日，先生发寄六月卷子，又出三月课题，并寄《重建府署记稿》。(《日记》页1076)

七月二十四日，先生得金武祥一札。札谈江阴连得时雨，然米价不减。即使有秋，但各省空虚，米漏出洋，故拟办分镇积谷，遇歉收可以应变。又言抢掠之案层见叠出，大小官吏，概不拿办。又谈书事："徐积馀太守来函，言去岁所刻就闺媛词十二家，以两部见惠，由尊处转寄，乞遇便寄下。陆彦和嘱求《墙东集》，薛嘉生欲其祖《堆山集》数部。以其本家故也。前假邵春容集，如补抄已毕，亦托索还。于湖所刻，能便宜搭印，则求代购一分，此非邺架所存，不可屡屡损惠……《先哲遗书》恐将来所印无几，书既非热销，现需西学。京卿且将居为奇货，定价必昂耳。"又建议先生于常州营居所："执事以馆为家，似非所宜。邱墓田产，均在家乡，似宜于常州营一菟裘，方可进战退守。我辈年已望六，而令郎尚幼，须用功读书。常州讲学问时务者尚多，尊处亲友亦多常州人，故较住他处为宜也。"(《日记》页1078，《友朋书札》页851金武祥第三札)

七月二十五日，校《湖海新闻》毕，撰跋。(《日记》页1078)

七月二十七日，与瞿廷韶赴上海。(《日记》页1078)

七月二十八日，至上海，访陆树藩、章寿康、盛宣怀、吴申甫等友人。先生是次至上海，先后访南洋公学高等师范堂、中等学堂，得见友人李盛铎、罗振玉、江标、陶濬宣等，八月二日返宁。(《日记》页1079、1080)

八月四日，致函与蒯光典，辞学堂总教习事。(《日记》页1081)

八月五日，先生得陈庆年镇江一札，札询及先生钟山讲席，云："世变日亟，学术日坏，时危物竞，殆无终极。迩来南洋议改学堂，钟山等席如何处置，至深企念。"又请先生为学会捐书："庆年近在里门与同志商立学会，讲求体用，开决锢蔽，极望海内通人闵其固陋，捐致书籍，牖启聪明。函丈自镌之书已有多种，为人编刻亦富。如蒙索赠敝会，赞成斯举，感荷高义，如何可忘。"又谈及近时述造："庆年近撰《镇学商略》，告同乡愿学者，粗说扃涂，尚未脱稿。复作《卫经答问》，纠正康学。学问之事，

不敢苟同,论列是非,并无所毁誉也。"(《日记》页1081,《友朋书札》页959陈庆年第二札)

八月六日,先生致金武祥一札,还悖次远女公子八字,送其《元秘史注》,并谈书院改学堂的情况:"南京设一省学堂,六书院全裁。额二百四十人,苏皖各半,常府派十四人。一府学堂,额六十。钟山改。一上江县学堂,每县卅,文正改。月内定须移居,尚未看定房子。常州设府学堂,龙城亦须停课。弟已告辞,学堂不能遥领。明年只有一馆,干脩已裁完,反要出房钱,出轿钱,日趋于窘而已。尊论住居常州,所见甚大,无如房屋太昂,小房子寔居不惯,随遇而安,绝无远虑。光珊词笔渐颓。念修亦刻集,可哂。常州文风,诗赋尚佳,经史庸庸,无卓然自立之士,吾意中之苗不尔也,不如南菁远矣……此次有结寔函与筱舲,晋初催办信册,须见征信册,丁戊二年。追办亦可。须改学堂,方能有出路,科举必停,非此不可,请促之……蒯礼卿观察为总办,弟与季直以绅士预议,终日忙碌,然开办不知何时。造房屋甚难。行文调考,文书已出,不能挂名,不准吸烟,年纪不拘。到江阴否?于湖旧友陈吟钵已回,并无请人之说。分教需十五六人,至多者不过六百,尚不及两湖,难容骥足。"又谈及他事云:"次远之女公子八字遵交,乞送去,下文暂且不问……社仓章程见视,敝镇一定照办。《先哲遗书》板全交杏公,无开印日期。《墙东类稿》,弟处一部俱无。《容春堂集》,下月可赵。决不遗失。《秘史注》乞哂存。《旧言集》《双红豆图》,乞即交德丰典,月底有人回金陵也。弟前月廿七送耕莆到上海,五日即回……金陵米价已平,至高卅四,起马廿二。家乡何如?"(《日记》页1081,《艺风堂书札》284页致金武祥第四十五札)

是日,先生得盛宣怀八月三日一札,寄先生《经世文续编》半部,并还书,札云:"兹寄上《经世文续编》下半部卅九册,又卷首一册,又目录一叶,《青门》原本一部,计十册,《学文堂》原本一部,计十二册,乞查收。翻刻本印刷后即续寄。"(《日记》页1081,《友朋书札》页652盛宣怀第十二札)

八月八日,定龙城课卷名次,又校勘墓志剔伪毕。(《日记》页1082)

是日,先生得慈禧太后训政,拿康有为两信。(《日记》页1082)

八月十三日,排旧拓《茅山李元靖碑》。(《日记》页1083)

是日,先生致徐乃昌一札,札谈近日事,云:"弟廿七到上海,本拟过通州,为礼卿促归办学堂。初二旋书院,礼卿已专人在书院候我。是日复禀递进。初六大局又变,制军迟疑不决,迄今尚未批出。早知此,何必阻我游兴也。《农务报》已由通州转送,谅不误。聚卿日内赴沪。《续经世文》杏公送一部,欲为兄购,须在留园寄出。弟新辑《孔北海年谱》约一万余字,尚为完善,兄能梓入丛书否?或托聚兄刻入《聚学丛书》。老聂已归,《通州金石草》交彼矣。弟处金石目,嘱舍侄代抄,成一册即寄。"(《艺风堂书札》414 页致徐乃昌第一百三十札)

八月十五日,编排金石入箱,共二十箱,三包,自周讫元,共五十二包。又题名六包,续得两包。(《日记》页 1084)

八月十六日,有旨:直隶布政使著袁昶调补,裕长著调补江宁布政使。

八月二十日,接吴申甫、丁立诚信,及所寄《北征录》《无锡县志》。(《日记》页 1085)

八月二十一日,慈禧太后谕旨,先生友人候补四品京堂江标以庇护康党,暗通消息被革职永不叙用。

八月二十五日,欲购房,赴北门桥看方氏屋,不合式。(《日记》页 1086)

是日,先生得恽祖翼浙江一札,札谈朝局云:"朝局大变,几蹈朝鲜覆辙,幸而破露,得以转危为安。首恶擅窃魁柄,紊乱纪纲,不图包藏祸心,竟定围宫之策,彼亦不过希图富贵,岂知强敌环伺,乘隙肆毒,即彼亦不免釜鱼几肉耶!以学贯中西之人,沦为叛逆,转不若呫哔迂儒,尚识尊亲大义也。"又谈学堂事:"学堂一节,已奉明诏。除都门各省会举行外,余听自便,似不必过用重笔。弟初意欲并各书院为学堂,中西并课,兼试策论,为寒士留一线生机,非仍沿书院之名。时事孔亟,不久恐有大警,惟有练兵筹饷,去伪惩贪,实力行之,尚可挽救。更张学校,舍旧谋新,深虑缓不济急。每读庚兰成删诗书、定礼乐数语,未尝不掩卷太息也。"又谈时情云:"浙中春夏间米缺,民变情形岌岌,幸多方设法,不惜巨帑购米接济,始得安稳过去。而风气之坏,人心之险,专以作乱犯上为能事,实为从前所未有。默观时局,不愿日久滥竽,拟稍作迟回,即陈情归去。明知故里亦非桃源,较胜身肩重担也。"(《日记》页 1086,《友朋书札》页 637 恽祖翼第四札)

九月一日,先生得费念慈八月二十三日苏州札,嘱先生撰乃父费学曾之墓志。札云:"两奉赐书,并承挽幛之颁,曷胜哀感。弟五月中筑瞻庐于新阡墓侧,至七月初工竣,十三谨奉先灵移殡丙舍。遵遗命,卜十月廿八日敬安窀穸……先严政绩治行,懿德嘉言,谨次年谱,为病所累,尚未编成。葬期渐近,墓志写刻,非四十日不能毕工,敢求椽笔赐撰志铭,乞于九月望间录稿寄苏,方能及事。先严遗事,惟公最详,交谊亦最深,谨遥望稽颡,敬求俯允,感且不朽。曲园丈撰家传,南皮师撰神道碑,缘督撰墓阙铭,孙仲容撰诔,他日汇刻为《清芬录》,敬藏祠宇,并以奉闻。"(《日记》页1087,《友朋书札》页390 费念慈第一百三十七札)

九月五日,瞿鸿禨学使来访。(《日记》页1088)

是日,先生得太守刘名誉信,言书院仍留,须改课程。(《日记》页1089)

九月六日,寄常州龙城书院八月课卷,经史、词章凡九十卷。(《日记》页1089)

九月十一日,先生编书目舆地类毕。(《日记》页1090)

九月十二日,蒯光典来访,言学堂将开办。(《日记》页1090)

九月十四日,先生致冯煦一札,并赠《常州词录》一部。(《日记》页1091)

九月十五日,接陈庆年本月十二日覆先生之札,札谈时事云:"前奉钧覆,知南洋学堂之议已经搁起。钟山一席想照旧,送关已定局,幸知为盼。局势既变,自在意中。前月日相伊藤至京,与念勖言,变法既不得人,又无次序。恐致生乱。言逾二日,康谋已败。伊近游武汉,与南皮师言各国谋华,并无客气,只以分不能匀,说不可明,彼此相持,亦须时日。宜趁此通筹办法,循序考工,永远不变,虽无速效,他族见其尺寸做法,可以有为,外谋亦将渐戢。其言虽善,而不知中国邦人诸友莫肯念乱,俯仰揣测,以谋自保,言者且无人,为者更何望。且总轮既停,而责诸皮条;大轴不转,徒期诸众辐。何待智者,知其不可。朔日懿旨,有鉴于此,谓一切政治有关国计民生者,无论新旧,均当次第推行,不得因噎废食,望大小臣工,仰体此意。诏书既下,臣庶庆幸,庶自此其有转机乎!草莽望治,为之欢忭。"有因学会被禁开,请先生将拟所赠之书转赠于其本人,云:"前者敝处同志以改试策论,拟立学会,尚未开办。时文既复,朝廷又以此悬为例禁,亦即停止……函丈拟送各书,能转赠门生,尤以为幸。"(《日记》页1091,

《友朋书札》页960陈庆年第三札)

九月十九日,接京师叶昌炽本月十二日札。是日,叶昌炽致先生一札。札云承先生寄松江、太仓、常熟各碑二分,先生深费清神,而其"实问心滋歉"。然其因今冬小女于归等因,"度支奇绌","稍可挹注,即当陆续筹缴"。又谈陆继辉云:"蔚老一变至道,非但新拓不收,并旧得之新罗、高丽全分七十余种,亦欲易米,公如欲得之,侍可作介也。"又谈时事云:"都中党事骤起,如沸如羹。蜀中杨子云清净著书,其祸酷于投阁,可为流涕。侍频年以来,键关守拙,久不敢与当世英俊之士并驾争先,故幸得脱,然议论之外,所见所闻,不寒而栗,名心益为灰冷,惟事编摩,以遣岁月,胸中磊块抑塞,但恨不得与公倾吐耳。"(《日记》页1092,《友朋书札》页410叶昌炽第三十三札,《缘督庐日记》页2762)

九月二十日,重编《词林纪事》毕,校《辽文存》毕。(《日记》页1092)

九月二十一日,发湖北陶子麟信,寄《古今韹》宋字本付刊。(《日记》页1093)

九月二十二日,金武祥寄信来,并先生藏《双红豆仕女图卷子》,金氏为题《高阳台》一阕。(《日记》页1093,《粟香五笔》卷八《缪夏二君词》)

九月二十三日,撰《二品顶戴直隶清河道费公墓志铭》。是月初一日,先生接挚友费念慈信,嘱撰乃父费学曾墓志。先生乃于廿三、廿四两日为之,廿五日发费念慈信,寄墓志。费学曾,字绳盦,别字幼亭,武进人,曾任天津府知府,直隶清河道。幼亭先生有田曰横沙,亘东南海中五六十里,南菁书院廪给不敷,举以归南菁为恒产,又躬为筹划,分门延师,造就甚众。(《日记》页1093,《文集》卷一《二品顶戴直隶清河道费公墓志铭》)

是日,先生致金武祥一札,复昨日收到金氏之札,谈近况及邑事、国事,云:"昨奉手书并红豆卷子,藉谂兴会自适,吟讽如常。积谷备荒,为乡里造福,甚善事也。书院仍留弟,借此养拙,时局日坏,归诸气运而已。康逆潜踪外洋,必有阴谋,弟甚为广东危也。西郊征信册,弟催至再三。现二董来函,均云沙田及出款,易造谣田,根底不清,须通融办理,请兄就近督之。小误尽可随后更正,每年一册,大众可观,自然逐渐清澈。先计经费,再可改课。闻捐办积谷,城绅向不肯出,有是事否?吴唱初毫无知识,即为御史何益乎。江阴阔执庵及唱初所以纷纷,不读书,吃大烟为事,邑运也。仲芷署运使,聋公将告退乎?《陶庐杂忆》兄付梓否?弟读诗再作序何如？日内浑身湿疮，足不履地，未必回里。弟想同兄在乡间周历一次，或俟明春。"(《日记》页1093，《艺风堂书札》页274致金武祥第二十八札))

九月二十五日，致徐乃昌一札，寄《艺风堂碑目》第二卷、《孔北海年谱》。(《日记》页1094)

九月二十六日，写《山西补碑目》毕，撰《军机大臣直宿禁廷考》。(《日记》页1094)

九月二十七日，撰精本舆地书目。(《日记》页1094)

九月三十日，发上海盛宣怀一札，他札谈两月来办学堂等事，云："每过申江，均承照拂，揖别两月，倍切怀思，辰维经猷式焕，餐卫咸宜为颂。弟因赶办学堂，匆匆回省，甫有头绪，大局已更，两月经营付之流水。现时文已复，书院仍留，藉可藏拙，自安计亦得也。积谷上言为安。内地之要著，今年经此惩创，绅民均惧，敝邑亦有各镇建社仓之议，所事须绅士主持，官不过督办现成而已。南洋公学章程乞赐一帙先读为快。中学断不可不认真，须中学根柢深，方知西政，若但通语言文字，不过通事材料，连译书均不能。卅年学堂无人才，职是之故。再外国报例日国学堂章程能先译出否？中国报馆为谕旨所驱，均挂洋牌，然亦有钳制之法，奈大老不动心何。武昌陶子霖拟将板片全书交割，昨弟函致我彭兄代收，再求兄电知我彭兄为祷。汪子渊现在何处，尚想入都供职否？畇莆回常，大约不久耽阁，想由常赴镇，未必再至沪上，宁镇铁路何日动工，乙百余里，想易成也。"(《艺风堂书札》页321致盛宣怀第二十四札)

十月三日，撰《忽神博罗罕世系表》。(《日记》页1096)

十月四日，得陈庆年九月二十九日湖北信，谢先生赠书，又云："文正讲学，有无端绪？庆年终岁在外，里中各事，但能助人为理，不能倡办。《续碑传集》能与敬甫旧辑合并，必成巨观。敝处柳宾叔，庆年曾为撰传，暇当录奉，冀附以传。惟此书如不付刊，终有散失之虑，千万设法。近有人至湘，托奉书长沙师，如能以文集见赠，当有可以采获者。"又言："洪右丞集向见过，系彼送王鼎臣者，当谋诸京师。王壬秋集未见，友人胡子威与伊熟悉，容晤访问。"(《日记》页1096，《友朋书札》页961陈庆年第四札)

十月五日，有旨：以江宁布政使裕长为河南巡抚，江西按察使张绍华为江宁布政使。

十月六日,盛宣怀来访,先生留早饭。(《日记》页1096)

十月七日,动身返江阴,以族兄缪圻催促办典事故也。(《日记》页1097)

十月八日,至江阴,拜县令李超琼及夏子沐,知积谷事已办明。(《日记》页1097)

十月十日,先生复金武祥一札,札云:"弟因德丰于初七日起程,初八到江阴,晤李紫璈与夏涤初,将典事办妥。钟山正在改课程之际,不敢多耽阁,即日即由江轮回宁矣。红豆图早收到。积谷事弟亦转告。晋初举办西郊征信册,同催,兄可就近催筱舲。积馀现在通州花布局,兄函询何如,去年只成十家,弟得其一部,明年出差,未闻续刻。夔生非人类,北京弃一妇,南京又弃一妇,现往浙江寻唐春卿,弟已与绝交,徐、刘应亦然。丁、陈各词附还。仲梓署运使,兄宜速往,非弟可比。况弟所著书,杀青无力,尚盼分润二三年后再赋归田,何如? 弟如有省分,亦不肯赋闲也。《词话纪事》续刻一卷、《杜云川集》、《旧言集》,乞付还。邵集明正定交陆和翁,决不有误。"(《日记》页1097,《艺风堂书札》页274致金武祥第二十九札)

十月十三日,回书院,得乃昌等人札。徐氏札系复先生九月二十五日札,云:"接手毕,并大箸一帙。屺怀书祗收。旋即将北海年谱交刻工李姓,令其随即写样,写成送至公处一校,免至来往寄发,多耽时日,反恐遗失也。顷又发刻俭卿先生《易经象类》,亦属李写成,径呈文几,代为手校。因俭老与公有师生谊也。老聂通州碑已拓齐,随后便带上。因其赴泰州赶考,无从取到。蒙抄藏金石目甚感,唯望早睹全帙为幸。令侄脩脯,冬月来省时再行面递。书法工整,可佩也。去年承允抄南雍本书目,尚乞觅胥一抄,渎神均叩谢不尽。"(《日记》页1098,《友朋书札》741徐乃昌第四札)

十月十五日,校《朝野杂记刊语》,校《欧阳圭斋逸文》二篇。(《日记》页1099)

十月十六日,发江西张鸣珂信,寄《名家词》一部。(《日记》页1099)

十月十八日,约孙毓骏、傅春官、顾孝珣小饮云自在龛。先生门人孙毓骏新授江西九江府,过宁访先生。(《日记》页1099)

是日,先生得费念慈十三日之札,札谢先生撰乃父之墓铭,云:"得书承撰先公墓铭,捧读之余,伏地哀感。适在山中,即日驰诣上海,属心云书石,顷复驰归,已钩勒石上。序文有与事迹未符处,略有增易,并闻。前候公未复得,或传在常,又云在西石桥。尝两处函访未得,不知公在何处,所以致书略迟也。墓阙汉石,皆分左右,今人则作坊式,殊不古,拟依旧式为之,刻铭于其阴,丐缘督撰文,子渊作篆,仿崇山三阙,傍摹汉画,其题阙则惫老也。"(《日记》页1099,《友朋书札》页390费念慈第一百三十八札)

十月十九日,接陶溶宣十五日复先生札,谈江标被革职之事,及先生为其售《东华录》等事,札云:"时局之变,非人意所及。建霞罹无妄之灾,甚为扼腕。现尚侨寓沪上,与弟同居。屺怀昨来此,以尊公墓志大箸属书丹,已写成付刻。以文到过迟,甚为局促,止两日赶书耳。昨接袁爽秋同年书,知荣公保弟特科,现已停废作罢论。承示《东华录》售去十七部,存洋四十二元,又存书二部,询寄信住址,现约月杪返舍,如日内即寄,可径寄大泥城桥西江公馆。若稍迟,可寄后马路鸿仁里悦昌文记绸庄转交均妥,不必由申甫转交也。"先生即复之,并寄还《东华录》二部,并与吴申甫一札,转拨四十二元与陶溶宣。(《日记》页1100,《友朋书札》页677陶溶宣第九札)

是日,先生出补七、八月课案,前十名:吴鸣麒、孙启懋、杨熙昌、金荣选、程先甲、端木楷、黄宗泽、丁传靖、延淦、顾孝珣。(《日记》页1100)

十月二十一日,编《常州先哲遗书》。(《日记》页1101)

是日,先生复凌霞本月十五日之札,札云:"昨奉手书,藉悉重到鸠江,蝉联旧馆,驾轻就熟,举措自如,甚慰远念。弟七月廿八日到沪,兄已回扬。夔生京华旧雨,深于词学,近有志金石,其进甚锐,惟连弃两妻,惑于嬖妾,同人均不愿与之往来,自到扬州未通书札,职是之故。陆蔚庭龙门造像只卅余叶,补其尊人《萃编补正》者所无者,不甚全,当即为兄录副。仲饴粮储之《捃古录》俟晤面即索之,《石刻目录》弟早补完,尚未授梓。粮储因米价日昂,今年赔垫过多,不甚高兴,诸事濡滞。"又云:"钟山题名尚有存者寻出即寄。"(《日记》页1101,《艺风堂书札》页338致凌霞第九札)

十月二十三日,先生寄王家枚一信及其父王平三墓志稿,本月九日王家枚来信请先生为撰者也。(《日记》页1097、1101)

十月二十四日,有旨:调江宁布政使张绍华为江西布政使,以河南按察使长禄为江宁布政使。

十月二十四日,接吴申甫信、丁立诚信,并寄影写至正本《金陵新志》来。(《日记》页1101)

十月二十六日，蒯光典致先生一札，借《文字蒙求》《舆地总论注释》并谈学堂事。札云："《文字蒙求》谢注、顾宛溪书，祈交去手。《文字蒙求》硕卿有刻本，并烦一为踪迹也。汉文课程书拟分为两种：一为堂上督课；一为斋房涉猎。求公以意写出一纸，侍亦写一纸，见面互证，如何？"（《日记》页1102，《友朋书札》页219蒯光典第七札）

十月二十七日，发平遥胡延信，寄《石刻丛编续目》，又寄所藏《晋碑目》，索未见者。（《日记》页1102）

十一月二日，致金武祥一札，谈乡里办积谷事及刻《常州词录》等事，云："弟在江阴曾布一缄，想已察入，吾兄行止已定见否？弟本欲赴常，因河道难行，而书院正改课程，课程连补七、八两月，课卷山积，不得不先回料理。常州有太尊内用，继之者，未必能如其明白公事，分外难办。积谷闻已办妥，弟切嘱晋初照办，并先捐廿石以为之倡。薄田不多，在利城，如举办，弟亦照出，但未知业主与佃户分出，抑独出，必有旧例，望兄示知，亦不敢坏旧例。如西五镇通行举办，东边亦举办矣。《词录》第三十一卷已付刊，刊成另印呈鉴。《续录》未必能成。积馀之书只刻成十二家，屡催不来，现在通州花布局，兄可就近函索。南京书院又奏复，弟可仍旧藉免移居。今年米珠薪桂，又加闰月，两处束脩尚不敷用，刻书之兴索然矣。"（《日记》页1104，《艺风堂书札》275页致金武祥第三十札）

是日，先生接钟山书院明年聘书。《日记》页1104）

十一月三日，得陈庆年十月二十八日鄂札。札谈《劝学篇》，云："《劝学篇》之作，本为救正康党，康败以后，京都有某大臣谓是康梁之学。遂致誉康者引是书为同调，诋康者亦怪其说之合符，无识附和，不可究诘。由于词旨微婉，未加显斥，浅人不省，盲论滋多。南皮师因嘱与陈叔伊衍、朱强甫克柔条件指明，再谋刊布。自节庵至沪，昌言于海上，报馆议论大转。《申报》及中外日报皆有《书〈劝学篇〉后》之作，揭其宗旨。湘中《翼教丛编》亦录数首，海内狂惑亦可因是渐解。复锓之议，遂亦中止。"又谈办学云："礼卿学堂办得棘手，极以为念。各事难办，难在事前大家先说不明白，条理未具，箭弩已发。虽欢然毕力，愿为世用，不能不中道易虑，且博清净。坚权日久者，大抵精锐销爽，都无气势，鞭之不起，激之不怒，欲资其力，岂不难哉！讲学一事，自是要办，然欲与大府说个清爽，恐是难事。须另筹一妙法，能不为世诟，不借官权，不开局面，不颓半途。做到操纵自如,切磋互发,便是恰好地位。此必非常法能然,积诚未至,窘于胸臆。季直到后,如商有主意,示知为盼。自强前月之事,由管、王酗酒捽殴,市人丛集学堂门首,自知不为人所直,遂借平日不肯通融之委员,激怒党与,诬谓如何辱詈我辈,群凶蜂结,遂至大哄,破窗毁物……日本学校,无论大小,伦理一门,首列专课。今则方言以外,他无所讲。薄视礼法,浸以不守规矩为能,故未出国门,已有不可终日之势。委员教习,所司不同,讲授管属,分为两橛。近日南皮师思得一官师合一之法,委正途候补人员充中学教习,日与讨论,又稽察拊循,与管堂通为一事,期以师法而兼官法,未知能否收效,亦未知能否做到也。"(《日记》页1104,《友朋书札》页961陈庆年第五札)

十一月四日,与凌霞芜湖一札。昨日先生收到凌氏所寄代录副之《台州金石志》,遂作札复之,札云:"昨奉环云,并承赐《台州金石志》一部,感谢感谢。篆隶精致,尤为可宝。百朋之赐,无以加兹。《龙门造象》释文六十余叶,约廿外可得。高丽金石全文字数较多,须明春再寄。此种为叶东乡稿本,有两稿者,订入数叶以志旧迹。弟亦跋尾。吴督粮因今冬米贵,例价止准,每石壹两玖钱,亏短甚巨,无以理料金石,《金文》板片据云尚在河南。然其夫人因风摊在河南,住公馆,留一子在彼侍奉,非蹷言也。《分省金石》亦未刻,昨忽交刻《王西樵词》,即李儒茂领刻也。"(《日记》页1104,《艺风堂书札》页339致凌霞第十二札)

是日,先生得龙城聘书。(《日记》页1104)

十一月九日,阅《龙城词章》卷卅毕,定名次。跋《至正双凤山五龙庙记》。(《日记》页1105)

十一月十日,跋《王氏世系图碑》。(《日记》页1106)

十一月十一日,跋《北山龙王庙记》。(《日记》页1106)

十一月十四日,发山西平遥胡延信,寄《山右石刻丛编》卅二册,交邮局。(《日记》页1107)

十一月十五日,跋《事实类苑》。先生从本年八月起校该书,盖校毕撰跋。接王先谦信,并寄《韩非子校注》《翼教丛编》。(《日记》页1107)

十一月十六日,发吴申甫信,寄《事实类苑》《建炎以来朝野杂记》《政和五礼新仪》;又发丁立诚信,寄还八千卷室倭版《皇宋事实类苑》《湖海新闻》两种,交郑孝胥带。(《日记》页1107)

十一月二十日，收钟山书院课卷六百八十五份。先生以《缪氏考古录》《东乡叛迹记》《碧香词》托门人程先甲校勘。(《日记》页 1108)

十一月二十一日，撰《山右石刻丛编后序》，历廿二、廿三、廿四而毕。此书乃山西巡抚胡聘之设局而请胡延、吴廷燮、吴廷锡考证编纂者，自光绪丙申(1896)秋至今年成编，而虑有漏略讹谬，故录副请先生复加厘定。先生此序论该编有四善，颇见其金石学思想。(《日记》页 1109，《山右金石文丛编》)

十一月二十三日，先生跋《台州金石录》，述得该书之始末，云："光绪壬午，余供职京师，从弟柚岑自浙江来，言临海黄瑞撰《台州金石记》已有成书，曾托杨定甫同年往访未能得。前年闻归安凌壒遗有此书，允录副见饷。今秋由芜湖寄到，凡六册十三卷，阙访两卷，字画工整，校核精详，篆隶均壒遗手摹，尤为可宝，良友雅意，锡比百朋，又惜柚岑之不及见也。戊戌年甲子月壬申日。"(清凌氏抄本《台州金石录》卷首缪荃孙手跋)

十一月二十五日，与王先谦一笺，求抄《汉书疏证·郊祀志》上。(《日记》页 1110)

十一月二十八日，写《藕香零拾》目录。(《日记》页 1110)

十一月二十九日，始编《续碑传集》目录。(《日记》页 1110)

十二月二日，题《蕉桐洗砚图》，还顾云，应顾氏上月十七日之请也。顾云又来请先生撰刘坤一寿文。(《日记》页 1111)

是日，陶子麟寄书来，言《常州先哲遗书》板已全交盛宣怀。先生编定《常州先哲遗书》。(《日记》页 1111)

十二月九日，接丁立诚信，寄来《句容志》六卷、《严冬友诗》二卷。(《日记》页 1113)

十二月十三日，发凌霞一札，札云："连奉手书，敬悉壹是。吴粮储所刻金文，系招京中刻手赴汴梁刻成，校者日照丁艮善。因其夫人久病回东，既不能到宁，又不便留一子在汴伺候，书板亦留，今其夫人已殁，闻明年全眷到宁，想可同来，再怂恿印行可也。分省石目仍未付刻。陆心农太夫子《金石补正》一百卅卷，蔚庭前辈将调开封，或可刊行。《泉宝所见录》刻于南边，京中罕见，厂肆易得只《古泉汇》耳。夔生词学甚深，金石学亦为之甚锐，可惜内行不饬，令人望而生畏。弟今年为晋抚校勘《山右石刻丛编》三拾贰卷，搜罗渊富，刻成时必可奉贻，小序先行呈政。《盋山文集》

四册,此书已交殷委员萃峰,信先寄。纸样一叶希察入。"(《日记》页1114,《艺风堂书札》页341致凌霞第十六札)

十二月十七日,吴重憙交来杨通俟、唐梦赉两家词请先生付刻。(《日记》页1115)

十二月二十日,接梁心海信,寄新刻《劝学篇》等书各种。先生分送《翼教丛编》《劝学篇》与丁传靖、程先甲、郜怀泌、曹昌祐等门人。(《日记》页1116)

十二月二十三日,吴重憙致先生一札。札谈刻书及友人盛宣怀及王锡蕃事,云:"十六日奉惠书,以判袂匆匆,未得再晤,同深怅触。东词蚀页,以三儿龆在广谋刻《捃古目录》,为其要去试工人之手,即可不在江南补矣。杏公两晤,闻昨已出门,若肯借刻书为消遣,乃甚善事。但恐心中亦无此闲静了。季樵昨已东归,有明年再来之说。弟近应酬奇冗,故修复稽迟。兹兑上洋元二百番,请照入开支。"(《日记》页1117,《友朋书札》页613吴重憙第十九札)

十二月二十七日,接金武祥信,寄《陶庐杂忆诗》一册来。接费念慈一札并石印《春在堂全集》。(《日记》页1119)

十二月二十八日,写《春在堂文集》、《百桂堂文集》入《续碑传集》。(《日记》页1119)

是日,接丁立诚一札,并寄《类说》。《日记》页1119)

一月六日,谕旨设立经济特科。

是年五月五日,谕旨:著自下科为始,乡、会试及生员、童生岁、科试,向用四书文者,一律改试策论。

是年六月一日,以张之洞、陈宝箴上书故,光绪帝载湉谕旨"嗣后一切考试均以讲求实学实郑"为主,不得凭楷法之优劣为高下。

是年六月,谕颁张之洞《劝学篇》于各省督、抚、学政各一部,俾广为刊布,"以重名教而杜卮言"。

是年八月六日,戊戌变法失败,慈禧太后复垂帘于便殿训政。

是年八月十三日,杨深秀、杨锐、林旭、刘光第、谭嗣同、康广仁俱处斩。

是年八月二十四日,谕旨礼部乡试、会试及岁考、科考悉还旧制,废策论及经济特科。

光绪二十五年　己亥(1899)　五十六岁

一月一日,在钟山书院。编辑《徐星伯先生事辑》,二、三、四日继之。徐松,字星伯,原籍浙江上虞,侨居大兴,嘉庆乙丑进士,官至陕西榆林府知府。学识闳通,撰著精博,负重望者三十年。先生修《顺天府志》,采访徐松事实,求传志不可得,《畿辅通志》所采较详,而抵牾亦不免,遂撰此文,并以徐氏所著书目附焉。(《日记》页1121、《文集》卷一《徐星伯先生事辑》)

是日,先生读《灵岩光福碑》。(《日记》页1121)

一月二日,读《先正事略》,选入《续碑传集》(《日记》页1121)

一月四日,吴重憙来。先生交《二乡亭词》与刻字铺,代吴氏刻。(《日记》页1121)

一月五日,撰《孝经正义》序。(《日记》页1121)

一月七日,寄《二妙集》稿本与陶子麟。(《日记》页1122)

一月九日,至沪上,蒯光典专人来迎。先至周吕记晤蒯光典。先生拜汪洵、茅谦、吴申甫等。先生此次来沪,系为书院延请中西教习,凡留十日,晤友人颇多。(《日记》页1122)

是日,先生还《农学报》六十册与报馆,辞今年派报事。(《日记》页1122)

一月十日,寄丁立诚五十元,《常州先哲遗书》一部。(《日记》页1123)

一月十一日,先生诣茅谦谈,茅谦约雅叙园小集,李智俦、叶瀚、汪洵、方燕廉同席。又蒯光典约林绎雪寓小饮,罗诚伯、茅谦、潘学祖、方燕廉同席。(《日记》页1123)

一月十四日,送《留溪外传》样本与盛宣怀。(《日记》页1124)

一月十六日,偕蒯光典诣盛宣怀谈。(《日记》页1125)

一月十七日,接丁立诚去年祀灶日一札,寄《句容志》全部。(《日记》页1125)

一月二十日,先生返书院,得友人札颇多。(《日记》页1126)

是日,广雅书局提调王存善致先生一札,谈广雅脩金事。札云先生校勘《宋会要》稿本,以张之洞之言,书局应支脩金。惟其因去冬查录康有为书札,开罪于广东布政使岑春煊,"详请将一切差事全行撤去",身不在书局,无从主持。"闻今年正月起,外省诸公脩金有全裁之说",已属吴翊寅奉书相闻。管书局者为谢芋卿,可由翊寅商之谢氏。上年之脩金,系其在局时事,自当照寄不误。(《友朋书札》页716王存善第一札)

一月二十二日,撰《北郭集跋》,略论此集流传之版本。先生前曾通过丁立诚从文澜阁录得副本,原本亦系丁氏补抄本,非文澜阁《四库》原本。本月先生在沪得同里赵曦明手抄本,故跋而论其原委。先生前录副文澜阁本,又依之代金武祥录副,金氏于光绪十六年(1890)刊入《粟香室丛书》。先生今得赵抄本,遂又将所多出之诗校出及卷首张端、金文征、林右三序并寄与金武祥,金氏补刊之,此跋刊于卷末,题"光绪己亥三月缪荃孙识"。(《日记》页1127,《文集》卷七《北郭集跋》,《北郭集》卷首金武祥序、卷末缪跋,《艺风堂书札》页260致金武祥第四札)

一月二十四日,刘坤一来谈,云其两侄孙欲从先生游,并送席。(《日记》页1127)

是日,先生读王夫之《通鉴论》,校《高丽碑》全文,又跋金碑。先生跋金碑已多日。(《日记》页1127)

一月二十七日,致金武祥一札。札谈沪上之行云:"弟正月初八为蒯礼卿牵率赴沪,原拟由邑而郡,孰意元宵两日陡觉和煦,所带尽是大毛,万穿不住,新买灰鼠袍又是窄袖腰,不适愈甚,只好仍旧回书院。廿日到家,又清凉如故。大有作弄旅人之意。既回家便不能就走,已请恽仲山兄探知有太尊交卸,打一电报,随即遄归。送旧迎新,与兄可作十日谈,亦须到西硚一行也。"又谈著述及刊刻事:"《陶庐续忆》转有逸趣,但弟意以专咏古迹及风俗为主,游历诗应另编,兄以为何如?兄所虑者典故不够,弟当为搜辑材料,聊供吟咏,到常并原本面交。拙稿考据多,骈文在内,诗不成家数,拟不留稿,词另编一卷,将来或附以行。《碑传集》亦录一目,然不便先刻。李方伯不懂体例,杂乱无次,书虽多而适形其陋。萧敬甫所录,互勘只有三四十篇为弟所无,又大半康雍间人,又不合式,无所用其并。此书将成,须自往京师一游方能粹美,满洲人少也。前编亦然。《先哲遗书》板到留园,俟杏荪出京,必须印出。如有搭印,望先招呼。陆、薛两集已无红书,将来以墨本分致。邵集亦带归。"又约金氏同至沪看蒋凤藻书出售:"《江阴志》,弟只有赵志八卷、蔡志、陈志而已。陆士云《澄江集》未见。金陵无藏书家，无假处。兄能于初六七到沪，同看蒋香生书出售何如？光珊亦在沪。"(《日记》页1128，《艺风堂书札》275页致金武祥第三十一札)

一月二十九日，跋《郑惠王石塔记》《□元素为男山僧乞寿记》。(《日记》页1129)

一月三十日，接丁立诚信。寄《景陆汇编》六册，即覆之。(《日记》页1129)

二月二日，跋《阳摩山功德铭》《权澈琵琶泓诗》《白鹤观碑》。(《日记》页1130)

是日，接缪朝荃一札，寄书六种。(《日记》页1130)

二月三日，柯逢时送《常山贞石志》十部来，其新刻书也。(《日记》页1130)

二月四日，专王升赴常州，发恽仲山信，寄三月课题、《翼教丛编》。(《日记》页1130)

是日，先生发芜湖凌霞一札，寄《朝鲜碑全文》《常山贞石志》《放翁钟山题名》。札云："弟初八赴沪，与蒯礼卿观察延订中西教习，至廿三始回。申甫常见，意兴颇觉颓唐，生意亦无振兴气象，时为之也。新刻《常山贞石志》极佳，敬承一部，兄必有原书，储作副本亦可。《续志》亦刊，未印行。《朝鲜碑全文》抄成，内夹入原稿重份者，黄荛圃景写旧刻书中有重叶，必撤制抄本，亦此意也。钟山放翁题名亦寻出，统祈晒存。手笺复贺新禧，敬请台安，诸希朗鉴百益。"(《日记》页1130，《艺风堂书札》页340致凌霞第十三札)

二月五日，跋《青莲寺碑》及《经幢》，跋《皇甫曙造经幢》，又录旧本书目。(《日记》页1131)

二月六日，邓邦述来见先生。先生录旧本书目，并跋《开成经幢》。(《日记》页1131)

是日，先生得刘炳照一札。札告先生一月十五还《桐华楼词》、《萍绿词》收悉，谢先生赠书。又言《常州先哲遗书》板存盛宣怀留园，刻拟开印；《常州词录》末卷，赠本无之。所先生所刊《名家词》，前八家外所续刻者。又谈及其本人情形与江浙书局及友人近况："苏省书局校刻《十三经注疏》未毕，费绌中止，分校薪水，悉经裁撤。闻杭州、金陵两处依然，寒士益少津贴矣。金陵局书现在作何销售，有无新书书目，便寄一通。渊公现仍寓沪。滩老为驵侩所误,折阅较多。来书有夏初入粤之说,炳照客岁三游海上,未遇机缘,春仲襄校杭郡,重访西湖旧友,得复堂书,始知台从苊止,失之交臂。冬仲襄校甬郡,大令好客,太守好文,旧雨今雨,颇称沉瀣。客中度岁,人日始归。俗冗纷集,应接不暇。回忆天涯知己,尊酒论文,此乐正未易得。叔问近有伯兄之戚,新居已卜幽兰巷,尚未迁移。近与君直均作沪游。石瞿望衡对宇,仅晤一面,馆况日窘,与仆同病。"(《日记》页1131,《友朋书札》页817刘炳照第三札)

二月七日,先生发叶昌炽京师一札,告以为胡聘之重订《山右石刻丛编》,为刘世珩代撰《贵池金石录》事,又告以聂明山在通州拓得石刻二十通,其中有杨吴天祚一刻,各书均为未著录。(《日记》页1131,《缘督庐日记》页2848)

二月八日,跋《王宰题名》《高璧镇通济榜碑》,又校《归田类稿》。(《日记》页1131)

是日,先生得袁昶京师正二十九日札,札云其自滞留京师改官,"有如沈舟转侧波涛里,败絮周旋荆棘中,大为扫兴"。又云:"倘秋后得以修墓,休假南旋,则深幸睢阳社老,得举同甲之会,侍杖履一栖寻两亭林间也。"(《日记》页1131,《友朋书札》页101袁昶第二十二札)

二月十一日,跋《重修孝文帝庙碑》。先生连日来跋碑,九日跋《凤台经幢》,十日跋《天福经幢》。(《日记》页1132)

二月十三日,书估送书来,先生留《钟山志》《两朝剥复录》《先拨志始》。(《日记》页1133)

二月十四日,跋《盐池新堰箴》《放商盐颂》。(《日记》页1133)

二月十六日,购定《钟山志》《赌棋山庄词话》《瀛奎律髓》《叶诗》等书。(《日记》页1134)

是日,先生致金武祥一札。札谈其正月未得返乡之故:"昨奉手书,敬谂兴居矍铄,逍遥于黄山蠡河之间,舣咏自得,仰觇清福,歆羡奚如。弟新正初八到沪,原拟节边到家,孰知阴雨连绵,天气骤暖,小毛棉衣均未曾带,遂折回书院,又值妇病逾旬,课期又至,不便出门矣。初五专人回家,送上《北郭集逸诗》《容春堂集》,想已察入。"又谈学堂事:"金陵学章程甚好,专门业就,即派管事。如矿学即派矿厂,农学即派农务,有成效即保官阶。专门,农工商三门。何谓无出身,如南菁亦无出身,有志者自为之,不能为庸俗人道也。如云作为举人进士,不知乡、会试中出来人尚无饭吃,如派管事,薪水较优,弟看之比翰林还算得来也。西郊添课,弟不以为然,思而不学,有何益处?一二百分钱,不如捐赈。总宜延一师住院教十数人,每值一人。住院方能得实济,经费须看征信册方能合计也。渊禅师愫象现在观音寺墙上。宣和碑阴,弟曾拓过拓本,寻出释文寄阅。《泛海观音记》为老沙藏之家,弟出五元购归,嵌于南菁壁间,额篆额。有半块在观音寺内土墙脚,曾嘱董事嵌于一处,董事应而未果,现在不知尚可踪迹否。江阴除我们两人,谁能知何朝之碑,何人之集乎。丁叔衡,翰林才料,稍胜王亦曾,闻十三题目一出,轰而散廿余人。傅苕生茂才已到金陵矣。兄出门有日,乞告知。"(《日记》页1134,《艺风堂书札》286页致金武祥第四十八札)

二月十九日,陶子麟寄《孔子家语》清样来,先生代刘世珩所刊,即送世珩。刘世珩还先生五十元,又交宋板《孔子家语》一部与拓本五大箱。其送拓本,盖欲请先生代为编目。(《日记》页1134)

是日,先生为学堂出"大中会昌国政得失论"等策题,自亦作策论《唐贞观开元元和会昌大中政治得失论》一篇,谓"贞观一传至永徽而衰,开元廿年迨天宝而败,一及其子,一及其身,得失可知";元和"气象光昌,几于开国","惜天下甫定,骄渐盈,商臣之祸,史册所讳";会昌"武功可纪","文治可法","天假之年,何难见中兴之盛";宣宗"孜孜求治,察察为明",然"继嗣不肯预定,柄归奄人,遂成天子门生之局","谓唐之亡由于大中,亦不得谓之刻也",均颇见史识。(《日记》页1134、1150,《文外集》之《唐贞观开元元和会昌大中政治得失论》)

二月二十二日,发陶子麟信,寄《二妙集》写本八卷、刻本五卷,《孔子家语》跋与图书、《刘征君年谱》补叶,均系代刘世珩所刻书。(《日记》页1135)

二月二十六日,跋山西金石毕。先生自去年七月校编山西碑目,时撰碑跋。近日所跋,二十三日跋《关氏世系碣》《段直碑》,二十四日跋《芮城县题名碑》。(《日记》页1135、1136)

二月二十九日,发山西胡延信,寄《山右石刻录后序》。(《日记》页1137)信。

三月二日,与褚成博、罗大猷、孙宝谷、陈塤同游孝陵。"至灵谷寺,读《大明孝陵圣德神功碑》,剥蚀止数字,寺前树木丛杂,门前及万工池,已堙

塞。右重建龙王堂、汇钟山泉为小池,俗呼曰龙池。誌公塔已毁"。晚孝陵卫大路入城。(《日记》页1137)

三月三日,写《贵池金石目》毕。(《日记》页1138)

是日,雨竟日。丹徒丁立中礼民约冶山学舍修禊,桐城金元鼎、华阳冯骥、宿迁鲍抡魁、苏州沈维骥、太仓陆厚基、秦焕尧、司马湘、陈作霖、傅春官同席。此为具并会第一集。(《日记》页1138)

是日先生得叶昌炽二月二十二日京师札。札谈先后编录金石目云:"山右、贵池金石,得公著录,不朽盛业。但向秀之书,不至嫁名郭象否?如即付梓,尚拟各乞一部,以广眼福。伪石订讹,亦不可无之作,尹公之他作俑,甚于李宝台之古钱,伯渊惨死,未始非蔑古之报也。"又叶氏于京师闻知方功惠碧琳琅馆藏书捆京出售,向先生兴叹云:"郎师、建霞同遭郁攸之厄,闻所失皆常品,尚不至如绛云之一炬。侍所收吴中先哲遗书,不过蚁驮一粒,尚未足当大国之附庸。近方氏碧琳琅馆,捆载其书,到京出售,明人集部、说部,吾乡人不少,惜索值过昂,惟有望洋浩叹耳!"又谈购碑事:"松、太、海、虞各刻并尊函,已送交䌷堂前辈,仅取一回片,俟有复书或碑价,当即寄上。侍名下一分,尚未缴值,累公至深,愧何如之。自去年嫁女纳簉,珠桂之外,挥霍又千余金,万无余力,疗此结癖。通州廿种可否开示一目,聊以解嘲。天祚一刻,如余副本,或请赐寄一通,若无单分,亦不敢请矣。厂肆亦无所见,惟以京泉二千文得一东莞大宝石幢,则愿见而未得者也。"(《日记》页1138、《缘督庐日记》页2852、《友朋书札》页412叶昌炽第三十六札)

三月六日,接邓嘉缉二月初九日一札,并白酒廿斤、查糕两合。札谈时局云:"今自去年奇峰变幻之后,无复振作之望。时文汩没已五百年,风气之转,亦有时会。方今有位,皆属资郎,心思识解,岂复及此。吾辈惟独树一帜,卓然自立,以俟同志之信从,然后可以矫时变俗。缉尝谓吾辈当为主持风会之人,不可为附会风气之人。如道光之季,举世习为软媚,曾、胡诸公以节义倡之,而天下奋然,各思树立。即以至小者而言,寒家世禄骄佚,人皆游惰,乱后几至不振,而缉与家兄梦侨,刻意攻苦,群从相与淬历,而寒家遂无白丁。废兴有时,愿先生与季直、礼卿为它日人士宗仰之人,不必求合流俗也。"又谈及治理之难,宜大兴水利。先生旋交回信,又还汪宅画两张、洋十元,应邓氏之求也。(《友朋书札》页811邓嘉缉第五

札,《日记》页1138)

三月八日,先生出拜友人张謇、柯逢时、万中立、徐乃昌等。万中立出示《汉石经》两册,一黄易藏本,一孙星衍藏本。(《日记》页1139)

三月十一日,吴重憙约小饮,褚成博、柯逢时、刘世珩同坐,吴氏出示董其昌山水、刘墉行书、夏昶墨竹三卷、宋拓《临江帖》下卷、明拓《雁塔圣教》、周昉美人图、髡残、石涛、黄鼎、王翚、项圣谟、程邃山水册,高凤翰左手画、华岩册子、宋元手札,三册均绝佳,再看金板《五音韵谱》。(《日记》页1140)

三月十二日,跋《梁昭明太子庙碑》。先生近日校释贵池金石,时有所跋。(《日记》页1140)

三月十四日,撰《赵待制敕》跋。是日先生闻坐师孙毓汶病殁。(《日记》页1141)

三月十五日,校《中兴十将传》毕,校《北梦琐言》毕,校之多日矣。(《日记》页1141)

三月十八日,跋池州金石四首。(《日记》页1142)

三月十九日,四鼓起程,约司马湘、甘钟、陈作霖、傅春官游牛首山。"出南门,遇郑府山,至笔新桥,卅里至牛首,入弘光寺早饭。访辟支塔。又十里至祖堂,路甚崎岖,尝虎跑泉。祖师洞外一卧幢,唐物也。回寓已曛黑。"(《日记》页1142)

三月二十二日,况周颐送扬州碑来,先生却之。(《日记》页1143)

三月二十五日,赴词源阁看吴丙湘书。(《日记》页1144)

三月二十八日,接稽查高等学堂照会。跋齐山题名四首。(《日记》页1145)

三月二十九,接龙城书院三月课卷、金武祥信,寄《旧言集》八本。(《日记》页1145)

是日,刘坤一约闲谈,询学堂事。(《日记》页1145)

四月一日,高等学堂开学,督署派粮道送学,谒圣,见教习,见学生。先生与吴重憙、褚成博、钱德培、陶森甲、刘名誉、郭道直同席。饭毕,赴院外隙地、院内斋房一阅。(《日记》页1146)

四月三日,接湖北王秉恩,寄《商务报》卅册,分十册与刘世珩。(《日记》页1146)

四月五日,校《姑溪词》,撰《新政府厅州县述》。(《日记》页1147)

是日,先生得陈庆年本月二日湖北一札。札谢先生赠以《孔北海年谱》称"排比疏通,令人爽豁,欣谢无已"。又向先生推荐陈景韩:"说有陈君景韩,已具结领凭,拟入学堂。此人近年在武备学堂,亦有志之士,向曾见过。如已投凭,想可收录也。"先是陈氏经先生门人钮永建介绍入武备学堂。又询南京高等学堂是否额满,希知学堂所订教习;张謇通州办厂能否开工,通州如何阻挠,于彼事有无窒碍掣动之处。并慨然道:"沧海横流,人才难得。劳人志士,欲办一事,辄遇重重魔障,为可痛。"又索读先生文集稿:"文集稿如遇便,务望带鄂,冀幸一读。"又言及今年湖院添课兵法一门,舆地添聘杨守敬、邹代钧。而其专讲历代兵事,"须日作课程,极费研究","求其洞悉一时局势,言之关今日鉴戒者,尚无其书"。(《日记》页1147,《友朋书札》页963陈庆年第六札)

四月六日,撰《大夫士无主辨》。(《日记》页1147)

是日先生撰《完颜文勤公神道碑》毕。先生已于三月五日、九日、十八日、二十六日多日撰之。(《日记》页1138、1139、1142、1144、1147)

是日,先生覆凌霞一札,发《赵州石刻》付写。札云:"两奉手书,并承赐《唐志》五种,感谢感谢。比维道履安善为祝。弟自三月间与蒯观察开办学堂,甚为劳碌,本月朔已开学,诸事就绪,稍可萧闲甄别。弟一歙县汪生,学贯中西,可见中江讲舍之受益,闻今年减修改章,未免可惜。赵州石刻端节可奉上。《常山续志》未定稿。愗庵携归,尚须交弟勘订,方能付梓。《山右石刻丛编》须胡中丞回任再刻。《挎古录》无消息,粮储因公事难办,寝食俱废,启行在即,其世兄回里葬其夫人,此事尚尔倚阁。李氏《金石学录》承代抄甚感。"(《日记》页1147,《艺风堂书札》页343致凌霞第二十一札)

四月七日,有旨:江宁布政使长禄因病解职,以江西按察使恩寿为江宁布政使。

四月八日,金元鼎具并会二集,沈维骥、陆厚基、陈作霖、司马湘、丁立中、鲍抡魁、傅春官同集。饭后偕傅春官诣词源阁看书。(《日记》页1148)

四月九日,发徐乃昌、张謇信,寄《商务报》。致徐氏之札云:"次霄书佳种尽为兄所得,艳羡之至。弟次日去一本未购也。内《黄小松集》,如文集考金石者必多,诗则无谓,希示告。王雪丞寄来《商报》,售与兄一册,如能代派二三处更妙。毛先生《休复居集》已还,俟抄撮再寄呈。通州《商报》如可推广,嘱由汉径寄通,不必由弟转也。候信转致雪丞。学堂已开,制军派弟司稽查,下江六十人满额,上江缺及廿额,尚有陆续来者。人才秀敏居多,以歙县汪生为首,中江书院人才也。高邮取五人,西园甚得意,然则勒停各界学堂,彼人直不知黑白者。聚卿云欲上鄂又云欲下通,大约无定局。"(《日记》页 1148,《艺风堂书札》页 404 致徐乃昌九十一札)

四月十日,先生阅龙城课卷毕。(《日记》页 1148)

是日,吴重憙来辞行。(《日记》页 1148)

四月十三日,撰齐山石刻跋,重编《艺风文集》。(《日记》页 1149)

四月十四日,到学堂,见支宝楠、姜渭渔、程佐衡、方守六等。(《日记》页 1149)

四月十六日,出课题。(《日记》页 1150)

四月十九日,代文正书院出课题。(《日记》页 1151)

四月二十日,撰齐山石刻跋毕。先生数日来,连日撰齐山石刻跋,几为日课。(《日记》页 1151)

四月二十五日,接徐乃昌信,寄《闺秀词》。先生随即随覆一札,还《休复居文集》两册、《商报》四册。札谈刚毅南巡云:"伻来,赐书并收到《闺秀词》,谢谢。刚相来查办事件,无汉员,不驶驿,不到上海。京信亦曰来做总督,阖城凛凛。弟久寓于此,知刚不足御外侮而可以激内变,剥肤之患,生于萧墙,奈何。"又云:"吴吉甫故矣,朱子涵同,病亦危急。胡署藩、欧阳观察着急欲死,畏刚也。制军停道员分发三年。逊庵亦已北上。"又谈及他事云:"近日天气炎热,苕生赴东台,聚卿已罕见,埌山之游无此清福耳。《休复居集》《商报》二册呈览,《外报》二册寄季直。季直事何如,亦念甚。随员张荀鹤、杨苻、陶世凤、景□四人,盐务亦有事,江老站不住矣。老聂到否,如到通,可促其回省一行为要。各书即送出。希蘐已北上。"(《日记》页 1152,《艺风堂书札》页 403 致徐乃昌第九十札)

是日,接王先谦一札及《汉书表补注》《虚受堂文集》。札系本年二月三日所作,交友人便带,稽延数月,始至先生处。札谈康有为事云:"奉到环云,敬悉主讲金陵,一切畅顺,为慰。尊论康逆造意,勘见隐微,至谓志在开化者,并无附逆之心,实不敢信其然,此辈引事,出人意表,持此以往,更何事不可为邪？时当隆盛，寇贼可用为干城；世际末流，凤麟亦化为枭獍。气运使然，不可强也。独怪列圣养士之泽，至深至厚，而吾民之所以报礼，如此其不重，几疑诗书所言天人感应之理，为不足信耳。"又谈刻书、著述事："先谦刻《汉书补注》，今岁可成。兹先将八表奉呈大教，有不妥处，恳速示，尚可遵改。拙集无甚大文，亦未刻竟。承示《续碑传集》，闻之欣快，谨寄上数篇，以备甄采。沈书本自尊处假抄，并无《后汉》，黄元同兄曾将浙江缺册开示，借去《前汉》各卷，云已转抄，不解何以局中尚未收到。兹寄上原抄《郊祀志》一卷，尊处所索止此，无须另寄刻资，敝处亦无所用之。先谦又为《后汉集解》一书，业经写成初稿，尚待辑订。同辈中有为此学者，幸请吾弟敦劝写示，但愿有裨书义，非前人所已言，必为录入。由兄录前删后无须本人察核。先谦之不肯掠美，谅为弟深信也……"(《日记》页1152，《友朋书札》页32王先谦第四十八札)

四月二十八日，致凌霞一札，寄《赵州石刻录》。此书系先生为凌氏录副，本月六日发抄，二十三日完成。札谈及近来为吴重憙办理《攈古录金文》及《山左人词》事云："《赵州石刻录》三册，乞晒存。吴粮储《金文》云尚有秦汉三卷未摹刻。石目分省，缺江西、湖南、北、粤东、西、云、贵九省，用弟之本补入待访，亦与之辑好，惟湖南尚未就绪，分代止见唐以后，唐以前未见(不知有稿与否)，现其眷属均送回海丰，尚未必刻也。弟为刻辛稼轩、周草窗、李姑溪、李清照、王西樵、王渔洋、宋荔赏、曹珂雪八家词，皆东人，约七八月完工。刚相来查办事件，阖省凛凛，岂人不靖，天亦不雨，均可忧也。"(《日记》页1147、1152、1153，《艺风堂书札》页341致凌霞第十五札)

四月二十九日，赴学堂查功课。(《日记》页1153)

五月二日，出钟山课案。是日刘坤一送节礼来。(《日记》页1154)

五月五日，校《魏鹤山集》，撰《补鹤山年谱》。先生连日来校此集，五月间几为日课，《补鹤山年谱》至六月方写定。(《日记》页1155)

五月十日，阅龙城定名次。(《日记》页1156)

五月十一日，赴学堂。通州附课顾光宠与厨役使构衅，管堂委员不善调停，至打厨役、骂委员，总办知之，将顾光宠与委员一并记过，学生尚不服，有二十余人不肯上堂。往与吴学廉、程佐衡再四开导方洽。先生感喟："士习可云坏矣。"(《日记》页1156)

五月十三日，具并会第三集。司马湘主政，集于妙相庵，金元鼎、陆厚基、丁立中、秦焕尧、沈维骥、鲍抡魁、陈作霖、傅春官同席。(《日记》页1157)

五月十六日，出课题："孟施舍似曾子"二句；"雨后有人耕绿野"，"货恶其弃于地也，不必藏于已"论；问宋与金夹攻辽，无不以金为失策，然宋即守誓言，宋能不亡乎？金得辽全境，与宋能相安无事乎？试揣情形，为筹善策。(《日记》页1158)

五月十七日，上刘坤一一笺，言学堂事。是日先生得陈庆年一札，札言知南京高等学堂已开馆，"其中情形极欲一知其详"，"函丈往看功课，其稽核之法，是凭学生刻本，抑别有程式，谕悉为幸"。"南菁院事有所闻否，甚欲知之"。盖欲为两湖书院获得借鉴。又言及张謇办理纱厂事："季直厂事，竟如此磨折，为之发喑。恽心云帮忙之说，如果确实，亦大佳事。近果何如？极为企念，尚乞见示。"又恳请先生代两湖书院从杨文会处购大号天地球各两具。又言及其代雠先生文集及其讲学事："函丈文集如寄到，必为悉心雠校，效涓壤之助。今年拟付刊否？念念。见在书刻何种？有墨印否？兵法、史略，学事有关系，日作课程，大是难事。然不敢不勉也。"(《日记》页1158，《友朋书札》页964陈庆年第七札)

五月二十日，巡捕李星五来，言学堂已为刚毅奏裁，即函致蒯光典。(《日记》页1159)

五月二十四日，学堂书手来，发李鸿章、孙家鼐、廖寿恒三笺，与夏孙桐一信，盖为学堂被刚毅奏裁一事。(《日记》页1160)

五月二十五日，得缪朝荃札，寄《盛子履集》《程穆衡集》与钱溯耆祀岁笺。横坍缴价百金书。聂明山送通州拓本来。(《日记》页1160)

五月二十六日，闻友人李智俦病殁，往视之，叹"盛年不永，长才未布，实堪痛苦"。(《日记》页1160)

六月二日，接丁立诚一札，寄《武林掌故丛编》全部，又《句容志》一部。(《日记》页1162)

六月五日，得张謇一札，询先生学堂是否如其侄所言放夏假三十日。江宁文正书院五月课卷请先生寄到纱厂。又请先生先代领其下季束脩三百元以应付家用，一百代还刘世珩，二百寄上海。(《日记》页1162，《友朋书札》页568张謇第九札)

六月六日,校《归田类稿》毕,校之累月矣。(《日记》页1163)

是日,学堂司事张山涛至,带来张謇一笺,所余束脩请张山涛带回。张氏于笺中有叹:"世局支离,学堂难办,如何如何。"(《日记》页1162,《友朋书札》页566张謇第四札)

六月八日,刘世珩致先生一札,详谈刻书事,还《元氏双志》,并奉上先生所假张旭《肚痛帖》,以及改琦作《饮中八仙图》、《芳林秋思图》;钱杜作《雪鸿楼图》,均绝佳。札云:"《丛书目录》二刻、三刻皆须加种数,加定后再厘总目分集可也。目录两篇送上,祈排列刻之。一、《意林注》抄本八册附上。望付鄂工照丛书板式行字刻之。目入丛书,以二集书之堆头,匀排列之。二、鲁介朋国寿到沪竭力设法,惟是苦耳。三、《靖达奏议》当交眉苏,俟钱到再写再刻较妥。四、《家语》账,下走有一篇,敬甫有一篇,长者又一篇,俟各人来齐付刻,一并核揭。五、《二妙集》当即作书汉上,续付二百千何如?六、《常州先哲遗书》样本奉上,望同全书并交下。朱墨本,下走各留一部,价请垫付。七、《峰桐集》先呈旧本三册、新二册,望即付校。行状去讯萧丈,属寄来补作年谱。八、碑目可缓。《事文类聚》《沙文集》均到,右八条逐一注答。附上《春秋乱贼考》写样、正本各一,文宗阁残本六十册、格板二,望收印抄配完书。此一条奉托事也。县志领到。曩借读《元公》《姬氏志》奉返。黄荛翁卷奉鉴。另检梅氏蕴生藏张旭《肚痛帖》一卷、《饮中八仙图》、《雪鸿楼图》各一,并上艺风老伯。"(《友朋书札》页732刘世珩第五札,《日记》页1164)

是日,先生跋《丹溪先生医书纂要》:"右《丹溪先生医书纂要》上下两卷,每叶二十行,行二十二字,有成化甲辰东阳卢和纂注序。纸墨古雅,不啻宋元面目,诚可宝贵。予珍而藏之数十年,姚江邵子桐见而爱之,以为此本古香古色,殊为难得,在南菁书院借阅累年,竟携之入都,屡索不还,乃属武林友人往取之,酬以三十金始得归赵。昔人以借书还书等为一痴,殆是之谓欤?光绪二十五年己亥夏六月八日,江阴缪荃孙识于云轮阁。"(上海图书馆藏明刊本《丹溪先生医书纂要》卷首缪荃孙手跋)

六月九日,秦焕尧招刘园具并会第四集。(《日记》页1164)

六月十四日,发王先谦一信,寄《旧德集》一部、《留溪外传》一部。又送《旧德集》一部与易顺鼎,一部与陶森甲。(《日记》页1165)

六月十六日,发屯溪王咏霓信,并赠以《孔北海年谱》《缪氏家集》《留

溪外传》。(《日记》页1166)

是日,刘炳照致先生一札,谈近况。札谈及友人近况有云:"复堂仅晤一次,腰脚不健,笑谈犹豪。老夫爱怜少子,属向大理说项,奢愿难偿。粟香近为驵侩所绐,游兴顿减,书去亦未得复。石臞一病不起,遗稿待刊,有子三人,年逾弱冠,均不能读父书,良可慨也。"又询先生刻书情况并言及自撰著进展情形云:"执事校艺余闲,有无新著,汇刻名家词,又添几种,夔生舍人,现客何所?金陵书局已撤,局书寄售何所?并希详示。拙词经江浙同好集资,陆续刻成八卷,尚须修改,再印呈正。年来拟辑词话,搜罗不下二百种,奔走衣食,不遑伏案,迄未成书。近人倚声别集,邺架藏弆最夥,乞将所有者倩人录目寄下,如须借观,再当专函奉挽。素荷裁成,亮不见却也。"(《友朋书札》页816 刘炳照第二札)

六月二十日,购明板《新安文献志》百卷本。(《日记》页1167)

六月二十二日,发王秉恩信,还《宋会要》《商务报》。(《日记》页1167)

六月二十七日,接黄体芳讣。(《日记》页1169)

是日,接芜湖凌霞一札,并《金石学》一册。(《日记》页1169)

六月二十九日,先生取大生纱厂利息归。(《日记》页1170)

七月三日,校《姑溪词》毕,代吴重憙校刊《山左人词》之一种。(《日记》页1170)

七月六日,录《芳林秋思图》入《荛圃年谱》。(《日记》页1171)

七月七日,致凌霞一札。札云:"前月奉书及承赐《金石学》一册,感谢感谢。比维旅祺万福,珍卫咸宜为颂。弟自入伏受凉,寒热往来,饮食减少,已将廿日。每一搁管,心烦意懑,别字联篇,答书稽迟,执此之故。精神颓敝如八十九十者,其能久乎。仲翔之殁,真出意外。纯伯尚在沪否?玉雨堂、平安馆均系稿本,又多须觅稍通抄手。严铁桥《访碑录》亦系稿本,然止廿一叶,弟当作日课,自抄出呈览,大约日写一叶,加之作辍,月余可毕也。"(《日记》页1171,《艺风堂书札》页340 致凌霞第十四札)

七月八日,写定《北凉百官表》。是日先生发金武祥一札,札谈近状云:"弟自六月迄今,病有月余,寒热来往,精神颓敝,终日欲睡,又睡不宁帖,服药无效。蒯礼卿观察来看,曰此闲病也,嘱弟强打精神用功,倦则出游,病自能退。弟以此言有理,昨晚睡即安枕,今早起来,先将未复之信作答。兄函来已许久，因病阁下，幸弗为怪。"又言："两叶以后字不成字，错讹亦多，此即病征。"又谈藏石、刻书事云："金时经幢，皆弟藏石，从北边购回者。弁言及诗料，当力为搜索。《词录》第卅一卷刻起，而刻得甚坏，配不进去，奈何。《旧德集》《留溪外传》，遇便再呈。此后他种停止，专刻拙稿文十卷，诗不成家，不刻矣。刻而未印者，《北梦琐言》《牡丹谱》《牡丹记》《据鞍录》《宋中兴百官考》《敬斋古今黈》，各种名家词亦截止，有六本书矣。张琦、周青、金式玉、董士锡、周应琦、承龄、杨传弟、方履籛、王敬哉、蒋春霖、陆志渊、宋翔凤。积馀太守仍在通州花布捐，共刻成六十家。《浣青词》能寄来否？未有余，均刻入矣。"又云："《墙东类稿》早完，弟处只有红本。《常州先哲遗书》静候汪子远补写七个封面，便可印书，而半年不来，不知何处去了。其人作事如此。汀鹭作古，常州又失一老辈，词乞抄。汀丈考校金石甚有条理，能托其世兄录出否？可刻入丛书中。"又谈及缴纳契税事："馥相筹款，止朱竹石查漏税，契税是正办，弟即须补缴近二百千之谱，亦须亲来理料，家乡除坟屋，大半白契也，吾兄想所出更多。岭南之行，在于何日，必须约弟见面一谈。时已入秋，病如稍退，必回家矣。"（《日记》页1171，《艺风堂书札》276页致金武祥第三十二札）

七月九日，接丁立诚一札，并《武林掌故丛书》、《于忠肃公奏议》。札谈刻书赠书事有云："前月奉寄敝刻《武林遗著》全部，并附寄交《句容志》，第二次抄。及新刻《宏艺录》于苕生兄，定荷照收……承赐全《常州丛书》朱本，感谢感谢。兹寄上敝刻掌故，书由醉六堂转寄较妥。乞查收相抵。墨印《常州丛书》一部，便中寄下……兹新刻《于公奏议》奉呈，望察存。此在遗著之外，拟再刻一集，未知能偿愿否？"又谈及时政云："日前见报纸论及金陵学堂，未敢信以为实，今得尊示，始知近仁先生不复到浙方妙，恐浙盐未必即能传檄而定也。守旧固拙，维新亦妄，凡事不从本根上做起，岂能久长。"（《日记》页1172，《友朋书札》页696丁立诚第六札）

七月十日，刘世珩送《张靖达奏议》来，拟交湖北陶子麟刊刻。（《日记》页1172）

七月十一日，检《芳林秋思图》《李元靖碑》还刘世珩。代刘世珩写宜兴、丹阳金石目。（《日记》页1172）

七月十五日，阅龙城经史卷毕。先生所出六月课题为"子曰不在其位"至"君子思不出其位"，《唐宋青苗钱不同考》，问周世宗广街衢是否善

政。(《日记》页 1173)

七月十八日，为门人梁荚改《刘恭父词考》。(《日记》页 1174)

七月二十一日，傅春官举行具并会，金元鼎、陆厚基、丁立中、秦焕尧、沈维骥、陈作霖、司马湘同席。"设席于飞霞阁，为城中最轩敞地，东北山势历历如绘。忽逢大雨，烟霞吞吐，尽没诸山，雨过云开，红日杲杲，画笔所不能到。"(《日记》页 1175)

是日，先生定各家年谱目。晚大雨彻夜。(《日记》页 1175)

七月二十四日，发太仓缪朝荃信，送其《留溪外传》《旧德集》，还《据梧集》《蕴愫阁文集》《愿学斋文集》，交聂明山带。(《日记》页 1176)

七月二十七日，上张之洞一笺。(《日记》页 1176)

七月二十九日，得金武祥札，寄来补刻《北郭集》两部。前先生所寄之诗及序作为续补遗刊入，有刊入先生跋，故寄来。札又谈及刻书事："闻学堂已为愎公所撤，左右亦可少免分心。《旧德集》《留溪外传》，以先睹为快。大稿付梓，何日毕工，诗亦宜选录数百首，或四卷六卷刻之，以著性情，而存面目，似不可少。拙撰《陶庐续忆》，遵示将纪游诗删去十余首，另以乡邦故实补咏之……允赠诗料弁序，企予望之。近又为《江阴艺文志校补》，有十余页，俟脱稿求正……嘱抄《浣青词》，俟抄好再寄……积馀太守刻《闺秀词》六十家，见惠者止二十九家，不识能窥全豹否？常州词近又得程文恭景伊《云塘词》二十余首，此外得者尚夥。尊辑续编似不可少，各选皆有之"(《日记》页 1177，《友朋书札》页 852 金武祥致缪荃孙第四札)

八月一日，发金武祥一札，寄《留溪外传》《旧德集》《冰蚕词》等。札云："昨由书院寄到手书并书两种，谢谢。《北郭集》可以，遗憾，惜原书连赵敬夫均不及见耳。天多雨，恐败禾稼，奈何，亦愎戾气致之也。弟今年为志名筹引见兼袭职，需千余金，颇为吃力，明知时事艰难，志名又不老实，然亦不能不做。初间动身，弟送至沪，初六、七。兄能来沪一叙否。家乡事多，非冬间不能来也。振声行否，幼时同课，在京亦甚熟，作事尚可敬。《旧德集》讹字太多，补好再呈。《留溪外传》板片亦归杏荪，《先哲遗书》开印矣。弟亦刻《冰蚕词》，印本在《名家词》内，即日印。《常州词录》决计为续编，署兄及弟两人同辑，能有四卷书便付梓。《瓯北词》能觅到否？江乡故实，在志外者实在不少，然写未成款，所谓纪事诗、櫂歌，均补志乘所不及，亦有不当入志乘者。志乘史体，为近人弄坏耳。《江阴志》，明只有赵志，尚短一帙,宋志更未见。汲古阁书目有之。外,浙中友人送来诗二种,乞哂存。"(《日记》页1177,《艺风堂书札》277页致金武祥第三十四札)

八月二日,阅龙城经史卷四十本,定钟山六月课卷名次。(《日记》页1177)

八月八日,先生为缪志名办引见兼袭职,携行至沪。是日诣六马路大生纱厂账房晤林世鑫,面交瞿廷韶息折、文正课卷等。又至寄观看书,与吴申甫、鲍廷爵申阳楼晚饭。(《日记》页1179)

八月十日,先生过大生纱厂、申报馆访友人。是日购得《攀古瘗款识》、明刻《琵琶记》。(《日记》页1179)

八月十三日,在寄观阁购《王秋涧集》《两溪丛语》《敬斋古今黈》等。(《日记》页1180)

八月十四日,张謇来与先生长谈。(《日记》页1180)

八月十六日,取汪洵代印《常州先哲遗书》一部,又零种各二部。(《日记》页1181)

八月十七日,登船北下京师。先生是次在沪,访友甚多,得见除上文述及者,尚有庞鸿文、陆树藩、赵凤昌、汪康年、柯逢时、罗振玉、孙宗翰等。其间在书肆得见蒋凤藻藏书。(《日记》页1181,《年谱》)

八月二十二日,抵京师,住夏孙桐寓。(《日记》页1182)

八月二十三日,拜冯润田、李传元。是日过琉璃厂,以为有萧索之感。(《日记》页1182)

八月二十五日,游琉璃厂,于市肆看方功惠藏书。(《缘督庐日记》页2947,《日记》页1183)

八月二十六日,先生致叶昌炽一函,答其昨日问先生此次北来是否销假,以此时提调一缺不宜虚席以待故。先生告以不日南还,无意销假。(《缘督庐日记》页2947)

是日,陆宝忠致先生一函,言明日将往拜先生,云:"别已数年矣,渴想之至。前日承枉临失迓,无任怅惘。明日九十钟当趋诣畅谈,倘无要事,乞从者在寓少待,以久违亟思一见也。曩时同学同年皆星散矣,言念畴昔,能不慨然。"(《友朋书札》页92陆宝忠第二札)

八月二十七日,友人来访者甚多,有董康、恽毓嘉、徐德沅、陆宝忠、陶锡祺、沙从心、周孟侯、叶昌炽、刘树屏、刘可毅、潘民表等。(《日记》

页 1183)

八月二十八日,拜袁昶、胡延、樊增祥、徐执庵、王懿荣、陈名侃等,送袁昶《旧德集》,胡延、樊增祥《常州词录》及《旧德集》,王懿荣《旧德集》、《留溪外传》、戴复古诗画等。(《日记》页 1184)

是日先生再游琉璃厂,已连续游四日矣。(《日记》页 1184)

九月一日,过琉璃厂,取方功惠书归。先生此次北上,在沪见蒋凤藻藏书、在京见方功惠藏书,购及千金。(《日记》页 1184,《年谱》)

九月二日,叶昌炽招饮,携其《五百经幢馆碑目》一册归,晚勘之。(《日记》页 1185,《缘督庐日记》页 2954)

九月三日,先生拜友,在叶昌炽处长谈,还《五百经幢馆碑目》,并留《艺风堂藏金石记》五册与之,即《云自在龛碑目》也①。叶氏云称其"精博极矣,驾吴氏《捃古录》而上之,何论孙、赵两老哉"。(《日记》页 1185,《缘督庐日记》页 2954)

九月五日,陆润庠、丁宝铨、管廷献来访。先生送陆润庠《墙东漫稿》、《周易》五种、《鸿庆居士集》、《归愚集》捐度省馆。(《日记》页 1186)

是日,先生致门人张亨嘉一札,送"缪、李二公集"与《旧德集》各一部。张氏即回函云:"奉手札,承惠先德遗集,对使拜登,敬谨盥读。旱既太甚,奠瘗无灵,风尘鸿洞,非浙山所宜,当少辽缓之,暇即诣求教益。"(《日记》页 1186,《友朋书札》页 216 张亨嘉第一札)

九月六日,陆润庠致先生一札,送省馆金石价来,并送《元史译文补证》及先集两种。札云:"金石拓价三十元,合银二十三两,今奉缴,祈查收。承助会馆书籍,感感。大驾回南后,并祈广为劝助,至要至要。志书及有关全省掌故者,可出钱购买。兹将已得之书开单奉呈,免致重复,种费清神,同感之至。"又言:"洪侍郎书及先集二种,奉呈乞收。"又言:"金石已多,公款恐不能遍及,只可缓办。"(《日记》页 1186,《友朋书札》页 72 陆润庠第一札)

是日,樊增祥招饮聚丰堂,袁昶、胡延、盛昱、余诚格同席。晚读《潘文勤公同人手札》。(《日记》页 1186)

---

① 按,《艺风老人日记》载"留《艺风堂藏金石记》五册与鞠裳",《缘督庐日记》载"筱珊持示《云自在龛碑目》六册",所记略异,盖实一也。

九月七日,谒崇绮,拜丁宝铨、许景澄、盛昱。(《日记》页1186)

是日,袁昶招饮,友人盛昱、王懿荣、张仲炘、樊增祥、宋育仁、许景澄同席,先生送许景澄《旧德集》与"缪、李二公集"。王鹏运招饮,宋育仁、夏孙桐、朱祖谋、万本教、万本端等同席。(《日记》页1186)

九月八日,吴士鉴来,先生回拜之,并送《旧德集》及"缪、李二公集"。(《日记》页1187)

是日,叶昌炽致先生一柬,柬云:"大稿精博,不独驾孙、赵而上之,著录之例,毫发无憾,真后学津梁也。方少通幢录文三叶呈教。省馆碑已告凤公,据云款即送缴。渠见《旧德集》,欲于馆中乞留一部,如许之,幸即掷付小价是荷。"(《缘督庐日记》页2954,《友朋书札》页404叶昌炽第二十三札)

九月九日,偕夏孙桐游琉璃厂。先生致叶昌炽一柬,送《常州词录》与之。江苏省馆索《旧德集》,先生并交叶氏。(《日记》页1187)

九月十日,游琉璃厂。题《龙树寺雅集图》。叶昌炽致先生一柬,柬云:"昨奉手示敬悉。《旧德集》即转交凤公。承赐《常州词录》,缉藻摘萃,发潜阐秘,迦陵、梁汾之坛坫,于斯复振,敬登之余,莫名珍感。方少通三纸如录竣,仍乞掷下,以无副本也。"(《日记》页1187,《友朋书札》页405叶昌炽第二十五札)

九月十一日,先生交吏部费七十金与丁宝铨,兵部长班四金交董耀曾,以缪志名十三日兵部引见,十四日吏部引见故也。是日,缪鼎臣索《旧德集》去。(《日记》页1187、1188)

九月十四日,王鹏运以《宣南感旧图》属题。(《日记》页1188)

九月十五日,送《常州词录》,孙、葛两集与王懿荣。(《日记》页1188)

九月十八日,王懿荣赠先生古钱拓本。(《日记》页1189)

是日,癸未教习门人张亨嘉、马吉樟、管廷献公请先生,王懿荣、秦绶章昆仲、曹再涵、朱祖谋同席。(《日记》页1189)

九月十九日,小门生萧文昭来见先生。是日,先生得许景澄十八日晚一札,送洋表一只、俄界图两纸并考证。札云:"久别相见,极拟沽酒一谈,日间多冗,一城之阻,又未便卜夜,以致缺然,甚歉。地图三幅各两分,并附例言考证,即乞是正。外洋表一件,视沪市常品差胜,并祈察入是荷。"又谈时事言:"意索浙江铁路、西山煤矿,均未允许,月余来未再饶舌,不知以后如何。日本以厦门百姓滋事,殴伤倭员,恽心云兄适处其难,业已开缺,想可收束矣。"(《日记》页1190,《友朋书札》页56许景澄第一札)

九月二十日,五鼓起身入城,诣樊增祥谈,索彼诗集。(《日记》页1190)

是日,徐琪、左绍佐分别招饮。(《日记》页1190)

是日,王鹏运和先生词《水龙吟》一阕。(《日记》页1190,《友朋书札》页658王鹏运第五札)

九月二十二日,诣胡延谈,胡延交《山西石刻丛编》卅二卷、《补遗》四卷,银券四百金,盖请先生代刻。(《日记》页1191)

九月二十三日,偕夏孙桐同游龙树庵、崇效寺,二处均颓废。而陶然亭无恙,小坐,即回车。(《日记》页1191)

是日先生题朱祖谋《斜街补屋图》。(《日记》页1191)

九月二十四日,张子翔送《国初画家集册》来,先生以百金购之。是日先生离京赴津,将南返。(《日记》页1192)

此日前,先生致叶昌炽一函告别,叶昌炽病中致先生一札,还《艺风堂藏金石记》,并请先生觅写官代为录副,云:"手书敬悉。侍一病支离,尚未告瘥。辽金石幢,较敝藏所增极多。骖从南旋后,可否属写官另缮一目,辽金两代。润笔当寄缴也。稍痊即当趋前话别。"(《友朋书札》页405)

先生还南之前日,曾与盛昱话别于郁华阁,依依不舍,欲行且止,此别竟成永决。(《辛壬稿》卷二《意园文略序》)

十月一日,至沪,住大方栈,诣吴申甫、张謇谈。先生在沪凡四日,多有友人宴饮之乐。(《日记》页1193)

十月六日,到书院,先生得友人信十余通。(《日记》页1194)

十月七日,先生阅钟山七月课卷五十本。广滂喜斋送袁氏书目来。(《日记》页1195)

十月十日,送《湖州丛书》新刻本于蒯公馆。(《日记》页1196)

十月十一日,送曲目表、《戒庵漫笔》、《定峰文录》与顾云。又送《定峰文录》二册与傅春官,二册与刘世珩。(《日记》页1196)

是日先生寄金武祥一札,附《墙东类稿》三册。札云:"弟薄游京师一月而回,然距金陵起程业已两月,课卷堆积,回里总在岁秒矣。《先哲遗书》,兄分得乙部甚好,以后难得。原订八十本,子远并为六十四本。原签窄而长,宋签式,今改宽而短,俗签式。跋语云《章氏文征》,不知文征系选文非丛书,何不云明《盐邑志林》乎。子远自以为是,大都类此。并所见太少而不肯问人也。《墙东类稿》转赠陆子翁。薛氏书未印,无以报命矣。"又云:"再,《藏说小萃》十一种,八种是江阴人著述。出于厂肆,为李芍农师所得,荃孙借抄一份,代兄抄一份,交丁枚卿代呈。彦保抄一份,从此吾乡有三份矣。其中只《延州笔记》一种尚合杂考家体例,学亦淹雅。弟拟刻入丛书。其余村野鄙俗,若《汴游录》,暖姝由笔,直不堪寓目矣。《孤忠录》可以不刻,似不如《江上遗闻》之洁,兄酌定为祷。静三处,因代局中访书,常通音问,亦不过寥寥一纸耳。静三将届服阕,游粤亦近两年,思归否。其选常府骈文甚佳,作者惟武、阳最夥,锡、金、宜、荆次之,江阴为下。如何莲舫槃槃大集,其赋与骈文,无一语入格者,何况其他。永曦先生文,荃孙只见一篇,亦不入格,未知家中所藏又何如。现在江阴文,终日读八股,揣摩陈聘臣。陈氏昆仲科第弟均迟钝,何足揣摩。虽有南菁书院,不知文为何物,更不知书为何物。《经解续编》共售出三四百部,而江阴人未购一部,不耕胡获耶。两表侄读书仍以从武、阳先生,即我们两人所住之处究与武、阳近,所以略得绪余。城中,东乡风气更坏矣。自以为好,奈何。"(《日记》页1196,《艺风堂书札》278页致金武祥第三十五札)

十月十二日,先生阅钟山卷毕,定名次。又阅龙城经史卷四十。(《日记》页1196)

是日,李贻和来见,先生嘱其刻《山右石刻丛编》。(《日记》页1196)

十月十三日,专井升、王升押聘礼上镇洋,附去吴镜沆信,缪朝荃一信,寄郭麐诗。(《日记》页1196)

是日,门人程先甲来,先生送其《孙鸿庆文集》《留溪外传》《旧德集》《信斋词》《定峰文录》。(《日记》页1197)

十月十五日,鲍抡魁承办具并会,同人毕集。先生在沈维骥处借得其《非见斋碑录》、《绩语堂题跋》。(《日记》页1197)

十月十六日,接丁立诚本月六日一札,寄《千顷堂书目》一部,谈欲刻《淳祐临安志》事,又请先生为其斧削鉴定《善本书室藏书志》。札云:"兹寄上《千顷堂书目》抄本,此书因罚抄五册,故格外迟迟。通部笔迹尚看得过。敝处所藏者,不分卷。抄本在乾隆间,故亦不欲改作《四库》式子。尊意想必以为然。现在写官有暇,尚乞示及要抄何书,以便转发。前求代刻书，兹已在杭写样，先成《永乐大典》中辑出之《淳祐临安志》八卷，此八卷亦今分者。将来拟寄呈，乞台端与尊藏本校录后即行付梓。此书欲刻入丛书已二十余年，发愿迄未能偿。今丛书已到二十二集，欲刻者不多，不得不亟求援手也。再先叔藏书题跋已成者二千余种，所撰非一时，故前后重复不少，得能荷斧削鉴定，庶可问世，未知俯允所求否？"末又附告先生"《千顷堂书目》字三十二万七千七百七十五，计洋十九元六角，又纸洋二元，又校资洋十四元。"（《日记》页1198，《友朋书札》页695丁立诚第五札）

十月十八日，先生重定《山右石刻丛编》二、三两卷交李贻和。后各卷均陆续重定交刻。（《日记》页1198）

是日，李光明庄代刘世珩刻书送先生阅。（《日记》页1198）

十月二十一日，首府送先生钟山明年关聘。（《日记》页1199）

十月二十三日，排比聚学轩金石，代其编目也。自是日起，以为日课。是日发陶子麟信，寄《峄桐集》二本，代刘世珩所刻《二妙集》之一。（《日记》页1200）

十月二十八日，发费念慈信，寄《名家词》《旧德集》，交庄守一带。（《日记》页1201）

十月二十九日，先生携妻夏镜涵及缪禄保抵镇江，作镇江一游。在镇江凡五日，先后游焦山、金山江天寺、北固亭等地。北固亭有新刻御赐碑文，即先生当年所撰者。（《日记》页1201、1202）

十一月四日，返书院，得徐乃昌、刘世珩、凌霞等人信。（《日记》页1203）

十一月七日，接陈庆年本月三日一札。札谈为先生编文集事，云："前读函丈文集，博大精实，刊行问世，实卅年来所仅见。因未曾编目，定有次序，拟略依四部文类，第其先后，久之未决。函丈欲以碑传为首卷，少示别裁，以下各卷又应如何次第，其中如江阴葛氏、晋陵张氏等世表并无题目，应编何题，或各篇各题，或共一总题，抑不必有题，均望函丈示知办法，至以为盼。陶子林事太忙，只可陆续先写清样，或发首卷付刊，亦乞酌定。国史《儒林》《文苑》条例，及《湖北通志》例，自当遵示节去。"又谈时局云："惟谭、樊二集有无精深巨制，于掌故、考订、经济三者约近何派？亦欲得知为幸。见在内忧外患，如此其切，只有佛语'不可说'三字包括一切。不过当位者不可不下药。鄂省经纬万端，武官已于朔日上学，文官于腊朔亦令入教吏馆学习。人才能振起,或可收后亡之效,然尚未敢逆睹。陕督入都,当有所陈说。未知能少动否?"(《日记》页 1204,《友朋书札》页 964 陈庆年第八札)

十一月十一日,发陈庆年一信,寄文集目。(《日记》页 1205)

十一月十四,定钟山课卷名次。是日先生接芜湖凌霞信,寄《汪谢城诗》。(《日记》页 1206)

十一月十五日,撰《刘岘庄制府七旬赐寿序》,历三日至十七日而完成,历叙刘氏功业。是文系先生应恩寿十八日之请代撰。二十四日交与恩寿。恩寿,清满洲镶白旗人,索卓罗氏,字艺棠,同治十三年进士,时任江苏布政使。(《日记》页 1207、1208、1210,《文外集》之《刘岘庄制府七旬赐寿序》)

是日,先生送《农》《商》两报与吴重憙,吴氏即随使致先生一札。札云:"在津闻大驾在都,及到都,则已南行。晤爽秋、廉生诸君,深以未得同聚为怅。顷承手谕,并缋徐太守寄拓四种,及《农》《商》报均收到。《商报》尚短前一二号,望并补发,报资八元随使奉去,祈照入。《山左词》望承三冬余暇,陆续付锓,锓资须找付若干,并望示遵。乍归甚冗,故尚未奉谒,一二日后趋谈一切。"(《日记》页 1207,《友朋书札》页 607 吴重憙第一札)

十一月十六日,缪志名起程赴浙任职,其保举鉴盐大使,分发两浙,补东江盐场大使。缪志名系先生堂兄缪长恩之子,从同治癸酉来先生家,至今廿四年,先生为娶妇、保官。先生谓:"未知将来能自立否也。"(《日记》页 1207)

十一月十七日,吴重憙送《饴山词》《晚香词》来,先生即付李贻和刊。吴氏并附一札云:"昨夕谒迟,为灯火催归,未罄欲谭为歉。送上赵、田两家词,付梓为企。田有词说,可否附词集后,望酌之。"(《日记》页 1207,《友朋书札》页 609 吴重憙第五札)

十一月十九日,先生召具并会第九集,同人均集云自在龛。是日,先生请陈作霖校代胡延所刻《山右石刻丛编》卷二、三,后代吴重憙所刻《山左人词》中《稼轩词》《漱玉词》等诸种亦请其校字。(《日记》页 1208)

十一月二十日,撰《钱藕衫遗诗序》。钱唐,字藕衫,一作偶山,江都人。先生是文乃应钱唐嗣子钱祥保之请,将刊其遗集,欲弁之于首。钱祥保,字瑞生,曾署河南上蔡县知县,先生门生。(《日记》页 1208、1210,《文

续集》卷五《钱藕衫遗诗序》,《芜城怀旧录》页34)

十一月二十二日,有旨:命两江总督刘坤一来京陛见。以江苏巡抚鹿传霖署两江总督,江苏布政使陆元鼎暂护江苏巡抚。

十一月二十二日,发芜湖凌霞一信,谈近况:"弟八月入都,十月返书院,两次手书均已拜读。仲饴甫归,俟晤面当索之,闻尚有秦汉三卷未刊,亦拟付削氏,然仲饴作事迟钝,不知何时方成。弟现为胡岐生中丞刻《山右石刻丛编》四十卷,明年有科场,亦未必出书。自撰《江苏金石记》,拟成一卷即就正,须并力为之也。"又言:"爽秋谈两次,所住即常熟故居。"(《日记》页1209,《艺风堂书札》页341致凌霞第十七札)

十一月二十三日,接龙城明年关书,并十月课卷。(《日记》页1209)

十一月二十四日,撰《樵歌跋》,考朱敦儒其人及其诗词特色,又考其流传版本。先生所跋之本当系"今年正月,新安友人以吴枚庵抄本见诒"者。(《日记》页1209,《文集》卷七《朱希真樵歌跋》)

十一月二十五日,校跋《衍波词》。此书系先生代吴重憙所刻《山左人词》之一,卷末之跋,亦先生代笔。(《日记》页1210)

十一月二十八日,吴重憙复先生一札,以先生昨日送其《衍波词》《阮亭诗余》《海鸥小谱》词集三种故,札亦另言及李葆恂求教事,云:"昨奉手教,并词三种,均已收到。词本如有校就者,可先发下肆中,应付刻价,亦望并示也。在津时,李子文石,以《洛阳伽蓝记》《樊川集》《太白集》三种属为求教,兹将其原信附上,请详谕之。苏藩事尚无消息,想当俟两院酌后乃定。交下衔条尚须代致,缘此保极寻常,只能到升缺升用,不能指明何项也。逊庵作万里之行,有簪花骑象之乐,曾晤谈否?"(《日记》页1211,《友朋书札》页609吴重憙第六札)

是日缪朝荃致先生一札,札谈先生请其助撰《江左金石志》事,请先生先开示凡例;钱溯耆欲购《常州先哲遗书》,请先生寄交;任广儒以任源祥《鸣鹤堂文集》、《任午桥存稿》及蒋锡震《清溪草堂文》、谢芳连《风华阁俪体》、僧悟寻《扫叶诗存》各书,属寄先生鉴定,又其欲求《吴中水利书》《山阳录》,希以其所重陈维崧《湖海楼全集》易《春卿遗稿》《摛文堂集》;又请先生寄允撰其重刊《小谟觞馆文集》《潘澜笔记》《忏摩录》之叙文;谢先生抄寄《青芝山馆集》、《灵芬馆爨余集》各诗;先生所访之《嘉定金石志》,将向钱溯耆商借;请先生代访《旧香》《休复》二集,等等。(《友朋书札》页

773 缪朝荃第八札)

十二月一日,先生接徐乃昌一札,并《弹绿词》。(《日记》页1212)

十二月二日,接章寿康信,并卢熊《苏州府志》抄本。是日,先生复徐乃昌一札,并附陈埙一函,云:"昨得手书,当将《弹绿词》送秦伯翁,书衣送何诗孙,吴仲饴处书衣亦代催矣。承示《常州词》二首,恽君未见,归入《续录》。董思诚即董毅,弟处有《蜕学斋诗余》,董晋卿之子也。季直来省,制军交卸后大做生日,兄上来否。伯稚一函希交去。"(《日记》页1212,《艺风堂书札》页405致徐乃昌第九十四札)

十二月五日,送《山左词》六册并账与吴重憙。六日,吴氏送刻书款三百十六元并致先生一札,札云:"迭奉两书,以匆冗未能即复,甚歉甚歉。归来未知新章,致将课卷多经一番曲折,今已照发矣。李、王两词,蒙制跋语,甚感。但书为先生审定,应列台衔,弟可擅取之乎?至封面应如何署题,容晤再请教益。兹先将各款三百一十六元一角奉上,祈转交为企。积余太守命写书衣,弟之涂鸦实自憎恶劣,容篆书一纸缴卷。词之书衣,拟即用宋字,何如?弟有暂摄苏藩之议,接弟席者约是逊庵观察,均俟部文到后,方能定局也。"(《日记》页1212、1213,《友朋书札》页609吴重憙第七札)

十二月九日,先生题《宣南感旧图》,王鹏运于本年九月十三日嘱先生题者。题辞系《齐天乐》一阕:"断简零墨开三尺,如同故人絮语。鸡酒今朝,鸥盟昨日,触目更添凄楚。涩弦重抚,恍暗月寥天,哀鸣倦羽。竹树亭台,那边记取旧游处。 我今休叹离索。凤城天样远,萍踪吹聚。图失青松,馆荒红豆,憔悴宣南尘土。吟魂来去,化点点游燐,窥人豪素。蔫烛窗西,秋声寒似雨。"(《日记》页1188、1214,《碧香词》页11《齐乐天·题王佑遐宣南感旧图》)

十二月十四日,罗振玉寄《黑龙江地图》及《再续访碑录》来。《黑龙江地图》盖请先生在友人间代售。(《日记》页1215)

十二月十九日,送《刘寄静诗词序》与刘世珩。是序先生撰多日乃成。(《日记》页1215、1216)

是日,先生赴石兰生处坡公生日之集,顾云、陈作霖、祝恒之、贡成绶、侯苇生、傅春官等同集。(《日记》页1216)

十二月二十日,接丁立诚札,寄《善本书室藏书志》二十册请先生代为删削勘订,并求先生撰序。札云:"令亲庄守一先生,舍弟曾见于姑苏,是日至客馆往谒,得见芳仪,兹求其带奉《善本书室藏书志》二十册,《北隅赘录》《续录》四册,均乞查收……因思当世精于七略之学者,舍阁下其谁。恃爱妄渎,伏乞严加选择,重为删削。大木以斧削而成材,璞玉以雕琢而成器。想阁下成人之美,必不惮此修饰润色之劳也。如蒙俯允所请,并求于鉴定之后,赐撰叙文,以弁其端。使先叔之名,他日附公集而传,不独诚等感德不朽,即先叔亦衔感于九泉之下耳。"又谈及为先生代抄《千顷堂书目》之资由傅春官处核算,《江南经略》抄成再行奉上,蒋凤藻藏书源流及售书始末。(《日记》页 1217,《文续集》卷五《钱唐丁氏八千卷楼藏书志序》,《友朋书札》页 698 丁立诚第九札)

是日,家人井升取陈庆年一札及其所撰兵史课讲义四册,以及先生文集稿本与写样八册回。陈札告先生文集写样进展情况,并建言编集之法:"此集各体兼备,事实考证均有关系,能早成一日好一日。将来二集可以接刊。金石跋单刻一种亦佳。此后似宜陆续做去,方有收束。若日积月多,丹墨凌杂至纷而不可理,最是大苦大难之事。往年见马钟山所著书多至七簏,已刻者甚少要种,或转无净本,每一相见,辄叹息不已,至可伤也。"又谈及杨守敬注《水经注》情况:"迩来杨惺吾屡劝受业刻类稿,惜无暇悉心董理,不知待至何时。渠用功最精之《水经注》写入眉上者,凡易六七部,几皆满矣。亦未写净本,屡怂恿之写出一册,又做他事。"又言及其讲授兵史讲义先付排印散发学生,以待增改刊刻,以四册请先生训示。(《日记》页 1217,《友朋书札》页 965 陈庆年第九札)

十二月二十三日,交《翠微南征录》跋与刘世珩,先生代撰者。(《日记》页 1218)

是日先生致徐乃昌一柬,柬云:"后日大约未必成行,务必赐临一叙。受之竟不来矣。呈上《句余土音》及《甬上族望表》,乞哂存。《黑龙江地图》寄卖二元。又来报两本,今年完矣。"(《艺风堂书札》页 405 致徐乃昌第九十五札)

十二月二十五日,约范德培、蒯光典、章邦直、顾云、徐乃昌、傅春官小饮云自在龛。(《日记》页 1218)

十二月二十六日,具并会第十集,陆厚基主政。(《日记》页 1219)

十二月二十八日,撰《庄子佩先生七夔寿序》,至除夕撰毕。庄裕筠,字子佩,江苏元和人,监生。先生于寿序中述庄氏为宦之笃行,于家、于族之勋劳,以及其道德人品。裕筠系先生外舅庄裕崧功服晜弟。庄裕崧官甘肃盐茶厅同知,同治二年殉回人叛乱之难,妻蔡恭人携子女扶柩归蜀,流离琐尾,艰苦万状,衣食丧葬均仰给于庄裕筠。男为之读书、授室,女为之择婿归嫁。同治三年,先生入蜀,焕章先生亦自黔罢官归,"筚门圭窦,寂无声誉",裕筠独以兄女思琇妻先生,栽培尤挚。(《日记》页1220,《文外集》之《庄子佩先生七䣜寿序》)

本月,先生接金武祥一札,并复之云:"接十七日手书,腊月十四到。备详近况。《随笔》续刊甚善,江阴金石乞先示一目。弟甲戌初到江阴。迩时宋四碑止绍兴四年《罗汉名号碑》已碎,余二碑无恙。今一已碎(宣和),移至书院,一砌入小房内(政和)。《渊禅师记》(大观)在其阴,两面刻也。后寻得罗汉碑四碑,石在荃处。真可惜,邑人不知好古,使其零落若是。弟拓本须寻出,再释文无副本。去年碑目编成十八卷,共做木箱贰拾只,依次收藏,尚易取也。副本亦三千余,已售与聚卿,再副五百,余售与安徽丁姓。共得乙千五百余元。所以无副本。兄寻得元统碑,妙极。搜旧碑,不论文理字迹,且托人往拓。伍相庙碑,尚有宋人残字,当一并寻寄。弟得过且过,决无营菟裘之意,大局尚不可问,何心怀土乎。今冬天干,明正未必回家,拟县考后,约石公游阳羡,再回里门,兄能偕往否"。(《艺风堂书札》279页致金武祥第三十六札)

是年八月,孙诒让撰《周礼正义》成。

是年十月,先生友黄以周卒。

光绪二十六年　庚子(1900)　五十七岁

一月九日,在钟山书院。先生约陈作霖、顾云、刘世珩、傅春官小饮云自在龛。本月上旬,友人招饮甚频。(《日记》页1225)

一月十日,接刘炳照本月五日之札,札询及先生编刻书事:"复堂书来,述及执事近为刘氏校刊丛书,吴仲怿布政所辑《山左词抄》,亦由大雅裁择,仰见课士余闲,不废铅椠校雠之学,视子政氏为益精矣。翘瞻绛帐,曷禁神驰。丛书实值若干,恐非寒士所能购备,词抄卷帙无多,索赠亮尚不难。常郡词录续编,已付剞劂否?名家词集又添新刻几种?遇便均求赐读为幸。"有谈其集资刻集之事,请先生为助:"炳照戊己两年,出游日多,颇得觞咏投报之欢,所作较夥,连前未刻词,删存二卷,顷已写定。仲春拟付手民,刻资及印订百部,约需佛番六十尊。淮生、季盦诸创议集资,每股三元,江浙知交各认十股,以期轻而易举。良朋爱我,有加无已,情殊可感。执事提倡有素,不识能为将伯之助否?"又随札奉寒碧词社约,邀先生入社:"吴会同声,续兴词社,炳照推复堂为祭酒,以老疾辞,谬引下走为词掌,名曰寒碧,每月两期。但以邮筒往来,借免宴集之烦。"又相先生所庚子科各省贤书掌故。(《友朋书札》页818刘炳照第五札)

一月十九日,读《善本书室藏书志》易类。先生此日起为丁氏勘校此目。(《日记》页1228)

一月二十一日,徐树钧致先生一札,送先生书帖,并以《仙蝶图》索题,云:"弟有仙蝶图卷奉览,敬求乘暇赐题,不胜感激。近日晴暖,仙蝶常至,他日来时,奉请瞻仰。又《仙蝶降鸾记》呈教,似可以补昔贤之阙。又重刻《鸭头丸帖》、《绿荫堂帖》、《鹿鸣诗》、墓碑四种,乞鉴存。"(《日记》页1228、1231,《友朋书札》页700徐淑钧第一札)

一月二十二日,日本西村时彦、长谷川信了来访。(《日记》页1229)

一月二十五日,发焦山自然庵溯源和尚一札,寄楹帖,又捐书焦山书藏。(《日记》页1229)

是日发太仓缪朝荃信,寄陈贞慧三种、《春卿遗稿》、《摛文堂集》。(《日记》页1229)

一月二十六日,先生还《止庵遗稿》《黄云鹄集》《严秋水集》九册与范德培,去年十二月二十八日从其所借抄者。(《日记》页1219、1231)

是日,日本西村时彦致先生一札。札云:"前日登堂,获奉大教,极慰鄙私。谈偶及借书院内房子寓居读书之事,承阁下快诺与文正书院张公会商,为人谋而忠,古道蔼然,感激曷任。仆不好僦居市井间,而切愿寓居书院内者,欲师友之益多,而尘俗之烦少也。曩在沪时,文君道希云,阁下与张公相善,须得阁下介绍,乃见张公。想文君书中亦当言及。仆欲趋谒张公,而有微恙未果,伏请阁下代达鄙愿,抑清、日两国,同洲同文,同遭时艰,两国士人互通其语言文学,以为联交之地,非急务乎!是以近来贵国派学生游学敝国,敝国学堂书院专设便法,使其寄宿寮舍,一意肄业。贵国书院亦须设便法,以待敝国学生。同洲之谊乃全,同文之益乃生,而后庶几两情相孚,以资国交,同舟济江,以排时艰也,岂细故哉!阁下与张公,崇识博学,教育群英,东亚大势,盖如指掌。乃知鄙愿,未必见拒,而远人得忘为客之愁,纵读书之乐也。不堪悃悃,伏待贵命,顺颂大安。"(《友朋书札》页1025西村时彦第一札)

二月四日,发杭州丁立诚信,寄《宋中兴百官题名》一册。(《日记》页1232)

二月六日,章寿康自湖北来,见示书,先生留购信州路学《北史》、明刻《醉翁亭记》,洋八十元。章氏居金陵多日,以业书为事,先生多所助益。(《日记》页1233)

二月七日,先生往吊龙继栋。是日,得盛昱病殁之信。(《日记》页1233)

二月八日,莫绳孙来谒先生,先生偕之羊皮巷访濮文暹。莫氏一月间至金陵谋差。(《日记》页1233,《莫绳孙年谱简编》页564)

二月十三日,撰诗五律二首为刘坤一送行。(《日记》页1235)

二月十七日,还刘世珩碑目、难得碑碑目格子、碑籤格子。先生为刘氏编排碑目已有数月之久,盖至此告一段落。(《日记》页1236)

二月十九日,代吴重憙辑《山左词人目》。(《日记》页1237)

二月二十四日,跋《友林乙稿》,略考史弥宁其人,详考作序之郑械,并断定所跋之本系吴中翻刻宋本,"俨然中郎虎贲"。按,《友林乙稿》清初有翻刻宋本,此本有"彝尊私印""竹垞""玉树山房""当湖小重山馆""胡篴江珍藏",当即清初刻本。陆心源《皕宋楼藏书志》载此刻本,误作宋本。(《日记》页1238,《文集》卷七《友林乙稿跋》)

是日,先生发胡延一札,寄《山右石刻丛编》卷三、卷四刻样。(《日记》页1238)

是日,先生得徐乃昌一札,札云:"阅省报,敬悉钟山正课业已试毕,院课想已交卷。我公评阅,当为忙碌。日内是否还江阴开课,颇念念也。松岑先生亡古,应斯聘者,督部定有人否……附寄拙刻《闺秀词》十册,敬祈转呈仲修先生,并求我公代索《复堂类集》一书。"先生即复一札,并寄呈聂明山拓片及《湖海草堂词》。(《日记》页1238,《友朋书札》页741徐乃昌第三札)

二月二十五日,龙城课卷于今日阅毕,阅之多日矣。(《日记》页

二月二十六日,先生始作《孔子家语札记》,代刘世珩作也。(《日记》页 1239,《缪荃孙研究》页 133)

二月二十八日,先生开始撰《李忠毅年谱》。(《日记》页 1239)

二月二十九日,致谭献一札,寄其《名家词》《闺秀词》。(《日记》页 1240)

二月三十日,首府送春季脩金来,先生交千金与庆福兑上海大生厂。(《日记》页 1240)

三日三日,接夏孙桐一札,寄来王鹏运刻《梦窗词》《缪西垣先生稿》。(《日记》页 1241)

三月四日,得陈庆年二月三十日湖北一札。札言其二月初九出发赴鄂过下关,因人拥挤及两湖书院催开馆未及上岸过先生之门,又询及先生刻书及友人近况:"前刻丛书数种,板式隽雅,未知共有几部,何时可以墨印? 从前承赐《云自在堪丛刻》,但有二集目录,初集无之。如有得补,尚拟插入。聚卿后刻各书,究竟印出否? 一部尚未见过。渠见在究忙何事,家事定否? 季直近状如何,纱厂如何? 前过南京后,始知与渠同轮,惜未相遇。颇欲托其写字,失此因缘,亦是憾事。见尚在省否? 为念。礼卿有无差事,其侄尚在省读书否? 晤时均乞代为致念。"又谈及近况并请先生代购书:"兵史课程,承函丈奖诲,往下做去,益当奋勉。南皮亦极赞。去岁归后,闻尚有信与节庵说之,未之见也。苕生于二月初间,携眷至东台,舟过扬州,曾发一书来,嘱下场时住彼处。渠真快活人,欲与之应付,须要有一种精神。受业以久困秋赋,不拟再作此想,除非老亲逼行,然不过是万一之事……将来如尚有便人至鄂,请在书局代购《元和郡县志》《寰宇记》,次色纸即可。《数理精蕴》一部,须佳纸,该价当随时交老陶也。鄂垣无甚新闻。李鉴堂制军日内可到南洋,闻颇整顿,愿一知其详。"(《日记》页 1241,《友朋书札》页 967 陈庆年第十二札)

三月六日,阅钟山课卷毕。七日,定课卷名次。(《日记》页 1242)

三月十一日,写定《李忠毅年谱》。(《日记》页 1243)

三月十五,交《华阳国志逸文》《南岳总胜集校勘记》付刻。《华阳国志逸文》系先生从《太平御览》《北堂书钞》《艺文类聚》《舆地纪胜》《姬侍类偶》等书中所辑得逸文十七条,后汇入《艺风读书记》中。(《日记》

页1243)

三月十九日,濮文暹举行具并会,金元鼎、司马湘、秦焕尧、陈作霖、鲍抡魁、丁立中、陆厚基、沈维骥同席。(《日记》页1244)

三月二十一日,接丁立诚信并寄诗二册。(《日记》页1245)

三月二十六日,万中立招饮于胡园,张锡寿、陈作霖、方启南、刘世珩、洪槃同席,见马守真、林雪、吴娟娟合画花卉,王穉登题卷子,吴越投龙简、金途塔太康地䂖大中磬口经拓本,朱彝尊藏《焦山鼎铭》拓本、《子产碑》拓本、《董香光山水卷子》、《名人手札》、《改七薌人物》,均万中立藏;高士奇小影、《李毅斋画册》,张锡寿藏。(《日记》页1246)

是日,接莫绳孙本月二十三日一札。札谈及先生承允为莫小农致函袁昶求出洋学习事。又言及其前请先生代寻汲古阁桃花纸《十七史》售主,务请先生留意。"是书世所罕觏",莫友芝以重值易得,今因家累,无奈出让。(《日记》页1246,《友朋书札》页644莫绳孙第十一札)

三月二十八日,跋《北征录》。此跋当系为刘氏所撰,于次日送该跋及《周公年表》《读易汉学私记》《周易象义略例》与刘世珩。(《日记》页1247)

四月一日,先生接龙城信并经史卷一百廿六本,词章卷一百廿三本。先生以后数日即以阅卷为日课。(《日记》页1247)

是日发陶子麟信,寄《双忠录》,即《翠微南征录》与《翠微北征录》。(《日记》页1247)

四月三日,发京都袁昶信。(《日记》页1248)

四月五日,俞明震招饮刘河所,褚人获、沈瑜庆、江云龙、刘世珩同席。前此俞氏曾致先生一笺借庄厨:"石甫昨日始到,盖随刘帅同出京也。侍拟初五日请客,即借用庄厨,顷已有知单,并另函老前辈,想尚未送到也。"(《日记》页1248,《友朋书札》页439俞明震第一札)

四月六日,登船赴沪,途中读《黄元同经说》。至镇江登岸遇傅春官,茗谈许久而别。(《日记》页1248)

四月七日,到沪,诣大生纱厂账房,交两息折与林兰生,又诣鲁国寿、吴申甫谈。(《日记》页1248)

先生在沪凡五日,除处理股账之外,多有友朋之乐,所见友人有陆树藩、莫小农、张謇、吴申甫、周文桂、葛直卿、丁惠康、汪康年、余联沅、潘学

祖、文廷式等。(《日记》页1248—1250)

四月八日,寄丁立诚《八千卷室善本书目》经史两集,并札一通。(《日记》页1249)

四月十日,发《张靖达奏议》与武昌吴景周,又留字与何嗣焜,言刻《张靖达奏议》事。何嗣焜系该书的编者。(《日记》页1249、1250)

四月十一日,发吴重憙一札,并寄《捃古录》《分省金石目》与《西圃词说》《晚香词》《饴山诗余》新刻词三种封面十二纸,以及重辑《湖南金石待访目》、《山右词人目》。(《日记》页1250)

四月十二日,先生至江阴。先生在江阴十余日,得见友人丁立钧、高维烈、瞿鸿禨、傅春官、夏涤初等。(《日记》页1251)

四月十三日,丁立钧招饮,并见视吴历仿《营邱雪霁图》、王翚仿《营邱江村图》、明拓《乙瑛碑》《太常山水册叶》《白石神君碑》等。(《日记》页1251)

四月十六日,先生赴庆罗圩祭焕章先生坟。此后数日,先生连日祭祖坟。(《日记》页1252)

四月十八日,刘炳照致先生一札,札谢先生助其刻词之资,并谈及先生属词社社友题先生所藏《双红豆卷子》之事。(《友朋书札》页819刘炳照第六札)

四月二十日,先生上曾祖母坟、尚安好。回至分祠,庙廑湿不堪,先生以先室庄氏之柩尚未能葬,甚为凄感。先生此行之要务,即系为庄氏卜葬地。(《日记》页1252、1253)

四月二十一日,早访苍山寺,寻《元统珍珠塔记》,不得。(《日记》页1253)

四月二十三日,接恽仲山信并龙城四月课卷,即日阅词章卷七十。(《日记》页1253)

四月二十七日,先生至常州,住龙城书院,并诣华世芳、金武祥谈。(《日记》页1254)

四月二十九日,出龙城课案。先生与华世芳、金武祥偕游恽氏静园,以为"山石得粗野之致"。(《日记》页1255)

四月,撰《钱唐丁氏八千卷楼藏书志序》。从一月起,此前数月先生一直在为丁氏勘订此目,至四月完成经、史两部的勘订,此后又经五月、八月完成子、集两部。先生此文追溯目录学源头流别,述其演变史,提出目录著作兼"上窥提要,下兼士礼居之长,赏鉴考订,两家合而为一"的理念;又指出该目所长有二:一在收明人之著述,一在拾乡先辈之丛残,反映出先生的藏书及目录学思想。(《文续集》卷五《钱唐丁氏八千卷楼藏书志序》)

五月一日,接刘炳照信并词。(《日记》页1256)

五月二日,购《国初写钟鼎款识》、包世臣十三札、张宗苍山水、汤世澍画《酿村集》、汤贻汾花卉,共去七十五元。(《日记》页1256)

五月六日,返书院,得友人书札颇多。得吴重憙苏州四月二十一日一札,言先生代刻词事:"承代梓《山左十四家词》,所遗赵、田两家,定早断手。一俟弟来秩,定可印行矣。弟于二十日交卸藩篆,少息薪劳,即当言返旧地。"又言及汪鸣銮刻书:"柳门侍郎、杞怀太史均得时相过从。柳翁于苏、浙两处分刻阮文达笔谈二种,浙刻《定香亭》,苏刻《小沧浪》,五月内可以刻竣,再当印样呈教。"(《友朋书札》页610吴重憙第十一札)

又,是日得袁昶京城四月十一日札,言及先生去秋至京事云:"上年秋抄,有道蓟子训忽履京华,正欣侍巾拂,西山之游未果,公旋飘然复南,踪迹虽歧,亦欲乞鸡笼片席,与名山望衡,以领略出世间义趣,公之萧然事外,弟所妒也。"又请先生代达龙继栋墓文,并言及先生三月晦日致袁昶代莫小农出洋之事,告以其本有俄槎,然以病坚辞,亦无美槎之事。(《日记》页1257,《友朋书札》页102袁昶第二十四札)

五月七日,校《千倾堂书目》。(《日记》页1257)

五月九日,门人李阳宾赠元至治泾县尹碑、颍上兰亭、黄庭残石拓本。(《日记》页1258)

五月十一日,阅《绿野斋集》,抄出三篇入《碑传集》。(《日记》页1259)

五月十三日,具并会弟四会,先生与同人集莫愁湖曹公阁。是日,先生得陈庆年本月十日一札,札谈其于两湖书院讲兵史,讲稿纂集成书事,以中国处此类著述不如欧洲、日本之多,良多感慨。(《日记》页1259,《友朋书札》页966第十札)

五月十四日,接丁立诚一札并赠诗。(《日记》页1259)

五月十五日,校《尚书记》,多日乃完成。(《日记》页1260)

五月十九日,编考订家碑目,多日乃成。(《日记》页1261)

五月二十日,编自撰金石跋文入文集。(《日记》页 1261)

五月二十二日,先生得拳匪消息甚警,以为"京师危急之至"。(《日记》页 1262)

五月二十三日,读《有不为斋随笔》,撰《南宋立国策》,校金石跋文。(《日记》页 1262)

五月二十九日,阅龙城课卷毕,定名次。是日,先生接吴重憙一札及修补各词。(《日记》页 1263)

六月一日,诣恽祖翼、张謇谈,知恽祖翼为常州请兵弹压土匪。(《日记》页 1264)

六月二日,送补抄《类说》及去年刻书账与刘世珩。(《日记》页 1264)

六月六日,阅钟山课卷毕,发卷。是日,具并会第五集。(《日记》页 1265)

六月八日,重编《刘伯宗年谱》。(《日记》页 1266)

六月十二日,王升自通州归,言房屋已租定,先生乃决计住通州。是日读《燕窗闲话》。先生近期来读清人笔记颇多,如《午风堂丛谈》《竹叶亭杂记》《逊志堂杂抄》《无事为福斋笔记》《炙砚琐谈》《柳南随笔》《重论文斋笔记》《艮斋杂说》《广陵诗事》《在园杂志》《桃溪客话》《易余籥录》《茶香室丛抄》《冷庐杂识》等。(《日记》页 1267)

六月十五日,顾云约赴刘园陪西村时彦。(《日记》页 1267)

六月二十日,先生妾任氏及缪志名夫妇率三小孩赴通州避居。(《日记》页 1269)

六月二十四日,徐乃昌馈其夫人所画《落花蝴蝶》。先生曾复一笺:"承赐嫂夫人画幅,敬谢,敬谢。《狼山访碑图》尚未能题(郑君画绝奇,因访碑图止画大意,此幅独画石壁,较为别致),迟日报命。李儒懋来否?"(《日记》页 1270,《艺风堂书札》页 405 致徐乃昌第九十六札)

七月一日,陶子麟寄《张靖达奏议》来。先生于次日交与刘世珩。(《日记》页 1272)

七月五日,读《冷庐杂识》。题徐乃昌《琅山访碑图》,题讫还之。(《日记》页 1272)

是日,先生写旧本小说书目。此系编藏书目录,此后连续多日,以此为日课。(《日记》页 1272)

七月八日，接吴申甫讣，深为惋惜。先生于十二日致唁吴申甫之子信，并寄还旧书两包，又寄挽联一副、奠仪四元。(《日记》页1273、1274)

七月九日，陈塤、褚成博来，告以许景澄、袁昶均为载漪所害，先生不胜悲恸。(《日记》页1274)

七月十日，先生往吊陈宝箴。(《日记》页1274)

七月十三日，接陶子麟次信并《二妙集》全部清样。(《日记》页1275)

七月十四日，易顺鼎来，接陈庆年十三日一札。札谈西摩尔过镇江事，云："初十日展奉覆谕，诵悉一切。时英国提督西摩尔正由宁回沪，舟过镇江，居民纷传，因索吴淞等处炮台，为江督所拒，悻悻而去。其实西摩赴宁，专为坚长江保护前约。江督已有电告常镇道，居民未知。十一日，下水轮抵埠，领事以有要信托寄，留轮至夜分。水手至妓馆，使酒戏谓雏妓：今日不走，明日将封江。传者信之，洋商亦不知其情，有束装欲行者，合城汹惧，若祸不至，连夜雇舟，价至十倍。若非大雨，全城已空。延至昨晚，人心始定。庆章返里以后，专辨谣言。江表安危，虽难预料，大圜以下，谁是安土。扰攘迁避，或先受祸。有识之士，皆以为然。"又询先生义和团在德州与官军接战，其事真假？又言亟欲读先生所写掌故；谢先生示以《蒙古源流》大略；告先生《元史补证》所缺数篇，稿在沈曾植处，尚须补苴考证；日人那珂通世所著《元代疆域图》为一奇作。(《日记》页1275，《友朋书札》页966陈庆年第十一札)

是日又接丁立诚信并《于公祠墓考》，及托抄《汉书》五卷、陈鼎著述、柯丹邱诗。(《日记》页1275)

是日，先生送《二妙集》并账与刘世珩。(《日记》页1275)

七月十八日，接扬州李传元十三日一札，札言其在扬州与眷属重聚，并言及时事云："惟闻长江有敌人兵轮甚夥，侍过瓜州时，亦见口外有某国战舰数艘，未知东南保护之约，果能始终不渝否也。子裴赴傅相行辕未归。扬州熟人不多，确实音闻益无从探问。侍假满后，仍当料理北行，家属久住维扬，亦非一局也。时事传闻甚多，恐皆不甚确。近日电报，有谓竹筼、爽秋两公已蹈不测者，恐亦非确音。闻兄眷属，已从稻孙暂赴栾城。菊常诸人，始均结伴，至昌平一路，今时事日蹙，未知如何矣。今年之乱，衣冠受祸最酷，颇疑有指使者，可叹也已。时事少定，或可图一良晤。"(《日记》页1276，《友朋书札》页428李传元第一札)

七月二十一日,写书目小学一门毕,书目草稿成。(《日记》页1276)

是日,吴封来,云"銮舆已西幸",以为"大局不可说"。吴封为吴重憙次子。(《日记》页1276)

七月二十二日,先生拜吴封、易顺鼎。是日发吴重憙信并《孔氏词抄》新刻词样本、《湖南金石目》。(《日记》页1276、1277)

七月二十五日,徐乃昌来借《莐圃年谱》去。是日先生阅钟山课卷毕,写艺术类旧本书目毕。(《日记》页1277)

七月二十六日,早觉不适。发凌霞一札,札述近况云:"四月间,弟旋里为亡妇卜葬地,盘旋乡间两月有余,六月始返书院。阅手书,聆悉壹是。逊安适有信来,遵嘱将令郎名条交去,未知有用否也。随接申甫归道山,又闻重黎受害之信,悲愤交迫,激而成病,神采已陷,大局不可问,又不即乱。天气转凉,今日稍能握管矣,先答吾兄。觉有多少事要说,申纸又无一语,头目涔涔然,俟事稍定神稍安再布,芜湖局面何如,官绅压得住土匪否?"(《日记》页1277,《艺风堂书札》页342致凌霞第十九札)

七月三十日,起致刘坤一信稿,与褚成博一阅即上之。(《日记》页1278)

七月间,先生曾致徐乃昌一札,论时事:"暑甚,无地可逃,久未诣谈谦甚。昨示云云,亦是望梅止渴,万不能成之事。端、刚不去位,董军不调开,万无能和之理。况惨害袁、许,杜人建议,其心可想而知。彼人之心,一面议和缓师,一面派拳匪纠人以期再战,恐洋人早已窥破其心矣。如天心悔祸,先退端、刚,此时去位尚可保身,二贼不悟也。调董军赴前敌,李鉴堂督师,另派勤王之师卫宫城,徐驱团匪出之外或尚有转机也。岘帅病势退否,饶州之事断非李军门部下,此必洋人之言。凡事,地方官禀报必在洋人之后,可恶。缘招军来宁,决走不到饶州,无论水陆也。"(《艺风堂书札》页408致徐乃昌第一百五札)

八月三日,有旨:江南江安粮道吴重憙为福建按察使。

八月五日,张仲炘来见,言京中事甚悉。是日先生接刘坤一回函。(《日记》页1279)

八月九日,写书目毕,装订分类。是日,先生校柯九思《丹邱生稿》,并为刘世珩撰《落帆楼外集》跋。(《日记》页1280)

八月十日,首府送秋季脩、伙节礼三百零八两。(《日记》页1280)

八月十一日,先生闻王懿荣全家殉难,甚为伤悼。(《日记》页1280)

八月十三日,发写《艺风堂藏书记》清本,读《思益斋日记》。(《日记》页1281)

八月十五日,刘世珩招饮,张謇、蒯光典、陈树涵、吴学廉、徐乃昌、傅春官同席。近日,友人间招饮甚频。是日,李贻和送《山西石刻丛编》二十卷清样来,接何嗣焜信定《张靖达奏议》目录并跋。(《日记》页1282)

八月十八日,先生致徐乃昌一笺,以《藏书记》呈政,并检湖北碑送之。笺云:"《藏书记》卷一清本、卷四稿本呈政,余有发抄者有未修改者,抄书太少,未易成书也。昨藩台下院甚晚(上灯),又有何事,兄知否?书一种湖北碑三种,乞留阅。余面谈。"(《日记》页1282,《艺风堂书札》页405致徐乃昌第九十七札)

八月十九日,改袁昶撰《龙松岑墓志》。碑主龙继栋,广西临桂人,同治壬戌举人,官户部候补主事。先生旧友。此志本袁昶所撰,四月,先生得袁昶手书,附寄龙氏墓志,属交其子述祖。先生因其事迹有讹误处,覆书速袁氏改易,而五月京师变起,七月袁昶被害。先生遂改袁氏原稿,交龙述祖上石,以不负良友之意。(《日记》页1283,《文续集》卷一《前户部候补主事龙君墓志铭》)

八月二十日,撰《二妙集》跋。二十三日交与刘世珩,盖代刘氏撰。(《日记》页1283、1284)

八月二十三日,撰书目序。(《日记》页1284)

八月二十四日,撰《贵池二妙集序》,三十日撰毕,于闰八月一日改之①。先生是文是为刘世珩刊《二妙集》而撰,闰八月七日交与刘氏。是文述吴应箕、刘城两先生之行谊,表彰其志节。(《日记》页1284、1286、1288,《二妙集》卷首缪荃孙序)

八月二十五日,具并会第六集,同人同集沈玉麒处。(《日记》页1284)

是日,李传元在扬州致先生一札。札言知夏孙桐南下甚喜,以为"至亲数家,皆得平安无恙,出处之事,可以置为缓图矣"。又言及时事云:"人心亦多慕拳匪,椎埋劫夺之事,时时有之,皆政府提倡之功也。昨闻合肥

---

① 《二妙集》卷首缪荃孙序署时间为"光绪庚子闰八月"。

公与江、鄂尚有山东。会衔,作一篇绝大文字,未知能否入彀。东海举家殉国,想必确实。崇事近亦闻之。二公年均大耋,如此结局,已属无谓,然较之觍然人面,不顾非笑者,相去霄壤矣。弟本因各省主试均未请假,恐蹈规避之咎,故亟谋北上。近日探听消息,行止殊难定决。"(《友朋书札》页429 李传元第三札)

八月二十七日,得李传元扬州一札,代四弟妇邀先生夫人夏镜涵赴扬。札又言及时事云:"侍在扬在苏,不过两月留连,恩命未缴,北行仍不能免,死生祸福,可听天命。但蚊虱小臣,虽摩身碎骨,于身于国,两无裨益,是可笑耳。津沽近事,毫无确信,闻有七月大举之说,未知如何。"又言:"大江南北均非乐土,保护之约恐亦必不能久,匪徒思乱,虽严刑重典,犹不能禁,况今日当国诸公悬赏以劝之乎?"又告以先生前时所询五月二十二日朝廷所放试差及六月十二日所放各省主考之详情。(《日记》页1285,《友朋书札》页428 李传元第二札)

八月二十八日,发杭州丁立诚一札,寄《藏书志》十大册。(《日记》页1285)

是日,夏镜涵携缪禄保等赴扬州。(《日记》页1285)

闰八月二日,校《艺风文集》第六卷。是日接常州龙城课卷及金武祥、刘炳照各一札。(《日记》页1286)

闰八月三日,撰《启祯两朝剥复录跋》,叙内容大要,考版本源流。是文系代刘世珩撰。先生所跋《启祯两朝剥复录》系康熙中原刻本,罕见流传。刘世珩以此本为底本刊入《贵池先哲遗书》,卷末附先生是跋,末署"光绪二十九年癸卯七月十三日县后生刘世珩谨跋"。先生又因同治间当涂夏燮刊本系以抄本校证付刊,多误,故撰有此书札记一卷,标示夏本误处,并兼校原刊本讹误。闰八月八日该校勘记撰毕,九日撰校勘记跋,此跋盖即冠于刘刊本札记之首而署刘世珩之名的题识。(《日记》页1287,《文续集》卷六《启祯两朝剥复录跋》,《启祯两朝剥复录》卷末刘跋,《札记》卷首刘氏题识)

闰八月五日,撰《留都闻见录跋》。是文系代刘世珩撰。刘世珩将《留都闻见录》刊入《贵池先哲遗书》中,卷八载是跋,署"光绪二十七年辛丑九月二十有九日县后生刘世珩谨跋"。(《日记》页1287,《文续集》卷六《留都闻见录跋》,《留都闻见录》卷末刘跋)

闰八月六日,先生阅初二日谕旨,以为局势似有转机。晚小饮。(《日记》页1287)

闰八月八日,寄还龙城书院课卷常州,并致金武祥一札。札述近况:"顷接手书,藉慰饥渴。弟因北事如沸,又加天热如火,百事不能理料。生平心血,尽在二百四十箱书,一万种碑,搬移亦不容易,又无桃源可避耶。子许夫妇偕三小孩避至通州,弟及内人、大二两儿仍留省,两面用度,力不能支,满望和局成,往接归耳。夏间一字俱无,挥汗驱蚊,成《艺风藏书记》十卷一百六十五叶,与《平津馆》《拜经楼》相仿,拟书去而记存,虽不敢与大家抗,然比一无所留者稍胜耳(即付梓人),亦可怜矣。兄久住乡间最善,办团练否?只要弹压土匪,不想抗拒外人也。银元局照常鼓铸。任葆堂开缺回家,鹿劾之也。鹿调两广,江苏人如释重负。潘振声赴行在,特旨回任。《词话》已印,即日寄廿本回常。序文略迟再撰。"(《日记》页1288,《艺风堂书札》280页致金武祥第三十七札)

是日,先生撰《剥复录校勘记》毕,用力已多日。此校勘记后刊于《贵池先哲遗书》本《剥复录》后。(《日记》页1288)

闰八月九日,撰《剥复录校勘记》跋。(《日记》页1288)

闰八月十四日,寄金武祥一札,《词录》末卷十二本。札云:"《词录》第卅一卷新印出,乞留阅,乞寄一本与光珊,即复信由邮政去。填词不能交卷。并分致有《词录》之人。装订宽窄不可知,缘旧印乙百部乙部亦无矣。今年本欲印壹百部,赶考事机不遂,奈何。乘舆迁陕,和局不定又奈何。兄乡居固安如泰山也。"(《日记》页1289,《艺风堂书札》281页致金武祥第三十九札)

闰八月十六日,课钟山。次日收课卷二百四十本。(《日记》页1290)

闰八月十九日,阅卷;校《家语》,写《校勘记》;校《艺风藏书记》。是日,先生以《剥复录》《留都闻见录》跋语及《校勘记》畀刘世珩,均系先生代刘氏撰。(《日记》页1291)

闰八月二十三日,校《艺风藏书记》毕,题张仲炘《日望楼饯别图》。(《日记》页1292)

闰八月二十五日,抄王贞仪女史《德风亭词》一卷与徐乃昌。(《日记》页1292)

闰八月二十六日,徐乃昌借《冷吟仙馆词》去,又嘱抄《德风亭诗》并送

《海门厅志》来。(《日记》页 1293)

闰八月二十七日,先生阅钟山课卷毕,定名次。是日撰《书全谢山正成仁祠祀议后》。(《日记》页 1293)

九月二日,刘世珩送《二妙集附录》来,又送润笔三十元。(《日记》页 1294)

是日具并会第七集,金元鼎、秦焕尧、司马湘、丁立中、鲍抡魁、濮文暹、傅春官共集陈作霖所。(《日记》页 1294)

是日,先生闻各国将开议。(《日记》页 1294)

九月三日,发陶子麟信,寄《两朝剥复录札记》。(《日记》页 1294)

是日,接龙城书院信,寄课卷二百零三本。接金武祥信,寄《粟香随笔》第五集。(《日记》页 1294)

九月五日,先生至江阴,住南菁书院,见"师生俱无,殆将废矣"。先生在江阴凡十日,其间曾致金武祥一笺,言此来之意:"初五到江阴,兄无事能一谈否?为沙田及劝捐两事,约有十日耽阁。《词录》末卷收到否。"(《日记》页 1295,《艺风堂书札》页 281 致金武祥第四十札)

九月七日,先生诣县署谈,乡绅缪圻、缪子珉、梅文明、王士模、章仲明等均来谈。是日,瞿鸿禨送《寄园诗刻》来,先生昨日曾往拜。(《日记》页 1295)

九月八日,发常州龙城书院信,寄三个月题。(《日记》页 1296)

九月九日,诣冯铭谈,并晤沙从心、陈锡卿等。(《日记》页 1296)

九月十日,有旨:命兵部右侍郎陆宝忠提督顺天学政,吏部左侍郎李殿林提督江苏学政,编修吴士鉴提督江西学政。

九月十六日,离江阴,晚抵镇江。次日抵金陵。(《日记》页 1298)

九月十八日,先生收钟山课卷二百九十九本。先生计旧本书凡二万零八百四十七卷。(《日记》页 1298)

九月二十日,赴具并会第八集,同人齐至。(《日记》页 1299)

九月二十一日,门人梁焱来议缪禄保姻事。(《日记》页 1299)

九月二十二日,寄龙城书院课卷并金武祥一札。札谈近况:"前读自寿诗,方知大庆在迩,未能趋贺,甚歉,甚歉。渔洋山人生于闰八月,今年与同人称祝,即为吾兄称祝亦无不可矣。《随笔》收入,序言即日呈政。弟今年考证文字,常作空文,积有六七篇,须于冬夜撰成,每年如此。本月初四到县城,十七仍回书院,邑尊办捐输,弟捐百金,委员办沙田捐,弟应派出千余串,不知如何设法。鹿传霖之新政,更刻于刚毅,我辈吃亏尚可,沙民恐有寻死者,又恐激变。和局不成,鹿入军机,仍墨守刚、赵衣钵,国亡定矣。闱枝学差不得,栾城亦为洋兵所逼,不得安身,不知乘间回南否?常州京官尽数出京否?今年南漕不能办,米价仅不至过贵,旗人亦为洋兵屠戮将及三十万,吃米者亦少矣。"(《日记》页1299,《艺风堂书札》280页致金武祥第三十八札)

九月二十三日,撰《王广文诗序》。此序当系为王家枚撰,二十五日寄之。(《日记》页1300)

九月二十八日,答郑文焯问金石学。此文颇见先生金石学思想,云:"国朝谈金石者有二派,曰覃溪派,精购旧拓,讲求笔意,赏鉴家也,原出宋人《法帖考异》《兰亭考》等书;曰兰泉派,搜采幽僻,援引宏富,考据家也,原出宋人《金石录》《隶释》等书。"先生治金石学,专趋兰泉一派。又于文中对各家金石学著述加以评点:"孙《录》最博,然有见拓本者,有采自他人目录者,一碑三重,一叶再见,年月不分,地名互异。"赵之谦之书"最为草率,最传布,因沈韵初诸人富收藏而不甚读书,为㧑叔盛气所摄,故推许甚至"。"昔友梁杭叔最淹雅、叶菊裳、罗叔蕴均为同派,余子大都覃溪派耳"。又自陈治金石学之经历云:昔年曾为孙星衍《寰宇访碑录》纠缪,续此《录》之"严铁桥、陈雪峰、黄虎痴诸家,荃孙均得抄读";"初为《再补访碑录》,后又以赵《录》为不足补改为《访碑后录》,今定为《金石分地录》。萃孙、严、黄、陈、赵,加以新得,按县分编。昔有今佚者、伪作者、翻刻者,另为一卷,并不收砖瓦。"此书先生凡"手稿三易,未能写定,刻更难矣"。又自陈所藏碑目自周讫元,共一万又八百余种,成《艺风堂金石目》十八卷;又拟为《艺风堂金石萃编》;又因得打碑人聂明山多访得江苏金石,拟为江苏金石志,用《常山贞石志》《越中金石记》例。(《文外集》之《答郑叔问书》)

九月三十日,撰《曾恭人传》。(《日记》页1302)

十月二日,发柯逢时信并《丹丘生集》。《丹丘生集》是先生新辑,遵柯氏之嘱托也。先生《辑本丹丘生集跋》云:"光绪庚子,柯逊庵中丞在扬州都转任,嘱荃孙搜辑编次,先钞钱塘丁氏《元人十二家集》,又抄《元诗选》,为二卷以寄。"即指此而言。先生《日记》,记辑录此书事自本年七月十四日起,钱塘丁立诚寄来先生托其所抄柯九思诗;八月二十九日《丹丘生集》抄起,后经过校勘工完成此二卷本。(《日记》页 1275、1285、1302,《文续集》卷七《辑本丹丘生集跋》)

十月四日,接丁立诚一札并《武林藏书录》。(《日记》页 1303)

十月九日,撰《陶庐杂忆续咏序》,十二日撰毕。《陶庐杂忆续咏》,乃金武祥所作。先生十六日将该序发与金氏。(《日记》页 1304、1305,《陶庐杂议续咏》卷首缪序,《文续集》卷五《陶庐杂忆序》)

十月十一日,接王先谦寄《汉书补注》。(《日记》页 1304)

十月十二日,校《孔子家语札记》毕,连底本三部还刘世珩。此札记后附《孔子家语》汇刻入贵池刘氏《玉海堂景宋元丛书》。(《日记》页 1305)

是日,又撰《旧闻证误》跋。先生以《旧闻证误》世罕传本,而馆臣辑《永乐大典》抄入《四库》之本脱误颇多,先生借得钱塘丁氏藏影宋残本为校本,为之详加校勘,并辑补遗一卷,刊入《藕香零拾》中,该跋述其始末。① (《日记》页 1305,《旧闻证误》卷末缪荃孙跋语)

十月十三日,赴具并会。(《日记》页 1305)

十月十四日,送《常州先哲遗书》与刘世珩。(《日记》页 1305)

十月十八日,接柯逢时扬州十六日一札。札谢先生寄所辑《丹邱集》,又云:"此本所辑,要已得十之七八。查元人诗选本,亦无出其外者。惟墨迹及石刻,仅有四首,尚可补入。前已函恳杨星吾辑题跋,又于各书剌得序三首,将来并为两卷付刻,可为吾家之光矣。"又谈刻书事云:"杨星吾有刻古本七经之议,持之甚坚,侍以古本未必可恃,而校勘尤难其人,星吾颇不谓然。时方刻《太平圣惠方》,星吾及沈子培均以为宜刻七经,前辈以为然否?《齐民要术》又得影北宋本大字三卷,拟将明刻付梓,请丁秉衡作校勘札记,尚须烦执事一鉴定。时局如此,犹作此伎俩,可谓不知时务者矣。和局尚未开议,自主权利此次想全失去,可慨已也。"(《日记》页 1306,《友朋书札》页 208 柯逢时第六札)

十月十九日,翁长森送云和金石来,先生答以《云自在龛丛书》《常州词录》《旧德集》。(《日记》页 1306)

---

① 按,《藕香零拾》本《旧闻证误》卷末缪荃孙跋末署时间为"光绪庚子闰月",此处编年据《日记》。

十月二十日,送《张靖达奏议》清样与刘世珩,并送《丛书》。是日,先生撰《华朗夫志铭》,至十一月十八日方毕。(《日记》页1307、1315)

十月二十三日,接丁立诚信,寄《洪文安集》。(《日记》页1308)

十月二十四日,接龙城书院辛丑年关书,又附金武祥一札。是日,先生眷属自通州回。(《日记》页1308)

十月二十六日,先生送陈作霖《常州词录》《栖霞山志》《据鞍录》。(《日记》页1309)

十一月二日,徐乃昌致先生一笺,送《汪青田诗册》来,先生以其曾表姊诗词全集报之,并复一笺。笺云:"手书诵悉。《六十家》即刻送去。弟翻阅一过,吾常左冰如《冷吟山馆》尚未刻入,兄有之否? 金湛生处《浣春诗余》,沈子培处《补阑词》,均代兄谋之。"(《日记》页1310,《艺风堂书札》页407致徐乃昌第一百二札)

十一月四日,刘世珩招饮,留阅汪志伊翻刻宋《李含光碑》、包世臣十三札、薛绶残石,先生取裱汤世澍《牡丹》归。(《日记》页1311)

十一月六日,至上海。先生在沪前后凡十日,访友燕游无虚日,晤汪洵、余思诒、陆树藩、何嗣焜、傅云龙、孙孟延、孙廷翰、刘树屏、盛宣怀、赵凤昌、张謇、沈曾桐、王仁东、沈瑜庆、周文桂、汤寿潜、严信厚、陈树涵、洪述祖、罗振玉、张曾敫、费念慈、孙宝谷、许星璧等。(《日记》页1311、1312、1313、1314)

十一月九日,刘树屏来,偕至汪洵处点心,复偕至盛宣怀处长谈。又诣赵凤昌谈。(《日记》页1312)

十一月十一日,汪洵招至南洋公学,与汤寿潜、刘树屏、张謇、陈树涵、何嗣焜等小饮。(《日记》页1313)

十一月十六日,到苏州,诣学舍,晤夏涤初父子。入棂星门,见一淳熙碑,一至正碑。又过明伦堂,见一咸淳碑,一至正碑,一碑未见年号,首曰"平江路"。出门数十武,见古兰若坏塔,塔下二碑皆宣德。再南为接待寺,有明崇祯碑。荒榛塞途,破瓦碍履,废然而返。(《日记》页1314、1315)

是日,夏涤初以明刻《水南集》十一卷赠先生。(《日记》页1315)

十一月二十一日,到江阴。接家信及葛海如信,知钟山书院明年关书已到。(《日记》页1316)

十一月二十六日,诣吴镜沆谈,缴捐款一百两。(《日记》页 1317)

十二月一日,在申港,得友人信、电颇多。是日,先生接金武祥信并《浣青词》。(《日记》页 1318)

十二月五日,先生寄缪志名履历与吴镜沆,并缪承祖及自己捐条,为志名捐县丞。(《日记》页 1319)

十二月十二日,先生亡妇庄氏柩出殡下葬。(《日记》页 1320)

十二月十八日,到书院,得友人信札颇多。是日,先生送《浣青词》与徐乃昌,接陆树藩信,寄股分票五张。(《日记》页 1321)

十二月十九日,刘世珩馈先生八十金,徐乃昌送《六十家闺秀词》两部。(《日记》页 1322)

十二月二十二日,发大生信,寄规银一千两。发陆树藩信,寄规银贰百两。(《日记》页 1323)

十二月二十五日,送曹登瀛履历与吴重熹,借《贞观政要》回。曹登瀛履历与曹氏列保事,吴氏曾有一笺云:"已去江南,依然奔走,俗尘叵耐,如何如何。补词五家,望饬梓早写为企。昨文小坡寄来《好大王碑释》,以一册阅。前属曹登瀛列保事,请谕其速送履历来。"《贞观政要》系先生为张之洞所借。吴氏随书覆先生一笺云:"《政要》一书,恐分写不及,欲先寄此本,后归写本于季远,原无不可,第望先与季远电商而行,勿令怨弟突兀方可。原书先奉上,请详酌之。"前此吴重熹则曾有一笺询先生:"昨吴菊农兄言及,香帅电托尊处觅《贞观政要》一书,不知觅寄否?弟昨借得一近刻本,讹字颇多,如尚未得,可送鉴阅。"(《日记》页 1324,《友朋书札》页 612 第十四、十五、十六札)

十二月二十六日,上张之洞一札,先生代刘世珩所撰。是日曾致徐乃昌一笺谈是札事:"顷回拜简迪丞,失迓为歉。上广雅书何以不改削,未免直率。已由邮政局去,至快须除夕到矣。顷礼卿专人来问,想是不欲发,然已发不及再收回。"(《日记》页 1324,《艺风堂书札》页 407 致徐乃昌第一百四札)

是日,丁立诚寄来《淳祐临安志》四册。(《日记》页 1324)

十二月二十八日,写旧抄《汪水云诗》《王广陵集》与《张水南集》入《藏书记》。(《日记》页 1324)

十二月二十九日,吴重熹、湘乡陈毅来。先生送陈毅《常州词录》《云

自在龛丛书》《旧德集》三种,陈氏又借地志、金石二目。(《日记》页1325)

十二月除夕,陈毅借《宋元六志》《严州图经》《河南志》,先生得陆树藩空白票五张,即交陈毅入股。(《日记》页1325)

光绪二十七年　辛丑(1901)　五十八岁

一月四日,在钟山书院。出龙城书院三、四月课题。(《日记》页1327)

一月八日,约俞明震、蒯光典、刘世珩、陈作霖、顾云、傅春官等小饮云自在龛。近日先生友朋间宴饮颇多。(《日记》页1328)

一月十一日,接丁立诚信并《宜堂类编》《拙庵词》。是日,先生寄款银千两与大生纱厂。(《日记》页1329)

一月十八日,撰《慕莱堂铭》。此文系为友人李维翰撰,于二十一日交与李氏并送其《常州词录》《旧德集》。李氏出守江西之临江,城北有老莱亭,因老莱子以孝名,遂名斯堂见志,十余年间遍征题咏,哀然成集。先生读之,有感于中而为是文。(《日记》页1331、1332,《文外集》之《慕莱堂铭》)

一月二十日,校《鹤林玉露》二卷,撰跋并辑补遗续一卷。先生校该书已经数日。(《日记》页1332)

是日,先生撰《薛烈妇诗》。该诗盖系为顾云作,二十六日交与顾氏。(《日记》页1332)

一月二十五日,送沈曾植《常州词录》《旧德集》两种,沈氏又借《艺风藏书记》第一册及上江两县志。(《日记》页1333)

一月二十七日,补校《孔子家语》毕。(《日记》页1334)

一月二十八日,还刘世珩宋刻《家语》、明刻《家语》、新刻《家语》、《家语札记》。(《日记》页1334)

一月二十九日,勘定《丁宜堂年谱》。(《日记》页1334)

二月一日,送沈曾植《艺风藏书记》第二册及《辽文存》两册求勘。(《日记》页1335)

二月四日,还范德培《贞观政要》并送其《云自在龛丛书》《常州词录》《旧德集》。(《日记》页1335)

二月七日,先生复金武祥一札。札谈近况云:"昨日奉到新正廿四日手书,欣悉壹是。维杖履迎禧,馔着受福为颂。弟入新春,为病魔所困,时好时病,以至恽宅开吊未能回常,殊觉抱歉,专家人送幛及席。挽联以大作雄伟,弟断然想不到,欲作祭文亦无精神,闻尚未出殡,不知已定日期否?和局又有变动,新政并少端倪,大地滔滔,无立脚之所,吴门未必胜于金陵。兄处乡间,弟所甚羡,特无人可谈为郁闷耳。积馀住马府街,与弟甚近,酷好金石,所缺决可补全,惟盼再搜闺秀词,已有七十二家。凑足百种。弟元宵为撰一序,未半而血突来,遂搁下,至今未补足,其实所撰并不至呕血也,一笑……现刘宫保请沈子培、汤蛰仙、张季直、蒯礼卿及弟预议新政,俟交卷再布。"又谈乡事:"西郊公函狗屁不通,并无诬蔑之语,弟回信嘱禄田原信亦交禄田。贴在书院大堂,兄何不往看便知。如禄田不肯贴,胆小之至。亦在当内,兄到城可面询邑尊,照会何以未行到,邑尊亦必问及也。翰如凶横,非保家之道也。县考在即,恐尚有文章。弟去年在邑中,两次几两月,与幼怀、翰如结成冤家,金、陈并称,铢两悉称,弟不惧也。作事总要问心,心信得过,理直气壮,单靠凶亦何益。"(《艺风堂书札》282页致金武祥第四十二札)

是日,刘世珩送《里堂道听录》来,借廖平书五册去。此后多日先生以读此书为日课,盖以此书中多载人物传记、掌故秘闻故。(《日记》页1336)

二月十一日,接丁立诚去年信并《宜堂类稿》一部。(《日记》页1338)

二月十二日,阅龙城经古甄别卷《〈礼记·月令篇〉撰人考》,取五十二卷。此后至十七日先生都在阅龙城课卷,题目还有《诗赋》《春赋》《许劭论》等。(《日记》页1338)

是日,先生致凌霞一札。札谈近况、刻书事、著述事及时事:"日昨奉到正月十七日手书,藉谂福躬康复,诸事胜常,慰如所颂。去年为绅富捐、沙田捐等事回敝县两月,腊底始还书院,入春即病。寓中人亦无不病者,而且反反复复,缠绵异常,虽是小病,亦觉讨厌,现已逐渐清楚,如出门应酬,不知还要复感否。纯伯救济会真是好事,即募收字画,亦是我辈所应为者,而众疑群议,殊不可解。弟为经募千金,金陵止三千余金,甚矣,好事者之不数见也。《山右石刻丛编》刻成廿三卷,待款。《常山贞石续志》稿本在京师柯凤荪处,不知带出否。《江苏志》亦阁下,打碑人远飏。弟又为南皮编辑《国朝纪事本末》,刻无暇。《捃古录》之板载入都门,庋置金井胡同宅内,闻房屋为德兵所踞,门窗间壁都供爨下材,此板大约付劫灰矣。廉访止印出五十部,分贻同人,闻之颇为难受。弟劝其覆刻,廉访尚冀或有孑遗,俟回銮后再查,方定主意。爽公昭雪,将来建祠赐谥,必在意中。其世兄已刻行述,乞代索一帙,并恳开示其三位世兄之号,拟通一信。爽公诗集已刻,尚有一二年近作、文集未刊,闻未散佚,弟愿为之编次,并可经理刊板,以报故友。俄约未定,人心皇皇,中江何如?"又谈访书事:"去冬到申江一行,少一申甫,沪市为之减色,偕葛振卿搜访一回,一书未得,可叹。"(《日记》页1338,《艺风堂书札》页343致凌霞第二十二札)

二月十八日,借刘世珩《黔江帖》四册残本,跋之。先生以为此帖"纸墨古雅,望而知为宋拓",又据《法帖谱系》详考之,以为此本"每卷篆书之后,即易他纸,似前人裁去以充淳化祖拓者","然七八两卷,《谱系》云无篆书,而此独有,天衣无缝,决非从各处割截来者,疑不可解,止'取卿女婿'帖内第二行'休'字立人正作两点,可为《黔江帖》之实证",又认为册前元俞紫芝、顾阿瑛两跋均为伪作。先生跋毕于二十日将该帖还与刘氏。(《日记》页1339、1340,《文续集》卷八《黔江帖残本跋》)

是日先生校《曹州牡丹谱》(《日记》页1339)

二月十九日,撰惠栋《九曜斋笔记》跋。(《日记》页1340)

二月二十四,交吴重憙刻本词及账。(《日记》页1341)

二月二十五日,购明本五代史,读《丙辰札记》。(《日记》页1341)

二月二十六日,诣张謇谈,面交大生息折。是日,先生交《琴趣外篇》与吴重憙。(《日记》页1341)

二月二十八日,撰《铁桥金石跋录要》。校《河南志》,此后数日先生以此为日课。(《日记》页1342)

三月二日,赴陆师学堂看操,杜俞、陈三立、陈伯陶、毛庆蕃同席。(《日记》页1343)

是日,先生购《拳匪纪事》,读终卷。(《日记》页1343)

三月六日,送《乐章集》与吴重憙。至此《山左词》刻毕。(《日记》页1344)

三月八日,龙梓修约看牡丹,濮文暹、蒯光典、周莲、杨金龙、方道济等同席。(《日记》页1344)

是日，先生编排《碑传集》续稿。(《日记》页 1344)

三月十日，撰《石莲庵刻山左人词序》。序有云："戊戌之冬，吴粮储仲饴同年属为校刻《山左人词》。先得国初王西樵、阮亭、宋玉叔、曹实庵四家，续于《百家诗选》得杨圣期、唐济武两家。宋词得李端叔、辛稼轩、周公谨、李清照四家，己亥复得国朝赵饴山、田在田两家，庚子又于《六十家词》得柳耆卿、晁无咎、王锡老、侯彦周四家，于《典雅词》得赵渭师一家，共十七家。荃孙校刊，记而序之曰……"此书实先生代为编刻。(《日记》页 1345，《文续集》卷五《石莲庵刻山左人词序》)

三月十二日，发陈庆年信，寄《常州词录》及《旧德集》。(《日记》页 1345)

三月十六日，送吴重憙《常州词》《旧德集》。(《日记》页 1346)

三月十八日，王崇烈来谈，送奠仪二十元。王崇烈系王懿荣之子。(《日记》页 1347)

三月二十日，录《乐章集校勘记》毕，交吴重憙。先生校该书十余日乃成此校勘记。(《日记》页 1347)

三月二十五日，撰《乐章集校勘记跋》。先生为吴重憙代刻《山左人词》、《乐章集》讹舛最多，实难勘定，"因取《花草粹编》《啸余图谱》《红友词律》《天籁阁词谱》《秀水杜小舫词律校勘记》校之，声律非所知，脱行、夺句，讹字，颠倒字，悉为举出，共得百许事，并逸词十二首"，撰成而跋之。(《文续集》卷八《柳公乐章校勘记跋》，《日记》页 1349)

三月二十九日，录《清苑金石》。先生近期以录金石为日课，盖为编《云自在龛金石分地编》。是日吴重憙赠先生《山左词》二部。(《日记》页 1349)

四月二日，写定《国朝纪事目录》。(《日记》页 1350)

四月七日，送文正题目与首府，还《庙堂碑》与刘世珩。是日，先生阅钟山课卷五十本；接朱祖谋、王鹏运信，寄来新刊《樵歌》四册。(《日记》页 1351)

四月八日，西村时彦来拜，送先生《成斋文集》一部。(《日记》页 1352)

四月九日，先生登舟前往茅山，赴与傅春官之约。途中寻淳熙门阙象，不可得，得嘉定十三年香炉题字。是日入住句容城，晤友人。(《日记》

页1352)

四月十日,冒雨赴茅山。过崇禧万寿宫,见延祐敕及道士陈志新谢表、至治王去疾撰记两碑。抵元符宫,遍探华阳玉柱、蓬壶三洞,宋人题名共得十三段,又看龙池,寻巧石亭遗址。晚阅课卷,读《茅山志》录得元明善诗文各一篇。(《日记》页1352、1353)

四月十一日,游白云崇福宫,访元赵世延碑而不得,至玉晨观,见嵌于墙内贞元景昭法碑,至乾元观观崇宁朱自然碑,又登松风阁。傅春官至,偕入蓬壶洞,秉烛行十余里,炬尽而出,于洞口得石豫题名,复入石桂洞观桂,再过华阳洞拓题名而归。(《日记》页1353)

四月十二日,登峰顶九霄宫,石级八百余,险峻特甚。(《日记》页1354)

四月十三日,返句容城。访崇明寺,见唐开成碑、宋元符碑,登塔观刻经。过学宫,观天监井阑、唐李含光残石、宋大观圣作碑、绍定五瑞碑、元贞、至大两修学记,共十种。又过老君殿,观《青云观记》。(《日记》页1354)

四月十九日,阅钟山课卷毕定名次。是日,先生发陶子麟一札,寄《艺风堂文集》补改本。(《日记》页1356)

四月二十日,出钟山书院课题:神;货恶其弃于地不必藏于己讲义;史熟则名臣出论;江宁水道考。(《日记》页1356)

四月二十二日,致金武祥一札。札谈近况:"弟入春即病,病已,宫保嘱改书院课程,本月二日方开首课。后潘侍御病没,将采访忠义局归弟,兼领清查册籍,至十五日方完。昨日又补三月本月课,忙极矣。月内又与傅君苕生游茅山,六日而回常州。三月课未阅毕,亦未复兄,职此故也。"又谈乡里事:"西郊董事,吴迪光、梅济和,另有一夏港吴,虞门曹,与弟五人共举首,王次金只想于中择一人。双谕之意出于邑尊,慰留之意出于房科。江阴固吏胥为政者也。第西郊公事业已澈底澄清,经董实无好处,悠悠之口不必听信。将来须改小学堂,尚须格外益之,吾辈必须帮忙,年得二千金有着之款则可办矣。吴祖裕肄业武备学堂,俞恪士总办考核认真,绝无情弊。书屏之子亦在内,明年毕业。得有好处,或有闻风兴起者。王嫂事略,装入议单,正合古法,无须改动。府考毕否?石公回荆溪否?弟与苕生登茅山绝顶时,忆石公惜不同游,石公知之得无神往。院考何日?乞先示知。"又谈近时事并寄书数种:"念匪时有谣言,宫保处之以镇静,较胜湖北。吴仲饴赴闽臬任,所刻《山左词》十二册,索得两份,一以贻兄,一贻光珊。以《乐章集》校最精,成校勘记一卷,佚词十二首。宋词不易校。又,王佑遐刻《樵歌》于京寓,春间寄到,均以副本奉贻。"(《艺风堂书札》282页致金武祥第四十三札,《日记》页1357)

是日,先生送汪康年《常州词录》《旧德集》。(《日记》页1357)

四月二十七日,为蒋煦捐监,出银四十三两贰钱,旋领得捐照。(《日记》页1359)

五月一日,致蒯光典信,借《红雪楼九种曲》来。(《日记》页1359)

五月九日,定龙城课卷名次。张謇来访,收到大生息折四个,又存款折一个,余洋三十一元,账壹纸。(《日记》页1361)

五月十日,发凌霞信,寄《鄦斋丛书》二十册,徐乃昌赠与凌氏者。(《日记》页1362)

是日,定《常州先哲遗书》第二集目。(《日记》页1362)

五月十六日,出钟山课题。题刘世珩《李苞阁道题名》毕,还刘氏。(《日记》页1364)

五月十七日,重定《龙城经史选本》。(《日记》页1364)

五月十九日,题吴昌硕《印谱》。(《日记》页1365)

五月二十一日,改《编译小学书条例小引》。(《日记》页1366)

五月二十三日,巡抚恩寿来面订译书事宜。(《日记》页1366)

五月二十四日,徐乃昌约饮,先生复一笺,以赴鄂辞:"昨日送上《金石目》一本,□片一纸,想均察入。今日五点钟偕季直赴下关附江裕到鄂,宠召恐不能到。"先生此行,盖系为译书局之事。(《日记》页1366,《艺风堂书札》页409致徐乃昌第一百十二札)

五月二十七日,抵汉埠,与王秉恩、黄绍箕、梁鼎芬同晚饭。先生在鄂凡十余日,与师友燕谈甚乐。(《日记》页1367)

五月二十八日,谒张之洞,留早饭。(《日记》页1367)

五月二十九日,送《文懿公集》《旧德集》与瞿廷韶,《旧德集》与梁鼎芬,《常州词录》《旧德集》与黄绍箕。又呈《常州词录》《旧德集》与张之洞。(《日记》页1367)

五月三十日,罗振玉以译书送先生。(《日记》页1367)

六月一日,偕张謇到两湖书院。得钟山电,书院为水浸,召先生速回。(《日记》页1368)

六月二日,谒张之洞辞行。读《改行新政疏》。(《日记》页1368)

六月三日,陶子麟送《二妙集》板片来。罗振玉送书及《教育报》与先生。(《日记》页1368)

六月八日,早上抵下关。"坐东洋车入城,街上积水至城而止。武庙前积水至珍珠桥而止。花牌楼积水至门楼桥而止。院中水已至大堂阶下。花园楼房后面一片汪洋。"(《日记》页1370)

六月九日,阅钟山、龙城课卷,校《意林》。是日徐乃昌借工部营造尺,先生致其一笺:"工部尺呈上。昨读《西斋偶得》,国朝量地应用户部尺,不宜用工部尺也。《西斋偶得》,新自鄂得新书,季公亦获其一。鄙人求之卅年矣。"(《日记》页1370,《艺风堂书札》页409致徐乃昌第一百十三札)

六月十一日,连日阅钟山书院课卷毕,定名次。(《日记》页1370)

六月十四日,阅读龙城书院课卷毕,定名次。(《日记》页1371)

是日,接王先谦四月二十八日函,索骈文。札云:"陈诒仲回湘,询悉前寄《汉书》,已登道览。兼稔文福并隆,颂慰无已。谦近刻《日本源流考》《骈文类纂》二书,《类纂》一用姬传先生《古文辞》例,微有变通,采摭颇广,本前八年所创稿,今更定卒成之。吾弟骈文,务寄数篇或十数篇惠我,书成必速,切盼来函。又蓉生没后,其遗著经伊令弟苗生寄我,谦去秋拟乡居,藏书全检入箱,蓉生遗编他处难觅,亦乞选寄数篇。爽秋、竹筠之文,能否代致。又弟所知先辈朋侪中,但有佳文实在可传者,并望费心抄寄,中驷则置之。文人嗜好,亦各不同,如近姚大梅诸君之文,鄙意总觉不惬,岂心力目力隔阂致然邪。吾弟又刻成几种,有便都望赐惠。惟骈文稿请先来,不可耽误也。"(《日记》页1371,《友朋书札》页33王先谦第四十九札)

六月十七日,选《龙城经古文》。(《日记》页1372)

六月十九日,撰胡承珙《小尔雅义证》跋,沈涛《瑟榭丛谈》《交翠轩笔记》、黄本骥《隋唐石刻拾遗》跋。(《日记》页1373)

六月二十一日,发龙城信,寄七、八月题目并寄《经古学选本》。是日先生收拾书籍,晚大雨,水已涨及书房。(《日记》页1373)

六月二十二日,得陈三立昨日所撰一札,并送来朱彝尊藏本《安默庵集》、洪炎《西渡集》。札言"前数日奉谒,至院门涨深过膝,舆夫坚不肯前,中流而返。今涨有增无减,仍瑟缩不敢进"。有须与先生商者数事,一是向先生介绍李希圣:"湘乡李亦元刑部希圣,学问词章,迥出流辈,兼嗜收藏,所搜精椠本亦颇富。夙慕宏达,欲一瞻对,匪所不逮,属为先容。"一为其从李君处假得朱彝尊藏本《安默庵集》《西渡集》,送与请先生鉴定,并询先生二集是否有流传之本,以其乡里渊源,欲与《驹父集》同刻存之:"日前于李君处,假得安默庵、洪玉甫二稿,俱系竹垞老人所藏抄本。安稿不知尊处有其书否?其《西渡集》亦不知有刻本否?如无流传之本,贱子以乡里渊源,拟并《驹父集》刻存之。《驹父集》,佑遐给谏言,在都曾见抄本,亦竹垞翁所藏。想公必藏有此本也。兹将两抄本呈览,伏候教裁。"一是荐邹代钧入译书局,云:"邹沅帆书来,闻金陵已筹巨款,将开编书局,而以我公总其事。渠特探询开局早晚,及一切章程,如可需人襄助,沅帆亦愿弃彼就此,盖两湖分校,渠颇觉劳而少效。谓倘有须编史学、政治、舆地专门之书,或论卷数给资,尽可寄鄂编定。窃不恤滥竽其间,薪资优劣所不计也。乞酌之。"先生以为二集版本极佳,遂取金山钱氏刊《小万卷楼丛书》本《西渡集》校勘一过,末缺一叶照钱本抄入,并跋之。① 于二十四日还陈氏两集。二十六日陈氏又借先生藏《西渡集》《老圃集》两集刻本。(《日记》页1374、1375,《友朋书札》页436陈三立第一札)

六月二十三日,撰《毛诗草木鸟兽虫鱼疏》跋。(《日记》页1374)

六月二十四日,撰《笛律匡谬》《古经天象考》《金石文字撰异》跋。(《日记》页1374)

六月二十五日,撰《安徽金石略》《古墨斋金石跋》《泾县金石记》、《萃编补目》、《元碑存目》跋。(《日记》页1374)

六月二十六日,撰《周易通论》《月令》《尚书义考》跋。(《日记》页1375)

六月二十七日,撰《晚书订疑》《宫室考》跋。(《日记》页1375)

六月,王鹏运以洪良品《龙冈山人集》见示,内有《陈总兵事略》,大约本之其家行述,第未详考地方、年月,地名、事迹讹误太多,因取《山东军兴

---

① 先生是跋末署"光绪辛巳江阴缪荃孙校竟识",作"辛巳"与事不合,当系"辛丑"之讹,今据《日记》系于此。

事略》及《粤捻方略》重编次之。(《文续集》卷二《陈总兵事略》)

七月二日,李希圣来访,先生以为"甚可谈"。七月三日回拜之,见其抄本书,以《蠹斋铅刀编》为最,翁方纲写《武虚谷墓志》也极佳,借其自著《经眼录》回。(《日记》页1376)

七月四日,送孙氏《鸿庆居士文集》、葛氏《丹阳集》两集与李希圣,借其《日本访书志》《蠹斋铅刀编》归。李氏随书复先生一札:"顷奉手教,并承赐书,感幸无似。题跋多漏略,宏博淹通,十年渴仰,务乞详加补正,扩所未闻。其中宋本《文选》一条,乃陈兰甫说,漏未书名,非敢掠美也。《蠹斋集》呈览。其《非诗辨妄》一书,《四库提要》尤再三表章。"先生次日交《蠹斋铅刀编》于书手录副。(《日记》页1377,《友朋书札》页531李希圣第一札)

七月五日,先生致上海汪康年一札。谈常昭办学堂、修塔、抽收米捐事:"昨奉手书,聆悉一切,常昭小学堂昔年潘毅远等创办,弟即预闻其事。修塔之说,大是笑话,已先转致幕府,请其转求官保,照抚院调停,可谓面面俱全。前事不论,近日朱侍郎修六和塔,塔未成而归道山;徐分司修金山塔,塔甫成而戍西域。老佛可谓无灵矣。弟有恳者,江邑与常昭毗连,渠之米捐如何抽收?乞转求贵同年,给一抽捐章程,并扩充学堂章程见寄。不知能照办否?常昭之阔,江阴之霉,真成天壤。现常昭先办学堂,将来又是要出阔人,未免心羡而生妒,若单靠修塔,则弟不甚畏,嫌其荒渺无凭也。"又谈自己被委办事:"译书局委弟,真是用其所短,现有此说,未必有此事。未开局,亦未接照会,本请张季直,季直荐蒯礼卿,藩台不愿。方伯诿弟,辞之至再,能辞去更佳,断不去催也。"又谈及慈禧太后等回銮事:"回銮定七月杪,恐豫晋横潦难行,北道之苦弟深知之,虽千乘万骑亦难与山水争道也。左相西征,七十大车装粮米,后于函谷即遇水也。现百官散放,粮运已停,饷银均不望陕西解,断无久留之意矣。"(《日记》页1377,《汪康年师友书札》页3065)

七月六日,先生发陶子麟《续千字文跋》。跋考该书作者名侍其玮而非侍其瑗,又详考其生平历官及家世。(《日记》页1377,《续千字文》卷末缪荃孙跋)

七月七日,丁立诚寄《柳集》及《皇朝大臣谥迹录》。(《日记》页1377)

七月十五日,接陈庆年寄柳诒徵文字。(《日记》页1379)

七月十六日，出钟山书院七月课题，开课。(《日记》页1379)

七月十七日，送李希圣《常州词录》《旧德集》《孔北海年谱》"缪、李二公集"，还其《经眼录》《蠹斋铅刀编》。李氏随即复一札，札云："昨诣候起居，适值它出。顷奉手教，并蒙惠书，感悚莫名，谨当留读。题跋承补正，骤读一过，如获至宝，闻所未闻，欣幸无似。新学虽当盛行，而中国文字当遍行五洲，是旧学正藉新学而昌，自万万无绝响之理。先生字弊之论，可谓相当不苟。"(《日记》页1380，《友朋书札》页531李希圣第二札)

七月十八日，定学堂功课初单。(《日记》页1380)

七月十九日，定龙城书院名课卷次，代出文正书院课题。(《日记》页1380)

七月二十日，至镇江。先生读镇江柳诒徵文，批曰："古之刘孝标，今之彭甘亭无过也。"欣赏若此。随后致柳诒徵一札，邀其入编译局。札云："秋风方劲，翘企清才，明月在霄，雅思良睹，迩维翼谋仁兄大人席经胙史，采古涵今，永爱日于萱闱，味新凉于芸几，溯洄芳轨，劳赍葭湄。弟等讲坐徒縻，商筹未展，猥以译书之役，谬攀命驾之殷。复此招携，亮予饥渴，专肃敬颂文绥，并叩侍祺，统惟蔼照不备。"(《日记》页1381，缪荃孙《致柳诒谋书》，《艺风堂书札》页584致柳诒徵第一札)

七月二十一日，与茅谦、陈庆年同游竹林寺，观林公泉。又到鹤林寺观旧碑。晚到商务局观罢时文上谕。(《日记》页1381)

七月二十三日，先生抵常州，住龙城书院。(《日记》页1382)

是日，费念慈致先生一札。札言已得先生本月十六日之札，并将先生借与章寿康四十元及札转与章氏。又谈时事及译书事云："积徐来，言江宁事甚悉，风潮为灾，可胜浩叹，如何如何。新宁译书，闻延公主其事。课本所编，南皮师亦以属公。新说虽行，旧学将废，绝续之交，不可无耆硕如公以主持之也。杏荪推广译局，并开东文学堂，属侍与乙庵理董，昨已入告，公与乙庵同舟时话及否？译事侍茫无所知，自以政治中之章程法律为最要，然中西风气有必不能强同者，不能不慎择，以省译费。其难有数端：文字非所素习，假手于人，不敢笃信一；东文略省，先译东书，而东之所译，或是西人旧制，无当于今，徒费日力二；专门之学，非专门不能通其意，徒恃译手，踳谬百出，顺文不能属读，润色又失本真三；江鄂设局，益以私家，虽不相谋，大旨无异，一书可信，不谋而同，经费有数种，庶事易举而成书

多,欲与公商定之。"(《友朋书札》页394费念慈第一百四十五札)

七月二十四日,在龙城书院,定龙城选课艺次序。先生在常州凡七日。(《日记》页1382)

七月二十七日,诣华世芳谈。偕金武祥、华世芳、费惕臣赴史子青望云水榭,作诗钟之集,集者吕景端等十六人。(《日记》页1383)

七月二十八日,与金武祥、华世芳在经正堂作诗钟之集,集者二十人。(《日记》页1383)

七月二十九日,恽宅张太夫人出殡,先生奠茶,随班送殡。是日为华世芳题《萱节图》,成小颂一篇。(《日记》页1383)

七月三十日,在经正堂作诗钟之集。是日先生购得朱本《合璧事类》残本、黄校《法言》残本、《黄御史集》《谋野集》《孔子家语》及名人四札,去洋六十元。(《日记》页1383、1384)

八月二日,谕旨著将各省所有书院均改设大学堂,各府厅、直隶州均设中学堂,各州县均设小学堂,并多设蒙养学堂。

八月三日,先生在苏州,拜李少梅、汪鸣銮、沈玉麒、恽季文,送汪氏《常州词录》《旧德集集》,送恽氏《常州词录》,沈氏《留溪外传》。(《日记》页1384)

八月四日,诣俞樾谈,赠传奇一册。是日先生自诣汪鸣銮宅内,登万宜楼,观《吴郡图经续记》《新定续志》《联珠集》《中兴馆阁录》《许丁卯集》《唐僧弘秀集》,皆宋本,极佳;又见《汉唐事实》《经史事实编年通载》,皆宋本,《周礼》系昔年所见,《仪礼图》疑元明本;又见《南有堂集》百谷手稿,假归。(《日记》页1385)

八月六日,抵上海,拜费念慈、汪洵、赵凤昌、盛宣怀、沈曾植,均长谈。是日,先生诣宏文阁购新书。(《日记》页1385)

八月七日,先生诣蒙学报馆,定《蒙学报》。是日晚,费念慈招饮,张元济、沈曾植同席,论编译事。(《日记》页1386)

八月九日,偕刘树屏到蒙学堂,先生以为教法极好,可以为蒙师法。是日,又与陆树藩商量捐务事。(《日记》页1387)

八月十三日,门人曹元忠来见先生,呈《蒙鞑备录校注》,先生以《旧德集》酬之。(《日记》页1389)

八月十九日,致沈玉麒一札。札云:"在苏幸聆雅教,惜匆匆握别为歉耳。《常州词录》、《旧德集》,专人赴金陵取到,托屺弟代呈,误致柳门处,恳兄自往取归。缘在苏已送过矣。行箧两部,一呈柳门,一呈季文。"(《日记》页1391,《艺风堂书札》页344 致沈旭初第一札)

八月二十一日,先生在常州,诣金武祥寓,赴诗钟之集。(《日记》页1391)

八月二十三日,接总督刘坤一电,促回省商办要事。(《日记》页1392)

八月二十七日,到书院。恩寿来,先生接派办处照会,嘱派编译书事。(《日记》页1393)

九月一日,上张之洞一函,详谈开办编译书章程。(《日记》页1395)

九月三日,刘世珩来,定分纂、校对人数并交章程。(《日记》页1395)

九月五日,陈三立送乃父陈宝箴之行状。(《日记》页1396)

九月六日,校《寓庵集》卷八。先生校该书多日矣,是日校毕。(《日记》页1396)

九月八日,编译局开局,总办刘世珩、黄裳治、李农华、洪品九三收掌委员,陈作霖、姚埕埏、柳诒徵、茅谦、王韵生、李仲霖、崇朴、叶廷琦八分纂到局。是日派办处送日本书来。(《日记》页1397)

九月十三日,接张之洞电,嘱先生赴湖北。(《日记》页1399)

九月十五日,费念慈在沪致先生一札,留于沈曾植处。札言其在沪候至十五日,因事返苏,十月方返沪,并言编译局事:"江鄂合设官局,规模当远出沪上。鄙意能公定一画一章程,通力合作为最妙,可省却许多事也。至以中学书编为蒙课,则蒙不敢知,不敢赞一辞,新字课亦不甚能通晓。侍生平于《文通》一书未寓目,所云动静亦分不清,可云鲁钝矣。学堂与制科相因,以应有钦定章程颁各行省,方合政体也。傅观察捐案已查出附览,公学一节,乙庵亦此意,并闻。"(《友朋书札》页394 费念慈第一百四十六札)

九月十七日,校《艺风藏书记》,代刘世珩改《二妙集跋》。是日,先生发上海沈曾植信,寄《寓庵集》两册。(《日记》页1400)

九月十九日,定龙城课卷名次,录《古欢社约》。(《日记》页1401)

九月二十日,撰《强萼圃上当事三书》跋。(《日记》页1401)

九月二十三日,订《千顷堂书目》。(《日记》页1402)

是日,先生致赵凤昌一札,以译书局之事付罗振玉,送刘树屏《荆川集》一部。札云："在沪诸承照拂,心感之至。弟本拟来沪,办译东书及石印字宜,香帅又命弟到鄂,即日起程,沪事托叔蕴更妥善。葆良兄索荆川文一部,希转交。前假十六元亦察入。盛礼公分,弟派若干,示知再缴。"(《日记》页1402,《赵凤昌藏札》,《艺风堂书札》页354致赵凤昌第十四札)

九月二十四日,得费念慈在苏致先生之札。札云："在沪得书,知将偕聚卿过江,静候至月望,以事回苏,留一函于乙庵处,并查明傅观察注册报部日期。顷又得既望所发书,知不果来,甚怅。弟廿四五到沪,杏公将北去,须送其行。然后至鄂,当在十月望前,不知公能待否?编书断非两三月能就,学堂似当有划一章程,奏请钦定,颁各行省,道一风同,方合政体。若人自为学,家自为师,犹治丝而棼之,恐各国亦无此办法也。"(《日记》页1402,《友朋书札》页395费念慈第一百四十八札)

九月二十五日,先生赴鄂。十月十五方返宁。(《日记》页1403)

九月二十六日,拟《学堂条议》。(《日记》页1428)

有旨:九月二十八日,以江宁布政使恩寿为漕运总督,以福建按察使吴重憙为江宁布政使。

九月二十九日,谒张之洞谈。(《日记》页1429)

是日,先生又诣章寿康谈,见监本《五代史》、魏锡曾《绩语堂碑目》稿本、顾校《隶释》。(《日记》页1429)

九月三十日,湖北巡抚端方招饮。是日,张之洞送先生变法折。(《日记》页1429)

十月一日,上书与张之洞。是日先生在章寿康处见古钱甚多,又见《大相国寺碑》,均佳。(《日记》页1430)

十月十六日,定钟山课卷名次。(《日记》页1403)

十月十八日,交丁黄《古欢社约》与李贻和,李贻和送刻《山右石刻丛编》账来。(《日记》页1404)

十月二十日,得费念慈十三日一札。札言其在沪因盛宣怀病,待其稍愈方赴鄂,舟中遇庄调甫而知先生已返。又谈编译书事:"叔蕴开办东文学堂后,十七开办,设在虹口谦吉里。偕念劬赴日本考察。学制、编译二事,南皮师意若何?公到后想已有定论。申江议论不一,若自未见中国书者。所编陋劣,风尚如此,恐其书行后五十年,黄种无一通人,洪水猛兽之患甚于暴秦,求文明而适得野蛮,人类或几乎熄矣。此不可不亟救正,功不在禹下也。《劝学篇》已痛言之,而谈新学者恶闻,举世若狂,奈何!"(《日记》页1404,《友朋书札》页395费念慈第一百四十七札)

十月二十四日,潘学祖约赴惜阴书院、文正书院勘地。先生昨日曾与潘氏往勘格致书院。(《日记》页1406)

是日,巡抚恩寿送山东试办学堂章程来,先生饬写官分写。(《日记》页1406)

十月二十五日,先生看颜科坊巷季宅房子,以为尚好,拟再议价。(《日记》页1406)

十月二十九日,闻知恩寿将交卸,先生臆测学堂将有变局。(《日记》页1407)

是日,先生写《藕香零拾》目录。(《日记》页1407)

十一月四日,阅罗振玉《学校政纲》,先生以为"一偏之见"。是日先生以《小学绀珠纂要》付刊。(《日记》页1408)

十一月九日,发大生纱厂林兰生信,寄收据、息折,将提存款千金为典屋计。(《日记》页1410)

十一月十二日,订《碑传集补编》。(《日记》页1411)

十一月十四日,胡延自西安来,长谈。(《日记》页1412)

十一月十九日,诣李新甫家写颜料坊巷房屋典契,成而归。(《日记》页1414)

是日,陈光宇来言宫太保招嘱办学堂事。(《日记》页1414)

十一月二十一日,借译书局百元,馈柳诒徵五十元。是日柳氏领《历代史略》编纂。(《日记》页1414)

十一月二十三日,定龙城名次。是日,先生得沈曾植上海一札,札谈江楚编译书局事:"书局宏开,实总司江左人文消息。闻叔蕴专主译述,编纂、决择均出渊裁。兹事体大,计必有起例发凡之作。绪论可得时示一二乎?"请先生助成朱正元江浙沿海图,云:"朱稷世司马,京洛旧人,测绘江浙地图,于近海土名颇多详密,其书下可备学堂之用,上课供外务之需,方接办闽省而归,跋涉艰窘,呼号无所。此举虽发端译署,成之实自新宁,若稍助经费,俾得终成其事,未始非盛举。现所待以出图者,仅二三千金耳,比于沉飘尚易为力,望阁下略垂盼睐,假齿牙,俾得达苦衷于宫太保前。

此君亦礼卿所识拔,穷途为可悯也。"是日,朱正元呈先生《江浙沿海图乙分考》二册。(《日记》页1415,《沈曾植年谱长编》页264)

十一月二十四日,接潘学祖手札,知学堂又有变动之意,施炳燮一人作梗。(《日记》页1415)

十一月二十八日,辑《永乐大典书目》,多日而成。(《日记》页1417)

十一月三十日,先生得张謇本月二十三日之札。札谈学堂事:"前奉惠教,未及裁答,嗣问踵至,公为学校事苦心调护至矣。理卿每有讯来,辄忧办理失序,令人汕笑。幕府无人,事事将求合于各国,察无他意,顷复为言之矣。不知省学已办有几成,叔韫不久当归,必能为公辅助……彦叔书来,问恩方伯去,吴来是否续延,不欲造次,现仍在鄂中。吴仲翁傥仍前说,公径与彦叔讯招之。派办处无人,将来公事之槎枒缪戾,恐不止一端也。培老亦有招致彦叔之说,公如为江南计,似亦宜及早。"(《日记》页1418,《友朋书札》页572张謇第二十札)

是日张謇再致先生一札,谈办学堂建议。札云:"承教曾奉答一缄。顷新宁来电,以省府县学校并建,与先建中小学师范二说未定,属即诣省商订。此间工程实不能离,日有须斟酌因应之事,离此便百事无主也。公主并建之议,盖恐阻新宁之兴,落山东之后。然事固有序,与其尽做补习工夫,不若以中学先做补习,后做豫备工夫。且师范不立,不特教法不齐,即管理法亦无从取,则恐非计之得也。叔韫不日即反,至省即可订定,定后由江、鄂会奏,即亦不迟,愿公少待。謇举心之所明者,贡其愚虑,或不呵责耶!"(《友朋书札》页566张謇第五札)

十二月一日,《艺风藏书记》《柳词札记》《石渠余记》均刻起。(《日记》页1418)

是日,张之洞上《胪举人才折》,奏荐先生与李盛铎、伍廷芳、汪凤藻、胡惟德、黄绍箕、王先谦、樊恭煦、沈曾植、乔树枏、陈宝琛、曾铄等,其称先生云:"该员学问优长,才具深稳,久官翰苑,资格甚深,而安雅寡营,不事躁竞,其坚定有识已可概见。"(《张之洞全集》卷五十五页1465—1467)

十二月二日,撰《两江忠义录跋》。(《日记》页1418)

十二月五日,约徐啸崖、李华耀、孙筠谈学堂事。是日,刘坤一嘱刻《日本军事教育略》,先生前日交彼者。(《日记》页1419)

十二月六日,交李贻和发刻《算法初级》《陆军教育事略》《俄都路程》。

(《日记》页1420)

十二月八日，诣陆师学堂看学生上堂。(《日记》页1421)

是日，得张謇复先生十一月二十九日专冯升往送张氏之札，谈学堂事。先生以为"仍以罗施为是，学堂不得成矣"。札云："昨奉上一缄。待叔韫回再定学校，盖审慎之意，亦计其归即在目前也。报刘宫保书亦如此云，而主罗议，尚不知有许多波澜也。冯大来承教，乃恍然于公与理卿议论不合之故，然细思今昔情形，公之欲速有苦心，而理卿来讯斤斤求学校之成，初无阻难之意，是则不合在数月迟速之间，故是小处。又按叔韫学政私议阶级一条，有今日仅立小学，而中学业师范、业专门实业学科，必俟十年之后，未免缓不济急。可选已通中学者入中等及师范实业学校。先立补习科一年之语，此似与公及理卿之意两不触背。愚昧之见，以为可行。就今省城言之，格致即实业，二处各科均分班。惜阴即高等师范，钟山即寻常中学校，文正即寻常高等小学校。分班教授。唯格致、惜阴之名不必仍袭耳。理卿处讯乞转送。此君尚说得明白，苦走当工程吃紧之时，不能诣省，无可如何。省学兼治安，与礼卿分任稽查，极善极善。薪水不敢受，舟车之费实用实销，随时取给于公可也。"(《日记》页1421，《友朋书札》页567张謇第六札)

十二月十四日，发王仁东信，寄《石渠余记》并账。盖先生代王氏刻。(《日记》页1422)

十二月十六日，改撰《永乐大典考》。此文当即撰于此前不久。后丙午年(1906)一月十四日曾再次改写，盖准备刊出。此文历述《大典》的编纂、庋藏、利用、散佚情况，最后述此国宝级巨型类书的最终亡佚："庚子拳匪倡乱，毁翰林院，以攻使馆之背。旧所储藏，均付一炬，《大典》遂一册不存。正书早归天上，副本亦付劫灰，后之人徒知其名而已，可胜叹哉。"此文撰于《大典》庚子被焚的次年，盖有寄意。(《日记》页1423，《文续集》卷四《永乐大典考》，《国粹学报》民国七年(1918)第四卷12期《永乐大典考》)

是日，送萧穆《常州词录》《艺风藏书记》各一部。(《日记》页1423)

十二月十八日，诸生三十余人来求留书院，先生随作函与刘坤一。(《日记》页1424)

十二月二十日，与胡延结《山右石刻丛编》账。二十七日，胡氏还先生

银四百十五两。(《日记》页 1424、1426)

十二月二十二日,与李贻和结账,《山右石刻丛编》《藏书记》并印书五十部,《农丹》、《古欢社约》、《游城南记》、《强蕁圃三书》、补刻《词录》、《尚书记》九种均结。(《日记》页 1425)

十二月二十三日,结《两江忠义录》账,交书与赵诒书。(《日记》页 1425)

十二月二十四日,江苏学政李殿林奏江苏南菁书院遵改学堂拟将专斋、正斋、备斋同时并立,妥拟章程十条,先行试办。得旨,著照所请办理,务须认真考核期收实效。

十二月二十四,上巡抚恩寿丞信,言学堂开不成,甚为愤愤。(《日记》页 1426)

十二月二十九日,刘世珩还先生校赀百元。(《日记》页 1427)

卷五　高等学堂

光绪二十八年　壬寅(1902)　五十九岁

一月二日,在钟山书院。发《两江忠义录》与丁德洲刻,交《二十一史提纲歌》与李贻和刻。(《日记》页1431)。

一月五日,拟为诸生求加课桌帖。先生得接东抚张人骏一札。(《日记》页1432)

一月八日,撰《妇女裹足考》。此文分"禁令""考古""通论"三部分,考裹足"始于南唐,盛于南宋,初则贱者裹之,继则缙绅效之,七百余年,寖成风俗",又考清代禁止裹足之令,例举清代袁枚《牍外馀言》、李元复《常谈丛录》、刘恭冕《广经室文抄》、钱泳《履园丛话》所载反对裹足之言论。此可见先生反对裹足。晚清时期,各地先后出现了天足会、不缠足会。(《日记》页1432,《文续集》卷四《妇女裹足考》)

一月十日,撰《中书衔处州府学教授黄先生墓志铭》。碑主黄以周,字元同,浙江定海人,同治九年举人,精于礼学,著述等身。先生曾与黄以周共主南菁书院讲席,相知甚深,于墓志中论黄氏学术宗旨与成就,最为中肯。(《日记》页1433,《文续集》卷一《中书衔处州府学教授黄先生墓志铭》)

一月十二日,得张謇本月八日一札。札云:"罗于日内当已返沪,前曾函促之也。客腊学校房屋已否动工?本拟早至省垣,因日内料理厂事,灯节后须至海上料理,开工筑堤部分有绪,恐非二月初不能。西上迟迟,伏乞鉴谅。理卿时相晤否?翁志赶写奉上,乞转交去人,亦为三补事。要之堤未全成,必须日驻工次乃妥耳。"(《日记》页1433,《张謇日记》页482,《友朋书札》页569张謇第十三札)

一月十三日，得王先谦去年冬至前一日之札，并新刊《三家诗疏证》二册。札谈编刊《骈文类纂》等事："承赐寄各稿领到，大著骈文敬登十一篇、朱蓉生二篇、柚岑一篇，庄宜人诔。此番《类纂》之辑，自屈、宋迄国朝，体制似较姚辑为宏阔。辞赋选入散文，本觉此中界画未为允叶也。袁、许二公遭此不幸，中心为惨怛者累日，亦各登一篇，聊尽后死之谊，其身后遗文谅有为之搜辑者，先谦有所及见而已。书约来春可成，再行寄上，元稿先缴察收。先谦经医为针一百八十穴，旧病十愈其八。去后均再来补针，或望余年清健，专力未竟之业。旧为《诗三家义疏》，至《卫风·硕人》，年来搁置虑遗失，刻之，以一份呈求教正。"（《日记》页1434，《友朋书札》页34 王先谦第五十札）

一月十九日①，跋所刻《敬斋古今黈》。跋文述校刻该书始末有云："元儒李仁卿治《敬斋古今黈》一书，馆臣从《永乐大典》辑成八卷，编入《四库》，又交武英殿以聚珍版印行，久已风行海内。后见《爱日精庐藏书志》有此书十一卷足本，心焉慕之。戊子冬日，在沪肆收得仁和劳季言手抄黄琴六本，为明万历庚子武陵书室蒋德盛梓行者，前后无序跋，核其目计四百五十八则。乙未在武昌刻入丛书，而辑聚珍所存原书所缺为补遗二卷。己亥又获爱日精庐所藏明抄本，即黄本所自出，细心雠校聚珍本之误……"又考其卷数云："黄琴六以十二卷为足本，以《大典》所收在此本外者疑为十一卷之尾、十二卷之首脱文之中，然此书每卷止十四、五叶，十一、十二并卷亦十四叶，补遗两卷共二十八叶，似非两半卷所能容。荃孙疑'四十'为'十四'之误，则多寡相称。明刻缺后两卷，又无序跋，似非完本。传抄时又误合十一、十二卷为一耳。"又补考作者名之正误："施北研跋以为'李治'非'李冶'，荃孙考元王恽《中堂纪事》卷三'征君李治，授翰林学士，知制诰，同修国史'。注：李仁卿，栾城人，前进士。《金少中大夫程震碑》'栾城李治题额'，石本作'治'，为北研得两佳证。"（《日记》页1436，《敬斋古今黈》卷末跋语）

一月二十九日，撰《乐章集札记》。（《日记》页1438）

一月三十日，派办处送编译书局关书，并去年四个月脩金。（《日记》页1439）

---

① 按，《敬斋古今黈》缪跋末题时间为"光绪壬寅上元后一日"，此处系年据《日记》。

二月三日,为刘世珩《聚学轩丛书》定书目。此丛书实先生代为经理刊刻。(《日记》页1439)

二月四日,撰《再续栝苍金石志》跋。(《日记》页1440)

二月五日,得邓嘉缉正月三日之札并其《扁善斋文集》。札索先生所办中小学堂译书并请先生将其集分致友人,云:"献岁以来,惟杖履受福,曷胜仰颂!中小学堂所译之书,是否颁发各属,它日考试,方能合辙。如不颁发,请每种慨赐一部,以扩见闻,或可以价买,亦求每种代购一部,交项生寄下。我公董督大学堂,项生之穷,伏祈赐之甄录,感企无似。拙作刻成,兹嘱项生赍呈诲政。校阅多有俗误,只是草草塞责。丁敬礼云:文之佳处,吾自得之。而缉则文之劣处,犹自知之,况于宗匠之侧乎……其余六部,求分致张季直、刘聚卿、徐积馀、张楚宝昆仲,并黄价夫,前萧县。亦以凤邀盼睐,不能自匿其丑耳。学堂各事,皆以袁公为祖本,空衍之作,恐难成章,正须大加生发,先生倘谓然乎?"(《日记》页1440,《友朋书札》页810邓嘉缉第四札)

是日,先生撰《隶古定释文》跋。(《日记》页1440)

二月六日,撰《算学三种》跋。(《日记》页1440)

二月八日,江瀚自皖来,送新出土仁寿二年《梓州舍利塔铭》。是日先生撰《周礼补注》跋。(《日记》页1441)

二月十日,与陈三立登扫叶楼访南唐井阑,再过薛庐,顾云留小饮,改访随园先生墓道而归。(《日记》页1442)

二月十四日,跋《东林本末》。先生藏此书抄本,并用《荆驼逸史》本《江陵纪事》等校勘,历多日校毕而手跋之。跋中有"今以此本付刊,所异均胜于夏本"语,臆《贵池先哲遗书》本即以此本为底本。①(《日记》页1443,校抄本《东林本末》卷末缪荃孙手跋)

二月十六日,开学堂应用书目。(《日记》页1444)

二月十八日,覆金武祥一札,寄《藏书记》、课程表。札云:"奉手书,知文旌出游苏沪,甚羡,甚羡。弟为公事所累,不甚走得开,甚为闷损。新刻

---

① 《贵池先哲遗书》本卷末刘世珩跋中校语与先生跋中校语同,而末署"光绪二十五年己亥三月十一日县后生刘世珩谨跋",未知两跋孰先孰后。先生手跋末署"光绪壬寅清明日",而《日记》壬寅年二月十四日载"校《东林纪略》并跋",此"东林纪略"当即"东林事略",今时间以《日记》为据系于此。

《藏书记》呈政。近来踪迹,问石公自知。委购书,一配《北史》,一购地理书,忘其名,找原信亦寻不见,乞速示,以便购奉,决不是怕垫钱,想可鉴谅。新定学堂课程,乞交季申为祷。岘帅要办,中小学堂先动工。大家推宕,然终难抗旨也,情形如是。"(《日记》页1444,《艺风堂书札》285页致金武祥第四十六札)

二月二十六日,到颜料坊新屋点装修。(《日记》页1446)

三月三日,刘世珩来见示张謇、罗振玉学堂条程,先生以为"愈离愈远更无望矣"。晚诣张、罗二人谈。(《日记》页1448)

三月四日,新宅开工修理。(《日记》页1448)

是日,与徐乃昌、张謇谈学堂事,委曲迁就,未知能否成。(《日记》页1448)

三月五日,早赴惜阴看房。是日拟书局奏稿。(《日记》页1449)

三月七日,编校《续通考》。(《日记》页1449)

三月九日,藩两道、郭道直来议学堂诸事,无成,一哄而已。(《日记》页1450)

是日,姚永概自桐城来送先生书两部、点心一篓。(《日记》页1450)

三月十日,姚永概来访,先生告以大学堂缓办,改聘其为选古文读本,脩金较少。姚氏遂以闲事应之。(《慎宜轩日记》页822)

三月十二日,改《朝鲜近世史》(《日记》页1450)

三月十九日,校张百熙大学堂折子。(《日记》页1452)

三月二十四日,致张之洞信一件,并编译局编书四种:《礼书初编》、《普通学歌括注》二册、《江宁府地形考略》、《江宁名人言行录》,译书四种:《小学理科》、《三角术》、《中等算术教科书》、《新理科书》,交黄绍箕带,又送黄绍箕《艺风藏书记》。(《日记》页1454)

三月二十五日,接陶子麟信及《艺风堂文集》板片。(《日记》页1454)

三月二十六日,门人曹元忠来见先生。(《日记》页1455)

三月,曹元忠重游白下,到钟山讲舍谒先生。先生出示近撰吴重憙新刊《乐章集》校勘记,命元忠辑录逸词。先生时仍在补辑《丹丘集》,亦以此事相属。元忠雅意搜辑,"再得文、赋、题跋二卷,诗二卷,补事迹一篇",越三月至七月成而跋之。(《乐章集校勘记补遗》卷末曹元忠题识,《文续集》卷七《辑本丹丘生集跋》,《丹丘生集》卷末曹元忠跋)

三月二十八日,易顺鼎以明张灵《岁寒三友图》索题,并示唐寅《仙山楼阁图》、张灵《江流万里图》。(《日记》页 1455)

是日,曹元忠来,借到《元典章》二十四册,影写精妙,即朱彝尊所见者。(《日记》页 1455)

三月二十九日,曹元忠带黄道周墨迹、王铎墨迹、顾瑛《雪篷图》来。先生以为尚佳。留黄卷,并致曹氏一笺,推荐与刘世珩。笺云:"暂留黄卷五册,余均还,可送聚卿,必可多留也。集册容后缴。"又言:"眉菴册佳,钱抄甚杂,非影写书不甚足重,集册马扎颠倒一叶。"(《日记》页 1455、1456,《艺风堂书札》页 520 致曹元忠第十五札)

三月,先生曾致曹元忠一笺,谈《越缦集》及《乐章集》校勘记事,并赠以《艺风堂文集》。札云:"《越缦集》甚杂,不如王刻《三殊赞》,无谓总目又落去一题,可谓草草。近拙作刊成,编次与他人不同,前实绩后空论,如是而已。实斋先生言编集可以别裁,窃取其意。均乞教正。《乐章集校勘记》刻成,陆纯伯据家藏宋本校过,又未影抄,未标行数,行数只可添改。校勘记重刻,原来校本取出再核。"又告曹氏"以后以柬来往作行书最好"。(《艺风堂书札》页 518 致曹元忠第七札)

四月四日,移居颜料坊新宅。(《日记》页 1457)

四月八日,曹元忠致先生一札,借《词学丛书》《全芳备祖》《花庵词选》等书。札云:"《乐章集》样本已承命校竟。间取吴氏新刊本对勘,知样本尚夺数条,业已别纸同梅苑补校异文一并录出,倘得吾师所藏《花庵词选》《乐府雅词》《阳春白雪》《天籁轩词谱》《全芳备祖》诸书覆勘一过,似于柳词不无小补。又万红友后,德清徐诚庵丈本立尝为《词律拾遗》,记于柳词搜采颇多,而其书远在舍下,未审邺架有此否?设能一并检校,则更无遗憾矣!再书眉纯伯校语,梅禹金与宋本不甚分析,当时有无体例,尚求详示,或将梅本赐下,以期尽善。此外受业尚有求假各书,均祈掷付去手。"(《日记》页 1458,《友朋书札》页 981 曹元忠第五札)

四月九日,先生还曹元忠《越缦堂集》,并致其一札:"《越缦集》奉还。《浩然斋雅谈》无柳、曹词并故事,可弗阅。《词律拾遗》无此书。梅禹金本寻不获,因在案头,并入词类,不知夹入何所矣。"(《日记》页 1458,《艺风堂书札》页 517 致曹元忠第二札)

四月十日,撰《皇朝三通类编序》,有云:"光绪辛丑,诏改科举,废时文,试多士以策论,令考试以御批《通鉴辑览》、钦定'九通'命题。于是好名之人,从事'九通',有石印原书者,有单刻序目者,有分类纂辑者,窃意'九通',共一千六百四十卷,卷帙之巨,岂翻阅所易遍?虽然有其要焉,吾党有意读书,深于经学,取材于《通典》;工于对策,寝馈于《通考》。至《通志》,仅读其二十略而已。而欲驯知国朝掌故,尤以《皇朝三通》为渊海。"可见其治学方法。又云:"必先知我国之政学,再以他国之政学补偏救弊,以期尽善。如仅从各国政学入手,于中国之事动辄茫然,不得已大言欺人,以为一切不足观,国家亦何赖此等人为也。"此可见先生之变革思想。十一日交此序与《三通类编》编者黄隽。(《日记》页1458、1459,《文续集》卷五《皇朝三通类编序》)

　　四月十二日,朝廷有旨:调江宁布政使吴重憙为直隶布政使,以前陕西布政使李有棻为江宁布政使。

　　四月十六日,曹元忠借《方舆胜览》及词本,还《全芳备祖》《齐东野语》,并致先生一札。札云:"日前归第早否?蒙假《宝晋英光集》《齐东野语》《全芳备祖》,均缴上。《历法通书大全》一二日后再归架,兹求检假《天籁轩词谱》《词旨》《乐府指迷》《东坡词》《三十一家词》《锦绣万花谷》《方舆胜览》等书,伏乞付仆人携归,无任感祷。"曹氏近期借先生典籍颇多,盖为校辑《乐章集》故也。(《日记》页1460,《友朋书札》页981曹元忠第四札)

　　四月十七日,为曹元忠跋马、俞、黄、管四家手札册。(《日记》页1460)

　　是日,打碑人聂明山借十元去,往拓滁州碑。(《日记》页1460)

　　四月二十一日,在上海。先生拜罗振玉、何良栋、汪洵、赵凤昌,赴大生纱厂取股票四分回,并取息银,入新股一千两。先生在沪前后凡五日。(《日记》页1461)

　　四月二十九日,委员李华耀送束脩三百金来,又示《惜阴讲舍图》。是日先生定小学堂功课单,撰《石鼓文释存》跋。(《日记》页1463)

　　是日,曹元忠交《乐章集校勘记补遗》,还词籍二十五本,并致先生一札。札云:"前命作《柳词校勘记补遗》,兹因仲饴方伯履新在即,匆匆卒业,谨缮一通奉上。受业管窥所及,间附案语,是否可用,恭请钧裁。此次校勘,各书略备,惟《花庵词选》尚未邮至。《词林万选》《花草粹编》远莫能致,于心终未慊然耳。至校勘记后附辑佚词,受业已放吾师前例,集得数阕。惟宋本尚在人间,竟目为佚,似有可商,不若仍照吾师校勘记中所云宋本有某词云云,即录其词于下。妙在记文依宋本编次,凡毛刻所无,依次补入,然后读者知记之不可无乎!其余散见各书者别录一卷,附补遗后呈览。梼昧之见,是否有当,伏乞训示。"(《日记》页 1463,《友朋书札》页 982 曹元忠第六札)

五月二日,题平望吴栋成《松云半园图》,成《望江南》两阕。(《日记》页 1464)

五月五日,校《乐章集》毕。(《日记》页 1464)

五月六日,曹元忠致先生一札,还书并借书。札云:"奉上《方舆胜览》、《锦绣万花谷》、《草堂诗余》、梅禹金本《柳词》,至祈察收。求假《广舆图》《辽志》《西使记》《秋涧大全集》《千家注杜诗》《桂洲词》《聂氏三礼图》《陈氏礼书》八种,如蒙赐交来价,尤深感祷。受业拟十五前后返里,此数书故亟欲一读也。"先生曾复一札:"《方舆胜览》《锦绣万花谷》《草堂诗余》《柳词》均收到。《辽志》《西使记》《桂洲词》《聂氏三礼图》呈上。礼书无有余,不便取。此次移居,尚未要妥帖,《言行录》须观全书,四集全否?有后跋否?似明刊。如全,百元至多。如是明翻,五十元可矣。"(《友朋书札》页 981 曹元忠第三札,《艺风堂书札》517 页致曹元忠第三札)

五月九日,检书,约曹元忠、柳诒徵小饮云自在龛。(《日记》页 1466)

五月十一日,曹元忠致先生一札,借书谈购书事。札云:"日前得窥秘笈,并饫盛馔,尚未诣谢。兹有请者,求赐假《澄怀录》《冷斋夜话》《鹤林玉露》《至元嘉禾志》《嘉定赤城志》《淳熙三山志》六种,伏乞检付仆人持归,无任感祷。《名臣言行录》已见全书,五集中仅存后集李序、续集赵序,后跋亦无,而书中往往有空字,疑确是明翻夺去,遂亦未购。受业新购得南监本《陈书》五册,尚是宋刻九行者,嘉靖补板亦少,较为可喜。又见明崇德书院本诸子,有无能、天隐、玄贞,而无老、韩、管晏、淮南,疑是不全,又剜去'镏子',易'商鞅'二字,板心每叶皆然,孙卿子又存杨序而去其注,因非善本,且索直昂至五金一册,未购。未审崇德书院有可考否,至祈示之。受业拟十四至下关附轮,再叩辞。"先生即复之,云:"《江村销夏记》奉还,《澄怀录》遍寻不获。俟再来当可得书。新抄本不知夹入何所,如精本则庋置得地,转易觅矣。"(《日记》页 1466,《友朋书札》页 982 曹元忠第七札,《艺风堂书札》页 521 致曹元忠第十六札)

是日,先生购《李卫公集》、《南国贤书》、杨慎《石鼓文音释》。(《日记》页1466)

五月十二日,曹元忠致先生一札,并所撰《乐章集校勘补遗》跋语。札云:"昨蒙赐示,并《江村消夏录》,敬悉壹是。兹奉上《地图综要》四册,柳词跋一首,伏乞鉴收。"曹元忠得《乐章集》遗词十许调,又得《校勘记补遗》一卷,先生与吴重憙均认为可存,遂附于先生所撰校勘记后,曹元忠题跋记其始末。札又向先生求借《广舆图》等,并谈及购书事:"受业此次归后,拟将校注《西使记》付刊。吴氏地图内西域、朔漠二图已摹一通,尚欲求假《广舆图》二册,取朱思本图一并摹刻。明日无事,即可摹就,由质堂同年缴上,敢以为请。聚公至吾师府否?《十七史事略》有端倪,恐明日要付款,受业无以之,拟求吾师作札询聚公何如?《澄怀录》如后日检得,尚祈见假,赐寄吴中。缘家君制《白石道人歌曲考证》,欲一检是书始付刊耳。柳词跋匆匆为之,诸多未妥,亦请吾师改定,尤深感祷。"(《友朋书札》页983曹元忠第八札,《乐章集校勘记补遗》卷末曹元忠题识)

五月十三日,致汪鸣銮札一札,还《王伯谷手稿》,并送其《艺风读书记》《艺风堂文集》各一部,交曹元忠带,并致曹元忠一笺:"《广舆图》二册,陈完古字条廿元,赵三种六元,察收。聚公今日到院,钱即付。《澄怀录》不见,连《烟云过眼录》亦不见,寻出即摘抄寄上。汪信并书乞带交为荷。吾弟苏垣住何街,以便发信。"(《日记》页1467,《艺风堂书札》页517致曹元忠第五札)

是日,先生撰《狄青论》,论狄青之勇、智、慎、独见之识及遭际非常。(《日记》页1467,《文外集》之《狄青论》)

五月十六日,上王先谦一札,寄《艺风藏书记》《艺风堂文集》各一部。(《日记》页1467)

五月十八日,发张謇信并汪册,《永清县志》。(《日记》页1468)

五月二十一日,撰《曹恭愨公神道碑》。碑主曹毓瑛,字子瑜,号琢如,江阴人,道光丁酉拔贡,癸卯举人,官至军机大臣、兵部尚书。先生以其子曹钟彝兄弟之请而撰。碑文详述其生平履历功业。(《日记》页1469,《艺风堂文续集》卷一《赠太子少保兵部尚书曹恭愨公神道碑》)

五月二十二日,撰《州判衔候选训导张先生墓志铭》。碑主张文虎,字孟彪,又字啸山,江苏南汇人。治学由训诂通经学,旁及子史,精校勘,曾为金山钱氏校刻《守山阁丛书》《指海》《珠丛别录》《艺海珠尘》《壬癸集》等书数百种,皆称善本,又曾馆金陵书局,校勘经史。"尝三诣杭州文澜阁,纵观四库书,手自校录。绩溪胡竹邨培翚、元和陈硕甫奂同寓西湖,过从商榷甚欢。"先生谓其学:"博大宏达,既以经学、小学、历算、乐律立其本,泛滥以及其它,莫不洞悉源流,烛见幽隐,实事求是,由博返约,勿苟于著述,勿囿于门户,溯自惠、江、戴、钱诸家而后,可谓集大成也已。"(《日记》页1469,《文续集》卷一《州判衔候选训导张先生墓志铭》)

五月二十五日,刘世珩赴苏,先生发刘世珩、费念慈、曹元忠各一札。(《日记》页1470)

五月二十七日,得张謇上海二十四日复先生一札。札言:"五十无闻,何敢言寿?辱承台命,愧不克当。汪诗是乡里老辈,章志亦夙夜所求,推公盛意,抑又不敢辞,拜谢拜谢。罗拟章程,当即函促,若民间自办,何至许多周折耶。"(《日记》页1470,《友朋书札》页570张謇第十四札)

五月二十八日,盛宣怀来先生处便饭。(《日记》页1470)

六月二日,先生致金武祥一札。札谈近况并《兰陵缪望考》云:"前奉手书并续刻诗,谢谢。天旱生疫,处处不宁,维起居珍摄是颂。弟在省垣,如恒落落。学堂动工,落成须在秋间,场后定可开学。李湘远方伯十二接印,又是一番局面矣。吕、盛两星使议税事,裁厘加税,商民同望,第阻挠者太多耳。常州学堂如何办理,江阴亦杳无消息。月生又留一年,大约无所推诿。《北史》配好,请转交。书价留兄处候弟来用,不必寄宁。今年乡试来游否?龙城课艺中有《兰陵缪望考》一篇,吕景梣。前辨缪生、穆生为二人,此考课之作不必谈。末言缪氏谱,以兰陵误为南兰陵,则寒宗谱并无此误。寒宗因鲁缪得姓,东武、琅邪、兰陵三望不出鲁地,自晋缪播夷族后式微之至,由北迁南,江南遍处皆有,常府亦无多闻人,无所用其假借。弟撰有《缪氏得姓考》一篇,此篇先抄呈。及《缪氏考古录》一册,已付梓。容后呈政。此篇须去末段,乞与华先生商之,否则,他人见此文者,以为弟阅卷,而门人相讥,并选入,又有佩服之意。相讥固不是,佩服亦不甘。谁知此题非弟所出,入选亦未见,如见,早说明,可将此篇删去矣。闻恽中丞病颇重,晤次翁可劝其府上请陈联舫,盛老太爷又治好矣。近作词数首,须月内有人回再呈,今日来不及也。"又言:"拙集五十部一抢而空,下月又印出,拟送十部到常州呈政。名下戊戌到今,又积二三十篇,续刻添诗一卷,即去

岁呈政者删廿首。词一卷单行。"(《日记》页1471,《艺风堂书札》283页致金武祥第四十四札)

六月三日,点《山右石刻丛编》板片,交胡延;点《忠义录》板片,交赵诒书。(《日记》页1472)

六月四日,吴勤修来,商定学堂章程。(《日记》页1472)

六月五日,早致徐乃昌一笺,告以乔树柟自湖北至。笺云:"章程收到,容细读。乔比部已到,寓粮道署。尚须诣公谈也,天雨不成,奈何。"又谈及学堂事:"斋房一层拟先收一百廿人。教习拟从师范。监生亦指定正途。如附监、廪员之类,不收俊秀。乞酌。"乔树柟在金陵多日,先生待之甚殷。(《日记》页1472,《艺风堂书札》页459致徐乃昌第二百八十四札)

六月八日,送《编译章程》及书目、学堂书单、《云自在堪丛书》、《艺风藏书记》与乔树柟。(《日记》页1473)

六月九日,督辕送编译拟章、大学堂稿与先生。是日,先生得恽祖翼病殁之信与曹元忠一札。(《日记》页1473)

六月十日,致曹元忠苏州一札。札云:"昨奉手书。维侍奉康娱,起居安乐,慰如所颂。聚卿涖苏,不及附信,随后作函,由屺怀转达,想已察入。《丹邱集》能得四卷,先告知恳庵。渠处亦有搜辑之本,删除重复,必有可观。《海虞妖乱志》乞代抄一帙。《澄怀录》寻出,录白石四段,取裁不出本集,石湖二段呈览,柳词校勘付刻。吴布政不日即行。金陵旱、疫、蝗三灾并至,汲汲不可终日。京师大学堂编译章程张冢宰寄来,与局所办尚不牴牾。乔比部亦到,住胡粮储处。屺怀不日赴都,能同往否。李橘农之公馆移寓何巷,迅速示知。"(《日记》页1473,《艺风堂书札》页518致曹元忠第六札)

六月十五日,得委员李华耀病殁之信,先生十分惋惜,与徐乃昌一札,商定以吴子光接充。札云:"今日上衙门否,顷闻李挺之病故,如失左右手,局事、学堂事交何人办理!弟拟以吴子光抵充,子光精警,想可胜任。乞兄言之当道,不及候耶,岂怕上司派人也。学堂监工,书局听差,李庭之身后又当何如,闷闷。"(《日记》页1474,《艺风堂书札》页465致徐乃昌第三百六札)

六月十七日,拟学堂章程。(《日记》页1475)

六月二十一日,致徐乃昌一笺,还其《金陵新志》。笺云:"《金陵新志》

一匣廿四册,祈察收。兄书残缺固多,弟帙亦非足本,无从刻起,令人闷闷。不知何处有足本。弟托丁修甫抄,恐阁本亦同之耳。"(《日记》页1476,《艺风堂书札》页412致徐乃昌第一百二十三札)

六月二十四日,拟撰《王介甫年谱》。(《日记》页1476)

六月二十八日,勘惜阴工程。(《日记》页1477)

七月一日,题刘炳照《东园访石弟二图》,次日寄与刘氏。(《日记》页1478)

七月二日,发丁立诚信,寄《石鼓论语答问》。(《日记》页1478)

七月四日,送《乐章集校勘记》清样及账与吴重憙。(《日记》页1479)

七月九日,忙学堂事,购书,定三书院木器单。晚得胡延信,知刘坤一允为销假。(《日记》页1480)

七月十日,徐乃昌代先生假得《牧斋集》后十卷。先生即与徐氏一札致谢并谈学堂事:"顷奉手书并《牧斋集》二本,真秘笈也,感谢之至。即日发与写官,为期当不甚远。昨接胡粮储书,言宫太保为弟请销假,嘱派办处上详。宪恩高厚,敢不勉力。钟山拟傢俱单请酌,无住之处仍待相商,文正、惜阴未能网开,只学生、教习、委员,事同一例可推也,三千金断乎不够。恳将昨二人拟价单,希抄一手折呈堂,而将原单发还。傢俱交三匠人分领,望付定银,以便购木锯板晾干,断不宜迟。全价略缓。书铺旧书未尝不可多欠,而新书不能。目下新书云集,转比上海能备,再迟必有卖脱者。早间复谢研生,仍请先领五千金,余从缓。弟旧书下定,新书先买,每样三份,此事交与委员,又不如何糟糕,既欲玉成,不能不转计为季直所窃矣。添人于百廿人之外则断断不行。如学生三月甄别后,不合格及自行者满二十人,则另咨各府照数补送,另立新班。少数人不必补亦旧例。"又言:"将来开学时单住房再通融,此时万不敢允。"(《日记》页1480,《艺风堂书札》页412致徐乃昌第一百二十六札)

七月十二日,柳诒徵自镇江回,接陈庆年信及《战史》稿。(《日记》页1481)

七月十三日,致曹元忠一札,寄《乐章集》四部。札云:"《乐章集》校勘记及逸词刻起,附呈四部,察收。《海虞妖乱志》《丹丘》辑本均盼甚。《元诗选》早已抄校,可弗重抄。逊庵开府西江,任大责重,其才想胜于吴门大中丞也。昭德,巨野人。振孙,安吉人。代字而已。行期何日,俟秋凉

否。"(《艺风堂书札》页518致曹元忠第八札,《日记》页1481)

七月十四日,陈作霖来谈学务,先生知徐乃昌要辞学堂事务,即与一札:"今日陈雨翁言吾兄已辞学堂,交与西园,昨日一叙,作为交接。弟闻之骇然。兄意以学堂难办乎?中国事无一件不棘手,不但学堂。以两差难兼乎,则洋务有总办似乎稍难,而学堂无总办,两者相较,学堂较重且系两省之事,更宜自任,不使舍难就易。以弟为多事乎?潘总办办事时,弟只检课程,不办杂务,自今年起潘总办退,始招李挺翁估工测地,季直定局后不得不与诸公商量,后闻兄来,深资臂助,满拟舍洋务专就学堂,如戛然中止,弟何所适从。或前日信中言之过激,使兄为难乎,亦可商也,今日已约青耜诸君公函留兄,先致叔苾,请另派洋务提调。如尚未定,请不谈最妙,否则再请岘帅派总办,再不然请与张次山对调,或入都供职。尤妙。西园请作监督真为合式,与兄分际稍差,在上面更呼应不灵,大局涣散矣。明后入见方伯,请发薪水,不能避嫌疑,弟自己一份开学再领,否则人人不能鼓兴任事,不得不归咎仲贻矣。弟说话不能圆到,而意则肫挚为公不为私,请示悉为荷。"(《艺风堂书札》页413致徐乃昌第一百二十七札,《日记》页1481)

是日,先生接陆树藩信,及所寄宋板书及碑帖目。(《日记》页1481)

七月十五日,为小学堂订学务。还吴重憙《乐章集》板,并送书拾部。(《日记》页1481)

七月十七日,致恽祖祁一信寄为恽祖翼请恤折稿。(《日记》页1482)

是日先生送《乐章集》与编译局分校崇朴、柳诒徵、叶廷琦、茅乃登。又送梁炎《乐章集》,请其入风余词社。(《日记》页1482)

七月二十日,看高等学堂工程。校《角力记》。(《日记》页1483)

七月二十一日,接金武祥信,结贵池学堂书账。前此,先生受托为该学堂购书。(《日记》页1483)

七月二十二日,撰学堂规条。校钱谦益《读杜小笺》五卷。(《日记》页1483)

七月二十三日,武进孟森、梁炎来访先生。(《日记》页1483)

是日,先生与邓嘉缉一札,并送《丛书》《文集》《藏书记》《乐章集》及编译书十册与邓嘉缉。(《日记》页1483)

七月二十九日,徐乃昌取汪越《读史记十表》刻本、抄本去。此书系先生建议徐氏购取。前此先生曾致其一笺,云:"昨日方伯未到派办处,在钟山半刻而回,事机不顺如此。拟作公函与之,可否,乞示。或俟廿八日,亦无多日也。南陵汪先生《读史记十表》,兄插架未备,有一部可购,后缺廿余叶,弟处有抄本可补足。昨款已到,新书亦嘱李如茂代办。"(《日记》页1486,《艺风堂书札》页414 致徐乃昌第一百二十八札)

八月三日,诣学堂总办胡延谈,定三学堂委员、教习名字。(《日记》页1487)

八月五日,与黄裳治谈工事。(《日记》页1488)

八月六日,接张謇八月一日之札,索《圣像》及《礼器图》。札又云:"日来秋试人多,想又多一番酬应矣。通州师范学校刻已赶造校舍,礼堂在楼上,奉孔子像,觅像不得,即设主。曲阜有吴道子画像石本,公处若有之,拟乞布施。或别有石刻精本,不便乞与,请买绢觅画师钩摹一分见寄;抑或他处有可代觅者亦可。都不可,则设主矣。礼堂之上拟陈礼乐器,公处有殿本《大清会典》,乞赐分摹簋、簠、铏、敦及尊、斝及镈钟、编钟之属,并大小、高下、围径、对径之尺寸各一图见赐。又前闻淮安丁氏藏有通州学宫礼乐器,丁是公戚,能赐一书迅叩之,俾以见还,謇当略备价值。所以不能按买价者,一本州学官物;一现在火毁之铜佛像,其铜可以自铸,而厂中又有翻砂,作成之不难也。以上数事,均乞匡助。省中学舍,殆无可刻之期,万事如此,可胜叹耶。"(《日记》页1488,《友朋书札》页570 张謇第十五札)

八月八日,早赴贡院送场。是日,先生发张謇信,寄《圣像》。(《日记》页1488)

八月十一日,送萧穆《艺风堂文集》一部、《艺风藏书记》一部。(《日记》页1489)

八月十八日,接丁立诚信并《古今名贤确论》。(《日记》页1491)

八月十九日,日本嘉纳治五郎、天野恭太郎及御幡君来谈学务。(《日记》页1491)

八月二十五日,到学堂与各委员谈。(《日记》页1494)

是日,得曹元忠一札。札谢先生对前来省试的曹元禄的招待,又谈及薪水等事云:"受业北行,拟以此月杪首途,约计还吴当在子月中矣。局中黄君昨有书来,促早到局,且以挂名支饩相规,受业虽不才,荷吾师培植,无功而食,颇亦耻之。八月薪水早由葱石同年谕遵行,无任盼祷。"又随札奉上得《丹邱生集》佚文一篇:"受业昨读《好古堂书画记》,又得丹邱佚文一首录呈,乞转寄荪庵中丞,未识西江日来有音讯否?鹤山读易亭诗跋,葱石属草者亦奉上,请审定转交之。"又言:"叩别函丈瞬息三月余矣,恭闻此月中有赴沪之说,届时或可在彼展谒也。"(《日记》页1494,《友朋书札》页980曹元忠第一札)

是日,江瀚招饮,何维朴、何仲霖、陈三立、范当世同席。先生送《艺风堂文集》《艺风藏书记》与范当世。(《日记》页1494)

八月二十七日,先生登船赴沪购仪器。(《日记》页1495)

是日,先生与徐乃昌一笺,谈学堂事。笺云:"俗冗未得走辞,务乞原谅。下月必发薪水,渴望极矣。共头通身,照打算有四千八百元好处,此不议薪水之过,不知有与挺之家属一二分否?兄既见胡总办,可否招呼委员同见。为要款项,代催尤感。孙君諲蔼本说同行,忽又云迟数日,弟购仪器全恃孙君,如迟来则上海亦伥伥何之,请兄代促之。往编书局,公份送呈十六元,望察收。"(《日记》页1495,《艺风堂书札》页419致徐乃昌第一百四十九札)

八月三十日,拜见罗振玉、潘学祖、何良栋,交书十二卷与之,又交应购洋货一单。是日先生又访汤寿潜、刘树屏、汪洵、赵凤昌等。先生此次在沪前后凡十三日。(《日记》页1495)

九月一日,诣罗振玉,托延日本人。此举盖为学务。(《日记》页1496)

是日,先生过寄观阁看书。孙筼至沪。孙筼,字孝蔼,江南高等学堂分教习。(《日记》页1496)

是日,发刘炳照一札,寄《文集》《藏书记》《乐章集校勘记》。(《日记》页1496)

是日,读谭嗣同《仁学》,以为其"不臣之状,死有余辜","文中痛诋其父,真能破三纲者"。(《日记》页1496)

九月二日,拜樊棻、张元济,并晤熊希龄、杨承曾,偕至南洋公学看学堂。(《日记》页1496)

九月三日,送罗振玉《三游洞题刻》一套。(《日记》页1497)

九月五日,闻刘坤一逝世之信,甚为震惊,伤感不已。(《日记》页1498)

九月六日,有旨:调湖广总督张之洞署两江总督,以湖北巡抚端方兼署湖广总督。

九月七日,托罗振玉购东洋书及器械,交洋二千元。(《日记》页1498)

是日,有旨:张之洞署理两江总督未到任以前,著李有棻暂行护理。

九月十四日,章邦直来,言张之洞要以钟山书院为行馆。(《日记》页1501,《张之洞年谱长编》页748)

九月十五日,在金陵,看文正书院、钟山书院工,赴译书局。(《日记》页1501)

九月十六日,得徐州邓嘉缉八月二十六日一札。札谢先生所送文集、丛书及新译书十种,又谈先生著述之精赅云:"大著学识赅博,考订精审,可以追配邵二云、钱竹汀两先生,而文笔之笃雅,则常州先辈孙、洪、张、赵之家法,断非弇陋小生所能窥测。惟宜仿汪容夫例,厘为正集、别集,斯与岿然巨制相副,不似缉等茅屋三间,绝无门庭界限。愚瞽之见,尚祈教之。"又谈闱事云:"江南闱题,较之顺、浙、鄂三处,似甚当行,不容泛填,夹袋非有识议,不能完卷,或者可以得士。本届捉刀者,不乏其人,又未必俱得真才也。"(《日记》页1502,《友朋书札》页810邓嘉缉第三札)

九月十七日,勘惜阴、钟山工程。读《六十种曲》《幽闺记》《鸣凤记》。(《日记》页1502)

九月二十四日,小学堂办《舆地歌括》八十部、《小学辑注》一百部,《今体诗》一百部,交李贻和即印。(《日记》页1504)

是日,刘师培来拜先生。(《日记》页1504)

九月二十五日,送《云自在龛丛书》《艺风堂文集》《艺风藏书记》与戴鸿慈、黄均隆,二人为本届江南乡试主考官。(《日记》页1504)

九月二十七日,发屠寄一札,赠《山右石刻文编》一部。(《日记》页1505)

是日,先生接夏孙桐信,言保先生四品衔,销假亦准。(《日记》页1505)

是日,先生致徐乃昌一笺,送《周礼政要》、茶叶。笺云:"两诣谈均未晤,亦无事也。赵秀才,华阳人,已位置在师范,函告总办矣。行李、书籍、仪器今早始到。《周礼政要》、新茗,乞哂存。聚公回来否?"(《日记》页

1505,《艺风堂书札》页414致徐乃昌第一百二十九札)

十月一日,得刘炳照九月二十五日一札。札言收到先生所寄各书,并评论称:"《乐章》讹脱最多,校勘精当,允推柳氏功臣。《藏书记》后附题跋,足资考订文集,于史部尤为详赡,非揣摩声调,雕琢字句者所能望其项背。拙图题词,载在别集,贱名获附骥尾以传,曷胜忻幸。"(《日记》页1506,《友朋书札》页825刘炳照第十四札)

十月二日,改订《李忠毅公年谱》。(《日记》页1507)

十月三日,发书箱二十一号、洋烛八箱、平面桌二于学堂。(《日记》页1507)

是日,刘世珩以《读书止观录》《渠阳诗》《曹待制集》索跋。(《日记》页1507)

十月四日,代刘世珩撰《曹元宠词跋》,考曹氏其人其作。(《文续集》卷八《曹元宠词跋》,《日记》页1507)

十月五日,刘世珩托选《留真谱》。(《日记》页1508)

十月六日,撰《读书止观录跋》。此文应刘世珩之索而作。《贵池先哲遗书》本《读书止观录》卷末刊是跋,署"光绪二十八年壬寅十月二十六日县后生刘世珩谨跋"。(《日记》页1507、1508,《读书止观录》卷末刘跋)

是日,张之洞到金陵,先生往迎未遇。(《日记》页1508)

十月八日,制府招先生陪两主考,黄绍箕同席,饭后谈学务甚悉。是日先生换四品衔。(《日记》页1508)

十月九日,代刘世珩撰宋本《注渠阳诗跋》。世珩欲将此本刊入《玉海堂景宋元本丛书》,故请先生撰跋。先生该跋考该书撰、注、和序、跋者诸人,又考该本曾经马思赞道古楼、陈鳣士乡堂递藏,并考定"瞿氏所藏为明翻宋刻,此本是真宋刻,为海内仅见之书,尤足贵矣"。刘氏刊《玉海堂景宋元本丛书》先生多助为校刻,所刊此本卷首牌记书:"玉海堂景宋丛书之二。光绪二十有八年,太岁在壬寅十月,贵池刘世珩付刻于武昌。黄冈陶子麟镌。"(《文续集》卷七《注渠阳诗跋》)

十月十九日,梁鼎芬来谈学生横行事甚悉。(《日记》页1511)

十月二十六日,徐乃昌索《南菁书院章程》《南洋公学章程》《高等学堂简明章程》。(《日记》页1513)

十月二十七日,陈世辅、李详、梁荄来访。(《日记》页1513)

十月二十八日，编《江楚书局功课表》。(《日记》页1514)

十月二十九日，送宋刻《周礼》与刘世珩。先生让此书与刘氏，"去书之日颇难为怀"。(《日记》页1514)

十一月一日，送《九通》、《十三经注疏》、《曾文正公集》与小学堂。(《日记》页1515)

十一月六日，校《丹丘集》。(《日记》页1516)

  是日，有旨：调云贵总督魏光焘为两江总督。

十一月十三日，夏勤保赴鄂，先生托其带去李葆恂信并吴刻《洛阳伽蓝记》。(《日记》页1518)

十一月十六日，张之洞招饮，与郑孝胥、汪凤瀛同席。先生赠郑、汪二人《艺风堂文集》。(《日记》页1519，《郑孝胥日记》页855)

十一月十九日，雪竟日，先生同家人上扫叶楼赏雪，填《齐天乐》一阕。(《日记》页1519)

是日，先生勘定《南村帖考》，又交李贻和刻《续碑传》首卷。(《日记》页1519)

十一月二十二日，送编译局书全分与华世芳，《乐章集》两分与金武祥。(《日记》页1520)

十一月二十四日，张之洞取译书局书编译书五种去。(《日记》页1521)

十二月一日，袁荣雯来见先生，袁昶之三子。是日缪禄保十六岁生日，先生餐面，以为其"转瞬成人"，而己"能无日叹衰老"？(《日记》页1523)

十二月三日，诣中小学堂布置一切。所设课程，小学堂：读书、《左传》。修身、《小学》。历史、《二十一史提纲》。舆地、《歌括》。理化、《西学启蒙》。习字、洋文、算学。《算初级》。《佩觿》。中学堂：读书、国文不通不得为学生。修身、《小学》。历史、《兵法史学略》。舆地、《歌括》。理化、《西学启蒙》。经学、《经典释文叙录》。洋文、体标、算学、《佩觿》。绘图。(《日记》页1524)

十二月五日，先生得钱溯耆本月初二日之札。札云读先生之文集，"胎息深醇，言皆有物，其一种朴茂渊懿之气，时流露楮墨间"。钱氏又随札附寄其大父家集四函及父哀荣录、奏疏四册，又行述一篇，请先生为撰

家传。又请先生转求张之洞为其父撰神道碑文。(《友朋书札》页 666 钱溯耆第一札)

十二月七日,胡延来,言制府令予出洋。(《日记》页 1525)

是日,先生接王先谦六月十九日覆先生五月十六日之札。札谢先生赠《藏书记》《艺风堂文集》,知先生得江南学堂总教习,谈学务云:"闻秋间大驾来湘,请于我馆,借可朝夕畅谈,一吐胸中郁积。昨阅报,知江南学堂已延聘总教习一席,何时开馆?惟用东人教习一层,颇有关系。又近日出洋学生,流弊甚多,居上位者并无所闻。见抄寄湘生二函,又先谦致朱一函,幸赐览察。"又谈及李慈铭刻书事云:"前拟为李莼客兄刻诗文集,闻在沈子培处,托瞿子玖尚书索之,旋闻为盛公奏调,阁下倘能致书子培兄代索否?书到必刻,聊尽后死之谊,决不遗失弃置也。忆阁下见赠之书,似是常州先辈汇集,卷首有玉带式,极精好,顷拟仿刻,乞再赐一部为盼,能速为佳……"(《日记》页 1525,《友朋书札》页 34 王先谦第五十一札)

十二月八日,钱溯耆寄先生纪年笺封四匣,应先生之索也。(《日记》页 1526)

是日,王咏霓自皖归,先生得姚永概一札并《五代史》批本。(《日记》页 1526,《慎宜轩日记》页 850)

十二月十三日,发长沙王先谦信,并《云自在堪丛书》一部。(《日记》页 1527)

十二月十七日,录《山东金石》毕。先生编撰《云自在龛金石分地编》,自戊子至今十五年始完成,然"修改整理尚需时日"。(《日记》页 1528)

是日,先生定高等学堂正、副取名次。(《日记》页 1528)

十二月十八日,曹元忠借去《杜东原集》,又持《双红豆图》索题。(《日记》页 1528)

是日,先生得李葆恂一札,托先生摹《洛阳伽蓝记》卷首一图。札有云:"承赐吴刻《伽蓝记》,乃廿年求之不获者,一旦拜赐,喜跃欲狂,感谢感谢。葆恂久拟重刊,以饷学者,苦无善本,得此可写定矣。惟此本卷首尚缺一图,亦是憾事。祈属记室,依尊藏别本,勾摹一幅,觅便速寄,纸须宽大,以便裁订,为祷。"又谈及近况云:"葆恂客游鄂渚,碌碌无所表见。近承匋帅委任充仕学院监督,再辞不获,殊切悚惶。"又赞先生著述云:"大著雅赡精深,非近时所宜。国朝经生,多文采不耀。若考据词章,并擅胜场,惟竹垞检讨、竹汀宫詹、巽轩检讨,与先生四人而已。与匋公并几,披读一过,钦佩同深。近见益吾先生所选《骈文类纂》,至为精审。选录大作凡四十余篇。益老非苟谀人者,即先生可知,勿事小生置喙矣。"(《日记》页1528,《友朋书札》页628李葆恂第一札)

十二月十九日,为曹元忠跋《古史》:"苏颖滨《古史考》,每半页十一行,行廿二字,宋刻之精者。明有二刻,一十行十九字本,一十行二十字本,与此不同。自汲古后,他书目所未见,君直其宝之。"又言:"芥航河帅收藏极富,前数年为齐贾捆载入都,曾得其影元抄《类编长安志》,极为精整,系张芙川故物,此书出自菉竹堂,皆由吴入秦,仍由秦返吴矣。""芥航河帅"即张井,陕西肤施人,嘉庆六年(1801)进士,曾任河东河道总督。(《日记》页1529,国家图书馆藏宋刊《古史》卷末缪荃孙跋)

是日,先生致曹氏一札:"日内多事,两次失迓,歉甚。荃即日有东洋之行,殊非所愿。弟来,且住下,再派办功课。方作督课甚急,每日列表。南皮创三江学堂,多大言,少成事,与则季同癖。画扇谢谢,即求书旧作为祷。晴窗日暖,方命笔,弗画画也。"又言:"古书极佳,宋刻也。并还。"(《日记》页1529,《艺风堂书札》页519致曹元忠第九札)

十二月二十日,为曹元忠题《竹汀手钞水经注》。校《荀子考异》。(《日记》页1529)

十二月二十二日,致柳诒徵一札,告以旅日行程:"奉手书藉知堂上准与远游,欣慰之至。行期定于初六、初七,在上海住后马路观音阁头晋升栈。局发正月俸,前八十元作二三月俸均可,宫保给盘缠似尚敷用。善馀想回里,又想偕积馀上岸作一日谈,并约同行何如?惟恐面馆未开,扫老饕兴也。东洋应购史学书,乞善馀开单。"(《日记》页1530,《艺风堂书札》页584致柳诒徵第二札)

十二月二十九日,致曹元忠一札。札云:"廿一早奉手书,拟送丛书至局,闻已起程,只可带沪再交。行期总在初七八,沪上仍寓晋升栈。书抄如可,谋。如谋之难,即止。徐鸿春想是苏州掮客。《春秋诸传会通》批本、《剡源集》能送沪否。如有他书及字画均可购,惜已过年关,又奇货可居矣。"(《日记》页1532,《艺风堂书札》页519致曹元忠第十札)

是日,致徐乃昌一笺。笺谈赴日及学堂事,云:"兄今日全愈否?弟已霍然,惟不敢出门,惧覆感也。魏制军抵镇远度岁,镇远十八垱至江陵沙市,由轮舟东下,正月必到,方伯所云也。我们行期须早,在日本不过月余即须返棹。教习似直归本人延代,鼎丞拟在本堂延代,丁、殷皆可。第须我们知其人。聘臣必举其徒,束脩必分,如用须画断,回则不问何如。公分五元希察收。"(《日记》页1532,《艺风堂书札》页415致徐乃昌第一百三十一札)

是年正月二十七日,吴大澂卒于里第。

光绪二十九年　癸卯(1903)　六十岁

一月,先生携徐乃昌及各教习赴日考察学务。(《年谱》)

一月一日,翻阅《汉口丛谈》证《卉木林纳凉图》。是日先生校《明记补集览》,并拟以黄丕烈后跋、王芑孙前题之穴砚斋本《茅亭客语》付刻。(《日记》页1535)

是日,先生与徐乃昌一笺,谈赴日行程等事。笺云:"弟明日往拜年,并至尊处,有话面谈。大约未必见,即托汪荃台一催咨文。初七日行,镇江须住一日,约张、柳二公。沪上约十日耽阁,兄迟来亦无不可。初七头船,希谡所云也。《汇雅》先呈五份。"此后徐乃昌曾复先生一札,先生又致一笺:"手字敬悉。弟定于初七日起程,兄随后来亦可。十七日附大阪行,不宜过迟。方伯意,二月即回来布置一切。此语秘之。"又言:"今日已函告南皮,初四辞行,初六起程。"(《艺风堂书札》页417致徐乃昌第一百三十七札,《艺风堂书札》页437致徐乃昌第二百七札)

一月二日,谒张之洞。是晚,张之洞招先生夜谈。(《日记》页1535)

一月四日,送重定课程与章邦直。(《日记》页1535)

一月六日,诣张之洞等辞行。近日友人、同事饯行者颇多。(《日记》页1536)

是日,江阴新举人吴栻自家来,移入寓中。(《日记》页1536)

是日,王鹏运致先生一笺,并先生所借《花草萃编》等。笺云:"今日本拟走送台旌,乃为舆人所误,人地生疏,无之而可,可叹息也。《花草粹编》十二册,又曹君石词稿二本,谨并奉上。"(《日记》页1536,《友朋书札》页656王鹏运第三札)

一月八日，徐乃昌告知先生札子已到，藩款已领。（《日记》页1537）

一月十日，起程赴沪，先生奉两江总督张之洞之命，将赴日本考察学校。此次赴日，同行者有江南高等学堂提调徐乃昌，分教习侯官孙筠、王良英，江阴张楠，以及译书局分纂丹徒柳诒徵，中学堂教习江宁侯巽，小学堂教习怀宁舒广元，并携一仆、一剃匠、一庖人，凡十一人。（《日记》页1537，《日本考察学务游记》）

一月十一日，到沪，先生拜高蔚光、汪洵、罗振玉。（《日记》页1537）

一月十二日，张楠移与先生同寓，并偕至藤田丰八处，嘱电长崎知会白河鲤洋。是日，徐乃昌、侯巽、王光宇、舒广元均至。（《日记》页1538）

一月十四日，接曹元忠苏州一札，先生即答之，还其《荀卿子考异》《江赋注》《云瓿词》及《词话》，并送《云自在龛丛书》。（《日记》页1538）

一月十七日，与同人上日本西京丸，出吴淞，由茶山放东洋。先生与徐乃昌同舱。（《日记》页1539）

一月十九日，抵长崎，先生以为"山水雄杰，有类香港"。是日先生见领事邹振青等，电神户领事。又晤白河鲤洋，约同行。（《日记》页1539）

一月二十二日，由神户抵东京，王仁乾来接。电南京学堂总办胡延。（《日记》页1540）

一月二十三日，偕徐乃昌、张楠赴横滨，王仁乾同行。拜见领事张义澍。到中华会馆，复到中华学堂，见留学生分宁、广两帮，皆读《三字经》、《四子书》，长者读西文，岁费四千余千。晚回东京。（《日记》页1541）

一月二十四日，怀宁叶善镕来见，偕至下谷区池之端仲町二十二番地琳琅阁观书，购得旧书十三元五角，又购古钱三元九角。是日，先生交白河鲤洋四百六十二元二角八十文，作正、二两月修金。（《日记》页1541）

一月二十五日，金陵学生张修爵、陈衡恪，使馆铨林、袁湛恩来见。下午先生偕徐乃昌、叶善镕到琳琅阁观书，购得旧书一百元、古钱二十七元。是日晚定看学堂宗旨。（《日记》页1541）

一月二十五日，署两江总督张之洞奏江南省创建三江师范学堂，请将江宁银圆局铸造铜圆赢余银两。专供该堂经费。下所司议。

一月二十七日，诣本乡区高等师范学校校长嘉纳治五郎长谈，代电达外部定明日九钟往拜。是日，又诣国光社，购日本学制大纲；拜留学生学监午后拜姚煜、夏偕复。晚议编书事。（《日记》页1542）

一月二十八日，偕徐乃昌拜外部总务长珍田君，与嘉纳治五郎约后日同至高等学校考察。(《日记》页1542，《日本考察学务记》)

是日，湖北留日学生监督钱恂来长谈，"言教育中国现在学生宜专重国文，宜广设学塾，宜编定课书。不宜修广厦，不宜延洋人，不宜重洋史"。诣国光社，偕主人阿多广介同访日本著名教育家伊泽修二。伊泽修二招吴振麟来译谈，问多级、单级制度，又问伦理何以编书，皆一一作答。(《日记》页1542，《日本考察学务记》)

一月二十九日，日本外务属岩村成允来，与订看学日期。是日，拜钱恂长谈，"言日本帝国大学造就人才，细密沉挚，微嫌拘谨；早稻田大学天骨恢张，与美国学校相通而有自由平权语，亦具流弊；庆应幼稚，舍最好；成城缩功课五年为二年半，焉得纯熟；弘文清华，更属儿戏"。(《日记》页1543，《日本考察学务记》)

二月一日，早偕白河鲤洋、徐乃昌赴高等师范考察。是日晚，先生点欧阳修《五代史》。在日期间，先生考察之余，以点欧《史》为日课。(《日记》页1544)

二月二日，岩村邀游帝国图书馆，书颇丰，读汉籍者罕见，读和、英、德文者众。又游上海公园、西国馆，由德川氏家庙入动物院，再入博物馆。在博物馆内见宋本《玉篇》《广均》《太平圣惠方》。(《日记》页1544)

二月四日，拜文部省，见总务长官冈田良平。看印刷局。(《日记》页1544)

二月五日，购古钱三十三元，得阜昌、建中钱。是日赴嘉纳治五郎处听讲。此后连续数日皆前往听讲。(《日记》页1545)

二月七日，购古钱，得大德钱。过浅草区文渊堂，购得《翰墨大全》，明万历刻。(《日记》页1545)

二月八日，赴东京师范学校看附属小学校。寻常高等两小学男女同学，分一、二、三、四年，有两年一堂者。(《日记》页1545)

二月九日，赴高等师范学堂，看附属单级学校。(《日记》页1546)

二月十日，驻日公使蔡钧招饮，黎桂坞等同席。是日，先生过文渊堂，得医书六种。(《日记》页1546)

二月十一日，至赤坂区考察东京府师范学校，时正考试，"看化学、光学及食所均可仿"。(《日记》页1546)

二月十二日,叶善镕来访先生。先生同人往访女子师范学校。自是日起至本月二十五日,先生与同人先后往访问东京府女子师范学校、女子师范高等学校兼附属小学校幼稚园、东京府第一中学、美术学校、工业学堂、盲哑学校、商船学校、第一高等学校、邮便电信学校、弘文学院、新高等师范学校等。其间先生与旅日国人及日本友人多有交游,并协调考察时间,往书店访书。(《日记》页 1546—1549,《日本考察学务记》)

二月十七日,检《云自在龛丛书》及《梁碑》全套送嘉纳治五郎。(《日记》页 1547)

二月二十日,岩村成允来,定以后看校日期。是日,冯立甫交来所译小学堂章程。(《日记》页 1548)

二月二十二日,接张之洞保荐经济特科照会。是日,竹添光鸿约谈,先生送以《文集》《藏书记》各一部。(《日记》页 1548)

二月二十三日,点《五代史》毕。是日,先生访竹添光鸿不值,过文求堂,购《太平御览》《左氏传》《唐六典》。(《日记》页 1548)

二月二十六日,赴文求堂买书,得至大《中州集》,影宋抄《杨诚斋集》,与岩村子功写册叶。(《日记》页 1549)

二月二十八日,竹添光鸿、嘉纳治五郎招饮,见示宋元板书,先生以《诗经正义》为最佳,中土所无也,《元氏长庆集》印本甚精。(《日记》页 1549)

三月三日,至西京。先生饭后游书肆,得宋本《尚书注》十三卷。(《日记》页 1550)

三月五日,在大阪。看博览会,分工艺、美术、农学、商学、林学各厂。(《日记》页 1551)

三月六日,在神户登弘济丸。(《日记》页 1551)

三月十一日,抵吴淞口,化学器械为海关无理扣留。上海道袁树勋拜先生,先生面托关事。先生在沪凡三日,见刘世珩、赵凤昌、汪洵、郑孝胥、吕海寰等友人。(《日记》页 1552)

三月十五日,到南京,得友人信札颇多。(《日记》页 1553)

三月十八日,专人问讯徐乃昌,知化学器具已至。(《日记》页 1553)

三月二十一日,勘高等学堂、中学堂。(《日记》页 1554)

三月二十二日,谒见两江总督魏光焘。(《日记》页 1555)

春三月,先生再跋《敬斋古今黈》,据《元遗山集》之《寄庵碑》考李治身世。(《敬斋古今黈》卷末缪)

四月一日,送陈锐刀一柄、纸一匣,借《孤儿吁天录》六册。是日,先生到学堂,定办事条教,多日乃成。(《日记》页1557)

四月三日,约黄裳治、苏城、柳诒徵、徐啸崖、梁棻来谈编译事。(《日记》页1558)

四月四日,与胡延、徐乃昌、首府罗章谈学堂事。(《日记》页1558)

是日,先生校《剧谈录》。(《日记》页1558)

四月六日,学堂送投考卷。此为四月四日所考,凡八十卷。(《日记》页1558)

四月八日,先生拜藤田丰八、白河鲤洋等。藤田丰八于四日曾拜先生。是日,先生阅藤田所购《渔洋诗》,翁方纲评,字不类而评语极佳,疑为过录本。(《日记》页1559)

四月十日,撰《丹徒解氏谱序》。(《日记》页1559)

四月十日,有旨:两江总督魏光焘奏江宁省城设立两江学务处,并派员办理。得旨著即认真办理,务将实效。

四月十一日,先生移入书院,仍住旧书房。盖学务甚繁故也。(《日记》页1560)

是日,先生接缪朝荃一札,寄癸巳笺四匣。(《日记》页1560)

四月十三日,总督魏光焘司道到堂行开校礼。(《日记》页1560)

是日,先生撰《孤儿吁天录》跋。先生从友人陈锐借读此书,因撰此文考辨明季史事。跋云"夏允彝《幸存录》为奄党子孙李清伪撰",不知所据。(《日记》页1560,《文续集》卷六《杨山松孤儿吁天录跋》)

四月十五日,摘录翁方纲批《渔洋诗》,至二十三日方毕,二十七日寄还藤田丰八。(《日记》页1560、1562、1563)

四月十六日,萧穆来访先生,先生赠以《艺风堂文集》四部。(《日记》页1561)

四月十八日,先生招山本梅涯、村上惠遵、白河鲤洋、张楠、徐乃昌小饮金陵春。(《日记》页1561)

四月二十一日,先生课诸生策论,收卷七十二本。(《日记》页1562)

四月二十三日,撰《剧谈录跋》。先生自去年十月起,以谈恺本《太平广记》及《类说》《角力记》等书校汲古阁刊《津逮秘书》本《剧谈录》,又从明稽古堂抄本录序一篇,至今日校毕撰跋。该校本今藏国家图书馆,卷首补抄四库馆臣所撰该书提要和池州黄老山白社序,序后有"从明高承埏稽古堂本录出"数字,全书先生以朱笔校,不下百数十条,各条所据校之书均一一注明,卷末有先生手跋,谓"虽未见影宋旧抄,固已出《津逮》本上矣"。是校本先生于九月交与刘世珩刊入《贵池先哲遗书》。刘氏刊此书不言底本出于先生,卷前"黄老山白社序"后先生原注"从明高承埏稽古堂本录出",刘刊本改为"刘世珩从明高承埏稽古堂本抄出"。又卷末用先生跋而署己名,见一本卷末跋语仅将先生原跋中"并取旧藏明刻稽古堂本补录自序一篇"语改为"并假缪艺风丈所藏明刻稽古堂本补录自序一篇",并在跋末加上"近世珩搜辑乡邦文献,因亟刊之",末署"光绪三十年甲辰六月贵池后学刘世珩跋于江宁暖红室";见另一本前者改同,跋末加"余近年蒐罗乡帮文献,汇刻《贵池先哲遗书》,今复辑《贵池唐人集》,获得是录,因以冠之。光绪二十九年十二月二十有一日县后生刘世珩谨跋",较前本为长。盖此书先被刘氏刊入《贵池唐人集》,后与《贵池唐人集》一起汇入《遗书》而跋末语措辞略有改动,故有此歧异。又刘刊本增补"剧谈录逸文五条",亦先生所跋文中言及者。今国家图书馆藏先生手校本书衣有题识云:"《剧谈录》,缪筱珊先生精校本,甲子九月避兵沪上,得于旧书肆中。蜗庐主人志。"此书从流出后,曾经浙东孙家溎收藏。(《日记》页1562,《文续集》卷六《剧谈录跋》,缪荃孙手校本《剧谈录》,《贵池先哲遗书》本《剧谈录》)

是日,先生校《大唐创业起居注》。(《日记》页1562)

四月二十六日,先生拜山本梅涯、村上惠遵,山本梅涯出素册求先生诗。(《日记》页1563)

是日,先生校《花草粹编》。(《日记》页1563)

五月一日,收卷七十五,五人分阅。是日定化学、算学名次。(《日记》页1564)

五月四日,阅课卷毕,到堂出案。(《日记》页1565)

五月五日,送邵阳魏鬵《艺风堂文集》《艺风读书记》《常州词录》。鬵,字季子,魏源之孙。是日雨竟日,书连屋北套间第一架漏雨,《黄诗》《本草》均湿,先生颇愤恨。(《日记》页1565)

五月十三日，有旨：江宁布政使李有棻解职，以湖南按察使黄建筦为江宁布政使。

五月十四日，校葛秀英《澹香楼词》(《日记》页1567)

五月十八日，先生致曹元忠一札，谈及近况，并告以不能往考经济特科。札云："新正在沪交一册、《黄河赋》。一书《荀子考异》，已付刻。并送丛书，均交徐鸿春，不知其未到也。惟《南史精语》尚在荃篋中。来书言困厄之状，惜荃未能援手，张帅去年到省，议论不合，近来只能用逡诣面诀之人。鄙人自甘退舍，即信亦无益。柯中丞亦无信来，惟祝特科得隽，为余省光耳。学堂甫开，刻不能离，不能与考矣。"(《日记》页1568，《艺风堂书札》页519致曹元忠第十一札)

五月二十一日，致湖北巡抚端方一笺，寄《续碑传集》一册，《艺风读书记》《艺风藏书记》各一份。(《日记》页1569)

是日，先生致李葆恂一笺，寄《洛阳图》《续碑传集》《艺风读书记》等。(《日记》页1569)

五月二十六日，发姚永概一札，寄《五代史》两部，交许鼎霖带。(《日记》页1570)

五月二十八日，校《清河集》《花草粹编》。是日，先生交《兵法史略学》付活字印刷。(《日记》页1570)

闰月一日，接丁立诚一札，并抄《剡源集》逸文。(《日记》页1571)

闰月五日，出五日课案。是日，先生校《茅亭客话》《兵法史略学》。(《日记》页1572)

闰五月七日，先生得姚永概本月初四日之信，及其仲兄姚永朴新刊《起凤书院答问》。(《日记》页1572，《慎宜轩日记》页869)

闰五月十一日，诣胡延谈，以《双红豆图》属题。(《日记》页1573)

是日，先生跋《像象易解》。(《日记》页1573)

闰五月十三日，谒总督魏光焘，又拜提督简以和及张枢、洪月波，面求拨兵剿盐枭并添款刻书。(《日记》页1574)

闰五月十八日，提调送新刻《日本高等学校章程》五十部。(《日记》页1575)

闰五月二十一日，跋《左氏始末》。重校《礼记释文》及赵汸《春秋》三种。(《日记》页1576)

闰五月二十二日,约学生十一人谈。(《日记》页1576)

闰五月二十四日,跋《尚书今古文集解》。(《日记》页1576)

闰五月二十九日,送甄别全卷与总办。出案,剔退三人,察看五人。(《日记》页1577)

六月一日,放假。(《日记》页1577)

是日,先生跋宋刻《后村千家诗选》。此集乃徐乃昌得之于日本者,前后集共残存二十卷。先生以曹寅刊本相校,二本残存卷目有异同。但曹刻"为书估强合,挖去前后集字,以充全帙",又多阙文。先生以为"此书止有曹刻,各书目均未见,《阮文达外集》亦未能悉其始末。赖此本尚存天壤,俾见是书真面目,虽零珠碎璧,亦可宝也"。先生先以此本与曹本同存者十五卷校于己曹本之上,《后集》所无者则从该本影抄并跋之。(《文续集》卷七《刘后村千家诗选跋》,《艺风堂藏书续记》卷六《校宋刘后村千家诗选》《残本刘后村千家诗选后集》条,《日记》页1577、1583)

六月二日,到中小学堂查功课。(《日记》页1578)

六月四日,题胡延夫人傅茂文秋花卷子,次日还之。(《日记》页1578)

六月六日,新任江宁布政使黄建莞来访。(《日记》页1579)

是日,先生知瞿廷韶方伯于四日去逝,伤悼不已。(《日记》页1579)

六月七日,先生致金武祥一札,谈近况。札云:"弟自正初出洋,前后七十日,魏制府电招回省开办学堂。四月初开学,正值风潮大起,抵御之外,仍须诱掖而加以指示,桀骜者渐渐驯静,大约可以相安。吾兄居此席,亦何必辞,弟以守旧为主,而日启新机。苏报痛骂宗旨不变。现在诸生作文,连日,起点字样,均为扫除净尽,亦可谓顽固矣。惜科场又开,须耽误三个月,可惜时光也。科举不停,学校不兴,强者叛乱,弱者饿死,一定之道也。学校兴则人思自擢,何必叛乱,何至饿死,亦可返对而知也,妙在弟是顽固党不是新党,第洞瞩其机括如此耳。讲学则本《广训》,日本亦出于天皇勅语。日朔、望二次,不明演说,吾兄以为何如。天热怕上路,尚要管住堂,不去也。学生为了看策论,以尽教习本分,回京一次,受气花钱,不如其已。孟舆甚得力,张先生则少逊。有回任消息,世兄以出山为是,现求一至小之事,亦非我辈所能。电局一概不动。现有非学生不得委员之例,想是确音。大小儿携住学堂习化学、西文,附课。日有进境,中文自课之,粗通而已。弟另创一学堂,尽十四岁以下者,同人十余为教员,均不受脩金者,进境更快,三儿入此学读书,一月抵向来读书两月功夫不止。明年四儿亦进去。二儿自愿习水师,家中不延师,读死书真无益,下场亦无谓,不如各习一艺,无论亡国存国,总可混饭吃为要。武阳学生赵、汤、张、宗、留,均极佳。江阴保特科,弟与闰枝不考,秋辇头场被落,陈、祝复试被落,亦与丙辰相彷佛。袁励源是否常州人?钱少云,能员耳,非经济也。复试大半无名之士,阅之愦愦,条子作怪,尚不如看字也。瞿方伯归道山,弟之同辈至戚少矣。常州人在鄂得意约卅年,恽、瞿均逝,盛道能继起否?"(《日记》页1579,《艺风堂书札》285页致金武祥第四十七札)

六月十六日,崔朝聘自京师考经济特科毕而归,带回《皇甫少玄集》《论衡》,先生上月二十二日托杨勤有购者。(《日记》页1581)

六月二十三日,出题课学生。(《日记》页1583)

是日,先生撰《钱中丞家传》。传主钱鼎铭,字新之,号调甫,又号定舫,江苏太仓人,道光二十六年(1846)举人,曾赴安庆乞曾国藩援江苏镇压太平军,参赞李鸿章军务,官至河南巡抚。文述钱氏行谊极为细密。是文之撰,出于钱鼎铭之长子钱溯耆之请,溯耆与先生有交。本年八月一日,先生将该传寄太仓缪朝荃转交溯耆。(《日记》页1583、1591,《文续集》卷二《钱中丞家传》)

六月二十六日,五鼓到学堂,总办、委员、教习均到,更衣坐阙行庆贺礼。(《日记》页1583)

六月二十九日,撰《日本访书记》。先生在日考察教育期间,得暇即搜访古书。此《访书记》详细记载了日本书籍铺及所访书的情况。前后不足两月时间,先生所访者有东京的池町琳琅阁、浅仓文渊阁、文求堂,西京的文求堂、主竹苞楼等,得宋、元、明刻及旧抄善本颇多,如旧抄本《续资治通鉴》、明弘治本《黄山谷全集》、洪武本《理学类传》、活字本《五百家注昌黎集》、高丽本《草堂诗笺》等,皆为罕见之本,其最佳者为《尚书》宋刊本,"首尾完善,装潢精致,古香扑人,洵非易觏"。在此期间也有日本藏书家请先生观书者,如竹添渐卿等,先生也记其宋元本行款于《访书记》中。(《日记》页1584,《文外集》之《日本访书记》)

七月一日,赴学堂行礼,开学。(《日记》页1584)

是日,先生撰《草堂诗笺跋》。先生以巴陵方氏刊《草堂诗笺》,与黎庶昌刊《古逸丛书》本合读，多不相合，故撰此跋考之。巴陵方氏刊本系以元本为底本，黎本系以宋麻沙本为底本而以高丽补遗。先生又从友胡延处借得高丽本，附其篇目于跋末，以志异同。(《日记》页1584,《文续集》卷七《草堂诗笺跋》)

七月五日，还高丽本《草堂诗笺》与胡延并呈跋。(《日记》页1585)

七月六日，到学堂与程先甲定修身课程。(《日记》页1585)

是日，得姚永概本月一日一札，欲其侄姚炳及侄婿方彦忱入高等学堂。札有云："永概上月望即由里到皖，皖学已经开学，目下尚能循涂守辙，但求英伟之材，良不易易。此固由鄙人学谫德薄，不足以徕之，固无足怪耳。贵学堂闻开办以来，教法完备，宗旨正大，毫无外习，此是意中事。舍侄佐燧年廿二，侄婿方生彦忱年廿四，于两家家学略得门径，曾在广方言馆两年，英文亦颇通，久欲依大贤之门墙，徘徊未敢遽进。昨闻孙生德功，道及安庆名额尚缺五人，是以径由县备文，亲来投递，敬候考录。永概深知二人，乃敝邑髦俊，用特敢为上言。舍侄本于去年南洋公学录取第二，可以径入，乃闻先生之风，决欲得所依归，其意殊为肫挚。伏望接见之余，垂询大略，使其得附桃李之枝，能沾时雨，是则厚幸也已。"(《日记》页1585,《友朋书札》页798姚永概第一札)

是日，校《花草粹编》毕，连新抄送徐乃昌。(《日记》页1585)

七月九日，徐乃昌借来《韩集》四册。先生从《玉溪诗集》，得韩偓年纪，为之狂喜。(《日记》页1586)

七月十一日，撰《日本访书记》跋。先生于跋中考日藏汉集回归史，并发出号召云："今则寰海开通，正藉彼此补苴，以期完善，则昔之连舻而东者，今何必不捆载而西也哉！大约古抄卷子本为上，宋元旧刻次之，翻刻本而未加和文者次之，活字本次之，影写者次之，分类以求。谨以告东游好古之士。"(《日记》页1587,《文外集》之《日本访书记》)

七月十二日，阅课卷，编《韩翰林年谱》。此后，先生多日以编该谱为日课。(《日记》页1587)

七月十九日，到学堂捐《孟子》《孔子家语》《荆州万城堤工志》于书楼。(《日记》页1589)

七月二十一日，诣刘世珩谈。致刘氏一笺，还书并谈译书局事。笺云："《说文述谊》四册底本奉赵,《汤贞湣画佛》乞假一玩。明日回里。局务何敬夫、痛诋崔聘臣。徐书识一字不肯写。二人均须裁,徐以张清甫易之,徐去而小苏自肯动手矣。"(《日记》页1589,《艺风堂书札》页570致刘世珩第十四札)

七月二十五日,接王咏霓信并自刻集。(《日记》页1590)

八月一日,发张锡恭信,并寄《张啸山先生墓志》。(《日记》页1591)

是日,先生校《日本访书记》,并撰《日本考察学务游记序》。(《日记》页1591,《日本考察学务游记》)

八月一日,有旨:命署工部左侍郎唐景崇提督江苏学政,吴庆坻提督湖南学政。

八月二日,到学堂收考,兼课肄业生。(《日记》页1592)

八月十日,往拜先生寿者百余人。(《日记》页1594)

是月上旬,先生致徐乃昌一笺,请假返江阴处理沙田事,并往吊瞿廷韶。笺云:"经兄指陈,弟之疑虑尽释,当可遵命。家中人亦不愿弟行也。惟江阴沙田有事,瞿方伯灵柩回常,总须节前去。开堂不能回,须乞半月假耳。堂中事诸事安帖,收考亦是要事,弟亲自理料亦稍安。初二考否,改课单呈览。"(《艺风堂书札》页406致徐乃昌第九十八札)

八月十四日,致梁鼎芬一札,送《艺风堂文集》《辽文存》《艺风读书记》《续碑传集》。(《日记》页1595)

八月十五日,送沈云沛《艺风堂文集》《辽文存》。(《日记》页1595)

是日,先生登船往常州悼瞿廷韶丧。(《日记》页1595)

八月十八日,在常州,往访瞿世玮、华世芳,赠华世芳日本《高等师范学校章程》一册。(《日记》页1596)

八月十九日,往吊瞿廷韶灵柩。(《日记》页1596)

八月二十四日,至江阴,先生上罗灰圲祖坟。(《日记》页1597)

八月二十五日,在江阴,诣高等小学堂,晤章际治。(《日记》页1597)

八月二十七日,拜李殿林及周、秦两教官等。(《日记》页1598)

八月二十九日,得魏制军照会,促先生回学堂。(《日记》页1598)

九月四日,在常州,先生送金武祥《杨士凝诗》两册、小牙印一枚,又送华世芳牙印一枚。(《日记》页1600)

九月六日,在宜兴,偕金武祥访蒋萼、蒋彬若,送其《常州词录》《艺风堂文集》《艺风藏书记》。蒋萼送先生《爱吾庐稿》八册。是日,先生又携金

武祥、顾云等游城隍庙瀛园池亭,谒周孝侯祠,旧刻甚多。先生在宜兴凡四日,见友人颇多。(《日记》页 1600)

九月十日,在常州,诣金武祥谈,借金武祥《周止庵遗集》。(《日记》页 1602)

九月十三日,到学堂,又到书局见徐乃昌,交词四册,理书。(《日记》页 1602)

九月十五日,到学堂行礼。先生送《艺风堂文集》《云自在龛丛书》《艺风藏书记》《续碑传集》《辽文存》与赵上达。(《日记》页 1603)

是日,李详来送先生寿诗。(《日记》页 1603)

九月十六日,往贡院访胡延。(《日记》页 1603)

九月十八日,先生致金武祥一札。札云:"别后两日到省寓,家中人幸平安。昨日入外闱,见砚荪,将两书面交,求题亦允,俟送来并长安宫辞同呈。积馀病已愈,望《闺秀词》乞兄得一帙,先寄一帙何如。特科第一袁嘉谷在此,丰采论议超越流辈,而守礼纯谨,无飞扬跋扈之概,可敬也。持论与鄙意温故知新,最为要著。县学不可不开,兄亦不宜辞,与九遥制,须与次远说明,有权则办,无权则不办,明白晓畅,不必托词也。寄上书七册,常州词数家,乞察入。"(《日记》页 1603,《艺风堂书札》287 页致金武祥第四十九札)

九月十九日,勘定史学星期课。是日,先生购《续吕氏读诗记》二册,配入聚珍版。(《日记》页 1604)

九月二十四日,文闱出榜。是日,译书局送来湖北洋务译书局《图书名目》一册十二页,先生发上海石印。(《日记》页 1605)

九月二十五日,校《剡源集逸文》毕,复学堂勘舆地理卷子。(《日记》页 1605)

九月二十六日,撰《剡源集》跋,两日乃毕。(《日记》页 1606)

九月二十七日,跋《古今甔》。(《日记》页 1606)

九月二十八日,赵上达来考验学校。是日跋《清河集跋》。(《日记》页 1606)

九月三十日,接金武祥一札,并抄《闺秀词》两册,先生即交徐乃昌。(《日记》页 1607)

十月一日,致安徽刘树屏一札,并《日本东京高等学校考略》三册。

(《日记》页 1607)

十月三日,撰《刻源集札记》。先生多日以校《刻源集》为日课。(《日记》页 1607)

十月七日,胡文骖、万中立、汪康年来访先生。(《日记》页 1608)

十月十五日,徐乃昌送《北海年谱》板来,先生转交梓人丁德洲。(《日记》页 1610)

十月十六日,诣小学堂谈。(《日记》页 1610)

是日先生接甘肃叶昌炽一札。(《日记》页 1610)

是日,先生整理藏书,写书目,并连续多日以此为课。(《日记》页 1610)

十月十七日,得王仁乾一札,并所寄东书。(《日记》页 1611)

十月二十日,致学政唐景崇一札。是日,先生读《王文公年谱考略》。(《日记》页 1611)

十月二十一日,先生到学堂。学生为东洋学生煽惑,又将肇意外之事。(《日记》页 1612)

十月二十四日,赴文正学堂为学生照像。(《日记》页 1612)

十月二十六日,写旧抄本《刻源集目》。(《日记》页 1613)

十一月一日,借徐乃昌藏《鄮峰真隐漫录》。(《日记》页 1614)

十一月三日,撰《挽凌塵遗》诗,记二人交往及友情:"鸠江谈宴后,回首九年余。惨惨三秋节,凄凄一纸书。梅花香未灭,君善画梅。薤露痛何如。咫尺扬州路,离怀未尽摅。不到扬州十五年矣。金石称三友,今存我一人。陆存斋久归道山。家贫文字富,身贱性情真。《捃古编》难乞,贻书墨尚新。只鸡同斗酒,深愧未躬亲。"(《日记》页 1615,《诗存》卷四)

十一月七日,发傅春官信,寄《辽文存》《乐章集》《经义模范》。(《日记》页 1615)

十一月十日,潘陛代学堂监督接事。(《日记》页 1616)

十一月十二日,撰《齐山岩洞志》序。次日交与刘世珩。(《日记》页 1617)

十一月十四日,拜总督魏光焘、赵上达、李瑞清、汪嘉棠、徐乃光及日本领事。是日,先生又与胡延谈学堂事。(《日记》页 1617)

十一月十六日,早诣章际治,又诣徐乃昌谈,仍以敷衍为宗旨,先生

谓:"事真不可矣。"(《日记》页 1617)

十一月二十二日,还《韩致尧集》与徐乃昌,先生编《韩致尧年谱》毕。(《日记》页 1619)

是日,先生撰《乾隆朝文字之祸》十则。(《日记》页 1619)

十一月二十四日,学堂大考,总督魏光焘出题。(《日记》页 1619)

十一月二十六日,撰书目类跋。交《西厢记》董本与丁德洲,代刘世珩刻书。(《日记》页 1620)

十一月二十九日,撰地理类题跋。是日先生招饮书局同事范当世、梁荛、魏繇、黄裳治、濮文暹、柳诒徵、陶炳南、陈谊甫、徐钧。(《日记》页 1620)

十二月一日,诣高等学堂行散学礼。(《日记》页 1621)

十二月六日,发王先谦一札,寄《藕香零拾》《辽文存》《日本考察学务游记》。(《日记》页 1622)

十二月七日,校《剡源集校勘记》;撰《伯锡尔传》。(《日记》页 1622)

十二月九日,跋《鄮峰真隐漫录》。先生所跋之本系己藏本,云:"旧抄《鄮峰真隐漫录》五十卷,《四库》底本,即范氏天一阁所进呈者。中间点窜钩乙,皆馆臣手笔。缺卷一至卷四四卷,又缺四十四一卷,藏之簏衍近十余年。顷友人得扬估抄本,假归补足,方知旧抄之佳。提行、空格,一仿旧式,其源出于宋本。目录分三卷,与提要所言合,扬本不若也。此书昔见《爱日精庐藏书志》,近见《皕宋楼书目》,流传亦云罕矣。"先生此书系胡延借得,今日抄补完毕即还之而撰此跋。此本今藏北京大学图书馆,无格,半叶八行,行二十字,楷书甚工,内有先生朱笔校字。今观该集后六卷有书估改装痕迹,实是以后六卷补前四卷和第四十四卷,装订为四十五卷,以充全帙。(《日记》页 1623,《文续集》卷七《鄮峰真隐漫录跋》)

十二月十三日,撰《兵部尚书衔浙江巡抚恽公墓志铭》。碑主恽祖翼,字叔谋,一字菽耘,阳湖人,同治三年举人,官至浙江巡抚,先生之亲家。(《日记》页 1624,《文续集》卷一《兵部尚书衔浙江巡抚恽公墓志铭》)

十二月十九日,发杭州丁立诚信寄《皇甫少玄外集》十卷。(《日记》页 1625)

十二月二十四日,定学堂章程。(《日记》页 1627)

十二月二十六日,撰《双卿词序》。此系先生从《西青散记》中录出贺双卿小令、慢词十六首,后交与徐乃昌刊刻,并撰此文弁首。(《日记》页1626、1627、1628,《文续集》卷五《双卿词序》)

十二月二十七日,撰《直隶玉田县知县夏君墓志铭》。碑主夏子銮,江阴人。(《日记》页1627,《文续集》卷一《直隶玉田县知县夏君墓志铭》)

是年先生与兴化李详订交。此后,长笺特贲,兴托千言。短札往商,交谊日密。(《文续集》卷二《兴化李君妻赵孺人圹志》)

十二月二十八日,交李贻和《剡源集校勘记》刻工十四元。(《日记》页1628)

除夕,提旧抄本史部书入新置书箱。(《日记》页1628)

光绪三十年　甲辰(1904)　六十一岁

一月一日,在高等学堂。定裱《国初名人集册》。致刘世珩一札,劝刻池阳唐人集:张乔、伍乔、殷文珪、杜荀鹤、顾云诗文。(《日记》页1629)

一月三日,清理书籍,写定史部应跋书目。正初,先生多出拜友人,燕饮之余,整理藏书,多有撰述。(《日记》页1629)

一月六日,写子部应跋书目。(《日记》页1630)

一月七日,写宋元本书目。(《日记》页1630)

一月九日,写《提镇驻扎地方表》。(《日记》页1630)

一月十日,撰《唐荆川集》跋,写集部应跋书目。(《日记》页1630)

一月十二日,写《西凉百官表》。是年一月至二月间,先生撰定东晋列国之六国百官表:《西凉百官表》《北凉百官表》《后凉百官表序》《南凉百官表》《北燕百官表》《夏百官表》。其中《北凉百官表》《夏百官表》在光绪己亥(1899)七月已经撰写,撰写各表之构想盖起于此时,而六表集中撰定于甲辰年一、二月间。其各表之序,述各国兴亡,颇中要旨,有撰成于本年六、七月间者。先生撰各表,遵百官表旧例,以纪年为经,百官史事为纬,逐年排列。六表之撰,系补前人之阙。因万斯同《历代史表》有汉赵、后越、成秦、后秦、燕、后燕、南燕九国将相大臣表,练恕又补撰《西秦百官表》,故今补后凉、南凉、西凉、北凉、夏、北燕六国百官表。各表多取自《晋书·载记》《御览》《姓氏书》及金石拓本等。(《日记》页1631,《文续集》卷三)

一月十五日,写《后凉百官表》毕,撰序。(《日记》页1632)

一月十六日,撰《可萨克兵考》,考三种可萨克之历史及地理沿革。(《日记》页1632,《文续集》卷四《可萨克兵考》)

一月十七日,写《夏百官表》。(《日记》页1633)

一月二十日,早赴高等学堂开学。(《日记》页1633)

一月二十五日,陈三立借《巢经巢诗》。先生写《北凉百官表》。(《日记》页1635)

一月二十七日,《剡源集校勘记》交李贻和刻。(《日记》页1636)

一月二十八日,邵章来见,邵懿辰之孙。邵章在宁期间,先生数见之,送其文集、书目及《辽文存》等。(《日记》页1636、1637)

一月三十日,将抄补完毕之《郧峰真隐漫录》付装,并撰跋志之:"此书系《四库》底本,即范氏所进呈者,失前四卷,书估并撤前四卷目录,并后六卷目录,以充完帙。顷假得全书,付抄胥补抄前四卷,书前后目录嘱内子镜涵足之。光绪甲辰装毕志,艺风。"(《日记》页1636,《郧峰真隐漫录》卷末缪荃孙手跋)

二月一日,早赴学堂行礼。是日,先生考新到学生二十六名,题目:"祖逖论","文明书局与天津官局争板权应争不应争议""君子喻于义",收卷二十三本。(《日记》页1637)

二月四日,改地理教科书。(《日记》页1638)

二月六日,取书局《东洋新史》二册交刘世珩译。是日先生抄《牛羊日历》,写《南凉百官表》。(《日记》页1638)

二月八日,校改魏了翁、李长庚年谱。是日莫绳孙来长谈。(《日记》页1639)

二月九日,到学堂,发高等学堂癸卯年课卷交刻。(《日记》页1639)

是日,先生写《北燕百官表》。(《日记》页1639)

二月十二日,写《读书续记目》。是日,交陶子麟刻《南朝史精语》。(《日记》页1640)

二月十五日,到学堂行礼,考新班学生,题目"晁错贵粟论""不患贫而患不安议"等。(《日记》页1640)

二月十七日,先生赴鄂见张之洞。张氏新进京陛见回任。于船上晤袁学昌,廿年别绪,一旦倾泻。旋见视其妻曾懿撰《古欢室全集》,"唐音宋派,卓然名家"。先生赠学昌《日游汇编》。(《日记》页1641,《文续集》卷

五《古欢室诗集序》,《年谱》)

二月十九日,到汉口。先生送宁绸袍料、《藕香零拾》、《艺风堂文集》、《日游汇编》、东印《高等学堂章程》与梁鼎芬。(《日记》页1641)

是日,华世芳来见先生,见示其兄华衡芳事实。(《日记》页1641)

二月二十日,移居两湖书院教务处。先生检《艺风堂文集》《小农书》《日游汇编》《辽文存》《艺风藏书记》《日本高等师范学校考略》及《附属小学校考略》呈张之洞。(《日记》页1642)

二月二十二日,谒张之洞谈二时许。(《日记》页1642)

二月二十四日,巡抚端方伯母七秋大庆,先生往祝寿,并晤张之洞、黄绍箕、梁鼎芬等。(《日记》页1643)

三月三日,抵金陵,至学堂。是日,先生得王鹏运一札并《林下词》。(《日记》页1645)

三月五日,移行李,住学堂。是日,先生校《大唐创业起居注》毕。(《日记》页1646)

三月六日,学堂绘图堂塌二间,压死学生一人,重伤者五人,轻伤者十余人,藩台、盐道、首府两县同到,总办上院禀撤前工程委员章邦直。(《日记》页1646)

三月九日,遇难之陈钟毓出殡于白衣庵。(《日记》页1647)

三月十一日,校《丹邱集》毕。(《日记》页1647)

三月十二日,拜两江总督魏光焘。到学堂,知诸生仍然滋事,即辞馆回寓。(《日记》页1647)

三月十四日,方履中编修来拜先生。先生荐其接办学堂。(《日记》页1648)

三月十五日,到堂行礼,挂牌开除六人。(《日记》页1648)

三月十七日,谒张之洞谈。(《日记》页1649)

三月二十四日,王先谦曾致先生一札,寄新刊《尚书孔传参正》,并谈湖南学堂风气。(《友朋书札》页37 王先谦第五十五札)

三月二十六日,张之洞约游愚园。(《日记》页1651)

三月二十八日,张之洞招游后湖,与蒯光典、张预同往,竟日清谈,过晚方归。(《日记》页1652)

四月二日,撰《广陵妖乱志》跋。跋考各书记该书作者不一,又记先生所刊该书以《说郛》及罗隐集所载为正文,又增辑《太平广记》四条,《资治通鉴注》中六条为逸文。(《日记》页1652,《广陵妖乱志》卷末缪荃孙跋)

四月五日,盛宣怀来访先生。是日,两江总督魏光焘约至粮署小饮,张之洞、盛宣怀、张謇、蒯光典、魏允恭、黄建莞、徐树钧、胡延同席,并照相。(《日记》页1653)

四月十一日,有旨:湖北巡抚端方署江苏巡抚。以湖广总督张之洞兼署湖北巡抚。

四月十二日,电端方贺其荣任江苏巡抚。(《日记》页1655)

四月十六日,学堂总办胡延巡视思益小学,先生陪视。(《日记》页1656)

四月十七日,派首府罗少杰、学务处张预勘验工程。(《日记》页1656)

是日,先生诣文廷式谈,送其《藕香零拾》《辽文存》及《艺风堂文集》。(《日记》页1656)

四月二十一日,写装本碑目毕,覆勘地学课卷。(《日记》页1658)

四月二十四日,写旧本书目,校《东皋杂抄》、覆勘碑目。又阅儿辈课卷,先生前曾课之《商鞅论》。(《日记》页1658)

四月二十五日,接丁立诚一札并《元统元年进士题名录》《建文元年京闱小录》。(《日记》页1659)

四月二十九日,先生课儿辈"就有道而正焉"义。(《日记》页1660)

是日,先生校《安禄山事迹》已毕,撰跋。跋考此书大要,并谈其价值云:"分纲列目,兼有论议,较正史记述颇详。据《通鉴考异》,与《幸蜀记》《天宝乱离记》《河洛春秋》《蓟门记乱》等书相出入,今诸书不存,独此书尚为完帙,洵属可宝。"又谈其所据版本:"此本出于知不足斋鲍氏,讹谬满纸,从友人章硕卿处假得秦敦夫石研斋抄本校正大字","惜小字仅据《新》《旧唐书》《通鉴》采者校过,未能一一复旧也。"①(《日记》页1659,《安禄山事迹》卷末缪荃孙跋)

五月一日,到学堂行礼。得陈庆年湖州信及其寄《化学堂图禄》。

---

① 《藕香拾零》本《安禄山事迹》卷末缪荃孙跋署时间为"光绪甲辰十月",盖据刻成时间,此处据《日记》系年。

(《日记》页1660)

是日,先生发甘肃叶昌炽一札,寄江阴复军两碑;发王鹏运信寄《陈大声事实》。(《日记》页1660)

是日,先生购唐藩刻《文选》。(《日记》页1661)

五月二日,赴四象桥看华氏屋。是日,先生还前借校之章寿康秦氏石研斋抄本《安禄山事迹》。(《日记》页1661)

五月八日,赴思益学堂行开学一年礼。(《日记》页1662)

五月十五日,写定第三学期功课单。是日,拜巡抚端方,并同往思益小学看操。(《日记》页1664)

五月十九日,端方来寓拜会先生。是日,先生校《求是斋金石跋》。(《日记》页1665)

五月二十日,总办考察中学。先生与徐乃昌、潘陞、洪恩波等公请白河鲤洋,并送《藕香零拾》于竹添光鸿、嘉纳治五郎。(《日记》页1665)

五月二十一日,朱潽来谈,欲以家藏书求先生考订。(《日记》页1666)

五月二十三日,先生校《求是斋金石跋》毕,撰书后。《求是斋金石跋》,本名《求是斋碑跋》,先生表兄武进丁绍基所撰。今年春日,丁绍基子丁同方以稿本见示,凡八卷,分历代,共一千六百十二种。有跋者,六百五十种。先生以为"条例秩如,辨证明析,先正遗型,于兹未坠",摘录有跋者编为四卷藏之,后于民国丙辰交张钧衡刊入《适园丛书》。(《日记》页1666,《文续集》卷六《求是斋金石跋书后》)

五月二十九日,到学堂,出大考案。(《日记》页1668)

是日,先生发金武祥一札、况周颐一札,并《艺风堂文集》《全辽文》《日游汇编》《藕香零拾》,均托丁孟舆带。先生致金武祥之札云:"奉手书,知清游沪渎,道途平安,消闲可羡。弟终日作猢狲王,言语举动总须留心,不如山长之自由。月朔放假,亦须到沪。八九月间,挈次子到家上坟,必来城盘桓十日。恽宅喜事,一切费神,如何办理,届时面商。题词即送子虞太守,胡粮储处,均可代催。端中丞到苏,学务、捕务均极整顿。常州、江阴不肯举办学堂,岂坐待八股之复耶,恕无此日矣。夔生文极佳,行可议,作何位置,有定议否?小书三册,太仓宗人所赠,呈阅。石公想须回宁矣。"(《日记》页1668,《艺风堂书札》289页致金武祥第五十四札)

六月一日，行散学礼。是日先生还朱溍《王黄手札》三册、《两汉刊误补遗》、《永宪录》、《结一庐书目》，又送其《艺风藏书记》一部。(《日记》页1668)

六月二日，先生上张之洞一笺。又与柯逢时一札，寄《丹丘生集》。此集是先生在曹元忠补辑基础上，复加考核，新得《草堂雅集》旧抄本，遂与顾选对勘，每首各注所出，又溢出十三首。《元十二家集》，亦有五首，为顾所未见。共得文四十六篇，诗三百四十一篇，勒成五卷。此集之辑，至此完成，以覆柯氏。(《日记》页1668，《文续集》卷七《辑本丹丘生集跋》)

六月四日，抵沪，至大生纱厂结账。又拜赵凤昌、汪洵、何良栋。先生本次在沪购书、访友凡六日，所见者有盛宣怀、孙廷翰、吴重憙、刘树屏、杨廷杲、高寿农、吕景端、沈淇泉、沈守谦等。(《日记》页1669)

六月八日，诣吴重憙谈，看其所得书，抄刻皆旧。十一日，先生借其旧抄《张燕公集》。(《日记》页1671、1672)

六月十四日，在金陵。校《韩非子校勘记》一册。(《日记》页1672)

六月十五日，朱溍交来二百元、《张燕公集》二册。朱氏请先生代刻《结一庐朱氏剩余丛书》。先生即交梓人丁德洲一百元，归《金石录》项下。(《日记》页1673)

六月十六日，改《皖词纪胜序》。徐乃昌辑《皖词纪胜》，请先生撰此序。(《日记》页1673，《辛壬稿》卷二《皖词纪胜序》)

六月十八日，跋《啸亭杂录》。《啸亭杂录》有清刻巾箱八卷本，多为人所斥。本年夏先生从朱溍结一庐抄得十卷本《啸亭杂录》，校已藏八卷巾箱本，逐条对勘，勘毕，辑补遗，遂撰此本述二本异同，云："甲辰长夏，二楞观察出以相示，逐条对勘，编次不同，字句亦多删节。而《杂录》刻本八卷，抄本则十卷，刻无而抄有者，止六十八段；刻有而抄无者，则无之。《续抄》刻本二卷，抄本则三卷，抄本多三十八段，刻本多出八十九段，疑别据一本，而此《续录》尚短去一卷也。至未刻者，大半涉于考古，或间有秽杂语，删之未为不是。即抄刻相同之条，间节去其空论，亦何可以为非。今选未刻多条，择其可存者四十二段，录成一卷，或可别行，不必痛诋刻本，实未见所云真伪各半之迹也。"(《日记》页1674，《文续集》卷六《啸亭杂录补遗跋》)

六月二十一日，送跋语三篇与朱溍。是日先生勘《五凉百官表》毕。

(《日记》页 1674)

六月二十三日,寄吴重憙《张燕公文集》跋及《常州先哲遗书原委》。(《日记》页 1675)

六月二十六日,撰《南凉百官表》序。(《日记》页 1676)

六月二十八日,撰《夏百官表序》。(《日记》页 1676)

六月二十九日,校《啸亭杂录逸文》。(《日记》页 1676)

七月四日,校《艺风堂金石目》,编《啸亭杂录补遗目》。(《日记》页 1677)

是日,先生接吴重憙一札,闻王鹏运殁于吴门旅次,惊骇欲绝。(《日记》页 1677)

七月十日,发吴重憙一札,寄抄《藏说小萃》缺页、《遗山乐府》跋、《啸亭杂录》跋,并挽王鹏运联。(《日记》页 1679)

是日,先生撰《古欢室诗集序》。《古欢室诗集》为华阳曾懿撰,此文即应其所请而作。曾懿,字朗秋,一字伯渊,左锡嘉之女,袁学昌妻,工画善医。此集刻于光绪三十三年,先生序弁首。(《日记》页 1679、1681,《文续集》卷五《古欢室诗集序》)

七月十一日,撰《金石录札记》。先生为朱潞刻《金石录》,近日以朱氏所藏旧抄本、章寿康所藏校宋本和自藏明抄校本合校,以为日课,撰此《札记》,多日乃成。该札记后附刊于《金石录》卷末。(《日记》页 1679)

七月十五日,撰《汇刻唐人集》跋。(《日记》页 1681)

七月十六日,延梁茇来谈思益章程事。(《日记》页 1681)

七月十七日,先生致徐乃昌一笺,并徐氏索借之《词林纪事》。笺谈及为撰《刘宗伯年谱》等事:"聚兄托撰《刘伯宗年谱》,初看甚觉为难,因无传、无志、无生卒年月故也。兹从全集内考出生于万历二十六年六月廿三日,卒于顺治六年(年五十二),此谱居然可成,亦一快事。《全唐诗》三册收入,只抄顾、费两家耳,周繇诗廿三首《唐音戊签》全收,又《唐文》乞代假之,舒观察大约亦不多也。《词林纪事》四册附呈。"又谈及况周颐云:"夔生处虽竭力周旋,终不免于骂。如此酷暑抱病陪客,实不值得。听其骂而已,欲绝交亦甚好,自任瞎眼认错了人。"(《日记》页 1681,《艺风堂书札》页 421 致徐乃昌第一百五十四札)

七月十八日,撰《北凉百官表》序。(《日记》页 1681)

七月二十日，早到学堂，行开学礼。是日，先生校《读书敏求记》。(《日记》页1682)

　　七月二十二日，有旨：调两江总督魏光焘为闽浙总督，署闽浙总督李兴锐署两江总督，江宁布政使黄建筦为山东布政使，山东布政使胡廷干为江宁布政使。魏光焘未到任前，以福州将军崇善暂行兼署。李兴锐、胡廷干，均饬迅速赴任。

七月二十二日，交《六国百官表》与梓人丁德洲。(《日记》页1683)

七月二十八日，移住学堂。覆阅星期课卷。(《日记》页1684)

八月五日，送出洋学生五名行文学务处。(《日记》页1685)

八月六日，跋《起凤书院答问》。(《日记》页1686)

　　八月十二日，两江总督魏光焘奏江宁省城高等专门学堂，暨各府厅州县中小学堂，渐次兴办。下学务大臣知之。

八月十二日，与陶炳南议思益学堂事。是日，新署任总督李兴锐入城。(《日记》页1687)

八月十九日，还《读书敏求记》与章寿康。先生借抄章氏藏本《读书敏求记》录副，至此毕功。(《日记》页1689)

八月二十二日，况周颐以明版《花草粹编》《词统》押三十元。况氏近日本月至金陵后，与先后屡次晤面，或诉苦，或借钱。(《日记》页1690)

八月二十四日，拜总督魏光焘，送行并送课艺十册。(《日记》页1690)

八月二十七日，孔子生日，行礼停学。(《日记》页1691)

九月一日，到学堂行礼，定中文、东文月课名次。又至养正学堂，开学。(《日记》页1692)

九月二日，先生致金武祥一札。札谈金武祥来金陵事，先生在学堂之状态，以及况周颐近况，云："顷奉手书藉知即日有金陵之行，欣喜之至。维福躬万福为颂。敝寓窄隘，又择本月廿二日改造上房为楼房，一切什物位置厅事，殊不足以款高贤。店房以照佛楼、联升栈均好，均花牌楼。学堂相近，亦通马路。次则状元境各栈，如评事街，太远矣。李督拜而未见，徐观察亦未晤。敝堂有总办，诸事不便越俎，弟合则留，不合则止，不能走。无所系恋，亦不能巴结。夔生在此，一到即病，迄今未晤，金陵旧事，劣迹甚多，以云图事，恐不甚易。弟俟总办回省，即乞假归里，能不错过方可。"

(《日记》页1692,《艺风堂书札》287页致金武祥第五十札)

九月四日,发刻学堂通行章程。(《日记》页1692)

是日,先生接总办胡延病殁于苏州之信,十分伤悼,通学停课三天。诣徐乃昌谈学堂事。又与布政使黄建莞一束,言学堂总办事。(《日记》页1692)

九月七日,出明日星期课题。丁立诚寄到《元遗山词》《涧泉诗余》《烬余录》三册。(《日记》页1693)

是日前后,先生致徐乃昌一札,谈学堂事:"粮道已委穆少翁,学务学堂想另加札。敝堂应回之事甚多,专候总办接事次第办理,惟闻研生观察亏累甚巨。溯自壬寅八月开办学堂,未议夫马薪水,迄今共廿五月,现合堂公议每月补送百金夫马,稍尽微忱,可否之处,伏乞详酌,如蒙允许,并恳回明督宪以便册报。"(《艺风堂书札》页421致徐乃昌第一百五十五札)

九月八日,与穆克登布观察道喜,以其新署粮道兼办学堂总办。(《日记》页1694)

九月九日,晤劳乃宣,赠《艺风堂文集》《艺风藏书记》《辽文存》。(《日记》页1694)

九月十日,撰《林太夫人墓志铭》,从其子林志道之请。志道入江都幕,与先生有交。(《日记》页1694,《文续集》卷一《林母俞太夫人墓志铭》)

九月十四日,到莫愁湖迎胡延之殡,行礼而归,并得友人文廷式逝世之确耗。(《日记》页1696)

九月十九日,刘世珩来长谈,言书局事甚详。(《日记》页1697)

九月二十二日,撰《贞孝程女传》。传主系江宁程光裕次女,先生钟山书院门人程先甲之姊。先生撰是文,承先甲之请也。(《日记》页1698,《文续集》卷二《贞孝程女传》)

是日,先生撰《明秀集》跋。先生代吴重熹刊刻《九金人集》,此系其一,故校毕而代跋之。是集仅残存前三卷,先生为辑得乐府十余首,并逸句为补遗一卷。(《日记》页1698,《文续集》卷八《明秀集跋》)

是日,先生得总督李兴锐去世之信。(《日记》页1698)

九月二十三日,有旨:以山东巡抚周馥署两江总督,未到任前,署江苏巡抚端方暂行署理,江苏布政使效曾护理江苏巡抚。江宁布政使胡廷幹署山东巡抚,未到任前,以按察使尚其亨暂行护理。

九月二十五日,先生致金武祥一札,还《陶庐杂忆诗》《剡源集校勘记》。札谈及近况云:"年况如驶,又到重阳,话别以来,忽忽一载。弟早欲归里,先因总办到苏,旋暴病而逝,新总办甫接手,尚无头绪,今李制军又殁,弟须经理一切,以告新任,大约不能即归。闻兄来金陵,何以久不至,或以天气凉,或以事耽阁也。《陶庐杂忆》,删无可删,拟为一序,俟后再呈。积馀仍在洋务局坐办,要差也。铁良不去,人心惶惶,朝廷举动乖张,种种亡国之象。简蒯礼为运使,裁去漕台,每年可包解三百万,何必费事。淮关每年解不足三万,现归淮安府,可得三十万金,府亦成好缺。"(《日记》页 1698,《艺风堂书札》288 页致金武祥第五十一札)

九月二十七日,校《张说之集》,校《邵氏闻见录》。二书先生均校之多日,前者系为朱潜所刻书之一。(《日记》页 1699)

十月一日,学堂行礼。拜端方,谈良久,并为其题《瘗鹤铭》旧拓本,又看清初六家四王、吴、恽之立轴,以及赵山水卷、王宠手书借券卷子等。(《日记》页 1700)

是日,端方函托惠树滋都转为缪志名求差。(《日记》页 1700)

是日晚,先生致徐乃昌一札:"饭后往见署督,谈有三点钟,点心后出来,公事详细述知,颇以为是,书局要传聚卿面询,即行照办。明后日看操,出洋学生,一切预备否?似未曾有人回过。公示我节略,初五答拜,必又长谈,如不来,弟可进去。渠野服相往,四狗随从,雅极矣。以痰郁,故铭嘱题,并见三王、吴、恽画轴,赵文敏笔卷,要汪叔荋《魏黑女志》,乞借交带观,即带出也。"(《艺风堂书札》页 425 致徐乃昌第一百六十八札)

十月三日,出九月奖案。端方计划送学生往东西洋,先生担心"本堂将空群矣"。(《日记》页 1700)

是日,先生发《续碑传集》二十一卷"督抚"与梓人丁德州,接续刻之。(《日记》页 1701)

十月四日,购《绝妙近词》,柯刻《绝妙词》,均佳。(《日记》页 1701)

十月五日,徐乃昌送《八十家闺秀词》。(《日记》页 1701)

十月七日,挚友萧穆之子萧受镕来见,见示萧穆之遗嘱,尚拳拳金陵二、三知己,先生甚为哀悼。(《日记》页 1702)

十月八日,接广西吴重熹信,寄《泥封印谱》。(《日记》页 1702)

十月十日,慈禧太后万寿,行庆贺礼,学堂委员、教习均到。又前往三江师范学堂预宴,"钦使、总督、将军共百二十人同席"。(《日记》页1703)

十月十二日,况周颐送先生龙鱼题名。先生以为奇品,如见故人,即涪州石鱼题名也。(《日记》页1703,《涪州石鱼文字所见录》卷末缪荃孙跋)

十月十五日,接端方重订书局照会,又稽查三江学务照会。(《日记》页1704)

十月十七日,出洋案发,取西文一人,东文六人。(《日记》页1705)

十月十八日,发傅春官一信,寄纪映钟《戆叟诗抄》四卷。先生曾为之跋:"此书未见刻本,据石椿跋,就其遗草而编为四卷者,抄极精雅,苕兄能梓行之,至为盛事。江阴缪荃孙校讫识。"纪氏之诗,向无刊本,仪真石椿于乾隆五十一年得其手稿,选为四卷,先生得石本传录,以赠傅春官,傅氏刻入《金陵丛刻》,始有刻本。(《日记》页1705,中国科学院图书馆藏艺风堂抄本《戆叟诗抄》卷末缪荃孙跋)

十月十九日,代理总督端制军于学堂觞出洋学生。(《日记》页1706)
是日,徐绍桢访先生。(《日记》页1706)

十月二十一日,勘定《张说之集补遗》。(《日记》页1706)

十月二十四日,李葆恂赠新刻《洛阳伽蓝记》一册。是日,先生以《中兴战功录》发刻。(《日记》页1707)

十月二十六日,学使唐景崇来,偕至三江师范学堂,晤总办杨文鼎、方履中。(《日记》页1707)

十月二十八日,拜新任总督周馥。(《日记》页1708)

十一月一日,到学堂行礼。后赴下关上船与端方话别。(《日记》页1709)

十一月五日,收考补额学生一百二十余人。(《日记》页1710)

十一月七日,有旨:调署江苏巡抚端方为湖南巡抚,以漕运总督陆元鼎署江苏巡抚。

十一月八日,况周颐编译局关书下。况氏八月十日至金陵,无谋生之所,先生屡周济之,今得编译局分校。(《日记》页1711)

十一月十日,出收考案。是日,先生校《中兴战功录》,考订地名。(《日记》页1711)

十一月十四日,校《元河南志》《安禄山事迹》,均首卷。(《日记》页 1712)

十一月十六日,赴三江师范学堂,考复试新生。(《日记》页 1712)

是日,先生交《元遗山新乐府》五卷刻本送况周颐校。近日,先生交况氏校书多种,此外尚有《和清真词》《明秀集》。(《日记》页 1712)

十一月十九日,出星期课题。发钱溯耆信,寄乙巳钩金石本,请其制作笺纸。(《日记》页 1713)

十一月二十二日,先生与刘世珩往苏州为端方送行。抵沪,交《和清真词》《明秀集》清样与吴重憙,又赴同文书局结账。(《日记》页 1714)

十一月二十三日,抵苏州,拜俞樾、恽季文、汪鸣銮、沈玉麒。先生与徐斌臣同寓,见其家藏碑版,以《唐子产庙碑》《元公姬夫人志》《安阳残石礼器》为最;字画以唐人写经、黄易《潭西精舍图》、唐《说文》、黄庭坚《厉志诗》、王守仁墨迹为最。先生后连续数日在与友人交游之余饱读徐氏藏拓本与字画,颇见佳者。(《日记》页 1714,《年谱》)

十一月二十六日,书估汤伯和拉先生至阊门船上看书,得《四溟集》一部,尚佳。先生在汤氏处得书多种。(《日记》页 1716)

十一月二十八日,巡抚端方回辕,先生往谒。(《日记》页 1716)

十一月二十九日,为端方题三段碑,并代刘世珩送黄庭坚、王守仁两卷子。(《日记》页 1717)

十一月三十日,抵沪,拜友人,至扫叶书房买书。吴重憙交刻资一百五十元。(《日记》页 1717)

十二月二日,返金陵,到高等学堂,总办穆克登布同委员正开办大考,中文题系先生在五日前在苏州时所拟。近日各学堂均大考,先生至高等、三江师范、思益等学堂监考。(《日记》页 1717)

十二月五日,有旨:以江宁布政使胡廷干为江西巡抚。六日,调山东布政使黄建莞为江宁布政使。

十二月十日,行散学礼。覆勘各门考卷,定名次,誊草榜,各项工作先生业已完成,今日送卷与总办。(《日记》页 1720)

十二月十一日,致金武祥一札。札谈近况:"弟自九月以来,换三制府,午帅本系旧交,往往夜谈,考订金石。玉帅到,又派查各学堂,又赴苏送午帅。初二回省,接上本学大考,今日方毕,初十放学矣。次远亲家,允送亲到宁,偕兄同来,又可聚首,何幸如之。武阳学堂事业已开办,此事不能不办,愈久则愈进,惟不准东洋留学生来着手耳。静三先生论议,弟亦不以为然,兄看弟二次开办,现象何如。小儿在堂殊肯用功,明年普通可望毕业,照章归学政考试,一等拔贡,次优员,次岁员。如以不为童生之人考得岁贡,亦奇事也。"(《日记》页1720,《艺风堂书札》296页致金武祥第六十九札)

十二月十六日,朱潜送来《刘宾客集》《司空表圣集》《青阳集》《槎轩集》四种。(《日记》页1722)

十二月十八日,作一柬与徐乃昌言三江事,一柬与张预辞报馆。(《日记》页1722)

十二月十九日,接丁立诚一札,寄来《燕石集》《安晚堂集》,又新刻《续礼记集说》。(《日记》页1723)

是日,钱溯耆致先生一札。札云前收到缪朝荃转交先生所撰其父钱鼎文家传,因令原之戚,故肃谢稽迟。又云其上月接到先生所寄乙巳金石钩本,如获奇珍,匆检付手民,顷已刻成,现寄奉欣赏。钱氏又言其昔年得《荥阳郑忠碣》拓本,标题为"大唐胡高士荥阳郑君暨夫人刘氏之碣",询先生对此人有考据否。札又请先生为"海滋完雏"图撰序记。(《友朋书札》页667钱溯耆第二札)

十二月二十四日,诣朱潜谈,还其《槎轩集》又借《斜川集》回。先生以朱藏《斜阳集》校吴长元本,多诗五十三首,朱锡庚跋一篇。(《日记》页1725)

十二月二十六日,恽毓鼎收到先生所寄一札及《艺风堂文集》一部。恽氏评价先生文集谓"多考订实事之文。考得元顺帝子昭宗年号宣光,甚为创获"。(《恽毓鼎澄斋日记》页261)

十二月二十七日,大雪不止,先生偕夫人夏镜涵赴高等学堂眺雪。是日发刻《普通学歌诀》。(《日记》页1726)

是日,得丁立诚一札,寄来《邵氏闻见后录》。(《日记》页1726)

除夕,先生致徐乃昌一札,谈学堂事。札云:"顷诵手示及瀚涛信,瀚涛同事固弟所愿,此席涎者甚多,订定甚好,薪水恐不能如三江之优,仿实业何如。第穆观察非实缺,有无妨碍,乞酌之。子光不能兼,可否调贵堂医官张老师接充,取其不至奢望时时想优差也。卢教习止求薪水如愿相偿,其欲调回一层,弟意政须速成科,公尚以为有益耶,一笑。闻玉山改教务长,薪水酌加否? 弟想高等援例耳。一百卅一金殊不成话,贵堂一席乞兄保护,报馆已辞,书局岌岌,只望学堂矣。弟须三百金一月方可支持,谅蒙鉴察。"(《艺风堂书札》页436致徐乃昌第二百三札)

十二月,先生致曹元忠一札,谈请其核查代先生携交汪鸣銮《南有堂集》及先生近况:"十一月到苏探问尊处,方知远赴皖学之招,年终想回里门,未能把晤,殊增惘怅。兄辛丑借汪柳门前辈《南有堂》手稿两册,有新夹板。壬寅五月交吾弟带苏,兼有函及新刻书。此次见柳翁,据云并未收到,十分诧异,吾弟谅未交错,务恳切实查核,将此书还之柳翁为祷。兄在金陵,诸事照旧,惟一年换四督,当差者实难伺候。李督、端督,惜其不久任,苏垣亦惜端之去也。皖中书籍、金石有所得否。兄《藏书记》将刻续编,不成书,记账而已。柯中丞在鄂,《丹丘集》已付梓。吾弟处有函来否?"(《艺风堂书札》页520致曹元忠第十二札)

光绪三十一年　乙巳(1905)　六十二岁

一月一日,在高等学堂。校《金石录》第四卷。先生近日连日校《金石录》。(《日记》页1729)

一月六日,致徐乃昌一札,谈学务,借《历代诗余》并赠其江瀚《吴门消夏记》。札云:"制军于学务甚有阅历,于编译书则茫然。第编译书,乃学务之根,不从此著劲,学务亦只可谓半通也。弟初注意玉山,后闻受之言,其宗旨不若是,回宁在廿外,其意可知。江叔澥,旧交,心直口快,与兄定能沆瀣,惟薪水须定,能给以二百金否? 并宜速定,以便早来。转眼开堂,凡事须先预备,此与吴瀚涛一例,同事均所甚愿也。崇质堂函修好否?《绝妙近词》想察入。乞再假《历代诗余》,查元遗山逸词,仲饴所托也。"(《艺风堂书札》页425致徐乃昌第一百六十九札)

一月十日,还朱锡庚跋《斜川集》与朱潜,朱潜以其尊人朱学勤墓志铭见视,先生即刻入《碑传集》。(《日记》页1731)

一月十七日,定学规。(《日记》页1733)

一月十九日,送陆元鼎《艺风堂文集》、《日游汇编》、《艺风读书记》、《辽文存》、《编译书目》、高等章程及课艺。(《日记》页1734)

一月二十日,思益开学,先生到堂。然后又到三江师范学堂,晤徐乃昌,长谈。(《日记》页1734)

一月二十二日,拟三江师范传习所章程、课吏馆章程。(《日记》页1735)

一月二十三日,跋《五色线》。(《日记》页1735)

一月二十六日,到学堂,行开学礼。(《日记》页1736)

一月二十七日,致金武祥一札,还《止庵文集》,又送黄刻二种。札谈近况:"弟自去年十二月由苏回常,新制军时时出难题交办,既不明白,又复下急,事事颇难商量。待弟尚算优礼,至委员更不成话。黄方伯亦屡碰,徐叔珧幸而脱逃,此等局面又岂能长久乎。久不通函,职此之故,乞兄原谅。"又谈缪禄保与恽宅成亲事:"恽宅送亲,恳兄偕次远同来,老年弟兄,畅叙数日。喜事之后亦可同游金、焦,亦一快也。"又谈及友人徐绍桢及顾云:"徐固卿观察,亦时相忆。石公回家,禀请开缺,家中一无所有,要问积馀要干脩,现在省中一切干脩均已裁完,积馀除非自送,而每月止三百薪水,恕未能分。闻其子孝廉洋烟瘾大,骂人如老翁而甚不通,人人畏之。弃实官而求干脩,此何说也。吾兄知其乎。"(《日记》页1736,《艺风堂书札》295页致金武祥第六十七札)

一月二十八日,徐乃昌送日本影宋《诗正义》三卷,嘉纳治五郎代抄,又《东人词》二册。先生即致徐氏一札,云:"承惠多珍谢谢。影抄《毛诗单疏》甚精,虽贵亦愿意,以中土所无也。嘉纳致晓楼,需二百五十元上下,弟前寄卅元,太少,拟寄日元一百去,有兑处否?学堂要扩充,聚卿劝择地在工艺堂之右。提调估价,在后面修亦要六万。何不先去度地,惟恐水大一淹,只更难办故也。孝蔼前后信先呈阅,明早诣谈,上江札下否?"(《日记》页1737,《艺风堂书札》页428致徐乃昌第一百七十七札)

一月三十日,顾小石来,知顾云得延陵书院,又调常府训导。(《日记》页1738)

二月一日,移寓堂中。(《日记》页1738)

二月五日,上端方一笺,寄《艺风堂藏碑目》。(《日记》页1739)

二月十日,赴三江师范学堂考新生。(《日记》页1740)

二月十一日,先生致徐乃昌一笺,谈为学堂订木器及购图书事,云:"三学木器三铺分包,以便从速。今日堂期,务恳请发万金为荷。明日定须交该铺，不便误期。初约即失信，以后亦难催其缴齐。书铺新书更期买足，当务之急也。"又索考卷："砚生之柩覆于水，深可骇怪。小学章程即令译书局呈送。余信写好，候送卷来再呈。卷子何以不送，弟已濡笔而待矣。"(《日记》页1741,《艺风堂书札》页426致徐乃昌第一百七十一札)

二月十五日，编小说家类跋语成。先生撰之已多日。(《日记》页1742)

二月十八日，赴三江师范学堂补考出题。(《日记》页1743)

二月十九日，发湖北梁鼎芬一札、张之洞一笺，均寄编译局编书一分，凡所编述九种，译书两种。(《日记》页1743)

二月二十五日，赴三江师范会议。昨日先生曾会同徐乃昌、方履中谈。(《日记》页1745)

是日，先生撰诗文评类跋。(《日记》页1745)

二月二十六日，撰《天籁集跋》。《天籁集》系先生为吴重憙刊《石莲刻九金人集》之一。先生此跋刊该集刊刻源流，并论丁氏抄本与康熙间杨希洛刻本之异同优劣，有云："白仁父《天籁词》，六安杨希洛刻于康熙庚寅。朱竹垞定为二卷，并为之序。前载元王博文序，明孙作序。字画精妙，藏书家亦罕见。光绪壬辰，吾友王君佑遐重刻于四印斋，而小像、摭遗均删去。今仲饴侍郎，借钱塘丁氏旧抄本录副，并属荃孙与杨本合校付梓……今用杨本付刊，而以抄本改正之字，均缀于此，慎弗再以杨本正之。至四印斋本，则重翻杨本，又不完全，更无论矣。"(《日记》页1745,《文续集》卷八《天籁词跋》)

二月二十八日，撰《大唐创业起居注跋》。《大唐创业起居注》是唐史研究的重要典籍，先生选善本为底本与校本将其刊入《藕香零拾》中，此跋之撰，即在此时。先生跋有云："《大唐创业起居注》向有《秘册》《津逮》《学津》三刻，脱误均同。癸未在京师得黄荛圃藏旧抄本一册，系影抄宋本，复得章硕卿蓝格抄本，两取《学津》本校之，如卷上……均已改正。余所疑问尚多，无别本可校，较胜于《学津》本而已。"言此本之底本与校本，校记亦载入跋中。由于所选底本较优，并认真校刻，该刊本不失为该书较好的一个版本。(《文续集》卷六《大唐创业起居注跋》)

是日，先生定小说家、诗文评类两门藏书记。(《日记》页1745)

三月二日，写《金石录札记》毕。(《日记》页1746)

三月三日,两江总督周馥及沈桐看学堂。六日,先生以《云自在龛丛书》《艺风堂文集》《艺风藏书记》《学生用书表》送沈桐。(《日记》页1747、1748)

是日,接丁立诚信并《珊瑚木难》下四卷,先生校《大唐起居注》讫。(《日记》页1747)

三月七日,撰定《金石录跋》。① 此跋系先生为代仁和朱氏刊刻《结一庐剩余丛书》本《金石录》而撰。此文先生论《金石录》流传源流与刊本优劣,并述所用底本为《津逮秘书》刊而未果之抄本,可见先生识鉴。先生刊刻此书,即在本年,又曾以朱氏出所藏旧抄本、章寿康所藏校宋本和自藏明抄校本合校,成此《札记》一卷,附于卷末,自认为"虽未能全见宋刻,然似可与雅雨堂本相颉颃矣"。又辑《金石录今存碑目》一卷附刊,凡收录一千三百三十四种,拓本、帖本及后来重刻之碑均一一注出,辑毕复题二绝句于后,其一:"归来堂中两千卷,今石止存二百余。烟云过眼易磨灭,可怜石寿不如书。"其二云:"本朝金石分两派,兰泉覃溪称大师。若论著述分轩轾,德父终胜黄伯思。"(《文续集》卷六《金石录跋》,《金石录》卷末缪荃孙跋)

是日,先生撰谱录类题跋。(《日记》页1748)

三月,先生撰定《张说之集跋》。② 此跋系先生为代仁和朱氏刊刻《结一庐剩余丛书》本《张说之集》而撰。先生为朱氏刊刻此书,前二十卷以结一庐藏彭元瑞知圣道斋旧藏明抄本为底本,后五卷借吴重憙藏明抄本配补,以成完璧,而以诸本拾补者另编为五卷,以足三十卷之数。先生此跋考此集版本源流及异同,并述刊刻此集之原委。《张说之集》,《崇文总目》《郡斋读书志》《直斋书录解题》等目均著录作三十卷,而三十卷本,后世未见有覆刻者。明嘉靖丁酉有伍氏龙池草堂刊二十五卷本,此本至清亦不多见。先生取两明抄本配成完璧,并亲加校雠良不易也。又采辑遗文分为五卷,可谓用心良苦。此本可谓《张说之集》之善本。先生跋中谓:"刘燕庭曾藏宋刊三十卷本,半叶十一行,行二十字,与李太白、骆宾王等集同

---

① 据《日记》载,先生于光绪甲辰六月十八日即在改《金石录》跋,而《结一庐剩余丛书》本《金石录》卷末缪跋题"光绪乙巳清明后六日",今从之系于此。

② 据《日记》载,先生于光绪甲辰六月十八日即在改《张说之集》跋,而《结一庐剩余丛书》本《张说之集》卷末缪跋及《文续集》载《张说之集跋》题"光绪乙巳三月",今从之系于此。

行款。考为蜀本,自朱竹君椒花吟舫散出,为燕庭所收,今又不知归于何所。"民国甲戌年(1934),傅增湘于邢之襄家发现影宋蜀刻之三十卷本,系从朱筠藏本影写出者,以先生刊本对校,发现二十五卷无异,最末五卷与先生所辑遗文大异,影宋本有而先生辑本无者二十三首,影宋本无而先生辑本无者二十六首。此可见先生刻本之善,仍不可废也。(《日记》页1674,《文续集》卷七《张说之集跋》,《藏园群书题记》页573《影宋本张说之文集跋》)

三月十二日,三江师范学堂第二次会议。(《日记》页1749)

是日,先生课学生舆地,又撰"尚书类"藏书记。(《日记》页1749)

三月十三日,撰《陶庐续忆补咏序》。有云:"粟香此诗,专于小中见大,静中见理,看似容易,愈味愈深,每一雒讽,辄令人神往不置。至于述门风,叙里俗,忆故旧,纪胜游,其旨与前诗同,求之古人,竹垞鸳湖之歌,祁生怀人之什,方臻此等境界,不知几许酝酿而成,非率尔操觚者所能道只字也。"(《日记》页1749,《辛壬稿》卷二《陶庐续忆补咏序》)

三月十五日,撰《元典章跋》。此书,先生曾据曹元忠携至金陵之影元抄本摹抄十卷,后从沪渎购得知圣道斋抄校本。(《日记》页1750,《艺风藏书续记》卷四"元典章"条)

三月十七日,三江师范学堂第三次会议。(《日记》页1749)

三月二十日,送编译局书与沈桐。(《日记》页1751)

三月二十九日,先生在常州,恽祖祁见视大生纱厂账略。又与金武祥至府学,看学堂,晤顾云。(《日记》页1753)

四月三日,到江阴。拜访邑令金调生及南菁山长宋育仁。(《日记》页1754)

四月五日,观师范传习所、礼延学堂。(《日记》页1754)

四月十五日,在金陵。交《徐子静墓志铭》于刘世珩。碑主徐士恺,字寿安,号子静,安徽石埭人。士恺曾为刘瑞芬激赏,聘为记室,引为左右手。徐氏生前与先生有交,此碑志即先生所撰。(《日记》页1757,《文续集》卷一《徐子静墓志铭》)

是日,新总办曾兆锟总办到差,先生与之长谈。此人在位期间放纵自恣,十月辞去,浪费两万余金。(《日记》页1757,《年谱》)

四月十九日,发吴重憙一札,寄《张说之集》样本,还《清真词》《明秀

集》版片。(《日记》页 1758)

四月二十一日,携孙筠同至编译局,会洋教士与一湖北人教民开中西书局者。(《日记》页 1758)

四月二十四日,为缪禄保完姻,宾客到者四百余人。缪禄保所娶系常州恽彦彬之女,媒人金武祥、张仲炘。(《日记》页 1759,《粟香行年录》页 516)

四月二十七日,交《张说之集》明抄本两册与朱澋。是日,三江师范学堂会议。(《日记》页 1760)

五月二日,三江师范学堂研究会,先生与沈桐、李瑞清、徐乃昌长谈。(《日记》页 1761)

五月三日,校《九国志逸文》。(《日记》页 1761)

五月十一日,诣思益看上课。是日,白河鲤洋还先生抄赀八十元。先生为其录副《元典章》,本年三月十四日交与白河鲤洋。(《日记》页 1763、1750)

五月十二日,三江师范学堂开研究会。是日,先生发丁立诚信,寄去旧抄《黄文献公集》廿三卷、旧抄《播芳文萃》八大册。(《日记》页 1763)

五月十六日,再勘《金石录校勘记》。先生致徐乃昌一札,并送昨日陶子麟带来的王仁俊《辽文补逸》与之,并谈学堂事。札云:"老陶来,兄处诸书止《述异记》《云仙散录》未毕耳。王扞郑太守仁俊送兄书,又索近刻各书,乞交老陶带回去何如。《辽文补逸》其功非细,然有复出者,可见搜辑之难也。赵学古作古,致赙四元,乞汇交。又各堂学生今日大会于思益,议拒美。又是北极阁旧文,发传单,为首者在贵堂,乞查之。密密。"(《日记》页 1764,《艺风堂书札》页 427 致徐乃昌第一百七十四札)

五月二十日,再拟《编译局章程》。是日,以今年课卷发刻。(《日记》页 1765)

五月二十二日,到三江师范研究会,交《重订编译局章程》。(《日记》页 1766)

五月二十四日,到三江师范学堂,同人咸集,是日总督周馥来阅操。(《日记》页 1766)

五月二十六日,考学生外国文。学期末,学堂近日先后考物理、化学、舆地、图绘、西算、中算、体操、国文、史学等,先生往往到堂经理。(《日记》

页 1767、1768)

六月一日,行散学礼。(《日记》页 1768)

六月二日,发王仁俊一札,寄已刻书及徐乃昌编刻书;发柯逢时一札,寄《柯丹邱逸文》。(《日记》页 1768)

六月五日,撰《论语注疏札记》。先生近日以此为日课,至十五日乃毕。此札记后附《论语注疏解经》后,刻入贵池刘氏《玉海堂景印宋元丛书》。《札记》后刘氏跋语云:"世珩得于宜都杨君,属黄冈陶子麟影摹付梓,与原刊无毫发爽,爰举此本佳处及讹误之字如干条汇存札记一卷,以俟后之论定者。"末题时间为"光绪丁未四月十有五日"。此《札记》实出先生之手。(《日记》页 1769、1770、1771、1772)

六月八日,送《常州词录》、《文集》、四谱与李瑞清。(《日记》页 1770)

六月初伏日,撰《元论语注疏十卷本跋》。是跋系为刘世珩玉海堂影刊元刊《论语注疏》而撰。底本系元刊本,杨守敬得自日本,刊印之精,为元刊中罕见,先生曾从杨氏借抄。刘氏得自杨氏而影摹刊刻,先生代为经理校勘。先生是跋多参考杨守敬手跋,论此书之价值及版刻之体格,皆同杨氏语,而论平水本之语则已较杨氏考证加详。先生此跋,刊入影刊本中,被一分为二,改署刘世珩名并变换时间。(《文续集》卷六《元论语注疏十卷本跋》,《艺风藏书记》卷一《校元本论语注疏》条,《论语注疏解经》卷末跋语)

六月十一日,旨命湖南巡抚端方迅速往京陛见,以湖南布政使庞鸿书护理湖南巡抚。盖欲遣端方往欧考察。

六月十四日,改《河南志例》。(《日记》页 1771)

六月十六日,校《续碑传集》一卷。从今日起,先生多日以校《续碑传集》为日课,所校者为司员、内阁九卿、院部大臣、督抚各卷。(《日记》页 1772)

是日,先生撰《论语札记》跋。(《日记》页 1772)

六月二十一日,王仁俊致先生一札。札谢先生赠书,并谈辑金文等事,并告其将随端方进京陛见,云:"承赐《四谱》二部,《山右石刻》一部,百拜以谢。拙辑《辽文萃》蒙指正三处,敬当剜改。此书谬思附骥,将来印出数十部,觅便以板片寄上也。五代文荷以石刻目录见示,容细校。文之未经录出者,开目求寄为幸。金文凤所究心,然张氏《文最》而外,所得不多,我师所辑,幸开一目,注出何书,此后随时浏览,拾遗补阙,弟子之职也。大著《碑传集续》,不朽盛事。记言、纪事另编二种,何日观成?深冀早付剞劂,以慰海内学人之望。元和韩履卿《江右石刻》度必宏富,惜乎尚未发刻也。盍劝刘聚卿、徐积馀二公刊之。《闺秀词》,请致谢徐君为祷。端帅进京,受业随节。现定廿四日由汉上车,到京在禀。"(《友朋书札》页532王仁俊第一札)

六月二十二日,拟《中学停止章程》。(《日记》页1773)

六月二十四日,撰《中兴战功录跋》①。是书自明《文渊阁书目》著录在宙字号以后失传,先生于《大典》一万一千九百七十卷录字韵,与《曾公遗录》同抄出,首尾完善,然无序跋。先生将其刊入《藕香零拾》中,以广流传,此跋即此时所撰。此书于考订史疑颇有关系,先生跋谓"无胥浦桥、茨湖、确山三处,而有太湖、饶风关、柘皋三处,确山附见于蔡州,自以此录为定论者",此言其可订《建炎以来朝野杂记》之误。又谓:"岳鄂王朱仙镇一役至今喷喷人口,而《北盟会编》不载其事,遂疑秦氏所恶,史官不敢直书,至开禧元年始撰是录,正值定议伐金追封飞为鄂王之时,如果实有战绩,焉有不叙入之理。昔人亦有言倦翁所记过于铺张,孝子慈孙之用心,有不尽实事者,予观此录,亦不敢以此言为过刻矣。"此言此书可彰岳飞朱仙镇之战之真相。《日记》载先生六月二十四日撰此跋,而跋末署"光绪乙巳夏至",此从《日记》系于此。(《日记》页1774,《文续集》卷六《中兴战功录跋》)

六月二十七日,校《历代钟鼎彝器款识法帖》卷一、二。先生此后多日以校此书为日课。(《日记》页1774)

七月一日,致湖北陶子麟一札,以刘刻三种上板,《南朝史精语》后六卷嘱修,并寄《茅亭客话》二册。(《日记》页1775)

七月三日,到学堂,与总办曾兆锟谈学务,不合。(《日记》页1776)

七月七日,三江师范学堂会议,无可听者,呕气而已,先生晚不能寐。(《日记》页1777)

七月八日,《安禄山事迹》刻成,即请李详校。(《日记》页1777)

七月十三日,校《荀子考异》五叶并撰跋。(《日记》页1779)

---

① 《日记》载先生六月二十四日撰此跋,而跋末署"光绪乙巳夏至",此从《日记》系于此。

七月十七日，考附课学生。赴三江师范学堂议会。(《日记》页1780)

七月十八日，送《金石录》清样与朱湆。是日，金陵绅士争中学堂长。(《日记》页1780)

七月十九日，先生得王先谦七月三日一札。札谈为先生刻《艺风堂金石文字目》《续碑传集》等事。云："顷奉赐函，知前寄《尚书》已达签掌……大撰《金石文字目》乃不朽之盛业，陶斋尚书有代刻之意，先谦即许为经理工务。尚书欣然交给，每刊一卷，即送衙斋，尚书属李文石观察任校勘之役。观察事忙，恐未必专心为此，先谦苦不能代校，于尚书濒行时，告以此后径寄尊处校勘，尚书深以为然，留四百金为刻印费，约计刻资三百余千，印费宽绰，流传远矣。兹寄上原本、刻本十八卷，刻本卷一、二、五、六、七、并元本；又写本卷十二、十五、十六、十七，并元本；二共十八本。文石事多，校亦不能精善，故取回写本，望先校寄，以便赶刻。此外刻本快齐，随即邮寄。乞察收覆勘后，留原本而寄刻本，再加改刻，即成书矣，能速寄为盼。《续碑传集》后六十卷，约字多少，幸核算复示。书目续编系续何人之书目，亦乞示知。午帅在湘，官绅俱极佩颂，惟长沙地小，不足回旋，此番奉使归来，两江可得，香帅不愿。人地更为相宜，待朋友极有肝胆，近今所罕觏也。亦元学问可惜，而不足于乡评，殆亦好新之累。奂份天性高旷，不废读书，近刻当索令寄呈。先谦近撰《五洲地理志略》，欲荟萃诸书，以史志法为之。搜书不多，尊处有好译本外地志否？上海有《万国通史》续编，前编蔡尔康所译，乞代购，示价照缴。"(《日记》页1781，《友朋书札》页35王先谦第五十二札)

七月二十二日，总督周馥来堂略谈。(《日记》页1782)

七月二十三日赴学堂，行开学礼。(《日记》页1782)

七月二十五日，接王先谦寄《艺风堂金石文字目》，即交四卷与况周颐校。是日，先生见万中立藏《雪浪石盆铭》，拓较旧，翁方纲跋；又见程清溪《卧游图》，亦翁方纲题长款。(《日记》页1783)

七月二十六日，阅报，知挚友费念慈作古，为之骇然。(《日记》页1783)

七月二十九日，题《蒋冰仁词卷》，理书画。(《日记》页1784)

八月二日，接家缪朝荃一札，并所寄《东仓丛刻》。(《日记》页1784)

八月四日，致金武祥一札，寄张仲炘词等。札云："张次山词、金夔伯诗，均呈上。次山词为近今所少，佑遐、研生，均赶不上，无论光珊矣。同乡中如江建霞、费屺怀之没,吴梅村诗所谓'十年同调两三人,沙董朱颜尽黄土',意境似之。东畬太守一函,望交去。弟俟午帅到沪往送,归到苏吊屺怀,顺道到常送眉卿,还与次翁商量公事,制台托也。"(《日记》页1785,《艺风堂书札》289页致金武祥第五十三札)

八月六日,得停科举谕旨。(《日记》页1786)

八月十日,得常州电,知长女缪福保逝世,悲伤不已。(《日记》页1787)

八月十一日,致王先谦一札,寄《万国通史续编》、刻本碑目、写本碑目各一卷与王先谦。(《日记》页1787)

八月十四日,梁焭来言整理思益学堂事,程先甲来辞高等学堂。(《日记》页1788)

八月十五日,蒯光典来,言江南将开大学。(《日记》页1788)

八月十七,三江师范学堂开会,先生未往。是日,为高等定延柳诒徵接程先甲一席。(《日记》页1789)

八月十八日,撰《冰红词序》。是日,先生接王先谦一札并刻《艺风堂金石文字目》十卷。(《日记》页1789、1802,《文续集》卷五《仌红词序》)

八月二十三日,上王先谦一笺,寄《艺风堂金石文字目》写本十五、六、七三卷。先生又于二十八日寄上《续碑传集》《艺风堂金石文字目》四册。(《日记》页1791、1792)

八月二十九日,得岛田翰寄书并一长札,论学及藏书、刻书。札谢先生赠书,谈及先生代潘祖荫辑刻之《士礼居题跋记》云:"百宋一廛之书,流传敝邦者颇多,虽以翰之不敏,犹尝于敝邦秘府观元刻《通典》、明刻《骑省集》,及抄本《安南志略》,而翰亦收宋刻《柳文》残本四书,并有荛翁手跋,而潘刻未采入,盖潘氏辑录时所弃斥不敢取欤?抑亦荛翁下世,书旋即散佚,故多遗佚也。翰前颇采辑之,亦采风者之所不舍也。"又谈先生《艺风藏书记》并论《左传》单疏及《刻源集》云:"大箸《艺风藏书记》,考据的确,鉴衡精审,诚艺苑之至宝,为后学之津梁矣。所载《左氏正义》单疏本,敝邦尚有三十六卷足本,今藏在常陆国久慈郡增井村正宗寺。而其传抄本,则翰亦藏之。尝以沈中宾注疏三十六卷荟本校之,分卷次第不相同。私怪考沈氏手题,称《杜氏集解》《孔氏义疏》萃为一书云云。信斯言,则沈氏所为,是不过冠于单疏三十六卷本以经传而已。则虽名为注疏荟本,与单疏本之分卷无相异也。而今其所以与单疏本大异其分卷次第者何哉？想高明必有定见,翰愿与闻焉。《刻源集》则敝邦秘府有元至正刻本,凡二十有六卷。篇第多寡与后出二十八卷、三十卷两刻本不同。翰尝较之于嘉靖戴洵刊本,极多异字,佚文实有羡出于尊校之外者。佚文凡十有五篇。翰已载之于拙著《古文旧书考》第二辑。"又请先生搜讨《秋涧集》:"王恽《秋涧集》,敝邦实希传本,秘府仅有抄本。翰前一尝读之,而未及传录。金陵古称帝王之州,文物之盛,冠于江左,想必多有此书。阁下为搜讨之,则翰也实有似贫儿之暴富矣。"又谈其所刻《寒山集》《萨天锡逸集》,称《寒山集》系出宋椠宋印,《萨天锡集》出于元季刻本,亦为罕觏之秘笈,已邮寄与先生。(《日记》页1792,《友朋书札》页1026 岛田翰第一札)

是日,嘉纳治五郎寄代抄《毛诗单疏》来,抄资全共价二百廿五元,先生于九月一日交付。(《日记》页1792、1793)

九月四日,与徐乃昌、蒯光典同船抵沪,将参加学会。先生此次在沪凡九日,所见友人有刘炳照、汪诒年、汪洵、赵凤昌、吴重憙、张元济、屠寄、汤寿潜、王德楷、盛宣怀、章际治、万中立、于式枚等。(《日记》页1794)

九月六日,赴学会,杂乱无章,一哄而已,先生颇为感叹。(《日记》页1795)

九月七日,吴重憙致先生一札,以先生昨日往访不遇故。札谈刻书事:"六月十三日奉惠书,并收到张集唐抄六册,缺页均荷代补,感谢之至。徒以百日来,举家均在药铛中度日,至稽裁复,甚歉甚歉。弟自八月十八日染患红痧,两旬以来,尚未出屋。昨枉顾,竟失倒屣,惭愧惭愧。留赐《金石录》红本四册,至谢。代刻《遗山乐府》第五卷,并《天籁集》二卷红本均收到。白朴可列金人,而此款明标元字,似又未协矣。刻坊久未与清算,请代费神先与一结,免久多遗忘为幸。《具区志》前将补页单遗失,兹将原本四册奉去,请自补录可耳……绩馀兄以《吴越春秋》《词韵》见贶,并请代致感谢。"(《友朋书札》页612 吴重憙第十七札)

九月九日,再赴学会。(《日记》页1796)

九月十二日,诣吴重憙谈,见其出视《宋元人词目》。(《日记》页1796)

九月十四日,在常熟。丁国钧、张意涑、归曾祁三门生邀先生游山,邵松年与偕。归看常昭学堂新阅操场,见宋嘉祐、崇宁两碑嵌壁间。先生在常期间，曾与丁国钧、邵松年等互赠典籍，并见邵氏所藏孤本宋拓《澄清堂帖》三卷，又《定武兰亭》《九成宫碑》《圣教序碑》《线断皇甫君碑》，均极佳。《日记》页1797）

九月十五日，邵松年与先生一笺，以碑呈阅，并谈赈济余款之事。笺云："连日追随，得聆教益，至以为快。明早解维，不及申杯酒之敬，歉歉。君表碑录共七本，呈阅。振余源委录奉。如动公呈，次远前辈官阶较崇，是否可列？常、昭陆、邵，昆山朱，苏府王胜之，两处皆可函达。松、镇两属可得二三人否？请酌夺之。"（《日记》页1798，《友朋书札》页195、196 邵松年第二札）

九月十九日，往江阴。在舟中改定《周通政神道碑》。先生在江阴凡七日，见唐景崇、宋育仁、张之纯、冯铭、宋玉峰、陈希濂等友人，并往南菁学堂、延辅学堂等处，谈学务。《日记》页1799、1800、1801）

九月二十五日，门人王家枚自来见先生，送先生旧抄《定峰诗》及《杂诤》。（《日记》页1801）

九月二十七日，到金陵，约张之纯、蒋慕莲到陶子麟处点心。与张之纯、蒋慕莲同车到高等学堂，晤总办及各教习后回寓。（《日记》页1802）

是日，先生接王先谦八月二十七日一札并《艺风堂金石文字目》刻本。札谈及为先生刻书等书事："昨由邮局收到《通史续编》及大著写卷十二。刻卷一。本各一册，已覆审饬改。刻本中偶有俗讹字体，如'邑'之为'色'等类，似可不改，免坏板片，转易剥落，写本则不妨从严耳。弟谓何如？《续碑传集》六册，每册二万字上下，共十余万字，费百数十千文，此东道尚做得起，尽可交来，写定寄刻，尤易竣事也。惟板片一层，前函提及，先谦却无一定之见，不过因系公中事体，预为筹及。但愿我书通行，元不拘板存何处，否则刻成后酌商一贴补之法，皆无不可。《通史续编》购价若干，务请示知照寄，否则仍行缴上。若因此而作一把什人，岂非笑话。知弟亦不如此著想也。"（《日记》页1802，《友朋书札》页36—37 王先谦第五十四札）

九月二十九日，先生致徐乃昌一札，呈新刊初印《金石录》。札云："弟前日归，昨日晤礼卿，知兄业已先归。季直既不来，所言又不中理，真是学界之魔。今明日又办欢迎会，学生不愿读书，但求生事，官场（督练处）又从附和之，可谓长叹。初印《金石录》呈览。"又言："小诗呈阅，以博一笑也,此夕露□西湖得诗十余首,舟中并成周制军神道碑、薛冰红词序。"(《日记》页1802,《艺风堂书札》页428致徐乃昌第一百七十八札)

是日,先生得邵松年二十二日之札,再谈赈济余款及大米弛出口之禁事。札有云:"面述赈余之款,已致函次远、砚香两前辈。王胜之兄、丽生前辈,稍迟关照,亦无不可。惟据绹老前辈所言,此款已被商部提去。侍记得商部所提,乃道署公款之息,非此赈余之息,此层向杏荪宫保一探,必知其详,似不必以在疑似之间,遽行中止。不识老前辈以为如何?米不出口,价日跌落,似此情形,势将官民交困,不得已致苏中丞、方伯二函,拟请电商南洋,早为弛禁。今将函稿呈阅,此事须由南洋作主,可否晤玉帅将函中所陈利弊,面述一切,倘得俯允,江南百万生灵,胥受其惠,漕事不至棘手,州县不至受累,明年百姓生计不至困穷,想老前辈乡望久著,不至责为多事,伏候酌行。"札又询先生所赠《续碑传集》若何短缺第七卷,请先生代索朱氏所刻《金石录》。(《日记》页1802,《友朋书札》页196邵松年第三札)

九月,跋《遗山新乐府》。先生为吴重憙刊刻《九金人集》,元好问集系其一。先生跋原委云:"《元遗山诗文》,为金源一大家,而词未编入。集有旧乐府、新乐府两种,旧乐府早佚,新乐府五卷,辗转传抄,至嘉庆间阮文达公录以进呈,见《揅经堂外集》。道光庚戌平定张石洲阳泉山庄、咸丰乙卯华亭张梅生锄月山房两刻之。讹缺颇多,梅生成订误一卷,补遗五首附后,以为彼善于此矣。近读张啸山书后,方知啸山别为校勘,附入订误,而遭乱遗失。又见华若汀藏旧抄,有补遗二十二首,方知梅生刻本亦未尽善也。卢抱经以五卷本为钱唐凌云翰编集,则误彦翀所编。荃孙有明抄本,只一卷,合新旧两乐府选成,故有出此五卷之外者。《历代诗余》《词综》所见亦此本,一卷、二卷之不同,或有分并耳。阳泉山庄本,书甫成而石洲殁,后板归琉璃厂韩估,为补缺板印行,海内始见遗山全书。今仲怿侍郎汇刻金源人集,福山王文敏作缘,从韩估购归,而乐府原刻只留一卷,二卷以下皆补刻,讹舛最甚,又缺卷五。石洲序并不云有缺,恐是韩估漏补,惟乐府前四卷,一词若干首萃于一处,四卷不重复,五卷词则丛杂,不特与前四卷重,即本卷亦互见,似此一卷,又疑原本所无,为后人重辑者。第刻遗山全集,无论何人所逸,总宜补全为是。因为写第五卷,及前四卷校误以覆侍郎。侍郎因嘱荃孙在金陵刊板,并辑逸词十八阕。惜未见华本,恐尚

有遗珠也。"(《遗山新乐府》卷末缪荃孙跋)

十月一日,到堂行礼。覆阅《南史精语》,重撰跋语。是日阅九月二次课卷。(《日记》页1803)

十月三日,代柳诒徵上史学课,到者十一人。先生连续五日代柳诒徵上史学课,直至七日。是日,先生勘定《南史精语》并札记。(《日记》页1803)

十月八日,为柳诒徵改《伦理口义》。(《日记》页1804)

十月九日,拟上大帅开米禁说帖,驳学生改良议。(《日记》页1805)

是日,先生撰《池阳唐人诗跋》。(《日记》页1805)

十月十日、十一日,撰《南北朝宫闱杂事诗序》。《南北朝宫闱杂事诗》,作者蒋玉棱,今有抄本藏南京图书馆。玉棱字公颀,一字浦卿,一作颣青,号苦壶,江阴人,工词,光绪甲午、乙未间,曾历南洋诸岛。是文先生应蒋玉棱之请而作。序中先生自云"少时作《前后蜀杂事诗》,又作《明季乐府》","裁量宫体,涉猎史篇",然今均不见存矣。(《日记》页1805,《文续集》卷五《蒋颣青南北朝宫闱杂事诗序》)

十月十四日,上总督周馥一笺、学务说帖二、书局说帖一、请开米禁说帖一。(《日记》页1806)

十月二十三日,柳诒徵以讲义呈先生阅。(《日记》页1809)

十月二十四日,为钱溯耆撰《海蕰完雏图记》。该文所题之图系钱溯耆十八岁时小影,时其逃庚申太平天国战乱,避居崇明之侯家镇,又徙之虹桥。先生文有云:"仆与伊臣,生同甲辰,隽同丁卯。成童遘难,无不同之。适先君捧檄黔中,仆奉母避居靖江之沙洲,茅屋头低,麻鞋踵决。三旬九食,不免斯饥。一暴十寒,敢云就学。流离两载,始作蜀游。读君今日之图,触我当年之痛。"(《日记》页1809,《文续集》卷五《海蕰完雏图记》)

是日,先生寄徐乃昌所刻书及《金石录》与邵松年。(《日记》页1809)

十月二十六日,得吴广霈派总办信。(《日记》页1810)

十月二十八日,到编译书局定分纂及校对人数。(《日记》页1811)

是日,萧受镕以其父萧穆之文集请先生点定。此后,先生多日都在读萧氏文集。萧氏挚友沈曾植、蒯光典等为其鸠资刊刻《敬孚类稿》十六卷,缪荃孙实任其事。(《日记》页1811,《缪荃孙研究》页341)

十一月一日,接邵松年一札,寄追余息款。(《日记》页1812)

十一月五日,上大宪公呈,为赈余事。(《日记》页1813)

十一月六日,发常熟邵松年一札,附《续碑传集》二册,原书一纸。(《日记》页1813)

是日,先生致徐乃昌一札,谈学务,邀晚酌。札云:"同事得瀚涛,与兄无异。弟从未觊觎此席,实以曾氏混来,学规之放纵,财政之抛撒,想勉为其难,实非本心。现季直与金陵大宪为难,如弟得好处更触所忌。弟向来心直口快,绝无奥援,礼公不与我力争,是为我也,弟早知其意矣。福建、浙江、江苏均归绅办,向来本官绅联合,此地绅士终日求干馆求年米,向为官所不齿,本城又不以我为绅,非苏州推任费作城绅可比。非官非绅,仍居宾师之位为得,并以不得为幸,惟兄知我非假话也。今晚约瀚涛小酌,商议学事,并无外客。"(《艺风堂书札》页427致徐乃昌第一百七十二札)

是日,公请新总办吴广需于金陵春。(《日记》页1813)

十一月九日,发江浦、六合、句容、溧水学会章程。(《日记》页1814)

十一月十二日,递条陈与总办。是日,三江师范学堂会议,一哄而已,"人格殊不够,求文明愈显野蛮",先生亦无可奈何。(《日记》页1815)

十一月十四日,到思益学堂会议明年学费。(《日记》页1816)

十一月十七日,先生往沪参加学会,途中读杨守敬《水经注疏要删》。赵诒书、徐乃昌等同行。(《日记》页1817)

十一月十九日,先生往拜恽祖祁、孙廷翰、朱祖谋、汪洵、吴重憙,并晤刘炳照,送冯刻五种词。吴重憙赠先生新刻《滏水集》。(《日记》页1817)

是日先生参加学会,"学会为一二恶少所把持,会长无权,亦无论议"。(《日记》页1817)

十一月二十一日,至吴淞,登海圻,见端方、戴鸿慈两出外考察大臣。是日,见传车罢市。(《日记》页1818)

十一月二十二日,人声汹汹,马车不出生意,先生雇东洋车至法界,袁思亮、王清穆、刘世珩、许鼎霖等同集。是日,见"乱民毁领事监,洋兵枪毙十余人,洋捕亦死二人,肇衅盖大"。(《日记》页1819)

十一月二十五日,到金陵,得友人信颇多。先生乘马车到高等学堂,学生受三江师范学堂学潮影响,停课已三日。先生与提调言,请即停课,预备大考。(《日记》页1819)

是日,先生得邵松年本月十二日之札谢先生所寄赠之书,并谢先生将其父之志铭刊入《续碑传集》,又谈学事云:"江苏学会,十六又开,邑中人推侍一行,万不能推诿,得遇胜之,当守简章'不涉学界外事'一语。三江师范未悉其详,然自分畛域,贻笑外人,不能口舌争,各办各事,亦以道也。"又谈米价:"内地米价,现仍三元以内,年底为限,五十日内万无起色。窃念各国制造土货,暨废料输入中国,岁易万万金钱而去。我国天生自然之物,遏之使不得出,既出矣,又重重剥削,使不得畅。人事开通,我独闭塞,此万不敌之势也,米特其一端耳,可为浩叹。"(《日记》页1819,《友朋书札》页198 邵松年第六札)

十一月二十八日,孙毓修来访先生。是日,先生录《竹汀日记》,钩丙午笺。(《日记》页1820)

十二月一日,先生致钱溯耆一札,寄丙午钩本及《海澨完雏图记》。(《日记》页1821)

是日,接丁立诚一札,寄来《圣宋名贤播芳文粹》及徐乃昌《饮膳正要》。(《日记》页1821)

十二月二日,先生为易佩绅撰寿诗,并致其一笺云:"诗方交卷。侍久不作诗,为社友牵帅,勉强学吟。诗不成诗,字不成字,不足供大雅一噱。幸弗阑入卷中贻笑将来也。"(《日记》页1821,《艺风堂书札》页252 致易佩绅第一札)

十二月五日,先生写《竹汀日记》并跋之。(《日记》页1822)

是日,先生致徐乃昌一札,谈学堂事,并送丁氏寄《饮膳正要》与自己新刊《云仙散记》两书,有云:"学堂已于廿二停课争额,廿九日方上堂。坏人聚在三三江,①盛主谋,金、许出面,钱倬、何恕左右之,季直颇不自安,两电促上课。近日论议颇和平,学生已有后言,不出弟所料矣。丁寄《饮膳正要》一册,陶寄刻本一册,乞察存。"(《日记》页1822,《艺风堂书札》页429 致徐乃昌第一百八十札)

十二月六日,跋《圣宋名贤文粹》。(《日记》页1823)

十二月八日,李详辞行返里,先生赠送朱刻《金石录》与自刻《安禄山事迹》《十三处战功录》《大唐起居注》《广陵妖乱志》。(《日记》页1823)

十二月十三日,到学堂,行散学礼。(《日记》页1824)

---

① 按,"三三江",疑原文衍一"三"字。

十二月十六日，撰《嵩山三阙》跋。此拓本系先生借自总办吴广霈，两日后并跋还之。(《日记》页1825)

十二月十九日，况周颐送先生王鹏运翻刻《梦窗词》。是日，先生借吴广霈藏《东观奏记》，以校自藏抄本。近期先生与吴氏相互借书颇频。(《日记》页1826)

十二月二十日，钱溯耆致先生一札。札云先生所寄丙午金石钩本已择其优者书付手民，先生所撰之《海澨完雏图记》"写当年避兵情状，历历如绘，读之凄然泪下。回思覆巢之下，完卵者十不获一，至今魂梦犹悸。末叙交谊，证以相同，俾三百年后知吾两人之同声同气，有非寻常车笠所能希踪于万一者"。又云其舅氏陆增祥之《八琼室金石补正》因循未刻，其与陆继辉均有难辞之责，幸有甥陆长祐昆仲强毅有为，可继乃祖增祥之志。先生去札中盖曾言及此书。(《友朋书札》页668钱溯耆第四札)

十二月二十二日，发太仓缪朝荃一札，寄《中吴纪闻》样并刻工长钱议单。缪朝荃请先生代刊太仓志书。近日学堂事佥掣肘，小人作祟，幻态百出。(《日记》页1827)

是日，先生购明翻宋本《王介甫集》一百卷，间缺十卷。(《日记》页1827)

十二月二十四日，重订萧穆《敬孚文集》。(《日记》页1828)

十二月二十六日，收王先谦一札，并《艺风堂金石文字目》十八卷。(《日记》页1828)

光绪三十二年　丙午(1906)　六十三岁

一月一日，在高等学堂。到学堂挂图拜礼。(《日记》页1831)

是日，先生撰《中吴纪闻》跋，次日而毕。(《日记》页1831)

一月三日，题《秦淮雪后放舟图》卷子，并况周颐撰《五灯会元跋》还刘世珩。是日晚勘定《敬孚文集》。(《日记》页1831)

一月六日，撰《国朝名人翰墨》仕履，刘世珩所藏。(《日记》页1832)

一月十三日①，撰《刘宾客文集跋》、《司空表圣文集跋》。此二跋系先

---

① 先生撰此两跋，前者末署"光绪丙午元夕"，后者署"光绪丙午花朝"，此据《日记》系于此日。

生为仁和朱潜刻刘禹锡、司空图二人之集所撰。先生为朱氏刻《刘宾客文集》,以仁和朱氏藏明蓝格抄本为底本,以己藏外集相配,二本当皆从宋本出。先生跋详考刘集的刊刻及流传情况。先生刻《司空表圣集》,以曹氏书仓影写明成化本为底本,该底本曾经彭元瑞递藏而入结一庐。(《日记》页1834,《文续集》卷七《刘宾客文集跋》《司空表圣文集跋》)

一月十五日,撰《劝诫说》。(《日记》页1834)

一月十六日,学堂开学,先生到堂行礼。(《日记》页1834)

一月二十一日,改《国朝事略》。该书最初盖由李仁圃撰写,先生近日暇时均在全面编订该书,至本年六月二十四日方成。全书以课本体裁,由清初以迄清末,文中凡内政外交,大致略备。盖先生熟于典故,且具史才,故其纪载明确,迥异恒流,诚清史略中之佳本。惟书编辑时由书局刻印,卷首不署撰者姓名,世人多不知为先生之作。(《日记》页1836,《缪荃孙研究》页125、126)

一月二十八日,得邵松年寄《海虞文征》。(《日记》页1837)

二月二日,覆勘《历代钟鼎彝器款识法帖》毕。是日,到三江师范学堂会议,定更始返。(《日记》页1838)

二月五日,覆徐乃昌一札,寄邵氏《墨缘萃录》《海虞文征》。(《日记》页1839)

二月九日,有旨:以江宁布政使恩铭为安徽巡抚。次日,以湖南按察使继昌为江宁布政使。

二月十二日,接徐乃昌一札,以《鱼元机诗》《中朝故事》《阳春白雪》托校。次日,先生复其一札。札云:"前日由邮局寄两纸,谅已察入。昨日书到,正值书屏在座,先分《鱼诗》《中朝故事》与之,一切具如尊恉。《阳春白雪》不易校,先寄两本亦可。夔生新得高等帮教,更无暇晷。李审言未来。弟渐愈,《吴越春秋》可撰校记,自任之。《述异记》甚费事,须全翻《广记》。余可不作,撰一跋足矣。季直昨到,为商议高等及开复西垣二事。礼公亦病,未出门也。令侄来,种种不妥,愈想愈难,作详函与少余,未知以为然否。阿三在此专读西文、算学,附在丁班,然不上堂之时命读中文,弟出门,即游嬉不读,奈何,不比常常上班彼此挤住不能游嬉也。"(《日记》页1841,《艺风堂书札》页431致徐乃昌第一百八十六札)

二月十五日,总督周馥到学堂,罗少杰及江上两县令同至。(《日记》

页 1841)

二月十九日,与刘世珩一束,寄《论语》《钟鼎款识》两跋。(《日记》页 1843)

二月二十三日,考《直隶河渠书》始末。(《日记》页 1844)

二月二十六日,撰"春秋类"藏书记。(《日记》页 1844)

三月一日,阅学堂星期卷。(《日记》页 1846)

三月五日,得顾云凶耗,急往哭之,"盖无病而殁"。(《日记》页 1847)

三月七日,挽顾云一联。是日,先生出国文课题。(《日记》页 1847)

三月十日,朱孔彰、万中立见示宋板书目。(《日记》页 1848)

三月十五日,接学务处照会。是日撰"孝经""四书""小学"三类藏书记。(《日记》页 1849)

三月十六日,交《中朝故事》《鱼元机诗》《阳春白雪》与喻先生转寄陶子麟发刻。(《日记》页 1850)

是日,先生拜万中立,见《顺治戊戌□□□三科殿试录》,法式善藏,洪亮吉书籤,又见祝允明行书手卷以及《再续滦州图》。(《日记》页 1850)

三月十七日,陆树藩来长谈,并求为其父作《宋史翼序》。(《日记》页 1850)

三月二十四日,交朱潜刻书账目、结一庐四种书与旧抄《刘宾客集》。(《日记》页 1852)

三月二十八日,撰古字类藏书记。近日先生暇时以撰续编藏书记为日课。(《日记》页 1853)

四月二日,题《双汉石经歌》次翁方纲韵。(《日记》页 1854)

四月三日,先生还《双汉石经歌》与万中立,借顺治壬辰、乙未、戊戌三登科录回,题三登科录再次翁方纲韵。今中国国家图书馆藏《顺治十五年戊戌科进士履历便览》一卷,卷末有先生手题《梅厓精庐藏顺治壬辰乙未戊戌三科题名齿录敬赋长句仍次覃溪先生咏石经韵》,即此也。其诗云:"新城二王登第日,是我大清开国之初年。三录千有二百人,范(忠贞)汤(文正)伟望人争传。文词经济无不备,姓名重若山斗然。池北书库散供出,王延诗老珍遗编。乾嘉名流手题识,银钩玉箸序后先。登科小录寻常耳,不啻炳耀临义廛。辛丑搢绅同珍弄(郑庵藏顺治辛丑搢绅,渔洋任推官),殊令俭腹馋生涎。归安作歌更排奡,中唐藐视郎与钱。景仰无殊宋两录,绍兴宝祐希重镌。自从边鄙竞笳鼓,群消几席研丹铅。西荒不修酋耳贡,东海那得精卫填。万方狎主敦盘会,九有空慨车书联。胶庠宜拟虞夏绍,科举无复唐宋沿。江浙鼎元何足羡,才兼文武方为全。但求富强存圣学,讵矜文字噵言诠。其中兴废非人事,枉用寸管测大员。我观此录三叹息,恍若元老东京篇。楳厓宝之慎弗失,渔洋存素同墨缘。"该诗可见先生科举观、人才观。除先生题诗外,书中尚有叶绍本跋,何道生题签,洪亮吉、石韫玉题款,褚德彝题记等。据前人题跋,该书曾为王士禛、法式善、蒋汝藻等人收藏。诗中"梅厓"即先生友人万中立。(《日记》页1854,《顺治十五年戊戌科进士履历便览》)

四月四日,以《元诗选》校《二妙集》。(《日记》页1854)

四月六日,以《国朝事略》付摆印。咸丰以下各朝,先生仍在撰写中。(《日记》页1855)

四月十二日,赴三江研究会。(《日记》页1856)

四月十六日,先生辑《二妙集》逸文毕。(《日记》页1857)

是日,先生勘定国文教科书。(《日记》页1857)

四月十七日,先生阅《革命报》,称"令人发指"。(《日记》页1857)

四月十八日,撰《顺治壬辰乙未戊戌三科齿录跋》,述清初三科进士试的录取、人数总裁及房师情况,各科录取之名人及地区分布特点等。先生在跋末点明"时诏停科举之第二年也",可知其对此实行千年的士人进身之途颇有深思。(《日记》页1857,《文续集》卷八《顺治壬辰乙未戊戌三科齿录跋》)

四月二十四日,撰《二妙集》跋。是跋述此本刊刻始末,底本系从明成化辛丑贾定刊本传抄,"海丰吴仲诒侍郎搜金人遗集,以二先生始终不仕于元,与元遗山、李庄靖同,因以是帙畀荃孙刻之。遂取《河汾诸老集》相校,间有可参考处,而《冬夜无寐》、《中秋之夕》、《云中暮雨》。龙门八题中。三首诗均属之遯庵,本集属之菊轩,互相歧异。《游青阳峡》七古'半百之年犹掣电',下落'惟有爱山缘未断,梦寐孱颜添健羡'二语,此本脱去,遂觉分段不甚明晰。又抄出遯庵逸诗二首、菊轩逸诗九首,再录《金文最》《山右石刻文编》《皕宋藏书志》得菊轩遗文七篇附刻之,并次段氏世表于后,为考古者之一助云。"(《日记》页1859,《二妙集》卷末缪荃孙跋)

是日,况周颐以徐北溟抄《鬼谷子》相示。(《日记》页1859)

闰四月一日，校"医学类"藏书记，又撰"兵家""术数家"类。(《日记》页1860)

闰四月二日，撰《顺治壬辰乙未戊戌齿录考》。(《日记》页1860)

闰四月三日，撰《戴氏〈直隶河渠书〉跋》。先生藏此戴震《直隶河渠书》稿本已二十余年，去年春先生友人蒯光典嘱先生录副，先生据原稿誊清写定，诠次补足，阙卷取诸《畿辅安澜志》，并撰此本述此书编撰原委、流传源流，并记此次整理经过。先生以此本复蒯光典，并将原稿赠之，而自留清本。(《日记》页1860，《文续集》卷六《戴氏〈直隶河渠书〉跋》)

闰四月七日，赴三江师范会议。(《日记》页1861)

闰四月十二日，撰《中原靖捻》《淮甸团练》二篇。此为《国朝事略》一书所撰。接下来数日所撰此类文尚有《平川寇》《平黔寇》《平滇寇》《平回逆》《贵州上游军事》《法占越南》《英夷缅甸》《日侵朝鲜》《戊戌纪事》《台湾割弃》《两宫西幸》《施行新政》各篇。(《日记》页1862—1864)

闰四月二十五日，拟学务条陈。(《日记》页1865)

闰四月二十六日，接丁立诚一札及补抄《临川集》。(《日记》页1865)

五月一日，撰《宋史翼序》。《宋史翼》乃先生友人陆心源所撰。是文之撰系应心源长子陆树藩之请。(《日记》页1850、1866，《文续集》卷五《宋史翼序》)

五月二日，撰《二品顶戴记名简放道员前广东高廉兵备道陆公神道碑铭》，五月七日撰毕。碑主陆心源，为先生挚友。心源，字刚父，号存斋，晚称潜园老人，浙江归安人。咸丰己未举人，官至广东高廉兵备道。善经营，嗜藏书，著述甚丰。(《日记》页1866、1867，《文续集》卷一《二品顶戴记名简放道员前广东高廉兵备道陆公神道碑铭》)

是日，乡里后生何震彝来见先生。先生向闻其甚能读书，"近亦被新学所囿"。(《日记》页1866)

五月九日、十日，撰《重刊小谟觞馆诗文集注序》。序有云："幼年学俪体文，国朝大家，《卷葹》而外，最心折《小谟觞馆》，琅琅上口，了了于心。后又得钱唐孙氏注，装成一箧，舟车必偕。"是文之撰，系缪朝荃之请。朝荃重刊彭氏该集，知先生精研斯集，故属以弁首。(《日记》页1868、1870，《文续集》卷五《重刊小谟觞馆诗文集注序》)

五月九日，托丁国钧校《群经音辨》《五百家播芳大全文粹》。盖请其校铁琴铜剑楼藏本。《五百家播芳大全集》足本自宋以来向无刻本,先生先得两旧抄本配合,阙卷借丁氏八千卷楼藏本补,丁氏藏本缺卷二十,卷六十二,故请丁国钧抄之瞿氏铁琴铜剑楼本。(《日记》页1868,《缪荃孙研究》页58)

五月十二日,赴三江师范学堂议出费事。是日,先生撰蒯光典寿诗。(《日记》页1869)

五月十五日,寄缪朝荃一札与《小谟觞馆文集注序》,并朱潜刻书四种。(《日记》页1869)

五月十七日,琉璃厂书估翰文斋主韩子元自京师来,长谈,知书估勤有堂杨维舟物故,先生不胜惋惜。韩氏带来之书颇佳而价昂,先生不能得。(《日记》页1870)

五月二十三日,先生与韩子元兑六百元,代其售书之值。又托其卖《云自在龛丛书》二部、《常州词录》二部、《艺风藏书记》两部、《艺风堂文集》三部。(《日记》页1872)

五月二十六日,抵沪。先生往见张謇等人,张謇托先生为大生纱厂招股。先生此次,往迎端方、戴鸿慈归国,在沪凡十一日,见友人颇多,有万中立、汪洵、赵凤昌、陈三立、张謇、盛宣怀、刘炳照、郑孝胥、何维朴、孙廷翰、许同莘、王仁东、赵诒书、吕景端、梅光远、张元济等。(《日记》页1873、1874、1875)

六月一日,端方、戴鸿慈两大臣上岸,住洋务局,先生往拜。(《日记》页1874)

六月三日,得樊增祥于闰四月二十五陕西复先生四月十日之札及新刊诗集。札言:"自学堂改章,科学既繁,又限于钟点,将来经学词章,恐无复专门名家者,惟公硕果不食,灵光岿然,中学一线之延,舍公奚属?来教以为于官于绅,议皆不合,然维新时代,正赖旧人维持其间,乃能融化党偏,保存国粹……承示七古二章,当与复初斋抗行,冗次未能属和。缘此等题,须略带考据,而竟无翻邻之暇,故不敢卤莽操觚耳。"(《日记》页1855、1874,《友朋书札》页110樊增祥第二札)

六月四日,端方招饮,与恽祖祁、张元济、郑孝胥、张謇、赵凤昌、王仁东、戴鸿慈、瑞澂同席。(《日记》页1875)

六月六日,见端方、戴鸿慈辞行,端方赠先生一只金表。(《日记》页

1875)

六月十三日,在金陵。发太仓缪朝荃一札,寄《玉峰志》四卷,先生为之校多日。此书为缪朝荃所刻太仓四志之一。(《日记》页1877)

六月十四日,撰《杨诚斋集》跋。是日,先生为学堂出上半年案。(《日记》页1878)

六月十五日,先生忽患贼风,口向右歪。先生延医治疗良久乃愈,中法、西法均曾用之,并赴基督医院治疗。(《日记》页1878,《年谱》)

六月十九日,县学堂送毕业卷来阅,先生定毕业二十人。是日,先生跋影宋本《王荆公集》。(《日记》页1879)

六月二十日,改《〈士礼居题跋记〉书后》,增黄跋五篇。是文先生言与黄跋结缘之经过:"往在成都书局,钱丈圌山先生为言,黄荛圃收藏之富,鉴别之精,校勘之勤,津津有余味。并言黄转入艺芸精舍,又转入宜稼堂、海源阁两家。后得《士礼居丛书》,读《百宋一廛赋》,藉以见荛圃收藏之概。既官京曹,郑盦师以所抄海源阁藏黄氏题跋八十余,命理董而入木。荃孙少之为求江浙藏书家,得三百四十五篇,分为六卷刻之,书归郑盦。后续得七十五篇,江君剑霞,又刻入《灵鹣阁丛书》。荃孙先后更收得十余种。先生每跋,必著年月,建霞因之编先生年谱,亦可知其大略矣。"又详载据黄跋考得的黄丕烈斋名十六种,斋名二十四种。又考其所著各书,子、孙姓名,并黄氏所刻书。(《日记》页1880,《文续集》卷六《〈士礼居藏书题跋记〉书后》)

六月二十四日,撰《国朝事略》成。(《日记》页1880)

六月二十八日,跋《王伯谷集外传》。(《日记》页1881)

七月二日,与吴广霈往复论小学堂事。(《日记》页1882)

七月十日,接丁立诚信,并代抄之《桂胜》《桂故》。(《日记》页1885)

七月十二日,先生复金武祥一札,邀其早日到金陵。札云:"信到,来函称谓不敢当,不敢当。盼早临,房内可住,略有油漆气耳。联语不称,弟下句不敢当。孟舆世兄好否?已向两江请假,杨文钧不能上班,乞告孟舆转告之,末班亦读二书。何必到南京,不如在家乡读。学堂事太费心,弟亦将辞去矣。自病不用心,连诗均未做,南皮寿词请况夔生为之。学部学会宗旨甚正,学生连议员不准当,只有武阳闹得不堪,可见人品坏也。刘老先生何苦在内,知之乎,不知乎。"是日,先生跋《诗品》。(《艺风堂书札》289页致

金武祥第五十五札,《日记》页1885)

七月十四日,调闽浙总督端方为两江总督,兼南洋大臣,署两江总督周馥为闽浙总督。

七月十五日,吕景端致先生一札,谈盛宣怀有赓续《常州先哲遗书》之议,并与端方筹建金石书画博物院:"比维杖履曼福,教育益闳,至深景向。近年新著已刊者几种,仍乞便中赐寄一二,俾成完帙。补楼宫保比以政简,颇亲文翰,近有赓续《常州先哲遗书》之议,非取材于藏室蓬山,殆难下手。日前复与匋斋尚书拟建金石书画博物院,匋斋亦甚赞成,兹事体大,需资尤巨,现先函达各驻使,调查彼国藏书楼、博物院章程矣。此二事必长者所乐闻,故敢附陈其概。侄以补公寂寂,不忍去而之他,藉以藏拙,来年或再图另就耳。粟香丈闻有秣陵之行,已晤及否?回时过沪,尤所翘盼。三舍弟复初,前岁承嗣稼生从祖为冢孙,近始询知与尊府旧姻重亲,公乃丈人行。侄前此冒昧僭越久矣,幸原恕之。兹以三舍弟负笈之便,冗中肃此,敬请著安。"(《友朋书札》页723吕景端第二札)

七月十六日,铁路局送收据两张,红股汇单一张。近来先生积极入铁路股,并在友人间张罗此事。(《日记》页1886)

七月二十一日,况周颐送翁方纲批选《渔洋精华录》请先生代售。(《日记》页1887)

是日,先生接缪朝荃一札,及其所寄《八琼室金石目》四册、桑悦《太仓州志》一册。(《日记》页1887)

七月二十五日,寄吴重憙一札及刻书板一百五十四块,又样书一包。(《日记》页1889)

是日,先生寄张之洞一札并寿词一册。(《日记》页1889)

是日,先生寄王先谦一札并《续碑传集》续刻部分。又与叶德辉一札,并寄《云自在堪丛书》《藕香零拾》《艺风堂文集》《艺风藏书记》《艺风读书记》五种。(《日记》页1889)

七月二十八日,偕金武祥、况周颐游灵谷寺,并登半山寺。金武祥本月十八日至金陵,寓先生住所。金氏在金陵与继昌交游颇多。(《日记》页1889,《粟香行年录》页516))

七月二十九日,江宁布政使继昌致先生一札,盖以先生二十七日往访之故。札谈时局云:"久佩清德硕望,只以公务冗杂,不获时聆雅教为怅。

承论财政,皆扼要语,清理黑粮事即拟举办。裁减冗差暨学堂局所费用,已详院批准,追亏空亦即查办,禁嫖赌亦即出示严查……默窥时局,江南将有乱生,匌公到任,务望公剀切上言,幸得大吏主持,昌自愿效绵薄,能补救一分是一分。地方利弊,官僚贤否,尚乞公以所知随时录示,是幸,是祷。至书籍字画余事,昔获承绪论,亦问学之一助,鄙藏少暇当检出可观者呈鉴。再,乞赐读所藏,俾拓眼界,即照指示办法。"(《友朋书札》页118继昌第一札)

七月二十九日,是日得邵松年本月二十二日复先生之札。札谈先生之病:"五六十后,气血就衰,最宜清心省事,不可以风,尊患虽曰外感,究恐操劳所致,尚希加意调摄,勿轻忽视之。名场羁绊,迫于时势,不能自主,林下则尽可自由矣。"又谈其两年连丧两子,"尚思振作精神,教育诸孙,冀得成立"。又谈时事云:"午师节麾,南指不远,必有一番新政,但经济无出,江南民力尽矣,再事搜括,大非地方之福。本年水灾极广,各处米贵,牵涉学堂,被累者多矣。所望秋获少丰,稍苏民困……"又谈贡院改革:"贡院改革,众议佥同,自无庸别立一帜,质之云翁,亦以为从众。"又向先生索新刻《碑录》十三、四两卷。(《日记》页1890,《友朋书札》页196邵松年第四札)

八月三日,借丁批《后汉书》,过"志"一卷。(《日记》页1890)

是日,先生撰史部藏书记。(《日记》页1890)

是日,得丁国钧寄《五百家播芳大全文粹》二卷。(《日记》页1890)

八月四日,题继昌《行素庵图》。(《日记》页1891)

八月六日,撰《随笔》。(《日记》页1891)

八月十一日,接徐乃昌所寄一札并元板《金石例》、旧抄《宫史》。次日,先生即发《金石例》与写工喻春峰写,此书为先生代徐乃昌所刊书之一。(《日记》页1892)

八月十四日,跋不全本《酌中志》。(《日记》页1893)

是日,先生得挚友章寿康凶信。(《日记》页1893)

八月十九日,先生发徐乃昌一札,寄《箧中集》札记,先生所代撰。《箧中集》也是先生代徐氏所刊《随盦徐氏丛书》之一种。(《日记》页1894)

是日,先生请学堂诸同人二十四位于金陵春。(《日记》页1894)

八月二十日,发太仓缪朝荃一札,寄代刻红书十二部、毛刻《中吴纪

闻》一部。(《日记》页1894)

是日,先生校勘《云仙散录》。近日先生以校勘该书为日课,此亦先生代徐氏刊《随盦徐氏丛书》之一种。(《日记》页1894)

八月二十七日,为况周颐存二百元于庆福,息月五厘。是日,撰"别史"类藏书记。(《日记》页1896)

九月二日,赴三江会议。是日,李瑞清以《家训》求先生题。(《日记》页1897)

九月三日,到初级师范学堂行开学礼。是日,先生得接世丈俞樾八月二十五之札,索新刊书。札云:"去年承惠顾敝寓,老病未克倒屣,良用歉然。比闻清望日隆,虽以七品归田,仍是中兴霖雨,佩甚羡甚。弟病状如前,杜门不出,既不敢谈经济,并不敢谈学术,病中惟以吟咏自娱,每年可得诗一卷,今年自正月至六月,已得半卷,附呈请正。所谓'虽多奚为'者,不足通人一噱也。闻新刻有《中吴纪闻》,求赐一册。又闻尊处有抄本《今古奇观》,能寄借一看否? 老不著书,惟以闲书消日也。"(《日记》页1897,《俞曲园致缪筱珊手札六通考实》)

九月四日,校《云仙散录》毕,成札记一卷。此札记后附刊于先生代徐氏所刊《云仙散录》后,底本是宋嘉泰本影刻。卷末徐氏跋语云:"此本宋刻宋印,极为精雅……今从稽古堂本订正讹字作《札记》一卷。"而不言札记出于先生。(《日记》页1898,《云仙散录》卷末徐乃昌跋语)

九月五日,送汪嘉棠《对雨楼丛刻》,求写封面。(《日记》页1898)

九月九日,三江师范稽查裁去。是日,先生接学部文,言奏派咨议官。(《日记》页1899)

是日,先生复俞樾一札,寄《艺风堂文集》及《中吴纪闻》。(《日记》页1899)

九月十一日,先生与周馥送行。是日新总督端方进城。(《日记》页1900)

九月十三日,拜总督端方,递两折,并见其所藏顾恺之《洛神图》,董其昌跋;索靖《史孝山出师颂》、文彭跋赵孟頫《黄庭经》,以及恽寿平画册、董其昌山水,均内府所藏,又有宋元人手札二册。(《日记》页1900)

九月十九日,抵沪。到铁路总公司交股票收条九册。先生在沪凡四日,所见友人有盛宣怀、何震彝、张謇、汪洵、刘炳照、孙廷翰、沈同芳、吕景

端、叶尔恺等。(《日记》页 1902)

九月二十五日,船过嘉定。先生撰钱太夫人墓志。是日,先生在太仓访缪朝荃因其赴沪而不遇,惆怅而已。(《日记》页 1903)

九月二十七日,抵苏州,访叶昌炽,以《艺风堂文集》《艺风藏书记》《辽文存》《对雨楼丛书》四种相赠。叶氏"吃烟寒俭如故,清谈娓娓不倦",以先生见访为空谷足音。先生索其陇上所得碑版,其发箧示先生尚未整理,以《巩昌钟》《张掖夏碑》及成县五六通相赠,并约后寄全份。叶氏返苏后经月未曾出门,今饭后偕先生游端园,并谈至深夜,送先生归舟。(《日记》页 1904,《缘督庐日记》页 5403、5404)

九月二十八日,拜苏抚陈启泰、王同愈、费毓桂。是日,先生晤章钰,见元板《杜诗》刘辰翁评本,有刘将孙序;《宋五臣注文选》建阳陈八郎本。又往卧龙街看书,得《存复斋集》。(《日记》页 1904)

九月二十九日,往谒俞樾,并赠送《云自在龛丛书》《藕香零拾》《续碑传集》《对雨楼丛刻》四种。俞氏送先生诗文集,并致先生一札:"九月十七日曾由局布复一笺,未知得尘青睐否?顷承赐渎各书,无不精美,足征嘉惠盛心,表尊美意,钦佩无量。弟龙钟日甚,然每日饭后尚使人舁至外斋小坐半日,如得暇惠然肯来,当可一图良晤也。拙刻《全书》已无存者,今检呈数种,聊以报复,并请鉴正。"(《日记》页 1905,《俞曲园致缪筱珊手札六通考实》)

是日,先生见汪鸣銮,汪氏托先生刻《己亥杂诗》。(《日记》页 1905)

十月一日,到玄妙观,偕徐熙(字翰卿)至徐敏夫灵芬阁看书,见宋印《挥麈三录》,精妙绝伦;购得元板《性理句解》、明板《李太白诗》。(《日记》页 1905)

是日,章钰见示旧抄本《群雄事略》、《宋太宗实录》、《庄氏史案》、《董氏案略》、凌万顷《阆风集》,大半皆刘泖生手抄本。先生返金陵后,送《藕香零拾》《对雨楼丛刻》《辽文存》《艺风堂金石文字目》《乐章集》《中吴纪闻》与章钰。(《日记》页 1905、1910)

十月六日,访南菁学堂。(《日记》页 1907)

十月十二日,在金陵。先生阅一百十二课卷毕,发徐乃昌一札,附《箧中集》清样、《稽庵集》。(《日记》页 1909)

十月十五日,送《对雨楼丛刻》两部、《艺风堂金石文字目》十部与端

方。(《日记》页 1910)

十月十八日,专家人王升往苏州,送《警世通言》与俞樾;送《对雨楼丛刻》《续碑传集》《藕香零拾》与沈玉麒;《艺风堂藏书金石文字目》与叶昌炽,索陇上碑版,并为徐乃昌作介取叶昌炽《字学三种札记》与《越绝书》校本付刊。叶氏检送先生陇碑九十七种。(《日记》页 1911、1916,《缘督庐日记》页 5424、5425)

是日,先生专王升往苏,有《木渎赠叶鞠裳侍讲时新从甘肃督学回里》二首赠叶昌炽,其一有"故人相见应惊讶,一样霜华压鬓毛"句,其二有"沧海横流无计挽,不如负耒且归田"句。(《缘督庐日记》页 5434,《诗存》卷四)《木渎赠叶鞠裳侍讲时新从甘肃督学回里》

十月二十日,撰《吴越春秋》校勘记,近日先生以此为日课。是日,先生勘《征唐宋秘本书目》。(《日记》页 1911)

十月二十六日,二儿缪佛保病已不治,先生赴学堂暂住。(《日记》页 1913)

是日,先生得王先谦本月十四日一札。札建议先生以《艺风堂金石文字目》为基础,集成大观:"奉手教,知银、板二事俱已察收,甚慰。既有此书为尊藏金石提挈纲要,未审能提倡二三好友,依文考证,如王氏《萃编》之例,集成大观否?"又谈撰、刻书事云:"承示儒林分经编定,甚好。四传自回湘后未经开印,得来谕,始一检寻板片,尚缺数块,已饬工刷出先寄,补刻叶数补呈……陶斋尚书到任,枭匪定闻风敛迹,有无新政,为国家培补元气,殊深想望。先谦近况如常,时复避居乡间,纂辑《五洲地理》,扫除支蔓文义,来岁或可发刊。新化欧阳硐东先生诗,不记曾奉送否?特呈一册。"(《日记》页 1913,《友朋书札》页 36 王先谦第五十三札)

十月二十八日,二儿缪佛保病逝,年十八岁。先生不胜悲恸。佛保资性极拙,近颇向学,且习算有心得。客来慰者甚多,愈谈先生之悲愈难遣。(《日记》页 1913,《年谱》)

十一月二日,俞樾之孙俞陛云来访,先生赠以《艺风堂金石文字目》一部。(《日记》页 1914)

十一月六日,接丁立诚信,寄《杨诚斋集》二卷。(《日记》页 1915)

十一月十日,写甘肃碑目。(《日记》页 1916)

十一月十五日,赴端方函招赴陈三立处看字画,继昌、沈曾植、蔡乃煌、蒯光典、程乐庵同席,又见鲜于枢卷子、改琦扇面。端方带来郭熙、黄公望山水,米芾楷书、王蒙手卷,孟蜀《法华经》则是黄纸书写。(《日记》页1918)

是日,收到徐乃昌一札并虾子腐乳四包。先生致徐乃昌两札,附丁孟舆校《汉书》章程。一札云:"书收入即交孟舆。《前汉书》已完,似可发刻,鄂工较快。孟舆或皖或广,恐不能在江宁,奈何。高等办事人尚不定,真没法也。"一札云:"正欲与兄作函,手书适至。又赐珍味,谢谢。《吴越春秋》校已毕,颇不恶。《群书拾补》,陆氏校刊均无。此书,蒋氏别下斋校宋本汇札迻。俞丈校语,荃孙读之有心得,均汇入逸文,亦增于顾本矣。叶鞠兄又有信附阅。官报归学使,书局归陈善馀,筹防更应筹款,均并为一,道台差使愈少矣。"(《日记》页1918,《艺风堂书札》页433致徐乃昌第一百九十四札,《艺风堂书札》页434致徐乃昌第一百九十五札)

十一月二十四日,郑孝胥来访,赠以《艺风堂金石文字目》一部,并以《垂虹感旧图》求题,郑氏借先生藏《文潞国集》四本。(《日记》页1920)

十一月二十九日,上端方一书,为南菁学堂催经费款。(《日记》页1922)

十二月一日,叶德辉致先生一札,赠与先生自刻书《南岳总胜集》《七国象棋局》等书,并请先生转赠陈庆年一份,又告先生近日刻书之况:"近日冬余,督工将旧刻各书刷印,有《观古堂汇刻书》,乃辑录零星小品,易刻易校之书,中多前贤藏书目录,此生平所笃好者也。又有《观古堂所箸书》,则搜辑古逸子集,附之日记,日久成卷,凡前人所已辑已刻者,亦未及取校,我行我法,不羞雷同也。此外单刻如吴荷屋《辛丑消夏记》、宋本《南岳总胜集》,明人《古今书刻》,宋人《七国象棋局》《投壶新格》《谱双》《打马图经》《除红谱》,王次回《疑雨集》,自纂《觉迷要录》,因板片不一,先后单行。"又向先生借拟刻之书:"见钧著《艺风堂书目》中列元本《画像三教源流搜神大全》,又吾家《石林燕语》,拟借重刊,能相假固佳,否则烦影写一校寄湘,写资若干,示定遵缴。"(《友朋书札》页534叶德辉第一札)

十二月五日,发京师刘世珩一札,寄石印账,《齐山岩洞志序》、《论语》、《西厢》清样、《琵琶石印图》一分。(《日记》页1923)

十二月八日,学使来考毕业国文场,包括经义与史论。近日考务及阅卷事务颇繁。(《日记》页1924)

十二月十日,为刘世珩印《琵琶图》,并送《琵琶记》与友人陈季同,惊闻陈氏已故,即往问讯。(《日记》页1925)

十二月十三日,考化学、历史。是日,先生发朱之榛一札,送《藕香零拾》《四谱》《艺风藏书记》《艺风堂藏金石文字目》。(《日记》页1925)

十二月二十一日,撰《吴越春秋》跋。(《日记》页1927)

十二月二十三日,到学堂,行毕业礼。(《日记》页1928)

十二月二十四日,撰《夷坚志跋》。是日,先生发徐乃昌一札,寄其丛书所刊书并名单:《箧中集》《云仙杂记》《述异记》《中朝故事》《阳春白雪》。(《日记》页1928)

十二月二十六日,两江师范学堂学生毕业,西餐。是日,先生荐李详于总督端方。此前后,先生曾与李详一函言及此事:"午帅来,学堂、书局必有可以位置,弟必留意。书局日内即有缺,亦未可知。"(《日记》页1929,《学士》第二卷页162《缪艺风先生书札》第一函)

是年,先生刻《艺风读书记》,并印行《云自在龛丛书》五集。(《年谱》)

是年十二月二十三日,俞樾卒于里第。

光绪三十三年　丁未(1907)　六十四岁

一月一日,在高等学堂。到学堂,校定《红雨楼题跋》,撰跋。跋考徐㷍藏书始末,又谈自藏《红雨楼题跋》云:"顺治己亥,林吉人手抄题跋一百四十余条,并识缘起,装成四大册,藏费莫丈文冶庵所。荃孙录副藏箧中三十年矣,时时检阅,奉为导师。光绪丙午十二月,吾友况君夔生于金陵市中,得注韩居刻《红雨楼题跋》一册,荃孙借校,所刻仅八十七条,郑君昌英辑而序之,不但与林辑不同,并不知吉人曾抄行之者。荃孙因取两册,分类合编,共成上下二卷,二百二十二条,虽非全集,然所藏美富,略见一斑。"(《日记》页1931,《红雨楼题跋》卷末跋语)

一月八日,先生得沈曾植本月三日之札。札言去年腊底亡友萧穆之子携萧穆所藏常见书数十种拜见,以友情之故,沈氏给予三百番赒其急。又欲资助《敬孚类稿》刻资百番,将汇于先生。又咨询先生刻《国史唯疑》及购书事:"黄景昉《国史唯疑》,谈掌故是叶文忠一派,书十二卷,公曾见之否,可刻否? 向似未见刻本也。孙铃伯书,公处谈判若何,可成否,能许

我附股否？"(《日记》页1932，《友朋书札》页173沈曾植第四札)

一月十日，发俞陛云一札，寄俞樾挽联。是日，先生购得明正德本《周易参同契发挥》《古文关键》《西昆酬唱集》。(《日记》页1933)

一月十三日，谒端方，端方以《九成宫》属题。(《日记》页1933)

是日，先生得叶昌炽本月初五日一札。札慰先生丧子之痛，请为其亲戚汪星台谋职。又云先生所索《吴越春秋》跋语，"迟至上元后必可抄呈"。(《日记》页1933，《友朋书札》页417叶昌炽第四十四札，《缘督庐日记》页5470)

一月十五日，跋《竹汀日记》于金陵寓庐之丛抄堂。此先生刻此书而跋之，后刻汇于《藕香零拾》中。先生跋云："《竹汀先生日记》，近滂喜斋刊两卷，式训堂刊三卷，均摘鉴赏书籍、金石之语，海内未见真迹也。此戊戌正月至四月，先生是年五十有一，为绍兴守，秦石公招游南镇及兰亭，道出杭州，复游西湖，归途应两江高文端公之聘，主钟山讲席，共百有十四日。集中得诗十九首，文笔亦极雅洁，无事则记阴晴，不涉琐事，日记条例略具一斑矣。先生年及五十，去官归养，游览胜区，训迪后进，文字之福，幸际昌期，斗山之名，自臻不朽。荃孙去官，年亦五十，后先生一百二十载主讲钟山，而风尘溃洞，海水横流，讲席词林，一概改作，无论学不及先生，即所遇亦丰啬特甚。我生之后，逢此百罹，讽咏是诗，有余恫焉。"(《文续集》卷八《竹汀日记跋》)

一月十六日，高等学堂开学。(《日记》页1934)

一月十七日，先生致金武祥一札，谈去冬以来情状："弟赴沪而兄移居，俟弟回宁而兄旋里，歉仄之至。辰维新禧万福是颂。弟去冬之窘，为卅年所未有，二儿一病而逝，尤伤老怀，幸年内连得宋板书，脱内人金钏易之，吟赏自喜，赖以消遣耳。陶斋、左庵窘与我等。今年非大稔不能挽回，只可靠天而已。兄事不成，令孙可以到宁。固卿之事未动，参折之言尽属子虚。大儿与令孙同考南菁，未曾出案，兄有消息否。弟右臂渐愈，精神尚好，堪以告慰。"(《日记》页1934，《艺风堂书札》291页致金武祥第五十九札)

是日，先生致王先谦一札，并寄《日游汇编》《俄游汇编》。(《日记》页1934)

一月二十日，还王瓘《延年石室题字》，先生十八日为之题跋。(《日

记》页1935）

一月二十三日，题宋拓《醴泉铭》。（《日记》页1936）

一月二十五日，撰《诸儒学派》。（《日记》页1937）

一月二十九日，撰《红雨楼题跋》序。（《日记》页1938）

二月六日，接王先谦复先生正月十七日之札，并皮锡瑞之书。札云："承谕云《俄游汇编》留阅，而封面未注，书亦未来，或系另寄否？柚岑此书，可以千古，若不遽夭，成就必多，诚可痛惜。属代觅王、皮所著，皮书多种奉赠检存。王有回片，并以附电。"又谈学堂及教育事："江南学堂较敝省何啻天壤，官绅一气，弊窦无自而生。鄙意终以外国强迫读书识字，即是中国义学，不过教科完备，为中国所应仿效。今将程度抬高，用为薄海人士进身之路，其势有所不给。重以邪说纷纭，使人疑沮，凭单入手，在乡垄断生事，无所不为。如此办去，不思变计，窃恐大乱将至，未知卓见为然否？"（《日记》页1939，《友朋书札》页37王先谦第五十六札）

二月九日，撰《经学史学诸论》毕。（《日记》页1940）

二月十一日，撰《诗文名家讲义》。是日，先生往总督署，端方以《藏石记》《书画录》付托先生。（《日记》页1941）

二月十三日，与李瑞清一柬，辞两江师范学堂稽查。（《日记》页1941）

二月十四日，跋王渊《良常草堂双图》，十八日还端方。跋考该卷题跋、递藏源流，并为在卷末新得徐𤊹一跋而欢喜累日。（《壬寅消夏录》，《日记》页1942）

二月十九日，撰宗教讲义。（《日记》页1943）

二月二十二日，跋晋索靖书《出师颂》、顾恺之《洛神图》，次日又跋唐僧书《贤首与义想书》，均端方所藏。（《日记》页1944）

二月二十八日，跋端方藏《石鼓文》，点定《孝经》讲义。（《日记》页1945）

二月二十九日，陆树声送先生元人墨迹五种、旧拓碑五种，盖欲出售。先生知陆心源遗物渐渐散出。（《日记》页1945）

二月三十日，李详自兴化来宁。李氏即以先生之荐任职江楚编译局，任总纂帮办。（《日记》页1945，《兴化李审言先生年谱长编稿》）

三月一日，吴公望交来乃祖吴棠之《奏议》，请先生为之撰事实。先

生撰成于本月二十日寄与乔树柟。吴公望系吴棠孙,吴炳祥之长子。(《日记》页1946、1951)

三月四日,陆树声寄来书画五十五件。(《日记》页1947)

三月八日,到学堂,出课题。是日,马估送《渔洋载书图》两大册。近日该估送来书画佳品颇多,六日先生曾购其所送汤贻汾画像,七日又送至牛腰大轴翁方纲《定武神龙两兰亭源流考》。(《日记》页1947、1948)

是日,陆树声交来书画四十件。(《日记》页1948)

三月十日,以《江南名胜志》二十卷付装,先生校已累月。(《日记》页1948)

三月十四日,发太仓缪朝荃一札,寄刻书账单。是日,先生跋端方所藏文彦博三札。(《日记》页1950)

三月十七日,撰《俞曲园先生行状》。此盖因俞陛云之请,俞氏上月十三日寄曲园事略与先生。状主俞樾,字荫甫,号曲园,浙江德清人,著述等身,在晚晴为硕学。《行状》述俞氏一生大要颇详,论其治学"以高邮王氏为宗,其大要在正句读,审字义,通古文假借,由经以及诸子,皆循此法",又谓其"旋吴,犹及见宋大令翔凤,得闻武进庄氏之学,故一切谶纬家言,亦偶涉之",又总论称"先生训诂主汉学,义理主宋学,教弟子以通经致用,蔚然为东南大师"。先生撰是文颇审慎,成后又于十八日请友人李详编初稿,二十四日李详送还。(《日记》页1941、1951、1953,《文续集》卷二《清诰授奉直大夫诰封资政大夫重宴鹿鸣翰林院编修俞先生行状》)

是日,杨守敬送自刻书与先生。(《日记》页1951)

三月十九日,到龙蟠里小学堂,候提学覆试。(《日记》页1951)

三月二十二日,上学使一折,言高等学堂、两江师范学堂学务。(《日记》页1952)

三月二十五日,送陆氏书画五十五件,交胡念修。(《日记》页1953)

四月一日,端方招饮莫愁湖,郑孝胥、杨守敬、傅春官、梅子肇、陈三立、宗舜年、吴康伯、杨钟羲、况周颐同席。是日,先生交回郭河阳《溪山秋霁图》、钱舜举《西湖诗思图》、文彦博三札、赵孟坚《水仙诗卷》与端方,均为其题跋者。(《日记》页1954)

四月十四日,发长沙叶德辉一札,并寄《石林燕语》详校副本。叶氏前曾致札向先生借此书,故录副与之。先生藏此书详校本,载于《艺风藏书记》卷二,系以《儒学警悟》中《石林燕语辨》,复合诸书详校《琳琅秘室丛书》本。(《日记》页1958,《藏书记》卷二"石林燕语详校本")

四月十五日,赴法政学堂看开学,游半山寺。(《日记》页1958)

四月十六日,发徐乃昌一札,寄刻书用账并《吴越春秋》两部。(《日记》页1958)

四月二十日,诣钱振声谈,见《清芬录》,先生赞其:"清门佳子弟,殊不易观。"钱氏钱泰吉之曾孙,前日拜先生,索乃曾伯祖钱仪吉所撰《三国会要》,钱振声送《甘泉乡人稿》《有余集》,昔所未见。(《日记》页1959)

是日,先生诣张謇谈,面交商会条陈。(《日记》页1959)

四月二十一日,送《三国会要》《琢红集》《韫韬集》《清风集》《碑传集》《姓氏编》及《三国会要》手稿、《补石亭图卷》与钱振声,并赠以《艺风堂文集》《艺风堂金石文字目》。(《日记》页1959)

是日,先生跋倪瓒《静寄轩诗文》、朱存理《募驴图》、仇英《群仙听琴图》三卷。(《日记》页1959)

四月二十三日,致沈曾植一札,寄《敬孚类稿》《文字蒙求》《国朝事略》《经义模范》,交蒯光典带。(《日记》页1960)

四月二十五日,叶德辉致先生一札,告知收到先生所寄《石林燕语》详校副本,并请先生把汪应辰《石林燕语辨》及早录副,其亟欲刻之。又欲请刊先生《金文最补》。又附告先生其藏《王荆公集》亦止明刊本。盖端方欲刊此集,先生代为觅佳椠,前曾致札询叶氏。(《日记》页1960,《友朋书札》页535叶德辉第二札)

四月二十七日,跋王宠手券。跋考该卷递藏源流,此卷曾为徐渭仁所藏,咸丰间小刀会乱起,该卷曾随其子缒沪城而出,光绪三十年冬十月先生曾与效曾、荣铨、汪鸣銮、费念慈等于端方苏州节府同观之,先生颇生友人聚散之感慨。(《壬寅消夏录》,《日记》页1961)

四月二十九日,撰《吐蕃会盟碑考》。(《日记》页1961)

是日,先生入督署夜谈,交还《募驴图》《抚琴图》《静寄轩诗》。次日,端方又发下书画十件与先生。(《日记》页1962)

五月一日,先生致金武祥一札,述年来境况:"今年未与兄通函,因公事夅集,口舌滋多,而精神究属颓敝,不自知其诸事废弛矣。陶斋定要代其修《书画录》,收藏真富,两月来看过四十余件,颇增眼界。莲溪所藏亦见大半。友人拟献纳者,贾人拟出售者,纷至沓来,已成书画窟,琉璃厂无此大观也。文孙在督练公所,馆况何如?兄出游否?弟欲回里一游而不能,一,学堂离不开,一,资斧无所出,须候今冬。弟自通籍至今,去年年关弟一难过,上半年去三竿造屋,下半年家乡无收,各处捐项又去五六百元,二儿病及殁又去六百余元,到十二月初日,四川旧账主之子,持券来索千金,收本送利,其辞甚直,利须乙千六百金,忙了四日凑还,过年遂大困矣。季直股份已不妙,如再站不住,不堪设想。昔日视馆为可有可无,如依馆为生则胆更小。闻枝简湖州,山水甚妙,不知何时到任,同兄往游何如?"(《日记》页1962,《艺风堂书札》292页致金武祥第六十札)

五月五日,缪禄保到节署领凭单。本月,缪禄保补考毕业升本科。(《日记》页1963,《年谱》)

五月七日,胡念修致先生一札,寄回陆氏书画五十三件。(《日记》页1963)

五月九日,得叶昌炽一札。札谈其近况,告以先生所嘱叶氏之师蒯德模名宦事端午节后将上城办理,其本人秋后当作白门之游,又谈徐乃昌刊《吴越春秋》版本事:"兹录呈徐天祐《吴越春秋》序一首,在前。又刊书衔名一叶,在卷末。均祈转寄积馀观察为荷。敝藏亦明中叶覆刻本,且有抄补,序后尚有目录,每一子目下略有考证。积翁所据本如亦脱去,可以续行录寄。此书宋嘉定中有汪纲本,与《越绝》合刻,如得此本一校,当有佳处也。"(《友朋书札》页417叶昌炽第四十五札,《日记》页1964)

五月十日,致叶昌炽一札,告以蒯光典在宁大开宾馆、学堂、书局延揽隽才,以及友朋之乐。(《日记》页1964,《缘督庐日记》页5584)

五月十一日,谕旨:命湖广总督张之洞协办大学士。

五月十一日,季考,先生到中学堂课国文。(《日记》页1964)

五月十三日,接丁立诚一札,寄来《存复斋集》。是日,端方交来字画三十二件。近来先生连续为端方考书画。(《日记》页1965)

五月十七日,府学堂毕业考。(《日记》页1966)

是日,先生交萧穆已刻、未刻稿与萧受镕,又交《冯孟亭年略》《冯星寔年谱书目》。(《日记》页1966)

五月十八日,循例放暑假,到高等学堂交卷册与庶务长。(《日记》页1966)

五月二十一日,校朱德润《存复斋集》,撰跋,并交装订。(《日记》页1967)

五月二十二日,请倪、施二君写《消夏录》,此即先生为端方所撰《壬寅消夏录》。(《日记》页1967)

是日,送《敬孚类稿》五十部,并余赀五十元与萧受镕。此集先生编定交李贻和经手镌板。(《日记》页1967)

五月二十七日,送还吉城《荀子考异》《荀子赋注》,先生曾为之横披。前此先生曾有一笺称吉氏之学:"奉读大著,语语精透,高邮学派自有真传,钦佩奚似,佳楮涂就一并奉赵。"(《日记》页1969,《艺风堂书札》页529致吉城第一札)

五月二十八日,跋《王太常归村图》《农庆堂读书图》《吴梅村记》合卷。(《日记》页1969)

五月二十九日,陆树声送先生《穰梨馆过眼录》来,未见《续录》。(《日记》页1969)

六月八日,送《明人书牍》两卷,赵远游、郭天阳两卷与端方,并《敬孚类稿》一部。赵远游、郭天阳两卷系陆树声于本月六日寄至者。(《日记》页1971)

六月九日,撰《静春堂世系表》。(《日记》页1972)

六月十日,江南高等毕业生朱董求先生为其祖父朱锜撰墓志。先生慨近日学生举先辈词章,考据之学,一切扫而空,以张新学,而朱董不为流习所乱,尚重墓志,故应允,于十三日撰之。志成之后,闻朱董于七月八日病危,晚间即殁,先生为其惋惜。(《日记》页1972、1973、1979,《文续集》卷二《朱君松筠墓表》)

是日,端方致先生一札,并交先生书画二十一件。(《日记》页1972)

六月十四日,谕旨:授协办大学士张之洞为大学士,仍留湖广总督任。命吏部尚书鹿传霖协办大学士。

六月十五日,撰《宋南渡十将传》跋。(《日记》页1973)

六月十八日,谕旨:张之洞著授为体仁阁大学士。

六月二十一日,发太仓缪朝荃一札,寄《太仓志》《玉峰志》清样。(《日记》页1975)

六月二十三日,陆树声取昨日端方交来郭、赵两卷款三百六十两。又取米帖三段,受禅上尊号李玄静四碑、郭忠恕画去。又送来《经典释文》通志堂捺皮纸印本、宋本《周易》纂图互注本,先生均未留。(《日记》页 1975)

六月二十五日,为况周颐订《澄方遗行碑》跋。(《日记》页 1976)

六月二十七日,为端方勘书画。是日,陆树声又送至书画十件及旧书两种。(《日记》页 1976)

六月二十八日,得叶昌炽一札,寄至公举蒯公名官呈,即转送蒯光典。先生曾于本月十二日致札请叶氏办理蒯光典之父循吏事,以备蒯氏升职之需。(《日记》页 1976,《缘督庐日记》页 5605)

是日,先生跋《刘熊碑》,昨日端方所藏本,三十日还之。(《日记》页 1976、1977、1978)

七月四日,徐乃昌以元人潘昂霄《金石例》请先生校。(《日记》页 1978)

七月九日,题吴大澂金文卷。(《日记》页 1979)

七月十日,诣端方谈,并借起藏《东坡七集》。(《日记》页 1980)

七月十六日,登船赴鄂,应张之洞、梁鼎芬本月十三日电招。张氏欲先生充新成立之存古学堂教务长。(《日记》页 1981,《年谱》)

七月十九日,至汉口,谒张之洞,并与梁鼎芬长谈。(《日记》页 1982)

七月二十二日,柯逢时来访,先生借校其《珊瑚木难》八册,送其《艺风堂金石文字目》与《续碑传集》。先生于光绪乙巳三月从钱塘丁氏藏明抄本传抄得《珊瑚木难》,然卷二缺四叶,卷八缺十叶,首卷三叶又虫蚀至二行,至是得柯氏藏本校补。先生为此书撰有长跋,考此书原委及流传源流,将借校柯氏书系于九月。① 又是书先生曾于民国甲寅(1914)为张钧衡刊入《适园丛书》,卷末有跋署"岁在旃蒙单阏冬月乌程张钧衡跋",即据先生原跋节录而已。(《日记》页 1747、1983、1985,《文续集》卷六《珊瑚木难八卷跋》,《珊瑚木难》卷末张跋)

七月二十四日,存古学堂开学,先生到学堂行礼,并留学堂早饭。存古学堂系张之洞在经心书院基础上改制而成。(《日记》页 1983)

七月二十七日,晚得张之洞入军机之信。(《日记》页 1984)

---

① 据《日记》先生校毕将此书还于柯氏是本年七月廿九日,此据《日记》。

七月二十九日，闻叶德辉寓沙井巷葱程颂万寓，即往拜长谈。(《日记》页1985)

先生在鄂，叶德辉同事存古学堂讲席，论异书秘籍湮没无传者，间及《三教源流搜神大全》，先生"言藏有明刻绘图本《三教源流搜神大全》七卷，即元板《画像搜神广记》之异名，书中图画与元本无甚差异，因约他日相借影写刊行"。叶氏前已致札借刊该书，此又言之。(《三教源流搜神大全》卷首叶德辉序)

八月三日，偕蒯光典衣冠赴织布局。又赴船谒张之洞，又登车送至广水。先生与张氏自此一别，不复得再见。(《日记》页1984,《年谱》)

八月六日，杨守敬招饮，蒯光典、叶德辉同席。先生见杨氏藏宋本《李咸用集》、《白孔六帖》、《大观本草》、影宋《寒山子集》、通津草堂《论衡》、明刻《骈雅》、《水经注笺》，均极佳；画以龚贤山水、《达摩双履图》为佳。(《日记》页1987)

八月九日，早拜柯逢时未晤，赠书，并还其《春台赘笔》《榕阴新检》《左海遗文》三种。随后柯氏来一笺，并赠礼物。笺云："晨间承枉过，并赐刊辽文，缴还三书。敬悉台从将返白门，侍咳嗽发热，不能走送，此次竟未能尽杯酒之欢，尤为大歉。送上猴菌一只、野云苓一只、洱茶两札、梧州寄生两捆，乞哂存。何时再到鄂垣，极盼。"(《日记》页1987,《友朋书札》页213柯逢时第十五札)

八月十日，柯逢时致先生一笺，并先生所借书二种。笺云："《关中金石略》四册、《容台集》八册呈览。《金石略》有闽中族人欲刊行，仅为抄一册，乞早日寄下，以慰其念。贱恙未愈，不及走送，盼望驺从遄来为幸。"(《日记》页1988,《友朋书札》页213柯逢时第十四札)

是日，先生从杨守敬处借得《寒山子集》，两日后付写副本。(《日记》页1988)

八月十一日，在梁鼎芬处早饭并观书数种。友人来送行者颇多。(《日记》页1988)

是日，先生以束脩百金易钱与陶子麟，付朱滋刻书款及徐乃昌印书款。(《日记》页1988)

是日，先生购章寿康遗书：抄本《姑溪居士集》、缺十卷。《欧阳詹集》、《土官底簿》，刻本《花笑庼随笔》、《陈齐侯双罍考》、小本《敏求记》、王叔和

《脉诀》《崇古文诀》。不全。前日,先生诣章寿康夫人谈,见其言随泪下,贫苦已极。检其遗书,已无佳者。今购此数种书,凡洋十八元。(《日记》页1987、1988)

中秋,抵金陵,得友人信多通。得沈曾植八月六日致先生札,并萧穆《敬孚类稿》刻资五十元。沈札云:"五月之变,至今心悸,积薪厝火,念欲去之,而蹙蹙靡向,露车之叹乃及吾辈乎!闻公新自鄂归,不知冰相于今,尚有指挥白羽气象否?报言公与壬老、惺吾,共教存古,此中乃不为区区留一席乎?思之时复西笑。世界如嫫母,愈涂抹愈怪丑,效颦无已何为乎?恐《文明小史》尚不如《儒林外史》风趣也。萧幼孚无可位置熨贴之处。敬老文集刻资,寄五十番,乞察入。皖藩夏间乃赔缺,大怪事也。董授经寄来东人得阰宋书纪事一篇,阅之数日作恶。闻铁琴铜剑行且继往,江左有人,得不豫为作计乎?闰枝在鄞,风味当尚不恶。橘农乃坐拥厚资,令人妒且羡之。弟盛夏病暍,促促鲜欢。皖无书籍,无字画,无可遣兴者。南都有飞凫人,可指踪一二乎?"(《日记》页1989,《友朋书札》页176沈曾植第十一札)

八月十七日,先生肃笺辞高等学堂。次日,连接端方两通慰留之札。先生后于二十二日,再次上札端方辞馆。(《日记》页1990)

八月二十四日,接杭州丁立诚信,寄还《黄文献集》,又代抄《政府奏议》二卷、《柳文》一卷。函中言书籍欲出售,先生即为致书端方,建议购买。次日,端方回札,力任筹款事。(《日记》页1992)

八月二十五日,先生得杨秋圃转来杨守敬一札,嘱代还蒯光典《集韵》,云:"《集韵》校本正录副讫,敢烦转致礼卿先生。如果欲付梓,敝处尚有南宋刻校本,日本内府藏大字本。系马君所未见,其板式样已载入《留真谱》。其中与马君所据宋本多异同。他日刻此书,纵不汇入马书,亦当附于其后,以成完璧。稍暇当录出再寄也。"(《日记》页1992,《友朋书札》页659杨守敬第一札)

八月二十九日,张锡恭、陈庆年、陈白石、陈祺寿、刘耀曾等来访先生,同至马巷小观音庵看字画及书,旧抄《鸡肋集》极佳。(《日记》页1994)

九月一日,上端方一笺,言八千卷楼书事。是日并与丁立诚一札,嘱其留书籍。(《日记》页1994)

九月六日,写端方交办书画目。(《日记》页1996)

九月七日，致徐乃昌一笺，又金石拓本、《红雨楼题跋》。札云："兄四十华诞，谨奉金石拓本两册，《红雨楼题跋》荃孙新辑一部，务恳哂收，似胜于桃面两盘也。书包留公馆，遇便取去。"(《日记》页1996，《艺风堂书札》页440致徐乃昌第二百十九札)

九月八日，上端方一笺，四辞学堂。端方回音，准辞学堂。(《日记》页1996)

九月十二日，读汪喜孙《从政录》。致徐乃昌一札，云："汪孟慈非容甫之肖子，传后附一名字，犹属勉强。今读《从政录》，则户部之能司员也。立专传，与吏部之白桓、刑部之余光倬、兵部之丰垣为一卷。非先生之指示不知其详也，然则荃所未知者亦多矣，乞时时教之。"(《日记》页1997，《艺风堂书札》页440致徐乃昌第二百二十札)

九月十四日，端方来两函，一言高等均归一手经理，一言潘怀民电已回。接丁立诚两信，一言事已稍缓，一言丁立中被押。(《日记》页1998)

九月十五日，到学堂，重整堂规，颇难下手。是日《丁氏书目》寄到两部，一送蒯光典，一送总督端方。端方交来第十次书画十件。(《日记》页1998)

九月十九日，交李仲霖补画《牡丹亭》一幅，交茅乃登校《牡丹亭》。是日先生定《随庵书目》。(《日记》页2000)

九月二十一日，发汪洵信并寄《随庵丛书》封面，请其题签。先生本年十二月二十九日，收到汪洵之信，并所题封面。(《日记》页2001、2031)

九月二十三日，诣沈曾桐谈，看其宋刻《左传》，八行行十六字，徐乾学、季振宜二家收藏印；又明板《渭南集》。(《日记》页2001)

九月二十四日，陈庆年来订杭州之游。(《日记》页2001)

九月二十五日，诣陈庆年，言端方允代刊《续碑传集》事。(《日记》页2002)

九月二十七日，致徐乃昌一札。札谈其辞职游浙之事，云："前奉示代办一切，汪子渊封面寄去尚未写来，喻春峰写总目呈阅，并望即寄武昌省城兰陵街图书馆对门陶子麟收下，以早为妙。弟已将高等摆脱，明日到浙江游西湖，并诣甬江看天一阁再回。封面寄到亦招呼家中寄湖北也。吴广霈形同无赖，巴结陈子励将五年，高等名誉、课程败坏至极点，弟已于两会长前申明不干。弟事，张、蒯两公亦允。弟退而亦逐吴广霈，然绅士之与官场不是平权,此官司须打至学部矣。尊处学堂经费支绌,学生参差不齐,分外难办,查学官又系吃东洋屎者,所言何足为据。荫庭因兄不高兴,渠亦没趣异常,弟劝回馆且度今冬再说。弟看十二圩学堂不能不办,工艺厂难乎为继,可否停办,以改良为停顿,便可截止。否则愈走愈重,后来者不肯接,恐兄受累,以为何如。孟舆校补《汉书》,补手急切不能完。弟去学堂,孟舆亦将寻子培去。"(《艺风堂书札》页444致徐乃昌第二百三十一札)

九月二十九日,接图书馆总办照会。(《日记》页2003)

十月二日,在常州。金武祥以《陶庐四忆诗》见示,并赠《津门征献诗》。(《日记》页2004)

十月七日,赁小舟出东门至太平寺。治开和尚迎入塔院,上塔七层,所见极远。太平寺门外两幢,皆宋物。(《日记》页2005)

十月八日,到苏州。过卧龙街倪店,得金石零书;又过灵芬阁,见徐敏夫,得严刻《北堂书抄》,止一册。回船,徐熙来,倪店送龚校段氏《说文解字注》来,先生购之。(《日记》页2006)

十月十二日,抵杭州,丁立诚延王体仁在码头招呼,乘轿入城,借寓南板巷顾养和宅。丁立诚即来谈。(《日记》页2007)

十月十三日,索观《丁氏全书目录》,八大册。(《日记》页2007)

十月十五日,陈庆年来,偕至丁立诚处早饭,并看书。(《日记》页2007)

十月十七日,早与王体仁、丁立诚商定书价八万元。书箱、书架、打捆绳索,船只押送宁垣一并在内,先生以为并不为贵。早饭后,陈庆年来商电报与端方。(《日记》页2008)

十月十八日,得端方电,止允七折。(《日记》页2008)

十月二十二日,常州沈湛钧来,言学部欲购八千卷楼书,愿出十万金。(《日记》页2010)

十月二十四日,与陈庆年同往丁宅订合同,以七万三千元订定。王体仁、金成诰、陈庆年与先生四人签押,各执一纸。(《日记》页2010)

十月二十七日,离杭,友人多人送行。先生在杭期间,所见友人颇多,如屠寄、李传元、樊恭煦、汤寿潜、张楠、罗楘亭等。(《日记》页2012)

十月二十八日,到苏州。先生在苏州凡四日,住钱振声公馆,与友人费毓桂、陈伯平、陆申甫、沈玉麒、胡念修、吴永(字渔川)、朱之榛等交游,

购得《文苑英华》与安氏活字本《颜鲁公集》。(《日记》页 2012、2013)

十一月三日,抵沪。先生在沪凡六日,见友人汪洵、张謇、唐文治、郑孝胥、赵凤昌、孙诒让、毛庆蕃、吕景端、翁长森、汤寿潜、沈同芳、樊棻等,购得宋版《两汉诏令》,又购《翁覃溪诗》全稿七十卷。(《日记》页 2013、2014)

十一月六日,特旨命劳乃宣、樊恭煦、丁仁长、缪荃孙、宋书升、汤寿潜、郭立山均至京豫备召见。先生以病乞假。(《德宗实录》卷五八二,《年谱》)

十一月七日,樊式勋招饮于大庆楼,与孙诒让长谈,两人十四年不晤。(《日记》页 2014)

是日,毛庆蕃、赵凤昌、吕景端来谈。晚,吕景端致先生一札,请先生为其祖《白云草堂诗文集》作跋:"侍教快慰。先高祖《白云草堂诗文集》四册,送呈鉴览。此集系孤本,限于物力,屡思重梓不果。长者发潜阐幽,表章乡先辈遗书,尤力乞于藏书存目或札记中,先存此集名,校雠余暇,求赐一跋,尤所至愿。即请携之行箧,随后寄还。先高祖仕履事略,容稍缓节抄备览可也。另附上石印《左湘阴手札》二册,系近日里中史氏寄售之物,呈赠一部,敬乞留阅。倘有人需购,每部半元,敝处尽多。"(《日记》页 2015,《友朋书札》页 724 吕景端第三札)

十一月十日,抵南京。致徐乃昌一札:"弟于今日抵寓,奉读手书,敬悉一切。书大小九百箱,价七万三千元,包送到宁,殊不为贵。弟同善馀共领盘缠四百元,每人须帖二百余元,买物尚不在内,在官场看之又以为夺其美差也。学堂事交卸,幸甚幸甚。两湖催到馆,南菁来送聘,一概谢却。好容易摆脱,尚作冯妇耶?《汉书》明日往查再复。子渊新自往催,仍以未完回覆,原信附阅,大约不久即寄。况先生脩金月得一百四十,午仲另欸助刻《随笔》百金志意。高、张、喻奉峰因借书口角,喻已辞去,可惜。高等之散,渠有力焉,而尚未得教务长,不免快快耳。孟舆之去,视明年派何人,如再派左全孝,季直颇不谓然,礼卿不知何如,不久许亦难办。则辞决矣。"(《日记》页 2015,《艺风堂书札》页 441 致徐乃昌第二百二十三札)

十一月十一日,在南京。排《五百家播芳大全文萃》一百五十卷,转交订起,撰跋。(《日记》页 2016)

十一月十四日,赴七家湾暂设财政处并图书楼。近日先生忙于筹建

图书馆事。(《日记》页 2017)

十一月十五日,李详致先生一札,送呈《李小池事状》。札言先生前允《李小池事状》列入《续碑传集》牧令一门,今撰成,所言事皆实录,决非谀墓,其人确实可传。并代李圭子孙乞书。又请先生代向端方询其前所呈端方石记廿种、骈文笔记,请端方发还。另告知先生其族人藏有《三垣笔记》足本,已托其移抄,明年可借予先生补抄。又借阅先生所藏黄宗羲《思旧录》《惠松厓笔记》。(《日记》页 2017,《友朋书札》页 781 李详第四札)

十一月十七日,上禀总督端方,卸学堂事,并求给咨入都。(《日记》页 2018)

十一月二十三日,徐乃光送书目来,糟不可言,无法批价。先生即与徐乃昌一笺,并于次日送与徐乃昌覆核。(《日记》页 2020)

十一月二十四日,勘书画廿轴毕,端方本月十八日所发下者。(《日记》页 2020)

十一月二十六日,评书价。先生近期多日做此事,盖为办图书馆新购书故。(《日记》页 2021)

十一月二十七日,端方馈以皇上所赐肉酱腌菜,作启谢之。(《日记》页 2021,《文外集》之《谢端制军赠肉酱醃菜启》)

十二月二日,端方送书画十五轴来。高等学堂送本月脩金,先生辞之。(《日记》页 2023)

十二月五日,送《国朝事略》与黎经诰,印一千五百部。是日,先生还徐乃光书十六部十七本。(《日记》页 2024)

十二月八日,发湖南叶德辉信,寄《三教源流搜神大全》《石林燕语辨》。先生借与叶氏刊刻。是日,消寒第二集。(《日记》页 2025,《友朋书札》页 534 叶德辉第一札)

是日,杭州丁氏头批书到。(《日记》页 2025)

十二月十一日,送《敬孚类稿》卅八部、版全数交萧受镕。(《日记》页 2026)

是日,接缪朝荃信,寄《汇刻中吴纪闻》《玉峰志》《昆山郡志》《明太仓州志》来。(《日记》页 2026)

十二月十二日,丁氏头批书全收入图书馆。(《日记》页 2026)

十二月二十日,撰《汇刻太仓志》序。(《日记》页 2029)

十二月二十一日，到高等查保案。是日，端方寄来画三十轴。(《日记》页 2029)

腊月小年，丁氏书第二三批到宁。(《日记》页 2029)

光绪三十四年　戊申(1908)　六十五岁

一月一日，在图书馆。致太仓缪朝荃一札，寄端方《汇刻太仓旧志序》。(《日记》页 2033)

是日，先生校《寒山集》毕。(《日记》页 2033)

一月二日，撰《寒山诗跋》。先生据序跋考所影宋本之版本，云："是此书，宋时一刻于淳熙己酉，曰国清本；再刻于绍定己丑，曰东皋寺本；此则三刻，又在东皋寺本之后。然不分七言于五言之外，不以拾得加于丰干之上，仍其旧第。字大如钱，清劲悦目。'玄''胤''恒''贞''殷''朗'阙末笔，亦可谓最善之本矣。"又详考是本与各家著录藏本之异同。(《日记》页 2033,《文续集》卷六《寒山诗跋》)

是日，先生题翁方纲《复初斋诗集》后；致柯逢时一札，寄《闽中金石记》跋，先生校该书已毕。(《日记》页 2033)

一月三日，送《东观奏记》《结一庐遗文》篆耑求吴昌硕篆。(《日记》页 2033)

一月四日，撰《朱修伯大理结一庐文集序》。是文序朱学勤的《结一庐遗文》所撰。朱学勤，字修伯，浙江仁和塘栖镇人，咸丰三年(1853)进士，官至大理寺卿。学勤博通国典，综核机务，咸、同之间，有名于朝。其学足论古，才足干时，又喜藏书。先生于文中述其"生长杭州，夙闻吴瓶花、孙寿松、汪振绮之遗风，及官京秩，又值徐星伯、韩小亭、彭文勤公及怡邸之图书散落厂肆，不惜重值购藏，遂为京师收藏一大家"，又述与其二子朱澂、朱潏之交往。又有云："今时事日非，民生日戚，后生小子，目不知书，掌故目录之学，弃之如遗，胸中仅储寸许洋装书，侈口而谈新学，自以为能，人亦从而誉之，无形之焚坑，不知伊于胡底。"慨旧学之沦落。学勤是集，乃其次子朱潏请先生代刻。先生交黄冈陶子麟刻版，精写精雕，是光绪间版刻之佳作。(《日记》页 2033,《文续集》卷五《朱修伯大理结一庐文集序》)

是日，先生题鲍毓东家藏《读书堂图》写清本。(《日记》页 2033)

是日,先生得叶德辉去年十二月十八日致先生一札及所寄书。札言活版印刷及版刻其夏日间所成《消夏百一诗》事,并寄上其新刊《石林燕语》两部。又言借刊《石林燕语辨》事,盖先生寄出,叶氏此时尚未收到。又言自藏王安石之集明仿宋本,绝精,又得何焯校误,于此种书不得不珍爱,道远不欲借,询问先生如何校之。先生于光绪戊申一月四日得此札及叶氏所寄书。(《友朋书札》页535叶德辉第三札,《日记》页2033)

一月五日,得叶德辉去年十二月二十一日一札。札言《三教源流搜神大全》《石林燕语辨》两书已收到,又欲刻《避暑录话》,问先生叶廷琯校本海内是否尚有传本。先生十二月八日致叶氏之札曾向叶氏索此书,盖误叶氏已刊此书。叶氏又言及朝廷召先生入礼馆事:"前闻召入礼馆,知公必不行。吾辈如守节之孀妇,已过五旬,若再改嫁,贞节碑坊岂不怕雷打耶!"又谈及教育业时势之变,忧未来刻书之难:"辉刻书之志,幸不辱衣钵之传,独惜学堂既兴,二三手民粗通文理,亦考入学班,短衣横行天下,以致此业高手日稀,今岁刻成仅只《石林燕语》一书,将来刻书无人,大是可忧之事。"(《日记》页2034,《友朋书札》页536叶德辉第四札)

一月七日,得叶德辉去年腊月小年一札,问《石林燕语辨》在《儒学警悟》中是独立成书还是并《燕语》原书录之而抄时删去原文。(《日记》页2034,《友朋书札》页536叶德辉第五札)

一月十日,发徐乃昌一札,寄所题《读书堂图》诗并汪洵信。札云:"新年大喜。封面去冬催来,汪君之意以所酬不足,允送书两部,乞志之。鲍先生嘱题《读书堂记》,仍以劣诗交卷,实无佐证,非不尽心。一扇两图,嘉惠未报,抱歉而已。丁书全到。厚馀书俟帅九,尚有余地可容,然而仅矣。兄何日来,盼即玉成此事。吴、刘二公尚不肯休,可怕,可怕,枢纽仍在财政局也。"先生题鲍毓东家藏《读书堂图》诗,后鲍氏有诗志感,中有句:"侧闻缪先生,名并玉局垂。迢迢一江水,莫修相见缘。愿求斯印光,惧遭门外麾。南陵鉴我意,代乞珠探骊。四百卅八字,大笔挥淋漓。惟先生与于公,旷代交相期。常州与蜀道,出处如重规。定知宦游迹,还似云龙驰。西湖一勺水,倘有珊瑚投。望公垂铁网,赓续辎轩词。东将走祠下,拂素磨隃麋。先生定一笑,大书蕉荔碑。"(《日记》页2035,《艺风堂书札》页443致徐乃昌第二百二十八札,《友朋书札》页970鲍毓东第二札)

是日,发叶德辉一札附致王先谦一笺,答叶德辉之疑。(《日记》页

2035,《友朋书札》页537叶德辉第六札）

是日,先生释《卜璀墓志》《卢公则墓志》文。（《日记》页2035）

一月十二日,撰《重修宋王忠荩公墓碑》。碑主王安节,宋末抗元将领。先生撰是文,为常州府重修王安节墓碑故。（《日记》页2036,《文续集》卷二《重修宋王忠荩公墓碑》）

一月十四日,得柯逢时本月十一日一札。札谈及先生欲返都事云："执事返辔都门,正旧学绝续之交,先圣先贤实式凭之,深为海内庆幸。惟时势迫促,未知天意若何耳。"谈及《闽中金石记》及购丁氏书等书事云："《闽金石记》经极力表章,陈氏为不朽矣。《乌石山石刻记》尚有一帙,正在检寻,记是陈寿祺稿本,破烂不堪,当付之尾卷,何如？善本堂书,得归金陵,亦书之幸。闻丁君方与其事,他日当可借抄。此间渐与书近,则尤幸矣。李云生大令书,昨经陕友运来,已为购得,无甚秘本,惟西北藏书,此间亦有无可搜罗者,特其所刻《五万卷楼书目》,则多不可恃矣。"又向先生借抄藏书："侍旧购有《秋涧集》不全抄本,在鄂又购一不全本,中尚缺廿余卷,而缺字甚多,前后页尤极破烂。又有小辋川旧抄《东维子集》不全本,此间无可借抄,欲乞尊藏精本,一为补写。如蒙俯允,可否过鄂时携来,以慰饥渴。如过鄂时,请即屈寓敝居为快。"先生本月二十七日复柯氏一札,专王升送鄂,并还柯氏《闽中金石略》《容台集》各一部。（《友朋书札》页213柯逢时第十六札,《日记》页2036、2040）

一月十七日,发金武祥信,寄《王忠荩公墓碑》稿。札云："昨布一缄,想已察入。王公墓碑脱稿,呈政,乞方家指教。尚不枯寂否？六十老翁,尚要入文学侍从之队,撰文犹可,写字则万万不能矣。伯豫何时来？"（《日记》页2037,《艺风堂书札》293页致金武祥第六十二札）

一月十九日,跋湖北卜君墓志。（《日记》页2038）

一月二十一日,到图书馆借《破铁网》《北游日记》《嵩洛游记》三册归,还三次目五册,补目一册,《青琐高议》《黄文献公集》两种。是日,先生跋《玉岑卢公则墓志》。（《日记》页2038）

一月二十七日,撰《随庵丛书序》①,是序为徐乃昌撰,三十日寄与徐

---

① 按,此序弁于《随盦徐氏丛书》卷首,末署"戊申正月二十八日江阴缪荃孙序",此从《日记》系于二十七日。

氏。序有云:"荃孙亦慨当世号藏书家,有公其书于天下者,有私其书于一已者。前如纳兰容若之《通志堂》、黄荛圃之《士礼居》,近如黎莼斋之《古逸丛书》,举古人欲绝之迹,海内未见之本,传之艺苑,播之寰宇,俾又可绵延一二百年不致泯没。而且勘订脱论,补缀遗逸,使后人读此一编,尽美尽善,无所遗憾,所谓守先待后者,非耶?苟反是,而绨锦为衣,梅檀为室,以扃钥为保守,以抄校为多事,同志好友不得一观,己又无暇题跋校勘以传诸世,一旦兵火,摧烧拉杂,不肖子孙,称斤论银,售诸不解事者,甚至为外洋捆载以去。夫古人一生精力,辛苦成书,渺渺千百年,于兵燹劫夺之余,仅而获存,亦云至幸,奈何徒知宝爱,不知流传。自非与古人深仇重怨,不应若尔。"此可见先生藏书思想。又有云:"南陵徐君积徐,博学多文,曾刻积学斋、许斋两丛书,广传国朝先辈不传之著作,艺林无不推重。近又得宋元本十种,覆而墨之,名曰《随庵丛刻》。字画行款,一仍其旧,宋元面目,开卷即是,前人题跋,收藏图书,无不影摹。订误释舛,另刻札记,不敢径改本书,亦墨守涧滨校勘旧例。"此可见先生的刻书思想。徐氏刻此书,先生亦出力颇多,或提供底本,或代作札记,或代为经理。(《日记》页 2040、2041,《文续集》卷五《随庵丛书序》)

是日,先生复核《金石例》毕,撰《金石例札记》跋。(《日记》页 2040)

是日,得叶德辉本月二十日一札,寄先生《消夏一百诗》活字本两本。札答先生问"飞凫人"出处,云出自王世贞的书画跋,谓买卖书画人;校出《石林燕语考异》误字,请先生条录寄示,以便遵改;云《石林燕语辨》已付手民写样,《三教源流搜神大全》当是明人据元刻画像,《搜神》前后集略有增入,未十分改样,虽明刻而实佳书,已觅善绘者影写;又谈及收到岛田翰《皕宋楼藏书源流考》,言其人少年劬学,可敬可畏,日本友人云其求书兼有盛昱、杨守敬之长,若来湘秘书珍物不可令其假借。(《日记》页 2040,《友朋书札》页 537 叶德辉第六札)

一月二十八日,改次《壬寅消夏录》。(《日记》页 2041)

一月三十日,写书画札记。复徐乃昌一札,寄《随庵丛刻》序、《金石例札记》跋。札云:"昨奉手书,所需安仪周、成容若等像,如仅须绘像即交舍弟莆孙钩摹,尚有黄荛圃像候示,一并另纸摹,如全幅临,再将原画送阅,亦候示。《丛书序》、《金石例札记》四十余叶及跋,均乞改正。《札记》不能不刻,已寄鄂上。元板书候专人取归,如此元板,上当不浅。"(《日记》页

2041,《艺风堂书札》页 443 致徐乃昌第二百二十九札)

二月一日,接缪朝荃一札,寄《小谟觞馆全集》三部。(《日记》页 2041)

二月三日,跋《曹景完碑》。(《日记》页 2041)

二月七日,送《壬寅消夏录》稿十二册并《曹景完碑》与端方。(《日记》页 2043)

二月十日,先生以殚心教课,被清廷赏四品卿衔。(《德宗实录》卷五八七)

二月十一日,递病呈,恳总督端方特奏,并缴咨文三件,旋奉手书得允。(《日记》页 2044)

二月十三日,与端方同到惜阴书院,同往登盔山望大江,欲于此地建立图书馆舍。(《日记》页 2044)

二月十六日,接徐乃昌一札,寄画像四种。先生即复一札,以黄、武两像报之。札云:"弟跋《金石例》并未留稿,乞将草底寄下即改。弟自恨粗疏,不足言之过甚耳。黄荛圃、武虚谷两像呈阅,还有安、成两像,汤贞愍、柳敬亭各像均摹。病仍未愈。苔生已来,尚未晤面。喻春峰行后无人影写宋本,修甫荐一写《白雪阳春》者,弟已招致矣。"(《日记》页 2045,《艺风堂书札》页 443 致徐乃昌第二百三十札)

二月十七日,接缪禄保信,知京师大学堂法政已录取,住背阴胡同。(《日记》页 2045)

二月十九日,接王先谦一札。札言先生被特召入都事,称必有"非常恩遇","果能得位行政,挽救一二,即是报称之资"。又询先生所允抄示与学部缄事,知端方允代为先生刊《续碑传集》,以为"宏愿大力,殊堪敬佩"。随札并赠先生其近期所作《李勤恪神道碑》文。(《日记》页 2046,《友朋书札》页 38 王先谦第五十七札)

二月二十日,有旨:以潜心著述,予已故浙江前广东高廉道陆心源列入史馆文苑传。从两江总督端方请也。

二月二十日,晚入署与端方谈刻《东坡七集》事,端方交先生二百金请先生代为经理。次日,端方送来《东坡七集》,准备交与湖北陶子麟以仿宋体刊刻。廿三日,先生在江南图书馆看钱塘丁氏旧藏成化本《东坡七集》,以为佳椠,欲择以为底本。此本镌刻精良,字体古逸,宛有松雪体之风,旧

时估肆多撤去李绍序以冒元刊。此本于《铁琴铜剑楼藏书目录》即被著录为元本。(《日记》页 2046、2047)

二月二十五日,发陶子麟信,寄《金石例札记》跋并刻《东坡七集》价一百两。(《日记》页 2047)

二月二十七日,到编译书局见陈庆年、李详,借李详藏《三垣笔记》归。(《日记》页 2048)

二月二十九日,函托吴昌硕刻"求古居"一印。吴氏三月三日,刻成送于先生。(《日记》页 2049)

三月三日,得礼学馆信。此札乃门人曹元忠代礼部尚书溥良所拟,以张之洞之荐,请先生任礼学馆总纂。(《笺经室遗集》卷十四《为宗室玉岑宗伯师与缪艺风京卿师书》)

是日,曹元忠在京致先生一札,请先生北上:"前岁曾肃禀问,未蒙赐覆,想为洪乔所误。近维禔躬万福,餐卫增绥,定符远祝。受业浮湛阁署,于今六载。去年蒙恩派充分校,得八十许人,中惟饶阳常生堉璋系吴挚甫弟子,于古文词章均有门径,现已著书盈尺,堪以上慰。旋奉诏旨,设立礼学馆于礼部,宗伯师有函敦请,想早达览。以受业素承吾师逾格垂爱,命为一言,务恳俯赐允准,无任欣幸。馆中自受业外,有宋芸子、陈叔遗、张闻远、胡绥之等,其中门生居多,一切皆待禀承而行,伏祈早日命驾,并携《政和五礼新仪》、南宋《中兴礼书》等,尤为翘企。"(《友朋书札》页 984 曹元忠第十札)

三月六日,交《牛羊日历》《玉牒初草》与李贻和刻。是日,发陶子麟信,寄两序;发徐乃昌信,寄《随盦丛刻》封面。(《日记》页 2050)

三月九日,发礼部公函,附曹元忠一札。(《日记》页 2051)

三月十一日,携夫人夏镜涵及缪僧保赴鄞。至沪,往大生纱厂取利钱。从李兰甫借得姚觐元手过五校《读书敏求记》,至十三日录毕还之。(《日记》页 2052)

三月十五日,抵宁波。晤夏孙桐,留住署东偏,见其新收旧书。先生以为"《密斋文集》为最",此本十卷,胜过《四库》所藏出于《大典》之八卷本。(《日记》页 2053)

三月十七日,游月湖。(《日记》页 2054)

三月十八日,与夏孙桐偕往天一阁。见"地不甚宽,阁临小池,池外古树奇石,小亭荒径,饶有逸趣"。"登阁而上,书柜止二十八,并未装满,所去已十之七、八已。见《越绝书》十六卷,有丁黼、汪网两跋,前有田汝成序,后有都穆跋,刻于嘉靖□年。《洛阳伽蓝记》二部,版心有'如隐堂'三字。《寒山子集》亦嘉靖中刻。《太真外传》《开元天宝遗事》皆《顾氏文房小说》本。又《颐堂词》(王灼)。又《菊坡丛话》,分天文、地理、时令、花木、鸟兽、宫室、器用、人物、诗人、风怀、婚姻(嗣)、致政、耆寿、释梵、仙逸、哀谥、科举、兵戎、道德、戏谑、身体、服饰、饮食、文史、诗话、四六、乐府二十六卷。又《两广平蛮录》七卷。"范氏子弟照应者二人,均于书目不甚了了。书亦破碎,鼠伤虫蛀,均所不免。阁上宝书楼,明嘉靖时题。阁下长联:"承梅涧柳汀以后,清节衣冠世泽永,四明司马;比南雷东硐之奇,图书泉石高楼仰,百尺元龙。"阮元撰。又有"天一阁书藏",亦阮元笔。(《日记》页 2054)

三月十九日,游天童山,二十一日下山。颇见美景,在各寺见碑颇多。在东谷寺见《绍兴施财米碑》《大用庵铭》《宏智禅师后录》《无尽灯碑》《宏智大师像》《妙光塔碑》。在中峰庵访得《别山禅师塔铭》。(《日记》页 2055)

三月二十一日,曹元忠在京致先生一札,催先生北上:"顷在礼馆,得奉赐谕。藉谂道履稍有违和,就医沪上,计此时当早占勿药,无任驰系。未识何日可莅都门,宗伯师与同事诸君翘企旌斾,属受业转请,尚祈示意。承询公信另笺等,均受业所草托四川董孝廉缮写,比封函时,师又命受业作另笺耳。条议十二篇,曾以其半付胥,由丞参送堂后,尚未宣布。大概俟吾师来馆议决。受业意欲全放《太常因革礼》首总例,后列废礼、新礼各卷。先以奉闻,余再面述。《荀子校语》《南朝史精语》,求与丛书多携数种。顾氏《过云楼书画记》亦刊成也。"(《日记》页 2056,《友朋书札》页 984 曹元忠第十一札)

三月二十三日,离鄞。先生在鄞凡九天,期间得见友人陆廷黻、童德厚、盛炳纬,购得元刻《礼注会元》,闽刻《礼记》《姚文长集》等。(《日记》页 2057)

三月二十八日,在苏州,徐熙招游武丘山,并以书画托售。后先生将部分代售于端方。(《日记》页 2058、2071)

四月一日,在南京。叶德辉自湖南来,长谈,先生赠以碑目、《辽文

存》、《乐章集》等。(《日记》页 2059)

四月三日,校《鄦峰真隐词》。是日,接董康信,即答之,由日本邮局寄去。(《日记》页 2060)

四月六日,撰《安徽灵壁县知县杨君墓志铭》。碑主杨同福,字思赞,号师载,江苏常熟人,杨沂孙子。有勇谋,曾参与剿捻军。生平酷好金石文字,搜罗拓本不下千余通,观览临摹,原本家学,加之功力,篆法为吴大澂推服。四月二日,同福子杨辛孟持状因丁国钧请先生撰铭,以杨沂孙书篆联、旧拓《郙阁颂》、程君房墨、丁敬铭砚为挚。十二日,先生将志铭交与丁国钧。(《日记》页 2060、2061、2063,《文续集》卷一《安徽灵壁县知县杨君墓志铭》)

是日,李详致先生一札。札索先生所撰《皕宋楼藏书源流考》纠误之文,并呈其读该书有慨所作诗六首转董康。云:"昨承赐《皕宋楼藏书源流考》。细读一过,岛田君所论,似有未当处。闻先生曾纠其误,可并示一读否……见董君此刻,有慨于中,得诗六首,送尘尊览,如以为可,请为致董君,因缘转求岛田君《群书点勘》及《访馀录》,董君想亦欣许也。"又请先生有暇和诗。李氏六诗其五言日人欲购先生藏书事,云:"颜料坊同春明坊,轮囷云覆艺风堂。东人仁亦工蚕食,此老难将重利尝。"注云:"江阴缪艺风先生住江宁颜料坊,储藏最富,六年以来,得通假借。尝以宋次道春明坊比之。去年日本得陆氏书后,复介某以重价购先生书,未。详亲闻其事。"(《友朋书札》页 784 李详第八札、页 791 第二十三札)

四月七日,端方招饮于新船,自毗庐寺泛舟而行至鉴园,沈曾桐、程乐庵、杨钟羲、沈邦宪、陶葆廉、陈三立、王瑾等同席,盖沈曾桐将赴广东提学使任,此为其送行。先生亦于九日招沈氏饮。(《日记》页 2061、2062,《友朋书札》页 431 杨钟羲第一札)

四月十三日,李瑞清致先生一柬,遣一仆借恽寿平山水册子,欲购之,并询价若何。札云:"闻有南田翁山水册子在尊处求售,乞赐一观。侍生平于南田有癖好,以为空灵超逸,突过石谷。石谷人间能手,南田仙笔也。"先生与之,李氏十五日还先生。(《友朋书札》页 575 李瑞清第一札,《日记》页 2063)

四月二十日,得董康日本一札。札言其因延商法教师,于三月十一日东航,十九日抵达东京,并介绍在日得古书情况及日本书价:"此间书价之昂贵,等于厂肆。东邦古刻,俗称五山版者,其价尤倍于宋椠。惺吾所翻雕,五山为最多。兹从岛田彦桢易得北宋残本《册府元龟》一百册,明文渊阁旧藏。约四百卷;又南宋椠《史记》旧抄本,狩谷旧藏。《五百家播芳大全》、一百卅卷。庆长活字本《群书治要》、《事宝类苑》各一卷,均唐土希见之籍,然互易之书亦不在千金以下矣……东邦凤重唐人卷轴,往岁所寓目者,以《世说新语》《玉烛宝典》卷第九。为最,兹托彦桢倩名手,用雁皮纸双钩,以备刊刻。《世说新语》较今本仅存第六卷,分为四轴。多异文;《玉烛宝典》卷第九则黎氏所未刊也。长者如有志刊行此书,归时当携以奉赠。此外高山寺尚有《文馆词林》一卷,又奈良某家有《玉篇》一卷,此卷约千元可购得。当徐徐图之。前函嘱抄书目,为竹添氏之物,现已借抄,俟工竣邮寄。"又言岛田翰欲来中国谋职,先生建江南图书馆如得其襄助,可杜旧书外流,亦可将唐、宋轶出之秘册稍稍收辑,请先生谋诸总督端方。先生次日即复之。(《日记》页2065、2066,《友朋书札》页440董康第一札)

四月二十三日,诣继昌谈,送恽册、扇面册等与阅,继昌前有一札索阅吴宅托先生所售书画。次日留扇面五张,其他各种次第送还。(《日记》页2066、2067,《友朋书札》页119继昌第四札)

四月二十五日,继昌送回范、倪二卷子,并致先生一笺云:"范文正字文画《江南春》二卷,洵墨宝也,爱之力不足以致之,有同情耳,谨奉环。倘再有他件托售时,乞赐观,果为精品,亦当破耗矣。"(《日记》页2067,《友朋书札》页119继昌第五札)

四月二十七日,写出《宋元人十八家词》交订。(《日记》页2067)

四月二十九日,知友人秦焕尧病殁,不胜惊骇。(《日记》页2068)

五月三日,先生接常州府尊王步瀛及金武祥札。即复一札与金武祥谈近日行程及修《常州府志》事:"春间恽心翁来,谈及吾乡修志,弟颇欣然。三月初十,偕内人到四明,十五入署,十六拜童世兄、陆渔生、盛心泉诸人,十七日游月湖,十八登天一阁。十九游天童,诗僧寄禅,八指头陀。旧雨也,住寺中三日。再游阿育王山,廿二回署,廿三即行,廿四到沪,廿五到苏州起程。本拟到常,忽知王太尊调凉州,颇为怅怅。又家中无人,拟先为一看,过常未下车,当日到宁,天未黑也。闰枝办事有条理,缺太苦,闰枝之俭,不觳浇裹,若弟则糟矣。今奉手书,颇呼负负。内人昨日甫回,家中有人主持,拟节后到镇小游约三日,为况夔生戒烟,午帅要考验其真不真,两人同游,午帅出费。金、焦,即到郡聆教,如有爽约,公同议罚。体例,须见旧志方能动笔,亦不过大概,书完例方完也。朱、屠皆未得碑传,谭仲修、李莼客,遍寻不得,自撰亦不得事略,奈何。昨胡幼阶任谭传,亦未交卷。督抚亦成。□公已刻起,谢、黄二公恐不能入矣,现只有武臣、忠节两门未完,官局刻得甚快。杨氏全书弟即带来,恐江阴刻手不易觅也。"(《日记》页2070,《艺风堂书札》290页致金武祥第五十七札)

端午节前后,继昌致先生一札,托先生留意王翚、吴历所作之精品。札云:"前见之恽册精极,因梅庵极欲得之,故不欲夺人所好也。如吴宅有石谷、墨井精品,不拘卷册,托代销时,务求示知为幸。"(《友朋书札》页119继昌第三札)

五月九日,在常州。拜王步瀛谈志事。先生本次在常州前后凡八日,见友人颇多,有盛春颐、金武祥、恽彦彬、吴稚和、刘叔培、庄诵先、吕景端等。(《日记》页2072)

　　五月十日,两江总督端方等奏江苏省城设立自治咨议两局,遴选官绅先行开办,下所司知之。

五月十六日,端方交翁方纲《瘗鹤铭考补》一卷索刻。先生校后发陶子麟刊刻。(《日记》页2074)

五月十七日,致金武祥一札:"相聚八日,谈谦最乐,惟过于客待,殊抱不安耳,谢谢。常州旧志,敝藏无有。己丑年隽甫、伯岳寄《武阳志余》一夹板十八本,亦活字,初以为旧志也。以后须觅一部,以便动笔。盛宫保并无信来,望转告幼舲,想是定稿,尚须推敲耳。条例章程再寄。"(《日记》页2074,《艺风堂书札》293页致金武祥第六十四札)

是日,端方交来书画二十九件。先生考毕于二十八日还之。(《日记》页2074、2077)

五月二十日,校《太宗实录》四卷,并撰跋。(《日记》页2074)

是日,撰《重修常州府志条例》。先生应知府王步瀛之请,重修常州府志,发凡起例,至本月二十九日成,颇具规模。该条例分为四部分,第一部分是"修志办法",规定收掌之法,测绘之法,利用县志之法,编写底本之法,草稿编成后修改之法。第二部分是"采访格式",规定舆图、城池、津梁、仓廒、水利、户口、田赋、坛庙、学校、学堂厂局、冢墓、园第、寺观、军制、兵事、祥异、职官、选举、名宦、人物、列女、艺文、金石等方面的采访办法。

第三部分"修书体例",此部分最能反映先生的修志思想,提出"宜典核""宜征实"等思想,定出"以官文书为据"、"古事宜备,今事有关土地、人民者详,余略"、"引书凭古雅者"、"引书用最初者"、"群书互异者宜考订"、"一人一事两地俱收者宜考证"、"采用旧志及各书须覆检所引元书"、"引书注明第几卷"、"关涉两门者互见,分详略"、"征引繁多者、辨证者、牵连旁及者夹注,双行小字"、"纪事须具首尾,具年月"、"生存人姓名、事实、著述不录"、"文辞必古雅"、"文字有褒贬抑扬,从众议"等通例。又提出关于志书山川、寺观、坊巷、村镇、风俗、方言、物产、天文表、田赋、学校、营制、大事略、杂事、记述本地事之书、本地人著述、金石、前志原委等各部分的收录内容及撰写办法等专例,对于创例的妇女、艺文等解说尤详。第四部分,"光绪常州府志目",详列全志的各部分及子目。(《日记》页2075、2077,《文外集》之《重修常州府志条例》)

六月一日,交恽福成《重修常州府志条例》一册。(《日记》页2077)

六月三日,临潘祖荫《竹亭日记》校记,用绿笔。近日,先生潘祖荫校三色评校语于己藏潘氏滂喜斋刻套印本《竹汀日记抄》之上。潘氏是书批语除先生此本外,未见迻录流传。(《日记》页2077、2078、2086,上海图书馆藏缪荃孙手校本《竹汀日记》)

六月四日,李瑞清送五百金来,购去恽寿平山水册子。(《日记》页2078)

六月五日,接盛宣怀信,言重刻《常州先哲遗书》续集事。(《日记》页2078)

六月八日,调江宁布政使继昌为甘肃布政使,以开复前陕西布政使樊增祥为江宁布政使。

六月八日,题《竹汀日记》。校《山樵书外纪》,付刊。先生为端方刻《瘗鹤铭考补》,以此书附刻。(《日记》页2079)

六月九日,跋《述异记》。先生藏《述异记》系从钱塘丁氏八千卷楼影写,丁氏原本系影宋抄,序后有"临安府太庙前经籍铺尹家刊行"一行。徐乃昌刻《随盦徐氏丛书》收入此书,底本当源于先生,该丛书本卷末牌记云"光绪甲辰南陵徐乃昌影写泉唐丁氏宋刻本重新绣梓",隐藏了版本来源,对版本也有误导。先生此跋,考八千卷楼藏本源出于宋本,并与明程荣《汉魏丛书》本对校,出校勘记数条。(《日记》页2079,《文续集》卷六《影

宋本述异记跋》)

六月十三日,撰《浙本沈文起两汉书疏证跋》。沈钦韩《两汉书疏证》,先生前曾录副,丁立诚借而刊于浙江官书局。先生此跋有云:"顷岛田彦桢寄《宜稼堂书目》,方悉稿本之源流。再检阅刻本,错讹不可究诘。至显者……"故先生撰此跋记稿本、刻本之源流,识刻本之错讹。(《日记》页2080,《文续集》卷六《浙本沈文起两汉书疏证跋》)

六月十七日己,勘《读书敏求记》,录《刑统赋》,多日乃毕。(《日记》页2081)

六月二十一日,接刘炳照本月十六日一札,谈其依盛氏二十余年之操守:"沪滨侍教以来,不接笑言者,倐逾两月矣。闰翁过此枉访,同游竟日,借罄阔衷。盛、汪二公,示我手书,回环雒诵,既感且惭。鄙人自被灾后,浮家海上,衣食不继,众所共知。乡人忽有阔亲帮助,无须处馆之说,真是匪夷所思。鄙人素性耿介,相依盛氏二十余年,从未求一保举,账房从未拖欠钱文。嫁女巢氏,亦由盛府内眷再四说合,不过为小女终身计,并非为二老就养计。异说蜂起,骇人听闻。我公垂青有素,辱承挚爱逾恒,逢人说项,铭泐五中,非言可喻。"又言先生修《常州府志》,希得校字之役:"修志不设专局,可省浮费,近读手纂体例章程,妥善精严,同声佩服。鄙人倘得与校字之役,曷胜荣幸。"又谈及办理《常州先哲遗书续编》,盛宣怀事繁,派其总理,与其接洽即可:"盛府前修宗谱,曾经鄙人襄办,此次宫保亟欲续修,仍派鄙人总理,下榻西斋。续刻先哲遗书一节,屡与鄙人谈过,仍求执事主政。宫保事繁,沪上一切可由尊处与鄙人接头,属为转达,特此驰告。赐覆仍寄西福海里敝寓最妥。"又望先生《常州先哲遗书续编》时附刻其《复丁老人诗记》:"再鄙人客冬无俚,回忆生平所历,一一以绝句记之。诗不能详,系之以注,名曰《复丁老人诗记》。前闻驾莅郡城,特将初稿寄托粟老,乞贶序言,适值吉旋,未及上呈。刻拟手录清本,由沪寄宁,辱公鉴定,可否与续刻遗书时,顺便附刻。缘宁工较苏为优,较沪为省,即希示夺。"(《日记》页2082,《友朋书札》页826刘炳照第十七札)

六月二十五日,为三子缪僧保写《保守说》。此文颇见先生的藏书观,他将书籍散佚的情况总结为四类,一是如王昶、陈鳣者,谆谆垂诫后人珍藏,有印记曰:"二万卷,书可贵;一千通,金石备。购且藏,剧劳勚。愿后人,勤讲肄。敷文词,明义理;习典故,兼游艺。时整齐,弗废置。如不材,敢卖弃,是非人,犬豕类,屏出族,加鞭棰。述庵传诫。"曰:"得此书,费辛苦,后之人,其鉴我。"而"两家遗集,转瞬散佚"。二是后人扃闭笥箧者,但"鼠啮虫穿,无一人检视,亦无一书不破损","虽插架依然,恐不得谓之善守"。三是家道中落,愿让友朋者,如"毛斧季之归季沧苇,黄荛圃之归汪阆原。我得善价,物亦得所。虽云卖弃,尚属风雅"。四是"若道古楼之准诸博徒,皕宋楼之弃诸异域"者,"可谓至不肖矣"。最后荃孙提出了自己的方法,子孙稍长即多方诱导、奖励,"先使之爱,再可言保,如其真爱,不但可保,且增益矣"。然,这是最好的保藏方法。(《日记》页2083,《文外集》之《保守说》)

六月二十八日,接刘炳照二十六日一札,告先生办《常州先哲遗书续编》款即汇,又谈及《常州府志》及其《诗记》等:"昨辱损答,具审一一。当即呈阅宫保,属致左右,请即购板选匠,早日开办。洋款四百元。即交义善源银号汇上不误。尊辑修志体例目录,可用聚珍板排印,分贻同志,以为楷式。拙作《诗记》,正在手录清稿,随后寄呈鉴定。近与叒楼结翰墨缘,前为题济上鸿泥图菩萨蛮词十二首,又为题竹居图册一萼红词一首,特录副草,乞公与秦伯虞先生共正之。"(《日记》页2084,《友朋书札》页829刘炳照第二十三札)

六月二十九日,得章钰一札,还先生黄校《吴郡志》《江左石刻文编》及滂喜斋刊《功顺堂丛书》两套,并言及先生与苏州善堂沙田讼事议和之事。(《日记》页2084,《友朋书札》页587章钰第五札)

七月一日,得章钰一札,借《江右石刻文编》一帙。札言将把先生对沙田所持各节转达,"藉副息事宁人之盛意";谢先生借书之情:"《石刻文编》得荷赐借,感佩无极。津逮后学,当代能有几人。得常常亲炙,后学移家白下之举真不负矣"。(《日记》页2084,《友朋书札》页586章钰第一札)

七月三日,四鼓起,挈禄保、僧保、恺保三儿,熙之侄到半山寺。"白荷盛开,花大如碗,叶尺有半。泉流有小渠分入田陇。上山,有方圆二亭。再上,松竹百尺,密荫如盖。松下小坐,清风徐来。"恽福成至,各赋一诗,红日已高,分道回寓。(《日记》页2085)

是日,先生接金武祥信,言志事可成。(《日记》页2085)

七月五日,李瑞清约在吴园诗钟,地旷风凉,与易顺鼎、陈三立、夏时济同坐。(《日记》页2085)

七月十二日,接陶子麟新刻《瘞鹤铭考补》。晚入署与端方谈,交新刻《瘞鹤铭考补》。(《日记》页 2087)

七月十三日,撰《七芳图》跋,端方所藏。(《日记》页 2088)

七月十五日,交乔树枏信、恽毓鼎信、曹元忠信、孙雄信、刘世珩信及《续碑传集》四份、《文集》四份与缪禄保,欲分赠诸人。是时《续碑传集》尚未刊成,盖先生自刻三十卷,凡十二册。缪禄保在将往北京,以其在法政学堂肄业之故。缪禄保妻系恽毓鼎之堂妹,恽彦彬之女。本年八月一日,恽毓鼎得先生所赠书。(《日记》页 2088,《恽毓鼎澄斋日记》页 395)

七月十七日,先生在沪。拜汪洵、刘炳照、盛宣怀等。先生本次在沪度节,凡五日。(《日记》页 2089)

七月十八日,发夏孙桐信,寄补抄《刑统赋注》《广陵集》。发常州恽彦彬、金武祥信,言纂《常州府志》,自愿招吕景端而不增束脩;又要一分纂月脩廿元;两写官月脩十六元。(《日记》页 2089)

七月十九日,刘炳照以《柳门书目》见示。先生叹:"盖亦不能保矣,万宜之名犹在卷也。"(《日记》页 2090)

七月二十日,在沪。到机器局后身小花园访赵诒琛,见其藏书,托其抄《危云林集》,又借其《逸老堂诗话》《滇黔小纪》《胡雏园集》。(《日记》页 2090)

七月二十一日,至常州。住金武祥宅,恽彦彬、徐寿基、盛春颐、庄涌先均集,府尊王步瀛、阳湖县令陈镐、武进县令袁世显之后至,挂志局牌。二十三日返金陵。(《日记》页 2090)

七月二十九日,先生校《后村词》毕,跋之。(《日记》页 2093)

七月前后,江苏要求开国会,代表人物孟昭常、雷奋,公呈呈都察院,"签名者二万余人,江阴缪筱珊太史为领袖"。(《恽毓鼎澄斋日记》页 390)

八月初,先生怔忡之病复发,辞常州志局事。此次修志,绅士中有与王步瀛太守不合者,又恐查办平日侵吞官项,百计阻挠,适王太守调补凉州,先生故借病辞职。(《年谱》)

八月三日,撰《王仙舟同年金石文抄序》。是文应王步瀛之请而撰。本年五月①,先生由省垣归府城,进谒王氏。王氏出手抄金石全文约二尺

---

① 《王仙舟同年金石文抄序》称时间为"戊申三月",此据《日记》。

许,各体均手自摹写,尺寸及行数、字数详识之,随文考证,一准《萃编》旧例。先生感慨颇多。王步瀛,字仙洲,号白麓,陕西郿县人,光绪丙子进士。序文有云:"国朝谈金石者有二派,一曰覃溪派,精购旧拓,讲求笔意,赏鉴家也,原出宋人《法帖考异》《兰亭考》等书。一曰兰泉派,搜采幽僻,援引宏富,考据家也,原出宋人《金石录》《隶释》等书。二家皆见重于艺林。惟考据家专注意于小学、舆地、职官、氏族、事实之类,高者可以订经史之讹误,次者亦可广学者之闻见,繁称博引,曲畅旁通,不屑屑以议论见长,似较专主书法者有实用矣。"可见先生的金石学思想。(《日记》页2094,《文续集》卷五《王仙舟同年金石文抄序》)

八月七日,跋《河南志》,十一日交《河南志》跋与姜文卿刊刻。是书先生藏之二十年,光绪甲辰始交梓人刻之,三年乃毕。今年春,先生门人陈庆年忽觅得阮元所刻魏晋四朝《洛阳宫殿图》,云出自《大典》,先生亟假读之,识是从此志摹出者;凡《东汉东都城图》一纸,《西晋洛阳京城图》一纸,《后魏洛阳宫城图》一纸,《金镛城图》一纸,《宋西京图》一纸,先生又摹刊刻本卷首。先生刻此书,将其编为四卷,命名"元河南志",并曾用《洛阳伽蓝记》《寰宇志》及正史校勘。(《日记》页2096、2097,《文续集》卷六《元河南志跋》)

是日,校《半岩庵所见书目》。(《日记》页2096)

八月八日,跋《井天第一卷》。先生此跋述《井天第一卷》原委始末,并考该卷所载之十一井井阑之题文及各阑存逸。(《日记》页2096,《文续集》卷八《陈雪峰井天第一卷跋》)

是日,先生录《百宋一廛书存佚考》,多日乃毕。(《日记》页2096)

八月十三日,校《杨太后宫词》。先生校此小集系以汲古阁本比对,并撰有跋语,谓此集"写在肺纸反面,纸墨甚旧,系汪水云、钱功甫、毛子晋、黄荛圃旧藏,水云、功甫有印记,子晋有两跋,荛圃亦有跋"。对于此集的真伪明清以来多有争议,先生持论与黄丕烈同,认为系周密所辑,并云:"大抵宫闱笔墨,不甚流传于外,好事者辑录之,辗转传抄,多寡不同,故有五十首、三十首之异。又以为有他人之作羼入者,自所传王建、花蕊夫人等宫词均然,不独此册。或疑字迹与草窗不类,盖同时另录之,非潜夫亲笔,然纸墨决不在宋元以后,况少室山人所珍,子晋、荛圃并跋之,因取汲古本考其同异,补其讹错而互证之,亦艺林之楔宝也。"此跋盖为端方所

撰,十八日入署还之。(《文续集》卷七《杨太后宫词册跋》,《日记》页2097、2099)

八月十六日,跋《宋元人札子》。端方所藏,十八日还之。(《日记》页2098)

八月十七日,撰《半岩厂所见书目》序。所谓《半岩厂所见书目》,为邵懿辰所撰,后宣统三年(1911)其子邵章加入附录付梓,定名为"四库简明目录标注"。是序之撰,出于友人胡念修之请。念修有此书抄清本,抄自董康,书眉又撮录周星诒、黄绍箕、王颂蔚、孙诒让诸人加考,邵章刊本即以此本为底本,并以先生序文弁首。序撰毕,先生于十九日并原书还胡氏。(《日记》页2098、2099,《文续集》卷五《半岩厂所见书目序》)

八月十八日,恽毓鼎致先生一札,以收到先生所赠《续碑传集》,纠先生记乃大父之误处,并述其书法进步,去年因弹劾权贵为人所忌,叹当下学风:"子受妹婿北来,敬奉手书,并承惠寄新编《续碑传集》十二册,征文考献,近四朝人物略见于兹,丰功长德,足备师资,不第诵文辞,识掌故也。先高叔祖、先大父俱蒙纂录,两世忠清,借传不朽,其施荣于子孙者甚大,感奋之念,油然而生,敬谢敬谢。惟先大父原籍阳湖,而非武进;戊戌进士,而非戊辰;殁于咸丰九年庚申闰三月,而非十年三月。自是通志载笔之误,虽皆无关宏旨,然足启异时考证牴牾之疑,乞赐剜改为幸。侄从事史馆及书局,廿年冷宦,仍日日伏案作老书生,粘签揭签,岁以数千计,常自笑与狭白纸条结不解之缘,学业百不一进,惟于写字一道,年来似有所得。今春得东坡《烟江叠嶂诗》墨迹,朝夕临摩,粗窥笔法,以此颇猎虚名。侄亦自重其书,不肯轻于涂抹,长者视此启以为何如,幸赐教政。去岁建言,得罪汪穰卿,报纸遂大腾谤毁。劾疏中虽牵连北京报,然汪之辍业则别有原因,不坐此疏也。而汪则衔之次骨。自前明至今,从未有因劾权贵而别毁者,始而诬为邸党,今已年余,乃无左验,遂曲构各事以相诬,呶呶者盖未已也。公乃奖其敢言,侄始知老前辈犹有公论,次伯、八叔均加奖勉。私心既慰,且公所编沈文肃传有云,毁誉听之人,祸福听之天,于世所怵,蔑如也。侄窃用以自勉。数年来世事有三可忧:士大夫无廉耻,社会无真是非,少年子弟不通中学中文。此根本之患,恐中国之祸正未已也。尊俸于节前领到,已面交子受,此后即由侄代领。"恽氏于八月十三日收到《续碑传集》,对该书大家赞赏。(《友朋书札》页425恽毓鼎第一札,《恽毓鼎澄斋日记》页395)

八月二十日,早挈缪谷瑛、缪熙之、缪僧保、缪恺保游鸡鸣寺豁蒙楼,遇雨。(《日记》页 2099)

八月二十三日,从端方借元刻《草堂雅集》十册,欲影写。姚氏书尽出,此书归于端方。(《日记》页 2101)

八月二十四日,重勘为端方所撰《消夏录》,多日乃毕。(《日记》页 2101)

九月四日,命缪僧保校《江南野史》。(《日记》页 2103)

九月七日,交《对雨楼丛刻》四部、《艺风堂文集》两部于江南官书局寄卖。(《日记》页 2104)

是日,樊增祥入城,任江苏布政史。(《日记》页 2104)

九月九日,与徐乃昌一札,寄《金石例札记》与徐乃昌,陶子麟四日寄来者。札云:"弟因《金石例》失于检点,自恨对不住兄,不敢为饰词。遵命即酌改成,黄安三像即摹,尊藏亦乞代摹,均以一尺为准。丁氏像极多,如竹垞、西河均有之。画成一律,亦有趣也。元刻《金石例》即傲祈察入。"又谈近况及徐乃光之书画售与端方事云:"弟受寒又病,牵发旧疾,现拟续假,恐烟霞成癖,未必再蹋东华尘土也。厚馀之字画胜于书籍,除宋元劣外,明及国朝大半嘉品,愈近愈佳,拔其尤者与帅观之,以恽册为第一,并陈四百四十五件选二百件,以五十金一件亦得万金,合之书籍二万二千金有多无少。帅复以画件且还前途,余再商云云。"(《日记》页 2105,《艺风堂书札》页 444 致徐乃昌第二百三十二札)

是日,赵植庭为先生诊病,端方所荐。先生近日怔忡之病复发,至十月乃愈。(《日记》页 2105)

九月十三日,叶德辉致先生一札,言刻书近况,求借叶梦得遗书《避暑录话》《石林诗话》《石林词》《建康集》等书善本付梓。(《友朋书札》页 537 叶德辉第七札。)

九月十五日,到编译局、图书馆。命缪僧保校《杂净》。(《日记》页 2106)

九月二十日,接盛春颐、庄涌先二公信,常州志事已散,决计不与闻。此次修志,绅士有与王步瀛太守不合者,又恐查办平日侵吞官项,百计阻挠,适逢王步瀛调补凉州,先生遂借病辞,二十二日往常州,二十五日返。(《日记》页 2107、《年谱》)

九月二十七日，专家人王晟到常州，送府太尊咨呈，辞志书馆。(《日记》页2110)

十月三日，撰《三垣笔记》跋成。是书先生前后凡得三帙，一录副于友人黄国瑾，止得崇祯上一卷、弘光一卷。后汪康年为从八千卷楼抄得一本，多出崇祯下一卷，附识一卷。及先生至金陵，友人李详为求之李氏族中，得两抄帙，先生汇抄而详校之，以为定本。民国元年，先生办理《古学汇刊》，曾将此本汇入排印。先生此跋，力斥李清之非，至李详谓："艺风之跋是书，盛诋映碧，多为其祖碧瀣公回护，深文周内，无所不至。"(《日记》页2112，《文续集》卷六《三垣笔记跋》，《三垣笔记》卷首李详序)

十月六日，张謇致先生一札，借抄《洪范口义》。札云："通州博物馆不能特建图书馆，故于此略兼，限以通属，范围较狭。须求通属前人著作，胡安定《洪范口义》闻苏州朱槐庐有之，而不得其人所在，不知尊藏有之否？有则拟请借抄，先此敬询。"(《友朋书札》页567、568张謇第七札)

十月十一日，赴筹备处听演说。购元拓《度人经》、《薛氏书谱》，安刻《释文》、《名人集册》，均一百二十元。(《日记》页2114)

十月十六日，撰《山樵书外纪》跋。跋考作者张开福始末及学术特长，并述该书撰作宗旨及刻该书缘由："此书表章《鹤铭》，为焦山纪胜而作，首列宋重刊《鹤铭》，只存上一段五十余字，又载米元章题四行十六字，陆务观题十二行七十七字，范仲宽题三行十八字，吴琚诗十行一百二十六字，皆因《鹤铭》而题。石匏杂引诸书，考订翔实，足为读《鹤铭》之一助。向刻《昭代丛书》，今抽出别刊于《鹤铭考补》之后，使后之读《考补》者得左宜右有之乐。"(《日记》页2115，《山樵书外纪》卷末缪荃孙跋)

十月十九日，校《红雨楼题跋》毕，发与上海赵诒琛。赵氏欲付梓。(《日记》页2116)

十月二十日，撰《泰和萧君墓志铭》，二十三日撰毕。碑主萧绍典，字芳林，一字楷堂，江西泰和千秋乡人。其长子萧敷政，癸巳恩科举人，官内阁中书，因徐乃昌之介求志铭于先生。先生于二十五日寄与徐乃昌。(《日记》页2117，《文续集》卷一《泰和萧君墓志铭》)

十月二十一日，光绪帝爱新觉罗·载湉逝。二十二日，叶赫那拉氏逝。

十月二十二日，法人伯希和来访。先生以其"能中国语言并知书，中

国人罕能及者",称异。(《日记》页2117)

十月二十四日,得光绪帝载湉逝之诏。二十五日,得慈禧太后逝之诏,先生以为异。(《日记》页2117、2118)

十月二十五日,伯希和到图书馆,言"敦煌千佛洞藏有唐人写经七千余卷,渠挑出乙千余卷,并有唐人《沙洲志》,又有西夏人书,回纥人书,宋及五代刊板",先生以为"奇闻"。

是日,致徐乃昌一札,寄《萧君墓志》。札言:"萧君事状奉阅,是弟粗心,即改一字,乞兄致函贵同年,申明写官笔误,然弟精神前后不能照应,尚能信今传后耶,抱愧无地。亦病未脱体时所撰,近日服补药,似乎又是稍好。孙秋帆不知何日来,书已全发。"(《日记》页2118,《艺风堂书札》页445致徐乃昌第二百三十三札)

是日,考《百宋一廛赋》宋本之下落。(《日记》页2118)

十月二十七日,致叶德辉一札,并寄与《石林诗话》,叶氏欲刻此书故也。先生藏此书锡山华氏刊《百川学海》本,颇为鲜见。叶氏刊《石林遗书》,借抄、借校多得先生之助,此又一种也。(《日记》页2118,《郋园读书志》页731《石林诗话》条)

十一月二日,还端方书画目四件、名人画七件,又带回十一件。

十一月三日,购宋板《左传》,一百金。(《日记》页2120)

十一月七日,还《广川书跋》一抄、一刻于书楼。先生近期从书楼借抄、借校书颇多。(《日记》页2121)

十一月十日,王锡祺拜见先生,并索《东湖丛记》。王氏乃罗振玉姻亲,十月二十一日罗振玉曾致先生一札,求先生为王氏谋图书馆或编译局事,并向先生索《东湖丛记》。(《日记》页2122,《友朋书札》页999罗振玉第三札)

十一月十四日,叶德辉致先生一札,寄先生重校本《石林燕语》四部,并《燕语辨》四部、《消夏百一诗》刻本两部、《三教源流搜神大全》样本十许叶。叶氏言刊《石林诗话》即以先生所寄《百川学海》本为主,以汲古阁本及槑花庵本校录异同于下。又欲借校先生藏槑花庵本《避暑录话》,并请先生代为物色善本《建康集》,以家藏叶树廉抄本有残缺故。叶氏刊《石林燕语辨》,卷前牌记署"光绪戊申夏中伏叶氏观古堂校刊",卷首有先生长跋,有云:"久欲付梓,今免彬吏部刊于《石林燕语》之后,荃孙谨书始末而归之",盖先生将《石林燕语辨》交与叶氏刊刻前所撰。此跋先生言《燕语辨》之成书原委、流传情况及得书经过,并详考其与《石林燕语考异》异同及学术价值。先生于跋末考《儒学警悟》早于《百川学海》七十二年,"真丛书之祖",乃卓见。钱大昕前曾指出《百川学海》系丛书之祖,至《儒学警悟》出而先生发此论钱氏之言可废矣。(《友朋书札》页538叶德辉第八札,《石林燕语辨》卷首缪氏识语,《文续集》卷七《石林燕语辨跋》)

十一月十四日,与樊增祥一柬,言南菁书院事。(《日记》页2123)

十一月十六日,端方、樊增祥复柬来。樊柬谈南菁书院事:"昨书来,适赴谘议局,旋在节楼夜坐,致稽答复,歉歉。细读清摺所开,拟改南菁为存古学堂,适与侍心相印。在都时早蓄此志,到宁未暇及此。一日午帅忽言,我决不效冰相开存古学堂,侍遂嘿然。此事稍缓,必力图之。此为中学专科,不当羼入西文、西语,既费重金以聘西师,又与本旨相戾,断不必也。"(《日记》页2123,《友朋书札》页111樊增祥第五札)

十一月十九日,李详致先生一札,谢先生赠新刻三种,并恳请先生暇时动笔为其亡妻撰圹志,又请借严元照批《鲒埼亭集》。随札还前借过录之先生所撰《三垣笔记跋》,并赠皮糖、查糕两盒。先生于本月二十七借严批《鲒埼亭集》予李氏。(《友朋书札》页787李详第十四札,《日记》页2125)

十一月二十日,撰《宋人蜀川图跋》,历廿四、廿五日至廿六日而成。先生是跋详考《蜀川图》递藏源流,及卷中"米笔"、宋时印记,足见该图之珍重。(《日记》页2125,《文续集》卷八《宋人蜀川图跋》)

十一月二十三日,发张謇一札,寄《洪范口义》。(《日记》页2125)

十一月二十五日,到图书馆借《雅雪楼集》,吕葆中抄本。(《日记》页2125)

十一月二十六日,跋《东观奏记》。跋考该书作者裴庭裕始末,该书"在唐朝杂史中最称翔实",并述刻该书之缘由云:"世固有商维濬《稗海》本、《唐宋丛书》本、《小石山房》本,均脱自序。《小石山房》本卷上末又脱二叶,未为完善。昔年收得戈小莲半树斋旧抄本,首有自序,字句亦较各刻本为妥,并以《唐语林》校过,粗为可读,脱字三处尚无订正之本,谨空如右。唐人杂史寥落如晨星,全书如《创业起居注》《安禄山事迹》,辑佚如《牛羊日历》《广陵妖乱志》,同此刊行,为读唐书者之一助。"(《日记》页

2125,《东观奏记》卷末缪荃孙跋)

十一月二十八日,接上海赵诒琛信,寄《危太朴集》,包括《说学斋稿》十卷,此系文集;《云林集》二卷,此系诗集。此即先生于七月托其所抄者。赵氏藏《说学斋稿》系"明季或国初昆山徐氏抄本",《云林诗》系"善耕顾氏精写本"。善耕顾氏,乃长洲顾楱也。先生于十二月三、四、五、六、七日均校该书,盖以江南图书馆藏本相校也。此书后收入《艺风藏书续记》。先生又曾为此书撰跋,跋云:"传抄新阳赵氏藏本,首有叶恭焕识语,原出归有光抄本。明《千顷堂书目》云,文集五十卷。明代已散佚不存,此本乃嘉靖三十八年归有光从吴氏得手稿传抄,其文不分卷帙,但于纸尾纪所作年岁,皆在元时所作。有光跋称共一百三十六篇,与此本符。"考此本之源流。先生跋称又以江南图书馆藏两本相校另得文四篇,宋濂撰危氏墓志一篇,《明诗综》小传一篇,录成完书。又云:"诗二卷,则似从选本抄出。"此二集今藏上海图书馆,此跋载诸《说学稿集》末。后民国甲寅先生助刘承幹刊《危太朴集》,其卷末题"癸丑中元"之跋,即系在此跋基础上略增危素的仕履而已。(《日记》页 2126、2127,《峭帆楼善本书目》,《文续集》卷七《说学斋稿跋》)

十一月,学部荣庆致专函促先生入都。(《年谱》)

十二月三日,到图书馆,借《说学斋稿》,欲校己藏本。(《日记》页 2127)

十二月六日,李详来,交先生刘泽源托送制台端方一联、十支笔,求题沈先生字及《黄庭》《兰亭》两本。(《日记》页 2128)

十二月九日,先生致端方一札,交办刘泽源托题跋事。札云:"昨承赐腊八粥及佳肴,谢。龚半千、金节征两君画卷先缴,张令不敢领价,乞公题跋时附其名为幸。又合肥书家刘泽源,为包安吴再传弟子,奉其师沈石坪墨迹两种及思石斋旧帖呈政,恳赐题以为是书增重。附呈一联,敬请钧诲。羊毫大小十二枝,系自选毫,仿包法所置者,以供临池之用。并望题毕仍交荃孙转寄托为祷。"端方十九日题龚、金两画卷毕送还。(《日记》页 2129、2132,《近代史所藏清代名人稿本抄本》第一辑第 144 册《端方档》页 2、3 缪荃孙致端方一札)

是日,校书画,定国朝《销夏录》。(《日记》页 2129)

是日,跋《杂诤》。(《日记》页 2129)

十二月十三日，撰《黄少逸文集序》。应黄子隽之请也。(《日记》页 2130)

是日，万经堪专人请先生为其母撰墓志。先生于十六日发信与所撰墓志于万经堪。经堪，先生友人万中立之子。(《日记》页 2130，《文续集》卷二《汉阳万梅岩观察夫人萧氏合祔墓志铭》)

十二月十九日，东坡生日，具并会第三集，同人饮于对雨楼下。(《日记》页 2132)

十二月二十三日，罗振玉致先生一札，赠先生书，并请代抄书。札言："叩别岁余，满意冬初长者当入都，恭待久矣。乃继知竟不果来，都下人士佥失所望，不仅侄一人已也……今因便寄奉拙著二册，《莫高窟石室书录》一册，近刻二种，祈赐存。近刻又得几种？尚祈寄赐。前承赐《蒋氏丛记》，叩谢叩谢。"又告以近东友有拓得乞《高丽好太王碑》售者，先生若需此，当为购奉，并为东友代乞《艺风堂金石文字目》。又言："明盛时泰《玄牍记》及《苍润轩碑跋》，丁氏藏书均有之。有友人欲刊此书，能否求长者饬人代一抄校，写资乞示缴。"(《日记》页 2133，《友朋书札》页 1003 罗振玉第十一札)

十二月二十六日，入署谒端方，见旧拓《栖霞寺碑》，极佳。(《日记》页 2133)

十二月三十日，得叶德辉十九日致先生一札。札询问前寄札及书是否收到；催借先生藏楙花庵本《避暑录话》；告知先生《石林诗话》改刻，《三教源流搜神大全》已刊刻一半，计明年春完成。札中亦谈及叶氏避明年之博学宏词科之事。(《友朋书札》页 538 叶德辉第九札)

是年五月，曹元弼以所著《礼经校释》被赏给翰林院编修，原书著发交礼部礼学馆，以备参考。

是年二月四日，皮锡瑞卒；五月二十二日，孙诒让卒。

宣统元年　己酉(1909)　六十六岁

一月四日，在图书馆。撰《东仓书库图记》。此文为东仓缪朝荃撰。文有云："荃孙同宗同年，又复同志。时搜枕秘，飞札传抄。偶刻古书，贻笺订误。孜孜矻矻，卅载于兹。海内同宗，罕有如吾两人之气求声应者。

近属名手绘图,同人题咏,荃孙亦不辞而为之记。"二十九日寄与缪朝荃。(《日记》页2135、2143,《文续集》卷五《东仓书库图记》)

一月五日,接叶德辉信并所刻《石林燕语》《石林燕语辨》等,叶氏上年十一月十四日所寄与先生者,系叶氏所托之带书者辗转托一回南京之缎客延迟之故。(《日记》页2135,《友朋书札》页539叶德辉第十札)

一月八日,在无锡。诣侯鸿鉴谈,侯氏办女学极为讲究。其女学旁辟一门,通北禅广福寺废基,甚为宽旷。又诣崇安寺,观美术展览会气象一新;过惠山,听松如故。(《日记》页2136)

一月九日,在青阳。撰《兴化李君妻赵孺人圹志》。此文之撰系从友人李详之请。二月二十六日交与李详。(《日记》页2137、2151,《文续集》卷二《兴化李君妻赵孺人圹志》)

一月十日,读《义门读书记》欧文评,以为"均真有见地者"。(《日记》页2138)

一月十二日,在江阴。撰《颖上黄庭兰亭》跋。(《日记》页2138)

一月十三日,章际治邀看新修学堂,再摩《宋宣和王孝竭碑》。(《日记》页2139)

一月十九日,得门人王仁俊元旦一札,详言其自光绪三十三年以来之经历:"丁未八月,叠谒钧座,敬领矩诲。戊申季春,专诚到宁,即悉杖履游禾,未克登堂,怅怅何之。伏维龙门多祜,化煦春风,至颂至祷。受业自去春在鄂,请以罗田姚彦长同年接存古学堂教务之席,即回苏创办存古,与元和叶鞠裳前辈、吴县曹复礼太史,分任经、史、文三学,于四月开学。规模视鄂中为小,教科则悉依抱冰堂手定原稿。冬初,冰师招留学部,途中曾有口占'冬烘还有砚,春梦已无尘。吴楚两存古,江湖一散人'之句,夫子闻之,得无莞尔。近所刻者有《说文引》《汉律令考》《仓颉斠补》《淮南万毕术》《周秦诸子叙录》《孔子集语补遗》,其补刻者西夏文,为夫子赐补数篇外,辽文又得三篇,统俟便人寄呈削正。受业现为图书局副长,与云南编修袁树五同事,并闻。"(《日记》页2140,《友朋书札》页532王仁俊第二札)

一月二十一日,缪禄保将返北京。携先生致沈曾桐一札,并重抄《元典章》第十一吏部类一册,又携刘世珩影写《寒山诗》,又岛田翰所刻活字本。(《日记》页2139)

一月二十二日,先生致叶德辉一札,询《三教源流搜神大全》刊刻情况,开列书目请叶氏觅常州先哲之遗书,以盛宣怀请先生续刻《常州先哲遗书续集》故。(《日记》页2141,《友朋书札》页539叶德辉第十札)

一月二十三日,代刘世珩撰《新刊补注铜人腧穴针灸图经跋》。先生此跋考该书源流,据序后有"时大定丙午岁,上元日,平水闲邪膌叟述,书轩陈氏印行",考为"宋时官书,金时刻本",又据《宋志》《崇文总目》《郡斋读书志》等书著录及明石本,考"宋代原书止三卷,至大定丙午加补注,拓之为五卷"。此书先生藏有明平阳府刊七卷本,此本殆为杨守敬旧藏而归于刘世珩者,今藏台北图书馆,该馆定为元刊本,后有宣统元年刘世珩跋。刘世珩欲影刊该书,故请先生代跋。刊刻此书捉刀者系湖北陶子麟,该刊本系晚清名刻,其卷末跋语即先生此跋而略加增改,署"宣统纪元己酉新秋贵池刘世珩记于天津"。(《日记》页2141,《文续集》卷六《新刊补注铜人腧穴针灸图经跋》《新刊补注铜人腧穴针灸图经》卷末刘跋,《"国家图书馆"善本书志初稿》子部)

一月二十四日,先生发刘世珩一札,寄所撰《针灸图经》跋、《曹元宠词》跋。(《日记》页2142)

是日,端方赠先生洋椅。廿五日,先生撰《谢端制军赠洋椅启》。(《日记》页2142,《文外集》之《谢端制军赠洋椅启》)

一月二十八日,女子公学开学,先生观礼。(《日记》页2143)

二月三日,先生致章钰一札,赠新刻书。札云:"弟初七到常,十九旋宁,廿一诣谈,知未回,怅然而返。顷奉手书并承惠朱氏两种款识,谢谢。弟去年刻《竹汀日记》《河南志》《玉牒纪事》《牛羊日历》《真赏斋赋》《刑统赋》《孙渊如年谱》,先将印成者呈政,余再致。"次日,先生又往诣章氏谈,借得《瞿木居士年谱》、叶昌炽《语石》稿。(《日记》页2144,《艺风堂书札》页529致章钰第一札)

二月六日,撰《凉王大沮渠安周功德碑颂跋》。是碑系端方所赠,原碑石藏德国博物院,先生此跋以碑文与史互证,得其史实,为沮渠国增一故实。(《日记》页2145,《文续集》卷八《凉王大沮渠安周功德碑颂跋》)

是日,先生又撰《两淮盐运使洪公神道碑》,十四日交与洪槃。碑主洪汝奎,字琴西,道光甲辰恩科举人,官至两淮盐运使。(《日记》页2065、2145,《文续集》卷一《两淮盐运使洪公神道碑》、卷八《凉王大沮渠安周功

德碑颂跋》)

二月九日,到图书馆看工程。诣司马湘入具并会,同人均集。(《日记》页2146)

二月十二日,清理《文集》续编。(《日记》页2147)

二月十三日,撰《曾公遗录跋》。《曾公遗录》系宋相曾布之日记,系先生官翰林时从《永乐大典》"录"字韵录出。先生此跋论曾布其人及该书的史料价值。此书于宣统辛亥被先生刊入《藕香零拾》,此跋亦刊于卷末,署"宣统庚戌天贶节江阴缪荃孙跋",《文续集》收录此文同,今依先生《日记》系于此。(《日记》页2147,《文续集》卷六《曾公遗录跋》)

二月十五日,校《柿叶轩笔记》毕。(《日记》页2148)

二月十八日,得叶德辉本月三日长沙一札,言《三教源流搜神大全》一书刻已将竣,"愈刻愈精,颇觉有兴";请先生影写锡山华氏弘治刻《百川学海》本《石林诗话》;请先生为介,欲从常熟瞿氏铁琴铜剑楼抄补己藏《建康集》所缺七篇;又请求先生帮助友人王翊运,请端方委任兼职,以便于辞去盐署中职务。此札先生当即本月十八日接得者。(《友朋书札》页539页德辉第十札,《日记》页2149)

二月二十日,接叶德辉札,此札当系叶德辉撰于二月初六日者。叶氏于札中言先生所寄赠之《河南志》《刑统赋》《竹汀日记》及借与叶氏之《避暑录话》近日接到;列目索要先生所刻书,若《藕香零拾》中其所缺者,其他如《南史精语》《经义模范》《作义矜式》①《四六金针》等;又提及余肇康言及张之洞去岁保举提学司事,首开列先生名,次为叶德辉,拟草旋又圈删,不论事之有无,余氏乃功名中人,非知己。(《日记》页2150,《友朋书札》页540页德辉第十一札)

二月二十六日,李详送鸡卵二百枚、《正值堂集》一部。先生致李氏一札,送其夫人圹志文。札云:"日盼君来,欣闻到馆,忭甚。承惠谢谢。《正谊堂文》弟所未见也。嫂夫人圹志早成篇,即抄出送上,弟不成文耳。"又询:"礼卿由学部调回,未知接手何人?陈白石馆已裁去。"(《日记》页2151,《艺风堂书札》360页致李详第五札)

二月二十八日,复徐乃昌一札,寄和鲍毓东诗,又复萧敷政信。札述

---

① 注:《作义矜式》,疑当作《书义矜式》。

及近况及刻书事云:"弟日内感寒,又复小病。勘书甚乐,惟刻工太少,诸事不能赶办,只好全送湖北。陶子麟信来,云生意尚好,今年挑足百人在省聚刻,妙在均陶姓也,闻陶姓学刻者有三百人。现刻宋元书为大理院之《元典章》,刘聚卿之《宋五代史记》《李翰林诗》,陶帅之《东坡七集》,弟之《入蜀记》。方字者洪幼琴之'四洪年谱'、聚卿之'四梦',盛宫保之《名臣琬琰集》,弟之《曾公遗录》及《文续集》。南京瞠乎后矣。鲍紫来先生代请安。和诗呈上,亦见才情之短。"先生此间代人经理刻书颇多。(《日记》页2152,《艺风堂书札》页462致徐乃昌第二百九十三札)

闰二月六日,章钰借《瞿木夫书跋》《艺风藏书续记》。(《日记》页2155)

是日,题《载书图》《紫云山采碑图》。(《日记》页2155)

闰二月七日,入署晤端方,交《消夏录》稿全四十卷。(《日记》页2155)

闰二月九日,重编《消夏录》。此后先生多日以此为日课。(《日记》页2156)

闰二月十一日,发叶德辉一札,寄影写《石林诗话》《经义模范》。(《日记》页2156)

闰二月十二日,跋《黄鹤山樵画》。(《日记》页2157)

是日,先生校《瞿木夫年谱》,此后多日以此为日课,至十六日而毕。(《日记》页2157)

闰二月十四日,赴具并会,同人咸集。见黄绍箕所集《棋谱》,体例尚佳。是日,先生拜唐晏,见其所撰《书人传》。入署晤端方,见其百衲本《史记》。(《日记》页2157)

闰二月二十二日,拜陈庆年,借得《辽东行部志》。(《日记》页2157)

闰二月二十五日,校《辽东行部志》并跋。跋考作者王寂始末,又考该书价值及刊刻始末:"此录亦在《大典》中录出,《四库》并未著录,仅载……所载诗五十七首、文三首均《拙轩集》所不载,可补一卷。金源著述传世日稀,梓而存之,亦考古者所欲快睹也。志中年月屡经传写,不无讹舛,今取辛楣先生《四朝朔闰表》核之……余皆据表订定,庶不贻误读者。诗别抄出,转贻吴仲怡中丞,附刻《拙轩集》之后。"(《日记》页2160,《辽东行部

志》卷末缪荃孙跋)

是日,先生辑《拙轩集》逸文,从《辽东行部志》录出也。(《日记》页2160)

是日,跋《庶常馆到任上书跋》。(《日记》页2161)

闰二月二十七日,写《常州先哲遗书》目。是日接提学使转行礼部照会。(《日记》页2161)

是月,先生整理所得《装余偶记》毕,手跋识之:"此书七卷,无序跋,亦不知完缺。各家书目均未著录。扬估携来,卷面有'吴门缪氏珍赏印',知为吾家文子故物,遂亟收之。所见甚博,朱笔时有考证,语亦精确。收到石谷,必是康熙朝人而略前于文子者。每卷手写目录于付装,插架备书画类之一种。"(《装余偶记》卷末缪荃孙手跋)

三月一日,接张元济闰二月二十七日之札,谈《四部丛刊》影印之法:"昨游杭旬日归,奉还教,敬承道履康强,忭慰无似。承示影印古书之难,虑周藻密,相贶以深,不特启发颛蒙,亦具征维持不朽之盛业,用意良厚,令人悚然钦佩。此举本为冷淡生活,区区掇拾,亦期寓保存于流传之中,非欲藉以求利,故每月只拟印行一种。如卷帙较大,则两月一种。尺寸虽不能悉照原书,亦必视巾箱本骞而大之。今附呈大小纸样两页,即拟以此为率,再大于此,则略为缩小而注明原书尺寸。此用金石家编刻碑版之例,倘犹不失大雅。至描画所忌,虫蚀之虞,皆不得不力戒预防。自应用上品纸墨,并精慎从事,诸弊似可免去。印章模糊自是可厌,惟用朱色套印可以矫之。上所云云,未知是否有当,仍乞不吝赐教,乐于终始。即拟以鉴定之席属之老成同志,中如孙问清前辈及罗叔蕴、陈仕可、董绶金诸君均已函商及之,自必赞成者多承假精本,喜出望外。闻尊著《艺风馆藏书录》行世已久,可否先惠一册。春华挹抱,撰杖遄临,伫侍琴筋,馨申款曲,无任翘幸之至。"(《日记》页2164,《张元济致缪荃孙函札释读》第一札)

三月六日,至朝天宫参加具并会第九集,同人咸集,壶觞具陈,乐终日。(《日记》页2164)

三月九日,在沪。拜张元济,送《艺风堂文集》《续碑传集》《说文部首》。先生本次过沪,停留六天,见友人金武祥、盛宣怀、赵诒琛、汪洵、刘树屏、恽祖祁等,并至大生纱厂取息。(《日记》页2164)

三月十日，与金武祥同访赵诒琛，还《红雨楼书目》，借其《东都事略校勘记》《查初白年谱》《闻见一隅录》回。（《日记》页2165）

是日，张元济来与先生谈印书事宜，先生送其《四谱》一部。（《日记》页2165）

三月二十日，在金陵。赴具并会第十集。（《日记》页2167）

三月二十二日，核七星岩新拓本。新抄《吴兴志》校毕，付装。（《日记》页2168）

三月二十三日，跋《草堂雅集》，至廿五日毕。先生以此集元刊本交于友人丁绍裘影写，盖毕工而跋之。先生于跋中考编者顾瑛一生大要，又考此集的来历与体例："瑛尝仿段成式《汉上题襟》例编唱和之作为此集，又仿元好问《中州集》例，各为小传，亦有字号、里居，不及文章行谊者，其与瑛赠答者即附录已作于后。其与他人赠答，而其人非与瑛游者，所作可取，亦附录焉，而低书四格以别之。随得随添，无定次，亦无定目，而元季诗家，此数十人括其大凡，数十人之诗，此十余卷具其梗概。顾嗣立《元诗选》，元末诸人大半取材于是，亦足见采辑之富矣。"又述此集之罕见，及此本之佳云："此书自来只有抄本流传，能得始柯九思终释自恢之本，已属难得。《四库》所收，尚首陈基，世间所谓俗本也。归安姚彦侍方伯，在荡口收得明玉兰堂所藏元刻本，每卷目录，三桥国博手书，而六世孙文肃公跋之，推为海内弟一。跋云钱牧斋、王淑士均从此影写。是昔之绛云钱氏、汲古毛氏，今之归安陆氏、昭文瞿氏，所收皆抄本。与丽宋之四十三卷《黄文献公集》，同为元刊之孤本。"又言该本之流传源流：嘉庆间归张海鹏，咸丰间归胡珽，后归荡口蔡氏，而姚觐元在荡口收得之，又由姚氏归于端方。先生又取鲍廷博校本详校，列为一表附于跋末，以互见其短长。（《文续集》卷七《草堂雅集跋》，《藏书续记》卷六《草堂雅集》条，《日记》页2168、2169）

三月二十五日，撰《周渭卿军门神道碑》，至二十七日毕。（《日记》页2168）

三月二十九日，撰改《杨镜岩军门事略》。（《日记》页2170）

是年三月前后，门人曹元忠、张锡恭等入礼部礼学馆。（《笺经室遗集》卷首钱同寿序）

四月一日，校《语石》毕。先生录副，校之累月矣。（《日记》页2170）

四月二日，跋《鸿庆集补遗》，又跋《赐余堂集》。三日跋《龟巢集》，跋《丹棱文抄》，跋《董文友集》。五书均先后刊入《常州先哲遗书续编》。(《日记》页 2171)

四月三日，撰《濠叟诗文稿》序。先生撰此序系应杨辛孟之请，先生读校多日乃毕。濠叟，系杨沂孙之号。(《日记》页 2154、2171)

四月四日，题《赵氏家传手札》。是日，购得潘祖荫手书《金刚经》。

四月五日，拜章钰，还《语石》《瞿木夫年谱》，并索《艺风藏书续记》一册。(《日记》页 2171)

四月七日，章钰致先生一札，还《瞿木夫书跋》、《徐籀庄年谱》、《艺风藏书续记》第二册，又借《佳趣堂目》、《关中金石存佚考》、《圭美堂集》、《藏书续记》集部、《艺风堂金石文字目》簿录等。札云："承假读《瞿跋》《徐谱》各一本，又《藏书记续稿》一册均奉缴……读大稿有吴清卿《金石残稿》一种，又《佳趣堂书目》一种，均系吴中名人遗著，均愿移写一分。又徐坛长《圭美堂》一种，统求检付去手，不胜盼企。李审言兄目尊居为春明坊，若以'颜料'二字解之，可谓染人甚于丹青者矣。"(《日记》页 2171，《友朋书札》页 586 章钰第二札、第三札)

四月八日，代刘世珩撰《董王西厢记跋》。(《日记》页 2172，《文续集》卷八《董王西厢记跋》)

四月十二日，寄宋板《五代史记》与刘世珩。又寄《会真六幻》《南柯记》原本、写本，《九宫谱》《还魂记》原本、写本，《绿牡丹》原本及插图，《通天台》、《临春阁》插画，《红拂记》插画交刘世瑗带鄂并信，均系代刘世珩所刻书。(《日记》页 2173)

四月十四日，购活字本《帝学》。(《日记》页 2174)

四月十五日，交丁国钧《常熟缪氏义庄记》，此文系先生东兴族人缪少村托先生撰。(《日记》页 2174，《文续集》卷五《常熟缪氏义庄记》)

是日，先生撰《武进赵氏先世遗像图》序赞，应赵宽之请也。赵宽，字君闳，赵烈文次子，时在端方幕中。(《日记》页 2174)

四月十八日，刘炳照致先生一札，谈《常州先哲遗书续编》封面等事："昨奉手答，借审一一。志事议有端倪，备仰执事征文考献，修废举坠之至意。幼舲久未晤谈，一切遵教办理可也。宫保近患红痧，笃信西医，只服药水，中医无从着手，何所见之偏耶。封面样子十张，询之渊若，迄未收到。望将十种书名卷数,所据何本,详示寄下,以便照写。拙作《诗记》,续寄另纸,添作三首,乞饬手民,写样时依眉批次第补入,勿遗勿误。辱蒙垂爱逾恒,不敢以空言致谢也。闻心专心吏治,以看状比看书有趣,洵为独得之言,将来循吏传中又增一席矣,钦佩钦佩。"(《友朋书札》页 825 刘炳照第十五札)

四月十九日,跋冯舒抄校本《王建集》。此集先生昔曾从沪市得宋陈解元书棚本,半叶十行,行十八字,但止存旧刻三十余叶,余皆影抄。先生近日从京估见冯舒抄校本,校勘圈点,细密慎重,遂与己藏宋本对校,二卷增十首,四卷增十五首,五卷增六首,六卷增四首,九卷增三十八首,共增七十三首,冯舒跋云抄于柳大中手书本。先生校毕撰跋系于己藏本之末,并谓:"是己苍曾见宋本,而大中所增之七十三首,有误收他人之作。后之重刻是书者,宜仍以宋本为主,而此七十三首,别为补遗于后,不可混入,以存其真。"先生藏本曾经汪士钟收藏,从艺风堂流出后,曾经蒋汝藻传书堂递藏,又有陈乃乾跋及印记,或又经其递藏,今藏国家图书馆,末载先生手跋。冯抄校本今藏台北图书馆,曾据先生藏本补目录九叶。(《文续集》卷七《冯校本王建诗跋》,先生藏宋书棚本、冯氏抄校本《王建诗集》)

四月二十一日,端方招陪伯希和、王瓘、章钰、况周颐、完颜景贤、刘师培、陈庆年同席。呈端方宋板《中兴戌稿辅文考异》、宋拓《瘗鹤铭》两卷。(《日记》页 2176)

四月二十三日,端方约至图书馆阅工。改惜阴书院为江南图书馆。(《日记》页 2176)

是日,发刘世珩一札,寄《通天台》《临春阁》板片,闵刻《王西厢》三册,《小丛书》新刻三种,《通天》两册清样。(《日记》页 2177)

四月二十四日,与端方谈通志事。(《日记》页 2177)

四月二十六日,校《东都事略校勘记》。(《日记》页 2178)

是日,接刘炳照二十五之札,谈办理《常州先哲遗书续编》封面事,又谈及盛宣怀患红痧诊治,并请先生代为谋职:"昨蒙损答,具审一一。惟饬纪到沪,连夜赶办一节,未奉明示,不得端倪,殊深驰系。九书封面底样,已交渊公写好,即寄呈。宫保卧病七日,尚未起床,现延陈莲舫、曹子涵两名医来沪诊治,似较西医为妥。得雨已足,众情稍慰。炳照困守窘乡,几无生人乐趣,辱承垂注,不敢以苦语屡渎清聪。仁盼馈贫之粮,借作消愁之物,倘荷鼎言嘘拂,代谋沪道署制造局干脩,藉资津贴,感且不朽。"(《日记》页2178,《友朋书札》页827刘炳照第十九札)

四月二十七日,校宋本《王建集》毕。(《日记》页2178)

五月二日,发大理院推事董康信,寄《草堂雅集》跋。《日记》页2179)

五月七日,得朱祖谋札,谈先生刻《周止庵词稿》事。札云:"前托闰枝亲家转上《周止庵词稿》,度已付梓人料理,是帙为朱又笏名启勋,宜兴人。同年得之于谭复堂者,他日命笔为序跋时,希一述其缘因也。侍学倚声历十年所,毫无心得,拟请紫霞翁拍正。小儿以事至金陵,命其捧呈,纰缪甚多,幸勿吝教,至祷。"(《日记》页2180,《友朋书札》页191朱祖谋第一札)

五月十一日,调两江总督端方为直隶总督,兼北洋大臣。调两广总督张人骏为两江总督,兼南洋大臣。未到任前,著江宁布政使樊增祥护理。

五月十一日,闻端方调直隶,入署贺喜。三年宾主,相对凄然。(《日记》页2181)

五月十四日,得端方一信,言张之洞约办北京图书馆。(《日记》页2182)

五月十五日,跋王昶《元金石萃编》。(《日记》页2183)

是日,又跋完颜景贤所藏《诸儒鸣道集》,于十八日还书与景贤。此本乃景贤从河南书估收得。该书自元代以降未曾翻刻,十分罕见。先生是跋录其子目及其端平二祀八月吉日之郡守闽川黄壮猷书跋,并称:"商丘宋氏抄本,与《绛云书目》合。惟绛云不言抄刻,而他书目未之见,深足宝贵。"揭示出版本来源及价值。是本今藏中国国家图书馆。至清代该书实尚有一宋刊本流传,徐乾学藏之,光绪间流入潘祖荫之手,盖先生未之见,今藏上海图书馆。景贤,字亨父,号朴孙,金代完颜氏,清满洲镶黄旗人,庆麟之曾孙,崇实之孙,精鉴赏,书籍收藏颇富。(《日记》页2183、2184,《文续集》卷七《诸儒鸣道集跋》,《滂喜斋藏书记》卷二)

五月十七日,接学部照会,在丞参厅上行走。(《日记》页2183)

五月十八日,端方嘱赴常熟购瞿氏铁琴铜剑楼藏书。盖瞿氏铁琴铜剑楼藏书颇有觊觎者,端方建议张之洞购瞿氏藏书,供京师图书馆庋藏,亦避其失乱外流。(《日记》页2184)

五月十九日,章钰还先生《瞿木夫集》《圭美堂集》《佳趣堂书目》。《圭

美堂集》《佳趣堂书目》系其四月七日从先生借阅录副者。(《日记》页2172、2184)

是日,李详自兴化来,以天雨不克走诣,致先生一札,并送其新得《张清恪年谱》二册。札云其初闻端方调北洋、先生应京师图书馆之荐入都之事,以不能相从为憾。又随札呈鲍毓东新诗一通,信札一通。鲍毓东前曾来金陵访先生,适先生往常州,怅悒而返,留诗、信于编译书局。(《日记》页2184,《友朋书札》页786李详第十二札)

五月二十日,赴两江师范学堂公饯端方。近日为端方饯行者颇多,先生多作陪。(《日记》页2184)

五月二十三日,徐绍桢约先生看书,是袁芳瑛所藏,佳者甚多。(《日记》页2185)

五月二十四日,陪端方晤王闿运,年七十八,先生与其别二十年,见其风采如故,称"真异人哉"。(《日记》页2186)

五月二十五日,接张元济一札,询《楹书隅录》是否刊印出版:"前者撰杖来游,获申款洽,奉暌倏又经时。闻都下图书馆一席远迓蒲轮,为之喜跃。中原文献系属老成,国之光也。所商影印古书一事,一再受教,谨志勿谖。此时尚应者寂寥,而鄙意期于必得,终当有翕羽之雅,慰我嘤鸣。且先生方入综上流,庶几于高掌远跖之余竭力提倡也。近缘钩考诸家书目,知聊城杨氏之海源阁收藏甚富,江建霞前辈为刻其书目,言杨氏子曾自编《楹书隅录》,未经刊行,而杨氏自跋中举及此书,亦只有校写既竣之语。忆尊序《善本室藏书志》,则似谓其书已有行世。未知系近甫出版,抑别是一本?幸即开示孤陋为感。荷暑渐炽,脂车首途,自可从容一时再行诹吉耳。"(《日记》页2186,《友朋书札》页522张元济第四札)

五月二十七日,端方辞行,交来刻赀一千两,别敬五百两。先生撰诗送别。(《日记》页2186)

五月二十九日,抵镇江,为端方送行。住定慧寺小楼,峰屏和尚招待颇周道,得杨继盛两卷,又见朱耷白描罗汉及草书《心经》《阮文达暴书图》。端方于六月三日登船而行,先生则往常熟观瞿氏藏书。在镇江四日期间,拓《放翁碑》《嘉熙题字》。(《日记》页2187、2188)

六月六日,在常熟。拜乡绅陆懋宗、季幼梅、李士璨、庞鸿文、邵松年、

瞿启甲、宗舜年、曾朴、丁祖荫。瞿启甲来递说帖,述无售书之意。(《日记》页2189)

是日,先生借宗舜年藏《兰陵王碑》,朱拓本;《湘山野录》,宋刻配元抄本。八日,先生题后还之,应宗氏之请也。(《日记》页2189)

六月八日,瞿启甲交来为刻书目,择瞿氏书可抄者数十种,定一书目交瞿氏录副进献。邵松年诸乡绅交来公函。(《日记》页2189)

六月十一日,返金陵,得友人书信多通。张元济一札与先生商借图书馆书付印,云:"都中图书馆待鸿硕经始,而金陵所构复得长者观成,北毳南金皆供掌录,斯又何如盛事耶!吾浙丁氏藏书既归金陵,一时未得散见,敝处搜求佳椠,殊苦不易。拟就其甄录一二,为推广流传嘉惠之旨,度于事无不可,祈得一言许诺。未知尊处觅取写手尚易得否,或须代为预定,抄赀若何计算,均望先行核示,俟选择就绪,再行函恳,想不以烦渎为罪也。别示书目,亦容得间访之。"(《日记》页2190,《友朋书札》页521张元济第一札)

六月十三日,上端方一笺,寄常熟绅公函,瞿启甲说帖及办法。瞿氏不欲售书,乡绅为鉴说。前此曾有曾朴、宗舜年受端方之托游说瞿氏献书,端方亦有两电诱以利禄,严催瞿氏献书,先生顾及公私,以让瞿氏抄献未刊书百种为折中办法。(《日记》页2191)

六月十五日,寄王先谦《对雨楼丛书》一部。先生于本月十一日,收到王氏寄达一札并《虚受堂文集》。(《日记》页2191)

六月十七日,撰《东坡七集跋》。先生代为端方刊刻该集,至此除校勘记外已经基本完成,故撰是跋志之。(《日记》页2192)

是日,先生往观图书馆工程。(《日记》页2192)

六月十九日,校《韵石斋笔谈》一卷并撰跋。(《日记》页2193)

六月二十四日,徐乃昌送礼贺夏镜涵五十生日,先生即覆一札。札谈近况、近事:"焦山兄刊行时本是狼狈,次早即与陶斋言之,亦深挂念。弟初四即往常熟,瞿氏巨富,保守之志甚坚,再三磋商,挑出世罕有者五十八种,录副呈送,再足以旧抄旧刻,共凑百种,只可如此销差。此间派人往校,纸张抄费供给均归瞿氏报效。十四日回宁闭户不出,后见蘧翁方知兄清恙未愈,正拟函询,顷奉手书,知已来宁,想即日回差调理尤要。内人生辰,敬荷厚礼,谢谢。曾观察回函亦阅,小儿在此亦往见面矣,嘘植尤感。

夔生得桐城分销,还要联书局一席,正与横山及弟起风潮,钱孰不爱,不顾身份,此君心术略见一斑矣。鲍紫翁代候,张督须迟日往见。"(《日记》页2194,《艺风堂书札》页458致徐乃昌第二百八十三札)

六月二十五日,诣图书馆、编译书局。拜见总督张人骏,张氏二十三日入城。先生与其二十一年不晤,见其须发俱白而精神强健,谈良久始出。张氏二十九日回拜先生。(《日记》页2194、2195)

六月二十八日,撰《屠梅君传》。(《日记》页2195)

七月一日,撰《无益有益斋论画诗序》。《无益有益斋论画诗》,李葆恂撰。李葆恂,字宝卿,号文石,直隶易县人,官至江苏候补道,精鉴赏,先生友人。此文即为李葆恂而撰,其欲以弁集首。文中有云:"此诗专注唐宋名迹,推论得失,考订同异,与叶鞠裳《藏书纪事诗》同为艺林宝筏。"此诚笃论。又云:"荃孙素嗜板本,亦在未成童以前,性之所近,以为天下至乐,无逾是者。今垂垂老矣,陶斋畀以江南图书馆,京师亦以帝国图书馆相招,此古典书之职,敢希刘向,愿学陈农,则是人之所欲,天必从之。"可见先生此时心态。(《日记》页2196,《文续集》卷五《无益有益斋论画诗序》)

是日,先生发刘炳照信,寄《先哲遗书》清样三种:《鸿庆集补遗》二十卷四本,《丹稜文集》四卷二本,《止庵遗集》四卷一本。(《日记》页2196)

七月六日,得张元济一札,托定书价,即袁榆生故物,即复之。(《日记》页2197)

是日,收刘炳照本月四日一札,言先生所寄《常州先哲遗书续编》四种迄未收到,并告以盛宣怀长子盛昌颐病危:"昨函方递,今翰旋来。拙作《诗记》,承代校刻,感铭肺腑。属将后添各首另书寄上,计共三纸,务求饬手民于写样时,查核增改,勿遗勿误。宫保因其长子揆丞病危,终日皇皇,不暇他及。寄书四种,迄未收到,望即查明,详示同盼。"嗣后,先生十二日又得刘氏札言所寄四种书已收到。(《日记》页2198、2199,《友朋书札》页830刘炳照第二十六札)

七月七日,先生刻王念孙《丁亥诗抄》成,印百帙,分散友朋。(《日记》页2198)

七月十日,友人庞鸿文一病而逝,先生不胜伤感。(《日记》页2198)

七月十五日,接刘炳照十三日复先生一札,谈先生询影宋书抄,告以盛宣怀长子逝:"前日收到新书样本八册,当即肃复,昨又奉教,《诗记》蒙饬手民写样,亲自校勘,感何可言。承示影宋书钞一节,回忆前寓苏时鹤庭经手代购粤刻二部,序中有此说,季老亦言之,事隔多年,或由误记,遵即改正,寄求鉴定。湝生来沪,同游一次,病发未能往报。幼陵近迹,询之渊若、幼舲,均不知其详,容探得飞布。揆丞为西医所误,遽尔长逝。彦师老境如此,殊难为怀。"(《日记》页2200,《友朋书札》页828刘炳照第二十一札)

七月十七日,整理藏书,写目。先生近日以此为日课。(《日记》页2200)

七月二十日,张元济复先生一札,谢先生初六日指示书价,谈购书事。札有云:"袁氏书索价过昂,无可与商,只得还之。近闻袁海观备价收回,于义固当也。来书慨然于旧书之将绝,此亦时会使然。要在有一二先觉者出为转移,自有挽回风气之日。承示图书馆宜多备通行书,甚是甚是。但难得之旧本,若无公家为之保存,将来终归澌灭。丙午春间,皕宋楼书尚未售与日本,元济入都,力劝荣华卿相国拨款购入,以作京师图书馆之基础;乃言不见用,今且悔之无及。每一追思,为之心痛。尊处拟抄瞿书共有若干种,可否录示一目?元济拟照原书板口印成格纸,将来影抄,悉如原式,以期不失真相。不知尊处是否如此办理,并乞见示为荷。从者北行,约在何日?届时取道上海否?江宁图书馆已否许人纵观,并恳示知。"(《友朋书札》页521张元济第二札)

七月二十五日,学部奏筹建京师图书馆折,并附奏请翰林院所藏书籍移送图书馆,附奏先生充图书馆监督。(《北京图书馆馆史资料汇编》页1—7)

七月二十六日,具并会第二集。是日,撰《陶斋藏石记》序。(《日记》页2202)

七月二十九日,约樊增祥、王仁东、陈仲恂、杨钟羲、张彬诗钟。(《日记》页2203)

八月一日,致袁思亮一束,送《艺风堂文集》《艺风藏书记》。札云:"久仰英晖,未聆馨颏,甚歉。弟即日入都,拟入古书展览会。君执牛耳,弟附骥尾,藉窥美富以扩见闻,致足乐也。《卧雪庐丛书》闻已购归,甚幸得所。弟于癸未年分其数十种,校近所见为佳。徐梧生、董受经皆旧雨,亦多年不晤,想常与君相见,惜弟不尽携回四百箧全至京寓相质证耳。抽集及

《藏书记》呈政,续校多未付刻。"(《日记》页 2204,《艺风堂书札》页 585 致袁思亮第一札)

八月三日,袁思亮至先生处看书,先生以为其"尚明白,惟易视一切,短阅历耳"。是日,先生阅报知得学部图书馆监督之信。(《日记》页 2204)

八月六日,金武祥自常州来金陵,住先生寓所东院,至十五日而去。(《日记》页 2205、2207)

八月八日,发盛宣怀信,寄盛昌颐绸幛。(《日记》页 2205)

八月十三日,先生得张元济复一札,谈影印书、抄书事,并谈及先生去札让其留意杨氏海源阁书是否有售书之事。札又云:"奉手教,并录示船山《儒统论》一篇,期许过当,岂所克任。近以坠简网罗,实犹郑司农搜故书,镏舍人抱礼器之意,事关国脉,士与有责,重承宏达赞成,敢不勉益加勉。袁伯逵久未晤及,经手人亦已它往,所询容探得再告。罗叔蕴两书诚佳,但字迹过小,不能影印,书已归之……瞿氏书亦俟选定种数,再请主其事者,将每种纸式代为影模一叶,以便照印,庶抄本可存真相。杨氏书已托人商问,尚未得复,果有售意,必尽力图之。"(《日记》页 2207、《友朋书札》页 522 张元济第三札)

八月二十日,具并会第十三集,丁立中、丁国钧、张祖庆、沈维骥、朱孔彰、陈作霖、张是保、宋澄之同席。(《日记》页 2208)

是日,徐乃昌致先生一札,即复之。札谈任职京师之事:"京师虽奉行,知因系差使,仍以编修管理。不妨暂缓,此间下月开馆,尚须回里一行,冬月为阿三娶妇。吴菊农留弟在家,菊农已代达。南皮师大约入都过年矣。弟看书是所愿,决不与人竞功名,则进退无不裕如。礼卿日内即回,聚卿常通信。闻帝国图书馆只有一洼臭水、一个土堆,片瓦寸椽尚无基础,静候南皮出来布置。徐、姚两书在学部空屋,内阁挖出九万本土里宋元残帙甚多。文渊阁书,尚未编目也。函索书目,弟未写成。图书馆全目,新录一副本,谅属非是。阗生将交卸矣。"又言:"《续碑传集》写完,共八十六卷,明春成书。"(《艺风堂书札》页 415 致徐乃昌第一百三十三札,《日记》页 2208)

八月二十二日,写室内书目毕,珍善之本也。(《日记》页 2209)

是日,致樊增祥一柬。传张之洞逝,先生不胜骇悼。晚不寐。(《日

记》页 2209)

是日,张元济致先生一札,商录副常熟瞿氏铁琴铜剑楼藏书事,并请先生代定所购之书书价:"奉初二日手教,敬悉观书罟里,秘笈有流通之机,甚盛甚盛。南北两馆先后建设,后生小子得闻先圣之遗绪,识固有之文明,不致徇外而忘己,皆老前辈之赐也。江宁图书馆藏本允予录副,甚感。容选定后开单奉托,格纸由敝处自备,庶较整齐。瞿氏进书百种,尊处择罕见者设局照抄,是否遣人赴罟里就录,敝处拟附抄数种,不知主者能许我否?老前辈能代为一商,感荷不尽。顷有书估交来旧书一单,每种各附一册,晚观其书,似尚可购,惟索价甚昂,不易还价,兹将原单寄呈,并摘其较优者若干种,别录一纸,敬祈核阅,代定一价。晚颇拟劝商务印书馆抽拨数万金收购古书,以为将来私立图书馆张本。想老前辈亦乐为提倡也。书估急索覆音,核定实值,可否乞于一二日内电示数字,电费当照缴。琐事上渎,惶悚之至。"又言"附拟电文如下:'六六八八菊:书值□□两。'"(《友朋书札》页 524 张元济第六札)

八月二十三日,李详交《媿生丛录》来,先生以为"极佳,选理精熟",即复一札,言张之洞去世及北上事:"昨闻相国薨于位,廿一日亥刻。凄惋竟日。今报上尚未见谕旨,须明后日矣。弟之北行,专为师意,不可屡违耳。今决意乞休,不作春明之梦。可与兄长聚亦佳。"又谈及《媿生丛录》:"大著正弟所欲读者,读竟即奉赵。作序再商,有暇即动笔。"先生次日还该书于李氏。(《日记》页 2209,《艺风堂书札》页 360 致李详第六札)

八月二十五日,上荣庆一笺,辞学部图书馆差使。(《日记》页 2210)

是日,先生接盛宣怀本月十一日一札,谈其子死,同意先生建议,《常州先哲遗书续编》小作结束:"两奉手书,敬聆一一。猥以冢子之丧,惠颁锦幛,并承慰藉殷殷,曷胜感谢。此子有才,惜为世俗所淆乱,精力不自爱,惜遽膺时疾,老泪挥干。明日拟赴苏家园小住,以自排遣耳。公北上学部所奏图书馆以热河书籍内阁所藏,悉以收储,诚是大观。于我先哲丛刻,或有搜求,尚求将来留意。现在发出已廿一种,承示小作结束,明春完工。已定之书,幸已校改完善。令侄九畴兄能任此役,万分感慰。务须酌送薪水,以资酬报。前交下之样本,板口稍有不齐,下面线齐,则上面之线参差矣。渊老书面附上,其余各种书名,祈速示知为盼。"(《日记》页 2210,《友朋书札》页 650 盛宣怀第九札)

八月二十六日，重勘《艺风藏书记续编》。（《日记》页2210）

八月二十八日，撰《张文襄公祭文》，二十九日撰毕。先生于《祭文》中颂张之洞治国之伟业，并云："至若荃孙之于公也，岁癸酉始入谒，至乙亥而及门。捧手以授大义，提耳以领微言。乃眷注之独厚，亦屡呼而屡援。公入秉钧，器使万类。谓桃李兮虽多，顾菅蒯其无弃。荐剡再飏，征车三至。忆畴昔之衔恩，拟抠衣而入侍。奈衰病之迫身，答高厚之无地。"可谓实录。（《日记》页2210、2211，《文续集》卷八《祭张文襄公文》）

八月二十九，徐乃昌送书来，先生即复一札谈辞京师图书馆等事。札云："两书及丛刻两包收入。弟廿二早即得陶斋急电，告师相薨逝，寝馈不安者数日，上为天下恸，下以哭其私，情何能已。随于廿五日与樊山商榷决计告辞，电函交发，大约邀免，坐守南馆，荐式之、撰一自代矣。荣相蜀中旧交，历陈衰病，梧生即可转正，名流如绶经、叔蕴均有要差，章、曹尚可派，惟片瓦寸椽尚无基础，南馆止剩门面未修。兄可抄书弟当效力。节庵入都，礼卿未归，弟并入都不能也。拟明春到津，可谒南皮墓，道尚便。劳识云行二，即陶葆廉陆军部郎之室，书当代呈。下月开馆，□字不误。手复，敬请台安。代维珍摄，冬令尤当注意。"（《日记》页2211，《艺风堂书札》页459致徐乃昌第二百八十五札）

九月二日，临严元照批《鲒埼亭集》。（《日记》页2212）

九月五日，寄所刻书《赐余堂集》十四卷、《炙研琐谈》三卷与刘炳照，《常州先哲遗书后编》之书也。（《日记》页2212）

九月七日，约丁文琥来写《张文襄公祭文》，八日继之。十日，送《张文襄公祭文》及挽联于商园。（《日记》页2213、2214）

九月八日，樊增祥致先生一笺，约诗钟。札云："星海已入都矣，勿庸招致。文襄师追悼会拟九月十一日，设奠地尚未定。挽联、祭文自应汇送京师。是日与会，似勿庸摘缨，心丧不在形迹也。"是日同集者樊增祥、朱祖谋、张仲炘、陈伯陶、陈仲恂、陈三立、杨钟羲、王仁东。（《日记》页2213，《友朋书札》页112樊增祥第八札）

九月十一日，接《张文襄公诗集》两册，赴追悼会，晤总督司道。（《日记》页2215）

九月十二日，赴图书馆，会翟衡玑，验工。（《日记》页2215）

九月十五日，刘炳照在沪致先生一札。其所著《诗记》先生代刻，今预订百本,札询是否可于盛氏项下消融:"远辱损答,前荷注存拙作《诗记》,写定付梓,工值四十余元,已蒙代给;印订百本,约需若干,能否于盛氏项下融销,尚祈明谕,以慰下怀,若累及我公解囊独助,殊抱不安,感佩云情,非语言所能罄谢。《炙砚琐谈》《赐余堂集》样书五册,如数收到,遵即转呈。宫保近为鄂灾,竭力筹振,飞书告急,抄胥手疲。建复灵隐寺正殿,亦有成议,功德甚巨,而独不肯振拔寒儒,俾立室家,光前裕后,岂佛氏所谓各有因缘耶?"又言及修府志事与朱祖谋近况:"修志不朽盛事,函促本府筹款一节,恐亦不肯独任,且与八大王反对,无此毅力。我公相知有素,亮不以为蘉言也。秋候凉燠不时,卧病七日,昨始强起,食少痰多,不克自振。诵黄仲则先生'全家都在西风里,九月寒衣未剪裁'之句,不禁废书三叹。朱古微少宰,久不通问,苏寓何所,前闻总管全省学务,不得其详,便希示及。"(《友朋书札》页 829 刘炳照第二十四札,《日记》页 2216)

九月十九日,知江楚编译书局有裁撤消息。(《日记》页 2217)

是日,曹元忠撰致先生一札,札谈内阁大库藏书状况,勉力劝先生北上。有云:"夏间有议礼文十数首,欲求子授兄归觐时携呈,复以抄胥延缓,不及送寓,知行旌已发而止。昨偕闻远同门访子授兄,敬悉撰述宏富,餐卫安和,翘企师门,曷胜欣怃。惟闻学部图书馆业已却聘,未能安车北上,殊为怅惘。受业窃谓图书馆一事,亦文襄师未竟之志,天下学子咸翘首望吾师成之。即如内阁大库见存书籍,内多宋、金、元旧椠旧抄,太半蝴蝶装者,沈霾岁久,已烂脱散绝,亟宜收拾。而当事诸公,颇有子夏之愆。刻下由定兴派受业重检,始议编目,以继张萱。受事以来,辰入酉出,仅止月余,得宋元椠百余种,未及笔记。尚有数十种,荣相催迫不已,亟于要书,阁中同事于斯道本自茫然,遂尔送去。致宋、金、元旧椠尚未记全,何论旧抄。半涂而废,不无可惜。其中抄写本,若南宋《仙源类谱》《宗藩庆系录》《元回回药方》之类,尤自来藏书家所目未一睹者,而《册府元龟》《太平御览》《景祐太一福应经》诸珍秘尚不与焉。梧生监丞虽讲收藏,未必能主张成此。受业尝与刘聚卿同年谈及此事,均谓非吾师北来,必不能无毫发之憾。前闻子绥兄说,未免愿乖气结,虽蒙吾师荐受业于学部,无论学部未必能知受业,即能知之,如受业者,又何足以代吾师。不获已,为宋金元旧椠、旧抄请命,求吾师勉为一行,届时学部来招,受业自当日侍几杖,有所遵循,即或南中事冗,群待吾师理董,可否求函丈暂来数月,手订条例,然后言旋,则图书馆可以就绪,文襄师之灵可以默慰,受业所编大库见存书目亦可以告成矣。为此渎请,不任待命之至。"又云:"再,受业寓东华门内北池子闷胡卢馆,设蒙赐函,必可达也。"语气极为诚恳。又附告先生,其所旧藏《五代史平话》,已由董康付梓,"明岁当可成书"。(《友朋书札》页985 曹元忠第十三札、页 986 第十四札)

九月二十一日,致徐乃昌一札,为其借丁氏书目事。札云:"前奉手书,未能即复为歉。丁氏书目八巨册,因北行录副,兄如需阅,即专人来取。弟明日赴江阴,十日归来,或俟下月初十边尤善。家中庄房为盗劫劫去六百余元,庄伙受伤二名,幸不致命。省中议员议裁书局,联名者皆求入局而不得之人。月损百金。运交劫财,无如之何。"(《日记》页 2218,《艺风堂书札》页 459 致徐乃昌第二百八十六札)

九月二十二日,盛宣怀致先生一札,谈《先哲遗书》刊刻事,及其规划捐办贫儿院事,又请先生在金陵代销《常州先哲遗书》:"顷奉手教,敬悉前函已尘青览。文襄逝世,公不北上,甚佩。《先哲遗书》免致中辍,又甚慰。《赐余堂》四本,《炙砚琐谈》一本,已阅一过,刻手比前稍好,如能令其觅干板,免致短缩乃佳。弟甚虑将来此工绝响。吴门将开贫儿院,拟选好刻手为教习,以延此美术。上海各省郡渐建公所,江宁、苏州、镇江均有郡馆。弟有佳地数十亩,已将一半捐造贫儿院,尚有二十余亩,并五开间平屋五进,拟作常州会馆,为八邑绅商聚会之所。公若赞成,候公来时,即可集议。该地风水极好,须用癸丁兼子午向,年内须开工,然如府志之心志不齐,此愿恐亦难偿也。前承面告《先哲丛书》,金陵可售,已印刷百部,尊处能代销若干部,即寄上。"(《友朋书札》页 650 盛宣怀第八札)

九月二十四日,在沪。诣汪洵谈,云在清凉寺下院为盛昌颐啡经,易衣冠赴寺行礼,并晤盛宣怀、刘树屏、刘炳照。(《日记》页 2219)

九月二十五日,往金石书画会,见间有佳者。(《日记》页 2219)

九月二十八日,徐熙约先生游西园。先生本次过沪,凡留六日,晤汪洵、盛宣怀、刘炳照、张元济、吕景端、汤寿潜、赵诒琛等。(《日记》页 2220)

九月二十九日,偕徐熙游卧龙街,购书多种。(《日记》页 2220)

十月二日,在江阴申港。赴李家村上坟。三日,在灰罗圩上坟。(《日记》页 2221)

十月七日,返回金陵,闻编译书局已裁,又裁图书馆,作札致樊增祥。(《日记》页2222)

是日,先生得友人札颇多,有学部乔树枬、曹元忠之札,及盛宣怀、刘世珩等人札。(《日记》页2222)

十月十日,接盛宣怀寄《常州先哲遗书》拾部,盖请先生代售。(《日记》页2223)

十月十一日,致徐乃昌一札,送丁氏书目,并赠《杨氏全书》。笺云:"弟初七自江阴回,昨日始发一信寄十二圩,今日与枚庵晤面,方知兄已交卸回省,今专呈丁氏全目,乞察入。又《杨氏全书》新刻,乞留阅为幸。礼公何日回来,又可一叙矣。"(《日记》页2223,《艺风堂书札》页460 致徐乃昌第二百八十七札)

十月十二日,得陈庆年复柬,知直隶总督端方因办理慈禧太后梓宫移陵事落职,不胜慨叹。(《日记》页2223)

是日,撰洪锡爵《双鹤轩文集》序。(《日记》页2223)

十月十七日,胡念修约与樊增祥、王仁东、杨钟羲、张彬、陈三立会诗钟。(《日记》页2225)

十月十九日,致金武祥一札,谈近事。札言:"前月弟廿三到沪,观金石书画会,佳种过少,兴致索然,廿七即行。闻兄亦即到沪,惜不少留。弟在江阴上坟,初七回寓,正值议员裁书局及图书馆,轩然大波,屠宽首唱,并要改南菁为女学堂,善馀说先改"南菁"为"男精"。则王楚书主之。众人不知其意所在,弟独知之,倡言南菁经费,向归琴若主持,无论何等学堂,琴若均可助理,如改女学,琴若必辞,而楚书可以得之。新党之意不过金钱主意而已。文襄游仙,午桥落职,文学之士怅怅何之。屠宽说,顽固之国文,非划断其根不可,真应运而生者。鹿、荣两相,殷殷见招,要弟到京,完张文襄未竟之志,弟随上两书,竭力恭维,请经文两科不可并,各省催破存古学堂。如两相允许公事实行,弟亦愿牺牲一身,拼命北去,替两相分担事任,不过稍吃苦耳。新刻《王怀祖诗》呈政。又想刻《董子中寄诗》一册。常人曾刻过否?诗极佳,晋卿次子,旧友也。兄处有戴子立逸诗,乞假我,并《董文友集》刻起。刻本一校即赵。安帅要开通志局,改书局为之。常志亦应修矣。恽八先生与弟大翻,所以不敢回常州,俟其气平时再说。然常志必须办理,现测绘馆已测过,补测较易。款又减矣。"又言及家事、家累:"柚岑只存一孙,近亦殇去,血胤绝矣,可伤。三太太新来沪,看女江蓉舫家,大病。好与不好,弟均须出赀,为之致书四川,索云孙之孙承嗣富官。此岂平日所能料及,预算表足据耶!"(《日记》页2225,《艺风堂书札》295页致金武祥第六十八札)

十月二十八日,为缪僧保纳彩,媒人姚纪堂、郭宝铭。(《日记》页2228)

十月三十日,接刘炳照一札,谢先生为其刊刻《诗记》,请先生再寄一部《止庵遗集》,并请先生赠续刊各书:"日前台旌莅沪,未获追陪清宴,畅领教言,歉仄莫可举似。拙作诗记,辱承饬付剞劂,幸附大名以传,感且不朽。止庵诗文遗稿,便求另印一册寄下,不必切订,以便装附原集之后,合成全璧,至深跂佩。听邠、蘅甫,三载神交,诗筒赠答,月无虚至。大作老字韵诗,和至十数叠,录稿就正。东仓书库寄赠新刻各种,校勘精审。宝斋续刊各书,伫盼损惠,借作馈贫。素荷折节下交,亮不见却也。"(《日记》页2228,《友朋书札》页830刘炳照第二十五札)

十一月二日,为缪僧保迎娶吴氏,一切如仪。贺客到者甚多,先生回礼尚不吃力。吴氏能诗,字亦韵秀。(《日记》页2229、2234)

十一月四日,杨钟羲致先生一柬,购《元典章》:"日前谈次,尊斋有新印《元典章》一书,承允留一部见畀,特奉上价洋拾元,乞检入,饬将此书交去人带回为叩。"(《日记》页2230,《友朋书札》页431杨钟羲第二札)

十一月七日,写书目毕,订三册。先生写之累月矣。(《日记》页2230)

十一月九日,定《小忽雷画》十六图。(《日记》页2230)

十一月十五日,具并会小集,朱孔彰、丁立中、张祖庆、沈维骥、胡光国、石作桢、茅谦、陈作霖、江子涛、丁国钧、张是保同席。(《日记》页2232)

十一月十六日,到书局,晤陈庆年,偕至图书馆,嘱诸馆员陆续开箱陈列。(《日记》页2233)

十一月十七日,到调查局,晤伍元芝、陈庆年,同见樊增祥,谈书局事,樊氏嘱拟条例。(《日记》页2233)

是日,先生撰《画笔》,多日乃毕。(《日记》页2233)

十一月二十二日,徐乃昌来长谈,以朱淑真《璇玑图》求题,又借先生

书目一册。(《日记》页 2234)

十一月二十四日,到图书馆,书籍渐有条理。(《日记》页 2235)

是日,撰《王生吉臣家传》。传主王家枚,字吉臣,号寅孙,江阴华墅镇人。南菁书院肄业,光绪甲午举人。嗜书成癖,以馆谷之资尽置书籍,见异编必重值购归,于邑中先辈著作,竭意搜罗。先生主讲南菁,知其蕴藏颇厚,常与之谈。殆去南菁,家枚得一书则相告,如《杨氏杂诤》、沙张白诗集,皆从其录副;如《李忠毅年谱》、包文在《易玩》等书,皆倩其物色之。朔风改岁,忽得其讣,惋惜不已,赋诗悼之。其弟家枢以家传请,遂不辞而为之撰。(《日记》页 2210、2235、2238,《文续集》卷二《王生吉臣家传》)

是日,先生得汤寿潜一札,索先生《艺风堂金石文字目》。汤氏读严可均《全上古三代秦汉三国六朝文》,以所据王氏刻本颇多舛误,有所勘正并欲辑其佚文,知先生富藏拓本,想请先生代为抄录,故先索先生目录备检。(《日记》页 2235,《友朋书札》页 500 汤寿潜第二札)

十一月二十五日,致徐乃昌一笺,赠书并谈印书事:"《苏集举讹》尚未付梓,封面签子均无,大约春间再印,省得年底垫款也。柯刻《丹邱集》暨新阳赵氏零种呈政。"又云:"印书须寄四百金方敷用。"(《日记》页 2236,《艺风堂书札》页 460 致徐乃昌第二百八十八札)

是日,接张元济信并抄经解格子,请先生在江南图书馆代抄补《诒经堂经解》。札先谈其山左之游及袁处书价:"中秋节后有山左之游,跻谒孔林,经行沂、兖、聊,浪至四十余日。其时闻撰杖枉顾,遂至相左,不得迎奉履綦,良用歉恨。还沪后清理积冗,久未得暇裁复。月初旋里祭墓,归又接奉手书,俱承壹是。惟以感触时会,遽辞北上,高尚是式,然重为斯道惜矣。袁处书价至银数五千,犹以为少,此断非吾辈所能想望,在伯夔或可许以此数耳。"又谈《四部丛刊》影摹上石摹手及出版版权问题:"旧书摹本上石自为最善,但摹手良不易得,承示托丁修甫于杭州觅之,当致函往询之也。出版之书,呈请禁止翻印。向例进呈须附送样本存案。大著《续碑传集》行可杀青,鄙意且俟工竣时先刷一部寄至敝处,即可代摆,无须费用也。"随谈购得《诒经堂续经解》及并请先生代为补:"近缘收购旧书,得昭文张金吾写定《诒经堂续经解》稿本,全部书凡八十余种,中由文澜阁抄本录出为多,间有注为影宋本、明本及旧抄本者,意在继通志堂而起。惜当时未及刊行,而遗稿流传,独未散失,可为幸事。惟其中缺佚不少,颇欲抄配完全,以存名人手泽。前曾面商,拟抄罟里瞿氏旧书及江南图书馆所收丁氏善本,已蒙俯允,感幸莫名。兹检张氏稿本所缺各种,大半皆瞿、丁两氏所为用,特缮上原书目录,载明求抄之本数卷数,并附上纸片,仰祈鉴核后分与写手,其仅缺数卷者,并将纸片就原抄影写数行,计共八种,使写者得依样缮录,免致同系一书,前后行款不一也。先将八种就图书馆中丁氏之书补录,应需写工,知乞示明寄奉。又其中有影宋景德本《仪礼疏》五十卷,艺芸精舍曾有刊本。《非诗辨妄》二卷,海宁蒋氏《涉闻梓旧》亦经刊行,但此二书近来均甚罕购。尚有刘贞《诗义》八卷,检阅各家书目,均不记录,不知复从何处得以补抄。其他或别有考订,均求指教不吝。老成耆宿,缀古振今,斯为盛事,非止弇陋企仰,亦月霄先生之灵凭之而不泯也。"先生于本月二十八日复张氏一札。(《日记》页2235—2237,《张元济致缪荃孙函札释读》第二札)

十一月二十六日,徐乃昌交来先生代售之《常州先哲遗书》书价,先生致其一笺,并其所借之《浙江书局目录》,笺云:"俟来,交到洋七十三元贰角,书一箱。《浙江书局目》一册呈上,祈察入。书目即留,不必还也。《元典章》十部业已售完,容再向湖北索之。法部定价四十金,宣纸墨印,此则红印也。"(《日记》页2236,《艺风堂书札》页463致徐乃昌第二百九十六札)

十一月二十九日,赴樊增祥约诗钟,陈三立、陈仲恂、李瑞清、张彬、夏寿田、杨钟羲同集。(《日记》页2237)

十二月一日,撰《江南通志》条例。(《日记》页2238)

十二月三日,撰《江南通志》目录。赴陈三立诗钟之约,樊增祥、陈仲恂、杨钟羲、张彬、夏寿田、俞明震同席。(《日记》页2238)

是日,叶德辉致先生一札,言年来辑得叶梦得遗事三卷,编撰赵汝愚《周王别录》八卷,请先生代为抄录所藏明刻经厂本《历代名臣奏议》中数十篇赵汝愚奏议;《石林诗话》《避暑录话》已经刻成,俟明年正月开刷;《三教源流搜神大全》书已经印出,原本及新印者将托南京缎客带呈先生;家藏千顷堂旧藏明抄本《建康集》缺七篇,请先生为辗转代抄;索要先生所刊《牛羊日历》《东观奏记》《玉牒初草》《伪齐录》《寓庵集》《宋太宗实录》《菊潭集》《苏颖滨年谱》《孙渊如年谱》《曾公遗录》《辽东行部志》《真赏斋赋》,以上各种,实有先生尚未刊出者,《寿昌乘》也在索要之中,其未知先生实未刊是书。叶氏于札中自称著书、刻书心香所往,以得先生衣钵为幸。其

一生孤傲,而以乙酉乡试出先生门生福山谢隽杭门下,以先生小门生自居,亦可慨也。(《友朋书札》页541叶德辉第十二札)

十二月四日,接张元济本月三日一札,谈带为其抄校书及议员议裁江南图书馆事:"得二十八日手教,敬承壹是。所呈书目纸片,均蒙鉴核,并指示缺佚出处,默识三箧,如贶五经,感佩感佩。江苏议员云云,何至卤莽如此,未知议者谁何,报章却未登载。群言淆乱之时,容或有之,既已议驳,愿公为斯道,益任艰巨,无遽为浮谈消沮,幸甚幸甚。图书馆开办有期,极拟观光,年内有暇,或先趋前聆教。丁氏旧藏善本极多,尚有他种欲一检阅并托借抄也。《诗传旁通》《续礼记集说》均当如诒觅购,惟洪鲁芩先生今在何许,尚乞示知,或可因缘得之耳。"又附札请先生核定元本《宋史》书价:"近有人持元至正杭州本《宋史》来售,检阅《本纪》第三十五,第八页尚存,第九页亦不误。惟抄配四册,卷首在内,殊为可惜,未知实值几何,承乞核示。"又向先生询《涉园书目》:"再寒家旧有涉园藏书甚富,近阅叶鞠裳前辈《藏书纪事诗》注有'《涉园书目》四册,不分部类,只云第几橱第几格'等语,元济生晚,不获睹先人手泽,不知老前辈曾见过否?并祈示及为荷。"(《日记》页2238,《张元济致缪荃孙函札释读》第三札)

十二月五日,发端方一札,寄《东坡七集》报销账并印书价。发刘世珩一札,寄《长生殿》图稿。(《日记》页2239)

是日,具并会第六集,归先生办,茅谦、胡碧澄、陈作霖、石作桢、丁国钧、朱孔彰、张祖庆等同饮。(《日记》页2239)

是日,先生校《曲品》毕。(《日记》页2239)

十二月七日,撰《东坡集》校勘记。(《日记》页2239)

十二月十一日,接罗振玉信,寄石印本《唐韵》《昭陵碑考》《李商隐诗集》。(《日记》页2241)

是日,先生撰魏静帝诗。(《日记》页2241)

十二月十四日,先生致徐乃昌一笺,并徐氏借录副之《听雨录》。笺云:"《听雨录》一册送上,此书有正有副,此副本也。乞录出再还为荷。陶子霖信云,印书纸年内买较轻。弟与之约重皮宣二十部,单宣二十部,已需款三百余,能先垫二百两否?"(《日记》页2242,《艺风堂书札》页460致徐乃昌第二百八十九札)

十二月十七日,江南道御史江春霖上《劾赣抚冯汝骙片》,其中牵连及先生,有云:"据臣所闻,冯汝骙赃款累累,沈炳照总办实以银一万两得之。朱家宝于吉林官票局即得六十余万,其子朱纶以民政部司员并充崇陵差使,车马仆从,穷极豪侈。缪荃孙代朱家宝关说,经手得银五千。言之凿凿,皆有证佐……"按,江氏此折之奏,源于闰二月十四日上《劾赣抚冯汝骙疏》,弹劾冯氏种种徇私溺职,声名狼藉,谕令安徽巡抚朱家宝确查覆奏。朱家宝查后奏:该抚自调任以来,裁汰冗员,整顿税额,所参烟瘾甚重、卖缺徇私均无实据,唯于濮淮周宝琦一案,办理两歧,难辞疏忽之咎。谕旨著交部议处。江氏认为朱氏查办此案,徇私枉法,故又于七月二十四日上《劾皖抚朱家宝朋比谩欺疏》,称交朱家宝查办冯汝骙系"以盗捕盗,盗不可得,而劫杀者势益张",应复查冯案,并查朱氏谩欺之罪。谕令两江总督张人骏查办。张氏查奏冯氏"谨饬和平,所参烟瘾甚重、卖缺徇私各折均无实迹可指",仅别奏冯氏疏忽者二事。江氏遂于十月七日上《请饬照律议处疆臣疏》,称张人骏"覆奏谩欺几于朱家宝相等","平昔尚负清名,不意暮气既深,颠倒是非乃至于此",并请治朱家宝"谩欺"之罪。至十二月十七日江春霖上《劾赣抚冯汝骙片》,遂牵连而及先生。(《梅阳江侍御奏议》卷二《劾赣抚冯汝骙片》《劾赣抚冯汝骙疏》《劾皖抚朱家宝朋比谩欺疏》《请饬照律议处疆臣疏》)

十二月二十日,李葆恂致先生一笺,送回王懿荣卷子,并索刘世珩所刻传奇。笺云:"王文敏卷子,久置箧衍,不敢率尔题字。昨晚勉书数语,聊识贵师若弟之渊源。目眵灯昏,殊愧草草,有汙名迹,曷胜惭汗。聚卿所刻传奇,检赐一二本为盼。"(《日记》页 2244,《友朋书札》页 628 李葆恂第二札)

是日,先生致徐乃昌一札,并徐氏所借书。札云:"《听雨录》无所取,弟早知之矣。兹送《蟹录》《燕子春秋》《蜂衙小记》,可入录否?又硕卿手影《侨吴集》,写官不能续貂,将纸配起业已有年,兹将三册奉阅。可令写官抄全,加跋以成何如。"又云:"馆书例不出借,与兄总可通融,乞秘之。即发抄亦在公馆中较妥,又及。"又言:"《元典章》公启呈阅,可留下。老陶无复信,如有,交喻春峰带来。"(《日记》页 2244,《艺风堂书札》页 461 致徐乃昌第二百九十札)

十二月二十一日,到图书馆看书。龚乃保、陈庆年来见先生,又有裁图书馆之信。(《日记》页 2244)

十二月二十二日，撰《东坡集》校记四十卷毕。先生撰苏集札记已多日，二十三日撰《东坡后集》札记毕，二十四日撰《东坡集》校记奏议十五卷毕，二十五日撰校记内外制部分毕。(《日记》页2244、2245)

十二月二十三日，江春霖上《请饬部改议处分疏》。江氏上前各折后，清廷谕："吏部奏遵议江西巡抚冯汝骙处分一折，冯汝骙应得降二级留任处分，著不准抵消；安徽巡抚朱家宝于冯汝骙应奏未奏一节，漏未声明，殊属不合，朱家宝著交部议处。"然江氏认为对冯汝骙、朱家宝、张人骏以"疏忽定断"不合律例，认为"应坐不敬之罪，但有加而无可"。又云："朱家宝为冯汝骙隐，应奏不奏之罪，即犯罪'上书诈不以实'之条……且朱家宝贿托局绅缪荃孙关说督幕……赃款虽未得真凭确据，而张人骏覆奏于朱家宝罪名一语不及，经奉谕旨指出，则受托迹已经败露，即行贿断非架诬。据情而论，张人骏、缪荃孙尚当追究，岂冯汝骙、朱家宝犹可姑容……"应按其前后所上折"交部妥为改议，庶惩一戒"。然朝廷实将江氏十二月初九、十九、二十三等日所上劾张、朱、冯及先生各折具留中未发，二十五日又加恩朱家宝降调私罪处分。江氏遂又上《请饬部平议疏》，要求"明诏宣示，饬部评议，以判曲直"，而决自己"去留"。(《梅阳江侍御奏议》卷二《请饬部改议处分疏》《请饬部平议疏》)

是日，先生致张元济一札，寄代补抄、校之《诗说》。(《日记》页2245)

十二月二十六日，得湖州电，知夏孙桐调杭州知府。(《日记》页2246)

是日，先生交藏书账与禄保核本数，先算《对雨楼》大橱及卧内书，共一万四千三百十四册三万九千二百六十五卷。(《日记》页2246)

是日，张彬约诗钟于藩署，先生与樊增祥、陈三立、王仁东、杨钟羲、陈仲恂、夏寿田同集。(《日记》页2246)

是日，接盛宣怀一札，并书价一千元，谈刻《常州先哲遗书续编》及建上海图书馆事："前由渊若示我手书，承悉一一。所赐《瘗鹤铭考》一本，刻甚精。如照此刻资如何？乞查示。顷又由语石交阅尊翰，借知《龟巢》《琬琰》两集约成大半，兹特续付刻资一千元，除书价外，计现龙圆八百六十八元，即祈察收。所刻书来春何时可送下几部，颇愿先睹为快。愚斋所立上海图书馆现已开工，地十余亩，拟小作邱壑。尊处所拟图样，乞速抄示，南洋有东西洋书籍否？上海需兼而有之。以便摹仿。此间已三易稿，尚觉未完备。

艺术馆拟另建,未便毗连也。"(《日记》页2246,《友朋书札》页651盛宣怀第十札)

十二月二十七日,得张元济二十四日复先生本月初九及二十三日两信之札。札谢先生代抄、校《诗说》;请先生倩人代校先生应诺代为录副的《非诗辨妄》;告知先生其假得一《士礼居题跋》,不知是否江标所刻先生所辑之本,抄毕即奉先生阅,其处所购书,有荛圃跋者数种,已嘱典藏者录荛跋寄与先生。又谈及江南图书馆屡生变故事云:"江南图书馆何魔障之多,一至于此。丰润明达,当能主持。然公若弃去,后来必不堪设想。倘果有人持变价之说,则元济甚欲得之。但不可拍卖,恐有日本人来出重价,一笑。"又请先生代为寻觅李壁《王荆公诗注》卷三十、五十末叶,告知先生明春其将有环球之游,商务印书馆购书、抄补书事均交予孙毓修经理。(《日记》页2246,《友朋书札》页523张元济第五札)

十二月二十八日,交缪禄保算《云自在龛书目》,共收书七千九百三十九本。(《日记》页2247)

是年一月二十七日,清廷命各省年内成立咨议局。

是年二月十五日(3月6日),清政府诏谕"预备立宪,维新图治"之宗旨。

江南历史名人年谱丛刊（第一辑）

杨洪升 著

缪荃孙年谱长编（下册）

复旦大学出版社

本书由上海文化发展基金会图书出版专项基金资助出版

卷六　流寓沪上（上）

宣统二年　庚戌（1910）　六十七岁

一月一日，樊增祥招诗钟，陈宝琛、徐绍祯、夏寿田、陈仲恂、陈三立、王仁东、张彬同作。（《日记》页2249）

一月二日，招张祖庆来议礼拜日在馆请藩台学台阅书。（《日记》页2249）

一月四日，约陈宝琛、夏寿田、樊增祥、徐绍祯、陈三立、李瑞清、陈仲恂赴图书馆阅书，并小饮。（《日记》页2249）

一月八日，刘世珩来谈，甚有意思，借《邵亭知见传本书目》，先生以为"杂乱无章，非佳书"。（《日记》页2250）

一月十日，得寄沙洲石室文三册。书系去年除夕前一日寄出，先生昨日得罗振玉寄书之札。札另谈及先生办图书馆感慨云："承示书局停止并售图书馆古书之说，闻之令人叹诧。时流知识如此，几乎南北一辙，宜长者之闭门高蹈也。都中人文亦大不如昔，旧书之价与黄金等，而真读书者千百中几无一二。长者闻之，想发深慨。"又谈及影印《敦煌石室遗书》事云："侄梼昧寡学，徒以文曹事简，得温寻旧学，苦无师承，愧鲜进步。秋间借印伯希和所得敦煌遗书，与伯斧校录，略加考证。昨授经排印百部，兹敬呈钧诲，尚求不吝指正为叩。承允赐近刻，企足以俟，先此叩谢。"（《日记》页2251，《友朋书札》页998罗振玉第二札）

一月十一日，还刘世珩《邵亭知见传本书目》。刘世珩借《鸥陂渔话》《吴兴藏书记》《劫灰录》三书去。（《日记》页2251）

一月十二日，接张元济信，并寄黄跋："江南图书馆可以保全，闻讯甚喜。黄氏题跋抄奉六种，先寄去，续有检得，当再录呈。前函称另觅得一种,近日知即据江刻录出,但不知何以与潘刻有重出者,是可怪也。"又谈及其家家谱系,纠先生之舛误,及影印《王荆公诗注》事:"承示笔记二则,于寒家谱系略有舛误,'初曰庵诗评',系'初白庵'之讹,仅据来稿更正,不旁及。别录一纸呈览。先六世祖刊《王诗李注》,系据元刊本。去岁有人持一翁覃溪校影宋抄残本来,与丁氏所藏抱经校本正合,索价二百余金,检视亦无卷三十及五十末页,故仅与值百二十番,未满其欲,遂携去。翌日往追,已无及矣,惜哉!得鄂友书,惺吾允假抄李注两卷缺页,然尚未寄到,果能觅得,拟将原书影印并补足两半缺页,以竟先志。至《带经堂诗话》,仅有粤东翻刻本。《词林纪事》迄未觅得。甚矣,服畴食德之不易也。"又谈购杨守敬藏书等:"惺吾藏书有出售意,已托人往索书目。老前辈想都见过,究竟实值几何?元济拟于二月六日自上海起程,期以半年归国,购价过巨,须归后方能再谈。不知惺吾能否久待,又不知日本人能不来夺否耳。"(《日记》页 2252,《张元济致缪荃孙函札释读》第四札)

一月十三日,先生改《东坡七集》跋。是跋即附刊于《东坡七集校记》卷末者,末署"宣统庚戌上元日江阴缪荃孙校竟跋于云自在堪"。至此,《东坡七集》的刊刻已基本完成。先生跋述苏集的刊刻源流,并记刊刻是集所用底本云:"今陶斋制府以图书馆藏本刻而传之,影摹惟肖,原板模糊处,则据嘉靖本。荃孙又得钱求赤据宋刻校本,佳处尤多,以后东坡集当以此为佳本矣。惟明人所编续集与前后集,奏议重出多篇。即本集中,如和孔宗翰诗一卷,内亦重出,可谓杂糅。至嘉靖本脱落,亦只在续集中,决非出自吉本。今吉本误之显然者,据嘉靖本、钱校本改之,而别为札记,以志所据。嘉靖本之重出、脱落,则著之,讹字,则记不胜记矣。"(《日记》页 2252,《文续集》卷六《重刊明弘治吉州苏文忠公七集本跋》,《东坡集校记》后缪跋)

一月十四日,本馆送制台发下图书馆部章。是日,先生接通志局总纂。(《日记》页 2252)

一月十八日,校《辑续碑传集撰人姓氏爵里考》。(《日记》页 2254)

一月十九日,发刘炳照信,寄《复丁老人诗》刻本、稿本。(《日记》页 2254)

一月二十日,付《艺风堂文续集》首册与姜文卿写样。(《日记》页 2254)

一月二十六日,陈庆年来言各图书馆事不能办,即致书陈三立专备入

都之计。(《日记》页 2256)

一月二十七日，撰《续碑传集》序，二月三日改妥①。序考《碑传集》编撰源流，及本书编撰、刊刻始末："钱书成于道光间，至嘉庆朝为止，迄今又九十年。中兴伟绩，贤才荟萃，长编短牍，记载较多。荃孙不揣梼昧，起而续之，起自光绪辛巳，迄今三十年，仅成书八十六卷，可谓陋矣。搜访固未广及……荃孙初自刻之，卷帙稍重，经费较多，刻至三十余卷，几欲中辍。陶斋制府归入书局，刊行两年，方始成编。"又叙该书凡例，及疵类数端。(《日记》页 2257、2258,《续碑传集》缪序)

一月二十八日，接并局公事。又见江春霖参劾折，不胜愤愤。(《日记》页 2257)

二月一日，致一束与樊增祥并图书馆章程说帖。(《日记》页 2257)

是日，先生发张元济一札，寄告白稿，欲请其登报，为御史参劾纳贿五千两与皖抚朱家宝事。(《日记》页 2258)

二月二日，拜李详，送《道光乙酉缙绅便览》，代吴闿生托校《姑溪集》并《粤雅》刻本、三旧抄本。此书先生为吴氏代刻。(《日记》页 2258)

二月五日，跋《剡源文抄》。先生所跋之书，系从图书馆借阅马思赞康熙刊本。先生校而录得卢刻所缺《送铅山王亦铣归乡序》《送谢仲潜序》两文并朱尔迈、马思赞两序藏之，又过了录其中的圈点而跋之。先生此跋，述该集刊刻源流甚详，并指出"此书较卢本，多《送铅山王亦铣归乡序》《送谢仲潜序》两篇，共七十篇。而板刻精审，画段圈点，颇显精神，胜于卢刻多矣。耐生、柳东，不知此刻，足见流传之少"。(《日记》页 2259,《辛壬稿》卷三《剡源文抄跋》)

二月八日，得张元济复札，即致孙毓修一札，谈代抄《经解》事及登告白事。札云："久仰盛名，未聆雅教为歉。惟起居百福，著述千秋是颂。弟与菊生多年至好，嗜书尤有同志。嘱抄补《经解》，因图书馆忽云独立，忽云裁并，恐图籍遗失，立与封锁。现司道议决，仍归独立，月发千金为常款矣。丁善之，钱塘人，修甫之世兄，在局中管书。昨已借《周礼》，交写官在馆赶写。弟告白，仍恳代登，报费请垫，归抄资尝。改四字，尤为周到，费神，下月到沪面谢。菊兄已行，弟本拟今日走送，亦无及矣。"(《艺风堂书札》页

---

① 《续碑传集》卷首缪荃孙序署"宣统庚戌四月"，今据《日记》。

533 致孙毓修第一札,《日记》页 2260)

二月十二日,沈家本托抄《庆元条法事例》十二册成,据江南图书馆所藏本录副。(《日记》页 2261)

二月十三日,先生致朱家宝一札,为江春霖弹劾事,并寄《文集》《藏书记》各一部。札云:"昔公陈枲江苏,荃孙远客江宁,但闻德政传播万口,从未叩谒旌麾,一瞻颜色。自惭疏懒,深抱歉忱。洎公移节皖中,立定大难,尤为心佩。旧友沈子培方伯约作皖游,藉可进聆教言……不意江御史纠公,与荃孙牵连而及,骇人听闻。首云荃孙在督署兼办图书馆,荃孙自光绪甲午与徐掌院不合,乞假归田,闭户著书,不涉外事。丙申受钟山之聘,六年书院,六年学堂。近年改图书馆监督,从未在督署办事,江御史何所见而云然?一不解也。江苏省绅士在省办事当道例相往来,从未干以私事,通省所知,督院号簿可查。关说之事,不但荃孙不肯为,即大府亦不肯听,此等机密事,非朝夕相见者能进言乎?江御史何所见而云然?二不解也。我公一面不相识,一字不通问,亦与途人无异。关说重事,五千巨款,委之途人,有是理乎?三疏连上,恰似得有实据者,江御史何所见而云然?三不解也。惟荃孙素性戆直,目击办学务者废弃国文,贻误学子,往往有不平之言,为一二金人所忌。张制军办事持正,亦不能听其所为,遂致大拂其意,在京中百计倾轧,而荃孙尤所最恶者。牵连及之,聊快彼意。江御史不是接匿名函件,即是听无赖传言,亦不敢谓其别有他故,但以直谏自命,不察虚实,冒昧上陈。圣恩高厚,又不严查,冤抑反无申诉……可否请江御史来南查办,转可水落石出……"(《文外集》之《与皖抚朱中丞书》,《日记》页 2262)

是日,马长孺来见先生,先生为其致皖布政使沈曾植一札。(《日记》页 2262)

二月十七日,到申港,缪圻扶病相见,见其步履蹒跚,语言謇涩。(《日记》页 2263,《兰陵缪氏世谱》卷二十九《族兄禄田先生小传》)

二月十九日,饭后上小船,冒大风雨到三河口上座船。先生自甲午回南以后至今十七年,年年回里扫墓,今欲远上都门,本拟多留数日,村后村前略寻钓游旧境,然缪圻久病,且连日风雨,一步不可行,只得冒雨他去。未知他年尚能回里否,临别不胜凄婉。(《日记》页 2263)

二月二十三日,在沪。先生拜吴镜沆、汪洵、刘炳照、盛宣怀,到大生

纱厂,交二百两票换折。又到国光社,购《定庵集》、新印《藏书纪事诗》。(《日记》页2264)

是日,先生闻荣庆调礼部,北行又可中止。(《日记》页2264)

二月二十五日,在杭州。先生在杭州凡七日,寓夏孙桐公馆,所见友人颇多,有萧文昭、袁嘉谷、丁立中、李传元、罗槃亭、王体仁等,游赵公祠、阮公祠,访青衣洞、琅環仙馆、净慈寺、文澜阁、灵隐寺、西溪等处。(《日记》页2265)

三月二日,在沪。到大生纱厂晤赵凤昌及张謇;又到商务印书馆晤孙毓修,交《非诗辨妄》二卷,看其收藏书籍,以《草堂笺杜》为最,《通志》次之,抄本不少。(《日记》页2267)

三月三日,偕刘炳照见盛宣怀,观其楼上楼下书籍,《赵清献公集》《中论》皆宋刻,《幼幼新书》《九朝编年》借旧抄,《集事渊海》会通馆本,皆极佳。又见王大炘、邵心芳、徐敏夫,皆管书籍者,饭后同赴龙华一游。(《日记》页2267、2268)

三月五日,返金陵。接朱家宝札并《汉孟璿碑》拓本。朱札有云:"家宝慕教有年,未尝把晤,乃以貌躬不德,累及高贤,尤深愧悚。圣人有言,观过各于其党。我公英声茂实,自有千秋。今家宝与公乃于意料不及之中,幸附党私之列。昔云敞自陈为吴章弟子,杜衍抗疏为石介讼冤。间世英贤,一时固乐与同罪,而一切飞谋钓谤之说,转可不辨而明。先生当亦掀髯发笑,以此说为不诬乎?"朱氏又因幕中有究心目录之学之幕友,向先生再索文集、藏书记。(《日记》页2268,《文外集》之《朱中丞答书》)

是日接叶德辉信,寄来《疑雨集》两部,奉还先生《三教源流搜神大全》,并言《避暑录话》已刻出尚未开刷,三月当能成书。又云先生如有应刻之书,鄂中不及赶办者,可由湘中代刻,以近日刻工佳者寥寥,其事不如往年之易故也。(《日记》页2268,《友朋书札》页544叶德辉第十六札)

是日,得王先谦二月二十三日一札,寄先生《庄子集解》一部。札云:"去岁奉到手教,并赐书多种,感谢不尽。时《庄子集解》将成,满拟作复并寄,不料以刊优拔贡卷阁置,始信科举之当废也。嗣闻奂彬言,台驾入都,办图书馆;复云未往,不知信否?辰维起居增祜,至以为念。"(《日记》页2268,《友朋书札》页38王先谦第五十八札)

三月六日,得罗振玉一札,答先生询内阁大库书、敦煌遗书等学部图书馆事,请先生代抄《苍润轩碑跋》,并寄呈先生《晨风阁丛书》一部。札云:"承询内阁大库之书,现已一律移至学部,其中秘籍,未得窥其十一。但在内阁整理,曹君直实任之,玉曾往一观。其中宋元椠及宋元写本至多,但记写本中有《仙源类谱》《宗藩庆系图》,乃宋之玉牒,元初由杭携至北都,即宋季《三朝政要》弁言所谓国史载之过北者是也。宋椠中如焦氏《易林》等,并为藏书家所未睹。且宋元本书一种中不止一部,且不止一板。曾见《金陵新志》写本、刻本不下四五种。宋元本史书则尤多不可计。当整理时,君直一人照料不及,故颇有盗出者。玉急告宝侍郎,以大库之书乃宋、元、明三代之菁华,即零缣断叶,亦非海内藏书家所得见,请不待整理,速移部中。故现在书已至部,而整理甚须时日。长者早到一日,则整理可早一日就绪。此刻皆未启封也。又敦煌之书,尚余六千卷,未为西人购去。玉不揣冒昧,再四请于部长,通电毛方伯悉数购买。现已六千金购得,大约二月内当可到都。尤盼杖履之早临也。伯希和携去之书,与商代为影照,昨有信来,言已代照千纸,亦于三月内当可寄到。荣相及宝侍郎等盼长者甚殷,薪水必足敷旅用。严几道在此,月三百六十金,以此比例,有赢无绌,求早日决意为叩。南中有愿报效图书馆工程,闻之至快,如是则此馆观成有日,不至如往者之夜长梦多矣。寿丈承推毂,感同身受。渠趋前面谢,因便寄呈《晨风阁丛书》一部,求检入。《苍润轩碑跋》二种,千祈饬写,玉愿刊行也。"(《日记》页2268,《友朋书札》页999罗振玉第四札)

三月九日,撰弘昈、岳端、李森先事略。(《日记》页2269)

三月十日,发学部尚书唐景崇信并图书馆章程、学部条陈。(《日记》页2270)

三月十一日,撰《尤梁溪集》《何义门集》跋。(《日记》页2270)

三月十四日,发朱家宝一札,并寄《艺风堂金石文字目》《艺风读书记》《艺风堂文集》《艺风藏书记》及《孔北海年谱》《魏文靖公年谱》《韩翰林诗谱略》《补辑李忠毅年谱》等书。(《日记》页2270、2271)

三月十五日,撰《柳母鲍孺人志铭》。碑主系先生门人柳诒徵母,从诒征之请故。(《日记》页2271,《文续集》卷一《柳母鲍孺人志铭》)

三月十七日,定修志人额。先生于十九日送通志局用人名单、通志章程与总办张预。(《日记》页2271、2272)

是日,撰《龟巢稿》《辨惑编》两跋。(《日记》页2271)

三月二十一日,接张预一柬,言明日通志局开局:"顷辱惠存,未尽欲言。本局开办,未便再迟,月内为日无几,检查宪书,惟明日可用,拟竟定于本月二十二日开局。淮已刻。好在同事无多,约会尚来得及,已传写生王茂如,面嘱其赶紧料理矣。明日八九钟,务请台旌临局,一切庶有遵率,幸甚盼甚。匆促不暇多赘。"(《日记》页2273,《友朋书札》页203张预第五札)

三月二十二日,到通志局,行开局礼。(《日记》页2273)

三月二十三日,发金武祥一札。札谈近况,云:"弟前月到杭,留连七日,闰枝署首郡,焦头烂额如故。公费八千欲裁去。湖上游两次,西溪一次,而西溪胜矣。初五回省,学部荣相调开,局面又换,可去可不去矣。通志明日开局,仍旧包卷,而编译局干脩一概遣散,若辈又不知如何造遥,既出任事,只可听之。藩台及监理官,时时打听各局所,不办事者即行裁撤。图书馆去岁裁五人,二月又裁赵穆士。伯豫盼早来,书已全部陈列,同人忙极。旧屋亦动工矣。新与茅中丞通信及回信,均登官报,另印二十份,乞分贻郡中友人,以资谈柄。《苏集》未补起,《续碑传》未刻完,催亦无益,各省匠人均少。兄在家作文消遣,何时来看劝业会。"(《艺风堂书札》293页致金武祥第六十三札,《日记》页2273)

三月二十四日,张预来,知局中又添多人,仍非办事之才。(《日记》页2273)

三月二十八日,撰纪录江苏事之书,为纂《江苏通志》。(《日记》页2274)

四月二日,得沈曾植一札。札言其得先生二月十三日之札,知先生门人马长孺"供职局所,勤慎寡尤,积其资历,应得调剂",应允"自当随时留意"。又言"第今日仕或为贫,而贫有时因仕而益甚,宦途况味,愈趋愈下,仍各视其命运如何耳"。札又自言其年来颇思刻书,而所蓄苦无秘本,请先生以所欲刻之书,写示一目录,其愿择而任剞劂资。又言其颇思开缺,请先生燕见时陈情于两江总督张人骏。(《日记》页2275,《友朋书札》页175沈曾植第十札)

四月三日,辑《无锡志》,纂《江苏通志》。近期先生以辑《江苏通志》为日课。(《日记》页2275)

四月九日,钱塘友人罗千秋来访。罗氏在金陵凡五日,其间先生偕其

过薛庐,看后湖,访明孝陵,游灵谷寺、半山寺,看图书馆、新通志局。(《日记》页2277—2279)

是日,先生得罗振玉四月三日一札,以先生未至都为怅,询托先生所抄书情况,告以其近来考甲骨之进展,并感慨时事。札云:"前闻聚卿言,长者取道中州,不日至都。翘盼正殷,忽于丞参堂见宁电,知又不克来,为之怅然若失。盖长者一日不至,则图书馆一日无观成之望,不仅以得侍杖履为喜也。前允赐尊刻,尚求早日邮赐,先睹为快。《元牍记》及《苍润轩碑跋》不知已付抄否?费神至感。侄近考河北所出龟甲牛骨文字,中有殷帝王名字,现已得十有五,如太甲、太丁、小甲、太戊、小乙、仲丁、且乙、且辛、且丁、盘庚、武丁、且庚、且甲、武乙、文丁之类。又询知出土之地在彰德城之西北,安阳河之南。安阳河为古之洹水,其地正殷墟。前传为出汤阴者讹也。始知此物乃殷王家之遗物,可考正史籍、小学之处不少,现撰《殷商贞卜文字考》,杀青后当呈正也。小方壶主人承鼎力照拂,渠感激万状,尚求进而教之,俾不至馁死沪滨,感同身受。现北方亢旱,喉疫流行,南中闻苦雨,不知信否?各省饥民纷纷不靖,景象可畏也。南望江淮,殷忧曷极。尚求示赐一一,至叩至叩。"又附札告先生京都近来书市情况,其所见元刻杭州路本《宋史》两套,一完本,一残帙,欲购无力,惧其流往海外,询先生有意与否。又告先生日人狩谷望之藏庆元本《史记》半部,东友愿售,千金可得。(《日记》页2278,《友朋书札》页1000罗振玉第五札、页1001第六札)

四月十五日,晚接沈曾植一札,拟请先生代刻《吴师道集》,并为办存古学堂事邀先生游皖。札云:"久病而不能解组,郁郁山城,颇思为一二雅事,以遣羁抱。《吴师道集》近代似无刻本,拟就金陵仿宋小字刻之,千字价若干,乞公指示。又此间开办存古学堂,鄙人用意,微与部章略存通变,与鄂章亦不尽同,大旨谓科学宜用西国相沿教法,古学宜用我国相沿教法,书院日程,源流有自。此意发表,将为时流大哄,公必助我张目。倘能纡驾陋邦,作十日谈,为鉴决此事耶?延颈望之。"先生次日复函允往皖。沈氏于十八日得先生复札再致先生一札,述期盼之意,并寄其所欲借抄书一单。(《日记》页2280,《友朋书札》页174沈曾植第五札、第六札)

四月十九日,先生复孙毓修一札,谈江苏通志局等事,并致《江苏通志》体例、拟目,以及先生代抄之张洽《春秋集传》等。札云:"前函发后即语善馀,善馀已言其误,正拟检举而尊函已来,弟心粗误会,何敢自讳!学部审定,亦属不敢附和,盖当道者皆东洋留学生。汪先生之讲义,不过新名词稍多而已。《通志》体例及拟目呈政。此局系张制军与议员呕气而设,报上日日讥诮,而总办诸人不知撙节,亦复授人口实,将来未必能成,弟既经手,必成一二门以塞责,缘艺文、金石两门本有草稿,不过借官力能速成耳。《松雪集》六至十共五卷,已得全书之半,影写颇不易易。先请示,如抄用何纸,影写用何纸,序首半叶原有影写者,补目则缺一叶。《论古闲伜》,昔所未闻,属抄甚感,抄成当即付梓。《续经解》又成一种,本只十卷,未全,乞察入是幸。盛宫保病渐愈,新招罗千秋入幕。"(《艺风堂书札》页 533 致孙毓修第二札,《日记》页 2281)

是日,先生致罗振玉一札,并所拟《江苏通志》志例,告以近来被江春霖诬劾之事,及愿购《宋史》残帙之意。(《日记》页 2281,《友朋书札》页 1001 罗振玉第七札)

四月二十二日,阅报知王先谦、叶德辉因长沙米荒风潮案均被处分,不胜骇异。受此案牵连,王先谦被降五级调用,叶氏被割去功名。(《日记》页 2282)

四月二十五日,撰《金陵怀古四首》。(《日记》页 2283)

五月二日,到安庆,与沈曾植相见,即住其布政使署中天柱楼。先生本次在安庆凡七日,逐日宴会,登大观亭,望天柱山。(《日记》页 2284,《年谱》)

五月三日,拜巡抚朱家宝等,方知是同治丁卯同年、词馆后辈。又拜旧友巡警道卞绪昌、学司吴同甲,门人劝业道童祥熊,洪思亮、恽毓龄、姚永概等。是日沈曾植宴请,先生赠以送志局章程定目,《太仓汇刻志》、《国朝事略》等。(《日记》页 2284)

五月五日,门人钱史才、张之纯、马长孺招游大观亭。是日,先生见沈曾植所藏宋刻《东莱吕太史集》《黄山谷编年诗》,吴刻吴师道《战国策校注》,明刻《渭南文集》《五音韵谱》;又见马天祥造象阳文拓本,黄易旧藏。(《日记》页 2285)

五月七日,观沈氏藏书。沈曾植见示宋板白文连《略例》本《易经》、《纂图互注易》,又程朱《易传》,明抄《吴礼部集》,明刻《石堂遗集》《韩江雅集》,宋板《高僧传》,元板《初学记》,又唐人书《三弥底论》及宋人《应真

图》、徐元文《感蝗赋稿》、杭世骏山水。先生均为题识。(《日记》页2285)

五月九日,返金陵。接叶德辉一札并新刊《避暑录话》三部及原本一部。札中述其在长沙米荒风潮案中受到牵连,谓"湘祸之奇,千古未有",请先生助其返还吴籍。又请先生为其留意赵汝愚奏疏。春日米荒,粮食奇缺,粮价暴涨,叶德辉兄弟四房留租谷万石而不售,囤集居奇,故此肇祸。(《日记》页2286,《友朋书札》页542叶德辉第十三札)

五月十日,发长沙叶德辉一札,寄其《赵汝愚奏议》。札中问询叶氏在米荒风潮案中被处分一事,于生计是否有影响;又命叶氏开列可刻之宋元书目。(《日记》页2286,《友朋书札》页543叶德辉第十四札)

五月十三日,购书《丹溪心法》、《万姓统谱》、吴勉学刻《礼记》、《曹子建集》、《剑溪说诗》等。(《日记》页2287)

是日,先生得罗振玉本月初七日复一札,谈京中书市所见,请教先生《近古堂书目》作者及《北堂书抄》书价,告以元刊《宋史》已付定金,并请先生代抄《红雨楼书目》。札有云:"《宋史》元印本已遵将全书取来,计五函。完好无损,前云六函,乃仅见首二册,该肆人误称。计本纪完全,传、志尽缺,表则仅宗室世系二套,共存四十册,百金允售,已付定银二十金,与之言明,若长者不要,仍可退还。若愿留,即邮奉也,乞示遵。厂肆都无所见,但有元庆元路本《困学纪闻》,明蓝格抄本《北堂书抄》。此书明装甚精,有寒木冬花馆印,殆徐紫珊旧藏。此本为以前著录家所未知。《纪闻》索二百金,似明印,太贵。《书抄》索三百金,不知昂否?乞示知,意欲得之也。又昨于友人处见《近古堂书目》,乃明末所编,略检群书,不得其人。长者知否?并祈赐教,拟刻入丛书也。邺架所藏《红雨楼书目》,拟乞饬人代抄一部,写价当寄奉,千祈弗却。都中图书馆仍无影响,非姻伯到此,恐无着手之望,如何如何。"罗氏又附札感慨敦煌古物流入异域,当道毫不加意,云:"再昨阅日本《汉学杂志》载法人沙畹即伯希和之师。博士,曩在新疆得竹简三:一为《急就章》第一简,一为汉永和间手札,一不甚可辨。又闻日本本愿寺近于新疆得凉写本《论语》残简,又凉西域长史李柏书简二通,晋太康六年写经,天宝间画佛,此类甚多。古物尽流入异域,而当道毫不加意,是可慨也!"(《日记》页2287,《友朋书札》页1001罗振玉第七札、页1002第八札)

五月十六日,购元板《乐府诗集》、《西台恸哭记注》、《唐人小集》,旧抄本《五代会要》。先生于昨日曾购得臧刻《紫钗记》《牡丹记》。(《日记》页

五月十七日,寄朱祖谋一信,并《后村长短句》四卷。(《日记》页2289)

是日,寄罗振玉京师百金,为购元刻《宋史》残帙故。(《日记》页2289)

是日,为刘树屏刻乃兄刘可毅之文集二卷成,先生即撰序。序叙先生与可毅、树屏兄弟交谊始末,盛称刘可毅"意气磊落,言辞爽朗",以为"可张吾军"。有言:"己亥,荃孙在金陵与蒯礼卿同办高等学堂,研究中外学术,略有领悟。未及半年,刚相勒停。秋间重至都门,又与葆真相见,则葆真正为大学教习。荃孙以为旧学宜保存,新学宜增入,当由旧学窥新学,不宜舍旧而图新,亦不能弃新而守旧,与葆真论议相合。孰意旧学以为新,而新学以为旧。不以为沟通,而以为首鼠,侧目者众矣。"又言:"况乎人心愈靡,学术愈下。在下几同狂易之病,在上绝无挽救之方……孔子之道将遂以熄,九原有知,恐不知若何愤懑与?我辈兴学求新之意,何其相背至此,殊可痛也。"(《日记》页2289,《刘葆真太史集》卷首缪荃孙序)

五月二十日,叶德辉致先生一札,告知先生收到《赵汝愚奏议》,并云按张溥删本目,尚缺二十六篇,列目请先生查抄;自言于米荒风潮案中受处分一事处之泰然,于生计无影响,生平有三不怕:不怕革职,不怕穷,不怕死;又云先生命开可刻之宋元书目,稍迟当写出;又代王先谦向先生询王氏前寄金武祥一札,金氏是否收到,请便中示复。(《友朋书札》页543叶德辉第十四札,《日记》页2289)

五月二十三日,接沈曾植十八日复札及所寄四百元,谈及刻志书与推广皖纸事:"来游七日,快领教言,謦欬相承,故心重见,非独鄙吝可除,抑且心神一爽也。续奉手告,敬悉起居安吉,至慰企仰。嘉禾、潋水两志,得藉春明善本,以传颜色,故书绣梓有期,良自忻慰,已由裕宁订汇四百元,待公拨用。皖纸能藉公力广销,尤深感泐,已饬赶造加宽三尺之幅,每刀百张,上号一元三角,次号一元有零,需用若干,乞先期示知,以便赶造。又寄呈格样三种,一请饬写韩饶诗,其二则请代抄宋刘云龙、元刘申斋文集,皆前年所得旧刻抄残本,补之可存,听之则归于废纸而已。酷暑不可当,岑岑若大病,作复稽迟为罪。李君书亦未能属草也。"(《日记》页2290,《友朋书札》页175沈曾植第八札)

五月二十五日，复沈曾植信，寄《圭美堂书法》二卷。(《日记》页2291)

五月二十六日，得朱祖谋二十四日之札，请先生作《后村长短句》序。札云："旋诵十六日手教，并《后村长短句》四卷，敬悉一一。汲古《后村别调》仅百廿三首，然有两首为集本所未载，不知二卷本有无增减，便中亦求假校，并求预作一弁言，俟决将五卷本付梓。毛本二首，或他本有多者，搜为补遗。湘事不寒而栗，俟归来五年，望乡里而却步，今益坚此志矣。出月拟一视闱枝，公欲为湖上之游否？"(《日记》页2291，《友朋书札》页192第五札)

六月一日，撰《嘉定志》。(《日记》页2292)

是日，先生复孙毓修一札。札谈及刻书事及盛宣怀欲购先生藏书等事："前日奉手书并大作，因有皖中之行，未能即复。嗣又奉续函并《论古间侔》，藉谂撰著益多，无任艳羡。杏公嗜好不专，所收全凭左右指挥。近托汪子渊索弟书，弟愿照《藏书记》点本，照时价奉让，小有基础，胜彼所收多矣。《江南图书馆书目》《存箧目》均已写好，七月朔开馆，恳兄赐光。《论古间侔》定刻传，古人书即有讹，亦胜湮没。近得《天山年谱》，均天壤未有之书也。《周礼总义》将抄毕。张洽《春秋集传》想已收到。推论中国文字，发前人所未发，至当不易。阮文达言，文字从交互成，得偶义。君言象形结构得偶形，又深一层矣。雨大稍凉，雨止即热，少应酬，多翻阅，亦足适也。"(《日记》页2292，《艺风堂书札》页534致孙毓修第三札)

是日，叶德辉致先生一札。札中为己在米荒风潮案中受处分事辩解："湘祸始末，各处朋友皆有书来讯，但以辉自租自售，被论为冤，不知与岑抚不和，及与杨、巩互相党援，二者尤为不实。岑抚之所忌，固自有人，而无恶于我辈，事后辉有书抵之。因问讯者多，故以活字排印，便于示本省人，寄远方朋友，得者一览而知事之架诬，但求无愧我心，何必上书讼冤也。"又列目向先生索书，"若有未装订之草本尤佳"。又促先生速抄所缺之赵汝愚奏议篇目。又言当时之版刻状况："自去年以来，石印活字板大行，刻工四散，有入学堂为甲班学生者，学生之成效当有可观。惜我辈刻书，一时掣肘耳。"此可见一时风尚。(《友朋书札》页544叶德辉第十五札)

六月二日，发叶昌炽一信，寄《三天洞题名》《江南通志志例》，并盛赞叶氏。(《日记》页2292，《友朋书札》页418叶昌炽第四十六札)

六月三日，接罗振玉书信，知先生所汇购《宋史》之百金二十八日已到。札请先生为其代留袁北海所拓全省碑刻，因先生办理《江苏通志》金石一门，派袁北海访拓。请先生为其代抄先生所藏《红雨楼题跋》，其愿刊刻之。札又云王国维欲刊刻《录鬼簿》，已于陈毅处抄得明抄本校于曹刻本之上，请先生录寄先生所藏明尤贞起本，以便汇成善本。又寄赠其外王父所著《石柱考》及其所著《仅存录》。又附札告知先生董康"近刻《皇宋类苑》，日本活字本。《五代平话》，曹君直藏元小字本。《周北山集》，元刊足本。《马石田集》，元刊足本。《梅村集》，孙从添藏稿本，较原刻多诗文百余篇。诸书年内外当可刊成。"其本人所刊《昭陵碑录》，因都下刻本太劣，寄鄂重刻；并刻《肇论》、传是楼藏宋本《中吴集解》、影宋本郭京《周易举正》、《二李唱和集》等。（《日记》页2293，《友朋书札》页1002罗振玉第九札、页1003第十札）

六月六日，接图书馆裁款照会。（《日记》页2293）

六月九日，接张锡恭京城一札，告先生其在礼学馆之撰著，询江苏通志馆各府派纂修之宗旨："拜违道范，二载有余，常于子寿兄处得悉福履增绥。去冬知春融后当安车入都，翘企甚殷，又成虚望。锡恭至礼馆已足二年，分修凶礼初稿已将粗就，尚有须请旨而后定者，属草之时，别成刍议二十一篇，释服六篇。趋公多暇，又撰《礼经宫室图考》。未成。为撰礼经郑氏学之发轫，冀将振通德之坠绪，披宋明之榛莽，譬犹负蝥之虫，不自量其力不胜也。顷者都中同乡，接阮子衡部郎自南中来函，江南修通志，各府派纂修一人襄事，嘱同乡京官公推一人往预，第同乡诸君未知其命意所在，知夫子大人实总其成，爰敢先以禀问，如系编纂，则必推乡邦文献之宗，以敝郡言之，顾香远先生堪膺是选，恐不肯出。其次有杨古酝先生，系锡恭之姑丈，年八十矣。然尚卖文自给，或可出应。若充采访之役，则必陟九峰、渡三泖，又须年富力强者。伏乞示及一二为盼。京辇诸老颇企望蒲轮，现曹君直兄回南，愿展骍以劝驾，傥可殷保残守阙之怀，重染京洛缁尘乎！"（《日记》页2294，《友朋书札》页979张锡恭第三札）

六月十日，接王先谦信，语多愤激，先生以为"亦由抑郁而出也"。六月上旬，王先谦曾致先生多札，谈其被牵连降职始末及不平。（《日记》页2294，《友朋书札》页40王先谦第六十、六十一札，页41王先谦第六十二札）

六月十一日，收到罗振玉寄来托其代购之元刻《宋史》，谓"极佳，惜只

十分之一"。(《日记》页2294)

六月十四日,校赵汝愚奏议,即加函寄长沙叶德辉。(《日记》页2295)

是日,先生得沈曾植本月四日一札,寄纸请先生代为印书,并附李详一札及关书,请先生代为致意李氏,欲聘其任教安徽存古学堂。札有云:"《圭美堂集》奉到,异闻亦自无多,第未经寓目,总觉耿耿难忘耳。笔记录竟奉缴。_{保险寄附回条}。两志宁刻,两集鄂刻,一惟吾公指挥。印书纸奉去,古色者二万九千张,白色者三万张。诸家仿宋书,务恳饬坊贾代为搭印,_{朱子韩所刻各种,尤盼}。不敷示知,续即寄上,至盼至祷。李审言信,恳费神代投,并希代致拳拳,劝驾一临为荷……积馀欲入都,必印书,搭印事当易商,亦有书恳之矣。文枢有补过信,亦当得公训饬力。汪太尊苦无相当差缺,止可招其世兄,于官钱局中兼两席,与府班薪水相等,知念并闻。"先生随即复一札,寄新抄《倚松集》、《榕村续语录》六卷,旧抄《秘殿珠林》,信由邮政,书交林学使。前此,沈曾植曾致先生一柬,请代抄各书:"请代抄《秘殿珠林》《石渠宝笈》《榕村语录》《圭美堂集》论书及题跋、《敬乡录》、借刻书《韩陵阳集》、《倚松老人集》、《至元嘉禾志》。"(《日记》页2295,《友朋书札》页177沈曾植第十二札,页175第九札)

六月十六日,跋《斜川集》。先生是跋述《斜川集》刻板源流、异同颇详。是集经周永年从《永乐大典》中辑出,赵怀玉于乾隆戊申首刻之,嘉庆十三年,法式善充唐文馆总纂,复于《大典》得《志隐》诸篇,文十五,诗五十三,鲍廷博刊刻时已将法式善新辑者散入各卷中。先生所见之赵刻本,当系赵氏初刻,后嘉庆间有唐仲冕为赵本增刻《补遗》二卷,《续抄》一卷,增入法式善所辑者,为先生所未见。(《日记》页2296,《文续集》卷七《斜川集跋》)

是日,张预致先生一柬,告以通志局诸君编定之书可为定本者上呈府主:"得告诵悉。分纂诸君编呈之书,如有完善,可为定本者,拟清缮二三册,送府主一阅。此侪之创议,非樊老意也,不知有一二卷可用者否?震大令脩金五十元,当遵嘱收支照送。侪病湿经旬,脾阳受困,肝升头眩,委顿不能出门户,二十日能会议最妙。闷甚。"(《友朋书札》页204张预第八札)

六月十八日,致吴闿生一柬,交《拙轩集》补遗板及清样。先生代为吴氏辑刊。闿生系吴重熹之子。(《日记》页2296)

六月十七日，张预致先生一束，谈通志局编纂记工，又议及图书馆归并问题："两奉手笺，具悉新闻报之说。此类如潮阴天豹脚蚊，饥来哜人，一掌掴毙之便了，惟所指属稿盈尺为罪，多为罪，抑少为罪乎？殊不可解。大贤何屑与之较铢絫寸乎？王寿轩又交两卷，取材偷巧，诚太便宜。时直估价，自以援仲我之例再减半，庶为公道。即谕知收支遵行，亦后来一榜样也。承示欲与图书馆同去留，此断不可，且看如何并法，再议何如？应酬人本是额外事，尽可谢绝耳。"(《友朋书札》页204张预第九札)

六月十九日，为图书馆裁并局所致樊增祥一束。(《日记》页2297)

是日，先生得莫绳孙一札，寄家人传记，备先生采入《江苏通志》。札有云："前承寄下通志局章程，谨已领到，兹寄上先征君墓志铭、别传及先九叔父墓志并致舍妹节孝事实。吾家旧籍上元，今齐流寓，不能归黔，先君谅可入流寓传，先九叔历江南州县，实惠及民，诚不愧循良。故妹苦节三十六年……"(《日记》页2297，《莫友芝年谱长编》页571)

是日，先生得叶昌炽一札，告以妇人亡故事。先生即寄上祭幛一副。(《日记》页2297，《友朋书札》页418叶昌炽第四十六札)

六月二十日，赴通志局会议。(《日记》页2297)

六月二十一日，致罗振玉一札，并寄先生据己藏明尤贞起本影抄之《录鬼簿》，罗氏请先生代王国维所录副者。(《日记》页2297)

是日，先生发沈曾植一信，寄《刘葆真集》纸样并嘱找笔记。(《日记》页2297)

六月二十四日，致王先谦一札，请其赐撰《续碑传集》序。(《日记》页2298)

六月二十五日，致孙毓修一札，谈出售自藏书事。札云："前奉手书，未及即复为歉。六月徂暑，君子攸宜，谅符私颂。弟在金陵，正在筹办图书馆，择吉开幕，忽度支部电嘱并入通志局。弟等电学部，请主持，迄无定见，而七月朔之期，不能不展缓，公事如此，仍可叹也。经此挫折，意懒心灰，急思售书为求田计。照目画价，已寄宫保，整售则打折，零拆则不折。菊兄回来亦可相商，并送信琉璃厂旧友矣。垂老途穷，不得不尚出计，亦属可叹。"(《艺风堂书札》页534致孙毓修第四札，《日记》页2298)

是日，先生得沈曾植十八日一札。札谈及请先生印书、刻书事："黄纸印仿宋本，白纸印方体字本，云自在庵书能先试印否？板当在宁，不在他处乎？凤林元板，异时似亦在可刻之列，略仿《绝妙》厉笺，附刻考证于后，即与秦本不嫌重复矣。"又请先生代为抄补《吕集》："吕集阙目，另纸录呈，敬恳饬为抄补，能影写最佳。其中学规、昏祭诸仪，不知通行本有之否？如其无有，刻而传之，于近代风教，亦不无裨补也。"又请先生遥领存古学堂："存古事，中丞、学使均望公以名誉遥为领袖，有大事可以主持，意出至诚，谅先生必鉴而允可。其保存微意，必须婉致春卿尚书，弟有一书，尚未写毕，迟日当录稿奉呈请教也。"先生次日复之。（《日记》页2298，《友朋书札》页177沈曾植第十三札）

六月二十八日，财政局议定归并图书馆，妄人连荷生允之，先生愤懑之至，电学部。（《日记》页2299）

是日，先生拟《荆钗记图》十四段。（《日记》页2299）

六月二十九日，电学部，又电乔树枏，上总督张人骏书，与樊增祥信，皆为图书馆事。（《日记》页2299）

是日，张预致先生一柬，解释财政局会议可能之情状："一昨清理财政局会议，侍以病，故请荷生代表。图书馆事，志局此时坚守不置一喙之义，乃忽有可以归并一说，此是监理管君末后收场武断之语，众耳普闻。尔时侍即在座，亦断不肯下此死语。荷生平日措词何等调疲，以此说归狱于彼，似不至此。渠甚悚然，惟仗我公以理解免之也。此事总须奉有明文，方有着手处，当从老前辈后相助为理耳。丁一卷、震二卷，谨收入。"（《友朋书札》页204张预第十札）

是日，拟《白兔记图》十四段。（《日记》页2299）

七月一日，拟《杀狗记图》十四段。先生拟毕《荆钗记图》《白兔记图》《杀狗记图》，于七月四日寄与刘世珩。（《日记》页2299、2230）

是日，撰《江苏通志》之《太仓志》人物列传。（《日记》页2299）

七月二日，再与张人骏一书，得复信，言图书馆准独立。（《日记》页2300）

是日，曹元忠自京师来，长谈。曹氏此次南下，在金陵凡五日，期间以《礼例》及他稿，呈先生阅。七月六日告别先生，托先生售《江南春》卷子，并借先生所藏《政和五礼新仪》。（《日记》页2300、2301）

是日，得叶昌炽一札，谢先生上月十九日致其亡妇祭幛。札云："昨又从邮馆颁到赐幛一悬，损书慰唁，谨领之余，感极欲涕。前承寄皖拓三通，亦拜嘉。平生结癖，良友远贻，离索之余，见所未见，其为珍感，何可言宣。乃于裁答时，竟未有一字赏析，此其神思之恍惚，心情之氍毹，公可揣而知之矣。侍自归田后，乡居养拙，夫妇二人相依为命，一旦长离，其难堪之隐，固有不仅在悼亡者。今定于出月初八日领帖之后，即移家进城。秋凉扫径，以俟嘉宾之至，亟盼良觌。"（《日记》页2297、2300，《友朋书札》页419叶昌炽第四十七札）

七月五日，跋宋本《孟子注疏》。先生跋云："宋刊本，止存《公孙丑》上下四卷。每半叶八行，行大十六字，小二十二字。白口，有刻工姓名。扩、廓皆避讳，知其宁宗时本。佳处，'一豪'，不作'一毫'；'塞于'，不作'塞乎'；'吾闻之君子，不以天下俭其亲'，无'也'字。而'泰山'、'惟恐'两处已同今本矣。字大悦目，纸光玉洁，可宝之至。此本已无章指，可见宋本有无章指者，不尽由于明本脱落也。"其云"有无章指者，不尽由于明本脱落"，为明本辩诬，颇有见地。此书今藏中国图书馆，实为宋刊元修本，先生跋书于卷末衬叶之上，较此处所录为简。末尚有袁克文丙辰三月手跋，云："艺风于版本中号称博识，宁于郁华阁之《礼记》、木斋师之《周礼》、铁琴铜剑廛之《周易》、南皮张氏之《尚书》俱未一见耶？何不知八行十六字者为黄唐本耶？此残本当出自内阁库中，与宋刊《水经注》同得自曹君直，毛印即其伪制，盖有所避也……"袁克文断此本为三山黄唐本，是武断之言。三山黄唐在两浙茶盐司提举任上刊刻群经注疏，唯《礼记正义》可以确认，《毛诗正义》亦有可能，据其题《礼记正义》卷末之后序，前此诸经系前任所刊，后此者《春秋》一经，已经交与"同志"，恐其任上未必顾及《孟子注疏》。至于此本，先生云"每半叶八行，行大十六字，小二十二字。白口，有刻工姓名。扩、廓皆避讳，知其宁宗时本"，实已经指明系八行本，较为谨慎。袁氏云此书得之曹元忠，曹氏从内阁大库携出，或亦得其实。曹元忠此前后正在内阁大库整理藏书，此番南下系请先生入京主其事。此八行十六字之《孟子注疏解经》，已数百年罕见于著录矣。（《日记》页2301，《辛壬稿》卷三《孟子注疏四卷跋》，中国国家图书馆藏《孟子注疏》残宋本）

七月六日，李贻和支沈曾植款五十元，先生将《嘉禾志》《澉水志》两书交去。沈氏请先生代刊此二书。（《日记》页2301）

七月七日，发沈曾植一札，寄《榕村续录》七本、纸四叶与沈曾植。发孙毓修一札，寄代抄之《诗演义》。（《日记》页2301）

七月九日，接王先谦本月三日复札。札言"此次代人受过，遂获严谴，所幸返之此心，尚无愧怍，诚如尊谕，可以释然"。请先生在两江总督张人骏前推奖增重："惟瑞折全属子虚，或者有人说话，交查多在南洋，此先谦前函所为不能自已也。安帅贤者，或不为落井下石之事，然总求吾弟面晤时，将先谦居乡安静，宅心公正，推奖数语，庶几借以增重，此则出自弟之热肠古道，不胜祷切者矣。命作集序，迟当缴上。"（《日记》页2302，《友朋书札》页42王先谦第六十三札）

七月十日，先生到通志局，又到图书馆。改"纪录江苏事之书"第一卷，在馆晤赵宽，知通志局运动并馆，以为"殊可讶也"。赵宽时在通志局任职。（《日记》页2302）

七月十四日，吴庆坻赠《养吉斋随笔》，先生以为极佳。（《日记》页2303）

是日三更，先生闻通志局总办张预故去，不胜伤感。（《日记》页2303）

七月十六日，得樊增祥一束，知通志局总办新派林开謩。束云："子虞竟尔长逝，老泪同倾，可胜怆恨。昨奉手教为仲武说项，侍为此老求差三年矣，同心之言亟应赞成。顷上院言之，帅意注在诒书，侍遂未便争执，缘诒书亦吾党也。仲武老运遭迍，为之太息。"先生曾向樊氏推荐莫棠。（《日记》页2303，《友朋书札》页112樊增祥第九札）

七月十七日，李详来，即赴皖，先生让其带上《结一庐丛书》两部、集十六本。先生曾与其一笺，云："书一卷收入，十八再交。即嘱账房预备无妨。廿日就道。住处必须留下，以备通信。至寄卷一层，兄必须往会沈方伯，届时面议也。统计之谕旨，以少存为上。"其所谓"统计之谕旨"，当指其所分办之《江苏通志》谕旨部分而言。又言及林开謩事："昨林君之官，师又驳回。王国将相，并非官知。如六朝及前明南京之大臣，能谓本地官可乎？"（《日记》页2304，《学土》卷二页163《缪艺风先生书札》第四函）

七月二十一日，到通志局与新任总办林开謩贺喜。（《日记》页2305）

七月二十四日，送《刘葆真集》板于刘树屏，并印书五百五十部，缴清款亦收到。刘树屏旋来谢先生。（《日记》页2306）

七月二十八日，挈缪僧保邀金武祥祖孙三代至湖山览胜。（《日记》页2306）

七月二十九日,曹元忠在京致先生一札,询先生北上之期:"受业于此月二十二日还都,途次托庇平顺,堪纾垂注。惟数日来朝局已有变动,外间不无浮言,实则依旧蹈常袭故也。昨见学部友人,述及敦煌石室唐写卷子本书已至,与内库宋元椠同付严扃。日销月铄,便是无形焚坑。未识吾师杖履何日来都,为书请命,望切云霓矣。承命相宅,已得一二处。皆在顺治门内。当于日内函告子寿兄往视,再行奉闻。"又欲以朱学勤廷试策一册换结一庐所刻书,介绍邹文卿入通志局,等等:"兹附上《丹邱生集》补遗诗四首,乞便中致之逊庵先生。又朱修伯太常廷试策一册,亦求代致子涵先生。欲得其所刊明抄本张燕公、刘宾客、司空表圣三唐人文集、汲古抄本《金石录》及《结一庐遗文》各数部为报,未识可否?近日考试优拔已毕,下第者俱欲南旋。有邹紫东尚书族人文卿明经,欲入通志局编纂,务祈函丈恩植。闻此君品学俱佳,必不致有负栽成也。紫东信及名条附呈。劳玉初提学人尚未见,见其婿陶拙存郎中,知需于资政院闭会后履任矣。并以奉闻。"(《友朋书札》页 985 曹元忠第十二札)

七月三十日,发孙毓修一札,寄代抄之《左传补注》。(《日记》页 2307)

是日,先生得陶子麟湖北信。喻春峰自鄂归,带回《苏集》六十部并板片,《对雨楼》四十部并板片,《续碑传集》并板片,孙星衍、苏辙两年谱板片,《艺风堂文续集》第三卷板片。先生于八月二日专人到下关提书与板,板存朝天宫。(《日记》页 2307、2308)

八月二日,纂《江苏通志》松江一府成。(《日记》页 2308)

八月六日,吊友人朱澊。撰《镇江志》。(《日记》页 2309)

八月九日,接鄂电,知缪祖保病殁,年五十岁。先生不胜伤感。缪祖保自十一岁至先生家,颇称谨慎,在诸兄弟中为独异。理料家务,代先生效力,官鄂省后,名誉亦不恶。去年得腰痛疾,愈发愈重,以至不起。(《日记》页 2310)

八月十三日,乔树柟到宁,先生至陈三立宅与晤,并偕上车站,在关公亭茶叙约两时许,再饮三醉楼,送至下关始回。(《日记》页 2311)

八月十八日,江南图书馆阅览室开办。(《日记》页 2312)

八月二十七日,沈曾植返乡因疾滞留上海,致先生一札,札谈刻书事:"《至元志》未审已墨板否?《倚松诗》讹字苦无他本可校,惟《宋百家诗》似同出一源者,略相参雠,将来再乞公审定之。"又谈及述古学堂事,并意欲往宁:"樊川处重阳之约,意在践言,第归里又是一番劳劳,未知孱躯能自振否耳。皖存古指定之款,闻有异议,又云中丞力任维持,不知敦请吾公之书到否?由中丞发。审言在彼情状若何?欧、日政策,不随人改,我则政以人移,长此纷纷,其何能淑?王祭酒闻在宁,亟思一晤,乞先致意。"(《友朋书札》页178沈曾植第十四札)

八月二十八日,与樊增祥一束,送去《苏集》一部,请假三个月入都。(《日记》页2315)

八月二十九日,志局会议。撰扬州、淮安志余。(《日记》页2315)

九月二日,交通志局纪录江苏事之书八卷。(《日记》页2315)

九月五日,先生回里祭祖坟。见缪圻步履轻健,语言流利,为之大喜,以为其病已去。(《日记》页2316,《兰陵缪氏世谱》卷二十九《族兄禄田先生小传》)

九月十一日,在金陵。沈曾植诣先生谈,借先生藏《绝妙好词》。沈氏本月八日至宁,即致先生一笺来访,然先生尚在旅途。沈氏在宁凡十日,与先生多次宴饮,并从先生借书多种。(《日记》页2317、2318,《友朋书札》页189沈曾植第五十八札)

九月十五日,先生至孙毓修一札,寄代抄之书。札云:"《尚书精义》一卷乞察入。现只存《周官精义》一书,为卷稍多,已交妥人在馆续抄矣。近又得佳帙否?"(《日记》页2318,《艺风堂书札》页535致孙毓修第五札)

九月二十日,到图书馆,与诸君话别。二十一日,到通志局,与同局诸君话别。先生将赴京。(《日记》页2320)

九月二十六日,樊增祥、李瑞清、吴闿生、王瓘等为先生送行。是日,金武祥自京师回,来与先生长谈。(《日记》页2321、2322)

九月二十九日,抵鄂。先生在鄂停留凡三日,期间吊缪祖保之棺,拜访杨寿昌、陶子麟、杨守敬、柯逢时、梁鼎芬等友人,遇徐乃昌,并借得柯逢时元版《河汾诸老遗集》。(《日记》页2322、2323)

十月四日,抵京。火车站下车,端绪、刘世瑗、曹元忠等人均来接先生。(《日记》页2324)

十月七日,往法政学堂,并看太仆寺街屋,到广化寺看图书馆办事处,房屋尚宽。先生初至京之数日,徐坊、董康、乔树枏、章钰、唐晏、蒋伯黼等

来访,先生亦往拜端方、刘世珩等,并招饮罗振玉、曹元忠、吴昌绶、柯劭忞、褚德彝等。(《日记》页 2325)

十月八日,得恽毓鼎一束,述先生消假事:"违待多年,时殷企仰。昨从邮局递到手简,欣慰逾望。危言日出,旧学陵夷,此后获不时质正于左右,尤可幸也。尊事询之清秘堂,仍须取印结,至署报到。谨以奉闻。稍迟,当趋谒畅谈。"先生于九日与恽氏晤面,十日交送印结并费十二吊,请恽氏代为销假。(《日记》页 2326,《友朋书札》页 426 恽毓鼎第二札)

十月十日,移行李入新居。(《日记》页 2326)

是日,先生访盛宣怀,未见,致其一札。札请盛氏续交办《常州先哲遗书续编》之款:"顷诣谈,未晤为歉。八月寄书八册,今又来书七册,全单交光珊转呈,想已察入。惟光珊信言,曾由义善源兑四百元到宁,迄未收到,乞再查为荷。前三千元开支殆尽,垫用已至六百元,银根太紧,拉用实难,如四百元已兑,乞再兑乙千元方専用度,内扣抄书百廿元,《先哲遗书》十部一百卅二元是荷。或在此间交弟均可。敝寓现移居太仆寺街西头,要紧电话乞转嘱电局留一号并即来装为祷。唐尚书分付不可无此,方能便利,费神再谢。"(《艺风堂书札》页 323 致盛宣怀第二十七札)

十月十三日,邹嘉来来求为其先人作传,蒋伯黼求为其先人入《通志》。(《日记》页 2327)

十月十五日,接陶濬宣一札,述其八年间办学堂境况;询其所书擘窠大字两联,又屏条四帧,经李瑞清转寄先生代陈馆中,是否收到;又赠先生楹帖一联,并近刻拙书碑版数:"沪江握手,快叙别悰,匆匆又八年矣。嗣承命书联额各件,此后未通书。而每怀旧雨,疏若晨星,先生为一代灵光,泰斗之仰,遍满中外,遥瞻德采,但切驰忱。唯自违待以来,世局变迁,人事俶扰,云翻雨覆,千差万殊,纷纷呶呶,莫可况状。弟自愧樗材,不适世用,放浪自娱,息影藏拙,爱东湖之山泉,割镜水之一曲,经营布置,建设学堂,斋舍凌虚,面面环水,花木竞爽,不染一尘,空气呼吸,最宜于学子卫生。办普通中学八年,颇多造就。近因宪政筹备,士民皆须有法政知识,而吾越素无研究法律,故去年呈请咨部,改设法政学堂。外府私立法政,得蒙特别邀准。学子莘莘,数逾二百,勉支病躯,躬为监督。唯经费支绌,以润笔金补助之。润格自叙云:人书俱老,行年六十,踵门求书,日不暇给。归买青山,犹存吾笔。学堂储才,费从此出。辛苦砚田,教育普及,热心兴学,是墨是血。近今学界筹款多术矣,未有辛劬坚苦如此者。冀栽桃李以补桑榆,自怜亦堪自笑也。乃自戊申春季,忽中风痹之疾,左肢不仁,几成偏废。永兴臂痛,废书经年,近始渐痊,颇自欣幸,或尚有未了字缘于人间世也。闻南洋劝业会场有美术馆,夫书画为美术之要素,楷法自李唐以后,古意寝亡,下逮宋元,愈趋愈谬。自乾嘉诸老提倡古刻,北朝碑碣渐次发明,书学亦渐冀复古。而近年学堂,文字日趋简便,兼习外国文,致八法将成绝学。弟幸得病瘳回春,勉书擘窠大字两联,又屏条四帧,正拟奉寄先生代陈馆中,以为后学识途之马,因未悉贵寓地址,故寄李梅庵提学,属为代陈,并请先为致意先生。未知已达到否?更为先生另书楹帖一联并呈。近刻拙书碑版数种,敬求正字,借此石缘,以当面晤。"(《友朋书札》页 677 陶湘宣第十札)

十月十六日,章钰与门人胡玉缙之来访先生。是日先生到图书馆,同人咸集,拜印、升座如常仪。(《日记》页 2328)

是日,盛宣怀送达六百元书办书款。(《日记》页 2328)

十月十七日,与徐坊呈学部文,请广化寺开办储藏,并呈请柯劭忞、罗振玉、王宝田、董康、吴昌绶、唐晏、蒋黼、淳于鸿恩八人为图书馆名誉经理员,随时莅馆裨助一切。(《北京图书馆馆史资料汇编》页 10—11)

十月二十五日,到图书馆开箱。赴柯劭忞会贤堂之招吴重憙、端方、张权、赵叔绩、藤田丰八、董康、罗振玉、蒋伯黼、劳乃宣、吴昌绶同席。(《日记》页 2330)

十月二十六日,致金武祥一札,札谈在京情状:"金陵匆匆一叙便分手,辰维兴居纳祜为颂。弟初四回京,十六到差,终日碌碌,不能伏案,殊为苦耳。子东尚书,见时即问兄道途安否。梦陶问兄图事遂否,并问何日旋里。图书馆在后门广化寺内,与住处相距三里之遥,往还殊苦。至派员太多,办事不划一,中外如一辙。弟恐落落难合,早归为幸。厂肆书贵极,兴味索然,归去更速。弟无书看,如鱼无水,不能过也。"(《日记》页 2330,《艺风堂书札》297 页致金武祥第七十札)

十月二十八日,到图书馆,开书十箱,冒雪归。先生近日在书馆开箱已数十,然人手尚未整齐,冗员太多之故。(《日记》页 2331)

十月三十日,撰《章硕卿传》。章寿康,字硕卿,浙江会稽人,喜藏书、刻书。先生与章氏为同好挚友。初,先生在成都,章氏亦随父宦游于此,两人于会府街后宰门书肆数数相遇,先生"与谈版本源流,贯串如流水,则又大异",遂订交,引为同志、知己,十日必三四晤。光绪乙亥,先生为张之洞草撰《书目答问》,亦时引章氏为助。此后两人交谊三十余年。先生于该传中回忆二人相交事迹及章氏一生境遇,并附列章氏所刻书目于末,多罕见之学人要籍,可谓深知章氏者。(《日记》页2332,《辛壬稿》卷二《章硕卿传》)

是日,诣罗振玉,相遇于途,同诣学部,观陈庆年信,为江南图书馆事相与叹息。是日,先生罗振玉《众经目录》一函,前曾借其《贞元释教录》二十册,盖与整理图书馆得敦煌经卷有关。(《日记》页2332)

十一月一日,学部三堂回先生,欲添派名誉经理员,先生自谓"顺水推舟,事无不成,特费冗耳"。(《日记》页2332)

十一月五日,得沈曾植十月二十七日复先生二十二日之札。札云:"奉廿二日手教,敬承一是。李君处已催令北上,川资遵命垫付。敦煌经典,必当有出中、东、丽《藏》外者,区区盼望编目亦甚切也。其他有关乎四部者,珍秘新异,诸君当已有发明,曷不出一图书校勘录,公诸海内,此当为东西学者欢迎。不袭杂志之名,而有其实,公有意乎?鄙人执鞭欣慕焉。《珠林》《花庵》当由沪转寄,或交李君带上。《白石集》当寄十部,请由公代致诸君。另单《苏集》,恐仍须由公函致丁君乃接头耳。《黄集》校明刻一,近刻二,编次绝殊,异字亦猥多。明刻出蜀本,近刻皆祖明。此为豫章本,源流本不同,但聊城杨氏有五十卷建本,不知如何耳。都中学者所聚,炳烛余明,颇思束缊,公为我筹一名誉馆员如何?乡居见闻都绝,有得有失。"(《日记》页2334,《友朋书札》页179沈曾植第十七札)

十一月六日,《陶斋藏石记》成书,端方送两部与先生。(《日记》页2334)

十一月八日,到馆,开经卷。(《日记》页2334)

十一月十一日,撰《意园文略序》。先生与盛昱交甚深,杨钟羲辑盛昱遗文刊之金陵,故先生为之序。序中先生述盛昱一生仕履及匡时之志,举昔日二人论交之雅,颇见深情。二十日先生寄该序与杨钟羲。(《日记》页2335、2338,《辛壬稿》卷二《意园文略序》)

十一月十二日,致徐乃昌一札。札谈抵京后之情状:"途遇匆匆,不及多聚,殊以为歉。辰维接篆视事,措置裕如为颂。《毛诗》一部家中收到,子霖又荷栽培,感谢感谢。弟初四到京,十一销假,十五到学部,十六到图书馆,馆中职事人员均由堂派,济济多士,均未见书者。续请罗、蒋、董、柯、严、陈、张君立为名誉经理员,再请曹君直、章式之、王扞郑、震在亭,晤在亭,问其何时来。陈立夫为纂修官。有薪水。堂官允准先开姚、徐两家书,分类归架,近又开敦煌石室经卷归架,内阁之书俟下月去领,文津阁之书须明年四月运到。积水潭造屋工作罢论,以大学堂六科各归新建,而以旧屋改书馆,大约明年可望成立。江南仪员屠宽又以为陈编无用,请裁经费归学使、科员管理。不知学使费绌,科员事繁,两地窎远,如何兼顾,不废而废,恳兄与樊山设法保全为祷。《苏集》去年所议,今已有丁秉衡交楚。陈劭吾之书均交尊处,想已分致。皮宣极贵,所拟仅敷成本,湖北银价又低,板头二金之说实未加上,兄可与蒯、刘诸君言之,并不求加。弟自负体强,到京以来为车所困,时形劳乏,月给二百四十金,马车万坐不起,奈何。李贻和偷印《苏集》,陶斋大怒,已专人来提板矣。聚兄闻已回来,尚未见到。闻有延外省顾问官之议,兄必预焉。孙佩南、沈子培、叶鞠裳、柯逊庵、叶奂彬、罗桀亭、丁秉衡。"(《日记》页2336,《艺风堂书札》页465致徐乃昌第三百八札)

是日,章钰致先生一札,还本月八日所借《京师坊巷志》,并谈及先生召见事及购书事:"《顺天坊巷志》读讫,敬缴。似宜从早付刊,以惠都士。召见事已托定否?如未托定,钰有熟人可诿谣也。大著《碑传后录》及景宋《坡公七集》新印本,到京敬求各留一部,以资研诵。该价照纳不误。馆中知会尚未奉到,定期即遵行。打本一分附呈,求训诲。"(《友朋书札》页587章钰第六札)

十一月十三日,上隆福寺书铺,得明板《内简尺牍》一部。先生在京期间时而购书,颇费馆谷。(《日记》页2336)

十一月十四日,恽毓鼎招饮,同席者罗振玉、姚锡光、董康。(《日记》页2336,《恽毓鼎澄斋日记》页513)

十一月十五日,诣吴昌绶谈词,吴氏搜罗极富,送先生《定庵年谱》《疏斋词》各一册。(《日记》页2336)

是日,先生致孙毓修一札。札谈抄书事:"弟匆匆来京,未及告兄为歉。家信来言,《周礼易氏总义》已抄成,如收到乞示及。去岁见宋刻《草堂诗笺遗》,年谱,诗话为一册,在厂肆,想配全否? 开单所索之种,均已交齐,抄费算得再布。菊兄何日回来。"有谈及目前局势:"弟在京城寓,西单碑楼太仆寺街。日与书为缘,尚属不恶,惟嫌鞍马劳顿耳。变法首议剪发易服,江浙必定大

乱。弟移家到沪,能避此难否?"(《日记》页2336,《艺风堂书札》页535致孙毓修第六札)

十一月十六日,撰《陈母周太夫人墓志铭》,十二月三日撰毕。陈母于本年六月逝,年九十一,子燨唐辞官奉养二十余年,奉行述入都请志铭于先生。(《日记》页2337、2342,《辛壬稿》卷二《陈母周太夫人墓志铭》)

十一月十七日,拜刘世珩,面交其面交《草堂诗话》及《杜公年谱》。刘世珩送先生新刊《拜月亭记》及《燕子笺》。(《日记》页2337)

是日,先生撰《明本拜月亭记跋》。跋论此剧胜过《琵琶记》及《西厢记》,"字字稳帖","南曲全本可上弦索者,惟此耳";又论该剧乃元人所作,"王静庵以'双手擘开生死路'二语,据小说为明太祖撰句,证其非元人。太祖自僧为盗,目不知书,此等事相袭甚多,皆非事实,不足为证。至《拜月》改为《幽闺》,约在明末。"以此质诸王国维。刘刻本卷末有王国维跋,王氏认为此书出于明人之手。(《日记》页2337,《辛壬稿》卷三《明本拜月亭记跋》)

十一月二十一日,五鼓入内府,预备召见,履历未到,承奏事处铁格为之赶办,得无误事。巳时方得召见,奏对十数语即出,旋得旨以学部参议候补。(《日记》页2338)

十一月二十二日,撰《江苏金石记》。(《日记》页2338)

十一月二十六日,送旧抄《金石林时地考》与罗振玉,并送《宋太宗实录》一册,又交去题跋十六篇。此十六篇题跋,后宣统三年(1911)罗振玉编刻《国学丛刊》刊出十五篇,依次为:《浙本沈文起两汉书疏证跋》《宋太宗实录跋》《重刊宋朝南渡十将传跋》《杨山松孤儿吁天录跋》《顺治三科题名录跋》《性理群书句解前集二十三卷跋》《后集二十三卷跋》《西山先生真文忠公读书记甲集三十七卷乙集二十二卷丁集八卷跋》《夷坚志五十卷跋》《珊瑚木难八卷跋》《金石粹编元代残稿跋》《古泉山馆题跋残稿跋》《卢照邻集二卷跋》《贾浪仙长江集十卷跋》《朱泽民存复集续集跋》《圣宋名贤五百家播芳大全文粹一百五十卷目十卷跋》。(《日记》页2339,《国学丛刊》1911年第1期《艺风堂题跋》)

十一月二十九日,到琉璃厂正文斋,购得元刻《柯乡集》。(《日记》页2340)

十一月月杪,吴昌绶答先生一札。先生本月二十四曾送两图请吴昌绶题,并借去先生自藏词目一册。吴札云:"日前蒙示词目,与敝藏互有同异,已照录一本,拟用朱笔校注,以资参证。原册先行缴呈,俟拙辑写成,再求指正。频年多病俗冗,旧业芜废,承命题图,敢不敬遵。容心绪稍暇,即当应教。昨岁陈士可获顾太清诗词稿本,曾为题记,顷偶检得,附奉尊鉴。一时率笔,极无足道,第仍为吾乡人回护之旨耳。"又询先生是否曾作《居庸关元僧刻经》考跋,并求缩印之法,并言及请先生留意湖州人词之事:"古微娄来书,求我公留意湖州人词,想秘阁旧帙,须明年方可检校也。"(《日记》页2339,《友朋书札》页855 吴昌绶第一札)

十二月二日,缪禄保分农工商部。是日,先生致冒广生一札,先生昨日曾往访冒氏而未得。札云:"往还未晤,歉仄已极。《洗桐图》俟南皮回即题。小儿禄保分农工商部,今日衙门送信,云文书已到。明日令其来谒,乞赐见之。一切均祈照拂是幸。"时冒广生在农工商部任郎中。(《日记》页2342,柳向春《如皋冒鹤亭江阴缪小山两先生往还纪实》、《艺风堂书札》页564致冒鹤亭第一札)

十二月三日,到图书馆,第一次清理书箱。跋善本书。(《日记》页2342)

十二月五日,撰《赠尚书光禄大夫安徽太和县知县邹公神道碑》,至七日撰毕。此文系先生应外务部会办大臣兼尚书邹嘉来之请而撰。碑主邹钟俊,江苏吴县人,官至安徽太和县知县,邹嘉来之父。(《日记》页2342、2343,《辛壬稿》卷二《赠尚书光禄大夫安徽太和县知县邹公神道碑》)

是日,先生发陈庆年一札,寄《江苏通志》物产、封建、人物三门。(《日记》页2342)

十二月九日,到学部衙门,以《江南图书馆书目》呈堂。(《日记》页2343)

十二月十三日,直隶提学使傅增湘来访。(《日记》页2344)

十二月十五日,与梁鼎芬、端绪等同至南皮,为张之洞送葬。未刻发引,申刻安葬,酉刻送葬,行礼毕,回学堂宿。过张之洞故宅,"大门宏敞,庭中双海棠、一杏、一椿,前进两槐,一槐未朽","东院亦有花木竹篱,茅舍无富贵气"。(《日记》页2345)

十二月十八日,在京。接徐乃昌信,知友人蒯光典作古,甚为感伤。是日,先生到图书馆,馆内正运内阁书籍入馆,至二十日运毕。(《日记》

页 2346)

十二月十九日,赴端方东坡生日之约,悬石像两轴于西厅宝苏山房,以宝华盦仿明成化本《东坡七集》及墨迹宋元明拓本各帖陈于像前,焚香再拜。同聚者徐琪、何乃莹、顾璜、阔安甫、姚锡光、杨履晋、耿伯齐等三十余人,相与开筵畅饮。(《日记》页 2346,《恽毓鼎澄斋日记》页 518)

十二月二十一日,题冒广生《洗桐图》。并于二十二日还之,附赠《文集》一部,先生致一笺云:"《洗桐图》敬缴,诗字均劣,诒诮方家。奉到大集,钦佩无已。吴兔床《愚谷文集》,弟遍求不获见,尊藏如有,乞假一阅。拙稿呈政。"(《日记》页 2347,柳向春《如皋冒鹤亭江阴缪小山两先生往还纪实》)

十二月二十三日,到图书馆,曹元忠来,开内阁书四箱。宋板《通志》缺、宋板《大学衍义》零本、元板《书集传》全,《事文类聚》《山堂考索》均缺,明本《神僧传》《列女传》全,余皆殿版,全者甚少。(《日记》页 2347)

是日,先生复柯逢时一札,寄《幼幼新书》《河汾诸人诸老诗》一册,交其专弁。(《日记》页 2347、2348)

十二月二十五日,撰邹祖堂、邹隽父子两传,入《通志》,并于二十七交于邹嘉来。邹氏以百金相馈。(《日记》页 2348、2349)

十二月二十七日,到宝华斋,购得《经典释文》《宣和博古图》《南史》,凡银一百两。(《日记》页 2349)

是年夏秋间,江苏、安徽、浙江雨灾。

是年九月一日,资政院第一次会议。

是年,上海成立神州国光社,黄宾虹、邓实主持。

宣统三年　辛亥(1911)　六十八岁

一月一日,大雪一尺五寸,三十年来所仅见。先生以校《东都事略》作消遣,尽二十卷。该书系先生年系先生前日借得罗振玉藏本,以校自藏旧抄本。(《日记》页 2351)

一月五日,题《马湘兰熏炉》拓本"天香"一阕,并呈吴昌绶和。吴氏七日和之。(《日记》页 2351,《友朋书札》页 856 吴昌绶第三、四札)

一月六日,吴昌绶致先生一札,谈其欲购毛抄《酒边集》:"《酒边集》是授经向耆寿民假来,闻百金可易,绶必勉留之,尚乞暂秘。此抄诚精,新若手未触,有毛氏父子、汪阆源印。每半叶八行,行十四字,似宋人刻词有此一种版式。目录分三排写,毛抄工致如此,而所刻乃大异。惟中缺二叶,须复补。第一首云'月窟蟠根,云岩分种',《碧鸡漫志》引同毛刻,误作'灵岩',余多类此。又原本作'酒边集',毛改'词'字,强分二卷,均非旧式。授经前购欧、晁诸种,亦耆物也。叔韫督绶编列词目,今春当属稿,冀随时就教。旬日内,尚须约授经、叔韫,同诣一谈。"随札并呈先生阅其丁未冬初到京时杂诗四十绝。(《友朋书札》页 855 吴昌绶第二札)

一月八日,图书馆开馆,同人咸集。是日,曹元忠嘱题《瀛奎律髓》,傅增湘嘱题《资治通鉴》,皆属元刻。(《日记》页 2352)

一月十日,先生还王国维《周清真遗事》。王国维借阅先生《五百家播芳大全集目》,检阅后随即送还,并致先生一札,向先生借《圣宋文选》,为搜集周邦彦佚文故也,札云:"承示《圣宋文选》传本源流,敬悉。楼攻媿《清真集序》云编集时访其家集,参以他本,间见手稿,又得京本《文选》云云,殆指此书。果然,则中必有清真文字。不知尊藏复本携来此否?《播芳大全》目已检阅一过,仅有周邦而无周邦彦……《五礼新仪》已见过王宏甫所藏汪钝翁家写本。钝翁曾假传是楼宋本校过,后自记云宋本缺处无从校补,然则当时已无足本矣。修书人衔名已录得,故《清真遗事》中此段即行全改。昨得《花草粹编》,系棉纸初印,不知视先生藏本何如也。"(《日记》页 2353,《王国维全集》卷十五页 33、34)

一月十一日,挈缪僧保诣吴昌绶谈,观其新得毛抄《酒边集》,以为与去岁所得《松陵集》相去不远,特藏印少耳,又见其藏《元飓志》。(《日记》页 2353)

一月十三日,购吴勉学《二十子》《五灯会元续》。晚接本月初七日家信,知南京饿民滋事,人心惶惶,半夜不寐。(《日记》页 2354)

一月十四日,写图书馆善本目。(《日记》页 2354)

一月十八日,为曹元忠撰冯批《瀛奎律髓》跋。(《日记》页 2355)

一月二十七日,校《绛云楼书目》毕,校之多日矣。(《日记》页 2358)

是日,代刘世珩撰《宋本五代史记跋》。是书系南宋刊本,半页十二行,行二十一、二、三字不等,有刻工姓名。"刻画清挺,宋刻之至精者"。杨守敬原得自日本,后为先生所有。今先生为刘世珩影刻入《玉海堂影宋元本丛书》,故代为撰此跋,指出此本优胜之处。(《日记》页 2358,《辛壬

稿》卷三《宋本五代史记跋》，《藏书记》卷四《五代史记》条）

正、二月间，先生曾复孙毓修一札。札谈购书及刻京师图书馆留真谱等事："两奉手书，聆悉壹切。惟琴书餐卫，与时咸宜为颂。弟在京师，日与书籍为缘，固平生之上愿，而读书好友多聚京师，赏奇析疑，增益见闻，尤南中所无也。《诗话》《年谱》，行款与尊藏不合，决非一部，刘聚兄以一百八十金得之，亦云贵矣。影摹留传，弟所正欲，惟款项难筹，尚须阁下设法耳。鞠生闻已回沪。罗叔蕴月出《国学杂志》一帙，做得到否？京师图书馆，只能摹《留真谱》，拟一整叶，如有牒子、牌子、名人跋，必全录。每种自加一跋，表其好处，即日以十种交鄂匠，聊留真本面目，亦可爱也。"（《艺风堂书札》页536 致孙毓修第八札）

二月二日，接柯逢时一札，还旧抄《甲乙经》《钱氏小儿方》。柯氏刻医学丛书，先生多助益底本，其往来信札多及之。（《日记》页2360）

二月四日，拜田吴炤，见其藏郎注《东坡文集经进事略》，佳；又见《至正广韵》，牌子直行大字，亦佳。《文选》《世说》，平平。诸书殆田氏得之日本者。（《日记》页2360，王亮《"伏侯在东精力所聚"——田吴炤书事钩沉》）

二月七日，写江南图书馆缺书目。是日，先生得缪圻病殁之信，不胜伤感，乃致至十日早起，仍"忆禄田父子，神思惘惘"。（《日记》页2361）

二月八日，校毕宋本《容斋随笔》《续笔》，撰跋。《容斋随笔》十六卷《续笔》十六卷，宋嘉定五年章贡郡斋刻本，原藏于日本鞠山文库，荆州田吴炤访归。先生从罗振玉借校此本，并马调元刊本十册。马本经王国维以此宋本校过，其遵罗振玉之嘱托将两书交与先生。先生跋中论是本之优劣，并谈及所知《容斋随笔》各笔存世之宋本。该宋本今藏苏州图书馆。（《日记》页2361、2362，《艺风堂友朋书札》页1016 王国维致缪荃孙第四札，《辛壬稿》卷三《容斋随笔续笔跋》）

二月十一日，还宋版《容斋随笔》《续笔》及马刻《五笔》与罗振玉，并媵以江南图书馆的书目四函及拓片两张。（《日记》页2362）

二月十三日，撰《江苏金石记》第二卷成。撰《傅青主年谱》至二十岁，至三月一日，该谱撰毕。是谱为丁宝铨代撰。该书刻本题"山阳丁宝铨辑"，卷首丁宝铨序云："助余商榷者斠订者，则为江阴缪炎之京卿荃孙、山阳段笏林广文师朝端、江夏罗微之太守襄、上虞罗叔言太守振玉，并书之

以识他山之助。"(《日记》页2362、2366,《傅青主年谱》卷首丁宝铨序)

二月十四日,撰《启祯两朝遗诗录跋》。先生所跋之本系今武昌陈毅参事所藏八卷足本。《启祯两朝遗诗录》是清代禁书,与康熙七年顾炎武山东入狱及黄培文字狱案有密切关系。先生是跋详考此书原委及黄案原委。(《日记》页2362,《辛壬稿》卷三《陈皇士太仆启祯两朝遗诗录跋》)

是日,撰《唐贞观条举氏族事件跋》。(《日记》页2362,《辛壬稿》卷三《唐贞观条举氏族事件跋》)

二月十五日,傅增湘来访,请先生点勘《天津图书馆书目》。先生于三月十五日还傅氏。(《日记》页2363、2369)

二月十六日,到图书馆,善本书排毕。编书目史部,至二十二日编成。(《日记》页2363、2364)

二月十八日,跋《任松林集》。(《日记》页2363)

是日,得长沙王先谦本月十日复先生一月二十九日之札。札谈及先生在京情状,以编书、读书谆谆相嘱:"前闻觐天晋秩,庆幸实深。昨奉赐书,敬悉到馆编书,已届三月,兹事体大,允惬吾弟之凤愿,实亦学津之要图。承示有明及国朝官书,为四库开馆所未见,学海大观,令人神往。蠹烂之书,不能检阅,可否仍列存目?员司不能得手,殆非破费私财,另觅一二相助之人,难以速竣,将来目录编定,谦当代刊。一言为定。京寓寂寥,似宜于世兄辈酌带一人随侍,一切方便。当今时局无可言者,惟读书一事,尚有自主之权。寸柄得操,借此少摅素蕴,亦与国家相系属。地北天南,等为传舍,又何必汲汲于回籍闭门乎?愚昧之见,不审有当高明否?思贤书目呈电。"札又谈及其刻《诗义标准》《外国通鉴》事,并询先生有无《后汉书》札记,请先生代为访求,以其纂《后汉书集体解》所需。(《日记》页2363,《友朋书札》页39王先谦第五十九札)

二月二十一日,编集部目。跋《道园学古录》。(《日记》页2364)

二月二十九日,录张穆重校《顾亭林年谱》增补文字,至三月十一日而毕。后先生撰有《校补》一卷,有校订原谱之误者,有补订原谱之阙者,多所发明。(《日记》页2365、2368,《顾亭林年谱校补》)

三月三日,袁思亮约游农事试验场,陈衍、陈毅、傅子蓣、陈曾寿、张稻孙同游,"园甚空旷,古意寝失,老树全无,流泉亦改观矣"。(《日记》页2366)

三月四日，借叶德辉二月二十六日之札。札谈其对时局看法："近知到馆一切胜常，朋友之乐无过都门，图书之富无如秘阁，此二者当胜于江南，然新气冲天，读书种子将绝矣，公将如之何？谕示寥寥数言，写尽京师一时人物十余年来风气，读之令人冷笑不止。想此光景不独京师，天下皆同也。"又谈及其购书、刻书之事，并索先生所刻《藕香零拾》丛刻为寄赠之本。（《日记》页2366，《友朋书札》页545叶德辉第十七札）

三月五日，到图书馆。收到署观楼下地志，皆宝物，与罗振玉谈良久。（《日记》页2367）

三月九日，志书陆续运送到图书馆。先生连日到馆检阅志书。（《日记》页2368）

三月十七日，端方回京约见，以《壬寅消夏录》请先生在金陵刊刻。（《日记》页2370）

三月二十日，学部派先生回江南催瞿氏进呈书，徐坊送行。（《日记》页2370）

三月二十四日，撰王先谦七十寿序。（《日记》页2371）

三月二十五日，抵达南京。张彬来与先生谈通志局局务，时为总办。张彬，字簠楼，张之洞犹子。（《日记》页2371）

三月二十六日，撰改通志局局务章程，二十八日交与总办张彬。交姜文卿刻《销夏录》。先生返南京月余，日忙于通志局事及图书馆事。（《日记》页2371、2372）

四月一日，到通志局，与张彬议定志书局费用二万二千两，不计闰，图书馆三百两。张人骏开办通志局，以张预为总办，满局冗员，纂修无款可发，志局为养闲人之地。林开謩为总办，接受先生建议商裁冗员，节约浮费，然其本以学司改官，指日除授，以志局为暂时歇脚之地，寻简徐州道。张彬接任，办事结实，节省浮费，专员采访。先生欣逢同志，允于今冬将学部图书馆书目办完，乞假回宁专办志事。（《日记》页2373，《年谱》"宣统三年"条）

四月七日，覆纂《淮安先贤》。先生连日改志局同志所撰稿。（《日记》页2374）

是日，先生撰《常州先哲遗书续编》跋四篇。（《日记》页2374）

四月十日，接叶德辉三月二十四日复先生三月十六日之札。札谈其在湘刻书情状,并言及:"辉于传奇、杂曲亦颇留心,刘刻《琵琶记》似非善本,《董解元西厢》则诚古董,读其书可见古戏场形式,一人清唱,三四人搬演,犹存傀儡之遗,故其词语多作断论体,不代圣贤立言也。"(《日记》页2375,《友朋书札》页546叶德辉第十八札)

四月十二日,徐乃昌送进呈书来。(《日记》页2376)

四月十四日,定《常州先哲遗书三集》。先生连日撰《先哲遗书续编》跋。(《日记》页2377)

四月十八日,在沪。赴大生纱厂取息。赴宝山路商务印书馆编辑所,晤张元济、孙毓修并晤丁国钧,见抄本《蔡中郎集》《广异记》《剧谈录》,明刻唐人集,有为其鉴定图书,谓其《唐百家集》零种系明翻宋活字本。(《日记》页2378,《张元济书札》页447致孙壮第十二札)

是日起,先生连日勘陈作霖所撰《江宁人物志》。(《日记》页2378)

四月二十一日,到常州,住金湛生寓。(《日记》页2379)

四月二十二日,入城,购得《历阳典录》《晋陵先贤传》《毗陵科第考》。(《日记》页2379)

四月二十三日,到申港。撰《人物传说略》,拟采访条例。(《日记》页2379)

四月二十九日,接李详二十七日一札。札言通志局、图书馆及为蒯光典奏请立传事:"京师人海中,尚有如许人物,可谓极一时之盛,抑亦先生提倡,如鱼龙之趋大壑也……承示张观察兼理图书馆,将通志局移入,既可就书,又可省房费千余元,自是正当办法。京师图书馆,先生理有头绪,便可假归,若待书目成,亦不容易。蒯礼翁倏尔长谢,皖省便少一大人物。详前撰别传一篇,凡二千余言,仅就详一人与礼翁交情,及所闻者言之。闻积馀观察有意招呼淮扬诸公,禀请督抚,将礼翁事实奏请立传,此事先生想久有所闻矣。别传稿存积公处,请其写一副本呈教,乞先生检核之。姚叔节言,龙眠某山,尚有宋人题名,在浮山及石牛洞之外。详悉恿叔节,着人访之,如异日得一份,当奉长者也。先生入都,定于何时?度俟丁秉翁由常熟回,才便起程。通志局既隶图书局,乞属主者留一住处为感。"(《日记》页2381,《友朋书札》页784李详第九札)

五月二日,接李详四月二十九日一札。札言其以存古学堂习气甚嚣,拟于暑假后托故谢去,"径就通志局事",请先生商之总办张彬"于图馆留

一住处",并求秘之勿与人言。(《日记》页2382,《友朋书札》页785李详第十札)

五月三日,先生勘陈作霖撰《江宁人物志》毕。(《日记》页2382)

五月四日,得沈曾植五月二日致先生之札,询《嘉禾志》何日可刻竣,以及先生代校刻《陵阳先生诗》《倚松集》事。又谈及各图书馆应以收藏地方文献为主;欲购明板《山谷集》;当下办学新旧学不分,等等:"去月接奉手书,敬承一是,覆书未知应寄何所,比日想已归宁寓矣。即日惟履祉多宜,潭祺集福。明板《山谷集》,公所不取,鄙则仍愿得之,第未知南北图书馆有此本否?如有之,则可借校,无须自置矣。《嘉禾志》何时可竣,两宋人集得公精校,将来可称善本。尚有《晁叔用集》,亦明翻江西诗派本,倘能再凑两三种,传诗派面目于后世,亦趣事也。匋斋督办铁路,谅当驻节楚中,又可刻数种书。封弟归来度夏,舍六弟亦自粤归,北行避暑之谋,只可俟诸来岁。公日纪近当益多,以后可陆续抄示否?弼德院取材馆阁,是正办,阑入新学,则非驴非马矣。本朝汉学,讲家法至严,旧学家亦绝无门户之见,亦可异也。日人界限甚清。近来绝无所得,看书一票,为直隶图书馆委员袭而取之,大半禾中文献,在禾有用,在直无用。近各省图书馆委权书客,都无统绪,大都如此。故鄙尝谓收聚旧抄旧刻,当专让南北两京,余当以各收各省文献为是。务广而荒,终仍归于湮没,此亦学部图书馆所应饬行也。李证刚馆能延至几时?其人学行,于教育极相宜,望不惜齿牙余论。旧学后生,日益难得,奈何!"(《日记》页2382,《友朋书札》页180沈曾植第十八札)

五月五日,瞿启甲来进书五十种。瞿氏进书,邵松年致先生一札谈此事:"瞿氏藏书,只抄得三十余种,兹拟遵命将旧刊本凑足五十种,先行呈进,并开列清单,由良士兄亲赍来宁,晋谒台阶,面请指教。如需用呈,原稿并求笔削。至抄资并请奖一层,俟全书告成,再行办理何如?"(《日记》页2382,《友朋书札》页198邵松年第七札)

五月七日,上院与总督张人骏辞行,并拜李瑞清、张彬、吴南溪、徐乃昌、瞿启甲。(《日记》页2383)

五月十日,登船。先生四子缪恺保在病中,甫有转机,然又不得不行。(《日记》页2384)

五月十七日,在京。到馆,闻箱已全开,未见纂修。(《日记》页2386)

五月二十日,到馆,理志书。(《日记》页 2387)

五月二十五日,借董康宋版《徐公文集》三十卷,诧为惊人秘笈。(《日记》页 2388,《辛壬稿》卷三《徐公文集跋》)

五月二十八日,致盛宣怀一柬,呈《常州先哲遗书三集》总目。(《日记》页 2389)

五月二十九日,还董康元板《马石田集》《道园遗稿》。二书均甚佳,先生各影写一部,藏诸艺风堂。《道园遗稿》《马石田集》均是丁绍裘影写,精妙不下汲古阁毛抄。(《日记》页 2389,《藏书续记》卷七"道园遗稿六卷""马石田文集十卷"条,《艺风堂随笔》页 110)

是日,吴昌绶招饮十刹海会贤堂,同聚者柯劭忞、王书城、罗振玉、曹元忠、吕景端、董康、恽毓鼎等。饭后先生邀往图书馆观书,图书馆藏内阁大库移来书极多,令众人大开眼界。(《日记》页 2389,《恽毓鼎澄斋日记》页 537)

是日,到馆。饶心舫昨日自湖北来,先生今日送入馆。(《日记》页 2389)

六月二日,送瞿氏三箱书到馆。(《日记》页 2390)

是日,还《至正集》、宋刻《五代平话》、写本《事宝类苑》与董康。先生入京以来与董康、罗振玉书籍往还甚繁。(《日记》页 2390)

六月五日,发上海赵诒琛信,寄《红雨楼题跋》。(《日记》页 2391)

是日,先生诣吕海寰宅祝寿。五月二十八日,吕海寰曾以自撰寿诗请先生和,先生次日和之。(《日记》页 2389、2391)

六月六日,跋宋版《徐公文集》,论其版本及递藏源流。跋云:"宋刊本,每半叶十行,行十九字。高七寸二分,宽五寸八分。白口,单边,口下有刻工姓名。字径四分,宋刊,宋印。藏经笺作面,宋罗纹纸作护叶。字画清朗,古香馥馥,诚天壤间惊人秘籍也……陆存斋所得抄本,原出于此,惟陆跋作'东海徐铉撰',衍一'撰'字。荃孙藏金亦陶抄本,亦出于此,跋云……惟此书刊自绍兴,而行状一卷字体迥别,疑孝宗朝补刊。'缔构''所构'均作'太上御名'。'戒慎','慎'字作'御名'。全书不如此。金跋尚未详也。各家书目著录向无刻本,此本自元入明文渊阁。此书在阁时只装十册,每册首一方印,又首尾二长方印,今悉遭割弃,而分为十二册装潢,以小纸条衬于面上,最不适用。絷国初风气,必是归传是楼时,以掩其盗阁书之迹。行状后有'应奉危素读一过'七字墨迹。再入定邸,庚子散

出,归宝希濂太守,今归吾友董授经。手跋一通,以志眼福。"(《日记》页2392,《辛壬稿》卷三《徐公文集跋》)

六月八日,盛宣怀付刻资千元。(《日记》页2392)

六月十日,到图书馆,写定江苏省志书六十种。(《日记》页2393)

六月十一日,到图书馆,写安徽省志八十种。(《日记》页2393)

六月十三日,刘若曾、宝熙、金绍城约同游上方寺。至午大雨,冒雨涉水入寺。"山极高,四面如城,与沸南仿佛,院落尚幽",是日先生宿寺中。次日续游,十五日出山。(《日记》页2394,《友朋书札》页471宝熙第一札)

六月十五日,先生辞中央教育会员。学部于本年五月设教育会,张謇充会长,张元济、傅增湘充副会长。(《日记》页2396,奕劻《呈中央教育会章程清单》)

六月十六日,董康来,借去《大唐诏令》旧抄本,又取白纸《碑传集》去。(《日记》页2396)

六月二十日,孙同康来,索先生题《红豆图》。(《日记》页2397)

是日,张元济、于式枚来访先生。中央教育会开幕,张氏为会议到京。(《日记》页2397,《申报》1911年7月22日《中央教育会开会续志》)

是日,到馆,理江西志书。(《日记》页2397)

六月二十三日,恽毓鼎从先生购去《续碑传集》一部,洋八元。近段时间,友人向先生购买《续碑传集》者颇多。(《恽毓鼎澄斋日记》页540,《日记》页2397)

是日,校定四省舆地志目。得孙毓修寄黄尧圃跋。(《日记》页2398)

六月二十七日,吴重憙、徐森玉来访先生。(《日记》页2399)

是日,先生上学部请款。(《日记》页2399)

六月三十日,到馆,理直隶志。先生近日在馆理浙江、直隶、福建、湖南、两广、四川、湖北、奉天、陕西、云南、贵州等省志书。(《日记》页2400)

闰六月二日,拜傅增湘、吴增甲。傅增湘以旧书托先生题跋。(《日记》页2400)

闰六月五日,赴会贤堂宴请张元济、傅增湘、王国维、柯劭忞、吴昌绶等,与董康、罗振玉作主,饭后到图书馆观书。(《日记》页2400、2401)

闰六月七日,题孙同康示孙原湘双红豆图遗照。又题傅增湘藏《复斋郭公言行录》《敏行录》。先生题傅氏藏《言行录》《敏行录》云:"《复斋郭公言行录》《敏行录》,昭文张芙川影元写本。此书自阮文达公进呈后,间有传本,芙川选工精写,尚有邑先辈绛云、汲古之遗风,而略改徐东所编书例,似乎不合。藏印累累,内有"芷湄借观""叔芷女士""若蘅"三印,皆闺阁中物。若蘅,方勤襄公弟五女也。"(《日记》页2401,国家图书馆藏清张蓉镜家影元抄本《复斋郭公言行录》、《敏行录》卷末缪荃孙手跋)

闰六月九日,罗振玉、柯劭忞约先生赴中央教育会第十次大会会场,该日续议军国民教育咨询案审查报告,见会议"无理取闹,真所谓一哄之市也"。(《日记》页2402,《申报》1911年8月9日《中央教育会第十次大会纪——江谦谓教育会不应如是我亦云然》)

闰六月十一日,接陈庆年一札,答先生问《镇江府志》:"日昨奉到手谕,并丛刊二册收到。知前复犹未达也。《镇江府志》自康熙间一修,后至雍正初间,邑令冯夔飏略有补刻,阅二十五年,至乾隆庚午,郡守朱霖以原板磨灭,其时《溧阳新志》成书不久,遂因补板之便,以《溧邑事类》入之,其于各邑损益之事,朱序明云,未能猝详,无可收拾矣。今姑以此序抄奉精鉴。其实乾隆间我郡并未真正修志也。拟例蒙函丈嘉许,自当奋勉。日内已在构缀,容后函再禀。惟方略急须要览,拟告黄楼观察,再求院咨寄上转取,当较可恃,到手以后,便可从事属稿,免得久延也。叔蕴续寄丛刊已到,每日又设法销去至半。乞先告之,再专复。钱到后随时照寄。前次十分价卅元,已寄请饬交矣。我师此次游山,腰脚之健如此,真远念第一深慰之事。惟气候正热,似以北窗高卧为宜。略陈所见,敬请道安。"(《日记》页2402,《友朋书札》页968陈庆年第十四札)

闰六月十二日,吴昌绶致先生两束,还昨日所借《徐骑省集》,又还《凤林书院词》《金冬心诗》,谈刻欧词事。束云:"《徐公集》一见为幸,珍重仍归邺架。宜劝授经制箧贮之。欧词四十五叶,刻之不难,得此大字善本,庶为二百五十家弁冕。此从来未有之奇。半唐地下有灵,应亦欣讶。写成祈赐一读,刊价若干,并饬豫计,《琴趣》三种,似可类从。备呈如何。只加一封面,不赘片字也。明日既作罢论,遵示少间奉约二三同志便集,更可畅谈也。"先生复之。吴氏又复先生一札。札云:"前人本有訾议《琴趣》者,忘其主名。曾端伯亦谓欧公侧艳词多傅托,匆次未暇详检。毛刻似记与宋本略近,而有删除讹复之作,非若《琴趣》触目生疏,明有伪词也。窃意南唐、北宋间,小令盛行,酒座歌筵,一篇跳出,动假名人为重。后来搜集,未遑别裁。

《阳春》《珠玉》即多羼乱,他人依傍,更不待言。今一切勿论,而以两本同刻之。吾师之意,极表同情,尤望为《琴趣》附一跋语,著明此旨,至叩至叩。"(《日记》页 2403,《友朋书札》页 859 吴昌绶第十四、十五札)

闰六月十三日,到馆,理甘肃志书。各直省志全。(《日记》页 2403)

闰六月十三日,吴昌绶致一札,再与先生商谈汇刻宋元人词事。札云:"吾师不忘《酒边》,弟子益以《醉翁》为重。毛刻《六一词》跋云庐陵本三卷,知所据即此全集,惜删移点窜,大失本相。今得与《琴趣》同刊,是非真伪,姑勿置论。《楝亭书目》尚有淮海、山谷《琴趣》,似是宋坊间汇集。直斋又有《石林琴趣》注,恐尚有东坡诸家。授经得明刻山谷词,劳羁卿以《琴趣》卷目次第标识,或原本尚在人间也。闻阁书中有残元本《草堂诗余》,果否?厂肆出残宋《花间集》,属授经取来,乃即明翻本。不贤识小,魂梦日役于残花蔓草间耳。"(《友朋书札》页 859 吴昌绶第十六札)

闰六月十八日,早到馆,初阅宋板书至《北齐书》为止。先生近日连日到图书馆阅宋元版书。(《日记》页 2404、2405)

闰六月二十二日,送《元音》《湛然集》与傅增湘,皆先生近日为傅氏题跋者。先生有《元音跋》载《辛壬稿》,所跋殆即此本。先生跋云:"《元音》,明本。半叶十一行,行二十一字。高五寸六分,宽四寸二分。黑口,单边。前有洪武甲子乌斯道序,称宁波孙厚理汇辑。又有"曾用"藏印,称为定海张■达所刻①。末题'辛巳九月下浣',而空其年号两字。辛巳为建文三年,殆以靖难革除,刊削其板,盖犹明初本也。各家著录,皆抄本。荃孙亦有旧抄,刊本则初次寓目。每卷前空三行。有翰林院印,知为翰林院散出。惜止存半部。后有礼部姚夔跋。"先生所见此本系半部,后傅增湘于民国丙辰(1916)跋该书,未云其残,称有钱桂森藏印,钱氏在翰林院甚久,精鉴别,当其从大内携出。先生跋未提及钱氏,当有所避也。此本系四库底本,所谓姚夔跋即姚氏为四库馆纂修时之签条。(《日记》页 2405,《辛壬稿》卷三《元音跋》,《藏园群书经眼录》页 1288《元音》条)

是日,先生送各省志书交装。(《日记》页 2405)

闰六月二十三日,到馆,理《圭斋集》《通鉴纲目》。(《日记》页 2406)

是日,送明刻《近体乐府》、影写放翁词与吴昌绶。吴氏复先生一札,

---

① 文中墨丁,缪氏原文如此,据傅增湘《藏园群书经眼录》页 1288 著录,当系"中"字。

商谈刻词事:"顷甫归奉示,未即复为歉。检宋本欧词第二卷,廿二、廿三两叶似误倒。明本无大异,惟稍有删移,较之杜撰《六一词》名远胜。兹仍缴上,以便题跋。影写本祈即付刊,工资俟到局饬呈。《集古录》想未写毕,如饶、丁二君有暇,《琴趣》仍求早为写出。放翁词影写绝精,加以《酒边》,南北宋共得六册,亦胜事也。"(《日记》页2406,《友朋书札》页860第十八札)

闰六月二十四日,跋明成化庚寅刊本《圭斋集》。跋谓是本为黄丕烈所推重,又考该集所收录之文不仅辛卯至丁酉七年中所作,而是掇拾从残而成。先生曾辑有《圭斋集补遗》一卷,今国家图书馆藏抄本,凡收录碑文六篇,铭文一篇,赞一篇,记三篇,跋文二篇,序三篇,书二篇,诗一篇,各注出处。其出处有《常山贞石志》《湖北金石存佚考》《铁网珊瑚》《龙山志》《水东日记》《安南志略》《禁扁》和碑版拓本等。故先生此跋末云:"然圭斋久享大名,碑版序跋,掇拾集外,可得四十余篇,在全集四分之一,汇而刊之,以存圭斋之真,庶以望之楚南学者。"(《日记》页2406,《辛壬稿》卷三《圭斋集跋》,国家图书馆藏缪荃孙辑《圭斋集补遗》)

闰六月二十五日,先生致冒广生一柬,以《蕉窗品画图》《垂虹感旧图》请冒广生题,并借其藏《遂初堂集》《离六堂集》。柬云:"画帧求赐题。允假《遂初》《离六》,《遂初》诗文乞捡交奴子捧回。"(《日记》页2406,《如皋冒鹤亭江阴缪小山两先生往还纪实》,《艺风堂书札》页564致冒鹤亭第三札)

是日,先生以和诗及所撰《近体乐府》跋交付吴昌绶。跋考此集版本源流云:"欧公《近体乐府》三卷,在全集一百三十一之一百三十三,共二百零四阕。二卷有'续添',有'又续添',三卷'有续添'。二卷有'金陵■■■跋',有'朱松跋';三卷有'罗泌跋'。宋刊本,每半叶十行,行十六字。高六寸二分,广四寸八分。白口单边,上有字数,下有刻工姓名。蝴蝶装。欧公集,汴京、江、浙、闽、蜀皆刊之而无定本。周益公解相印,会郡人孙谦益、承直郎丁朝佐遍蒐旧本,旁采先贤文集,互加编校,起绍熙辛亥春,迄庆元丙辰夏,成一百五十三卷,别为附录五卷,可缮写模印。惟《居士集》经公抉择,篇目素定,而参校众本,有增损其辞至百字者,有移易后章为前章者,皆已附注其下。自余去取因革,粗有依据。或不必存而存之,各为之说,列于卷末,以释后人之惑。乐府分为三卷,且载乐语于首。据泌跋,即泌所手定,是此本庆元二年刊于吉州。元明均有翻刻,此则祖本也……

泌跋云世传公词曰'平山集',此曰'近体乐府'"。汲古名之曰'六一词'似误,以跋中'六一词'为词名者,且刻此三卷,又不尽依旧刻,毛氏往往如此。"吴氏即复一札,与先生商议此书刊刻事宜:"蒙示尊跋,甚善,绶毋庸更费一辞,即求寄鄂付刻。封面已摹存格式,'近体乐府'六字诚为大方,惟《近体乐府》即《寓声乐府》之例,其上不著主名,似未甚妥。虽有《乐章集》之例可援,亦稍有间。然又未便臆增字样。愚见即将全集题名冠其上,影宋本《欧阳文忠公近体乐府》三卷。不知可否?或嫌其冗沓,仍如尊旨,俟晤叔韫,请其写六字可也。种种渎神,感叩不尽。俗冗未已,余再趋谈。"(《日记》页 2406,《友朋书札》页 862 吴昌绶第二十六札,《近体乐府》卷末缪荃孙跋)

闰六月二十六日,到图书馆补志例。(《日记》页 2407)

是日,先生撰《东都事略跋》。(《日记》页 2407)

是日,晤张元济,言照书事。(《日记》页 2407)

闰六月二十七日,整补志目,跋《东都事略》,跋《姑溪居士集》。(《日记》页 2407)

闰六月二十八日,到图书馆理经部"易""书""诗""礼"四类,重定馆藏善本书目。(《日记》页 2407)

七月一日,陈衍招饮,毓隆、曹元忠、陈宝琛同席。(《日记》页 2407)

是日,冒广生送《蕉窗品画图》《垂虹感旧图》归,先生借其藏《遂初堂集》《离六堂集》,并赠以其先人集。先生即以柬谢之:"顷奉手书,并承赠先集,谢谢。两图挥翰,费神之至。上幅尽有余帋,此地未免偪仄,然已足为两图增重矣。书二种,读讫即赵。"随即以《蕉窗品画图》《垂虹感旧图》请陈衍题。(日记》页 2407,《如皋冒鹤亭江阴缪小山两先生往还纪实》,《艺风堂书札》页 564 致冒鹤亭第四札)

七月三日,到图书馆,理"左传""四书""小学"类书。(《日记》页 2408)

七月五日,到图书馆,理史部书。(《日记》页 2409)

是日晚,缪禄保到,知四儿缪恺保于六月十二日即逝,先生哀恸之至,晚不能寐。(《日记》页 2409)

七月六日,阅家信,再哭。(《日记》页 2409)

是日,重编图书馆善本书目。(《日记》页 2409)

七月八日,到图书馆,理瞿氏书。校小学目、礼乐书目。(《日记》页 2409)

七月十一日,辑《天禄宋元版书目》。(《日记》页 2410)

是日,汪康年送书来。先生稍后致其一札致谢,并谈近况:"顷奉手书,并承赐影画丛书,谢谢。弟怯于坐车,不大出外应酬,每日到图书馆,业已力尽筋疲。今冬书目编成,即行乞假,帝京尘土与老病决不相宜。小丛书未完,亦无印本,大丛书止存一不全本_{缺末本,金陵尚留数部}。先行呈览,末本容补呈。《续碑传》则江南书局本也。"(《汪康年师友书札》页 3050 缪荃孙第一札,《艺风堂书札》页 398 致汪康年第十九札)

七月十七日,定史部全目。先生在图书馆理史部书已多日。(《日记》页 2412)

是日,先生读《莼客日记》至其壮年,感谓:"搜讨之勤,著作之雅,谭复堂且不逮,何况余?自丙子缔交,前后几二十年,尚不能知其旧日功夫如此之密,今所传仅诗十卷,骈文数十篇,实不足尽莼客也。"(《日记》页 2412)

七月十八日,到图书馆,赴曹元忠之招,李瑞清等同席,又同至图书馆,见顾广圻校《仪礼》。(《日记》页 2412)

是日晚赴吴昌绶之招,罗振玉、董康同席,得畅书籍源流,为入京来第一乐事。(《日记》页 2412)

七月二十日,于学部图书馆见宋刊《易林注》半部,凡存卷三、卷四、卷七、卷八、卷九、卷十、卷十三、卷十四,共八卷。是书宋本,自清初以来罕见著录,先生自今日起多日借而校讹、脱字句于吴昌绶所藏抄本上。(《日记》页 2412、2413、2414,《乙丁稿》卷四《易林注再跋》)

是日,先生还《绣谷薰习录》与吴昌绶。吴氏复先生一札,谈已藏本抄本《易林》,并邀先生下周惠临。札云:"《易林》二册,是钟子勤先生之女归冯氏者所写,如吾师自加校注,即用墨笔,亦可辨别,此本愈足增重。近局不嫌粗陋,下星期仍求惠临,至盼至盼。倘是日有事,早晚一日均可,惟乞先示。"(《日记》页 2412,《友朋书札》页 862 吴昌绶第二十五札)

是日,先生发湖南叶德辉信,寄词及逸文七篇。叶德辉以修家谱故,于六月十二日、闰六月立秋日两次致信先生,请先生从《全芳备祖》中抄叶梦得《卜算子》佚词,于今日复之。(《日记》页 2412,《友朋书札》页 546 叶德

辉第十九、二十札)

七月二十四日，吴昌绶复先生一札，邀先生明日饮，并谈校注《易林》及抄刻宋词事。吴札云："廿五三钟后，奉屈枉临，已约授经、叔韫，添一王静安，可谈宋事。曾询幼舲，亦不愿强之也。《易林》如搜出全本尤妙，此在本朝无人见及。吾师首为发明，注诚不甚佳，亦一胜事，况躬任丹铅，此写本洵不朽矣。绶尚思觅一日之闲，与夏君点检残剩，倘再抄得一二宋词，岂非至幸，吾师必怜而许之。"(《友朋书札》页862吴昌绶第二十四札)

七月二十五日，赴江阴馆，为水灾捐赈，助三百元。是日赴吴昌绶招饮，仍是罗振玉、董康同席，添一王国维，饮大醉。(《日记》页2414)

七月二十六日，吴昌绶致先生一柬，借校先生藏影元抄本《汉泉漫稿》，又借两《草堂诗余》。得书随又复一札："授经意甚诚，尽求扰之。尊款不敢辄缴，留俟下次，自当遵命。《汉泉稿》影抄精绝，早见此本，不更从伧荒借瓿矣。《花庵词选》，王鸿甫一部，正同授经，则并《中兴》十卷全备，惟印不甚精，兹先缴呈。《草堂》洪武本，快所未睹，绶只有嘉靖荆聚大字本，注同。乞暂假。"其于二十七日还先生《草堂诗余》。(《日记》页2414，《友朋书札》页863吴昌绶第二十七、二十八札)

是日，跋《易林》。(《日记》页2414)

七月二十八日，到图书馆，编释家目。(《日记》页2414)

八月四日，到琉璃厂书肆，于翰文斋购得《墉城遇仙录》《广诚先生集》，正文斋得购《甫里集》，萃文斋购得孙注《曝书亭诗》。(《日记》页2415)

八月六日，校《易林注》毕，跋之。跋考证此书原委有云："《易林注》十六卷，宋刊本。每半叶八行，行十五字。高五寸二分，广四寸五分。白口双边，中缝鱼尾、卷数、叶数、人名，或白文，或阴文不一。书十六卷，与《隋志》卷数合。每卷四卦，注不著撰人名氏。而注并不及半，即有注者皆引常见之书，余皆云无注，或云未详。林辞多重复，注亦重复……出赋题，则仍是坊贾所为。每卦之辞，颠倒错乱，远不如士礼居刻。避讳既不谨严，止至、恒、贞缺笔……此书各家书目未见著录，止《敏求记》云，在牧翁处见注本。绛云一炬，已归天上。及黄本跋所谓一旦再出，全注并传者，是遵王犹见注本，茗圃不过想象。今得校其半，亦云幸事矣。"此本尽管出于坊刻，先生于此跋中亦列出足订黄本误处者数十条，足见此本

之价值,此可见先生辨识版本独具慧眼。(《日记》页 2416,《癸甲稿》卷三《易林注跋》)

八月七日,得沈曾植七月二十五一札,请先生为其代印所代校刻之《嘉禾志》《溦水志》三百部;欲北上避暑,与先生同住太仆街寓所,等等。札云:"前奉手书,暑病淹缠,久未作答,至深歉仄。即日惟著祉多宜,起居百福。嘉禾、溦水两志,业经刻就,请饬各印三百部,连板寄沪,交古香室笺扇店收为盼。如再需款,示知即寄。封弟在粤,刻数书皆未成,弟得成此两书,兄之惠我多矣。旧岁所得《山谷集》,反覆勘校,决为宋本不疑,顾无他旧本证校异同,终觉见闻单隘。聊城杨氏之书,不知现竟如何图画?乃设法否?意园书竟散出,闻之心痛,索值太昂,佳品恐将流异域,非佳象也。李证刚归赣未见,出得其书,知已北上。敦煌写经,闻有流在厂肆者,公能为我购致数卷,书迹不佳,存以识江西文物耳。张菊生示我《籯金》,固尚不及《稽瑞》也。公所寓太仆街屋,避暑既佳,不知能容人同住否?南中水灾,议者多危论,而鲜实济。依然考书院习气,人人想以偏锋博膏火,所谓'语不惊人不休'者,以此办事同否?乡镇气张,子弟多暴;杜门犹不免嚣,颇思北行暂避,重阳或当图天宁登高耳。秘阁观书,得从公后,良所深愿,乞与春卿商之,接手则未敢承诺也。秋色西来,颇深遐想。"(《日记》页 2416,《友朋书札》页 180 致沈曾植第十九札)

八月十一日,借得王国维《续墨客挥犀》《盛明杂剧》。随书王氏致缪荃孙一束:"昨晚饫闻教言,快慰无量。《续墨客挥犀》一册、《盛明杂剧》一函送呈,祈检入。"①昨日吴昌绶招饮,先生与罗振玉、董康、王国维同集。(《日记》页 2417,《友朋书札》页 1016 王国维第五札)

八月十二日,定总集目。是日,先生借校章钰藏《读书敏求记》校毕。(《日记》页 2417)

八月十五日,宝熙、刘若曾邀先生游西山,吴昌绶送花车。此次出游

---

① 《王国维全集·书信》页 23 编者按语考云:"赵《谱》王氏随罗振玉至北京,宣统元年(1909)己酉,经罗振玉介绍,与柯绍忞、缪荃孙相见定交。在京得善本《盛明杂剧》,董康假以刊刻。庚戌考定旧抄本《续墨客挥犀》非彭乘所撰,并撰《续墨客挥犀跋》一文。故此札书于庚戌八月,时王氏在北京任学部图书馆编译。"按,此误考,王、缪二人相识时间,本谱中已考之,此札实系宣统三年(1911)所撰,《艺风老人日记》该年八月十日云:"晚,甘遐招饮,叔蕴、授经、静轩同集。还静轩题跋。"此静轩即王国维,缪荃孙《日记》中屡如是称之。十一日云:"静轩借《盛明杂剧》及《续墨客挥犀》来。"与札中所云正合。

三日而返,期间数见唐、宋、辽、元碑幢。(《日记》页2418)

八月十九日,武昌起义爆发。

八月二十一日,到图书馆,闻武昌失守之信,心脏俱堕。(《日记》页2419)

八月二十二日,赴会贤堂请客,劳乃宣、吴重憙、王锡蕃、章钰、孙同康同席。酒半,得金陵乱党起事之信,大众失色。先生全家在南,尤为难受。自谓"溯幼年遭难迄今正六十年,又逢此厄,不知伊于胡底"。(《日记》页2419)

八月二十三日,得宁电回,知家人云无恙,"惟惊慌已甚,拟避沪,然妇女多,家人少,行路亦甚难"。(《日记》页2420)

八月二十六日,章钰送来《群碧堂书目》,"读之小有意思,惜未贯串"。(《日记》页2421)

八月二十九日,写钦定书目毕。(《日记》页2421)

八月三十日,偕缪僧保游报国寺,"双松已无,顾先生祠尚存三间,像已毁。张月主亦无。开成井阑移入门内,唐志、辽幢不知何往矣。(《日记》页2421、2422)

是日,先生到琉璃厂,得书甚多,惟贵。(《日记》页2422)

九月一日,再定清文书目,并交子、集两部。(《日记》页2422)

九月二日,拜徐坊、高鸿裁、盛宣怀。(《日记》页2422)

是日,王仁俊忽将未编书目送归,次日先生方知其全家以回南。(《日记》页2422)

九月六日,慰盛宣怀一柬,先生昨日知其被革职。(《日记》页2423)

九月七日,还《琴趣三编》《小坡词》与吴昌绶。吴氏送《草堂词》来,并致先生一柬,谈及南还事:"《放翁词》先已送上,只《草堂》残本一册,余已忘却,容再检之,恨无暇书扇应教耳。兵氛固恶,而日来舟车纷沓已甚,吾师即须南还,亦宜稍缓为妙。秘馆星散,能无慨然。"晚吴氏又给先生一札谈刻书并约重九之饮:"《醉翁琴趣》六卷,覆检已写成,精美之至。见此更忆《近体乐府》,曷胜惘然。乱事如能定,尚求丁君、饶君来京,同了此未竟之业。彼时吾师亦必欣然来为管领也。董、罗具有同心,如昭陵碑录,竟当与伯渊、敦夫佳刻并观,非吾师善导,曷克臻此。或天不绝斯文,版不毁失,岂非大幸。顷与授经约定,并已约叔韫、静安。重九日三钟,奉攀吾师与

三世兄枉临小叙,幸勿见却,至叩至叩。"(《日记》页2423,《友朋书札》页857吴昌绶第九札,页858吴昌绶第十札)

重九,吴昌绶招饮,罗振玉、王国维、董康同席。是日,先生送吴昌绶《对雨楼丛书》,又还其《学海珠尘》一册,取《欧词》《曹汉泉漫稿》回。(《日记》页2424)

是日,闻太原兵变,"离京又近,人心愈皇然"。先生"下半夜筹画身世,不能合眼,是愁也,非病也"。(《日记》页2424)

九月十一日,到图书馆,不见一人。是日先生定十四日起程南返。(《日记》页2425、2426)

九月十二日,赴学部交书目,乞假。又到图书馆,取书目,话别。(《日记》页2426)

九月十三日,致徐坊一柬,言购《文正公集》及往署交差事:"《文正公集》宝堂自还二百卅金,志在必得,今添廿金自以购之为是,望于日内将便往交老谭为祷。今日弟有事出城,明后日亦不得闲往,请兄于十四日同往署交卷,亦拟即日出京告辞矣。"又言:"顷至馆,科员述兄言十四日赴署,与弟言正合。"(《日记》页2426,《艺风堂书札》页381致徐坊第三札)

九月十三日,先生友汪康年卒于天津。

九月十四日,先生动身南返,陈毅、罗振玉、董康送行。是日,得上海失陷之信。(《日记》页2427)

九月十七日,先生在津。赴直隶图书馆,管理谭新嘉甚有条理。次日再赴图书馆,在馆见元大德八年刊《汉书》,"叶无多,余皆明刻","首页二行镇守福建都省监,副监松阳冯惟德重刊"。又见明抄朱丝栏吴讷《唐宋百家词》、元刊左克明本《乐府》,均佳。(《日记》页2428)

九月二十八日,抵沪。家人相见,生死患难,"一恸而已"。时家人移居虹口谦吉东里四百七十七号。(《日记》页2425、2429)

九月三十日,李仁圃来访,同诣张彬,又同谒樊增祥,言金陵事,不胜慨叹。次日,先生出拜刘世珩、沈曾植、沈曾桐、汪洵、刘炳照,并晤恽季文、罗椠亭、李宝章。(《日记》页2429、2430)

十月八日,晚赴金武祥半斋招饮,夏孙桐偕朱祖谋来长谈。(《日记》页2431)

是日,先生校《曲洧旧闻》毕,并跋。(《日记》页2431)

十月十日,再诣徐乃昌,谈良久。(《日记》页 2431)

是日,借校盛宣怀藏《函海》本《金华子》《蜀梼杌》。(《日记》页 2431)

十月十二日,张荣自南京运志书稿来,先生甚慰。拆箱点视,得志书采访册一箱零三包、《长安客话》一部、《像象管见》《教经堂谈薮》一部、《消夏录》四十册,缺第廿一、廿六、廿七、廿九、卅、卅一、卅二、卅三共八卷,《明臣琬琰录》亦不全。(《日记》页 2431)

十月十三日,张元济来访,即闻南京失守之信,先生感慨。(《日记》页 2432)

是日,先生送志书及采访册与张彬。(《日记》页 2432)

十月十七日,张彬送《通志稿·金石》三卷来,先生检《通志稿》四十五卷、旧志八十册还张彬。(《日记》页 2433)

十月二十一日,先生南京藏书运二十四箱至沪。二十三日运至六十四箱。(《日记》页 2433、2434)

十月二十八日,拜张元济、孙毓修、沈曾植、徐乃昌、金绍城。(《日记》页 2434)

十月二十九日,跋《马石田集》。所跋本当系先生从董康所藏本影写者。跋云:"元刊本。每半叶十行,行二十一字。高七寸二分,宽四寸五分。黑口,双边。字多行体,讹错亦多,淮东路学刊本。首有至元五年淮东道肃政廉访司事古扬州路总管府刊板牒,有王守诚、陈旅、苏天爵序。后有附录虞集《桐乡阡碑》、许有壬撰神道碑,作《石田山房记》,为一卷。有'松下清斋'朱文长印,'芷斋图籍'朱文方印,'海盐张载华手书',所谓涉园张氏也。载华字佩兼,曾辑《初白庵诗评》。"按,据跋中所述,此本实明弘治六年熊翀太原刻本,该集元刻本半叶十行,行十八字,版心有刻工王君用、王文等,今国家图书馆藏有残本。盖缪氏所影原底本失明弘治李东阳序,遂误作元本,晚清时期铁琴铜剑楼等藏书家书目所著录元刻本类多如此。(《日记》页 2435,《辛壬稿》卷三《石田集跋》)

十一月一日,跋《道园学古录》《道园遗稿》。先生跋《道园学古录》,述其版本刊刻源流巫详,可谓定论。所跋《道园遗稿》,当即董康所藏鲍廷博、黄丕烈旧藏本而先生借以影写之本。此本刊刻甚精,先生此跋介绍其版本原委甚晰。后董康曾代傅增湘督刊该书,为《蜀贤遗书》十二种之一,即据原版影摹,惟妙惟肖。(《日记》页 2435,《辛壬稿》卷三《虞道园学古

录跋》、《道园遗稿跋》)

是日,傅增湘、宗舜年来访。时傅增湘氏以四川省代表的身份,随唐绍仪参加南北议和。(《日记》页 2435)

十一月二日,徐乃昌借去先生藏《许印林集》,先生并致其一柬:"报三册奉赵,摄影极佳。《许印林集》奉阅。弟专家人运出书籍已得十分之八,现将余物均庋大楼上。下留两家人看之,未知何日能归故土也。"(《日记》页 2435,《艺风堂书札》页 471 致徐乃昌第三百二十八札)

十一月四日,跋《尚书注疏》。(《日记》页 2435)

是日,得金武祥一笺,知其来沪,致一笺约其小聚:"老兄重来,欣忭之至。明早准十点钟,乞移玉至三马路半斋一聚。兄如先到,乞占席面,弟约闰枝、学南同来,学南即发信去。家乡光景何如?"(《日记》页 2435,《艺风堂书札》297 页致金武祥第七十一札)

十一月五日,傅增湘来访,携示洪武板《苏州府志》,宋宾王抄补,石韫玉藏,又叶树廉校《荀子》,均佳。(《日记》页 2436)

是日,约金武祥、夏凤生半斋点心,夏孙桐、赵诒琛以故不至。(《日记》页 2436)

是日,跋十行本经书五种。(《日记》页 2436)

十一月六日,跋《颐堂文集》。王灼《颐堂文集》流传颇稀,明《文渊阁书目》无载,清亦未采入《四库》。先生所跋之本系自藏影宋写本,当系从钱塘丁氏旧藏宋刊本影写者。此书宋本传世者唯此一见,先生跋语亦多与《善本书室藏书志》载该书合。据先生《日记》,先生曾于宣统二年一月廿九日从江南图书馆借该书回,三月六日校此书五卷,三月八日到图书馆,"还宋刻《颐堂集》"。本月下旬,先生曾借该影抄本与徐乃昌,其札云:"《颐堂集》呈览,影写甚佳。"而徐氏还书时云:"《颐堂集》抄手极精。刻抄胥乏人,原书奉缴,俟觅得胥人,再乞公惠假。"(《日记》页 2436、2257、2268、2269,《文续集》卷七《颐堂集五卷》,《辛壬稿》卷三《颐堂文集跋》,《友朋书札》徐乃昌页 743 第九札,《艺风堂书札》页 467 致徐乃昌第三百十一札)

十一月九日,理书五小箧。是日,先生校《却扫编》毕,撰跋。(《日记》页 2436)

十一月十二日,校《六壬神定经》毕,撰跋。(《日记》页 2437)

十一月十三日,中华民国在南京正式成立。

十一月十五日,致罗槃一信附致盛宣怀信,言点书板事。姜文卿昨日自宁至沪,先生昨日结算为盛氏刻书之账。(《日记》页2438)

十一月十六日,给姜文卿九十八元,嘱刻《饮渌轩题识》《暨阳答问》《大学修业》《教经堂笔记》。(《日记》页2438)

十一月十八日,傅增湘借阅《分类夷坚志》十册,又借邵懿辰《四库日记本》。是日,先生写《分类夷坚志》甲、乙两目,先生近数日在整理该书。(《日记》页2439)

十一月二十一日,释《李涛妻汪氏墓志》文。先生近日以理书、校理金石旧为日课。(《日记》页2440)

十一月二十七日,撰《重修信义志序》,从友人赵诒琛之请也。《重修信义志》乃诒琛之兄赵诒翼纂。先生文有云:"昔孔子得百廿国宝书,以成《春秋》,前贤以为即方志也。《周礼》诵训掌道方志,以诏观事。志也者,志地,志人,志事,志物,上之自古迄今,下之由近及远,无饰辞,无私造,则谓之良志。志书至宋而流传始多,志例至宋而体格大备。"此反映出先生的对方志观及方志体例的深刻理解。又云:"郡志宜简,邑志宜详,至于镇志,地方不过十余里,学人名士,朝夕相聚,治事之疏密,植品之媺恶,闻见皆真,网罗益富。"反映了先生对镇志编撰的看法。又于文中详考信义的历史地理沿革,以及人物之丰昌,以及信义志书的编纂源流,认为此志在苏省镇志中可与明卢襄《石湖志》、清陶煦《周庄镇志》鼎立而三。(《日记》页2441,《辛壬稿》卷二《重修信义志序》)

十一月二十八日,致徐坊一札、吴重憙一札。李仁圃、陈庆年、夏孙桐、徐乃昌等来访。陈庆年与先生谈图书馆事,颇为系念。(《日记》页2441,《〈横山乡人日记〉选摘》"民国元年一月十六日"条)

是日[①],接孙毓修一札,谈及先生是否有售书之意。先生自谓:"售书亦所愿,第价不能过小耳。"(《日记》页2442)

十二月八日,从孙毓修借得《冷斋夜话》,极佳,校五卷。(《日记》

[①] 《艺风老人日记》本年记两条"十一月二十八日"日记,一为"辛卯",一为"壬辰",当系误记,"壬辰"系二十九日。下文缪氏直至十二月七日、八日连记了两个"辛丑"日,才将甲子记日厘正。此处将第二个"十一月二十八日"亦作"二十八日"的内容。

页 2444）

十二月九日，校《冷斋夜话》毕，撰跋。跋有云："元刊本，半叶九行，行十七字。高四寸八分，广三寸二分。白口，双边。目录后有跋。牌子两行，'至正癸未春暮新刊三衢石林叶敦印'。黄荛圃跋云：'所见本，以此为最古，惜是坊刻，故多讹舛'。"下论此本优与劣，并言从《墨客挥麈》。补"禁蛇""开井方"一段。此本藏于涵芬楼，先生借校自藏旧抄本。然该本自黄丕烈以来均谓之为元刻坊本，此本今藏国家图书馆，定为明刻本。内有先生手跋，与此跋略有异同，云："《夜话》以此本为最古，荛圃言之矣。陆氏所藏同。《提要》所举两目亦与此本合。内缺三叶，黄补二叶，又九卷'开井法''禁蛇方'只存末数语，似缺一叶。然号数联接，不可解。敝藏旧抄，已去此条矣。"（《日记》页 2444，《辛壬稿》卷三《冷斋夜话跋》，国家图书馆藏黄丕烈、缪荃孙手跋本《冷斋夜话》）

十二月十一日，撰《丁修甫中书传》。先生与传主丁立诚交甚厚，三十年至好，今年八月四日立诚卒，其子丁上左等以行状来为传，不辞而为之撰。此传述立诚一生事迹、著述至详。（《辛壬稿》卷三《丁修甫中书传》，《日记》页 2444）

是日，诣王秉恩谈。（《日记》页 2444）

是日，先生致金武祥一札。札谈为盛宣怀刻书事："自君回常，无限思忆。弟寓居偏僻，早有来往，雪澄、心佳最近，可以剧谈。然校勘书籍，乐趣尚多，孤陋可消，群居亦无益也。惟奇窘，过年尚有不了之事。盛氏《遗书》初编，送弟三百金一年，四年刻毕，共报销四千八百金，弟之乙千二百金亦在内。此次编刻，不要束脩，应许刻成助我装潢费，书皆弟藏，刻写后，非重装不成书。现刻七十余册，支过六千元。现盛氏杳如黄鹤，刻匠除停止外，尚需开销，从何处设法。现想兄与陶兰泉商量，可否将书板全押彼处，以千元为率，如盛氏不问讯，即改陶氏印书，盛氏如索还，加利还彼取板，则书板不至抛荒，而弟藉免目前受逼，乞兄宛转达意为祷，费神再谢。庄心嘉住同里，不日来常矣"（《日记》页 2444，《艺风堂书札》页 297 致金武祥第七十二札）

是日，王国维自日本致先生一札，告以在京都生活情状："别后未及三月，不谓时势迁流，遽至于此。回忆甘遯座上数夕谈宴，若前世事。聚散犹然，况他事耶？近想兴居康胜，当如遥颂。"又言："维于十月中旬与唐风楼同东渡,现寓京都市外田中村。此间学士大夫颇多旧识,风土亦尚不恶,生活程度与北方略近。然长安居尚不易,况异国耶?诵芬室亦有来此之说,大约暂以售书为活。"又言在京都见《旧唐书》:"到此以后,未见何物。唯于友人富冈君处见影宋本《旧唐书》二册,开其余尽在京都东福寺,合之富冈君所得,并无缺卷。又闻可以借校,如能以闻人本校出,洵快事也。"又念及先生近况:"甘遯现住南口,想常通信。唐风楼回北京辞职,于三日前返,因此得知先生沪寓住址。又闻邺架一切无恙,至慰至慰。惺老、乙老均在沪上,当不苦寂寞。"又言:"抵东以后,作应酬诗四律,别纸录呈。长者酒后能赐和否?此亦消遣之一术也。"下附《初抵京都酬铃木大学士枉赠之作,并简狩野直喜、内藤虎次郎诸博士》两律:"海外雄都领百城,国家洛邑宋西京。日人谓京都为洛阳。龙门伊阙争奇秀,昭德春明有典刑。闾里尚存唐旧俗,桥门仍习汉遗经。故人不乏朝衡在,四海相看竟弟兄。""莽莽神州人战图,中原文献问何如。苦思十载窥三馆,且喜扁舟尚五车。烈火幸逃将尽劫,神山况有未焚书。他年第一难忘事,秘阁西头是敝庐。寓居正对大学图书馆。"此为王国维东渡后与先生第一次通讯。(《王国维全集》第十五卷页36)

十二月十四日,考订《覃溪集》逸诗。(《日记》页2445)

十二月十七日,跋《杜陵诗史》及《李翰林集》,皆宋版。此两跋皆为刘世珩撰,刘氏将此二书刊入《玉海堂影宋元本丛书》,先生为代撰跋。《杜陵诗史跋》考其源流有云:"《王状元集百家注编年杜陵诗史》……宋刻本……与《天禄琳琅》所载《黄氏补千家注杜工部诗史》截然两书。彼则黄希、黄鹤补注,此则鲁訔、王十朋注;彼三十六卷,此则三十二卷也。其于诗之有关时事者,皆于题上注明,故谓之诗史。所引前人注,皆各标名,而作白文以别之。千家注、百家注,口上又云六十家注,皆坊本故态。书有'真赏'朱文胡卢印,'华夏'白文方印,'文石太史所藏图书'朱文长方印,'季振宜藏书印'朱文小长方印,'纬萧草堂藏书记'朱文长印,'商丘宋荦考藏善本'朱文长方印。按《季氏书目》,《王龟龄注杜诗》三十二卷即此书。无锡华氏、华亭朱氏、商丘宋氏、昆山徐氏递藏也。"《李翰林集跋》考该本源流云:"《李翰林集》三十卷,唐李白撰。宋刻本……每卷目录连属正文。后附《新唐书》本传,又有绍熙元年七月开封赵汝愚题云:右李太白《题司空山瀑布》诗得之东里周子中,附于卷末。又咸淳己巳三月天台戴觉民希尹跋云：是集多赵同舍崇鉴养大所校正。又有江万里序，系手书上板。晏知止本歌吟在六、七两卷，此则在第十七卷，余亦前后参差。丁、陆两家书目均有此本，而江序均佚去，亦可贵也。近时《李翰林集》止重缪刻蜀本，此则当涂本，予重摹之，以增皖南故事云。"(《日记》页2446，贵池刘氏玉海堂宣统辛亥至民国癸丑刊《玉海堂景宋元丛书》本《景宋王状元集百家注编年杜陵诗史》，贵池刘氏玉海堂光绪戊申至宣统间刊本《景宋咸淳本李翰林集》，《癸甲稿》卷四《杜陵诗史跋》《李翰林集跋》)

十二月十七日，致叶昌炽一札，告以现侨居上海邓脱路谦吉东里四百七十七号，以重辑《夷坚志》《野获编》消磨岁月，并索其新刻《藏书纪事诗》，告以友人蒋斧殁于京，汪康年殁于津，罗桀殁于杭。(《日记》页2446，《缘督庐日记》页6872)

十二月十八日，刘体乾以蜀石经《周礼》《左传》《谷梁传》三册属题。刘体乾，字健之，安徽庐江县人，四川总督刘秉璋之子，富收藏，时居上海。(《日记》页2446)

十二月十九日，致孙毓修一束，还《冷斋夜话》二册，又应刻书一单。(《日记》页2446)

是日，民国政府教育总长蔡元培复先生一札，谈保护江南图书馆之事及刊《越缦堂日记抄》之事："奉惠书，敬悉一切。元培到南京后，即时有以江南图书馆事相告者，适马湘伯先生代理江宁都督，询之则言此图书馆当属于地方政府权限内，故一切事仍请马先生主持之。驻扎馆中之军队，曾属徐固卿总督下令迁地，亦复无效。马先生因请丹徒茅子贞君入馆任事，因茅君之子在宪兵司令部，有约束军人之权也。元月三十一日，元培曾到馆中一观，王君懋镕并出最精之本相示，一饱眼福，先生之赐也。陈君善余及李君仁圃，均曾来此一谈，陈君并递一节略，详述图书馆情形。将来画定中央与地方政府权限时，如以此馆直隶教育部，则元培等必当加意保护，不负先生当年搜罗之苦心。即目前虽无直接管理之权，然从旁助力，亦不敢不尽心也。越缦先生日记，沈子培、樊云门二君均曾力任付梓，然二公有力时均未暇及此，今则想不复作此想矣。先生拟仿《竹汀日记抄》例，节录刊行，良可感佩。李世兄当尚在故乡，容即函属负箧赴沪，贡之左右，果能流布人间，则先生表彰死友嘉惠后〔学〕之盛情，感佩者岂独元培与李世兄而已哉。"(《友朋书札》页530蔡元培第一札)

十二月二十日，发王国维日本信，寄所作咏史律诗四首。此四诗当即《读史六首》中的四首。先生此组诗充满亡国之悲，若其一云："重见升平五十年，欃枪蔀地遍垓埏。信传上谷驰银鹘，风急台城堕纸鸢。攘臂莠民团白甲，伤心妖谶改黄天。眼前多少苍生泪，化作长河灌百川。"四日后，王氏撰复先生一札，札谈先生诗云："昨接赐书，并《咏史》四律，至为感佩，三、四两章，尤有当于人心，唯在内地，则为罪言矣。"又谈及其与罗振玉在日本情况及董康近况："叔翁在此，现与维二人整理藏书，检点卷数。因此次装箱搬运，错乱太甚，大约至明春二月方能就绪，目录亦可写定矣。授公尚未到，闻其书籍有售于岩崎之说。其迟迟不来，疑亦为此。至开书籍铺，恐获利颇难，因此邦人士于字画颇知珍贵，碑帖初开风气，此二项尚可得价。书籍之价尚贱于当日之北京。顷见元本《广韵》二部，一元统本，一至正本。共索价五十元。宋末刻《诗人玉屑》，稍有缺叶。索价百五十元，其价可以此类推。前书所询各事，甘遽处已两次致书，未得其覆。前已迁至南口京张路局，想现在仍寓其处，尚可通信。此间生活惟米价颇贵，其余略同中国。维在北京，月用约需百金，在此撙节，每月约七十元已足。唯衣服费不在内耳。书籍字画尚无进口税。旧有，现已免除。水脚自上海运神户，每箱约二三元，并闻。"(《日记》页2447，《友朋书札》页1023王国维第十九札，《辛壬稿》卷一)

十二月二十四日，校《曾公遗录》毕。(《日记》页2448)

是日，送代刻书板与沈曾植。并于二十六日致沈曾植一柬，报用账实存六十一元。沈氏为此曾复先生一札，并谈及前数日其所借《京师学部图书馆》经部之体例等事："《经目》二本，后订者体例甚佳，前交则草本耳。板片两箱，均收到。韩、饶集款，容措缴。朱卷预备五十番，再承谆属，酌加四番，公估或谓已溢于沪上行价，过而存之耳。"(《日记》页2448，《友朋书札》页184沈曾植第二十九札)

十二月二十五日，宣统帝溥仪下诏退位。

十二月二十五日，傅增湘携《罗豫章集》来访，证为元版，然亦不能决。先生鉴定其实为成化本。(《日记》页2448)

十二月二十七日，接叶昌炽本月二十二日复先生一札，并新刻《藏书纪事诗》一部。札谈时局及先生重辑《夷坚志》及《野获编》云："度陇归来，蛰居不出，天时人事，无待蓍龟。但变局离奇，至于此极，非惟不料，直不敢赞一词。披诵手教,敬审杖履无恙,灵光岿然,慰何如之,《夷坚》犹《诺皋》之支流,《野获》为史乘之故实,重为编辑,正定可传,较自著书尤有功也。"又谈其近况,及撰《邠州石室录》之体例,兼收明碑。(《日记》页2448,《友朋书札》页419叶昌炽第四十九札)

是日,梁鼎芬寄"云自在龛印"见赠。(《日记》页2449)

十二月二十八日,是日,先生闻知溥仪已下退位之诏。(《日记》页2448)

十二月二十九日,傅增湘与先生商让先生昨日从扬州书估陈韫山购明嘉靖版《嘉祐集》,以其系书估为其收得为先生捷足先得为由。该书为顾广圻校本,明郑晓等旧藏。时傅增湘参加南北和议滞留沪渎,遍走苏、杭、宁、越搜访旧籍。先生允以其新得清平山堂本《夷坚志》相易,傅氏告以如再得复本当如约,不及匝月,傅氏于苏估处重金得复本而与先生相易。(《日记》页2449,《藏园群书题记》页669"顾千里校嘉祐集"条)

是日,先生过录顾校《嘉祐集》于弘治本毕。(《日记》页2449,《藏书续记卷六"嘉祐集"条》)

除夕,致叶昌炽一札,谢其赠书,并告以江苏金石江宁、常州、镇江拓本已集,约可得十六卷,已写定者六卷,苏州、江北氍推尚未到。(《日记》页2449,《缘督庐日记》页6881)

是日,先生思想近期之经历颇伤感,自言:"今年由京归南两月,复入都。四儿一病而逝,随即大水,金陵城内可行船入市。水甫退,而武昌乱蔓及天下。金陵于十月失陷,全家窜至上海,已及四月。余亦乞假来。现闻上已逊位,清国遂亡。自此以后,偷息人间,与死何异,而乱事不知何日止也。"(《日记》页2449)

十二月,跋刘体乾《蜀石经》。文中叙述校跋该书原委有云:"蜀石留于世者,有《毛诗》'周南''召南''邶风',《左传》昭二十年六百余言。陈颂南藏《周礼考工记》六千余言,《公羊》五千余言。今之三册,字数最多。宣统辛亥,与健之同匿海滨,借归以《唐石经》校经字,岳本校注字,疏其异同于右,两通字及加减虚字之无关宏恉者,悉不著录,得《周礼》十九纸,《左传》六纸,《谷梁》一纸,五十日方毕。去丙子三十六年,荃孙年亦六十有九矣,心眼俱退,未能多方疏证,抱愧良多,惟残冬乱世,藉读书为消遣。昔钱辛楣先生得见《毛诗》《左传》,以为衰年眼福,荃孙今亦云然。"考证源流有云:"前人云蜀刻出于大和,与唐石经同源,惟经注全刻,止广政本有之。俾后人获见雕版前旧式,岂非幸事。诸跋以邵武杨宝臣为最,考订源流甚详。石于宋末与文翁石室同毁,元明金石家无言之者。所传合州宾馆有《礼记》数石,曾访碑于令州,得唐宋刻数十种,无此石。《锦里新编》云:贵州任大令,载归数十片。讹以传讹,不足据也。今陈氏《毛诗》摹本流传已少。夫长兴开版本之学,贞明启汇帖之风,朱友贞刻《贞明帖》,在保大前,是真帖祖。转在大乱之时,以存先圣之道。重勒广传,嘉惠后学,是所望于健之。"先生又望刘体乾刊刻流传。(《癸甲稿》卷三《蜀石经残本跋》)

是年正月,孙葆田卒。

是年,清廷裁撤军机处,改设内阁,奕劻任内阁总理大臣。

是年十一月十三日(1912 年 1 月 1 日),孙中山就任中华民国临时大总统。

是年十一月,陆费逵在沪创立中华书局。

民国元年　壬子(1912)　六十九岁

一月一日,先生在沪。恽毓良、张元济、孙毓修、徐乃昌、洪槃来拜先生。(《日记》页 2451)

是日,跋《张叔未手稿》。该书借自孙毓修,盖涵芬楼所藏,本月十二日还与孙氏。(《日记》页 2451)

是日,先生补自撰《年谱》。(《日记》页 2451)

一月二日,茅谦、张彬、夏孙桐、傅增湘、李仁圃求来拜先生。傅氏见示旧抄《张司业集》、陆贻典校《唐风集》,先生留阅,一月四日还之。(《日记》页 2452)

一月三日丙寅,崇朴、潘陛来拜先生。(《日记》页 2451)

一月四日,致王存善、梁鼎芬、徐乃昌各一柬,约人日小饮并观书画。致徐氏柬云:"今早话谈,王子展公馆不知号数,乞代填送邮。约节庵人日小饮兼看书画,屈兄作陪,止三人也。如节庵不来,即作罢论。"此小集终未成。(《日记》页 2451,《艺风堂书札》页 473 致徐乃昌第三百三十五札)

是日,先生致门生庄蕴宽一札,建议照会陈庆年管理江南图书馆。时庄氏任江苏省代都督。(《日记》页 2451,辛汉《呈内务部文》)

一月六日，出拜刘体乾、张彬、宗舜年、樊增祥、吴庆坻。(《日记》页2452)

一月九日，王秉恩还先生《学部图书馆善本书目》经部，又借《石鱼题名所见录》。(《日记》页2452)

是日，跋《六唐人集》校本。所谓《六唐人集》校本，包括《联珠集》一卷，冯补之据乾道本校，何焯覆核;《李贺歌诗》，陆贻典据陈解元刻本校;《长江集》，陆贻典据南宋本校;《台阁集》，毛扆据南宋本校;《唐英集》，陆贻典据述古堂抄本校;《唐风集》三卷，毛扆据北宋本校，陆贻典覆校。皆系傅增湘所藏，本月二日见示者，各书底本系汲古阁刻《唐人八家集》初印本。先生校而跋之。跋有云:"毛刻《四唐人诗》，在毛刻为最精，而改换行款，喜易古字。异本标'一作'于下，迩时参合各本，择善而从。后来卢抱经、孙渊如墨守此派。敕先则据一宋本，笔笔描似，即讹字亦从之，缩宋本于今日，所谓下真迹一等者。后来黄荛圃、汪阆源墨守此派。两派一属校雠，一属赏鉴，均士林之导师也。"颇见先生对校雠的深刻理解。又云:"各本均初印，荃孙亦取毛本照临一过，印本稍后，《唐风》半已刓改，虎贲中郎，典型尚在，读者自能领会之。《唐风》署'玄默摄提格'，康熙元年。《唐英》署'癸巳'，顺治十年。《李贺》《长江》均署'癸卯'，康熙二年。《台阁》署'甲辰'，康熙三年。皆在甲申之后。诸君只书甲子，不书年号，盖以遗民自命也。至义门覆校《联珠》，则大书康熙辛卯矣。东海扬尘，沧桑又见，不自知涕之何从也。壬子正月九日。"颇见先生此时之心态。(《日记》页2451、2452，《辛壬稿》卷三《校本六唐人集跋》，《藏园群书经眼录》页864《台阁集》条)

一月十日，刘体乾来，见示《周礼·考工记》《公羊传》蜀石经。近日，先生以校蜀石经《周礼》《左传》《谷梁传》等残本为日课。(《日记》页2453)

是日，撰《于香草墓志铭》，盖应赵诒琛之请也。先生于十八日将该文交与赵诒琛。文中有云:"自唐贞观，尊崇南学，而两汉之家法以乖，国朝乾、嘉名流始治专门，力追两汉，至咸、同时少衰，迄今澌灭殆尽矣。"反映了作者的学术史观。又云:"君墨守汉学，以形声故训，展转通假之例，遍读周秦汉魏古书，刊正夺误，稽合同异，成《校书》六十卷，《续校》二十三卷，《战国策注》三十三卷。近时与俞氏《平议》、孙氏《札迻》卓然为三大

师,非他人小小补苴能共语矣。"给予于氏以中肯的评价。(《日记》页2453,《辛壬稿》卷二《于香草墓志铭》)

一月十二日,致徐乃昌一柬,并还其《钝吟杂录》。柬云:"闻有清恙,想已大瘳。《钝吟杂录》三册奉赵,缺字如欲补完,弟书尚可奉上。健之又得颂南藏《公羊》《考工》二册,真与蜀有缘也。心海亦病,得信否?《周礼》写至二十叶尚未完。"(《日记》页2453,《艺风堂书札》页474致徐乃昌第三百三十六札)

一月十四日,王秉恩还先生五十六元书价,本月十日曾售与王氏宣纸本《苏集》、白纸本《续碑传集》。先生遂致王氏一柬,柬云:"五十六元收入,昨日取书目一帙回,先奉上。天晴拟奉书画与兄览鉴。"柬中所谓之书目,即先生所编《学部图书馆善本书目》,此先生将史部借与王氏。(《日记》页2453,《缪荃孙致王秉恩函稿释读》第一札)

一月十七日,发日本西京田中村王国维信及罗振玉信。(《日记》页2454)

一月二十二日,傅增湘来访,还其《唐风集》一册,又借《晋秤》四册、《南征录》一册。(《日记》页2455)

是日,撰《重刻木厓文集序》。《木厓文集》,桐城潘江撰。潘江裔孙潘陞欲刊文抄二卷,于本月十日请先生撰此序。先生序中述桐城派与潘氏之渊源关系,并考其人论其文与学,颇得要领,其云:"其为文也,尚体要而循法度,浩乎如云浮空而莫可状,凛乎如星寒芒而不可干。其说理之言,与其有得之言,学识笃于程、张,而坚卓则子固,峭直则介甫焉,何其懿欤!桐城自前明以来,田间编修之经术,孩未中丞之文学,密之阁学之淹雅,皆能各自成家,先生承师友之观摩,加以身世之阅历,精神一贯,气象万千,遂以开潜虚之俊逸,而望溪以之集大成者也。"其所谓"潜虚"者,乃戴名世,他是潘氏之门人,方苞之师。(《日记》页2452、2456,《辛壬稿》卷二《重刻木厓文集序》)

一月二十七日,寄盛宣怀一札并《先哲遗书》大概。(《日记》页2457)

是日,先生致江苏都督庄蕴宽一札。(《日记》页2457)

二月一日,校《翠微南征录》,撰跋,至四日毕。傅增湘以该书鲍廷博、劳权手校清抄本示先生,请先生以昔年为刘世珩所校刻本校一过,先生校毕而撰此跋。(《日记》页2458,《辛壬稿》卷三《翠微南征录》,《藏园群书

经眼录》页1056"翠微南征录"条）

二月二日，李仁圃、杨守敬、傅增湘来访。傅增湘见示宋本《古文大成》《徐积集》《尚书蔡传》。（《日记》页2458）

是日，陶湘招饮，汪洵、刘炳照、史耜孙等人同饮。陶湘于辛亥、壬子间与先生相识，渐交渐密，其藏书治学多得先生绪论，陶氏藏书以藏闵版书而闻名，积三十年，得百十部，都百三十二种，实得于先生指示。辛、壬间，先生曾语陶氏："闵版上起《周易》，下讫传奇约百三四十部，或附音释，或增笺解，发挥疑滞，开人神悟，颇便学者，顾或谓经传词曲概以批尾之术施之有伤品类，则前人读经有蠡测之编，简端之录，议史有论断之笔，管见之文，例以绳之，何莫非批尾之类？若诗文评则目录家早列专门，更无论矣。彼钟伯敬、李卓吾辈评点各书诚可议者，若闵板所采皆宋元明以来名家绪论，乌可一概抹煞。方今文运否蹇，稗贩新学说者动言凡百古籍皆当拉杂烧之，而海邦人士通晓中国文字者，则又不惜悬重金以求，捆载而去，殊可痛也。虽然，世运盛衰如循环然，乾坤不灭，诗书之教终不磨也。予老矣，恐不及待，君爱书若性命，故于论闵板而发吾所慨如此。"（《日记》页2458，陶湘《明吴兴闵板书目》卷首自序）

二月四日，写蜀石经《周礼》校记毕。五日，先生送该校记于徐乃昌阅。（《日记》页2459）

二月十一日，诣杨守敬谈，知其仍治《水经注疏》，偕至甘作蕃洋楼，观甘氏所藏倪瓒画，顾瑛题识，莫友芝题款；又见宋李嵩《西湖图》、石渠旧藏《大观帖》一册；另罗天池藏泰山廿九字，系翻刻。（《日记》页2460）

二月十二日，杨复、傅增湘、丁立中来访先生。杨氏借先生藏《昭陵碑录》。（《日记》页2461）

二月十三日，傅增湘送还昨日先生送交欲出售之画，盖傅氏于画外行，不能读画。先生举家在沪，花费颇巨，此盖先生售画之内因。（《日记》页2461）

是日，先生至沈曾植一束，并送《三管联吟图》、《春明拾字图》、钱氏《承启堂集》、《燕翁诗文》，又《半完圃诗集》《击辕草》与沈曾植，又还其《吴礼部集》。（《日记》页2461）

二月十四日，沈曾植复先生一札，答先生售画事，并欲假先生藏之《山谷集》。札言："《吴礼部集》暨钱氏三集两卷，均收到。巨卷非棉薄所能胜,友人有欲收者,当转示之。闻人谓非李元阳,即陈凤梧,记忆力衰,无书可检,贡此影响,公更详之。《藏书记》有明九十七卷本《山谷集》,欲假一读,可否?"先生于本月二十四日送《山谷集》与沈氏。(《日记》页2461,《友朋书札》页181沈曾植第二十二札)

是日,跋蜀石经残本。先生已于上年十二月跋之,今年正月陈庆镛藏《周礼·考工记》《公羊》桓公二册,亦为刘体乾收得。先生又假以续考,得《周礼》六纸,《公羊》二纸,遂又跋之。有云:"《周礼》避蜀讳,《公羊》避宋讳,力驳前人避唐讳之说,所见与荃孙同。经字与《唐石经》无甚出入,至各注则异同甚多,有阮氏校勘记以为当据某书改某字而此注本不误者,有校勘记所未及者,获益良多。至书字讹脱,《周礼》独多于他经。其孙朋吉之疏欤……"(《日记》页2461,《癸甲稿》卷三《蜀石经残本跋》)

二月十五日,徐乃昌函来调停刘世珩书价事,先生谓:"以七折结账,吃亏已极,碍于情面,不能再说矣。"(《日记》页2461)

二月十六日,发教育部总长蔡元培一札。本月二十七日,得蔡元培复一札。(《日记》页2462、2465)

二月十七日,到汲修斋,交去书画六种托售。(《日记》页2462)

是日,先生诣邓实谈,见其所藏《朱泽民山水卷》,宗泐题,甚佳;明板《王麟原文集》、抄本《带经堂书目》,均佳。(《日记》页2462)

二月十八日,先生校《云林集》,得诗一首。当系借校沈曾植藏本,先生于二十八日将此书还沈氏。本月,先生跋此集记此事云:"此集抄自新阳赵氏,从何屺瞻藏本出。壬子正月借乙庵藏海宁计酉峰抄本,校讫。计本出于查氏玉雨堂,有他山小识。补录《抚州志》一七言律。"先生于光绪戊申七月托赵诒琛录副该书。(《日记》页2462、2466,上海图书馆藏艺风堂抄本《云林集》卷末缪荃孙跋)

二月十九日,写《吴渊集》毕,付装订。程炳泉来看字画,取六册六卷去。(《日记》页2463)

二月二十日,傅增湘以严元照校明蓝格旧抄本《鬼谷子》请先生转逯。此书乃杭州书估李宝泉所售,以其价过高,故请先生逯校一过。(《日记》页2463,《藏园群书校勘跋识录》页217傅增湘《鬼谷子》跋语)

二月二十一日,送幛与孙毓修,并致书一束:"昨奉尊嫂夫人安葬赴告。民国又未颁通礼,只可仍循旧式。挂帐乞收入,弗笑其顽固也。余面

谈。"(《日记》页 2463,《艺风堂书札》页 536 致孙毓修第九札)

二月二十二日,先生校《鬼谷子》于嘉庆十年秦氏石研斋刻本上,校毕,遂录严元照、徐鲲两跋,并手跋之,考其校藏及刊刻源流,并识校该书之原委、始末。(《日记》页 2464,国家图书馆藏缪荃孙手校嘉庆十年秦氏石研斋刻本《鬼谷子》)

二月二十三日,诣王秉恩谈,借与王氏《圭美堂集》《学部图书馆善本书目》史部四册,并看宋人画册。(《日记》页 2464)

是日,王国维在日本致先生一札。札谢先生寄《蜀诗经诗》及请先生联系代抄敦煌逸经事:"前日接手书,并石经诗等,敬谂杖履安和为颂。《颐和园词》数日内可印成,再行奉寄。尊致叔蕴书,已交渠,即作复,而忘却一事,嘱达左右。即李振刚兄近在何处?渠所抄《燉煌逸经》全分,此间大学诸君欲印入《续藏经》中,不知代抄一分需费若干?其费叔翁拟任之,如能流布,功德不细,当亦振翁所乐为也。拟请台端致书振翁,如有写生,请其即行动手,并先赐一音为盼。"又附及董康购书事:"授经在都购得宝某盛柏羲之婿。宋本书一箱,尚有三箱在议价中。为渠近日快事,附闻。"(《友朋书札》页 1021 王国维第十四札)

是日,接曹元忠苏州一札,述别后遭遇,颇见时局,洞悉日本之包藏祸心:"自违榘海,未及四月,遂易沧桑,每见熙之世兄来寓,敬审杖履无恙,图书自娱,深慰驰系。惟以世变方亟,朝局日非,未敢以愁苦愤激之语尘渎尊听也。天祸本朝,运际百六,两宫仁圣,不忍重斯民于涂炭,不待得人,遽尔逊位,时不肖方承诏议死事诸公恤典,未能决然舍去。至于正月十四日,尚有端忠敏等十六人未及追办,而昊天不吊,降此鞠凶,先子即于是日寅刻即世。丧乱以来,军队桀骜,不可节制,譬诸养千万虎狼于城中,脱其羁缚,已觉可危,又复减其食料,有不攫搏吞噬者乎!而当局方晏然,谓天下已定,日闻神功圣德之颂,列诸报纸,以鸣得意。出枰之举,曾不之防。遂有十二、十三、十四日京师、天津、保定之变。事后各处戒严,舟车断绝,悾悾鲜民,奔丧无路,乃援礼不克行,则成服而后行之文,在寓次成服。待至二十七日,始挈细小出都,于二月六日抵里,上距先子之殁已更朔奠矣。椎心泣血,甫亲苦块,而是月九日又有乱兵,焚掠阊门外上下塘、山塘、南濠等街之事。未几江宁继之,今虽稍定,而讹言纷至,一夕数惊,无异去岁九、十月间在京师时也。深恐从此天下遂无宁日,不至于瓜分不止。近则张文襄所谓不戢自焚,远则亭林先生所谓尽驱民为兵,国家将有不忍言者,此其验矣。顾以不肖所闻,安危利灾,乐我中国之所以亡者日本也。日本向以革命导我留学诸生,比去秋乱起,列强尚无干涉之意,而法国报纸云,日本已豫备十万兵,愿以独力平乱。又有东亚同文会总办根津一者,纠集头山满、河野广中、杉田定一、小川平吉等为善邻同志会,以希冀速遂革命、列邦勿出干涉为宗旨,刊刻邪说,函布议员,故不肖得之。盖日本明知中国军队为祸有余,成事不足,利用其扰乱,以为六国蚩蚩,为赢弱姬,卒之秦据其政之计。从前政府昏庸,仿效其法,练三十六镇,卒以亡国,苦不知也。顾继此者,因是得受本朝天下之重,宁不知之。而于各军养之如骄子,畏之如严父,任其磨牙吮血,杀人如麻,束手而莫之禁,势必外人藉保护之名,以割据我土地,而五帝三王神明之后,且相率而沦入异域,栋折榱崩,谁职其咎哉!不肖衔恤归来,但愿大事毕后,谋一生计,奉老母以终身。今若此,是欲布衣蔬食亦不可得也。心摧气竭,率摅所蓄。小子狂简,惟我师有以裁之。"(《友朋书札》页987 曹元忠第十五札)

二月二十六日,写《续夷坚志跋》,跋论其版本源流及优劣。先生初得此书巾箱本二卷,继得阳泉山庄本四卷,后又觅得清嘉庆戊辰余集手写大梁刊本。先生所跋此本系沈曾植见示之旧抄本。(《日记》页2465,《辛壬稿》卷三《续夷坚志跋》)

二月二十七日,写《夷坚志再跋》。(《日记》页2465,《辛壬稿》卷三《夷坚志再跋》)

是日,邓实来访,借先生撰《随笔》。(《日记》页2465)

二月二十九日,傅增湘让元板林尧叟注《春秋左传》,价七十元,先生即购。(《日记》页2466)

是日,撰《内阁学士兼礼部侍郎衔冯公墓志铭》,次日毕。冯文蔚,字修盦,别字联棠,浙江归安人。光绪乙亥举人,丙子联捷,以一甲第三名及第,官终内阁学士兼礼部侍郎,卒于光绪二十三年十一月二十八日。先生与冯氏系丙子同年,在庶常馆曾同为诗赋课,己卯同充顺天府乡试同考官,交谊至深。文蔚之孙冯尔绳请补撰《墓志》,先生不辞而为之撰。(《日记》页2466,《辛壬稿》卷二《内阁学士兼礼部侍郎衔冯公墓志铭》)

三月五日,跋廿九字《瘗鹤铭》,莫棠二月二十八日送至者。六日还于莫氏。(《日记》页2467)

三月十一日，借莫棠元板《滋溪文稿》、明活字本《襄阳耆旧传》。(《日记》页 2469)

是日，傅增湘嘱先生题《宋本新刊诸儒批点古文集成》，该书系汪启淑家进呈《四库》底本，湘潭袁芳瑛从翰林院窃出者，后为江标所得，再为费念慈得之。先生跋云："此书止见《四库提要》，未见各家书目，止有宋镌，未见他刻。书亦宋时坊肆编录，选择固不甚精，避讳亦不甚谨。细读一卷，敬、桓、玄、徵，一概如字，《提要》举'魏徵'为'魏證'亦从他选稗贩而来。惟字画之精劲，围挪之工整，为天水旧椠无疑，如以宋讳为凭，不免失之胶柱。是集出湘潭袁漱六前辈家，流转金阊，今为沅叔学使所得，孤本秘笈，何快如之。"(《日记》页 2469，《藏园群书题记》页 930)

三月十四日，赴《国粹学报》馆晤邓实，交去《毛诗释地》六卷、《四书集注笺》四卷、《士礼居题跋续编》四卷、《莼客日记》二卷、《三垣笔记》三卷附识三卷、《续板桥杂记》三卷、《雪鸿小记》一卷、《秦淮闻见录》三卷、萧奭龄《永宪录》一卷、《纪桐城方戴两家书案》、《金粟道人逸事》十种。(《日记》页 2470)

三月十六日，傅增湘起程返京。傅氏去冬来沪，时值乱军兴，故家庋藏星散，乃尽力搜访，并与先生及沈曾植、杨守敬、徐乃昌、张元济等交游，至今裒聚千有余册，连箧北归。(《日记》页 2471，傅增湘《藏园居士六十自述》)

三月十八日，致莫棠一札，还元刻《滋溪文稿》《郘亭书目》，并借其严抄《仪礼要义》、明刻《青阳集》。札云："送上元刻《滋溪文》一册，《书目》四册，乞察。《滋溪文》弟即藏抱经校本，然缪误尚不少，行款亦异矣。再乞假《仪礼要义》《青阳集》两种。《要义》录跋。《青阳》，《四库》四卷，明刻六卷，尊藏似十卷，拟一核定。楚生三姻兄大人，弟荃孙鞠躬。"先生借莫氏元刻《滋溪文稿》校已藏本，于十七日校毕，故今日还之。先生所藏此书系卢文弨旧藏并点校之本，是陆心源所赠。莫藏此书元本只存卷二十一至二十五残本，然佳处甚多。先生并撰有该本跋语："元刊本。每半叶十一行，行二十字。高六寸五分，宽四寸五分。黑口，双边，双鱼尾。字大几及五分，体在欧、赵之间，乃元刊之至精者。各家书目均传抄本。荃孙藏旧抄本，卢抱经先生朱笔点校，已为至善。取此校阅一过，讹脱尚多，并有误疑之处，虽所存止五卷，亦可谓难得之本矣。"于该本评价甚高。(《日记》

页 2471,《文禄堂访书记》卷五页 338《滋溪文稿》条,《辛壬稿》卷三《滋溪文稿跋》)

三月十九日,致徐坊一札,多有挂念:"去岁一函,谅尘笼室,沧桑一度,兵火大半,□继超后顺适潭第平安为颂。正月十三日之变,尊寓受惊否?涿州、潍县均无恙否?闻馆中无领款,并预备交卸,有人接手否?兄行止有定见否?南中旧雨云集上海,倚外人保生命。金陵、江阴无一处安稳,虽生计毫无,而急切不能回去,奈何,奈何!"又谈及结一庐藏书流散,并询友人去向:"南图书馆大致无恙,管理之人业已四易,全凭运动,不问其认字不认字也。结一庐之书飘零满平,傅沅叔所得最多,张菊生次之。沅叔以《古文集成》七十八卷为最,菊生以《荆公诗注》五十卷为最,弟幸得寓目而已。叔蕴、授经均去东洋。凤生现寓何处?大约一时难聚也。"并为徐氏留下联系地址:"上海那脱路谦吉东里四百七十号。"(《日记》页 2472,《艺风堂书札》381 页致徐坊第二札)

三月二十日,还严抄本《仪礼要义》、明正统本《青阳集》与莫棠。乾隆间,严元照弱冠即好宋版书,杭州汪氏振绮堂藏宋刊《仪礼要义》廿册索值五百金,元照尽卖家中所有书,以廿六万钱得之。人以此谓其为"书癖"。后此书以朱提三百归诸阮元,阮元曾抄副献诸宛委别藏。严氏曾依宋版手笔影写两部,此其一也。顾广圻为张敦仁刊刻《仪礼注疏》即假此本补景德注疏本三十二卷至三十七卷之阙,顾氏叹此书为天地间第一等秘宝,并据以摹写一部。此本首尾及五卷末均有题识,先生借此书录跋,当即指此也。莫棠得此书于吴趋,亦一跋再跋,其为宝爱。先生借阅莫氏《青阳集》,曾跋之,述此本刊刻原委,并指明此莫藏本的递藏源流及此本之优。莫藏本系正统十年刊本,是余氏集第一个刊本,亦为该集最优之本。(《日记》页 2472,《铜井文房书跋》之"仪礼要义"条,《辛壬稿》卷三《青阳集跋》)

三月二十一日,撰《平湖葛氏书目序》。是文先生系为平湖葛嗣浵撰。嗣浵系先生同年葛金烺子。葛氏富藏书,亦富藏书画,所编目均请先生作序。是文颇见先生目录学思想,有云:"自更生《七略》出,而有天府之书目。自孝绪《七录》传,而有私家之书目。海内流传,或抄或刻,不下百十种。收藏之宏富,编录之谨严,可考见焉。而书目亦分为两派,一则宋椠明抄,分别行款,记刻书之年月,考流传之图记,以鉴古为高,以孤本自重,如《爱日精庐藏书志》《艺芸精舍宋元书目》是也。一则涉猎四部,交通九流,蓄重本以供考订,抄新帙以备纪载,供通人之浏览,补秘府之缺遗,如高儒之《百川书志》、钱遵王之《述古书目》是也。"先生将目录分为公藏书目、私家书目两类,而私家书目又分为鉴藏善本书目与普通藏书目录两种。又云:"嘉禾藏书家,倦圃、竹垞首倡于前,而高氏江村、金氏星轺、胡氏篴江、钱氏天树,无不驰名海内,而有目以传世者,朱、金以外,不少概见。收藏固不易,编次亦不易也……今葛氏书目一出,上可绍先辈之遗风,近可励今时之锢习,不诚善乎。黄太冲与朱竹垞互相通假传抄,书日以富,词蔚亦必约二三同志,用《流通古书约》之例,庶几日有增益,而书目一续再续。祁夷度先生所谓五年一小修十年一大修者,吾于葛氏竹林有厚望焉,故不辞而为之序。"此云藏书当编目,书应相互传抄以增益,书目亦应一续而再续。又云:"昔孙承泽侍郎有喜借人书之誉,朱竹君学士亦与人借抄以广流传,前哲流风,令人向往。咸、同以来,京师巨公以深藏为旨,以独得为奇,不留一目,不跋一言,问其名已在若存若亡之间,述其事亦在疑是疑非之列,顾千里所谓似与古人有深仇宿怨者。"此批评藏书家痼守,主张藏书流通。(《日记》页 2472,《辛壬稿》卷二《平湖葛氏书目序》)

三月二十二日,撰《宋太宗实录跋》。《宋太宗实录》凡八十卷,先生从章钰传抄者。原本先后经徐松、潘祖荫收藏,光绪乙巳七月为章钰所得。今年被先生编入《古学汇刊》。此前,先生闻知海虞故家有十二卷本者,欲借来一起刊入《藕香零拾》中,至今未得。后先生终传抄得十二卷,见《艺风藏书再续记》)。(《日记》页 2473,《文续集》卷六《宋太宗实录跋》,《章氏四当斋藏书目》卷上,《汪康年师友书札》页 3065 缪荃孙致汪康年第二十札)

是日,先生送跋与沈曾植,沈氏又欲留购《豫章遗文》。(《日记》页 2472)

三月二十五日,辑《秦淮明妓考》。(《日记》页 2473)

三月二十八日,甘作蕃、小栗市太郎、友永传次郎来看先生藏字画。是日,先生致徐乃昌一柬,谈时事,云:"多日不晤,清恙想已全愈,念甚。袁受命逾月毫无高见,都门兵变延及津、保,各省纷纷效尤,愈滋疑惧,奈何。"又云:"节庵不晤,亦不通信,闻亦病。《蜀石经校记》廿余叶,因无人

录稿,自写则迟,日内可呈政。"(《日记》页2474,《艺风堂书札》页475致徐乃昌第三百四十三札)

是日,杨守敬致先生一札,借先生所藏《司马元兴》及《泰山廿九字》拓片:"昨日厚扰,谢谢。兹小笠君同其友人白石、友永两君均诣尊处,博览书画,以为眼福。甘君翰臣,闻守敬言贵藏《司马元兴》及《泰山廿九字》为希有,特请检示为盼。"又致一札云:"小笠等由尊处回,适汲修斋在座,言尊处珍品多存其店,已同到汲修斋去看矣。甘翰臣欣慕《司马元兴》,而尊处必不忍割爱,无从强劝。而守敬犹有请者,敝处于古刻之不存者,凡有见皆双钩刻之,可否假我一二日,摹以传世,则嘉惠学者尤广,如何如何,唯裁察。"(《日记》页2476、2480,《友朋书札》页660杨守敬第五札、第六札)

三月二十九日,先生致徐乃昌一札,借《有学集》及并索还《蜀石经校记》。札云:"承假《有学集》,乞全部交下一核,止阙二卷。《蜀石经校记》亦望同来。"(《日记》页2475,《艺风堂书札》页475致徐乃昌第三百四十一札)

是日,先生复李详一札。先生于札中详谈鼎革前后及近况:"正月、本月两接手书,均云即日来沪,所以未曾即覆。顷秋湄来,言及兄须九月间来,则今日已筹得巨款耳。维华潭安善,潜心著述为颂。弟自入都,约曹君直、章式之编辑丛书。旧书六百箱,成书目四大册。宋元旧本目八卷,经目八巨册,藏外经目一册,本拟进呈后十月乞假回南,专办通志。八月十九之事起,全家窜至上海,弟亦九月廿八到旅寓,十月省城失陷。李仁甫及舍侄运出书籍、金石、字画三百余箱,无人不以为痴。不十日,即抢到书籍矣,<small>书估钩串</small>。然损失已不下万元。<small>善徐及三万元</small>。一家卅人,月需三百元,毫无生计,以斥售书画、金石作用度,已可怜矣。叔蕴、授经、静轩均尽室往东洋,弟尚不敢。"又云:"秋湄约为编《国文汇刊》,将未刊僻书逐期印入。刻书之愿,以后亦不能副。沪中谋事本难,老辈更用不着。菊生生意经太重。《明史》一说延一金姓,助以东洋留学生,一万元之款,一年之期,专抄报纸为是。所谓实录、掌故书一概不搜。字亦愈少愈妙,以此为获利计。渠不问,我辈亦不谈。《唐书》至后唐始派修,朱梁决不如此。"又云:"弟乘闲暇,将笔记理出,能印即印入《汇刊》,不能且留之。李诗校勘,能见寄否? 三书尚在,随后再寄不迟。图书馆<small>南北</small>。无恙。积馀及弟书算全取出。洪幼琴亦全。结一庐书,飘零市肆,犹其幸者。烤火拭秽皆书籍,文明极矣。李、袁、张、舒全出,状元境之书估无不发财。何批《史记》止一元,其廉如此。亦有以十元购五十巨册不全'三通'者,书遭劫至此。"又云:"蘧六已行亦倾家矣。心海、惺吾、子培、雪丞、次山均在此。古微由苏往来。古书亦假阅,市上书亦可爱,苦无赀耳。"(《日记》页2474,《学士》第二卷页165《缪艺风先生书札》第七函,《艺风堂书札》页360致徐乃昌第七札)

四月二日,校《圆明园记》《国初品级考》《西辽事迹考》,均刊入先生与邓实发起编辑的《古学汇刊》之中。(《日记》页2475)

是日,杨守敬复先生一札,建议先生仿莫友芝刻唐本《说文》,罗振玉石印金石拓本之法,为所藏金石拓本增值。此盖缘于先生在沪生计日蹙,前曾致杨氏一札,托其售所藏金石拓本于甘作蕃。杨氏札云:"得手教,当即以尊旨告之翰臣。惟此君之好金石始萌芽,尚未有此愿力。而守敬窃有呈者,尊藏海内希有之本,固有《艺风碑目》可考,然非专门金石家所能洞悉,则何如普示天下学者,或石印或双钩,费皆敝处任之。必有题跋,溯所从来,声价必当愈增。即如莫氏之唐本《说文》,若非子偲先生刻之木,徐子静肯以千五百金购之乎!前年在金陵署中见墨本,则又增价三千金矣。此其明征也。又如罗叔韫所得珍本亦多,以付石印,而获值更丰。如以为不谬,守敬当褰裳从校订之役。"(《友朋书札》页661杨守敬第八札)

四月四日,撰《丁簾话旧》。(《日记》页2476)

是日,杨守敬借先生藏《司马元兴墓志》,先生嘱其作跋。杨氏即作一跋,并致先生一札,谈石印石刻拓本事,云:"嘱为《元兴墓志》作跋,客中无书,仅记其大略如此,先以稿呈政,而后附于石本。来札谓石印不如珂罗板,诚然。但珂罗本价昂,不能多印。此番盖欲广为流传,以一千部为额,使天下寒畯亦得观古人妙迹。大抵隋唐以前字画之精而存石已毁者为识志。《广武将军》自当入选。惟敝藏碑阴侧在武昌,昨已作书索之。闻尊藏有《高植》原拓,此亦当检入。《阜昌地图》传本尚多,似不必也。《襄阳张绮志》石在广西唐氏,尊处想当有之。《砖塔铭》原石初拓恐无整本。《尉富娘》书法最精,石藏李山民,秘不示人。《张贵男》虽有石印而非整本,似亦可采也。《董美人》市上印本皆伪品,甘翰臣处有翁覃溪藏本。《崔颋》《元公》《姬氏》,甘君藏,均初拓本,皆可据也。《司马昞》一志,守敬惟见端匋斋一通,然有破损,不能入。崔敬邕所见皆剪裁本。《泰山二十九字》自当从尊藏本。其他秘本,守敬未悉,请开示为荷。宋元以下似可不必也。匆匆草此,无伦次,多漏脱,惟裁示。"是日,先生与杨氏面谈,并于次日送拓本十九种与杨守敬。此前后杨氏又有一札与先生谈石印谋利之法:"来札以二十通为额,守敬与尊处分任费,甚善甚善。缘石印每石千张,与五百张之工价等。大约每一石千张,工价五元零,纸价四元余,合之每石约十元。以二十通计之,则二百元。守敬与尊处各得五百张,分任百元足矣。以每张一角出卖,每分二十张可得二元。以五百分计之,可得千元。若欲求速售,再减半价,亦有五百元。此须再商议定夺。"是日,先生定石印志目,并与杨守敬面谈。(《日记》页2476,《友朋书札》页662杨守敬第九札、第十札)

是日,先生诣莫棠谈,并借其旧抄《有学集》《续纪事诗》归。(《日记》页2476)

是日,先生得章钰三月二十九日津门一札,即复之。章札向先生诉说时局、学部图书馆现状,颇见此间士人心态。札云:"会贤一别,俶扰至今。子戴来信,粗悉避地沪滨,琴书无恙。昨晤蘧六,益道其详。斯文坠地,卓然负申公、伏生之寄者,实在江阴。翘首南云,无任怀仰。一姓兴废,本天道之适然。独恨立国五千年,凡夫制度,文为声名,文物所以殊异。夫遐裔而自别于禽兽者,无不颠倒摧毁,随之而尽。瞻仰昊天,穷于呵壁。十刹旧局,现已有人主持,销灭保存,听之气数。前闻龙潭别馆及浙中文澜之藏均付劫灰,为之罢饭。近知传说之过,始觉释然。向者极恶旧本出洋之举,以近来情状论之,则知衮衮群流无此福命。食文明之余泽,而冥冥之中,先圣诸贤亦欲去此故都,择地而蹈,天实为之,谓之何哉!钰自九月下旬,以风声日亟,寄孥津上,所有筐箧中物,捆载俱来。从前关系,早付断绝。以苏垣尚伏危险,上海租界又非力所能胜。坐此迟徊,依然伏匿。月内部章更变,旧时期好,屡致函招,以大局未定,负国务重望者,举措亦不能尽概于心,现正在沈吟不断。时代煞是可怜,颇望实践国利民福之标帜,则虽浮湛井里,与佣保杂作,亦所甘心。长此梦梦,祸未知其终极也。君直奉讳南归,秉衡闻有失子之恸,均在念中。如承柱答,最所忻忻。敬叩兴居,惟为道自重。"(《日记》页1467,《友朋书札》页587章钰第七札)

四月六日,王秉恩还先生《学部图书馆善本书目》史部及《石鱼所见

录》。(《日记》页 2476)

四月八日,校恽鹤生《大学正业》毕。此书亦常州先哲遗书,本月先生曾跋而盛赞之,有云:"武进恽皋闻先生……少师常熟钱湘灵,工诗古文词……因交李氏恕谷,得遍观颜先生遗书,自称私淑弟子,因尽弃其学而学焉。力任丰道其言、省躬改过、修德习艺之功甚密,日以颜李之学告南方学人。晚归常州,为一乡祭酒,故家子弟多从之游。其后常州问学之盛,为天下首,溯其端绪,盖自皋闻云……《大学》一篇,出于《戴记》,宋儒意为移易,增补,焉能尽如人意。先生各还其旧而疏通之,历举前人,复之古本而证明之。郑君好改字,前儒夙有异议,况更易之甚乎。是编一出,足当论定。"(《日记》页 2477,《乙丁稿》卷四《大学正蒙跋》①)

四月九日,致徐乃昌一札,还《蜀石经校记》。柬云:"《石经校记》送还,希察收。弟悉从阮式,然亦难找。前式误在单双行夹用,如校语全单行,则眉目更清,胜于阮氏。改良一字谈何容易,以此类推。"又谈及况周颐:"宣城初三兵变,夔生遍体鳞伤,逃至上海。尚无住屋,损失可知。"(《日记》页 2477,《艺风堂书札》页 483 致徐乃昌第三百六十八札)

四月十日,《国粹学报》馆送先生五月脩金。(《日记》页 2478)

是日,跋《有学集》。跋云:"牧斋尚书《初学集》一百十卷。瞿忠宣公为刊于崇祯癸未。入国朝所撰未刻稿,手编五十卷。本《初学集》旧例,名曰《有学集》。在从孙遵王处,流传于后。无锡邹流绮漪刻于康熙甲辰,是第一刻也。邹又刻吴梅村《绥寇纪略》,借名吴伯成兴祚序,伯成控诸有司,至毁其版,此集遂同毁矣。康熙乙丑梁溪金匮山房重刻此集,增入题跋、杂文,为卷五十一,各卷亦有增入,是第二刻也。今得初刻原本,而目与文不合,文之篇叶又不合小号,有云一至五者,有云六至十四者,抽换改易,悉数难终,略可补缀,亦未能照目叙入,而以二刻之增入者,汇次于后。随又得莫君楚生所藏旧抄本,亦五十卷。而《投笔集》一百八首,编入第十二卷,刻时撤去,仅存《后秋兴》八首,重刻又撤去。字句改者甚多,及次序大不相同。有'钱氏大昕'白文方印,而无跋。当时禁书,未敢著笔也。"述该集版本源流至详。《有学集》乾隆时遭禁毁,流传甚罕,版刻源流少有人悉。(《日记》页 2478,《辛壬稿》卷三《有学集跋》)

---

① 按,"大学正蒙"当系"大学正业"之讹。

四月十三日,送《刁遵》《高湛》《司马昇》《贺屯植》志与杨守敬,以杨氏与先生谋任资石印拓本之故,此盖选本也。先生与杨氏窜居沪上,生计无出,故杨氏出此一策。(《日记》页 2478)

四月十四日,勘校《有学集》,感到"颇杂糅"。(《日记》页 2479)

四月十五日,接傅增湘本月十日一札。札谈董康捆载奕䜣藏书东售日本,谈校书体会,并向请教版本:"到津曾有数函致菊生,言京中所见书,不知曾语及否? 董绶金捆载东行,其中最佳者则《东都事略》,宋刊初印,最为可惜。其得之也以三十元,盖明刻价也。恭邸书多赝品,亦往观一次。此外所得至鲜。会通馆活字本《锦绣万花谷前集》八册,价亦需廿金。又《雍熙乐府》索四十元,此书全者甚少,《四库》所收即补本也。亦拟收之。《鬼谷子》校讫奉缴。另寄呈。其上方墨书,忆是徐北溟笔,信否? 希示及。《士礼居题跋》敝处搜得一种,别纸抄呈。此书经吴枚庵、陈仲鱼藏过,均有跋,抄甚劣,而校殊精,亦足贵也。此外尚有数种,容检得再奉。《林和靖集》,校汪刻本,颇有异同,有数首为近本所无,然亦较近刻少数首,又有移录何义门校《长江集》,与沪上所得陆校本八唐人集中之一。亦有异同。较陆本为详核。京中见元刻残本《左传句读直解》,与代购本又不同,行数既异,版心亦小,窃疑代购者为宋刻元修本,不知果否?"先生于本月二十六日复之。(《日记》页 2479,《友朋书札》页 576 傅增湘第一札)

是日,傅增湘又致先生一札,请先生代议价购莫棠靖江本《九经》及博古斋柳蓉村之《元丰类稿》,又谈及其离沪之际新得书及他近所得书讯:"前闻公谈及莫楚生世丈靖江本《九经》,有意以百元出让,希便为探询,此间偶有人语及欲得之,第亦未必出重价耳。如肯以百元让出,即请交菊生寄津为叩,价即由菊生拨付。又柳咏春之《元丰类稿》曾否售去,晚处所藏只有杨参及邵廉刻本,皆远不逮,若价不昂,希代酌议何如? 濒行时,购得何义门批校本《云台编》,明抄本。景宋抄吕本中《紫薇集》、抄本《此山集》,十卷本。亦差可喜,然竟以此误船期,多留两日,亦足见癖好之深也。邓孝先书拟全数出手,然亦无问津者。有人言售与德人得十万元,询之并无此事。毛抄《酒边词》《圣宋高僧诗选》二册,耆龄家持出者索五百金,给百金不顾而去。此亦好消息也。"又担心江瀚新充京师图书馆馆长不能胜任:"江叔海充图书馆长,前日曾来津馆参观。此公于此道不求甚解,安能任此。"又告以寄津信地址:"赐函请寄法界十一号路第一号房为幸。"(《日记》页

2479,《友朋书札》页576傅增湘第二札)

四月十六日,撰《爱日吟庐书画录序》。《爱日吟庐书画录》系葛金烺所撰。此文系应金烺子嗣浵三月二十五日之请而撰。先生于文中殷殷勉励嗣浵不断增益,并期为其续录再作序。先生于书画鉴赏沉淀甚深,文中有云:"书画题跋,自宋以来夥矣。然于古人书画真迹,详记其位置、行墨、长短、阔狭、题跋、图书,必推平湖高詹事《江村消夏录》为冠。孙退谷之记精矣,然不载本文及尺寸。《式古堂汇考》《清河书画舫》备矣,然得之传闻及他书亦汇入,究难以为塙据。故《消夏录》特开此派,而后谈书画者,自宋至今,始臻完善之境。后之《吴越所见录》《辛丑消夏记》,各家均从此例。"此见先生洞悉书画目录之源流。(《日记》页2473、2479,《辛壬稿》卷二《爱日吟庐书画录序》)

四月十六日,杨守敬致先生一柬借《广武将军碑》,为石印事:"连日阴雨,未能出门。今日拟到石印家影照《广武将军》,碑阴已取来,祈将尊藏碑阳付小孙携回,以便汇入。此碑虽略大,然原石不存,固当饷世,以餍好古者之希望也。"(《日记》页2479,《友朋书札》页664杨守敬第十三札)

四月二十日,校《士礼居题跋》,送与邓实汇刊入《古学汇刊》。此为先生续得,为江标刊出后再续得者。(《日记》页2481)

是日,接杨守敬一柬,还《广武将军碑》,借《泰山二十九字》:"《广武将军碑》已照讫缴上。其他墓志尚须时日,始能竣事。盖天晴日中不能照,天阴亦不能照也。《高植墓志》敢恳借来。又尊藏《二十九字》亦祈检出。若不得闲,稍缓数日付来亦可。"(《日记》页2481,《友朋书札》页664杨守敬第十四札)

四月二十一日,送《雪浪盆铭》、金廷标《岁朝图》《安麓村象》于书画会,又托卖《杨妃出浴图》、新罗花鸟冠白门象及二马两种。(《日记》页2481)

四月二十八日,与杨守敬往来两柬,谈石印拓本事。杨氏致先生一札云:"前日与天宝斋石印局约,每一石五元零,以连四印之,每石千张,则五百张纸足用。故以二十石计之,不过百余元。两合之,则各五十余元。不知彼以剪裁帖本为之,故最高连史可用。若印整张,则印连史必多破烂,必需要宣纸方可保少破。然连史每刀不过一元之谱,若宣纸则每刀二元,则已加倍。而影照之工则又加倍。盖彼之照镜不过一尺,吾等墓志须四镜合之。若《广武将军》则须十余块镜合之。《司马元兴》亦须七八块镜合之。此志仍要送去,方可合石。但今日不必付来,且俟各志成后再送去。计算每石千枚,须纸价约十元,又工价虽此时彼未说要加若干,然必要加之方可。盖彼以为我等印石甚多,或用至数百石不等,故此时尚未说及加价。然彼自初照至今日,始合成印一石,其余之石虽皆照成,皆未合上石,其再须时日不待言。而已照之原碑仍要送去,方可合之而上石,其要加倍无疑,而所费纸价又不止加倍,通计每石千张,共二十张,近三百元矣。今碑已照成,不能中止,而费钱太多,亦不合算。鄙意每石只印五百张,则可减去纸钱一半。惟石印之例,每石五百,与每石千张其价相同,亦有不合算。但每石千张,人各分五百,亦难销售尽。故以五百张一石,可减百元之纸价。如以为可,即请示。以便即日定夺买纸。即颂刻安不庄。"(《日记》页2483,《友朋书札》页662杨守敬第十一札)

是日,张元济致先生两札。其一札谈购书及为先生抄录黄跋等事,云:"奉前日覆示,敬诵悉。所示各书,沉叔大都寓目,《道德经集注》、元本《赵雪松》、《万宝诗山》均经购入。惟《松雪》缺卷一之三,未知是百二故物否?《礼记正义》,晚还以千元,不知售否?沉叔问:在盛氏见《唐语林》,有莞圃跋,尊处如欲得之,可录寄,乞示覆。又闻谭、韩在东卖书均不利,亦一佳音也。"其中所谓"又闻谭、韩在东卖书均不利",当指北京正文斋谭锡庆、翰文斋韩俊华至日本售书之事。谭锡庆,字笃生,冀县人。

另一札谈购书请先生释版本之疑及估价事,云:"敬再启者,今日有人持一《鲍参军集》来,称为元本,检第八卷《行路难》第七首,'樽樽'及'逐'字均未改,当是在正德刊本之前,元本之说果信否?毛斧季校与爱日精庐所载一一吻合,然彼系旧抄本,此为印本,疑是过录。然敝处有斧季校本,其笔迹又甚相肖,疑不能决,敢祈鉴定。索价百元,实值若干?亦求示及。"(《友朋书札》页524张元济第七、八札)

四月二十九日,致汪洵一束,取《藕香零拾》封面,先生请其篆写。(《日记》页2483)

是日,王存善专人送来一札,询《常州遗书》是否只成初集,先生自刻《听雨楼丛书》何处发行,《高丽神行禅师碑》是否有拓本:"前辱大教,既佩且悚。武进所刻《常州遗书》,是否只成初集,先生自刻《听雨楼丛书》已成几种,定价如干,何处发行?昨得红字印本四种,未审全否也?昨得翁正三所藏、后归徐星伯之《高丽神行禅师碑》,叶鞠公贻我《语石》曾言及此碑,高斋有拓本否?容再携呈,乙校椎拓先后耳。"(《日记》页 2483,《友朋书札》页 717 王存善第三札)

四月,撰《逊庵先生文录》跋。《逊庵先生文录》乃武进恽日初所撰。恽氏明末曾与苏州杨廷枢、钱禧等,共结文社,负盛名,执掌刘宗周门下,学主慎独。明末积极反清,失败后杜门著述。此集乃其族裔辑之,刻于家塾。先生于跋末云:"先生当末造,目击沧桑,发为文辞,慷慨激烈,有不期然而然者。然国虽亡,身虽隐,犹得与二三遗民,守证人之旧则,抱念台之遗书,国亡而道不亡,以视今举三纲五常而弃之,以效法外人,其痛哭又当何如也!"可见其对辛亥后变革之认识。(《乙丁稿》卷四《逊庵先生文录跋》)

五月一日,书估刘姓以宋刻《朱子大全集》、《吕氏乡约》、元刻《名臣事略》、旧抄《芦川词》、校本郭刻《柳文》来见先生,均极佳,先生以价昂不能得,深以为憾,遂录旧抄《芦川词》中之黄丕烈手跋。(《日记》页 2483、2484)

五月二日,刘估又来见先生,购其旧抄本《清容居士集》《钝翁类稿》。(《日记》页 2484)

五月三日,李贻和、姜文卿自金陵来,运板十二箱,先生遂诣汪洵谈,并招吕景端为接板筹款事,又议封面、跋语仍署盛字。(《日记》页 2484)

是日,杨守敬致先生一束:"连日到天宝斋催印,总未动工,大约必俟端节后始有全样也。甘翰翁已认合股,以六百份定印。《高植墓志》恳祈借来为盼。计定印《司马元兴》、已照。《姬氏墓志》、已照。《尉富娘志》、已照。《董美人志》、已照。《崔颁志》、已照。《萧玚志》、已照。《于纂志》、已照。《元颺志》、已照。《元颺妻王氏志》、已照。《穆庆志》、已照。《王僧志》、已照。《张贵男志》、已照。《齐郡王妃常氏志》、已照。已印样。《秦廿九字》、未照。《高植志》、未照。《广武将军》、已照。《元公墓志》。已照。右共十七种。而《司马元兴》须二石,《广武将军》并阴侧,须六石。通共已二十三石。大约在二百元左右。如有秘本加入,惟尊裁。"(《友朋书札》页 665 杨守敬第十七札)

五月四日,先生送慧琳《一切经音义》与沈曾植,转借与霞师和尚,先生昨日于沈氏座上所晤并允之者也,并从沈曾植借《高植志》及《诸蕃志》

等书。先生随书致沈氏一札,札云:"《一切经音义》一百十卷五十五册乞察入。业已许之,不敢作诳语,印完仍交收。如须拆开,请每卷包好交弟重装,切弗使上海装钉新书人动手为荷。拓本马天祥诚佳,大兴一刻弟有之,与黄初大字同装,燕亭所藏疑为伪作。《高植志》及《岛夷志略》《诸蕃志》乞假一阅。"又谈及刻《定庐诗》及《嘉禾志》等云:"《定庐诗》如即交刻字人,金陵李贻和、江文卿均在此。《嘉禾志》封面亦可交彼。惜朱子清有宋张元成《嘉禾志》五卷,元明间抄本,不知归何所。"又谈及丁日昌《持静斋书目》云:"丁书有《樊川集》明本而以为宋,《朱子大全》不标明。如此书目,岂幕中无一通品耶?"又邀沈氏参加题襟会云:"题襟会已介绍,礼拜一同往,约三四点钟时,距遵寓不远。"沈曾植即复先生云:"《高植》一轴、《诸蕃志》二册送览。《一切经音义》为流通计,烦渎清秘,至抱不安。尊捐当切属霞卿,必不损动也。题襟在城内,出入编发,便否?"(《日记》页2484,《函锦尺素——沈曾植往来信札》页196、197,《友朋书札》页186沈曾植第三十九札)

五月五日,张元济致先生一札,感谢先生推荐书估携佳椠往售,并详告相关情况:札有云:"前日刘、张两书估承命送旧本来,感谢之至。中以影宋抄本《芦川词》、苏天爵《名臣事略》为最佳。有《朱子大全》疑非宋椠,培老亦疑之。究为何本,老前辈必能评决也。《芦川词》顷已买定,价约拢得百四十元,尚有他书并买也。有莞老跋,未见刻本。今录呈,共四纸,并附沉叔来信一函,祈察入。书凡五册,一百五十番。索值三百元。《事略》《大全》两种,培老拟截留,索价一千又六十元,可谓奇昂矣。又有《吕氏乡约》亦佳,止四十番,开价二百四十元,该估所望过奢,恐难成议,然元济终欲购一二种,以副盛意也。"张氏又谈及岛田翰来购书事:"岛田翰来,至顾鹤逸家购去士礼居藏元刊《古今杂剧》、明本杂剧《十段锦》、残宋本《圣宋文选》,闻出资不少,令人为之悚惧耳。"(《日记》页2485,《友朋书札》页526张元济第十三札)

五月六日,诣沈曾植谈,还《马天祥造像》三种,本月三日所借。(《日记》页2485)

五月七日,杨守敬送朱印石刻回,还《高植志》,并致先生一札,为石印拓本事:"昨辱枉顾,快甚。缴上《刁遵志》、并阴。《贾散骑志》、《贺屯植志》、《高湛志》、《司马昇志》共五种六纸。本拟汇入石印,因已达二十余石,故暂缓。又《高植志》不能印,然欲钩数字以入《续楷法溯源》,明日再缴。尊处剪裱本旧拓祈检数种,但必字明而幅小者方合。昨日着小孙到天宝斋石印局催之,据云今日来敝处商酌,俟其来后再详告一切。刻下亦不必以帖付来人。"(《日记》页2485,《友朋书札》页663杨守敬第十二札)

五月八日,诣杨守敬,交去《泰山廿九字》《司马元兴志》《广武将军碑》《道安禅师碑》四种。是日,杨守敬致先生一束:"顷天宝斋将石印二十四石全数交来,三股分派,并宣纸及印工每股七十二元,祈即付之。其细账可查。此番所印,据同人云,《广武将军碑》并阴,卖价可二元。《廿九字》卖价可四角。其余并每种各二角。若果然,则二百分可达千元,恐未能也。容细商定价。肠病仍未全愈,并以闻。即颂暑安不庄。弟守敬顿首。"(《日记》页2486,《友朋书札》页664杨守敬第十五札)

是日,先生交《常州先哲遗书续编》书板与盛宣怀。(《日记》页2486)

五月九日,向杨守敬索回《泰山二十九字》,取《于篆》《司马元兴》《广武将军》《道安禅师》四种回。杨守敬并致先生一束:"前记《于篆志》尚在天宝家未取回,而阁下云已还邺架,殊茫然,今晨著小孙到天宝家取各种碑,则《于篆》在也。方拟呈上,而尊纪来,并《广武将军》《司马元兴》缴还。惟《廿九字》尚未照讫。《道安禅师》甚欲石印,此时力不足,亦暂还,容后议。"又言:"《方奥胜览》已带来,明日呈。"(《日记》页2486,《友朋书札》页665杨守敬第十八札)

五月十日,诣况周颐谈。况氏借先生藏《荆溪词》《留云借月龛词》《明湖四客词》《珂雪词》《张鸿卓词》,近期况氏向先生借词集颇多。(《日记》页2486)

五月十三日,写校《诸蕃志》毕。此盖先生应王国维之请,为其日本友人藤田丰八抄者。(《日记》页2487)

是日,接章钰本月七日一札,谈及时局,并向先生借书目,拟编书目以消夏。盖章氏于鼎革之际依然未离京师图书馆。札云:"承示南中近状,斯文扫地,劫运使然,幸烬余为同好所搜罗,或亦有物以阴相之耶!忠敏被戕以后,迄无归元消息。京寓无恙,收藏谅无散失。《销夏录》能择要刊行,最所忻盼。久要不忘,具见古道。梧生从未见过,询诸熟人,均云往涞水料理田事。蔚、紫两君于春间先后辟地青岛。蔚住青岛劳山街二百四十八号。邓梓桐诗'共隐干戈不到地,相携云水自由身',殆为二君咏也。钰流寓津门,坐待槁饿,幸傅沅叔、邓孝先、吴佩伯诸人相距甚近,颇资通假。大局一时不能定,共谋消夏之计,现拟将宋元本、明翻旧本、校抄本通编一目,以邵位西先生批《四库目》作底本,认门分纂,勒限成书。同人咸以执事先路导师,于此中甘苦知之最审,收藏目录书亦最夥,现所请愿于前者,计有三端:一、京师图书馆储藏目均经先生考校,已有清稿,拟求即日传录一分;一、敝藏及同人藏目录书,现抄一目呈鉴,如在以外者,大部拟告借,小部求传录;一、《千顷堂目》为《明史·艺文志》所本,最关考订,皆闻名而未见,如能设法借示,尤为切盼。以上各书,所有抄费、寄费,均当照缴。公为今日书祖宗,李申耆先生有此号。知必嘉许而诱进之也。合词吁恳,伏祈裁示。祗清道安。后学章钰顿首。同好均附顿首。"先生十六日复章氏并寄书目。(《日记》页2487,《友朋书札》页589章钰第十札)

五月十四日,复徐乃昌一札,送还《大学》序,假《宋元行格表》。札云:"昨日盛扰,谢谢。顷奉手书,复假《宋元行格表》。此等异书竟未寓目,陋甚。汪、朱两目弟亦想起,总以无解题者为次。记行字自何小山始;兼记尺寸则亦自缪小山始矣,《藏书续记》、京师图书馆目如此办;记板心自岛田始,总不如《留真谱》为愈。拙稿无指正,转怕新党笑。《古学》目初出,王祉展指一误,弟谢而改之,爱我也。近出新书,不寓目者太多,花甲以后,意兴萧疏矣。"(《日记》页2487,《艺风堂书札》页475致徐乃昌第三百四十四札)

五月十五日,送《古学汇刊序》于邓实。先生此序言明了创办《古学汇刊》的宗旨,即在此"今之学校",与昔之科举无异,"皆为求名之具,驱天下才智之士入于其中"之时代,搜辑秉持"天资与人力,良师益友",合数十年之精力,而后乃成的专家之著述,"以饷天下力学之儒,庶为壤流之一助"。序也言明了《古学汇刊》收书取向,重在明末以来的近代著述。对于经学,"取劭真传屏邪说者著于篇";对于史学,"于考古取补校精详,征今取纪载翔实者著于篇";于舆地著述,"取考订详而纪载简者著于篇";于掌故之作,"于官书之外,零篇逸典,征实不浮者著于篇"。于目录著作,"择罕见者,新出者,有解题者著于篇";于金石著述,"取精塙不磨者著于篇";于杂记,取"非世间易见之书"、"异坊间删节之品"著于篇;于诗文,"采录专以搜逸为宗旨"。这种取向,均是建立在洞悉学术源流的基础上的抉择,如对经学,先生称:"明季群奉王学,杨园起而宗朱,互相讥诋,均托空言。不若颜李,折衷六艺,躬行实践,为名世之英,得用世之道。东吴惠氏,三代传经;武进臧氏,闭户箸撰。新安沈潜,广陵高明。家学师承,日新月异,极盛于乾隆,益精于嘉庆。遗经端绪,皆有条贯。有清之学,跨越千载,两汉以下,殆无伦比。后起求胜,专宗西汉。微言大义,持论愈高。避实蹈空,变端斯伏。公羊异说,溃败天常。"故重实学,摒异说。对于史学,先生对清代史学的得失更是洞若观火:"会稽章氏之《通义》,独揭夫大端;钱塘龚氏之《钩沈》,藉窥夫微旨。《考异》《商榷》,语语征实,非同管见之仅托空言,亦异发明之专论书法。史学之昌,亦异往代。然而史官失职,载笔无人。遂至列传仅存履历,实录只抄谕旨,言行不著,始末不完,昭示后人,何以传信?"故取考古精详者以取清代史学之长,征今取纪载翔实者以补清代史学之失。此序颇见先生的学术取向。(《日记》页 2488,《癸甲稿》卷二《古学汇刊序》)

是日,王国维自京都致先生一札,谈购抄书:"致授经语已转达。渠云《玉山草堂雅集》尚未校毕,俟毕寄奉。《大唐诏令》,渠意颇欲留之,不知长者能相让否?如能相让,则请示价为荷。《诸蕃志》承让与藤田君,甚善。唯渠所欲抄或购之《岛夷志略》,乃疑先生处别有旧抄本。如系新抄,则渠自有一二旧抄,但与知服斋本相同,不甚佳耳。既承厚意为之抄校,当将抄费奉上,请示其数。《诸蕃志》一种,价若干? 请示为感。岛田带来之书,除杂剧外,尚有宋刊《圣宋文选》,尚有稿本、写本等共三十部。闻田中有购之之意。将来必可见其目录也。"又询岛田翰在国内购书出处:"此次岛田所购书是否出顾鹤逸家? 南中尚见佳本否?"又附言其与吴昌绶已通讯:"伯宛亦通信,渠在北京为郑叔问刻《樵风乐府》,乃刻工无事,以此应酬之耳。"(《友朋书札》页 1019 王国维第十二札)

五月二十日,寄王国维日本一札,以及徐松抄《诸蕃志》一册、新抄《岛夷志略》一册。先生应王国维之请,将徐松抄《诸蕃志》让与日人藤田丰八,又代其抄沈曾植藏校本《岛夷志略》。(《日记》页 2490,《友朋书札》页 1021 王国维第十五札)

五月二十二日,借况周颐藏《秦淮感旧集》。(《日记》页 2490)

五月二十三日,接王国维信并藤田丰八重改《慧超往天竺传》。(《日记》页 2490)

五月二十五日,翁长森来,嘱先生题《种蔬养鱼图》。先生于二十九日

题毕还之。(《日记》页 2491、2492)

六月十一日,得张元济一札,送来《夷坚志》、《南征录》、意园书目等书。札云:"旧本《夷坚志》十册,顷已装钉完竣送去,乞察入。抄补既毕,即希掷还。北京敝分馆来信,匋斋家人属询尊处代印《壬寅消夏录》已否成书,印资尚缺若干云云,敬祈示覆,以便转告。又沅叔寄还邺架《鬼谷子》一册,另《翠微南征录》二册,拟求先生代为移录鲍校,一并送上,敬乞检收。外附意园书目五纸,为沅叔选定,拟与敝处合购者,谨以呈阅,阅过仍恳付还。另购得意园书数十种,前日业已寄到,中有景元抄足本《元秘史》,最可贵也。有覆宋《宣和遗事》,嘉靖本《长安志》亦罕见。"(《日记》页 2495,《友朋书札》页 526 张元济第十一札)

是日,得六月七日王国维日本复先生一札,谈先生代为藤田丰八抄书及先生询以岛田翰购走顾鹤逸家藏元杂剧等书之版本事:"《诸蕃志》许抄校记寄来,藤田必甚感谢。书价三十元即寄。书由范纬兄处交上,_{渠昨日归}_{上海}。想十日内必可送到也。乙老校本《岛夷志略》,如能借到录副更妙。前由邮局寄上藤田君所撰《慧超传笺释》,一寄先生,一赠乙老者,想均收到矣。致授经语,当即告之。元刊杂剧三十种已见过,系黄荛圃藏书。各本有'大都新刊''古杭新刊'字样,行款字之大小亦不一,系杂凑而成者。唯确系元刊,非明初刊本也。其中《元曲选》所有者十三种,字句亦不同。无者十七种,可谓海内外秘笈。而此十七种中,有甚可贵之品,如关汉卿之《拜月亭》,杨梓之《霍光鬼谏》_{见《乐郊私语》}。等在内,唯刻手不佳,其式样略如今之七字唱本。此为到东以来第一眼福也。《圣宋文选》所缺为卷一、卷二、卷七至卷十一,共七卷。维所得明抄残本系大字本,卷数亦不能配补。小韩已去,_{大失败}。老谭将来,_{不知如何}。并闻。"(《日记》页 2495,《友朋书札》页 1021 王国维第十五札)

六月十四日,范兆经自东洋回,先生得接董康一札,又《吴梅村集》二部。范氏字纬兄,罗振玉妻弟。(《日记》页 2496)

六月二十日,写《夷坚志》毕。是日先生病,腹痛,寒热陡作,呻吟彻夜。(《日记》页 2496)

六月二十二日,张元济致先生一札,谈其购得盛昱意园藏书情况:"酷暑不审起居已复原否? 驰念之至。意园藏书,敝处所得者以景元抄《元秘史》为最精,其他有景宋抄《事实类苑》《孙公谈圃》,明覆宋《墨子》《宣和遗事》亦尚不恶。《类苑》《墨子》两种,尚存沅叔处,沅叔有信来,极赞是书之佳也。闻陶子麟已来沪,可否仍乞介绍,欲与商刻字事,想蒙赞成。又闻渠已成聚珍活体字不少,不审确否? 并祈询示。"(《友朋书札》页 527 张元济第十五札)

七月一日,病有转机。先生自二十日病发,日记辍作,至今日方记数字。

是日,王存善致先生一札,赞先生所编《古学汇刊》,询《常州先哲遗书续编》目,并告诉盛宣怀将全还先生刻该书借款及息:"顷见《古学汇刻》,颇多新秘之书,敬佩。前闻先生言,《常州丛书》有续刻,未知所刻何书,能以书目见示不? 板已送归刻主,正如深入侯门,自分萧郎恐难一见。先生处必有当时再校样本,能以见惠一观否? 刻资受累乙事,前日汪渊老来,亦以为言,已函东京,并告主者算清交公。顷见顾咏兄,言已交过五百元。又告以先生偿息借款,亟宜全还。咏兄请先生再开一清账交去,即当全付云云,合并奉闻。"札又告诉先生《古学汇刊》校勘不精,误字太多:"秋枚所印汇刻,误字太多,几于无篇不有,其文义浅明,显然谬误者,转不致贻误后学。如《石经校勘记》及李莼老笔记考经史各条,中有可疑,非查检原书不能臆改也。"先生即复一札。(《友朋书札》页 717 王存善第四札)

七月四日,王存善复先生一札,谈其守发之怀抱,多感慨:"丛书续刻,秘帙甚多。孝章一时恐未能顾及。此事汗青既杀,仍少流传,负先生抱残守缺表扬乡先哲之意矣。秋枚学问不陋,亦极风雅,惟偏于革命思想,与吾曹顽固老朽者不同,鄙人至今未断发,前日报章诋为与马夫、车夫为乙流人物。蒙庄牛马,听其相呼。誓吾戴吾发,以入棺见先人于地下。受之父母,仍以还之父母。风雨如晦,鸡鸣不已,先生以为何如?"(《友朋书札》页 717 王存善第五札)

七月五日,先生自谓"病半月,朔日稍退,近日稍动笔,啜粥两盂,或可复渐愈"。是日,梁鼎芬、王秉恩来问病。(《日记》页 2497)

是日,先生复盛宣怀一札,交其刻书账,盛氏即送来一千三百元。(《日记》页 2497)

七月六日,岛田翰来拜见先生,先生以病不能见。(《日记》页 2498)

是日,跋《明名臣琬琰录》。先生阅《古学汇刊》,认为"殊无条理",先生所编辑被移改故也。(《日记》页 2498)

七月七日，复徐乃昌一束，还其《有学集》，送其小丛书一部，又借其宋刻《吕氏乡约》付丁绍裘影写，并谈《古学汇刊》被胡乱编辑等。束云："弟病已去，惟饮食未复原，足软不能下楼耳。《有学集》奉还，另呈《藕香零拾》全部，均察入。《零拾》十六年方刻起，今人佩鲍渌饮能刻如此之多，然所采实不减于鲍。《古学汇刊》昨日甫阅，殊患草率，弟所编辑，胡乱移改，不知分卷先后，古人均有深意。沪肆胡足知之。秋枚要借《蜀石经》，石印一二叶订入，恳兄借之。健之以《谷梁》借彼，最好交弟，万无遗失，费神再谢。弟处影宋好手丁君又来，恳借《吕氏乡约》影写，副本订好，便知影写之佳，务望允我，或即交炳泉代装何如？"又言自藏《有学集》之版本："《有学》初刻初印，世间罕见。弟此本初刻非初印，目与文不符。或吴伯成一控，即乱抽改板即毁去，尚存《后秋兴八首》，已为罕矣，稍事抄补缀订，然非面目也。"(《日记》页2498,《艺风堂书札》页476致徐乃昌第三百四十六札)

七月八日，接曹元忠七月七日一札，告以大病委顿，生计无出，请先生代在沪谋一事糊口："前接三月晦日谕言，藉谂餐卫安和，图书闲燕，深慰驰系。其时受业已病肠澼，每日更衣三五次，辄下血如胶，腹中痛不可忍，纳亦锐减，僵卧斗室，奄奄待毙而已，未能肃笺上覆，职是之故。直至端午以后，下血始止，而元气大惫，委顿至不能久坐，近始稍稍与人往还，行里许路，即便喘息。记云，不胜丧比于不孝，受业之谓矣。此间同志，只古微、鹤逸所居最近，时相过存。若鞠裳、咏春，皆杜门却扫，非往访不可。受业病后，行步偃蹇，至今尚未一晤，殊闷损也。沪上德星所聚，若心海，若子培兄弟，若楚生，若积馀，聚卿诸君子，日得进陪函丈，闻之神往。特受业辫发未去，倘来不至受窘，务求吾师商诸故人中，若能代谋一事，约计月得百五十余元，则愿受廛为氓，作海上寓公矣。因受业南归后，生计已绝，加以病中用去不赀，书画逐渐售人，近且售无可售，深抱鲜民瓶罄之耻，不得已呼吁师门，亟求援手也。式之在都，未通音讯。紫东、蔚若、晦若均在青岛。劳玉初于去腊十日，赴易州涞水之车厂村。近阅报，见浙省某官请客被刺事，其坐客有玉老，似已还浙。其还也，度必道出申浦，未识曾谒吾师否？"(《日记》页2499,《友朋书札》页988曹元忠第十六札)

七月中、上旬，沈曾植致先生一札，告先生以移居未来问病，新以百五十元购盛昱郁华斋旧藏《元名臣事略》。(《友朋书札》页183沈曾植第二

十七札)

七月十二日,跋《宾退录》。(《日记》页2500)

七月十三日,跋《尹河南集》。读王秉恩藏陈洪绶《香山四乐图》并跋之。(《日记》页2500)

是日,张元济致先生一札,为言《伯生诗续编》,元刻,十行十五字,行草书,为岛田翰所得,先生颇为懊恼。张氏并送先生其家集八册,同一铅版而较雅静,旋即复其一札致谢。(《日记》页2500)

是日,跋《午风堂丛谈》、跋《象像管见》,《先哲遗书续编》各跋均撰完。先生并于此日,将两跋及封面寄于李贻和刊刻,为盛氏刊书之事至此毕矣。(《日记》页2501)

七月十五日,复江苏教育总会,辞退会员。(《日记》页2502)

七月十六日,发日本董康信、王国维信及《诸蕃志》校语。(《日记》页2502)

是日,先生自撰年谱起草毕,然自觉"讹错遗漏太多,须以日记补之"。(《日记》页2502)

是日,傅增湘、陈曾寿来问先生病。近日友人问先生病者颇多。(《日记》页2502)

七月十九日,致徐乃昌一柬,还《吕氏乡约》,送《天山年谱》。柬云:"承顾业已半月,并未添病,而软弱仍不能下楼。医家开扶脾养胃方,嘱耐心调理,不知何日方复原也。惟精神略好,可以看书消遣耳。《吕氏乡约》奉赵,《天山年谱》附阅。丁君影本纤悉相似,特少古茂之气,凡新抄皆如是。"有云:"送《天山年谱》一本,亦奇书也。"(《日记》页2503,《艺风堂书札》页477致徐乃昌第三百四十七札)

七月二十日,致汪洵一柬,送《天山年谱》,请写《宾退录》封面。汪洵即写来,并致先生一札:"日前在陶处饮宴,颇思就近一接道范,未遂怅然。承示并《天山年谱》当分送蛰庵,闻渠亦久病也。书面一叶随使附呈。"又言:"坊字从或体,不作防字,不嫌俗否?"(《日记》页2504,《友朋书札》页519汪洵第二十六札)

七月二十二日,莫棠送三碑,一唐两宋,皆罕见,又嘱题识《苏集》,先生即题还之。(《日记》页2505)

七月二十五日,先生觉病似大愈。(《日记》页2505)

七月二十八日，范兆经来交罗振玉一札，以《金石萃编》相勖，先生感谓："真良友也。"(《日记》页 2506)

是日，先生接吴昌绶信，寄来高丽参、口蘑、《绣谷薰习录》十部："别久话愈多，愈怕作书，懒人通例。前闻清恙，亟思驰问。熙之兄出示手札，知近已康复，慰甚。南中朋交翕集，绁书遣日，比来酒兴何如，老怀毋徒郁郁也。绶俗尘坌集，今年雨甚，常苦湿疾，暇则仍以结习自娱。授经诸子一别渺然，屏居西城，同侣遂至绝迹。回溯旧游，能无惘惘？陶子麟来书，欧词二种许为速刻，《酒边集》已以二百卅元购致，可谓奇昂，但绶注意觅之耳。当寄武昌景写。如饶能在沪多留，则寄交尊处督写，尤为妥便。吾师又为影抄《芦川词》，合之放翁，可得五种。此志最殷，亟望观成也。《绣谷薰习录》，去冬乱中，授经为代印百部，殊草草。兹寄上十部，乞分致海上同人，聊存吾家一故事，残书实无所用也。熙之兄在京赋闲，而路局又不足相浼，今归依杖履，似较旅居为得。绶薄有所赠，深以绵力为愧耳。京中无物可带，杏仁二合、高丽参八两、大蘑菇一合，此家存者，新货须十月方到，故不能多寄。聊以伴函，即乞莞纳。沤尹到沪，想常见。叔问词已为刻成五卷，新词需其自编，晚景偃蹇，良可念也。蘦六曾来晤，索助文艺杂志材料，竟无以应之，惟以定庵佚稿数卷塞责。"(《日记》页 2506，《友朋书札》页 885 吴昌绶第七十二札)

七月二十九日，接王国维本月二十四日复先生一札，谈先生托其在日本售书及拓本等事。札云："昨接赐书，知暑中尊体违和，现已痊愈，至慰至慰。《诸蕃志》校记收到，即寄藤田先生。致授公书即交去。范纬翁之弟，本可早至此，因防疫事停船七日，须明后日乃可到。承赐《藕香小拾》，感谢无似。丛书七部易销。唯石印拓本不知如何？五十部全售，或须稍需时日。此间有一书店，蕴公拟即托之。其余石印拓本，或分与田中售之。将来再行奉告。昨日田中有电云，有要事至津，或系到沪与岛田合购书籍。现岛田之来，恐为田中作伙计也。授公从书坊携来五山刊本《冷斋夜话》前五卷当明嘉隆间人抄补。甚佳。以毛本校之，多二条。十卷亦有小题。其渊材亦作刘渊材，当自元本出。又补脱落数处，改正若干字。约数百字。索值三十八元，大约拟留之也。维在此间，生计尚无把握。叩尽囊底，足支一年。此后不知如何？承问谢谢。长者病后，一切尚宜珍摄。客居无事，不必急于下楼。"(《日记》页 2507，《友朋书札》页 1022 王国维第十六札)

七月，撰蔡銮扬《证向斋诗集序》。銮扬后人蔡璞如欲重刊是集，请先生为之序。(《辛壬稿》卷二《蔡浣霞证向斋诗序》)

八月一日，接吴昌绶一札，请先生代影抄宋元版词。札云："承代抄《芦川词》，至感。沪上知好如有宋、元椠本词，许一一景写，尤感泐也。陶子麟许为速刻欧词，尚未见寄到。绶又收一十六卷之《草堂雅集》，第一卷是杨铁厓，并有杨序。初无前△后△之卷，疑此为最初本。授经所藏小山堂本，亦在绶处，以柯、陈、李三家，易杨一家，柯前一、陈、李后一。不知当时玉山何以不慊于杨而删去之，然是第二本也。至元椠十三卷本，则又后来重定为第三本。此外如四库本及鲍抄等，各卷中又有前后，则更属后出矣。公如有考跋等，乞检示。元椠能再影一部，不靳厚酬，知尊藏已为董取去，可否索还？"(《日记》页2507，《友朋书札》页864吴昌绶第三十二札)

八月三日，汪洵来长谈，售去《黄氏日抄》、《文苑英华》、十行本《尚书》、《礼记》、《仪礼》、《孝经》，得三百五十元。(《日记》页2508)

八月四日，影《松雪词》，将寄吴昌绶。(《日记》页2508)

八月七日，撰《静香书屋诗抄序》。《静香书屋诗抄》，乃江苏溧阳史汝楫所撰，其后人史心铭欲刊此书，请先生撰序。(《日记》页2509，《辛壬稿》卷二《静香书屋诗抄序》)

是日，沈曾植从嘉兴新回，致先生一札，送元刻《名臣事略》及《国史唯疑》《岛夷事略》来，又谈及先生原来为其介绍的抄手夏炳泉将赴广东事。夏札云："极思趋候起居，以途中小感风寒，畏风殊甚，不敢出门，客中不能不加慎重耳。夏炳泉行，似可属物色丁氏所藏宋元孤本。弟力劝其重来，渠是古董，亦未必能与新少年长处也。尊处复重退出之书，颇有鄙所未备者，将来能先示一信否？《蘧编》久未晤菊，尚未谈及。元板《事略》五册、《国史唯疑》四册、《岛夷志略》一册，均藉夏生奉上。意园书似闻尚未入馆，不知确否？吴君所刻词，有购处否？"(《日记》页2509，《友朋书札》页182沈曾植第二十四札)

八月八日，校《藏春集》毕，撰跋。先生所跋此本系明天顺马伟刊本。此本至清末已颇为罕见，故先生为跋述其特点，谓其系明时第一刻，即天顺本。(《日记》页2509，《辛壬稿》卷三《藏春集跋》)

是日，先生致徐乃昌两柬，还书。柬云："《贺集》呈上，《河岳英灵》检出再呈。现书杂乱，无找处也。《千顷堂目》敝藏、王宗炎藏止一半，前半抄配，朱君有爱好之目，恐未必看得上。价不敢求高，五十元最好。略减亦可。书胜于方，装样不如方也。"又致徐氏一束云："今日病似大好，第起居格外加慎，非逢风日晴好不敢出门也。子培自禾中回。夏炳泉赴广东管店，节下即行。《庆湖遗老集》奉还，即察入。"(《日记》页2509，《艺风堂书札》页477致徐乃昌第三百四十八札，《艺风堂书札》页476致徐乃昌第三百四十五札)

八月九日，先生生日，家人聚饮，戚友亦有来者。然因两年间的遭遇，先生忽忽不乐，自谓："去年只身在京。前年晚间得永贤骤殁信，家中杏子亦故，忽忽不乐。今年遭难又大病，而有何心情耶！"(《日记》页2510)

八月十一日，撰《曝书亭考》。(《日记》页2510)

是日，得邓实来条，即复之。重定第三期书名。邓氏重新学门面，而于旧学毫无心得，却多方挑剔，先生为当初应邓实之请，参与编辑《古学汇刊》"悔不胜悔"。(《日记》页2510)

八月十三日，接王国维复先生一札。札谈先生托范氏带到日本请王氏与罗振玉代售之书均收到，论先生所赠之《藕香零拾》"实为近刻丛书之冠"，并于札中详细论售书之定价。又告知先生谭锡庆逝，董康将返："罗君春泉事，已告授、蕴二公。现在已否到沪？其盘费拟请长者垫付，已行归赵。谭笃生忽患霍乱逝去。授公与之尚有交涉未了，拟于二十后阳历九月。赴北京一行。一月有半可返。罗君来时，即至蕴公处可也。"先生知谭锡庆病故，颇自感伤："知书旧雨又损一人，可惜。"(《日记》页2511，《友朋书札》页1022王国维第十七札)

是日，题《竹垞图》四绝，其一："舍南舍北尽牙签，万竹阴阴绿到檐。欲望九峰山色好，小楼一角几时添。"其二"后人慕古屡增修，故址流传二百秋。刘井柯亭俱蔓草，何人道古访瀛洲。《瀛洲道古录》未刻，稿本在程蓉庵同年处，屡属录副，未应也。"其三："簪笔曾经侍玉銮，承恩毕竟少孤寒。著书翻是还家乐，我亦归田七品官。甲午归来，刻以七品官归田小印，慕先生也。"其四："先生绮岁我颓龄，瞥眼沧桑一刹经。满地干戈归不得，可怜野史并无亭。余熟悉国朝三百年掌故。史馆'实录''大臣传''起居注全录''谕旨'无事实，后人何所据依，只以我笔记当壬辰杂编耳。野史亭，元遗山事。"(《日记》页2511，《辛壬稿》卷一《题竹垞图》)

八月十四日，晚购《陈书》，四十元。(《日记》页2511)

八月十七日,接吴昌绶信,请先生代购印色。(《日记》页2513)

八月十八日,寄《古学汇刊》并信与陶湘宣,托借《越缦堂日记》,未知允否。(《日记》页2513)

是日,先生理同人手札。(《日记》页2513)

八月十九日,接刘世珩信,云邓实市侩,先生以为"塙评"。(《日记》页2513)

八月二十一日,《岛夷志略广证》《图书馆善本目》《藏外经目》《阳羡摩崖纪略》《徐熊飞诗话》与邓实。(《日记》页2514)

八月二十三,张元济约明日四钟看书,并特约徐乃昌。(《日记》页2515)

八月二十四日,出门诣王秉恩谈,再诣徐乃昌,偕徐乃昌先诣沈曾植,还元板《名臣事略》。(《日记》页2515)

是日,赴张元济看书之约。见书颇多:元板则董楷《周易传义附录》、延祐乙卯圆沙书院刊本最精;明板则张美和《元史节要》、洪武甲子刊本李经刻《长安志》《翠屏集》《陶学士文集》;《新刊大宋宣和遗事》,分元、亨、利、贞四集,金陵王氏浚川堂刊行;影宋抄则《挥麈录》《龙川别志》《纬略》《孙公谈圃》;抄本则闽学王惟俭《宋史》、苏伯衡《胡仲子集》《流寇长编》,校本则《鲍明远集》,皆极佳,洋洋大观。(《日记》页2516)

八月二十六日,发苏州曹元忠一札并奠仪四元。札自谈近况及友人近况,云:"前日回缄,想已察入。近日贵体已大愈否,至以为念。尊公之丧,未尽私谊,寄上四元,聊以代楮,迟迟弗怪。荃亦一病七十日未能复原,瘦怯不堪,负风则伏,不敢以老健自命,幸读书静坐尚如昔日,犹可消遣耳。董授经在日本,住西京东山净土寺町真如堂北里支那董寓,嘱荃转询,代校《五代平话》,校好即寄荃处,径交陶子麟改补较捷。荃本意秋凉来苏、杭访友,经此一病,今冬只可以蛰伏。现在止酒百日,更无兴致。楚生通人,收藏大半可爱,现亦为季直出查川盐,早已动身。蘧六得法部差使,月薪百二十元。蒀石在此。去年损失过巨,夏日亦病。善馀仍领江南图书馆。未散逸。张闻远住松江何处,能示知否。式之亦久无信,不知回京否。丰顺、意园,南北而藏家均大出,傅沅叔、张菊生均大收,价昂,惟有歆羡而已。"(《日记》页2516,《艺风堂书札》页522致曹元忠第二十三札)

八月二十八日,借张元济《芦川词》来,凡五册,先生称其绝佳。此即

五月间刘估携来,先生以价昂不能得而荐于张氏者。(《日记》页2517)

八月二十九日,撰《故荣禄大夫沈府君墓志铭》。是文之撰,因友人之请。志主沈燮泽,字子焌。浙江归安人,沈树镛之弟。先生于重九日送该文与刘炳照。(《日记》页2517,《辛壬稿》卷二《故荣禄大夫沈府君墓志铭》)

九月一日,写《龙脊石题名》,至本月十一日乃毕。(《日记》页2518)

是日,先生致朱祖谋一柬,请其代交吴昌绶请先生代购之印色。后朱氏代达后曾复先生一柬:"奉示敬悉。印丞印色,已交孙端甫寄由舍弟本在津转交,此后如有托带之件,尽可交至端甫寓中,侍当为转托也。"(《日记》页2518,《友朋书札》页194朱祖谋第十二札)

九月六日,接吴昌绶京城八月二十九日信,云董康到京,正文斋谭锡庆后人不理,恐须涉讼;先生寄存正文斋书可收回;董康自日假至元刊《草堂诗余》,欲带至沪请先生倩人影写;又谈及陶子麟刻书及为其付款事:"昨上书,想入览。授经船到较迟,昨甫抵京,已将尊示面交。渠暂居友人处,二三日内即来敝寓。正文事极费周折,老谭临死,绶尚应酬三百余元之书。今为伊妻,伤人装箱,尽逐旧徒,而托诸他人。授经此来,能了固妙,否则须涉讼矣。公所存书,已属设法清理。绶亦有书板暂交,须索回也。印色极佳,能来两匣,尤妙。绶要一好印合,大而扁者,其一则随便新合可矣。授经带来元刊《草堂诗余》,即上下各二卷本。拟觅便寄沪,求公倩人影写,因假自狩野,须早日交还也。其毛抄四本,今带来,原值五百两,已愿让归绶一并影刻,以竟鄙志。陶子麟只寄《近体乐府》一本来,尚有《琴趣》一本未到。吾师所寄放翁词,望催其动手。此三本外,现在尚有六七本,总望愈速愈妙。要钱,当即由汉口径付之,可否求吾师函商陶君,派一友来京,面为商酌。或将各书带沪,由尊处面付之,则更放心妥贴。绶恨不能自己南来,与公及陶一为接洽。可否寄上代付之处,先求裁示,不敢多劳笔墨,可当作自家人,交三弟随笔见复数行足矣。"(《日记》页2519,《友朋书札》页882吴昌绶第六十八札)

是日,得丁国钧一札。致曹元忠一札,札谈校《五代史平话》事云:"前日寄四元并函,想已早阅。未奉复书,深以贵体为念。顷秉衡来信,言吾弟在常熟有讼事,近闻已结,想回省矣。董授经因谭正文人故店闭,清理四竿旧账,竟至不名一钱,亦至涉讼。嘱校《五代史平话》就近交荃为之寄鄂修改,俾学者先读为快。蘧六在京有事,张文远寓淞江何处,示悉。荃身子尚虚,遂至怕寒,可虑。"(《艺风堂书札》页 523 致曹元忠第二十四札)

九月十日,连日校《芦川词》,撰跋。跋至十三日撰毕,即日还书于张元济。① 先生该跋述是书源流云:"明抄《芦川词》二卷。黄荛圃旧藏。每半叶七行,行十三字。字大如钱。前有何义门跋。荛圃先得抄本,后得宋本,撤去补写之叶而影宋本,以补加跋至八段,并识两诗,亦可云爱之至矣。宋《艺文志》作二卷。《书录解题》作一卷。宋时本自两行。此与宋本,由黄归罟里瞿氏,由瞿氏归丰顺丁氏,今归吾友张菊生,假我录副……宋本仍在瞿氏,此书亦从瞿氏流出,书后有'恬裕斋印'朱文方印,即铁琴铜剑楼旧名也。"又据《读书敏求记》考是书为明藏书家吴宽手抄本,此点未为黄丕烈所知,"一经拈出,愈为是书增重"。(《日记》页 2520、2521,《辛壬稿》卷三《芦川词跋》)

是日,诣邓实谈,借其湖北新印章学诚《通志稿》四册,十三日还与邓氏。(《日记》页 2520)

九月十一日,赵诒琛来,交去《千顷堂目》三册。(《日记》页 2520)

是日,先生辑《秦淮谈故》"谈琐"一门。(《日记》页 2521)

九月十六日,撰《家谱序录》。《序录》述缪氏之来历及繁衍转迁移之迹和《兰陵缪氏世谱》历次修撰之情形、本次修志之体例。本次修谱,凡分"制诰""像图""世表""选举表""节孝表""祠墓志""艺文志""人物传""旧德集""师友渊源录""乡里纪闻""定海遗爱录""考古录""序录"十四部分。(《日记》页 2522,《兰陵缪氏世谱》)

是日,得吴昌绶九月初九日北京一札,言董康与正文斋纠纷事无眉目,住京尚有时日。又谈与正文斋交涉情形,京师图书馆近况,又请先生、朱祖谋、沈曾植代其留心一好女婿:"连奉两示敬悉,已交授经共阅。授与正文交涉,极渺茫可虑。绶之《熏习录》板片,与吾师之存书,则正文代表孙姓已许检还。孙姓云是商务印书之总办,想是张菊翁所特授。今日授经尚住汪家,午间在此。绶谓:缪师之书,愿作抱告,向其取索。如其不允,我即属地面

---

① "芦川词"在《艺风老人日记》中在页 2484、2518、2520、2521 多次讹作"樵川词",考前后关联事迹,凡作"樵川词"者,均系《芦川词》无疑。《日记》页 2520 壬子九月十日条之"校樵川词"之樵字即被先生圈改作"芦"字,然未能尽改。

拿人。我本廿年老革命党,自有手枪炸弹对待,不怕商务印书馆何样阔人,我以流氓待之。授经谓可收还,已属其收到时交敝处,装箱奉寄。吾师见之勿笑其发疯,但作为重阳日笑话可也。图书馆归江叔海接管,今日往一看,旧物不缺,增出《大典》六十本,此后当可再去检阅。授经坚约,故与同去。《道园类稿》原抄未竟,叔海包藏颇慎,今只能照录原文,因无好写手也。惟检出《东坡乐府》下卷,与敝处各种正同,已属先摹一草底。非有影抄好手来京,总难办成一事。江叔海似于公旧政不甚改动,极称公原存之件,一物不差。授经尚有多日勾留,正文既无钱可收,绶又不能多助之,已买其词,即旧抄与经卷,千元光景,早晚移来敝寓,当属其一一详勘。绶适以俗务冗忙也。印色费神,极感。古微见吾师,曾谈何事否?绶托其二事,不知如何。曾来信谓,一事可成。乞吾师与古微,并代托子培先生,为留心一好女婿,是为至要。绶曾交古微表弟孙端甫,带呈狐肷马褂料一件,想月内总可达到。《蘧川词》大约与前抄毛东堂词为一类之物,只求写副交陶。照版式刻之。陶刻《近体乐府》,中多墨钉,今日已在图书馆补全,容寄武昌修改。其余各种,不敢全寄,先属其刻放翁一册,如何?绶拟借尊抄凤林书院三册刻之,可否?满纸瞎话,不敢一一渎神,可由三弟代草数行见复。"(《日记》页2522,《友朋书札》页868吴昌绶第四十三札)

九月十八日,接吴昌绶一札,并两词。两词之作,缘于"壬子重九前一日,得艺风先生书,适授经自日京归,为假狩野博士所藏至正本《草堂诗余》,将寄南中摹刊,且出新收各本互赏。回忆客秋文宴之乐,渺若隔世,率占小词"。先生即和之。(《日记》页2522,《友朋书札》页865吴昌绶第三十三札)

九月二十日,校《自订年谱》毕,至去年国亡为止。(《日记》页2523)

九月二十一日,借张元济《海滨外史》,拟节写一段。(《日记》页2523)

是日,致赵诒琛一信,告以《千顷堂书目》抄成,须四十四元费。(《日记》页2523)

九月二十四日,还张元济《海滨外史》,又借其孙、顾校《史通》,校之多日。张氏随致先生一札:"《海滨外史》一册收到。陆刻《史通》送上,计六册,乞检收。红笔为潜夫所校,系据叶石君校定本,顾思适复据宋本及嘉靖本对勘,且有增补之叶,似不可谓非善本。一经法眼,必能审定。倘蒙赐题,垂示来学,尤为感荷。再顾据宋本校定各条,均用票签,久之必至脱落,元济拟移录书眉,想先生亦以为然也。景宋抄《挥麈录》或能谐价购入,成交后当再呈览。前示积馀骤遭家难,未知何事?甚以为念,乞再见告。"(《日记》页2524,《友朋书札》页525张元济第十札)

九月二十六日,辑《秦淮谈故》。(《日记》页2525)

九月二十八日,吴隐来,购《元诗体要》,洋十八元。(《日记》页2525)

十月一日,校《涪州石鱼文字所见录》毕,先生自九月既望始为此事,盖以所藏涪州石鱼题名原拓本对校该书也,"较钱跋少五种多四种,又二种系北崖拓本"。(《日记》页2526,《涪州石鱼文字所见录》卷末缪荃孙跋)

十月二日,收到吴昌绶北京九月二十六日一信,并和缪僧保词,并告以先生所寄《芦川词》未收到:"词翰诵悉,而所寄授经书、《芦川词》未到,印色亦未到。绶前寄狐裘到否?同是孙端甫船,岂改途他往耶?至正本《草堂诗余》等,当于后二日便人带津,先此奉复。附和三弟词,可供一噱。"吴昌绶九月二十六日夕又致先生一札,请先生寄刻《近体乐府》跋,并告以印色收到:"陶子麟所刻太标致,此吴谚。已成一派,无可献疑。但得如尊刻四种,再加以厚纸浓墨,必较沈著,未知然否?《近体乐府》,公有跋一篇未刻来,求即寄去。凡跋语能用密行,与原书分别,尤妙。将来欲求一友写封面十余叶,能代托否,抑仍需叔韫耶?版式大小悬殊,须俟刻成,方可写正。寄函间,由古微寄来印色一合,珍袭无损,感荷无既。需值若干,乞见示。诚如来旨,彼此记账,可以持久。此事烦子彬弟分神,需款时函知,无客气也。又吾师九月廿二赐书,今日接到,惟所云《芦川词》、授经信仍未至,是否挂号,抑快信?若再过三四日,只得向邮局访查矣。吾师病起健饭,偶亦小饮,极慰极慰。安得奉陪一醉。所谈酒事,真有沉灌之合。式之似在津,士可久未见,其住址容询明再复。授经事未了,近日日走厂肆,尚未搬来,已嘱另函详复。"(《日记》页2526,《友朋书札》页866吴昌绶三十七札、页869第四十四札)

十月四日,梁鼎芬致先生一柬:"北归尚未走侍,敬想尊体安健,至慰,至念。初七日端忠敏公周年,在张园弹子房山亭设祭,期公必来,十二点钟。并请撰挽联,纸明送上。"(《日记》页2527,《友朋书札》页154梁鼎芬第二十四札)

是日,撰《頵老吟序》;补录《史通》脱页。(《日记》页2527)

十月五日,梁鼎芬又致一柬:"端忠敏公挽联想已成,纸送上即书之,仍交下。冬初甚寒,起居如何?至念。初七日必到。张园山亭。"为端方周年祭撰联,立刻要付,先生颇为难。饭后得一联自用,并为徐乃昌撰一联,并先生致徐乃昌两笺,述此事:"端忠愍公周年祭必到。十一钟去。心海勒令人撰挽联,荃不能应,去年挽诗一首,书小笺与之。此事须一时兴会方有佳者,非比书启,瞎拟应酬也。兄嘱不可不撰,然颇靠不住,亦断不能佳。心海作事全是做作,令人讨嫌在此。昨《清真词》极佳,谢谢。"又一札云:"顷心海送纸来,立刻要付,荃微有怒意。饭后忽得一联自用。与兄拟二联,书启不如,择用并改可也。"又云:"便衣前去何如?闻心海翎顶,似又不必,素服亦应拔翎。"先生所拟两联,其自用曰:"图国事于阳九百六之秋,誓死如归,孤忠直似尧君素;酹卮酒在地老天荒而后,有言必信,古谊终惭范臣卿。"(日记)页 2527,《友朋书札》页 151 梁鼎芬第十札,《艺风堂书札》页 477 致徐乃昌第三百四十九札、第三百五十札)

是日,接王国维本月一日日本一札,寄《蜀道难》一篇:"久未奉候起居,惟道体康强为颂。近日作《蜀道难》一首,咏匋斋制府事。此公境遇可怜,其死后之惨,亦作诗大好题目。谨以誊写板一份呈览,字画模糊,恐不宜老眼,然字句太多,无法录呈也。"又告以董康在京行程:"授经北方行未归。闻以重价购得《大典》十余册,又购他书共数千元,而老谭之款尚无着,渠自谓赔了夫人又折兵者,语或然欤?"(日记》页 2527,《王国维全集》第十五卷页 46)

十月六日,邓嘉缉来,带来吴昌绶信,告先生所寄《芦川词跋》收到,并言及罗青泉去处问题:"致授兄书,并《芦川词跋》,顷甫收到,借悉种种。今日有电,谓董十日内行,罗可速来。乃与授经商定,渠愿挟之东去。至绶各词本,诚如尊旨,非三年不能成功。罗既东行,仍寄沪,乞公觅人写之。若罗来而董已去,则绶即留之抄书。北地虽衣食大难,必不使失所,有负雅意也。狩野本与嘉靖本,日内寄津,托带呈。"(《日记》页 2527,《友朋书札》页 867 吴昌绶第三十八札)

十月七日,诣张园,梁鼎芬为端方公设周年祭,王秉恩等咸集。(《日记》页 2528)

是日,先生致曹元忠一札,云:"前日寄四元并函,想已早阅。未奉复书,深以贵体为念。顷秉衡来信,言吾弟在常熟有讼事,近闻已结,想回省矣。董授经因谭正文人故店闭,清理四竿旧账,竟至不名一钱,亦至涉讼。嘱校《五代史平话》就近交荃为之寄鄂修改,俾学者先读为快。蘧六在京有事,张文远寓淞江何处,示悉。荃身子尚虚,遂至怕寒,可虑。"(《日记》页2528,《艺风堂书札》523页致曹元忠第二十四札)

十月八日,致徐乃昌两笺,索《壬寅消夏录》,并借《瑶华集》。其一云:"昨日负风而立,感受新寒,晚间大泻,今日尚形狼狈。心海言仲纲要收回《消夏录》,弟留宋字本,将未写本补写,乞兄先检前五卷底本宋字本首册未写。交下一校为祷,余陆续还。兄留副本极佳,须细校耳。又尊藏《瑶华集》在此否,弟短廿一、廿二两卷,拟抄全。"其二云:"《销夏录》五册,宋字书全份,《瑶华集》均收到。《阮集》大约不久即还。丁秉衡又有信来,云各书照抄矣。"(《日记》页2528,《艺风堂书札》页478致徐乃昌第三百五十一札,《艺风堂书札》页475致徐乃昌第三百四十二札)

是日,跋张元济藏《史通》并为录宋本校语廿八条。(《日记》页2528)

十月十一日,接曹元忠信,并《五代史平话》。此札系曹氏撰于十月八日夕,答先生七日之札。札云其自七月来忽遭讼累,及肠澼发作,未即"肃禀叩谢"。又谈《五代史平话》校勘事始末云:"绶经所刻《五代史平话》于正月间面交受业,属为校勘,当时急于奔丧,昏瞀之中,杂置箧中,未知其红印本尚缺《周史》上卷也。归里后不一月,即患肠澼,直至六月初始起。长夏无事,乃发箧校之,并作小跋。所迟迟未寄者,半由讼事,半由绶经属寄正文斋,而谭贾已逝,该肆存否不可知,未敢轻易寄去。今蒙示及,特将红印本及跋语奉上,伏乞察收。惟《周史》上卷,尚需函告陶子麟寄来补校为祷。"又谈其他书事云:"前假吾师《政和五礼新仪》久存礼部,去年十二月二十五日以后,受业决计南归,已向索还,携至家中,若讼事能了,受业本欲来沪恭叩函丈起居,届时面奉不误。鹤逸所藏荛翁宋刻《挥麈录》三册,据云可以让出,特需以名画回易耳。"又谈与先生其他门人近期交往事云:"张门生闻远寓松江小昆山,信件不能径寄,须由松江西门内佛寺桥源泰皮货店其弟张梯云收下,或松江西门外钓桥西塊乾大布号其兄张阆峰收下,皆可达到。闻远于八月初曾至受业家吊唁,留二日而去。其所业丧服郑氏学,乡居无事,研求至精,大约书成之后必呈吾师阅定也。丁门生秉衡,受业游虞时见三四面,最后邀受业至家,欲作竟夕谈,后以迫于讼事,急欲归家,遂未践约,至今怅然。刘门生蘧六,久未通信。"又因境况极窘,请先生托刘世珩代为谋事,并欲以宋小字本《左传》质之:"惟知葱石在沪,吾师谅常晤面。受业现在所处之境,非人能堪,倘能沪上商界谋一事,既可济贫,复得藉此消愁,最妙。见时请以下情托之。又去年葱石曾借受业宋小字本《左传》覆刻,未知能暂抵三百金否?亦求吾师一言。葱石神通广大,此戋戋之数,谅易措置。受业得此,亦可举办丧事,是所深跂。该款一二年内必还,决不稽迟,以负吾师也。"又云:"再,设见子培、子封、积馀、沅叔,敬求道意,可否以受业谋事托之。"(《日记》页 2529,《友朋书札》页 990 曹元忠第十八札)

是日,先生接吴昌绶一札,告先生董康将东行,京师图书馆藏书流入市肆,其与董康各得数种:"旧历九月杪手示拜悉。罗君想日内可到,授经尚未行,俟罗到时,或可为绶景抄一二纸也。尊函已交授经,屡属其详细奉复,奈渠书癖又发,日日厂肆,并未搬来绶处,隔数日来一饭。绶又心乱事冗,不能专诚陪之,两有不是也。授兄嫁女,并无其事,云明年当到沪访诸公,今则急欲东行,大约旬日内即启程矣。所收书不少,想行时必有信奉致也。蒙搜刻诸词,感铭肌骨。武昌刻书寄款事,容俟见罗君再定。影元《草堂雅集》,已由东洋寄来,又寄到旧抄四库十三卷本一部。绶今得四集,未谂鲍抄可示价见让否?不敢请耳。蘧六仅一面,当属授经访之。前函谓图书馆如常,此表面之谈,又见叔海,又目睹各古本,乃近日厂肆颇有散出,授经谓叔海糊涂被朦,或亦有之。绶得姬知常《云山集》。三册,元本,洪武进呈,约价百元。词一卷甚精,是否即吾师去年所说?授经欲购数种,忘其名,大致公曾见者。特秘密奉告,且勿告人也。今日又得盛伯羲宋本,《甲申杂记》、《闻见近录》,即知不足斋所刻底本三种之二。亦百元左右。纸墨绝精,但蠹蚀,经裱托。公以为何如?冗次率叩起居,不一一。"(《日记》页 2529,《友朋书札》页 870 吴昌绶第四十五札)

是日,致徐乃昌一札,送其《薰习录》二册,又言病发恐爽看书之约,感叹对宗人匪类之损行无以处置。札云:"吴印臣刻《薰习录》,书甚佳,乞哂存。《咏怀堂》约即日还来。弟病又发,后日看书之约恐不克践,兄往看否?可借钱校本《鲍参军集》,过于汪本。弟无汪本也。弟近年为宗祠积余四千余元,专为贴补子弟之费。上学堂来南京者皆此费。族中匪类眼红,设法簸弄,昨日接信乞至一夜不能安枕。如大清国,尽可逐出族,交官管押,民国做不到,所以若辈损行,可叹。"(《日记》页 2529,《艺风堂书札》页 478

致徐乃昌第三百五十三札)

十月十二日,钱保塘之子钱国镂昆仲来,求先生为乃父文集作序。十七日再访先生,先生读保塘《清风室诗文集》,以为寿序太多,未厌所望。(《日记》页2529、2531)

十月十三日,恐疾发,辞张元济看书之约。(《日记》页2530)

十月十四日,邓傅若自无锡来,带来传奇清本、底本,并云刘世珩于动乱中所失宋板书可以收回。先生即致徐乃昌一札,请为邓氏订定刘世珩之馆。札云:"昨爽约,幸病未发,今照常矣。前兄云刘氏一馆,弟已招舍甥邓傅若来,乞兄即往订定何日到馆为祷。傅若就聚卿校书馆未完之书全行带来。而聚卿所失之书,即在傅若案头为家人窃去者,所以云踪迹可寻也。"徐氏回札言刘馆不成,先生即复一札:"环云诵悉,弟以尊嘱必妥,故往催傅若来沪,并踪迹所失书,今馆既不成,他处有法想否。只好书上想法,给其数十元回里何如。小《周礼》另在一处,在书估手。九本《诗史》、《坡门酬唱》、明板《杜诗》另在一处,未到书估手。大约可陆续收回,乞兄斟酌。傅若今日往见聚兄矣。带来传奇多件,皆聚公书。"(《日记》页2530,《艺风堂书札》页479致徐乃昌第三百五十四札、第三百五十五札)

十月十五日,得缪筱雅信,言家谱稿已成,将撤局。(《日记》页2530)

是日,接吴昌绶信,言罗青泉到京,与董康同赴东,附董康信。吴信云:"罗清泉昨晚甫到,适授经在敝寓晚餐,因得相见。手示均诵悉。授兄日内即行,有信一缄,祈察阅。蒙赐《藕香丛刻》,并代抄《松雪词》,感谢感谢。印色六元,请记账。罗生川资,俟绶兄寄缴。元本《草堂》等,即日奉上。沈刻《结一庐书目》,即绶所删削,尚未惬心。王静安取去代刻。瞿目如是未刻本,或已刻而罕见,祈寄下,可在京刻之。瞿是先母家亲串。日来冗甚,容另详陈。"又附言:"昨授兄让与一镜。七十金。""此镜绝精,究是何时物,容手拓呈鉴。可为先妃故物否?曾见著录否?云是陕西出土。又有越灭吴一大器,绝奇。"(《日记》页2530,《友朋书札》页871吴昌绶第四十七札)

十月十七日,陶子麟寄来《琬琰录》板六捆,交《五代史平话》校本。(《日记》页2531)

是日,先生写《艺风堂诗存》。(《日记》页2531)

是日,先生发日本董康信、王国维信。(《日记》页2531)

是日,董康自北京致先生一札,谈其与正文斋账目及先生在正文斋寄售书事:"自来京师,叠奉赐谕,敬悉种种。因终日驰逐厂肆,疏于答覆,罪甚罪甚。罗君来,藉谂起居康吉为慰。侄此行本为清理账目而来,乃老谭之妇刁恶异常,几致成讼。幸商务经理孙伯恒查获正文原账,无可狡赖,始勉强承认签字,日后清偿。时值岁暮,家人羁旅海外,心悬两地,只得以不了了之而已。承委清查寄售书籍,据孙君云,尚不致无着。惟老谭故后,其妻误为己物,封锁箱内。刻与伊伙老丁涉讼,俟讼事毕,始允检还也。"又谈及琉璃厂其他书肆:"意园书景朴孙据为己有,高价居奇,形类剧贼。文昌馆小韩狼狈为奸。沅叔同年与之往还,将来必受其害。若能连合不购盛书,则若辈之技穷矣。图书馆藏书充斥厂中,殊可骇异。侄购获宋元板数种,如《自警编》、分甲、乙、丙、丁、戊,惜缺两卷。《翰苑集》、《圣济总录》,此书半为田中购去。皆外间所不经见者,良由经理人疏于防范之故。《册府元龟》为景朴生得去。"又谈及其购得《永乐大典》:"又《永乐大典》曩存清秘堂,亦被诸太史盗出,侄以二千一百余元收得十七册,中惟《苏辙年表》《宪台通纪》正续各一卷尚成片段,此外关涉古地志者亦佳。该太史等自挟数册,沿门求售,教育部毫不过问。时至今日,固亦书籍之一厄也。"又谈及其刻《庆元条法》事及往日行程:"《庆元条法》已刻数册,新正兵变原书失去,中途停止,甚为可惜。沈敦老属转借长者原本另缮,以竟其功,务祈检出,径寄王书衡处是叩。定于后日即二十日。偕罗君乘邮船营口丸东航,行李匆匆,不尽欲言,容至西京后再详布一切。"又谢先生承让《唐大诏令》:"承让《唐大诏令》,谢谢,俟返京将代金奉缴。"(《友朋书札》页442董康第四札)

十月二十一日,购《抱经堂集》、《杭氏外集》、倭板《七经孟子考》、《东都事略》,去洋四十元。(《日记》页2532)

十月二十三日,购《山谷遗文》《敦交集》,去洋二十元。(《日记》页2533)

十月二十六日,校《庆湖遗老集》毕,加跋;订《放翁词》。(《日记》页2534)

十月二十七日,跋《史通》,交装订。(《日记》页2534)

十月二十八日,傅增湘来,以宋本《方言》《道德经古本集注直解》《南齐书》与明版《蒲室集》《蜕庵集》等见示。先生语傅氏,《方言》在盛昱处曾为王懿荣借而影写付锓,然人以为字如翰苑官体书,与宋本绝不想类,遂匿不示人,并纵臾傅氏付梓。(《日记》页2534,《藏园群书题记》页47

《宋刊本方言跋》)

是日,先生为傅增湘撰《方言》跋、《道德经》跋、《南齐书》跋。(《日记》页2534)

《方言》原系满洲盛昱旧藏,今年春盛氏郁华阁为书估正文斋谭锡庆、宏远堂赵聘卿捆载入市,傅增湘从谭锡庆处得之。先生所撰《方言跋》考是书源流云:"《方言》十三卷,宋刊本。每半叶八行,行十七字。高六寸八分,广四寸三分。板心上有字数,下有人名。白口,双边。后有庆元庚申李孟传、朱质跋两段。书中避讳至惇字,即庆元时刻本。《季沧苇书目》云:'扬子《方言》六卷,四本。牧翁跋。'即此书,钱跋即在朱跋之后。书禁严时撤去一叶,影写六字订入首叶,有'顾仁效藏书'朱文长印、'横经阁考藏图籍印'朱文大长方印、'季振宜藏书'小长印,序后有'扬州季氏'朱文长印、'沧苇'朱文小长印、'振宜之印'朱文小方印,均墨印。首叶有'仁效'二字朱文方印,后有'顾元庆览赏印'朱文方印、'华亭朱氏'白文大方印。按顾仁效,长洲人,结庐阳山之下,王文恪为撰《阳山草堂记》。顾元庆,字大有,亦家阳山大石下,学者称之曰大石先生。华亭朱氏,即朱大韶,字文石,华亭人,嘉靖二十六年进士,由庶吉士授检讨迁南司业,横经阁即其藏书处。"(《癸甲稿》卷三《方言跋》,《藏园群书题记》页47《宋刊本方言跋》)

《南齐书》系傅增湘从宏远堂所得,乃穆彰阿旧藏。先生《南齐书跋》考是书源流云:"《南齐书》五十九卷,眉山重修七史九行十八字本。摹印极早,字画方整者宋刻,灵动者元刻,而无明修,为七史中仅见之书。后有治平三年崇文院送杭州开板行文,是北宋刻于杭,南宋刻于蜀,杭蜀两处为天水良工所萃,故板刻流传最久。前有'礼部官书'朱文大印。《仪顾堂跋》云:'弟三十九卷缺第五叶,以十四叶改刻五字补之。'此本则无补叶。卷四十'王士隆'上空一格,'若夫九种之事'下空二格,则同也。陆本有嘉靖修板,不如此本远矣。"下录崇文院牒文格式。(《癸甲稿》卷三《南齐书跋》,《藏园群书题记》页81《宋刊本南齐书跋》)

先生《道德经跋》考其源流有云:"《老子道德经古本集注》二卷……书中引晦庵序《参同契》,是范在朱子之后。集各家注并有音辨,均以阴文冠之。今道藏目不载是书,宋讳亦不甚避,然字画纸墨为宋板、宋印无疑。"该书系宋人范应元所撰。(《癸甲稿》卷三《道德经跋》)

十月二十九日，接到罗振玉日本京都一札，谈先生编金石目事，请先生代求借王秉恩所藏陈碑："奉到赐书，适罗清泉亦至，为道杖履安和，至慰至慰。大著《金石萃编》，体例至善，鄙意当仿魏稼孙碑录之例，每篇自为起讫，不必如述庵少寇之篇篇蝉联，则可随写随刊。已写成者，何不即照此法，先付梓人乎？恽君在宁所刻何书，求代乞一部。王雪老所藏《陈志》，亦求代索两本：一玉所求；一内藤博士托代求。当以魏《杨允志》奉报雪老。千祈勿却。"又谈其编《殷虚书契》："玉近已将《殷虚书契前编》编为八卷，计四百八十余叶，用玻璃板印百部，每部成本至二十六元，可谓奇昂。然印刷则至精，明年夏初当成《后编》，计六卷，力不能再用玻璃板矣。金石之学至今日而极备，然衰歇即在目前。碑版得长者箸录，玉拟专力于古金文字以及龟卜陶铽泉布，为集古遗文。平生搜罗此种拓本四五千通，昨得郁华阁金文拓本，始知才当敝藏四分之一，可见搜辑之难，编辑流传为刻不可缓之事，但措大无此力耳。如何如何。清泉来此大佳，惟此邦秘籍颇少。徐福行时未焚之说，乃虚语耳。京都有《文馆词林》数卷，为刊本所未有，此则慰情胜无者，当设法写之。肃此敬申，虔请道安。天寒诸祈为道珍重。"其"金石之学至今日而极备，然衰歇即在目前"语，颇有见识。（《日记》页2535，《友朋书札》页1008 致罗振玉第二十札）

十月三十日，张元济索毛抄《挥麈录》，又借《刘后村集》。先生即奉上，并致其一札，借《续墨客挥犀》。（《日记》页2535）

十一月二日，得张元济致先生一札，并《续墨客挥犀》，先生即日校四卷。札谈校《后村大全集》等事，云："承假《后村大全集》十册收到，谢谢。已校两卷，与敝处一部颇有异同，拟一一校录于上。沅叔昨晚在此尽观近得各种，颇惜先生及培老均不能来。拟俟天气晴和，当再奉约。抄本《续墨客挥犀》一册附去，乞察收。"又言："近又收得《春秋经传集解》宋刊一部，略有残缺，所难得者来自东瀛，而又为涉园故物耳。"先生于本月九日校《续墨客挥犀》毕，还于张氏。（《日记》页2536，《友朋书札》页528 张元济第十七札）

十一月四日，徐乃昌以《荀子》、景抄《鬼遗方》见示，借《于湖集》去。先生即复一笺："手字诵悉。瞿抄尚佳，装劣。《荀子》通行本也。旧抄《于湖集》四十卷呈览，瞿信即寄。"（《日记》页2536，《艺风堂书札》页480 致徐乃昌第三百五十九札）

十一月七日，接吴昌绶本月八日一札，言其愿意接受《结一庐丛书》书版："手教谨承。昨正寄一书，因多日未通问，深念起居，奉示至快至慰。《结一庐丛书》版，是否在武昌，绶愿以五百圆留之。容向翰文借看，即汇款钧座转交何如？"又言："邓弁带上九行本《孟子》一函、《左传》二函、元刻《草堂诗余》一函，又嘉靖荆聚刻一函，只备参校，无甚用处。"又言："沅叔代带《草堂雅集》来，俟到即奉复，价遵缴。《清虚》二种，吾师要，即觅妥便携赠。"又言："《倚松》新刻本，乞寄下代校。"又言："子培先生见赐《嘉禾志》，为授经索去，求再代乞一部。"（《日记》页2537，《友朋书札》页873吴昌绶第五十一札）

十一月九日，送正统本《汉书》《后汉书》与傅增湘，价百六十元，此先生应傅增湘之请，售书与傅氏。前此，傅增湘知先生肯让此二书，曾致先生一札，答应以为先生代购明抄本《儒学警悟》为报："手教并副笺均读悉。正统班、范史承惠让，至感。遵即代购《儒学警悟》以报。赐书亦敬领，拜谢拜谢。《方言》刻本容入都觅之。《晏子春秋》即在晚处，为孙祠藏书，有莲生跋，谓吴山尊仞为元刻者误也。然此书又非绵眇阁本，李木师言之。将来当取以相质也。今日往刘承儒处看《鹤山集》，容与菊生言之，孙缘用款，质之于刘矣。吴二书遵交。日内有暇，尚拟走谒。"又言："范应元据子培跋，固有踪迹可寻矣。"（《日记》页2538，《友朋书札》页577傅增湘第三札）

十一月上旬，致徐乃昌一札，再谈邓傅若馆事："《续墨客挥犀》俟弟校出可随后再抄。邓傅若往寻宋版书，尚未到手，求聚公可否仍留其校书，如无住处，并可带回无锡校好送来。聚公交弟书多无暇校，不如交傅若，乞兄吹嘘。俗随送，不敢执前例。又傅若愿抄书，《消夏录》未毕者，均可交彼续写。如可，交书与纸及前抄者来，看式样。"（《日记》页2536、2537，《艺风堂书札》页480致徐乃昌第三百五十八札）

十一月十二日，曹元忠寄还《政和五礼新仪》。（《日记》页2539）

是日，赴康脑脱路双清别墅刘炳照、周庆云约消寒第一集，人太生，地亦冷，是先生病后第一次消寒集会。与会者有钱溯耆、许湘祥、汪洵、吴昌硕、潘飞声、徐棠、张增熙、徐仁杰、沈焜、刘承幹及日人长尾雨山等十八人。（《日记》页2539，《嘉业堂藏书日记抄》页63）

十一月十五日，接吴昌绶一札，谈本月七日先生所收到九行本两书，六行本三十行一板之《普说》，欲以《清虚》二种为先生寿，又言其愿意接受

《结一庐丛书》书版:"昨奉手示,欣慰欣慰。九行本《孟子》《左传》,乃修文堂物,价卅六元,似甚贵。但属其访求《论语》,庶可补完尊藏。授经前在京云,向时日本颇有此种书,今亦不易觅,故即购以奉寄。沆叔未知已北来否?书到再行驰复。蒙惠《三昧经》,先谢先谢。绶有普觉禅师《普说》,亦六行本,但以三十行刻在一板上,两黑边极宽,阴文感四及刻工姓氏。而以十五行为一纸,仍用线装,前八行后七行,或后八前七。不知当时如何印法,岂截断木板,硬作两叶耶?书甚古,宋纸宋刻也。如合两板印,而以六行折叠,便成梵本矣。《清虚》二种,已付工制一套,觅便寄上,为吾师寿。《倚松》亦可呈阅。陶子麟处,昨复一书与之,属其刷欧公词数册,分寄公与古微及夏映庵,若必全部刻成,难如登天,只好了一种是一种,先以样本分饷同人耳。申者、籀庄、覃溪年谱,吾师从容图之,作《藕香续拾》,洵为剧品。瞿颖山书目,求速寄绶,即界俗工刻之,何如?《结一庐书目》,昔年稍为修饰,王静安取去,付晨风阁刻之,惜其书星散,不能如陈景云之注《绛云目》也。丛书十四册,已向翰文借阅,重以吾师校刻之功,若肯以五百元相让,决意收之。未知版在何处?如买来,可查点否,可运来京否?南中无人可为接收,不比在陶子麟处,可免费事。拟以此三说为去留,幸垂鉴。尚求代为筹策,琐渎至感。上年吾师景宋《集古录》,曾上版否?绶既得赵书,又妄想欧书合璧,但可从容措资,事便易了。今南北无一不窘,奈何!"《日记》页2540,《友朋书札》页872吴昌绶第五十札)

十一月十九日,接曹元忠一札,即复之。札云:"《五代史平话》《政和五礼新仪》均收入。因聚公未晤面,南北窎远,又久病不出门之故。迟迟作答,歉疚已甚。维起居日佳为颂。尊况之窘,彼此相同。荃之书画均已四散,书碑两事,平生所好,略知一二,未尽知也。与聚公信即刻专价送去。聚公住戈登路廿四号,往寄决不误。上海无事,旅费贵极,无事尽可不来,邮政极便,笔谈可也。民贼固无与彼办事之理,彼亦不用我辈。现与《国粹学报》馆办《古学汇刊》。荃之书未刻稿尚多,然与近来学人均不合式。小叫天到上海铩了,并非唱戏人退化,实看戏人不能知叫天好处,所谓程度不毂。但见派头与上海不合耳。荃止藉此将应刻者摆印出来,总比锢蔽者不同,将来书必散,而流转已偏,则所愿也。有一事,《奉记》能代配全最好,乞垫即还,大约不贵。荃书亦全为江南志作样,友人借去未还,然已从无索矣。此及,敬请台安。兄荃孙顿首。《五代史记》寄补周上卷,尚未来。"先生随

即致刘世珩一札,附曹元忠信。(《日记》页 2541,《艺风堂书札》页 524 致曹元忠第二十六札)

十一月下旬,丁国钧有一函致先生,谈先生本月十九日致函借何绍基日记事:"奉读十九手示,敬悉一切。十九曾肃一禀,计必达览。索阅《何东洲日记》,邮寄恐或遗失,月底月初有妥人来申,当托其遣仆亲赍呈上,请夫子收到后即寄数行,以免悬盼(东洲在荷屋中丞处数日,记中多及书画,余未记及,若采刻,未知能与吴日记并驾否也)。东洲文有抄本,曾在翁松禅案头见之,惜未借抄借阅。"随札又谈及虞地文献之家之流转消长:"来函详示盛、王两家藏书之流转散佚,多资掌故,闻所未闻。《儒学警悟》不审已购到否,便中示知,尤叩。张芙川书得之张金吾,两人同姓不宗。金吾借芙川钱不能偿,书遂为芙川逼取。并无书目,其书未久即归于郁。间有存者,宋刊梵筴本《一切经音义》(缺一卷),《六臣注文选》(抄配)尚在伊族人处,初不重视,受业郑重借阅,始知宝贵,今遂不肯示人,殊可哂也。"(《丁国钧致缪荃孙函札五通辑释》第一札)

十一月二十二日,发《清吟阁书目》《红雨楼题跋》与吴昌绶。(《日记》页 2542)

十一月二十五日,先生校《五代史平话·周平话》。此卷系昨日陶子麟从湖北寄达。先生校毕而撰跋。跋考平话源流云:"考,平话始于宋时,《梦华录》有讲史李慥、杨中立、张十一、徐明、赵九亨、贾九诸人,小说有王颜喜、盖中宝、刘名广诸人。《梦粱录》有'小说讲经史'一条云:'说话者谓之舌辩,虽有四家数,各有门庭。如烟粉、灵怪、传奇、公案,有谭淡子、翁三郎、王保义、陈良甫、枣儿、余二郎等,谈论古今,如水之流。讲史书者,谓讲说《通鉴》、汉唐历代书史、文传、兴废、攻战之事,有戴书生、周进士、张小娘子、宋小娘子、丘机山、余宣教等。又有王六大夫,元系御前供话,诸史俱通,于咸淳年间,敷演《福华编》及《中兴名将传》,听者纷纷,盖讲得字真不俗,记问源渊甚广。'黄梨洲记澹生堂书已散之后,所存传奇、平话尚百十种。前人记《大典》所载平话甚多,今世所传宋人书止有《宣和遗事》一种,明人书止有《芦城平话》一种,余皆罕见。此《五代史平话》宋刊本,为曹君揆一所藏,董授经比部刻之。俞理初《书芦城平话后》言平话体盖多臆造,此书于实事上十居其七八,书在《宣和遗事》前,而臆造较少,则固宜存此一体。"又有论以避讳鉴定版本之语,最为精要:"宋刻避讳,监本、官本最为慎重,家刻、坊刻多不拘。近人专求避讳以辨宋刻,往往贻误。曹跋所云'贞观'作'正观'、'魏徵'作'魏證',皆撰书人为之,非刻工所知也。"(《日记》页2543,《癸甲稿》卷三《五代史平话跋》)

十一月二十六日,发曹元忠一札及《周平话》。札云:"前接手书,即送聚公处,想已径及。吾弟到,住戈登路廿三号,洋房四无邻居,决不误送。《五代史·周》上卷呈校,目为子培持去,无讹字。校好仍寄荃处。菊裳忽来沪觅屋,云将久住,尚未晤面。荃动必马车,太贵,往往径月不出门。与聚公相去尤远,久不晤矣。"(《日记》页2543,《艺风堂书札》页524致曹元忠第二十七札)

是日,先生致李详一札,请李氏转呈张揆兰一札。札谈别后之况及近状:"夏初一别,久未通候。后闻已就刘聚公之馆,以为即至。后得秉衡信,方知有事耽阁。残冬风冷,未便首途。明春务盼早临,以期请益。尊况全知,雀鼠之构已平,蝴蝶之梦又起。务望摆脱一切,以养生为宗旨为祷。弟寄居海隅,诸事不便。季夏陡患时症,来势甚凶,幸而转机,养至如今,已逾四月。瘦削脱形,揽镜几不能认。动辄小病,终日在房烤火避风。衰颓至此,其能久乎?读存后诗,恐存亦不久矣。惟伏案生活,十日后即使不出门,功夫逾长。校过《国朝名臣事略》、《史通》、《尹河南集》、《石徂徕集》、牧斋《有学集》,《初集》有初刻初印本、删补本、二刻改易本,几乎本本不同,本朝尚难考订。籍以为活而已。下河大熟,秦南报上有抢夺事,确否?乡间能住,胜于江阴,弟尚无归期也。"又托送张氏之札:"再有一俗事奉烦,贵县兴化。监察厅张揆兰秀荪。一信致之。明年如入县城,恳往会会,以信与之,求一回信。张君宁人,侨兴化多年,有绸缎铺,探店号是何名。费神面谢。"(《日记》页2543,《艺风堂书札》页362致李详第九札)

十一月二十七日,先生作消寒第二集诗,并致刘承幹一札,呈二十四日为刘承幹题《汉宫春晓图》及诗。本月二十一日消寒第二集,先生未至会,刘承幹主席,拟题为"雪后坚匏庵消寒第二集和苏文忠公聚星堂禁体诗韵"。先生札云:"前奉手书,谨题《汉宫春晓图》一词呈教。社诗,因聚星堂诗太熟,改用雾、猪、泉韵,未知可否。余再面罄。"(《日记》页2543,《嘉业堂藏书日记抄》页64,《艺风堂书札》页585致刘承幹第一札)

是月,先生为傅增湘题元刻《唐翰林李太白诗集》:"李集宋刻有三十卷本,有二十五卷本。此二十六卷罕见流传,止《天禄琳琅》收之,以为坊间所刻。口上或作"白诗",或作"白寺",即坊刻之塙证。然字画精劲,疑原出天水,与通行元本不同。沅叔其宝诸。艺风。"(清华大学图书馆藏元刻《唐翰林李太白诗集》卷末缪荃孙题识)

十二月一日,撰《嘉祐七史考》。在此文里,先生根据《郡斋读书志》所载及元印本《南齐书》后所附崇文院敕文,考证嘉祐七史刊刻经过:嘉祐中馆职受命校雠,分别经宋绶、杨恂、丁宝臣、郑穆、钱藻、孙洙、孙觉、赵彦若、曾巩、刘攽、刘恕、安焘、范祖禹、王安国、林希等人校正后付刊于杭州,治平二年开板,至政和始颁行,前后历时五十余年。纠正了"西庄以为颁行者尚是写本"的错误。嘉祐七史因战乱遭厄,绍兴十四年,四川漕井度广搜之,"命眉山刊行",于是有了眉山七史。从而理清了嘉祐、眉山七史的关系。其后王国维在《五代两宋监本考》里所考结论与先生所论相同,尚不及此详尽。(《日记》页 2544,《癸甲稿》卷三《嘉祐七史考》)

是日,先生接曹元忠复札。此札曹氏作于本月二十九日。札谈《五代史平话》校勘之事云:"前得赐书,适受业肠澼又作,致稽上覆。昨又奉谕言,并《五代平话·周史》上卷一册,因即力疾校竟寄呈,约计此书当于明正工竣。最好陶子麟修完后,乞将红印本全部仍寄受业再校一过,以期完善。"又请先生作札与刘世珩:"葱石同年处于廿六日复作一函,与之恳商,至今未得覆书。际此时局,或尚需筹画措寄,而受业迫不及待,可否求吾师再作字以玉成之,愈早愈妙也。"曹元忠随札寄与先生夏秋以来所作律诗八首,多诉亡国哀怨之情,如《补题绍岑学士积水潭雅集图卷》有云:"销夏每来行乐地,当年还是太平年。如今野藕伤亡国,露泣秋红总可怜。"又对清室逊帝溥仪充满了眷顾,如有诗《十月间,报纸辄言上疾苦块。小臣神魂飞越,乃驰书毓庆宫行走侍郎陈宝琛,恭问安否,答以圣躬康壮,胜似去年。且自春至今,无日不御书殿云云。始知安危利灾之徒造言生事,无所不至。屈子有言,赖皇天之厚德,还及君之无恙。瞻望阙廷,喜可知已,作诗纪之》,观其题可知矣。(《日记》页 2544,《友朋书札》页 991 曹元忠第十九札)

十二月四日,先生跋《涪州石鱼文字所见录》,述该书缘起①。该书所据之拓本系先生光绪丙子受姚觐元之托亲临拓取,后经姚氏整理交钱保

---

① 《涪州石鱼文字所见录》卷末缪荃孙跋末题时间作"壬子长至",今从《日记》所记。

塘考证成书,先生借阅清稿,因故存先生箧中垂四十年。先生据况周颐所赠拓本加以对校,"缺三种,多两种。剔出北岩两种。为量尺寸,画行数字数。附印《古学汇刊》以广其传"。是书署名"归安姚觐元、海昌钱保塘同撰",先生不与焉。(《日记》页 2545,《涪州石鱼文字所见录》卷末缪荃孙跋)

十二月六日,接王国维十一月二十八日一札,札谈董康新得书及其所撰《宋元戏曲考》,并寄来《蜀道难》《颐和园词》两诗:"久疏笺候,忽奉赐书,并知冬间玉体又复违和,惟谂早已勿药,甚慰下怀。此间情形,一切如故。授公购得元刊虞伯生诗《续稿》四卷,以校《学古录》及《遗稿》,仅多诗三两首。然元刊元印,书法其精,以板本言之,至可宝也。近为商务印书馆作《宋元戏曲史》,将近脱稿,共分十六章。润笔每千字三元,共五万余字,不过得二百元。但四五年中研究所得,手所疏记,心所储藏者,借此得编成一书。否则苴莽不能刻期告成。惟其中材料,皆一手搜集,说解亦皆自己所发明。将来仍拟改易书名,编定卷数,另行自刻也。《蜀道难》寄上一份。另《颐和园词》一册赠梁心老,请转送为感。"(《日记》2546,《友朋书札》页 1023 王国维第十八札)

是日,吕溉钰自常熟来,借到丁国钧藏《蝖叟日记》,可摘处不多。次日复丁国钧一札。(日记》2546)

十二月八日,刘世珩送还《诗人玉屑》。(《日记》页 2547)

是日,赴麦根路钱溯耆家消寒第四集,先生与刘承幹、吴昌硕、汪洵、刘炳照等同座。(《日记》页 2547,《嘉业堂藏书日记抄》页 65)

是日,张元济致先生一柬,送来《古今文钞》:"《古今文钞》,先生既欲得之,当如所拟之价八元。让归尊处,书六册送去,乞察收为幸。近日见宋刊元明补配《论衡》一部,其'垤成丘山,污为江河'下,一页不缺,惜已补至嘉靖。宋刊存者亦无几,且颇漫漶,不知所值几何?敬祈核示。又有旧抄《碧云騢》一种,系带经堂故物,其书似极罕见,与姚舜咨手抄《玄中记》合装一册,书才廿六番,乃索值五十元,恐亦无购存之望矣。现正谐价,如能购妥,当呈览。"(《日记》2547,《友朋书札》页 527 张元济第十四札)

十二月九日,发苏州曹元忠一札。札云:"奉书后即致函葱石,昨方得回音,云已专人送款至弟交,亮已收入。重读诗笺,感伤万状。荃近日消寒,消寒亦有小诗,不足以呈大雅。印臣长有唱和。绍岑现寓何处,其诗必更有进。凡遇不堪之事,诗必进步,古今人皆然。如隆隆口上诗,必退矣。《五代周平话》校过,未寄到,可否向邮局一查。"(《日记》页2547,《艺风堂书札》页525致曹元忠第二十八札)

是日,先生致李详盐城一札,乃先生腊八所撰者。札谈谭氏《鹄湾集》及近况,云:"前奉手书,即函致聚卿,索得一书呈览,望明正早早惠临为盼。弟先在京师书摊,得谭氏《鹄湾集》文一册,生隽疏冷,独得真气。以为钟、谭,无可厚非。不意吾兄竟亦赏之,可见享大名者,不尽虚也。明七子亦佳。藉此可见流派利弊,不可偏信耳。僧保近来不甚用功,无可与谈,将来恐亦无成。总不肯潜心研究,焉能长进。弟怕烦,一暴十寒,说亦何益?今年好书见者极多。奇窘,止能看,不能购。兄来当同赏。然与尊馆一南一北,十里之遥,只可日日发递当面耳。兄来沪,如过兴化,面晤张监察,一询回信最好。"(《日记》页2547,《艺风堂书札》页363致李详第十札)

十二月十一日,曹元忠致先生一札,并附致刘世珩一笺,请先生代交。札云其托先生玉成质书刘世珩之事已成,刘氏"今日午后即遣孙裕持四百元来寓",今年度岁之资,加上一二卷轴出手,可以将就。又谈及近所见书画多种,不能得之,怊怅不已。又谈及读先生上次致札附寄吴昌绶一律,云:"昨奉谕言,并示寄甘遯一律,拜诵之次,恍似去秋在危城情形,沧桑至今,瞬有改岁,能无凄怆!"又谈先生未收到《周平话》事即该书相关事宜云:"《五代周史平话》,受业校毕,即于上月廿九与所上所禀同时付邮。承谕尚未收到,昨即遣奴子赴局讯之,据云当时即寄,或留存沪局。好在此印刷品封面亦有住址,请饬纪持廿九日信封至该局走取可也。此书修竣,红印、墨印本受业或可多得数部,以朋旧中知此事者都有欲炙之色,吾师设与授经通函,再求一言,是所感祷。"(《友朋书札》页993曹元忠第二十札)

是日,接丁国钧本月初九日一信,谈常熟议员选举及虞地治安:"顷读初七谕言,知《蝯叟日记》已由吕君呈上,受业尚有禀函,则吕君于途次失去矣(吕亦有函来告知)。良士金钱运动议员,所费不资,终归失败,曾孟朴得之,然亦费数千金。吾乡议员无一不由金钱运动而来。闻人言,善馀初亦热中,惟不肯化多金,遂尔无效,热肠变冷,未知然否。议员如此,民国前途尚有何望。虞邑现象甚安静,避地申江者,十九返里,较之秣陵,此地足称乐土。但四乡则抢劫迭起,仍不可居,城中屋因之愈贵。吾师道履日健,明春来游,不胜忻企,惟求早日践约。前庞劬老言,子培先生欲来虞观书,尚须俟游侣同来,未知即预约函丈否。"又谈及其十一月下旬函提及之《一切经音义》:"宋本《一切经音义》,阔簾黄纸所印,即庄氏炘刊行之祖本,洪北江诸先生校笺尚存,亦一名迹。闻翁松禅虽许以百金相易,未果,夫子有意,容俟便谋之(书主乡居,不常至城)。其家颇温饱,似非贱值能动,如欲松禅所许之数,夫子愿得否?便中尚求示知。《蝯叟日记》即存师处,明春杖履来游,请带下再领。"又谈及其心境及鼓动乡人购书事:"审言前月中旬来梽,定下旬赴申,今乃知尚未成行。渠前邮赠律句有'途穷犹为子孙谋'句,此老烦恼自取,然亦绝可怜矣。受业近日抱定'得过且过'四字,反觉心境宽然,退一步想,真处世妙诀也。世妹出阁明春定在何日,尚求后函谕知。吾乡近日颇有喜购书、究旧学者,受业极力鼓动之,将来藏书一派,或尚可望一线之延。率及之,夫子想亦乐闻也。"(《日记》页2548,《丁国钧致缪荃孙函札五通辑释》第二札)

十二月十三日,赴乾记弄消寒雅集,徐冠南、张弁群做主补消寒第三集,张钧衡、刘承幹、李瑞清、长尾雨山、陆树藩、钱溯耆、潘飞声、吴昌硕、汪洵、刘炳照、周庆云等同集,以《颐园永慕图》分韵。(《日记》页2548,《嘉业堂藏书日记抄》页66)

是日,徐乃昌惠赠《董集》,先生即复一笺,约同访叶昌炽。笺云:"叶住老闸桥顺兴里第三号。承惠董集,谢谢。书梯收上。缘督已移新居,并未出门。弟今午先至尊处,再往叶处,同至何如?晚间尚有饭局。近日已应酬,特不敢磨夜耳。"(《日记》页2548,《艺风堂书札》页481致徐乃昌第三百六十二札)

十二月十九日晚,先生与汪洵同作主在跑马厅大观楼举行消寒第五集。此日系东坡诞日,题即为东坡作生日题笠屐遗像,同人至者甚众,有吴庆坻、王一松、张弁群、刘承幹、王仪郑、李钟钰、钱绥槩、陆树藩、陶葆廉、周庆云、潘飞声、长尾雨山、吴昌硕、徐少南、杨晋等,集大观楼,凡二十二人。(《日记》页2550,《嘉业堂藏书日记抄》页67)

十二月二十一日,致周庆云、刘承幹各一柬,各赠先生新刊《宾退录》一部。致刘氏之柬指示其刻书之法,云:"前日晤教,以刻书事下问,谨述所知以对。刻丛书,自以《守山阁》为准则,宋谈钥《吴兴志》二十卷,董斯张《吴兴备志》可先付刻。谈志出于《大典》,弟有传抄本。董志可以前后志校之。《结一庐丛书》板如购定,即可以之为式。《津逮》之书原于《秘册》,《守山》之刻收自《金壶》。古有是例。其中司空《一鸣》有文无诗,须先补足,以后陆续收佳种接刊。弟藏书均可借刻、借校,盛氏《先哲遗书》,刘氏《聚学轩》协济不少,最喜传布。至影宋则又另行,《诸葛武侯传》《魏鹤山集》均善本。《魏集》缺卷,可以安国本补之。江南图书馆有安本,亦非易觏。昔年在蜀,欲刻未能。曾撰年谱一册,呈政。另,新刻《宾退录》四册同奉浏览。不尽之言容再面达。"(《日记》页 2550,《嘉业堂藏书日记抄》页 67,《艺风堂书札》页 585 致刘承幹第二札)

十二月二十二日,曹元忠寄《周平话》来,即答之。札谈《周平话》俗字的校勘问题云:"《周平話》收到,即寄湖北津发丈。丈圈出者因是宋人方言,佳字说部常见之,并非以为误。'厅''敛'初以为误,后见两三处,即行改回。新见元刻《名臣事略》全是破体,改正即不合元刻。余勤有堂尚如此,何况不出在之坊本。"先生此时尚挂记京师图书馆,札中有云:"江翰又得四川运史,图书馆不知归何人矣。"(《日记》页 2551,《艺风堂书札》页 525 致曹元忠第二十九札)

十二月二十三日,撰周庆云《灵峰志》序。(《日记》页 2551,《辛壬稿》卷二《周梦坡灵峰志序》)

十二月二十四日,徐乃昌来访。先生送徐氏新刊《宾退录》一部,又托售二部,又致其一札,请其转告陶湘因风大不敢出门爽看书之约。札云:"前日见书多而佳,然元刻止《周易》一种,可见其难也。明板好者多,抄本《元秘史》《挥麈录》为最。意园最心赏之物亦未见。兰泉昨来约早饭,弟答以饭后必来看书,今日如此大风,弟不敢出门,乞兄道歉代达敝忱为荷。得见佳书乞录示,于常府人著作尤留意,可借录副否?"(《日记》页 2551,《艺风堂书札》页 481 致徐乃昌第三百六十三札)

十二月二十六日,撰钱保塘《清风室文集序》。序中先生述其与保塘一生之交谊甚殷:"光绪乙亥,创尊经书院,延君与钱徐山丈及荃孙三人,阅官师课,三五日必一聚,不但学问多所观摩,即性情无不接洽。蜀中益友,君其举首。余官京师,见异书必告,获佳士必告。虽隔八千里,犹咫尺也。后君赴大足任,余返江南,游鲁、粤,始稍稍契阔焉……荃孙再三渊玩,如亲謦欬,而卷中名字大半故人,策问数题,亦皆同拟。忆昔督署阅文,皆在东园,老树芬菹,绿阴如幄,丛兰笼竹,微风送馨。校阅余闲,清谈煮茗,此情此景,宛然心目。君与钱丈,均归道山。荃孙独存,年亦七十。悼芳尘之不再,慨世变之日非。犹得于乱离颠仆之余,读君全集,殊为不幸中之幸也。"又论其人、其学、其诗文云:"今年,仲枚以《清风室诗文》五册见示,其性情之敦厚,襟怀之洒落,问学之淹雅,考据之明析,无不流露其间。文似永叔,诗近中唐。不尚矜奇吊诡而议论自足动人,则根柢之深厚也。不必树党沽名而襟期亦足服众,则德量之纯粹也。君在蜀卅年,三次分校传经,弟子不乏英俊,至今称颂不置。使蜀士常奉君为依归,何至邪说暴行,流毒于天下耶?"(《日记》页2552,《癸甲稿》卷二《钱铁江大令清风室文集序》)

十二月二十七日,接周庆云札,言馆事已成。所谓馆事,即刘承幹、张钧衡合请先生主持两家刻书,其法是先生总其事,遇有善本即送至先生核察应刻与否,然后交于许涟祥校勘,然后再请先生复核付刊,其刻法均由先生主持。两家合送先生月脩百元,各致其半。先生醉心刊刻古籍,乐于赞成此事。(《日记》页2552,《嘉业堂藏书日记抄》页68)

是日,刘承幹、沈焜来访,与先生谈良久,见示宋本书、抄本书请先生阅,至晚乃别去。先生以蜀大字本《史记》、七史本《宋书》亦礼部官书,余书则不佳。(《日记》页2552,《嘉业堂藏书日记抄》页68)

十二月二十八日,拜周庆云、沈焜、刘承幹,还刘氏所携之书十种,并定刻书五种。先生与刘氏一束,谈此事:"旧友吴吾村,搜辑吴氏著作,抄刻本如此之多,可谓有心人,佩服之至。理应吴氏刻家集。吴景旭诗,可附诗话后。《吴文光集》、《使交集》、《前溪》、《宝溪》二志,《五代史纂误补》,知不足斋本,吴氏原刻常见,尊处必有之。《诗筏》,五种可刻。"(《日记》页2553,《艺风堂书札》页586致刘承幹第三札)

是日,先生撰《爱日吟庐书画续录序》。文中于嗣泲能继父业、承父志成此《续录》多有赞誉,较范氏后人为胜,"不但为书画之光,兼为两浙收藏家增色"。(《日记》页2552,《辛壬稿》卷二《爱日吟庐书画续录序》)

十二月二十九日,以《陵阳先生诗》《倚松集》两集清样送与沈曾植。先生为沈氏代刻此两集,源于宣统元年先生访沈氏于皖署,谈次沈氏谓有景宋本甚精,相与得谋并《陵阳集》刻之。于是先生属陶子麟开板武昌,工未竣而兵起工停,至此刻成而刷清样。(《日记》页2553,《西江诗派韩饶

二集》卷首沈曾植序)

十二月三十日,撰《馈岁》、《别岁》、《守岁》诗,用周庆云原韵。致周庆云一柬,送诗并办书章程:"三诗韵颇难稳,勉凑呈政。办书三节,略陈大概。《适园丛书》条例颇佳,自是老斫轮。翰怡兄之丛书定名否?必为调剂持平,绝无高下,多容几部大书在内,可以颉颃《墨海金壶》。兄云分目极是,前单不为凭,况随觐随增乎。余俟面谈。"(《日记》页 2553,《艺风堂书札》页 514 致周庆云第一札)

是年一月二十三日(3月11日),孙中山颁布《中华民国临时约法》。

是年二月二十四日(4月11日),孙中山正式解临时大总统职。

是年八月二十七日(10月7日),陈焕章等在上海发起成立孔教会。

是年十一月三日(12月11日),王闿运任国史馆馆长。

民国二年　癸丑(1913)　七十岁

一月五日,先生在沪。是日得王国维日本一札。札告在日寓公岁事办理情况:"此间岁事,寓公均照旧历办理。春间,此间日人有兰亭会之举,因系永和后第二十九癸丑之故。讵知故国乃无年号可呼,与称牛儿年何异?以之相譬,可发一笑。"札附《壬子岁除即事》七律一首:"又向殊方阅岁阑,早梅舒蕊柳笼烟。岁时荆楚浑难记,风雪山城特地寒。可但先人知汉腊,定闻老鹤语尧年。屠苏后饮吾何憾,追往伤来自寡欢。"可见其遗民心态。札又告罗振玉"移居京都上京区净土寺町字马场八番地"。(《友朋书札》页 1015 王国维第一札、第二札,《日记》页 2562)

是日,先生致董康日本一札,寄与其《事宝类苑》《大唐诏令》。(《日记》页 2562)

一月六日,出拜莫棠、王秉恩、徐乃昌、恽祖祁、刘承幹、沈煜、张钧衡。张钧衡出所藏,极为大观。(《日记》页 2562)

一月九日,朱文海来见先生,即致札荐往刘承幹处。朱文海系制造局梓人,制造局图书馆翻译既停,刻匠欲散。值此新学兴起,刻书业将绝之际,先生主持刘承幹、张钧衡等处私家刻书,此技艺暂得延续。(《日记》页

2563,《嘉业堂藏书日记抄》页 70)

一月十日,沈焜、刘承幹来访,携各种抄本请先生审择,谈良久而归。(《日记》页 2564,《嘉业堂藏书日记抄》页 70)

是日,张钧衡也送书与先生鉴定,先生以为《反离骚》《客座燕谈》极佳,《刘文贞集》是伪书。次日先生为《反离骚》撰跋。(《日记》页 2564)

一月十一日,先生撰《元郭退思橡史云山日记序》。是序颇见先生之主张流布乡邦文献的思想,有云:"自来一乡一邑之中,先辈之嘉言懿行,足称乡先生者,代不数人。或以事业,或以著撰,或以翰墨,代愈远见愈难,不过存十一于千百。而流风余韵,犹使人景仰于丰采之间,观感于意言之表,旷百世而如相接焉!然流传既难,散佚尤易,岂不赖后贤掇拾之,补苴之,传播之,得以阅千百载而永存哉……近时钱唐丁氏有《武林掌故》之编,常州盛氏有《先哲遗书》之辑,善馀搜寻乡土纪载,业已刊行数种。使一乡一邑均有人能为赓续,俾见遗书大出,一扫前人锢蔽之习,真所谓守先以待后者,其在斯乎!"是序系为陈庆年撰。郭氏手书日记真迹原藏扬州程氏,雍正乙巳厉鹗客扬见之,而录其中客杭之事。至乾隆己酉安邑宋葆淳易得真迹,并录副本。嘉庆庚申钱塘赵辑宁复从宋氏录得副本以赠鲍廷博,自此四册真迹有抄本传观,而鲍氏刊刻者系厉氏所录之本。钱塘丁氏藏有劳氏丹铅精舍抄本,后归江南图书馆。陈庆年以其系乡帮文献而刊之。(《日记》页 2564,《癸甲稿》卷二《元郭退思橡史云山日记序》,《云山日记》卷末陈庆年跋)

一月十三日,先生季女出嫁,贺客数十人。刘承幹、沈焜来贺,与先生在书房略谈。(《日记》页 2565,《嘉业堂日记抄》页 71)

一月十五日,得章钰十日津门一札。札谢先生寄至石印碑文五分,告以遇同好者即为分销。谈及时局、处境并念及夏孙桐、叶昌炽:"惟默揣大局,必有溃决之时,乐土何方,姑以苟安为得计。承示南中旧雨情形,为之凄绝。闰兄近况何如,尚足自给否?缘督尤可念。前以一函通问,未得嗣音也。"随札寄先生《鬼谷子》校记,又言及校《一鸣集》情形:"《鬼谷》补校各条,另纸写正。近见知不足斋抄校《一鸣集》,以结一庐新刻校之,计多连珠八首。又见钱犀盦所得抄本,则与结一本同出一源。两本均有胜处。续拟写请正定。津沅京印,彼此通假最多。僻地穷愁,赖以遣日。"(《日记》页 2565,《友朋书札》页 588 章钰第八札)

一月十六日,邓实送至《古学汇刊》第三期并脩金四十元。是日刘承幹招饮宸虹园,陶葆廉、杨晋、钱溯耆、李瑞清、陆树藩、刘炳照、沈焜同席。(《日记》页 2565)

一月十七日,发陈庆年信,并寄《元郭退思椽史云山日记序》。(《日记》页 2565)

是日先生拜客,晤沈焜、刘承幹、张钧衡。在刘处见大字《史记》,元板《公羊》《通考》《仪礼》,皆费念慈物。张处见元板《黄氏日抄》,澹生堂抄本《易小传》。(《日记》页 2565,《嘉业堂日记抄》页 71)

是日,隆裕太后卒。

一月二十日,辑《康熙朝笔记》,多日乃毕。(《日记》页 2566)

一月二十一日,跋宋刻《黄氏日抄》。(《日记》页 2567)

一月二十五日,撰明抄本《儒学警悟》跋。是日,张元济送《儒学警悟》及《后村集》十册来。(《日记》页 2568)

是日,接吴昌绶本月二十日一札,谈董康买书及旅东事,李盛铎得好书,而其仅得毛抄《宋高僧诗》等书事:"世妹出阁,有失贺礼。新民国时代,幸恕简略。授经买小韩书,绶为仲裁,裁判迄未得了。渠取绶书数种,代叔韫购致,今已寄还。想旅东未必有佳况,然闻叔韫造屋,岂常作东人耶?授经究是吾党,逃荒亦似失策,仅为卖书受侮,实自取也。《至正集》,河南人石印,甚俗劣,而所据却是佳本,容购一部奉寄。《中国学报》已定一年,取来仍寄上,送与三弟可也。《玉山雅集》,绶前后已得六种,今暂无暇整理,影元固佳,且俟各词刻成再议。刘君、张君刻书,得吾师与古微调度甚善,见示各书目亦好。赵君浣荪,未知已来京否?绶僻处西城,非专来见访,不易相晤,自己久不出南城也。《吴兴备志》不知从何处得佳本,绶有一不全本,极劣,在古微处,全不足用。式之校书甚勤,绶畀以宗文书院《五代史》,无补板,或于校记有所裨益。李木斋吝不借两汉,沅叔、式之欲借校,绶以南京初印本赠之备校,闻不成,是其女婿口述。其人伪造敦煌经款,劣根劣性,原不足论,奈好书偏落伊手。如南中有宋本两汉,竟设法景刻,以傲劣人如何?吾师近体佳胜,极慰。绶事忙,肝阳上越,夜卧不宁,酒量未减。一月来未得好书,仅收毛抄《宋高僧诗》,总想刻之。"又言:"《于湖词》五卷、拾遗一卷,一百七十四首。绶有校抄本。此事在七八年前。毛刻篇数相同。一百八十一首,内复一首。所不合者,毛先刻廿四首,后删去别刻耳。此词绶与古微屡校,心知其详。又见旧抄一残本,只百五十四首,但已比宋乾道本多四十首,次序不合。心久疑为集本。授经屡云集本无词,遂置不论。及闻意园书散出,有宋本《于湖集》,绶欲买之,为景朴孙所据,索四千金。绶给价千五百元,未成,于是神游目想于集中四卷之词,吾师可借阅或抄示,感荷无极。绶但欲一观,即可刻成。"(《日记》页 2568,《友朋书札》页 904 吴昌绶第一百九札)

一月二十六日,叶昌炽来,赠以《昭陵碑考》。(《日记》页 2568)

是日,张钧衡送来杨守敬书,留下《百宋一廛书录》《烬宫余录》两种。(《日记》页 2568)

是日,接吴昌绶本月二十二日一札,欲请先生督饶心舫精写《草堂诗余》,又谈其刻宋元词进展,询先生是否有明仿宋本《越绝书》:"陶子麟有信,谓《芦川》将刻成,未知饶星舫能到沪写《草堂诗余》否?此本虽不精,然是《草堂》最初本,据今所见而言。总求吾师督工精写先刻,与《凤林》合成双璧,亦佳事也。宋、元本词,约十四五种,郑叔进为写面叶甚工,陶工刻成必寄阅。拙刻不著一姓名,并无校记,只存各旧本形式,将来如有序跋校勘,不妨另刻一册,想吾师必以为然。惟刻成需时,今年拟先印三四种,分赠同好。随盦十种,自题签及后记,色色求传名,未免矫揉造作,知吾师亦不得已而勉徇之。今专反其例,如尊刻数种极雅饬,私愿附骥。《吴越春秋》,绶有一明本,大致与徐刻底本相同。昔年曾校小万卷楼《越绝书》,欲得明仿宋本,迄未一见,尊藏如有之,他日可借影刻否?沪上诸君,雅意刊书,若多聚良工,绶愿移在京欲刻之书,以就沪刻,请古微兼任,而归公核正。京中刻工日稀,迟误不可言状。自顾力量菲薄,学公三百千之说,古微先生亦云然。每年交陶工所刻外,别筹二三百元以刻通行字之小种,以《遗山》三卷为起点。如古微在沪,求共商之,诸恃两公垂拂,感且不朽。绶俗累身弱,学殖行能,不足齿数,拼命刻书,所成就亦有限,惟怜而鉴之。"(《日记》页 2568,《友朋书札》页 905 吴昌绶第一百十札)

一月二十八日,得董康日本复札,臆测隆裕太后之死,对民国多有仇恨:"前奉赐谕,敬悉一切。连日阅此间新闻,惊悉隆裕皇太后上仙之信。吾辈旧属臣僚丁兹厄运,想悲痛之情,彼此同之。今晨接津郡某教士函,述西人言确系中毒所致,此等威逼情形,早在意料之中。昔天水被灭于胡元,据汪水云《湖山类稿》,三宫北徙,元主恩赉便蕃,俱获令终,煌煌民国,举动如此,诚夷狄之不如也。去岁至北京一游,见政界重要人物,非未经历练之学生,即北洋旧日之走狗,赌徒恶少,充斥诸曹,中央如此,各省可知。噫,此非天之亡清,实亡我中国也,惟有付之一恸而已!"又谈及接到先生月初所寄之书,以及刻书、售书、购书诸事:"承寄《事宝类苑》等书收到,容校讫寄呈。《诏令》字数过多,拟暂缓刻。京都崇兰馆藏绍兴大字本《刘梦得集》三十卷,为海内孤本,百方借得,现在影写之中,拟随写随刻,敬希转致陶君是盼。唐写本《文选》凡三卷,如菊生有意收之,即祈介绍,以为刻书之地步,俟得便即行寄上。《文馆词林》得长者传刻甚佳,刻付侍女绿儿清缮,缮讫寄上。以写和歌之法,日妇嗜此。改写汉文,娟秀当不亚劳氏昆仲之小史也。自抵东以来,凡三月,除《词林》外,复校录《宪台通纪》《秘书志》二书。《通纪》原附句读,颇悟读元人公牍之法,故校《秘书志》无艰涩之虞。卷四至卷六错简之处,一一厘正。内藤湖南见之,欲合二书以活字版印行,已允之矣。近从北京购获成化本《二妙集》及张企翔刻本《眉庵集》。《二妙》拆去贾跛,以赝元椠;《眉庵》乃王氏拙政园中物,有莪夫题跋,书均佳,惜价三百元过昂耳。长者所梓《古学汇刊》,三册以下已否出板?渴欲一睹,请赐寄一分,款照纳。"又言:"《至正集》及《草堂雅集》刊于北京,工已过半矣。"(《日记》页 2569,《友朋书札》页 441 致董康第二札)

一月二十九日,梓人穆子美携朱祖谋信来,先生为致函刘承幹并送查慎行、徐同柏、瞿中溶、李兆洛四年谱,借彼付梓。穆子美系朱祖谋荐于刘承幹经手刻书者。函云:"古微函来,荐穆子美,其人老手,昔年与姚彦诗刻书者,价与南京一律,每字三文,可以即写承揽,大约古微作保。南京李匠即弟保也。昨云刻书一层,丛书中掺入一二种印过小板者,固属不妨,如多即惹人言,不可不防。刻丛书要以类相从。兄刻《叶天寥年谱》,弟藏瞿木夫、徐籀庄,二书未寻出。李申耆、查初白二谱,均可刻,即嘱穆君,呈阅后交彼。惟新刻格子,交两张与彼,令重刻亦寄样张来。并将朱刻书,印几张作样,以期一律。朱古微信附呈,所荐沈君乞酌。就近校头道亦佳(仍须寄来一核)。此请文安。弟荃孙顿首。"(《日记》页 2569,《嘉业堂藏书日记抄》页 73,《艺风堂书札》页 586 致刘承幹第四札)

一月三十日,吴昌绶在京致先生一札,谢先生抄寄《于湖词》,并谈刻书进展:"赵浣荪兄来京,定可握晤,借问履祺。《于湖词》抄寄极感。绶兼有各本,惟《南词》本明知抄自集中,而少一卷,迄今耿耿。倘得全本,与宋乾道本相校,即可付刻。此事只得与《遗山》三卷同托古微,不知能相助否?《玉山雅集》必如尊悋,此时尚无暇及之。吾师游兴酒兴不减,极慰下怀。陈酿决宜多储,留待顽徒共酌,如何?《儒学警悟》三次到绶处,以非鄙意急需,遂以低价谢之。若知师要此,早可代留矣。绶数月俗事纷扰,未得好书。授经被小韩之累,交绶裁判,至今未了。渠所刻书,本不惬众意,《至正集》只写十余卷,现付式之代校,亦不高兴。石印本当购一部呈阅。陶子霖处,当续付款,已付过四百元,刻成三本。促其速刻。"(《友朋书札》页906吴昌绶第一百十二札)

二月一日,张钧衡来,见示宋本《史记》,元本《三国志》《埤雅》。(《日记》页2570)

是日,沈焜专人送王绍兰《说文注订补》、朱紫贵《枫江草堂诗抄》,借史馆四传去。(《日记》页2570)

二月三日,张钧衡送阅《临川集》、靖江板《九经》两种。先生即日跋《临川集》。跋考其版本云:"《临川王先生文集》一百卷,宋刻本。每半叶十二行,行二十字。高六寸六分,广五寸五分。白口,单边。间有黑线口,即补板。前有绍兴辛未王珏谨题。书中'桓'字作'渊圣御名','构'字作'御名'。'慎''敦''廓'不阙笔。虽有后来修板,而原书尚是绍兴旧刻可知。《临川集》政和中开局编书,而门下侍郎薛昂肇明实主其事。与明翻詹大有本皆出于绍兴时,卷第皆同,略有出入。日本内府残本十行十七字,亦刻于绍兴。据岛田彦忱止见七十卷,而得佚文四十七篇,又不知何本也。岛田跋云:'昔明华中父真赏斋有宋百六十卷《王临川集》,见丰人翁《真赏斋赋》,而何义门既言其不可见,则其为希觏之笈,又可知也。而说者谓《荆公之集》以绍兴辛未其曾孙王珏所传刻者为最完,其作百六十卷者,徒分析其卷帙耳。'荃孙藏有明翻詹大有本,沈乙厂新购明翻元吴澄序之小字本,又有万历刊本,合校之,必有可观。再附以日内府宋本之佚文,与陆存斋之所辑此集庶无遗憾矣。"张氏此书见于《适园藏书志》卷十一。(《日记》页2571,《癸甲稿》卷四《王临川集跋》)

是日,发天津章钰信、京城吴昌绶信。托夏孙桐夫人带《宾退录》五部,交吴昌绶。(《日记》页2571)

二月四日,接罗振玉日本信,寄《殷墟书契》、《鸿文适园丛书》格子来。

(《日记》页2571)

二月五日,跋《草堂诗余》。(《日记》页2571)

是日,致徐乃昌一柬,代罗振玉索徐氏所刻与小丛书、闺秀词。徐氏得柬后有复札,谢先生为其勘书图作记,并送呈《闺秀词抄》《怀豳杂俎》:"惠示敬悉。《随庵勘书图》,蒙公作记一篇并诗,甚感。叔蕴先生新印《殷墟书契》极精,容绍介友人得之。敝处藏书契甚夥,皆都中所得,叔蕴原器亦亲见之也。叔蕴索拙刻,兹呈上《闺秀词抄》《怀豳杂俎》,皆其所未见也。乞转寄,并致念。"又附询:"拙刻各书,乞便询叔蕴,能在日本代销否?"(《日记》页2571,《友朋书札》页744徐乃昌第十二札)

二月六日,刘世珩致先生一柬,请先生为其所刻书撰跋:"大教敬承。春来能以酒破闷,当再约长者一醉。书事尚累及长者,冤极。三跋《李集》《诗史》《酬唱集》也。《南征录》改错,乞付写官录一清本,交陶校易。尚有刘贞《大戴礼》一跋。"(《日记》页2572,《友朋书札》页739刘世珩第二十六札)

二月七日,沈焜来,借到《冬青馆诗文集》。(《日记》页2572)

二月八日,致李详一柬约共饭:"明日如大雨,千万不必因践约而来。后日午刻,葱石约早饭。荃坐马车来。《野获编》《语石》《鸢啸集》《齐东野语》均带来可也。蒯君拟为作文一篇,事略兄知其大概即得。若要其子孙来求,便似索润。刻入稿中,尽我之交情而已。不雨或小雨,仍望赐临为祷,并便饭,省急急,可多谈。"(《日记》页2752,《艺风堂书札》页365致李详第十六札)

是日,撰《王荆公集》跋。(《日记》页2572)

是日,先生接傅增湘本月四日致先生一札,询书价、抄资等,并告以其所得《南齐书》之版本价值,又询及先生是否寓目张之洞藏欲出市之黄唐本《尚书注疏》,并请先生代抄《鹤山集》:"奉诵来示,敬领一切。游明《史记》价若干? 来信于五十金上字不明也。祈示及。《方言》抄资需若干? 请颁示,以便兑呈。刻下动笔否?《孟浩然集》尚未收到,不知公曾交去否? 敝藏《南齐书》,式之校后乃知州郡志第二页自南雍以下,各本皆缺,而此独存,真乃喜出望外。公属移两汉之力事此,洵为确论。昨闻张文襄有宋黄唐本《尚书注疏》欲出售,有抄补。不知公曾寓目否? 便中乞告菊生,其有意乎?《鹤山集》借出否? 前请菊生为代抄《诸葛忠武传》,大可同时举办

也。"(《日记》页 2752,《友朋书札》页 581 傅增湘第十札)

二月九日,李详来共饭。(《日记》页 2573)

是日,先生跋《三国志》;写《康熙朝笔记》。(《日记》页 2573)

是日,沈焜、刘承幹来访,携纪磊《周易消息》请先生审阅应否付刊,两日后先生告以无甚精微。是日,先生借其藏《危太仆诗集》。(《日记》页 2573,《嘉业堂藏书日记》页 74、75)

是日,吴士鉴致先生一束,送所撰宫词一卷,借《元和姓纂》:"改岁以来,伏维兴居曼福。相去稍远,懒于出门,久违教益,至相念也。去秋撰宫词一卷,友人携之都门排印成帙,送求教正。此系初稿,尚拟续撰若干首再付刊也。尊处如有《元和姓纂》,以作一跋语,须查一稀姓。乞赐借一阅,三两日奉赵,至感至佩。"(《日记》页 2573,《友朋书札》页 449 吴士鉴第八札)

二月十日,与刘世珩共早饭。借与李详《野获编》《语石》《晋书·艺文志》,借其藏大字《毛诗疏》回。(《日记》页 2573)

是日,从沈曾植借抄本《游宦纪闻》、刊本《东京梦华录》。归而校之。先生后曾为该抄本《游宦纪闻》撰跋,论此蓝格抄本有绝胜鲍刻卢文弨抄本处,并捡出多条以证此本之佳;亦指出此本讹误处甚多,此为旧抄通病。(《日记》页 2573,《辛壬稿》卷三《游宦纪闻跋》)

是日,接章钰本月五日一札,告以傅增湘校《南齐书》所得,并询叶昌炽地址,请先生代交叶氏一札:"诲帖敬悉。垂询表圣诗单行本,似席刻百家内有三卷本,不知与胡震亨汇刻异同何如也。沅叔《南齐书》已校过半,最难得者,州郡志中佚文一叶,殿本、局本均缺,即敝藏嘉靖修本亦仅空白一页,注云原缺。此真明以来所未发见者,为之狂喜。忘却鞠裳住址,有信求饬送,便中求开示鞠现寓,万叩万叩。石印帖尚未销去。"先生即日即将章钰之信送交叶昌炽。(《日记》页 2573,《友朋书札》页 589 章钰第九札)

是日,接吴昌绶京城一札,述先生所藏抄本《于湖词》当从《四库》本出,而影宋本多误,集本稍有胜处,询先生如何刻为妙:"昨正寄一函,今日赵浣兄来,适绥病卧。交春肝木盛旺,触事多迕,又旧疾痰饮,眩晕呕逆,欲求静摄数日而不得,殊以为累。少暇即走访浣兄,借询台候。承寄《五代会要》《嘉禾志》照收。《于湖词》本末,另纸呈鉴。尊处抄本,当从《四库》出,膻腥改戈兵,毡乡改围场,房尘改边尘,此不顾文理,死要避讳,此外恐尚不少。但景宋本亦多误,集本有稍胜处,今如付刻,用集本为正,补以景宋本乎,抑倒转来补之乎?绶意若果得五卷本覆刊,则以集补之,若不得好景宋本,则仍用集本四卷,而以景宋补附为妙。求教示。汲古多出四首,容一一寻其娘家附后,如景朴孙宋本到手,则大刻特刻,更不待言。"(《日记》页2573,《友朋书札》页908吴昌绶第一百十五札)

二月十二日,刘世珩送《大戴礼记》及《坡门酬唱集》来,请先生代为撰跋。(《日记》页2574)

是日,盛宣怀以明板《晋书》来问,售者以为宋板。(《日记》页2574)

是日,先生致沈焜一柬,借来刘承幹所藏宋版《魏鹤山大全集》来。先生曾传抄该集明安国活字本,欲以宋刊本校之。(《日记》页2574)

是日,接董康信及《三希堂法帖》,即交法帖与张元济,并得其回信。(《日记》页2574)

是日,先生又接董康一长札,谈仿唐卷子本《文馆词林》:"前奉赐谕,敬悉。因校录《文馆词林》,致羁作覆,罪甚。兹谨陈如左:书款并清泉旅费已属叔蕴代拨,因伊处存有代购书款故也。叔蕴新构落成,刻在迁移之际,准于来月汇沪不误。《庆元条法事类》已函知沈敦翁矣。《文馆词林》乃京都大觉寺于百年前影模高野山本,凡廿一轴,内一轴重出。书体纯仿唐人写经,精美绝伦,间有一卷分为二三轴,与他卷联缀,未识何故?大半为《古逸丛书》暨成都杨氏本所刊,然藉以校正杨惺吾之武断擅改不可枚举,亦有元本讹夺者,究系唐人旧籍,读者自能知之,不如仍之为宜。且星吾改之仍未尽。今一一校录于各本之上。其未刻者为卷第一百六十,皆四言释奠诗,约十页,最多者中缺数首。卷第三百卌八,按目西晋张载《平吴颂》一首,东晋孔宁子《平洛颂》一首,马融《上林颂》一首,《广成颂》一首,星吾叙跋谓此卷仅《广成颂》,误也。惜仅存《平吴》五十余行。卷第六百六十四下半卷,上半卷已梓入《佚存丛书》,适与之接,不遗一字。中皆太宗诏令,足补新旧《唐书》之缺,当以此卷为最胜。又卷第不明者三:一为四言赠答诗,存后魏宋钦赠高允诗下半,此据后诗知之。高允答宋钦一首,宋陶潜酬丁柴桑一首,宋谢灵运答谢谘议一首,存三句。一为太宗敕书,无标题,盖与高州都督冯盎者也。一为后梁萧㧑让侍中表一首,后梁沈君攸为王提让再为侍中表一首,为安成王让加侍中表一首,仅存一行。如此而已。春融拟赍赴高野山,距京都火车半日程。与元本一校,或者有意外之获也。此间罗清泉代叔蕴影写元曲,无寸晷余闲,拟烦饶君清缮可乎?"又谈及其所得他书及校刻书事:"胡注《陈简斋诗》有朝鲜本,卷数与宋本异。颇罕见,侄无此书,从前方氏藏有鲍渌饮校宋本,甚详行款,亦未收。今归薇孙侄,曾抄一副本,属恽代校,至今未取回。闻王书衡言,章式之曾购得宋本,长者可分别函询之也。沅叔所刻《道园遗稿》,想即饶君所影侄之藏本。岛田氏《伯生诗续编》亦为侄得,内有数首出于《学古录》及《遗稿》之外,似可一并刻之。《至正集》及《玉山草堂雅集》将次刻竣。上月赴东京,购得洪武本《东维子集》,拟影刻之,并思访求《铁厓诗集》,十卷本,以甲乙丙丁分卷者。一并刻之,未识长者有此书否?自去书之后,迄今八阅月,陆续所得,又逾万元。书固精于前,而价亦数倍于前。积癖诚与声色狗马无殊也。"又请先生为其谋售书与盛宣怀愚斋图书馆等事:"然迁流岛国,未来之岁月亦殊可虑。今闻杏公办图书馆,如欲收真正宋元善本,侄亦可割爱,以为将来生活之需。又前在北京购获《永乐大典》十七册,今尚存七册,此为图书馆无上之好标本,元价系一百卅元至一百五十元不等,拟每册作实价二百元。又金泽文库唐人写本《文选》藏有三大轴,拟共作价一千二百元,菊生曾以千余金由老谭经手购田伏侯一轴。去此以筹将来梨枣之资。以上三事,敬恳吾丈代为绍介是叩。久违乡里,三四月间思至常州一省先陇,惩于去岁北京之游,共费七千余元。筹款为难耳。《自警编》抄补完竣,乃假沈敦翁旧藏,非日人也。此图书馆散出,故以重价得之,四百廿元。初无刻之意也。"(《日记》页2574,《友朋书札》页443董康第五札)

是日,吴士鉴致先生一束,还《元和姓纂》四册,请先生代检《广韵》有无"吐知"一姓,并言及先生为其纠正诗注事:"《元和姓纂》缴上,感谢感谢。侄近日题一北周人经卷,其人姓吐知,检查《姓纂》及渔仲《氏族略》,有吐万诸姓而无吐知,欲求长者代检《广韵》,'吐'字下如有此姓,足为确证,如无吐知而有他'吐'字复姓,亦乞示下,佩纫无似。侄所藏书籍,分庋京、杭两处,急切未能展读也。承纠正怀来县一诗注中之误,即当改正。犹忆庚子九月召见于终南仙馆,孝钦备述出京情形,临行未带梳篦,至怀来始由吴永预备,故诗中据为实录,惟吴永妻室却为失检,拟改为县署内室也。前在京师与吴仲老谈,颇有意于汉四杨碑孤本,自经此变,九钟之外不复能再得十钟矣,言之增慨。"后先生为之检并两次回复,吴氏又札谢先生:"两奉惠复,至感至感。吐知复姓,《魏官氏志》《广韵》《元和姓纂》皆无之,惟《通志·氏族略》有吐和氏,和与知字形相近,或因之致误,只能据此作一存疑之说矣。"(《日记》页2574,《友朋书札》页450吴士鉴第九札、第十札)

是日,先生发罗振玉日本一信,寄徐乃昌刻书二种。(《日记》页2574)

二月十三日,跋元至正本《大戴礼记》。刘世珩将此书刊入《玉海堂景宋元丛书》中,请先生撰是跋。先生是跋殆于二十日撰成,二十三日交与刘氏。跋考证是书版本源流有云:"《大戴礼记》十三卷,元刻本……是书通行者,有雅雨堂本,有戴东原校《大典》本,有孔䓣轩补注本,有王实斋聘珍解诂本,有汪绋青炤注本,有汪容甫正误本。旧刻宋有淳熙韩元吉本,元有至正刘庭幹本。宋本不得见,以元至正本为最,即此本也。庭幹名贞,为嘉兴路总管,政平讼理,刊刻多书,今流传于世者有《韩诗外传》《吕氏春秋》及《文则》,皆为举世所重。孔注序录云至正十三年海岱刘贞庭所刻,分上下卷,无注。按贞是名,庭干是字,孔君误连。此本分四册,首册首作《大戴礼记》卷一之三,后有每卷篇目,下同;次册《大戴礼记》第四之六;三册《大戴礼记》卷七之九;四册《大戴礼记》卷十之十三。不分上下卷,并有卢辨注。未知䓣轩所见为何本也。首有'晋府书画之印',后有'敬德堂图书记'两朱文大方印。目录有'永瑆之印'白文、'皇十一子'朱文、'诒晋斋印'朱文三小方印。此书先藏晋府,后归成王府也。原书由蝴蝶装改册,故书口时有破损。"(《日记》页2574、2576、2578,《癸甲稿》卷三《大戴礼记跋》)

是日,先生接京城吴昌绥一札,询先生何处取先生托带之书,以及沈曾植造纸如何购买,朱祖谋所得《须溪词》是否旧抄;告诉先生《遗山词》已交朱祖谋在苏刊刻,等等:"夏闰翁夫人闻由新丰船来,所寄书当可交下。未知城外住处,无从往取,俟收到当分寄式之也。垂示用纸各名目,至感。粤纸非此种,绥已托人觅,尚未来,但只可抄书,不能印书。培老造纸,惜不能成,不知沪上尚可买否?古微得《须溪词》,不知是旧抄否?绥有一本,昔年石莲翁代向丁家抄得,今已连《养吾斋诗余》寄与古微,属其写刻,亦足寓沧桑之慨。《遗山词》三卷,古微在苏,已交穆工写样,写成后属其奉阅,原本须还沉叔。此间入春以来颇晴暖,闻南中转有雨雪。近来道履,知益佳胜,慰甚慰甚。《清虚》三册,即日寄津,但须俟下班新丰船,方可带沪。新丰仍是

孙端甫,可常带件也。"(《日记》页2574,《友朋书札》页909吴昌绶第一百十七札)

是日,致沈焜一柬,借刘承幹藏宋本《鹤山集》八册来。先生欲与王秉恩送至之抄安国活字本对校,即日起校,以为日课。(《日记》页2574)

二月十四日,罗振常来访。接罗振玉本月六日信,询《殷虚书契》是否收到,询程冰泉手寄来书系何书,又言及上海警报:"奉复示敬悉。舍弟到沪,已晋谒否?东友携奉之《殷虚书契》是否送到?承允代售拙箸五部,当遵寄。至来示言程冰泉手寄来书四部,不知系何书?至今未见寄到,祈向该店查明,免至歧误,至叩至叩。上海警报,为何此间不知也?乞详示。静安兄明日亦移居侄之左近。此间政争已宁息,然涓涓不塞,将来或为中国之续,亦未可知。亭林先生所谓,犹吾大夫未见君子。今昔有同慨也。"又附一札,谈先生撰《江苏金石志》:"再承示《江苏金石志》已编写至五代,闻之至快。所商佚石而存拓本者,及江苏出土之石为忠敏携去者,此必应载入张书。李元静寒斋有拓本,但是剪装耳,似亦应据装本入录。《高福志》等或援《闽中金石记》侨石之例为附录,何如?仍求高明酌之。此书告成约若干字,能即付刊否?须刊资几何?并求示及。"(《日记》页2575,《友朋书札》页1013罗振玉第三十札、三十一札)

二月十五日,赴钗袋角朱念陶家消寒第九集,同人钱溯耆、吴昌硕、汪洵、费寯、刘炳照、陶葆廉、张钧衡、周庆云、沈焜等。(《日记》页2575,《嘉业堂藏书日记抄》页75)

二月十六日,致刘承幹一笺。刘氏借《周易》《书经》单疏去,谈购书事、刻书事,又送马衎斋道古楼抄《北山小集》荐购。笺云:"昨日各书,以《三国》为最,元板初印,如全部一律,足值六百元,非广东一部之杂拼可比。《韩集》明板。《北山小集》抄不旧。《徐侍郎集》,染纸新抄。《谢东墅集》亦无谓。《辽金元宫词》可刻。《周易单疏》六册,《尚书单疏》八册附呈,可请杨子翁以阮刻校讹,异同字仍之可也。《北山小集》有道古楼旧抄一部呈阅,索百元耳。"(《日记》页2575,《艺风堂书札》页586致刘承幹第五札)

二月十七日,取董康日本一札,并其所寄《文馆词林》等,札谈及他欲刻《儒学警悟》,请先生代录副《莞圃所见古书录》:"前罗子敬回沪,谨上一函,并初拓三希堂一部,计可察入。昨奉赐谕,忻谂《儒学警悟》一书已归邺架,此书侄在北京时即闻印臣言及,遍踪迹之,始知即老谭用侄款购自意园与宏远堂瓜分者,惟时因与正文龃龉,未至其铺。沅叔所购好书,得之宏远居多,侄颇有志刻此书,未识其中何种用南京刻工,须款若干? 均希详示是叩。黄氏《百宋一廛书录》是否即岛田从前所说之《茇圃所见古书录》? 久慕此书,渴思抄一副本,务祈慨赐一抄。兹从旧书中抄录黄跋二则奉上,叔蕴处尚有数条,一为元椠李长吉诗,侄所让与者,一为残元椠蒋元《风雅》。可从长者直接索之也。《文馆词林》得长者汇刻甚善,本思录一清本呈正,因目下罗清泉为叔蕴抄元曲,绿儿为叔蕴抄新校元《秘书志》尚未毕工,今将原稿一册,古逸本五册,佚存本一册,成都本二册,小包送上,有清单附小包内。长者清录后,仍祈赐还。侄处并无他本,拟携以赴高野山访原书,冀有意外之获也。此书校勘之时,初意并字体校之,因大学急于还书,故未能一律,刻时可不拘此,但原本之误,故应仍其旧,另作校记附后。星吾先生即据《御览》等书改之,失古人之面目矣。质之高见,以为如何? 大字本《刘梦得集》半页十行十八字,字体似开成石经,拟属清泉影写,恐难得其朴茂。唐写《文选》务恳尽力销去,以为刻书之资。质而言之,吾人之所图者惟名与利。宗社已覆,惟藉此数片梨枣,以博身后之名耳。"又言及日本时事:"日本前因朝野轧轹,致有骚动之事,今已平静。"先生次日复一札。(《日记》页2575,《友朋书札》页442董康第三札)

二月十八日,致张钧衡一柬,荐李贻和,即付李百元,并交与《内阁书目》、温铁华《地形志》、《百宋一廛书录》,盖为刊《择是居丛书》事。(《日记》页2576)

是日,先生致刘承幹一札,询刻书相关事宜:"连日大雨,未能诣谈。穆子美索《查他山年谱》,望即寄彼为要。又,前只发四年谱,尚有何书?《闻过斋集》《弁山小隐》均可刻否? 如发大书,可支一二个月。《周易单疏》校起否? 子姓亦未晤谈。子美函附阅。醉翁回沪否?"(《日记》页2576,《艺风堂书札》页587致刘承幹第六札)

二月十九日,题徐乃昌《随庵勘书图》。(《日记》页2576)

二月二十日,撰《大戴礼记》《坡门酬唱集》两跋。刘世珩将《坡门酬唱集》刊入《玉海堂景宋元本丛书》中,故请先生代撰是跋。跋考是集始末及藏书源流云:"《坡门酬唱》二十三卷,宋邵浩编。宋刊本。每半叶九行,行十六字。高六寸六分,广四寸七分。白口单边,上有字数,下有人名。左有小耳,注'坡公''子由'等名。纸之坚致,墨之朗润,字画之清挺,为宋本甲观。按浩,字叔义,金华人。隆兴癸未得第,时苏学最盛,因取两苏公兄唱弟和及门下六君子平日属和两公之诗,摭而录之。前十六卷为坡诗,而子由及诸人和之诗者。次子由诗四卷,次黄山谷、秦少游、晁无咎、张文潜、陈无己等三卷,亦录坡公及诸人和作。惟李方叔阙焉,想搜访不及也,其不在八人之数,而别有继和者,亦皆附入,为双行小字以别之。前有浩自序,署绍熙庚戌四月一日;张叔椿序,署绍熙元年五月二十四日。《四库》所收江苏巡抚采进旧抄本,讹绍熙为绍兴,致馆臣费一百六十余言考为绍熙,孰知宋本固不误也。后有'濮阳李廷相双桧堂书画私印'朱文大长方印,李文敏公故物,有《李蒲汀家藏书目》二卷。《楹书隅录·元刊王状元集注东坡诗》书后李印与此同文,他书所见止押'濮阳李廷相书画记''濮阳李氏书画之印'耳。"(《日记》页2576,《癸甲稿》卷四《坡门酬唱集跋》)

二月二十一日,张钧衡约茶叙,刘承幹、周庆云、许澣祥、刘炳照、张乃熊同叙。此为讨论刻书事宜第一次茶叙。是日,沈焜致先生一函,并刘承幹购先生藏抄本《周易》单疏四册、《尚书》单疏六册值一百元,并还先生《北山小集》一部。(《日记》页2577,《嘉业堂藏书日记抄》页76)

二月二十二日,诣王秉恩谈,面交其《魏鹤山集》七册,又新抄校本五册。王秉恩以渔洋册子请先生题,又赠先生《鹤山文抄》一部,当系同治十三年(1874)吴棠三益斋刊本。(《日记》页2577)

是日,闻莫绳孙来,诣惠中馆看之,见其所藏《北堂书抄》《柳柳州外集》。莫氏所藏《柳柳州外集》系乾道元年陵零郡庠刻本,先生有跋考之,见《癸甲稿》卷四。此本后为傅增湘所得,今藏国家图书馆,末有莫绳孙同治十二年手跋。先生之跋文字多与莫跋同。(《日记》页2576,《癸甲稿》卷四《柳柳州外集跋》,国家图书馆藏宋乾道刊本莫绳孙手跋《柳柳州外集》)

是日,接刘世珩一柬来,送《北南九宫谱》《杜陵诗史》《李太白集》,取《大戴礼》《坡门酬唱集》《南征录》《上皇帝书》去。(《日记》页2576,《友朋书札》页739刘世珩第二十七札)

是日,超社第一集,樊园看杏花,限东韵,左绍佐、吴庆坻、瞿鸿禨、沈曾植、王仁东、周树模、陈三立、吴士鉴、林开暮同席。此前后,樊增祥曾发布《超然吟社告同人书》:"吾属海上寓公,殷墟梨老,因蹉跎而得寿,求自在而偷闲,本乏出人头地之思,而惟废我啸歌是惧,此超然吟社所由立也。""惟兹吟社,略仿月泉,友有十人,月凡再举,昼夜兼卜,宾主尽欢。或纵清谈,或观书画,或作打钟之戏,或为击钵之吟,即席分题,下期纳卷。视真率之一蔬一肉,适口有余;若《礼》经之五饮五羹,取足而止。"此集先生诗云:"江南二月披和风,樊园花事春融融。主人好花兼好客,楼台虚敞闲庭空。花光照眼红不定,山杏绚烂疏篱东。消息早知新雨足,色香恰好斜阳烘。小正特书囷有见,道园细谱风人松。穿林蜡屐有余兴,百步芳草青蒙茸。座上名流皆旧雨,恍如身到长安中。论齿不才忝居首,飘萧白发真衰翁。黍离麦秀歌慷慨,画禅书蠹谈从容。张镫赌酒足豪放,兴酣一往拈诗筒。新诗明日骆驿至,景文开府当同工。他时结实应饷我,异种或出蓬莱宫。《艺文类聚》有蓬莱苑。"(《日记》页2577,《樊樊山诗集》页1982、1983,《癸甲稿》卷一《癸丑二月,樊园探杏,限东韵》)

二月二十三日,张元济来访,与张钧衡、沈曾植同看杨守敬藏书。(《日记》页2578)

是日,沈曾植致先生一柬,送《史记》一册,请先生鉴定:"《史记》一册,送乞鉴定,仍发还。前途居奇已甚,不肯久搁,书真难买矣。菊疑元刻,舍弟谓宋刻元补,弟则疑为彭寅翁本,纍疑莫决,请法眼决之。"先生即为考而还之。(《日记》页2578,《友朋书札》页187沈曾植第四十四札)

二月二十五日,送宋板《鹤山集》第八册与王秉恩。(《日记》页2578)

二月二十六日,得王国维自日本致先生一札,寄《隆裕太后挽歌辞》等诗,并告以其治学计划:"久未上书,致候起居,深以为歉。敬维道履绥和为颂。此间春寒殊甚,不知沪上如何?尊体想已健复。《云自在龛笔记》已于报中读一卷,其有裨于一代文献者至巨,不识共有几卷。维自阴历开岁后,共作诗十余首,而《隆裕太后挽歌辞》五言排律九十韵,颇为满意。惜篇幅太长,不能写呈。拟将至东以后诗编成一卷,付之排印,再行奉呈教正。半月以后,移居吉田町神乐冈八番地。背吉田山,面如意岳。而与罗、董二公新居极近,地亦幽胜。惟去市略远耳。移居以后,日读注疏一卷,拟自'三礼'始,以及他经,期以不间断,不知能持久否?沪上情形何似?"(《日记》页2578,《友朋书札》页1018王国维第九札)

二月二十七日,王国维自京都致先生一札,寄《隆裕太后挽歌辞》剪报本,建议先生刻《宋大诏令》:"前日上一书,想达左右。敬维起福为颂。屡读尊致蕴、授二公函,知沪上刻书之风大盛,如单疏、《唐大诏令》等大书,竟有人能刊,可谓幸事。《宋大诏令》海内除瞿氏外,不知尚有第二本否?何不抄取并刻之。授公拟辑《元大诏令》,甚为勇猛,年内当可观其成。唯渠之元人集部前已让人,借抄尚非易易也。前作《孝定景皇后挽歌辞》,东报借刊之,今剪出奉上,请政之。虽省抄胥之劳,惟字太小,恐不宜老眼也。"(《友朋书札》页1019王国维第十一札)

二月二十七日,刘承幹、沈焜来,送《鹤山集》宋刻第二函来,又以《易论》《徐安贞集》《蓻翁年谱》求订正。(《日记》页2579)

是日前后,先生至王秉恩一柬,谈《鹤山集》:"校抄本《鹤山集》十六册,实价六十四元。弟首尾一核,是照安国本抄而以邛州本校,好书也,可留之。宋本弟二函亦借到。目录完全,想亦自邛本出。"(颜建华《缪荃孙致王秉恩函稿释读》第三札)

二月二十八日,撰《魏鹤山大全集》跋。先生从本月中旬起即借校刘承幹所藏宋版《大全集》,今做跋考之。(《日记》页2579、2574,《癸甲稿》卷四《魏鹤山人大全集跋》)

二月二十九日,致刘承幹一柬,送还《云溪易》等书,又言及刻书事宜:"《蓻翁年谱》《徐侍郎集》《易论》均交。《易论》《易解》《问答》,分三门。《振绮堂书目》署曰'云溪易',亦不知撰人名字,是宋学,可不刻。现朱文海发叶谱、《甲行日注》、云林太朴诗文。穆处四年谱,可接上者,《段注说文订补》、《枫江草堂诗》、两《单疏》、《南窗纪谈》、《资暇集》,半年功课已足。至各书无校本,不必空校。破体字,好写官能改正,即校写样亦易改。如影宋元板,笔笔照元书。转以破体为古矣。"又言及沈曾植近况:"子培兄已达意,从不出门,亦不上楼。"(《日记》页2579,《艺风堂书札》页635致刘承幹第一百四十七札)

是日,先生以元板《松雪斋集》、明板《两吴里语》、旧抄《龟溪集》与刘承幹,欲出售。(《日记》页2579)

二月三十日,发日本董康信,寄《儒学警悟》跋、《东都事略校记》跋。(《日记》页2579)

是日,刘承幹致先生一柬,还赵孟頫集,而购《龟溪集》《西吴里语》:"昨奉惠示并书籍三种,谨已收悉。《赵松雪集》元椠极佳,洵属精品,惟敝处影刻存籍寥寥，暂不举行，而真籍又未敢久留，特以缴呈。邺架《龟溪集》《西吴里语》已什袭藏之，该值容初三日面奉。上巳伊迩，敬祈惠莅徐园，如蒙邀同闰枝先生枉游，尤深感幸，同深感盼为荷。"（《嘉业堂藏书日记抄》页78，吴青《刘承幹致缪荃孙函札考释》第一札）

三月一日，接叶昌炽左致先生一柬，寄《鹤巢诗》："前辱枉教，尚未报谢，歉歉。敝郡许鹤巢先生，在都门时亦为星堂旧侣，兹其遗诗，经潘仲午比部纠及门集资付堑，奉上一册，即希检收是荷。其撰述不尽于此。骈文、倚声，已不无散失矣。"（《日记》页2580，《友朋书札》页422叶昌炽第五十五札）

是日，先生致王秉恩一柬，谈购《鹤山集》事："魏集想留下，前函嘱询并索值，刘君之意，未必肯刻，四川有人经划之否？义门校一定本亦佳。老陶日内可到，再借《方言》何如？"其所谓"四川有人经划之否"，盖因其在蜀曾代吴棠校刻《鹤山文抄》而底本不佳，臆测蜀地是否有重刊之念。王氏即复先生一柬，谈抄、购魏了翁《鹤山集》事："顷奉手缄，具悉。魏集拟以四十元留之。书先送环如，可再备价来取。尊抄目与宋本目大致相同，与旧抄则有详略之异，校亦未精，逊尊抄远矣。如宋本不能遽刻，恐孙不允，川人或可能黾勉为之。即以尊抄精校刻之，亦聊餍欲也。公以为如何？宋本止八册至廿五卷，尊抄至廿四卷止，请将廿五卷交下，校毕同上。明后日即完。《方言》已校勘完，容面缴。"（《日记》页2580，《友朋书札》页711王秉恩第八札，颜建华《缪荃孙致王秉恩函稿释读》第五札）

三月三日，超社第二集，瞿鸿禨主社，招饮于樊园，参加人员与第一集同。社题是用杜甫《丽人行》韵赋七古一首，先生有诗："上巳雨晴天宇新，元老开阁宴故人。永和胜事记忆真，分体分韵取次匀。廿七癸丑同阳春，名流角逐凤与麟。海棠绚烂红绽唇，官柳婀娜青摇身。游敖相习情转亲，桃源咫尺能避秦。缄诗天雁偕河鳞，即此筹划皆经纶。会稽是时惊胡尘，东山高卧推国珍。屈指草圣兼经神，《隋志》：《周易系辞》二卷，谢万撰。后之谈者尤津津。流觞左有能几巡，狂醉或吐丞相茵。我欲归采蓉湖苹，有水可钓车可巾。旷达凤师刘伯伦，扫除得失消喜嗔。"又以"莫春之月，天朗气清，惠风和畅"分韵赋五古，先生得"莫"字："良辰逢上巳，春光已云莫。胜会数兰亭，中外咸倾慕。今年又癸丑，屈指廿七度。雅集固盛传，法书尤广布。是时晋南迁，玉步已非故。西垂宣武骄，北伐深源误。聊借觞咏娱，藉申旷达趣。吾侪方苦兵，佳日犹觅句。蜡屐惜无山，莺花方满树。靖节记桃源,召平老瓜圃。烹饪五侯合,麈囊四美具。回忆感丰初,江南堕娇雾。已失金陵城,复断谯山戍。前癸丑二月十二,江宁陷。十八,镇江陷。壤夺倒筐箧,杀戮及妇孺。忽忽六十年,兵革还再遇。伤哉历穷途,何日得安堵?世事险弦丝,浮生高叶露。怀古情更深,订盟景相附。风忆永和清,酒依金谷数。"两诗颇见先生心态。(《日记》页2580,《癸甲稿》卷一《三月三日善化相国约同人樊园修禊,今年距永和兰亭是二十七癸丑,用工部丽人行韵》《同人又以"莫春之月,天朗气清,惠风和畅"分韵得莫字》)

是日,先生赴刘承幹、周庆云公请徐园修禊,刘世珩、刘炳照、吴俊卿、李瑞清、汪洵、许涵祥、陆树藩、杨钟羲等均至。此为淞社第一集。周庆云开淞滨吟社,后述其缘由云:"古君子遭际时艰,往往遁迹山林,不求闻达,以终其生。后之人读隐逸传,辄心向慕之而不能已。今者崔苻不靖,蔓草盈前,虽欲晏处山林而不可得,其为不幸为何如耶!当辛、壬之际,东南人士,胥避地淞滨。余于暇日仿月泉吟社之例,招邀朋旧,月必一集,集必以诗,选胜携尊,命俦啸侣,或怀古咏物,或拈题分韵,各极其至,每当酒酣耳热,亦有悲黍离麦秀之歌,生去国离乡之感者。嗟乎!诸君子才皆匡济,学究天人,今乃仅托诸吟咏,抒其怀抱,其合于乐天知命之旨欤!"(《日记》页2581,《嘉业堂藏书日记抄》页78,《淞滨吟社集》卷首周庆云序)

是日,先生与李详诗稿两册,并两信:"去秋一病,自以为未必能愈。诗未做成,原稿五大本,强起手删成四卷。触目皆疵,敬恳暇日一为勘定。拟为一册。少年浮,老年枯,均无法。想自定之,省得后人乱刻。词一卷,比诗略胜。"又一信:"再启者:弟诗最不足观,惟恐身后乱刻,不知刻一二卷以餍之。疵累触目类是,但求指示即改之,不能改,去之可也。幼年为随园所累,到老摆脱不完,无师传之故。吾兄想以为然。"(《日记》页2581,《艺风堂书札》页366致李详第十七札、致李详第十八札)

三月四日,王秉恩与先生往还数柬,请先生介绍刘承幹、张钧衡购莫绳孙书,并谈及《鹤山集》。王氏致先生一柬:"昨日奉访,闻台从修禊愚园,甚羡。魏集二种,点交尊纪,公谅鉴及。所校合否?乞教。容再走谒。兹恳者,莫仲武书三种,拟求公为介绍南浔收书二君。仲武窘甚,彼此均属葭莩,望有以舒之,何如?书三册附上。"先生即复王秉恩一柬:"昨日樊园修禊失迓,歉疚之至。魏集尊校极佳,弟多疏漏,心眼俱退。原箧缺一小条,乞寻之,如寻得,可以黏合,否则须配矣。仲武多年至好,张君回南浔,刘君购书另有经手人,弟不便接。越刻徐园之书暂留,明日奉复。"王氏又复一柬:"复示具悉。书箧小条已阁箧内,请检之。张君何日可回?示复。刘君经手人,公如知之,并希示知,尤感。"先生又复一札:"小条找到,已黏上矣。张君四月底回,经手费景韩今日当与阅,此间购书人必再四觅人,评定议价亦良久不便,爽快以沅叔为最。弟惜无赀,亦爽快也。刘处门口有一上拓,弟不便经手,张、刘无之。菊生、聚卿,兄能送呈否,弟处无人故也。"王氏再复先生云:"承示慰甚。聚卿已问过。菊生处,楚生已与接洽,俟南浔处阅过再送去可也。魏集如已有校过,可否先交一二册接校,如何?"(《友朋书札》页 710 王秉恩第六札,页 711 第九、十札;《缪荃孙致王秉恩函稿释读》第七、八札)

是日,赴刘承幹招饮,先生携书三种,即莫绳孙家旧藏,王秉恩托先生销售者。杨钟羲、陶葆廉、许溎祥、费寅、章梫、沈焜同席,张元济后至。(《日记》页 2581,《嘉业堂藏书日记抄》页 78)

是日,先生校《天瘳年谱》毕。此谱刊入《嘉业堂丛书》中。(《日记》页 2581)

三月五日,致刘承幹一札,送《天瘳年谱》《朱立斋诗》与沈焜,取还莫氏三书:"连日盛扰,醉酒饱德,谢谢。昨送上叶谱上卷,朱诗两卷,想已交朱文海。今又送叶续谱,亦即交去为要。莫书先还。王雪翁再面商。"又致沈焜一柬:"叶谱一卷,朱诗两卷,即送朱处改好,再从阅,不错即可上板。叶谱下卷,一二日毕,先发刻一二卷便从容矣。现《太朴集》发去否?穆子美大约亦快,又要预备书。朱诗应改《枫江草堂诗集》为是,未刻稿归之跋语内可也。"又说:"《说文》底本未来。"(《日记》页 2581,《艺风堂书札》页 589 致刘承幹第十札,《艺风堂书札》页 549 致沈焜第二札)

三月六日,致王秉恩一柬,送《鹤山集》与王氏校,并其莫氏三书,取其校《方言》四册归。王氏即复一柬:"收到《鹤山集》八本,宋刻抄本六册,莫书二本,此据。沅叔尚无消息。"(《日记》页 2582)

三月七日,接张元济一札,请教先生刻活字之字体何者为佳;欲购董康藏《三希堂法帖》,请先生函询董氏:"今日在敝馆编译所恭候台从惠临,至午后陶子麟来,始知因风不出门,未获晤教,怅望之至。刻活字事已与子麟开议,拟即选定字样,令试雕百数十字。未知以何体为最佳,请老前辈教之。《三希堂帖》今晨启筐检视,拓印尚早,如价不过高,颇欲留之。

老前辈如与授经通函,乞询示一价。"先生遂致董康一函,并附张元济致札。(《日记》页2582,《张元济致缪荃孙函札释读》第六札)

三月九日,盛宣怀招饮,并嘱办愚斋图书馆,汪洵、刘炳照、吕景端、王大炘、费邦屏同席。(《日记》页2583)

三月十日,接张元济一札,并毛校本《鲍氏集》。张札谈请陶子麟刻活字事:"今晨奉手教,谨悉。宋明两种活字体,陶子麟来并未道及。元济拟令仿《古逸丛书》之《草堂诗笺》体,或摹黄善夫《史记》,但必须就其所长,方能优胜。老前辈知之最深,故特奉商。现拟先刻一副,如合用,再续刻,不能决定五套页。"又谈购书、帖事云:"《三希堂帖》有日本人愿买,敝处却欲留之。拟老前辈转商,可否稍贬其值,让归敝处。拟出五百元,并附致授经一信,请先介绍,以后直接通信,不敢过渎也。区区保存之意,想老前辈及授经必乐赞成耳。《道藏》所在承见示,容即设法。"又请题先生所借阅之《鲍氏集》等,云:"毛校《鲍集》二册适在手头,先送去,阅毕乞题数行,至祷至祷。黄尊素《说略》尚未取出,容再呈。"①(《日记》页2583,《友朋书札》页525张元济第九札)

三月十二日,写《渔洋尺牍》毕,并题二绝句还王秉恩。王氏送来《莫氏书目》《方柳桥丛书目》,借《五代史平话》去。(《日记》页2584)

三月十三日,校《醉翁谈录》并跋。(《日记》页2584)

是日,吕景端致先生一札,谈愚斋图书馆编目迁延不成,非先生不能蒇工及其近况:"昨奉来教,具悉编目三易,诚如尊恉。惟此事久不告成,初由罗槃老迁延。杏公北行,渠老物故,搁置者年余。去岁春间,始复提议,以王冠山无事可做,遂由侄函致东洋,时杏公未回。荐其能胜此役,大半亦徇情面为之。其实冠山之长不在此也。侄深知此举非杏公回后,专请吾叔不能蒇功。杏公亦有同意,侄复力赞之。明知书既不多,又无精本,不足烦大手笔,然非如此,可决其十年不能观成也。侄较之王、费诸君,略有门径,惟体羸多病,所司文牍函札虽不甚多,却亦甚杂,故不愿显然为长者之佐耳。近日右足湿疡肿裂,已两日不能履地,亟亟疗治,恐非数日能愈。十五尊从莅馆,侄暂不获趋侍,怅然怅然。张君让三嘱考查吴宗伯钟峦传所载同时诸人,侄所知不过三五人,谨将原单呈阅,祈一一见教。大约卢

---

① 按,张氏此札原署"四月十四日",系用公元西历,即农历三月八日,可见其新派作法。

鸣玉以下六人,更难考悉也。"(《友朋书札》页726吕景端第八札)

三月十四日,拜宗舜年,见其元刻《黄滽集》、明刻《道园类稿》,又借宋本《湘山野录》回。《湘山野录》为黄丕烈旧藏,海内孤本。(《日记》页2585)

三月十五日,到盛宣怀图书馆,先编方志。盛氏请先生为办图书馆,先为编目,今日动笔。此后分类编目无虚日,至甲寅年(1914)闰五月廿二日编成。(《日记》页2585、2733)

三月十七日,刘承幹访先生,来看杨守敬书目,交来穆子美写好之《查他山年谱》请先生鉴定,又带来杨守敬书目一本,请先生拣选数种。(《日记》页2586,《嘉业堂藏书日记抄》页80)

三月十九日,致刘承幹一札,送还《查他山年谱》,谈杨守敬所售书及刻《查他山年谱》等书事:"杨氏书,除卷子外佳本尚多,只价高耳。查谱校过即寄苏州,改后务送沈君一覆,即上板也。余面谈。"又说:"尊藏《闻过斋集》吴海,元人。可刻。外闻无传本。"《日记》页2586,《艺风堂书札》页589致刘承幹第十一札)

三月二十日,寄《士礼居题跋》与吴昌绶。(《日记》页2586)

三月二十二日,李详送先生诗稿及《语石》回。(《日记》页2587)

是日,致王秉恩一束,询《鹤山集》:"《鹤山集》校完否?刘处须弟还前二簏,方能借后二簏。亦慎乎之意也。"王氏即复一束,送宋板《鹤山集》回,又借苏州板《书录解题》去。其束云:"宋本五册,抄本四册,祈察入。抄本尚有一册,以六十卷以下未得宋本校,暂留也,杭刻聚珍第一单白纸印颇佳。缺二种,值几何?示复。尊藏苏本聚珍本有若干种,望假我一比,何如?"(《日记》页2587,《缪荃孙致王秉恩函稿释读》第九札,《友朋书札》页710王秉恩第七札)

三月二十三日,致李详一束,接受李详对诗稿的建议:"昨奉手书及拙稿两册,《语石》四册。拙稿承法家鉴定,何幸如之。遵删遵改,决不护短,本不足化。《水心集》《后山诗话》迟日专人送呈不误。"(《日记》页2587,《艺风堂书札》页366致李详第十九札)

三月二十四日,校《鲍氏集》毕,跋毛校本《鲍氏集》。先生手跋考证此书源流及优劣,有云:"此书见《爱日精庐藏书志》,斧季校宋本于明刻上,钩勒行款,不拘正俗,一笔一画,无不改从,宋本面部,一望可见,可为校宋良法。'殳''朗''貞''筀''樹''盲''恒'皆为字不成,'愍',世则袭唐讳也。《隋志》:梁六卷,隋十卷,似后人增益,已非虞奉叔所序之本。惟开卷署'鲍氏集',不曰'鲍参军集',诗赋亦间有自序、自注,与他集从类书采辑者不同,加以斧季精心校雠,可谓至善之本。临校一过,书此以志欣幸。癸丑三月,荃孙。"先生于本月二十六日将毛校本还与张元济。此跋后经先生略加增益收入《癸甲稿》:"《鲍氏集》十卷。照宋写本。原书明正德朱应登刻,毛斧季以宋本校。宋本,半叶十行,行十六字,间有十七字、十五字者,宋本往往有之。目空五字,题空四字。前有齐散骑侍郎虞炎奉叔撰序,序后卷一目,目后接本文。斧季钩勒,行款笔画,不拘正俗,无不改定,宋本面目,一望即见。序上有识语云:'宋本每幅廿行,每行十六字,小字不等。'卷一《舞鹤赋》'巾拂两停,九剑双止'上识语云:'钦宗讳桓,故宋本书丸字,讳去一点,犯嫌名也,然字形狭长,仍作丸形而去一点,与九字不同。宋讳殳、朗、盲、貞、樹、恒、筀、讓、皆为字不成。愍、世则袭唐讳也。宋本卷九缺末叶。'按《隋志》:梁六卷,隋十卷,似后人增益,已非虞奉叔所序之本。惟开卷署'鲍氏集',不曰'鲍参军集',诗赋亦间有自序、自注,与他集从类书采辑者不同,可称善本。每卷有'虞山毛扆手校'朱文长印、'西河季子之印'朱文小方印、"'席玉照读书记'白文长印、'爱日精庐张氏藏书记'朱文方印。已见张氏《藏书志》。书后有'丙辰七夕后三日借吴趋友人宋本比较一过,扆'一行。"(《日记》页2588,国家图书馆藏清毛扆校、缪荃孙跋明正德五年朱应登刻本《鲍氏集》,《癸甲稿》卷四《鲍氏集跋》)

三月二十五日,撰《经师著述考》。(《日记》页2588)

是日,钱国镕送钱保塘著述来。(《日记》页2588)

三月二十六日,以钱保塘著述交乃子钱国镕,昨日钱国镕交来。钱国镕属题先生题钱保塘像。(《日记》页2588)

三月二十七日,写定儒林传目;题钱保塘像。(《日记》页2588)

三月二十八日,至刘承幹一束,借其宋版《魏鹤山大全集》后二函,又谈及购莫氏书事。束云:"《魏鹤山集》后二函,敬恳交下校雠,以竟全功为祷。莫氏书,嘱其将《书抄》全部寄来,再与议价何如。"刘氏即送书至,并先生脩金百元,先生随即复之,云:"顷奉还云,并《鹤山集》两箧十六册、《通鉴纲目》二册。考《通鉴》二百九十四卷,宋板有无注者,有有注而少者。元板,胡三省注则注多而有释文,《辨误》十二卷,嘉庆中胡克家翻刻。此《通鉴纲目》五十九卷,宋板,无《集览》《发明》《考异》。元板《集览》《发明》《考异》各目单行。内阁均有之,亦有元板,有明板。毗陵陈济明,永乐时人;刘宽裕,成化时人。是建安刘氏本,价五十元足值。明朝人撰,断非元朝人刻,不问可知也。"(《日记》页 2589,《艺风堂书札》页 589 致刘承幹第十二札、第十三札)

四月三日,以《湘山野录》发写,代张钧衡刊入《择是居丛书初编》。(《日记》页 2590)

四月四日,吴庆坻借先生《酌中志余》,并以王先谦所撰《五洲地理志略》一部为赠,并言图成而其离湘,无人为料理。(《日记》页 2590,《友朋书札》页 228 吴庆坻第十六札)

是日,有张姓者携先生函往刘承幹处售元板《三国志》,先生函云:"前月所见《三国志》,全部送来,后路补版较多,然尚胜丁氏藏书。乞观书后,面与议价为荷。余容面达。"(《艺风堂书札》页 590 致刘承幹第十四札,《嘉业堂藏书日记抄》页 81)

四月五日,先生还沈曾植《雪桥诗话》,三月二十三日所借。又借回第一册,随书沈曾植致先生一束,谈万玉楼本、郝梁本《太玄经》等:"《雪桥诗话》首册奉览,万玉与郝非一本,甚确。宣德《苏集》,究竟刻成印行否,竟是一疑难问题。菊生书成否?尚无消息。"(《日记》页 2587、2591,《友朋书札》页 181 沈曾植第二十札)

四月六日,刘承幹致先生一函,告知先生介绍之张石铭售《三国志》已成交,又谈及刻书燕集之事:"前晚张君来,携到手书,敬谨领悉。《三国志》既已携到,当与磋商,共洋四百九十元,成交矣。一昨拟偕醉愚兄走谒,便道过石铭兄,则知裕商燕集,长者已允惠临,相见在即,因而折回。今晚携书来前,不意尊忽辞谢,并审明日驷从吉旋,心亲迹阻,惆怅奚如。穆子美兄前日寄到《徐寿藏先生年谱》写样一册,原稿一册,来函嘱即送呈台阅即校寄苏,以便早日授梓,用特耑价贡言,乞即将写样校寄,同深感盼。其原稿即以缴还。邺架惟《徐谱》首页第二行有'不孝'二字,项间燕集时,同人均以此二字为不雅观;第三行'同里'二字亦可省,欲径删去。侄于目录之学甚浅,不敢臆断,敬求长者酌之。《司空表圣诗集》醉愚已从浔上带出,未识台端,倘果即是此本,请假以《唐诗统签》,仍交侄处,以便写校付梓附上大察,统希尊裁。"又谈及淞社命名及举行第三集日期:"消寒会雅集而后,同人咸思赓续,梦坡先生屡与侄等斟酌,与渊若、语石诸先生定名淞社,初八日为浴佛之辰,侄略备粗肴,举行淞社第三集,惜台从遄归,如可缓行,仍希移玉,否则仍恳不吝珠玉,补题新什也。"(《嘉业堂藏书日记抄》页82,吴青《刘承幹致缪荃孙函札考释》第二札)

四月七日,诣张钧衡谈,还旧抄《唐诏令》。到愚斋图书馆,诣汪洵谈。(《日记》页2591)

是日,致刘承幹一札,复刘氏六日之札,谈赴淞社及刘氏刻书、购元板《三国志》等事:"明日超社四集,不便径行。尊约必到,第入座必迟,乞弗候也。昨有事,不克赴石铭兄约,今午当往谈。《三国志》究是佳书,留之为是。《徐谱》已改,近人著作不比古书,改移无妨。《司空集》即明统签,荃自校改之,当移入行箧,民船内可校书也。乡内扫墓全是民船。"(《艺风堂书札》页591致刘承幹第十七札)

四月八日,赴超社之集,陈三立作主人,林绍年(字赞虞)、朱祖谋、瞿鸿禨、樊增祥、梁鼎芬、吴庆坻、沈瑜庆、周树模、林开謩、王仁东同集,诗题《送赞虞前辈游太山》。(《日记》页2592)

是日傍晚,淞社第三集,先生赴刘承幹一家春之约,许溎祥、张钧衡、长尾雨山、刘炳照、汪洵、陶葆廉、吴昌硕、陆树藩、吴庆坻、章梫、费寅、周庆云、沈煜等十九人同聚。此社系刘承幹与周庆云议定,以今年三月修禊为首集,展上巳次之,此为第三集。社题为浴佛日雅集以"荆楚旧俗相承,此日迎八字之佛于金城为法华会"分韵。同人发起,召妓侑酒,长尾雨山特招东洋女妓名雅、志翁、助六三校书来侍宴,颇极一时之欢。(《日记》页2592,《嘉业堂藏书日记抄》页82)

是日,王国维寄先生一札,答先生寄《山陵挽诗》,自述其作诗用韵之法,并言及其近期治学所得:"昨奉赐书,并大稿《山陵挽诗》五律二首,读至'地老鹃啼血,天悲鹤语寒',因忆去岁除夕作'可但先人知汉腊,定闻老鹤语尧年',竟成谶语,岂不异哉!拙作排律用通韵法,古人似但有一二字出,若全首通押,现未能发见其例。惟国维平生于诗最不喜用僻韵,致使一诗中有骈枝之语,不达之意,故大胆为之,且其中'髯''金'二字以今日已无闭口声,故亦放胆用之。阑入盐、咸闭口韵,尤为从古所无,劳玉老曾以是相规,心知其非,而不能改也。要之,此等诗非为一时而作,但使后之读此诗者,惜其落韵,斯亦足矣。诗止于九十韵,亦由此故。若必敷衍成百韵,则难免无谓之语插入其间。先生以为何如? 至东以后,得古今体诗二十首,中以长篇为多,现在拟以日本旧大木活字排印成册,名曰《壬癸集》,成后当呈教。顷多阅金文,悟古代宫室之制。现草《明堂庙寝通考》一书,拟分三卷,已说为第一卷;己成。次驳古人说一卷;次图一卷。此书全根据金文龟卜文,而以经证之,无乎不合。脱稿之后,再行呈教。南北交讧,势成决裂。然将来或以妥协了事,亦未可知。《古学汇刊》闻此间颇有购者。余俟续陈。"又言:"《太平事迹统类》已特致授经矣。"(《友朋书札》页1018 王国维第十札)

四月十一日,撰《康熙朝诸王事略》,多日乃成。(《日记》页2593)

四月十四日,撰《艺风藏书续记》成。(《日记》页2593)

四月十五日,撰《说文义证》跋。先生于本年三月三日以十四元购得此书,乃咸丰间原刊本。跋考此书刊刻始末并述该书之罕见,云:"乾、嘉盛时,《说文》之学大行。南段,北桂,最称弁冕。段氏自刊其书,久行于世。桂书止有稿本流传,亦未校正,字几及二百万,刊板正复不易。诸城李方赤方伯得其稿,延许印林、许珊林、王箓友诸小学家校订,苦其繁杂,欲删节之,箓友以为不可。道光己酉,聊城杨至堂河帅驻清江,平定张石洲为山右杨墨林刻《连筠簃丛书》,愿以此书刻入。初浼汪孟慈校雠,后交印林独校,即在清江集工开雕。印林为立校例三,一曰补例,一曰删例,一曰改例。又撰《汪孟慈校语条辨》,复增校例七条。印林因父病不能远离,再移局于赣榆之清口镇,距印林家止百里,俾之照料。咸丰辛亥始蒇事,未印多书,而墨林、石洲前后殁,未能移板入都,板即庋印林家。辛酉八月,拈逆窜日照,印林家破,室庐书籍均毁于寇,桂板亦烬焉。逮南皮张文襄公刻于鄂局,海内始得见桂氏之书。文襄公序言杨氏书板质于厂肆,不知桂书并不在内。临清徐君梧生又言板毁于拳匪之乱,皆传闻之辞,不如印林《与高伯平书》为可据。文襄公见此刻于何小宋制府许,内缺一叶,至求日照丁小山写本足之。京师图书馆亦只藏有大字写本。今幸得杨刻初印本,而抄印林校例于《攀古小庐文》,《校语条辨》于滂喜斋,合订于前。俾知此书刻不易,校亦不易,而原刻之为难遇也。"(《日记》页2580、2593,《癸甲稿》卷三《桂氏说文义证原刻跋》)

四月十七日,送汪洵《宾退录》一部,以《艺风藏书续记》《艺风堂文续

集》求写封面。(《日记》页 2594)

四月二十日,张钧衡见示元板《两汉文鉴》《元遗山集》,均佳。(《日记》页 2595)

是日,先生购《明诗综》,去洋十八元。(《日记》页 2595)

是日,送《古学汇刊》第六期稿本与邓实。(《日记》页 2595)

四月二十五日,致金武祥一笺。昨日先生约金武祥、叶昌炽、沈曾植、庞鸿书、潘任、金章小饮同兴楼,今约金氏与李详二十七雅谈,笺云:"昨日畅谈,回寓安隐否?弟饮啖均减,非吃不可,实胆怯也,奈何!廿七日星期,李审言约至舍下,乞兄于十一钟至便饭,可与审言谈也。审言博雅,住刘聚卿处,一月来谈一次,以徐星伯待沈子惇之例待之。"又有一束致李详:"昨示诵,日内想贵体大愈。廿七星期,约金淮生兄。盼早临也。"又谈及叶德辉、王先谦及吹角坝建安碑:"奂彬好友,惟自乱后,从未通函。闻与一梧师力主新党为难。不知匿于何处,容徐图之。吹角坝建安碑,现移至成都学署。拓本易得。子尹云云,殊不确。亦非庐丰碑。"又言及为其寻书事:"《齐东野语》《桂馨堂集》当寻得出。又弟四期《国学汇刊》乞还一册换一册回。二册参差。余面罄。"(《日记》页 2596,《艺风堂书札》298 页致金武祥第七十四札,《艺风堂书札》365 页致李详第十五札)

四月二十六日,跋《湘山野录》。先生多日均以该书《学津讨原》本,校所借宗舜年藏宋刊本,今日校毕。此本系黄丕烈旧藏,有黄氏跋文。先生跋接受黄跋对刻本鉴别为北宋本,所配抄本为元抄本的结论,又据讳字鉴别所配抄本也是从北宋本出,并指出张本讹误若干条,亦指出此本讹误多条。是跋亦被刊入代张氏影刻本卷末,而署"癸丑四月乌程张钧衡识"。(《日记》页 2595、2596,《乙丁稿》卷四《湘山野录跋》,《择是居丛书初编》本《湘山野录》)

是日,叶德辉致先生一札,请先生为作家传,代抄《建康集》阙文二篇,并及近来湘省政局:"三年以来,国变家难,天刑人祸,惨痛之事,不幸遭于一时,固知罪逆深重,罚及五伦,已矣无可言,亦不能言也。去年有南京褾褙客来湘,得公消息,知侨寓上海,但不记里号,无从递书。先君讣音均由黄伯雨同年汇交……本欲求公赐一家传,以兵乱音问不通,顷读谕书,觉老境凄清,闻之不乐,更不敢有所渎请。然终冀公心绪安定,暇一为之,他年附于文集中,留为三吴志乘,则九泉光被,不孝之罪亦得百身可赎矣,求公记录之。湘省乱后,焦、陈皆熟人,皆入洪会,久不通来往。新军将领、报馆主笔,皆有知交间接,故无人侵犯。近自宋教仁被刺,湘乱余孽,倡言独立,兵柄已落此辈之手。旧时统兵,或解散,或出镇,以致若辈横行,谭延闿俯首听命。数月以来,累有谣言,欲与辉及葵园先生为难,近已从鄙人发露。数日前,有军事厅传票,辉为唐才质控告,云在前清刻有《觉迷要录》一书,系佐湘抚俞廉三杀戮彼党证据。幸得避匿洋行,全家受惊不小,现由日本领事行文诘问。家中书籍,托图书馆名保护。城中街团、商会、学界、报馆,群起鼓噪,更有共和、民主、统一、超然各党,正欲借一大题倾覆彼党,此辈必反羞成怒,挺而走险。辉恐酿成巨祸,贻害地方,正在出而调停,特不知有本初手如柔荑之本领否? 前年托抄先少保石林公《建康集》中阙篇七篇,尚有《书李氏告》两篇未抄,以彼时托抄,未将题目开出,故尔脱漏。此集如为公物,仍求代抄此二篇见寄。久欲付刻,迟迟至今,湘中刻匠,乱后无一人存,今日刻书亦大难事,盖虽有力,无人承揽也。"(《友朋书札》页548叶德辉第二十一札)

四月二十七日,金武祥、李详来早饭。金氏送诗来,索《经义模范》去。李详还《后村诗话》《叶水心集》《古学汇刊》,又借《桂馨堂集》去。(《日记》页2597)

四月二十八日,刘承幹来访,请先生审阅书,并借先生藏《茗柯文抄》。(《日记》页2597,《嘉业堂藏书日记抄》页87)

五月一日,先生诣宗舜年谈,还其《湘山野录》,取《鸿泥堂小稿》归,又借其元刻《黄文献公文集》。(《日记》页2598)

是日,先生取汪洵所撰篆书封面,汪洵致先生一柬,再索一部《宾退录》:"前奉手教,并承赐景宋刊《宾退录》四册,是书频见诸家引证,而未窥全本,细读一过,印本精美,为李谷宜攫去,尚乞再赐一部为幸。前闻台驾有旋里之说,致稽答复。近晤湛翁,始识不确。正拟趋前,俾来示索封面,谨书奉,尚未惬意,藏书一叶字太扁,不合式。容面陈复谢。"(《日记》页2598,《友朋书札》页汪洵519第二十五札)

是日,叶德辉致先生一札,谈其与革命军之冲突:"前月杪奉读钧札,即托日本邮局寓笺肃复,想已早邀钧鉴矣。乱党与辉为难,近已平复。此本又是一班革命人革其命,彼享其成。省城有一护国寺,在坡子街,此街为舍间店号开设处。为烈士祠。即夺曾文正祠以祀死鬼者。首士伙通女国民强占开学,被辉驱逐之。其间多浏阳、醴陵人,皆此次军事厅暴动之同乡,屡次嗾使他人藉端控诉辉不法事,辉动以一纸诅之而了。盖天下强固无如辉者,故彼乃出此下劣之手段以尝试之。辉正利其尝试,有以张吾威也。得此一举而后,辉乡居之德望,人心之诚服,外交之敏速,一一饱领之而去。彼托谭组安言和,辉亦以和应之。军事厅知众怒之难犯,外交之棘手,于是大出安民告示,以留饭碗,此皆新人物之肉体,前此暴戾之气消灭于疆场,留此余毒尚复为殃作祟,正不知何日再见天日也。辉节后拟为上海之游,亦防之之意。此辈大发财源,坐拥纸币、妓妾,畏辉决裂亦坐在此。不思出湖南一步也。拉杂笑谈,以免垂念。"(《友朋书札》页556叶德辉第三十五札)

五月三日,刘承幹招饮一家春,刘炳照、张钧衡、费寅、许涞祥、杨钟羲、周庆云、陶葆廉同席,互看各书客送至各种书籍。此日之集,为刻书之叙。先生曾屡言之,刘承幹请张钧衡先行邀叙而其继之,张氏允而迟迟未行,刘氏遂先行之。(《日记》页2599,《嘉业堂藏书日记抄》页87)

五月五日,周庆云约海国春淞社第四集,集者二十余人,以明季小乐府为题。(《日记》页2599,《嘉业堂藏书日记抄》页88)

是日,先生致刘承幹一札,昨日代其勘书,此答之:"昨视各书,《张皋文稿》佳而价太昂。经佳,《易义》不如文稿。《本草》仍是明翻。余不成书,虽旧抄无用也。"随札还《风庭扫叶录》《竹垞考古录》与刘氏,均是伪书。(《日记》页2599,《艺风堂书札》页591致刘承幹第十八札)

五月十一日,到醉沤斋延张钧衡、刘承幹、张元济、费寅、沈焜、叶昌炽、王秉恩、徐乃昌小酌,做荛圃先生生日,诸人携来皆黄荛圃题跋之书,张钧衡所携《雁门集》,极佳。(《日记》页2601,《嘉业堂藏书日记抄》页89)

五月十二日,致刘承幹一札,还其《鹤山集》二箧,又谈及可刻之书:"《魏鹤山集》两函十六册校完,恭缴乞点收,谢谢。弟与王息庵各校一过,抄本可传矣。现借元《黄溍集》点校,校毕再假尊藏。现王息庵藏《宋会要》五百卷,只可单行。又,张古余刻《仪礼注疏》可以覆刻,有两部,一上板,一校。均难得之书也,望酌之。"(《日记》页2602,《艺风堂书札》页591致刘承幹第十九札)

五月十三日,叶德辉来,先生赠以《宾退录》一部。(《日记》页2602)

五月十四日，跋《叶天寥年谱》。(《日记》页 2602)

五月十五日，赴超社第六集，先生主社，叶德辉、樊增祥、沈曾植、吴庆坻、瞿鸿禨、沈庆瑜、林开謩、吴士鉴、周树模同席。(《日记》页 2602)

是日，跋《谈往》。(《日记》页 2602)

五月十七日，午前刘承幹致函谢先生校寄查、徐二谱，送书三十五册请先生鉴定："奉手谕，敬悉穆子美寄来查、徐两谱，已蒙校寄修补，甚感甚感。雪橙先生惠假张刻《仪礼注疏》，设非推爱屋乌，奚能得此善本？且承函报子美到申面授方针，仰费清神，尤深感荷。连日书贾携来各书，兹捡出数种，共计十四册，又加二册。乞为鉴定。"(《嘉业堂藏书日记抄》页 90，吴青《刘承幹致缪荃孙函札考释》第三札)

先生即复刘承幹一札："承示各书，可收者多价贵。又，一时风尚伫可还价，只以明板充宋元，以无用之书混称好本为可笑耳。"又言："外书三十五册点收。以后几本，乞开一条，以便缴还。友人中以失去一二本成交涉者，不可不虑。"(《日记》页 2603，《艺风堂书札》页 591 致刘承幹第二十札)

五月十九日，先生以宗舜年所藏残元本《黄文献公集》校自藏旧抄二十三卷本及明嘉靖刊十卷本。(《日记》页 2603)

五月二十一日，先生与王秉恩校《魏鹤山大全集》毕，撰跋考其源流并志其缘起。此跋盖在本年二月二十八所撰跋基础上形成。跋云："《魏鹤山大全集》一百九卷，宋魏了翁撰，宋刻本。每半叶十一行，行二十一字。高七寸三分，广五寸五分。白口单边。首行'重校《鹤山先生大全文集》卷几'，或云'卷之几'，或止数目，无'卷之'字。板口诗、笺、表、奏议、状、札、督府奏陈等各类，作'诗几'、'笺奏几'，补刻作'大全集几'。叶数每卷自为起讫，只《周礼折衷》一百四、五两卷通计。缺十八、十九、卅五、卅六、卅七、卅八、四十三、四十四、四十五、四十六、五十、五十一、五十二、五十三、七十五、七十六、七十七、一百零七、一百零八，共十九卷，为海内孤本。黄荛圃所藏钱辛楣所跋即此本也。有淳祐己酉吴渊序、吴潜后序，开庆改元游侣序。明嘉靖三年无锡安国活字印本次行署'锡山安国重刊'一行，后有安国跋、知无锡县畅华后序。又有嘉靖三十年邛州高翀本卷一有'邛州知州吴凤、郡后学王葵校正，学正李一阳、训导周南编次'四行。《四库》据高本著录，而外间所流传者止有安国本，安国本即出于此本。如卷一缺首叶《游古白鹤山》《和薛秘书绂闻鸦韵》《和虞永兴刚简沧江鹤再诞雏》三题,安本即从二叶《雅州胥园》起。所脱十九卷,并目亦不存,后印入全书,想又从他本补足。此书二十八、二十九并卷,七十二卷《魏府君纯甫墓志铭》不完,九十卷《策问》十二叶系一百二卷之脱叶。原本亦有空格,有印本模黏字,为后人误改宋本,即从其误,是安本出于此本之证。至一百零八卷止六题,今《书安忠定行状后》《跋李梦庚韶卿上梁纶漕使书》在安本六十五,《何友谅墓志铭》在八十七,只《张令君焕道夫墓铭》一文、《己未唱第后谢恩诗》《己未拟进闻喜宴赐进士诗》二诗而已。'宵'作'霄','傥'作'党','迁'作'迁','馀'作'余','萬'作'万','维'作'惟'。同治甲戌吴勤惠公督蜀,出传抄安本命刊,因讹误太多,止录其清朗者,刊文抄四十卷。嗣闻宋本归吾友孙问青,欲校未得。今由刘君翰怡借到,与王息塵兄对校,而志其缘起。癸丑五月十一日。"先生此校本今藏四川省图书馆。刘氏所藏宋本,后归潘宗周,今藏国家图书馆。(《癸甲稿》卷四《魏鹤山大全集跋》)

是日,叶德辉致先生一札,索《艺风读书记》,请代抄《建康集·书李氏告身后》:"叠聆训诲,受益良多,惜未尽窥酉藏,一饱眼福耳。昨往西泠书社问《藕香丛刻》,云已无书,即小种《读书记》亦皆售尽。丛书尚可从缓,不知《读书记》能觅出见示一分否?明王文恪公《姑苏志》中有清臣、梦得、颙、盛四祖辈列传,当有与史传不同处,颙公谱传系据具区志、《太湖备考》,不如《姑苏志》在先,见闻较确。糜师旦《赵别录》已引卢熊《苏州府志》,钱象祖已引《嘉定赤城志》。王志在后,不必抄矣。《吴江志》中《黄由传》求一抄,并四祖辈传,求属写人注明卷数。《天寥公年谱》有一旧本,亦有杨揆嘉跋,当出同时传抄。外有日记别录,则公见示本所无也。拟略校阅,托鞠生同年以活字板先排印。承允抄《建康集·书李氏告身后》一篇,及遗文十篇,求早赐。否则相假交祠中写书人抄之,决无损坏也。"(《友朋书札》页551叶德辉第二十七札)

五月二十二日,拜叶德辉,借《天寥年谱别记》来,六月九日还之。(《日记》页2604)

五月二十三日,送《天寥年谱》红样、《艺风读书记》、《汪文摘谬》与叶德辉。(《日记》页2604)

是日,跋《寿臧年谱》。(《日记》页2604)

是日，叶德辉致先生一札，谢先生赠书，并谈及其刻家集计划："午后赴日本友人之约，归奉谕示，并《读书记》《天寥公年谱》《汪文摘谬》三本，补抄《建康集》二叶，一一照收。辉家有天寥公配沈夫人《鸝吹集》及小鸾祖姑《返魂香》、横山公《原诗》，均拟刻完石林公书后续刻之。《汪文摘谬》却是正言，刻之有益于作文者不少。《杨诚斋集》拟告居停刻之，尚未与之谈及。《天寥年谱》《别录》尽可付之写人，辉刻尚在后也。"（《友朋书札》页552叶德辉第二十八札）

五月二十五日，跋《查他山年谱》。（《日记》页2605）

五月二十六日，叶德辉致先生一札，言访见《午梦堂全集》《己畦诗文集》："昨午入城，至修谱公所访横山公后贤不遇。今日有印濂茂才，为公八世从孙来访，畅谈移晷，学有渊源。云其家世藏天寥公《午梦堂全集》、横山公《己畦诗文集》，此真梦想不到之事，公闻之当亦惊叹也。又出祖姑小鸾《女仙午梦图卷》副本道光时人重绘，原本并在。征题，尤为见所未见。据云尚有天寥公画像卷，均约来月初送来。届时当邀共睹也。"（《友朋书札》页552叶德辉第二十九札）

五月二十八日，穆子美自苏来，交其写《吴兴志》。是日，刘承幹、沈焜来访，请先生阅看书籍，良久乃去。（《日记》页2606，《嘉业堂藏书日记抄》页93）

是日，梓人朱文海取去《天寥年谱》跋。（《日记》页2606）

五月二十九日，先生致刘承幹一札，还其交来之书籍，并告以刻丛书集部宜少："昨日晤谈幸甚。各书另单并一包，二十七册。乞点收。丛书之刻，集宜少，诗集尤宜少。如曹子建、嵇中散、鲍明远、陶贞白，弟均有详校本（诗文全），比刻近人集为高，然亦不宜多。《历代诗话》《南唐书注》各经单疏，均属至佳之本。丛书已站得住，能将《吴兴遗书》画出尤佳，如张侍郎之笔记、漏霜和尚之诗文，均可入矣，乞酌。"（《日记》页2606，《艺风堂书札》页592致刘承幹第二十二札）

是日，先生得傅增湘一札，谢先生答应代补抄二僧诗，期望《方言》刊刻刀法浑朴，愿先生让游明本《史记》，并谈及其到京住广化寺校书计划，愿先生前往："二僧诗荷代为装订补抄，至荷至荷。将来《方言》亦请于抄毕后代付夏先生重装，北方好手亦不多也。《方言》须力求浑朴，诚如高论。近在式之处得见尊刊《宾退录》，亦嫌写样纯是陶派笔意，殊欠古雅，恐写字人未多见古刻耳。游明《史记》既经配抄,如肯让时,似宜将配抄价加入。若公仍欲庋藏,亦不敢请耳。日内即到京,住广化寺。校拟先校欧、苏集及《后汉书》,《后汉》以各本配合,只欠五六卷耳。七史亦拟酌校,但一人日力有限,恐不能多校,且苦太岑寂也。馆中不开伙食,尚须自炊。此与当年春秋试小寓情状相同,然如今思之,此境那可得哉。公能北来否?或约友同来尤妙。近得数书,录如别纸,鉴定为幸。"(《日记》页 2606,《友朋书札》页 577 傅增湘第四札)

六月,二次革命爆发,南北军开战。

六月一日,张钧衡邀跑马厅旅泰小饮晋菜馆,陶葆廉、刘承幹、刘炳照、沈焜、周庆云、杨钟羲、章梫、先生及张钧衡与其子望徵同席,讨论书籍。(《日记》页 2606,《嘉业堂藏书日记抄》页 95)

六月二日,刘承幹招饮,叶昌炽、张钧衡、杨钟羲、许溎祥同集,席间谈翰林故事,若白头宫监谈天宝间事。刘氏又延请先生至新斋看各种书籍,细谈种切。是日之集,亦为刻书之事。先生屡言刻书之事,全赖讨论,非一月两集不可,备茶点而不必设宴,然刘氏与张钧衡以诸先生远道而临,不宜简亵,故昨日张氏与刘氏近日均设宴相待。(《日记》页 2606,《嘉业堂藏书日记抄》页 95)

六月三日,致刘承幹一札,交去《言旧录》、改订之《查他山年谱》,并谈刻书藏书、刻书及刻书撰跋事,对刘氏刻书、藏书事业颇有期待:"昨日盛扰,谢谢。回寓大雨,幸附马车,否则狼狈不堪矣。《查谱》补遗,可增者增,余编《补遗》,甚合刻书之例。鲍以文刻书,亦皆一跋再跋。续集人名考,考可不列入,因前集人名无考也。《言旧录》极佳,至四十二岁,明年即卒。黄琴六作传,将来附于后即年谱也。《清颂堂丛书》止八种,并无《尚书》,其书刻在道光末年,早有印本,并无此书。伪古文,此案已定,争者固谬。伪《焦里堂》可恶,伪《清颂堂》尤可恶,似宜屏去此种不必印入。跋另撰何如?蓄书不厌重本,此见甚佳,并不论有刻本无刻本,见抄刻佳者即收,可成收藏一大家。浙中自丁、陆两家失败,即姚彦侍、朱子清书均散佚,甚望兄与石翁继起成两大家。一邑两大家,虞山、隐湖即同时也。丛书只可二百册,再刻易式易名。《学津》《墨海》《借月》《金壶》《平津》《岱南》《小岱南》,皆一人所刻。"(《日记》页 2607,《艺风堂书札》页 593 致刘承幹第二十四札)

六月四日，为吴隐跋《通鉴纪事本末》。送《通鉴纪事本末》、《召对纪实》、《被难纪略》、《敦交集》、《通鉴》残本与吴隐。(《日记》页 2607)

六月五日，致樊增祥一柬。樊氏即复，送二十五元印书又示诗四首，并告以为先生作七十寿文一篇登报："前得手书，敬知一切。日内本思走访，因新居诸未妥贴，暂不能出。老兄七旬不可无寿言，遂破戒为四六一篇，登诸报纸。迁居时，报章散佚，无从摘索矣，容另抄呈。尊刻丛书待印，诚乐赞成，奉上廿五元，即祈检收。移居四律呈鉴，即望报章。"(《日记》页 2607》,《友朋书札》页 113 樊增祥第十一札)

是日，刘承幹致先生一柬，告以即将《言旧录》交工写样，送书两种请先生鉴定，并约明日淞社雅集："前奉手示，敬悉种切。《言旧录》当即寄交穆子美写样。清颂堂《伪尚书》亦即仿印工抽出此种矣。丛书之刻在精不在多，且可一刻两刻，谬以虞山、隐湖见勖，曷敢当此？然尊见极是，惜侄与石铭觕识之无，未足副敦勉雅谊耳，惶愧惶愧。昨小价回，谛视请柬，知尊躬有恙，想属微疴，定占勿药，然明日淞社雅集，座无车公，四筵未免寡欢耳。拟就社题，再当详告，敬求珠玉，以为坛坫光耳。兹送上《赵彝斋文编》二册，又《明三朝圣谕》一册，敬悉鉴定。此种有无刻本，盖侄意此时不在多藏而欲多备稿本也。至陈敬璋之履历，侄已假得《海昌备志》二册，其中记载甚详，并补遗奉上，仍乞垂察，余俟明日趋谈。书款七百元亦明日带呈矣。"此次淞社雅集，先生因病未能参加。(《嘉业堂藏书日记抄》页 96，吴青《刘承幹致缪荃孙函札考释》第四札)

六月八日，致盛宣怀一札，谈为愚斋图书馆办书目情状："承委接办书馆，业已三月。其中详悉情形，谨为阁下详告之。荃孙初到馆，与旧人不相习，未敢冒昧指挥，专编方志一门，前人未曾办过，尚属顺手，因写官不见面，误字极多，且擅自删改，以为划一，而不知增减均有宗旨，校时处处增添，稍费目力，今已告竣。现接办后部前人所编，直是一篇流水账簿，无从下手，其间有重复者，编目止应一见，下注各本，并分类、分朝代，用便检查，此则一见再见，不分子目，不分朝代，不知其意何在，此应正者也。有错乱者，如《易》类、《易纬》应照《四库》入附录，《参同契》之类应入道家，《书》类、《尚书大传》应入附录，《逸周书》应入古史。其中单种，各归各类，辑书亦应另编附后，此则关系学问，馆中无人知此。均不应混入本书。又如以作序之人为撰书之人，此错之在编书者；以此书之名注彼书之人，此错之在写官者,此应正者也。有脱漏者,各书注丛书名,然丛书均所深知,何以有此书又无彼书,必是漏去,此应补者也。有名宜收者,坊间简陋读本、旁训讲章拟题均归蒙塾,东洋刊本、西洋译书择其善者,余则另编一目。至于章陈、条陈、报册、学堂课本均不能编入,此应去者也。善本选出一二百部,略加考证,亦不敢滥竽充数,为天下学者所笑。成家则印出,不成则不印,专印阅览室目,亦无不可。荃孙自同治甲戌为张文襄《书目答问》一手经理,近南洋学部两图书馆均有同志帮忙,荃孙止总大纲,专注善本。现在无一书不过目,无一字不自撰,直与办《书目答问》一样,先交家内写官(旧用两人,相随多年)录清本,取其熟而能快,改补后再交馆中人写定本。种种为难,但求阁下知之。槩臣原条不误,合并者大谬,遂致一无所用,原册可按,并非有意苛求自显己能,询幼舲即知之,再办三月,当得大概。费云卿勤敏,新派写官纯谨,字亦可用。荃孙三日一到,带回编目,粤写官三日工课,不致延阁。"(《日记》页 2609,柳曾符《缪荃孙与盛宣怀书跋》,《艺风堂书札》页 324 致盛宣怀第二十九札)

六月八日,售宋板十行本《左传》并《学津讨原》《守山阁丛书》与刘承幹,得七百元。(《日记》页 2608,《嘉业堂藏书日记抄》页 98)

六月九日,还《叶天寥年谱别记》与叶德辉。(《日记》页 2608)

六月十日,刘承幹、沈焜访先生,以《中兴圣政记》宋刻本见示。(《日记》页 2609,《嘉业堂藏书日记抄》页 97)

是日,叶德辉致先生一札,谈《甲行日注》足本、《叶天寥年谱别记》善本、《汪文摘谬》别本,并介绍同族叶印濂:"连日天暑,未得晋谒函丈,时以为念。今日吴江族人印濂秀才,持其先德天寥公小像卷,并遗著各种,中有《甲行日注》足本,较《荆驼逸史》删节忌讳之本迥然不同。容读过一遍,送呈鉴定。据印濂云,前抄本年谱别记尚非善本,曾取以校所藏本,短缺百数十字,其本为神州国光社主人邓君借去。邓君已刻者非此本。因同往彼处访之,而邓君于数日前往北京。其社友云,回申在中秋前后。惜此时不得一见而校之也。又有《汪文摘谬》十篇,前后次序与公见示之本不同,尚未细校,大约亦不过次第稍异耳。《已畦集》尚未全取来,因在苏城,火车来往太累赘之故。印濂学问门径井井有条,平日留心乡邦掌故,保守先世遗书,良足钦佩。其人亦有王、谢之风,暇目当引之晋谒。渠又云,陆师凤石传家有《建康集》,非调翁刻,亦非宋元刻,闻所未闻,惜不得一睹也。"

(《友朋书札》页552叶德辉第三十札)

六月十一日,还刘承幹《中兴学政记》《查谱》,借其藏宋板《诸葛武侯传》。(《日记》页2609)

六月十二日,超社第七集,沈曾植主会,樊增祥、吴庆坻、瞿鸿禨、陈三立、王仁东、沈瑜庆、林开謩、周树模、吴士鉴同集。该日为山谷生日,会于旧园,观宋刻《山谷编年诗》,用诗中七百韵。(《日记》页2609)

六月十三日,夏镜涵生日,亲友餐面,瞿鸿禨送寿诗。(《日记》页2609)

是日,先生跋《敬乡录》。(《日记》页2609)

六月十六日,发吴昌绶信,寄尧圃题跋。(《日记》页2610)

六月二十日,访刘承幹,告以岑春煊已邀同于式枚赴南京大元帅之任,并曾力邀梁鼎芬同赴,梁则告以时政莫善于电请总统袁世凯拥戴溥仪复辟,其亦肯相助赞划。(《嘉业堂藏书日记抄》页100)

六月二十一日,先生祖母讳日,家祭。先生叹息:"祖母殁于咸丰癸丑,正六十年。迩时发逆猖獗,家乡一夕数惊,今南北军交战未已,又不知何日敉平也。"(《日记》页2612)

六月二十五日,诣宗舜年谈,还其元刊《黄文献公文集》十册。先生《癸甲稿》有《黄文献公文集跋》,殆即此时校毕所撰。(《日记》页2613,《癸甲稿》卷四《黄文献公文集跋》)

是月,先生以编盛氏愚斋图书馆书目为日课。(《日记》页2598—2614)

七月一日,还叶德辉《甲行日注》。(《日记》页2614)

是日,校《唐书直笔》,成札记一卷,撰跋。(《日记》页2614)

是日,寄旧抄《国朝名臣事略》《黄文献公制诏》与董康,并与董康、罗振玉各一信。(《日记》页2614)

是日,先生接章钰六月二十四日一札,询江南图书馆龙潭书窖藏书安危,索先生刻《百宋一廛书录》,谈搜刻黄跋之不易:"累从印臣处转示手书,并录荛夫未刻题识二十余篇,诸承津逮,与印臣同此切感。印因路事调发纷烦,刻无暇晷,未克肃答,属代陈告,伏祈鉴听。闻宁垣劫火甚烈,不知龙潭书窖迄复如何?南望心恻。《百宋书录》刻成,亟盼寄读。前闻此书全分由皕宋归倭人,公设法传录,结果何如,与现刻是一是二,求明示。阁原五种,钰仅见《仪疏》,岁在庚寅,非莕夫所及见。衢本《读书志》有莕跋,其他三种未审有无也。竹汀《补元艺文志》,为顾吴羹手录,上版末题后学黄某谨校。寒石山人系吴下僧。《倚杖吟》四卷为莕翁所刻,有跋,二书均箧中物也。叶吏部函藉悉,不知渠藏书中黄跋,有无在潘、江、邓三家刻本外者。避地离家,无从启请,思之闷损。滂喜讳莫如深,鹤逸已屡书属抄,而未得复。为莕夫打扫夫,检拾碎金亦不容易也。张、刘两君现刻、拟刻,祈示一目。聚卿住何所,欧史需值若干,论疏成书否,积馀在申否?均盼类及。"(《日记》页2614,《友朋书札》页593章钰第十六札)

七月三日,接日本罗振玉信并《论语注》《阃外春秋》,又王国维信寄诗一册。(《日记》页2614)

七月四日,写盛氏图书馆善本草目。(《日记》页2615)

七月五日,跋《运使郭公言行录》《敏行录》;跋《唐书直笔》。(《日记》页2615)

七月六日,校《九经三传沿革例》并撰跋。(《日记》页2615)

七月八日,致金武祥一札,谈南北战局、生活境况及即将到来之七十岁寿辰事:"兵警月余,万事废弛,顷奉手书,如空谷之足音也。赵学南全家仅存一身,书籍、字画、金石、书板、房屋、什物尽成劫灰,闻之泪下。现已移家石塘湾孙宅。两世收藏,一朝捐弃,伤哉!究竟不知如何结局。金陵一屋,石桥一典,危乎其危,常州何如?弟身体甚好,汇兑不通,典质无地,更窘于去年。生日樊山赠序,友人赠诗亦多,炮火殷天,诗坛扫地,兄赠联语极佳,庄方伯书亦愿得也。届期小孙必来,交彼最妥。千万不可赐步沪上,有人满之患,店亦住满,又有月余是何光景亦难逆料矣。幼舲昨亦晤面,宫保为岑三讹去三万金,又受一炮弹,碎一多宝厨,亦颇不高兴,恐亦不能热闹也。大作久欲送还,今交小孙,序言随后交,又得一新义,惜未敷衍成篇也。"(《日记》页2616,《艺风堂书札》298页致金武祥第七十五札)

是日,先生校《退溪集》毕,撰跋。(《日记》页2616)

七月九日,致章钰一札,寄写本《竹山词》《莕圃书录》二册、《艺风堂藏书续记》与章钰。(《日记》页2616)

是日,刘承幹、沈焜来访,携丁氏书请先生审阅。(《日记》页2616,《嘉业堂藏书日记抄》页101)

是日,曹元忠致先生一札。札中介绍近况云:"受业卧病一载,贫困无聊,经张门生锡恭介绍,就松江秀野桥韩氏馆。韩生为绿卿前辈应陛之孙。绿翁与张啸山、顾尚之及受业外王父马燕郊先生,均以收藏校勘为事,复得士礼居、艺芸书舍所散善本……现在课暇,即为韩氏读有用书斋书目,体例拟略仿瞿氏《铁琴铜剑楼书目》。恨去年出京仓猝,所有目录均委弃寓中,案头所存,不够翻检。又沪上相隔带水,而受业不能剪发,视若畏途,未克趋叩函丈请业,只得草稿成后以写本求诲耳!所望霍乱速平,得再伏案也。"又因先生所赠《艺风藏书记》庋置京寓,刻正亟需,而向先生重索。(《友朋书札》页989曹元忠第十七札,《笺经室遗集》卷十五《上缪艺风师书》)

七月十一日,叶德辉借卢熊《苏州府志》、王鏊《姑苏志》,先生并赠以《艺风藏书续记》。(《日记》页2617)

七月十三日,叶德辉致先生一札,还卢熊《苏州府志》、王鏊《姑苏志》、《百宋一廛书录》:"前日快聆训诲,又读未见书,喜极。卢熊《苏州府志》、王鏊《姑苏志》逐一检读,王不如卢远甚,书古一日则好十倍,此何理也!抑岂吾辈好古之人有所偏主耶!往者轻视州郡志书,近十年内考查乡贤事实,乃知不见于正史者,全赖方志存其人。明嘉靖、万历以上诸郡县志书多有善者,惜日暮途远,不能遍收矣。王志三函二十四本,卢志十二本,《百宋一廛书录》一本,并缴上。金时刻书人姓名千祈见赐。"又告诉先生:"十五日后即移居新马路眉寿里四十八号洞庭叶。"(《友朋书札》页551叶德辉第二十六札)

七月十四日,刘承幹以书八十种来请先生定值,十六日还之。(《日记》页2618)

是日,先生致叶德辉一束,寄平水书店单。(《日记》页2618)

七月十五日,叶德辉致先生一札,谈其考证平水刻书:"昨奉谕书,并《平水书铺考》一纸,均读悉。较辉所采,多书轩陈氏、李子文、张谦三条。辉书分宋、金、元、明四朝,每朝刊三纲:曰官刻本,曰私宅本,曰坊行本。于明刻则变其例,官本不全记,以有南监《经籍考》《古今书刻》二书详载,并有行本,故不重赘。宅刻、坊刻并为一类,以书堂斋馆分类录之。而提出精刻,如东雅堂、鹄鸣馆,以及吴元恭、涂桢之类别为一篇。藩本亦提出为一篇。其中最有趣者,分别陈起、陈思所刻书之题字;余勤有堂余仁仲、余靖安之非一人;《万室诗山》之为明书坊叶景达所刻,自来收藏家误为宋本;刘氏翠岩精舍至明犹存。若此者皆收藏家向不分辨者。其他一板而展转递售,如勤有堂之李杜诗板,一转售于叶广勤日新堂,即景达之父,犹在元时。又转售于金台汪谅,皆于蛛丝鸟迹中考得之,惜酷暑不能誊出清稿呈教也。日内又阁起理谱事,居房不甚大,却正路。初来佃一野鸡胡同,冤枉去定洋二十元,可笑之至。"(《友朋书札》页553叶德辉第三十一札)

七月十七日,接傅增湘本月十日在津致先生札,言兑来二百元,告以其在京校史进展:"奉手教,久未复为歉。晚因到京久住,未回津,故迟迟也。昨有函与菊生处,请代垫贰百元交尊处,谅不日可以交到。《后汉》已校少半,以汲古本作底,校正颇不少,但大率与正统本同。范史约再有半月可毕,拟从事《宋书》矣。每日只可校三五卷,恐又须廿余日矣。此外有《魏书》一大部。八月后日短,即拟回津,难以蒇事,惜无同志相助,亦一恨也。新购得吴才老《韵补》,大板心,十行,小字双行廿四字,有'汲古''宋本''甲'等印文,又菉竹堂印、毛氏父子印均真确,然字体恐不类宋刊,大要元初板,首页板心有'谢子芳刻'小字。第不知何时耳,公能考以见示否也?此外见元本《战国策》半部,吴师道注。蓝山书院本,又宋十行本《谷梁注疏》,无补板。均未问价。沪市有何见?想乱事起,亦不暇事此矣。虹口尚安靖否?甚以为念。晚明日入都,仍住广化寺,如有函请径寄该处。"(《日记》页2618,《友朋书札》页578傅增湘第五札)

是日,傅增湘又附寄一札询其托先生所刻《方言》进展,先生代校二僧集是否校完;又欲借校先生藏《孟浩然集》、残宋本《东坡集》,请先生惠让游明本《史记》,并询先生在京师图书馆所校过之宋元本:"敬再启者:近来书手想已来申,《方言》曾否写样,约计刻工共须若干?以便兑款奉托也。洪武二僧集不知校完否?《孟浩然集》急欲一借校,仍恳交菊公前辈寄来为盼。尊处残宋本《东坡集》拟假一校,不知与成化本异同何如?或请公开示卷数。秋间如能来南,或取新本就校也。游明本《史记》如可照原价五十金。惠让,即祈检交菊公并寄,以北方尚可觅他本抄配也。京师图书馆宋元本,忆我公曾校过若干种,请查示一单为叩。缘增湘亦拟入都住寺,借校数种,如公已校过,则免重校也。"(《日记》页2618,《友朋书札》页578傅增湘第六札)

七月十九日,撰夏炜如《鞠录斋稿序》。夏炜如,字永曦,江阴人,夏勤邦、夏勤保之父,先生之表丈。肄业暨阳书院,为李兆洛之高足。先生于二十一日撰成后并该集交与夏勤邦。是集凡文三卷,诗一卷,系夏勤邦收拾丛残所得。先生于文中论其文云:"荃孙慕其名于数十年之前,读其文于数十年之后。其气劲以直,其辞朴而茂。平夷洞达,绝去町畦。学人之文,迥殊凡近。"又云:"盖吾邑僻居江介,人多纯笃,自李先生主讲于兹,而士始知求学;自表丈振誉于继,而人始知作文。惜乎以丈之才,辀张不遇,无以兴起后学,而所传又止乎此也。集内《拟士衡文赋》,备述古今文字源流正变,说理具足,文亦遒炼,足以挽颓式靡,不仅以规模为工。至论江邑事宜,藉知潜心劬学之儒,必抱救世康民之略,欲补救其偏弊,非迂远于事情。"评价甚高,亦可见江阴文脉演进。(《日记》页2619,《癸甲稿》卷二《鞠录斋稿序》)

七月二十一日,发苏州曹元忠信。(《日记》页2619)

是日,先生与张元济一柬,请其寄托其携沪傅增湘藏之《蜕庵集》《蒲室集》及补遗,又明活字本《孟集》:"前奉手书并承汇到二百元,费神,谢谢。沅叔信亦到。代装明初刻两书,代抄补遗,又活字板《孟集》,乞附寄为感。金陵未下。天热如火,不病而病,排解为难,一叹。奂彬亦有长居沪渎之意。余再面谈。"(《日记》页2619,《艺风堂书札》页530致张元济第一札)

七月二十二日,撰徐焕谟《风月庐剩稿》序。序中述徐氏生平事迹,盛称其才学,"雅好艺花,遂娴写貌。步趋徐黄,精诣远摹北宋。调治铅黛,顿悟亦下南沙。尤嗜缣缃,广为蓄储。《七略》四部,校雠远绍乎扬刘。四当八求,目录不殊于陈晁。"先生本月三十日寄此文与费寅。徐焕谟之子徐钧搜罗乃父吟稿,欲付诸梨枣,故请先生撰序弁首。(《日记》页2620、2622,《癸甲稿》卷二《徐叔雅荣禄家传》《徐叔雅风月庐剩稿序》)

是日,撰《朱立斋诗文集》跋。(《日记》页2620)

是日,先生校新抄本《太平治迹统类》毕。(《日记》页2620)

七月二十三日,夏勤邦来,以《鞠录集》托勘,请先生代刊。次日先生即交《鞠录集》与朱文海,并刻资十元。朱文海为该集刻字工人。(《日记》页2620)

是日,吴昌绶在京与先生一札,谈其与章钰为先生祝七十寿事,又请先生督导饶心舫摹写其所刻词底本:"迭奉手示,并式之转寄《百宋书录》《竹山静修词》,一一领悉。顷专差仆人文升至沪,各事条列于下:今岁欣值吾师七帙正庆,式之示以樊山序言,勖以合力进行。渠不荒疏,意欲专主校雠一门,撰文扬榷。绶劝其以书籍、金石、书画、文辞分别,略仿定庵作阮文达年谱序意。惟绶俗冗已甚,竟未思得体裁,愧歉无似,谨以《清虚》二种奉呈为寿。另具薄仪,仆人携带不便,当由交通行另汇。邓孝先见假《石屏长短句》《梅屋诗余》,此真破例相助,不得不郑重视之,今奉上,请嘱饶星舫赶为摹写。不可动其原装。共只十七叶,谅不需多日,能摹卷首四印、末尾二印,尤妙。写成,即连原本交来人带回,由绶自校,付武昌上版。邓书约二旬归还,故亟亟派人专送也。来仆归时,有目录金石书可刻者,或昔人残稿,乞借阅一二。顷匆匆遣人,未及告式之,想伊已有函复。《可斋词》七卷,字数甚多,寄存尊处,托饶君影写。此绶自己之物,不妨从容为之,但以精工为要。有原序二叶,宜依式摹存,此册可拆开,写中缝悉依旧式。《山谷词》一册,附奉一览,中间缺字乞补足。饶君有暇,亦即为摹一本。京师安靖如常,近日沪上想亦渐定。绶兼管路事,征调既烦,又值雨令,昕夕碌碌,回溯前年谈宴之乐,曷任驰仰。"(《友朋书札》页 892 吴昌绶第八十二札)

七月二十四日,跋《闻过斋集》。(《日记》页 2620)

七月二十八日,淞社同人假徐氏双清别墅为先生及吴昌硕、钱溯耆预祝七十寿,至者三十八人。(《日记》页 2621,《嘉业堂藏书日记抄》页 104)

是日,刘承幹购书估汤治平书五十三种,以旧抄《玉堂荟记》《危太仆云林集》赠先生。(《日记》页 2621,《嘉业堂藏书日记抄》页 105)

七月二十九日,吴昌绶专人送宋版《清虚杂著》来,又《毛抄词》二种、《山谷词》一本、《可斋词》一本、新印词五部,并致先生一柬:"旧历廿三,派一仆人送书,由津至沪,如到后请子彬弟见示数行,以慰悬悬。外单一纸,系尊著藏书续记之物,倘蒙赐借数种,交来手带下。俾凑成小丛书,感且不朽。"(《日记》页 2651,《友朋书札》页 917 吴昌绶第一百三十二札)

八月二日,吴昌绶专人回京,先生带上信一件、毛抄书二册、影写书一册、元至正《草堂词》二册、鲍廷博《宋元人文集目》、《振绮堂书目》二册、《刘燕庭所得金目》一册、《绩语楼金石目》一册、《金石萃编校正》一册、《百川书志》四册、《红雨楼题跋》一册、《求实斋跋》三册。(《日记》页 2623)

八月三日,撰《韫玉楼遗稿序》。该集作者系张钧衡之妻,即徐焕谟之次女。因为张氏欲与《风月庐剩稿》同时付梓,故请先生撰序。次日,先生将该集原稿及所撰序寄与张钧衡。(《日记》页 2623,《癸甲稿》卷二《韫玉

楼遗稿序》)

八月六日,校《笺注陶渊明集》并跋之。刘世珩将该书刊入《玉海堂景宋元本丛书》中,先生近数日为之校勘,模黏处用明嘉靖傅印台本补之,并跋之,至本月二十七日刘氏去校本去。先生跋考其底本源流云:"《笺注陶渊明集》十卷,题庐陵墓后学李公焕集录,元刊本。每半叶九行,行十六字。高五寸,宽三寸八分。前有昭明太子序及总论一卷,诗六卷,文二卷,《群辅录》二卷。诗文句下略有笺释,间采东坡、山谷、赵泉山、韩子苍、汤东涧、张縯、胡仔之论附于下。前人以汤注本为最佳,此本为最备,而以为元翻绍兴本。然避讳至'廓'字,又采及刘后村、胡渔隐之说,已在南宋之末,似非从绍兴本翻雕。至字画之隽洁,影写之工整,自是佳书,又为历代藏书家所珍重,故并手跋、图书摹印之。陶集刻本最多,止嘉靖戊申傅印台刊于江州,从此本出。首有华云序,后有王庭幹跋。今本模黏字,以傅本补之,以孙承祖也。"(《日记》页 2623、2632,《癸甲稿》卷四《陶渊明集跋》)

八月七日,先生生辰将至,送礼者极多,恽彦彬、庄心安、金武祥均至。(《日记》页 2624)

是日,瞿鸿禨、樊增祥、周树模、吴庆坻、吴士鉴、王仁东、沈瑜庆、林开暮公请先生,杨钟羲、梁鼎芬、陈三立作陪,均为超社中人。(《日记》页 2624)

是日,先生交沈曾植西江诗派宋韩驹《陵阳先生诗》、饶节《倚松集》样本。(《日记》页 2624)

八月八日,冯煦、林开暮、茅谦、叶德辉来祝寿。是日收到梁鼎芬送万寿祺《百寿图》,冯煦、金武祥、庄心安送诗扇。(《日记》页 2624)

是日,致刘承幹一札,寄书单:"手书衹悉。书照单阅过,无甚新奇之本,并不必翻,考在单上注明,乞酌。子美要书,望将《周易》《尚书》两单疏与之,足支四个月刻。子美所言皆实情。须早与之,如郑重,并可令其自来领取。"(《日记》页 2624,《艺风堂书札》页 594 致刘承幹第二十七札)

八月九日,先生七十生辰。亲友祝嘏者甚多。早赴夏孙桐、李传元处同至半斋小饮,餐面,并与恽彦彬、庄心安、汪洵、李宝章、叶德辉同集。又诣沈曾植谈;游哈同花园。又夏孙桐、李传元、叶德辉、易顺鼎、吴祖椿约小饮小有天,庄裕筠、梁鼎芬作陪。(《日记》页 2624)

是日,梁鼎芬致先生一札:"万年少《百寿图》,内有先师题,奉赠艺风老人七十大庆。先师所云,得此图者,年数如其人数,可谓公颂也。"(《友朋书札》页154梁鼎芬第二十八札)

八月十日,致金武祥一札,谢其贺寿,并谈及时局:"贱辰仰承赐联赐诗,侑以醉觞,感谢,感谢。维兴居受福,谭第凝禧为颂。闻新居在府宜街,移居何时,距次翁所居远近何如。弟当此时世,何敢言寿,是日闭门谢客,自约次远前辈、心安方伯、子渊、润枝、菊农在半斋吃面,往游花园,晚间同兴楼一醉,亦甚乐也。次翁初十即回。大著先交联城呈上,拟序即寄,《灵峰志》留阅。近日文境又变,不愿入激昂一派,兄以为何如。金陵剩物抢完,只书板无恙,稍胜学南,然亦须进出。云洲、亦平最甚,劫到十余次。书屏、谷瑛无一得免。人口走入洋人病院幸免,可叹。"随札带《陶庐五忆》诗册与金氏。(《日记》页2624,《艺风堂书札》299页致金武祥第七十六札)

是日,刘承幹送书来为择定数种并七日来书还之,致其一札云:"顷见示各书,旬卿来单,除钱南园手书不塙外,价尚可留。《茗柯文编》及《周易》价再议。书均有刻本,如以手书收之,亦无不可。惕甫批亦真迹。此复,翰怡仁兄大人。"(《日记》页2624,《艺风堂书札》页594致刘承幹第二十八札)

八月十二日,接门人张锡恭、曹元忠松江贺寿信,并礼八元。札有云:"七月间,受业元忠得友人书,知海上诸公正拟献诗为吾师寿,遂约受业锡恭于本月九日跻艺风堂奉觞祝嘏,冀者英会上得与寿杯,通德门前再修撰杖,至足乐也。"乃受业锡恭因事牵率,受业元忠甫至云间,又以六月中避乱还吴,旷课已久,未能即行。"(《日记》页2626,《友朋书札》页996曹元忠第二十四札)

八月十三日,发松江曹元忠、张锡恭信。此札草于昨日。札谢二人所赠厚礼,并告以《藏书记》即寄与曹氏。又谈抄韩氏所藏黄跋及借抄韩氏善本《越绝书》事,并邀曹元忠来沪一谈,云:"寄苏一信曾收阅否?印臣、式之搜茇圃题跋,韩府所藏,抄交荃处,转寄甚便。又,友人要刻《越绝》,旧本有宋汪纲本否?饶心舫住荃寓,影写甚易。九十月间,戴帽之时,乞吾弟来沪一谈。沪上垂辫者甚多,不骇怪也。"又谈寿辰及时局云:"荃当此乱世,何敢言寿,樊山作序二千言,只上《大公报》,转从报上录出,友人诗约百余篇,均以笺纸。是日闭门谢客,次远前辈、闰枝、桔农约游哈同花园,晚同兴楼便酌,如是而已。金陵又遭匪乱,无一家不抢掠,敝寓亦抢尽,只书板未毁,现想设法运出,尚未能也。钮铁生如此行为,实所不料。闻枝门下有胡汉民,心海门下有黄兴,荃门下出一铁生,绷绷场面,然而小矣。一笑。"钮铁生,名永建,字惕生,一作铁生,上海人,先生南菁书院门人。曾留学日本,结识孙中山,为其所重,秘密加入同盟会,民国元年南京临时政府成立,永建担任南京临时政府参谋本部参谋次长,后代行总长职务,同时筹办军备,后又为苏沪讨袁联军总司令,改任参谋长等职务。后历任国民政府要职,一九四九年迁台湾,一九六五年病逝于美国纽约。(《日记》页 2626,《艺风堂书札》页 525 致曹元忠第三十札)

是日,偕刘炳照到盛宅,祝盛老夫人百龄。(《日记》页 2626,《艺风堂书札》页 525 致曹元忠第三十札)

八月十六日,接李贻和信,言南京家中被抢事较详。(《日记》页 2627)

是日,先生题高鸿裁《金泉精舍图卷》。(《日记》页 2627)

是日,接屠寄《蒙兀儿史记》。(《日记》页 2627)

八月二十四日,诣吴隐谈,交去文集四部、金石目五部、书目五部,《读书记》《辽文》各五部,盖寄售也。(《日记》页 2630)

是日,先生接章钰、傅增湘寿礼各一份。傅氏并附一札,转达景贤还先生款项事,又问先生《方言》是否已经刊成,索先生《艺风藏书续记》,又谈他近期抄校书情况:"前者我公七秩大庆,得信较迟,未得肃贺,托式之略致微礼,计日当可送到矣。补金文及金碑板已告景,彼愿闻值,若有便请寄来一阅。再者,景又言,尚欠尊款约二百金之数,刻下可以付还,惟尊处借渠书,务请见还为要。又言,有人要尊藏《巾箱图》及《鹤栖图》两画,亦请托人带来。其言如此,至其内容原委,侍固不之知。但景人殊狡耳,请酌覆,以便告之。又《方言》已刻成否? 红本希先见示。侍尚拟附跋于后,又请郑叔晋题封面也。《藏书续记》已见,能见赐一部否? 《王建集》当是新得之品,有人欲求让,不知值若干? 求示及。蜕庵、蒲庵两集、孟集均收到,抄装之值亦希示及。《史记》当已抄补完工,能续前议否? 侍近来又须校《梁》《陈》《北齐书》三种,《宋书》方动手,恐须半月,至重阳后,天渐短而冷,客居多不便,亦拟归矣。《魏》《晋》两书俟之来年,然约计已得四百余卷,不虚此行矣。京肆无所见,力量亦多不及,奈何!"(《日记》页 2630,

《友朋书札》页579傅增湘第七札）

八月二十八日，超社第九集，吴庆坻主会，借樊园叙以渔洋先生生日为题，分得尚字。（《日记》页2632）

八月二十九日，刘承幹致先生一札，交王秉恩代觅之张敦仁刻《仪礼注疏》价，谈招刻工穆子美至沪面交付梓以及购《太平御览》《册府元龟》事："两奉惠笺，敬悉种切。张刻《仪礼注疏》承雪橙廉访代觅见贻，以慰渴思，甚深感荷。复承将值转交，尤为费神之至。又蒙送到《仪礼》三种，将来校勘藉资佐证，甚善甚感。其值一百三十元，当如数奉缴。札云拟招子美来申面交付梓，第《周易》《尚书》两单疏均拟交朱文海写刊，则此书亦拟交朱剞劂，盖刻工朱则较胜于穆，而穆处已有《吴兴备志》、谈钥《吴兴志》《吴兴掌故录》各种，故此三种拟交朱刻，以归一律。长者交来之《御览》《元龟》均属旧抄，第《元龟》此间早经买定，而《御览》该估虽亦有一部，却非全书，蒙以见饷，尤为感幸，其值亦当如数奉缴。《元龟》二册仍还签掌，敬悉察纳。蒙赐大著《藏书续记》，稽首拜嘉，贤于百朋之锡，拜领，谢谢！"又谈及借王秉恩藏《宋会要》，并送元椠《三苏文集》及王韬《弢园杂录》一请先生鉴定、示值："《宋会要》雪橙廉访允为出借，甚感隆情。似此贵重之书，订一合同，亦属应有之事，但鄙意最好借重鼎言，先假数十册一观，以定刊否。盖书虽极佳，倘付抄非易，或转知难而退，故必须先看一过然后定乃得能如愿，俟当照来书之数写一收条，以为凭证耳。顷小价回，奉回惠诰，并蒙指示赝本，感荷非浅。唐元素先生交来元椠《三苏文集》一帙，又另有《弢园杂录》一册，并呈法鉴，其书若何，约值若干。而《杂录》据云未经刻过，索价十四元，未识值否？统希核示为荷。日来贱躯欠适，屡欲趋谒，致迟迟未果，稍健，当即趋前，藉领教益。醉愚处存有诸先生寿长者诗，嘱为附上，希大吟坛察存焉。"（吴青《刘承幹致缪荃孙函札考释》第五札）

是日，先生致王秉恩一柬："天气已凉，刘翰怡又询《宋会要》及《仪礼》，乞拨冗一检《仪礼》。五十元亦备好，费神再谢。子封想已入都，令弟入蜀否？"又诣王氏谈，并晤沈曾桐。（《日记》页2633，《缪荃孙致王秉恩函稿释读》第十二札）

九月一日，哈韵松来，交罗振玉寄书五种，并罗振玉一柬。（《日记》页2633）

是日，送岳本《仪礼》、闻人诠《仪礼注》、《御览》与刘承幹。(《日记》页2633)

九月六日，张锡恭致先生一札，答先生问汉学家经书之可刊者："恭逢大诞，恐触哀郢故臣之怀，未敢诣前，仅与揆一兄函达微忱，乃蒙覆谕，感愧交集。锡恭自出都后，旋辟地昆山。俗名小昆山。地僻民贫，人迹罕到。自去秋一病之后，枯槁憔悴，蒲柳之质，未秋先零矣。国家多难，在戚言戚。创丧服郑氏学初稿十三卷，释服十六篇，一息尚存，不敢自逸，尚当加修饰之功。缓日写有清本，当求诲政。谕及为刘氏、张氏校刊丛书，内有重雕阳城张氏本《礼经注疏》，此书为顾涧薲先生校本，注用严州本，疏用艺芸书舍所藏单疏本，但疏文与汪本不同者颇多。据目录后有严本及单疏刊误，注云嗣出，不知刊误一果有传本否？若得传本而刊之，必有大造于此经也。又读大著《藏书记》卷一有《左传单疏》五卷、《礼记单疏》不记卷数，此二书似皆可以景刊。又谕及汉学家书有可刊者，令举以闻。吾娄朱虞钦先生大韶著《春秋传礼征》十卷，尚未及刊，锡恭曾借其原稿抄一副本，惟原稿已为虫啮，中多缺文。华亭夏忠节公允彝著《禹贡合注》，有崇祯间刻本，流传已不多。锡恭在京师收得一部。又胡胐明先生著《洪范正论》刊本亦不多见。锡恭家旧有此书。此三书者可备采择。又竹薜山何氏藏陈忠裕公未刻稿八厚册，内《兵垣奏议》一册，陈蓉曙观察遹声守吾郡时已刊之，惜刻手不佳耳。此书虽非经学，亦吾郡遗文之大者也。又姚春木先生有《周易集说》稿本可访求，而尚未成书。唯《易赞》一卷有清本。王述庵先生《天下书院志》稿本昔曾一见，今未知流落何处。辱承清问，敬以附闻。"(《友朋书札》页977张锡恭第一札)

九月九日，赴徐园淞社第七集，由周庆云主社，在徐氏双清别墅登高张宴，计三席，到者有喻长霖、唐晏、许㵾祥、钱溯耆、张钧衡、恽毓龄、潘飞声、杨钟羲、刘承幹、赵汤、刘炳照、汪洵、吴昌硕、陆树藩、吴庆坻、章梫、孙德谦、杨晋、程颂万、周庆云、沈焜与先生，凡二十二人。题为"九日四咏"：催租、送酒、落帽、题韰。(《日记》页2635，《嘉业堂藏书日记抄》页115)

九月十日，接章钰天津一札，言为先生撰寿诗；荛圃题跋排比竣事，《周职方集》《对客燕谈》二书荛跋来源请先生告示；请先生添补松江韩氏，吴中潘氏及长沙叶德辉家所收，等事："八月上旬，届公古稀正庆，中朝耆旧，海内具瞻，论其位置，将与伏、窦诸贤遥相揖让，固不仅与汐社、谷音数遗老比也。凡在考道问业之后生，允宜登堂上寿，为斯文庆。顾以漂泊异乡，穷居无俚，一芹将献，正以辖袭为嫌，拜书尚辱齿及，益令抱惭无地。新诗二篇，甘遯函约同和，已成愁韵两首，承渠录稿先示，强韵稳押，典实无伦，自顾萧瑟之词，决不足当一哂，缩朒不出，职是之由，姑自徐徐另图构造耳。莐跋排比竣事，比即付写。潘、江、邓、张诸刻，何一非丈搜辑而成，今此一举，不过汇合成编，以省后人分检之劳。写竣后必寄呈鉴定，再付削人。《周职方集》《对客燕谈》二种，遍检旧新诸家目，尚不知根原，敬求明诲。与君直通信，知松江韩氏藏书尚有莐跋，可望添补。特不知郑龛秘笈与湘中叶氏所收，有无妙法得供借抄耳。缘督丈老病侵寻，至深悬系，吾苏城老辈中通雅无与比也。沅叔在都校书，戏谓此天生美矿，为渠专利。同辈好事，未见其人，信已妥交矣。即日移居天津河北宇纬路宇泰里，附闻以便通信。"（《日记》页2635，《友朋书札》页595章钰第二十一札）

九月十日，袁世凯就职大总统于保和殿，沪上各商均悬灯张旗志庆。

九月十二日，撰《玉海堂丛书序》。刘世珩刊刻《玉海堂丛书》，先生助为校雠，应刘氏之请，撰此序弁诸首。先生此序对明清两代重要的家刻书的脉络进行了勾勒，可见其刻书观念，有云："家钱所造，则以毛氏汲古本为最多。然所藏虽有宋元精本，未曾影摹流传，且校勘不精，人尤以为憾事。乾、嘉盛时，黄氏《士礼居丛书》十八种出，经部有《周礼》《仪礼》《三经音义》；史部有《国语》《国策》《舆地广记》；子部有《洪氏集验方》《伤寒总病论》等书。摹刻维肖，校勘尤精。缩宋元于今日，海内奉为瑰宝，至今论价，已与真宋元相垺。同光朝，遵义黎氏奉使日本，就海东选匠，刻《古逸丛书》二十六种，经有《尔雅》《谷梁》《周易程氏传》，子有《荀子》《庄子》注疏，中国逸书有《玉烛宝典》《雕玉集》《姓解》《韵镜》等书，卷帙富于《士礼居》，以美浓纸、香墨印之，分外增色。顾经多宋学，史亦无正史，又以日本人所撰羼入，并有集字补之者，殊为芜累。贵池刘子葱石，生自兰锜，长历亨衢，性嗜古，富收藏，尤喜板行罕见书籍。而影宋元诸刻，经部则有元元贞本《论语正义》十卷、元至正本《大戴礼记》十三卷，史部则有宋小字本《五代史记》七十五卷、宋百衲本《史记》一百三十卷，子部则有宋大字本《家语》十卷、金大定本《铜人针灸经》十卷、宋宝祐本《五灯会元》二十卷，集部则有元至正本《陶渊明集》十卷、宋乾道本《杜陵诗史》三十二卷、宋咸淳本《李翰林集》三十卷、宋绍熙本《坡门酬唱集》十二卷、元至正本《草堂雅集》十三卷。或箧内旧藏，或书肆新得，或友人投赠，或同志假抄，均从原刻影摹，不用翻刻及影写本，则选择尤精也。一字之疑，必翻群书以证之，又不肯轻改原书，少则载入跋语，多则另编札记，则校雠尤慎也。以视芜圃、蒓斋两家，似驾而上之，不但可以鼎足。"（《日记》页2636，《癸甲稿》卷二《玉海堂丛书序》）

是日，撰《内阁书目》跋。（《日记》页2636）

九月十三日，日本来人，为罗振玉送《沙州图经》，为董康送《梦得集》，为王国维送日本刻书。（《日记》页2636）

九月十四日，校代张钧衡影刻《湘山野录》四卷，又据何焯校本撰跋。先生跋录何焯跋语及其校语多条，有云："九月，景宋刻元抄本既成，又得何义门校本，手跋曰……录出藉见前辈点勘书籍，曲畅旁通，不尽在本书中讨生活。可为学者读书矩范。"是跋亦刊入代张氏影刻《湘山野录》卷末，而末署"钧衡再跋"。（《日记》页2637，《乙丁稿》卷四《湘山野录跋》）

九月十九日，至华庆元与钱溯耆同主淞社第八集，展重阳之集，到者二十八人，题为颂淞社古迹：应天泉、龙华塔、渎垒、最闲园、露香园、玉泓馆，不拘韵体。（《日记》页2638，《嘉业堂藏书日记》页117）

九月二十二日，刘承幹因刻书事宜，久不会叙，今晚在寓中宴客，先生与杨钟羲、唐晏、喻长霖先后至，由沈焜、孙德谦代陪，杨钟羲《周易正义》已校毕，校勘记甚佳。褚德彝、章梫后至，席间畅谈，极为欢洽。（《日记》页2639，《嘉业堂藏书日记》页118）

是日，先生从王秉恩借《宋会要》八本与刘承幹，并还王秉恩《汉书引经异文疏证》。（《日记》页2639）

九月二十五日，诣沈曾植谈，借《山谷年谱》三册。（《日记》页2640）

九月二十九日，李传元、张钧衡各畀百元与姜文卿，刊《后村诗话》《定庐集》。（《日记》页2642）

十月一日，吴昌绶在京致先生一札，请先生设法录松江韩氏所藏汲古阁抄本九种词及黄跋："顷君直致式之书云，汲古抄九种尽可转录，特需饶星舫到松等云。此事机不可失，求吾师即遣饶一行到彼如何？假寓与吃饭，绶必重酬差费，请吾师核定，示下即寄呈。并乞径致君直，及早找成，愈速愈妙。芜跋亦承君直俯允,但期以来年。式之颇嫌其急脉缓授,亦求吾师一商君直前辈,感叩无量。又廉州画,如可以四百元见让,可交书衡带来。菊裳在沪否?至念至念。绶生长吴中,何尝不愿刻书,奈刻手写手日窘,此真无法,可否请其择尤开示,绶必助之。"(《日记》页 2642,《友朋书札》页 883 吴昌绶第六十九札)

十月二日,撰《唐史论断跋》。跋盛推该书之史学价值,称其为"开纲目之先声",识见多有高于《通鉴》之处。又考绍兴二十七年南剑州州学教授张敦颐刊此书之南剑州系"福建之南剑州,非四川之剑州";端平二年黄准重刊该书"跋云见蜀本",陈振孙《书录解题》"亦云刻版剑州",皆误。此误由来已久,沿误颇多。(《日记》页 2642,《乙丁稿》卷四《唐史论断跋》)

是日,淞社第九集,淞社第九集由张钧衡、徐钧主社,在乾记弄徐处宴集,盖徐均为其父徐焕谟刻稿征题,张钧衡亦为其亡妇征诗。张钧衡亡妇即徐焕谟次女。到者为先生与喻长霖、杨钟羲、章梫、汪洵、钱绶槃、许涵祥、严震、吴昌硕、褚德彝、陶葆廉、刘炳照、徐士培、杨晋、钱溯耆、孙德谦、沈焜、林卓如、陆云僧、金绍城、赵汤、费寅及两主人张钧衡、徐钧,席半出征诗启,遍索同人题之。(《日记》页 2642,《嘉业堂藏书日记抄》页 120)

十月四日,撰《乐书正误》跋。跋有云:"此书流传抄本尚多,刻本各书目罕见。去年得持静斋所藏《乐书》宋刻本,后附《正误》一卷,分卷版行,字误正各为一格,正字圆墨丁,阴文,甚为新颖。《曝书杂记》云:'《乐书正误》格式颇精,抄录一叶以饷校书者。'直与台州本《荀子考异》《文选李善注与五臣同异考》,均宋贤校勘之精者,为国朝校雠家先路也。"可见先生对清代校雠学源流之见解。是跋系为张钧衡撰。张钧衡将《乐书正误》刊入《择是居丛书》中,卷末载先生之跋,末行署"癸丑十月乌程张钧衡跋"。按,先生所跋《乐书正误》张氏适园所藏原本今藏台北图书馆,署作元刊本,刻工有刘子和、吾六、周受、张名远、吴睡、刘景舟等。先生又曾撰《乐书跋》,考证此书版本源流,云:"《乐书》二百卷,附《正误》一卷,宋陈旸撰,宋刊本。每半叶十三行,行二十一字。高六寸六分,广五寸二分。白口,上有字数。前有庆元庚申杨万里序,后有庆元己未陈岐跋、林宇冲跋。《正误》一卷,楼钥撰,字尤方劲,嘉泰二年大防自跋。又有陈芾跋,不全,与钱警石《读书杂记》同。按,《乐书》与《礼书》,均刻于南宋,归于南监,元明递修,以修板之多寡,定书品之高下。有至治刊本、至正刊本,皆此一书。至治有虞集序。至正本改庆元为至正,改陈岐为林光大,尤为可哂。此本字画清爽,亦无一叶补刊,《皕宋楼志》以为宋刊元印,而林宇冲跋缺字,此本全有之,则印在前矣。首叶有'建安杨氏传家图书'朱文长印、'五砚楼'朱文大方印,末叶有'五砚楼袁氏考藏金石图书'朱文方印。盖明正统中大学士杨荣藏书。五砚楼,则吴县袁廷梼藏书处也。"先生所跋是本亦即上跋所云之持静斋旧藏本。《持静斋书目》载此本云:"又续得宋刊本,初印,精善,笔势飞动如生。中有'苏州袁氏珍藏''建安杨氏传家图书'二印。"然未云有《正误》。(《日记》页2643,《乐书正误》卷末张钧衡跋,《"国家图书馆"善本书志初稿》经部页195"乐书正误"条,《癸甲稿》卷三《乐书跋》,《持静斋书目》页90"乐书二百卷"条)

是日,赴吴隐处取《殷墟书契》两部回;送《宋会要》三册与刘承幹。(《日记》页2643)

十月六日,为刘世珩撰《贵池先哲遗书》序。(《日记》页2644)

十月七日,傅增湘在津致先生一札,以其新购《韵补》《佛祖统纪》是否宋版质之先生;询先生《方言》是否刊成。《范太史集》先生是否藏于明版;又谈及其是夏在京校书事:"连上两笺,计登签掌。前在京收得吴才老《韵补》,大板心,刻式古雅,疑是宋,质之同人,亦不敢定。惟蓉竹堂、汲古阁毛氏父子印、宋本甲印则真确不可易。后李木斋师定为宋本,谓与瞿目合。昨日读公《藏书记》,则十余年前已见此景宋本,其首叶版'谢子芳刊'四字固在也。第不知视通行本异同得失何如耳! 若公欲见之,下月来申当持以奉谒。又有《佛祖统纪》一书,亦疑是宋本,曾函询培老,尚未得复。晚开去款式其详,可以索阅。《方言》已刊成否? 雪老来书,言校记已交尊处,能先以见示否? 甚盼甚盼。将来开印时,拟用罗纹纸印数部,或日本纸。希预行通知为叩。培老新刻《陵阳集》,家中藏有旧抄本,其朱笔校字颇似老茝。取以对勘,增改亦近百字。自注有增。日后当取以就正。《范太史集》五十五卷。公处有明本否? 未见过。抄本亦难得,若价不贵,亦拟付刊。此人在宋蜀贤中,人品学术为一时之冠,而文集流传不广,甚可悼叹。今日得京函,知图书馆已停办。善本书收入部中,通行本发存旧南学。不知何馆。旧学根株必须铲除净尽,不知当事是何居心? 晚今夏到馆校书百有五日,只得三百余卷,方谓明春赓续为之,先及《魏书》,旁及子集,为群书拾补之资料。今收归部中,则事杂言庞,此后殆难复问,运蹇时乖,并此区区而不予畀,真可痛恨。想公闻此,亦当太息不已也。《续藏书记》,印臣处得见之,敬求赐一部,以资考证。"(《友朋书札》页579 傅增湘第八札)

十月八日,董康、罗振常来见先生。先生得王国维一札,随札寄《清真事迹考》一帙,盖欲先生设法谋刊。札云:"金陵之乱,书版、酒瓮未入劫灰,深为庆幸。拙撰《清真遗事》,前已印于《国学丛刊》中,乃系石印,后稍有增改。兹将改本托子敬兄呈上,如荷赐刊,即可照此写样。去年文小坡刻《清真集》,印臣曾寄以见示,不独所见本太少,乃至书题亦复不通,后跋亦不知所云,远不如毛刻尚存强本之真,王刻亦仍元刊之旧。此刊殊为赘设,谅长者亦见之矣。印臣刻词,已得几种。授经至沪,当已面过矣。"(《友朋书札》页1016 王国维第七札,《日记》页2644)

十月十日,送一部《图书馆方志目》《谳言》稿本与邓实,即辞馆。(《日记》页2644)

十月十七日,章钰致先生一札,为江南图书馆藏书未遭兵乱庆幸,告先生吴昌绶为其所拟寿联,并谈及其校《梦得集》进展,请先生搜抄黄跋:"月初奉示,敬悉道履康和。秣陵又经浩劫,而书板、酒坛一一无恙。固知道存者物莫能伤,闻讯欣忭。龙潭旧馆幸未遭兵火,而广化别藏,主者奉行减政主义,饬将善本装箱存部,通行各书拨归国学。经此一番倒乱,遗失舛错固在意中,入部而后,更不知何年再见人间,真可太息痛恨者也。甘遽转到子培先生见赠仿宋本二种。倚松题志,更齿及贱名,惭感兼极。甘遽属并致谢忱。渠景刊词集,得便即寄,求丈丈一一代达,恕未专函。甘遽昨信云得一联云:'抗衡惜抱随园,一代文人皆寿相。游戏蓬莱藏室,九流老子独书痴'。拟以寿公。钰拟易上联云:'步武卷施平津,一代常州成学派'。终觉与渠下联不称,设当公意,当敬书,以代虎儿年春帖也。现刊《群雄事略》,未审据何本?敝藏梁蕉林抄本极可信,如有样本,愿寄示。参校吴佩伯《读藏书续记序》,颇欲仿砚山故事开呈一目,可否?祈谕知,非固请也。近校《梦得集》,明卅卷校毕。授经新景本亦校过廿卷。俟断手后,必与表圣校记同呈我函丈鉴定。如尚无纰缪,即附结一刊本,至为荣幸。近与君立通信否?[①] 曾与一书,尚未得覆。所最切望者,莫如韩藏

---

① "钰所切盼君直者","君直"原作"君立",盖整理者误识,《友朋书札》章钰第十二札有"钰所切盼君直者,无过茇跋,求恳恳之愚"句,即在申此文意,据改。

士礼书之荛跋,现已合三家刊过外,共五百七十九篇。翁叕老云,渠处亦有多篇,尚未见付。不知兔彬叶君所藏,目下时局少定,尚可由湘抄示否?造塔合尖,祈公左右之。感盼何极。"①(《友朋书札》页590章钰第十一札)

十月十八日,致刘承幹一束,寄重订《宋会要》目。(《日记》页2648)

十月二十一日,诣刘承幹谈,翻阅各种书籍,并至醉沤斋小饮。(《日记》页2649,《嘉业堂藏书日记抄》页125)

十月二十二日,章钰致先生一札,请先生设法请曹元忠抄录松江韩氏藏书中之荛圃跋,并请先生寄示叶昌炽所藏吴贤著作目录:"续示敬悉。先有一笺在途,度已入览。催租四句,语妙天下,持告同人,无不喧噱。印信转上。钰所切盼君直者,无过荛跋,求恳恳之愚,为感。授经注意《至正集》,此事因图成不易,遂致搁起。缘督所藏吴贤著作,如有其目,愿寄示。"(《友朋书札》页590章钰第十二札)

十月二十七日,发曹元忠一札。札谈抄黄跋及录副毛抄书问题,又谈及江阴兵变,有云:"闻驺从即日来沪,翘盼特甚。式之函云,吾弟许代抄黄跋,望速就。印臣又欲派人来抄毛抄书九种,乞先视一目,约几月能完,再专人来不误。愚刻新旧藏书记将来面呈。江阴兵又变,北门一掠,波及焦垫、玉桥各镇。天下无净土,奈何!"又云:"顷又得印臣信,云是词九种,如半山词只七阕也。亦先示目,并老铙须一榻一□,饭食均须言明。此间抄件亦不少也。"(《日记》页2651,《艺风堂书札》页526致曹元忠第三十一札)

十月二十八日,况周颐以元版《尔雅》、《金兰集》、明版《范文正集》求售。费寅来,持《尔雅》去。陶湘来,持《金兰集》《范文正集》去。(《日记》页2651)

十月三十日,约周庆云、钱鸣伯、张钧衡、刘承幹、费寅、沈焜、杨钟羲、吴士鉴在家宴饮。先生家庖厨向来闻名,刘承幹以为"火候尚足,味亦鲜结,似较市庖为胜"。(《日记》页2652,《嘉业堂藏书日记抄》页127)

是年十月,先生赠王国维《艺风藏书续记》,王国维自日本寄札致谢,并谈其近期治学:"颂清兄来,承赐《艺风藏书续志》,敬读一过,乃知续收

---

① "钰所切盼君直者","君直"原作"君立",盖整理者误识,据文意改。

之书,更倍于旧。然所见闻之尊藏书,尚有溢出目外者,殆真入秘笈耶,抑已归他人也? 谨领谢谢。今年发温经之兴,将《三礼注疏》圈点一过,阮校尚称详密,而误处尚属不少,有显然谬误而不赞一辞者,有引极平常之书而不一参校者,臧、洪诸君非不通礼学,而疏漏如是。此系私家箸述,犹不免是病,无怪官本之不能善也。夏间作《明堂寝庙通考》二卷,秋间作《释币》二卷,上卷由古衣服制度考币帛之长短广狭。下卷为附录,考历代布帛之丈尺价值。近为韫公编《封泥集存》,续陈、吴二氏《封略》,汰去重复及《考略》所有者得四百余种。因考两汉地理,始知《汉志》之疏,成《秦郡考》《汉郡考》二文,自谓自裴骃以后至国朝全、钱、姚诸家之争讼,至是一决。而班孟坚所云:高帝置之二十六郡国,其三分之二乃置于景帝时。自来地理学未有见及此者,殊可怪也。因此发兴,拟作《两汉六朝乡亭考》,而头绪既繁,体例亦难遽定。初思以《汉志》为纲,而以汉后之乡亭消纳其中,因见于后代书中之乡亭,大半为汉时所有故也。继思新置郡县,每与汉时不必一地,而又系汉志本文。故拟凡见于汉时书中之乡亭,用汉志编次。见于《后汉》《魏》《晋书》中之乡亭,用续志编次。见于六朝、唐初之乡亭,用《隋志》编次。分为三部,大约其数可得折冲府之一倍。此系自己参考需用之书,不必为人而作也。拉杂书此,藉告近状。"(《友朋书札》页 1020 王国维第十三札)

十一月二日,题《秋江唤渡图》。(《日记》页 2652)

十一月三日,送刘承幹书封面与《诸葛武侯传》,乞沈焜校。(《日记》页 2652)

十一月七日,送《荆钗记》《录鬼簿》《曲品》写本并底本与刘世珩。(《日记》页 2654)

十一月八日,送百元与况周颐,购其《金兰集》、《范文正集》、元版《尔雅》。(《日记》页 2654)

十一月九日,宗舜年还《玉台新咏》《甫里集》。(《日记》页 2654)

十一月十二日,覆勘《吴郡志》校勘记。(《日记》页 2655)

是日,徐乃昌送书来,托先生编目。(《日记》页 2655)

是日,超社十二集,先生约瞿鸿禨、樊增祥、周树模、吴庆坻、吴士鉴、王仁东、陈三立、林开暮集于小有天。(《日记》页 2655)

十一月十三日,送寄卖书与吴隐西泠印社,留单。(《日记》页 2655)

十一月十四日,至愚斋图书馆覆勘术数类书。先生近日即以此为日

课。(《日记》页 2656)

十一月十七日,送《此山集》元本新刻本、抄本还张钧衡;送《地形志》《千顷堂目》与况周颐;送《文馆词林》《辛壬稿》与刘炳照。(《日记》页 2656)

是日,先生撰金刻池州本淳熙《昭明文选》序。(《日记》页 2656)

十一月十九日,校《黄山谷年谱》毕,撰跋。(《日记》页 2657)

十一月二十一日,傅增湘来,还《孟浩然集》,借去《陶隐居集》、宋本《韵补》。(《日记》页 2657)

是日,先生又诣刘承幹谈,刘承幹以新来各书求定价。(《日记》页 2658)

十一月二十二日,还徐乃昌书三十一册,以《祖龙学》为最,又送书七十册来;还刘承幹书,以劳校《笠泽丛书》《武林旧事》《中州启劄》为最。罗振常来,借去敦煌唐碑三种。况周颐借《五杂俎》去。(《日记》页 2658)

十一月二十三日,傅增湘借宋刻《东坡先生后集》残本五卷。此集乃自内阁大库散出者,旧为完颜景贤所得,后流入先生手者。(《日记》页 2658,《藏园群书校勘题识录》页 484 傅增湘跋语)

是日,先生撰《后村题跋》、《后村诗话》跋。(《日记》页 2658)

十一月二十四日,李详、张运、刘泽源来早饭,以王懿荣试卷求题。(《日记》页 2658)

十一月二十五日,撰刘世珩所刻《传奇》引首;傅增湘借《刘长卿集》。(《日记》页 2659)

十一月二十六日,售《学古录》《三圣诗》《会稽三赋》与王大炘。(《日记》页 2659)

十一月二十七日,刘炳照以词稿求序。(《日记》页 2659)

十一月二十八日,撰《传奇》缘起,于十二月二十三日撰毕。(《日记》页 2659、2667)

十二月一日,樊增祥为先生题《广雅书局图》四首,其一:"渌水朱桥尚俨然,相公缃素委寒烟。州门老泪多于海,回首珠江廿五年。余己丑冬值宿书局。"其二:"汉劫秦灰一再经,朔南牙玉总飘零。白头征入图书府,臣向如今是更生。宣统初,京师起图书馆,以君领其事,未逾年而变作。"其三:"太平兴国太平时,御览才搜十国遗。倘得南皮存古意,早征桓伏入京师。尝与艺风言图书馆必当保存。"其四:"广雅门中四十春,眼看桃李百般新。晚年似有临川悔,独许樊山是旧人。旧人只有樊山老,广雅癸卯年诗也。"(《友朋书札》页116樊增祥都二十一札)

十二月四日,董康来交七百元又交出未售书《事文类聚》《翰墨全书》,及明板杨维桢、刘基、二妙三集,又宋板《宋文选》、明板《道园学古录》、旧抄《香溪集》、大典册。(《日记》页2661)

是日,张钧衡交宋板书价四百元。(《日记》页2661)

是日,先生送樊增祥《对雨楼丛书》一部,樊氏复先生一柬,约观溥仪御书:"得手柬及书,欣荷欣荷。小诗但道其意所欲言耳,过奖愧甚。前荐刻工,因刻资未议定,积馀又招南京手民来此,因先以词稿付渠写刻。弟待刊者尚多,吴姓亦不令寂寞也。社集又当举行,容商定奉约。梁髯已归,初七日约观御书,公能到否?"(《日记》页2661,《友朋书札》页112樊增祥第十札)

十二月七日,诣梁鼎芬处,观宣统皇帝溥仪御书。(《日记》页2662)

十二月八日,周庆云约消寒第一集,戴启文、钱溯耆、吴庆坻、汪洵、刘炳照、沈焜、刘承幹同席。(《日记》页2662,《嘉业堂藏书日记抄》页138)

是日,叶德辉致先生一札,谈其所作《书林清话》《家世纪闻》,请先生代抄叶燮与曹溶酬唱之作:"前有两函复公,想已早登记室。岁月流星,忽焉腊尽。今年客游半载,竟未刻成一书,实为恨事。《书林清话》自谓可传之作。久已脱稿,苦于无刻工。近日编撰《家世纪闻》一书,分事纪、正史不录。文纪诗词附入。二类,皆录前贤记载及诗文之作,与先祖辈有关涉者。舍间藏国朝人诗文集颇多,足资搜讨。惟曹倦圃《静惕堂集》中与横山公唱酬之作甚多,辉藏本缺二十二至二十五四卷,中有与横山公诗二首,不知公有此书否?如有此书,祈于此四卷中录出,余卷则不必也。"又告以代先生从前人书目录得荛圃题跋六篇及请关注士礼藏书源流:"《士礼居藏书跋》抄出六篇,系从家藏旧本书录出,别纸抄呈。其余见于前人题跋,及近人丁、陆两家书目,只抄一目,公令佣书人按目抄之可也。从前潘文勤、江建霞两次搜刻,不注明出自谁家藏书,实为可惜。邓秋枚活字印本所续补者亦然。辉往年于潘、江两刻本上批注来源去路,及近藏何人,凡士礼居藏书授受源流,可以一览而悉。此事本不难,在公尤不难耳。丁氏持静斋书中亦有跋五六篇,能致之否?"叶氏此言,可见其对藏书源流的关注,也可

见其一贯之治学之法，与《书林清话》思想一致。(《友朋书札》页 553 叶德辉第三十二札)

十二月十一日，朱文海送《鞠录斋稿》来，连板送与夏勤邦。次日，先生诣夏勤邦交该集刻印账。(《日记》页 2663)

十二月十二日，致刘承幹一束，谈《居士集》可购，翁方纲《四库提要稿》索题办法等："查《居士集》为洪武五年刻本，其品与元本同，可收也。今日雅集，即以观覃溪分撰四库提要手稿为题，带数本一观。各人另纸书，不必真题册上，将来择诗佳者书之亦无不可。朱文海处《易正义》一本，可交彼。穆子美《瞿木夫年谱》修好者，闻寄尊处，即交下为荷。余面罄。"又询："《薛考功集》来否？"(《艺风堂书札》页 592 致刘承幹第二十三札)

是日，淞社第十一集大会于小有天，刘承幹为主席。到者先生与孙德谦、刘树屏、刘炳照、刘世珩、吴庆坻、吴昌硕、章梫、胡定臣、长尾雨山、唐晏、杨钟羲、程颂万、张美翊、陶葆廉、周庆云、胡念修、恽毓珂、褚德彝、潘飞声、郑孝胥、钱绥楽、张钧衡、白曾燦、白曾然、沈焜、刘承幹、费寅、徐珂、杨晋、赵汤、许湛祥、曹曾涵、喻长霖三十四人。刘承幹以所购翁方纲手纂《四库全书提要稿》真迹索题，四座传观，均言不易得。(《日记》页 2663,《嘉业堂藏书日记抄》页 139)

十二月十四日，过樊园，超社第十一集，瞿鸿禨、吴庆坻、沈曾植、王仁东、陈三立、周树模、林开暮、吴士鉴同集，又有梁鼎芬，以送梁鼎芬之西陵为题。(《日记》页 2664)

十二月十五日，久华楼消寒，戴启文作主人，钱溯耆、汪洵、刘炳照、吴庆坻、吕景端、沈焜、刘承幹同席。(《日记》页 2664)

十二月十六日，超社第十五集，会于旧园，以催雪为题。(《日记》页 2664)

十二月十七日，送《金兰集》《范文正集》《结一庐丛书》与陶湘。前两集系先生代陶氏从况周颐购得者。廿四日陶湘还书钱于先生。其中《范文正公集》系明万历三十七年康丕扬刻《韩范二公集》本，今藏上海图书馆，末有先生手跋，云："宋范文正公文集，宋刻二十卷，元天历本同，另编《奏议》二卷，《遗事》《义庄规矩》《陕西五路图》《西夏地形图》《西夏寨堡》各自另编。明嘉靖祠堂本仍依原次。此陕西本，刻于万历，将奏议及附录各种羼入,拓为二十四卷,康熙、乾隆各本因之。是此本初改宋元旧第而为近刻之所祖,亦可留之备阅,岁在癸丑十有二月江阴缪荃孙识。"(《日记》页 2665、2667,上海图书馆藏明万历三十七年康丕扬刻《韩范二公集》本《范文正公集》卷末缪荃孙手跋)

是日,送《敬乡录》样本、影宋多种样本与张钧衡。(《日记》页 2665)

十二月十九日,超社第十七集,咏东坡像。(《日记》页 2665)

是日,淞社十二集,在三马路小有天,吴庆坻、褚稚超、周庆云、杨晋四人主社,到者先生与孙德谦、汪洵、吕景端、刘炳照、吴昌硕、章梫、胡定臣、唐晏、杨钟羲、程颂万、陶葆廉、周庆云、朱锟、胡念修、恽毓珂、恽毓龄、褚德彝、潘飞声、郑孝胥、钱溯耆、钱绥槃、张钧衡、白曾燨、白曾然、沈焜、陆树藩、刘承幹、费寅、徐珂、杨晋、许涯祥、曹曾涵、喻长霖、戴启文、吴庆坻、褚稚超、杨晋。(《日记》页 2665,《嘉业堂藏书日记抄》页 141)

十二月二十一日,傅增湘取宋刻《韵补》去,又送还《陶隐居集》。(《日记》页 2666)

是日,刘世珩取《南征录》及袁跋去。(《日记》页 2666)

是日,先生寄《艺风堂文续集》与章钰,并附赠吴重憙一部。(《日记》页 2666)

十二月二十三日,消寒第三集,约戴启文、钱溯耆、汪洵、刘炳照、吴庆坻、周庆云、吕景端、沈焜、刘承幹小饮醉沤斋,题为祝灶,以初白翁"此意天能谅,吾非媚灶人"分韵。(《日记》页 2667,《嘉业堂藏书日记抄》页 142)

十二月二十五日,沈曾植答先生一柬,送宋刻《四书》来,请先生作缘出售:"昨有友自北京归,舍侄属携宋本《四书》,送呈尊鉴。此书刻印皆精,第索值千番,非吾辈力所能取。张、刘两大,公能为作缘否?其全书尚在都中,有价当可续寄。"又言:"闻闰枝有推挽鄙人之意,衰朽余生,岂堪缠绕,切望致书阻其雅意,叩叩。"(《日记》页 2667,《友朋书札》页 184 沈曾植第三十二札)

是日,刘承幹访先生,长谈,并送年敬一百元,送先生仆人十二元,以先生为其刻书事辛劳之故。刘氏并取沈曾植所送《四书》去。(《日记》页 2667,《嘉业堂藏书日记抄》页 142)

十二月二十六日,还《言旧集》《南唐书注》《朱立人集》与刘承幹;送

《陆其清书目》《王闻远书目》《鞠录轩稿》与赵诒琛。(《日记》页 2667)

是日,撰李兆洛、瞿中溶两年谱及《言旧录》跋。(《日记》页 2667)

十二月二十八日,购《太仓稊米集》《通历》。(《日记》页 2668)

十二月二十九日,先生赠刘承幹《龙凭纪略》《藤峡纪略》《春雪亭诗话》《渚山堂词话》,均抄本,刘氏即致函谢先生。(《嘉业堂藏书日记抄》页 142)

十二月三十日,撰《翁覃溪提要稿》跋。此翁方纲手稿系刘承幹所购藏,此跋即为其撰。跋云:"乾隆三十七年奉旨搜采海内遗书,以充内府,并采及《永乐大典》编纂成书。派军机大臣为总裁,派词臣为提调、总纂、分纂、校阅等官,凡内府储藏之书,臣民经进之书,《大典》辑出之书,分类校勘,各撰提要,候总裁鉴定。书有收有不收,跋有改有不改。诸人私稿,亦有载有不载焉。大兴翁覃溪阁学,于四十四年入馆为纂修,阅时久远,几及十载。所撰草稿,流传粤东,今归刘君翰怡,共计簿目都一千余种。每条皆有提要,于一书之中,复罗列卷数及卷中子目与夫何时刻本、收藏印记、前人题跋,并甄录无遗。阁学墨迹,世所珍重,今翰怡获此巨编,其宝爱为何如。邵二云、余秋室在文集,姚惜抱另编书录,有收有不收,有全改,有略收,几无有一篇不改者。阁学此稿亦然,不必疑也。昔年曾得阁学诗文手稿一百二十册,诗未刻者抄编二十四卷,犹存箧中。文未刻者,录目而未能抄出,遂为人赚去,至今思之,不无怅怅。其书犹在京师,翰怡或能谋作延津之合,更为盛事矣。"(《日记》页 2669,《癸甲稿》卷四《翁覃溪分撰提要稿本跋》)

是月,先生跋明万历三十七年康丕扬刻韩范二公集本《范文正公集》:"宋范文正公文集,宋刻二十卷,元天历本同,另编《奏议》二卷,《遗事》《义庄规矩》《陕西五路图》《西夏地形图》《西夏寨堡》各自另编。明嘉靖祠堂本仍依原次。此陕西本,刻于万历,将奏议及附录各种羼入,拓为二十四卷,康熙、乾隆各本因之。是此本初改宋元旧第而为近刻之所祖,亦可留之备阅。岁在癸丑十有二月江阴缪荃孙识。"(上海图书馆藏明万历三十七年康丕扬刻韩范二公集本《范文正公集》卷末跋语)

是年,重修《兰陵缪氏世谱》,撰《族兄禄田先生小传》《族弟秋萍家传》。(《兰陵缪氏世谱》卷二十九《族兄禄田先生小传》《族弟秋坪家传》)

是年二月十五日(3月22日),宋教仁在沪遇刺身亡。

是年六月,"二次革命"爆发。

是年九月十七日(10月16日),袁世凯被选为第一任正式大总统。

卷七　流寓沪上（中）

民国三年　甲寅（1914）　七十一岁

一月一日，先生在沪。先生自是日起以明洪武刻本杨维桢《东维子集》校己藏传抄本，至元夜校毕。（《日记》页2687、2690）

一月二日，至刘承幹一柬，附《翁覃溪提要手稿跋》。（《日记》页2687）

一月九日，撰刘炳照《无长物斋词存序》，十一日成。此是先生应炳照去年十一月二十七日之请①。序忆两人相交之历程，时势之变迁，个人之境遇，颇觉凄凉，有云："同客天涯，偕臻老境。夕阳江上，似燕无家；春雨楼头，憎鸦搅梦。金缕衣之低唱，眉语难逢；铁绰板之高歌，牙期罕觏。况乎屺怀、子馥，久归道山；子莼、小坡，远离茂苑。聚散存亡之感，缠绵悱恻之情。灵心独运，君犹寻炳烛之余光；继和未能，我殊愧操觚之率尔。"（《日记》页2659、2689、2690，《癸甲稿》卷二《刘语石无长物斋词存序》）

一月十日，吴庆坻致先生一柬，谢先生昨日赠《艺风堂文续集》，请先生将寄送王先谦之件发下，并言及淞社："奉手笺，并赐续刊大集谨领，容细读也。寄葵师函件发下，当为觅寄。消寒之局，诚如尊旨，尚有意味。淞社则侍亦敬谢，精力、日力、财力，皆不及矣。一笑。奂彬未必即来，两卷请便中送交止相补题。"又言："正作答间，有湘友来，言十一日启程赴长沙，尊件明日交侍最妙。"（《日记》页2689，《友朋书札》页224吴庆坻第二札）

是日，先生发王先谦信，寄《续碑传集》《藕香零拾》《艺风藏书续记》

---

① 按，是序文末署"甲寅人日"，今依《日记》系于此。

《艺风堂续集》，交吴庆坻托人带。(《日记》页 2689)

一月十五日，校《东维子集》毕而跋之。跋考是集源流及版本优劣云："《东维子集》三十一卷，元杨维桢撰。明洪武刻本。每半叶十二行，行二十四字。高六寸七分，宽四寸五分。黑口，双边，两鱼尾。按元铁崖著作有《铁崖文集》五卷，元刊本；《铁崖漫稿》五卷，明洪武十四年谢九畴序本。至《东维子集》，各家书目著录皆抄本，惟《爱日精庐藏书志》有刻本，无序跋。又有抄本，跋不全，而无年月。荃孙藏旧抄本，跋与《爱日志》同，末有'万历十七年乙丑既望'一行，又华亭孙承序云'洪武初元石湖吴君欲广其传，问序于予'云云，亦无年月。此书刻工、纸墨的是明初，不得至万历也。疑此书与爱日本，同出洪武吴刻，抄本出于万历，所以行款不同欤！荃孙于甲寅元旦，以刻本校抄本，至元夜而毕。文二十八卷，诗二卷，附录一卷。记之外，又有志，与记无以辨。文中有颂元者，有颂明者，有颂淮张者，亦无以辨。《春水船记》两收，一在卷十六，一在卷十七。《小桃源记》一为顾仲瑛作，一为陈衡父作，起段不同，余则全同，则编次者之疏也。句奇者注句字，字奇者注音释，韵奇得注叶字，与他书不同。脱文、讹字触目皆是，甚至不可句读，《毛隐集上人序》缺末一行，则坊本之最劣者。《东维子集》罕见刻本，今得刻本如此，令人气短。至坊抄本，讹脱更甚，然亦有改正者，非出一本可知。脱去三叶，据刻本补足，讹脱字句改正，稍稍可观矣。"(《癸甲稿》卷四《东维子集跋》)

一月二十日，朱锟招华庆园淞社第十三集，兼宴九老，作香山生日，与会者二十余人。九老者为嘉兴吴昌言，年八十二；海宁许澉祥，年七十四；丹徒戴启文，年七十一；安吉吴昌硕，年七十一；江阴缪荃孙，年七十一；太仓钱溯耆，年七十一；阳湖汪洵，年六十九；阳湖刘炳照，年六十八；钱塘吴庆坻，年六十七。(《日记》页 2692，《嘉业堂藏书日记抄》页 146)

一月二十三日，撰《陶庐五忆序》，有云："此三十年中，国家因兵败而图强，因图强而变政，因变政而召乱，因召乱而亡国。云翻雨覆，海竭桑枯，至于如此。"又云："余也始而供职玉堂，继而奉祠金陵，继而守史藏室，继而避难海隅。去国离家，偷生逃死，至于如此。使在太平之世，事隔三十年，盛衰之感，死生之哀，已令人不能一日安，而况逢元二之年，处阳九之厄，在三十余年之后，回思三十余年之前，有不泪如泉涌，肠若毂回也乎。"可见先生心态。(《日记》页 2693，《癸甲稿》卷二《陶庐续忆序》)

一月三十日，得章钰天津本月二十五日一札，谢先生赠《艺风堂文续集》，告以分送先生所看各书，并与先生商榷荛圃题跋注录出处问题："岁阑沅叔返津，询悉德躬康胜，书福日新，悉列游从，引为私庆。闻有新刊赐读，鹤望经时，一昨由商馆转到，始知手书长牍，开喻殷勤，间阻中途，致稽答谢。续集急诵数过，获益宏多。愿公如《春在堂文编》三、四刊行也。《王建集》由傅交吴，尚未知于意云何，询明即复。《宾退录》沅、印各取去一部，均未交价。石印碑贬价，当易代售，容即谋归结。奂彬抄示荛跋，皆出公力，钰与伯宛同一感佩。另开一纸已照录在前，颇喜所见相同也。跋下注明现藏何处，此事易而实难，即如郘宋一家，从藏书志乎，抑说实话乎？已函商伯宛，再行奉复。现在搜罗殆将百则，宗子岱尚有九种未寄来。韩馆既有大宗，不应尚付遗珠，屡恳君直以神通发其藏，公关心此事，求再切托。君直似闻蝉联，请示之实，当催促之耳。联语已缮、已装，同日寄南，至祈哂存。贱况一窘字了之，不到水穷山尽，决不轻于一掷也。闰兄到京后曾通一信。"（《日记》页2695,《友朋书札》页591章钰第十三札）

孟春下浣，刘炳照为先生赋《艺风先生辱贶词叙，赋此志佩》七律一首（《友朋书札》页841刘炳照第四十三札）

二月四日，朱祖谋借元本、汲古本《中州乐府》去。（《日记》页2696）

二月五日，致恽彦彬一札，又致金武祥一札。与金氏札谈近况及刻书事："久不通函，懒慢特甚，亦以困穷无赖，无可告语，想春间回里扫墓，既无盘费又无家人，分外为难，言之可慨。辰维兴居受福，潭第凝厘为颂。委撰序文，录尘改正。书名仍望示知，以便存稿。文不成文，语无泛设耳。光珊重刻词，弟作骈文一序，殊嫌才尽。殷亦平到金陵谋事，未知成否。人无阶级，人人可作达官，如何能太平。兄在常州尚优游自得，饮食步履健否？弟总算复原，日内伤风咳嗽不已，春寒真难伺候也。《夏永曦先生集》已刻起，兄想得初印本，刻样尚佳。制造局刻手自被裁后，经弟招与刘氏刻丛书，并未遣散，金陵书局人亦未散，均以私家之力维持之，贼官断不知此道。"（《日记》页2697,《艺风堂书札》299页致金武祥第七十七札）

二月六日，罗振玉自日本致先生一札，谢先生借《鸣沙》两刻及《高丽碑录》，告诉先生委其购求之书系《礼记子本义疏》："前奉到赐谕，并荷假《鸣沙》两刻，感荷无地。平安馆《高丽碑录》亦收到，至谢至谢。现北陲诸碑，手录已竟，一俟写定校毕，即奉完也。前委购求熊安生《礼记注》，业已探问明白，乃名《礼记子本义疏》，唐人写本，初为田中宫相所藏，近在早稻田大学，外间无影照本。岛田翰曾录入《古文旧书考》中，不知长者所云，即此书否？其书无撰人姓名，不知是否安生。如须影照，当设法托人，求示知为荷。"又言其近撰定《流沙坠简》，拟印《殷虚书契后编》，请先生设法帮其出售书版，以筹印资："近撰定《流沙坠简》，乃英人司坦因博士所得敦煌古木简，为西汉讫魏晋遗物，皆分书及章草墨迹，现分为三书：第一种小学、术数、方技书，削稿已竟；第二为屯戍丛残，由王静翁考之，亦略成就；第三种简牍遗文，则方在撰述中。大约春末当可印成。虽其中无经史要籍，而有《仓颉》、《急就》、《力牧》，兵书。汉历谱等，其第二种有裨于汉魏边防尤多也。惜棉力有限，此书又须用玻璃板，非二千元以上不可，如何如何！俟第一种印成，即先呈教，想以先睹为快也。又有恳者，玉拟今年印《殷虚书契后编》，今印《流沙坠简》，所蓄已罄，闻长者所刻影宋本丛书售归同好，玉所刻《宸翰楼丛书》，与尊板一律，若能由长者介绍，甚愿售出，以为刻书之用。兹呈样本一部，敬求酌定价格，不必见询。若能有成，感荷无既。"又其近做蒋斧墓志，请先生转示刘世珩、徐乃昌："近作亡友蒋君墓志，寄呈乞教。又二分敬祈转交聚卿、积馀两君，并是伯斧故交也。"（《友朋书札》页1013 罗振玉第二十九札）

二月九日，刘承幹及孙德谦来访，属校《敬修堂笔记》。是日先生小病未痊，缪僧保陪刘、孙二人登楼谈良久。（《日记》页2698，《嘉业堂藏书日记抄》页148）

二月十日，致刘承幹一柬，证敬修堂为查继佐："顷布寸械，想已察入。又从盛氏图书馆借到《海昌备志》，方知敬修堂在杭之铁冶岭，东山先生别业也，拟封事远道，编《敬修堂诗抄》六种，皆宜收而传之。去年曾见《敬修堂同学出处偶记》，兄如收得，亦可汇入。赵扐叔之误，不待言矣。且查诗《钓业先甲集》《钓业先免集》，'钓业'二字并非书名。去岁，陆存斋以明板《百川学海》为宋版，贻误石铭，赵扐叔又以查继佐为张苍水，又几乎贻误吾兄矣。弟自检举，并告石铭，不敢护前。原录仍付一阅。"（《日记》页2698，《艺风堂书札》页596 致刘承幹第三十二札）

二月十三日，致刘承幹一柬，还其敬修堂各书及《海昌备志》。柬云："顷奉手书及查集四册，收入，当为略考再奉订正。前尚见《后甲集》二册，皆诗也，兄得此种，应亦闻风而至矣。《备志》一册当回缴。"（《日记》页

2699,《艺风堂书札》页 596 致刘承幹第三十四札)

是日,袁世凯颁布大总统令,设置清史馆,延聘通儒,分任编纂,"踵二十四史沿袭之旧例,成二百余年传信之专书,用以昭示来兹,导扬盛美"。

二月十五日,撰《陈燮卿观察传》。此应同郡向君本月初三日代陈燨唐之请而作。传主陈燨唐,字少和,号燮卿,江阴人。光绪丙戌进士。曾应派游历英法,以母老归养,历张人骏、周馥等大员幕府,主讲江阴延礼、西郊书院,成就人才颇多。燨唐与同邑吴鬯初及先生从弟缪祐孙同年进士,三人能悠游寿考,子孙炽昌者唯燨唐,先生于文末感慨良多。(《日记》页 2696、2700,《癸甲稿》卷二《陈燮卿观察传》)

二月十六日,赴消寒第七集,汪洵、吕景端招集久华楼,戴启文、钱溯耆、刘炳照、周庆云、刘承幹、沈焜同集。适有刀鳞,即以此为题,不拘题韵。(《日记》页 2700,《嘉业堂藏书日记抄》页 149)

二月十八日,撰《陈寄舫传》。寄舫名式金,陈燨唐之父,富收藏,工书画,人称寄舫先生。先生于三月十一日将陈氏两传寄夏勤邦转交陈燨唐。(《日记》页 2701、2707)

是日,致刘承幹一札,送还《应潜斋集》《松乡集》与刘承幹,又送元刻、旧抄两《松乡集》与阅。札谈刻书事宜,及荐售刘氏各书之来源及价值:"《潜斋》刻本一时未寻着,记是道光年间,此等理学书均可不刻,如本府人则不在此例。《松乡》出自永乐本,旧抄而不佳,'爱日精庐'伪印也。弟藏一元刻元印本,高出皕宋楼 弟有跋在《辛壬稿》。本,可以陆氏书目证之二百元,一抄明泰昌本四十元,均奉阅,留亦可不留亦可,听酌。《欧阳圭斋集》自是佳品,弟去年亦借补旧本,亦有跋。《周易正义》,弟细勘一过,补子晴所校咸卦爻词,多出二百余字。自十行本已脱,此书经此校刻,出阮刻上不止倍蓰。阮刻《易经》最下,前人已言之。如《尚书》,未知校出否?便可接写。弟尚有《毛诗单疏》四十卷,《左传》五卷,《礼记》一卷,一并归兄。《毛诗》托日本嘉纳治五郎自宫内省抄出,费至二百五十元,徐积馀同差知其详。余则十余元而已。丛书内,经学一门足以压倒一切,《仪礼》亦须刻入。石铭兄以史学胜,惟经学连敷衍均难,一种尚未择定也。去年兄购《太仓稊米集》,乞假阅,弟有残本拟补足。"有谈及雅集事:"销寒补行,仍恳在贵宅或在馆较便,花酒究非雅集也。"(《日记》页 2701,《艺风堂书札》页 597 致刘承幹第

三十五札）

是日，叶德辉在京致先生一札，谈刻柯劭忞《新元史》、宋本《方言》，在京购书，清史馆总裁等事："正月底因事来京，因商务与汤芗铭大闹。首晤柯凤翁，云久不与公等通音问，但彼此知踪迹而已。凤翁人尚强健，惟《元史》必四千金始能成功。寒士如何措办，恐须仿杨惺翁办法，进呈闻以《水经注疏》进呈。大总统刻之矣。许久始晤董绶经、吴印翁相请同席。吴印臣、陈士可、傅沅叔诸人。江叔海则因易实甫相请，同席见之。彼此通拜，均未再见。沅叔有宋板《方言》，真惊人秘笈。卢、戴校刻此书，均未见宋版原本。何幸吾辈于及身见之。据云已交陶子麟影刊。但恨改双边为单边，失其真面。然辉谓此犹小事，但彼讹误，或笔画小误，未及校勘，或勘而不尽，则可虑也。辉在京不能久居，拟回湘旬日，即来上海。因族间谱事尚有三卷未完。一卷为艺文书目，一卷为杂志，一卷为叙录，均非辉亲理不能妥善也。《朱子同年录》《文信国登科录》是乾隆活字本。均即回家清来，以便呈公校刻。到京买书不多，宋版不敢过问，然亦无关考据者。买一抄本《辽史拾遗》，似与刻本稍有详略，后有杨复吉补三卷，刻本及库本无之。辉旧藏四库馆底本，曾一校对刻本，亦殊有节删。大约其中有与清事关系者均删去之，此亦一重公案也。又得劳季言补校《洪文敏集》，此未刻过，可以带回湘刻之。闻士可言，清史馆已聘赵次山作馆长，岂《宋史》必待托克托而后能修耶！初闻东海保荐旧人有王葵园及凤翁为总裁之说，此因王有《东华录》，柯有《新元史》，成效昭然，似足以餍人望，何为其计不行，是可怪也。湘事甚糟，一误于茶陵，再误于凤凰，真省运不好，无可救药，只好避之。"又言："不久到沪，公不必作复矣。"（《友朋书札》页554 叶德辉第三十三札）

二月二十日，接曹元忠一札，谈顾鹤逸售书及傅增湘刻《蜀贤丛书》："受业正月间为松江某姓诊病，取道沪上，匆遽不克趋侍，中心歉然。旋即开学，复以苏州亲戚患病，电促归视，过沪又不能少留，仰企师门，曷胜驰系！比古微自沪归，述及提躬稍有违和，近想早占勿药矣。顾受业违侍左右，瞬息三月，亟欲一亲杖履，惟韩馆往来，每以舟迎，未识能如下忱否也。此间朋交只古微、咏春时时晤面。鹤逸近以多病，颇欲尽货所藏。昨见其书目，犹是曩时所得者。因劝以既肯公诸同好，不如尽行列入，而去明刊本之不甚相干者。渠居然应之。故其中颇有可观，悉其精秘，特其意不愿远投海外，如皕宋之为人唾骂，恐一时难遇知音耳。倘沪上有力者愿事收藏，尚求函丈见闻所及，俯赐提倡，非惟受业为鹤逸幸，且为书幸矣。菊裳体气尚佳，而不出门，是以至今未见。去岁吾师赐书，谅已上覆。沆叔近来颇得善本，自云别来三日当刮目相看，不似往时，且云所藏有已经呈鉴者，究竟如何？渠刻《蜀贤丛书》，大是可珍。内大字本东坡《和陶诗》四卷，即是从京师图书馆景写者，属为跋语。受业据张萱目以证陈直斋说，知系杭本，洪容斋所谓季真给事刻于临安者也。业已写寄，不知已否函上钧座？若犹未也，即当录呈，求赐海正。"（《日记》页2701，《友朋书札》页994曹元忠第二十一札）

二月二十一日，发曹元忠信，寄章钰生日笺附朱祖谋信。札中谈及购顾鹤逸藏书事，为傅增湘刻书事，为刘、张两家刻丛书事等。札云："昨得手书，欣慰之至。荃感冒已愈，惟劳碌。校勘无人分劳，苦堆积耳。鹤逸之书乞先视一目，开准价值，可与友人商议。现在购书眼界至高，如三朝板，如李、杜、韩、柳，纂图互注六子印本，次者即不收，非新色者不得高价。明初黑口、宋元人书亦贵矣。鞠裳信一再通，已知其住处。沆叔一日千里，既得善本，又求低价，收书遂不如前日之勇。《蜀贤丛书》刻成《方言》《武侯传》两种，两种均归我。坚说鄂上不如京上，在京另刻。改在京里，恐刻手未能如鄂也。或沆叔就近格外指点亦未可知。何时返淞，能作半日句留否，并须先发一明片，当在寓拱候。张闻远好否。去岁所云《丧服郑氏学释服》有清稿否。朱虞卿《春秋礼征》十卷能见视否。刘氏经学刊《周易》《尚书》《毛诗单疏》，阳城张氏《仪礼注疏》足为冠冕。张氏无经学，此时刻书不便从宋学入手，吾弟以为何如。苏州安稳可羡。韩氏书跋何时完。黄跋或先拟一目。此上，敬候全福。荫臣寄来，代式之征诗，并乞分致。"（《日记》页2702，《艺风堂书札》页526致曹元忠第三十二札）

是日，刘承幹致先生一札，退元刻《松乡集》，留旧抄本，并以《宋元事鉴》请先生鉴定："前奉手书，当即具复，并呈《太仓稊米集》一套，计邀台察矣。《周易正义》承于一卦之中校出二百余字，即此一端，具见长者耄年力学，孜孜不倦。且允见让《毛诗单疏》，哀然经籍，谓可与文选楼齐驱，压倒一切。侄何人斯，奚敢与先哲颉顽，要亦长者溢分之宏奖也。《松乡先生集》承出邺架所藏，见示抄本已经校过，洵为善本，得此已足欣幸。该值四十元，谨以奉缴。元椠确系珍品，还归签阁藏之。兹有书估携来《宋元事鉴》，云系邵二云先生点校。侄嘱益庵兄阅之，略撷此中要旨并书，敬求正法眼藏鉴定。前途索值六百番，且索迅速回音，祇乞鉴阅后，即交来伻带下为荷。鄙意此种书籍如可付刊，则与购取，若购而不必刻者，则何如还之之为愈也。其书共系六十册，谨以附告。"（吴青《刘承幹致缪荃孙函札考释》第六札）

先生即致其一札，为其考鉴《宋元事鉴》成书始末："前日奉环云并《太仓稊米集》，今日又奉手书，洋四十元，《松乡集》元刻四册收讫。《宋元事鉴》抄本甚旧，邵氏印恰不真。秋帆先生得徐氏稿本，重订《续鉴》本，经二云、实斋诸公分撰，加以钱辛楣之考异，大约即其初稿。又，近来书估如《百川学海》不出门而石铭上当。此书又欲速，惟恐我们详考，皆其狡狯伎俩，亦愈显其不妥，如真好书，侭阅侭考亦无妨也。兄以为何如？"（《日记》页2702，《艺风堂书札》页597致刘承幹第三十六札）

二月二十五日，送《诗经》《左传单疏》与刘承幹，并《宋会要》、消寒诗，又报校俏账。（《日记》页2703）

二月二十八日，赴消寒第八集，周庆云约戴启文、钱溯耆、汪洵、刘炳照、吴庆坻、沈焜、吕景端同席，分咏得钱春七律。（《日记》页2704）

是日，范兆经来，接罗振玉本月二十一日信，送《经籍访古志》一部。札谢先生寄示拓本集册，假先生所藏李神符、于德芳两碑："顷由纬君处转到赐寄拓本集册，拜收至感。惟未悉价值，求示知，以便汇寄，至祷至祷。顷拟写定三原初唐于、李诸碑，因敝藏于志宁、于立政、于大猷、于知微四碑明拓本，于孝显碑每碑皆补正萃编数十百字。初出土本，而无于德芳碑，又有李孝同李广业二碑明拓本，而无李神符碑，拟求赐假尊藏本一校录，千求检交纬君寄来，录毕即奉完也。务恳勿却，为叩。因李神符、于德芳两碑，《萃编》未著录，故尤要紧，琐琐奉渎，统尚泥首。"先生于二十九日发罗振玉信，寄于德芳、李神符二碑。（《日记》页2704，《友朋书札》页1012罗振玉第二十八札）

三月初，致周庆云一束："弟又不适，通消寒第九集遂不能到。二月间照例生病，可厌之至，诗尚欠分均一首未交。初三何题，乞示知。端忠敏藏石八百余种，授经董大理经手核实十元。兄与石铭兄两分望先交款，四月收碑，决不有误，止十分，上海得其半，此又褚世兄托一事，原未呈览，乞费神代报。介轩即日诣谢。"（《艺风堂书札》页514致周庆云第二札）

三月二日，先生得傅增湘二月二十八日一札，释《方言》版刻归属之误会："前奉手教，知前书有开罪之处，悚惕万分，迟回再四，未敢遽答，非故迟滞，实恐措辞再有失当，益以重晚之咎也。嗣连奉两书，乃知前辈诱迪后进，不惮肫切，甚佩甚荷。近日因开会方始，事冗迫而酬应烦，并景二亦未及访，故所言两节无从答覆，至刻书一层，晚前函亦只及陶刻之不合意，并未言《方言》之不用，只言将来拟令北方匠人试刻，亦指他书而言。意欲别开一派，不过悬想之词，固未尝刻，亦未尝有匠人，以其皆在不可知之数耳！来函乃虚题实做，以致情事皆非，此乃晚不善措词，以致误会，幸恕宥为要。此书既刻成，万无不要之理，且留此别行，亦未尝不可。原书既在敝处，亦未便将刻板奉让，仍乞通知前途将刻值算清，以便归款。校记容后寄呈式之。又为校出数字，单边一层，无法改动，只可听之。在此印臣、绶经得常晤，然厂市数月，竟无货出，亦殊少兴。景祐《汉书》，四人分校，晚只得数卷，亦俗事所累也。明后日有暇晤景二，再奉闻。"又言："景二将赴日本，恐其挟《礼记》以去，如何？"（《日记》页2705，《友朋书札》页580傅增湘第九札）

三月三日，九老修禊于徐园，照像，分韵得"清"字。（《日记》页2705）

是日，吴庆坻招饮于樊山宅内，同人咸集。（《日记》页2705）

三月七日，赴刘承幹宅消寒第九集，以十春分拈，先生作"报春"七律。是集刘氏安排摄影为图，以纪鸿雪。（《日记》页2706，《嘉业堂藏书日记抄》页151）

三月九日，缪朝荃寄诗文集托先生定之。（《日记》页2707）

三月十六日，刘承幹、沈焜来访，谈良久。先生昨前出售《毛诗》单疏、《春秋》单疏残本于刘承幹，系从日本文库录出者，以抄资记价，凡二百九十四元。日前又曾售翁方纲未刻诗稿及朱绪曾《曹子建集注》稿本两种，今交先生价一百元。（《日记》页2708，《嘉业堂藏书日记抄》页152）

三月十八日，罗振常、范兆经、金颂清来交天一阁书单九批。罗振常、金颂清今年在上海天路合创食旧廛书店，多收得天一阁被盗之书。（《日记》页2709）

是年春，先生携《定庐诗》示李传元，"行间改订，眉间补录"皆钱仪吉自书，"真手定本也"。（《定庐集》卷末李传元跋）

三月二十一日，曹元忠自苏州来，带来《鹤逸书目》又张锡恭《丧服郑

氏学》《授时历注》。(《日记》页 2710)

是日,朱祖谋致先生一束,还来元刊本及汲古阁刻本《中州集》。(《日记》页 2710)

三月二十二日,致曹元忠一札,送《艺风堂文续集》《艺风藏书续记》《宾退录》等书与之:"昨谈甚畅。上楼受累,回寓气平否。《续文》《续书记》《宾退录》《藕香》零本乞晒存。文远书黎洲书必刻,将来样本仍寄二位校。顾书难售,仍是昨日所言。具目决不遗失。《郑灼义疏》希文远一跋,即刻之。刘氏专刻单疏,已足冠冕。专为张氏收经部,如李鲫斋、朱虞卿之未刻稿最好。韩氏书愿送《文正集》,至招请其目,顾人影而假其毛抄书带归,如甘邈影写,彼此交易,何如九种之中,一是明人,只八种耳。甘邈摹好即刻,将来刻本再送韩氏。乞阁下善为辞较便,省得饶先跋涉。私愿如此。抄一书跋,前跋(名人)同时友人议论,往复须全收。旧黄氏跋,有成例在。费疑。"(《日记》页 2710,《艺风堂书札》页 527 致曹元忠第三十三札)

是日,先生致刘承幹一札,谈顾鹤逸售书及天一阁书散事:"昨,顾君来书价三万金。来信贴在目后。凡书须整售,零售不去,汪氏书即其证。君直来托送与兄阅,再送石铭阅,阅后即寄还可也。天一阁书九单,亦托弟与石铭兄阅,石兄自往看之,不知谐否。叔蕴许以三千二百元,弟知之。内有《江阴志》,乞代弟谋之,明正德志也。"(《艺风堂书札》页 599 致刘承幹第四十二札)

三月二十三日,致刘承幹一札,谈购苏州顾鹤逸书及刊《授时历故》事:"顷曹君直送来苏州顾鹤逸书单,欲全售,不零拆,然耑看目无益,须专人往看之。又,君直交来《授时历故》二册,送兄刊入丛书。惟弟不习算,不能校,或写好仍请君直校之,近时西算者亦不能通也。"又询及天一阁书散出事:"天一阁书散出,见多种否?"(《日记》页 2710,《艺风堂书札》页 598 致刘承幹第三十七札)

三月二十四日,致刘承幹一札,谈购顾鹤逸书事及天一阁藏书流落在沪市待售之情形:"前日盛扰,谢谢。《鹤逸书目》,乞覆一书,以便转致鹤逸。石铭处意见相同。天一阁书仍在食旧廛金仲清家内,不与人见,亦不零售,其意何居,兄仍探之。来青阁书有可取,非挑出不可,闻宁波人甚愤愤,想赎回,未知做得到否。书已是脚货,招牌大耳。"(《日记》页 2710,

《艺风堂书札》页598致刘承幹第三十八札）

是日，刘承幹来访，交还《鹤逸书目》，谈良久始归。（《嘉业堂藏书日记抄》页153）

三月二十五日，朱祖谋致先生一柬，复先生昨日之柬，谈《中州乐府》和《中州集》元本与汲古阁抄本版本异同："一昨奉书，敬承道履胜常为慰。《中州乐府》粗校一遍，略有同异。尊藏抄元本固极精，毛本亦不可多得，未敢率尔加墨，已别为疏记，他日刊成，再呈请教益。元本是否《中州集》全部？九峰书院所刻小传，间有脱误，转不如毛本之善，专指小传而言。录出拟携沪就尊处元本一校，方敢付梓也。"先生即复一柬。（《日记》页2711，《友朋书札》页191朱祖谋第二札）

三月二十六日，淞社第十四集，刘承幹主盟，在三马路望平街醉沤斋举行，喻长霖、唐晏、许涵祥、钱溯耆、李详、潘飞声、杨钟羲、戴启文、刘炳照、汪洵、吴昌硕、吴庆坻、章梫、徐珂、杨晋、吕景端、周庆云、沈焜与先生，凡十九人，题为送章梫先生赴青岛应尊孔文社编辑之聘。（《日记》页2711，《嘉业堂藏书日记抄》页153）

是日夕，朱祖谋再致先生一柬，复先生昨日之柬，谈《中州乐府》和《中州集》小传差异，又感慨天一阁藏书散出："顷奉复书，敬承起居胜常为慰。《中州乐府》九峰本有小传，与毛刻《中州集》小传小有参差，异日当携就尊藏一校。《山谷琴趣》今年必付梓。天一阁书散出，闻之一叹。属致孙端甫书奉上。"又附告夏孙桐尚无来信："闰枝尚无信来，想甚忙也。"（《日记》页2711，《友朋书札》页191朱祖谋第三札）

三月二十七日，徐园开九老会，周翰怡、朱寿镛、李艺渊、朱福诜、冯煦、程仪洛、恽祖祁同席。又看来青阁、旧食麈书。（《日记》页2711）

四月一日，刘承幹来访，谈良久。是日，先生曾致其一札，谈刻书及购书事宜："《资暇集》《南窗纪谈》已核定，乞付改。《资暇集》冠各本矣。《危文》再觅。《秋声集》，弟有之，寻不着。《金台集》，汲古十元人集。《俟庵集》，提庵止一提，无文字，仍须俟本集也。张月霄辑《诒经堂续经解》，以补《通志堂》，稿本为菊生所得，曾为补抄缺卷缺书。顾氏之书，大半抄自阁本，艺海本，抄自道光朝，亦不古。《大典》本居多，均宋学书。《结一庐目》并无'续经解'之名，此二叶近人补写，纸绿色，行格均不同。不必为邪说所惑，书可留，散入各部。至刻入丛书，更与宗旨不合。兄刻《五经单疏》及张刻《仪礼》，压倒从前。丛书经部,亦无他书可羼入,再搜《谷梁单疏》,或重刻《尔雅疏》,则寰宇《单疏》尽于此。石铭为之百计搜罗,只得两三种,汉学尚不成军,宋学书不便刻也。此书恰可收藏,不必求高价,销路甚窄,乞酌之。东山各书仍盼交下一核,《先甲》《后甲》可无须矣。"是日,先生还刘承幹《傅若金集》《咄咄吟书》《资暇集》《南窗纪谈》,借来《柳如是集》《张兰渚年谱》。(《日记》页 2712,《嘉业堂藏书日记抄》页 155,《艺风堂书札》页 600 致刘承幹第四十四札)

四月四日,发曹元忠一札,寄还《顾氏书目》。札云:"前得环云,知各书收到,即日旋苏,甚慰。《鹤逸书目》刘、张二君各有回信,同呈。仍如荃言非拆售不可。莫仲武须整售,三年一动,楚生另售已得二千余元,可证也。张君以经学太少,乞代嘱文远觅朱虞卿《春秋》,又郑灼《疏义》,有校定本否?郑注《论语》,《述而》至《乡党》两种冠首何如?丁俭卿师亦有《左传补义》,亦可假,能得一函便可。何日返淞?《范文正集》可如此商量否?"(《日记》页 2713,《艺风堂书札》页 527 致曹元忠第三十四札)

四月十日,致刘承幹一札,谈刻书事,并附札还《我闻室剩稿》,送章梫诗及为胡思敬太夫人所撰志铭:"《我闻室剩稿》奉赵,即察入。穆子美寄来瞿、徐、张、查、李年谱,并《甲行日注》清样,要求印书,价与朱文海同。然《甲行日注》,即叶谱之尾,合一跋不能分,并纸及朱均须一色。弟深知刻匠必求印书,乞酌谕。胡瘦篁侍御嘱为太夫人志铭,拟就而不知其住处,故呈上乞点定并代寄为荷。淞社送章君一小诗附阅,不能和韵,愧甚。亦以'涸辙鱼衔枯索易,覆巢鸟得稳枝难'警句,珠玉在前,倍难成篇也。"(《日记》页 2713,《艺风堂书札》页 600 致刘承幹第四十五札)

四月十一日,刘承幹借《甲行日注》,李、瞿、徐年谱,先生即随书奉上一札,谈校书之法:"瞿、李、徐三谱,《甲行日注》原书奉上。瞿谱即改与封面合,第二行略放一字,占一格即可。书多校一遍好一遍,惟须将极错笑话收拾干净,不必部部有,《易正义》最多数。方可见人。如此数种,可以请人阅看矣,内亦有通融处,不妨签出再商。避讳字前已申明,宋本一书内,一字缺笔,前后不同,总以作字不成括之。前年动工时,革命气焰尚大,恐惹闲话,故变一体耳。《易正义》修改毕,连增补校记送子姓。"又言:"凡校书,初校只宜一本,各人校一遍,标其异于上,一人折衷之,付改,改定回签,封面、后跋均完,交印清样,清样再诸名手校一次,似可少疵类矣。初校若用两本，宗旨虑有歧异，并极费工夫，而匠人亦无所适从矣。"是日晚，刘承幹来谈良久。(《日记》页2713，《艺风堂书札》页601致刘承幹第四十六札，《嘉业堂藏书日记抄》页156)

四月十四日，晚赴久华楼淞社十五集之约，周庆云作主，到者戴启文、许涵祥、钱溯耆、汪洵、李瑞清、恽毓龄、恽毓珂、胡念修、刘炳照、杨钟羲、喻长霖、章梫、潘飞声、陶葆廉、杨晋、褚德彝、潘任、沈焜、孙德谦、汪煦、钱溯耆幼子与先生二十余人。题系周庆云为母董夫人写经建塔于西湖之南山理安寺前征诗，各贻缘起一纸。(《日记》页2716，《嘉业堂藏书日记抄》页157)

四月十五日，访刘承幹，看书、长谈，借《拜经堂丛书》归。傍晚至三马路小有天应喻长霖之招，同坐者为吴庆坻、周庆云、许涵祥、刘炳照、刘世珩、张钧衡、章梫与先生。是席盖为章梫赴青岛尊孔文社编辑之聘祖饯而设。(《日记》页2716，《嘉业堂藏书日记抄》页157)

是日，先生到蜚英馆。(《日记》页2716)

四月十七日，刘世珩招饮陈小香寓，许涵祥、刘炳照、章梫、张钧衡、刘承幹、褚德彝、喻长霖同席。(《日记》页2716)

是日，先生访沈曾植，长谈。(《日记》页2716)

四月十八日，撰《郑澧筠传》。(《日记》页2716)

四月十九日，撰《说文段注订补》跋。(《日记》页2716)

四月二十日，饭后诣张钧衡、费寅谈，还元刻《中州集》一册、《诗经》一部。(《日记》页2716)

是日，先生诣沈曾植看宋刻《明理论》、明刻《后汉书》、旧抄《事类赋》、旧抄《书苑菁华》，均佳。(《日记》页2716)

四月二十三日，撰《盐法通志序》。此序系为友人周庆云撰。(《日记》页2718，《癸甲稿》卷二《盐法通志序》)

四月二十四日，送《十三经字考》、明刻《太玄经》及信与刘承幹。(《日记》页2718)

四月二十六日，刘承幹送李详《太玄经》书款来。此书为明万玉堂仿宋本。先是，李详曾函托沈焜谋售之刘承幹，备言此书之佳，的系元椠，索价贰百。是时沈焜返浔，旋托孙毓修说项。刘承幹质之先生，先生谓之明刊，刘氏遂还于李详。李详转托先生达意，一再相媵，情不可却，乃由先生

定价秦关百二之数,刘氏购之。(《日记》页 2718,《嘉业堂藏书日记抄》页 162)

四月二十七日,缪荃孙致刘承幹一札,谈所购《太玄经》足值,又谈刻书茶叙之事:"顷奉手简并李款百廿元,当即转交。明本书颇佳,百元足值,略多亦为经眼录误之也。劳志向所未藏。弟书所引,出《花笑庼笔记》转录,前后书目未载,图书馆亦无。刊书以茶叙为要,金陵刻书处逢礼拜一叙,我们月叙亦不可少。酒席转谈不畅矣。"(《日记》页 2719,《艺风堂书札》页 602 致刘承幹第四十九札)

四月,先生撰《定庐集跋》。先生代李传元校刻《定庐集》,因跋之。跋述与钱仪吉次子交往始末、购钱氏书稿事,并论其诗云:"同治庚午,荃孙在成都,与嘉兴钱圝山年丈同事官书局。年丈为衎石给谏之次子……始得见衎石《记事稿》及《刻楮集》。荃孙喜读《记事稿》,手抄数十篇,而诗之佳则未之知也。一日读《崇百药斋集》,丈见之,因语荃孙曰:'祁生大今与给谏公庚申同年也,前侍行赴粤东道贵溪留五日,给谏公喜读陆之文,陆亦喜读公之诗,均自以为不及云。'因再读《刻楮集》,渐知其胜处。洎入都,即购得《记事稿》及《刻楮集》《旅逸小稿》,藏之久矣。光绪甲辰,在金陵,钱氏后人持遗稿出售,得其三国及晋《会典》残稿、《韫玩集》各种,而独无诗。去冬橘农廉访持《定庐集》四册,瞩为付梓。荃孙因得反复读之,取境独高,造意极深,而出之以清新,谐之以音节,绝无巉削深刻之状,而自远于流俗。他人之诗,初读以为新奇,再阅便觉其浅薄。定庐之诗,愈玩愈妙,能使人默会于字句之外。张诗舲《偶忆编》云:'衎石之诗,不作习见语,意主淡远。'洵知言哉。刻竟因识数语于后,岁在阏逢摄提格四月也。"(《定庐集》卷末缪荃孙跋)

是月,先生跋《敬乡录》:"此书我友章小雅手抄阁本,甚为宝爱。去岁张君石铭刻入丛书,方知阁本之误百出,又无别本可校,遂翻别书参之。最后得《金华文略》改补百拾字,惜不得见《金华文统》。陆存斋《宋诗纪事续编》所采讹误正同,非抄手之过也。甲寅四月校毕因识。江阴缪荃孙跋。"(国家图书馆藏章小雅抄本《敬乡录》卷末缪荃孙跋)

五月二日,赴超社第二十四集,至亥正方回。(《日记》页 2721)

五月三日,致刘承幹一札,还其《湖州府志》四十册,另《武侯传》一册,请其转交孙廷翰:"昨谈雪澄事,兄意何如。而《武侯传》板片及印书十部。

全来，放在石潜处。仍乞转交孙问青，取回刻资一百卅元，以偿前诺，雪澄目上可删去此种，省得辀辒。穆子美已来印书否？《湖州府志》四十册，先还何如？补借之件，希仍交弟过目，免致两歧，是为至要。"(《日记》页2721,《艺风堂书札》页603致刘承幹第五十二札)

五月六日，撰《周湘舲造金刚经塔记》。先生于文中述各代之名塔，云"种种功德，亦曰无量"。又考《金刚经》之六译及各代之刻石，称"唐人勤石均用北魏菩提留支译本，为佛家无上之书"，"石刻传世，以泰山石经峪大字为最，惜其文字不全；唐上元二年，龙门王知敬书，垂拱三年中山法果寺碑，较为完善，书法亦工；房山雷音洞三刻皆巨碑；六和塔内亦有宋人写《金刚经》，刻石之最古者"。又述周庆云手书《金刚经》并于西湖理安寺造塔追荐乃母董夫人之孝意，称其做法"立追古昔"。此文可见先生于内学亦有涉猎，盖由金石之学而及之也。(《日记》页2722,《癸甲稿》卷三《周湘舲造金刚经塔记》)

是日，刘承幹招饮，梁鼎芬、汪洵、程仪洛、吴庆坻、喻长霖、杨钟羲同席，看刘氏新购之天一阁抄本，梁鼎芬索观翁方纲《四库全书纂要》稿本。(《日记》页2722,《嘉业堂藏书日记抄》页164)

是日，先生还吴庆坻《九经精舍图卷》，还杨钟羲《松江府志》。(《日记》页2722)

五月八日，先生拜访刘承幹，见陆树藩以陆心源所编辑之《续金石萃编》稿本请刘承幹刊刻，刘氏以为难在编理校勘。先生略加翻撷，以为编录之难过于《宋会要》。(《日记》页2722,《嘉业堂藏书日记抄》页165)

五月九日，致刘承幹一柬，请其拨二百元，提陶子麟摹宋刊《輶轩使者绝代语释别国方言》。此书底本本为盛昱所藏，民国元年为傅增湘所得，属先生督陶子麟摹刻，王秉恩为校记。傅增湘在《宋刊方言跋》中说："余先浼绶经同年寄日本小林氏制珂罗版百部，旋又属艺风督陶子麟精摹付刊，而王雪澄丈为之校记，即今编入《蜀贤丛书》者是也。"傅氏还曾为该宋版《方言》题咏十八首，其第十一首也记荃孙为其刊版事，"喜获奇书弁蜀贤，艺风雅意督雕镌。更从卢、戴稽同异，老学王髯手自编。"自注云："余方议取蜀人遗着有宋元版传世者，影摹汇刻为《蜀贤遗书》，及得此书，遂取以弁首。时缪艺风前辈侨居海上，以监刊自任，乃付黄冈陶子麟刻梓。刻成，王雪丞丈又据宋版以校卢、戴二本，录其异同，撰为校记一编，附刊卷末焉。"然此书初刊成,傅增湘并不满意,故先生议请归刘承幹,编入丛书,而交还傅氏刻资。先生札云:"王子庄著作,此种可刻,不必再求。问青出钱最难,同人共知之。北又急于算账,乞兄与之一函,言傅沅叔所刻之书,均归雪澄可否,不必提出。兄先拨二百元,交雪澄还傅沅叔,将《方言》亦提归,接刻各种何如。后日又值茗圃生日,兄得茗圃跋各书,可以供大赏鉴家一阅,并乞早临。"(《日记》页2722,《嘉业堂藏书日记抄》页165,《藏园群书题记》页48,《藏园群书题记》页1016附录《双鉴楼藏书杂咏》,《艺风堂书札》页603致刘承幹第五十三札)

是日,先生致刘世珩一柬,约十日与茗圃做生日。刘世珩送《大戴礼》来索先生校。(《日记》页2723)

五月十一日①,张美翊来,范玉森、范兆渊来,议赎天一阁书事。(《日记》页2723)

是日,黄茗圃生日,先生在醉沤斋宴客,嘱刘承幹带茗圃校阅书籍供观览,刘承幹午刻前往,王秉恩、沈曾植、曹元忠、徐乃昌、莫棠、方尔咸、张钧衡、刘世珩同集。(《日记》页2723,《嘉业堂藏书日记抄》页165)

是日,先生借食旧廛绍兴王佐榜、咸淳文天祥榜同年录。(《日记》页2723)

是日,叶德辉致先生一札,谈其去年九月以来为湘督缉捕遭遇:"去年九月回湘,屡有函禀函丈,公有来谕,均经拜收。惟九月以后,因为先君谋窆窀,时在乡间,偶一来城,见湘督所为,无异土匪时代,渠亦寄声罗致。辉恐迹涉嫌疑,远而避之,本出有意。自后寄函京友,初不料为报馆登闻,祸患之来,遂因于此。友朋咸以危行言逊相戒,公与止相爱之尤深。辉读书养气,何止十年,亦岂全不知世事者,惟此事不可以去年唐蟒为祟之事相比例。盖去年之于湘督,本有意破其蒙蔽政府盘踞湘省之机谋,故时时挑战,使发露其野心。辉亦时有以防之,决不至为所捕获。至于湘督,本无关涉,偶然函论时政,乃今日之所谓言论自由,初不料其动杀人之心,亦不知其有弹劾之举,年终发难,骤不及防。及来京师,乃知湘督并未呈请,

---

① 按,《艺风老人日记》本月没有十日之日记条,下文有两条十三日,当系十日误作十一日,下依次误至十三日,故有两个十三日,前一个十三日实为十二日。此十一日之内容,《艺风老人日记》原作十二日,系误置,此改为十一日,与刘承幹日记之载恰相符。下十二日、十三日条不一一注明。

全是自作威福。因函呈总统府剖辨是非，当蒙电令解释，因即束装出京，拟来上海结束谱事，行抵汉口，又被湘督令侦探缉拿，及到湖南，则营救之电一日数起，其中尚有素昧平生者，至京始拜识之。其时大总统亦叠电令其不得草率，遂得释回。固知公等必见报章，亦必悬念，故电达止相，请其转达诸至好。旋又赴京避之，恐其再有无赖之举。在京已及两月，除拜电救诸人外，常见者止夏咏芝同年、汪荃台同年、柯凤孙谱兄三数人。<small>吴印臣、江叔海不常见。</small>暇则日至琉璃厂，恐人疑辉有所营求也。厂肆时有宋元本书，较之往年在京，似乎时有所见，殆是旗门散出以易米者，惜乎一落书行之手，则贵不可言。辉亦惟有过门大嚼，不敢染指也。朱子、信国两《登科录》本已携入行笥，到汉口被湘督一闹，又带归家。至京则仓卒成行，未带片纸只字，不久仍到上海，可长闻教也。世叔已晤，命当遵催。率复草劣，乞恕。"（《友朋书札》第555页叶德辉第三十四札）

五月十二日，赴周树模之约，瞿鸿禨、樊增祥、陈三立、沈瑜庆、沈曾植、梁鼎芬、林开謩、吴庆坻同席。（《日记》页2723）

五月十三日，见刘承幹抄陆心源金石目十册，以为"真赝杂出，考证不备，劣书也"。（《日记》页2724）

五月十五日，赴沈庆瑜钟局，瞿鸿禨、樊增祥、陈三立、沈瑜庆、沈曾植、周树模、吴庆坻、吴士鉴同聚。（《日记》页2724）

是日，接罗振玉一札，并元杂剧一部。札告收到先生所寄各书，请先生将拓本集册交范兆经，又谈及先生代影抄书，并请先生代抄《振绮堂丛书初集目》："奉赐复，敬悉一切。敬维杖履贞吉，至以为颂。承寄尊刻丛书，《元秘史》，均拜收不误。集册三本，求交纬君，并示价，以便遵奉。《图绘宝鉴》《元风雅》荷饬抄，至感。此二书写成后，拟借影尊藏河汾诸老诗《敦交集》，<small>仿宋体写。</small>合以《至正唱和诗》，拟共为《元人四集》，若有余力，则并尊藏影元本《玉山草堂集》刻之，尚求赐诺为叩。绶金处当遵示催促不误。近写丛书目，得二百余种，惟穰卿所刻《振绮堂丛书初集目》，<small>木版。为人借去，敝箧但存二集。</small>求代写赐，至感。写成即交纬君为叩。张、刘书如印成，求代购一部，或以拙刻相易，费神至谢。《元人杂剧》奉赠一部，<small>此日本大学所刻，不易得。玉仅得四部耳。</small>祈检入。"（《日记》页2724，《友朋书札》页1012罗振玉第二十七札）

五月十六日，致金武祥一函，谈为张钧衡刻书、超社、蒋小驴子刻金陵人著述等事:"久不通函,时时怀想。兄存款有眉目否?弟亦为友人借去大生股票四千,辗转缪辀,迄未取回,账房虽允止利,而弟亦不能即用,为难已极。《适园丛书》,摆字本石铭所弃,现在刻及二十种书甚好,《求恕堂》书亦二十种。开印红书而不用洋红,可以经久。李先生文未便刻入,体例不合故也。樊山、少朴同行入都,连日钱筵。诗社以后归止相主政,子培亦不去。一切仍旧,并筹刻诗。闰月子渊生日,想同次远前辈来,再图良叙。庄方伯寄来《枫南池馆文集》,乞代谢。弟并无此书,新从盛氏书馆翻阅,极佩,正拟访求而此书适至,尤为忻慰。金陵蒋小驴子开局,收金陵人著述,请冯梦华经理,震载廷、李审言两分校,虽用摆字,然所费亦不赀,皆好消息也。盛氏书目交卷,只找补零种,已不长矣。"又告以缪朝荃集在其处:"《衡甫全集》在弟处,体例与弟集相类,序尚未成。"(《日记》页2724,《艺风堂书札》300页致金武祥第七十八札)

五月十七日,先生至商务印书馆编译所访张元济及孙毓修,面交《安希范游记》手稿本,盖先生所借阅者。该书卷末有先生手题云:"诗咏太平,流连山水,君子之风令人景仰不置。后学缪荃孙识。"(《上海图书馆善本题跋真迹》第六册页219)

是日,刘承幹招饮,为刻书之事。唐晏、杨钟羲、许涟祥、陶葆廉、褚德彝、沈焜、孙德谦同席。(《日记》页2725,《嘉业堂藏书日记抄》页166)

五月十八日,公饯樊增祥、周树模,先生与瞿鸿禨、陈三立、沈瑜庆、吴庆坻、王仁东、林开暮做主人。(《日记》页2725)

五月十九日,费寅来,以徐焕谟夫妇行略求先生作传①。(《日记》页2725)

是日,先生劝盛宣怀购天一阁书。(《日记》页2725)

五月二十二日,得张美翊条,言天一阁事不能挽回,先生即致罗振常一柬。(《日记》页2726)

五月二十五日,致刘承幹一柬,交去《周易正义校记》二卷,杨钟羲底

---

① 按,《日记》此日条原作"费景涵来,以徐晓沧夫妇行略求作传",又页2728本年闰五月一日条载"费景韩、徐晓沧来",又页2739本年六月十七日条载"还张石铭书目,交徐晓沧传,又交郑太夫人行略",各处载"徐晓沧"相互矛盾。其中有先生误书处。《日记》所记本是费寅请先生为徐焕谟作传,闰五月一日,焕谟子徐钧前往见先生,传成后交张钧衡转交。徐焕谟字绿沧,所谓"晓沧"当系指焕谟子徐钧。徐钧字晓霞。

本一卷,《存斋金石跋》八卷,谈刻书事:"前日叨扰郇厨,谢谢。次日又集,与樊山饯行,回寓即病,至今不能出门。《周易》校记改定,拟跋呈政,杨稿亦附呈,仍留备校。可即交朱文海。《尚书》校记,望先交,核定再写何如。陆金石十册奉还,一无可取。孙问青事求解决,板来许久而款未付,如留与雪澄亦可。"(《日记》页 2727,《艺风堂书札》页 604 致刘承幹第五十四札)

五月二十七日,罗振玉在日本京都致先生一札,谢先生督导饶心舫代其写书,并送先生其近时所刻书:"承代交饶君写书,感荷无似。并承假《敦交》《河汾》两集,感泐尤深。《大雅》《圭塘》俟《敦交》等二书了后,即接写,费神至感。当世热心传古如长者,今殆无第二人,至佩至佩。从书目荷写交纬君,至谢至谢。承寄各件,邮局尚未送到,想三数日可到也。宋小说至精,何时可成。兹寄奉近印《西陲石刻录》《芒洛遗文》二种,敬求赐教。印本太小,仍拟寄鄂中刻之,与《昭陵碑录》共成碑录三种,《宸翰楼丛书》中再换易他种也。"(《友朋书札》页 1011 罗振玉第二十六札)

五月二十八日,撰《纫兰盦文集序》。此先生为缪朝荃诗文集勘定而撰序也。序文述二人之交谊云:"荃孙自丁丑订交,迄今将四十年。系同出于兰陵,名复联夫蕊谱。叩门则倒屣,归里则传书。不以远而疏,不以老而诿。商榷文字,掎摭古今。教学相长,非一日矣……君与荃孙,志趣既同,体格亦合。抱刻书之奢愿,著奇零之小品,幸于暇日,陆续传之。"论朝荃之文云:"揆其源流,探其指趣。根柢经籍,贯通体用。其为文也,思深见卓,理密词达。读之可以分析同异,剖决是非。其为诗也,立意深纯,摛辞微眇。读之可以扶持名教,感兴性情。语必征实,不袭桐城之窠臼。藻不妄摛,凤鄙随园之郑卫。乾嘉正宗,于今复见。"又叹朝荃一生之不遇:"想其烂掌自勤,中眉无勇。栖家弄而自逸,乞冷官而未能。少罹元二之灾,晚遭阳九之劫。入宫不见,凄凄炊臼之占。主器何人,惨惨丧明之痛。文人之厄,一至于此。"(《日记》页 2728,《癸甲稿》卷二《家衡甫纫兰盦文集序》)

是日,致刘承幹一札,送其《国朝艺文志》,索《尚书校勘记》:"《皇朝艺文志》四册呈阅。此国史馆稿本,不全不备,馆总属补,因出京,即留箧中,如欲补成一书,非一二年不可。《千顷堂目》卅二卷,即明艺文志,本朝尚须增加。《尚书》校勘记,据子姪云久已交卷,乞交来为荷。"(《日记》页 2728,《艺风堂书札》页 604 致刘承幹第五十六札)

闰五月二日，刘承幹来访，谈良久乃去。(《日记》页 2729,《嘉业堂藏书日记抄》页 170)

闰五月四日，接傅增湘五月三十日札并所校《方言》底本，并告以近来所见及所得书："久未通候，维道体安和为祝。《方言》校定，奉上底本，祈交鄂中照改。其单边则不必改矣。雪老校记应如何刻，亦希酌定。其款式仍照公向来所刊密行小字为宜。重改后，乞印两分见寄。至恳至恳。再者，友人欲得尊藏崇正书院两汉书，出价百五十元，尊意如何？望示及。若以为然，乞交商务书馆菊公处带下即可。款随后即寄奉也。新得明初本《东京梦华录》，十三行廿三字，殊为罕秘。大黑口。又监本纂图重言重意互注《礼记》宋刊宋印，价尚未谐，宋本乙。亦毛季斧藏书也。湘往来京津，亦时得校书，但不及前时之专耳。"(《日记》页 2729,《友朋书札》页 581 傅增湘第十一札)

闰五月五日，九老叙于听钱溯耆宅内，与汪洵祝寿，酒菜均佳。(《日记》页 2729)

闰五月六日，在樊增祥宅内诗钟。(《日记》页 2729)

闰五月七日，发太仓缪朝荃信，寄其文集序文。(《日记》页 2730)

闰五月八日，致刘承幹一札，还其《拜经堂丛书》，又假去《历代奏议》："《奏议》刻本配起，然又是两色，仍不足观，乞酌去留。《拜经堂丛刻》亦附还。"(《日记》页 2730,《艺风堂书札》页 605 致刘承幹第五十八札)

是日，罗振常来，先生得罗振玉信，交拓本集册三本与范兆经，收到《西陲石刻录》《芒洛遗文》。(《日记》页 2730)

闰五月十日，淞社同人为汪洵祝六十九生日，先生与吴昌硕、刘承幹、潘飞声、吴庆坻等二十三人雅集。(《日记》页 2730,《嘉业堂藏书日记抄》页 171)

闰五月十一日，陶湘送石印《墨苑》首册，即分与徐乃昌，并致乃昌一柬及《和陶诗跋》。柬云："兰泉以《墨苑》印本一册呈政，《和陶诗跋》并阅。京师写手不佳，如欲与陶子麟争胜，难矣！票事无可如何，只可再候。"本月九日，徐乃昌借先生所藏影宋本《和陶诗》，先生今将该书之跋呈阅。先生此本，影抄于学部图书馆，故曰"京师写手不佳"。先生之跋系为底本而撰，原底本系天壤间孤本。(《日记》页 2731,《艺风堂书札》页 491 致徐乃昌第三百九十九札)

先生是跋考镜该集源流及优劣云："《东坡先生和陶渊明诗》四卷,宋刻本。每半叶十行,行十六字。高六寸八分,宽五寸。白口,单边。鱼尾下标'和陶几',上字数,下刻工姓名,止标一字,有'庚子重刊'、'乙卯重刊',阴阳文不等。考东坡先生初集、后集、内制、外制、应诏、奏议及此《和陶》,皆有宋刻,亦谓之七集。至明程■■始辑逸诗、逸文,并《和陶》编入,为十二卷,谓之续集,合此六种,仍为七集,而非其旧。此宋本宋印,行款与东坡、子由集均同,自是蜀中刻本。首陶,次和诗,子由和者亦载入,编次、题目均与明刻不同。校明嘉靖刻李光焕本《陶诗》,为改正讹字十余。成化七集本,不载陶诗及子由和诗,所以不及一卷。《和庚戌岁九月中于西田获早稻》失小引,《乙巳岁三月为建威参军使经钱溪》失题,讹字不止十余。此本之误,《东方一士》一篇,卷二、卷三复杂诗十一首,无弟十二首。明嘉靖本云宋本《东坡和陶诗》无此篇,与此正合。明本有《集归去来辞》诗十首,此无。讹字亦复不少。"下先生亦校出此本讹字数十条。先生此跋谓此本系蜀版,其所影写之本载于《艺风藏书再续记》,考其底本版本云："乙卯,绍兴四年;庚子,淳熙十七年,次乙卯则庆元元年。今得《后集》六卷,影写此书,均于重刊之外,所存无几。或淳熙十七年修,庆元元年再修耳。字作长形,两书一律。"此底本亦见载于先生所编《学部图书馆善本书目》,后归北平图书馆,今藏台北"故宫博物院"。"故宫博物院"著录为宋庆元间黄州刊本。今人刘尚荣结合残存之《东坡后集》等考其原刊于北宋末年,宋钦宗时。后于南宋淳熙七年(1180)第一次修版重刊,又在庆元元年(1195)再次补版印行,俗称黄州本,为得其实。然先生所考,于刊刻年代实已近之。其为刘承幹撰《嘉业堂藏书志》时则进一步指出其旧藏后归于刘氏的与此《和陶诗》同板的《东坡后集》残本"似北宋刻。庚子,淳熙七年;乙卯,宝庆元年,均宋时物。"(《癸甲稿》卷四《东坡先生和陶渊明诗跋》,《藏书再续记》"东坡和陶诗四卷"条,《苏轼著作版本论丛》页24《宋刊〈东坡和陶诗〉考》,《嘉业堂藏书志》页536"东坡先生后集残本"条)

闰五月十三日,盛宣怀招饮,汪洵、恽毓龄、金武祥、刘树农、李宝章、李宝淦、陶湘、刘炳照、庄诵先、薛朱芸同席。(《日记》页2731)

是日,致刘承幹一柬,议避讳字:"前日畅谈甚欢,惜弟晚间不能多坐,不得已先行,未知后来又有客到否。避讳一事,向来均依《正字略》,后革党不准回避,印纸通发。去春,弟开办之时,不避心不安,径避又怕生事,因缘宋人各避之例,另改一式,仍作字不成,惟未先行商量,是弟粗率,不敢护前。各依前改回,所刻无多,亦还容易。'玄'、'弘',止须改'一'为'一'。'祯'、'顯',去'八'字。'曄',去'丨'。'澶'字可不改。至'寧'字,功令作'宁','甯',无作'甯'者。姓,去声字。'宀'、'恬'、'儀',一律缺笔。'歷',仍改'歴'。'玹',仍改'玹'。嘱友人通校一遍,究属易易,免致两歧,于心不安也。此上,即候决定。《正字略》,商务印书馆印纸呈阅,仍请发还。"又言:"危先生文集校讫,极佳,是前人未见之书。又补录五六篇。尊抄亦搁下,以便编目。"(《日记》页2731,《艺风堂书札》页605致刘承幹第五十九札)

闰五月十四日,诣汪洵祝寿。(《日记》页2731)

是日,刘世珩送《录鬼簿》来,借《吹网录》《欧波渔话》去。(《日记》页2731)

是日,送《文续集》与恽彦彬、金武祥各一部,《前集》《续集》与庄心安,并致金武祥一札:"早间拜寿,复回寓中,此时天热如火,不敢复出,只可道谢。拙稿一份呈政,一部送次翁,一部转致心安方伯,前集亦未遂也。弟身体极不好,秋凉能否归里尚不敢必,一在无病,二在有赀,四年不到家矣。"(《日记》页2731,《艺风堂书札》304页致金武祥第八十四札)

闰五月二十一日,刘承幹来访,谈良久乃回。(《日记》页2733,《嘉业堂藏书日记抄》页174)

闰五月二十二日,盛宣怀书目编齐,三十一册,由吕景端转交。(《日记》页2733)

闰五月二十三日,致刘承幹一束并送《武侯传》:"昨日即读《查谱》,辗转传抄,脱字太多,须检他处,如《外纪》《敬修堂弟子记》补之。《湖录经籍考》惜只有集部,又有先后倒置之弊,亦未易刻。《武侯传》,乞转请礼翁摹图书,以便重刻跋语,改刻图书。书板今日送去。"(《日记》页2734,《艺风堂书札》页607致刘承幹第六十三札)

闰五月二十六日,致周庆云一束,寄《造金刚经塔记》。(《日记》页2734)

是日,先生得章钰一札,谈其与吴昌绶近况及刻书、校书进展;清史馆开,期仰先生肩大任;并言及傅增湘新得《广韵》事;又请教先生他所校张元济藏《汉书》是否景祐本:"钰以浅学薄植,漂泊近畿,诗诵我辰,腐心谁诉?伯宛垂恤穷交,忽有前段举动。腾书四出,骇汗难收。公遂亦引而进之,赐诗勖勉,为乡里后生不废旧业者劝。累旬展绎,尚不知所以为谢。夙承垂爱,当谅其愚。清史设馆,兹事体大,夫岂钰所能任。乃襄平猥采虚声,驰电招致,现在正在缔构之初,无可撮告,襆被来此,姑作徘徊。每与伯宛酒次纵谈,辄念长者。闻枝近亦屡晤,私谓当代足膺此席者,震维诸老,首数江阴季野,前事具在,固将翘足待之耳。昨读与伯宛书,欣悉近候安和,小丛书外又有新椠,其目云何,愿闻大概。令郎现局江都,已费布置,少作回翔,必有所遇。伯宛与钰均不敢忘谂,当随时道地也。伯宛体弱事多,先将大略代复。汜尹所需词刻封面三纸,随函寄上,请即转交。沅叔近常在都,新得《广韵》上、下平、去三卷,有明文衡山、王雅宜藏章,又有宋官印,认出一'庚'字,余则沧苇各印,又有季姓印甚多,有名大千者,有名应台者,不知是延令一家否?本书精整古朴,较张、黎各刻远胜,且与黎校记所云原误者皆不误。中缝人名又不同。疑在张、黎两刻祖本之先矣,秘笈也。伯宛刻词暂以十六种为小结束。近刻赵寒山三种,嗣拟刻毛子晋《以介编》《董华亭民抄纪实》各种,《民抄》太使思翁难堪,果否付刊,尚未定也。钰今年仅校过鞠生同年藏持静《汉书》,此书果否景祐,以无余靖榜子,不敢断言,愿指示之。过一二日仍返津寓,此信在人家客座借笔墨所书,甚草草。"(《日记》页2735,《友朋书札》页592章钰第十五札)

六月一日,得王国维日本一札。札论在日近期治学之进展:"去年以来,久阙书疏,敬维兴居曼福,箸述多娱,为颂。岁首与蕴公同考释《流沙坠简》,并自行写定,殆尽三四月之力为之。此事关系汉代史事极大,并现存之汉碑数十通,亦不足以比之。东人不知,乃惜其中少古书。岂知纪史籍所不纪之事,更比古书为可贵乎!考释虽草草具稿,自谓于地理上裨益最多,其余关乎制度名物者,亦颇有创获。使竹汀先生辈操觚,恐亦不过如是。先生谅已赐览,祈有以教之。近二三月内,作《金文著录表》,宋代一卷已成。国朝四卷正在具草。又就蕴公所有拓本未著录者尚有十之四五,蕴公即拟以次印行,亦即归入表内。近时收藏金文拓本之富,无过于盛伯羲之郁华阁金文。而蕴公二十年所搜罗,固已过之。前年盛氏拓本亦归其所有,故其全数除复出外,尚有千数百器,虽世间古物不止于此,然大略可得十之六七。故此次所作表,谓之金文之全目录,亦略近之。比年以来,拟专治三代之学,因先治古文字,遂览宋人及国朝诸家之说。此事自宋迄近数十年,无甚进步。积古于此事有荜路蓝缕之功,然甚疏陋,亦不能鉴别真伪。《筠清》出龚定庵手,尤为荒谬。许印林稍切实,亦无甚发明。最后得吴清卿,乃为独绝。惜为一官所累,未能竟其学。然此数十年来,学问家之聪明才气,未有大于彼者。不当以学之成否,著书之多寡论也。蕴公继之,加以龟板等新出文字,乃悟《说文》部目之误,并定许所谓古文指壁中书,所谓籀文指汉代尚存之《史籀篇》,此实小学上一大发见,而世尚未之知也。此外有裨于国邑姓氏、制度、文物之学者,不胜枚举。其有益于释经,固不下木简之有益于史也。天气炎热,为数年来所无。"(《友朋书札》页1017王国维第八札,《日记》页2736)

六月三日,刘承幹来书,送来《蛟川诗系》,询《闻过斋集》校法,又送书请先生鉴定:"日昨张让三丈交来《蛟川诗系》十册,系盛省传史嘱侄转上尊前者,兹特奉上,敬希察收。侄近得旧抄结一庐藏本《闻过斋集》,系邵位西比部手校,侄现将新刊本自校一过,惟所校之文无几,而讹字已属不少,且有多至一行者,应如何办理,俟晤请示遵行也。兹有人携来拜经楼批校《十三经文抄》,索价二百四十元,价虽太巨,总可商减。该批是真是赝,或佳或劣,乞为察核,即求评定赐示为荷。又有抄本二十四册(亦索二百四十元),种数甚多,系翁印若君送来者。该书佳劣如何,亦求法鉴示悉,至以为恳。"又寻《彝斋文编》:"《徐寿臧先生年谱》兹已寄苏修改,原本附缴。校过之《彝斋文编》一册原拟交文海剞改,此间遍觅不得,未识呈奉各书时曾误搀入否?"(《嘉业堂藏书日记抄》页176,吴青《刘承幹致缪荃孙函札考释》第七札)

先生即复札告之:"连日酷暑,七日不出门,今日甫至盛氏图书馆一行,归途又至乙庵方伯处,未及过兄。适奉手书并各书。《十三经文抄》,书至乏味,翁印若书,亦太平常,尽可不购。《闻过斋集》照改,批好之后再行设法。位西先生必见佳本也。《彝斋文编》未在此间。《蛟川诗系》、徐年谱收到。余再面谈。"(《日记》页2736,《艺风堂书札》页607致刘承幹第六十五札)

是日,先生诣李瑞清取《流沙坠简》。(《日记》页2736)

六月四日，送盛氏图书馆善本书目与吕景端。自去年三月十五日至是始毕。(《日记》页2736)

是日，先生致刘承幹一札，送《闻过斋集》二册_{鲍渌饮藏本}与刘氏，谈其优劣，又言及校书的办法："昨晚兄送书来，弟将睡，急切检《拜经题跋》不得，草草作覆，今日翻阅，跋在卷一，极言其佳，兄阅之自悉，然宗旨趋宋学，可购而不可刻，若翁印若书真不足道矣。《闻过斋集》，原收鲍校鲍补，是佳书，弟方加一名印。而穆子美到今未补起。邵位西本即佳，恐亦未远过兄所校本，恐仍是记字数，未修补之本，则近于徒劳。校好乞发下一核方知，以后，恳专校清样，省功而有益也。书多校一次好一次，然省功亦要紧。弟晚间不能饮食，早饭、中饭均好，晚饭非隆冬长夜不可。现畏热，八九点睡，四五点起，趁早凉看书也。"又谈及为盛宣怀编书目的情况及编撰《补注南唐书》事："盛宫保书目，订卅五册，即三十五卷，共一万一千五百六十五部，四十万七千二百五十二卷，西书不在内。明日交卷。现补勘《查谱》。再，《补注南唐书》，惜穆子美写得迟，先补六卷至十卷，共五卷。"(《日记》页2737，《艺风堂书札》页608致刘承幹第六十六札)

是日，先生撰《印谱存佚考》(《日记》页2737)

六月六日，撰《录鬼簿》跋。(《日记》页2737)

六月七日，致刘承幹一札，送《东山年谱》《先甲集》《后甲集》《敬修堂同学诸子出处录》与之："《查谱》，是新抄未校过之书，《偶记》颇可以补，惜《偶记》上卷尚可，下卷杂凑非完书，遂未如意。《偶记》有刻本，二卷。别有《偶记》四卷本，嘱书估再觅之。《后甲集》《同学出处记》，均非全书也，各书皆书铺辗转传抄，不知正本在何处耳。《太朴集》逸文抄出十余篇，前纸已尽，乞付百叶为祷。"(《日记》页2737，《艺风堂书札》页608致刘承幹第六十七札)

六月九日，刘承幹来，长谈而去，以程穆衡《吴梅村诗笺》见视，极佳。(《日记》页2738，《嘉业堂藏书日记抄》页177)

六月十日，检《危太朴文补逸》二册又辑补二十三篇一跋交刘承幹，并致一札，谈刻书事："昨谈甚惬，《资暇集》因此校定，可谓善本矣。《南窗纪谈跋》须重刻，昨信同交。然实系伪书。旧所有者亦不妨刻，《危太朴集》新抄本、旧本辑文，均呈政。可检劳氏《读书杂志》一核，再求之。跋在内。《吴兴志》俟补好再送看。以后避讳字均复旧，写刻手均照呼矣，前刻者须改。只仪字最多,去"丿"尚易。《吴梅诗笺》极佳,再留数日。"(《日记》页 2738,《艺风堂书札》页 609 致刘承幹第七十札)

六月十一日,书杨调元遗墨后。杨调元(1855—1911),字孝羹,一字和甫,贵筑人。幼随父在四川任中读书,光绪三年(公元 1877 年)进士。先生同治间在成都时与其交游。辛亥革命起,时调元任渭南县令,变起殉难。先生是文忆与杨氏交游,赞叹杨氏抗节致命,慨叹其时忠义之气败亡,感伤旧游沦替云:"同治年间,同客成都,君居玉沙街,余居玉龙街,相距二三里。与友人章硕卿、吴幼农时相过从。辨板本,谈考据,无十日不聚,聚则谈竟日。余与硕卿嗜饮,饮则谈愈旺。丙子余通籍,丁丑君与幼农同捷。硕卿官湖北,来引见,又相聚于都门。戊寅,旋成都,君治《毛诗》,刻《训纂堂丛书》,每与商榷。冬闲,余入都供职,遂相阔疏。君不乐居水部,改知县,选陕西山阳,调长安,卓有政声。宣统辛亥,君令渭南,变起殉难。呜呼!盗起一隅,多方响应,如狂飙之乱卷,如野燎之四起。甫及四月,遂移国祚。稽诸史册,亡国未有如此之易者。而当时握兵守土诸大员,有望风而匿者,有开门而揖者,至与城存亡,誓死不去,如君之抗节致命,海内曾有几人。盖自戊戌变政,新党首倡破坏三纲,十余年来,邪说渐渍人心,忠臣义士之气,因此少衰。回忆发捻之乱,阖门就义,视死如归,每邑至千百人,何前后之不侔耶。得君一死,而吾党之气节为之一振。即此纂书数种,犹想见挥毫落纸,正气凛然时也。今硕卿早殁于湖北,幼农近亦殁于江西,荃孙偷生海上,有余愧焉。不特重君大节,而交游之沦替,亦不觉涕泗之横流也。"此亦颇见先生此时之遗老心态,其不识辛亥革命之进步也。(《日记》页 2738,《癸甲稿》卷四《书杨和甫遗墨后》)

是日,先生撰《清真词》跋。(《日记》页 2738)

六月十二日,送《录鬼簿》与刘世珩,并《录鬼簿》跋与《清真集》跋。(《日记》页 2738)

六月十三日,樊增祥招诗钟。(《日记》页 2739)

六月十四日,撰《徐叔雅荣禄家传》。传主徐焕谟,字绿沧,号叔雅。浙江桐乡人。"志节夐然,超越流辈。爱藏书,插架数万卷,多善本。坐书城中,日事校雠,不他顾。家庭雍睦,乡党协和,常割巨资助成善举。坐言起行,无不足为后人矜式,而家人均化之。"叔雅"受知丹徒丁濂甫学使,拔列邑庠,两应秋试未隽,抑郁而卒,年仅二十有九"。先生于此感慨良多,云:"旧史氏云:自唐代以科举取士,迄今一千六百余年,沈薶于中,不但不能成专门之业,且因抑郁而促其寿者,世多有之,叔雅,亦其一也。"可见先生此时对科举的观念。叔雅次女适张钧衡。钧衡自年二十起以其雄资大举购藏典籍,卒为民国藏书大家之一,亦或渊源于徐氏。十七日,先生将此传及叔雅夫人郑氏之行略交张钧衡。(《日记》页2739,《癸甲稿》卷二《徐叔雅荣禄家传》)

是日,送《资暇集》与李光《易说》与刘承幹。(《日记》页2739)

是日,先生发日本罗振玉信,寄《刘猛进志》,又附王国维信。(《日记》页2739)

六月十五日,接夏孙桐信,言史馆事已定。(《日记》页2739)

六月十六日,诣况周颐、张钧衡谈,赴瞿鸿禨诗钟会。(《日记》页2739)

六月十八日,早访傅增湘,傅氏已出门,留与同房白公崇正书院《两汉书》一部,《文集》《藏书记》各二部,《宾退录》二部,《自警编》一部,《越绝书》、《吴越春秋》、明本《草窗词》,傅氏自写《和陶集》二册亦还之。(《日记》页2740)

六月十九日,辑《铁书》,借印社《宣和印史》《秦汉印统》。此书系先生代吴潜撰。(《日记》页2740)

六月二十日,还刘承幹《东山年谱外纪》《同学诸子出处录》《钓业》《东山诗》《敬修堂讲义》。(《日记》页2741)

六月二十一日,摘程笺《吴诗》十二卷毕。(《日记》页2741)

是日,徐乃昌来访,以《侨吴集》托抄。(《日记》页2741)

六月二十二日,丁少裘来交《道园遗稿》,又以《河汾集》及明板《侨吴集》托抄。(《日记》页2741)

六月二十四日,荷花生日,晚淞江招集惠中旅馆,主席者为刘承幹,到者为先生及戴启文、吴庆坻、汪煦、刘炳照、喻长霖、杨钟羲、恽毓龄、恽毓珂、吕景端、刘世珩、潘飞声、陶葆廉、钱绥槃、周庆云、陆树藩、褚德彝、孙德谦、沈焜,凡二十人,题为李艺渊观察花烛重圆诗。(《日记》页2741,《嘉业堂藏书日记抄》页178)

六月二十五日,吴庆坻来,代致史馆聘书并请为其大父吴振棫撰神道碑。振棫生前有命不为碑志,盖清史馆即开,乃孙庆坻欲以其事迹上史馆

故,求先生为碑文。(《日记》页 2742,《癸甲稿》卷二《光禄大夫云贵总督吴公神道碑》)

是日,费寅来告以张钧衡欲编家藏书目。(《日记》页 2742)

是日,接罗振玉日本本月十九日一札,告先生收到《刘猛进志》,并请先生代其刻《靖康稗史》等书:"奉教敬悉。沪上炎暑如毁,维杖履安善,至以为祝。王雪老处《刘猛进志》拓本拜收,谢谢。并求转谢雪老为叩。大著题名三种,承写赐,百叩以谢。即当先刊入丛刊中,以志嘉惠。尚有渎请者,读尊藏书续录中有《靖康稗史》等六种,另纸写目附呈。拟求借刻入《玉简斋丛书》,并求长者就近付沪上手民,照敝刻《玉简斋》版式行款上板,因敝刻中书目太多,拟以书目别行,加入他书数种也。长者传古之热心,为当世所仅见,故敢以为请,幸鉴许为荷。但求饬手民将此六种于年内刻成,尤感。尚有数种,在淮安刊版,拟于年末汇齐编目也。刊资当属舍亲范纬君随时付与该手民不误。于、李两碑承邮寄,至谢。俟录毕奉完。吐鲁番近出土之《张怀寂墓志》亦检出,当一并寄奉也。拓本价一百五十元,昨至银行汇寄,乃以战局,停止汇兑,当别设法寄奉。欧洲战局大开,日本恐须加入,东方亦将波及,惟上海当无虞耳。"(《日记》页 2742,《友朋书札》页 1010 罗振玉第二十四札)

六月二十六日,刘承幹送哈同花园游览票,因偕家人往游,恶俗不堪,兴尽先返。(《日记》页 2742)

六月二十七日,致刘承幹一笺,送《凌麓遗稿》《太仓稊米集》《笺吴诗》于刘承幹,寄新诗二册。笺云:"昨承赐游览票,谢谢。兹奉还《凌麓遗集》《太仓稊米集》《梅村诗笺》三种。又,朱文海刻封面甚糟,裁一条作式,签子均须另刻也。穆子美两月无信矣。"又言:"惠中酒菜均极佳。近稿先刻成诗一卷呈政。"(《日记》页 2743,《艺风堂书札》页 610 致刘承幹第七十二札)

六月二十八日,赴樊增祥诗钟会。(《日记》页 2743)

六七月间,先生致金武祥一札,谈编刻诗文集事、清史馆、为盛宣怀编书目之笔酬等事:"今年之热,毒而且长,终日伏处楼下,静坐观书以度永日。清早,有万不能不应酬者,或答拜,或作函,至十点钟便不能办事矣。接兄信问积馀,久已收到,当即答复,想已察入。《辛壬稿》之刻,文止两卷,将诗勉凑一卷,殊不足观。少年、中年之作拟删改成四卷刻之。近作归入《癸甲稿》,亦不盈一卷。如高至盈尺,一诗三四十首,弟不能也。史馆来聘,超社征至七人,樊山必行,杨、震、吴亦必去,子培景况甚好,断乎不去。弟覆函先询宗旨,再筹旅费,战事定后再说,即使北行,亦在重阳后矣。报上所云,节庵与云门绝交书,致赵次山书,绝无其事,皆报馆造谣言也。今年知兄吃亏,而弟亦不了,年成歉收已定,租必不能如额。沪上百物昂贵,房金长至八十元,以致崇正书院两《汉书》,张皋文手批《汉书》,内有周伯恬、陆祁生校语。正统本、汪文盛本《两汉》,均以易米,极伤心也。愚庵《书目》,前五月交卷,而至今酬笔未来,幼龄于中为难,不意老年受人轻贱若此。即使有事望兄,亦必不就,就亦不能救穷,兄询光珊便知。即如次远所谈,常州还板酬书一层,重分书甚多,装二十箱交次远,亦不饬惠。出纳之吝至于如此,言之愤愤。"又言及邹嘉来及秦焕尧:"伯虞有事否?紫东到沪,尚未见面,眷属回苏。"(《艺风堂书札》页300致金武祥第七十九札)

七月一日,刘承幹、瞿鸿禨先后来访。(《日记》页2743)

七月三日,撰《吴郡志》跋。撰《南唐书补注》,先生近日以此为日课。(《日记》页2744)

七月四日,撰《石经考异补正》跋。(《日记》页2744)

是日,康有为、麦孟华来访。时康氏归国居上海。(《日记》页2744)

是日,章钰在京致先生一札,谈清史馆事:"顷由伯宛转到诲帖,敬承一切。史事赖江阴总持,自是众望所归。钰以寡学得操觚而随其后,实至幸耳。开办以阴历计之,本在中秋后。欧氛正恶,于经费一层关系密切,将来如何,不能预料。钰以在筹备处,故时时入京。高驾略从容,似无不可。脩羊极薄,总纂每月二百六十元,以养大贤,私虞不给,可何可何。所谈资料一节,钰曾见国史馆旧档目十二册,种类甚多,不能悉记。惟下注缺失者,层见迭出。恐第一层先须料理此事。松雪能受言,惟外宦年多,得丈丈任事,当相得益彰耳。姓名全单,俟到馆抄寄。日来闻南中又多警耗,津上尚平静。"(《友朋书札》页602章钰第三十九札)

七月五日,拜朱祖谋、朱启凤、麦孟华、康有为。(《日记》页2745)

是日,先生约朱祖谋、喻长霖、徐乃昌、秦树声、王乃徵、李传元小酌悦宾楼。(《日记》页2745)

七月七日,周庆云招饮。吴庆坻、郑孝胥、喻长霖、陶葆廉、刘炳照、刘锦藻同席。(《日记》页2745)

七月八日，撰《礼记正义》校勘记。(《日记》页2745)

七月十三日，撰《清史义例》毕。(《日记》页2746)

是日，收缪朝荃寄至之《水经注》。(《日记》页2746)

七月十四日，致曹元忠一柬，颇为挂念："昨晤古微，言阁下即日到沪，别有所就，更深盼望。馆在何处，淞江之馆闻交与钱君，现所编过半否。黄跋抄出几何？范集影补否？原书乞取归，可以代补，说君空闲矣。所借毛抄又何如？今年旱荒，荒地甚广，兵灾旱灾，民不聊生。炎暑三月，欲逃无地，幸无病耳。文远常晤否？鄹斋先生书送来否？"(《日记》页2746，《艺风堂书札》页528致曹元忠第三十五札)

是日，缪朝荃致先生一札，谈为李艺渊征八十寿诗及九老会事："前日邮递一缄，并由信局寄上《水经注》一部，及石拓一纸，谅均达到。而缄中尚有漏夺者，谨补陈之。李艺渊夫妇八旬寿辰，重拜花烛，前由语丈来函征诗，以志佳话。弟曾作七截四章，已数月矣。近为淞社续集社题，弟以截句似不庄重，故改作长律二首，寄交语老，兹再录呈诲正。因语老复片云今春三月□社九老会，是否在徐园举行。九老何人，均不知其详，乞询艺公示我。弟前承示明，亮无舛误，闻大著甚佳，尚祈赐示一读。又汪渊老七旬预祝，尊作有渔洋生日同逢闰一联，为时传诵，亦乞一并示读，以作模楷，至感至祷。弟自遭乱以来，困守三年，一无聊赖。前缄冒昧直陈，不觉语无伦次，缘现在朋旧之中，无一能援手者，实出万不得已。倘台从入都后，沪上现刻丛书如有校勘等事，能蒙推荐代任者，亦属有得。区区寸忱，伏希垂亮，不尽欲言。"(《日记》页2746，《友朋书札》页777缪朝荃第十三札)

七月十六日，吴昌绶致先生一札，谈清史馆筹备事："清史馆已设筹备处，式之、陈仲恕、邓孝先、金仍珠、周肇祥诸人。式已去数次，现居敝寓。松雪以大方领袖，微公莫属，早有成竹，即当函聘。绶为依恋尊颜，极盼早日北来，仍符重九之约，幸甚幸甚。"(《友朋书札》页880章钰第六十一札)

七月十七日，清史馆开馆办法写成。(《日记》页2747)

七月十八日，约于式枚、陶葆廉、唐晏、杨钟羲、秦树声、吴士鉴小酌醉沤，讨论清史馆开馆办法。(《日记》页2747)

七月十九日，致刘承幹一札，还其二百元《说学斋稿》一册、《礼记单疏》一卷及清本一册，又谈及刻书事："炎暑又炽，仍然不敢出门。前二百元,察入示复为荷。周先生书,雪老以天热推,亦非假话。《礼记正义》只一卷,实两个半部。抄本,可付刻。校记、原本均呈览,亦海内之秘籍。桂先生碑,以《铁崖集》校正,从明刻校过。可以付写。"又言:"危集再跋呈政。"札中所言二百元,系刘氏托先生转送王秉恩的《宋会要》刊资,现王氏拟自刊,故见还。(《日记》页2748,《艺风堂书札》页610致刘承幹第七十三札,《嘉业堂藏书日记抄》页182)

是日,先生致吴士鉴一札,谈清史体例:"昨席间诸君,奉文者陶、秦,未奉文者杨、震,而议论尚合。拟目将国语入志,蒙古、回部王公立《藩臣传》,次于《臣工传》之后《儒学》之前,以朝鲜等国为外藩,以示区别。晦若欲以钱冠《文苑》,不如以江左三家为一传,钱在明朝事甚多,本朝则无事实,文学真足传。龚亦无甚事实,不如汇入此传。俞理初以夏贵支拄兵事五六十年,宋元史均无传为可惜,与钱相类,钱仍以文学胜耳。到此时实不能拘乾隆谕旨矣,所谓千秋论定也。"(陈东辉《缪荃孙致吴士鉴信札考释》第十二札)

七月二十日,吴庆坻来求为其大父吴振棫撰神道碑。(《日记》页2748)

是日,发章钰信,寄史馆办法,又荐恩席臣丰、忠文、续廉、士魁、崔朝聘。此开馆办法盖即后来所说的"于式枚、缪荃孙、秦树声、吴士鉴、杨钟羲、陶葆廉六人合上开馆办法九条"。所谓九条者,即:搜档册;采书籍;仿《明史》;勤采访;办长编;三品以下臣工仍用阮文达公"儒林""文苑传"例集句;所采事实须注出处;事实各书所载不同,须折中附考异于下,将来另成专书,用钱牧斋例,即名"国史考异";书全用《明史》例,亦有增删。各条之下均详细论述本末原委及办理办法,下并附有拟目。其拟目凡本纪十二篇;志十六篇,包括天文、五行、历志、舆地、国语、礼、乐、舆服、选举、职官、食货、河渠、兵、艺文、外交;表十篇,包括诸王世表、公主表、封爵世表、藩属世表、宰辅年表、军机大臣年表、总理各国大臣年表、部院大臣表,新制附。疆臣表、交聘表;传十七篇,包括后妃、诸王、臣工、藩臣蒙古回部立功王公、循吏、儒学、文学、畴人、忠义、孝友、隐逸、方伎、外教(释、喇嘛、道、回、天主教)、外戚、列女、宦官、土司、藩属。(《日记》页2748,朱师辙《清史述闻》页82"于式枚、缪荃孙、秦树声、吴士鉴、杨钟羲、陶葆廉六人合上开馆办法九条")

七月二十三日,送《吴郡志校勘记》与张钧衡。(《日记》页2749)

七月二十五日,送吴士鉴北上清史馆。(《日记》页2749)

是日,李传元、刘硕甫招饮同兴楼,邹嘉来、余寿平、朱祖谋、秦树声、曹允源同席,先生微醉。(《日记》页2749)

七月二十七日,诣费寅、张钧衡、李岳瑞、杨仲庄、刘承幹,与杨仲庄论清史馆事。(《日记》页2750)

是日,先生得宗舜年本月二十五日一札。札谈其应清史馆之聘仲秋到沪及表扬乃父宗源翰撰《碑传录》之事:"两奉赐书,极承垂注。史事得公主持,固当远轶庐陵,近揖季野,而澄怀孤寄,将藉以酬报故国,诛奸发潜,此尤非惇惇浅人所能窥测也。舜年学殖荒芜,庭闻坠失,不足从公执丹漆,惟念征书所及,自先生以次,多平生雅故,盍簪之盛,亦复怦怦,或者检校文字,网罗旧闻,亦将效竹头木屑之助,重辱劝勉,且惭且幸。秋仲必到申,月初即行。面聆榘诲。惟北征之期,尚难遽定耳。先兵备辑《碑传录》,用力几三十年,积稿数十巨册,注重守令,别具微指,于钱书及宏筹之外,尚得数百人,容抱书诣教,不肖昏瞀,不能为先人缀撰成书,倘荷表扬,不胜大愿。孝先处已达尊恉,俟得复再闻,一切面尽,敬请道安。"(《日记》页2750,《友朋书札》页730宗舜年第七札)

是日,交刘承幹《闻过斋集》一册、《太朴集》跋一篇。(《日记》页2750)

七月二十八日,诣刘承幹小谈。晚赴钱溯耆招饮醉沤斋,杨仲庄、许涟祥、刘承幹、喻长霖、陶葆廉、周庆云、钱绥槃同席。(《日记》页2750,《嘉业堂藏书日记抄》页183)

是日,杨仲庄诣先生谈。(《日记》页2750)

七月三十日,诣瞿鸿禨谈,交史馆条议与阅。(《日记》页2751)

八月一日,刘世珩以宋本《巨鹿东观集》来求校。刘氏欲将此集刊入《玉海堂影宋元本丛书》中,故请先生审定之。先生曾代刘氏撰该书跋,考证是集版本源流,有云:"其子闲编其集,援《汉书》班固引著作局为东观故事,故名曰《巨鹿东观集》。有薛田序。此本阙四、五、六三卷,系抄补本。为朱子儋、曹洁躬物,后归陆其清、顾抱冲家,今归于余,为溯其源流如此。黄尧圃止藏影写本。今新阳赵氏峭帆楼刻本,据十万卷楼星凤堂写本付刊,均与此书一作本合,而卷七、八、九、十四卷分卷不同,讹字一叶内不下十余处之多。卷五《送闰师之长安谢紫衣》一首有题无诗,而刘烨大著《忽惠雅章喜惧辄增二咏聊以赠酬》《送薛阶迎觐察院》《又次前韵兼乞崔》三首则此抄所无也。"先生又辨证《四库提要》及《宋史》本传等之论该集卷数之误,云:"今此本薛序则云:'余与交三十年,天禧己未化云,今息闲绰有父风,出君所著新旧诗四百篇,除零落外,以其国风教化,讽刺歌颂,比兴缘情者,混而编之,共成十卷,因取赠典,命之曰《巨鹿东观集》。'明明新旧合编,连《草堂集》在内,则与《提要》大相抵牾,不见此本,不睹《东观集》之真面目矣。《宋·艺文志》及《书录解题》均云《草堂集》二卷,《钜鹿东观集》十卷。一旧稿,一后订,而并无《草堂集》十卷之说。《宋史》传不足据。读《知圣道斋跋尾》云收得七卷本,似从此刻本抄出,而以所阙之四、五、六卷为补遗,仍是十卷,核据详洽。至金兆芝跋赵刻云及见宋大字《草堂集》十卷本,则强不知以为知,不值一哂矣。"此书后归潘宗周,张元济为其撰《宝礼堂宋本书录》颇袭先生之说。(《日记》页2751,《癸甲稿》卷四《钜鹿东观集跋》,《宝礼堂宋本书录》集部《钜鹿东观集》条)

是日,先生跋《得树楼杂抄》,又跋《朝野杂记》,抄《东观集》黄跋。(《日记》页2751)

八月二日,跋《藏一话腴》,又跋《祝开美书》。(《日记》页2751)

八月三日,先生与杨钟羲、张彬请樊山,同人咸集。(《日记》页2752)

八月四日,刘承幹送月脩百元。先生复刘承幹一笺:"顷奉手书并月脩百元、《龟溪集》一部,谢谢。前书奉还。月霄生日必到,当检月霄藏书数种以供鉴赏,但求天早晴耳。(《日记》页2752,《艺风堂书札》页610致刘承幹第七十四札)

是日,先生跋《简庄疏记》,又跋《左传杜解补正》。(《日记》页2752)

是日,先生得章钰七月三十日一札,谈先生之修史条议与其理念正合,并希望先生节后北上:"在津由伯宛转奉惠书,敬承一切。修史条议,切实可行。长编考异二条,钰窃持此议久矣。自公发之,当益增重。面交松雪后已付刷印矣。承示数纸,亦已转交阅过,尚未下断语耳。从者节后能即首涂最妙。兹事体大,重赖大雅主持,非仅一人之私觊也。"(《日记》页2752,《友朋书札》页603章钰第四十三札)

八月六日,早撰《铁书序》。晚不适,夜起撰《铁书序》。《铁书》系先生代吴隐编撰,据《日记》,从本年六月十九日起,至此时毕而作序。先生是序重在考证印学源流及流派,并及于印谱源流,云:"昔庖牺氏画卦,实文字之权舆,仓颉造书契,又六书之权舆。逮周保氏教国子,而六书始彰。秦祖龙燔经书,而八体以著。若摹印,其一也。新莽居摄,大司空甄丰等更定六书,曰缪篆专以摹印。缪者何,绸缪之意,即徐锴所谓摹印之屈曲缜密也。《尔雅》印谓之玺,尊卑同辞,昉于商、周、秦,盛于汉。始以玺属之君,而印属之臣。滥于六朝,而沦于唐宋。官印有铸有凿,古气浑沦。虽代有作者,其人姓名莫得而考。入元代,则赵松雪始得盛名,吾邱子行、吴孟思师弟考订篆文,研求刀法,于是以刻印名家者,代不乏人。明至正嘉之间,吴郡文博士寿承崛起,树帜坛坫,而许高阳、王玉唯诸君,先后周旋,遂尔名倾天下。何长卿俯首师之,苏尔宣出力抗之,而各极其精能,遂尔声名鼎足。乃若璩元玙、陈居一、李长蘅、徐仲和、归文休暨三吴诸名士所习,三桥派也。吴午叔、吴孟贞、罗伯伦、刘卫卿、梁千秋、陈文叔、沈子云、胡正言曰从、谭君常、邵潜夫及徽闽诸俊所习,雪渔派也。程远彦明、何不违、姚叔仪、顾奇云、程孝直与苏松、嘉禾诸彦所习,泗水派也。又若詹淑正、杨汉卿、黄表圣、汪仲徽、江明初、甘甫,皆自别立营垒,称霸称雄①。明代诸君不外于此。国朝有闽派,有徽派,有苏派。闽派许有介为冠,有陶石公、杨叔夜、吴平子、林霔诸人。徽派程穆倩为冠,有程孟长、汪尹子、宏度、程云来诸人。苏派顾云美为冠,有顾元方、钦序三、邱令和、顾梁汾诸人。雍、乾盛时,丁敬身出为浙派,黄小松、奚铁生、蒋山堂从之。邓石如模汉碑额,为邓派,而吴山子、吴让之、吴圣俞从之。赵㧑叔从邓入,又少变为赵派,题款最精,而徐三庚、傅子式从之。自源及流,藉知派别,吾道于以不孤。印谱始著录于宋徽宗、王顺伯、王子弁。洎乎元明,则有赵文敏、吾子行、杨宗道、叶景修、钱舜举、吴孟思、顾汝修诸谱录,皆汇集古人之印章,或原印,或摹本,规矩犹存,典型不废,此一派也。或集前人之名作,或萃交游之精神,此一派也。或举生平之所镌,编成谱录,倩名人序而行之,此一派也。"(《日记》页2752、2753,《癸甲稿》卷二《吴石潜铁

---

① "甘甫"当系"甘旭甫"之讹。先生此处文字多参考明朱简《印经》,《印经》此句作"又若罗王常、何叔度、詹淑正、杨汉卿、黄表圣、李弄丸、汪仲徽、江明初、甘旭,皆自别立营垒,称伯称雄"。考甘旸,又名旭,字旭甫,号寅东,江宁人,生前隐居鸡笼山,精于篆刻,尤嗜秦、汉玺印,有《甘氏集古印正》。

书序》)

是日,杨仲庄来访。盖其将赴北京清史馆协修之任。(《日记》页2753)

是日,跋《弁群三碑》。(《日记》页2753)

八月七日,沈曾植致先生一柬,索还《山谷年谱》:"前日所谈《五礼义宗》,刻在何所,可设法一观否?《山谷年谱》谅已写竟,顷有所检,希即掷还。"先生即还之,并诣沈曾植谈。(《日记》页2753,《友朋书札》页188沈曾植第四十九札)

刘承幹约祝张金吾生日,先生与曹元忠、杨钟羲、许准祥、沈焜、孙德谦同座,并在新斋看书籍,共赏首册宋蜀大字本《史记》。是日,刘承幹嘱改其太翁行述。(《日记》页2753,《嘉业堂藏书日记抄》页185)

八月八日,撰《平水巾箱本尔雅跋》。先生购得况周颐元板《尔雅》,取校阮元南昌刊本一过,校毕而撰此跋。跋叙此书元平水本之典型特征及阮刻脱误之处数十条,又经文与《唐石经》不同者多条,并云:"《释经》皆以元恭本、雪窗本为单经之善,而此本更出其上。世所存元本,闽板居多,至平水本,据各家目录不及十部,则北本重于南本,不得以墨色稍次讥之矣。首有'稽瑞楼'白文长印、'瞿氏鉴藏金石记'白文长方印、'恬裕斋藏'朱文方印。盖常熟故家物,先陈后瞿,庚申乱后,为岭南丁中丞所得,今又从岭南仍回江南矣。"(《日记》页2753,《癸甲稿》卷三《平水巾箱本尔雅跋》)

八月九日,撰《光禄大夫云贵总督吴公神道碑》。(《日记》页2754)

八月十日,沈曾植借清史馆办法去,还来过批《嘉禾志》。(《日记》页2754)

八月十一日,未刻登程赴松江,申刻至,盖欲往观韩氏藏书。曹元忠来迎,住绣野桥韩三房。门人张锡恭来,同检书。晚住韩氏宅。先生在松江前后凡三日。(《日记》页2754)

八月十二日,章钰在津致先生一札,谈清史馆事,言赵尔巽盼先生北上:"顷返津寓,诵海帖,备悉种切。松雪盼公甚诚,幸为大局起见,勉力一行,望云叩迓。长编考异二事,私所主持,以丈丈言之,足以增重,故尔不再傲言。功课事求者、应者均有其人。钰则志在《艺文》,现拟遍考类别方法,不敢卤莽从事也。专复,敬叩艺风先生道绥。后学钰顿首。十二日。高例十一分,已函馆友径寄。"(《友朋书札》页603章钰第四十二札)

八月十三日，抄荛圃题跋毕。曹元忠送至车栈。(《日记》页2754)

是日，唐晏来条，辞清史馆。(《日记》页2754)

八月十四日，致吴庆坻一柬，改订《光禄大夫云贵总督吴公神道碑》稿。是文稿本月于十七日交与吴氏。先生是文述吴振棫一生事迹甚详。振棫生仕宦家庭，嘉庆十九年进士，官至云贵总督。著述亦甚丰，有《养吉斋丛录》等。先生最服其诗词、掌故之学。(《日记》页2755，《癸甲稿》卷二《光禄大夫云贵总督吴公神道碑》)

是日，先生拜刘世珩，留《南湖集》抄本，刻本重订目，拟跋。又诣沈曾植、刘炳照、徐乃昌、宗舜年、刘承幹谈。还刘承幹《太翁行述》稿。(《日记》页2755)

是日，先生致刘承幹一笺，经手为刘氏购得宋巾箱本《中兴两朝圣政》："巾箱本《圣政》，前途索十五元本索二十元。一卷，搓商再四，能给二百卅元则成交矣。穆子美已回苏，书校好再呈复校。此叩节禧。"此书原书六十四卷，刘氏原已购得二十卷，此残本十六卷。(《日记》页2755，《嘉业堂藏书日记抄》页188，《艺风堂书札》页611致刘承幹第七十六札)

八月十七日，致刘承幹一信，送《赵彝斋集》稿本，谈刻《南唐书注》体例事："《南唐书注》，昨与乙庵商议，仍宜刻雪客原书，补注、补音、释与校勘记同。附于后。国朝名人刻书，决不如掺入原书也。弟择善而从，不敢固执己见，仍将原书送上，乞转交穆子美为荷。子美刻年谱已完。《吴兴志》犹未修，《掌故集》未全，《备志》并未写完也。"又附言："《彝斋文集》原书呈上，如刻本遗失，可另印重校。"(《日记》页2755，《艺风堂书札》页611致刘承幹第七十七札)

八月十八日，吴庆坻致先生一柬，谢先生撰《光禄大夫云贵总督吴公神道碑》："昨奉手函，谨领一是。赐撰先大父神道碑名，椽笔煇扬，用章潜德，寒家世世子孙感且不朽，亟应升堂泥谢，乃为雨阻，谨先陈谢，敬叩道安，容再抠谒，更馨下忱。"又告以张元济因病未到书馆："菊生以抱恙未到书馆，昨又函达其寓中，尚未得复也。"(《日记》页2755，《友朋书札》页228第十七札)

是日，先生致吴士鉴一札，谈明遗臣传、清史馆用人，及其北上时间："别将匝月，弥切怀思。昨尊大人来柬，述到京及两次开会情形，与报上迥殊。次老不去奉天，体例审查可定。我门拟例送阅否？抑各位业已见到，无须再征,亦无不可。鄙意要立明遗臣传,一台湾郑氏亦弟任之,一黄、顾、王、钱田间、金道隐、查职方,作两卷,似合体例。子姓力劝其到馆,似乎可以;在廷辞,或请瑞臣再劝之;聘珊辞则听之。本意下班新丰附行,内人又病,往金陵就医,须俟其回沪再定。叶揆初传次老命,致我门五人支借二百元作盘费,子姓及弟收用,晦若、屏珊、在廷不收,而揆初赴京,无处交代,请转告次老,到京带还何如?"又谈及其对编长编的看法及对史馆现有之稿的处理,等等:"长编一层,须见书即抄,抄起,再挨年月裁贴,亦须两道手。李仁甫《长编》是专书,不能学;钱牧斋《国初群雄事略》即《长编》例也。史馆现有之稿亦须派得力纂修,查归类开单注完缺,亦非易事。新书新志,或调或购,亦须明降命令,重托友人,方能取到。大约合馆眼光均注于撰著,弟独注于史料。他人条陈有及此否?"札又提及其近至松江韩氏看书事:"弟新到松江看韩绿卿先生藏书,宋本见十五部,均未考,黄荛圃跋抄到卅八篇,可谓富矣。收书在道光中叶,与上海郁、金山钱同时,没于咸丰庚申,保守两代。今贤孙倩曾撰一编书目,方知有此一大家。张文远、钱复初、雷君曜?均来谈,十四日回鄂,客中最称心之事也。"又附言提及章钰是否在京及其所撰神道碑:"式之在京否?委拟碑文已交卷,未知合用否?"(《日记》页 1756,陈东辉《缪荃孙致吴士鉴信札考释》第九札)

八月十九日,沈曾植寄开馆议稿来,已揉烂不堪矣。此当系八月十日所借去者。(《日记》页 2756)

八月二十日,史馆送章程来。是日吴庆坻招同兴楼小饮,戴启文、钱溯耆、周庆云、刘承幹、沈焜同席。(《日记》页 2756)

八月二十一日,周庆云招饮,先生与李岳瑞、喻长霖、钱溯耆、刘炳照同席。是晚呕吐又大泻,多日乃愈。(《日记》页 2756)

八月二十二日,还吴庆坻《流寇长编》,二十日所借者。吴氏收书后致先生一札,称该书"仍是一家记事之书,非史家所可取法";询乃祖之碑文拟先缮录付印,庶便送史馆,是否可行。又称碑文内小有疑义,请先生察核,将遵先生谕意以行。(《日记》页 2757,《友朋书札》页 224 吴庆坻第一札)

是日,先生致刘承幹一札,还《周易正义》并谈刻书事:"《周易正义》六册交还。前假《东山年谱》《藏一话腴》《温善临传》,望交下,即赵。《南唐书补注·后妃传》呈阅,仍发还即往下写。以此为式,不用双行可得二册。戚

光音释皆在周注之外者,宜全收之。余面谈。"(《日记》页 2757,《艺风堂书札》页 612 致刘承幹第七十八札)

八月二十三日,撰《华亭韩氏藏书记》①。述韩氏三代藏书之史,储藏之富,并赞韩氏子弟为贤子孙,能读父书,能保家藏。此文当系应曹元忠之请,元忠此时在韩氏处为西席。撰成先生即专王升送饶心舫至松江录副韩氏所藏善本,携《韩氏藏书记》及与曹元忠一札。先生之札谈抄书事宜,并鼓励韩氏扩增藏书,有云:"在松诸承照拂,谢谢。韩世兄亦乞代致谢忱,并示名号。荃回家十日劳碌愈甚,入都之事稍缓,颇想辞去,有为难之事也。饶心舫到,仍恳一切理料。九种再乞开示,如有《竹屋》《石屏》两词可弗抄,李君祺词弗抄。交家人带回。一记一诗并致,深望韩世兄保守扩充,与罟里瞿氏并论也。"元忠即日复札请先生手录《韩氏藏书记》,以便保藏,并索赐书,有云:"韩氏小门生名德钧,字子谷,谨以附闻。绿卿前辈藏书,得吾师以记附《艺风堂集》以不朽,非惟其子孙感激已也。惟记文尚求吾师他纸录一通,俾韩氏小门生装潢以为世宝,诱掖奖劝,谅长者有乐乎斯也。前蒙允赐《诸葛忠侯传》,便求掷下。"(《日记》页 2757,《癸甲稿》卷三《华亭韩氏藏书记》,《友朋书札》页 995 曹元忠致缪荃孙第二十二札,《艺风堂书札》页 521 致曹元忠第十九札)

是日,陈三立、张彬、沈曾植公请于樊园,樊增祥、瞿鸿禨、易顺鼎、杨钟羲同席。(《日记》页 2757)

八月二十四日,刘承幹来,谈良久,托撰其嗣父家传。(《日记》页 2757,《嘉业堂藏书日记抄》页 189)

是日,先生撰《出塞山川图画记》跋、《鲁春秋》跋。(《日记》页 2757)

八月二十五日,约金武祥、邹嘉来、周庆云、易顺鼎、刘体乾、刘体智、徐乃昌、王秉恩小饮醉沤,菜极佳。(《日记》页 2757)

八月二十六日,得吴士鉴作于二十二日一信,论清史馆事:"违侍教言,瞬将匝月,日盼台旌北上,俾有遵循。顷奉赐示,敬悉种切。先人碣文,仰蒙鸿笔撰述,世世子孙感且不朽。俟在沪排印后,即可分送,以广流传,望风九顿,曷罄谢忱。世伯母偶有违和,就医白下,当可即占勿药,傔从如重阳前后起行,亦不迟也。馆中初次大会,无甚讨论。十二日审查体

---

① 按,是文末署"阏逢摄提格中秋",今从《日记》系于此。

例,仅十三人,将各家拟例汇集,共十余份。逐条斟酌。尊撰史例,早归入其中。是日结果,大致以侄与式之、筱孙主持为稍多,梁任公所拟未尽从之,其他离奇光怪之表志名目,取消殆尽。将来长者到馆,再加坚持,决无异议。至明遗臣传一门,梁任公拟目亦有之。现定体例确已有之,其中分卷及定列何人,请长者认定,自行详订子目可也。侄本无学问,此来同人尚加推许,故次老换一聘书,令兼总纂,惟有一切秉承宏旨,徐策进行。至长编一层,亦经同人提议,均尚领会。现在除国史馆移交各种书档外,其余官私书籍,送者寥寥。总统既有征书之命,馆长复行文各省,饬道县通行,令人呈送,如陆续而来,亦须时日。鄙意俟书到再办,未免旷日持久,宜由认定功课之人,见书即手抄,分类互相交换;一面将国史旧传选派数人审查,何人当立专传,何人当立附传,何人仅可入表,如此入手,方可得门径。昨已托收掌先清厘旧传,将大臣、忠义两传编一总目,再由同人排日分阅也。命向次老声明,三君子不收川资一节,明日即为转达,想到京代表无所不可。芷姓能来,甚盼。在廷不来,可惜。晤瑞臣再托其促之。承示至松江观书,此极难得之事,何以前此竟无人道及?可知天壤间可宝之物,正复不少。其中《莪圃题跋》可托撰一抄出,补入《士礼居题跋》否?"(《日记》页2758,《友朋书札》页451吴士鉴第十二札)

八月二十七日,得吴士鉴又一信,言川资事:"昨上一书,备陈种切,今日至馆,已将尊意达到。馆长云,三君子如不收盘费,请长者仍送还叶撰初为要。撰初不久即行回沪,大约总在大箳北上之前,揣其意,似系撰初代垫,免得带来后又须划还。此节请照次公意办理为幸。"又言:"式之数日未到馆,赴津一行也。"(《日记》页2758,《友朋书札》页460吴士鉴第二十七札)

八月二十八日,定史馆说帖。(《日记》页2757)

九月一日,发京师史馆赵尔巽信,寄史议。寄《莪圃跋》三十二篇与吴昌绶。(《日记》页2759)

是日,还书《东山年谱》《藏一话腴》与刘承幹,并致刘氏一札谈刻书事:"前日盛扰,谢谢。葵园师信,又与止修函商酌助刻书资陆百元,兄以为何如。同是门生,止修在湖南多年,较亲密,故与妥商。《东山年谱》《藏一话腴》先缴。又,《尚书单疏》,弟又得一佳本,祈发原书先校定何如?"(《日记》页2759,《艺风堂书札》页612致刘承幹第七十九札)

是日，先生发吴士鉴一札，讨论清史体例："两奉手书，备聆壹是。弟本拟附新丰来，忽又大病，至今未出门，必须暂缓数月，业已函告总裁。《商例》十二分均读讫，亦成《例商》一篇、《定目》一篇。各位注意在史，注意史料者甚少。兄与向之、箴孙、任公最佳，如《今上本纪》决依任公。交通添志，外教改传为志，氏族添志，明遗臣添传，决不可少，余仍旧贯，即此已足，不必再议。将来或有改订，此时不必游移。"又长编办理之法及征书之法："长编必须认定何门之分纂目，办考异，箴孙同意；注出处，袁、王同意。王旭庄藏万季野手稿，约一百四十余帙。注出处并考异，大约古人必是如此。征书甚难，须为分别。祁氏有八求，仍不离乎其说。弟分为四要，普通征、即令命是也。指名索、知其家有何板者，函索之，如贫士亦备价。广购、借抄，庶几可集。"又谈清史馆之现状，请吴士鉴一手主持，自己奔走已嫌不足："现办之事，想遵兄指，事已不少。天下事肯办，不愁无事不办，即一无所事，稍为分别次第，不致徒劳为善，惟名手大半不到，仍如前言，尽为京师要人之兼差、新人物之想出名者，统筹全局，专心致志，望兄一手主持。弟自揣此身磨书桌尚能如常，供奔走实嫌不足。昨阅《梨洲年谱》，《明史》之征亦七十一岁，能以梨洲待我乎？然穷过之矣。"又谈及黄跋及清史馆在沪诸人："黄跋卅二篇，亦寄印臣，日内所见宋本亦多。酒亦不敢多饮，只恃书消遣。樊山亦未行，葵初闻今日到，即交在廷，仍劝之北行。"（《日记》页2759，陈东辉《缪荃孙致吴士鉴信札考释》第十札）

九月二日，拜吴庆坻，谈求王先谦为刘承幹撰志铭之事。（《日记》页2759）

九月三日，饶心舫自松江抄书回，先生得曹元忠札。札谈饶心舫抄书事云："汲古旧抄九家词，除《竹屋》《侨庵》外，俱属星舫景写，首尾十日便得蒇事，可谓既工且速矣。"谈刻贾似道集云："中秋后，闻顾香远年丈家得贾秋壑《奇奇集》，料必廖莹中原椠。昨函致保圻世兄，冀一借观，则云书是穆子含家藏，近为上海图书馆攫去，度已请吾师鉴定。倘能从臾景刻，将来或与东雅堂《韩集》并为世宝，曷胜翘企。"又向先生请教版本云："近日见南宋椠《庐陵欧阳先生文集》一册，为集古目录跋尾三四，与春间所见张石铭同年新得天一阁《居士集》似乎相同，而范本行款格式已不记忆，仿佛次行题'陈诚虚中编'而已，尚求写示一二，是所感祷。"又建议补刊刘承幹所刻危素之集云："刘翰怡所刻危太朴文并非足本，就金溪严纹玺所刻

《危学士全集》已阙文七十四首,若《江西通志》所载全集五十卷,更无论矣。质诸函丈,谓当补否?受业入秋来,时患脘痛,累甚。"末又向先生求赐寄《艺风藏书记》与《诸葛忠武侯传》景宋本。(《日记》页2759,《友朋书札》页995 曹元忠第二十三札)

是日,王先谦致先生一札,请先生在京肆代觅阮元纂《云南通志稿》:"奉手谕,知弟北行有期。史局暂栖,与政界有别,兼约䌹斋同行,二妙同往,史裁必高,第不知元帅何以相处耳。逷四月由平江旋省,伏处东乡,距城四十里,凉塘旧庄,飘泊余生,尚有归骨先茔之日,不可谓非幸事。形影非旧,精神大衰,二便不时,手眼皆病,惟故习未忘,把卷度日。到家后,始拜《藕香零拾》诸书之赐,拨弃百虑,寝馈其中者有日矣。到京后,逷尚有一事奉托。阮文达以滇督内召,晚年荣遇极矣。其学问,滇人乃不甚尊尚,所撰《云南通志》刻已成书,公自名曰《通志稿》,实宝书也。逷典滇试时,强携以行。山川一门,缺云南府下,竟不可得。心念中华区域,郦元所不能详者,惟滇南为最。文达水地之学,旷古无俦,滇人不知。盖其时限于僻陋,非后来比。逷尝欲摘其山川,仿《水经注》体刊为一书,以云南府下未睹其全,迟至今日。吾弟游厂肆时,幸留意此书,或此书不得,而有补此方水道者,求为代购。书到即付书资。或弟所愿购,亦乞惠借一抄,随时奉缴,均唯命是听,断不有误。逷不撒谎,想亦弟所见信也。"(《友朋书札》页46 王先谦第六十八札)

九月四日,叶德辉致先生一札,谈其与革命党之争,送先生其新刻书,并询托先生代抄之《梁有誉诗集》是否完成:"出京时曾上一书,云回湘日期,计早邀电览矣。辉连年遭土匪官寇之扰,此次得刘幼翁来湘巡按,始得安居。然商业摧残,不动之产已破损六七,仅有房租供日用,如谢绝人事,亦尚不失为富人。惟买书、刻书,则须临时筹办,不能有活支也。每念大清疆土已付他人,区区我辈小民,安有覆巢之完卵。然则今日城郭归来,固不幸中之大幸矣。友朋均咎辉以文贾祸,辉殊不谓然。去年四月,作文戏侮谭延闿、唐蟒,本出有心,亦事事先有防备,一经决裂,不久北兵即来。九月归家,汤芗铭即有意张罗。辉以其国民党人时东时西,必如土匪之反覆,坚卧拒之,已拂其意。适有书论地方财政,致书京官,一登报章,彼即大怒,夜半发兵捕捉,幸得脱逃。盖其土匪之性至此不得不爆发。辉方以为先见之明,幸不与之交涉,何为归咎于文字乎!廿年不到京城,乘此一闹,两次北上,既获晤久不见之朋友,又得买久欲买之旧书,且作诗百余篇,居然又成一卷。桓魋匡人,固大有功于孔子者也。葵园僻居乡间,在长沙调讼卷,将指以干与公事。对于尧衢,则查铁路账。亦正在寻衅,适幼丹来,遂兴败而止。其豺狼虎豹之性,固时时欲有所发动,不仅辉事已也。葵园近已移居槺梨,长沙乡名。去城十五里,尚未通信。新印出先世石林公《礼记解》四卷、《老子解》二卷、《观古堂诗录》一本,因友人来沪,托其带呈。去年托抄《梁有誉诗集》,不知抄成否？费资若干,当遵缴。"（《友朋书札》页557叶德辉第三十六札）

九月五日,寄《艺风藏书记》《诸葛忠武侯传》与曹元忠。(《日记》页2760)

九月六日,先生致吴庆坻一柬,谈刘承幹托王先谦撰志铭之事。(《日记》页2760)

是日,致刘承幹一札,还书并谈请王先谦为刘氏撰志铭之事："前与止修商量,闻兄止欲撰一篇,是金石家正格。两志亦出唐、隋。而长沙师非俞荫老可比,先叙兄好学,好客,久深仰慕,愿乞大笔,以光前徽,如肯挥毫,有复信,再致敬意,方不唐突。六数最妥。弟信已去,惟恐其驳回耳,并请止修助我言之。两书奉还,均是近时佳书,略有舛错,不尽无征。洋装一册尤佳。"（《日记》页2760,《艺风堂书札》页612致刘承幹八十札）

是日,刘承幹送《南华真经》来请先生鉴定,张钧衡送《朱子续集》《别集》来鉴定。先生即复札劝刘承幹买,劝张钧衡退。札云："正欲奉书,又阅手教。《庄子》,丁福保曾送来,弟告以南宋初年本,宋板宋印。渠出三百元,告以六百元收之不为贵。兄须扣住书,索全书,十册,不缺装订。再与论价,不可放过,《史记》可鉴。再转三两处,必是千金矣。抄本均见过,板坏。无一可取,石铭处送来,退去。《闲中今古》,天一阁书；至《东城杂记》,厉樊榭书,而有查伊璜图书,连范氏图书,均是伪品,不足信。《笔疆》不全,弟借一日,明日送还,抄文一篇。危太朴文,重编改跋,正是应办之事。曹君直亦见此书,劝我另编矣。"（《日记》页2760,《艺风堂书札》页612致刘承幹第八十一札）

九月七日,发王先谦长沙信,寄刘承幹所托志铭之事略。是日吴庆坻灯下作札答先生昨日之柬。札有云："葵师处,公已为翰怡致意,代求必当许可。侍亦正欲寄书,遵示重为之请。至致敬一节,将来仍由公代陈,侍

函中不复提及也。刘谦甫事，顷访翰怡已述及，容面罄。史例谨缴上。"（《友朋书札》页227吴庆坻第十二札）

九月九日，赴超社之集于五层楼。又赴淞社第十九集于菜香圃，以陶渊明《九日闲居》诗为题，戴启文、汪洵、恽毓珂、胡念修为主席，到者吴庆坻、吴昌硕、钱溯耆、汪煦、刘炳照、徐珂、刘承幹、喻长霖、沈焜、费寅、周庆云、钱绥槩、褚德彝、潘飞声与先生。（《日记》页2761，《嘉业堂藏书日记抄》页192）

九月十日，致刘承幹一札，谈刘氏购书及托王先谦撰志铭文致敬一事，并谈及即将北上清史馆之事。札云："昨日见视各书，除顾成章一册外近人新书，书亦不佳。均可购可藏，可编入书目。第不必刻，亦不能出重赀。若在平时，只数角钱一册耳。葵园师信已去，止修来柬附呈。致敬一层，亦由止修与湖南诸公转兑，弟函内只陈仰慕，不敢言致敬。彼此有益，弟熟人少也。弟请四十日假，消寒举行定必回沪。刻书由小儿僧保代办，决不有误。委撰家传当于途中成之。"（《日记》页2761，《艺风堂书札》页613致刘承幹第八十二札）

九月十一日，致刘承幹一札谈刻书及买书事："昨阅手定应刻诸书，业已不少。如《吴兴先哲遗著》收之，可酌量刻，余则可藏，不必刻也。如查东山所著，只《罪惟录》可刻，余则置之。不必出重赀以购，以此等书无人抢也，虽暂时取去，终久自来。如宋元旧抄，必须放价，抢买人多，动辄北去，出洋，均不可知，与抄稿迥别。鄙见如斯，乞细酌之。"又谈行程："十三日南京发，明日上车。醉翁均此。暂别，恕不走辞。"（《艺风堂书札》页613致刘承幹第八十三札）

是日，先生将北上赴清史馆，费寅、刘承幹来送行，谈良久。（《日记》页2761，《嘉业堂藏书日记抄》页193）

是日，发刘世珩一束，寄《影宋巾箱本丛书序》。此序是为刘氏刊刻《宜春堂影宋巾箱本丛书》而撰。先生于序中详考巾箱本兴起于南齐，而大胜于宋，云："昔读《南史》，至齐衡阳王传云：'王手自写五经，部为一卷，置于巾箱中。贺玠曰家有坟索，何须蝇头细书？答曰，检阅既易，且手写不忘。诸王闻而争效为巾箱五经。'巾箱盖随身小箱，非广箱、方箱比也，是巾箱本之所自始。宋戴埴《鼠璞》曰：'书坊刊印小册，谓巾箱本，起于南齐。今世盛行，无所不备。'是宋时巾箱本大行于世。《天禄琳琅》收《南华真经》十卷,云'版高不及半尺,而字画加倍纤朗,纸质墨光,亦极莹致。'乾隆御题大内宋锓《南华经》:'传自永乐闰人,蝇头细书,纸香墨古,诚宝迹也,古人有巾箱五经,便于行役登临观览,斯亦其类欤。'此巾箱本之最佳者。"又指出刊巾箱本丛书者以《古香斋鉴赏袖珍丛书》为最佳,而刻影宋元巾箱本丛书者,刘氏为首创。可见先生对版本史的深刻理解。(《日记》页2761,《癸甲稿》卷二《刘楚园影宋巾箱本丛书序》)

九月十二,至南京,寓下关永升栈,先生谓"有家不能归而住客寓,至伤心之事。"(《日记》页2761)

九月十三日,入城到家,周视一巡,家具而外无他长物,木兰、梧桐均欠修理,藤花略茂,止砖数由尚存耳。饭后至状元境大墙后,得《陈书》一部。(《日记》页2762)

九月十五日,过济南,抵天津。大风雨,缪禄保来接,吴昌绶专人来接。(《日记》页2762)

九月十七日,至京,寓金台旅馆。拜夏孙桐、冯润田、杨仲昭、秦树声、恽毓鼎、傅增湘、吴昌绶,在吴昌绶处晚饭,董康、朱祖谋、夏孙桐、傅增湘、王书城、张渠田、章钰同席。(《日记》页2763)

是日,得王先谦一札,复先生请其为刘承幹撰志铭之事:"闻止修述及,台驾已与绹斋北上,想早安抵都城矣。刘君翰怡以其嗣父母铭墓之文相属,重以吾弟及止修谣诼,敢不勉竭心思。唯不作文已四年,机栝不熟,未知成绩如何。然必不令空返也。成后,吾弟未归,即交止修转致。前托滇志一件,游厂肆时,幸留意焉。"又附札谈叶德辉人品:"奉手谕云,奂彬已回里门,知在沪时常有来往。遐此次回里,伏处穷乡,一到省门,未会一客。记奂彬前以阁下寄伊书相示,中有论及鄙人之语,系因伊所言而复之也。比时遐以奉询,阁下不复,遐亦不便再渎。但此君于朋友专以儿戏为事,略无忠信之言。它不必论,专举近所知二事奉告;遐与李仲轩本无深交,其在湖南虽少来往,却不反对。虽奂彬亦从未问过我两人交情如何。前数年孔静皆与遐谈及,谢南川官云南,恰遇李仲轩做上司,谢曾参李,是君主使。遐云谢参李与否,我却不知,我何曾有主使之事。孔云奂彬二次对我说,岂有假的。遐矢之而后信,此一事也。湘焚抚署,任小堂造作谣言,归狱于遐。恰有黄觐虞等致函鄂督,将遐首列,遐在家不知也。后与朋友言任小堂与我何仇,刘巨笏云言,君教谢南川参他,何谓无仇。遐骇问故,刘云我在国子监时,一日曹氏兄弟即湘人寄籍河南者,亦谢之门人,不记其号。来言,谢出示王书,问认得王师字否? 曹云不认。更有奂彬数人联名书,是奂彬写的。谢又云任名声却不见好,但王书真伪,除非筠云他们亲戚一见便知。恰遇筠云连日有事,而谢之参折上矣。此又一事也。静皆已死,筠云尚存,倘有欲察此事者,尚可考实,举此二事,可以略见一斑。如再有往来其言,似可不信也,切勿对人说。唯垂察焉。"(《日记》页2763,《友朋书札》页44王先谦第六十五札)

九月十八日,拜吴士鉴、赵尔巽。到清史馆会同事诸人。(《日记》页2763)

九月二十日,移居白庙胡同大同公寓第九号,昨日所租之屋。到史馆,襄定儒林、文艺、孝友、隐逸诸传。(《日记》页2764)

九月二十一日,送文集及石印碑文与李盛铎。游琉璃厂。是日,金葆桢招饮寿丰楼。马吉樟、顾瑗、罗惇曧、朱祖谋、关咏之同席。(《日记》页2764)

九月二十三日,拜江瀚、马吉樟、陈宝琛、郭曾炘、李经畬、陆润庠、钱恂、杨守敬。钱恂赠《壬子文澜存书目》四册。(《日记》页2764)

九月二十四日,孙季芝来,孙诒让之弟,先生赠以文集。(《日记》页2765)

九月二十五日,傅增湘来访,以《广韵》三册见视,先生以为是北宋本。(《日记》页2765)

是日,拜董康,送影写《道园遗稿》。(《日记》页2765)

九月二十七日,定三品以下诸臣目录。(《日记》页2766)

九月二十九日,撰《刘紫回家传》。刘安澜,字紫回,刘承幹之嗣父。先生之文述其生平甚详。刘安澜自幼奋志读书,致力科举,官工部衡部虞衡司郎中,与当代名流相交游,"研榷问学,几无虚日,所诣遂日进"。乃有志撰著,博征群籍,托始顺治,下讫同光,手辑《国朝诗萃》一书,历有年载,期以成有清一代之诗史"。然不幸二十九岁病卒。(《日记》页2766,《癸甲稿》卷二《赠光禄大夫刘紫回水部家传》)

十月二日,拜访恽毓鼎,谈史事甚畅。先生谓修清史当以康雍间修《明史》为法。恽毓鼎亦曾在史馆多年,沉潜廿四史三十年,于史学义例得失知之颇审。此次修清史赵尔巽仅以名誉协修相待。(《日记》页2766,

《恽毓鼎澄斋日记》页709)

是日,饭后送《循良传》与赵尔巽并信,附三品以下列传名单。(《日记》页2767)

十月三日,傅增湘来,还宋刻《东坡后集》残本五卷,去年十一月二十三日从先生借校者。(《日记》页2767)

十月四日,孙季芰求为其父孙锵鸣撰墓志。(《日记》页2767)

是日,史馆送脩金来。(《日记》页2767)

是日,先生致刘承幹一札,谈归期、京中形势及琉璃厂购书事:"别来廿日,怀想何如,近维校雠日益,吟咏时佳为颂。弟来京师,馆长虚衷相待,可以携书出都,即日束装,而三两友朋略留谈,二十边必到沪,不误消寒之约。日来陡起大案,因劳玉初文字而起,新党甚之,先捕入狱。宋育仁,捕刘廷琛,玉初亦可危。并禁宫门抄,请谧。宫门增五十宪兵,严查腰牌等事。书生结习,贻祸王室,此事岂能以口舌争哉。陈弢庵云,近日连小诗均不敢作,怕人加注诬陷。昨日请王壬秋、赵次珊开宴,总统府。嘱严查两馆中人,而日人实有在内廷煽惑者,宋育仁能不为饶智元则幸矣。厂内有《甘肃通志》,白纸印本,价一百四十元,可要否?弟行,可托傅沅叔。厂肆好书为傅、董、李(木斋)、邓孝先搜索殆尽,价亦非凡之昂,只景朴孙之《于湖集》,二千元。《礼记正义》八千元。无人过问。吴印臣云,年终需钱之时,以五千现洋堆于此,二书或可得之。余容面谈。"(《日记》页2767,《艺风堂书札》页614致刘承幹第八十五札)

十月七日,吊端方于柏林寺。(《日记》页2768)

十月八日,傅增湘来访,交《大典》一册。(《日记》页2768)

是日,上史馆,辞行。清史馆在开馆之初全无条例,如一盘散沙,先生的到来,对史馆工作的整理与展开多有推动。"会议一切编辑事宜,多经折衷"。(《日记》页2768,缪禄保、缪僧保《艺风老人年谱》题识)

是日,陈宝琛招饮,顾鼇臣、柯逢时、乔树栴、梁鼎芬、张权、江瀚同席。(《日记》页2768)

十月九日,到馆借《儒林传》新稿回。十一日还《儒林》三十四册与史馆,又假《文苑传》七十九册。(《日记》页2768、2769)

十月十二日,诣沈曾桐谈,沈氏示朱彝尊手注《五代史》稿、宋拓《薛钟鼎款识石鼓》一册。先生将南返,近日与友人话别,友人来送行者颇多。

(《日记》页 2769)

十月十三日,抵天津,拜吴重憙、吴慈培、张曾敭、章钰、吕海寰、翁斌孙。在吴慈培处见宋本《春秋五礼例言》、手写《王建诗》十卷。(《日记》页 2768)

十月十六日,抵金陵,十七日至沪。(《日记》页 2770、2771)

十月二十日,致刘承幹一札,约明日往谈:"在京寓一缄,想已察入。十七日回沪,将息三日,拟明日诣尊斋谈,先呈京中土物二事,乞哂存。吴印臣刻一书,并来示,奉阅。所刻年谱及《正义》,均为学人推重。《吴兴诗话》系钱彦劬送,刊极佳,乞留阅。如通函,可谢之。"(《日记》页 2771,《艺风堂书札》页 614 致刘承幹第八十六札)

十月二十一日,拜李传元、吴庆坻、吴士鉴、汪洵、刘炳照、瞿鸿禨、沈曾植、樊增祥、刘承幹,并送口蘑等四包与张钧衡。(《日记》页 2771)

十月二十二日,致张元济一札,转交傅增湘代其购之《永乐大典》一册:"弟由京回沪。《宋诗》弟定一部。借书开示,有者即检送。沅叔拟交兄百元,而带来《大典》一册,杭字韵收《武林旧事》后二卷;《西湖老人繁游录》,全;《都城纪胜》,全。甚佳,价百元。可收则送书,不可收则送价来,候示。而弟亦须留《大典》校《都城纪胜》也。"札中所言之《永乐大典》一册,半月二十九日,交于张元济。(《艺风堂书札》页 530 致张元济第二札,《日记》页 2773)

是日,先生发河北道署顾燮光信,挂号,覆谈金石事。顾燮光系先生丙子同年顾家相之子。(《日记》页 2773)

十月二十四日,撰《国史儒林传始末》;又撰《刘母丘太夫人传》。丘太夫人,刘君紫回之配,刘承幹之嗣母。乌程南浔人。父刘仙槎,擅计然之术。太夫人知大义,识大体,教承干甚笃。(《日记》页 2772,《癸甲稿》卷二《刘母丘太夫人传》)

十月二十五日,接卢殿虎信并寄图书馆书目一部。(《日记》页 2772)

是日,张元济专人来假元板《徐积孝集》、旧抄《诚斋集》。(《日记》页 2772)

十月三十日,接章钰本月二十四日之札,并吴昌绶代购之《南齐书》,札云:"北游得侍杖履,大慰私心。别后度即安抵申江,跋涉津梁,得无劳顿,敬念无似。伯宛寄到《南齐书》一部,兹托舍亲带奉,原函附阅。馆中近无他闻。《贰臣传》表录出即寄上。《艺文志》底稿如已检出,求赐寄,以作标准。余容后述。"(《友朋书札》页596章钰第二十四札,《日记》页2774)

十一月一日,致刘承幹一札。送《后汉书旁证稿》、紫回夫妇两传与刘承幹,并云及刻书之事。札云:"此王一梧师《后汉书旁证》后改名《补注》。之稿,书已刻出。荃处止有《西域传》一卷。闻止修兄当知,稿本不完不备,即长编也。前一跋是伪作,一梧师壬午丁太师母忧,非父丧,丧父在未返籍前。亦作伪心劳日拙矣。兄不收必无人要,可置之。如朱竹垞《注五代史》稿本,万季野《明史》稿本,不必刻,著之书目中,后人仰慕。此等长编,连书目均不能入。委撰家传拟就呈政,弟反覆阅改,所学不过如此,如有不妥之处,请签出酌改。两传,一有论,一无论,避复也。长沙师无回信,且俟之。"(《日记》页2774,《艺风堂书札》页615致刘承幹第八十七札)

是日,先生开笔修《清史》。(《日记》页2774)

十一月二日,致刘承幹一札,还《书岑猛》,谈刻书及购书事:"《范书旁证》,的是长沙师之补注。剩稿而索巨价,亦太可恶。《书岑猛》《龙凭纪略》与《纪闻》不同,须将《龙凭》《藤峡》两卷亦须重写方妥,并与穆子美连红样交彼即改为要。"(《日记》页2774),《艺风堂书札》页615致刘承幹第八十八札)

是日,刘承幹即复先生一札,答先生谈校书事,又谢先生应诺为其父母作传,邀先生赴周庆云消寒雅集:"昨奉惠示并书一包,敬悉种切。承为先严、慈作传,伏念先严毕生劬学,未遂显扬,先慈抚不肖成立,茕茕苦节,罔极莫名,今得长者一言以张之,俾可附骥千秋,永垂不朽,寸衷感激,莫可名言。顷复奉示,述及《龙凭》《藤峡》等卷,此书系朱文海承办,侄已嘱彼重写,以归一律。侄屡拟趋前,忽于前月廿五六间起,为二竖所困,病躯委顿,迄未复原。长至将临,梦坡于月之四日举行消寒第一集,闻已具柬奉邀,届时想长者必然惠莅,侄倘能出门,亦必奋袂前往奉陪末坐。杯酒清谈,旧欢重续,固所愿也,但不知能赴否耳。"(《嘉业堂藏书日记抄》页205,吴青《刘承幹致缪荃孙函札考释》第八札)

十一月四日,赴道达里消寒第一集,周庆云办,到者十六人。周氏出示董其昌手迹,即以为题。先生并为周氏题该手卷。《雪桥诗话》已经印订,与会者各获赠一帙。(《日记》页2775,《嘉业堂藏书日记抄》页205)

是日，先生致刘承幹一札，复初二日刘承幹致先生之札。二日，刘氏送上宋板《汉书》及《后汉书》，请先生鉴定。先生复札云："昨见《两汉》，白鹭洲书院本，大十六字，小二十一字，与一经堂本同，然是两书。《郘亭经眼录》载之，实善本也，望留之。所见董字，虽两罍轩所藏，然真赝杂出，非至精者，书画难于书百倍矣。"(《日记》页2775,《嘉业堂藏书日记抄》页205,《艺风堂书札》页615致刘承幹第八十九札)

是日，先生拜徐乃昌、于式枚、吴士鉴，知吴士鉴明日启程返京。(《日记》页2775)

十一月七日，得章钰本月初二日一札，言清史馆事："日前舍亲南返，带奉一函，并《南齐书》度察入。到馆松雪出示手书，具审一切，辱奖借，深愧。闰事尚无定议。钰为史局计，深盼早成也。抄件附去。贰臣表尚未写齐。大著《艺文志》底本如检到，幸赐寄，奉为模楷。印臣近体较胜。"(《友朋书札》页597章钰第二十五札，《日记》页2774)

是日，先生诣张钧衡谈，张氏以《围炉诗话》属刻。(《日记》页2774)

十一月九日，撰《太平治迹统类》跋。(《日记》页2776)

十一月十日，致刘承幹一柬，谈王秉恩售《宋会要》等事："手示诵悉。长沙师已允撰志，似宜专函奉谢，弟处无信，想尚以为在京也。并寄酬，云助刻书之费，仍请子修兑去，如交止相，两有益也。《宋会要》五百卷，天壤孤本，雪澄欲与唐前文稿同售，索二千金，今止一种，总可少损。兄前许刻赀亦将千元，并及去秋让诗旧谊，能许几何，一言即定，雪老为债所迫。积馀来函呈阅，亦必不多往返。"又向刘氏借书："尊藏如有《玉井樵唱》，乞假一抄，其后裔想刻也。又，前日见新书《小腆纪传》，亦想借抄《郑成功传》一篇。平时觉书多，用时觉其少矣。"(《日记》页2776,《艺风堂书札》页616致刘承幹第九十札)

十一月十三日，刘承幹复先生一函，谈先生及吴庆坻转请王先谦为其父母撰墓志之事，请先生备上一函，以昭郑重："两奉手书，并止相暨积馀观察函，敬谨领悉，本应趋前面谈种切，是以迟未奉复。昨诣子修提学，述及陈诒重参议于今晚赴湘，允为备函，嘱侄将洋六百元即托陈君带去，较为妥便。葵园司成处，侄敬谨耑函为谢。惟是表扬先世，借重宏文，非得长者九鼎一言，曷克仰邀椽笔。此次最好由长者亦备一函，以昭郑重，用敢奉渎清神，乞赐一缄，亦托陈君一并带去。无厌之求，伏希鉴原。"又谈购王秉恩藏《宋会要》价："所云雪橙廉访《宋会要》索价似嫌昂贵,前此既有千元之议,其价已足,兹则重以尊言,似亦未便坚持,拟稍加一二百元以副雅意。至于《郑堂读书记》,此间所购原稿论值无多,谅所索亦复无几矣。校赀若干,未蒙开示,一俟示知,当即尊缴穆子美处。《南唐书》原稿四册、写样四册,《吴兴备志》原稿写样各两册昨已寄来。《玉井樵唱》亦已检出,一并呈奉。前杨定敷给谏惠寄《云南水道考》一册,函询能否付刊,兹特附上,请便中正法眼藏鉴定之。"(《嘉业堂藏书日记抄》页207,吴青《刘承幹致缪荃孙函札考释》第九札)

十一月十四日,先生主消寒第二集,在望平街醉沤斋,到者戴启文、吴君卿、钱溯耆、刘炳照、吴庆坻、沈煜、潘飞声、曹元忠、恽毓龄、恽毓珂、刘承幹、张钧衡、陶葆廉、杨钟羲等,菜极佳。先生出珂罗版照印汤贻汾合家画册索题。(《日记》页2778,《嘉业堂藏书日记抄》页207)

是日,先生撰《周易本义》跋。(《日记》页2778)

十一月十六日,接史馆寄《孝友传》。(《日记》页2779)

十一月十七日,约瞿鸿禨、吴庆坻、沈庆瑜、王仁东、杨钟羲、林开謩、张彬小饮醉沤,超社二十五集。(《日记》页2779)

十一月十八日,致刘承幹一札,送其《竹素园诗》《危太仆集外文》《云南水道考》等书:"送上《危太朴集》一册、《云南水道考》一册、《竹素园诗》四册。危集再搜之《临川志》,因其临川人也。《水道考》惜不完。《竹素园诗》,批圈均佳,弟已抄一部,照录。然此书亦是过本,朱批白字太多。近来扬州书估,伪刻伪印,到处骗人,须防止。"(《日记》页2779,《艺风堂书札》页616致刘承幹第九十一札)

十一月十九日,校理《儒林传》首卷。(《日记》页2779)

十一月二十日,写百衲《史记》跋。(《日记》页2780)

十一月二十二日,致刘承幹一柬,交王先谦为刘紫回夫妇所撰碑志文及家传与刘承幹。刘氏双志,昨日吴庆坻送至先生处。柬云:"长沙师志文两篇寄来,嘱转呈,原信亦附上,望察阅。弟稿亦改呈,未知可用否。志盖拟数式,请择。"二文今分别见诸王先谦《虚受堂文集》卷十、十一。(《日记》页2780,《虚受堂文集》卷十、十一,《艺风堂书札》页616致刘承幹第九十二札)

是日,改《宋学儒林传》毕。(《日记》页2780)

是日,先生发清史馆一札,并寄书单。盖纂修清史欲借助张钧衡、刘承幹之藏书,两人欲要名义纂修。(《日记》页2781)

十一月二十三日,赴消寒第三集,刘承幹主之,题为南宋本《汉书》《后汉书》,到者先生与吴庆坻、钱溯耆、戴启文、刘炳照、喻长霖、章梫、周庆云、张钧衡、潘飞声、陶葆廉、杨钟羲、恽毓龄、恽毓珂、沈焜。(《日记》页2781,《嘉业堂藏书日记抄》页210)

十一月二十四日,题顾炎武遗像。(《日记》页2781)

十一月二十五日,撰《李清传》。(《日记》页2781)

十一月二十六日,撰《岭海焚跋余》。(《日记》页2782)

是日,接曹元忠本月二十日一札,寄朱君虞《春秋礼征》:"在沪趋侍师门,得预宾筵,欣幸良深。只以诘朝即行,未克叩辞,曷胜皇恐。前言朱虞卿先生《春秋礼征》向无刊本,承我师提倡,及石铭同年慨允刊行,谨将清本十册,托朱沤叟带奉,他日写样后,可掷交受业一校。《礼征》原稿,尚在松江,届时可假得也。尚有蔡德晋《礼经本义》,亦从未刊刻,其稿在鹤逸处,倘石铭愿刊,受业亦可设法,请赐示再说。"(《日记》页2782,《友朋书札》页996曹元忠第二十五札)

十一月二十七日,为刘承幹新得宋本《汉书》题诗。凡五首,颇有考证之功,后先生将其编入《乙丁稿》。(《日记》页2781,《乙丁稿》卷一《题翰怡宋刻两汉书》)

是日,撰刘世珩嘱撰宋本《周礼》《淮南子》跋。刘世珩欲将此二书刊入《宜春堂影宋巾箱本丛书》,故请先生撰跋。(《日记》页2782)

先生所跋之《淮南子》,当即载于《艺风藏书续记》之本。跋考是本云:"《淮南子》二十一卷,宋刊节本。每半叶十行,行十八字,小字同。高■■■■■■■■。黑口单边,板心标'淮一'二字。首行'新刊淮南鸿烈解卷第一'。次行'太尉祭酒臣许慎记',上卷末有'茶陵后学谭叔端纂校'一行。目录后,有两方印,一模黏,一'耕■谭氏',一鼎式'书乡'二字。《淮南》止见小字影抄宋本,此本字画精雅,纸墨均旧,然各书目均未著录,似是道家所刊,而谭叔端亦无可考。节去本文约十之四,注每卷刻许慎名,然既不全采许注,亦不全采高注,略存数条而已。至其佳处,今以庄本校之……与王怀祖先生《读书杂志》所引大半相合,其佳可知。庄本固未足凭,谭君仲修、许益斋欲刊影宋本,为校勘记,从无见过此本者。故虽节本,亦摹播之,取其罕见也。"先生以昂值得此书于书估,于辛亥年间以武进庄逵吉刊本校之,故跋文中尚列举该本胜庄本处数十条,足见是本之佳。(《癸甲稿》卷三《淮南子节本跋》)

十一月二十九日,撰《舆地纪胜》跋并王氏世表。《舆地纪胜》为地理名著,而其作者王象之正史无传,其家世不明。先生是文考象之之父名王师宣,有兄弟七人,皆以卦为名,象之原名有之,后改此名。又于世表中考王师宣兄弟师心、师德、师愈、师尹四人并其子孙世系。(《日记》页2783,《癸甲稿》卷三《舆地纪胜跋》)

十二月一日,送《江南金石记》稿本与张彬。(《日记》页2783)

十二月二日,张钧衡送来《河渠志》《职官分纪》《大唐郊祀录》《滋溪文集》交刻。(《日记》页2783)

是日,先生撰《钱澄之传》。(《日记》页2783)

十二月三日,接刘承幹一柬,送来《雪桥诗话》四部、《年谱》四部及《吴荫臣词》。(《日记》页2784)

十二月四日,致刘承幹一柬,谈购书、刻书事:"昨奉手书并读大作,古气旁薄,未易跂及,佩甚。长沙师处即日发信,尊函附达,改二字不妨也。有三事候解决:一,与吴印臣函,嘱代购《礼记正义》《于湖集》,海内孤本,非五千元不可,成不成在年关,款如何兑,书留印臣处万无错误。一,刘谦甫馆候订。一,老陈,扬州人,能装订,能归类,诚实,敢与作保,月俸八元,与夏丙泉在弟处一律何如,乞酌示。题《两汉书》诗,席间交卷。闻兄又得好书,乞检阅以开眼界为幸。"(《艺风堂书札》页617致刘承幹第九十三札)

晚赴消寒第四集,戴启文作主,招饮醉沤斋,到者先生与吴昌硕、杨钟羲、刘炳照、钱溯耆、恽毓龄、恽毓珂、陶葆廉、周庆云、张钧衡、潘飞声、章梫、戴启文十三人,题为丹徒李氏三女殉孝诗。席间先生与刘承幹订定明岁延请仪征刘富曾至刘处专主校勘,并与刘承幹推荐陈□□为其整理书籍,愿为其作保。(《日记》页2784,《嘉业堂藏书日记抄》页211)

十二月五日,接清史馆信附名誉总纂三信。(《日记》页2784)

十二月六日,先生致札送清史名誉纂修关书与张钧衡、刘承幹,又与《阆风集》一册。与刘氏札中他校刻书事,又谆谆劝告刘承幹勿辞:"《周易校记》已归子勤,诸事商妥。《阆风》首册交上,望转交许颂翁。史馆聘兄为名誉纂修，为借阅书籍地，请弗却。答书仍由弟寄。"又请刘承幹抄其新得《小腆纪传》中之《郑成功传》："又，前日所见《小腆纪传》，王姓书单内，新书。内中须抄《郑成功传》一篇，能抄示否？现办书先办长编，抄至数百叶，成传只数叶耳，所谓材料要多也，连修志亦如此。"（《日记》页2785，《嘉业堂藏书日记抄》页212，《艺风堂书札》页618致刘承幹第九十六札）

是日，先生校撰《王船山传》，校《儒林传》二篇。（《日记》页2785）

十二月七日，致长沙王先谦一札。（《日记》页2785）

是日，先生校《儒林传》十篇，撰《黄梨州传》。（《日记》页2785）

十二月八日，定《适园丛书》四集目，次日发与费寅。（《日记》页2785）

是日，先生定购史馆书。（《日记》页2785）

十二月九日，撰惠周惕传。（《日记》页2785）

十二月十日，写《儒林》卷一毕。（《日记》页2786）

是日，先生撰《隋书详节》校记一卷。（《日记》页2786）

是日，刘承幹来长谈。（《日记》页2786，《嘉业堂藏书日记抄》页213）

十二月十一日，先生接吴昌绶北京十一月二十七日一札，寄来影宋《花间集》："闻子受南旋，属付之款，容交授经，俟来京照付。《花间集》刻成，兹乘金仲廉兄之便，带上样本五部。如要，下次尚可续呈。请分二部与古微，此乃龙光误将六开作八开，遂致长短不称，再印墨本即宽展矣。式之屡校颇精，似与正德本无异。今年新岁，仍冗甚，但得一洪武本《草堂诗余》，与尊藏一版所出，甚可喜，价卅元，并附告。"又附言谈其他书事："女士词尚求便中检付。"又言："陶信云，候尊处校改《草堂》五叶，方可令罗回京。祈早寄去为感。"（《日记》页2786，《友朋书札》页874吴昌绶第五十四札）

十二月十二日，赴刘承幹之宴。刘承幹在家宴客，先生之外尚有杨钟羲、章梫、褚德彝、叶昌炽、孙德谦、沈焜。刘氏出宋椠《汉书》《后汉书》，互相传观，良久始入席。（《日记》页2786，《嘉业堂藏书日记抄》页214）

十二月十三日，缪禄保入都，带去吴士鉴一札、《儒学传》一册。先生致吴札谈沪上超社雅集，呈阅所撰《儒学传》："弟闻驾从启行，即来走送，遂致两误，歉仄殊甚。辰维功业精进是颂。江南天时不正，寓中病者屡屡，弟亦时患咳嗽。樊山行后，超社举行一次，因子培、止相常有小恙，不知坡公生日仍举行否？馆中添到笙叔,必有议论,人是通品,偏今固不可,食古亦不宜也。《儒林》成一册,应分二卷,与旧传及前拟迥不相同,亦略有变动。乞阅后转呈。误处求随笔改定,并恳馆长专守秘密。主意如一宣露,争者争,批评者批评,报馆再抑扬之,以后不能办,亦无人敢交卷矣。清朝专制延至二百五十年,民国共和日日如累卵,大小事均如此。"又谈及新拟清史条例:"从前我门所商各例,有许多办不动处,再行细商,如一发动,又要征集意见,风潮且起矣。樊山、笙叔各认何门,乞先示一例。弟参集各人分门之例,定一条例,分通例、专例两目,所以不定者,恐一人之见识不到也。"又言及史馆用人之误及其来春入京办大臣传之法:"名誉负老成,决不问新进出风头,如邓善道之孝友,抄几篇《耆献类征》《碑传集》,至于序言,直是小学堂教课书,史馆如此人才,不成为秽史,直是笑林耳。秽史谈何容易哉！弟拟明春来京,合大臣之应列传不应列传者进退之,厘定一目,待人分认,三品以下业已拟定,候大臣定夺,可以附则省之,然恐五百卷尚不腴也。儒学、文学两项,几及十卷。奈何汪子渊偏中,杨心吾逝世,老年人可怕极矣。"(《日记》页2786,陈东辉《缪荃孙致吴士鉴信札考释》第十五札)

是日,送《隋书详节》和校勘记、元板《盐铁论》以及《周礼》《淮南》两跋与刘世珩。(《日记》页2787)

十二月十四日,撰《儒林惠氏三世传经传》。(《日记》页2787)

十二月十五日,赴钱溯耆办消寒第五集,题为"望雪",以谢惠连《雪赋》中"值物赋象,任地班形,素因遇立,污随染成"分韵,得"物"字。同集者先生与戴启文、刘炳照、潘飞声、恽毓龄、恽毓珂、章棂、杨钟羲、周庆云、张钧衡、陶葆廉、钱绥槃、钱溯耆、刘承幹、沈焜,外客有叶景葵、陆秉枢。(《日记》页2787,《嘉业堂藏书日记抄》页214)

是日,先生撰胡渭传。(《日记》页2787)

十二月十六日,撰《适园丛书序》。《适园丛书》是先生代张钧衡校刻,故张氏请先生撰此序而弁首。序中先生述丛书源流云:"丛书之名所自,始韩昌黎诗云'门以两版,丛书其间',即丛积之义。而唐陆天随,自名其诗文曰《笠泽丛书》,犹是一家之言。而以不伦不次,亦即丛积之义也。至唐宋人始合各家书而摘要刻之,曰马总《意林》,曰曾慥《类说》,曰《绀珠集》,曰《说郛》,曰《说海》,皆任意删减也。后又取各家书,以类相从,而别署美名,曰《儒学警悟》,曰《百川学海》,曰《夷门广牍》,曰《藏说小萃》,曰《津逮秘书》,曰《学津讨原》,则首尾完整也。前明程荣刻汉魏六朝著作,始以丛书名之,由是诸家叠起,曰《唐宋丛书》,曰《格致丛书》,最后以斋堂名,直曰某氏丛书而已。"又述丛书之功用云:"单简零帙,最易消磨,有大力者,汇聚而传刻之。昔人曾以拾丛冢之白骨,收路弃之婴儿为比,则丛书之为功大矣。"颇见其对丛书的深刻认识。又述此书之校刊原委与特色云:"适园主人以名孝廉,生长吴兴山水之区,熟闻乡先辈鱼计亭、眠琴山馆、芳椒堂之风,手聚旧刻名抄,卷以数万计,择罕见而可传者,付诸削氏,以永其传,以嘉惠于斯世。又以荃孙粗知目录之学,命以监造,时及两载,先成此十有六种,分为四集,先以问世。嗟乎,自新学日行,旧学日落,焚坑之祸厲于无形。而世之守旧学读古籍者,曾有几人?况石印、铅字群趋若鹜,剞劂之匠往往改业。石铭负填海之心,抱障川之力,招金陵书局之旧人而与之更始。据本必善,选工必精。原书跋语,虽无关宏恉者,不敢轻削,其间流移授受之原委,与夫反覆订证之苦心,皆为表微,缀之简末。王船山行人所谓国统绝而道统不与之俱绝者,其在斯乎,其在斯乎!至卢抱经先生曾云,真伪不分,雅俗莫辨,或删削而非完善,或脱误而鲜校雠。四者之弊,校雠最难精审,荃孙心力目力已逊少时,然有漏落而无臆改,则差可自信。若前三项之弊,则似不至此,当与石铭共勉之。"可见先生与张钧衡刊刻此书之苦心,与命意之善①。先生于二十一日请朱祖谋写该序,二十三日交与张钧衡。(《日记》页2788、2789、2790,《癸甲稿》卷二《适园丛书序》)

是日,先生撰阎若璩传;装史馆新购书入箱。(《日记》页2788)

十二月十八日,致刘承幹一札,讨论刻年谱事:"前日委查年谱,添足十家。弟处,《孙苏门年谱》、抄本。《尚可喜年谱》、刻本四本,见。《重订顾亭林年谱》、张石舟刻好后自改。乞购新书一册,批增稿本难认。《阮文达年谱》、《雷塘庵主弟子记》。似乎必传,乞酌之。《孙》《尚》本呈阅。顾、阮想有刻本,乞交下,顾须改粘,阮即可刻。"(《日记》页2788,《艺风堂书札》页619致刘承幹第九十九札)

---

① 《辛壬稿》卷二《适园丛书序》与《适园丛书》卷首缪序均题"岁在阏逢摄提格十二月立春前一日,江阴缪荃孙序于海上之联珠楼",今从《日记》系于此。

是日,先生撰万斯大传、阎若璩传。(《日记》页2788)

十二月十九日,刘承幹复先生一札,还来《元功垂范》,决定刻《查继佐年谱》。札:"承示增刻年谱四种,孙夏峰先生一代名儒,当授梓;顾亭林先生年谱本有百诗合刻,侄处亦有之,倘其增订与原刻不同则刻之亦妙,否则即有刻本,似不必再刻也。其顾、阎合刻本不在案头,即日检出,当即呈奉;《阮文达公年谱》以《雷塘弟子记》照刊,既曾行世,似亦不必重刻。好在孙、顾两年谱而外,尚有《东山年谱》,已为九种矣。尚有一种,前日曾以张苍水奉询,蒙长者允可刊刻,鄙意此种究系石印,并无刊本与其照刊,《雷塘弟子记》何如刻此之为愈也。至于尚平南《元功垂范》侄亦购备,念其武功彪炳,与文学诸家似嫌不称,鄙意如此,未识尊意以为何如,仍求酌示为祷。《元功垂范》奉缴,敬希察收。"又请先生鉴定《名臣琬琰录》:"近有京客携来宋椠《名臣琬琰录》,都三十二册,索价九百元,大约七百元肯售矣。阅之似系元印,兹特呈奉,敬请正法眼藏鉴定之,其宋椠真否,价约值若干,统希核示。"又问先生《汉志水道考证》等书刊行情况,是否可刊:"杨定敷给谏昨又寄来《汉志水道考证》,查《传经堂丛书》,似曾刻过,未识即是此编否?度长者必能洞悉,祈明以告之。如已刊行,则侄即拟备函寄还也。昨一山丈来,携到翁覃溪手书《易经附记》稿本,即系于晦若侍郎之物,此次伊自己提及,谓肯让售,其价未经宣示,侄意侍郎索价必巨,且与本生家严素有交谊,未便斤斤较量,事极为难,购否未定。然据侍郎云,此书可以授梓,将来设或购成,未识可刊否?特呈大察。一山丈又谓山左孙京卿葆田即向为合肥令而强项不屈李氏者也,平生喜古文,谅长者必知其人,弃世未久,近日一山丈得黄石荪太守曾源书,提及此事,太守与本生家严在青岛亦曾相识,现拟谋付枣梨,一山丈因怂恿侄举京卿之遗稿,共文集四册。畀之锓锲,侄虽未见其文,第念所刻之《求恕斋丛书》,专属近人著述,以之厕入,未知宜否。"(《日记》页2788,吴青《刘承幹致缪荃孙函札考释》第二十一札)

先生复其一札:"《查谱》,一时忘记,理宜付梓。《张苍水年谱》,赵益甫刻入丛书,再刻亦无不可。《顾谱》系石洲重订增入者,荃手录成一册,本留自刻,决非翻张本也。《孙谱》闻亦刻过。乞查苏门全书,荃处无有也。《琬琰录》,宋刻明补,董授经得白纸初印本,价止二百元。荃见此书时,现自京带来。只索二百元,破烂不堪,许以八折,不意涨至如此。《汉志水道考》,《问经堂丛书》有之。覃溪经学不深,汉宋兼。字迹可宝,不如刻其逸诗。孙葆田,古文家,似可刻,旧雨也。求恕斋抄格,乞送二百叶来,《南唐书补注》未完。"(《日记》页2788,《艺风堂书札》页619致刘承幹第一百札)

是日,先生撰张尔岐传。(《日记》页2788)

十二月二十日,撰臧琳传。(《日记》页2789)

是日,吴士鉴在京致先生一札,谈京师诗社、史馆事,及其所撰清史进展:"返沪两旬,一亲絜教。临行走辞,适值台驾枉存,彼此相左,甚为怅歉。自北辕后,则无日不神驰左右也。严冬残腊,闻南中气候亦如北方。伏维道履康胜,纂述勤劬,至为颂仰。超社重举,令人神往;淞社度仍赓续不辍。此间自樊山到后,钟声大作,有常会,有特会,侄亦因之牵率,致欲上书,而人事胶扰,弥形愧恧。馆中两月送到之书,零零星星,无甚大资料。侄自八月至今,编成《皇子世表》三卷,须查补者尚有百分之二三。《公主表》一卷,须查补者尚有十分之一。《贵州地理志》一卷。俟誊真略加修改。《新疆地志》已在草创,征之乾、嘉以后官私各书,更得王晋卿丈之《新图志》,不难新赡。又创立艺文志长编,已得二千余种,不过大辂椎轮。将来与章式之同年汇成一起,仍望长者以最著而不经见之书开示若干,俾得免于俭啬。地志惟张孟劬、袁树五、秦柚衡三公各交一卷,姚仲实交《食货》一卷。其余尚未脱稿。侄于国史旧地志,检阅数省,谬误百出,摘其要者为八谬,示诸同人,而有人以为太过,其实是言国史之误,非有他也。然将来汇齐画一,是第一难事,以国史当日太不得人,若因谬而又加甚焉,国史原志不但体例不一也,且有大谬不然者。则整理是大苦事矣。新到者为李星桥同年哲明、田文烈保。刘申叔师培。申叔,名家之子,旧学本优,此次认办《满汉世爵表》,当肯尽心办事也。寄下书单价甚廉,能全买否?"(《友朋书札》页457吴士鉴第二十札)

十二月二十一日,接章钰信并《贰臣表》。(《日记》页2789)

十二月二十二日,发清史馆信,报书账。(《日记》页2789)

十二月二十三日,超社二十六集,沈曾植、陈宝琛作主,张彬、杨钟羲、陈三立、瞿鸿禨、林开暮同席,题为题林文忠公手札。(《日记》页2790)

是日,刘承幹致先生一函,赠先生三百元。先生为其父母作传,故其赠二百元,又年敬一百元:"承为先严、慈作传,借如椽之笔,彰表幽光,不独侄感激涕零,即先严慈地下有知,当亦结草于九原矣。敬奉撰敬一函,聊以将意,未足润史笔也。驺光如驶,倏已岁终,诸事奉劳,涓埃未报,谨奉年敬一函,区区致敬,伏希哂存。本应备物申敬,藉表微悃,深恐不合尊需,是以径呈番佛,不恭之处,还祈鉴原。"

刘氏来函谈及穆子美近所刻潦草,饬其精刊:"穆子美所刻各种奏刀既劣,又甚玩延,是以不允多支,原属警之之意,乃伊窘极,走而求援,侄已仍付三百元,惟饬其此后若蹈前车,则刊清各稿而后即行停止,若能赶快精刊,仍可委伊承办也。"函谢先生为其说项,令其得清史馆名誉纂修一席:"清史馆一席承长者说项,谬叨鹗荐,滥厕齐竽,感愧之私,奚可言喻?寄复赵制军一缄,谨已缮就,敬乞转寄京师。"又谈及校刻书事:"《冬青馆》原刻此间遍觅只有一册,未知尊斋有余存否?敬乞便中觅之。明晚醉沤斋雅集,所需顾、阎年谱合刻,当即检出带呈。《孙征君年谱》,侄处虽有《夏峰全集》,一时不在案头,俟将来查阅,倘有斯谱,只好另觅,如其未刊,侄准即授梓也。阮文达年谱承嘱,依《雷塘弟子记》照刊,鄙意此书流传甚广,今夏购得《灵岩山人年谱》,似较阮谱为稀,未识尊意何如,还祈不吝教言,南针指示,幸甚感甚。"(《日记》页2790,吴青《刘承幹致缪荃孙函札考释》第十札)

十二月二十四日,消寒第六集,刘炳照、杨钟羲、陶葆廉、章梫、沈焜为主席,题为醉沤斋坐雪即事,咏雪用禁体。(《日记》页2790)

十二月二十六日,接吴昌绶北京十二月十二日一札,谈其刻书事,感谢先生代觅闺秀词:"两示谨悉。樊山住大同公寓,收条附览。绶曾交金巩伯之弟,带呈《花间》样本,想已到。清泉回京,各版均已到,但尚须校修,至早要三个月,方能一律墨印。现已有二十册,武昌尚有未成二册,即再增补,亦不过廿四册足矣。《百川》已交夬彬刻,如复叔蕴函,祈代绶索归。《绛云书目》,是朱文藻校本,授经代叔蕴借去数年。其《百川志》原底,仍可径还之。承代觅闺秀词,至感。意园二种,其一绶早还价,但朴孙居为奇货,若五千元恐未必谐,绶亦不能为介。或另属他人较妥。昨巩伯曾代刘翰怡兄来托,蒋孟蘋匆匆行未晤。并寄同人《雪桥诗话》,绶作书道谢,并将此事复翰兄,告其不可过急,容另托人图之。若得成交,款却不难也。绶只事忙,并未获一书。"(《日记》页2791,《友朋书札》页875吴昌绶第五十六札)

十二月二十七日,刘承幹致先生一柬,赠《龟溪集》十部,并送来先生所借之《樊榭集》。(《日记》页2791)

十二月二十九日,先生致吴士鉴一札,谈长编注出处、加考异,又论桐城派蹈空之失,以及"交通"之失:"馆中无变动即好。通伯《桐城耆旧传》目后引吴挚甫语,甚有碍于馆例。注出处、加考异,近人均以为不便。其实此例开自宋人《涑水纪闻》,仁父《长编》即如此,且行文语气仍行删润,使一气呵成,并加议论,并非一字不易。《咸淳临安志》注据某书某书修,则更活动。若如挚甫言,专取佳文,而事迹讹错,能行远否耶?近日新学专以捏造为事,必有援此语以破馆例者,谨防之。可见桐城家之不足与谈汉学也,一征实,一蹈空,孰是孰非,学者自办之。即如交通二字,因今日有交通部也。但今日之交通部即前清之邮传部。既修清史,不据清之邮传,而系民国之交通,可乎?邮传二字即稍古,况轮船,外国亦谓之邮船耶!"(《日记》页2791,陈东辉《缪荃孙致吴士鉴信札考释》第十一札)

十二月三十日,挂影像。先生颇有故庐之思,凄然久之。(《日记》页2791)

是年,撰《南华真经跋》。跋考证此本系南宋翻刻北宋本,云:"《南华真经》十卷,郭象注,宋刊本。每半叶九行,行大十五字,小三十字。高七寸,广四寸六分。白口单边,鱼口下以庄一至庄十纪卷数,下纪叶数、刻工人名,一二字不等。此胡蝶装改册,口上大半破损,无迹可寻,无序跋。末叶后有"安仁赵谏议宅刊行一样■字"两行。安仁,《宋史》有传。国子监刻《五经正义》,以安仁善楷书,遂奏留之。性嗜书,所得禄赐,多出以购善本。《北堂书抄》,三馆所无,真宗命内侍取其家本以传。喜其好古,手诏褒美。此本各书未见著录,而字画方整,楮墨精洁,是北宋体格,疑即安仁手书所刻与?内'弘'字、'玄'字避,余不避,而独避'慎'字,或为南宋翻刻欤?未见全帙,不足定准。郭注全音释则直音,非陆氏《释文》矣。"先生所跋是本当系见于书估处,仓促之间,未见完本。此书系孤本流传,后傅增湘以昂值得之王文进,考为蜀刊本,安仁为临邛郡属县而非人名。王文进《文禄堂访书记》亦如是著录。(《癸甲稿》卷三《南华真经跋》,《藏园群书题记》页512《宋蜀刻安仁赵谏议本南华真经注跋》,《文禄堂访书记》页235"南华真经"条)

是年,先生撰《明文文肃手札跋》。(《癸甲稿》卷四《明文文肃公手

札跋》)

是年,北洋政府开清史馆。

是年六月六日(7月28日)第一次世界大战爆发。

民国四年　乙卯(1915)　七十二岁

一月一日,先生在沪。撰《毛奇龄传》;《南唐书补注》卷一毕。(《日记》页2809)

是日,先生致金武祥一札,告以将辞去旧务而专心办清史事:"去年自北京回,即将旧接刘聚卿、吴石潜、邓秋枚琐事一概辞去,而结束亦甚不易,昕夕忙碌,遂致无暇通函,歉仄之至。今年专办史事,刘、张刻书,延殷亦平助理,督僧保为之。史事尚主秘密,馆长宗旨相同,决不漏泄于报馆,以致报上论史事全不相合,听其胡说,不与之辨,岂有正经办事人邀誉于报馆者乎?劳玉初亦为报馆所误,虽不穷治而皇室吃大亏矣。弟在京,止见旧雨及本馆人,当道并未往来,只董授经、赵剑秋、庄思缄、周少朴相聚数次。赵购书,庄收书画,常州后来之继起者,然尚不及陶兰泉之勇决。兄在家作何消遣,老年有事了不了,无事亦吃苦,不到老不知。次远、辛安想长晤,乞代候。馆内约四月去,不免奔波,想游太山,重过大明湖,出居庸关,抵大同,殊广眼界,当先到常一聚也。潘振声入《卓行传》,将办振流弊透彻言之。《货殖传》有胡雪崖、盛宫保诸人。宫保除钱财太看重外,居然一代人物,攧扑不破也。紫东安居苏州。樊山全家入都,专管机密,不知于政策有裨否。"(《日记》页2809,《艺风堂书札》页301致金武祥第八十札)

一月二日,撰陈厚耀传。(《日记》页2809)

是日,为刘世珩撰《景德传灯录》跋。(《日记》页2809)

一月三日,定《留真谱》书单,止十九种,自藏书十种。(《日记》页2809)

是日,送《琴书存目序》与周庆云并消寒五、六会诗,并致其一柬:"委撰《琴书》序,年内即成,因友人均回去,无人誊真,故尔耽阁。又,弟所欲言者,一序一例无所不包,而空论最难。勉凑三百余字,不值方家一哂,实不如新学家,动辄一二千言也。消寒五、六两集诗亦附呈。三女事拟撰记未就。余面罄。"又询刘炳照宅事:"自廿四后未出门,廿七送信与语石,不

收,云出远门。不知事定与否。"(《日记》页 2809,《艺风堂书札》页 514 致周庆云第三札)

一月五日,出门拜客。先生五、六日出门拜客颇密。(《日记》页 2810)

一月六日,接吴士鉴本月初一日之札,赞先生所作《儒林传》:"祀灶前二日上一函,计邀垂览。旋由闺枝同年处交到手教,敬承一是。去冬奇寒,尊体略有不适,入春和暖,伏维道躬康胜,潭府均安,至为颂祝。大箸《儒林》卷上,拜读一过,较旧目大有增改。应潜斋、刘融斋两专传均系新加,精心甄综,平允之至。遵即面交馆长,请其暂不传观,以免群言庞杂,渠亦以为然,似须携归家中细读也。写官甚精审,仅校出一二字之讹,其余无可献疑。俚旬日之中,一遭期服,又有亲族之事,作恶者数日。家严廿二返里,须正初回沪。超社不知续举行否?来书论《交通志》标目,俚当合力争之。此外俟大驾到京,主持一切。《大臣传》已开总目,一时均未检阅。余再续陈。"(《日记》页 2810,《友朋书札》页 464 吴士鉴第三十三札)

一月八日,约徐乃昌、陶湘、吕景端、方宾穆、恽毓龄、恽毓珂、缪云孙小饮,观字画。(《日记》页 2811)

一月九日,撰《傅山传》。(《日记》页 2811)

一月十日,赴消寒第七集,吴昌硕、汪洵、吕景端、恽毓龄、恽毓珂、潘飞声主席,在四马路式式轩,诗题为蜜枣酸梅。(《日记》页 2811,《嘉业堂藏书日记抄》页 217)

是日,先生得王先谦去岁腊月十二日一札,谢刘承幹赠厚币,并己著述情况:"奉两次手书,知大驾已归。福履绥厚,慰颂无量。刘府两墓志,承命谣诼,以衰年久不为文,勉力成之,率尔录交自修。差幸心思尚不十分竭蹶,颇以自喜。乃荷翰怡兄厚诒书币,实用惭颜耳。遯伏处穷乡,不交一客,自揣身心尚无大病,惟觉目昏手颤,不能成书,两足重赘,行步需人,终日坚坐阅书,不以为苦。刻下经营未就者,《三家诗》《范史》《外国通鉴》三书。《三家诗》明岁可成,先呈教正。已改订二次。惜彼此隔越,不能随时请益也。翰怡兄处附上谢函,乞代达。"(《日记》页 2811,《友朋书札》页 47 王先谦第七十一札)

是日,接吴士鉴北京本月七日之札,赞同先生赠名誉纂修之法:"姚仲实函及翰怡上馆长书,均已代交。刘、张二君赠以名誉,于馆中征借书籍,大有裨益。侄近亦引荐定州王合之,得一名誉协修,此为北方文献,且多年门下,深知其人,故敢介绍之,渠家藏书颇可资助馆中也。"与先生讨论桐城派古文之弊失:"来书论桐城派末流之失,实与鄙见相同。侄昔年读惜抱文,未尝不服其文品之峻洁,而于名公巨人之志状,事实从略,专事发摅议论,似不如同时经生之翔核。今兹修史,岂可舍事实而采空言,故将来列传,必须注明出处,否则百弊丛生。近数十年之事,如无来历,更多臆造。平心而论,有清一代之文,开国诸公规模宏远,即如渔洋、午亭二公文,体裁峻整,记述详赡,有为后人所不及者。自乾、嘉以后,强立标帜,一若古文乃专门之学,而经师硕儒反不能与于其列,此则推崇桐城者之过也。瞀论如是,吾丈以为何如? 与馆中同事论国史地理志八谬,原稿录呈大教,其实甚为浅近,然此浅近者亦不能不详言之,深恐以误传误,将来无从修改。地志中沿革建置,如有舛错脱略,尚易点窜,若水道一误,棼如乱丝,直须重纂矣。侄于此深虑之也。所买之书价值便宜,京中那得有此。侄与之屡言,提调诸公亦颇明白,惟馆中书籍分类编目尚未易言,此非真内行不可也。超社正月必可举行,家君祀灶前回杭料理叔母之事,初四返沪。今日为人日,遥想沪上必有聚卿楚园之集,令人神往。此间连日则钟声不绝耳。"(《日记》页2811,《友朋书札》页463吴士鉴第三十二札)

一月十二日,改全祖望传。(《日记》页2812)

一月十三日,跋《姑孰残帖》。此帖系去年十二月二十三日从沈曾植借得。是跋考原石书、刻之人及帖之存佚情况。先生曾"于戊戌专人往拓太平学碑石,帖已不存,殆毁于洪杨之乱",此残本"零珠碎璧,均可宝矣"。(《日记》页2790、2812,《乙丁稿》卷五《姑孰帖残本跋》)

是日,先生撰沈彤传。(《日记》页2812)

是日,先生致刘世珩一柬,寄元巾箱本《琵琶记》跋。(《日记》页2812)

一月十五日,刘承幹来访,谈良久乃归。(《日记》页2813)

是日晚,先生小饮,三更旧病复发,腹痛,大吐。(《日记》页2813)

一月十六日,撰《李定国传》。(《日记》页2813)

一月十八日,采《郑成功长编》。(《日记》页2814)

是日,致金武祥信,送小说及《龟溪集》,并告以清史撰写之史意,并为史馆索书:"适园两种寄到,集字甚雅,不但胜于铅字,并胜于常州之活字,字长而边宽故也。惜诗词不佳,题咏亦鲜名人,可见江阴之陋,列传江人最少,无可如何。潘传,只重在放振不入,已借此将善棍之弊揭出,痛骂一顿,余皆不载,史例如此。俞五先生有传,将咸丰军政之弊揭出,并及瑞澂。非杀何桂清不能成中兴之治,而本人甘于废弃终身,为不可及,略存史意。至盛,生存不能作传,而货殖、邮传不能不叙其事。幸不为他人道也。书两种呈政。乞赐《粟香随笔》一份呈史馆。又《枫南山馆集》二,恽先生集,亦恳代录为荷。"(《日记》页2814,《艺风堂书札》302页致金武祥第八十一札)

是日,接殷亦平到馆。(《日记》页2814)

一月二十三日,撰郑成功传;续修《秦淮广记》。(《日记》页2815)

一月二十四日,朱祖谋、钱熊祥来访。(《日记》页2815)

是日,江都陈步云持先生一柬往见刘承幹,柬云:"昨日刘谦甫兄想至尊处,今日陈先生亦来,请即赐面受教为幸。"陈氏系先生介绍为刘承幹管理书籍者。(《日记》页2815,《艺风堂书札》页620致刘承幹第一百三札)

一月二十五日,瞿鸿禨开逸社,冯煦、吴庆坻、沈曾植、王仁东、陈三立、陈夔龙、王乃徵、沈瑜庆、朱祖谋、杨钟羲、林开暮、张彬十四人同集。即事为题,不拘体韵。先生赋七律一首:"风尘满目叹时艰,小集平泉启笑颜。旧友相逢均白首,天涯何处买青山。地当女几柴桑外,诗在敦交大雅间。寄语京华冠盖客,可能踪迹比鸥闲。"(《日记》页2816,《乙丁稿》卷一《逸社弟一集呈止相》)

是日,先生致刘承幹一柬,询钱泰吉批点《汉书》踪迹,又谈刻书事,索《厉樊榭年谱》:"径启者,昨日钱聪甫兄来,言去岁有人以过警石先生批点《汉书》,售至兄处,留下否?如在尊处,可以原价让彼否?亲笔在寿甫处,聪甫殷殷想购回副本,亦属可嘉。弟为达到,如未留或不能让,均希示悉,以便回复聪甫。"又言:"又,《尚书单疏》,去年因校记与书不符,仍请子姓校核,子姓未曾校出,云须下目全交。而朱文海书少,请再发他书,或《东山年谱》。乞酌,省得写手闲,又到他处去矣。又,《厉征君年谱》乞教还,又有添补,不忙刻。"(《日记》页2816,《艺风堂书札》页621致刘承幹第一百四札)

是日,先生致金武祥一札,谈清史馆事:"承赠书,代谢。《枫南山馆》亦收到,随即交便带乙卯笺一匣,由次老转交栩园,想已察入。次老处,实因元宵呕吐,两日未曾拈笔,未作贺函,谅不为怪。向荆山,山阴人,'江'字乃讹字,其人亦平常,已删去。次山因表志均已分人,而列传孰宜立传,孰不宜立传,附传,嘱到馆翻阅定目,约两月方能定局,再行分派。分纂谊不容辞,只能应之,但不知身体何如耳。《国初建州事迹》,全翻《明实录》,补出许多。太祖武皇帝,万历朝曾朝于明,封龙虎将军之号,《东华录》讳之。《两朝从信录》《建州事迹》均查过,第屏绝新党之捏造者,亦不得已之苦心也。云门北行,止相重整诗社,梦华、小石、古微均添入,颇不寂寞,惜海上无园林耳。"又谈及其所刻《京本通俗小说》:"小说全目在《也是园书目》,只得二本残册,跋及封面未刻,此样本。"(《日记》页 2816,《艺风堂书札》302 页致金武祥第八十二札)

一月二十六日,致刘承幹一柬谈校勘事:"顷奉手书并厉征君原谱乙册。谦甫仍在洪处安身,可先付《吴梅村诗笺》,合《吴诗集览》《梅村诗集》同校最好。至《东维子集》,弟有校定本,改日寻出呈上。沈过钱批《两汉》,如可再过何妨,请其再过一册,钱出笔赀何如? 月俸收到,谢谢。"又言:"《厉谱》,又得两条附入,再辑定方缴。"(《日记》页 2816,《艺风堂书札》页 621 致刘承幹第一百五札)

是日,先生撰钱大昕传。(《日记》页 2816)

一月二十七日,致吴士鉴一札,告以沪上新开逸社,所撰《明遗臣传》《儒林传》进展:"连奉两书,欣悉一切,春日暄和,吟兴佳胜,慰如所颂。荃孙编纂而外,消寒赏春,谈燕颇密。止相重开诗社,添梦华、筱石、古微。尊公午饭必到,晚饭有到有不到,意兴尚好。《明遗臣传》两卷已成,尚办汉学儒林,拟三月末交卷。副本携来与同志好友斟酌,决不护短。特不愿不董事人置喙耳。惜同局董事人太少。"赞吴氏论桐城派与先生相合,并谈及金兆藩与宗舜年、潘任诸人:"论桐城文派与鄙意吻口,慑于大名不敢显然攻之。即如修史,得方、姚一传,只有空腔而少事实,便不能成传。国初文诗均胜,后来只汉学派尚典实,世人所讥琐屑也。阁下任总纂,地理分纂、艺文,尽彀受用。为难之处,个中人自知之。筱孙过此一谈,语语在行。子戴因母病不能行,人亦可谈,能助我则更有效,公事必碰,拟以交情连合之。潘毅远发痴尤为可惜。本拟私请。书籍运京,到否? 尚在续购。"又对《明史》大加赞誉,并请代抄朱筠、王鸣盛传:"近日无事,只读《明史》,深悉其中分寸。《儒林》稍严,《文苑》宜宽收,来传必全收,亦无偏私。如陈厚耀算学，功在《春秋长历》，仍入《儒林》，不归《畴人》。如梅氏则入《畴人传》矣。再求速写朱竹君、王西庄两传见寄。刻本持看，遍寻不获，不如求之馆中。"（《日记》页 2816，陈东辉《缪荃孙致吴士鉴信札考释》第十七札）

一月二十八日，致刘承幹一束，取《吴兴备志》十二至廿八，又《经典通用字》一册，札有谈及今年布置刻书事："前日匆匆作答，未尽欲言。《吴诗笺注》，大半与靳集览吴氏注相同，可入书目而不必刻。乞以《翁覃溪集外诗》，以刻本请谦翁校之，去其重复，可即付梓，是海内学者所深盼也。今又接穆子美信，云《备志》卷十五至二十八写样四本，《经典通用考》写样一本，稿一本均寄尊处，望即交下，以便一手经理。弟每书记簿，收发必注，两束分刻，大小五家领户，孰缓孰急，按簿即知。近来百物昂贵，人情险诈，刻工寥寥，领户无甚好处，全靠写本早发，匠人不敢歇手待书，以便赶活。子姓复校《尚书正义》，章一翁校《闽风集》，均未送来，亦所深盼。穆子美未写书甚多，未修书更多，今年总不能完。朱文海人手较齐，乞再发一二种。又，谦翁覆校，乞传谕朱、穆两家，未修红书，不必切订，修好清样必切订，可以一望而知。如《彝斋文集》（清样），可以再校一次，得乙一字亦佳。语石住纱厂太远，通函、送书甚不方便。书估有新到《自警编》《三朝名臣言行录》，曾见过否？"又言："《厉谱》，再添数则，可以付刻。"（《日记》页 2816，《艺风堂书札》页 621 致刘承幹第一百六札）

是日，先生撰戴震传。（《日记》页 2816）

一月二十九日，刘承幹致先生一札答先生询过批前后《汉书》，并谈整理《覃溪集外诗》及刻书事："前承询及过批前后《汉书》，侄昨已检出细阅之，所过者不止警石先生一家，而《后汉》中尚有缺失，而补入者至有七册之多，用特呈上签阁，乞为转交聪甫驾部一阅。惟卷帙繁重，既有补配，恐不惬驾部之意，且系沈韵沧先生汇录各批，尤非副本可比，是以尘前后两首本加补配一本，窥豹一斑，即可知其大略矣。刘谦甫丈今日复来，侄以病未晤。《覃溪集外诗》遵谕并其诗集送去，托其去其重复者而勘存之。昨朱文海来，即遵嘱将《东山年谱》写样，侄顷又检出《吹景集》二册，系吾浔董斯张先生说所著，此系原椠本，不必先校而后写也。二月朔为消寒第八集，倘贱恙稍愈，必当到社驺从，谅亦惠临，藉可面谈种切。"（吴青《刘承幹致缪荃孙函札考释》第十二札）

一月三十日，撰武亿传。是日，张彬约诗钟，在沈曾植处，瞿鸿禨、陈三立、朱祖谋、王仁东、沈瑜庆、林开謩同集。(《日记》页2817)

二月一日，撰段玉裁传。(《日记》页2817)

二月二日，撰刘端临传，改定郑成功传。(《日记》页2818)

二月五日，撰孔广森传。(《日记》页2819)

二月六日，撰《玉堂荟记》跋，写朱筠传。(《日记》页2819)

二月七日，撰邵晋涵传，撰《攻媿文集》跋。(《日记》页2819)

二月八日，撰凌廷堪传。(《日记》页2819)

二月九日，约孙端甫、于式枚、张钧衡、费寅、王秉恩、王乃徵、朱祖谋、李传元小饮古渝轩。是日，与张钧衡订编书之约。(《日记》页2819)

是日，复刘承幹一柬，谈写书及改订消寒集会时间："手字谨悉。书收到，谢谢。《浯溪集跋》即寄印臣，陈君即找来交彼书写。弟处亦无下榻处。贵体就痊甚慰。闻有十二日消寒之说，可否改十五日，亦谓之大花朝，因小花朝逸社二集作尽日欢故也，私商之。"是日刘承幹来访，谈良久。(《日记》页2820，《嘉业堂藏书日记抄》页222，《艺风堂书札》页622致刘承幹第一百八札)

二月十二日，逸社第二集，冯煦主社，以"白日放歌须纵酒，青春作伴好还乡"为韵，先生分"白"字，赋诗云："海东一隅地，措大多于鲫。金沙定远翁，长筵招揖客。是日正花朝，春风吹广陌。篱落闲花枝，裁红兼晕碧。对酒忽长啸，四顾天地窄。岁时不我与，疾若驹过隙。垂钓希桐江，行吟同楚泽。聊寄田园兴，粗夸山野迹。金石斗长笺，宫商敲短拍。红友劝衔杯，沧洲时岸帻。走也虱其间，徜徉聊自适。戚戚亦何为，幽怀光共白。"(《日记》页2821，《乙丁稿》卷一《逸社弟二集花朝分韵得白字》)

二月十五日，刘承幹请午饭于小华园别有天，刘富曾、洪槃、徐乃昌、褚德彝、沈焜同席。(《日记》页2822，《嘉业堂藏书日记抄》页223)

是日，撰《焦循传》。(《日记》页2822)

是日，跋《钱氏小儿方》《明理论》。(《日记》页2822)

二月十六日，访刘承幹，见到《宋会要》，已不全。(《日记》页2822，《嘉业堂藏书日记抄》页223)

二月十七日，校庄述祖、戚学标、丁杰三传。(《日记》页2822)

是日，收到吴士鉴北京本月十二日一札，复先生正月二十七日之札，赞同先生诸论："奉正月廿七日手教,敬承道履冲和,潭祺绥吉,至慰驰仰。超社更名逸社,大约不至再有受命令之人。春和景明,海上自胜于北地。此间风霾三次,继以雨雪,尚是围炉拥卷。在沪两年,转觉畏冷。近已多日不出,间三四日一至馆中,命抄笥河、西庄二传,顷甫交来,即以邮呈台览。儒林下卷,长者精心甄综,必可直接班书,若学派不明,著述芜浅者,削之宜尽,此事断难假借。来书谓《明史》极有分寸,此真至言,即将来邀求入文苑者亦不能尽如人意也。又史目宜争诸节,侄深以为然,且俟长者到京,从长商定,再与馆长言之。台湾诸役,择一二人消纳之,尽可详尽。嗣后粤、捻、回诸大役或竟作流寇传。此根据前史以定名称,似不虑有人反对也。来书言刘笙叔云云,侄细绎而不明其旨,便再指示为幸。馆中同志,实只筱孙。柯凤荪丈病愈,已来三次,究是多读书者,此外难言之矣。"(《日记》页2822,《友朋书札》页462吴士鉴第三十一札)

二月十八日,刘承幹约消寒末集,摄影留念,到者先生与戴启文、吴昌硕、钱溯耆、刘炳照、恽毓龄、恽毓珂、章梫、吴庆坻、陶葆廉、周庆云、杨钟羲、张钧衡、钱绥楑、刘承幹、沈焜,题为春日宴会,即题雅集小影。(《日记》页2823,《嘉业堂藏书日记抄》页223)

二月二十日,傅增湘、徐乃昌约同往常熟,登船同行。看傅增湘新收钱谦益手校《后汉书》,据一经堂本。(《日记》页2823)

是日,刘承幹致先生一札,代蒋汝藻询汪鸣銮家宋椠本："前晚席散遄归,风雨漫途,颇深悬系。今有人携至一单,计宋椠《参寥子集》《编年通载》《吴郡图经续集》《中兴馆阁录》《新定续志》共五种。该书系出自汪柳门少宰家,均有黄荛圃先生长跋,书本士礼居故物,复翁殁后,归于汪阆源家,再归于两罍轩,由两罍轩归于少宰。书则半多不全,闻长者均已见过,并请尊曾许其可售三千元,如无人问津,则长者允其代为脱售等云。侄并非自己欲购,乃友人所托,当日三千元之约,未识果有之否?侄代为询问,用特贡言左右,敬乞示知,以便转致前途,同深感荷。顷接履樛兄致醉愚一缄,附有雪澄廉访致鹭汀观察一札,附奉察核,王函仍祈掷还,俾可奉缴于洪也。"札请先生鉴定《逊国臣传》是否可购:"所云《逊国臣传》,系吾浔朱文肃公所辑,前途索价甚巨,以为关于史案,故特居奇,据云书已罕觏,未识可重刊否?敬求正法眼藏鉴定,倘可授梓,则与购取,否则,当即还之也。"(《嘉业堂藏书日记抄》页223,吴青《刘承幹致缪荃孙函札考释》第十

三札)

二月二十一日,到常熟,访丁国钧于荷香馆,方知瞿启甲不在家,并有信阻止,而三人已先出发,因命驾游山,先破山,次三峰,次剑门,次维摩。先生以为"山水无恙,而时代已易。老僧药谙亦化去久矣。桃源间水声活活,较乙巳年为胜"。又游虚霩园,赴山景园小饮,丁国钧、丁芸生作主,约庞鸿文、邵松年、王兆麟、张继良同席。(《日记》页2824)

二月二十三日,丁国钧来约赴翁小山园,花木最盛,再出西门,诣王兆麟谈,看其藏书,借纪录长毛事两册归。先生在常熟凡三日,以访友观书、游景为事。(《日记》页2824)

二月二十四日,先生返沪,接刘承幹二十日之札,即复之:"弟于廿日偕沅叔、积馀赴常熟观书,今早甫回,敬读手柬,聆悉一是。汪书均佳,均百宋一廛所有。然弟自柳门殁后即未见此书,三千之许实无是事。近来书价日高,又有袁二公子重价收吸,恐北行也。重价收之,何如?《逊国传》非秘本,与史案毫无关涉,忌讳在万历以后。亦不必刻。迟复为歉。"又附札谈《宋会要》原委及流传,劝其购入:"《宋会要》是弟之书,乙酉年以乙百四十金得自京师,迩时年轻,无不亲自过目,前途以竹纸定成一本,分门编目,确非星伯手毕。另有十一叶,星伯先生手写,署帝系第一,后署'以此作式,照目点明'。次年,南皮要刻即解去。戊子年,南皮仍交弟编,甫写定帝系清本十二卷,即起复供职,书均交屠静三。静三写定职官八十二卷,而静三赴官,局亦渐撤,仍由弟交雪澄。原委如此。至此时辗转搬移,云遗失则可,不得云无是事也。大人岂能本本过目。书本是《大典》辑出,《大典》之书,一条不止见一处,所以有重复。本至刑法实有三卷,如以为有专书,故不重刊,武断可笑。如今有《大清律例》,《会典》亦有'刑名'一门,编书例如此。总之,此书是孤本,兄得此甚善,又救两家之急,弟亦唯愿其成,不必强词夺理。阅讫付丙。"又谈及沈曾植欲借该书"刑法"部分事:"子培常问借'刑法',雪丞亦答应,不知借与不借,亦不可问,问亦徒然晓舌。原函奉还。"(《日记》页2825,《艺风堂书札》页622致刘承幹第一百九札)

二月二十七日,撰《纪盛》;二十八日撰《纪琐》。先生近期以来校《秦淮广记》,此两篇是新撰。(《日记》页2825)

二月二十九日,撰《刘逢禄传》。(《日记》页2826)

三月一日，接丁国钧常熟一札，及借王兆麟《复社纪事》《欧阳行周文集》和徐乃昌所借之《棋谱》。(《日记》页 2826)

三月二日，周庆云招饮，庞鸿书、李详、庞元济、吴庆坻、朱祖谋、陶葆廉、刘承幹同席。(《日记》页 2826)

三月四日，撰丁晏传。(《日记》页 2827)

三月五日，与徐乃昌公请庞鸿书、瞿启甲、李详、宗舜年、朱祖谋、王秉恩、王乃徵、于式枚。(《日记》页 2827)

三月七日，前日偕徐乃昌请铁琴铜剑楼主人等，出来感寒回寓，两日不适。送《厉征君年谱》与刘承幹，并致其一札，告其"《厉征君谱》又覆辑另写，可交朱文海，与《查谱》同刻"。又嘱其将穆子美上月发之刘处各书交先生，以便核对应补之件，以"匠人大半胡涂，穆子美尤甚"故也。刘承幹天黑来访，出示宋刻《诗律武库》二十卷，又借其《爇火录》三十二卷，江阴李天根著，亦凤昔所未知，又借其《公车征士录》一册。(《日记》页 2827、2828，《艺风堂书札》页 587 致刘承幹第八札)

三月八日，交《爇火录》与刘承幹，又借《闻过斋集》两部来，并致刘承幹一札，力劝其购买汪鸣銮藏书，札云："《爇火录》，《江阴艺文志》所无，书甚佳。《诗律武库》，只见汲古目，可见难得。汪书一万七八千元可收之。夏炳泉开来细目，是生意经，如六宋本，只打二千元。如士礼居初印本，只打一百二十元，诸如此类。只打万二千元，预备售出二万四千元，还有售不去者不算钱，如收书家又当别论。可与孟平说之，决不吃亏，早定为是。宋元本不多，炳泉言有木匣精美刻宋本，名如《梅花喜神谱》，则嘉庆朝沈刻也。樊山亦署宋本，聚卿更刻曰北宋本，忘却宋伯仁为南宋人矣。《具次集》则道光朝刘刻也。盛宫保、陆纯伯亦珍为宋本。如明本改充犹其上者，如此有一二十部，炳泉业已注明，非汪自买，阔人收受礼货耳。汪本精鉴赏，决不以为重。元本、明本、抄本、校本、本朝本、难得本，炳泉之账最细，住汪处半月，本本过目，非徐敏夫等之旧账可比。似宜即唤之来，令其查点归箱，如分开两分，令其秉公画价，配搭匀称。如能为之，酬劳可插入中费一分，或以重分书给之，容易商量。如得此信，即飞奔而来矣。补旧书最佳，已荐与石铭。弟不能买书，小装订即与石潜工人矣。如不决，必为书估购去，又费事。弟无他求，柳门是从前最相好者，想其书得所归耳。"又建议交刘富曾编校《宋会要》定本，指出穆子美刻书种种是非。(《日记》页 2828，《艺风堂书札》页 588 致刘承幹

第九札)

三月十一日,送《闻过斋集》,一鲍抄、一朱抄、一校本,还刘承幹。(《日记》页2829)

三月十三日,约冯煦、吴庆坻、瞿鸿禨、陈三立、陈夔龙、王乃徵、杨钟羲、张彬小饮云自在龛。(《日记》页2829)

三月十四,送宋元版明版医书十五种与张钧衡,取回《唐郊祀录》十卷。(《日记》页2829)

三月十五日,重辑《明遗臣传》。(《日记》页2830)

三月十九日,先生遣夏炳泉陪陶子麟及饶心舫看刘承幹藏宋刊四史。沪上诸公极意怂恿影刻该书,现能胜其任者寥寥,先生荐陶子麟。(《日记》页2830,《嘉业堂藏书日记抄》页228)

是日,先生撰《冬青馆文》跋、《简庄疏证》跋。(《日记》页2830)

三月二十日,约钱恂、罗振玉、莫棠、刘承幹、沈焜、刘富曾等小饮云自在龛,徐乃昌同作主。席后,先生与刘承幹谈购苏州汪鸣銮家之书。刘氏购汪氏书,系由夏炳泉谈定,先生怂恿,并托先生出名谓京友托办,正价洋一万五千元,使费酬劳二千元。因前有十余人荐刘氏购汪氏书,价两万元,均为刘氏所拒。是日,刘氏交汪宅书定洋三千元。(《日记》页2831,《嘉业堂藏书日记抄》页228)

三月二十一日,赴四马路胡家宅振华旅馆淞社第二十二集,周庆云主席,到者先生与戴启文、恽毓珂、恽毓龄、洪尔振、杨钟羲、张美翊、吴昌硕、钱溯耆、汪煦、刘炳照、章梫、陶葆廉、刘承幹、沈焜、费寅、钱绶檠、褚德彝、潘飞声、孙德谦、朱锟、胡念修、白曾然,凡二十四人,题为饯春。(《日记》页2831,《嘉业堂藏书日记抄》页229)

三月二十三日改王念孙传。(《日记》页2832)

三月二十四日,撰《谭笃生六十寿序》,至二十六日撰毕。谭锡庆系琉璃厂书肆正文斋店主,该店庚子之后在琉璃厂最为有名。(《日记》页2832)

三月二十五日,撰《梦溪笔谈》跋。是跋代刘世珩撰,书即刘氏所藏。跋称:"宋刻本。每半叶十二行,行十八字。高六寸六分,广四寸八分。黑口单边,口上署'笔谈几'。每条首行顶格,次行低二格。语涉宋帝皆空格而不避宋讳。为彭文勤公藏本。卷末有文勤公手书四行,定为宋本。"然先生虽称此本为宋本,然又引陆心源疑非宋刻,孙星衍以为元刻之意见,末称"然决是精本,高出马、毛诸刻万万矣",持模糊之辞。后张元济得宋荦藏本与此行款正同者影印入《四部丛刊续编》,撰跋考为明代覆宋乾道二年扬州州学教授汤修年刊本。刘世珩藏本今归台北图书馆,亦作明覆宋乾道二年刊本。(《日记》页2832,《乙丁稿》卷四《梦溪笔谈跋》,《四部丛刊续编》本《梦溪笔谈》卷末张元济跋)

三月二十七日,赴一元会,冯煦、郑孝胥、杨钟羲、唐晏、李伯生、王乃徵同集。(《日记》页2833)

是日,刘承幹在老宅宴客,先生与钱溯耆、叶昌炽、杨钟羲、孙德谦、俞恒农同集。(《日记》页2833,《嘉业堂藏书日记抄》页229)

三月二十九日,跋《圣宋文选》。(《日记》页2833)

是日,刘承幹借《金石苑》六册,先生至其一札,谈购汪鸣銮藏书具体事宜:"前日盛扰,谢谢。《金石苑》交贵价持归,想察入。汪伯春来约,俟渠因公到宁,由宁回苏,即招夏炳泉带伙计五人去。点书、装箱、编号,再同回沪取书,全价,并先取宋刻书,再电苏发书,现不须定钱,亦不肯先付,宋刻怕有舛错。议到如此,有无翻悔尚不得而知。付价时在半月外,兄必回沪矣。陶子麟可付《史记》,并先给价备板,愈干愈妙,此人不比伯春,弟可保不亏空。"(《日记》页2833,《艺风堂书札》页623致刘承幹第一百十札)

三月三十日,接吴昌绶本月二十六日一札,请教先生如隐堂本《洛阳伽蓝记》是何人所刊,并请先生设法补缺页:"都门花事,远逊上年,绶病后曾到法源一次,高庙一次,崇效二次,比上年反勤。因天气不好,且少雨。师驾十日后来。甚盼。如嫌津浦繁杂,改由轮船,或京汉来亦可。京汉多上水数日,省在津上下,亦换换眼界。积馀兄见赠词刻,谢谢。绶刻各种,觅便寄沪,乞转告。授经近月多病,刑统事容询明奉复。式之常来,今日又回津。绶病少愈,但不耐劳,近与节庵游宴,亦甚热闹。子受弟处卅元,遵为交去。沅叔已归。授经前得如隐堂本《伽蓝记》,遽付日本珂罗版印,今原底寄回,欲绶补缺叶三纸,此事谈何容易。惟瞿家吴顼儒书亦有缺叶,以涧䔲校本补入,较为可信。另纸写呈,求师托人设法,向其抄示,最妙。珂罗版徒费钱,无谓之至。绶已乞其底本,另刊一册,吾师必以为然。景写恐不真,即以所印珂罗版本上木,即以其人之道还治其人之身。授经必大讶,而绶以为大乐。惟珂罗本尚未来,须赶速补与三叶,令其完成一书,然后再我用我法。再如隐堂似是嘉靖间吴中刻,竟不详其何人,且无序跋。瞿本不知如何,吾师曾考及否?毛抄大字两汉绝奇,瞿家书绶尚思托影抄数种,应如何办法?好在皆小种词类,求先为筹之。"(《日记》页2834,《友朋书札》页894吴昌绶第八十六札)

四月三日,罗振常招饮九华春,吴隐、徐乃昌、刘大绅同席。刘大绅,刘鹗之子,罗振玉长婿。(《日记》页2834)

是日,先生腹痛,晚腹痛愈剧,彻夜不寐。(《日记》页2834)

四月四日,延王乃徵诊脉,用温通之剂,饭后稍睡,痛略止。(《日记》页2834)

四月七日,病如故。闻汪洵病殁,甚为伤悼。专缪僧保往吊。二十日,送奠分、挽联。(《日记》页2835)

是日,诣曹南生诊脉。(《日记》页2835)

四月八日,得吴庆坻一柬,嘱题诗,盖题其大父吴振棫《花宜馆辑诗图》也。柬云:"杭州归来,体中惫甚,尚未造谒,闻从者北行展缓,度兴居已胜常,念极念极。乞题《辑诗图》,谨奉上宣纸一幅,词翰双绝,传示后人,当永宝矣。纸限尺寸,分途乞书,并求就近饬纪传送朱侍郎、沈中丞、王布政三处,感荷,容诣叩谢。"(《日记》页2836,《友朋书札》页226吴庆坻第七札)

是日,致刘承幹一柬,谈影刻《史记》及购汪鸣銮藏书事:"闻驺从回沪,甚忭。弟又大病,不能北行,亦不能诣谈,可恨之至,身弱不堪,恐为汪三之续矣。汪事翻复不出所料,幸未付定,再俟他日。陶子林已回,乞检《史记》,及先付赀,可否先付五百元。交石潜。饶君俟乔迁后再命移入。抄卷须饶重描,不减日本刻《道德经》矣。陶款,弟保不比汪伯春靠不住。近日又有书来否,莫仲武书为张季直所购,已成交,亦一万一千元,书不如汪,且又先售多种。孟平亦回。"(《日记》页2836,《艺风堂书札》页660致刘承幹第二百十五札)

是日,改卢文弨与顾广圻合传,孙志祖专传。(《日记》页2836)

四月九日,寅刻服泻药,力到矣,清早又泄。饭后诣曹南生诊脉,换方。诣大生取息并息折。(《日记》页2836)

是日,分到布厂折两个,三千六百两,息三千一百八十二元。(《日记》页2836)

是日,致刘承幹一札,谈刻书事,购汪鸣銮事,又告以因病北上史馆延至秋曰:"赴曹南生处换方,尊函未及即复。须招吴石潜来,以五百元与之。《史记》廿册,付饶心舫。二君翌日来交待。子麟承揽随后补来,生意旺极。局中八十余匠,下来半月,挂念之至,不得已而速回,好友有石潜,心腹有心舫,均不贻误。孟平自得书,出之意外,如拼股总不能就。汪君前日说加价,弟拒之,不成话说也。扬估狡猾而无真账,必从中抽书,未必不闹笑话,候之。弟病未愈,北行候秋凉再议。馆事办得不少,长夏亦畏上路。莺迁日趋贺。"刘承幹随即交来五百元、《史记》二十册。先生即招吴隐来,交以五百元;《史记》书即交饶心舫。(《日记》页 2836,《艺风堂书札》页 660 致刘承幹第二百十六札)

四月十一日,诣刘承幹贺喜,送联及明刻《刘氏家集》。刘氏乔迁新居。(《日记》页 2836)

是日,先生收到吴士鉴北京本月初八日之信,盼先生北上审查大臣传,并告以史馆近状:"前上一函,并抄呈朱、王两传,计登签室。比来敬维道履冲和为颂。闻长者将北来,日日盼跂,未审何日首途?伯母夫人亦有同行之说,此来能多住两旬,由长者主持,将大臣传审查一过,就此拟定目录,侄随同办理,尤所深愿,同人中即可奉为鹄的也。寄来书三箱,侄略翻一遍,典守者于《武林掌故》二十六集,清检不易。司书者宜略通目录之学。侄尚为之帮忙,殊可笑也。侄月来于《新疆地志》苦心钩考,幸稍完备,其余尚难如愿,以一切讨论非真正同志不能得益耳。新添陈延韡,六舟先生之孙;唐恩溥,广东人。尊刊《宾退录》有人托买一部,只须单片,不必钉好,乞便中携京,至感至感。此人为诗钟社中好学者,愿照西泠印社开价购买,敢以奉渎,良晤匪遥,敬请道安。"又言:"总统交立传者一人,辛亥殉国者尚多。为张啸山,系张仲仁、庄思缄呈请,由国务卿覆准,与从前特旨立传者相似。啸山入《文苑传》,应与何人合传?乞酌行。"(《日记》页 2836,《友朋书札》页 456 吴士鉴第十八札)

四月十二日,发史馆信,要束脩。发吴士鉴信,言因病不能北上。先生曾于三月三十日定计入京。其致吴氏之札,谈及病状:"顷奉手书,备谂箸撰辛勤,兴居安稳,慰如远颂。弟急欲来都,与同志商榷。初因阴雨,次因资斧,定于初九登程。忽初三日陡患腹痛内恙,扰攘一夜,清早屏山方伯以温通之药治之,稍定,又变黄病,至今口黄犹未退尽,饮食亦未复原,何敢即时上路。炎天在即,或俟秋凉。初六逸社亦未能到。尊翁早知之。"又言及所办清史各传之进展："《儒学传》已成，正副本未完，《明遗臣传》三卷略须修饰，即寄《臣工列传》。虽未见《史馆传》，然前六朝有《贤良》、《大臣传》、《满汉名臣传》、似即《史馆传》。《八旗通志·宗室王公传》。《碑传集》可在累打一草稿。三品以下早已拟就，后六朝略难，因《八旗通志》无再续也。弟身体衰弱，力不从心。汪子渊、缪衡甫名荃员。先后谢世，既痛逝者，行自念也。仍与张、刘二君校刊，他馆一概谢绝，专心史事，病中亦时时点勘，不知能见成书否？《宾退录》即寄，无未装订者。收掌处来一信，笑话更多。会计科来信，覆函乞代注，一号交去，望兑款来沪。初悉备京用现等不及，随后覆收掌科，儒学传目同寄。"（《日记》页2837，陈东辉《缪荃孙致吴士鉴信札考释》第十八札）

是日，理《儒林传》稿。（《日记》页2837）

四月十三日，寄蟫隐庐大、小丛书各二部，《金石目》二部，《文漫存》、《辽文》、《读书记》、四谱各二部，在该处寄售。（《日记》页2837）

是日，王国维来访。（《日记》页2837）

四月十四日，理《明遗臣》稿。（《日记》页2837）

四月十五日，发吴士鉴信，清史馆收掌科信，寄书单。致吴氏札告以《儒林传》目脱写俞樾，请其代为补写："昨寄寸械，有《儒学》三、四、五卷之目，内写脱俞荫甫年伯，是写官误落，乞代添入，以张文虎本有传附之。弟恐阶青见之发怒责言。弟当自任粗疏，若再约人呈请总统发命令则太肉麻矣。乱书补写，便无痕迹。想兄亦不与人见也。"又谈及关于李慈铭、王闿运文苑、儒林之争："又李越缦列之《文苑》，而陶仲彝力争《儒林》，不知两传有何轩轾？越缦经学过于湘绮，而只有《经说》数篇，殊不相合。从前谈过，条理通贯，别无专书，放下再说。"又谈及樊增祥过寿事："樊山不肯替师门刻书，子培又不肯作志，未知何意。樊山生日何时，想有举动。弟拟填寿词写册子，乞探听示知，已过，不妨补作。"并告以暂缓北上："伯年全家回南京似乎尚早，汪三先生、家衡甫均作古人，京师大钟胜会常举，此间寂寂，均想回故土。弟以暂缓为是，俟欧战毕再定。"（《日记》页2837，陈东辉《缪荃孙致吴士鉴信札考释》第十九札）

四月十七日，先生写《儒林》目，为《臣工传》编目。十九日，覆纂《儒学传》。（《日记》页2838）

四月二十日，致刘承幹一札，建议饶心舫移居刘宅："饶星舫现在专与兄写《史记》，石铭兄之《尚书》差不多写完。敝寓人已挤满，可即令其移居尊处，以便专写为祷。"饶氏善影写宋字，向住先生宅。刘氏从先生之议，欲影刊宋本四史。随札奉还《小腆记传》。(《日记》页2838,《嘉业堂藏书日记抄》页231,《艺风堂书札》页624致刘承幹第一百十一札)

是日，先生得缪朝荃讣告。(《日记》页2838)

四月二十一日，撰万斯同传。(《日记》页2839)

是日，吴士鉴自北京致先生一札，复先生本月十二日、十五日、十七日之函，谈及李慈铭入文苑事及史馆荐人："两奉赐书，尚未肃复，顷又得惠缄，敬承种切。寄下书一箱，并原单面交新吾照收。会计文牍两科函，亦饬交矣。长者体中偶有感冒，自宜静摄。端节发下儒学传目，敬阅一过。顾、王冠首仍遵阮例，究为允当。此外分并，甚见精心甄综。高邮文简，有学问而无政绩，附于石曜先生甚妥。曲园偶尔漏写，当代补在孙仲容之上。越缦于经、小学未有箸述，似难列于儒林。曾忆癸巳秋闱，此老监试，侄与闲谈，叩以生平著作，自言于经、小学毫无心得，即有一二说经之文，亦蹈袭前人，不足自立。故葵园刻《续经解》时来征所著，婉言谢之。此老自言如是，可见得失甘苦，非亲历者不知之。今陶仲彝欲争入儒林，直是不知越缦也。若列入文苑，尚可为同光后劲；厕之儒林，黯然无色矣。晦老在沪，与长者论史，宗旨必能相合。侄亦未尝不思南来，相助为理，较有实益，然决做不到，以此间无数人方借此为生活也。侄两荐闰枝，而不见诺。徐东海以闰枝、伯崇并举，亦未延聘，其实伯崇岂闰枝之比。闰枝学有途径，心精力果；伯崇空疏懒散，与在馆诸人不相上下，迥不及陈子励。子励虽有乡曲之见，而读书尚多，不同门外汉也。此间钟局尚多，又与樊山、少璞、笏卿、叔伊、实甫诸人结一诗社，略与超社相等，月必一聚。沪上寓公渐将星散，培老就通志事，或尚可住沪，家严颇有归志，为期未定，以经济问题不能不从节省也。子渊竟逝，身后可以想见。京中熟人，亦复不多。子封牢骚，无事可为。瑞臣于史事不甚顾问。此两公者，偶于厂中一见耳。馆长近日赴济南省墓，两旬可归，诸事当从容与言之。拉杂肃复，已尽十纸。"(《日记》页2839,《友朋书札》页452吴士鉴第十四札)

四月二十二日，撰俞樾、孙诒让两传。(《日记》页2839)

是日，先生发夏孙桐信，寄宗舜年辞史馆聘书。(《日记》页2839)

四月二十三日，定五大臣传。(《日记》页2839)

四月二十五日,刘世珩嘱先生校《三巴𦥯古志》并补。(《日记》页 2840)

四月二十六日,朱宝奎招饮,左孝同、郑孝胥、徐乃昌、沈庆瑜、林开謩同席。借《小石书画录》回。朱宝奎以太翁文集求序。(《日记》页 2840)

四月二十七日,题吴振械《花宜馆辑诗图》,谈及辑《常州词录》之甘苦云:"我昔曾辑毗陵词,其中甘苦能具知。大家百篇殊不尽,逸士一语犹难追。往往冥搜无所遇,忽于意外幸得之。蠹笈蟫纸字难辨,摩崖又欲烦毡椎。"诗中又云:"此图两次落胠箧,招亡建鼓临庄遽。珠还合浦原非易,百年世泽归孙枝。吟朋零落又易代,理宜再续谁云痴。"知其当为吴庆坻嘱题者。(《日记》页 2840,《乙丁稿》卷一《题花宜馆辑诗图》)

四月三十日,致刘承幹一束,还《太仓稊米集》。该集系本月二十五日先生嘉业堂借来,去岁先生曾假抄该书,竟少抄一卷,今补毕。札又言向刘承幹借书:"《太仓稊米集》一部乞察入。弟拟借《明穆宗实录》补写七卷,又拟借《八旗通志续编》。正编已有。一公事,一私事。无论公私,均不敢污损,因抄手皆旧人,靠得住也。"札中所云公事,系指清史馆事。(《日记》页 2840、2841,《艺风堂书札》页 624 致刘承幹第一百十二札)

是日,先生重订《癸甲集》。(《日记》页 2841)

五月三日,赴一元会,左孝同、李伯生、夏敬观、朱祖谋、于式枚、于式棱、王乃徵、王秉恩同席。(《日记》页 2842)

是日,先生接刘承幹作于昨日之函,送元板《内简尺牍》等三书来请鉴定:"日昨有书客携到宋椠《鸿庆尺牍》四册,谓系十六卷者,奇货自居,索价竟至二千五百元,此种价值实所罕闻,无意问津,伊嬲之不休,嘱为评得如何即还何许。今日又有书客携元刻两种求售,《毛诗疏义》索值壹百廿元,《通鉴》则索四百,用特奉上,敬求正法眼鉴定,该三种究是宋是元,各值价多少,务希为之评价,暗中关会,侄即可据以还价。若系赝本,侄本无意,即以还之。有费清心,无任感荷。"札又提及饶心舫抄配《史记》、穆子美刻书低劣等事:"饶君星舫述及《史记》抄配恐有讹谬,非影写可比。是否先将抄配本一校,以免错谬,用敢奉询。尊意如何,还祈示知祗遵。穆子美顷间来此,仅携来《吴兴备志》刊样两册,侄谛视之,刻手既劣,而又迟延至此,因告以将刻残数种竣事后即拟停止,故此次仅支借百元,将来容易扣退耳。《冬青馆》原本是否尚在尊处,乞告知为感。"(《嘉业堂藏书日

记抄》页234,吴青《刘承幹致缪荃孙函札考释》第十四札)

先生即复其一札:"顷赴李道士一元会,回寓读大札并三书。《鸿庆尺牍》,宋元皆有之,此书实难定其为宋为元。《白阳》,覃溪跋之真,亦可宝也。价至贵,至四百元而极,口字刀法,与元人相近,覃溪虽云南宋坊本,实则天历庚午翻宋耳,陆纯伯曾有之。梁芷麟、伊墨卿、胡香海、刘子重印是真,钱馨室、文征明、梁蕉林印则伪也。《毛诗疏义》,是明正德间刻,值数十元。《纲目集览》,明初刻,值百元耳。《史记》,星舫云先校是不错,第借潘本,并以金陵局刻张啸山三注校本证之,亦撰校记,较妥。穆子美不能刻书,尽可截止,然尚有三书在彼处。冬青馆原本在此,尚未校好。今年校出书代领校赀,另单呈览。"是札可窥见先生不同凡响的版本鉴定水平。札又言:"书太贵重,舍下人手又生,乞明午专人来取。"(《日记》页2842,《艺风堂书札》页624致刘承幹第一百十三札)

是日,《儒学传》五卷成,订起。(《日记》页2842)

是日,接吴昌绶四月二十八日一札,谢先生寄赠书,请先生转致朱祖谋信涵,又请先生和韵:"久盼驾临,闻以小恙暂缓,近想大安,至念。师母到京,歉未叩谒。积馀词廿八本,及承寄刘刻各种,一一领到,谢甚谢甚。绶病后甚烦冗,容另详陈。顷有寄沤尹函件,恐其在沪移居,求为转致。乔道元上天公笺,别本有作吞道元者,百年前人札记,式之亦未能举其名目。遂以吞证为吴,要是口天颠倒误之耳。忘其出处,取以押韵,求另易一韵见和,勿使醉鬼牵率老夫,幸甚幸甚。"(《日记》页2842,《友朋书札》页895吴昌绶第八十八札)

五月四日,先生借嘉业堂《穆宗实录》七十卷回,刘氏致校资一百九十三元。先生复刘承幹一札,还昨日鉴定三书,札言:"顷奉手书并《明实录》校赀一百九十三元零,费神,谢谢。书三种一匣四本。又四册奉还。昨日本拟专价送尊处,因邱三到寓苦求玉成,弟告以强元板为宋板,于自己声名有碍,万万不敢。然亦不敢自是,如《三朝名臣言行录》,弟以为朝鲜本,子培以为宋本,菊生遂以六百五十元收之。第弟守常经,不敢欺友人耳。因之胆小,遂请兄专人来取。潘君亦未谋面,如托书估,或可借出与刘三先生,可以十日云云。因上集解小字少也。闻淞社又将举行,饯春诗已成,贝叶传失去。梦坡来札尚未交卷。"(《日记》页2842,《艺风堂书札》页625致刘承幹第一百十四札)

五月六日,傅春官招饮,余诚格、王燮、朱宝奎、宗舜年、徐乃昌同席,酒佳。(《日记》页2843)

是日,跋《欧阳行周集》,先生校之已多日。(《日记》页2843)

五月八日,撰张钧衡《适园书目》。此为先生为张氏撰该书目之始。(《日记》页2843)

五月九日,撰《贝叶经歌》。(《日记》页2843)

是日,吴昌绶在京致先生一札,谈端方遗藏碑拓需集有多股合力购之,其所刻词难以遍送,需照本收值:"昨奉教,知近体尚未大愈。今日子封、君直诸公,在寓午酌,金谓病宜静养。但到京而不出酬酢,亦无不可。授经云匋斋碑拓迄未动手,须集有多股,方可办也。师母来京,尚未叩谒。日前掷还卅圆,已收。刘、徐各书均领到。今日尊纪来云,即日启程,匆匆欲少呈土宜而未果,尤深歉仄。《易》单疏已转赠子封,道谢。绶所刻词,承君直许覆勘一过,添买纸齐,即可刷三四十部。已费不资,只好照本收值,势难遍送矣。"(《日记》页2843,《友朋书札》页896吴昌绶第九十一札)

五月十日,接史馆会计,收掌二科信,并兑来一千零廿八元,四个月薪水。先生十二日复之。(《日记》页2843)

五月十二日,撰《儒学传序》。(《日记》页2844)

是日,寄吴昌绶一信,寄如隐堂本《洛阳伽蓝记》缺页三页。(《日记》页2844)

五月十三日,赴淞社第二十三集,刘承幹主之,到者先生与洪尔振、恽毓珂、恽毓龄、杨钟羲、郑文焯、钱溯耆、吴庆坻、许涴祥、刘炳照、章梫、陶葆廉、周庆云、汪煦、朱锟、潘飞声、钱绥槃、白曾然、张钧衡、褚德彝、孙德谦、刘承幹、沈焜,新入社者刘富曾、林毓琳。刘炳照提出以刘氏新宅落成为题,众人和之。(《日记》页2844,《嘉业堂藏书日记抄》页235)

五月十五日,先生致金武祥一札,谈及请其族人请先生荐职事:"族侄来,奉手书,聆悉一切,维兴居畅适为颂。拙稿只一册,已交书屏转呈,三部乱填可笑,不成文也。艺文归章式之,遵自来史志例。《重修四库全书》断非此时所能。赵馆长清史之外一事不闻,云我作清朝官,仍办清朝事,别样事有民国官长在。族侄此来太无指望,弟自遭难后,政界、学界概不通问,彼以我为旧,我亦不与往还,从无荐事之理。熙之在此四月,子香亦嘱留意,均无法想。常州人现在得法,兄有熟识者能荐之否乎?况初次见面,向不知其深浅,作保更难矣。既承尊嘱,赠以盘缠三元,回常再说。"又告以冒广生事:"冒鹤亭在瓯海关,亦能刻书,并修永嘉诗人祠,与杭州修通志,均仅见之事。"又言及数位友人近况:"馆中列传,派弟与于晦若担任,亦非易事。汪子渊没后,家计太难,闻有移回常州居住之议。宫保病亦危。光珊避债躲入裕源厂,会少离多。雪丞做生意受累,蚀去数万,光景窘甚。寿联必到,晤再提及。衡甫没于太仓,介轩没于杭州,旧雨凋零亦可叹也。"随札附缪朝荃挽联:"友直,友谅,友多闻,五百里长途,函牍往还无旷月;同姓,同年,同嗜学,四十载交谊,文词赏析叹无人。"附汪洵挽联:"哭星五几时南北书家嗟并逝,<small>杨星五没于京。</small>绍茗柯篆学古今艺术又谁传?"并随札附呈刘承幹新刻书。(《日记》页 2845,《艺风堂书札》页 303 致金武祥第八十三札)

五月十六日,发吴士鉴信,寄《儒学传》稿。(《日记》页 2845)

是日,发冒广生信,谢其赠书,谈办清史事,并寄《谢康乐集》:"顷由李审言递到手书,并承赐新刻《林霁山集》,备见抚绥商民之外,尤能提倡风雅,啾啾百鸟中,得见青凤皇矣,钦佩奚似。弟跧伏海上,穷困不堪。次珊同年以《清史》见招,去岁入都一行,为之定门类、分功课,担任'明遗臣''儒林''文苑''孝友''遗逸''土司'五传。乞回沪自办,次珊允之,即于十月出都。而'儒林'及'明遗臣'两传,业已交卷。次珊又以列传嘱定,专传、附传,三品上无事迹者删,三品下有事迹者增。与晦若同定,前六朝已毕。人虽不在馆,无一日不办事也。年逾七十,行动需人,全家入都无此力,只身入都又太苦,次珊亦谅我矣。《康乐集》不见佳,向无好本,由局寄阅,仍盼掷还。作注亦非易事。兄前记国朝掌故,付刊否?弟亦记不少,然可采入史者无多,笔记与史传体裁自别也。兄嘉惠士林,可否刱一文社,<small>不立名目,不延阅卷,不定章程,不定额数。</small>月课子弟之秀者,少与奖资,<small>惟恐新党又要提出充孚堂经费。</small>必有益处。深恐此道遂致阒寂,兄以为何如?"(《日记》页 2845,《艺风堂书札》页 564 致冒鹤亭第五札)

是日,赴一元会,钱于式枚、于式棱赴昆山。新人王存善入会。(《日记》页 2845)

是日,先生撰《文学传序》。(《日记》页 2845)

五月十七日,撰《侨吴集》《夷白集》两跋。先生藏《侨吴》《夷白》两集,皆系明弘治间张习所刻,以精雅著称,为明代名刻,且《侨吴集》系黄丕烈旧藏,有黄丕烈、顾广圻、潘祖荫、叶昌炽等手跋,《夷白集》系曹溶旧藏。先生以二书易董康所藏《圣宋文选》残宋本,而请丁绍裘代为影写,校毕后而跋之。《侨吴集》跋考郑元祐之生平及"侨吴"之由来,又考张习所刊《侨吴集》系张习编订,而非元祐所编之旧。鲍廷博有辑有佚文一册,先生录之于后。先生藏有两部《夷白集》一是旧抄本,"出自元刻,提行空格,悉依之",曾经刘喜海、朱学勤收藏;一是张习刊本。先生将二本合校,今刊本将去,遂将刊本所有而抄本无者诗九十六篇,文二十三篇,今抄录一册附于抄本后。(《日记》页2845,《乙丁稿》卷五《侨吴集跋》、《夷白集跋》)

五月十八日,撰李详《俪体文集》序,应李氏之请也。序称李详"博览群书,尤通萧《选》,熟精逾夫诗圣,贯串过乎书簏";其骈文"立意必深,无土龙之诮,隶事必切,无疥驼之嫌。出语必响,无鸣蝇之矜。抒藻必新,无腐鼠之诋。比青俪白,卿云增黼黻之华","昭代此体,名家尚多,以君之才,庶可为殿"。(《日记》页2846,《乙丁稿》卷二《李审言俪体文集序》)

五月二十日,是日大雨竟日,为汪洵陪吊于玉佛寺。(《日记》页2846)

五月二十一日,先生补办黄荛圃生日,招饮于小华园古渝轩,蒋汝藻、宗舜年、王秉恩、张钧衡,各人均携黄荛圃题跋各书,互相传观。蒋汝藻携至新购得汪鸣銮藏各宋本。先生以为蒋汝藻所携《吴郡图经续记》《新定续志》《编年通载》《参寥子》《中兴馆阁录》五种均为无上上品。宗舜年携元刻《铁崖乐府》,王存善携黄刻《易林》,又《皇甫君碑》未断本二种,均荛圃所藏。先生携黄跋《圣宋文选》、翁方纲跋明刻《文山读杜》,王秉恩携黄荛圃像。(《日记》页2846,《嘉业堂藏书日记抄》页236)

是日,吴士鉴自北京致先生一札,复先生本月十六寄《儒学传》之札,多有建言:"前日敬奉赐书,并递到大箸儒学传二卷。又补梨洲传及叙言。欣谂兴居康胜,甚慰远忱。大稿精实细密,抉择谨严,学派分明,无可攻摘,此班、范二史后第一之巨制也。门外浅尝之人骤阅之,那能解此。侄猥承不弃,命以覆勘一过,谨当守拾遗补阙之职,懔当仁不让之训,于纪年干支未尽改正者,则冒昧改注于旁,其余有可校订者,签于上方。大氐皆细微节目,而于尊箸之大体,百无一二增损。已函约式之来京,与之互阅,阅毕即代呈馆长也。惟有一二人,拟商之长者,未知尚可附入否?一为崔东壁,其所著书,虽无家法,而北学除通州雷、肃宁苗、昌平王三人外,尚觉寥寥。

东壁久已悬人心目之中，能否增附于雷传之下，以餍北人之望，而免他日北人攻南之弊，此中消息极微眇，侄非助北学，乃所以护南学耳。一为邹叔绩，咸、同以后，湘中颇习汉学，固由风气渐染，抑亦湘皋、默深及叔绩诸公所以启之也。湘皋当另列传，默深必入文苑，未知叔绩亦列文苑否？如可移儒学，或附郑子尹。以叔绩虽湘人，而其学实成于黔中也。瞽论祈采择之。侄月来为柏皋修补宗教志喇嘛一门，为亚蘧考订外交内中俄交涉事，以中俄事关乎考据，昔尝汇群书而纂辑一二卷，今不欲废弃，且以辅他人之不逮。艺文当请式之专任。侄有所裒录，即以交之。闻枝先办循吏，亦须时日，将来列传亦必多所偏劳。乙山在吾浙是极好手，侄在实录馆同事四十余人，独以乙山为不仅能修实录，今衮衮者，咸来修史，而乙山独向隅，未免失人，已向天水言之，东海亦说过。不意有人尼之甚力，有旧事，有今情。万万无望。今乙庵邀其修志，甚善甚善。至于《畴人传》，上年长者与侄相语，所见极合，后来古微荐一某君，亦并不求必得。虽名家子，而尚非海内专门，馆长以从缓复之，侄亦不加可否。顷有同馆某君引荐一湖南溆浦陈棠，本是名誉征访员，在此无事，欲任此传，不知何故竟允其承办。侄闻而索阅其意见条例，甚觉浅近，类如外省诸生初习算术之札记，又观其拟目，胪举之书亦不备。则以阮、罗、诸三《畴人传》比而录之，而于迟菊未采之人殁于迟菊成书之后者，尚有一二著名之人。竟未见及，且满纸讹字，王锡兰、屈曹发。如此粗疏浅陋，大约江浙湘蜀诸生中此类尚多，何可遽以畀之？侄此时亦不便言，以自己本是外行，然其所撰条例之深浅，尚能别白也。今同人既有信之者，且俟其裒然成编，是何程度，再婉转与馆长言之。即吾丈来信，亦不必提及。千万暂时不言。俟台驾秋间到京，索阅所作，再定是非。探问湘人，言此人年五十余，二十年前校经堂肄业生，然畴人家如负盛名，知之者必多，而此君乃牢落京师，别无它著，且闻其人类乎疏狂，似非朴学。惟此人既已效劳，日后将何以酬之？此中汲引之人，不可解也。都下社事亦稀，自什刹修禊，法源看花，叔伊寓斋三次后，至今阒寥，惟钟声则不绝耳。"又言："如晤晦老，乞以此函示之。海上惟二公真能修史者，若但有高论者，必无结果。"（《友朋书札》页453吴士鉴第十五札）

五月二十二日，撰朱之榛《常慊慊斋文集》序。是文是应之榛子朱宝奎之请而撰。文中述朱氏之诗书家世，朱之榛之道德、功业、学问，及先生与其之交谊。（《日记》页2840、2847、2848、2849,《乙丁稿》卷二《常慊慊

斋文集序》)

五月二十四日,费寅送查继佐《罪惟录》稿本一百册来,欲售于刘承幹。此书记南明史事,问世二百年藏之墙壁,未敢行世,此首现也。(《日记》页2847)

五月二十五日,赴钱溯耆、戴启文、洪尔振淞社二十五集,在愚园举行。刘承幹未至。(《日记》页2848)

是日,张钧衡送四次书二十一种来,取三次书去,先生撰《适园藏书志》之故。(《日记》页2848)

是日,先生撰和刘承幹新居诗。(《日记》页2848)

五月二十六日,接吴昌绶本月二十二日一札,札谈《伽蓝记》补页,又谈其所刻仿宋元词进展等:"手示敬悉,师母南旋,想早安抵沪上。绶既未叩谒,并仪物缺如,深用愧歉。清恙大安,诚如来书,翻书可以忘病,奔走尽可逊人,应酬千万谢却,酒亦宜少吃。然绶能为吾师谏,不能自克。四月病后,身体轻健,六月下旬又发旧恙,呕逆痰多,湿火中阻,事不如意,辗转焦劳。近日日服杨季玉之方,困惫甚矣。丁秉兄函诵悉,至感。《伽蓝记》与据璜川吴氏真意堂本所补,小有出入。斧季言人各不同,泃然。拙刻各种,有便即寄。仿宋元词约廿四册,纸尚未齐,现正托君直覆阅修版。三个月内,必可墨印四十部,每部至少亦要十三四元,不能为非卖品矣。秉兄以尊处十八元代交瞿家,所差尚多,请师酌垫,再行奉缴。袁抱存夫人所摹宋本《于湖词》,仍须景写一过,方能上版。原摹用旧纸,佳墨界格,至精美,甚可惜,又须老于景写者为之整齐,始可刻。武昌仿汲古词七种,亦已成,恐不止廿四册,只可先作结束。式之近较忙,茝跋已切恳其做一卷刻一卷,期在速成,不辜厚望。今年印词,明年春能刻成茝跋,已算最快。泾尹先生在沪否?曾有函致张尔田,转属绶划廿士款,已覆书照办矣。"(《日记》页2848,《友朋书札》页896吴昌绶第九十二札)

五月二十七日,撰重刻《金石苑》跋。(《日记》页2849)

是日,撰侯方域传、宋琬传。(《日记》页2849)

五月二十八日,撰汪琬传、施闰章传。(《日记》页2849)

是日,送《金石苑》及先生代撰序、《常慊慊斋文集》及先生新撰序、四川拓本两种与刘世珩。(《日记》页2849)

五月二十九日,撰刘献庭传、冯班传。改郑成功传、张煌言传。(《日

记》页2849)

六月二日,发清史馆馆长赵尔巽信、吴士鉴信。致吴氏信谈及撰清代各省经师表及畴人传撰写:"昨奉环云,敬悉壹是。拙箸仰承校订,至感至感。所附三人均依详另纸。经学止山东、江苏、安徽、浙江可以撰经师表,福建、江西、广东已属寥寥,两湖、四川、陕甘、云南绝无,湖南止叔绩?尚是正派耳。畴人须熟于中西学方能抉择。古微荐方笑尹,亦不称,陈先生不知其名。弟于此事本属门外,未见其书,未见其文,决不发言。"又谈及清史馆败笔:"晦若至昆山乡间避暑。弟日以文学消遣,又从《明史》中悟出道理,颇有改变,决不自抄旧作。刻本出蔡、方二公,已自不佳,再加恽孟乐增添,大笑话,不止《淮南·洪保》也。"又论及撰史拟《明史》而薄《宋史》:"《儒林文苑始末》乞正。阮文达止成《儒林》,陈伯陶亦止改《儒林》,好处悉依之。拙著不可谓不用心,而才学只能如此。《明史》均不能及,何敢高拟?或出《宋史》上。弟最薄《宋史》,晦若以《宋史》为佳,只此不合,而佩服《明史》则同。一山只以为《明史》多忌讳,然历代皆然。虽福、唐、桂三王未附纪后,列传三王之臣全载,似无遗漏。"又寻求为吴昌绶谋史馆职:"印臣谢事,馆中有位置否?弟函达馆长,顺便言之。"(《日记》页2850,陈东辉《缪荃孙致吴士鉴信札考释》第二十札)

随札先生寄吴士鉴《儒林文苑始末》。其撰该文盖因此次修清史,儒林、文苑两传仍交先生纂修,以此明其办理之宗旨。文历述儒林、文苑两传从乾隆至清末历次办理之始末及其间之龃、是非,先生因此事而被排挤弃官亦述之甚明。末云:"今史馆仍交理董,即取旧稿增删。志在明一代学术之源流,而无所偏倚于其间也。"可见先生严谨的史学态度。(《日记》页2850,《乙丁稿》卷三《国史儒林文苑两传始末》)

是日,吴昌绶在京致先生一札,请先生为谋史馆一席:"日前上书,想垂览,比日体中何如?今年北方奇热,近三日间,肝胃呕逆又发,恃药驱病,仍恃酒做病,所以劝吾师而不能自克也。寒暑表至一百五度,夜晚仍挥汗不已。幸大雨两夕,稍解炎酷。绶风潮之中,虽无切近关系,洁身引去,差足报慰。交替一切,尚须月余始竣。同人见爱,多为设法。绶则图名尤重于博利,因长安久居,吃用惯习,要有名目,借饰外观,然后再求饭碗根本。现方觅屋为移居计,如得小园,吾师来即不必另觅寓。吾师爱我之殷,必蒙俯察,倘可介绍史馆一席,则友朋之乐,自胜于他。或如何代筹,乞垂注。昨张孟劬来云,培老担任修浙通志,绶既谢路事,重理故业,如专一门见畀,亦愿效劳。和尚出家,又复还俗;老女归阁,仍事妆梳。吾师必笑其愚,而绶自以退闲为得计也。"(《友朋书札》页897吴昌绶第九十四札)

是日,先生遣人送《吴兴掌故录》八册、《炎徼纪闻》四卷、《冬青文集》还刘承幹,转其陶子麟两札,并致其一札荐其购《罪惟录》云:"查东山之《罪惟录》九十卷,首尾具,序及论皆手书,有清一朝未敢出现,全谢山、吴兔床均未得见。此费景韩送来,云转售吾兄,索千元。候品定还价,兄可与直达,何以石铭不收,再面谈云云。书是孤本手稿,直《旧唐书》也。首尾二册先呈,共一百册。"又乞刘承幹伙助汪洵灵柩及家眷返常:"汪子渊殁后,同人集赀送其柩眷回常,乞兄伙助,此兰泉、幼舲所托,亦希径致兰泉为荷。"(《日记》页2850,《艺风堂书札》页626致刘承幹第一百十六札)

是日,刘氏即复先生一札,谈《罪惟录》价格及汪洵丧葬助资事:"奉诵手示,敬悉种切,附来陶子麟函件字样,查东山《罪惟录》及见还《炎徼纪闻》《冬青馆甲乙录》《吴兴掌故录》三种,均已一一收到矣。承示查著,系属东山亲笔,允推奇籍。惟索值千元,似乎太巨,且俟景韩先生莅临,再与磋谈也。汪渊若丈遽作古人,身后萧然,实堪悯恻。频年社集,忝列契末,此次敢不稍尽区区。惟是兰泉先生,侄不甚熟识,将来酌定而后还请长者转交幼舲先生,至以为荷。阁谱承交文海,甚妙,甚荷。惟此谱系从何处得来,代购抑系借刊,敬乞示知为感。前月侑敬本拟早日送上,缘侄连日亲拟走谒,而每以事未果,兹特奉上,迟迟为歉,幸希鉴原。陶函二缄附缴察收,稍俟谨当趋谈,借聆教益。"(《嘉业堂藏书日记抄》页237,吴青《刘承幹致缪荃孙函札考释》第十五札)

六月五日,改订《郑成功传》;撰钱谦益、吴伟业两传。(《日记》页2850)

六月七日,发罗振玉信,及其借先生所藏《关中金石存佚考》。(《日记》页2851)

是日,刘承幹来访,谈良久。(《日记》页2851,《嘉业堂藏书日记抄》页239)

六月八日,撰王士禄传。(《日记》页2851)

六月九日,清史馆来信。撰朱彝尊传。(《日记》页2851)

六月十日,撰《陶隐居先生集》跋。跋文考陶集的编辑及流传情况,详考宋绍兴刊《道藏》本编集与校刻者傅霄、陈楠。先生所跋本系已藏旧抄二卷本，跋考"似是宋编大洞原书"，"又借叶石君本校字，又补《续高僧传》内一文，似较完美"。(《日记》页2852，《乙丁稿》卷五《陶隐居先生集跋》)

六月十一日，跋《罪惟录》。文记《罪惟录》纪、志、传各卷内容，成书之始末，并论其优劣是非。先生读该书多日而后撰此跋。(《日记》页2852，《乙丁稿》卷四《罪惟录跋》)

是日，吴昌绶在京致先生一札，告先生已得史馆聘书，并谈其便交通志计划先作长编："日前曾寄一书，想察入。史馆于十九日以协修见聘，悉出吾师栽植，感泐无似。式之亦在京，谓次老之意甚殷，同馆诸公辱爱顾尤挚，数日内必到馆谒晤。绶十年尘辙，今乘间谢事，仍有坚意相留者，反似妓女之愈嫁愈红，此大不可。风涌潮狂，情形复杂，未能为师一一道之。平昔淡于进步，此次亟亟求附末光，正为屏绝俗缘。刻尚在漩流中，但借史事，还我本来；借交替，徐图决绝。则尤感吾师与群公于不置也。秋间驾临，容罄所怀。绶未诣馆，同人已预以交通一志相蕲许，下怀亦甚欣然，惜交通部、外交部案卷不全，北洋卷闻亦难检，不得已先觅实录与各家奏议纵观，欲草长编数十卷，即不见采，亦可成一种掌故，将来能入史者，至多四卷。融洽分明，极非易事。好在禀承师训，不致茫无津涯。日来新旧纷冗，少暇再详陈。培老有浙商志之愿否？此事非纸片空谈，求切劝之。"吴氏札中所云十九日系公历，即农历本月初八日。(《友朋书札》页890吴昌绶第七十八札)

六月十五日，寄《罪惟录》九十八册与刘承幹，后有补寄其一札，札云："《罪惟录》先后共一百本，乞察入。候费景翁来面谈何如？惟恳检《海昌备志》写《罪惟录》一则见视为荷。"(《日记》页2853，《艺风堂书札》页626致刘承幹第一百十七札)

是日，寄《贝叶经歌》《愚园即事诗》《消寒诗序》与周庆云。(《日记》页2853)

是日，吴昌绶在京致先生一札，言其已到史馆："奉示，知下月可来京，至慰至慰。绶前日已到史馆，友朋文字之乐，皆吾师有以作育之。佥劝任《交通志》，绶亦乐从。惟部中风潮未定，目下未便往查卷案，且旧案多在北洋，今亦不全，拟先从近卅年官私刻本中，先为搜罗，以成长编，再以案牍佐之。入史固不应繁，长编亦一奇著也。同人又以《食货志》中有数门难做,绶亦愿帮忙。凡关于综核管算者,自比诸公有把握耳。候吾师来,再行商承定议。路事极力摆脱,惟尚有需接洽者,外间吹求,当可无虑。孟苹匆匆已归,绶忙中未克一晤。重太纸托吴石潜先买一篓,可否?将来拟用以印茞跋。或各书目,板口皆不大。至仿宋、元词,专用料半宣,已定购百余刀,亦只敷四十部之用也。修版后陆续刷印,墨已聚得十斤。京中暑后又凉,天时不正,绶重伤风甚累,不克多写。"(《友朋书札》页899吴昌绶第九十七札)

六月十六日,朱文海送《补五代史方镇表》格纸来,先生十二日嘱其刻板。(《日记》页2852、2853)

是日,先生撰陆圻、梅清传;定《开国功臣目》。

六月十七日,沪上暴雨。"子初飓风陡发,但闻砰訇拉圾之声,楼岌岌亦欲飞去。阖家俱起。东山墙、西山墙俱倒。大雨如注。阖家俱移坐楼下。"先生所住之屋漏已成河,谨移书籍不致湿损。(《日记》页2854)

是日,先生撰潘耒、尤侗、徐嘉炎传。(《日记》页2854)

六月十八日,撰计东、陆菜、叶燮传。(《日记》页2854)

六月二十日,接刘承幹作于昨日之札,请先生为《闽风集》撰跋,以元板《仪礼》、三朝板《左传》请先生鉴定:"日昨朱文海来,携到《台州金石录》,嘱为作橡,本应仍交礼堂兄书之,因伊素性懒散,不易交卷,当即另寄他人也。承尊欲为《闽风集》撰跋,甚感甚感。惟前此一山丈所校之样本为移居失去,今饬文海重印,再寄一山丈校阅一过,仍求长者鉴定,且为著跋也。兹有书估携来宋椠元修《春秋正义》计三十册,索值三百六十元;元椠大字本《仪礼》,索值四百元。《正义》经醉愚约还双百,未知值否。又《仪礼》是否元椠,其价约值几何,用特遣价将首本呈请正法眼藏评定,并约所值,不胜感叩之至。"(《嘉业堂藏书日记抄》页241,吴青《刘承幹致缪荃孙函札考释》第十六札)

先生即复一札答之:"风雨成灾,敝处岌岌可危,兼之床床屋漏,书籍湿损不少,结想如山广厦,真作天上人矣。理堂疲玩,实属性成,兄如急须,小儿僧保尚可效劳,依样胡芦尚能画也。《闽风集》仍交弟处校头道再送何如?"又谈吴棠家藏书散出,并对携至两书鉴定:"勤惠公书似大出,内有孙渊如《左传集解》,清本、抄本均在吴处。乞留意,此未刻之佳稿也。"又说:"《仪礼》是元刊本,盱眙吴勤惠公物。昔年在川督任,即弟代购物,重逢感慨系焉。价约二百元上下,此时价,旧价只四十两。《左传》即十三经本,前年弟书归兄,价一百六十元,印本纸张均比此本佳,前日在斋中尚见之,可一核。元刻书,尚有大半皆明补,《尚书》《春秋》尚少补叶,《易经》则多,《孝经》皆正德刻,无一旧叶矣。景韩已来,书恳留之,不易见也。修《海昌备志》时亦未见。"(《日记》页 2854,《艺风堂书札》页 626 致刘承幹第一百十八札)

是日,撰赵执信、申涵光两传,《儒林传》上卷完成。(《日记》页 2854)

六月二十一日,约刘泽源、李详、章梫、罗振常、刘大绅、褚德彝小饮悦宾楼。(《日记》页 2855)

是日,先生撰唐甄、陈恭尹、黄与坚三传。(《日记》页 2855)

六月二十二日,接吴士鉴京城十八日之札,谈儒学传补崔、邹等人:"初旬奉手教,敬承种种。以入伏后酷热异常,时时腹泻,寓中亦多病人,遂未即时肃复。海上炎暑能较上年稍减否?伏想兴居多福,枕菲益勤,至颂至颂。大稿二卷,侄敬读一过,已面交式之,俟其阅后,然后再呈馆长,大约月内必可竣事也。崔、邹二君,既承尊旨赞同,式之亦以为然,即为检各种资料,参以畿辅、湖南二通志。补辑附入国史。旧稿繁冗,不能照抄。柯君传料,一时尚未搜齐,俟长者来京再补。侯壮悔专传,亦同此意。彼此苦心孤诣,亦无法尽如人意,惟此数人尚可略略迁就耳。"吴氏此论系复先生前此一札之说:"东壁附入雷传,亦甚相宜。收其人,著其弊,次王萱龄之上。时学如苗,可訾处亦多。魏与龚合传,其说经是经论,不得谓之经学。壬秋即学之,取其容易。邹氏好学深思,本拟次江忠烈传,表其学,表其节,今移入郑子尹传后亦无不可。柯君新传有望抄入陈左海传后,凤生之尊人,弟处无其书,目著其名,中无其文,如已交,弟来再补。""文学侯方域原是专传,今改附汪钝翁,又怕河南人来争,仍为专传。河南人当道,世故亦不能无,彼此心照。因搜明遗臣,翻王船山《永历实录》,党同伐异,直是王壬秋口吻,不足凭也。湘皋入文学。"

吴氏之札又谈史馆近况:"印臣聘书已送,此次尚为爽快,盖馆长近亦略知得力之人太少,前次与侄谈及,尚欲觅一二好手,故印臣之事适逢其会,颇觉吾道不孤。张次珊昨到,交《湖北地志》一卷,不久仍返武昌。伏暑郁蒸,馆事更迟钝,外省送书者寥寥,以江南、江西、安徽、湖南如此省份,竟无片纸尺楮,足见外间之淡漠。侄已请次老再发通告矣。大稿韵学一传,虽略嫌长,然馆中何能有此专家代为删节,俟公到后,再一商酌。西河一传,褒贬适如其分,如此方可传信。闰枝《循吏传》互谈一次,渠亦深明此旨,不肯滥收。前者史馆之稿,多至二百余人,而颇有卓卓之人不见其名,今不能据为蓝本也。陈子励《儒林传》较同馆为当行。细阅焦循一传,亦只抄李次青而已。国史《儒林》《文苑》两传始末,可刊入文集,以存昔日之掌故。《畴人传》陈君未交一篇,且看其能否在行,如所学果深,传文必有精要之语,吾辈虽门外汉,尚可略辨是非也。樊山月必三四见,诗兴不及上海,其生日在十一月初二日,如以文字为祝,尚从容耳。"(《日记》页2855,《友朋书札》页456吴士鉴第十七札,陈东辉《缪荃孙致吴士鉴信札考释》第二十一札)

六月二十三日,腹泄十次,延曹南生诊治。(《日记》页2855)

六月二十六日,闻于式枚辞世之信,惊悼欲绝:"史馆失此人,如何能成。"(《日记》页2856)

是日,先生致吴士鉴一札,感伤于式枚卒:"顷接环云,备悉壹是。拙稿承补,感何可言。崔、邹两君,弟亦拟稿,柯君传止三行,在正本陈左海传后,照抄可也。印丞入馆,本欲拉至传上,又为志上拉去矣。更有骇怪之事。弟与晦若先分开国群雄,天命、天聪、崇德、顺治诸臣传事,弟正在列表,写长编。贰、逆两传可留者亦少。晦若分认康熙一朝。弟说其择好时候,渠笑谓我□多。随后渠带书箧赴昆山消夏,约秋凉或同进京可乎?渠到昆山,不久便病,乡间无菜蔬、无饮食、无医药,又坐小船回沪,昨早殁于舟中。可叹可惜!尚有能及之者乎?想兄亦同此浩叹也。"又谈其撰《文苑传》,为全局计,以《明史·文苑》可效:"《文苑》日日编写,比《儒林》易多,然旧传竟须重来,他人功课只为一传计,如今须为全局计。《明史·文苑》尤佳,真可效法。《宋史》仍只为一传计,不意虞、揭诸公不过如此。弟入夏以来应酬本少,亦不能不应酬。廿二又病下利,今尚未愈。风灾破屋,雨漏成河。歼我良朋,悲思永日。病势未加,疲软殊甚。"(《日记》页2856,陈东辉《缪荃孙致吴士鉴信札考释》第二十四札)

是日,费寅送来润赀四十元,盖因先生撰《罪惟录》跋之故。是书史学价值颇高,费氏购以待价而沽,欲售之刘承幹。(《日记》页2856)

是日,致冒广生一札,谢其代校《谢康乐集》,又告以《蒲江词》等三种未收到:"两奉手书,并寄还《谢康乐集》,仰承引诸书校证,竟成善本,谢谢。弟得者汪士贤刻《廿一家》本,因《康乐集》世罕传,遂编入书目,以撑门面。今日竟如愿矣。内《鲍明远》、毛据宋校。《嵇中散》《谢宣城》《昭明集》,均以旧本校过。在京止得不全本,见即补之,尚短《司马长卿》《阮嗣宗》两册。兄还书之日,友人适送十余种求售,拆二册,酬以三元,居然全矣。即付装订,免碎纸之病,亦甚为书幸也。雁荡之游,实所欣羡,为筹旅费,更属可感。但病躯孱弱,未易践诺。乞饬小胥先疏自关至山若干路,自入山至出山若干日,可游者若干地,先当卧游,可乎?《林霁山集》佳甚。《蒲江词》等三种未到,乞查。乙盦多病,葱石、积馀、审言常晤。旧雨中晦若又逝矣,可叹!"又言:"不必谈雁荡,闻永嘉山水亦复佳胜。"(《日记》页2856,《艺风堂书札》页565致冒鹤亭第六札)

六月二十七日,读《明斋小识》,知《闲闲录》为松江蔡显撰,以"是书成案奇极"。(《日记》页2856)

六月二十八日,常熟图书馆专金玉书来,取去大小《丛书》、《文全集》、《四谱》、《辽文文法》三种、《读书记》七种,又石印碑志全部,带来丁国钧信,即复之。(《日记》页2856)

是日,阅吴庆坻来柬,柬谈及于式枚之死及办清史事:"手笺诵悉。今晨独至平江公所哭穗公,见守灵二仆,知其在昆山病,病而医,医而病益甚。虽曰天命,岂非人事哉。馆中得夏、吴,皆好手,史宬藏本何以不发,岂犹有阻碍耶?民国史恐未必有一字,国不国矣,何有于史,可痛也。昨得见《罪惟录》,真秘籍也。公跋语读一过,全书窾郄皆见,尤佩。"又言及超社举办日期:"旭庄移居公益里总弄,初三迁,初七社集,公不可不到。"(《日记》页2856,《友朋书札》页225吴庆坻第四札)

六月二十九日,撰《续复古编》跋。(《日记》页2857)

是日,刘承幹致先生一札,告以《罪惟录》购成:"日前奉邀小酌,适尊躬有恙,未获惠临,坐无车公,未免减欢耳。东山所著《罪惟录》,前景韩兄见顾,述及此书原委,惜无力刊其乡先遗稿,甚愿侄为授梓,以广流传等云。旋由醉愚谈定,以五百八十元购成,并交下尊撰跋言,考核精详,得此益足宝贵。惟景韩仍将原稿携回,谓须与长者接洽,乃可交来。自侄购有此种,同人争观为快,并愿先睹尊著,俾知原由,用特贡言左右,敬乞写给一纸,以便订入该书,俾阅者一目了然,竟以奇书相夸许也。据冯梦华中丞云,书中草书两序伊曾清录副稿,尚存尊处,敬求一并交下,至感至盼。"

又谈及校《危太朴续集》《闽风集》:"朱文海来,携到《危太朴续集》刊样,侄略为翻撷,第九卷《张承基传》后薛绍彭《兰亭叙跋》有目无文,其下如是必有误,用特奉白。据文海云,现在刊样及原稿均送尊处勘校,乞于此两处留意焉,至以为叩。设或原文具在,或将目与文重刊数板,其薛跋《兰亭》或即补入此卷之末,一切均祈大裁可也。《闽风集》亦已印就,谨遵先送尊校,兹即附上。"(《嘉业堂藏书日记抄》页 243,吴青《刘承幹致缪荃孙函札考释》第十七札)

六月三十日,致刘承幹一札,还《明穆宗实录》,求借《海昌备志》《华亭志》,并谈及《罪惟录》价值与屋露书箱淋湿等事:"闻《罪惟录》已归邺架,忻甚。与《宋会要》《覃溪提要》手稿,均极有身分之书,不亚宋椠元抄也。明《穆宗实录》十六册奉赵。又,《闲闲录》为华亭蔡显撰,并因此书获咎,未知《华亭志》载其事否。又,前提《台州金石志》,要摹篆隶,如无人,可交下,饬小儿仿摹尚快,希示知。求借《海昌备志》《华亭志》,一查即还。风雨屋漏,书箱淋湿,旧抄一箱已成绿玉,可恨,收拾又须半年工夫,可恨。"(《日记》页 2857,《艺风堂书札》页 662 致刘承幹第二百二十一札)

刘承幹即复先生一札,送至《海昌备志》《华亭志》:"前缄甫就正,拟遣价呈上,适奉手示,敬悉种切。《闲渔闲闲录》,侄阅其书,半记云间故事,知为松江人,连日检查松属志书,未曾检出,乃长者已查知为赵显撰,甚感甚幸。谨将《华亭县志》呈上,又《海昌备志》一并检奉。承允嘱子彬兄仿篆金石志,甚善甚善。第本月初适与许子颂丈谈及由伊携交,其婿都小蕃君书之,前已交来,托文海带上察阅,未识用得否,有负盛谊,甚深感歉。邺架忽遭屋漏雨淋,损书至为可惜,侄知之亦为闷闷。"又附言:"孙佩南京卿文集昨已介一山丈交来,侄阅之尚多不能明晰,即日奉谒,当带奉浏览,面领教言也。"(吴青《刘承幹致缪荃孙函札考释》第十八札)

是日,先生得王先谦本月二十四日札,王氏撰新、旧《唐书》合注,欲请先生撰《艺文志》部分:"前闻驾已北上,昨得自修书,始悉因贵体违和,稽留在沪,刻想已占勿药矣。吾辈均在衰年,不能不格外慎重,朔地风霜尤宜谨防也。逐托庇平顺,惟手颤日甚,作字极苦。乡居习静,把卷消闲,七八年前曾辑《新旧唐书合注》,后复携至平江,校订商量,所得不少。暮景逾迫,亦思趁此付刊。现刻《三家诗》《范史》,明春可成,再以呈教。唐志各门,颇有发明,惟《艺文》未曾著墨,欲求相助,注此一门,借重大名,以光斯刻,如蒙俯允,拟即先刊各卷,后刊《艺文》也。贵友刘君现寓何所,伏求赐示,以便寄书。"(《日记》页2857,《友朋书札》页45王先谦第六十六札)

七月一日,姬觉弥来,极意欲振文教,偕同先生访朱宝莹。(《日记》页2857)

是日,先生撰姜宸英、查慎行传。(《日记》页2857)

七月二日,撰彭孙遹传。(《日记》页2858)

七月三日,撰姚鼐传。(《日记》页2858)

是日,先生致刘承幹一札,复其昨日之札:"昨奉环云,聆悉壹是。《罪惟录》叙、拙跋,拟《阆风集跋》,并呈教。《阆风集》原书已还,如再校,乞交下为荷。蔡显事,《华亭志》一字不载,书奉还,《海昌备志》略缓。《太朴集》,因《薛绍彭临兰亭叙跋》即《书清闷阁临兰亭序跋》,题异文同,刻故去之,目先刻,尚未改过。至'一跋',字原抄如此,今改'再跋送李工部诗'便妥。又,续集附录无,底本似在,刻本乞交下核对。当与前十卷通本修好另印清样方可示人。弟斤斤惧以未改本与人阅视,惟怕此等笑话也。《台州金石》已描好,甚慰。"(《嘉业堂藏书日记抄》页244,《艺风堂书札》页662致刘承幹第二百二十二札)

刘承幹即复先生一札:"《华亭县志》亦察入。《罪惟录》序跋,谨当什袭藏之。《危学士集》、《炎徼纪闻》,借月山房本。谨检出奉上。《阆风集》当日已还一山丈,容向渠取来,再行呈奉也。《闲渔闲闲录》承为查出系蔡显所著,甚深感荷,然跋语又须费神重撰矣。兹有书估送来书籍三种,《读书记》索价捌拾,《五代史》陆拾,明抄《艺林咀华》捌拾,未知值否,敬祈酌定其数为感。该书三种呈奉,鉴定之。又《本草经》两本,云是孙渊如观察自改本,未知可恃否。索价尚不昂,亦乞核定为荷。"(吴青《刘承幹致缪荃孙函札考释》第十九札)

七月四日,撰何焯传。(《日记》页2858)

是日,送《定庐集》刻板并书与李传元,找清刻价。(《日记》页2858)

七月五日,刘承幹来访,谈良久,先生赠以新刊《定庐集》。(《日记》页2859,《嘉业堂藏书日记抄》页244)

七月六日,撰史申义传。(《日记》页2859)

是日,先生复王先谦一札。(《日记》页2859)

是日,先生得吴士鉴自京来一札,复先生上月二十六日曾致其之札,悼惜于式枚之逝,并及接续办理于式枚所任之史传:"前日奉读手教,敬承起居康胜。沪上风灾,向所未见,尊斋小有损漏,书籍碑帖尚不至渗湿否?至念。晦老遽以微疾,殁于舟次,闻之惊怛万分。此公于史事大有关系,同馆中再求如此博闻强记者实难其选,当即告之次老,亦悼惜不已。同人拟在萧寺追悼之。其所认康熙一朝传目,侄拟继续为之。惟长者所认,以何人为断?敬乞约略示知,以便分清界限。儒学二三卷,式之阅毕交来,已代呈馆长,渠所签二十余条,亦关于文字之推敲,至大体无间然也。柯先生无他传状,已据旧传补入数行。惟式之谓万季野见于何处?汪孟慈自有传,系附于何人?均乞便中示及。闰枝、印臣均是同志好手,安得尽如此之实心而敏赡者乎!"又言:"林贻书住月余忽回沪,闻其兄倒去两万金,令其至沪设法。贻书此来,殆有所希冀,或一时未达到也。"(《日记》页2860,《友朋书札》页455吴士鉴第十六札)

七月七日,赴王仁东招逸社第五集,冯煦、吴庆坻、沈曾植、瞿鸿禨、朱祖谋、王乃徵、杨钟羲同席。(《日记》页2860)

是日,以近年所见金石、艺文识于先生逐录潘祖荫批注本《竹汀先生日记钞》上。是本今藏上海图书馆,除了先生手迹外,外有徐乃昌手校并跋、秦更年手跋、王秉恩手跋、况周颐手跋、朱宝瑜手跋,各家之跋或追忆与先生交游事迹,或论先生道德文章,朱墨灿然。(上海图书馆藏缪荃孙手校《竹汀先生日记抄》)

是日,先生撰张鹏翀传。(《日记》页2859)

新秋,先生赋《新秋》七律云:"天高木落又新秋,乞巧先登七夕楼。水国冷红添蓼岸,烟汀飞白认芦洲。稻粱已饱随阳雁,窗户先惊喘月牛。差喜寒威犹未到,虫声四壁助人愁。"此前后先生又赋有《灵鹊》《拟李流芳白门七夕五律》,皆咏及七夕。(《乙丁稿》卷一《新秋》《灵鹊》《拟李流芳白门七夕五律》)

七月八日,撰朱仕琇传、蒋士铨传;和《七夕诗》,和王仁东《移居诗》。(《日记》页2860)

七月九日,撰《明遗臣传》序并论。(《日记》页2860)

七月十一日,和陈夔龙辘轳体五首,公用句为黄景仁诗"异乡偏聚故人多"句。其第一首云:"异乡偏聚故人多,海角偷生五载过。握手旧游惊岁月,伤心避地改岩阿。聊从诗卷寻麟阁,莫学痴儿梦蚁窠。雀鼠鸡虫都不管,药炉经卷伴维摩。"其心态可见。(《日记》页2860,《乙丁稿》卷一

《小石尚书拈两当轩"异乡偏聚故人多"一语,作辘轳体五篇,谨和》)

七月十三日,撰《鬼遗方》跋。(《日记》页2861)

是日,先生发吴士鉴一札,谈沪上雨灾,藏书受损;又谈近来时局:"奉到惠书,正值病困,未遑即答为歉。沪上风灾,继之大雨,床床屋漏,几无干处。弟久寓京师,防漏之法尚多,不意书箱屡搬多损,遂致三五箱受湿,大段尚好耳。同人中王完巢壤崩栋折,巢几不完,近移居华界。七夕逸社一聚,即和《移居诗》。弟以'完巢先生巢复完'作起句,七古短篇,亦近游戏。自前月廿二一病,至今未能复原,酒亦不饮,凉则受寒,热则受暑,上馆则泄,不出门又闷气,如何是好?入都是口头禅,不知何时实行。《浙志》举尊公与子裳为副,让山、一山、拙存、甸臣为分纂,可谓得人,胜于我馆五十人矣。贻书已晤面,其兄之款有着而不担处分。政体改变,恐不能无事,然政体不变,如何能治安?陈其美在沪,非力办此人不可,又要开国会,办自治,仍是一般国民党。老成之人,谁肯出头?有不动产五万元,更属怕事,学堂出身,不知其认得字认不得字,文凭可据,真假亦难办。将来遇事把持,再要解散,又烦难矣。此等政策,实所不解,何人主持此义,昔日害大清,今则自害,可怜!"(《日记》页2861,陈东辉《缪荃孙致吴士鉴信札考释》第二十六札)

七月十四日,撰《北山酒经》跋。(《日记》页2861)

七月十五日,撰钱文子《补汉兵志》跋。(《日记》页2861)

七月十六日,开办《清史凡例》,先生多日修之。(《日记》页2862)

七月十七日,借恽毓龄《凝道殿存贮书目》。在武英殿东庑。先生读《凝道殿书目》毕,以为绝无佳书,编次草率犹甚。(《日记》页2862)

七月十九日,送刻本《危太朴集》、抄本《危太朴集》《阆风集》还刘承幹,交《闲闲录》《太朴集》重拟两跋,又致其一札借书,有云:"天气渐凉,俟梦坡回,拟重举行淞社一次何如。《武梁祠像考》《孙集》,能交下否?"(《日记》页2863,《艺风堂书札》页663致刘承幹第二百二十三札)

刘氏即交《校经室文集》、瞿中溶《先武梁祠画像考》与先生仆人带回,并致先生一束:"前奉谕言,并《危集》《闲闲录》两跋,改撰完密,遵即付梓。《危集》抄、刻两部并《阆风》印样均已察入,当托纪纲带奉。《武梁祠像考》《校经室文集》计呈签阁。孙京卿文,侄近曾雒诵,品学纯粹,心甚折之,据黄石荪太守及诸公来书,以长者与京卿有知之雅,欲求弁其卷端,且集中但指某公、不署姓名者,如有所知,乞为指出,同深敬感。《闲闲录》原稿已校竣,乞交还。"(《嘉业堂藏书日记抄》页245,吴青《刘承幹致缪荃孙函札考释》第二十札)

七月二十二日,刘承幹取《闲闲录》去,先生致其一札,谈为孙葆田文集作序及《武梁祠画像考》,云:"《闲闲录》五册奉上。孙佩翁,同年同事,文行俱高,当为作序,但笔弱耳。《武梁祠像考》亦极佳,不署姓名者,有知有不知,当再考之。"(《日记》页2863,《艺风堂书札》页663致刘承幹第二百二十四札)

七月二十五日,覆勘张氏《适园丛书》前四集。(《日记》页2864)

是日,先生跋《闽行日记》。(《日记》页2864)

是日,先生致刘承幹一柬,还其《炎徼纪闻》,借《围炉诗话》:"《炎徼纪闻》一帙奉还。借目难得,兄有全部。乞借《围炉诗话》一校,石铭付刻也,即还。弟病久不复原,未能诣谈,歉仄之至。"(《日记》页2864,《艺风堂书札》页663致刘承幹第二百二十五札)

七月二十六日,接吴士鉴本月二十二札:"中旬奉读手教,敬承种种。尊体小有违和,甚为驰仰。秋凉后天气晴爽,当可霍然也。此数月中正是棋局翻新之际,不独政界皇皇,即馆中人未免停滞。人心不一,故到馆时不谈近政。长者北来之计,以鄙见或稍展缓,侄以家慈十月正寿,拟九月杪南归,当诣尊前畅谈一切。馆中自闰枝、印臣到后,同志稍多,惟樊山从不一来,春榆来而不开口,瑞臣绝不言史事,终日买卖书画,近将为人拉入某会,亦大苦事。柳溪专心宪法起草。凤荪丈日前晤言两次,伊极明白,而退让不遑,交来李少白传稿一纸,或可于山东文苑嘉道时人附见一二行,兹特寄呈察览。晦老逝后,令人时时增感,十二日于法源寺公祭之,挽联甚多,沪上未知已开吊否?袁二公子自告奋勇,已聘为馆中纂修。何邕盛秋辇之子。为协修,尚留一缺,闻可畀乙山。浙志事家严来信,尚无意担任,侄则力言乡邦文献所关,不必固拒也。《盐法志》已令馆中持条往取,此书搜采尚博,可备参考。侄请次公向长者索之梦坡也。"又言:"季野、孟慈,侄谓必已列入它传,式之疑而询问也。"(《日记》页2865,《友朋书札》页457吴士鉴第十九札)

七月二十八日,跋《围炉诗话》。先生多日校《围炉诗话》,以为抄本极佳。是日还抄本与丁福保。接刘承幹一柬,并《围炉诗话》四册。(《日记》

页 2865)

七月二十九日,致刘承幹一柬,送《校经堂文集》与之:"昨示诵悉。佩南同年文集通阅一过。略去数篇,以'··'作记。题目一例顶格,历代庙号顶格,余均空一格。来书、答书均附后,仍一格,仍旧大字。墓志、神道碑,题目照目录写,甚有斟酌。不可照文前题目写。致夏涤庵书,仍旧归入书札内。文内有用者甚多,刻成先给红样,拆备史料。弟病久闷甚,近日见新书否。"(《日记》页 2865,《艺风堂书札》页 627 致刘承幹第一百十九札)

八月一日,撰宋板元印《宋书》跋。此书是明文渊阁藏书,钤有"礼部官书"长方朱印,入清后经季振宜、徐乾学、蒋凤藻等递藏,民国间归刘承幹收藏。先生此跋鉴定此本是宋蜀板元印,有元补版而无明补,所缺三分之一配以嘉靖补版,亦系补版时印本,脱落尚少,字画清朗,与后印不同。识见甚高,此书今藏台北图书馆,亦从先生之说。又驳斥宋人郑穆以为《张畅传》系非沈约书之说。又拈出此本存《少帝纪》第五页:"按《少帝纪》,各本俱无赞,辛楣先生遂疑非约本书。此本缺第四叶,然第五叶存'则创业之君,自天所启,守文之主,其难矣哉'十六字,的是《少帝纪》赞语,前人均未见过。"颇具慧眼,一经拈出,可解前人之疑。(《日记》页 2866,《乙丁稿》卷四《宋板元印宋书跋》)

是日,病稍愈。撰《南唐书补注》并序,次日撰跋。(《日记》页 2866)

八月二日,拜王仁东、吴庆坻、徐乃昌、李瑞清、吴隐,交自修《清史条议》《明遗臣传》请益。(《日记》页 2866)

是日,先生致孙毓修一柬,谢孙毓修寄《盐法通志》到京,又谈及《宋诗抄》跋:"两奉手笺,并知《盐通志》寄到,费神谢谢!《安氏书目》有未见书否?读《宋诗抄》跋,吴氏续□有此志、无此事。庄生早殁,孟举亦殁于康熙年间,雍正四年吕氏之狱方兴,相去二三十年。此跋似须略改,知人论世似不能随便,乞酌之。弟见如斯,未知当否?"又言今年不赴清史馆:"京师议论纷纭,弟又抱病,今年未必能去。赵组长亦遣炯銮来沪相商,炯堂并为太夫人七十双庆祝寿。"(《日记》页 2866,《艺风堂书札》页 537 致孙毓修第十札)

八月三日,撰《褚伯约传》。是日,史馆寄至三个月脩七百七十三元。(《日记》页 2866)

是日,先生得王先谦七月二十日一札,告先生《新旧唐全书合注》体例:"台驾暂不北上,图史娱情,阄潭集福,至以为颂。承询《新旧唐全书合注》体例,遴此书先将二唐每纪、传、志事实,排比分割,注明有无,及见前见后,再随手加注,从事于此已二十余年。生平读书,苦不能专,颇乏精诣之力。志中历书,曾以请教李仁叔先生,先生为校订历书多条。又以自著《麟德术解》相饷,是一快心之事。各志皆未致力,从前注史先从地理下手,唐书则并地理皆未动工。此书繁重,难筹刻资,兹计可开工,中情益为踊跃。吾弟肯相助撰述,逐何乐如之。今先以前刊成安史列传呈电,仍乞发还。可知全书体例。至《新书》艺文志亦与《旧书》经籍志合刊,仍分经、史、子、集。志中之书,唐有者,以后世藏书家存没注之。在唐前者,或取材《隋志》章注,舍下此书亦无,自到平江,带书前往,遗失不少,舍间收藏,亦不可靠,唯有一叹。或别出匠心,此则非遴之所能仰测高深者矣。因承明问,以所知对,一隅陋见,不为典要也。"(《日记》页2867,《友朋书札》页45王先谦六十七札)

八月四日,发吴士鉴信,附赵尔巽信,又发夏孙桐信、清史馆会计处信,并月俸收条。致吴氏一札告以其正告馆长北上从缓,馆中应办之事,逐日料理,并未耽搁:"前奉环云,藉谂驾从秋后回沪,欣喜之至。弟病势绵延,无可如何,今日正告馆长,暂缓一行,俟复原再说。馆中应办之事,逐日理料,并未因病耽阁。赵信附呈,谈病不复述。沪上寒暖不时,殊异往年,更易生病。"又谈时局:"筹安不安,商界摇动。昨日炸弹炸《亚细亚报》馆,人心更惶惑矣。诸君何太急也!"又谈史馆近况:"樊山之意云何?诸君开口,亦未必有益史事。二公子入馆,意欲何为?弟闻而生畏。乙山断然不来,其采辑明遗民,止可成专书,亦不能入史。"又谈及《浙江通志》用《顺天府志》办法:"尊大人允就《通志》聘,子培例言,便采《顺天府志》办法。"又谈及为史馆购《盐法通志》,李少白传、柯先生传等:"《盐法通志》到京,取有收条,是购非送。云已送一部至征书处,不知何时送到。明日超社又有诗会。李少白传,此等人亦入史,可谓应酬;柯先生传,孙佩南撰,似亦有限。"(《日记》页2867,陈东辉《缪荃孙致吴士鉴信札考释》第三十札)

是日,先生编定《南唐书补注》八册,撰之经年矣。(《日记》页2867)

八月五日,淞社在四马路式式轩举行,先生约吴昌硕、胡念修、恽毓珂、恽毓龄同作主人,到者洪尔振、刘炳照、刘世珩、章梫、陶葆廉、杨钟羲、潘飞声、周庆云、朱锟、钱绥檠、白曾然、褚德彝、孙德谦、刘承幹、沈焜、曹

恂卿。以乙卯八月上丁释奠礼成恭纪为题,不拘体韵。(《日记》页 2867、《嘉业堂藏书日记抄》页 248)

八月六日,赴逸社第六集,分咏京师古迹,得碧云寺。(《日记》页 2867)

是日,刘承幹送书来,莫友芝旧物也。(《日记》页 2867)

八月七日,先生致刘承幹一札,谈其昨日送来鉴定之书。昨日刘承幹送书请先生鉴定,莫友芝旧藏,与先生不遇。札云:"昨日彼此往还不晤,消寒一居,兄又未到,怅怅。莫氏书,以《曹集》《辛词》为最,《史通》非元板,《琬琰》亦不全,然莫氏书中为均可留也,乞专人取回为荷。今日又似不适,将养数日,尊约必可到。前函欲借《载酒园诗话》,能赐阅否。"(《日记》页 2868,《艺风堂书札》页 627 致刘承幹第一百二十札)

是日,罗振玉自东洋来,赠《权度衡量考》。(《日记》页 2868)

八月八日,撰《适园书目》,撰《逸经补正》跋。(《日记》页 2868)

八月九日,撰《适园书目》。(《日记》页 2868)

是日,先生撰黄仪、郑大庆、顾陈垿、王峻传。(《日记》页 2868)

八月十一日,回拜罗振玉、范兆经。徐乃昌招饮新半斋,罗振玉、罗振常、范兆经、宣哲、陈寅生同席。并见"空山听雨图"四册。(《日记》页 2868)

八月十二日,撰杨岳斌传。(《日记》页 2869)

八月十三日,诣刘承幹谈,借归《明史条议》。(《日记》页 2869,《嘉业堂藏书日记抄》页 250)

是日,致冒广生一札,谢其赠书及《谢康乐集》佚文,谈在沪情状及心态,请其代询往年江春霖何以诬参,又请其查三种未寄到之书:"连奉两书,承寄《谢集》佚文、《永嘉语录》,至为感谢。辰维节届中秋,天高气爽,昼了公事,夜接词人,处山水之乡,有唱酬之乐,下风引领,歆羡奚如。弟今年七十有二矣,客居沪上,气候不宜,六月一病,至今未愈。虽日日读书办传,并未稍息,而神气萧索,肌肉瘦损,迥殊昔时。京师之行暂缓,候炯斋到沪商议。弟之身体,编纂尚可,奔走则不可,亦年老人之通例。金陵久不能归,欧战未已,筹安不安,征敛重叠,盗贼四起,苍苍者天,乱未有艾。新刻两种呈教,《文集》《文续集》似已寄呈,内有与朱家宝一书,兄抽阅之。弟生平立身,总在谨慎一边,仕宦不达,不肯趋附之故。五十归田,止乞祠禄。忽被江春霖诬参,气不可遏,云以五千金代朱家宝行贿张人骏事。禀督抚请派员查办,又以上谕不问,不必再生枝节沮之。迨弟入都,江又还里。兄推重江,可否代询此底何从来,大约常州人,入革党者。何不考实而遽毁人名誉？承询事实,只此一事横梗胸中耳。审言回里一大作,并未传读,相距亦太远。近刻又有几何？《儒志编》《克斋词》《蒲江集》并未到,乞补寄。"又与冒氏谈入李慈铭于文苑传之缘由：李莼客列一传于'文苑',以陶子缜附之,似乎公道。其子力争要'儒林',问经学有着作否？抄来日记数十段,皆掇拾陈言,万不能谓之经学。莼客曾自言经学少功夫。只可不管。所上折子,全抄来。亦不如朱蓉生、屠梅君,'文苑'尚不愧也。兄以为何如？"(《日记》页2869,《艺风堂书札》页565致冒鹤亭第七札)

中秋,先生撰《梅孺人彰节录》序。是文是应缪九畴之请而撰。文中先生感慨云："近来三纲沦致,逾闲荡检,名为倡明女学,实则破坏家规,借异域之行为,师桂寇之往迹,几不知世间有节义事,试读此录,或生其愧心乎。"(《乙丁稿》卷二《梅孺人彰节录序》)

八月十九日,送《明史义例》《南唐书补注》、瞿中溶《武梁祠画像考》与刘承幹,并致其一札。札谈及刘承幹《明史例案》云："弟去岁接聘,即采国初修《明史》议例。抄读兄所辑,与弟暗合。于晦若云,办事与下棋开首几着是呆的,不如此便是外行也。彼此有未见,将二册送上,可抄者留抄；再补入弟有所见加签于上。序文略易数字,谅兄必以为然,仍须重抄送馆。"又谈及刻书及借书事："《武梁祠画像考》甚佳,可付刻。画像描好,朱文海刻亦佳。《黄梨洲年谱》弟有之。单行本甚少,兄似胜于陈乾初,况乾初已摆印耶？《南唐书补注》,先将稿本呈阅,乞交谦甫,取周雪客注一核,原本在此,乞即用新刻本一对。子美一本未修。早校好者核事迹,非校字。事迹,一事而详略不同,亦采入。有重复者即去之,或签商。本卷与本卷断不复,或原书在他传,补注在此传,须削去一边,订过即可付刻。照式用阴文红印,不必双行。又,《爝火录》能借阅否？"其中所谈《南唐书补注》系先生所撰,先生布置与周在浚《南唐书注》合刻,而最终署刘承幹之名。札又附言："日内回里,半月耽阁,月初即来。"(《日记》页2871,《艺风堂书札》页628致刘承幹第一百二十二札)

是日,吴庆坻送还《清史义例》《明臣遗传》,并致一柬："违侍又旬余矣。敬念敬念。侍齿痛甫止,比日为雨亭同年之丧,连日奔走,又惫甚也。

赐示大稿遗臣三传,不朽之作,其人皆磊磊轩天地,文乃足以称之,史例精严,尤同馆诸人所当奉为科律者,中间讹字疑义签出,求恕狂瞽,稍健更诣谈。"柬又附言借《京师坊巷志》:"邺架《顺天府志·坊巷门》单印本,乞假读。"次日,吴氏取《京师坊巷志》去。(《日记》页2871,《友朋书札》页224吴庆坻第三札)

八月二十日,刘承幹来访,送《沈子敦全集》请先生审阅,又见示丁、桂文集及宋刻宋印《纲目》。而刘氏却以厂本《四书》以为宋刻。(《日记》页2872,《嘉业堂藏书日记抄》页252)

是日,刘世珩送《草堂集》、元本《昭明集》来请先生代校。(《日记》页2872)

八月二十一日,跋《幽怪录续录》。所跋是己藏明书林陈应翔刊本,作《幽怪录》四卷《续幽怪录》一卷。跋考"衢本《晁氏读书志》、陈氏《书录解题》,俱载牛僧孺《玄怪录》十卷,今称《幽怪录》,殆避宋讳",先生曾以《太平广记》校该书,故又指出《琳琅秘室丛书》本胡跋之误。此书后曾归傅增湘,今藏国家图书馆。其《续录》一卷实即李复言《续幽怪录》卷一、二,而缺三、四两卷。(《日记》页2872,《乙丁稿》卷五《幽怪续录跋》)

八月二十二日,登程返江阴。(《日记》页2872)

八月二十三日,勘《文学传》。(《日记》页2873)

八月二十四日,赁轿到灰罗圩,上缪焕章、薛恭人坟。回船江阴南门。(《日记》页2873)

八月三十日,到祀堂,伺候族长会议。议谱事,族众允洽,将谱稿全分与先生,此事亦结束。(《日记》页2873)

九月二日,到常州。拜悝彦彬、金武祥、屠寄等人。(《日记》页2875)

是日,先生接罗振玉日本京都一札,言其在东见翁方纲经学手稿及《王雅宜年谱》手稿,冀刘承幹作延津之合:"在沪拜教,至慰至慰。惟濒行趋辞,值长者他出,又怅怅也。承委纂卷首,以沪上笔墨不便,携东寓书之,昨由邮寄舍亲,寄到当奉呈也。玉返东第三日,有大坂肆估,以翁覃溪阁学所著诸经附记稿本共九册,乞题,云新以千元得之沪上。检视其书,乃《易附记》卷二、三、四,缺卷一。《诗附记》卷中,南陔至韩奕。缺上、下。《春秋附记》卷一至卷五。《礼记附记》卷四至卷十,缺卷一至卷三。《大戴礼附记》《孝经附记》《尔雅附记》《全礼记附记》卷四至卷六,共百二十叶。

乃覃溪手稿,余皆写官所书,而有覃溪校补附签,然写官楷书师法永兴,颇不俗,殆出宜泉先生之手也。往在沪上,于酒坐中晤刘翰怡兄之馆客沈君,言于晦若侍郎所藏覃溪手稿十九册,已归翰翁,诸经中缺《礼记》,此九册者,岂即于侍郎所藏佚出者欤？又覃溪诸经附记,《畿辅丛书》所刻仅《论语》二卷,《孟子》二卷,《诗》四卷,《礼记》六卷,无《易》《书》《春秋》《大戴记》《尔雅》《孝经》。闻沈君言,刘翰翁所得,有《诗》《易》《书》《春秋》,似无《大戴记》,及《尔雅》《孝经》。又《畿辅丛书》所刻《礼记附记》六卷,止于坊记,此稿则尚有卷七至十卷,由《中庸》至《丧服》及目录表、毛本正误等,为之狂喜。因与议价一千二百圆,但系日币,约中币须一千五六百元。前闻翰兄得于本乃四千金,则此价尚不贵。兹将全书呈鉴。延津之剑离而复合,则此书似以归翰翁为宜。若翰翁愿留,请将此价交金颂卿兄,以便汇交东估。若不留,亦祈将书交颂兄寄还玉处,玉即付价,请迅示为叩。此书竟得离而复合,殆亦长者所深喜也。东估又得覃溪手稿《王雅宜年谱》,乃叶氏平安馆故物,若翰兄愿得之者,价亦议定日币二百元。约中币二百五十元。亦可介绍,原迹并附呈,祈转致为荷。此事千乞迅告留否,因玉但告东估以二十日内付价,未告以寄还中国,东人狡诈,故不告之也。"(《日记》页2875,《友朋书札》页1004罗振玉第十二札)

　　九月四日,到沪。校《癸甲集》。(《日记》页2875)

　　九月五日,张钧衡、蒋汝藻招饮,傅增湘、徐乃昌、陶湘、张元济、庞元济、刘承幹同席。(《日记》页2875)

　　晚,刘承幹招饮于嘉业堂,傅增湘、徐乃昌、洪尔振、蒋汝藻、刘世珩、沈焜同席。(《日记》页2875)

　　是日,先生致蟫隐庐金诵清一柬,金氏送《翁覃溪经学稿》来。(《日记》页2875)

　　九月六日,送《覃溪经学书》、《史记》刻本三卷、《东莱集》一函与刘承幹,并致其一柬谈购书、影刻书诸事,又借其《全唐文》:"昨盛扰并剧谈,谢谢。罗叔蕴交来翁书,取到呈阅,并酌示为感。《全唐文》,先借南唐一国,有三四文可补。"又言:"昨积馀言潘君事,果确实否。弟有一《吕东莱集》,两大函,索价四百元,可出售。如《史记》交易成,弟愿收剩下之史,作为八百元,吕集外再交四百元。如此转易可否合意,不成作罢,书亦归还。《史记》作札记亦可,如何作法须商。张小山三注本,此一注移步换形,直抄即可矣。又,如《史记》影写完,而以甘本能补缺者接写。潘书不能解决,即开写《前汉》何如?"(《日记》页 2876,《艺风堂书札》页 629 致刘承幹第一百二十六札)

九月七日,致刘承幹一束,取回《东莱集》,又借《爝火录》。束云:"昨日发信后,忽然悟到潘君所云一本,想尚留《史记》一本耳,仿康圣人。非他书也,昨误会矣。但如成交,须由我们先担任,与以重复者一本,不可由渠先扣。至弟欲得副本,仍以八百元为价。《东莱集》望掷还。翁书何如?又,前借《爝火录》如在手头,乞先借五册为荷。"(《日记》页 2876,《艺风堂书札》页 629 致刘承幹第一百二十七札)

是日,先生接吴士鉴自京来一札,谈清史馆近来情状:"前月初旬奉手书,敬承一是。匝月以来,将馆中经手之事,小小暂为结束。料理高堂寿事,故忙冗万状,竟未上书左右。秋气日深,伏想道躬增胜,颂甚颂甚。馆中又添纪香骢一人,其余门径纷歧,故报中未免时有臆论,侄亦不甚深求。近君一年以来,斤斤计较名称,侄累言于天水,以其资望名誉,不可不与吾辈一律。自改总纂,意气渐平,将来丰沛旧人,希望极大,或未必甘于寂寞。天水意绪极阑珊,不知明年是何局面,吾辈就一日馆,尽一日心力而已。东海毅然不出,泊园亦已乞假。近事新闻,容到沪缕陈。侄于朔日,在此为老人称祝,家严本不甚为然,以家慈辛苦一生,不得不乞文字以张之,计得诗百余章,文八首,联一百三十副,娱亲之志,聊慰万一耳。重九南旋,匆匆肃此,敬请撰安。"札中东海指徐世昌,天水指赵尔巽,泊园当指周树模。(《日记》页 2876,《友朋书札》页 452 吴士鉴第十三札)

九月八日,跋《注唐诗鼓吹集》《香溪集》《石屏集》《诗人玉屑》四书。(《日记》页 2877)

是日,校改《清史例》。(《日记》页 2877)

九月九日,赴沈瑜庆举行逸社第八集,九言即席。又赴张钧衡举行淞社第二十六集,题适园八景,到者先生与钱溯耆、杨钟羲、刘世珩、周庆云、吴庆坻、汪煦、潘飞声、胡念修、朱锟、恽毓珂、钱绥檠、褚德彝、洪尔振、吴昌绶、白曾然、费寅、沈焜、孙德谦、刘炳照、刘承幹。(《日记》页 2877,《嘉业堂藏书日记抄》页 255)

九月十日,寄王先谦一笺,寄还《新旧唐书合注》《辛壬稿》《艺风读书记》。(《日记》页 2877)

九月十一日，刘承幹送《覃溪经学稿》回，并《孟邻堂文集》。先生即复一札，并送《沈子惇全书》与刘承幹，嘱刻："顷交来翁集九册，册叶一本，加函交金诵清矣。惟抄《孟邻堂集》不在内，乞再检为荷。沈子惇学问弟所钦佩，此书残稿，编次煞费苦心，扬刻一册，前集全。刘刻半册，后集不全。均可重刻，可交朱文海，弟愿为之校也。"（《日记》页 2878，《艺风堂书札》页 630 致刘承幹第一百三十札）

　　九月十二日，金诵清来取《覃溪经学稿》，并携来《王雅宜年谱》，先生致刘承幹一柬，谈此书并还《全唐文》等："奉还《全唐文》三函，又《南唐书补注》一包，祈察收。金诵清面交翁书，并以尊意告之，渠云王雅宜年谱另一事，可留下，惟求照价，即付之。手稿亦可商量，然须与罗三面商。诵清十五登程矣。"（《日记》页 2878，《艺风堂书札》页 631 致刘承幹第一百三十一札）

　　九月十四日，致刘承幹一札，为金诵清索《王雅宜年谱》书价："前日奉环云，即由邮局寄一柬并金诵清原函。价合中币二百五十元，想已察入。诵清连日来问，望即付下为感。或还书亦可。"刘氏交来书价，先生即与金诵清一柬，并致刘承幹一柬，为其介绍陈庆年："顷奉环云，王谱日币二百元，合沪币二百五十元。罗信尚在尊处，可覆阅，金诵清信在此，可以作证。陈善馀，敝门人，戊子优贡，住镇江西门内磨刀巷。吴炯斋已来，十六日拜寿。"（《日记》页 2879，《艺风堂书札》页 631 致刘承幹第一百三十三札、第一百三十二札）

　　九月十五日，发史馆赵尔巽信，报书账，领款。（《日记》页 2879）

　　九月十七日，致刘承幹一札，还《张杨园年谱》《围炉诗话》，并告以刻十谱选目："近日阴雨，未能诣谈为歉。《张扬园年谱》与《陈乾初年谱》，一例理学语较多。兄刻十谱，除印出外，添查、厉、阎谱，或以黄太冲谱凑入何如？否则，另编翁覃溪谱亦可。材料不少，亦大观也。《围炉诗话》四册，乞检入归架。"（《日记》页 2879，《艺风堂书札》页 631 致刘承幹第一百三十四札）

　　是日，先生改《夷坚续志》跋，撰《白六帖》跋、尤本《文选》跋、《却扫编》跋。（《日记》页 2879）

　　九月十九日，致吴士鉴一札，送《清史体例》《明遗臣传》，并告以《儒林传》所作修改："弟牵帅赴省，明日即行，三五日旋沪。拟《史馆通例》、《明遗臣传》两稿呈政，务恳指疵。《通例》为全馆标准，不署撰人名也。至《儒学传》，王夫之改入前卷，史论痛诋郑康成，黄因其讲学，下卷只顾为首。添庄亨阳一传，潘德舆附唐鉴传，改胡承诺入文苑。与唐甄《潜书》、贺贻孙《激书》同篇。附沈钦韩于马宗琏传。因两《汉书疏证》芜杂，不能专传。屡屡改定，不获已也。文学下月当写起。俟兄杭州归来再聚密谈，约张世兄专议史事，不杂他宾方妥。"(《日记》页2880，陈东辉《缪荃孙致吴士鉴信札考释》第三十一札)

九月二十日，返南京，住家中。先生在宁凡七日，访友燕饮无虚日。(《日记》页2880)

九月二十一日，拜道尹俞纪琦、镇守使王廷桢、陈三立、梁焱、政务所曹豫谦、咨议长王莘林，请铁汤池张宅，同人咸集。(《日记》页2880)

九月二十五日，《时报》载《江苏国民代表大会纪事》，载是年十月廿五日(公历)，苏省各属地举出之代表参加本届国民会议，江阴缪荃孙、常熟孙师郑等各地彦硕联翩而至，经二十八日续选代表，与三十日代表大会记名投票(共一百零七票)，全场一致通过赞成君主立宪。然后巡按使齐耀琳上台演说，引导大家推举皇帝人选，会场和同赞成总统袁世凯为皇帝。(《时报》旧历民国乙卯年九月二十五日号第三张)

九月二十七日，抵沪。得罗振玉一柬，欲售翁方纲手书《礼记附记》于刘承幹，先生遂致一札与刘氏："弟今早旋沪，迟日诣谈。叔蕴又将翁稿寄到，并信呈览。此信发在王谱成之前也。"又言："《覃溪集外诗》，望即交朱文海。与覃溪有缘，速玉成之。"刘氏购之，价五百洋。(《日记》页2882，《艺风堂书札》页632致刘承幹第一百三十五札，《嘉业堂藏书日记抄》页257)

是日，致再谢巡按使齐耀琳一札。齐耀琳，字震岩，伊通人。光绪二十一年进士，授翰林院庶吉士，时任江苏巡按使。(《日记》页2882)

九月二十八日，致刘承幹一柬，还《南唐书注》《历代诗话》："昨日送翁稿来，忘却封入一字，今补呈。翁款、罗信收讫。再送上《历代诗话》十册，《南唐书注》四册，希察入是幸。又，《阆风集》另拟跋未曾印入，望转询朱文海。杭州耽阁几日，近时有好书来否。"(《日记》页2882，《艺风堂书札》页632致刘承幹第一百三十六札，《嘉业堂藏书日记抄》页256)

十月一日，清史馆寄六百元来并信。(《日记》页2883)

是日,送丙辰笺钩本十二种与钱溯耆,先生上月二十八日所勾。(《日记》页2883)

十月三日,撰缪燧传。(《日记》页2883)

是日,还朝鲜碑价六十元并致罗振玉信与范兆经。(《日记》页2883)

十月四日,朱祖谋举行逸社,先生与冯煦、吴庆坻、沈曾植、瞿鸿禨、王乃征、林开謩、李一山、杨钟羲、吴士鉴同集。(《日记》页2884)

十月六日,校《宋书·隐遗传》。先生近期以校《宋书》为日课。(《日记》页2884)

十月八日,校《文苑传》乾隆朝毕,先生校之已多日。(《日记》页2885)

十月十日,发吴昌绶信,寄黄荛圃跋。(《日记》页2885)

十月十六日,购《说文校议》原本。(《日记》页2887)

十月十八日,罗振常约小饮古渝轩,劳乃宣、李之鼎、刘体智同席。(《日记》页2887)

十月二十一日,李之鼎来访,并约先生万家春西餐,王秉恩、徐乃昌、刘世珩同席。(《日记》页2888)

十月二十三日,接王先谦本月十三日一札:"贵体既已全愈,修纂之任,例应入都。惟高年颐养,实非容易,稍一不慎,即为患气所乘,亲身阅历,方知其苦。况勿药之后,动须调护,人海酬应,在在殚心。时局翻新,似保身尤急也,惟希鉴纳。寄还《唐书》收到,艺文幸承金诺,稍迟无妨,仰荷巨助,欢忭累日,见惠大刻三册,尤深铭谢。邇近日亦常不适,把卷穷乡,幸无旁扰。前为《诗三家义集疏》,勉力成书,辄付剞劂,欲待奉寄求教,而永匠积迟,未能同上。另有寄刘翰怡一分,亦希代达也。"(《日记》页2889,《友朋书札》页46 王先谦第六十九札)

十月二十四日,罗振常送《东莱博议》请先生鉴定,先生定为元板,即还之。(《日记》页2889)

是日,跋《范德机诗集》;校《阎古古年谱》。(《日记》页2889)

十月二十五日,撰《胡天游传》,覆校《文苑传》。(《日记》页2889)

十月二十六日,先生"接乱党信,借钱"。可见时局混乱。(《日记》页2890)

是日,先生撰吴汝纶、萧穆传。(《日记》页2890)

是日,撰《适园书目》。(《日记》页2890)

是日，覆勘《宋书》八卷。先生连日来勘《宋书》。

十月二十七日，撰纳兰成德、顾贞观传。(《日记》页2890)

十月二十九日，撰吴敏树、李慈铭传。(《日记》页2890)

是日晡时，"炮声起，知乱党又起事，攻制造局"。先生感慨："乱事未已，又值凶岁，奈何。"(《日记》页2890)

是年初冬，赋《初冬》七律一首，有云："干戈满地不知愁，转瞬初冬接晚秋。螃蟹菊花三径酒，蛤蜊菰叶五湖舟。不高崖岸仍容与，聊任天机少怨尤。伏处海隅余岁月，梧溪北郭绍前修。"(《乙丁稿》卷一《初冬》)

十一月一日，接清史馆信，寄十一月束脩。(《日记》页2891)

是日，发翁长芬来信，言其侄子欲进大学，嘱函致唐文治。唐文治系先生南菁门生，时任南洋大学堂校长。(《日记》页2891)

十一月三日，致吴士鉴一札，送《文学传》："久不晤谈，歉仄之至。两社亦消歇，大约均消磨于自由钟矣。《文学传》稿三册诗五卷。呈阅，务求指疵为荷。《儒林》《文苑》将来仍拟改原名，不必立异，颇有迁就。方东树、吴汝纶等向所深悉，而彼党势大，不能不立传，然有分寸。前朝史官必有如此者，不应诋为无识。弟认开国至康熙列传，闻枝接认雍、乾，已去大半，晋卿从今世办起，仍是仰体馆长之意。去年即有此议。新延朱仲我亦无用人也。闻将回杭，年内行否？"下附："《明遗臣传》三人附传伍百人一卷"，"《儒学传》上三十四人附七十三人二卷"，"下六十三人附一百〇一人三卷"，"《文学传》九十二人附一百九十一人五卷"。(陈东辉《缪荃孙致吴士鉴信札考释》第三十二札)

十一月四日，接宗舜年信并《皇浦湜文》一卷，告以丁祖荫欲借先生所藏《读书敏求记》校本，并述钱大昕跋《黄文献公集》之误："昨自虞归，尚迟造谒，伏想起居康胜。芝生属携呈书一册，乞察入。渠拟假尊藏《读书敏求记》校本，如允借，亦可交下代寄。缘敝处常有人便来往，即轮船亦有熟人可托也。敝藏元刻《金华黄先生集》残本，系二十卷。由一至二十。爱日精庐残本系卷一至十三卷，二十二至三十一，共二十三卷。中间所阙十四至二十七卷，则敝藏本有之。如两本合并，可得二十三卷矣。爱日本已归瞿氏。钱竹汀跋所见黄集，云贡序中廿八卷字乃书估作伪者，洗改痕迹宛然，因疑'廿八'二字为'三十'之讹，据宋景濂行状。而不知元刻贡序原文实系四十三卷，初稿三卷，续稿四十卷也。生古人后，见所未见，疑窦尽

释,岂非快事。前荷垂询,敬以附陈,即请道安不尽。"(《日记》页2892,《友朋书札》页730宗舜年第八札)

十一月五日,送宋本黄山谷、李杜集、《柳集》《山谷别集》《范德机集》《道园学古录》《王注苏诗》两部、《温氏逸史》等,还张钧衡。(《日记》页2892)

是日,先生定顺治朝大臣列传目。(《日记》页2892)

十一月六日,刘承幹来访,谈良久。(《日记》页2892,《嘉业堂藏书日记抄》页260)

十一月八日,办康熙朝大臣传目。(《日记》页2893)

是日,先生致刘承幹一束,还《一鸣集》一册,借回《宰辅编年录》二册。(《日记》页2893)

十一月十日,定康熙前三十年列传目。(《日记》页2894)

是日,先生发卫辉顾燮光信,送《文集》两部、石拓两分,交科学仪器馆顾逸农。(《日记》页2894)

十一月十一日,定康熙后三十年列传目。(《日记》页2894)

十一月十二日,送《文苑传》与吴士鉴,知其尽室归杭。(《日记》页2894)

十一月十三日,接友人胡念修讣。十四日先生遣缪僧保往吊。(《日记》页2895)

是日,陶子麟寄至宋刻《尚书》、刘刻《史记》。(《日记》页2895)

是日,康熙朝列传目定妥。(《日记》页2895)

十一月十四日,罗振玉还《宣和遗事》《高丽碑录》《江苏金石录》《恒轩陕碑存佚考》四种,又寄来翁方纲翻刻《乐毅论表》,即送刘承幹。(《日记》页2895)

是日,修《孝友传》。(《日记》页2895)

是日,题五凤砖诗:"五凤纪年古有三,汉宣皇帝侯官侯。窦氏草窃不足据,乐寿群鸟空啁啾。此砖篆势古且朴,制度遗自长安刘。病已受命有天意,虫啮树叶如雕镂。是时改元已及五,符瑞沓至迎天庥。鹗雀来从丞相府,微信奇怪张敞纠。君臣竟日喜谀悦,曷不政事明堂修。泮池刻石德斋颂,林华灯识欧阳收。与此同岁得三品,吉金乐石真琳璆。五年砖烦伯元订,三年砖羡刚主搜。汉家纪岁四寒暑,古物日出谁与俦?文房雅玩等球璧,不至轻弃瓦砾投。墨香馥郁腾十丈,助尔添修五凤楼。"考据甚详。此砖系周庆云于十三日向先生索题,十五日先生将题诗送与周庆云。(《日记》页 2895,《乙丁稿》卷一《五凤砖歌》)

十一月十五日,撰《孝友传》;校《简庄疏记》;校《宋书札记》。(《日记》页 2895)

十一月十六日,写《黄文献公文集跋》,次日交与宗舜年。此跋即在先生校该书毕基础上形成。跋考是集源流云:"《金华黄先生文集》刊于三山学宫,每叶二十四行,行二十四字。高六寸六分,广四寸二分。黑线口,双边,版心有字数。语涉元帝提行。元刊元印本。首行题云'金华黄先生文集第几',下题'初稿几''续稿几';次行题'临川危素编,鄱阳刘耳校正',间有题'门人编次'者。次行有题'日损斋续稿'者。卷一至卷三为初稿,卷四至四十三为续稿。宣城贡师泰序,实成于先生未殁之前二年。至先生殁后,家藏《日损斋稿》二十三卷,县大夫胡君惟信恐其湮没,亟取刻梓以传,宋景濂序之,正统戊午,补完印行,杜桓序于后。胡公刻板,未睹此足本也,书目亦罕及。元本藏皕宋楼始表出之,今已归东瀛。钱塘丁氏景抄副本,假以抄录。荃孙先得明本十卷,张大轮别刻集二卷,又得张芙川录藏二十三卷,已称难得。今宗子岱观察出新得残本二十卷,元板元印,相校一过,补字不少。十九卷《觉隐文集序》补至四行,可见陆本尚不如此本,惜不全耳。爱日精庐仅得二十三卷,今归罟里瞿氏,则卷一至十三、二十三至三十一,止存二十三卷,合之尚缺卷二十一、卷三十二至四十三,共一十三卷。钱竹汀跋所见《黄集》云贡序中廿八卷字乃书估作伪者,洗改痕迹宛然,因疑'廿八'二字为'三十'之讹,而不知元刻贡序原文实系四十三卷,初稿三卷,续稿四十卷也。生古人后,见所未见疑窦尽释,岂非快事哉!岁在乙卯冬至前一日,江阴缪荃孙跋。"后又补记云:"此集公手定,以斋名集。以黄先生名集,门人尊之也;至明人重刻则曰'黄文献公集'矣。《四库》不搜足本,仅以十卷本著录,未免因陋就简。"(《日记》页 2896,上海图书馆藏缪荃孙跋元本《金华黄先生文集》)

是日,先生寄《清史条例》《明遗臣传》与夏孙桐。(《日记》页 2896)

十一月十七日,周庆云约消寒第一席,同座十九人。(《日记》页 2896)

是日,以新刻《史记》交刘承幹。刘承幹来访,未晤,留书一捆而去。

(《日记》页 2896)

十一月二十日,刘承幹取书去,并索去《宰辅表》,先生本月八日所借。先生随又致一柬借《载酒园酒话》:"罗叔言来单呈阅,即存尊处。《宰辅录》大有益,似京城印本。又,兄书目内有国朝丹阳贺黄裳《载酒园酒话》,①乞假一阅。"(《日记》页 2897、2893,《艺风堂书札》页 633 致刘承幹第一百三十八札)

是日,《政府公报》刊载《江苏国民代表缪荃孙等正式推戴书》,以先生与夏仁虎等六十人之名义假借民意推戴袁世凯君主立宪。(《政府公报》第一千三百五号)

十一月二十一日,致吴士鉴杭州一札,告以近被报馆造谣,史馆改属政事堂,以及自己办史传进展,又提及刘承幹、周庆云、朱祖谋、陈三立等友人行迹:"初间文学传写成,耑呈勘订。方知驺从已旋珂里,不胜歆羡之至。近方知住处,维侍奉康娱,著述宏富为颂。弟为报馆混造谣言,全属子虚。闻枝信来,史馆改属政事堂,常度不改。馆长既不称臣,似无碍于办理。孝子一卷已成,遗逸略有更动,终日伏案。近周湘舲办消寒一次,翰怡已回,古微亦到,稍有走处。伯严安住金陵,蒿庵亦归宝应。文集不送人,亦不发售,宗旨又别。"(《日记》页 2897,陈东辉《缪荃孙致吴士鉴信札考释》第三十三札)

十一月二十二日,得梁鼎芬本月十九日一札,索书贮藏焦山书藏:"十月来赴晦若丧,三日北行,匆匆不及走访。旋到龙井会葬,回上海,咳嗽不已。尊处与雪城、病山、梅庵、开若、仁先一带,皆未往,夜咳已好八分。今来焦山料理端忠敏祠事已成,奉慰。书藏完好,惟《云自在庵》未有一册,大是缺事,务请多检数种,交我入藏山。回再谈。"(《日记》页 2897,《友朋书札》页 152 梁鼎芬第十七札)

十一月二十三日,撰《常州先哲遗书正续集缘起》并《续集》定目。《常州先哲遗书》之办理,盛氏任资费,先生搜辑、选目并校勘一手经理。是文述先生为盛宣怀办理《常州先哲遗书》正、续集之始末。文有云:"欲传古人之书,当自乡先辈始。夫前辈著述,府州县志,连篇累牍,语其实在,百不一存。求幸存者为之刊播,尤当择足本,校勘不苟。至若近人著述,泰

---

① 按,此处有误,贺裳,字黄公,著有《载酒园诗话》。

斗共瞻,流风余韵,未尽澌灭。蛛丝马迹,搜获遗编。见知闻知,八求四当。当传其书,即传其人。萃前辈之精神,为后人之模范。使文学之乡,处处能传其先哲,岂不大快。亦有过于珍弄,锢箧凿楹。人有求者,坚称无有。宁饱于虫鼠,或投诸水火,不使流传。倦圃所谓,非与前人有深仇宿怨,不至于此。何其语之沈痛哉。"可见先生传播乡里文献之精神。《常州先哲遗书续集》因辛亥革命起而中断,其已经刊板者,至今年冬方印行,此文志亦其缘起。(《日记》页2897,《乙丁稿》卷三《常州先哲遗书正续集缘起》)

是日,撰《灵峰四景赞》。(《日记》页2898)

十一月二十四日,刘承幹送还《永典》本《奏议》六册,又借之《载酒园诗话》来。先生随致一札,谈前刘氏请先生所鉴定之书:"顷奉手书并《载酒园诗话》《奏议》,收讫。另三百十一一册,后日带呈。况书极可笑,六十元准抄出,并可多抄,所见甚少。但万不可说弟定夺,要拼命矣。《古今文史》假借,早经阅过,可藏,亦不必刻,价对折。书平平,犹胜于《金石抄》也。莫氏书尚佳。"有谈及民国刻书纪年之事:"再,民国时代刻书只记干支,明年改元,以后似宜遵之。顾亭林、黄梨洲文集,均以康熙纪年也。此事须斟酌尽善,君是巨室,惧为人指摘,不比心海辈,弟有所见,不敢不告。又,况词家,余非所长,校书眼光紧,只时闹脾气,人多望而生畏。昨书不值一笑。"札中所言之"明年改元",盖指袁世凯称帝,民国五年改"洪宪元年"之事。因其中涉及况周颐等友人之事,先生如实言之,故札末特别注明"阅后付丙""密""付丙"字样。(《日记》页2898,《艺风堂书札》页636致刘承幹第一百五十札)

十一月二十五日,刘承幹借阅《永乐大典》本《奏议》,先生致其一束:"《明史例案》序,数日内呈政。嘱朱文海,仍交弟处一校。再细细勘一遍,与史有益。《奏议》一册奉阅。"又言及代赵尔巽撰《清史条例》事:"清史拟例,代赵总裁,已寄去,亦不亚横云山人之多。"(《日记》页2898,《艺风堂书札》页627致刘承幹第一百二十一札)

十一月二十六日,赴刘承幹消寒第二集,集者先生与陶葆廉、许涨祥、刘炳照、白曾然、周庆云、钱绥楘、钱溯耆、恽毓珂、刘世珩、宗舜年、潘飞声、杨钟羲、徐乃昌、沈焜与主人刘承幹凡十六人,题为梁鼎芬倡修顾炎武祠墓刘承幹助之。(《日记》页2898,《嘉业堂藏书日记抄》页261)

十一月二十七日,发顾燮光信,寄《金石目》。(《日记》页2899)

十一月二十八日,致刘承幹一束,言罗振玉欲售刘承幹翁方纲《乐毅论》事:"叔蕴寄来一翁覃溪册叶,想察入。讨回信,晤面日即忘记问矣。余大约亦覆不要。此上,并谢销寒厚扰。"(《日记》页2899,《艺风堂书札》页628致刘承幹第一百二十三札)

十一月二十九日,撰济南《李一山诗序》。该序十二月九日寄与李氏。(《日记》页2899、2902,《乙丁稿》卷二《李一山诗序》)

是日,接吴士鉴杭州一札,复先生本月二十一日,谈先生所撰《文学传》及其撰《王公传》进程,等:"前月匆促返里,未及走辞,至为歉疚。昨奉赐函,敬承纂述精勤,道履冲粹,至慰饥渴。尊著《文学传》写定,敬佩敬佩。标目仍改儒林、文苑,甚是。方、吴之类不列文苑,无以折彼崇拜者。惜先行数日,不获拜读,年内如寄至史馆,侄明春回京可以从容再读也。侄数月内将《王公传》办有端绪,康熙以后均须钩考,自撰一无依据。明年再续认《大臣列传》。嘉、道以后当与王晋丈分之。得陈仲恕信,吾辈似不至叙官,尚可始终其事,至于报纸谰言,听之而已。社事停顿,止相来书,亦言近颇寂寥。子培诸公盖时时敲钟也。侄以家慈思乡念切,急急奉侍回杭,归来以后,慈躬较为安健,年内尚有琐屑之事,不复再能出门矣。杭中秩序尚安,十载不归,随处有沧桑之感。湖上之游,偶一登览,昔时祠宇,大半改观。故乡老辈凋零,少可与语,迥不如京沪友朋之乐耳。"(《日记》页2899,《友朋书札》页461吴士鉴第二十九札)

十二月一日,葛嗣浵以书目求先生检定,其拟刻丛书故也。(《日记》页2899)

是日,刘承幹送翁方纲《乐毅论》来,即复一束:"翁册收到,各种均无深意,回覆最善。拟序已成,后日面缴,尚须录副。顾祠墓诗不易做,略迟,因有索文三四处不能回覆者。"(《日记》页2899,《艺风堂书札》页628致刘承幹第一百二十四札)

十二月四日,吴昌绶在京致先生一札,谈收到先生著《史例》《明遗臣传》:"日前复上一函,昨约同馆诸公敝寓晚集,闰翁交到尊著《史例》《明遗臣传》各一册,遵俟细读签注,再行求教。子受弟旧历年内南旋,当将抽刻交带,恐烦厪系,先此陈复,即叩颐安。"(《友朋书札》页901吴昌绶第一百二札)

十二月五日,撰《翁覃溪诗》序。(《日记》页2900)

十二月六日,送书六十三册与张钧衡,又校书账一单。先生近日多次跋适园藏书,以编《适园书目》为日课。(《日记》页 2901)

十二月十二日,送翁方纲手稿、《陆清献年谱》与金诵清①。(《日记》页 2903)

十二月十三日,送《宋书校勘记》与刘世珩,先生校之多日于本月十一日完成。(《日记》页 2903)

十二月十四日,刘世珩忽还《宋书校勘记》,言须改订,先生十分诧异。(《日记》页 2903)

十二月十五日,赴消寒第四集,张钧衡作主,集者先生与洪尔振、钱绥鬌、钱溯耆、杨钟羲、陶葆廉、章梫、潘飞声、徐乃昌、恽毓珂、恽毓龄、刘世珩、刘炳照、费寅、周庆云、沈焜、朱锟、刘承幹,题为题宋本《苏东坡集》。(日记》页 2903,《嘉业堂藏书日记抄》页 263)

十二月十六日,《政府公报》刊载《江苏国民代表缪荃孙等奏》,反对唐继尧等人领导的护国运动。(《政府公报》民国五年一月二十日第十五号)

十二月十八日,致刘承幹一柬,谈前为刘承幹介绍的图书管理陈步云来年安置之事,并呈消寒集会之题一律:"陈先生闻已交书目账。如可行,乞暂留,明年再为之觅事,如有安顿处,令炳泉来代馆何如?炳泉在弟处亦一时离不开也。顾祠一律呈政。"(《日记》页 2904,《艺风堂书札》页 633 致刘承幹第一百三十九札)

十二月二十二日,顾燮光侍其父顾家相来,呈所著。(《日记》页 2905)

十二月二十三日,跋《刘熊碑》,跋《励堂乐府》。(《日记》页 2905)

是日,先生写《孝友传》,已连续写多日。(《日记》页 2905)

十二月二十四日,与徐乃昌办第五次消寒,在万家春小集,到者洪尔振、钱绥鬌、钱溯耆、杨钟羲、吴昌硕、陶葆廉、章梫、潘飞声、徐乃昌、恽毓珂、刘世珩、刘炳照、宗舜年、周庆云、沈焜、朱锟、刘承幹、张钧衡及先生,凡十九人,题为"题顾炎武遗像",不拘体韵。(《日记》页 2906,《嘉业堂藏书日记抄》页 265)

十二月二十六日,哈同、姬觉弥再邀先生小饮,并拍像。(《日记》页

---

① "金诵清"原作"孙诵清",《日记》原手误,据上下文改。

2906)

是日,先生访况周颐,况氏欲以以元板《小尔雅注疏》售于先生,价百元,先生允之。(《日记》页 2906)

是日,先生送旧《甲行日注》、新校《甲行日注》、卢氏抱经楼书账与刘承幹,并致札详述校、刻书具体事宜与鉴别卢氏报经楼书事:"《甲行日注》,又以异本校,当照改,以墨笔识于红样付改,并重刻式叶。惟弟前校刻,亦以叶奂彬旧抄本改正许多,墨笔。今以异本添注,朱笔。便可见是本书之不同,原书并呈。非校者之疏漏。诸君动加訾议,是未知此中甘苦者。若云讹字,宋元本触目皆是,只期吾尽吾心耳。《年谱别记》已刻。《汪文摘谬》可刻,至云国文作法尽在其中,何其陋。《己畦诗文》亦可刻,望借来一阅。《摘谬》有之,抄批本耳。余不问,皆见过也。抱经书目宋本甚少,《全明实录》可宝,余非看书不能定高下,不比汪柳门书,佳者均经眼也。穆子美刻来《南唐书注》两册,原本已交,乞发下以便校对。"(《日记》页 2906,《艺风堂书札》页 594 致刘承幹第二十九札)

十二月二十七日,致刘承幹一束,还《续先正事略》与校资账。束云:"昨书想收入。今又奉还《续先正事略》,订线太进,不能全阅。而全目已定,受益良多。校赀一单,望即交下,余再面谈。"又谈及二十四日销寒之题:"前日因徐积翁不肯出题,弟拟请题顾亭林小像,愿补作者听。兄以为何如。苏文尚未交卷。"(《日记》页 2906,《艺风堂书札》页 633 致刘承幹第一百四十札)

是日,先生送小大《丛书》、《金石目》与梁鼎芬送焦山书藏。(《日记》页 2907)

十二月二十八日,校《沈炳巽文集》。(《日记》页 2907)

是日,先生接清史馆信,寄来十二月与正月束脩。(《日记》页 2907)

是日,刘承幹送先生年敬百元,又给仆人十元。先生随复一束致谢,并借《汪文摘谬》及叶燮之诗文集:"顷奉手书,又承厚惠,惭愧之至,敬谢,敬谢。《甲行日注》板片已来,即交朱文海改正,省与穆子美纠缠何如。叶氏贤子孙,何尝不佩服。《汪文摘谬》《横山诗文》,乞假之,佳书也。《年谱别录》已刻,亦可与彼一校,愈校愈精,第不宜诽笑我们耳。校赀照收,家人亦蒙赏赐,尤抱不安。明正消寒,闻即举行,欠诗未交,亦形疲乏。其实过年并无事也。"(《日记》页 2907,《艺风堂书札》页 636 致刘承幹第一百

四十八札)

十二月二十九日,除夕,增补《孝友传》。(《日记》页 2907)

是年,袁世凯接受日本提出的"二十一条"修正案。

是年十一月初六日(公历 12 月 12 日),袁世凯称帝,推行君主立宪制,帝号"洪宪"。

是年十一月十九日(公历 12 月 25 日),唐继尧、蔡锷、李烈钧等向全国发出通电,宣布云南独立,反对帝制,武力讨袁,"护国运动"爆发。

是年十一月二十五日(公历 12 月 31 日),北洋政府颁布改元,以 1916 年为"洪宪元年"。

民国五年　丙辰(1916)　七十三岁

一月一日,先生在沪。写河南碑签,检浙江碑;校《北堂书抄》。近日先生以校《北堂书抄》为日课。(《日记》页 2925)

先生《日记》一月一日载:"岁在丙辰,洪宪元年阴历。元旦"。(《日记》页 2925)

一月二日,撰孙鼎烈《四樜寄庐类稿》序。序述孙氏之历官及两人之交谊,又论其文"近人中,固与樊云门、董觉轩之书判,并传无疑"。是文系应鼎烈子孙藩圻之请而撰。撰成改毕先生于本月十五日将该序并鼎烈《类稿》之底稿寄与孙藩圻。(《日记》页 2925、2926、2928,《乙丁稿》卷一《四樜寄庐类稿序》)

一月三日,接吴昌绶去岁十二月二十八日一札,谈清史馆诸事,赞先生所撰《明遗臣传》实为巨制;《史例》一册,须先生到馆讨论再定;其本人所撰后妃事辑十二册,日有增加,意在详尽。又谈及其刻仿宋元词进展:"数奉手谕,因近在大典筹备处,日常牵绊,未克详复。子受回南,欲托带件未果,后已乏便,今尚皮阁。荒冗愧疚无似,比承起居清健。二月能北来,最盼。《明遗臣传》一册,与式之谨校读二次,实为巨制,小有献疑,亦须面商,故已先交馆长。至《史例》一册,与闿老商酌,必俟吾师到馆,集诸人讨论办法,再定例言,方为妥善。新正拟约闿老、箴孙、式之,先私拟一次,条写以备采择,此时不宜即交馆为妥。《董后传》样本二册奉览,如能向盛借本,补其缺字,寄下修版,更妙。现将御制行状,亦付写刻,合为一册。清代类此者,殊不多觏,师录入顺治史料甚佳。绥后妃事辑十二册,日有增加,意在详尽,如御制集皆须择录,日后亦自成一书也。仿宋元词,未刻者尚有《片玉》十卷,茇圃本为胜,而不能拆开影摹,只好用孙驾航本,而以茇本校补。又《花庵选》初本三卷,又《东山》残本一卷,即瞿氏物。又《后村》五十卷本中词二卷,图书馆有之,须二月后方能料理。茇跋又加数篇,有洪幼琴,在厂肆见面,云尚可抄寄数篇。现已清出全部,先刻一卷呈阅。只期式之得闲,半年必成书矣。近来竟无新得之书,佳墨亦少觏。吴佩伯竟以肺疾不起,失一勋书之友。抱存极有志收书,惜力量亦不充耳。《憺园集》有新刻本,可代购一部否?张青珊宸集,见龚定盦集中有序,绥必有用。能物色否?长平公主事,除《梅村集》外,有确实可据者否?蒋氏《东华录》于摄政王追尊事详述之,检今本实录皆不载,未知蒋氏当日何所依据?王益吾悉从今本实录,无异词也。今本康熙二十年修。孔四贞在顺治间,曾有旨欲册为妃,后归孙延龄,殆所谓四贞自陈已定婚也。女官仅顺治间所定名目,实未施行,将来史目中此项恐须删。近为裁阉宦,用女官,曾遍考旧籍,大致宫眷兼职者多。若韩兰英、宋氏姊妹、江全、沈琼莲之类,史不多载。只查得四事,亦系专司文字教习一流。明日旧历除夕,仍不得闲。虽缓办大典,处中仍有事。"(《日记》页3034,《友朋书札》页886吴昌绶第七十四札)

一月四日,先生访友。晚赴消寒第六集,刘世珩作主,到者先生与吴昌硕、刘炳照、洪尔振、钱绥棨、钱溯耆、杨钟羲、陶葆廉、章梫、潘飞声、徐乃昌、恽毓珂、恽毓龄、刘世珩、宗舜年、周庆云、沈焜、朱锟、唐晏、刘承幹、张钧衡,题为赵南星铁如意,有成亲王写赵南星铁如意歌手卷令各客传观。(《日记》页2925,《嘉业堂藏书日记抄》页267)

一月七日,撰瞿表嫂庄恭人家传。此应表侄瞿世瑄之请也。庄恭人是江苏阳湖人,道光举人庄士全之女,年十七归先生表兄瞿廷仪。(《日记》页2927,《乙丁稿》卷二《晋封恭人瞿母庄太夫人家传》)

一月八日,约周庆云、蒋汝藻、张钧衡、刘承幹、徐乃昌、褚德彝、褚人获小饮云自在龛。(《日记》页2926)

一月十日,撰《题东坡文集事略诗》。先生所题者乃张钧衡所藏残本,诗述该集宋本的近世递藏情况颇详。诗云:"坡公诗集何人注,道是嘉泰施与顾。商邯镌刻留典型,青门臆补偏遗误。文集前后皆琳琅,作笺者谁?盐官郎。谁从书林得残本,有沧苇季爱日张。我友田君曾奉使,身历扶桑访图史。季张得半君得全,六十卷书完首尾。三年海外办事难,独余此事快莫比。携归中国欢士林,不惜剖厥千黄金。一朝劫火起江鄂,有如玉碎明珠沈。适园主人抱特识,秘籍偏从意外得。字画清挺避讳严,天水椠印真古墨。晦之主簿官迪功,瓣香横浦遵宗风。清波别志存事迹,精研经学称宏通。典核简要有法则,任渊李壁将毋同。奏议旧注今三刻,郎注《宣公奏议》,扬局、十万卷楼、咫进斋、三刻。此书应亦存形式。但愿搜求缺复完,丰城剑合增颜色。诗注孤本先归翁,袁氏书毁,翁氏书,真孤本。事略今又来浔中。插天万仞两秦华,不数陶斋七集常称雄。"(《日记》页 2927,《乙丁稿》卷一《销寒第四集观适园主人所藏经进东坡文集事略》)

一月十一日,拜瞿鸿禨、况周颐、沈曾植、张彬、宗舜年、李传元等人。(《日记》页 2927)

一月十三日,赴朱锟招销寒第七集,题"渔洋抱琴洗桐图""东园访石第二图"。(《日记》页 2928)

一月十四日,先生访罗振常于蟫隐庐,遇王国维。王国维问先生所藏江有诰所著音韵学书,先生答以旧藏一部为人借去,沈曾植藏有此书。(王国维《丙辰日记》,《日记》页 2928)

是日,蒋汝藻招饮,刘锦藻、徐乃昌、郑孝胥同席。(《日记》页 2927)

是日,先生得罗振玉寄《元人选元诗》一套。(《日记》页 2927)

一月十七日,章钰致先生一札:"岁杪印臣转奉赐书,敬承一切。十一入京,并检到惠示各钞目,津逮至多。馆中安静如常,同人闻公三月来游,均极欣企。晤䌹斋同年,知大稿交馆长后,如约不传布,钰亦不敢冒昧请观。拟草艺文志长编,搜集各官书,不胜望洋之叹。现在只能实做抄胥,不免为通人齿冷。所需列传目,已属收掌王君照办,惟卷帙甚多,不易遽成,当随时催问,不误应用之期耳。春气渐和,精神兴致度益佳胜,瞻望龙门,至深颂祝。圭美《字学札记》已录成,原书俟后面缴。钞丁目,似少史子部内小门类,不知有完书否?敝寓现移三经路修业里口,去旧居不远。"(《友朋书札》页 600 章钰第三十六札)

一月十八日,王国维至西华德路谦吉里先生寓所访先生,谈一时许,先生为言查继佐《罪惟录》一百卷手稿去年由费寅得之,售与刘承幹;陈鳣

《简庄疏记》十八卷皆经学札记,甚佳,此书归盛宣怀,已由刘氏付刊,其半已刻成,颇资王氏见闻。(王国维《丙辰日记》,《日记》页2929,《王国维全集》第十五卷页103《致罗振玉》)

一月十九日,赴消寒第八集,吴昌硕、宗舜年、恽毓龄、恽毓珂、潘飞声主席,在小有天举行,到者先生与刘炳照、洪尔振、钱绥楘、钱溯耆、杨钟羲、陶葆廉、章梫、徐乃昌、刘世珩、宗舜年、周庆云、沈焜、朱锟、白曾然、刘承幹、张钧衡以及诸位主人,题为祝白傅生辰,分韵得"正"字。(《日记》页2929,《嘉业堂藏书日记抄》页268)

是日午后,先生访刘承幹,费毓桂亦至,共谈良久,细述辛亥革命时山西巡抚陆钟琦死难情形,盖尔时费毓桂为陆氏府院文案。(《日记》页2929,《嘉业堂藏书日记抄》页268)

一月二十日,发罗振玉日本一信,寄《王怀祖诗》。(《日记》页2929)

一月二十一日,理碑。先生已理碑多日。是日致刘承幹一柬,复其昨日询购买翁方纲手稿之事:"昨询翁稿,已托砚芬先生转达。书经凑全,余无可取,不过覃溪亲笔耳。另单所有天复本,闻所未闻,必须见识见识,各种首本均赐一观。《周易九鼎》,似先文贞公著撰,然未见过,乞代留意。唐拓、蜀刻,聚于一处,愈见愈高矣。小儿明日首途,假期已满故也。"(《日记》页2929,《艺风堂书札》页634致刘承幹第一百四十二札)

一月二十二日,缪禄保附新丰船行,定船舱。(《日记》页2929)

是日,先生重定《孝友传》,至二十八日毕。(《日记》页2929)

一月二十日,还《黄山谷集》《月隐集》与西泠印社。(《日记》页2930)

一月二十六日,刘承幹在老宅宴客,到者先生与曹元忠、章梫、洪尔振、况周颐、朱祖谋、宗舜年、潘飞声、汪煦、张美翊、刘炳照、张尔田、蒋汝藻、徐乃昌、钱溯耆、杨钟羲、陶葆廉、刘世珩、沈焜、孙德谦、张荫椿、左孝同等。(《日记》页2930,《嘉业堂藏书日记抄》页268)

一月二十七日,庆善来,言军政情形在在可危,先生谓:"皆实事也。"(《日记》页2930)

一月、二月间,吴士鉴致先生一札,谈其撰《诸王传》及先生撰《文苑传》事:"年前奉到惠复,以新正往来栗碌,亲族宴会,殆胜昔年,竟至无暇握笔,伏维杖履春和,铅椠多福,至为仰跂。史馆减人实做不到,而减俸则人人觖望,必至阑珊。侄已托仲恕力持不可之说,幸各衙门阳二月尚发全薪，史馆更一时无虑。侄所纂诸王列传，年杪先交一卷，现陆续撰辑，已将恭忠亲王传掇拾成篇。开国有功诸王贝勒可分二卷，康乾以后大约不过一卷，不能如前史之人人有传也。尚有怡贤亲王一篇，须用意搜罗。至载澧、奕劻二篇，以其人尚存，暂缓属稿。礼亲王世铎前年物故，其人毫无献替，更少事迹，仅于乃祖传末附见数行，略加贬词而已。此两三月将此数卷编成，然后再定行期，未知长者春夏之交能一北行否？《文苑传》稿到京再行细读。张濂亭、吴挚甫徇时论而列之，尊旨谓诋斥汉学之语，一语不登，具见卓识。侄亦素不满意于此种人也。惟张、吴之后，又有贺松坡年丈涛有文集四卷，上年菊人丈为刊之，亦墨守桐城宗派者。晚年忽又昌言变法，极力趋新，近有人为之奏请交史馆立传。如此泛滥，《文苑传》何能容如许多人耶！其实类乎此者尚多，恐不能遍也。西南乱事方殷，杭中尚无谣言。家严近患腰痛，不甚出门，三月间仍拟至沪小住也。"（《友朋书札》页462吴士鉴第三十札）

二月二日，重订《遗逸传》。（《日记》页2932）

二月三日，撰傅山、翁方纲传。（《日记》页2932）

二月四日，撰恽日初传。（《日记》页2932）

二月五日，撰邓大临传。（《日记》页2933）

二月六日，先生招王国维、顾燮光、顾逸农、费寅、罗振常、范伟君、刘季英饮，朱祖谋、沈焜亦至。（王国维《丙辰日记》，《日记》页2933）

二月八日，还刘承幹《爇火录》《诗境笔记》《顾谱校补》，并致其一札谈刻印书事，云："《爇火录》廿四册、《诗境笔记》四册、《亭林谱校略》核定。一册均校，祈察收，谢谢。《笔记》五卷似乎已毕，昔年见者均在，前在小有天匆匆一阅，又无眼镜，疑不能决也。王锡翁愿编年谱，已托之，所记覃溪逸事，均交之矣。《明史例案》印起否？"又云："穆子美信来，言《闻过斋集》《吴兴志》《秋水集》《吴兴掌故录》四书俱全。如欲印，可谕彼。"（《日记》页2933，《艺风堂书札》页634致刘承幹第一百四十三札）

二月十日，接史馆信，寄二月脩。（《日记》页2934）

二月十一日，寄《越缦堂日记》与王国维。（《日记》页2934，王国维《丙辰日记》）

是日，先生写出售碑目。（《日记》页2934）

二月十三日，接李一山信，言收得唐拓《武梁碑画像》。（《日记》页2934）

是日，沈焜来，以《经典通用字》《凌子与集》嘱先生跋。(《日记》页2934)

是日，致周庆云言办《金石续编》信。(《日记》页2934)

二月十四日，撰《适园书目》跋六篇。先生近日以撰《适园书目》为日课。(《日记》页2934)

是日，送《文苑传》与吴庆坻。吴氏得书后复一柬："书二册奉到。展视未终，辄复喷息，铜驼荆棘，回首增凄，补缉成书，早付剞劂，《东京梦华》逊兹翔实矣。史例添入数则，益臻赅备。星伯传当是巨篇。地理专家似不以一赋为重，文繁亦伤体格，芟去极是极是。元和师以此时告终，可谓大福，遗属传语东海，心事尤光明也。所苦者殁公耳。"柬中所云"元和师"盖指陆润庠，"殁公"或指黄绍箕。(《日记》页2934，《友朋书札》页225吴庆坻第六札)

二月十五日，顾燮光来，以《博省堂寺残碑》见示。(《日记》页2934)

二月十八日，借刘承幹四川、湖南、贵州、云南、广西通志"土司"，又带来《明史例案》十部。(《日记》页2936)

是日，先生送《定庐集》与吕景端，取《董后传》回。吕氏即复先生一柬："尊示谨悉。衎石先生诗从未读过，承赐喜感。庚辰、辛巳间与衎石曾孙旭寅大令同事，曾见亲笔残稿十数帙，似系笔记，已忘书名矣。旭寅随使出洋，殁于太平洋舟次，其人颇豪迈也。《简庄疏记》俟缓一二日设法检奉。经彝昨又回里。《董后传》一册附上，乞察收。函致印丞时，乞达拳拳，不知何日再相见耳。"先生此系替吴昌绶转借《董后传》。(《日记》页2936，《友朋书札》页727吕景端第十札)

是日，罗振常约陪傅增湘小饮万家春。(《日记》页2939)

二月十九日，送陈作霖寿礼二十元、信札并祝寿诗。陈氏是年八十，先生祝寿诗共四首，皆为七律。其一有云："建业山川谙掌故，全椒诗笔荷心传。"赞陈氏谙金陵山川地理掌故，善为诗。其三云："昔日逢君角逐场，幽兰先已识孤芳。酒龙诗虎偕秦顾，玉友金昆共蒯张。旧雨半成生死别，残年只骇晷璘忙。吟朋觞咏归来晚，犹忆红桥旧草堂。"述二人交谊之情形。(《日记》页2936，《乙丁稿》卷一《寿陈雨生八十》)

是日，先生偕徐乃昌，公请罗振常、罗振玉、邹寿祺、程文龙、宣哲、范兆经，罗振玉不至。(《日记》页2936)

二月二十一日，罗振玉辞行赴东。(《日记》页2937)

二月二十三日，致刘承幹一札，还《通用字考》《天隐集》并致所撰两跋，又谈刻《谷梁传》单疏事："《通用字考》《天隐集》三册奉还。两跋呈政。麈遗在吴兴七子中，少一人，乞补入，谅兄必知之。又，《诗经单疏》子姓已校完否？四十卷书未完，亦可先写《谷梁》单疏，张菊生有之，望借来先抄出底本，即通校一过，撰好札记，再发梓人。除陆刻《尔雅》、汪刻《仪礼》外，世间再无出者矣。"(《日记》页2938，《艺风堂书札》页634致刘承幹第一百四十四札)

二月二十五日，得吴士鉴杭州一札，谈读先生之《文学传》稿，并言自辑《王公传》进程，等等："上旬奉赐覆，尚未肃答，昨日家君回杭，领到手教祗悉，并承以大著《文学传》稿见示，伏读之下，具见精心甄采，去取谨严，容竭管窥，稍参末议，盖大体详慎，海内有识之士亦当深佩三长，惟间有抄胥讹脱之处，或可参酌一二也。侄近正编辑《王公列传》，已得其半。北行之期尚难自决。此数月中政局纷纭，吾辈宜稍缓再入都门，谅长者亦以为然耳。王汉甫闲居津门，乃就此事，此君应官廿载，忽来修史，不知是何人奥援也？海上社事，闻颇寂寥，侄索居乡里，更苦无谈侣。每忆高斋文酒之欢，神驰无极。"(《日记》页2938，《友朋书札》页461吴士鉴第二十八札)

二月二十八日，罗振常约陪傅增湘小饮万家春。(《日记》页2939)

是日，晚校《求是斋金石跋》。(《日记》页2939)

三月一日，校《元遗山集》毕，撰跋语一篇。(《日记》页2940)

是日，缪僧保赴杭州，带去吴士鉴信、《孝友》《遗逸》两传。致吴氏之信，谈欲北上，并议及王崇烈等史馆新进者："有大者，两湖，贵州极少。天气和暖，拟入都门看花。印臣窘极，式之亦意兴不佳。沅叔来谈。王汉甫系大力者荐来，月止百元，亦何必问事。平日便不读书，作官二十年，反能动笔乎？然馆中新收此等人闻颇不少，于史事毫无益处也。沪上日日抢劫，金陵杌陧更甚，无承平日，无安乐土，天下皆然，奈何！"(《日记》页2940，陈东辉《缪荃孙致吴士鉴信札考释》第三十七札)

三月二日，检缪焕章手稿付抄。(《日记》页2940)

三月三日，周庆云约修禊愚园，淞社同人毕集，用杜甫《丽人行》韵。(《日记》页2940，《乙丁稿》卷一《三月三日同人修禊愚园，用杜集丽人行韵，是日交清明节》)

是日，代刘世珩撰《重刻金石苑序》。是序称刘喜海"所著金石之书，取薛氏款识、宣和博古、景伯隶图、六一题跋为法，而集其大成，钩摹其形，笺释其文，为自来金石所未有，统名之曰《金石苑》"，述其著述及刊刻流传及此刻之收录书之内容。(《乙丁稿》卷二《重刻金石苑序》)

是日，章梫、王季烈访先生。王季烈，王颂蔚之子。王颂蔚著有《明史考证捃逸》，季烈谋刊之。是日章梫、王季烈亦为此事访刘承幹。先生次日回拜王季烈。(《日记》页2940，《嘉业堂藏书日记抄》页271)

三月四日，诣周庆云谈，以《秦淮广记》十二卷送阅。(《日记》页2940)

是日，叶德辉寄书价十五元，并《汪文摘谬》来。(《日记》页2940)

三月七日，刘世珩招饮，傅增湘、孙德之、曹元忠、褚德彝同席。(《日记》页2941)

三月八日，傅增湘来访，借毛抄《松陵集》去。(《日记》页2941)

是日，送《覃溪续集》五册与王秉恩。(《日记》页2942)

是日，接梁鼎芬一信，寄来《廖泽群事略》。(《日记》页2942)

三月十日，闻浙江亦独立，人心荒张之至。(《日记》页2942)

三月十二日，先生取吕景端转借《简庄疏记》来，吕氏并附致先生一柬："尊示祗悉。《简庄疏记》四册附上，馆中所藏《息斋集》系疏行大字，而印丞言《董妃传》系照原式，则是密行小字，决为另一本矣。卓见以为何如？修禊大著，仍未奉到，乞再补示。拙诗为语丈取去，俟再录呈。"(《日记》页2943，《友朋书札》页727吕景端第十一札)

三月十五日，殷亦平自常州来，言江阴兵变。此系指发生三月十四日的革命党人杨闇公等人策动的江阴驻军反袁起义。(《日记》页2943)

三月十九日，刘承幹来访，谈良久。(《日记》页2944，《嘉业堂藏书日记抄》页272)

三月二十一日，致刘承幹一札，还其《汪文摘谬》，谈校书事，并谈及时局："承顾，未得走报，歉甚。今日朱文海来，即将《天寥年谱》《甲行日注》两种分别修改面告之。送来《云南山水考》《孙佩南集》已校。《汪文摘谬》两跋均奉还。叶先生保守先著，可嘉。文理太浅，年谱有'检'字改'简'字，因崇祯讳'由检'，故'检讨'改'简讨'，叶以为误，是不谙掌故者，文两通者不改，余照改。叶兔彬来信奉阅。苏州无恙，静候大局。"(《日记》页

2944,《艺风堂书札》页635致刘承幹第一百四十五札)

是日,洪尔振寄先生和韵诗。盖先生用杜甫《丽人行》韵赋上巳节修禊诗后,复用该韵赋诗赠洪氏归蜀,故洪氏有此和韵。(《日记》页2945,《乙丁稿》卷一《赠洪鹭汀,仍用杜集丽人行韵》)

是日,先生写《北堂书抄》跋。此跋历述《北堂书抄》自北宋以来的抄本流传及校刻情况:明万历间,常熟陈禹谟始以抄本传刻,"臆改臆删臆补,并与他书易之者,指不胜屈",而清严可均及姚觐元虽精校而屡刻屡辍,而粤东孔氏刊本亦脱误颇多。先生所跋之本系己藏百衲本,系姚刻活字本一百卷,配严刻本十一卷,又旧抄校《大唐类要》本数卷,从孙星衍藏抄本补抄二十二卷足之,订为一帙,为该书流传之善本。(《日记》页2945,《乙丁稿》卷五《北堂书抄跋》)

三月二十三日,撰《天一阁始末记》。是文述天一阁的建立、发展以及书籍散破及被盗的现状,又考天一阁历次编目的情况,末云"自今以后,书亡目存,亦与遂初堂、菉竹堂徒增后人之感慨矣"。民国三年(1914)天一阁藏书为人盗卖到上海,缪荃孙闻知,即驰函范氏究其事,撰写此《天一阁始末记》,记述掌故之背后,实为感慨文运之厄。(《日记》页2945,《乙丁稿》卷三《天一阁始末记》)

是日,撰《珊瑚网》跋。(《日记》页2945)

三月二十七日,先生友盛宣怀入殓,遣缪僧保去行礼。盛宣怀卒于本月二十五日。(《日记》页2946)

是日,送还《围炉诗话》《湖西纪略》,又《适园书目》四大册与张钧衡。(《日记》页2946)

是日,致刘承幹一束,还其《载酒园诗话》等书:"奉上已刻书稿:《台州金石志》六册、《枫江草堂诗文》二册、《危太朴文集》三册,又前借《公车征士录》一册(后缺)、《载酒园诗话》四册,祈点收。《五音类聚》书可不刻否,无甚宏诣也。朱文海刻《校经堂文》,穆子美刻《权斋文》,均招呼每篇连写,只八股有此式,方望溪初刻文如此,亦含八股意味,不必学,况丛书乎。江阴糜烂不堪,无法可想。"是日,刘承幹送束脩来。(《日记》页2946,《艺风堂书札》页636致刘承幹第一百四十九札)

三月二十八日,收拾行李上船赴金陵,启第二次赴清史馆之行。先生此次北上,欲从金陵乘津浦铁路火车而行。(《日记》页2946)

四月二日,抵达济南,寓大东客栈,至四日方启程。期间重游济南,拜访旧友。是日先生往拜毛承霖、张英麟、吕迪甫。又观趵突泉厅大鼓书。再访金泉旧院,金泉如故,柳絮泉则堙没矣,"空存仰止之思,无复弦歌之雅,怆然久之"。此处为先生主讲泺源书院时最爱之处,傍泉而建者即尚志堂,友人孙葆田先生主讲。先生曾月夜与孙氏在此煮茗清谈。(《日记》页2947,《乙丁稿》卷二《孙佩南校经堂文集序》,陈乃乾《上海书林梦忆录》)

四月三日,到后宰门品古斋,遇钱掌柜,欢然道故,购书三部。到雅园,又坐船到古历亭铁公祠而回,铁公祠、小沧浪独擅大明湖一湖之胜。向暮,折回至还文馆小饮,二鼓回栈。送《文集》与毛承霖。(《日记》页2947)

四月五日,入都,住中华饭店。(《日记》页2947)

四月七日,到馆见赵尔巽及秦树声、金兆蕃、刘树屏等。(《日记》页2947)

是日,吴昌绶招饮,傅增湘、董康、夏孙桐同席。(《日记》页2948)

是日,送《圣宋文选》影写二卷与董康。(《日记》页2948)

四月十日,删改《儒学传》。(《日记》页2949)

是日,吴昌绶致先生一束,送《墨表》并茝跋样张:"宫史在馆中,可托闿翁取阅。《墨表》附上。茝跋样一纸,并呈。"先生本月二十一日,还《墨表》于吴昌绶。(《日记》页2949,《友朋书札》页944 吴昌绶第一百八十九札)

四月十一(二)日①,樊增祥、陈梦陶、傅增湘、董康、耆龄、方尔谦、张宇楼、沈质甫同饮于沈兆奎家。(《日记》页2949)

四月十四日,到史馆,看《国朝宫史》。(《日记》页2950)

四月十五日,拜李盛铎、徐坊、董康、夏治霆、范子衡、端绪、何震彝、宝熙。(《日记》页2950)

四月十六日,上总裁一书,呈重定《儒学》三卷。(《日记》页2950)

四月十八日,夏孙桐言史馆拟裁。(《日记》页2951)

是日,先生到大理院晤董康,送《小丛书》一部。(《日记》页2951)

---

① 按,《日记》四月没有十二日条,在"十一"下加一"二"字,未知本条是十一日还是十二日。

四月二十日,到隆福寺看书。刘世瑗、柳诒徵约庆善堂小饮,章钰、陈宜甫、薛光锜、张楠、陈翰屏同席,缪禄保侍坐。章钰又约游公园,到武英殿,看古物陈列所,又到社稷坛,看芍药。先生谓:"虽非荆棘铜驼,然亦伤心触目矣。"(《日记》页 2951)

是日,章钰闻先生至京在津致先生一札,告以《儒学传》稿不敢置辞,荛跋已经编定试刻,少缓来见面陈一切:"不侍杖履者久矣。闻从者北来,亟欲来京,罄写积愫,致迩迟迟,实非得已。度长者必垂鉴及之。昨拜惠书,敬承种种。儒学传稿,以绚斋同年传述下问之盛旨,不敢不有所献替辱荷垂采,益佩老辈冲挹之怀矣。荛跋编定,伯宛业已试刻,闻尚不恶,当敦促成书,少缓上馆,当面陈一切。《圭美》四册,检出缴还,乞验入。《字学札记》两卷,极可津逮,已抄出一分,似可单行也。伯宛来信,备述迩日谈宴之乐,为之神往,率布不尽。"(《友朋书札》页 598 章钰第三十札)

四月二十一日,拜方尔谦,遇徐鸿宝;沈兆奎、张允亮访先生。此四人均熟于目录之学。(《日记》页 2952)

四月二十二日,恽毓鼎来访,不值。途中相遇而谈。(《恽毓鼎澄斋日记》页 769)

四月二十四日,夏孙桐来约到史馆,先生看到《国史》目录颠倒错落,感慨:"先辈,无有整理之者,何也?"(《日记》页 2952)

是日,李盛铎招饮于袁克文宅内,董康、方尔谦、何震彝、徐鸿宝、傅增湘、徐慕邢同座。观收藏,先生以为"颇有人间难得之书,真佳公子也"。又惋惜:"惜天下大乱,虽有河间东平,不如长枪大戟,奈何。"(《日记》页 2952)

四月二十六日,到史馆,领薪水,又借《国史目录》,较前编稍有修理,然亦费事。(《日记》页 2953)

四月二十八日,到史馆,交《文学传》五卷、《孝友传》二卷、《遗逸传》一卷。借史馆《开国群雄事略》两卷,三十日归还。(《日记》页 2954)

四月二十九日,诣李一山谈,李一山交来唐拓《武梁祠画像》属题。此拓本为钱塘黄易旧藏,推为唐拓。先生跋之,据前人钤印及手跋考其递藏源流颇详,并述李一山得此拓本始末云:"岁在丙辰,归于沸宁李一山,不知何年为火所毁,首三幅伏戏、祝诵、神农已佚,黄帝、帝颛顼、帝俈三幅止存一角,尚存整幅八纸。竹垞诸人题字,大半完好。一山之高祖母,即小松先生女也,曾印行秋盦遗稿,渊源有自。慨慕手泽,辗转访求,夜以继日,幸遂所愿。并付良工装潢,重征题咏,虽属不完之太璞,犹留爨下之焦桐。固以慰一山好古之盛心,亦小松先生所默祐也。"(《日记》页2954,《乙丁稿》卷五《唐拓武梁祠画像跋》)

四月、五月间,吴士鉴致先生一札,谈时局及清史馆事:"前月省中又告独立,人心恇怯。往来函件时有查检,因先布一信片,计早垂察。幸三礼拜后即行取消。军人和洽,市廛不惊。敝处家累太重,力难迁徙,困守家园,时时恐惧。处此时局,生趣索然。老人时患小恙,侄十二载不归故里。骤逢酷热,头眩心烦。旱象将成,秋收又无望矣。小民生计,垂垂向尽。吾辈出处两难,真无可如何也。史馆事,近益停顿。得仲恕信,知赵啸庐殁后,次老手足情深,心绪颇逊,时不在京,近以政局纷纭,又赴泰安避之。此时到京,欲与商量进行方法,尚非其时。长者行止,度亦过夏再定。惟画定朝代,指定数人,此乃确实办法,其余之人,仍旧办传,办好后由数人归并,至多不过二三人。互相参观,如此庶可有一片段也。侄已函告仲恕,仍请长者发其端也。印丞信缴还,乞察收。渠一年不入东华,而编摩不辍,较之日日赴馆而不做事者,相去远矣。承示康熙朝列传目归并附隶,具见苦心,此事非办不能定,若预拟目录,只能得其大凡,至临时尚须斟酌也。海上社诗,小石丈印出寄来,令人神往。侄一年有余未到逸社,里中偶有唱和,不及沪中之盛。"(《友朋书札》页447吴士鉴第三札)

五月一日,傅增湘送宋本《东观余论》来。此本乃黄伯思之子黄訜绍兴丁卯刊本,有劳权手跋,傅氏于壬子岁得之友人鲁纯伯,纯伯得之塘栖某氏,乃劳权之戚。先生即日起即以其校己藏旧抄本,并于二日校毕。(《日记》页2954,《藏园群书题记》页401)

五月二日,吴昌绶送《董后传》来。(《日记》页2955)

五月三日,傅增湘取宋本《东观余论》去,并约天津相会。(《日记》页2955)

是日,吴昌绶致先生一柬,送八十年陈醋与鱼肚一片:"吾师匆匆南行,绶虽怀卧辙之心,亦具劝驾之意。恨无土仪奉呈,鱼肚一片,旧醋一瓶,乞哂纳。此醋据言八十余年,大同醋尚不如太原。惜以新醋和入,即不嗜此,携之南中,可当产科等用,不特霜螯、雪鲙已也。"先生诣吴昌绶话别。(《日记》页2955,《友朋书札》页946吴昌绶第一百九十三札)

五月五日,傅增湘来,借十八元,交来宋朱长文《琴史》旧抄本一部。此书系上海博古斋书估柳蓉村之书而傅氏于本年春日过沪借校者,系朱学勤旧藏,先生南返,傅氏请先生代还。先生上津浦列车,章钰送行。(《日记》页 2956,《藏园群书校勘跋识录》页 214 傅增湘《琴史》手跋)

五月七日,抵沪。接湖北陶子麟寄来新刻《方言》。(《日记》页 2956)

是日,拜王秉恩,送《方言》四部。(《日记》页 2956)

是日,先生接丁国钧一信,寄至罟里瞿氏代抄《宋大诏令》并谈抄资事:"前月下旬,古里送到抄出之《宋大诏令》全部,闻人言杖履久已入都,迟未交邮。昨得子彬兄书,知午节后函丈即当南还,无任忻喜。兹特将《宋诏令》交信局寄呈,因民局不妥,已交邮局挂号。计订卅二本,分二包。抄价、纸价、装订共洋一百十六元,代给送书力洋一元在外。瞿来账一纸附呈,均求察收。此书抄值前付过五十元,净少六十七元。受业处前存书价廿八元,两次共购《云自在龛》一部,十元。《藕香零拾》二部,部三元。石影各碑一份,一元。共廿八元,除预付吴印臣抄书洋十八元外,尚余洋十元,请再付洋五十七元,以便清账。至印臣所抄该洋若干,俟抄毕总算,再行奉闻。芝孙舍弟全家现居租界新重庆路咸益里七百一号,吾师如寄抄值,望即径寄彼处最为便妥。芝孙或不在,可交其夫人收也。《太宗实录》已抄好,兰士因赵氏控偷书之人追究方急,故匿之,须俟案结方敢出书,只好静以待之。"札中所言"芝孙"系丁祖荫。札中所言之抄资,本月九日先生致之。(《日记》页 2956,《丁国钧致缪荃孙函札五通辑释》第三札)

五月八日,致刘承幹一柬,谈所作《一鸣集》札记及逸文、《复初斋文集》逸文之补刻以及其他书的校刻问题:"弟昨自都门回,消停数日再诣谈。近校《司空一鸣集》,作一札记及逸文八篇,可重刻司空文集之后。又,购得翁复初斋逸文百篇,系魏稼孙抄本,即在稿本摘出,亦可刻集外诗之后。《邓巴西集》发现足本,乞先交阅。《经典通用考》出'经通考'三字,《天隐堂文》出'隐文'二字,酌核为荷。"(《日记》页 2956,《艺风堂书札》页 637 致刘承幹第一百五十一札)

五月十二日,赴陈立言流通古书处看书,抱经楼所藏全祖望所贻佳甚,借《荆南唱和集》一册回,校旧藏本。(《日记》页 2957)

五月十三日,致刘承幹一柬,谈在古书流通处所见卢氏抱经楼藏书及翁方纲逸文的刊刻:"前奉一械,想已察入。昨见抱经楼书无一不佳,志在先售二三万元,然后零拆,内《明实录》,国朝太祖、太宗、世祖三朝实录(罕见之书)均可收。宋本《开庆续志》、《左传》(小字)、《媿郯录》,元本之《马石田集》《事文类聚》,及旧抄本、明刻本,挑齐议价。内《修文殿御览》是伪书,不必问。兄意以为何如?孟平亦在想,恐无此力量,袁二已不能买书,归兄无疑。翁文须考证题目,即付朱文海,刻诗后。醉翁回沪否?"又言:"前减之《宋会要》边防、蛮夷门,一并归邺架,乞哂存。吴印臣嘱送《董后传状》一册。"(《日记》页2958,《艺风堂书札》页637致刘承幹第一百五十二札)

五月十四日,先生返沪后曾以傅增湘请代交柳蓉村是旧抄《琴史》校自藏本,今日校毕。是日刘树屏来,先生请其带与傅增湘一札并《弘光实录》《方言》二部。(《日记》页2958)

五月十五日,还柳蓉村《琴史》;还陈立言《荆南唱和集》。(《日记》页2958)

是日,致冒广生一札,谈时局及入京见闻,并赠《明史例案》《董后传》及自可大、小丛书:"久不通信,大局决裂至此,夫复奚言。瓯江寄迹,尚安隐如旧否?弟入春稍健,三月之杪入都,到馆交卷,并候旧雨。花事已过,崇效寺之黄牡丹、公园之千株芍药,最为可观。印臣刻书而窘,抱存购书而窘,并至成讼,极风雅事而杀风景矣。留京月余,朋友均行,弟亦遂回沪江。带上友人刻书两种,小本则弟刻也。"(《日记》页2958,《艺风堂书札》页566致冒鹤亭第八札)

五月十六日,接费寅一信,即复之,告以《宋大诏令》可单行,《西夏书》可刻。(《日记》页2959)

五月十七日,撰《琉璃厂书肆后记》。乾隆间,益都李文藻撰《琉璃厂书肆记》,记述四库开馆前后琉璃厂书籍铺的盛况。先生从供职京师起四十余年间与书估为缘,"辛亥出都,遁迹海上,忆昔太平盛世,士大夫之乐趣,有与世人异者,因作《琉璃厂书肆后记》,为李南涧大令之继。甲寅秋日,重作京华之行,时时阅厂,旧肆存者,寥寥晨星,有没世者,有闭歇者,有易主者,而继起者亦甚众,则《后记》已可与李记同作宣南掌故矣。因全录书铺名目,以志今昔之感"。书肆的变迁最能反映藏书业的盛衰。(《日记》页2959,《乙丁稿》卷三《琉璃厂书肆后记》)

五月二十日,刘承幹送书来并信,即覆之,谈刻书及购抱经楼书事:"昨晤湘舲,方知兄有恙,醉翁亦回里。顷奉手书,聆悉壹是。《王静学集》

可刊而非最要。如专刻此路,近乎《乾坤正气集》,阅者寥寥。《邓巴西》非足本,可收而不必刊,均藉便奉还。《一鸣集》乞界新印本一袟。文集讹字须改,不可改者入札记。覃溪文,魏稼孙抄自草稿,与弟所录略有出入,然可刻。抱经楼书,顷往翻阅一日,书在汪万宜楼之上。须挑其《明实录》《国朝三朝实录》及宋元刻廿种,旧抄者之罕见者,明本之隽异一二百种,不过二三万元,不犯《修文殿御览》,要一万。《图书集成》稿本,亦一万。大愿仍在也,袁二无赁,谁人出重价哉。兄可专人往挑,头本送阅再与议价。弟但识书佳,上海书估,不谙与之议价也。《明文海》从前不过百金,近日须四五百元。抄亦不菲,新与石铭抄《宋大诏令》廿四本,与《唐大诏令》同刻单行。去一百六十元,抄亦非易。"(《日记》页 2960,《艺风堂书札》页 638 致刘承幹第一百五十三札)

五月二十一日,刘承幹送《吴兴诗话》《春雪亭诗话》来,请先生作跋。先生即复一柬,谈校书,又及购抱经楼书事:"书收到,谢谢。讹字即标于本上,令匠人改,有校语者编校勘记,与诗相配。两诗话即核。陈立园现在明白整买无其人,大价亦不过望然。本大如此,缩小也难,惟书不能说坏也。天晴当至尊处面谈,并候叶先生。"(《日记》页 2960,《艺风堂书札》页 638 致刘承幹第一百五十四札)

五月二十二日,访吴士鉴、刘承幹、叶昌炽、况周颐。(《日记》页 2960)

是日,覆勘《书经单疏》校语。刘承幹又交《谷梁单疏》于先生。(《日记》页 2960)

五月二十六日,重勘《清史例言申义》。编《适园书目》,先生自京返沪后即以编该目为日课。(《日记》页 2962)

五月二十七日,撰《重刻金石苑跋》。(《日记》页 2849)

是日,先生致刘承幹一柬,谈校书事:"《覃溪集外文》以三十元购之。又,《南唐书注》已刻成,未修讫,穆子美尚不知磨到何时。《补注》交朱文海必快。弟于此书颇费功力,抄校可否酌加二项并望赐下为盼。抄《湖州府志》两文,乞即抄付。两诗话已覆勘,系空看,讹字无多,俟跋成即交。"(《日记》页 2962,《艺风堂书札》页 639 致刘承幹第一百五十五札)

是日,先生送《清史例言申义》与吴士鉴。吴氏即复一札:"顷奉手教,敬悉。文苑增翁、戴甚允。翁无他事实,不如竹汀、西庄并列也。五周先生之类,江浙人似此者多矣。《文苑传》非四五十卷不能尽也。扔叔可列传,则胡荄甫、沈均初亦将羼入。汪三可列传,刘葆真不更当入选乎?此等议论,只好听之。尊意含胡允之,盖不值与之辩论耳。发下例言、申义二册,侄当阅一过,数日后再奉缴,并陈家君一阅。"(《日记》页2962,《友朋书札》页459吴士鉴第二十四札)

五月二十九日,题《小谟觞馆文集》。(《日记》页2963,《乙丁稿》卷一《题小谟觞馆文集》)

六月一日,莫小农来,以旧拓帖求售。(《日记》页2963)

六月四日,沈焜以宋刻《韩文》、明校《玉台新咏》来质。(《日记》页2964)

六月五日,致刘承幹一柬,还《春雪堂诗话》《吴兴诗话》,并及刻书等事:"《吴兴诗话》《春雪亭诗话》奉赵,拟跋附内。《渚山堂词话》须见原书再跋。昨见校宋《玉台新咏》、宋刻《韩文》,均极佳。又,《吴兴诗话》,弟甲寅入都,钱彦勋交带回,后张君跋未提出究是一书是两书,兄查核,跋须改正。彦勋并索新刻,书成即寄去。"又言:"正欲专函,承送到《渚山堂词话》《畏堂稿》并书值卅元。因题多未定,所以未呈。再泐。"(《日记》页2964,《艺风堂书札》页639致刘承幹第一百五十六札)

是日,先生跋《渚山堂词话》。(《日记》页2964)

六月六日,致曹元忠一札,还《春秋传礼征》底本、样本:"相去太远,碍难长晤。殊怅!《左传礼征》刻起,原书及清样呈上,希察入。近为居停校何书?能示知否。扫叶之《文艺杂志》今年不出书,何故?君雅常来否。"(《日记》页2964,《艺风堂书札》页528致曹元忠第三十六札)

是日,还刘承幹《渚山堂词话》,带回董兆熊撰《厉樊榭诗笺注》二十本,并致柬谈刻书选本:"《渚山堂词话》跋连书均交。《畏堂集》俟选定,不过两册。《慈寿堂文抄》即选出三帙,以此为本,酌加数篇即得。诗不必刻,非擅长。文真朴,应酬之作去,批语去,可仍名慈寿堂也。"又谈所刻"十谱":"十谱:叶、查、李、张、徐、瞿,今添查东山、厉、阎、顾,已足。"(《日记》页2964,《艺风堂书札》页639致刘承幹第一百五十七札)

六月七日,写沈树德文目,定名《慈寿堂文抄》。(《日记》页2964)

六月八日,撰杨雍建传、王鹭传;撰《慈寿堂文抄》跋。(《日记》页2965)

六月九日，刘承幹以太仓缪氏之书籍请先生鉴定，五月十九日书估钱长美携至嘉业堂待售者；又以《抱经堂目》求品评。先生即复一札："顷奉手书及抄本抱经账，均收入，阅后即复。《沈畏堂集》选出八卷，开单呈阅。诗不佳，文有意而不出色。江乡前辈理宜传之。厉集于樊榭事迹，尚不如我们之年谱。可以弗改，略添一二叶。重复杂糅，未经改削之书，亦于数日内可还，不必刻也。"(《日记》页2966,《嘉业堂藏书日记抄》页277,《艺风堂书札》页640致刘承幹第一百五十八札)

是日，张钧衡以新抄书求鉴定，又以瞿中溶《金石跋》见示。(《日记》页2966)

是日，先生撰《滋溪文稿》跋。(《日记2966》)

六月十一日，致刘承幹一柬，还其抱经楼书目，对抱经楼书，做了批示，并鉴评太仓书，柬云："弟爱抱经书，所取极多。o 最佳，o 次之，无标识又次，〇伪书，不必收。内有明板《宛陵集》《南丰集》，抄本《乾坤清气集》(元人选元诗)、《梧溪集》，江阴人。愿照价收之，俟成交再议。太仓书亦佳，《当恕轩偶笔》再留阅，先还二书。余即还。叶开书单颇杂乱，何也。弟只有一二种，原正统、崇正书院、汪文盛《两汉》均售去矣。单奉缴。"(《日记2966》,《艺风堂书札》页640致刘承幹第一百五十九札)

六月十三日，补《京师坊巷志》数条。先生自京师还，多日校该书。该书系光绪三年(1877)先生修《顺天府志》朱一新分纂《京师志》的坊巷部分，"乙酉夏五，缮录成编，尚余外城崇文门东夹道、东便门街、花儿市大街、广渠门大街、左安门大街、崇文门大街诸条未就。适拜典试湖北之命，乃请缪筱珊编修足成之"。刘承幹刊刻该书，先生做了增补和删改及重新编订。(《日记》页2967,清光绪二十三年(1897)义乌葆真堂刻本《京师坊巷志稿》卷末朱怀新跋语)

六月十五日，订《郙阁颂》《唐郎官石柱记》，周庆云属题。(《日记》页2967)

六月十七日，孙毓修来，借到《旧五代史》，编辑元本。(《日记》页2968)

是日，吴昌绶自京寄先生一札，谈其家居不便，论先生所撰史例申义，并及史馆裁减传闻："台驾北来，抠侍未几，又值世变，不得不奉劝南还，依恋之忱，积诸方寸。但微窥起居，颜色更胜旧时，深以为慰。吾师行后，绶无日不病,晌将两月。迭承赐示,迟未肃复,罪甚罪甚。盛暑想服食安稳,此间昼热夜凉,又潮湿过于往年缓旧恙不过肝胃作痛,酒病痰饮。今岁湿气滋扰于中,肝阳上炽,心绪至劣,所患遂益淹缠。本系积累之况,忽遭此时局,昔犹窘乏,今乃枯涸,生理顿竭,夫复何言。下月初为小女毕姻,赘婿在家,竹筒木屐,少作预备而不得,比闻老尤不易捱持,近日如处围城中。吾师当洞悉也。史例申义,诚如䌹弟言,与吾师事事吻合。曾约闰老来寓,对案共读,尚嫌未尽发抎。吾师固极持平,彼伧虑不明了。缓与闰老约,彼此重签一过,屏去人我之见,以求是非之公,庶吾师造端起例,悉非虚设。史馆无即裁之说,今日书衡云然。鹤料已停一月有半。缓意即果停罢,亦要各完所职,书衡并欲易为私家团体,又写新名词,该化多少!此末著耳,不足在念,目下尚不至此。不要钱而做事,恐亦难得多人。其余想闰老已奉告矣。否则太可惜也。烦闷之余,率此奉复,余容再陈。"(《友朋书札》页 946 吴昌绶第一百九十五札)

六月十八日,吴士鉴送还《清史例言申义》。(《日记》页2968)

六月二十日,送《郎官石柱题名记跋》《郙阁颂跋》与周庆云。《郙阁颂跋》考周氏之本系宋拓本,并指出该石拓本"原刻、重刻、宋刻、明刻,聚讼纷如,当以诸城王春林《石门碑醳》为槁,以诸君子均见打本,而王君亲至碑下故也","此宋拓本与李道士藏《石门颂》纸墨均同,大约同时所拓"。《郎官石柱题名记跋》,先生考周氏藏本为西安原刻,"纸墨精致,古香袭人,真海内孤本也",又指出覃溪据以为真的三跋六诗并作校勘之南濠所藏本为苏州重刻本,二者"虽刻有前后,而宋拓则真而非伪也",又进一步指出二者之异同,可深见先生鉴赏之功力。跋末附七绝四首,述先生之见解,第四首云:"附会常讥赏鉴家,漫将书法辨金沙。若从舆地兼官制,若辈何从置齿牙。"下注:"彭文敬公云,从来赏鉴家多不学,即文、董亦不免。然使一一考核精塙,焉得有如许真迹流传?如此两本,明白晓畅,何必作疑辞,以混后生之耳目乎?"(《日记》页2967,《乙丁稿》卷五《宋拓郙阁颂跋》《宋拓郎官石柱题名记跋》)

六月二十二日,张元济招饮于本宅,陪法学士伯希和,与沈曾植、叶昌炽、张钧衡、蒋汝藻同席。(《日记》页2969)

六月二十四日,撰《尚书》《谷梁传》两单疏跋。(《日记》页2970)

是日,淞社二十九集,钱溯耆、恽毓珂、恽毓龄作主人,集于一家春。

(《日记》页2970)

六月二十五日,送《黄与坚文集》、《王惟昊笔记》、旧抄《谷梁单疏》、新抄《单疏》、《尚书校记》、《谷梁校记》,交沈焜转交刘承幹。(《日记》页2970)

六月二十七日,丁福保来,借《山堂考索》三册去。丁福保与先生近颇有书籍借甀往还。(《日记》页2971)

六月二十八日,刘世珩送《元诗选》来索校。(《日记》页2971)

七月三日,送第八单书与张钧衡。先生为张钧衡编目,系张氏送书至缪宅,而先生编之,此已至第八单。(《日记》页2972)

是日,送《樊榭集注》十六册与刘承幹,先生已校毕。(《日记》页2972)

七月四日,重定《适园丛书》十二集目,次日送与张钧衡。(《日记》页2972)

七月六日,接叶德辉复昨日先生一信,先生谓:"识见偏宕,宜其到处与人不合。"叶札论湘人学问:"顷奉谕书,论湘人学问,乃平心公道之语,湘中入儒林、文苑者,先辈本无多人,一省人物尚不如辉一家,非夸诞也。当时葵园老人刻《皇清经解续编》,采王船山、曾文正之书,辉即以为不可。乡党之见不化,不足以示大公。光、宣达官,讲学仅南皮,用人仅项城,无此狭隘之事。葵老儒家,自不可与二公比论。近日程子大选三家诗,时代不同,诗格亦异。陶园诗痕迹未化,苍老不如道州,才气不如邵阳,各自流传,亦不愧为作者。合而选之,殊为蛇足。子大能看书而不读书,少年有乌衣之风,又兼江湖之习。中年官湖北,与名士往来,加以官气幕气,一身兼收。辉三十年故交,但觉人之不坏,不能知其味也,而葵老甚爱之。湘省南维,气钟衡岳,火星暴烈,大者致中兴之功,小者为革命之鬼。辉家祖墓尚在省龙,与岳龙别为一支,与葵老祖坟同一脉,即洞庭山先茔亦水木星结成。将来子孙无赫赫之功,亦不致有破家之子,此可断定者也。"又谈及修清史:"此次修史,柯凤翁曾以赵公明意张罗,辉随却之。一则此公在湘养成革命,一则不知文学何能屈宋衙官。即以史例论,辉以为清朝有儒学无儒林,儒林绝于南北史,唐以下不能有此名。阮文达以理学为上卷,经学为下卷,辉殊不谓然。今修史因之。辉如在局,必力争改变,是又一刘知幾也。道学亦党锢之别名,今成理学一派,辉亦别有论说。以为汤、陆尚在大列传,张杨园、陆桴亭尚入隐逸,顾亭林、李二曲同为前明逸民,而亦不能混入一传。李二曲受圣祖褒嘉,于隐逸则相宜,于逸民则有愧。亭林开有清二百余年之经学,然不以为逸民,而以为儒林,不足以遂其初志也。辉往时劝公不应聘,劝凤翁勿帮忙,亦重二公之意,今书成尚无期,又不必论矣。"又谈在苏形迹:"曹未往访,上海亦不思来,以暑故也。"(《日记》页2973,《友朋书札》页558叶德辉第三十八札)

是日,先生赴古书流通处看书,借《道腴堂集》归,十一日还之。(《日记》页2973、2974)

七月九日,陶湘来谈接续《常州先哲遗书》事,先生与之《刻先哲遗书缘起》一篇。(《日记》页2974)

七月十日,诣沈曾植,与朱祖谋做生日,逸社同人毕集。(《日记》页2974)

七月十一日,朱祖谋回苏州,向先生索吴昌绶印《双照楼影刊宋元明清词》代鸠资。(《日记》页2974)

七月十三日,校《书经注疏》卷十五至二十毕,校记亦成,送底本交吴隐,寄陶子麟。(《日记》页2975)

七月十四日,借陶湘《诗话总龟》旧抄本,未经月窗道人校刊者。(《日记》页2975)

七月十五日,钱铮来代袁克文购书,甚在行。(《日记》页2975)

七月十六日,发吴昌绶信,寄《琉璃厂书肆后记》《天一阁始末记》。(《日记》页2976)

是日,顾燮光来信,并寄来新拓碑。先生晚年和会稽顾燮光、东武王绪祖、闽县林钧、常熟曾炳章等相约访碑,各就原住区域搜访碑版,拓寄顾氏,由顾氏分寄同好,以通有无。而顾燮光不惮繁劳,旅食河南,指挥便利,特倩老年拓工,按洞分段遍拓无遗,可谓空前盛举。(《日记》页2976,《箧书剩影录》上卷甲编"龙门山造象释文"条)

七月十七日,诣周庆云,交河南保存所碑拓两分。周庆云为先生晚年金石之友之一。(《日记》页2976)

是日,拜钱铮,交十六种书单。(《日记》页2976)

是日,先生接章钰本月十三日一札,谈先生所撰清史《儒林》《文苑》之重要,及己《艺文志》之事,又及黄跋交先生事:"月初奉到手示,快如躬侍。故乡沦为县治,公有卜居之意,俾后生小子,熏德善良,闻之忻忻,惟憾不能不为稻粱之谋,长此栖泊耳!《文苑》继《儒学》写定,惜未寓目,两传于斯文最有关系,业已断手,将来大可单行。馆友过津来谈,知馆状近颇扰扰,私计或成枝头乾耳!《艺文志》终以见闻寡陋,中有数门更非专家不办,用是尚难请正于同好,不敢不勉,敬佩清诲。伯宛境已万难,嫁事在迩,鸠资印词,略沾板息,此事度已彻听,愿分托沪上知好也。茇跋必一律交上,惟不可不先与说通,力所不能举,当翻然也。石莲明年二月上旬正寿。天暑已经旬未往。另寄家传数册,系亥秋最震恐时所草,敬呈德鉴。晤絅斋同年,乞致拳拳。"(《日记》页2976,《友朋书札》页602章钰第四十一札)

七月二十三日,校《明史考异捃逸》。(《日记》页2976)

七月二十六日,叶德辉来还《百川书志》,又赠《历代纪年》《石林事迹考》。(《日记》页2976)

是日,洪槃来,借其藏《七家批钱箨石诗集》。

七月二十九日,潘飞声偕其弟来看宋版书。(《日记》页2979)

是日,接吴昌绶谢先生赠奁资信:"前奉赐函,又由授经交到蒙给小女奁资,悚不敢当,谊无可却,只得谨领叩谢。婚期适届崧辰,遥借寿觥,以代喜酌。闻子受弟须南旋省觐,有书件等交其带呈。"(《日记》页2979,《友朋书札》页947吴昌绶一百九十六札)

七月三十日,洪槃来,携至先生借其藏查慎行手稿二十三册。先生于九月一日送还。(《日记》页2979)

八月一日,改《文学》《遗逸》《孝友》三传。(《日记》页2980)

八月四日,撰题唐拓《武梁祠画像》诗,并于本月八日寄与李一山。此诗可与前先生所撰跋合读。(《日记》页2981、2982,《乙丁稿》卷一《黄秋盦藏唐拓武梁祠画像册子今归李一山,属题》)

八月七日,撰戴名世传。(《日记》页2981)

八月十日,撰土司传。(《日记》页2982)

八月十三日,发天津章钰信,索还茇圃跋,以章钰、吴昌绶处境艰啬,欲自出资刻之。(《日记》页2983)

八月十四日,接徐坊讣告,慨叹久之,心气不宁。徐坊藏书凤富,先生与其以同嗜好而交谊。徐氏藏书,秘不示人,而与先生常常互出所藏,以相考订。宣统间,二人任京师学部图书馆正副监督,亦相得甚欢。民国后,徐坊任毓庆宫行走,为溥仪的汉文老师。先生之慨叹,盖由此乎?(《日记》页2982)

八月十八日,刘世珩托撰《复社姓氏录》跋,允之。(《日记》页2982)

八月二十三日,校《一鸣集》毕。(《日记》页2986)

八月二十四日,致刘承幹一束,谈《一鸣集》校刻及鸠赀印吴昌绶所刊《双照楼影刊宋元明清词》等事:"束称:《司空一鸣集》,文集校勘记已发定。又,逸文八篇,惟与诗集补遗复一篇,新查出。拟重刻两篇,诗文集各一跋,大约《司空集》必以此刻为最完备也。《傅与砺诗》借到洪武本,乞检赐一帙,新刻红墨均可。以便校一过。前所赠皆为人取去矣。又,古微为吴印臣鸠赀,印景刻唐宋词,闻允两部,乞畀六十元交弟兑京,古微想亦函致。"刘氏即复,并书三大捆及词股六十元。(《日记》页2986,《艺风堂书札》页641致刘承幹第一百六十一札)

八月二十五日,撰《诗话总龟》跋。先生先后藏此书明月窗道人刊本九十八卷,后又得明抄本一百卷,补前者之缺,是跋考明抄本"引及《辍耕录》,刻本无,决是后人羼入。门类之颠倒,编次之互异,亦互有得失"。又对该书"内采二苏、黄、秦诗话卷卷有之,并录《玉局遗文》《东坡诗话》,并采《百斛明珠》,亦东坡手笔,"与"《渔隐丛话》序云阅所编《诗总类》,颇为详备,独元祐诸公诗话不载焉"不合;"此则多附辨证之语,尤足以资参订。然此书有辨证者,多与《丛话》同",与《渔隐丛话》序所云"阅书惟采摭旧文,无所考正"及"元任撰书在散翁之后,何以两书相同者甚多,并直标《苕溪渔隐》"不相合,故推测"此集残缺,后人取《渔隐丛话》补之",认为"月窗本不足据,抄本亦如此"。此书实经后人增订,已非阮阅之原书。(《日记》页2987,《乙丁稿》卷五《诗话总龟跋》)

是日,接丁国钧本月二十三日一札,谈先生介绍袁克文购丁国钧所藏宋本《旧闻证误》事:"二十赐函,越日即到,纪玉诸人适在舍,颇惜此书散出,沈君知之,即托介召人来力劝让伊,如五十元找价不满意,愿再增价,立即兑现纪玉言沈兄至五百元。云云,受业以既与函丈有成约,贪重值而倏食言,何以对吾师,已婉词谢绝矣。现定月底借款赎出,请人影抄一份,然后将宋刻归函丈。至携款取书,请稍展期,俟影抄毕,当再禀知来取不迟。洋银不便携带,此间中国银行抄票有'上海'字样者,皆通行,外国如汇丰、正金亦用也。袁氏购吾师宋刻十六种,罗四函,言二万数千元,果否?《窦氏联珠》想尚宝存,'皇二子印章'二字加小小归之成亲皇,闻之拊掌,笔记中雅材也。"又谈及先生所刻书:"士礼居题跋收回自刻,必可观成,闻之甚喜。吾师近刻成之《复社纪略》,如有红样本多,可否赐一分。《太宗实录》许出月检付,赵氏追书讼尚未了。届时当再催之,或可如约也。"先生即复之。(《日记》页2987,《丁国钧致缪荃孙函札五通辑释》第五札)

八月二十八日,写《敬业堂集外诗》,并加跋,二十九日毕。(《日记》页2987、2988)

九月,先生借沈瑜庆所藏《敬业堂集》手稿本,录《集外诗》毕,撰跋。跋云:"海宁查初白先生《敬业堂诗稿》流传遍天下,今假得沈爱苍中丞藏诗集手稿,自《慎旃集》至《住劫集》计二十三册,完善无缺,中间删改并省,不惮再三,并经朱竹垞、姜西溟、唐东江、揆恺功圈点评骘,无不依从,具见前辈虚怀若谷,所以成为大家。后为桐里吴兔床收得,借与张芷斋。芷斋一再跋之,录删去诗成一帙,并为各集评阅者之人,又录稿外逸诗八首。今悉缀录成帙,以志景仰。"(《艺风堂藏书再续记》传抄本第七"敬业堂集外诗"条)

九月六日,借傅增湘平山书院本《曲洧旧闻》,即校二卷。(《日记》页2989)

是日,先生办土司传、湖广苗事。(《日记》页2989)

九月七日,觅钱铮同到袁克文处一谈。(《日记》页2990)

九月八日,跋《曲洧旧闻》。(《日记》页2990)

九月九日,约殷亦坪、张之纯、郑立仙、王寄生、缪莆孙、金武祥父子小饮新丰斋,令缪僧保陪游哈园。(《日记》页2990)

是日,诣沈曾植处,公请冯煦、王秉恩、瞿鸿禨、沈瑜庆、王仁东、杨钟羲、王乃徵、张彬同席,和王仁东病起诗。(《日记》页2990)

是日,淞社集于醉和春。(《日记》页2990)

九月十日,以《诗话总龟》补足《韵语阳秋》缺叶,天衣无缝,不胜愉快。(《日记》页2990)

九月十一日,撰《题画龙》诗。(《日记》页2991,《乙丁稿》卷一《题画龙》)

九月十二日,复吕景端,借《盛宫保奏疏》来。(《日记》页2991)

九月十三日，接孙毓修来条，见示《永乐大典出书考》。（《日记》页 2991）

九月十五日，哈同花园开会，往观，与王国维略谈。（《日记》页 2992）

九月二十日，接顾燮光来碑并刘熊碑跋。（《日记》页 2993）

九月二十一日，补撰施南土司传。（《日记》页 2993）

九月二十二日，发北京夏孙桐一信并《明遗臣传》。（《日记》页 2993）

是日，先生撰《贵州土司传》。（《日记》页 2993）

九月二十四日，校《诗话总龟》百卷毕，排《覃溪外集》。（《日记》页 2994）

九月二十五日，接洛阳令曾炳章信并碑一包。（《日记》页 2994）

九月二十八日，拜张钧衡、王仁东、徐乃昌、张尔田、刘承幹、汪夔生、沈焜、许子敬，借刘承幹宋本《王荆公诗注》十七卷。（《日记》页 2995）

是日，得叶德辉一札，纠正《天寥年谱》卷末刘承幹跋之误，此跋当系先生代刘氏撰者。札云："月初至上海，候家中寄冬衣，信宿即返，居苏日久，颇似苏人。上海喧阗，殊不能耐矣。孙伯南兄近以《天寥年谱续谱》《别记》《甲行日注》见赠，后有刘君承干跋一，录旧人谈往一，皆略有可商之处。天寥公八子，其名世倌者，即横山公，故公字星期，本于星言速驾，命彼倌人之义也。午梦堂不止十种，乃十二种。《明诗综》《迁聊集》即《天寥集》之音讹，此非阅吾寒家谱牒，宜乎不得其详。天寥公讳绍袁，以其生时寄拜作了凡先生为子，并育之于家，至十岁始归，长名以袁，记其抚育之恩也。讳绍颙者，乃公从兄，同榜进士，官至大理卿，五百名贤曾绘像，谈往以为一人，误也。"又谈其刻叶氏家集情况："辉现刻《午梦》《己畦》二集未竣，《午梦》后附以《年谱》《日注》及《隐湖外史》等书。又从康、雍以来说部笔记，搜集小鸾祖姑遗事，题咏诗文，别为《疏香阁遗事》。在苏正补葺《南阳碑传集》《述德集》二书。往年修谱时，见各家记载祖先辈诗文事迹，足资吴中掌故者甚多，以谱不能悉载，一并去之，而别为《祖庭典录》一书，近亦粗有条例。族先辈事多有关于吴越文献，书成之后，非一姓一家之言，故乐得为之悉附明德之后也。《天寥年谱》既已印出，乞公再代觅一部，想备价亦不多。在苏获明嘉靖徐刻《仪礼》，即士礼居刻《周礼》同一源者，拟重刻之。苏省工价昂，在湖南约四百串钱即了。经字五万上下，注字七万上下。"又向先生借平话："前拟借金主亮小说评话，不知借否？示知以便来

取。"(《友朋书札》页559叶德辉第三十九札)

九月二十九日,跋《东观余论》,至十月三日,此跋撰毕。先生所跋之本系傅增湘所藏之宋本。跋述是本版本特征,并考其递藏源流并论其版本优劣:"为无锡华氏故物,有'真赏''华夏'二印可据,亦见《真赏斋赋》中。后归虞山,绛云烬后顿毁其半,牧翁影写补全,手自校之。《延令宋版书目》其一不著卷数者即此本也。世间流传止有汲古本,为嘉定间攻媿楼氏复以川本参校,已在后六十余年。此虽间有讹字,自是第一刻,迥出楼刻之上。虞山以墨笔校删,仍照楼本校定。今举其善于毛本者。"末举该本胜于毛刻本者数十条。(《日记》页2995、2996,《乙丁稿》卷五《东观余论跋》)

九月三十日,发叶德辉一札,寄《天寥年谱》。(《日记》页2996)

十月一日,叶德辉复先生一札,谢先生赠书,并谈其族支脉流泽:"顷奉谕示,并《天寥年谱》《甲行日注》四本,拜谢拜谢。八月中秋前,同族人到吴江访得天寥公撰西方庵、圆通庵二碑,石刻完好,文系骈体,纯用内典。简栖、子安外,久无此作。已雇工人往拓,拓出即奉呈。现在敝族惟汾湖一派,尚多文士秀才。天寥、横山二公之流泽孔长,可欣慕也。次则上海之新场,忠节公映榴一支。至赫赫最盛之昆山郡城,文庄至文敏以下吴西公初春支。今已式微,无一读书种子,然有二三商贸中人,与之谈先世,尚能陈述祖德,无寻常市井气也。辉一派为元和靖山长讳颙者之后,非宋之颙。所谓茅园派者也。此派人极少,除寒家一小支外,则仅扬州一支,故人丁占谱极少。大约房派丁多者,即不发秀,发贵、发富者亦然。此天下言风水者共同之理,殆即盈亏之数欤?"又谈及刻书事:"横山公《已畦集》已将刻出,待印。送板人由永州至长沙,中途遇游勇抢去行李并底稿文集前五卷。幸此间本家尚有副本,正在抄写付湘补刻,此亦大可笑事。横山公尚有《上宋荔裳书》,诋其舅太爷王芝兰十六罪状,文极痛快淋漓,其底稿在一族人处,已借抄之。想见此老刚正不阿,不仅见之《汪文摘谬》也。辉藏有明文庄公盛全集三十卷,中缺《水东稿诗》前二卷,《菉竹堂诗稿》四、五、六卷,共五卷。不知藏书尚有全本可配否?乞公留意物色,亦吴中文献也。有族人云,温州博古斋即刻永嘉丛书经手者。刻书极精,价比苏廉。族人名昭敦,字咏霓,浙江实缺知县,资升道班。去年在湖南财政厅当科长,今已回,学问甚好,非风尘俗吏。据云温州刻书价现今尚与湖南相等,每字一千不过洋一元。曾见朱强翁、赵学南兄,以为欲长刻书不如公共要博古斋承领。一较湖北近便,一较苏州价廉,省刻资,多刻书,似非吝啬也。"又谈及在苏访友:"二曹兄弟但见君直两面。叔彦所居终闹不明,当徐以相访。菊裳先生日内拟走访,然此时又天雨,一雨即闷人,兴致索然矣。"(《友朋书札》页560叶德辉第四十札)

十月五日,诣周庆云,交《泰山廿九字》《司马元兴志》、四宋拓志一匣。(《日记》页2996)

是日,叶德辉致先生一札,谈其家藏抄本《甲行日注》与刘承幹刻本迥多不同,拟刻之,并以所撰二跋呈先生阅,又以十月一日札所言及之叶绍袁撰西方庵、圆通庵二碑相赠:"《甲行日注》,《荆驼逸史》本草率不堪。卒读刘君刻本,既已言明据此本,虽有沿误,总是据孤本传刊,可不任过也。辉家藏抄本迥多不同,不仅风雨阴晴等字,辉正拟付刊,可别为一本,近虽校补,不必送呈,属刘校改,以各据所见,一改反与跋矛盾也。撰跋二纸呈削,此悦服之忱,非阿好矣。天寥公书碑二张并呈上。"(《友朋书札》页561叶德辉第四十一札)

十月六日,顾燮光寄碑拓来。(《日记》页2996)

十月八日,与徐乃昌写《丑奴墓志》跋,又题顾燮光《赵君双阙志》。是日先生读碑。(《日记》页2997)

十月九日,傅增湘来,交还其宋板《五代史》、劳校《东观余论》、抄本《诗话总龟》。所谓劳校《东观余论》,盖即傅氏所藏之劳权以宋本手校毛氏汲古阁刊《津逮秘书》本也。(《日记》页2997)

是日,丁国钧专人送宋板《旧闻证误》来,即检票洋三百五十元与来人手,又《宾退录》一部,盘缠四元。"(《日记》页2997)

十月十日,吊盛宣怀。(《日记》页2998)

是日,借嘉业堂《施南府志》,办《土司传》。(《日记》页2998)

十月十四日,还刘承幹书多种,并借书:"昨谈畅甚。今将《吕东莱集》、《大典会通》、陈增题跋,全部送阅。又,还施南府两志,如尊藏有《宜昌府志》《永顺府志》,亦恳借阅为幸,为土司传也。"(《日记》页2999,《艺风堂书札》页641致刘承幹第一百六十三札)

十月十五日,撰《盛宫保奏议序》。序推盛宣怀为救敝扶衰之豪杰,识见皆提挈纲领,于晚清国势衰颓之时,于轮船、电报、铁路、银行等实业,一身任之,勉为其难,居功甚伟而屡为人所挤,受重谤而镌职去国。盛称盛氏之奏议"遇一事必推求其所自来,而穷极其所已至。盱衡中外,商榷古今,侃侃而谈,无漏无误,有先事能料其流弊,有当事而表其成功,新政诸大端,大半寓于此中"。①(《日记》页 2999,《乙丁稿》卷五《盛宫保奏议序》)

十月十六日,撰《校经室文集》序。序文述先生与孙葆田之交谊。又谈此孙氏之文及是集编辑之法云:"素稔先生师武昌张廉卿,治桐城古文,荃孙亦尊桐城为国朝正宗,先生曰,世之诮桐城以为空腔,此学声调之弊,只须运事实于文字之中,可免此诮。今集内大臣名人传志,实能身践此言。又议同修通志,先生主章鲁派,荃孙主洪孙派,先生曰,汝师法乡人耳。荃孙答曰,志以事实为主,以文行之,略避记账之诮。如实斋之志,首增征实一门,仍不离乎事实。通甫则前志源流,古迹艺文,一概扫除,文字虽高于武功,朝邑已蹈刘知幾改史为文之讥矣。先生亦首肯。今集中与友人书,必载来书,亦此意也。文集未经手定,然友人能得先生之意,绝无空腔文字在内,此桐城派之高者。"此亦可见先生对古文、方志及文集编纂之法的认识。(《日记》页 2999,《乙丁稿》卷二《孙佩南校经堂文集序》)

是日,徐森玉来,送碑四份。先生送其《艺风堂藏书续记》。(《日记》页 2999)

十月十七日,代刘承幹撰《校经室文集序》。序论明代以来古文发展之流弊,而以桐城为正宗,又谈刊刻是集原委云:"遗文六卷,年丈毛稚云观察、黄石荪太守为整理,嘱余刊行。余凤重其为人,又读其文朴实而有理致,于功业、文学、忠贞、节义之人、之事,尤能发挥熔铸,力追先正典型,不蹈空、袭二弊,则桐城之后劲也……夫削简已竟,爰书其首。"(《日记》页 3000,《校经室文集》卷首刘承幹序)

是日,刘承幹送来书价洋五百九十元,先生前曾以宋刊《东莱吕太史文集》、旧抄《西畇寓目编》、精抄本《咸同两朝内阁部院督抚年表》、高丽刊本《大典会通》等求售,刘氏以交谊,乃如价购取。(《日记》页 3000,《嘉业堂藏书日记抄》页 291)

---

① 按,此序于《乙丁稿》中载为"岁在柔兆执徐立冬前一日,江阴缪荃孙序于海上廎居之联珠楼",考是年立冬为十月十三日,今从《日记》系于十五日。

十月十八日,叶德辉来,以抄帙畀之。此盖即其前欲借之金主完颜亮平话。(《日记》页 3000)

十月十九日,还《吴兴备志》十二册、《书经单疏》八册、《南唐书补注》四册与刘承幹,并附致其一函云:"《南唐书》四册、《吴兴备考》十二册、《尚书单疏》八册均交,乞察入。《孙佩南文集》代拟一序,弟一序呈政。黄曾源号乞填上。弟嗽疾仍未愈,尚不能出门也。"(《日记》页 3000,《艺风堂书札》页 641 致刘承幹第一百六十四札)

十月二十日,是日系缪焕章先生讳日,先生家祭。先生感慨自己已七十三岁,不知尚能奉祀几年。先生致刘承幹一札,还《云南水道考》与刘承幹,取回书价六百元,札云:"昨两文漏未封入,今补呈。《云南水道考》已毕工,稿本并还。《傅与砺诗》可作校勘记一卷,《司空图文》添校记并逸文,《厉樊榭谱》添一跋,均算完整。"(《日记》页 3000,《艺风堂书札》页 643 致刘承幹第一百六十五札)

十月二十四日,罗振常招饮,张元济、徐乃昌、费寅、沈焜、宣哲同聚都益处。(《日记》页 3002)

十一月一日,拜陈星南、陈珂、宗舜年。(《日记》页 3003)

是日,先生赴沈曾植之约,腹痛,先回,晚发热,校《吴礼部别集》。(《日记》页 3003)

十一月五日,代族长撰《兰陵缪氏宗谱》序。(《日记》页 3003)

十一月八日,校《韵语阳秋》,先生近日以校该书为日课。(《日记》页 3005)

十一月十日,吴昌绶在京致先生一札,谈史馆情形,又及其刻宋元人词与莐跋进展:"今日奉示,敬悉。拟作二句,曰'曾为光绪旧铃辖,窃比康熙野翰林'。然未考铃辖究是何官也。子受许久未晤,各书当属带呈。史馆不过如此,各尽各心。徐树铮既出,国务院桐城派改组之说,已归消灭。马通伯已入馆,闻闰翁言,尚谈得拢,且欲绶常去,有所商。然绶一病颓唐,实抱愧荒惰也。史例未交,当日三数同人商榷,亦自有用意,无非卫护教主。今请稍缓,必有办法。次老情形,闰老想早言及之。宋、元本词,只得重仗授经之力,至多一百廿部,即结束矣。《珊瑚网》此间新出匋斋家旧抄,为宝瑞臣所收,授经欲刻。既有张氏刻,当劝其停手。绶思刻《大观录》,则未敢忘怀。欲凑成小丛书两集,必有一大部方可。《吹豳录》、《说文理董》可刻否?要寻杭州者旧书,甚不易。南京每千二元八角,自比京师为廉。荛跋有大半年可成,其实字不甚多。无需二年之久也。"(《友朋书札》页 940 吴昌绶第一百七十八札)

十一月十一日,刘承幹送《内阁典故汇记》《安龙记事》《辽金元宫词》来,求跋,又以《两山墨谈》求教。(《日记》页 3006)

十一月十二日,安阳寄碑来。(《日记》页 3006)

是日,夏孙桐寄至金箋孙撰《开国群雄传》《扈伦四部传》。(《日记》页 3006)

十一月十五日,编《适园书目》,分经、史、子、集。(《日记》页 3007)

十一月十六日,偕徐乃昌公请张元济、李详、刘体乾、刘体智、费寅、沈焜、王秉恩。徐乃昌不至,蒋汝藻、张钧衡均辞。(《日记》页 3007)

是日,先生购三妇评《牡丹亭》。(《日记》页 3007)

是日,先生接吴昌绶本月十一日北京一札,谈荛跋编纂,其影刊宋元词板片将售与陶湘,及先生售书与袁克文事:"示谕新诗,一一聆悉。都中龙公行雪之后,奇寒为多年所未有,害我弱龙,病且僵卧,不若老龙之腾踔学海也。新印甚工,乞为作'松邻精舍'四字可否?润资、印值照缴。昨消寒第一集在宝瑞臣家,始勉强一出。同集者梁节厂、朱艾卿、沈子封与思缄、荫伯、珏生诸人。十一来吾斋,作第二集。恨师驾未在京也。荛跋已到,式之三约云何,绶不得知。附载他人识语一层,两年来辗转商榷,实未获善法。退入跋后下一格,此式之原议。诚为清晰,但荛圃本非成篇之跋,与所见《古书录》不同。往往有在卷首者,有在卷中者,有在卷尾者,有承前人之语而加论断者。一概屏弃他人识语,则荛说不能衔接,亦大碍事。式之之功在校正诸跋,凡他说与荛说错连者,但得原本均已理清。愚见与其再做一番,仍不尽惬,不如姑依原式,期其速传,能读此书者,亦能自为分辨,未知师意何如?一经挪动,非全部重写底本不可,今只须排比先后,如卷首三篇同为《诗经》,绶即曾为移正。《潘氏藏书记》三卷,绶与式之皆见之,据云极秘密。想是菊裳所辑,然尚有应酬者。又今人眼福大胜前人,此三卷殊不足为文勤增重。绶意竟改为潘祖年撰,后作一跋,述其保守先兄遗物,以仅存者悉著于录,如此则后人不贻口实,于文勤此说似最稳妥。今仲午既深阁固拒,请毋庸告人也。史馆无甚变动,绶所任皆向无底本之事,不能过限时日。如吾师与绚弟,开年来此,互商办传,极妙。此是各人自愿办事,不管有无俸给,总得交卷。他日重行整理,庶有凭借。绶过年如身子稍好,必与闿翁常晤通伯诸君,商一办法,以待吾师。能拉拢阳湖、桐城派者,只纲、闿与绶三人而已。奈何!我师卖书千元度岁,绶今秋亦然。宋、元词承授兄代印,约及一百廿部,大费心力,殊为感愧。此间要者络绎,势不能久累授经。今拟小作结束,移归兰泉经理,现未交者六七十分,均缓俟兰泉汇办。凡事多有一种风头,此时京师,《双照楼》风头大出,似是八大胡同一红姑娘之招牌。不如趁早出嫁,且洗个浴再说。袁二欲购尊藏,断不能成,望留意,不必理他,省得纠葛。绶与董、宝二千五百,仍杳然,而况二万耶? 心爱数种,宜留以娱老。森玉、巩伯均回京,独沆叔得《通鉴》,踌躇满志,但穷得不了。"(《日记》页3007,《友朋书札》页940吴昌绶一百七十九札)

十一月十九日,校《癸辛杂识》《别录》《续录》并撰跋。(《日记》页3008)

是日,先生送章钰《先德录》,吴昌绶刻两种与吴庆坻;送《晋阙》与叶昌炽;送《留真谱》与徐乃昌、袁克文。(《日记》页3008)

十一月二十一日,吴庆坻复先生一束,告以收到先所送章钰、吴昌绶惠寄书册:"奉手教,并式之、印臣两君惠寄书册,谨领悉。乞于致书时先为道谢是幸。侍此次因子展之丧,属为写主,诸郎述其遗命来请,乃践素车白马之约,然犯寒委顿,不克趋侍教益,怅歉殊深。明晨遄返,匆迫之至。"(《友朋书札》页226吴庆坻第八札)

十一月二十二日,与袁克文一束,袁克文随送四百元来,取宋本《旧闻正误》去。此前丁国钧交先生售书于袁克文者。(《日记》页3008)

是日,先生接罗振玉日本本月十六日致先生一札,寄先书六种与先生,谈及不愿归国之由,及与伯希和通信:"两奉手教,以心绪至劣,未及当复,至以为歉。承示闭户造述,养晦避世,甚佩甚佩。方今君子道消,动辄得咎,始知古人之乞活埋,非无故也。玉海外余生,所以久久不归者,盖亦以赋性狷隘,其不能容于今之世必矣。故宁琐尾流离而不悔,想长者能鉴此衷曲也。伯希和至北京,仅通一信,彼邦战事方烈,亦无考古之余兴矣。玉近刊十余种,装成者才及半,兹寄奉六种,另封寄。即祈晒存。内《礼记子本疏义》,意竟是郑阳手写,当为传世写本之冠,不知长者以为何如? 前承假陇右石刻,尚有二三碑未写了,稍缓奉完,久羁之愆,尚希鉴有。"(《日记》页3008,《友朋书札》页1005罗振玉第十三札)

十一月二十五日，理碑。卫辉又寄碑来，并《刘熊碑考释》。(《日记》页3009)

是日，先生送本月十一日刘承幹请先生撰三书题跋与《说文校议议》红样与刘承幹，并致一柬谈刻书、藏书之高下："书三种，拟跋三篇呈政。《安龙纪事》书不佳，跋指出一大端，余未言。明末此等书均不甚可靠，连王船山之《永历实录》讹谬亦多，可藏不必可刻。收书亦杂，身份便减，如《艺海珠尘》不如《学津讨源》，《海山仙馆》不如《粤雅堂》，是明征也。穆子美之清样可笑，校已三年，全然忘却，除非重校为妥。俟可送应刻书一阅，当代决定何如。"柬中对《安龙纪事》《永历实录》明末杂史类书之评价，颇有见地。又谈《说文校议议》等书之校刻："《说文校议议》三十篇订三册，穆子美接去，弟未经手。书极佳，惜未补篆，又太多，须补足方能刻。可否请徐子颂先生，照《说文补写》篆文。此书本其先德商订之书，再以《说文校议》核对方妥。《安龙纪事》乞交下，改易两处，重撰跋语，亦可留。《左传》单疏如来，乞先撰校勘记再发写。《张石翁书目》已完，又有余力也。《集韵》是订曹本之误，是更正原书，未着校勘记，昔年见校勘记已不存，即作札问君直。如刻，须交陶子麟景写，宋字不能刻此等书。《曹勋集》好，《刚峰集》记从前二种皆抱经楼之新得。阁下早有欲刻之意，如有两部，乞同发下先校一遍。"(《日记》页3010，《艺风堂书札》页643致刘承幹第一百六十七札)

十一月二十七日，得傅增湘天津本月二十四日一札，谈其将编一藏书目录，仍以四部分类及断代之法；又告先生他近来举债得百衲本《通鉴》，并请先生详示与《通鉴》版本有关的材料："抱病回津，卧息月余，乃得小愈，至今尚未敢出门。荛跋闻已寄到，想已开手写样。公于刻书勇锐大似少年，真堪敬佩也。《五代史》于病中校过颇佳。无事又将藏书写一小目，尚未毕。目录似仍照四部分抄为宜。初意欲以板本分类，颇嫌薄弱，不如仍循常例也。著述人拟断自明，初刻本拟断自嘉靖，然万历以后翻刻宋本，及国朝人撰述之稿本，似又不拘此例，公以为何如？近来得一大书，价贵至不可言，盖举债以为之，即百衲本《通鉴》是也。绍兴本，十二行廿四字者，得一百七十余卷。理宗时建本，极精美。得六十余卷。十一行廿一字。其余小字本四十卷。五种皆南宋本，十四十五十六行。各种惟建本曾见著录，余均不见。湘已考查各书，拟一小跋，稍暇当呈政。除普通各目外，于《通鉴》板刻有关系者,敬祈公详示,以资参考。北宋第一刻于杭州,颇疑书成公殁而党祸起,此书遂不通行。此本今亦不见,不知明时孔天胤本是否翻杭本?公曾见孔本序跋否?此外即龙爪本,进修堂蜀中费氏刻。陌宋及京馆所存皆是南宋,当以此绍兴余姚刻本为第一刻。盖浙西茶盐司公使库下余姚所刻。然亦不见于记载何耶?乞公有以见教。授经近亦得宋本咸淳刻。《草窗乐语》六编稿。廉价而得秘书,可羡。自袁公子去后,我辈乃得于厂市购宋本,不然亦只可望洋兴叹耳!"(《日记》页 3010,《友朋书札》页 583 傅增湘第十四札)

十一月二十八日,赴淞社第三十一集,刘承幹主席,先生与徐乃昌、吕景端、汪煦、杨钟羲、刘世珩、张美翊、费寅、恽毓珂、曹元忠、陶葆廉、潘飞声、周庆云、李详、吴昌硕、张尔田、沈焜、孙德谦同集,题为"云山入道图"。(《日记》页 3011,《嘉业堂藏书日记抄》页 293)

十一月二十九日,赴周庆云消寒第一会,喻长霖、章一山、刘炳照、刘承幹、刘世珩、徐乃昌、朱祖谋同席。(《日记》页 3011,《嘉业堂藏书日记抄》页 293)

是日,缪禄保自北京回,带回夏孙桐信、章钰信、吴昌绶信及黄荛圃跋,并吴昌绶刻词《双照楼影刊宋元明清词》五部。章钰一札,谈荛跋的命名、编例、校勘:"荛跋归公镌板,鄙见数条,敬备采择。与伯宛原议,因潘刻记字可商,又欲分荛翁藏书、刻书题识为两种,故改称荛圃藏书题识,一也;各条并录前人题记,及与荛同时人,又荛翁有一题、再题、三题之不同,似宜分别先后,二也;潘、江、邓三刻,苟有原书可校,均已校过,惟明知有误而未敢辄改者,三也;既刻藏书题识,似宜并刻刻书题识,及《百宋一廛书录》,以完成荛翁一家言,又潘藏数条,亦应列入,四也。今将订成十册,及原目一册,新编目一册,请验入。此事由伯宛创议,钰颇费一番日力。重录各条,则出门弟子之手。上列二、三两条,应请公老眼正定,成一美善之本。敬代荛翁请命,惟赐鉴焉。新编目一册,并祈阅过封还。"《荛圃藏书题识》由先生出资刊刻(《日记》页 3011,《友朋书札》页 600 章钰第三十四札)

十一月三十日,送还刘承幹《松隐集》《永顺县志》《集均》《说文校议议》,并致一柬:"昨谈甚洽。《松隐》可付刻。《省斋》待核。《说文校议议》,原书乞补篆字及脱字(如不能补即空格),补好方能校入宋字本。又,穆子美刻此等好书恐更难矣。《集韵》照式刻极佳,不能改宋字体。"又说:"《说文校议》严原刻,姚翻刻,兄处必有之,须与《校议议》对校。"(《日记》页3011,《艺风堂书札》页644致刘承幹第一百六十八札)

十二月一日,缪禄保三十岁生日,餐面。是日先生发章钰一信,寄《邠州石刻录》《刘熊碑考释》。(《日记》页3012)

十二月八日,还适园末单书。先生勘《适园书目》毕,代张钧衡撰序言,并自撰序言。(《日记》页3014)

十二月九日,徐乃昌办消寒第二集,周庆云、喻长霖、刘炳照、刘承幹、陶葆廉、张钧衡、朱祖谋同席。是日,沈焜以校宋本《玉台新咏》让与刘承幹,托先生评定,合银百两,计洋一百三十九元。(《日记》页3014,《嘉业堂藏书日记抄》页294)

十二月十日,校《太平宝训纪年》卷四,近日先生以校此书为日课。(《日记》页3014)

十二月十二日,《适园藏书志》十六卷成,送张钧衡。(《日记》页3015)

是日,先生还《安龙纪事》与刘承幹,并致一柬:"《安隆纪事》是弟粗心,业已改定,重刻二叶并跋乞正,即付梓人。《说文校议议》至精至密,交补篆书,重行校改,方臻妥善。穆子美刻,断不能佳矣。朱文海写《谷梁单疏》亦不佳,嘱其选好手。"(《日记》页3015,《艺风堂书札》页644致刘承幹第一百六十九札)

十二月十五日,勘《荛圃藏书题识》(《日记》页3015)

十二月十六日,题刘子函《水云山入道图》。(《日记》页3016)

是日,接齐耀琳信,寄至《江苏省通志例》。(《日记》页3016)

是日,先生致刘承幹一柬:"叶奂彬信呈阅。大约明年自来,将杭书带上,渠以石刻付印。不知模糊者不能印,印亦不能刻也。心舫、谦甫想先后解馆。东坡生日略早叙,道远天寒,散亦宜早。书画、金石尚可,呈教。盼早临为幸。"(《日记》页3016,《艺风堂书札》页645致刘承幹第一百七十札)

十二月十八日,重定《京师坊巷志》毕。(《日记》页3016)

十二月十九日,先生主销寒第三集,周庆云、张钧衡、刘承幹、陶葆廉、刘炳照、朱祖谋、徐乃昌同集云自在龛。(《日记》页3017,《嘉业堂藏书日

记抄》页 296)

是日,刘承幹馈百元,并取重订《京师坊巷志》。先生致刘承幹一柬,谈刻《京师坊巷志》:"《京师坊巷志》承代刊,感谢之至。乞交朱文海,弟可随时添改。兄序须明春呈上,现写官均散矣。校脩一单呈阅。诸君子亦归里,须明年再来。日内又有书来否?黄家书再同无出色者,闻归丁福保。"(《日记》页 3017,《艺风堂书札》页 645 致刘承幹第一百七十一札)

十二月二十日,交李贻和刻《荛圃藏书题识》一至五共五卷。(《日记》页 3017)

十二月二十五日,写《结一庐书目》。(《日记》页 3018)

是日,接常熟宗舜年一柬,寄还抄本《读书敏求记》。柬云:"别来伏想道履康曼,奇寒甫鲜,餐卫何如,尤所敬念。丁芝生交还所假尊藏《敏求记》抄本两册。秉衡交来洋银卅圆,求察收示复。闻尊刻《留真谱》远驾邻苏老人本。又闻《荛圃题跋》已付刊,此皆书林鸿宝,企望速成也。"先生即复一柬。(《日记》页 3018,《友朋书札》页 729 宗舜年第六札)

十二月二十七日,跋《吴礼部诗话》。跋云:"《吴礼部别集》即诗话。旧抄本拜经楼藏,上海市中出,假归录副,并抄赠吾友徐君积馀。积馀云知不足斋曾刻之,因取鲍本一校抄本,讹错校正不少,而鲍本亦有误。如'仙居求爱庐先辈'一条,僧清一诗,'一'误'壹';'政和二年三月'一条,不'是黠羌求款附','黠羌'误'頡';'方岳巨山咏史诗':'长源锐意偓全齐,晚节还为富贵迷。幸自山中足煨芋,何须禁里觅烧梨。'下脱注'李泌'两字;'宪宗将吐突承璀'一条,抄本重一'将'字,下云'李绛、白居易争之甚力,言将以为将也',此字如何能去?'李伯时画飞骑习射图'一条,章良能下注'良能字达之,号嘉林,吴兴人,谥文庄,有《嘉林集》百卷';'钱塘李道坦坦之'一条,'叶林玄文'下注'叶林字玄文,与邓牧心同隐大涤。或作朴字去文,非也'。两注鲍本所无,疑是后人所加,然亦不妨存之。黄荛圃云得一本即校之,必有一二字好处。此本得此,亦不枉一抄一校矣"。(《日记》页 3019,《藏书再续记》"校本第五"之"吴礼部别集一卷"条)

十二月二十八日,消寒第四集,刘世珩招饮,陶葆廉、章楳、徐乃昌、刘炳照同席。(《日记》页 3019)

卷八　流寓沪上（下）

民国六年　丁巳（1917）　七十四岁

一月一日，接卫辉顾燮光信。(《日记》页3033)

一月七日，赴刘世珩招饮，王秉恩、刘承幹、李士道、吴昌硕、陶葆廉、钱绥楘、王乃徵、恽毓龄、恽毓珂同席，诗题为"人日集楚园观唐六如小影"。(《日记》页3034，《嘉业堂藏书日记抄》页297)

一月八日，赴陶葆廉、章梫约消寒第五集，钱绥楘、刘承幹、周庆云、张钧衡、刘世珩同集都益处。(《日记》页3034，《嘉业堂藏书日记抄》页297)

是日，先生写碑，并撰广西土司传。(《日记》页3034)

一月九日，写碑，撰贵州土司传。(《日记》页3034)

一月十日，撰《京师坊巷志》序。(《日记》页3035)

新春吴昌绶在京致先生一札："旧历新春，未克肃笺脩敬，转以拨款琐事奉渎，乞交古微为便，并已属授经奉致，能划则省再寄。毋任皇悚。顷奉示，恭审起居佳胜，并读新诗。闰老又以三字韵四诗属同和，已拟一二篇，容另寄。仰见我师清兴不减。另示一纸，绶亦知师恉，一班痴迷唤不醒，奈何！授兄至交，此事则大反对，看其费钱赔力气而已。徐星伯先生抄宫史皇太后万寿典礼，为《东朝崇养录》，有一序，未知曾搜得否，兹抄呈览。中外物品瓌异非常，本思抄出，今得星伯先生书，大妙。其书凡百十三叶，绶拟刻入小丛书。吾师与䌹弟，春暖能同来，最妙。幼衡年内已到京矣。馆俸各人均减，提调四人减至一百四十矣。绶走不动，未上馆，但在东兴楼请生至好同馆诸公一集，上年亦如此。绶病困依然，今年仅一游厂肆，所陈列年差一年。昔则以年头为聚集之时，今则随到即卖，厂市转无佳品。惟沅叔年底得北宋《孟东野集》首册，目录全，一二卷，蒉翁物。此本绝精，未知后三本流落何所。沅已奉告否？当属印一纸呈阅。《通鉴》七种，亦各印一纸。此与珂罗版有

别,使大家看看而已。绶尚未买一物也。"(《友朋书札》页 934 吴昌绶第一百六十七札)

一月十一日,专家人王升上苏州,送沈玉麒礼。又送《方言》与曹元忠,零书与叶德辉、吴昌绶。王升自苏州取到叶德辉所藏《订讹杂录》。(《日记》页 3035)

一月十二日,先生出吊好友刘炳照。先生有诗挽之,其一:"除夕销寒笑语温,今春剪纸为招魂。案头尚有新诗卷,襟上犹留旧酒痕。月旦定评何日确,翰怡选近诗,生存人不录。君诗可汇入矣。风余吟社几人存。乙未,举风余词社。丛残笔墨均收拾,幸有侯芭哭寝门。"其二:"昔年海上访汪伦,邂逅逢君意最亲。世上渐无同志友,冥中偏用读书人。吴山城隍,召之归位。时因悲愤非关命,室有图书不救贫。消息故乡才访实,座中诸老共沾巾。昨粟香书来言之。"(《日记》页 3035,《乙丁稿》卷一《挽刘语石》)

一月十三日,访刘承幹,交杭世骏《订讹类编》,先生从叶德辉假得者,拟入《嘉业堂丛书》。(《日记》页 3035,《嘉业堂藏书日记抄》页 297)

是日,交缪僧保写碑,自写造象,先生连日写造像;改《姚启圣传》;自写《贵州土司》。(《日记》页 3035)

是日,丁福保及于佑任来访。(《日记》页 3035)

一月十七日,约顾燮光小饮会宾楼,徐乃昌、周庆云同席。(《日记》页 3036)

一月十八日,读端方《壬寅消夏录》唐至宋;撰广西土司传。(《日记》页 3036)

一月十九日,张钧衡约消寒第六集,同人咸集。(《日记》页 3037)

是日,先生致夏孙桐一札,谈赶办清史及沪上卖书、买书等事:"手字均悉。禄保明日入都,海口冻未释也。弟可出门,身体甚好。然不出者,一因天冷须脱皮衣再说,一因土司传日夜赶办。还剩四川一省未写完。正本以未抄,写官方来,先生尚未到也。印丞词板已卖去,可惜。近来风行珂罗板,弟不以为然,南边不销,不如刻者,大约上日本当也。此间书价未落,弟亦无觅处,袁二亦无钱,仍是刘翰怡买得多。又秦年丈请代送一呢幛。禄保靠不住,以后馆中人不能不应酬,免得罪人。幼衡来否,孟勉、䌷斋不知何日来。姚启圣,施琅,子世骠、世纶,吴英,蓝理,万正色,朱天贵合一卷一论余哀韩大任,姚仪附传。内,世骠有几战将,可附见满保、蓝廷珍传。

近来见马通伯、二姚否。总理稍明白否,无可如何,将来如何交卷,总理不自料也。苏志何如。沈同芳没于常,刘光珊没于沪。寿平晤三面,颇为大哥设法,说久不通信,望写信与彼。"(《日记》页 3037,《艺风堂书札》页 355 致夏孙桐第一札)

一月二十日,撰云南土司传。(《日记》页 3037)

是日,吴昌绶在京致先生一札,再次请先生代觅《听雨录》,并谈刻徐松著述、《方柳桥书目》等事,指出近出《吴文定书目》是伪书:"两奉手示,并苏州收条,感荷无既。子受未来,甚念。师母病当早愈。京师年内奇寒,交春后尚风雪严凛,稍暖再盼驾临。此时来亦乏味,不如花时为胜。绶终是孱荼怕动。大兴先生一文,竟合所需,甚善。愚见《新疆赋》是一专书,可不必再刻,只就新辑者刻一卷,而绶附录一卷于后足矣。祁鹤皋先生各书,中有徐序跋否?《伊犁总统事略》实徐先生手撰,而无署名,否则其序例可刻入也。《听雨录》,绶所未见,吾师能觅一本否?木斋劝刻《方柳桥书目》,其意以方书散在人间,得一最目,亦资印证。渠有抄本,已向借未来。又劝绶刻楝亭目,然无佳本,校正费事。若孝慈堂、培林堂,更费事。近出《吴文定书目》,乃抄《文献通考·经籍考》,大可笑也。先此率复,即叩道安。"(《友朋书札》页 934 吴昌绶第一百六十八札)

一月二十一日,撰四川土司传。(《日记》页 3037)

一月二十二日,校《黄荛圃藏书识》。(《日记》页 3037)

一月二十三日,接顾燮光寄碑。(《日记》页 3037)

一月二十四日,先生致刘承幹一柬,谈刻书:"巾箱本两序呈政。两年谱已将毕。《说文校议议》已写出篆文否?跋语须通看一过方得动笔,序文亦然。现《适园》已毕,如有扬州所刻之书,均可付校。《土司传》亦完也。同乡老先生文集附阅,另一部交醉翁,想已来矣。"(《日记》页 3037,《艺风堂书札》页 645 致刘承幹第一百七十二札)

一月二十八日,朱祖谋送《双红豆图》来,以填图属题。(《日记》页 3038)

一月三十日,赴刘承幹消寒第七集,并与刘承幹长谈,喻长霖、徐乃昌、陶葆廉、钱绥槃同席。(《日记》页 3039)

二月三日,致刘承幹一柬,索《淞京志》,替况周颐索书款,并及刻书事:"前消寒日盛扰谢谢。《淞京志》,如不用请交还。夔信附阅,如要,即交十二元与之。《诗经》校一卷,甚繁也。司马、王两谱已交写官,尚未写成。饶心舫来否?"刘承幹即复先生一札,并况周颐托先生携售之高丽刊本《松京志》如价十二元请先生转交。(《日记》页3039,《嘉业堂藏书日记抄》页298,《艺风堂书札》页645致刘承幹第一百七十三札)

二月四日,接吴士鉴杭州一札,谈北上事及近期著述,并言及吴昌绶、缪僧保:"去冬别后,碌碌至今,虽久未上书,而时时神驰左右。昨奉教言,敬悉起居曼福,潭第绥愉,至慰颂仰。尊著《土司传》脱稿,大体已备,其阙略者随后补缀,不难竣事。今春过冷北上似宜在闰月之后,长者何日成行?侄亦颇思前往,一则离京一载有余,急思与诸君接洽,续认列传;二则儿辈盼侄至京,以年前又添两孙辈。惟脩又减削,仅供侄一人旅中应酬,无补南方家事耳。半年以来,草《晋书校注》,已钉成十五册,每日考订二三十条,_{长者不过十条}。逐渐增加,三年不辍,或可成书。终日心中目中,无非慕容、乞伏、秃发、赫连诸事,而耳中口中,无非省长、督军、财厅、运司_{去腊局势一变,今来者皆是熟人}。诸语,絮聒不休,实生烦厌。始知今日时代,不可居家充绅士,而专心著书,尤不可居于城市也。兹将拙箸体例,摘要录呈台教,伏乞指正。_{如有可以广益之处尤感}。将来成书后,必须奉求大箸赐以序言,俾得附骥以传也。印臣如此奇窘,代为扼腕,书版归之他人,然其功则不可没。子彬世兄分纂通志金石,必能翔实博雅,他如人物艺文,不妨兼任一二门,得过庭之训,似胜他人倍万矣。率臆敬请台安。侄士鉴启。"(《友朋书札》页465吴士鉴第三十五札)

二月五日,得叶德辉一札,告以《订讹类编》付刊宜抄副本交梓人,以免污损,又劝刘氏多刻正经:"正月奉书,并由贵纪带呈杭大宗《订讹类编》一册,两旬未得谕书。此书付刊时,似宜另抄副本交梓人,仍留原本,以免写者手污及揉擦之害。往年辉刻抄本书,因省此手脚,致原本弄坏,故特以相告也。刘府刻书甚多,但现存宋本经书注本尚多,何不劝其重刻?_{所刻单疏惜未照宋本原式}。如仿岳刻九经三传之例,据一本以众本异同校勘,而微变其例,载于经文本句之下,将来流传别成一善本,亦足传于不朽。"札又劝先生刻宋本《初学记》、明本《三国演义》:"辛亥以前,与葵园老人议,以湖南书局公财为之,事未举行而乱作,今书局板多散亡,留此书局虚名,犹为土匪乾馆可笑也。又《初学记》宋本大异于明刻,有资亦应重刊之,书及今不刻,鱼目混珠,遂成千秋定鼎矣。皕宋楼本虽售之日本,然闻严铁桥校本江浙间尚有过录者,何不一访求之。又公藏明本《三国志演义》,亦似可以仿刻。此书如一回一题,则犹古式也。"又请先生代购《天寥年谱》及近期形迹计划:"刘府刻《天寥年谱》求代购一部,价尚不贵,以舍侄家信中索取,拟以家藏抄本对校再付刊也。辉自去冬十一二月,两足疼瘃,不良于行。今正冻解,皮如蛇蜕。此等严寒天气,闻之苏人云,二三十年中所无。据舍间家信,湘省亦如此。天下将乱,地气自南而北,此则地气自北而南,岂天下将治耶。真梦想矣!辉本月恐尚不能至上海,拟闰月初间前来,稍作盘桓,回湘住一两月,仍回苏。住苏亦甚相安。丙舍松楸,固依依可念也。"又询《荛圃藏书题识》是否开刻,建议注明所取书目:"《士礼居题跋》开刻否?注明采录藏书志目原书,乃最要也。"先生次日复叶德辉一札,并寄《天寥年谱》。(《友朋书札》页561叶德辉第四十二札)

是日,送康有为《怀素帖》。(《日记》页3040)

二月八日,得叶德辉昨日致先生一札,谈已刻书、王先谦刻书,又询先生藏三十六本《三国演义》,如无人刻,他当设法刻之;先生藏《审是集》是否真本:"今日奉到钧覆并《天寥年谱》,知杭大宗《订讹类编》已交刘府,今年当可刻成。此书在辉处二十余年,谋欲付刻久矣。因十余年来刻先祖辈书不了局,一切应刻之书皆阁起。即如《百川书志》,乃舍去家集匀出时间刻成,以其书《四库》未收,三百年来未刻,辉不刻之,则冤沈海底,永无见天日之日矣。海内如我公,有功于古人,有益于来者,真五百年名世挺生。如伯兮、梧生、子培,皆牧翁、述古之流,癖性可怪,而古人被其冤死者多矣。葵园老人刻书必附以己注,老人毕竟是桐城派。注又未必高,甚或以其族人王先慎门下苏厚康之注参入,其人均不知注古书之法,纯乎俞曲园之应课材料。辉屡与争之,不信也。故辉所刻所著,皆不曾有二王先生序。二王老前辈亦甚知己,而终不能强合其学派也。三十六卷之《三国演义》,如无人刻,辉当设法刻之。《审是集》是否真本?往年公所云湖州估人转售京师之《审是集》,问之老书坊估人,云是《公是集》改题,以刘过改苏过,元明以来即如此。此亦书林大蠹也。辉于石林公遗书均搜刻告成,惟《春秋》三种未刻,以考有武英殿聚珍本,传有通志堂本,皆无善本,阁本非原书。陆诚斋所藏却是原书,而又售于日本,一时不及兼刻以此。居苏只翻书不方便,余无所不便。乾嘉时,苏城到处皆藏书,今无一家,可哀也。手腕自去冬至今犹冻僵,亦由写字太多。书此草率,乞恕。"《日记》页

3041,《友朋书札》页562叶德辉第四十三札)

　　是日,先生发焕章先生诗话手稿与姜文卿。(《日记》页3041)

　　二月九日,交顾燮光《曹全碑》及《分地金石目》两分。(《日记》页3041)

　　二月十五日,哈同花园开会。(《日记》页3042)

　　二月十九日,撰四大臣传;跋《经子法语》《南朝史精语》,次日送与费寅。(《日记》页3043)

　　二月二十日,送《松兆堂随笔》《张兆兰笔记》与刘承幹,又还查谱、翁方纲逸诗、《校经室集》。(《日记》页3043)

　　二月二十一日,写遏必隆传;校《辽文》;校《黄跋》。(《日记》页3043)

　　二月二十二日,校《毛诗正义》十三;写鳌拜传。(《日记》页3044)

　　二月二十三日,写苏克萨哈传。(《日记》页3044)

　　是日,先生送书于商务馆张寄售。(《日记》页3044)

　　是日,送《补五代史考》与朱宝瑜。(《日记》页3044)

　　二月二十八日,致刘承幹一札。札告刘氏孙廷翰书极佳,不可错过,又谈刻《台学统》《台学源流》事:"承顾,尚迟走答,歉甚。问青书极佳,昨信亦到,心照不宣。不可错过。郎亭书,因五百元而失之,至今抱歉,书犹贱于此时也。《台学统》是台人,应刻,编次极妥,诗文不可删。刻入丛书不便,或单行则可,子庄所撰。如《台学源流》,一册。争同治、光绪继嗣一事,忘其名,二册。首尾完善,可刻也。明人如此书甚多,本朝则罕见。李子冬书须择。"此札系先生昨日写好未及送者。札又附言刘承幹影刻《史记》例言改正事:"例言何敢驳,可以兄意酌商,仍请改定。费书的是蜀大字本。间有掺补。潘书是淮南本,《容斋随笔》已言之。同是北宋刻,同是集解,因此可补,亦易混。淮南本刻于政和,成于绍兴,'慎'字避讳,亦系补板,并刻《两汉》。今以两本汇刻,名曰宋大字《史记》则可,辨中无蜀本则不可。蜀本大字多,并非毋氏一人。毋氏之书,大约一纸不存矣。'慎'字,孝宗名,名眘。慎、嫌名。非光宗。名惇。燕庭百衲本,菊生石印出,可置一部参校。啸山所采钱警石校,今可采原书。余均妥协,将来刻入校勘后,门面语不能无。"又言《毛诗正义》校勘进度,为嘉业堂编目断限,以及刻金石丛书事:"《诗正义》极难校,今尚校卷十四未毕。题《云山入道图》诗稿寻不获,尊处想尚存,弟素不工书,可否转倩善书友人书之,款○○○稿,○○○书。较雅,乞酌。国朝刻善本可以入录,找出两证,惟须另编,以道光为断,在六十年前矣,再近则不宜。饶心舫来否?陆氏《八琼室金石补正》亦可单行,如有清本,则石铭《金石续编》可以不作,再成各家未收之书四五十卷耳。不能上百卷。"(《日记》页 3044,《艺风堂书札》页 646 致刘承幹第一百七十四札)

是日,先生写《会稽缀英集》毕,跋《慎旃初集》。(《日记》页 3044)

是日,日本富冈谦藏、王国维访先生观书。先生致张钧衡一柬,约明日往观书。(《日记》页 3044)

二月二十九日,诣李锡海取《文房四谱》,还《雍大记》《荆溪疏》《酌心泉》《宋潜溪集》。(《日记》页 3045)

是日,先生跋《文房四谱》。(《日记》页 3045)

是日,先生偕富冈谦藏、王国维,诣张钧衡看宋板书。忽腹痛,遂辞归。(《日记》页 3045)

闰二月一日,致刘承幹一柬,送《明史考异》与刘承幹,取《说文校义校》原本归。柬云:"昨日出门在石兄处看书,忽然腹痛而回,晚局遂不能到。书两种拟面交者,今专人送上。《说文校议校》,能印篆方好,亦太久矣。穆子美因原书无篆字不空格,留墨丁而刻方格,可恨。如张公无暇,仍请同底本一同发还,此间有人能补也。"(《日记》页 3046,《艺风堂书札》页 647 致刘承幹第一百七十五札)

闰二月四日,吴昌绶在京致先生一札,谈纂修清史阅玉牒事,以及其编刻《松邻丛书》情况,告诉先生北方甚寒,宜稍暖至京:"江礼代交至感。应如何缴,或面缴耶?绶病不能离体。近属宝瑞翁及耆寿民,商明朗贝勒由馆中致书内务府,转行宗人府,请恭阅玉牒暨星源集庆,极荷朗邸赞成,许为优待。已由孝先往告馆长,原意孝先与绶同往,或倩式之代绶去。恐馆长只要日日交一篇,绶之言皆废话,失此机会,绶亦无法矣。绶不能文,岂能作史?考查本末,职无旁贷,长此格不相入,但祝大众同为康熙朝士足矣。盖非六十年后不成书也。金亚匏丈诗第三刻,是绶代办,颇嫌有北方亢厉之气。比陶子麟近刻之单屠,各有不是。此事仍求师为振作之。春分节边,肝胃气大作,天寒甚,师驾亦宜稍暖再来。绶收拾历年畸零诸种,拟名为《松邻》甲乙编,偷砚云之法,亦吾乡人也。因有两种版式,大小虽同,而行字不同。今以前代与清朝掌故为甲编,而以杭州前辈著作为乙编,不必分集,较为活动。一息尚存,可刻尚不少。《听雨录》先求寄示,余续陈。"(《友朋书

札》页 936 吴昌绶第一百七十二札）

闰二月五日，订台湾诸臣传。（《日记》页 3046）

闰二月七日，徐乃昌送宋瀛国公印请先生鉴定，先生考为伪品，考释寄与徐氏。（《日记》页 3046）

闰二月九日，撰于成龙传。（《日记》页 3047）

闰二月十一日，写耿仲明传。（《日记》页 3048）

闰二月十二日，写尚可喜传。（《日记》页 3048）

闰二月十四日，写王辅臣传。（《日记》页 3048）

闰二月十五日，撰吴三桂传。（《日记》页 3048）

是日，冯煦在花近楼举逸社第一集。（《日记》页 3048）

闰二月十六日，费寅来借《花近楼题跋》，还来查慎行《慎旃集》四册。（《日记》页 3049）

闰二月十八日，写于成龙传。（《日记》页 3049）

闰二月二十日，致刘承幹一札，谈购孙问清书事："昨闻《鹤山集》赎回，足佩阁下厚道，而书贾作祟，必有缘例继起者，不可不虑。至宋板，孙之书，景韩言，亦是其戚想赚钱，本主尚未肯脱手，如头本来即留下，不可放松，又入书贾手也。"孙问清宋元抄本书十六种两年前抵押在刘承幹处者，银一千三百两，并息银三百十八两五钱。其家人欲将所抵之书出售，拟将首本取去估价。十七日，孙问清之内弟徐仁陔赎取宋板《魏鹤山集》《诸葛武侯传》两种，刘承幹允之。故先生有此言。札又言及刻校刻书事："适园止存影宋书两种未完。尊刻《注疏》及《说文》，校者望而生畏，《仪礼》又改易行款，难上加难，昨已与醉翁言之，略加校赀，俾完此事。覃溪文已交去，敝处殷先生辞馆，须另托人校。"又言及张钧衡、刘承幹及先生自藏宋板书，少有黄丕烈《百宋一廛赋》中书："适园书，宋刻三十二种，均精。不数通行宋版，然无《百宋一廛赋》内书。《玉鹤山集》《武侯传》，均《赋》内书，所以可惜。弟书止《联珠集》《宋文鉴》为《赋》内书。《赋》所述一百二十六种，存于今者不及六十种，余均付长毛之劫矣。"又言及蒋汝藻所藏："梦苹之《吴郡图经续记》《新定续志》《中兴馆阁录》，为《赋》内书。"（《日记》页 3049，《嘉业堂藏书日记抄》页 304，《艺风堂书札》页 647 致刘承幹第一百七十六札）

闰二月二十二日，到江阴，寓启泰栈，章际治、张之纯、吴增甲、陈名珂

来见先生。(《日记》页 3050)

闰二月二十三日,看夏勤邦,送其《永清志》《成都氏族谱》《钱注杜诗批》。(《日记》页 3050)

闰二月二十四日,下乡赁小舟附轮舟到对洞桥,到家坟,周视无恙。(《日记》页 3050)

是日,先生阅《陈确庵集》。(《日记》页 3050)

是日,吴昌绶在京致先生一札,向先生借《听雨录》等书为刻书底本;谈重为李希圣编刊诗集:"《寒食故事》《继嗣本末》《听雨录》,能借下酌刻,尤感。顷以李亦元诗重为编刊,亦取其多记光绪朝事。惟亦元所阅方柳桥书,曾有记载一大册,据书衡言在陈诒重处,而诒已回湘,无从向假。李木老有方书之目,大概是一账簿,且俟其由津检出带来。绶意能得亦元所记,较详晰也。"又谢先生嘱刻松邻词舍印,《董后传》已带交朱祖谋分呈生:"承属刻松邻印至感。董后传已补好,近南海来索多部,已带交古微,并属其酌留分呈。"(《友朋书札》页 924 吴昌绶第一百五十三札)

闰二月二十五日,辰刻至南闸,坐轿到灰罗圩父母坟,祭讫回舟,进城仍住启泰栈。(《日记》页 3051)

闰二月二十七日,金武祥乔梓来,与先生同住适园别墅。是日县长陈慈首招饮适园,金武祥、张之纯、章际治、祝丹卿、陈季鸣同席。(《日记》页 3051)

是日,先生起志例草稿。先生此次返乡,意在办理《江阴县续志》。(《日记》页 3051)

闰二月二十八日,志局同人约新景园早饭,交志例与认单都交夏勤邦。《日记》页 3051)

是日,吴增甲来商妥志事。先生交松邻词舍一石印与张之纯带沪。(《日记》页 3051)

三月三日,章仰苏招至志书局修禊,金武祥、祝廷华、吴增甲、陈名珂、金伯豫同集。(《日记》页 3052)

是日,先生再过季园,陈慈首出见,送经卷一,又送小舟至无锡。(《日记》页 3052)

三月四日,先生动身返金陵,是日与金武祥同乘轮船至无锡。金氏别去,先生以轮船喧闹赴梁溪旅馆宿。(《日记》页 3052)

三月五日,乘特快车入金陵,住颜料坊本宅,家中破败不堪。校焕章先生《云樵诗话》。(《日记》页3053)

三月七日,偕洪槃诣图书馆,拜汪振之、顾孝珣、龚蔼堂,抄《鹤峰州志》。又拜陈作霖,又上贡院街看书。(《日记》页3053)

三月九日,赴下关附快车十一钟开,七钟到上海返家。先生此次金陵,所见友人除上文所言者外,尚有陈三立、卢少柳、汪少达、章灏、王德楷、梁菼,及时任江苏督军的齐耀琳,并从洪槃借得《剡源逸稿》。先生借此书系友人王秉恩告知,后先生曾记其始末云:"今春辑士礼居题跋,王君息尘语余:'曾见《剡源集逸诗》乎?有莸圃题跋二段。'询之则汉阳洪君幼琴所藏也。时洪已由沪还金陵。适荃孙三月回旧居,因假归此本。"先生借得此书,识其系"从何梦华手写本录出,并录莸圃两跋,其中朱笔细字是劳季言手迹",此为名人藏校之书,王、洪均未之知。(《日记》页3053,上海图书馆藏藕香簃抄本《剡源逸稿》卷末缪荃孙手跋)

三月十日,接到顾燮光所寄碑。(《日记》页3054)

三月十五日,发天津章钰信、东城吴昌绶信,寄《花近楼跋》《听雨录》。(《日记》页3055)

是日,张志潜招饮,朱祖谋、唐晏、于式晦、张彬、王乃徵、章梫同席。张志潜为先生友张佩纶之子,字仲炤。(《日记》页3055)

三月十六日,借张志潜正德本《晋二俊文集》,校汪刻三卷,好处甚少。十九日还与张氏。(《日记》页3055)

三月二十日,刘承幹访先生,谈良久。(《日记》页3056,《嘉业堂藏书日记抄》页228)

三月二十一日,定《雍正宰辅表》,补《四王传赞》,读《三陶集》。(《日记》页3056)

三月二十二日,撰魏裔介传。(《日记》页3056)

是日,先生校《古泉山馆金石文》卷一,先生近日以此为日课。(《日记》页3056)

是日,购珂罗版《蜀石经》。(《日记》页3056)

三月二十三日,撰索额图传,附其父索尼传。(《日记》页3056)

三月二十四日,撰孙廷铨传、英洛传。(《日记》页3057)

三月二十五日,撰英洛传,附以陈福。(《日记》页3057)

是日,先生赴哈同花园合耆老百余人作大会,以撰联及《四库未收书目》送姬觉弥。(《日记》页 3057)

是日,先生诣罗振玉谈。(《日记》页 3057)

是日前后先生致刘承幹一束,嘱其购宋刻《列女传》:"前日惠临,无任欢忭。罗叔蕴已晤面,因养病住法界新宅,书估携来余静庵《列女传》,真宋刻,兄可留之,与阮刻细细核对,阮刻弗如也,惟补缀须高手耳。"(《日记》页 3057,《艺风堂书札》页 647 致刘承幹第一百七十七札)

三月二十八日,得吴昌绶京城一札,言京城政局捣乱,史馆混乱,劝先生缓至;其得满人之助得去宗人府细阅玉牒,去内务府看档案,头发胡同看实录;其所撰后妃传及交通志之进展,指出乾隆《实录》《会典》与玉牒不符,《续通考》之荒谬;得读赵尔巽由奉天带归太祖朝旧档案及《太宗实录》:"奉示由式之转寄,知驾已回沪。闰翁劝缓来,绶亦云然。史馆绝无头绪,各尽各心。此间政局捣乱,保无冲突否?值高贤莅止,非绶与闰老自求疏于杖履也。绶经冬涉春,愁病淹卧,月来稍好,而日前又大发一次,苦累难堪。欲觅屋移居,又思得小园树石,竟无此福分,力求未获,只好留此过夏。以后尊示,仍寄粉子胡同原处可也。曾到宗人府,细阅玉牒。凡满人一路,得瑞臣、寿民、朗贝勒之力,可以随所欲观,司官不敢违我。醇邸甚以我刻董后传等为佳。又乞耆寿民介绍,往内务府看档案。又到头发胡同实录馆,看光绪实录、计三十七年,至少看着一个半月,惜甚疏略。宣统政纪,此皆自辟蹊径,赔钱费力,因常病,已一年未入东华门。不求馆中见谅。后妃已有事辑十余本,近仿谈孺木《国榷》首册之例,辑帝系、后妃、皇子、皇女四门,附年表一卷。他人见之直抄胥耳。绶费年余之心力,尚有所阙疑,此五卷拟校定自刻之,容先抄呈指正。《交通志》已动手,光绪十年前朝廷与士大夫意向,惟李文忠言之最详,据以裒辑,再行旁采。吴淞铁路一事,已须二三十叶。此志长编,计非一年不能有眉目,亦必成数十本。绶专是档案学问,俟通人为裁剪成篇。去春罗拨东向交通部查案,将各铁路各为一篇,似是该部之报告书,于史无涉。交绶修改,如何下手,因付胥代录一清本还之,备其交卷而已。凡绶抄件,皆自费雇人,未假手于供事,计买书抄案与应酬之费,大约月入必去六七成,然乐此不疲也。自见玉牒,知乾隆通考与会典,已不尽符合。刘氏《续通考》,本南中臆集,荒谬绝伦,纲言曾为改正,岂馆中所存,犹未改之本耶?孝先辑诸王传,助之搜辑。大约缓专做无依旁之事,惟吾师能谅其愚戆耳。请交𬘡斋一阅,亦笑话而已,非正经也。次老由奉天带归太祖朝旧档案,篯孙照录一本,谓从无圈点之满文所翻,绶细读之,盖即崇德元年所修。见《太宗实录》,称为《太祖高皇帝高皇后实录》,帝后并列,但今本未见后事。本有汉文满蒙文三种,闻奉天满文本尚存有,金君梁正欲重译。

康熙二十年重修即本于此,但有删改耳。惜只天命建元前后十三年之事,起丁未,讫己未五月。如庄亲王舒尔哈齐,旧本详著其弟兄失欢,未几遂卒,今实录尽讳之。近日病未校完,可补今实录者甚多,文亦不尽俚俗,非如《元秘史》之难读也。又有《太宗实录》数册,又与朝鲜往来书数册在馆中,尚未及观。自康熙二十年重修《三朝实录》,故事多泯没,闻原本至乾隆始毁,蒋录必犹及见之。"札又谢先生赐松邻词舍印,谈《听雨录》之校勘;合力购袁克文之藏书,惧其外流;其请瞿启甲代抄《于湖长短句》,账归先生处结算;新刊绍英撰《孝定景皇后事略》将奉上;又言及先生刻《莞圃藏书题识》:"蒙刻赐松邻词舍印极佳,至谢。子受久未晤,磁青纸未交来,已属闰老转询,收到即付店揭开寄上。绶《松邻丛书》甲乙编,思做成二十本,以后可加目次,另写呈。《听雨录》多摘古书,细意校之亦不难,下卷盼补寄。管芷湘书虽细碎,观其跋尾,乡曲之儒忧心君国,亦可哀已。论书目诗,俟式之往抄。绶尚思抄一二种,内有曾见刻本者,依吾师例补注简端。寒云一寒至此,其书若不能保,不如同人分买,如孙问卿买回之例,南中多大力者,当可留也。能留国中为是。瞿良士见顾,曾在敝斋约其夜酌。抄来《于湖长短句》,竟是照写,非景摹,虽不精,可正道光间李子仙校改之歧异。询其抄资,云仍归吾师处算,相谈甚洽也。聚卿远在东城,久未见。十三,陶然亭展禊,绶已行,聚方来,车中匆匆一面。今年崇效寺牡丹不少,但花朵小,岂亦关气运耶?风霾多日,故未能佳,他处竟未到。往年必在高庙请客,今年亦病阻,法源亦未去。绍英撰《孝定景皇后事略》一卷,许我刻入丛书。印本下次寄上,自辛亥后并不见于官报,绍樾千所纪虽未详,亦一字千金矣。士礼跋刻本极精,绶无功于此书,过承提挈,未免皇愧。《莞言》二卷,皆省墓之诗,殊不工,如要刻,当寄上。建霞所辑年谱,今已见为疏舛,能为重编附刻否?寒云所收《挥麈录》,前有莞翁小像,本思摹刻,如改编年谱,凡收书举其大者,跋书多不胜纪,一概删之,能多搜佚事为妙。尊意当以为然。绶处尚有抄出《芳林秋思》手卷,皆莞与三松诸老唱和诗也。顷病起,杂书奉陈,或有忘却之事,明日再补。绶年来神思大恍惚,忧患伤人,临书累叹,伏维为道自重。"又言:"新出《魏安乐王志》,绝佳,石未能买,拓本难得,且多伪造。顷石印数十纸,得便寄览。因印刷局好意,用极厚纸,不能折。"(《日记》页3058,《友朋书札》页925 吴昌绶第一百五十四札)

三月二十九日,发顾燮光信并寄石印碑三份。(《日记》页3058)

四月二日,专家人王升进京,带去缪禄保一信、夏孙桐信、赵尔巽信、

《清史》十册、吴昌绶信、《听雨录》半册、《盛宫保奏议》一函,《癸甲集》、《读书记》各一部、翰文斋书一包。(《日记》页3059)

四月三日,撰熊赐履传。(《日记》页3059)

四月五日,吴昌绶在京致先生一札,言京师近来不靖,盼读盛宣怀函稿,及其所撰清史传、志进展,并谈及清旧档、清实录、《东华录》等史料得失,并询及内阁大库所出之折包:"绶十九、二十大发气痛,近半月尚好。常往观实录、政纪。京师近又多事,地面安谧如常,市面银洋物价,不免影响,居此者恒受其累。然比天津多一寓屋者尚便宜,亦省往来火车之费。绶每遇外间有谣言,辄苦口劝人安静。从吾言者,殊寥寥也。承示派人来接姑奶奶归宁,未知何日到。闻有盛杏翁奏稿,甚盼先睹、岂已有刻本耶?大抵函电稿最有用,公牍次之,奏疏已打磨干净无可推寻,当作案卷检查。自洋务创始,谕、折皆不明发,而《光绪实录》出于末世,苟完之计,疏略已甚,荒陋可笑处极多。《宣统政纪》更不待言。绶之私愿,一则关于清皇室掌故;一则近四十年路、轮各政,皆他人所不为,绶赔钱费气力为之,得尺得寸,辄用自喜,不求人知。近仿谈孺木《国榷》首册,辑帝系、后妃、皇子、皇女目,凡四卷,附年表一卷。又后族恩封事辑一卷;垂帘事辑一卷;同、光间禁苑二字出醇邸手书。事辑一卷。李文忠海军函稿,与醇邸往来商榷,颇多罕秘,向来未留心也。此在馆中,皆文不对题。后妃事辑十二册在外。《交通志事辑》有廿余册,尚未成,专待张、盛诸集,并欲向部中抄近代公事。我尽我心而已,设绶不做,恐无人肯钻此牛角尖也。钱孙最可语,次则孝先,皆就正于闿老。近觉王伯荃颇静细。磁青纸,子受忘却,旬日前已催来,交店家去揭,当连《易林》交来人奉上。赵词寻出,即付兰泉。天命朝旧档,拟抄一册奉览。天聪、崇德云有四册,绶未及见。近奉天金君梁,据满文重翻,如得成,亦可贵也。南中此类书自罕觏,惟旧抄《东华录》究有异同否?蒋氏述睿王事,明明比实录多数百字,或旧抄更多于刻本。绶尝疑康熙二十年以前未重修之实录,蒋必见过,即渠在国史馆所见红本,随手档内外记注等,亦多于后来。从前内阁大库所出之折包,闻多毁弃,有人云尚存大半,昔在国子监,吾师知其事否?《听雨录》得有闲工夫,尚可细为校正,惜手中应查之书,早已不齐。此间人传抱存已死,沅叔云非也。《挥麈录》上有莐翁小像,盍借摹刻于书跋之首。绶本有是志,年谱略存平生踪迹,稍略不妨,似不可少。"(《友朋书札》页吴昌绶927第一百五十五札)

四月六日,校刻本《王半山年谱》下卷遗事。(《日记》页 3060)

四月七日,校刻本《司马温公年谱》凡例,校《朱乐圃先生集》。(《日记》页 3060)

是日,先生撰纳兰明珠传。(《日记》页 3060)

四月八日,沈焜来,带来王先谦信并《三家诗注》。日前,先生曾致沈焜一柬,谈售刘承幹《列女传》及校刻《说文校议议》事:"闻驾从回馆,忭甚,维兴居万福是颂。弟闻月回江阴,又至南京修理房屋,廿日始归。《列女传》翰兄已留,宋刻无疑。《说文校议议》,穆子美已刻者直不成字,篆文一概未补,更不成书,可否重刻?原书久耳其名,今读其书,名称其实,驾乎《校议》之上,原书未曾细看,如□应作□字,从何补起,篆字须占两格方够分布,又须(能刻篆字者)另刻,碰着穆子美,不成书矣。拙稿成,先呈政。潘兰史嘱交兄,便中致之。"又说:"弟在外尚好,近又病六七日,上海天氣太差,又缺雨故也。"(《日记》页 3060,《艺风堂书札》页 552 致沈焜第九札)

是日,校《朱乐圃先生集》,并撰跋。(《日记》页 3060)

四月十一日,病甚,偃卧竟日,服饶医方。(《日记》页 3061)

四月十三日,得吴昌绶京城一札,谢先生赐印及先生《癸甲集》《盛宫保奏议》等,并告以先生呈史馆《四大臣传》由其先恭校,《易林》将由王升携带至沪:"今日尊纪来,赐印欣感。诗文新集,多有未曾见者,得读为快。误字不少,须修板。盛杏翁奏疏甚有用,即欲拆开,合李文忠诸集,并所抄档案作长编,惜其误字错叶甚多,又杏翁所做皆禀承之事,非创造之事,备查为宜。若得其电函文牍,必大可观。下午适闰老来,携示吾师交馆之四大臣传等,相约绶先恭校,或记出一二,再由闰老代阅,即为送去,请勿念。《易林》等俟来纪携呈,闻须旬日间方能启行。"是日,吴氏又一柬问先生病:"奉示,知日来稍有不适,未识已康复否?毋任驰系。各传容细读一过,再由闰老送馆,余详另笺。绶气痛又跃跃欲试,沉叔力劝勿用心,但做不到。"(《日记》页 3061,《友朋书札》页 929 吴昌绶第一百五十六札、一百五十七札)

四月十四日,曹元忠来长谈,服其方。(《日记》页 3061)

是日,荐梓人姜文卿承办刻《台学统》事,刘承幹即将首函与之。(《嘉业堂藏书日记抄》页 310)

四月十五日,读《潘稼堂集》。(《日记》页 3061)

四月十六日,读《施愚山集》,撰吴正治传。(《日记》页 3062)

四月十七日,撰王熙传,读《何义门集》。(《日记》页 3062)

四月二十一日,上王先谦一书;撰宋德宜传。(《日记》页 3063)

四月二十二日,注《唐书·艺文志》"孝经""论语"两类,撰洪承畴传,读《横云山人史稿》。(《日记》页 3063)

四月二十三日,订清史列传两卷;注《唐书·艺文志》"谶纬""经解"两类。(《日记》页 3063)

四月二十四日,注《唐书·艺文志》小学类。(《日记》页 3063)

是日,先生拟撰其先祖事略。(《日记》页 3063)

四月二十五日,重订《渌源小志》。志序文溯渌源书院源流,述书院规模、场景,记其在书院始末。志收录书院条规、山长题名、旧碑、过往山长及诸生题咏之诗。(《日记》页 3063,姚伯岳《北京大学图书馆藏缪荃孙稿本〈渌源书院小志〉》)

四月二十六日,接顾燮光河南信即复之,得河南汤阴碑。(《日记》页 3064)

四月二十七日,注《唐书·艺文志》正史类;撰李之芳传。(《日记》页 3064)

四月二十八日,撰余国柱传、梁清标传。(《日记》页 3064)

五月二日,定《适园丛书》十六集目。即交李贻和。(《日记》页 3065)

五月四日,与费寅一函,辞修。先生欲辞张钧衡刻书、编书之务。(《日记》页 3065)

是日,先生闻同年钱溯耆卒,难受之至。(《日记》页 3065)

五月五日,校《吴郡乐圃朱先生余稿》毕,跋之。跋述先生校是书始末云:"此康熙壬辰朱岳寿刻本,荃孙借到周永年写本对校,首短宋绍熙壬辰侄孙思自序,又脱华严经赞序,均为补入,并校订讹字数十处,可谓善本。比旧写本多《琴史序》。补遗则岳寿辑。"周永年藏本系先生从友人徐枋借校。(上海图书馆藏缪荃孙校跋康熙壬辰朱岳寿刻本《吴郡乐圃朱先生余稿》,《乙丁稿》卷五《朱长文乐圃余稿跋》)

五月六日,校《剡源逸诗》并跋之。此先生从洪檠藏《剡源逸稿》录出逸诗而校跋之。先生是跋考《剡源集》刊刻源流颇详:"元奉化戴帅初先生

《剡源集》,明宋景濂为司业时定为二十八卷,刻于洪武辛亥。嘉靖中周仪求此本不可得,偶得全集之目,而搜求重辑,至隆庆壬申勒成三十卷,万历辛巳后裔戴洵刻之。道光庚子,郁氏重刻三十卷,并辑札记一卷,刻于宜稼堂。荃孙又得佚文十二篇,刻入《读书记闻》,亦有逸诗,而求之未得。"(《日记》页3066,《乙丁稿》卷四《戴剡源集跋》)

五月七日,撰《江阴杂诗》。(《日记》页3066)

五月十二日,校注《唐书·艺文志》"编年"类。(《日记》页3067)

是日,撰挽钱溯耆诗。(《日记》页3067)

五月十三日,校注《唐书·艺文志》"霸史"类。(《日记》页3067)

是日,撰吴、刘年谱序,撰《元草堂集》自序。(《日记》页3067)

五月十四日,闻溥仪复辟。(《日记》页3068)

是日,校《谷梁单疏》卷十二,校《五城坊巷志》,校《司马文正公年谱》。(《日记》页3068)

是日,接夏孙桐寄史脩百六十元。(《日记》页3068)

是日,接王先谦信。(《日记》页3068)

五月十五日,校《唐书·艺文志》"杂史"类。(《日记》页3068)

五月十七日,送钱溯耆挽联、挽诗,致其子钱绥槃一束。(《日记》页3068)

是日,订《康熙宰辅传》。(《日记》页3068)

五月十八日,借蒋汝藻藏《易林注》,再校于吴昌绶所藏抄本。多日乃毕事,至二十二日还原书于蒋汝藻。(《日记》页3069)

五月十九日,撰河西三将传。(《日记》页3069)

五月二十一日,致刘承幹一束,交刘宅校脩账,取一百八十元回。其束云:"闻清恙已瘳,弟亦复原,日内拟赴尊斋一谈。校字账呈阅。《诗经》十册内五册转情人,前以说明。又,《谷梁疏》写坏重写,原抄亦错略多开也。外事有真消息否。"(《日记》页3069,《艺风堂书札》页648致刘承幹第一百七十八札)

五月二十三日,改《祭夏彦保文》。夏勤邦为先生之表兄,本月六日接到其讣闻。(《日记》页3066、3070,《乙丁稿》卷五《祭夏彦保文》)

五月二十四日,校注《唐书·艺文志》"起居注""实录类"。(《日记》页3070)

五月二十六日，周庆云、张彬来问病。(《日记》页 3070)

五月二十七日，得缪禄保电，云复辟事已平息，家无恙。此次复辟，历时十二天，而以失败告终。先生友人参与者有瞿鸿禨、朱祖谋等。(《日记》页 3070)

是日，先生清理乱后得书，欲续办书目。先生近期以续办书目为日课。(《日记》页 3070)

五月二十八日，校注《唐书·艺文志》"诏令"类。(《日记》页 3071)

五月二十九日，孙毓修送来其尊人手稿及安先生日记，先生即复之："两奉手书，聆悉壹是。'禹贡锥指'下似宜加'辨正'二字，即寄章君式之，断无贻误。"柬又谈及代刘承幹刻书事："龙池草堂《张集》，止见抄本，廿卷之外即聚珍本，更不足凭。代人刊板，万事草率，佚文乞抄示，版归刘氏，可以补刻。《说文》至五百余册，荟萃各书，无所折衷，疑是为夹带而设，著书无此体例。连桂书有以为类书者，卓见以为如何？"又言："《朱氏四种》版归刘氏，均须重校。司空添诗、添校记已成，全不录正校。"(《日记》页3071，《艺风堂书札》页 538 致孙毓修第十五札)

五月三十日，校注《唐书·艺文志》"故事"类。(《日记》页 3071)

六月一日，接吴昌绶京城一札，谈两人卖书，及其刻《松邻丛书》事，又谈办清史事："穷愁且病，无可告诉，遂久未上书。屡询闰翁，昨子受亦来，借谂福躬康胜，至深欣慰。前闻沅叔云，吾师卖书、买田，又刻书，此大佳事，下怀亦正如此。乘此尚有去路，吾辈玩弄已久，不妨让人。更可刻影摹之本，尤望多刻零种丛书，庶手头散帙，各得传世。绶亦思作一结束，先将《松邻》甲乙两编印若干部，分存朋好，不致零失。贱体近两月尚好，足肿已消，夜卧多汗，肩项尤甚。闰老谓是虚阳，无所归束，遂尔上侵，亦酒湿之过。右足时作痛，并惮行动，杜门困卧而已。史事想闰老常奉陈，不复赘述。吾师亦不值一行。䌹弟既办通志，又少此伴。总之，对外行犯不著强争，各尽各心已足。闻吾师又得一宋本书，沅叔云袁二所得昌谷诗，与毛刻无大异同，想早见及。沅去冬所得东野真佳，惜只首册矣。"(《日记》页 3071，《友朋书札》页 930 吴昌绶第一百五十九札)

六月三日，注《唐书·艺文志》"传记"类。(《日记》页 3072)

六月六日，沈焜来送款并取先生所售书去。先生近况渐艰，谋售书。(《日记》页 3072)

六月十二日,送旧抄《元丰官志》《寓庵集》《周易朱氏解》《乾象通鉴》与姬觉弥,盖先生欲售书与哈同。哈同于十八日还书。(《日记》页 3074、3076)

六月十四日,注《唐书·艺文志》"仪注"类。(《日记》页 3075)

是日,跋《复初斋外集》,撰范承谟传。(《日记》页 3075)

六月十五日,撰甘文焜传。(《日记》页 3075)

六月十七日,刘承幹以《周易》《山谷集》《四子》等书请先生鉴定,先生即致札答之,并还其《水经注疏证》《苏集补注》等书。札云:"顷诵手书并睹佳帙。《易经》诚佳,三百廿元不贵,可以为书目冠冕,当留细校,又胜盛本,_{盛本胜阮本并胜瞿本}。可出五百元,并是旧装。'四子'是普通_{坊本}。宋本,只值四数。至多五百。《周易》只三百,此书只值二百矣。此间人于经书则贬之,于此等书则贵之,无定识也。《文通集》,明有翻本,值二三百元。《黄集》嘉靖本,弟有之,子培亦有之,决非元本。《沈畏堂集》八册,《沈织帘》稿本十七册同呈。_{另补注一册}。息尘校妥,连清本送来,可刻。《水注》不佳,《文集》缺二十余卷,无注,然亦可刻。弟已全好,前日到哈园,拟至尊斋,大雨不得不回去,翌日再谈。"(《日记》页 3075,《艺风堂书札》页 648 致刘承幹第一百七十九札)

六月十九日,改丁国钧《晋书校文》序。先生序中盛称丁氏《晋书校文》"字句之异同,以各本参校之。事实之乖谬,以本书互证之,再引他书折衷之……可谓精核矣"。又建议其扩而弘之:"荃孙更欲推广其意,现宋刻有半叶十行十九字本,在丰润张氏。有半叶十四行行二十五字本,在金陵书楼。而校定其文字,再采《四库考证》。钱氏、王氏、洪氏、劳氏、周氏,均标'某氏曰',辨其小疵,再取文集,笔记之偶及者,而补其遗佚。自校出者,则以'某谨案'以别之。学者得此书而各家之考证均在,是长沙师读书之例,庶后学不必旁求也。"又称:"荃孙有《北齐书校证》,其于此篇,如骖之靳,均不肯以粗心读史,蹈明人之陋习也。"对明人纵心读史之法颇有异词。是序于《乙丁稿》篇末署"岁在强圉大渊献荷月七十四老人江阴缪荃孙序","大渊献"盖"大荒落"之讹。(《日记》页 3077,《乙丁稿》卷二《晋书校文序》)

六月二十日,售书十六种于刘承幹,价一万一千元,账今日付清。书包括:宋精椠《监本纂图重言重意互注点校尚书》、士礼居旧藏宋淳熙刊本

《窦氏联珠集》、宋嘉定精刊本《帝学》①、宋残本《东坡先生后集》、宋精椠残本《唐书》、宋嘉定十五年刊《两汉诏令》、宋麻沙十三行本《新刊音点性理群书句解后集》、宋开庆椠本《西山真文忠公读书记》、宋椠十行本《自警编》、宋嘉定壬申重修本《范文正公集》、钱谷手抄本《华阳国志》、爱日精庐抄本《说文解字补义》、钱允治手抄本《庶斋老学丛谈》、宋椠本《隋书详节》、旧抄本《松陵集》。此单书实为先生部分精华,去岁曾与袁克文有约,价二万元。今年四月间由沈焜作介售予刘氏,书价最终由周庆云谈定。(《嘉业堂藏书日记抄》页319)

六月二十一日,罗振常以伪《宋名臣录》求考,考出作一柬答之。(《日记》页3077)

是日,先生致沈焜一柬,送毛抄《松陵集》与刘承幹:"毛抄《松陵集》四册乞察收,沅叔寄还也。《隋详节》在刘聚卿处,尚未取到。"沈焜复之。(《日记》页3077,《艺风堂书札》页552致沈焜第十札)

是日,先生注《新唐志》"刑法"类;撰马雄镇传。(《日记》页3077)

六月二十二日,撰陈启泰、陈丹赤传;注《新唐书》"目录"类。(《日记》页3077)

六月二十五日,注《唐书·艺文志》"舆地"类。顾燮光寄碑并信。拟叶映榴传,详载夏包子事。(《日记》页3078)

六月二十六日,况周颐、叶德辉来并送《六书古微》并诗。(《日记》页3079)

七月二日,得邵松年六月三十日一札,欲刻翁同龢《瓶庐诗稿》:"翁文恭诗稿,由笏斋带来,刻录副本将竣,或曰排印,或曰石印,然不若付梓,能垂久远。吾虞刻手已无,凤稔前辈刊书多种,特奉询仿宋每百字须若干?费巨恐不敷。活体每百字须若干?宋体精刻每百字须若干?敬求见示一一。或有近刻刷余板字式样,检示数纸,尤妙。"先生阅信知其于刻书外行,于七月六日复其一柬。(《日记》页3080,《友朋书札》页199邵松年第八札)

七月五日,注《唐书·艺文志》"子部儒家"类。(《日记》页3080)

---

① 按,《帝学》,《艺风藏书续记》卷二著录为"宋活字本",刘承幹《嘉业堂藏书日记抄》称其为"宋嘉定精刊本",是当时鉴定为宋本,以存帝学版本考之,盖误。

七月六日,注《唐书·艺文志》"子部道家"类。(《日记》页3080)

七月十二日,刘承幹访先生,以抄本就正,嘱改其太翁墓志,面交《随书详节》两函,又以子类书单嘱定可刻书数种,又以丁谦著述求阅定是否刊刻。(《日记》页3082,《嘉业堂藏书日记抄》页322)

七月十三日,邵松年致先生一信讨论《瓶庐诗稿》版式字样:"日前奉到复书,敬悉。宋元书影于秉衡处乞来。同人商榷,拟仿《伊川击壤集》格式刻法,于诗集最相宜。闻秉衡云,有饶姓者,能空手写仿宋本字,日可得二千余,不知此人现在沪否?能令其承揽否?能嘱其遣代表来虞一面订否?若论宋体精刻之样,亦极可爱,究不若《击壤集》刻式之古雅。宋体精刻,三元一千,活体四元一千,然目下无此好写手。若仿宋,更较活体尤妙,不知较刻活体其价相差若干?均望详示,俾即定局。再其人如能包去,可与直接,免屡屡奉渎也。"(《日记》页3083,《友朋书札》页199邵松年第九札)

七月十四日,注《唐书·艺文志》"神仙"家。(《日记》页3083)

是日,先生致刘承幹一束,还墓志铭稿及丁谦著述,取回《国朝典故》《历代制度详说》《云溪友议》以鉴定是否可刻。《竹垞道古录》,先生定为伪书。束云:"先德家传奉上。丁氏书仍以《水经注正误》为优。《黑鞑记略》,无所发明。《马哥记》,取他人误书,译之正之,只好外人赏玩,于我国近于可笑矣。亦宜铅板小字,等新党观之。书全奉上。他书求先带数种一观。"(《日记》页3083,《艺风堂书札》页649致刘承幹第一百八十一札)

七月十六日,接清史馆通函,又接赵尔巽专函。(《日记》页3083)

七月二十一日,《唐书·艺文志》"释道"类。(《日记》页3085)

是日,邵松年致先生一札,谈《瓶庐诗稿》版式体例:"接读致秉衡手函,敬悉。文恭师诗稿定见仿宋,照《击壤集》镌刻。兹托子戴兄,先带呈前四卷四本,惟抄手不佳,仅与秉衡校勘一过,恐舛讹仍不能免。倘清暇再读一遍,遇有可疑之处,记出示知,俾取原稿一证,或决无可疑,即请改正,写成一卷,不妨陆续寄下详校,即行付刊。或由饶君径寄,或仍由老前辈转寄,敬祈酌定。稿中体例,大约题低二字,长者第二行平写,不再低一格,遇抬头皆空一格,遇圣祖慈安等,题中俱抬写,目录则仍空一字,题下叙缘起,长者皆低三格大字,余则双行排写。诗分年编干支,诗中另行低一字写，目录中则于题下末二字小注干支，凡此种种，未知合否，并求酌为更定，是所至感。歿夫前辈临行匆匆，到沪未及奉谒。诗前尚少一叙，尚祈椽笔为之，侍当附一跋于后也。"（《日记》页3085，《友朋书札》页199邵松年第十札）

七月二十六日，注《唐书·艺文志》"法家""名家"类。（《日记》页3086）

七月二十七日，撰《易林》跋。跋文述其原委云："宣统辛亥，荃孙在学部图书馆，见宋本《易林注》半部，为卷三、卷四、卷七、卷八、卷九、卷十、卷十三、卷十四，共八卷。校讹、脱字句于仁和吴甘遯写本上而跋之。是时，同事徐梧生言渠曾藏一十六卷抄本，庚子之乱失去，殊为可惜。岁在丁巳，忽见之友人蒋孟蘋所，毛抄精绝，亟取甘遯抄本于京师补校之。首有《易林》序，后署'汉焦小黄周易变卦筮叙'；次灵越五云溪王俞序后，圣唐会昌景寅岁周正五日叙；次焦林直日一篇。皆今本所无。王序见《经义考》。"下载先生所考该本胜于黄刻本之处数十条。（《日记》页3086，《乙丁稿》卷四《易林注再跋》）

是日，先生致沈焜一札，谈刻丛书事："拟廿九日诣谈，三点钟。乞少候。翰翁嘱看可刻之子部，看书。又拟将大丛书编一总目，望先录一草目要目。为要。湖州先正目，小丛书想未截止，大丛书可截止，不宜过多。再刻可换名目，如《墨海》《金壶》《金帚编》《学津讨源》，皆一人刻也。"，又详注上次携来之书是否可刻："《国朝典故》不必刻，史类，入目。""《历代制度详说》，类书类。史类，可刻。""《竹垞道古录》，伪书不必刻，亦不入目。竹垞著《瀛洲道古录》，专记历代翰林院事，非此杂考。手稿在程乐庵所，无清本。""《云溪友议》可刻，子类小说家，《稗海》刻三卷本，入目。"其所谓"入目"指是否编入嘉业堂书目。（《日记》页3086，《艺风堂书札》页552致沈焜第十一札）

八月初，吴士鉴致先生一札，告以北上缓行，请先生到馆后主持审定列传目录："前日奉手教，敬承道履曼福，至慰至慰。今年秋暑甚炽，直至前夜，渐有凉意。吾辈北行在中秋节后，路上当可舒畅。计其时津浦北段亦可修理完竣，不至用轮渡达津门矣。长者沿途小作休憩，且可与式之先一晤谈。孟劬同往，多一同志。侄本定望后即行，近日大小儿奉部派到浙，劝导盐商附股之事，又往绍兴查看盐仓，今日可抵杭州，约有两旬句留。此儿离乡已十二年，难得借差合家团聚。故家人之意，必欲侄与之同行北返，约计到京须迟十日。所有审定列传目录，即请长者主持，邀集闰枝、筱孙、孝先、伯宛、孟劬、通伯诸公，先行办理，侄随后再赶到也。仲恕前有信来，近两旬碌碌未通问，侄亦请馆中先将旧传清一目录矣。_{侄除认传若干，再担任覆辑地志。}"又附言："乙庵已到沪，仍修通志。陈仁先亦在西湖。"（《友朋书札》页447吴士鉴第四札）

八月一日，先生接吴昌绶京城一札，谈清史馆事混乱，言赵尔巽请先生赴京，又言将寄赠其所石印《墨表》："日前奉谕，正思作复，适往史馆，晤闻老云，次老有函，请驾来京一行。但闻子受云，吾师日来稍有不适，未审刻下起居如何？至以为念。史事真一塌糊涂，师能来固佳，否则属䌹斋、孟劬代表新名词该打。一行亦好，只须告以大意，来此亦可振作一番，此间只一闻老，力不能胜也。要速成，要结束，亦自有办法。若令办事员与供事做传，岂可望成。老实说话，纂修先生何尝能做传耶？旧书摩挲已久，推陈出新，实是好事。《墨表》石印本，与原本全同，曾寄蒋孟蘋一包，岂未送上耶？容再寄呈数册，另封寄上。绶不病即穷，奈何！"又言："《松雪词》寻出，已交授经，以后必成笑柄。授兄亦早不高兴，伤哉贫也！"（《日记》页3087，《友朋书札》页931吴昌绶第一百六十二札）

八月二日，接吴昌绶奉和先生售书诗，前有序云：《艺风夫子以售书诗手书寄示，仍用吾乡陈氏闺秀韵奉和二篇。昌绶自乙卯以来，颇谙此况，殆所谓当仁不让耶》："得失纷纭寸意知，售书诗续买书诗。贫来元不关钱癖，事过常令托酒悲。故物谱成无价宝，破灰堆剩有情痴。门摊冷市今寥落，记我穷搜把卷时。_{此昌绶实事。}"其二："世局如棋未可知，逃虚哼呓独哦诗。还瓿境似空花过，障篱人多宿草悲。行格尚容商义例，吾与师虽卖书，而刻书之志未衰也。金钱浑欲卖呆痴。玉山故事分明在，犹有文姬返汉时。_{曩授经得《玉山雅集诗》十七卷本，诧为奇秘，抄辑成帙，售诸王推事基磐。壬子岁，昌绶复以九十金得诸王君。癸丑，授经来寓吾斋，又取以校雠。今犹在授经所，是返汉故事也。}"先生原诗《售书同好媵之以诗即和题元诗选韵》："弃书题句我先知，樊榭龙泓各和诗。自昔香闺留韵事，至今艺苑有余悲。还瓿聚讼垂千古，佞宋闲情又一痴。枉自铭心夸绝品，不堪回首忆当时。"其二"抛书往往畏人知，我独惭颜且咏诗。好友分襟还小坐，宫娥挥泪亦同悲。烟云过眼方为达，扃钥关心最是痴。斧季怀惭荛圃恨，何如一笑朗吟时。"（《日记》页3087，《友朋书札》页930吴昌绶第一百六十一札，《乙丁稿》卷一）

八月三日,致刘承幹一柬,还书又借书三本回,并谈刻书:"前日携回书目,书已不少。子类添两种大书,余俟小种精者再加入,可以截止。再刻改式,《明史例案》可单行,《南唐补注》须随本书次序点出,年谱十种为一类。天热,常州未去,节后须至京师,月余回。各书乞依类清出,敝友炳泉可以效劳,拟荐至尊处,书目撰成仍回弟处何如?即新书亦能分部类,前至京师图书馆即同去也,乞酌定。"又言:"十三册先呈,留《刻源集校勘续记》"。(《日记》页3087,《艺风堂书札》页649致刘承幹第一百八十二札)

八月四日,致沈焜一札,定嘉业堂可刻之书,并借《咸同大臣表》:"昨奉翰翁还云并书三种。各书皆可刻,只台人太多耳。《云溪友议》再得精抄记明人有仿宋刻者。方好。《类林》大本真佳,不可不刻,自来无刻本,子类有此一种即撑住。又,乞借《咸同大臣表》一阅,出于史馆而史馆已短数册,嘱抄补。"(《日记》页3088,《艺风堂书札》页553致沈焜第十三札)

八月六日,四川邓之诚小竹之子。来,借知成都梗概。(《日记》页3088)

八月七日,诣书铺看书,跋《国史唯疑》。(《日记》页3088)

八月八日,校注《唐书·艺文志》"杂家"类。(《日记》页3088)

八月九日,先生生日,阖家餐面,友人亦有至者。阅明史表,撰武臣传。(《日记》页3089)

八月十日,致沈焜一柬,还《咸同年表》《国史唯疑》《王广陵集》《范太史集》与刘承幹,又带来《红雨楼题跋》。札定各书可刻与否:"前奉环云并书三种。《范太史文抄》只十八卷,非完书。全书五十六卷。《国史唯疑》,史类,亦可不刻。王广陵诗文均佳,刻出最妙。弟于此几种,均用过功。《夷白集》抄本、刻本互有出入,曾以小字刻本校抄本,别抄出逸文一册。王广陵无刻本,曾以旧抄三本校过。《国史唯疑》亦抄藏,此本多序一篇,弟本有撰人,晋江相国所着。《云溪友议》亦三校,真见劳本,略比来抄整齐。又,《刑统》六册可刻。初意此意①已亡,不意见之天一阁,阮目无,钱目以为缺一册,并不缺,缺数行耳。原书在孟苹处,可借也,弟藏传抄本耳。则丛书真站住矣。"又言:"《咸同表》,范、王集,均录目。《国史唯疑》均交。"(《日记》页3089,《艺风堂书札》页553致沈焜第十四札)

---

① 按,"意"当系"书"之讹。

八月十一日,致沈焜一束,还《红雨楼题跋》:"《红雨楼题跋》,原本林吉人书,小楷极佳,在文冶庵丈所,四册叶,后又得注韩居刻本,跋语详之。合编一帙,赵学南刻之。刻本呈阅,仍恳发还。赵板毁于癸丑,弟只存一帙也。此王北堂书抄本,十元以下可留。非吉人手书签,书《红雨楼集》则更谬矣。"(《日记》页3089,《艺风堂书札》页554致沈焜第十五札)

八月十三日,致沈焜一札,辨章梫《台学统》批签。昨日先生接姜文卿送来《台学统》,见上有章梫批签。嘉业堂刻书,先生定底本,此书也是先生订定者,章梫批签有以不误为误者,故致札往辨,札云:"昨日姜文卿取归《台学》两本,阅一山手批,不胜诧异。弟看此书,王子庄同年所辑,采取尚博,校过三册,为增《中庸辑略》二跋,《靖江志》一叶,削去赘批一条,余仍照丛书字样改成一律。不意一山一批,令人难受。另纸呈览,一似弟所校,均以不误为误者,如况先生必定大怒,弟只恳与翰翁说闻,并非以不误为误为祷。以后,《台学》固不敢阅,只校《说文校议》,校《王广陵集》《类林杂说》,两种用过功,《类林》前未见也。适园现刻《藏书志》,大约明春必完,能与同完甚妙。弟老迈龙钟,亦不能校书矣。"札又言:"赵刻《红雨楼题跋》祈发还,抄本检出可奉赠。"先生即得沈氏回信,只好罢休。(《日记》页3089,《艺风堂书札》页554致沈焜第十六札)

八月十四日,致刘承幹、沈焜一束,谈昨日章梫签批《台学统》之事,并送二人小丛书。束云:"昨奉还云。承翰翁知弟,并未以不误为误,业已解释,并不必使一山皆知也,他人更秘之为幸。彼人未窥深浅,轻易下笔,将来通志必启争端,已有所闻。徐俟之。台人不刻《台学》,持以求人,卷帙亦过巨,弟以书可观,又为姜文卿地,写样如迟,经手人赔不起。并非想校也。饯饮谢谢,不能多吃,回家再领何如。小丛书,以重赛墨印,呈上一部,冀收藏家储之,前印纸太坏也。弟与阁下相叙数年,无一语之龃龉,此批损誉过甚,又烦调停,殊属歉仄。各书多漏校,自任粗疏,行款羼杂则无有,可以自信。津浦路断,约有十余日耽误,节后再谈。"(《日记》页3090,《艺风堂书札》页649致刘承幹第一百八十三札)

是日,先生办将帅传。(《日记》页3090》)

八月十五日,定诸将传。(《日记》页3090》)

八月十六日,注《唐书·艺文志》"农家"类。(《日记》页3090》)

八月十七日,先生主逸社第四集,只朱祖谋、王仁东、张彬、杨钟羲到,

余人则畏革党及总统逮捕而不到。(《日记》页3090)

是日,先生携缪僧保访刘承幹,借《居稽录》十册回。(《日记》页3090,《嘉业堂藏书日记抄》页362)

八月十九日,撰孙锵鸣墓志。碑主孙锵鸣,字韶甫,号渠田,浙江瑞安人。道光辛丑进士,官至翰林院侍读,孙诒让之仲叔。志文述锵鸣一生仕履,谓其"寻往哲之坠绪,质当代之通儒,以史学为己任,而充之于事功,卓乎不可及已";"其主试也,坚却守土官例赠;其督学也,并却所至守土官例宴";"又严劾军机大臣穆彰阿为秦桧、严嵩,直声震天下";"四十年间所掌书院……仰承黄、万,旁及颜、李,不袭理学之陈言,不蹈训诂之剿说。至其为教,并及西书……。"(《日记》页3091,《乙丁稿》卷二《清故侍郎衔翰林院侍读学士孙先生墓碑》)

八月二十日,诣张尔田、刘承幹谈,还《居稽录》与刘承幹。(《日记》页3091)

八月二十一日,得邵松年信并《瓶庐诗稿》。先生于次日转寄邵信及诗稿于饶心舫。(《日记》页3091)

八月二十二日,寄孙诒棫文与联于刘承幹转交,并致一柬催促刘承幹刻《宋会要》:"《章氏遗书》高出《居稽录》百倍,然阁下刻《宋会要》单行,尤要于章氏书。求发《宋会典》校好者先刻,即以此事谢沈先生而假其书一阅,可刻一二种未刻赝之,望酌定。《宋会要》已剩十之七,再迟不得矣,非大力不能传此书也。《台学统》亦高于《居稽录》。"(《日记》页3091,《艺风堂书札》页650致刘承幹第一百八十四札)

八月二十五日,邓之诚来,送以影宋书。邓之诚近日常来访先生。(《日记》页3092)

八月二十六日,赴淞社三十二集之约,刘承幹主之,况周颐、王国维新入社,与会者尚有先生与杨钟羲、陶葆廉、张美翊、朱锟、徐乃昌、唐晏、周庆云、恽毓珂、恽毓龄、潘飞声、张荫椿。是集刘承幹以去年所得法式善《续西涯十二咏图》请与会者题咏传观。(《日记》页3093,《嘉业堂藏书日记抄》页327)

八月二十八日,跋《缀英总集》。(《日记》页3093)

八月二十九日,陶湘、刘承幹来送行。先生致刘承幹一札,谈办嘉业堂藏书志事:"前日盛扰,谢谢。弟今年病后,初次预晚席,不饮酒遂免病,回寓九点,迟至一点钟方睡,大好。以后晚间可应酬矣。李审言序《坊巷志》极佳,可刻,已交朱文海。文收集中,嘱办《藏书志》,可检经类送至敝寓,交僧保办底子来,回由老夏交还,必不有误。弟明日起程,十月必回。"(《日记》页3093,《艺风堂书札》页650致刘承幹第一百八十五札)

是日,先生亦致沈焜一柬,谈办嘉业堂藏书志事:"前日人多,未尽欲言。《藏书志》可否即检交经部,交僧保办底子。徐积馀《积学斋书目》固僧保一手办,即《适园志》亦僧保办草稿也。又,此系包局,并非为僧保筹馆地,因弟出门月余,渠有事免得日日外跑。弟津贴之。现校书少矣,乞酌之,如候弟归亦听便,不敢勉强。"(《日记》页3093,《艺风堂书札》页551致沈焜第八札)

八月三十日,冯煦、沈焜、邓之诚、沙季宾来送行。先生上船北上赴清史馆,与张尔田同舱。(《日记》页3093)

九月一日,读《樊川集》夹注。(《日记》页3094)

九月二日,与刘焕谈。刘焕,凤阳人,如皋知县。(《日记》页3094)

九月三日,写《翰府名谈》"元宗遗事"。(《日记》页3094)

九月四日,杨寿昌、陶子麟来,邓嘉缉招饮。(《日记》页3094)

九月五日,上火车,晤山东李一山之友许钟璐同舱,一夜未睡。(《日记》页3094)

九月六日,至北京,缪禄保来接,新宅甚雅,安睡。(《日记》页3094)

是日,沈兆奎赠新刻《南方草木状》。(《日记》页3094)

九月七日,夏孙桐、陈于邦、李思本、张尔田等友人来访。先生在京与友人往来颇多,有傅增湘、金兆蕃、恽毓鼎、陈名侃、吴昌绶、章钰、李一山、曹倜、夏诒霆、沙彦采、张一麐、柯劭忞、张楠、刘若曾、董康、范子恒、陈汉第、端绪。拜张权、陈宝琛。陈翰屏、卢殿虎、徐琪、王式通、马其昶、李经畲、吴敬修、樊增祥、易鼎顺、庄蕴宽、钱恂、万荚生、袁励准、卢少柳、爱新觉罗·宝熙、梁鼎芬、江瀚等。(《日记》页3094、3095、3096)

九月十日,到瑞记,陈翰屏作主,张楠、杨润庐、卢殿虎、郑受之同席。(《日记》页3095)

是日,到馆见馆长。(《日记》页3095)

是日,先生撰许乃武传。(《日记》页3095)

九月十一日,赴吴昌绶之约,王大钧、朱一新、张尔田、夏孙桐、王式

通、章钰、缪禄保同席。(《日记》页 3096)

九月十三日,在京。致馆长一信,寄《明史列传考》。先生此次在京,与馆长等讨论史事,时馆中分纂积稿已多,颇为混乱,遂力主列传应先拟定目录,划分时代,择人主任编排归卷,加以修正。在其坚持下,史馆决定分朝办传,史事略有头绪。(《日记》页 3096,《艺风堂书札》页 650 致刘承幹第一百八十六札)

九月十五日,到馆,抄福建名人传。(《日记》页 3096)

是日,逛琉璃厂。先生至京,已数次逛厂肆。(《日记》页 3096)

九月十六日,接江阴志局信。(《日记》页 3097)

九月十八日,章钰寄来《滂喜斋藏书记》三卷。(《日记》页 3097)

九月二十一日,傅增湘来,借示《双鉴楼藏书记》。先生于二十六日还与傅氏。(《日记》页 3098、3099)

九月二十二日,先生友叶昌炽病故。

九月二十四日,赴吴敬修之招,李福青、沈曾桐、宝昆臣、宝熙、袁励准、吴崟、张权同席。饮罢至袁励准处看墨,约大小七十多笏,可谓墨缘大观,又一只白砚,亦极佳。(《日记》页 3098)

是日,吴昌绶送诗来,乃其近时新作,凡《内阁前哲张诗龛侍郎增潘功甫舍人诗,以酒和墨作书,茗糜装册属题,敬次原韵,多用诗中本事》《萧同年方骏重九见投诗简,依韵酬之》。(《日记》页 3099,《书札》页 923 吴昌绶第一百五十札)

九月二十六日,和吴昌绶诗。又接到吴昌绶诗。先生和诗《甘遯招饮即用新字原韵》:"朝市万变耳目新,友朋气谊如饮醇。豺虎当道夺人食,遂令我辈同忧贫。吴君襟怀最磊落,闭门谢客怡心神。袁君淹通尤嗜墨,非人磨墨墨磨人。傅君嗜书勤者获,省斋荛圃斯卜邻。董君园林更幽寂,奇礓磊落环草茵。共敦古欢避俗趣,珠联璧合真前因。收藏赏鉴兼考证,笑谈一室生阳春。人海自葆启期乐,西风不污元规尘。鲰生孱入殊不伦,昌雨且垫林宗巾_{是夕遇雨}。"诗题中所云"甘遯招饮"盖即本月十一日之事。诗中所颂之吴君指吴昌绶,袁君指袁珏生,傅君指傅增湘,董君指董康,皆先生此次来京交游之友人。另一首和诗《次韵吴甘遯》云:"最多感慨是重阳,_{辛亥重阳,钱予南行。}羞对黄花罢举觞。佳节朗吟追杜牧,高风何处访严光。搜寻良药同珍册,绝好安心认睡乡。莫向京华谈旧事,回头五十一星

霜丁卯十二月,初入都门。"感慨良多。(《日记》页3099,《乙丁稿》卷一《甘遯招饮即用新字原韵》《次韵吴甘遯》)

是日,傅增湘来取《双鉴楼藏书记》去,先生又借其《大元圣武亲征纪》。(《日记》页3098)

是日,接刘承幹一信,先生有札复之,告以史馆事:"别逾月,奉手书,慰甚。钱君念劬近已把晤。徐辑《四库刻①书目》不知与叶刻有异同否。已付抄。《西域水道记》十八叶、《铁桥诗悔》一册交来,带归面交。津浦已通,史事亦决,弟日内南还,不多耽阁。吴炯斋竟以亲病不来。赵馆长顽钝如故,只可小作束束,不能大有效验。弟年已高,雄心亦挫,与吴向之同认康熙一朝而已。钱信先呈。"又言:"醉翁均书更贵于南边,收书人亦少。"(《日记》页3098,《艺风堂书札》页650致刘承幹第一百八十六札)

九月二十八日,赠傅增湘诗,诗云:"修期好古岁月新,摛辞贾茂兼董醇。家学渊源聚书册,图书四壁殊不贫。冷摊僻巷搜求遍,爱书能得书精神。非惟能聚亦能校,戴钱卢顾畏后人。有时假借许同志,春明坊下求卜邻。戎泸回首不可问,落花难分溷与茵。周穆沙虫真大劫,修罗刀戟参前因。君独坐拥谟觞馆,百城南面登如春。闭门挑灯校讹字,不殊扫叶兼扑尘。世间学统绝能续,一任当世嘲头巾。"对傅增湘嗜古之精神大加赞赏。(《日记》页3100,《乙丁稿》卷一《赠傅沅叔即原前韵》)

九月二十九日,馆长定明日会议。(《日记》页3100)

是日,梁鼎芬招饮,顾璜、左绍佐等同席,以张之洞湖北观风示稿卷子属题。先生于十月六日跋之,十月八日梁氏取去。(《日记》页3100)

九月三十日,旧病复发,困苦终日,延夏孙桐诊脉,服药即吐出,又请杜子良覆脉,服药稍定。(《日记》页3100)

是日,馆上会议不能到,而议已定。(《日记》页3100)

十月一日,病少间。张尔田、屠寄、傅增湘、夏长倩来看望,傅增湘留下《家世旧闻》一册。夏孙桐又来谈史事,十分可笑。(《日记》页3100)

十月二日,气少旺,尚未能饮食,樊增祥、薛光锜、夏诒霆、李一山来看望。(《日记》页3101)

是日,先生撰《醒醉石》序。盖董康欲刊此书而请先生为此序,五日先

---

① 按,"刻",当系"阙"之误。

生交该序与董氏。序有云:"大凡小说之作,可以见当时之制度焉,可以觇风气之纯薄焉,可以见物价之低昂焉,可以见人心之诡谲焉。于此演说果报,决断是非,挽几希之仁心,断无聊之妄念,场前巷底,妇孺皆知,不较九流为有益乎?"可见先生对小说功用之认识。又在"钱遵王《也是园书目》,有诗话十数种"句下注语考"平话"有"诗话"之名云:"'诗话'二字,初以为评话。而日本流传平话,均作诗话。因悟各小说无不从诗而起,诗在前,话在后,谓之诗话,谁谓不然。"(《日记》页3101、3102,《乙丁稿》卷二《醒醉石序》)

十月三日,交史传五本与馆长,并附一缄。(《日记》页3101)

十月五日,诣馆交书。(《日记》页3102)

十月六日,致吴廷燮论清史书。(《日记》页3102)

十月八日,吴敬修来托先生撰其父墓志铭。(《日记》页3102)

十月九日,先生启程南返,夏孙桐、顾璜、胡溶、董康来送行。董康送先生《草窗韵语》一部。(《日记》页3102)

十月十三日,返沪,收友人多札。王先谦九月十一日一札,谈其近日著述:"承示《唐志》,注至'历算'类,明夏可成,令人想望,不胜欣幸。我辈余年,尚赖此事开拓心胸也。邇前办《唐书》列传,因《新》《旧》二书卷帙繁富,写刻为难,易为摆印。止写不刻。又涉猎《元史》,通校何秋涛所校《圣武录》、李文田注《元秘史》、洪钧《元史译文证补》三书,于是摘录《元史》,以三书低格附录为注。《元史》及三书,俱为之神明焕然,不忍舍弃。又以其较少于《唐书》,遂欲先从写摆。来岁倘能先以呈教,亦快意事也。"又谈及其先世及故兄弟之诗想刊入刘承幹先人诗萃集中:"曾寄舍间先世及已故兄弟诗,妄思厕入刘瀚怡先人诗萃集中,此亦无聊之极思,不知瀚怡果许我否也? 闻来岁即有成书,敢求代购一册,书到寄价。"(《日记》页3104,《友朋书札》页47 王先谦第七十札)

十月十四日,订刘承幹藏书记初编。(《日记》页3104)

是日,闻宁波独立,沪上惊慌不已。(《日记》页3104)

是日,先生致刘承幹一柬,送其钱恂两书:"弟日昨由津浦归,疲乏已极,约歇数日,再聆雅教。在京发一缄,想已呈阅,今先寄上钱念劬世兄两书,乞察存。《四库缺书目》候抄,叶奂彬曾刻之,疑是两本,俟抄来一对,方定刻不刻。"又谈及时局:"时势又乱,将如之何。京师商人请日人保护,将来一变为朝鲜局面,亦若辈驱之也。"先生对日人侵华的预判十分准确。有谈及《马可波罗游记》润色后方可刻:"马哥博罗著作,念劬以魏君译笔太坏,不足刻。外国以其语中国事以为稀罕,亦不知其误,若中国人刻,大笑话矣。如重译润方可刻,原译者亦不知元代事也。"(《日记》页3104,《艺风堂书札》页651致刘承幹第一百八十七札)

十月十八日,还刘承幹第一起书四十册,并致一束谈发书、还书之法:"来书二十种四十册交还,点收。现即赶办各种目录,书均陈列在外,乞续发,并望一次发一书单。第几起,何种书,书几册。弟办好交书还单,候兄点收,不至有误。弟并注于簿上,如要何种,全部,另函,亦注于簿。适园办书目即如此,自始至终,无一叶之误也。"又因叶昌炽之卒,谈及后续校勘事,荐刘富曾、刘显曾兄弟:"鞠兄身后何人办校记,须择人,其实扬州二刘,于校勘甚近①,《宋会要》编完即可任之,有家法,胜于乱来者。此书须压倒从前一切刻本,不可易视。"又索淞社题:"前淞社题,仍望交下细目为荷。"(《日记》页3105,《艺风堂书札》页651致刘承幹第一百八十八札)

十月十九日,读《康熙东华录》卷三至卷六。先生近期即以读该书为日课,为修史故也。(《日记》页3105)

十月二十日,送《安诗》《飞香圃文》《婆娑洋诗》与孙毓修,并致孙氏一束,告以傅增湘携眷入京:"在京奉读手书,未能即复为歉。今于昨日回沪,托庇平安。京中书贵,然无买主。沉叔亦携眷入都,住太平湖太学内。学已闭歇,沉叔借住,想已得信。拾得无锡人零本,乞莞存。"并询其父著述,盖欲入之《清史》之《艺文志》:"四部举要,略易一二部。尊公著述乞畀一稿交荃,径寄章式之,即叙入类,所怕空名耳。书名人名○○○○○○几卷,字△△,无锡人,庠生,官△△△△。如有两书分两类。如:安诗《飞香圃文集》一卷字○○,无锡人,道光癸未进士,官至户科给事中。不过如此不多叙,唐、宋《志》均如此,不必具呈。即从前上谕言付史馆,并三品以上大员撤之不少,况现在之命令乎。庞文恪附'毛昶照'团练,曹恭悫附文'二忠传'。"(《日记》页3105,《艺风堂书札》页538致孙毓修第十四札)

十月二十二日,发吴士鉴杭州一札。此次清史馆会议,吴士鉴未北上。吴氏收到先生信,即复一札,谈史馆中事:"两月以来,驰仰左右,未上

---

① 按,"近",疑系讹字。

一书。昨奉惠缄,敬审台驾已回沪上,至慰至慰。尊体偶有不适,乘此冬令,当可调摄如恒。馆中之事,得仲恕书略知梗概。此次分朝办传,得长者力为主持,始克定议,承认诸君大致均妥。侄当驰函亦认乾隆一朝,与二陈细加商榷,此六十年中人数较多,度二陈亦不能尽了也。惟次老来信,确是结束主义,但求各门办成草稿,保存勿失,至于进退得失,全体攸关,似不遑讨论及之。果其如此,正不知何年何月方成定本。如时局无大变动,总须公举长者覆核一过,严加芟削,庶有体段。侄今秋以家中多病,实难舍而远行。且京寓人口众多,尤不能小住两旬即行南返。是以牵掣多端,欲行辄止,明春倘无内顾之忧,定可一往。前函略申停修之说,以明此次不获到京之心迹,未敢遽行决绝辞去也,仰承谆命,自应再效微劳耳。里居略受惊恐,幸即敉平。惟事变方兴,不知何处可以安居,思之心悸。家君屡欲赴沪,以便闭时发,体中疲乏,年前只能作罢论矣。侄近两旬以有家岳母之丧,又复劳冗多日,草率作复,敬叩起居万福。"(《日记》页3106,《友朋书札》页448吴士鉴第六札)

十月二十三日,诣蟫隐庐、博古斋观书。(《日记》页3106)

十月二十四日,校《莼圃刻书题识》;重编《名臣表》。(《日记》页3106)

十月二十六日,编《康熙名臣表》。(《日记》页3107)

十月二十八日,致刘承幹一柬,推荐抄书人:"写官李姓抄书甚勤,住扬林浦。《宋会要》可分一二本与之,靠得住,有保人也。价壹角乙千。"(《日记》页3107,《艺风堂书札》页652致刘承幹第一百八十九札)

十月二十九日,叶德辉来还《儒学警语》三册。(《日记》页3107)

是日,重编《康熙疆臣表》。(《日记》页3107)

十一月一日,重编《康熙部臣表》。(《日记》页3107)

是日,吴昌绶在京致先生一札,言张尔田代其撰《后妃传》将竣:"奉诵手示,欣审近体大安,益臻健适,至深慰忭。绶今年秋冬,病体颓唐,兴会衰飒,无以复加。我师南还,未获躬送,嗣后又久未上书,大约笔枯墨合干,有数日不动之时。法时帆志何太守道生墓云:无时不酒,无事不愁。绶庶几似之。又深负吾师劝谕节饮之盛意,种种愆罪,总为处境所累,怨艾而已。时事自不必谈,闻苏、杭一带地冻至尺,蔬菜僵萎,沪上如何?此间得雪二次未畅,人人受交子会子之累,绝无好气象也。孟劬代绶草《后妃传》将竣,尚须补孝钦事,当先寄吾师训正。式之年内云须来一行,闰老亦多日未晤。"又言及先生在京赋诗:"尊诗先由沉叔录示,尚有和篇,下次再呈。"又谈及《雪桥诗话》所录徐松之文:"星伯先生卜魁城赋跋,见《雪桥诗话》卷九,不审曾采录否?杨先生所箸,博大精深,三百年来无此作。绶未识其人,吾师晤时,幸为道钦向之忱。难在字字确实无误。"(《友朋书札》页932 吴昌绶第一百六十四札)

十一月二日,哈园请书联,却之。(《日记》页 3107)

十一月三日,约金兆蕃、翁斌孙、李详、叶德辉、徐乃昌、费寅、张之纯小饮都益处。(《日记》页 3107)

十一月四日,到江阴,住启泰栈。(《日记》页 3108)

十一月五日,上新景园晤吴氏父子、陈念修、章一峰,在志局史馆拜陈名珂、郑粹甫,途遇曹艮三。借黄傅修《明弘治江阴县志》一册归。(《日记》页 3108)

十一月六日,上新景园吊夏勤邦,借《郑堃阳草堂集》。志局送束脩,先生送《藏说小萃》《澄江诗选》《缪文贞公集》与志局,并《江阴志逸》一卷。(《日记》页 3108)

十一月九日,在沪。王秉恩、徐乃昌约消寒于留春幄,李瑞清、莫棠、李宣龚、夏敬观、刘体智同集。(《日记》页 3110)

是日,先生撰《江阴志缘起》。(《日记》页 3110)

十一月十一日,定《康熙臣工传》。(《日记》页 3110)

十一月十二日,撰张刻影宋书序。(《日记》页 3111)

十一月十三日,撰《积学斋藏书志》序①。序有云:"积馀此目,其书必列某本旧新之优劣,抄刻之异同,宋元本行数、字数,高广若干,白口黑口,鱼尾旁耳,展卷具在,若指诸掌,其开聚书之门径也。备载各家之序跋,原委粲然。复略叙校雠、考证、训诂、簿录、汇萃之所得,各发解题,兼及收藏家图书,其标读书之脉络也。世之欲藏书读书者,循是而求,览一书而精神形式,无不具在,不胜为敏求记倍蓰乎。"此论可见先生目录学取向,即合鉴赏、考订为一,融提要体、藏书志为一体,兼为藏书家、治学者开启门径。(《日记》页 3111,《乙丁稿》卷二《积学斋藏书志序》,国家图书馆藏抄

---

① 按,是文末署"岁在强圉大渊献长至日,江阴缪荃孙序",盖时间有误记,今从《日记》。

本《积学斋藏书记》卷首缪荃孙序)

十一月十四日,撰《张石铭造金刚经塔记》。文谓"石铭爰于家之适园,相度基址,建长生砖塔一座,而以唐拓柳诚悬书《金刚经》钩摹勒石,藉申孺祝,用博慈欢","柳诚悬书此经,备尽楷则,为米海岳所赏,贾似道得拓本亦藏以自豪。《宣和书谱》有唐张钦元、释昙林、宋王荆公、苏东坡、黄鲁直、元赵松雪皆书之。今得《燉煌石室》唐拓本,翻以入石。仗佛力之庇荫,欣慈算之绵延。留法海之巨观,作艺林之墨宝,岂不伟哉"!(《日记》页3111,《乙丁稿》卷三《张石铭造金刚经塔记》)

十一月十五日,接刘承幹一柬并书二十拾种,即复其一柬:"手书并书二十种五十九册收讫。以后一切如命,明春元夕后亦照办。日内严寒,弟亦不敢出门,念陶生日亦未能去。俟稍阳和再行诣谈,醉翁别久亦有话谈。"又言:"松江人索《闲闲录》一部,望掷下。"(《日记》页3111,《艺风堂书札》页652致刘承幹第一百九十札)

十一月十六日,徐乃昌送羊腿来。先生即复一札致谢,随札呈积学斋书目序,并谈及十九日消寒雅集及刻荛圃书跋等事云:"顷奉手书,并承赠佳品,再拜以谢。汪先生书有刻本甚佳,再以鄙制报答,此人想在家,如何寄去?书目序一篇呈政,可否改为藏书记,因有解题,非尽书目也。十九日必早临,《墨表》一册乞哂存为荷。印臣石印,弟不愿刻,黄诗亦不愿刻,刻藏书跋、刻书跋耳。"(《日记》页3111、3112,《艺风堂书札》页511致徐乃昌第四百八十一札)

十一月十七日,刘承幹送新书来,并询元板《苏东坡七集》,先生即答之:"手书诵悉。赠书谢谢。东坡七集,来处知之,卖已两年,决非宋版,即专人去看,书如全来,乞看第七集。不过百元之谱,然非弘治大字本也。手此,即请文安。"(《日记》页3112,《艺风堂书札》页652致刘承幹第一百九十一札)

十一月十八日,接傅增湘本月十五日一札,谈京师图书馆三事:"出都时未得躬送,计抵府一切清吉,身体当已复元,至以为念。手教奉诵,久未得答为罪。所言三事亦领悉,朱侯仍旧,并未废,岳博士恐未必行。图书馆本应改办法,印臣自极相宜,惜其多病,不能日日到馆耳。式之在津,不入都,亦未便遥领,为会元所讥,容当相机为之。鄙意第一先将善本及普通书目编成,再议其余。午门二程化去贰万余元,湘看过决不能用,不如不搬之为愈,或不得已仍循文襄旧案,在高庙为之,特此时最极,尚说不到耳。"所谓三事,一为吴昌绶、章钰入馆,二为图书馆编目,三为京师图书馆选址。时傅增湘为教育部总长,教育部辖京师图书馆,故有此论。札又商购先生所藏明板书:"有一事奉商,公藏书中时有推陈出新之举,宋元本不敢问,明本中有数种,不知公见让否,开如别纸,希示知。若仍留自玩,则不必言耳。"又告先生其近所得书,并言及叶德辉所刻书目多误,等等:"近得抄本《前汉纪》、明抄《乐府古题要解》,皆致堂绍兴本,《南史》共得五卷,值百五十元。今又得弘治十二年本《陈后山文集》三十卷,王鸿濡刻,十一行廿字。亦至罕见,未知公曾见之否?叶奂彬刻书目见过否?其中误处甚多。此公于版刻乃外行耶?殊不可解,所谓庆历肢泥活字《韦苏州集》恐是明初活字,不然则太怪异矣。印臣近病甚,森玉临在秘书办事。"(《日记》页3112,《傅增湘致缪荃孙未刊函札释读》第一札)

十一月十九日,写《江阴志志书源流》毕。(《日记》页3112)

十一月二十日,看古书流通处书,得宋本《文选》六册。(《日记》页3113)

是日,办《江阴大事表》。刘富曾来。(《日记》页3113)

十一月二十二日,致沈焜一柬,送《四库缺书目》与刘承幹,借《神僧传》《金正希集》回。柬云:"前日觉冷,未能多谈,甚歉。来书廿种,今日已毕。只二范集毛一鹭本。凡下,不宜入志。祠堂本出于天历,亦各种俱全。廿五送书来,取书回去,内借《神僧传》二册前留《剡源校记》一册。补明本,尚少卷二一本,照录。再借钱念劬寄来《四库缺书》此绍兴之四库缺书,非指本朝。弟有旧抄,较此本多出不止一倍,叶奂彬刻之,此本从《大典》本抄出。近校过,又溢出数十条。一册,乞察收。《金希正文集》九卷本,乞借一阅再还。"(《日记》页3113,《艺风堂书札》页555致沈焜第十七札)

十一月二十六日,送第二批书与刘承幹,并还《九神僧传》六册。沈焜自送第三批。编《嘉惠堂藏书记》。(《日记》页3114)

十一月二十七日,办《新序》、残《容诚集》《心经》《政经》,缪僧保办《东坡后集》《尚书》。(《日记》页3114)

是日,一元会消寒,王秉恩、李瑞清、莫棠、李宣龚、夏敬观、刘体乾、刘体智、徐乃昌同集。(《日记》页3114)

十一月二十八日,孙毓修送《张燕公》四册来,并茪圃跋,只《松漠纪

闻》一种未收。(《日记》页 3114)

十一月三十日,校《朔方备乘札记》,校《江阴石刻录跋》。(《日记》页 3115)

十二月一日,致孙毓修一札,还伍本《张说之集》。札谈《张说之集》及黄跋:"前奉手简并《张集》、莞跋,心感谢之至。张集近抄从汪远孙校补,然朱刻均有之,可见朱写廿卷,是明抄。本亦至精也。《四库》从《大典》抄出佚篇,惜复苏君铭一首,'感峰楼'不知谁家刻本?更难得见,小米亦以为讹脱。莞跋已得其三,只《松漠纪闻》跋未见。聚珍本有《四库提要》,曾见其本先摄后刻。除三单外并无全目,亦自编耳。漏不少,曾得目外五种。即福建聚珍新补版,傅节子改正许多,未能一概抹煞。局内有一通人,即有好处,湖北、江西真至陋矣。前抄《华氏传》为府志。呈阅,兄必见过,可留之。无锡修志否?"(《日记》页 3115,《艺风堂书札》页 539 致孙毓修第十六札)

十二月三日,发夏孙桐信,寄嘉庆碑传目。(《日记》页 3116)

是日,发江阴志局信,覆选举表事。(《日记》页 3116)

十二月四日,刘承幹送抄本书二十来种。(《日记》页 3116)

十二月六日,销寒第四集,见张氏雕□□送别图。(《日记》页 3116)

是日,先生诣西泠印社、蟫隐庐、博古三书铺。(《日记》页 3116)

十二月七日,博古送《孟郊诗》《畿辅安澜志》来。费寅送《北山录》并《音义》来,先生以为甚佳,是北宋本。(《日记》页 3116)

十二月八日,雷瑊来,送《明史稿》底本三册,先生赠之以《辛壬集》《癸甲集》,并作书与刘承幹:"敝门人,松江雷瑊君曜,仰慕光仪,欲求赐教,望拨冗一见之,极可谈也。"(《日记》页 3117,《艺风堂书札》页 63 致刘承幹第一百九十二札)

是日,先生辑《嘉惠堂藏书志》。(《日记》页 3117)

是日,叶德辉致先生一札,言新刻之书不敷应酬,《宋绍兴秘书省续编到四库阙书目》其已刻过原本:"在沪厚扰,不久回苏。同席李审翁曾来寓枉谈,以新著诗文集见惠,并索拙刻各书,一时无以应。因湘省濒年丧乱,家藏板片久未印行,印出新著新刻之书,又不敷应酬故也。近见刘翰怡兄出《宋绍兴四库编到阙书目》,乃徐星伯从《永乐大典》辑出者。据云北京钱念劬参政寄来,属其传刻。此书辉已刻过,且系原本,加以考证。辑本虽偶有按语,似不及拙刻之详,已属翰兄请示我公,或刻或不刻也。"又评论时局,一针见血指出沈曾植等遗老之虚伪面目,言语犀利:"近又有人为人叙书,称子培为尚书。此张勋时代之名称,出自张勋,固属伪诏,果其出自皇上,则主忧臣辱,此不可以辛亥壬子之人例。当死难京城,岂有背负尚书官衔,而逃命上海者。前此复辟,请归政之首衔二人,一则电报窃名,一则亡命逃走。遗老架子可谓倒塌尽矣。尝言今日遗老皆亡国大夫,断无再作中兴功臣之理。今之新人,动曰爱国,而日寻干戈。今之旧人,动曰复辟,而日谋金钱。中国之不亡亦天幸矣。请告若庵世叔,以鄙论为如何?辉居苏清闲著书,较在湘为安乐。惟家藏书籍为儿辈把持,不能运苏。偶思检寻,极不顺手。欲移居上海,又落入野鸡遗老窠中,心实有所不愿。日来时与陆廉翁往来,此人浑浑噩噩,与何诗翁相同,二人画派亦老成典型,心服其品学也。有函致王雪老,因忘其门牌号数,故求公饬送。"(《友朋书札》页563叶德辉第四十四札)

十二月九日,送第二起宋元本书与刘承幹,刘承幹病未晤,庋置其书房炕上。(《日记》页3117)

是日,接傅增湘本月五日一札,代先生抄的黄跋一通:"前函计登览。兹由友人处借得明嘉靖本《唐子西集》,末有黄荛夫跋,特抄呈一分,不定式之所辑稿本中有之否?希示知为要。"又谈取《方言》板事,并向先生借抄游明本《史记》:"又敝刻《方言》板尚存湖北,乞公随便写一函赐下,好托友人在汉取板寄京,以结束此事。游明《史记》新购得一部,缺十数卷,拟借前尊藏抄补,尚乞惠假为荷。"随札又附告:"吴佩伯书全数售去,得现洋六千元,并闻。"(《日记》页3117,《傅增湘致缪荃孙未刊函札释读》第二扎)

十二月十日,接叶德辉初九日一信,知王先谦作古,不胜悲怆,感慨"知己尽矣"。叶札多有感慨:"今日接儿子家书,云葵园于十一月廿六日已时作古。阅书后不觉泫然。田居廿余年,与此公共事。讲学时复参差,然矜而不争,和而不同,实无愧古君子之谊。老人凋谢,知己何人。不仅衡麓、洞庭山水无色也。辉出游外,惟儿辈时见之,而辉新著书未见一种,思之实为恨事。"(《日记》页3117,《友朋书札》页563叶德辉第四十五札)

是日,得江阴吴增甲信,亦复之,寄去《大事表》《盐法》。(《日记》页3117)

是日,谷瑛来,以《江阴县志》赵志一册、王志一册托画图。(《日记》

页 3117)

十二月十一日,赴徐乃昌处贺寿,餐面。(《日记》页 3118)

是日,致刘承幹一束,谈还书与可刻之书:"前日诣谈,未晤为歉。醉翁亦未回。弟将宋元板书二十种第三批。亲自庋置书房之炕上,谅无遗误。因郑重,故先交。第四批。书十五再交。抄本内,偶瞎牛《乾坤清气集》最佳,然尽诗。《南山家传集》是孤本,然太多,又是明人,未敢劝刻,乞酌。"(《日记》页 3118,《艺风堂书札》页 653 致刘承幹第一百九十三札)

是日,删改《壬寅消夏录》,先生近日以此为日课。(《日记》页 3118)

十二月十三日,撰《顾辅卿同年墓志铭》。志主顾家相,字辅卿,浙江山阴人。光绪乙亥、丙子联捷进士,先生同年。先生是文记其一生仕履,并吏治事迹,有云:"君性喜研究绝学,于天算、音韵诸学皆足以发阐精微,然为吏治所掩,世罕知者……荃孙丙子同榜,光绪甲辰晤于金陵,迭观撰著,契结尤深,近年浙沪交通,年年相见。君今没矣,同榜无几,又弱一个。悲哉。"(《日记》页 3118,《乙丁稿》卷二《顾辅卿同年墓志铭》)

十二月十五日,送祭幛、顾家相墓志铭与家相之次子顾燮光。(《日记》页 3119)

是日晚间,淞社在醉和春恭祝朱锟、徐乃昌五十寿,到者刘承幹、吴昌硕既先生等十余人,徐乃昌因病未至。(《日记》页 3119,《嘉业堂藏书日记抄》页 338)

是日,叶德辉致先生一札,谈翻刻先秦两汉诸子宋元本,批评王先谦注诸子,言辞犀利,心直口快:"前奉书,承赐复,祗悉种切。旋得王雪老书,乃论校勘《淮南子》事。辉每恨周、秦、两汉诸子,如《吕氏春秋》《淮南子》皆无人翻宋元本为一恨事。又《说苑》北宋本亦无人翻板,均不知何以好刻书之人,从来不理,雪老校本固必应刊行,若宋本存在,亦可劝人刊之。辉为家集占多工资,恐一时不能及此。葵园主持湖南书局十余年,与辉持论相左,其所刻书必加以自注,又杂以本家及门人之注,注者往往不知门径,以意为之,且又不据古本,但据时本,校所不当校,注所不必注,灾梨祸枣,而天下人人恭维,可见世界只有读类书之人,无读注书之人也。辛亥以后,诸子板片在官书局者多毁,人皆惜之,辉以为不足惜也。近作挽此公诗八章,学派始终异同,而二十余年乡居,惟吾二人,大有关系。湘潭王、叶,长沙王、叶,又张、王、叶,孔四大劣绅,今只辉称孤道寡矣。思之

惘然。诗呈斧削,便祈示与葵园又涉者。"(《友朋书札》页564叶德辉第四十六札)

十二月十六日,沈焜送三十种书来,取四批书去。(《日记》页3119)

十二月十七日,沈焜送《宋会要》及《沈子敦杂著》来,即复之:"闻《宋会要》写起,可即付刊,用《御览》鲍刻。格式样最好。吴胥石,弟最佩服之人,诗文均佳,然例不录诗,文系谱传,拟抄出廿四篇,与诗合刊,名《胥石先生诗文抄》则善矣。又,《严元照集》,存斋已刻,勿堪杂抄,可去。《侯文抄》妙,仍交弟编好付刻。余则吴府,是好不容易。书,付人刊丛书,万不能多取也。"(《日记》页3119,《艺风堂书札》页555致沈焜第十八札)

十二月十九日,还《宋会要》抄本、底本及《沈子敦落帆楼集》与刘承幹,并与沈焜一信:"前布一缄,谅登签室。《子惇文集》跋呈阅。文集之佳,汪谢城编次之善,可为收拾友人残稿之式,与王晚闻编次《章实斋文集》一例,真好书也。《宋会要》附呈。此书本是《大典》辑佚,在弟买得时,尚有星伯手书拾叶,以为编次之法,目录一本,粤苏辗转,失去强半,编次照《唐会要》,以《玉海》后之《小学绀珠》内目为凭,只可如此。新编条理分明,依类序次,分大小字,复者删之,弟之愚见,以为可刻。说坏话人,但显己之能,不知人之苦心也。弟所校书大约说坏者更多,如一山之批语。然大段不错,细密处未周到耳。即如子惇文,开卷三叶即漏两字,岂是大病哉,不足为话柄,宋板何尝无误字,望与翰翁言之。"又言:"《左传校记》乞先一阅,只要与《易》《书》《诗》一例便合。《宋会要》抄全即付梓,不再游移。"(《日记》页3120,《艺风堂书札》页555致沈焜第十九札)

十二月二十五日,消寒第六集。刘承幹来访,送年敬百元,仆人十元,谈良久。(《日记》页3122,《嘉业堂藏书日记抄》页339)

十二月二十七日,撰《求恕堂藏书志》。(《日记》页3122)

是日,先生致刘承幹一札,布置来年刻书事宜,谈宋刻优劣:"昨承赐顾并荷隆议,感谢之私,匪言可喻。兄以应刊之书无多,嘱为留意,朱文海处,《毛诗单疏》将完,《仪礼注疏》不及半,或以《广陵集》畀之。《订讹类编》刻成,《道德经》写成。穆子美太坏,可以不发。扬州不知其详。如《宋会要》须单行,改鲍刻《御览》式。《实斋集》可入丛书。《宋刑统》即函询授经,回信再定。余俟得应刻书再告。《武经总要》御题在宋版上,此是摹本,大约御题必最佳之本,此等抄本,汗牛充栋,书估乱说不足凭,然旧伪非近日伪也。《新唐书》十九字十行见过,《后汉书》,廉生藏。《隋书》,荃孙旧藏在京易去。《周书》,郑盦藏。《五代史》,傅沅叔藏。建阳魏氏本,昨见之,本江西学本,后入南监,相差甚远,元刻所补则更陋矣。各书蜀学第一,监本亦佳,名人刻亦佳。如施元之刻《苏传》,陆子通刻《开天传信录》。尹家书铺、陈解元本,皆坊本,此间书估焉知之。如钱听默、陶五柳,弟所见李老雨、徐苍厓则庶几矣。北宋本神似石经。一望即知。南宋亦无不翻刻,不害其为佳。拉杂言之,博兄一笑。"又请刘承幹查核月俸:"月致校俸,十二月未领。石铭处明正截止,本月尚可付。大约每年终归石铭,今年闰月,则仍归兄矣,乞查。"又答刘承幹询胡、马二人:"胡炳益,人还安分。马是否君实,桐城人,不知其详。"(《艺风堂书札》页653致刘承幹第一百九十四札)

十二月二十八日,接夏孙桐信,并史馆俸金百元;张钧衡送月俸百元。(《日记》页3122)

是日,先生办藏书志,写志目。(《日记》页3122)

是日,送《壬寅销夏录》残页与杨钟羲。该书先生于本月二十三日已经交与杨钟羲。(《日记》页3121、3122)

除夕,编《江苏金石记》第七卷。(《日记》页3123)

是年,先生曾致孙毓修一柬,谈及编刻荛圃题跋及《资治通鉴》版本源流:"黄荛圃《藏书记跋》《刻书记跋》分两种,诗文均置之,因非所长也。即跋中亦多讹舛,是赏鉴、收藏两家,决非考订家。两记未收百衲本,学部图书馆有残本。好在官衔不同,在温公生前刻。南宋本便归一致,孔本一律或从南宋本,固自不能同也。内府书籍四种,宋本出售要三千元,有《郭青山集》,兄知之否?"(《艺风堂书札》页537致孙毓修第十二札)

是年二月二十九日(3月22日),袁世凯宣布取消帝制。

是年三月七日,盛宣怀卒于沪,其葬礼耗资三十万两白银。

是年九月十六日,黄兴卒。

民国七年　戊午(1918)　七十五岁

一月一日,撰《江苏金石志》第七卷,近日先生以此为日课。(《日记》页3137)

是日,恽眉卿来交以恽祖翼史传。(《日记》页3137)

是日,补撰甘肃土司,多日乃成。(《日记》页3137)

一月二日,接李一山信,寄来《王鹿泉事略》。(《日记》页3137)

一月四日,撰《慈闱授诗图》序。受托为京师王都转所撰。(《日记》页3138)

是日,赴一元会,王秉恩、沈瑜庆、莫棠、刘体乾、徐乃昌、李宣龚、夏敬观、何书城同席。(《日记》页3138)

一月九日,志局寄《艺文志》来,改《艺文志》。(《日记》页3139)

一月十日,赴振华旅馆周庆云之招淞社第三十四集,姚文栋、夏敬观新入社,到者二十四人。(《日记》页3139,《嘉业堂藏书日记抄》页340)

一月十一日,约周庆云、张钧衡、潘飞声、王秉恩、刘体乾、徐乃昌、胡嗣芬小饮云自在龛。(《日记》页3139)

一月十二日,撰四川土司传,修甘肃土司传。(《日记》页3139)

一月十四日,潘飞声、潘宗周来看宋元板书,并偕至甘氏非园,竹篱茅舍,别具幽趣。(《日记》页3140)

一月十五日,到古渝轩赴鱼翅之约,同人咸集,暖甚。(《日记》页3140)

一月十六日,校《广陵集》。先生近日以此为日课。(《日记》页3140)

一月十七日,致刘承幹一柬,送第五批与刘承幹,取回第六批。柬云:"谨将第五批书呈上,乞点收讫。再领书即交王升带回为荷。"(《日记》页3141,《艺风堂书札》页654致刘承幹第一百九十五札)

一月十八日,读《四部寓眼录》。(《日记》页3141)

一月二十一日,校《圣武亲征录》五页。(《日记》页3141)

一月二十二日,拜姬觉弥、吴昌硕,赴消寒会。(《日记》页3142)

是日,辑《江苏石刻》至治平。(《日记》页3142)

一月二十三日,刘承幹送束脩百元及《蚕书》《同岑集》《静修集》三种请先生鉴定,先生即复一柬:"顷来书三种,当细阅奉覆。《刘静修集》,前次所称元刻是一刻,曾见元刻则小字也。弘治本亦难得,况绵纸尺寸大乎?"柬又告以月脩奉到。(《日记》页3142,《艺风堂书札》页654致刘承幹第一百九十六札)

一月二十四日,送《蚕书》《同岑集》《静修集》与刘承幹,并与其一柬:"昨来三书即行查订。《蚕书》结实,如卷多,数见不鲜。有名人否,校谢城所著何如？《同岑集》，新抄。均明末国初人。李霜回序，非李霜回辑，序亦空论，明人习也。人无详履历，考核更难，然全是湖人，何不请古微决之。《静修集》仍是廿五卷，与弟所藏同，为书签写卅卷所误，故欲观全集。三书一并送上，六批书少二册矣。"（《日记》页3142，《艺风堂书札》页654致刘承幹第一百九十七札）

一月二十五日，校定嘉惠堂第六批书。是日注《唐书·艺文志》"小说家"毕。（《日记》页3142）

一月二十六日，注《唐书·艺文志》"天文家"。（《日记》页3143）

是日，致刘承幹一柬，还书："第六单书呈上，乞照点收。第七单能发下，即交来人，如无暇，或俟醉愚来。"又举可刻之书："再，司马及王两年谱，忽然全部寻不见，此书刻成，系王文敏少子所藏，由吴仲老寄来，荃与汉辅说明，转仲老送十部新书与彼，可以不问原书。如找出再送上不误。又，新刻《南唐书》《明史捃逸》两书，弟未得清本，望转谕朱文海。又，《味水轩日记》《王翰友在山人稿》、一册，与吴海相连。《乾坤清气集》偶桓。均可刻。《章氏遗书》全不全，各抄本均不同也。各书好者甚多：《味水轩日记》最佳，拟刻；局刻《唐五代词》；莫氏论词不足道。陶文毅刻《靖节词》；此三部，只莫先生读时加〇耳，并无校语，不足存。施刻《元遗山诗》；后印。《真山民诗》；道光末年，自《留香室丛书》抄出，不足存。《燕史》；书不佳，又一百二十卷，不及半。《岁时杂咏》四十卷不及半。《徐霞客游记》；初稿极佳，惜不全。《范石湖注》，潘文勤公已刊；《东涧集》佚稿，不伪，惟均是弃余、公事、寿文、时文序，收藏犹可，刻则断断不可，亦必不出大价。所举刻书，《王翰集》可即付梓人，余再查。"（《日记》页3143，《艺风堂书札》页655致刘承幹第一百九十八札）

一月二十七日，注《唐书·艺文志》历算法类。（《日记》页3143）

一月二十八日，发写《艺文志》。（《日记》页3143）

一月二十九日，寄两土司传、两明史正稿与夏孙桐。（《日记》页3143）

二月一日，孙毓修寄徐启来，先生即复之，谈金石佚闻："手示敬悉，无锡《张奕志》已有了，出已十年矣。或又出一石，则不可知。方彦闻《金石萃编补正》，吴申甫石印，字颇大。《周易》非看书不知。黄松石《扶风石刻记》，止见抄本，即小松之父。孝子入《孝友传》，小松入《文苑传》。周孝侯像在周祠中,曾游宜兴。前塑像不知其为宋刻,已释文,候编入《南宋金石》矣。又,惠山石松听床,只知面上有赵字,枕上有题,侧面似亦有字。因端刺台勒题名字,打本方知下有字也,未免失之目睫。"又言:"傅旧友胡,丙子同年,必送阅。因其无足轻重,弃之久矣。手中止顾、朱、罗三种,李亦送过,亦不知何处去?江西胡、李二君刻书甚多,亦可收之,兔抄不能算本子。"(《日记》页 3144,《艺风堂书札》页 539 致孙毓修第十八札)

二月二日,校注《唐志》"兵家"类。(《日记》页 3144)

二月三日,撰《休宁汪氏谱》序,应汪莘如之请也。四日寄序与汪莘如。序有云:"古者敬宗收族,见于礼经。宗法不行,而谱牒之风遂盛行于六代。《隋·经籍志》以谱系名篇收入者五十部。唐、宋以来,夷夏无别,绅民不分,迁徙流离,得见唐谱者甚少矣。"此可见先生对宗谱兴替之理解。(《日记》页 3144,《乙丁稿》卷二《休宁汪氏谱序》)

二月五日,丁福保送《士礼居》跋。(《日记》页 3145)

二月六日,曹元忠来交《识小录》一册。(《日记》页 3145)

是日,先生与吴昌硕、陶葆廉贺沈曾植得孙喜。(《日记》页 3145)

是日,寄孙毓修《周书昌小传》,并致一柬。柬谈《章实斋集》的流传,并及黄跋的编刻情况:"周先生传抄奉,借书园亦未成,与顾先生等传详尚落一事。四库进呈书发还时领出,某尚书借阅,不三日籍没之旨下,先生书亦去矣。现翰怡刻《实斋全集》亦大功德也。孙氏假乩坛吓人,亦示保守之苦心耳。黄跋已取来,不足畏。刻六卷,书跋十卷,刻书跋一卷。"札又附言瑞安孙凤钧藏书掌故:"瑞安孙氏书佳者多,黄氏亦不少。漱兰前辈不知书,仲弢则广收矣。"又言:"孙铨伯,厂中呼为'孙瘪嘴'。厂中凡识美恶者及花钱者方有混名,如张三老爹、穷沈、穷姚、徐大傻之类。丁卯举人,中书,日日厂肆。著名宋版八部,荃均见之,一《周易》,岳板。一《礼记注疏》二十九卷,一抚州本《公羊》,官衔。一《范书》,蜀板十六字本。一《魏志》,单行,与陆之《吴志》同。一宋公序本《国语》,蝴蝶装。一《名臣琬琰集》,一巾箱本《左传》。潘文勤公屡欲得之而不果。改官江南,曾在上海、苏州当差,所得亦不少,殁后书籍交其妾,不忍弃去。殁已二十年,仅存一四岁曾孙,人去欲看其书,辄被辱骂。前岁存款为廖氏倒账,子培处新账。怂恿之人益多,故假乩坛吓人,然八书止存六书矣。甲戌沈韵初没,传言收藏为其母所焚,亦此意也。"(《日记》页 3145,《艺风堂书札》页 540 致孙毓修第十九札)

二月八日,注《唐书·艺文志》"艺术"类。(《日记》页 3145)

二月九日,校新刻《士礼居题跋》。黄丕烈改姓王,将《百宋一廛书录》附入刻书序亦不合。(《日记》页 3146)

是日,张元济、李宣龚请古渝轩。(《日记》页 3146)

二月十日,写江阴明艺文志。(《日记》页 3146)

二月十一日,刘承幹送《牧斋遗稿》、沈注《石湖诗》求先生鉴定。先生次日复之并还其书。(《日记》页 3146)

二月十二日,赴一元会与沈焜道得子喜。(《日记》页 3147)

二月十三日,博古斋送二十本《文选》来核对,只差七卷。(《日记》页 3147)

是日,缪僧保接志书额外分纂聘,同往见胡嗣芬。(《日记》页 3147)

二月十五日,拜冯煦,又与徐乃昌请冯煦、刘承幹、顾燮光、宗舜年、刘富曾、李详。(《日记》页 3147)

二月十七日,辑《嘉业堂藏书志》六篇。是日撰《慕劬园赞》。(《日记》页 3148)

二月二十日,刘承幹招饮,王舟瑶、张美翊、杨钟羲、宗舜年、陶葆廉、沈焜同席。(《日记》页 3148)

是日,《司马文正公年谱》《王半山年谱》寻出。(《日记》页 3148)

二月二十一日,赴一元会,在都益处。(《日记》页 3149)

是日,诣丁福保,购得《事类赋》两部。(《日记》页 3149)

二月二十二日,致孙毓修一柬,送《后唐三人集》《缪氏考古录》《蠖堂旧话》与孙毓修、张元济。柬言:"新刻《唐人文集》四册,《缪氏考古录》,同姓均收,惟祖芬尤敢录载于家谱,文贞公已分谱矣。又舍侄著《旧话》一册,均呈鉴。另一分乞转呈菊兄为荷。唐子西跋收到。孙印本已搜得,止收三刻,又杂入石铭刻《百宋一廛书录》。自刻不收,以其专书。别无所增,而荛圃已改姓王矣。《实斋全集》尚未见。"(《日记》页 3149,《艺风堂书札》页 541 致孙毓修第二十札)

二月二十六日,沈焜信来,送第八批来,取第七批去。(《日记》页 3150)

二月二十八日,点定《江阴志稿》。(《日记》页 3150)

二月二十九日,拜丁福保,还其卅一元,又购《四妇人集》、初印《双照

楼词》。(《日记》页 3151)

是月，先生以撰《唐书艺文志注》为日课，已注至别集(晋)部分。(《日记》页 3144—3151)

三月一日，寄《宋荔裳集》八册与天津王崇烈。(《日记》页 3151)

三月二日，张志潜招饮，李一山、唐晏、陈重威、刘承幹、朱祖谋同席。(《日记》页 3151)

是日，夏诒霆出使巴西，来谈。(《日记》页 3151)

三月三日，赴双清别墅修禊大会，姚文栋作主，到者二百余人。(《日记》页 3152，《嘉业堂藏书日记抄》页 343)

是日，先生与吴昌硕、陶葆廉、恽毓龄、恽毓珂主淞社三十五集于都益处，到者二十八人，诗题为"玉笋"，先生所藏湖州墨妙亭旧拓也。(《日记》页 3152，《嘉业堂藏书日记抄》页 344)

是日，先生闻友人汪瑔、郑文焯均故去，不胜凄感(《日记》页 3152)

三月四日，叶德辉致先生一札，为维持刻书之款，欲请先生作间押白玉蟾手书《道德经》于刘承幹："日昨趋聆训诲，至快。长沙刻书势将辍工，一散即难复聚，以后不能刻书矣。故自二月以来，为此筹款忙极。宋白玉蟾手书《道德经》册，吴修老年伯以此与黄筌梅花并称为黄白二物者也。藉公鼎言，暂存刘汉怡兄处。代垫千金，俟宋本抄本朱、厉手稿词来抵出，有一箱令儿子寄来，尚不知细目，然《南岳总胜集》必在内。或挪出他款取归。此数种皆千人共见之作，惟公居间，藉重耽保，然其物则必取回也。若其不成，则他处不必商榷，只好函告儿子，将工厂退佃，刻工遣散，亦是痛快之事。往时葵园鸠集刻工，不欲其刻他人之书，当时儿子颇有不平之意；今欲求此老健在抵杀一阵，不可得矣。《午梦堂》尚只刻三分之一，《己畦》亦未完。"(《友朋书札》页 564 叶德辉第四十七札)

三月五日，校《仪礼》卷十八；校《道德经疏》卷五；改《江阴艺文志》毕。(《日记》页 3151)

三月六日，假张元济宋本《三命消息赋》，本月九日先生还张氏。是日，为缪僧保购得叶昌炽《藏书记事诗》《语石》两种。(《日记》页 3151)

三月七日，办《江阴志余》。(《日记》页 3153)

是日，诣刘承幹谈，还第八单书，又与叶德辉押款白玉蟾《道德经》三十五页，跋五页。叶德辉以此书押款一千两，为期一年，过期不赎，息一分。先生代叶氏向刘承幹恳请此事。(《日记》页 3153，《嘉业堂藏书日记

抄》页 344）

是日，吟《玉笥歌》，用韩愈《石鼓歌》韵。（《日记》页 3153）

三月八日，撰缪象宾传。（《日记》页 3153）

三月九日，致沈焜一函，托沈焜取校资，并举可刻之书："前日面谈，并各书均略翻阅。翁覃溪文，佚者甚多，先留下，俟多可补刻。张爵《五城坊巷衙同集》只见《日下旧文》引，修《顺天府志》时觅不得，佳在以坊领巷，志则坊不可考（与本朝），地界亦不合，可刻大本入丛书。翰翁要刻（用赐额）《○古堂丛书》，有式样否？常氏年谱校，一知半解，藉事推广，拈出误字即改，有一二处结实者另作一跋附跋后即可。又，引后来小说以秽其书，不如石舟自订远矣。然所刻必非一种，他书可观否。又，弟一病，加以医药费数百元，近日窘迫，垦牧、大生不知何时方发息款，校赀乞转恳翰翁即交下为盼，去冬收得另加，未领校赀也。费神再谢。"又随札借严可均文集："《严铁桥文集》，四禄堂刻本，金石跋语乞假一核。弟无原板，薛刻无金石跋，昔抄过，不知放在何处。"（《日记》页 3153，《嘉业堂藏书日记抄》页 344，《艺风堂书札》页 556 致沈焜第二十一札）

是日，先生遣缪僧保携叶德辉前往刘宅办理押款事。（《日记》页 3153，《嘉业堂日记抄》页 344）

三月十日，刘承幹送书来，取《文选》六册去。（《日记》页 3154）

三月十二日，购《七十二峰集》。（《日记》页 3154）

三月十五日，沈焜送第十批书来。（《日记》页 3154）

三月十六日，接蔡哲夫（守）信，嘱题《嵩山三阙》，向未曾与先生谋面。蔡氏早年加入南社，并以加入南社为荣，曾襄助黄节和邓实主办《国粹学报》，刊辑《风雨楼丛书》。（《日记》页 3155）

三月十七日，徐乃昌来函，寄黄跋三通。（《日记》页 3155）

三月十八日，瞿鸿禨逝。（《日记》页 3155）

三月二十二日，令缪僧保改《说文校议议》篆。（《日记》页 3156）

是日，刘承幹送书来请先生鉴定，缺宋元版。先生致其一柬，柬云："书佳，原装尤为可爱。价六折，七折，至八折为极。黄集只一册，《类聚》止三集，《国策》最佳，《吴越》则名板，徐板《随庵丛书》一对便知。另，《三国志》佳甚，元泰、蒋果皆名手，百元肯得否？弟录跋语明日再送上，余均送还。"（《日记》页 3156，《艺风堂书札》页 655 致刘承幹第一百九十九札）

三月二十三日，发广东蔡哲夫信，寄题跋。(《日记》页 3157)

是日，哈同花园请观礼。(《日记》页 3157)

是日，赵凤昌来访，观《咸淳毗陵志》。(《日记》页 3157)

三月二十五日，注《唐·艺文志》毕，装订。先生以整一年功夫撰成，感慨王先谦不及见矣。

是日，刘承幹送十一单书来，取九、十两单去。先生致刘承幹一柬："两单书均完，明日专人来取，并《全唐诗》壹百二十本、《殷文》两箧同交不误，均在单外者。钱彦劬回京否？罗叔蕴回东否？弟处太僻，信息均不感通灵也。书坊中伪跋、伪批、伪印太可恶，须留心。"(《日记》页 3157，《艺风堂书札》页 656 致刘承幹第二百一札)

是日，先生抄《洪文敏集》佚文。(《日记》页 3157)

三月二十七日，《莐圃题跋》刻成第四卷。(《日记》页 3158)

是日，刘承幹送月脩，又送《千金方》等书请先生鉴定，先生即复一柬："委阅诸书，《千金》两方均佳，o 者均可留，第无宋本耳。价何如"下附注明各书版本："《千金翼方》；《千金方》；宋。《吕氏春秋》；明补元本。《大戴礼》；明刻。《毛诗》；明。《古今识鉴》；明抄。《四书》厂本；伪印，可恨。《南宋小集》；杂糅，无谓。"(《日记》页 3158，《艺风堂书札》页 656 致刘承幹第二百札)

是日，先生又致沈焜一札："手书敬悉。《千金方》留下。《诚斋易传》较宋，《事略》较元，是真黄跋过录。不假，从瞿氏抄得此录。李年丈芝绶，常熟通人，与瞿氏至好，宋元本皆假之瞿氏，此其手迹也。荃藏一种，积徐亦有一种。《玉篇》《广韵》，明刻之寻常者。月脩谨领。又，荃后日回江阴，初五日不必送书来，初八九回沪。"(《日记》页 3158，《艺风堂书札》页 557 致沈焜第二十二札)

三月二十九日，校《瓶庐诗稿》三卷。(《日记》页 3158)

是月，先生以办刘承幹《嘉业堂藏书志》及撰《唐书艺文志注》为日课。(《日记》页 3151—3158)

四月一日，启程返江阴。(《日记》页 3158)

四月二日，县令陈慈首招先生饮，金武祥、张少泉、章际治、祝廷华、吴增甲、金伯豫、蒋慕莲同席，拍照。先生移住县志局。(《日记》页 3159)

四月三日，交十二图，艺文两卷于志局。(《日记》页 3159)

四月四日，县知事陈慈首、栾子年来送束脩。(《日记》页 3159)

四月五日，局中送《龙沙志略》《梓里呓闻》，拟带回沪。(《日记》页 3160)

四月六日，偕陈慈首勘圣阁基，小桥流水，杰塔雄城，饶有风景。慈首在局招饮，拍照。(《日记》页 3160)

四月九日，先生在沪。金武祥、徐乃昌、况周颐、洪槃、饶心舫来访，张元济送先生涵芬楼丛书四集。(《日记》页 3161)

四月十日，赴一元会；办《嘉惠堂藏书志》。(《日记》页 3161)

四月十一日，跋《李昭碑》。(《日记》页 3161)

四月十四日，撰汤斌传；校《东林同难录》卷上。(《日记》页 3162)

四月十五日，撰陆清献传。(《日记》页 3162)

四月十七日，校《河汾诸老集》毕并校《漱玉词》《断肠词》。(《日记》页 3163)

四月十八日，先生校《说文校议议》毕，撰跋。(《日记》页 3163)

四月十九日，撰张伯行传。(《日记》页 3163)

是日，陈文山以《永乐大典》二册求售。(《日记》页 3163)

是日，跋宋本《文选》。(《日记》页 3163)

四月二十日，沈焜送刘宅十二单书，来取十一单去。(《日记》页 3164)

四月二十一日，校《圣武亲征录》毕。(《日记》页 3164)

是日，撰田六善、焦廷瑞、郝惟讷传。赴一元会。(《日记》页 3164)

四月二十二日，办《嘉业堂藏书记》，近期先生以此为日课。(《日记》页 3164)

四月二十四日，校《神仙感遇传》。(《日记》页 3164)

是日，顾燮光寄河南碑来。(《日记》页 3164)

四月二十六日，沈焜送第十三单书来，十二单尚未完，未取去。点定《大臣传》。(《日记》页 3165)

四月二十七日，还岛田翰《宋版书考》四册与吕景端。(《日记》页 3165)

四月二十八日，撰姚文然传。(《日记》页 3165)

四月二十九日，送傅增湘《圣武亲征录》、足本《家世旧闻》，禄保五元托钱恂带。移书箱于堂屋。校孙山人范晞文《对床夜话》(《日记》

页 3165)

四月三十日,校《对床夜话》毕。(《日记》页 3166)

是日,朱锟交其祖墓碑,索作文。(《日记》页 3166)

五月一日,赴一元会。(《日记》页 3166)

是日,冯煦送《隋志》一张,徐州新出土。(《日记》页 3166)

是日,撰艾元徽传、赫寿传。(《日记》页 3166)

是日,章钰从天津来。(《日记》页 3166)

五月二日,诣王秉恩谈,借《东洲草堂诗文》归,并晤朱祖谋、张钧衡、章钰。(《日记》页 3166)

是日,撰何绍基传、王先谦传。(《日记》页 3166)

五月三日,撰李文田传、朱逌然传。(《日记》页 3166)

是日,交李贻和《江阴县志》中沿革表、大事表、艺文志上下卷。(《日记》页 3166)

五月六日,沈焜送十四单书,取十二、三单去,又还《瞿木夫金石跋》,伪《类林》一册。(《日记》页 3166)

是日,撰《江阴县志·杂识》。(《日记》页 3166)

五月七日,约章钰、张志潜、李宝洤、杨钟羲、朱伯房、褚人获在古渝轩小饮。

是日,撰王、叶、管三人传。(《日记》页 3167)

是日,送章钰《三唐人集》、《士礼居题跋》三卷。(《日记》页 3167)

五月十日,发江阴吴增甲信;瞿启甲寄书来;莫棠寄碑来,并信。(《日记》页 3168)

此日略后,先生致孙毓修一柬,谈《李丞相诗集》牌记及《江苏通志稿》志例:"今日观瞿氏新印《李丞相集》,上卷有'临安府洪桥子南河西岸陈宅书籍铺印'一行,似非陈解元书铺也。此等小典故随处皆是,极有趣。冯大中丞办《通志》,新例颇不佳,不知诸君何以着手,且看下文。"(《日记》页 3168,《艺风堂书札》页 543 致孙毓修第三十札)

五月十一日,赴一元会,晤吴士鉴、陈夔龙。(《日记》页 3168)

是日,拜李详,购《李芥轩集》。(《日记》页 3168)

是日,孙毓修送《周孝侯》像来。先生致孙氏一柬致谢,并求宋志:"手教诵悉,并赠周像,谢谢!宋人志乞求之,可入《江苏金石志》。弟前次编至五代而止,此次修志从北宋起,约有十卷,至元止。未见拓本者列入《待访目》,亦有四卷。得暇即诣尊处畅谈也。"(《日记》页 3168,《艺风堂书札》页 541 致孙毓修第二十二札)

五月十二日,王秉恩送《好云楼集》来,还其《东洲草堂文集》,又借去岛田翰《宋本古书考》。(《日记》页 3168)

是日,撰李联琇传。(《日记》页 3168)

五月十四日,拜吴士鉴,赴刘体乾之约,与沈铭昌同宴,冯煦、余肇康、吴士鉴、黄伯雨、恽毓嘉、徐乃昌、吴静山同席。(《日记》页 3169)

五月十六日,撰朱宗溱墓志。(《日记》页 3169)

五月二十日,刘承幹送十五单书来,并送新刻书。(《日记》页 3170)

五月二十一日,校《宋太宗实录》。(《日记》页 3170)

是日,撰汤右曾传。(《日记》页 3170)

五月二十二日,撰朱锟寿序。(《日记》页 3171)

是日,致刘承幹一柬,借刘承幹游明本《史记》《江南通志》,还彼《周人诗说》:"乞借游本《史记》二三两函。《康熙江南通志》全部。乞送《邵子全书》中间两函。"(《日记》3171,《艺风堂书札》页 657 致刘承幹第二百三札)

五月二十四日,校野竹斋抄本《懒真子》。(《日记》页 3171)

五月二十五日,沈焜送第十六单来。(《日记》页 3171)

五月二十六日,诣沈焜交第十五单,并致其一柬:"来书均阅讫。《史记》一种有小耳者,刻手纸张与他本不同,避讳缺笔为妄人填写,是宋本也,余均明本。朱文海《类林》明蓝格抄本,错落与《北堂书》等,须将原书细校方能付梓。游明《史记》弟缺三本,拟借抄,两函。暂留一月。蓝格纸已尽。乞发三百张来。"(《日记》页 3172,《艺风堂书札》页 558 致沈焜第二十五札)

是日,交墓志、寿文与朱锟。(《日记》页 3172)

是日,办卓行传,办《藏书记》。(《日记》页 3172)

五月二十八日,发丁国钧信,寄《瓶庐诗稿》二册,《共和评议》一册。(《日记》页 3172)

是日,送沈焜《南唐书注补注》重订样本一部,并致其一柬:"前十四单不收书呈览。致闰枝书单即交下,以便封发。《南唐书注》《补注》是一书,不可分订,订一部作样,可照式。格式须重刻,纸格只能三千纸,便须换板,否则成没字碑,线亦不清矣。《刑统》首册交下,缺字拟补,不可补者缺之。大字全据《唐律》及疏义。后近案则不能补。"(《日记》页 3172,《艺风堂书札》页 557 致沈焜第二十三札)

是月,先生以办《适园藏书志》《嘉业堂藏书志》为日课。《日记》页 3166—3173)

五月,先生与沈焜一柬,议校修:"今送上《仪礼》《说文校》两账,乞察入。外加在外。余如《刑统》《广陵集》,均非易校,仍照常。《京师坊巷》是弟书,承情付梓,不开校账。《旧五代史》,弟所愿校,亦不开。惟以抄本为主,而殿本注及考异,抄本无者添入,两本异者择定,惟抄加之费略开,以成完书。"(《艺风堂书札》页 557 致沈焜第二十四札)

六月一日,赴淞社之约,公祝李详六十寿。李详生辰是四月二日,因其时不在上海,故今日补祝。到者先生与吴昌硕、吕景端、张美翊、陶葆廉、褚德彝、徐乃昌、杨钟羲、恽毓珂、恽毓龄、徐珂、周庆云、孙德谦、钱绥槃、白曾然、沈焜、刘承幹、夏敬观。(《日记》页 3173,《嘉业堂藏书日记抄》页 348)

六月二日,撰和李详诗,用淞社社长周庆云韵,即致李详:"相见初从建业城,同修方志记亏成。传经自诮阳三老,避世无求鲁两生。东海沧桑留隐恨,南州风土倍关情。诗文余事犹千古,选学流传是正声。"又:"我亦细书日计寅,如罗玉屑采珠尘。幸来诗酒纵横地,同是江湖傲岸人。淮海霏英真国宝,磻溪同降尽儒珍。壶觞雅集添余兴,介寿征诗社例循。"(《日记》页 3173,《艺风堂书札》366 页致李详第二十札)

六月三日,刘富曾来嘱勘其父刘毓崧《通义堂集》。(《日记》页 3173)

六月四日,发王崇烈信,寄袁、王、管、叶传,又答《朝鲜金石苑》事。(《日记》页 3173)

是日,先生读《通义堂集》,刘富曾于本月九日取去。(《日记》页 3173,3174)

六月五日,夏敬观送《夷坚志》来,与旧抄本合,多序三篇,十分珍贵。先生即日校之,近日即以校此书为日课。(《日记》页 3174)

是日,撰《史传》成一卷。(《日记》页 3174)

六月六日,撰国史大臣传。(《日记》页 3174)

六月九日,沈焜送十七单书来,取十六单去。(《日记》页 3174)

六月十一日，订《国史大臣传》。先生近日编成大臣传若干卷。(《日记》页 3175)

六月十三日，先生夫人夏镜涵生日，今年五十九岁，亲朋丛集，兼顾杂耍，共早面五桌，晚饭六桌。(《日记》页 3175)

六月十六日，送王仁东挽联。(《日记》页 3175)

是日，点定部院大臣传。(《日记》页 3175)

是日，撰芳华苑铁盆歌。(《日记》页 3175)

六月十七日，吊王仁东。诣哈园，晤哈同并姬觉弥。(《日记》页 3177)

六月十八日，撰丁思孔传。接吴士鉴信并《四王传》。(《日记》页 3177)

六月十九日，撰佟凤彩传。《日记》页 3177)

是日，沈焜送一百种书，并送六月束脩。(《日记》页 3177)

六月二十二日，撰《嘉惠堂藏书记》十七单毕。(《日记》页 3178)

是日，点《清史》毕，拟交卷。(《日记》页 3178)

六月二十三日，寄《清史》六卷，即部院大臣三卷，洪承畴传一卷，道咸同光学政一卷，补文苑传一卷与清史馆，并寄夏孙桐信，赵尔巽信。(《日记》页 3178)

是日，以百二十元得宋刻宋印《施注苏诗》四卷。(《日记》页 3178)

六月二十四日，赴倚虹楼淞社之集，刘世珩、徐乃昌、朱锟、钱绥槃、夏敬观、徐坷作主，到者先生与吴昌硕、张美翊、陶葆廉、杨钟羲、恽毓珂、恽毓龄、周庆云、孙德谦、白曾然、刘承幹、张钧衡、喻长霖、章梫。(《日记》页 3178,《嘉业堂藏书日记抄》页 349)

六月二十六日，发吴士鉴信，寄康熙朝列传已成传目。(《日记》页 3179)

六月二十七日，接孙毓修两柬，并《涵芬楼秘笈》五集。先生致其一柬致谢，并谈其所藏《帝学》是活字本："连奉两信并赐书，谢谢！郭刻柳文，张石铭有之。《帝学》是活字本，阅后半自知。首叶刻本也。昔人均以为宋刻而不言活字。国朝曾翻刻，稍整齐，口上有○○藏本，叶叶有。《道余录跋》收到，菊兄回来否？"(《日记》页 3179,《艺风堂书札》页 541 致孙毓修第二十三札)

六月二十八日,撰王伯勉传。(《日记》页3179)

是月,先生以办清史大臣传与《嘉业堂藏书志》为日课。(《日记》页3173—3180)

七月一日,为钱绥槩点《太仓艺文志》。(《日记》页3180)

七月二日,校《经子法语》《仪礼》《礼记》毕。(《日记》页3179)

七月五日,顾燮光又寄碑版来。(《日记》页3181)

七月六日,写《江苏金石记》待访目。近日以此为日课。(《日记》页3181)

七月九日,陈经求为其父作墓表。(《日记》页3182)

七月十一日,送《存复斋续集》与张元济,交孙毓修,并致张元济一柬:"驺从新自京回,沅叔、授经诸旧雨兴会何如,各有所得否?《存复斋集》即留邺架,除复印行更好,昔人只《南宋杂事诗》引用书目有之,然非伪品。"又随札问候李宣龚:"八可兄想已全愈,乞代候。"(《日记》页3182,《艺风堂书札》页530致张元济第四札)

是日,先生得吴士鉴一札,答先生上月二十六日一札,谈清史馆事及《广武将军碑》考释:"前奉赐复,并承寄示康熙朝传目,拜悉一切。本应早日肃复,乃自前月廿四以后,痔疾大作,擦破之后,坐卧均艰,终日呻楚,几不可忍。叠用内治外治之法,洗楂各药,近三四日甫渐收缩,差能久坐。此疾已近十年,而回里两载,纵酒太过,以致一发而溃决也。史馆亦有函询功课,侄允今年再交两卷,一面请暂停束脩。俟到京再领。天水回信,仍不见允。然馆中诸公如此情形,馆长又不自作主,提调全不在行,令人心灰意懒,况区区薪糈不足维絷人才。诚有如尊示所云者,康、乾两朝,历年之久,从古所无,分作两截,自是正办。长者所见,与侄正同,将来仍求将全目拟定,或将其后半截分与侄办,尚乞斟酌及之。侄在家苦无俦侣,可谈之人极少,惟有伏案读书,聊以自遣。近见吴平斋所藏《广武将军碑》惜无阴。甚佳。因从前跋尾尚略,因加考释,始知王捍郑同年武断,竟以口产为张蚝原姓弓。之孙,直称之为弓产,殊不知张蚝封上党公在苻丕元年,上距苻坚建元四年立广武将军碑时后十七年,岂有碑中预知封上党公之事,岂有其孙于十七年前已为将军之理?读书而不细心,似是而非,令人迷眩。海宁邹君、贵州姚君均用其说,不曰弓产,即曰张产,厚诬古人,以至于此,安得起乾、嘉诸老而商榷之乎!此事惟可与长者言之,故信笔缕觇,想蒙

鉴正也。余再续陈,敬请台安。侄士鉴顿首。"(《日记》3183,《友朋书札》页 465 吴士鉴第三十六札)

七月十三日,山东寄《山右访碑录》来,旧友法伟堂所寄。书体例详仍大可为访碑之用。(《日记》页 3183)

是日,先生游明本《史记》抄配成,亦是一乐。(《日记》页 3183)

七月十四日,接吴友石信,寄来益都段智渊造像大碑。(《日记》页 3183)

是日,撰刘承幹像赞。(《日记》页 3183)

七月十五日,撰《苏诗》跋。(《日记》页 3184)

七月十六日,发志局信,寄人物稿,又与张之纯一信。(《日记》页 3184)

七月十七日,咏夏馥、周瑜。(《日记》页 3184)

七月十八日,接吴友石信并梧台里社碑额。(《日记》页 3184)

是日,先生接友人吴重憙讣。(《日记》页 3184)

是日,校《知稼翁词》,咏嵇康。(《日记》页 3184)

七月十九日,校《东浦词》,咏山涛。(《日记》页 3184)

七月二十日,校莐圃跋;咏诸葛亮。(《日记》页 3185)

七月二十三日,与刘承幹像赞。(《日记》页 3185)

七月二十四日,寄天津吴侍郎挽联。(《日记》页 3186)

七月二十五日,张之纯自江阴来,得志局信并志稿,长谈。(《日记》页 3186)

七月二十七日,发夏孙桐信并为陈经之父所撰之墓表。(《日记》页 3186)

是日,和徐珂诗。(《日记》页 3187)

七月二十八日,拜沈曾植、刘承幹、徐乃昌,还刘承幹像及游明本《史记》。(《日记》页 3187)

是日,致张元济一柬,张氏还《齐东野语》来。(《日记》页 3187)

七月二十九日,致张元济一柬,送《梁溪漫志》与之:"昨度一械,想已察入。晚间奉到《齐东野语》并手书,尊命先拣《梁溪漫志》呈阅。钱叔宝抄《华阳国志》,钱功甫抄《老学丛谈》,父子名笔,均让之刘翰翁矣。"(《日记》页 3187,《艺风堂书札》页 530 致张元济第三札)

八月一日,致刘承幹一束,送夏孙桐信与刘承幹并取纸四百番来:"夏闻枝回信呈阅。醉愚回来否?弟处纸已罄,乞发格纸四百叶为荷。"(《日记》页3187,《艺风堂书札》页657致刘承幹第二百五札)

八月三日,咏甄后。(《日记》页3188)

八月四日,校《郑堂日记》诗注。先生校该书已数月。(《日记》页3188)

是日,校《隋书·经籍志》杂史。先生以校此书为日课,已校之多日。(《日记》页3188)

八月五日,检旧写本,拟分编。(《日记》页3188)

八月六日,诣沈曾植谈,看《苏诗》,商量石印。(《日记》页3188)

八月七日,理金石。(《日记》页3189)

是日,咏王羲之。(《日记》页3189)

八月八日,改《江阴志》人物传。(《日记》页3189)

八月九日,办《常州代访金石录》。(《日记》页3189)

八月十日,接王崇烈信并碑。(《日记》页3189)

是日,寄志局一信、沿革表一卷。(《日记》页3189)

八月十一日,翁斌孙访先生,交《瓶庐诗稿》后四卷。(《日记》页3190,《翁斌孙日记》页103)

八月十二日,翁斌孙来交《瓶庐诗稿》后四卷,先生以为《瓶庐诗稿》归田以后较佳。(《日记》页3190)

八月十六日,先生携缪僧保访翁斌孙。(《日记》页3191,《翁斌孙日记》页104)

是日,拜沈焜还《江南通志》,又借《苏州府志》回。刘承幹送束修二百元。

是日,校《初寮词》《空同词》。(《日记》页3191)

八月十八日,办《常州金石待访录》毕。(《日记》页3191)

是日,送五种天头本与张元济托售。(《日记》页3192)

是日,发江阴志局信。(《日记》页3192)

是日,读《全谢山诗》,表彰明遗民不遗余力,与文集相应。(《日记》页3192)

八月十九日,张元济送朱刻《名臣言行录》来,即复之。(《日记》页3192)

是日,办《江苏金石志》;理料《江阴志》。(《日记》页 3192)

是日,松江雷瑊寄《文艺杂志》;读《文艺杂志》《寒夜丛谈》。(《日记》页 3192)

八月二十日,李之鼎招饮,王秉恩、张元济、蒋汝藻、李瑞清、徐乃昌同席。(《日记》页 3192)

八月二十一日,赴一元会,请李之鼎、陈彦华。(《日记》页 3192)

八月二十二日,送志稿与张之纯。(《日记》页 3193)

八月二十四日,沈焜来取十七、十八两单去,又来十九单。(《日记》页 3193)

八月二十八日,取兴业五百元,交九月养脩三百元,房钱七十五元。(《日记》页 3195)

八月二十九日,王国维来访先生,借先生藏元刻小本《尔雅》。(《日记》页 3195)

是日,接罗振玉寄宋碑。撰晋初四弟传。(《日记》页 3195)

三十日,刘承幹来,谈良久,交其《国语》《丁欧余集》。(《日记》页 3195)

九月一日,赴一元会,晤冯煦、恽毓龄、宗舜年、沈焜。(《日记》页 3195)

是日,接罗振玉信,寄题跋二册。(《日记》页 3195)

是日得刘承幹一柬,即复之,告以《嘉业堂丛书》可以截止,及校《旧五代史》之事:"顷诵手书。又承赠《订讹杂录》五部,谢谢。《嘉业丛书》五十种,可以截止,甚善,甚善。后再刻可用'希古阁'为名,行款稍变即可。《墨海金壶》之后,又有《学津讨源》也。目到再定。拟序亦呈览。《四库全书分韵类编》亦有缺漏,朱笔添入。非匠人所能添。荃已抄两帙,抄校毕再付刊。小本单行,或中板。免费事,与丛书不合。"又言:"淞社必到。昨言薛《五代史》,拟代校,须检殿本,弟所藏则湖北本也。须分三次,书太多,无度置处。校史尚高兴,校经颇畏之。"(《日记》页 3195,《艺风堂书札》页 657 致刘承幹第二百六札)

九月四日,排苏州金石待访录,订金石十一卷。(《日记》页 3196)

是日,先生访友,诣张元济谈,未晤,还其《三朝言行录》八册,交其管书周伙计;诣张之纯谈,交其《江阴志艺文》;赴淞社,借《梁书》,又借钱绥

檠《嘉定志》。又交蟫隐庐《大唐开元礼》,取东山各种书;交还《嘉业堂书目》。(《日记》页 3196)

是日,赴淞社第三十七集,刘承幹主之,到者先生与吴昌硕、况周颐、夏敬观、徐珂、王国维、钱绥檠、恽毓嘉、李宝淦、杨钟羲、徐乃昌、恽毓龄、恽毓珂、白曾然、唐晏、张美翊、朱锟、周庆云、陶葆廉、宗舜年、潘飞声、曹曾涵、姚文栋。(《日记》页 3196,《嘉业堂藏书日记抄》页 353)

九月五日,致张元济一束:"昨日诣贵公司,未晤,入迎宾室,将《宋名臣言行》八册交与管书人,并留一字,想已察入。乞代录后集两跋见示_{他本所无},无须借书矣。又,夏鉴翁言,贵公司欲印《分类夷坚志》五十一卷,又《夷坚支志》七十卷,《三志》三十卷。先印何项?或两部同印?示知为荷。"(《日记》页 3196,《艺风堂书札》页 531 致张元济第五札)

九月六日,沈焜来,送二十单来,取十九单去,《梁书》亦还,又送《薛史》殿本及旧抄本来。(《日记》页 3197)

九月七日,撰《嘉业堂藏书记》序。(《日记》页 3197)

九月八日,张元济送还《梁溪杂志》,借去《夷坚支志》,三志乙百卷,分类《夷坚志》五十一卷,随又还分类《夷坚志》。先生致其一束说:"《梁溪漫志》二册跋语不误,谢谢。《扪虱新语》须找。《夷坚志》新校本,《分类夷坚志》贰拾册均奉上,乞察存为荷。"(《日记》页 3197,《艺风堂书札》页 531 致张元济第六札)

九月九日,撰《嘉业堂丛书》序。(《日记》页 3198)

九月十日,有人持《周益公集》二百卷来,以一百六十元留之。(《日记》页 3198)

是日,得王崇烈信,即转交刘承幹,并致其一束:"王汉辅之信呈阅。汉辅意欲在京交代,即在京兑款,然后设法取归,请酌示。信致汉辅可也。_{住天津秋山街,王汉辅,不误}。渠不敢从邮政寄,意在言外。《五代史》止注出处,可爱,讹字不多,殿板亦有讹字。十五,弟出门,交书或十四、六均可。"午后刘承幹回函,先生即致王崇烈一信。(《日记》页 3198,《艺风堂书札》页 658 致刘承幹第二百七札,《嘉业堂藏书日记抄》页 353)

九月十一日,赴一元会,王国维来,还元刻巾箱本《尔雅》,借吴元恭《尔雅》去。(《日记》页 3196)

九月十二日,刘承幹来,谈良久。(《日记》页 3199)

九月十三日,致刘承幹一束,寄丛书序一篇:"昨谈甚洽。来远宜电,如汉辅专人送书,即发款便好,否则又多转折矣。《丛书》自序不可少,当即拟鄙人序呈阅,未知可用否。《通志》须先看,《九通》内之原书已收至何时,再想他法。马氏全靠晁、陈二家,自述甚少也。"又言:"书籍已办妥,想待醉翁归。"(《日记》页 3199,《艺风堂书札》页 658 致刘承幹第二百十札))

九月十五日,整理《江阴志传》,寄江阴;辑《海州待访录》。(《日记》页 3199)

九月十六日,缪少村来,以徐氏墓志嘱先生撰。(《日记》页 3200)

是日,送《礼经通诂》于王国维。(《日记》页 3200)

是日,江阴寄志稿、拓本来并张之纯一信。(《日记》页 3200)

九月十七日,读周小山著述,先生称其为乡人之有志者。(《日记》页 3200)

是日,定《江阴县志》。(《日记》页 3200)

九月十八日,撰徐君墓志。(《日记》页 3200)

九月十九日,发吴增甲信,寄人物传目、选举表。检江阴明碑,只可择要,不能全收。(《日记》页 3200)

是日,阅金武祥史传、外传,无一可取。(《日记》页 3200)

九月二十一日,赴一元会,又应宗舜年之招,邵松年、钱熊祥、林开䰽、徐乃昌同至沈家湾公祭,沈庆瑜、沈曾植、王秉恩、王乃徵、朱祖谋、杨钟羲同祭。(《日记》页 3201)

是日,陶湘来谈词,谈刻书,谈唐石,未知照办否。陶氏校勘古籍多受先生指点。(《日记》页 3201)

是日,钱绥檠送《太仓志》,阅《太仓志》即办《太仓金石待访录》。(《日记》页 3201)

九月二十四日,送元明板书、旧拓碑帖与王秉恩代售。(《日记》页 3202)

九月二十五日,王秉恩以叶德辉所著《书林清话》三册来。(《日记》页 3202)

是日晚雨,读《书林清话》。(《日记》页 3202)

九月二十六日,读章学诚《庚辛之间亡友传》。(《日记》页 3202)

九月二十八日,代刘承幹撰《嘉业堂丛书自序》。改文于十月十一日交于刘氏。(《日记》页 3203、3206,《嘉业堂藏书日记抄》页 355)

九月二十九日,吊沈庆瑜。(《日记》页 3203)

是日,校《扪虱丛话》,旧抄分类二百则九十六,此分四卷二百则,分上下八卷,两本不甚同,先生颇为诧异。先生近日以校该书为日课。(《日记》页 3203)

十月一日,赴一元会。

十月三日,刘承幹送月脩,并以宋刻《琬琰集》见示,先生致其一柬询是否完本:"《名臣录》尚非明翻,三集共一百七卷,全否?不全亦可收。"并告以月脩收讫。(《日记》页 3204,《艺风堂书札》页 658 致刘承幹第二百八札)

十月四日,罗振常来,两次出示宋板书,价甚大。先生致刘承幹一柬:"长晴,久雨,气候殊不佳,维加意珍摄为荷。今罗子敬兄得旧刻旧抄多种,书品尚佳,乞阅,定价可面商也。《琬琰集》是三集否?醉愚何日归?"(《日记》页 3205,《艺风堂书札》页 658 致刘承幹第二百九札)

十月六日,罗振玉来送瓦当图。(《日记》页 3205)

十月八日,周庆云订初十游南湖。(《日记》页 3205)

十月九日,江阴寄志书来,编次烈女传。(《日记》页 3206)

十月十一日,拜周庆云、丁福保、张之纯,面交尔常《江阴志》写本。(《日记》页 3206)

是日,赴一元会,晤冯煦。(《日记》页 3206)

是日,晤刘承幹,交代拟自序。(《日记》页 3206)

十月十五日,江阴寄封赠秩祀来。(《日记》页 3206)

十月十六日,拜沈曾植,新搬山海关路也,见河平二年《陈立碑》。(《日记》页 3208)

是日,发刘承幹一柬:"序略改呈政,未知用得否?《孟子》见《读书敏求记》,退去可惜。近出一明刻《高常侍集》,十卷,原出于宋,极佳,染纸可恨,又缺四卷,诗八卷,文二卷。送来否?醉翁来否?弟即日回江阴,回沪恐到月底。"(《日记》页 3208,《艺风堂书札》页 659 致刘承幹第二百十一札)

十月十七日,到江阴,住志书局。章际治、吴增甲邀至新景园晚饭,郑

粹夫、陈慕周等同席。(《日记》页 3208)

十月十八日,陈慈首、赵开丞、陶怀来约明日赴宁。交志书选举表、杂识上下、人物上下、烈女传表、前志原委。(《日记》页 3208)

十月十九日,到无锡,住瑞昶阁,郑尔同陪游公园,楚楚有致,洋式不耐观,水一片当佳。(《日记》页 3209)

十月二十日,早上上海快车,晤曾朴。抵南京,盘诘极严,翻箱倒笼,小铁路为兵所佔,顾马车到中正街,住交通旅馆。晤茅乃登,店即其所开,住水阁,尚幽静。陈慈首、陶怀、郑立山毕集。(《日记》页 3209)

十月二十一日,早拜章灏、曾朴、柳诒徵、梁茨、石云轩。茅乃登招饮,饭后游古物保存所,大半南唐以下物,亦可取。(《日记》页 3209)

十月二十二日,回颜料坊旧宅,年逊一年,亦无可如何之事,过状元境,无书可买,书铺亦寥寥。饭后拜陈作霖长谈,诣盋山图书馆晤龚霭堂,交钱绥槃抄书洋四十元。(《日记》页 3210)

是日,梁茨、柳诒徵二生招饮,郭文辙、赵宝殷拟来,梁茨赠诗一首,先生即和之。(《日记》页 3210)

十月二十三日,见齐省长递说帖。(《日记》页 3210)

是日,先生拜胡嗣芬、沈维骥、王德楷、洪槃、曾朴、赵宽、李澹然等友人。(《日记》页 3210)

十月二十四日,齐耀琳招饮。交《江阴县志》官署、烈女、节妇、前志原委、杂识上下,共五卷与李贻和。又递说帖与省长。(《日记》页 3210)

十月二十五日,抵常州,拜恽彦彬,并晤金武祥。(《日记》页 3211)

十月二十六日,偕金武祥拜汤谷原,谈良久。(《日记》页 3211)

十月二十七日,偕金武祥至舣舟亭,大池半涸,古柳无存,御制舣五碑新砌石座,略坐片刻。又至红梅阁故址,憩古春轩梅竹亭、招鹤亭,得荒寒之趣,恽彦彬、庄诵先同集。(《日记》页 3211)

十月二十八日,抵沪。沈焜已回,送第二十一单书来。(《日记》页 3212)

十月二十九日,寄《瓶庐诗稿》与写样与常熟丁国钧。(《日记》页 3212)

十一月一日,校《国史传》,定小丛书目。(《日记》页 3212)

十一月三日,叶德辉来,还其《书林清话》三大册。(《日记》页 3213)

十一月四日,与翁斌孙送行,送其《艺风堂文集》十册。(《日记》页 3213)

是日,赴古书流通处看书,宋本《九经直音》、元本《伯生诗续编》。(《日记》页 3213)

十一月五日,校江阴碑。(《日记》页 3213)

是日,沈焜来,以元本《史记》、查慎行《苏诗补注》两稿见示,又借《塔影园笔记》两册。(《日记》页 3213)

是日,撰潘氏墓志。(《日记》页 3213)

十一月六日,文明堂以明板《蔡中郎集》、宋板《桯史》见示。(《日记》页 3214)

是日,写卓行传,又撰言官传。(《日记》页 3214)

十一月八日,撰叶德辉《书林清话》序。序盛赞叶德辉治学贯通而专心,从学术史高度予该书以较高评价:"焕彬以湘潭籍成进士,观政天官,而不乐仕进,养亲家居,精研经义、字学、舆地、文词,旁及星命、医术、堪舆、梵夹,无不贯通,凡经籍、金石、书画、陶瓷、钱币,无不罗致。手辟郋园,擅水木明瑟之胜,兄弟子侄相与赏鉴,为人生第一乐事,海内知好,莫不羡其清福。近岁湘省兵乱,湘民迁徙靡常,而焕彬遂还苏垣故居焉。夫苏垣固学术一大都会也。考订家自惠氏父子至宋于庭、陈硕甫,校勘家自陈景云至顾千里、张绍安,收藏家自徐传是至黄荛圃、汪阆原,均非天下人所几及。焕彬于书籍镂刻源流,尤能贯串,上溯李唐,下迄今兹,旁求海外,旧刻精抄,藏家名印,何本最先,何本最备,如探诸喉,如指诸掌。此《书林清话》一编,仿叶家鞠裳之《语石》编,比俞理初之米盐簿,所以绍往哲之书,开后学之派别,均在此矣。"又言及两人之同好,对其多所期待:"荃孙于版本之学,亦有同嗜,丁卯川闱,策问文选一条受知李顺德师,以目录之学相勖,孜孜矻矻五十余年,未尝稍懈,读君《清话》所已言者,无不如吾所欲言,亦间有未及知者。守宋廛一民之微旨,薄重论文斋之陋说,则心心相印也。焕彬不以避兵为苦,而以还乡为乐,草窗侨居,苕上犹成鹊华之图;百诗久贯,山阳复以潜邱自号。昔人羁旅天涯,且寄慨于故里,如君实践,能有几人!然苏省学术,今已中衰,得君振而起之,是所望也。"(《日记》页 3214,《书林清话》卷首缪荃孙序)

十一月九日,沈焜来取二十一单书去,交二十二单书来,又取宋刻王刻《苏集》去。(《日记》页 3214)

是日,订刘喜海《海东金石苑》,办刘承幹《嘉业堂藏书记》。(《日记》页 3214)

十一月十日,沈焜送十月脩金来,取《刑统》三本去。(《日记》页 3215)

十一月十一日,赴一元会,同人均集。(《日记》页 3215)

是日,赴忠厚书庄、古书流通处两家看书,得《王鲁斋遗集》,弘治本。(《日记》页 3215)

十一月十三日,孙毓修、王秉恩来访。孙毓修以宋本《琬琰集》交王秉恩代售。王秉恩以潘宗周藏王注《苏诗》三册来,借施注四册去。(《日记》页 3215)

是日,《清史言官传》一卷成。(《日记》页 3215)

十一月十五日,王秉恩还《苏诗》四本、《琬琰集》二本来。是日,先生致孙毓修一柬,为其谈江苏翻刻《聚珍版丛书》事:"江苏亦刻前三单书,与浙江同,然未见全部。弟只有《书录解题》,若兄收到廿八种,已云多矣。天雨甚,翰怡亦未见也。"又为其介绍王秉恩:"前日晤面之王息尘,华阳人,癸酉举人,在四川时荃与之同在汤秋史先生阳湖人。门下受业,现亦校刊书籍不懈,时时晤谈。"(《日记》页 3216,《艺风堂书札》页 542 致孙毓修第二十七札)

十一月十六日,费寅来,见示《九经直音》宋刻巾箱本,林尧叟《左传》亦宋刻。(《日记》页 3216)

是日,撰李天馥、嵩祝列传。(《日记》页 3216)

是日,致孙毓修一柬,还其宋本《琬琰集》:"天雨不止,未克走谈为歉。宋本《琬琰集》二册奉赵,潘君已有之。在袁二押款三万元内,早已没收矣,过期半年。已到京接头,又押五种。潘不愿置第二部,容再与翰怡言之,菊兄能留否?"(《日记》页 3216,《艺风堂书札》页 542 致孙毓修第二十六札)

十一月十七日,撰陈廷敬、温达、萧永葆列传。(《日记》页 3217)

十一月十八日,叶德辉来,借到王士禛与汪洪度札子卷。(《日记》页 3217)

十一月十九日,撰张英传,撰李光地传。(《日记》页 3217)

是日,校《荛圃藏书题识》。(《日记》页 3217)

十一月二十日,接常熟信并《翁诗》,即送《翁诗》与饶心舫。(《日记》页3217)

十一月二十一日,致孙毓修一柬,谈刘承幹不愿收宋刊《琬琰集》及商务印书馆影印《金石苑》事:"《琬琰集》翰怡不愿收,可复孙康侯。翰怡收书无宗旨,听旁人指挥耳。华刻元集无乐府。单刻本五卷,张本只四卷,亦不全。昔年代吴仲饴补录一卷,未知刻入否。苏刻聚珍本实属罕见,在京多年,亦未闻友人中藏此者。菊生得《金石苑》底本精极,六本正本,二本稿本。闻石印,弟即拟购。翰怡拟刻《海东金石苑》,亦稿本,可补足即刻,以俪平津馆金石。燕庭则以褚千峰为式,各有精彩。"(《日记》页3217,《艺风堂书札》页543致孙毓修第二十八札)

十一月二十二日,周庆云约消寒第一会,潘飞声、徐乃昌、钱绥楘、陶葆廉、刘承幹、沈焜、杨钟羲同席。(《日记》页3218)

十一月二十三日,奉戴启文讣。(《日记》页3218)

是日,办《清史》宰辅一卷毕。(《日记》页3218)

十一月二十五日,沈焜送二十三单书来,取二十二书单去,又还《四库书目韵编》,又《燕庭杂稿》十五册,借留《国朝学案表》一册。(《日记》页3219)

十一月二十六日,送五十元与顾燮光,交科学仪器馆,借《金石苑》八本来。(《日记》页3219)

十一月二十七日,办《嘉业堂藏书记》,又抄《金石苑》江苏碑。(《日记》页3219)

是日,改《清史》温达传。(《日记》页3219)

十一月二十八日,接江阴志局书艺文一卷。(《日记》页3219)

十一月二十九日,晚赴钱绥楘消寒二集之招,同集者徐乃昌、刘承幹、沈焜、杨钟羲、潘飞声、周庆云、陶葆廉。(《日记》页3220,《嘉业堂藏书日记抄》页357)

是日,致刘承幹一柬,还其《海东苑》七卷,并借与张刻《海东金石苑》四册,鲍刻一册。柬云:"手书敬悉。《金石苑》正本六册,底稿二册先缴。本意欲明日带呈也。《海东金石苑》,现为抄跋订入,亦是底稿,赖有张松坪刻前四卷,可以为完书。抄好即呈,亦非正本。明晚再谈。此请翰怡仁兄大人文安。荃孙顿首。"(《日记》页3220,《艺风堂书札》页

659 致刘承幹第二百十二札)

是日,费先生还《海昌备志》来,以《诗话》二册、《曾子固集》、《蒙斋集》两不全本报之。(《日记》页3220)

十一月三十日,订江阴志。(《日记》页3220)

十二月一日,题《娄东十老图》。(《日记》页3220)

是日,赴一元会,请袁世兄、郭人漳来,即入座,闻俞明震已殁,可伤。(《日记》页3220)

是日,郭人漳出徐天池画、宋拓麓山寺碑、表忠观碑,极佳。(《日记》页3220)

十二月二日,公请郭人漳,又偕徐乃昌到古书流通处怡园茶会。(《日记》页3220)

十二月三日,送《宋词》与陶湘,送《金石目》与郭人漳。(《日记》页3221)

是日,撰林兴珠传。(《日记》页3221)

十二月四日,王秉恩还书帖十三件,并借到宋板《片玉集》。(《日记》页3221)

是日,陶湘来访,议定词板归渠。嘱先生代购《南菁丛书》刻任氏书,并借唐碑。(《日记》页3221)

十二月五日,赴刘承幹淞社三十九集之招,公祝徐珂、孙德谦、张荫椿五十寿,到者先生与吴昌硕、李详、张钧衡、章梫、恽毓珂、恽毓龄、褚德彝、吕景端、朱锟、王国维、钱绥槃、杨钟羲、陶葆廉、曹曾涵。(《日记》页3221,《嘉业堂藏书日记抄》页357)

是日,发夏孙桐信,附赵尔巽信,交宰辅一卷,疆臣一卷,言官一卷,卓行一卷,台湾后功臣一卷。(《日记》页3221)

是日,影《片玉词》。(《日记》页3221)

十二月七日,沈焜送二十四单书来,取二十三单去,又借《福建通志》五十册。接石逸信,寄《江阴志》写本艺文、杂志、民赋、人物、古迹五种去。(《日记》页3222)

十二月八日,叶德辉来交《渔洋信札》卷。送《苏诗》两册托饶先生写。送《福建通志》还刘承幹,并致沈焜一柬:"昨谈甚洽。《福建通志》五十册先奉还。明日销寒,再聆雅教。"(《日记》页3222,《艺风堂书札》页558致

沈焜第二十七札)

十二月九日,费寅携游氏活本《御览》来。(《日记》页3222)

是日,写《容斋随笔》跋,写《扪虱新话》跋。(《日记》页3222)

是日,第三次消寒,同人毕集都益处,加一位刘体乾。(《日记》页3222)

十二月十一日,寄戴宅挽对,挽戴启文。(《日记》页3223)

十二月十二日,读顾燮光《石言》。(《日记》页3223)

十二月十四日,写俞明震挽联。(《日记》页3224)

十二月十五日,沈焜送二十五单来,取二十四单书去。(《日记》页3224)

十二月十六日,先生主办消寒第四集,在兴华川,周庆云、潘飞声、陶葆廉、杨钟羲、刘承幹、沈焜、徐乃昌、钱绥楑同集,题宋刻《注东坡先生诗》残本,约同人咏之。(《日记》页3224,《嘉业堂藏书日记抄》页359)

十二月十七日,校《类林》毕,撰跋。(《日记》页3225)

是日,摹元刻《片玉集》成,原书交朱祖谋。(《日记》页3225)

是日,潘宗周又来访先生,出示《杜诗》《友林乙稿》,先生鉴定为真宋版宋印。(《日记》页3225)

是日,甘作蕃招饮,与先生对门而居。李瑞清、王四先生、朱祖谋、王乃徵同席。(《日记》页3225)

十二月十八日,交《海滨遗珠集》首册,《姚舜牧集》六册与刘承幹,又交校手账与沈焜,并致沈焜一柬,谈查继佐著述:"查东山各著,统名'敬修堂',毫无疑义。赵刻《敬修堂钓业》,不署名,未知何人也。《外纪》明言《拟上封事》十二,知不得上,姑言之。前后著书目内,又有《钓业》一种,《海昌备志》有《钓业先甲集》《钓业先免集》,外集有《云钓业》十二卷。先生自闽归,手书其诗与文以名之,又有"东山钓史"一石章,则'钓业'是诗文集之总名。而拟封事其一种。诗则节本。去年见《后甲集》一种,似宜再招之。《东山外纪》《东山杂著》《同学诸子记》,均可先刻。张苍水供招,是先生润改之入自著,前人有此体例,不必疑也。东山著书,生前身后,均未发刻。身与明史之祸,幸而不死,同宗润木,又兴文字之狱。《敬业堂集》《查浦诗集》,刻在润木未祸之前,余无刻者。兹书二百年后始显,亦先生有灵祐之耳。"又谈改换刻书版式办法:"《洛阳遗珠录》一册,姚集六册同交。姚集庸陋,所以咫进斋不刻。改丛书行款,或改稍宽,半叶十四行。稍矮于原书,大于巾箱本。或如《平津馆》,各书参差长短,黑白口任意,亦无不可。乞鉴定。"(《日记》页 3225,《艺风堂书札》页 559 致沈熉第二十八札)

是日,送影写《片玉词》《花庵北宋词》与朱祖谋;《刑统赋》二卷两册与朱瑾甫。(《日记》页 3225)

是日,题东坡诗。(《日记》页 3225)

十二月二十一日,读旧友手扎三册。(《日记》页 3226)

十二月二十二日,赴消寒第五集,周庆云后至,张美翊、徐乃昌、钱绥槃、刘承幹、沈熉、潘飞声同席。(《日记》页 3226,《嘉业堂藏书日记抄》页 358)

十二月二十三日,致刘承幹一柬,送二十五单书与之,又《五经同异》一册,《苏州府志》六十四册,《顾亭林年谱》一册。柬云:"来书一百六十四本,缴。另《五经同异》一本、《苏州府志》六十四本同缴;顾谱一本,乞点收。俟明正沈醉翁来再领书。正月专校《五代史》。"附柬又谈及撰《围炉诗话》序、撰清史等事:"《围炉诗话》四册收到,拟序略迟。现文已积压近十篇,拟从月朔清账目。京师今年可以不去,病体实不相宜,并可省四百元。馆中事无一日不办,炯斋八月即回,可以就近商量,第须向兄借书耳。我们两家书凑起,史馆尚不如,可笑。专指办史而言。淞社拟举行,恽季生主持,弟附名耳。"(《日记》页 3227,《艺风堂书札》页 659 致刘承幹第二百十三札)

是日,先生咏桓温、谢玄。(《日记》页 3227)

十二月二十四日,缪子林回江阴,带去一百五十元购庄房地,又阮昆甫阅书,又志书已刻、未刻稿。已刻者:官师传、寺观、武备、方言、艺文志上、物产、庙制。未刻者:天文、艺文志下、建置、官师表、杂识上下、桥梁,均交去备校。(《日记》页 3227)

十二月二十五日,刘体乾来。咏王导。(《日记》页 3227)

十二月二十六日,撰《广武将军碑》跋。(《日记》页 3228)

是日,刘承幹赠先生二百元,先生即复柬致谢并谈《十五国人物传》之价值:"承赠二百元收到,谢谢。《十五国人物传》,国初龚撰,书甚陋,然可收,不过二三十元,如大价则不必矣。前日留其书,因其跋与《留溪外传》

作难留溪,江阴人。驳其说也,今日复勘,真村学生见识,不如《外传》远矣。"(《日记》页3228,《艺风堂书札》页660致刘承幹第二百十四札)

是日,致孙毓修一柬,借《片玉词》:"多日不晤,近又见佳帙否? 新借得潘君押下元刻《片玉词》影写一帙,秘之。系孙驾航本。兄前抄得一分何本? 袁有双玉。是否黄荛圃本,可借一校否? 稍迟亦可。《扪虱新话》以《儒学警悟》本为最,二百条。余只一百九十条,明抄、毛刻均同。新校补完善,亦俟明年再呈。"(《日记》页3228,《艺风堂书札》页543致孙毓修第二十九札)

是日,先生咏殷浩。(《日记》页3228)

十二月二十七日,理《康熙朝臣工列传》。(《日记》页3228)

十二月二十八日,致吴士鉴杭州一札,寄《广武将军碑》跋,札谈办理清史进展与计划,请吴氏将办过之《宗室》《畴人》写一目与先生,并议《明遗臣传》的处理办法:"近来读礼著书,想无暇晷,惟起居顺适为颂。荃又交《清史》五卷,与馆长总不能合。然我用我法,蕲合古法而已。俟副本抄齐呈阅,删添分合,悉听主裁。拟明年赶将康熙一朝编就,得册卷,似不为少。恳将办过各卷《宗室》《畴人》写一目与荃,并论。荃亦将所办各传目论写出,大传论在后,汇传论在先,一也。《明遗臣》只可次于汇传之上。《宋史》在末,《明史》在前。如用《明史》例,则太祖朝在诸臣之先,恐明臣有未生者;在顺治朝诸臣之先,又不便羼入。乞酌示,以便抄目。《广武将军碑》误始张介侯,惺吾、扞郑从之耳。拟跋呈教。新出碑伪者甚多,顾鼎梅不能辨也。"时吴氏在母丧百日中,先生札末附言:"久欲通函,在百日之内,不便问杂事。新正月暇时作答,不汲汲也。"(《日记》页3228,陈东辉《缪荃孙致吴士鉴信札考释》第四十三札)

十二月二十九日,写清史列传目。(《日记》页3228)

十二月三十日,大除夕,校《五代史》三十五、六。(《日记》页3229)

是日,接江阴寄志书;接顾燮光寄碑志。(《日记》页3229)

是日,校《清史传目》。(《日记》页3229)

是日,接陈经信,言欲撰江西金石记,并收明碑。先生谓:"殊非易事,殆未知搜访之难也。"(《日记》页3229)

是月,先生以为刘承幹撰《嘉业堂藏书志》为日课。(《日记》页3220—3228)

是年十二月十四日(1919年1月15日),陈独秀在《新青年》杂志上发表文章《〈新青年〉罪案之答辩书》,提出"德先生""赛先生"。

是年,苏俄政府公告废除中俄一切不平等条约。

是年,新潮社在北京大学成立,校长蔡元培被推选为会长。

民国八年　己未(1919)　七十六岁

一月一日,先生在沪。校《五代史》,理江阴金石。(《日记》页3239)

一月二日,校《刑统》;改《江阴志》氏族;校《东山外纪》。(《日记》页3239)

一月三日,发吴增甲信,言《氏族志》之谬,须重编。(《日记》页3239)

是日,先生出拜甘作蕃、胡嗣芬、胡晴初,适朱祖谋在屋,均长谈。胡宗武言冯煦之谬,胡晴初言赵尔巽之谬,二人皆光、宣一品。先生感慨:"人才如此,焉得不亡国？特梦华稍善词章尔。"(《日记》页3239)

一月四日,校《郑堂读书记》,见其目录类有《来雨堂书目》,他处未见。读吴雯诗意境与王黄叶相似。先生曾为黄叶撰传,黄叶,字秋史。著《二十四泉草堂集》。(《日记》页3239)

是日,先生赋诗两首,一《自入新春连行雨雪三日,二更见新月,喜而有作》:"连朝雨雪积檐端,扑面西风转地寒。忽见碧空云净扫,如弓月子已弯弯。"另一首系《赠况夔生》:"心绪万缘攒,谋生只笔端。闭门甘寂寞,拊几叹孤寒。旧梦京华雨,新词学海澜。乾坤无限事,都作过云看。"(《日记》页3239)

一月七日,先生拜客。何书农招饮,陈夔龙、王秉恩、李瑞清、徐乃昌、刘湘石同席。饭后回拜刘湘石、吕景端、王乃徵、邹嘉来、张钧衡、杨钟羲、朱锟。(《日记》页3241)

是日,刘世珩招饮,何维朴、左孝同、王秉恩、杨钟羲、褚莫塘、李宣龚、刘承幹、朱祖谋、徐乃昌同席。带归刘世珩翻元本《草堂雅集》,《草堂雅集》刻得精雅,然缺页甚多,恐一时不能理出。(《日记》页3241)

一月八日,办《氏族志》;撰洪槃挽屏;编《江苏金石志》。(《日记》页3242)

一月九日,先生翻昔年《咏史诗》,复现作刘琨、谢安,均不如昔年所

作,自谓"精力衰矣"。(《日记》页3242)

是日,致孙毓修一柬,借黄本《片玉词》,鼓励孙氏往北京图书馆观书:"昨奉手书,备承拂拭,何敢当兹。惟新春集祉,古籍呈华为颂。荃孙年愈高,衰亦愈甚,别无嗜好,只有勤书以消余年耳。尊抄黄本《片玉》可假读否? 去岁所影,孙驾航本也。图书馆尚未完备,业已停办,但书能保全已属幸事。北京图书馆宋版较多,能往观乎? 其实亦不过两日程耳。"(《日记》页3242,《艺风堂书札》页544致孙毓修第三十一札)

一月十日,惊闻丁宝铨被刺死。先生感慨:"革党太横行矣! 乱世,乱世!"(《日记》页3243)

是日,刘世珩借先生藏影写《草堂雅集》。先生以该集系天壤间孤本,书不轻易出门,答以可代其校勘。(《日记》页3243)

一月十一日,晤刘体乾、袁思亮。(《日记》页3243)

是日,致汪洛年一柬。(《日记》页3243)

一月十二日,晚饭后病复发,呕吐狼藉,上床始安。(《日记》页3244)

一月十六日,撰《梁公约小书目记》。是日起,先生以代为刘世珩校《草堂雅集》为日课。(《日记》页3243)

是日,孙毓修来,借得黄本《片玉词》,先生草草录成,乏味已极。(《日记》页3243)

一月十九日,赴沈曾植之招,陈衍、杨钟羲、王国维、朱祖谋、王秉恩、王乃徵同席。(《日记》页3246)

一月二十二日,撰《耆旧续闻》跋。(《日记》页3247)

是日,先生还黄本《片玉词》与孙毓修。(《日记》页3247)

是日,得吴士鉴本月二十一日自杭州致先生一札,答先生问明遗臣顺序;告先生其《王公传》纂写情况,并寄诸王传目;与先生讨论《畴人传》处理方法;并赞先生《广武将军碑跋》精核:"除日奉手教,以人事碌碌,有稽上复,罪甚。献岁以来,伏惟起居增胜,至为颂祝。侄年下甫届三虞,正初乡里吊唁者多,中旬谢客多日,近甫告竣,竟无握管之暇。承下问明遗臣序次,只可次于汇传之上。鄙意凡前史体例每一类有标目者,但问本类中之先后,不必计及他类。譬如忠义、儒林、文苑,列于普通传后,其中多国初人,不嫌其居于末叶诸臣之后也。况前代遗臣,自当列于开国诸臣之前,不必计及其生年。谨从尊旨,从《明史》为宜。侄所撰《王公传》已交四卷,以其中多出官书,仅删繁就简,惟惠献贝子有沈沃田一文。故将原稿交馆,令书记处缮清,未以原稿呈政。至第五卷,尚未撰齐,其中如端华、载垣,当时旨意虽载垣列前,而辈次则端华为长,且三奸隐谋发于端华及其弟肃顺,肃顺当在大臣传内。载垣不过以御前大臣班在其上,端华行走在其次。为所推戴。今拟采薛庸庵笔记入于端华传中,以存实录。以薛公见闻最确,叙述谨严,并无恩怨之言也。恭忠亲王传百计网罗,大致已尽。醇贤亲王传则以预杜将来一疏载入,便为增色。惟奕劻传则尚须斟酌,不难于叙各次参案,而难于文笔之抑扬轻重也。今将目录抄上,敬乞核定,如有应增之人,亦求指示。总论在卷末,俟脱稿呈教。缘此次修史,既有世系表,凡无事迹者概不入传。故仅有此数耳。《畴人传》当时与某君龂龂争之,甚不以溆浦陈君为然,侄既非专门之学,故不便揽回,因就浙人中精采若干人撰成,要求加入。他日如到京,万一溆浦陈君太不足观,再提议另纂,尊意以为如何?《广武将军碑》大跋精核,佩甚佩甚。侄上年见姚某跋,武断太甚,因草草函致邹适庐,属其印入《艺术丛编》,以匡捍郑之谬。惟介侯之误未曾提及,得长者此文,益足以破近人之惑。今日讲求收藏者不讲学问,以耳为目,大率难与深谈。侄下月为先慈举殡,三月营葬,过此或至沪一游,再与长者面谈种种也。"(《日记》页3247,《友朋书札》页468吴士鉴第三十九札)

一月二十三日,三更夜呕血盈盆,虚乏已极。先生即夜延西医黄钟服西药。自此困卧十日,日记断记。此期间,先生吩咐后事,延招恽毓良嘱以和尚进典,延招缪九畴嘱以曾祖母坟界事,并促缪禄保等回,而友人致信、来电者不绝。先生并未以病重废学,此间以《隋书经籍志考证》交轶良写,以《乙丁稿》首卷诗歌发姜文卿刻。(《日记》页3247、3248、3249)

一月二十四日,刘承幹来看视先生,深以为忧。先生疲倦不能起,所幸吐出后,身体并无不适。(《嘉业堂藏书日记抄》页360)

二月五日,困卧十日,始起。期间友人多问病,缪禄保自京回。(《日记》页3250)

二月八日,接赵尔巽信,"殊堪发指,亦见稿本从未经眼"。(《日记》页3251)

二月九日,撰《卧病谢淞社同人》:"三春雨露雪太连,绵寒勒花光未鲜。顿觉书签难了事,渐知肉食亦无缘。闲居预少浮云想,老病难趋卜夜筵。遥想觥筹交错际,新诗准备答长笺。医劝茹素。"(《日记》页3251)

二月十日,购《泾县志续志》,洪亮吉撰,石印本。(《日记》页3251)

是日,先生作《和梁公约冶春词》,凡四首。(《日记》页3251)

二月十一日,接教育部信,商印《越缦日记》,全付石印,不加删节。先生以为此属"亦新学者见识,殊属不妥"。(《日记》页3253)

是日,先生念及明日刘承幹举办销寒第七集,计划遣缪僧保前往,并还其《吴氏家集》。(《日记》页3253)

是日,读汪琬《明史稿》,亦不分卷,第偶有论,亦只及一人,先生以为"大约创办时所见不过如此"。(《日记》页3253)

二月十二日,恽铁樵来诊脉,开方嘱静养。先生以中医调理身体。(《日记》页3253)

是日,致孙毓修一束,告以《言行录》将发石印,不必抄:"弟病,延贵同事恽铁樵治之,似乎稍有起色。《名臣言行录》影写必损装,恐菊翁不愿,不如刻照刻。一格板照写,提行空格避讳均依之,亦下影写一等耳。可否如此?乞酌。"又言:"昨示诵悉。通行本均一百十卷,实有子卷在内、目录在外。至一百五十卷,目录十卷仍在外也。编次亦不同,祖本在瞿氏。"(《日记》页3253,《艺风堂书札》页544致孙毓修第三十三札,《艺风堂书札》页544致孙毓修第三十四札)

二月十三日,辑《郑盦书目》。(《日记》页3254)

二月十五日,跋详注《片玉词》。(《日记》页3255)

是日,读汪琬《王象乾传》、王鸿绪人《王象乾传》,《明史》无之。(《日记》页3255)

二月十六日,撰《金石志》。阅《池北偶谈》,录出江阴邓耀传。(《日记》页3255)

二月十七日,致刘承幹一束,还《张氏易》全部。(《日记》页3255)

二月十九日,王乃徵、朱祖谋、甘作蕃来问病,长谈。朱氏携去宋版六种与潘宗周看。《江苏诗》《吕选三苏文》《说文篆韵谱》《王建诗》《古今合璧事类》《清虚杂著》。(《日记》页3256)

二月二十日,陶湘来,言《聚珍版丛书》配全。先生请陶氏助配《聚珍

版丛书》。(《日记》页3255)

二月二十一日,潘宗周看《圣宋文选》《左传》《通鉴纪事本末》,专人去取。三书仍发还。(《日记》页3255)

二月二十三日,刘承幹送来宋刻《旧闻证误》、元刻《搜神记》、十行本《谷梁传》、明刻《周职方集》《鹤林玉露》,又佛书三、四种,先生以为均佳。(《日记》页3255)

二月二十四日,先生作《咏刘伶》:"天生狂客酒为名,稽阮相逢把臂行。化主无为犹对策,身甘速死愿伤生。鹿车但觉惟情适,鸡肋焉能与众争?古邑忽焉称巷陌,图经附会乞人情。江阴有刘伶巷,相传古图经有。"(《日记》页3259)

二月二十九日,撰《清史目录》。(《日记》页3260)

是日,沈曾植七十寿,送礼未收。盖因其儿媳新丧不欲办寿故也。(《日记》页3260)

二月三十日,发夏孙桐枝信并赵尔巽信,辞史馆总纂。(《日记》页3260)

是日,沈焜来,交来第二十六单书,撰刘承幹藏书记。先生办刘承幹此书有年矣,以为"书有好者,有不全者,须分别观之"。(《日记》页3261)

是日,先生致孙毓修一柬,谈《名臣言行录》的影刊:"弟初不意尚能苟延,亦赖铁樵治之如法,现一切似可复旧,惟未敢应酬耳。承注附闻近出宋本至多,惟《名臣言行录》、《周草窗诗》,弟之《注苏诗》廿六卷,真海内未见之书。袁二'八经'真宋刻,非靖江本可比,王渔洋见倪闇公"九经",弟见之靖江本,秦刻底本亦靖江本,刻在明初靖江路。余不过古董耳。印行甚佳,可信。此书缩小无妨,《薛钟鼎》隶图皆缩小也。"(《日记》页3261,《艺风堂书札》页544致孙毓修第三十二札)

三月四日,定《江阴石刻目》,撰《李祠丛刻》跋。(《日记》页3262)

是日,先生撰嘉业堂二十六单藏书记毕。(《日记》页3262)

三月六日,撰《明史撰人分书考》。(《日记》页3263)

三月七日,致沈焜一柬,并还钱泰吉《史记校勘记》四册,又索取《海东金石苑》释疑。札谈钱书及其所用诸本云:"《史记校勘记》详极。孙嗌翁所言是极。管见所及亦略布。蜀大字本,的是蜀中刻,并非托辞,查前人书目自见,皆十八行十六字,孙铨伯有《后汉书》亦十六字。'七史'十七字,均刻于北宋,原书蜀本无多。配入者,淮南局本,亦十六字,刻于宣和,至绍兴断手,官衔两行即淮南官也。已见《容斋随笔》,宜分作两项。潘本净,淮南本,宋百衲本,钱遵王所集百衲本,并不止四。《读书记》云'余昔藏有四,开元本亦其一'。此全书也。余集诸宋板一卷一册。鲍渌饮曾得十册,为友人拆而分之,有获数叶者,装界为册叶而藏之,有'昔为百衲之琴,今又散为千狐之腋,可胜浩叹'之语。人仿而为之,得三部,均在山东,一孔荭谷本,现无下落,亦不知几本。一吴子苾本,六本,大小字不同,仲贻简陈州府时,押六百金于永宝斋,同人共寓目焉,仲贻赎归后,决不谈此,恐毁于壬辰之一火。子苾所藏金石文字全在海丰故居一楼,无故自焚。一燕庭本,即此本也,非钱物,大约因《记》有宋刻《史记》有四一语暗合耳。"又谈进一步整理意见:"真中统本,宜补校";"莫偲老语不确居多,宜考核";"南监共有四本删节,注者可不校",《史记考证》,钱氏《考异》(何义门,洪梁均有佳处),张氏《札记》,与大字本合者宜酌采,表大字本之善,否则,恐以有校无勘,为识者所讥矣","柯本升老子于伯夷传前,宜举出"。此极见先生版本源流之精博。(《日记》页 3263,《艺风堂书札》页 559 致沈焜第二十九札)

是日,沈焜随札即送至《海东金石苑》六册,中有首册。先生感慨:"真首册也。杨幼云未得首册,改八册为七册。又拟补首册,后得卅册,不加一言何耶?然八册虽全,仍是底稿。正本只张松坪得四卷耳,王汉辅之侜更不足道矣。再看汉辅信,于金石全是外行,可哂,去乃父太远。"(《日记》页 3263)

三月八日,恽铁樵为先生再诊脉,以其昨晚腹痛不宁,早间连泻二次。(《日记》页 3264)

是日,发蔡哲夫一札,寄《铁盆歌》并《木造象》跋。(《日记》页 3264)

三月九日,沈焜交来第二十七单书,又交《海东金石记》首册、《顾亭林年谱》校本、褚补《平津金石萃编》一册,先生颇有意再考之。(《日记》页 3264)

是日,先生校抄出《说郛》数种。跋《灼艾集稿》、《素问》、《灵枢》、芸窗书院刻《六子书》。(《日记》页 3264)

是日,先生读《张幼樵奏疏》,感慨"可知同光党祸均高阳之意,南皮成之,亡国之兆也"。(《日记》页 3264)

三月十一日,定《潘郑盦书目》。(《日记》页 3265)

三月十二日,陶湘来,交一百六十元,并肯补足冰玉堂《谢榛集》。(《日记》页 3265)

是日,写刘承幹书账。(《日记》页 3265)

是日,缪僧保自西湖回,得《渔洋续集》,为生平所未见。(《日记》页 3265)

三月十三日,发陈经信。寄《江西金石目》一卷。(《日记》页 3265)

三月十四日,致徐乃昌一札,谈代其抄书事,云:"弟日渐调理,略有起色,复原不知何时耳,承注附闻。所有分地金石目,择完善者交丁先生写,乞给格纸。又《滂喜斋藏书记》可否先抄一分,只数元耳。兄所必要,但不可流布,因式之谆嘱《敏求记》之誓言也。"徐氏回札嘱先生抄《滂喜斋藏书记》。(《日记》页 3266,《艺风堂书札》页 513 致徐乃昌第四百八十五札)

是日,接吴庆坻一束及《辛亥殉难录》。(《日记》页 3266)

三月十五日,发先夏孙桐信,寄《王象乾传》两篇。(《日记》页 3266)

三月十八日,阅《通鉴长编》,得《蒋颖叔奏议》一篇。(《日记》页 3267)

三月十九日,致沈焜一束,还《说郛》及《铁桥漫稿》,并借《金石萃补》:"《说郛》廿四册,《铁桥漫稿》八册呈还,察入是幸。褚补非伪。再乞发严氏《金石萃补》一核,顺便撰跋,并《海东金石苑》跋。褚信能一阅更稳当。严文极佳,即时文十三篇,亦非今之时文也。蒋刻不全不足传,亦以重刻为是。此湖州第一等学人,与严章福、张鉴、沈垚先后竞爽,非吴纪等可比,酌之。"并告以明日缪僧保赴一品香之局:"廿七单书亦完,好极。明日令僧保赴一品香之局,诗和起,人尚不敢出门。"(《艺风堂书札》页 560 致沈焜第三十札)

三月二十日,同人为吴昌硕贺重游泮水之喜,到者一百余人;女儿福保今年五十岁,恽宅在清凉寺啡经,殁已十四年矣,不胜凄然,均遣僧保去。三媳偕两孙均到清凉寺行礼。(《日记》页 3268)

三月二十一日,沈焜来,交来二十八单书,取二十七单回;又送《平津馆金石记》《海东金石苑》来。(《日记》页 3268)

是日,罗振玉自东洋回,还甘肃碑。(《日记》页 3268)

三月二十二,跋嘉业堂书。(《日记》页 3268)

三月二十三,题《皇甫骠碑》,寄天津王崇烈。(《日记》页 3268)

三月二十四日,跋《嘉业堂丛书》,送《海东金石苑》《平津馆金石萃编》两跋并原书、褚里堂《补编》均送去,并与沈焜一束,谈刻《平津馆金石萃编》及再选目事:"褚君补三卷具见苦心,然目虽照平津馆,跋语全出褚手,与《铁桥漫稿》不合。谓之褚补则可,不可充严跋。请仍刻残稿,另刻褚补三卷于后。如以司马绍统补《后汉》,不得充范蔚宗书,严子进补《元和郡县志》,不镶入李吉甫书也。乞酌之。近罗叔蕴来,最明刻书例,试以此语问之,不必问他人也。若《海东金石苑》仍是燕庭原书,真可补矣。又,镇江陈善馀来信,言翰翁欲刻吴兴一百种,仅得其半,仍问诸弟,金陵图书馆吴兴人著作不多,沈该《易小传》,石铭有澹生堂抄书。宋人。姚文僖公《说文引群经考》、《群经引说文考》,清本稿本均在京师图书馆,未知能借否?余俟乡间再搜之。施北研《金源杂事诗》、张秋水《蝇须馆诗话》则佳矣。郑芷畦书有未刻者否?近日姜文卿亦无信,扬州又刻几种?两跋均呈阅,前呈《章实斋全集》目可发还否?"(《日记》页3269,《艺风堂书札》页561致沈焜第三十一札)

三月二十五日,接李贻和新刊成之《荛圃藏书记》及《刻书记》,此亦先生大半生精力所聚。(《日记》页3269)

是日,先生影写家藏宋版书入《宋元书影》。(《日记》页3269)

是日,先生撰《荛圃藏书记》序。先生藏书及版本之学,颇承黄氏之绪余,该序中述黄氏之学:"江南藏书之风,创自虞山绛云楼,汲古阁为最,后皆萃于泰兴季氏。乾嘉以来推长洲黄荛圃为大宗,搜弄不下钱、毛、季三家。先生意欲辑《所见古书录》,将所藏为正编,所见而未藏者为附录。一宋椠,二元椠,三毛抄,四旧抄,五杂旧刻。并未编定,身后瞿木夫分为二十卷,稿本亦不知归何所。顾千里为作《百宋一廛赋》,而荛圃注之。名为百宋,实则一百二十六种。百宋之外,又得多种,曰《求古居书目》。拟再得百种,倩涧龚作后赋,掩酾之愿,见之前篇。其题识于版本之后先,篇第之多寡,音训之异同,字画之增损,授受之源流,翻摹之本末,下至行幅之疏密广狭,装缀之精粗敝好,莫不心营目识,条分缕析。跋一书而其书之形状如在目前,非《敏求记》空发议论可比。"先生又自述辑录黄跋始末云:"荃孙同治戊辰在四川书局读《北江诗话》,知藏书有五等。同事钱徐山年丈更津津乐道荛圃不置,随即购得《士礼居丛书》,宝之如拱璧。丙子通籍,潘文勤师以黄氏题跋八十篇,云抄自聊城杨氏,属为排比前后,将刻入

《滂喜斋丛书》。荃孙少之,时乞假入川,因怀其稿,游江浙,抄之于罟里瞿氏、钱塘丁氏、归安陆氏、仁和朱氏。时于坊间得一二种,即手抄之。回京刊行,即初刻三百五十二篇也。后又抄之归安姚氏、德化李氏、湘潭袁氏、巴陵方氏、揭阳丁氏,荃孙亦收得十余种,录成二册。江建霞借一册去,刻于湘南。尚有一册,建霞不知也。而跋及封面均云缪氏辑本,并不掠美。<small>近人云江氏抄于新阳赵氏,赵氏书荃孙亦抄得一二种,至少之数。后一册邓秋湄印行。</small>吾友长洲章式之、仁和吴印臣拟荟萃为一编。据所见书,辑得若干。荃孙又抄之乌程张氏、刘氏,松江韩氏,海盐张氏。式之重编十卷,共六百二十二篇,而重刻之金陵。始丙辰迄己未始成,另辑《刻书跋》一卷附后。荃孙寝馈其中盖四十年矣。明知此事亦无尽期,如有所得当再续之。"先生从黄氏所得甚多,并于序中述黄氏之精语:"即一目录之学,涉笔愈知其难,遑论其他。"又曰:"昔人不轻借书与人,恐其秘本流传之广。此鄙陋之见,何足语藏书之道。"又曰:"识书之道在广见博闻,所以多留重本。"又曰古书源委必藉他书以证明之。"又曰:"凡旧板模糊处,最忌以新板填补。"又曰举宋刻之残鳞片甲,尽登簿录。"(《日记》页3269,《荛圃藏书题识》卷首缪荃孙序)

三月二十六日,京师翰文堂主人韩子元来长谈,盖先生有意售书。(《日记》页3270)

三月二十七日,跋《常熟卢侯生祠记》。(《日记》页3270)

三月二十八日,叶德辉挈其两侄来长谈。先生促其赎抵押刘承幹处之白玉蟾册叶,答以十日定清,并以瞿启甲八字与之。(《日记》页3271)

三月二十九日,陶子麟寄新刻书来,《瓶庐诗稿》前集四卷、《唐人集》、《联珠集》、《闻见近录》四种。(《日记》页3271)

四月二日,沈焜送二十九单书来,取二十八单去,又嘱撰《王友石山人集》、《云溪友议两跋》。(《日记》页3272)

四月三日,校新刻《云溪友议》卷上,先生以为"所用本太劣,校者又无识"。(《日记》页3272)

四月四日,校《云溪友议》卷中、下,并撰跋。又撰《王友石山人集》跋,补撰《月河所见录跋》。(《日记》页3273)

是日,撰周砚农传。(《日记》页3273)

四月六日,吟诗赠冒广生。(《日记》页3274)

四月七日，寄《瓶庐诗稿》四册与丁国钧。(《日记》页 3274)

四月十日，致沈焜一笺，交本月四日所撰三跋，并还《王友石山人集》《云溪友议》两种。笺云："《月河所见录》、《友石山人集》跋呈览。《云溪友议》底本太差。褚跋可晒，然可改补，亦不甚费事。至一部丛书，避讳、书口不能划一，非小毛病，乞嘱校者留心，缺笔字一望即知，宋板如此，近人必要改为看不出。如"宀"必要改成"宀一"，"宁"必改成"寍"，不今不古，窃不谓然。月半边可来换书，现尚迟数日。"(《日记》页 3275,《艺风堂书札》页 561 致沈焜第三十二札)

是日，先生辑《词翰》，定目录。(《日记》页 3275)

四月十四日，订《嘉业堂藏书记》总集。(《日记》页 3276)

是日，商务印书馆送丛书七集，无甚佳种。(《日记》页 3276)

是日，撰王先谦家传。五月十一日撰成。(《日记》页 3276、3285)

四月十五日，沈焜来。交第三十单书，取第二十九单去。(《日记》页 3276)

四月十六日，先生荐夏炳泉赴刘承幹处上工，助沈焜理书。(《日记》页 3277,《嘉业堂藏书日记抄》页 365)

四月十七日，先生遣缪僧保往江阴交志书，凡"艺文"一本、"石刻"一本、"辨证"一卷、"氏族"一卷、"列女"一卷、"词翰"一卷、"大事表"一卷、"前志原委"一卷。(《日记》页 3278)

是日，周庆云以刘宗周像属题，先生于本月二十日题之。(《日记》页 3277、3279)

四月十九日，送王国维娶媳贺分。王国维长子王潜明娶罗振玉之女。是日，罗振玉犹着清朝三品冠服。(《日记》页 3278,《嘉业堂藏书日记抄》页 365)

四月二十日，致周庆云一札，交刘宗周像，辞明日淞社之聚，请其代求《上海志》。札云："蕺山先生像奉交，祈收入。又题苏诗一七古，亦未留稿，尚冀检示。日来静养，因天气不正，尚未敢出门。闻姚君《上海志》已刊行，能乞求一部否。敝邑志约八月间出书，当即呈上互换。闻姚君不纪民国，事然否。其太夫人寿诞何时，乞示知。"(《日记》页 3279,《艺风堂书札》页 516 致周庆云第七札)

四月二十一日，赴吴昌硕、恽毓龄、恽毓珂、陶葆廉、钱绥槃都益处淞

社第四十一集,题为"己未感事"。(《嘉业堂藏书日记抄》页366)

四月二十二日,复吴增甲一信,并寄《风土》一卷。(《日记》页3278)

是日,先生跋《四溟集》:"《四溟集》二十四卷,明谢榛撰。榛字茂秦,山东临清人,布衣,自号四溟山人,目眇才高,事迹具《明史·文苑传》。山人折节读书,刻意为诗。山人嘉靖间挟诗卷出游,脱黎阳卢楠于狱,诸公皆多其行谊,争与交欢。是时于鳞、元美结社燕市,山人以布衣执牛耳。于时子与、公实、子相、元美撰《五子诗》,咸首山人而次以元美。既而,布衣高论,不为同社所安,历下乃遗书绝交,而岂其使一眇君子肆于二三兄弟之上,必不然矣。迹其隙末,乃因明卿入社,山人喻以粪土,由是布恶于众。然山人游道日广,秦、晋诸藩,争延致之,河南、北交称谢榛先生,诸人虽恶之,不能穷其所往也。当'七子'结社之始,尚论有唐诸家,茫无适从,山人主选十四家,熟读之以夺神气,申咏之以求声调,玩味之以哀精华,得此三要,造乎浑沦,不必塑谪仙而画少陵,诸人心师其言,厥后虽争摈山人,其称诗之指要,实自山人发之。山人今体工力深厚,句响而字稳,'七子''五子'之流皆不及也。山人虽终于布衣,而声价重一代,赵康王至辍侍姬以赠之,如姜白石小红故事。康王为之刻《四溟旅人集》,后嗣睿王复汇《游燕》《适晋》《江南》等稿,梓其遗诗成此二十卷,《诗家直说》四卷附之,苏潢、陈养才校之,程兆相又校之,署赵府冰玉堂刻于万历丙申。谢诗以此本为最精。《四库》止收万历壬子临清州知州刻十卷本,而去其《直说》。钱塘汪氏亦止得十卷本,《诗说》一卷,亦云刊本。丁氏《善本》不载。荃孙前得初印本,为友人易去,后得此本,为王渔洋池北书库旧藏,欠首册并末册,借陶君兰泉补录。陶本为山东高翰生本,从手迹补遗二十二首,亦抄附于后。梧生欲刻而未能,好事者真少矣。《四库》诋《直说》,然评论古人,实有心得,如炼'灯'字、'天'字,又以古人二句缩一句,一句化数句,于学诗者开示门径,实具良工苦心,不可没也。江阴缪荃孙跋。"详考谢榛诗学,论该集版本。(《日记》页3278,清华大学图书馆藏明万历二十四年赵府冰玉堂刻本《四溟集》卷末缪荃孙跋语)

四月二十五日,沈焜来,送三十一单来,取三十单书去。(《日记》页3280)

四月二十六日,致冯煦一束,送《新续金石记》一正、一副,又记录江苏事之书八册。(《日记》页3280)

是日,张美翊来长谈,借先生藏《鲒埼亭外集》。(《日记》页3280)

五月一日,撰朱承爵传。(《日记》页3282)

五月二日,接东台陈邦福信,寄《残唐幢》,甚佳。(《日记》页3282)

五月六日,校《齐民要术》《嫩真子》。(《日记》页3284)

五月八日,先生感叹"学匪要挟,商家罢市,地方震惊,恐成大乱"。(《日记》页3284)

是日,得张元济一笺,"商《丛刊》事",即《四部丛刊》。(《日记》页3284)

五月九日,先生复张元济一札,谈办理《四部丛刊》选本之法:"昨奉手书,并《存复斋集》一册,叶信一稿,书目一册,又前次《秘笈》七集均已收入。惟弟于正月廿三呕血盈盆,幸医治未误,偷活至今,已过百日,药仍未断,亦未下楼,即使能存,而精神亦非昔比矣。叶免彬吏部谈过一次,知贵馆《四部丛刊》决计速办。所进要言,尤以不拘《书目答问》本子为最要。当同治十三年弟为张文襄办此书时,以通行本子为目的,使人易得。现新出好本多于往时,尤以精本为主矣。叶言,经书采注,不必带疏。莘如又言,《孟子》得宋大字本。弟见过《论语》大字本,但不计古注、朱注。瞿良士即以尊意致函。叶稿即还七集,谢谢。弟病后万念俱灭。《莪圃题跋》《小品丛书》刻完后不再刻,财力、精力均来不及。所藏亦有可裨丛刊者,查出开单送阅,或倩莘翁无事来阅可也。"(《日记》页3285,《艺风堂书札》页531致张元济第七札)

五月十一日,校《齐民要术》。(《日记》页3285)

五月十二日,改荆州、松江、太仓待访录成。(《日记》页3286)

是日,订《莪圃题跋》,全改。(《日记》页3286)

五月十三日,先生前室讳日,殁三十六年矣。昨忽检得《渔洋悼亡诗》,凄然者久之。是日,家祭。(《日记》页3286)

是日,发天津章钰信,寄黄跋全部,又求抄《八琼室题跋》。(《日记》页3286)

是日,发常沙王湘阁信,寄王先谦家传。(《日记》页3286)

五月十五日,夏炳泉来,交赵府本《谢四溟集》影写。(《日记》页3287)

五月十六日,阅《至顺镇江志》,补镇江待访录。(《日记》页3287)

是日,抄《十二砚斋金石录》。(《日记》页3287)

五月十七日,撰《四川访金石十二记》。(《日记》页3287)

五月十九日,天津王公赞(醒)又号梓渔来,说徐绍桢售书之事可笑。先生谓:"固卿本无好书,况又售过多次,而以余为买书之人,不知余亦卖书者。"(《日记》页3288)

五月二十日,接天津章钰信,知样本已到。《八琼室金石补正》寄来,方知考据不过尔尔。(《日记》页3288)

是日,孙毓修来与先生谈版权事,颇详。(《日记》页3288)

五月二十五日,理《八琼室金石补正》,与《金石记》对校。(《日记》页3290)

是日,吴士鉴致先生一札,谈:"三月间,子彬世兄来杭,读大书致馆长者,驳诘至为允当。其时侄亦有一函申辩,然远不及长者之词旨严正也。闻尊体偶患咯血,虽非高年所宜,然平日精神强固,不难静养复元,驰念之忱,与时俱积。不识入夏后,起居何若?本思赴沪一行,藉承教益,乃以家事牵率,竟不能如所愿。馆中既无诚意办事,脩金复停,何以维挚人心?吾辈姑休息以观其后也。侄自二月为先慈举殡,三月入山负土,躬营窀穸,往来城乡,四月毕工,适二小儿又赋悼亡,即君立之女,甚贤而夭,可惜。令内子匆匆携孙北上,而侄自理家政,琐屑不可言状。又患痰湿,饮食顿减,深以为惧,至午节前甫复元,闲居无事,将拙著《晋书校注》大段编成,凡五十二卷,督抄胥排日缮写,年内可完,每卷写成后,又亲自改窜移易,终朝伏案,颇不寂寥。自撰序文,凡定十例。即先排印呈教,必能加以绳削。本朝诸老考史之书,大抵采葺略备,惟毕尚书《晋书地理志新校正》,手边竟无《经训堂丛书》,急欲得之,采取入注。未知长者可否以此相假,由邮局包寄,决不至失。采用之后,两旬寄缴,感激万分也。"又附言:"樊绍述附祀白祠诗,已代交樊氏后人。"(《友朋书札》页467 吴士鉴第三十八札)

是日,校《涑水纪闻》。先生以校此书为日课,至六月一日毕。(《日记》页3290)

五月二十九日,出门诣王秉恩谈,先生病后初次出门。(《日记》页3291)

五月三十日,校《涑水纪闻》八、九、十,抄本杂乱无理,且多重复,殿本排次复语未除,应作注则善矣。(《日记》页3291)

六月二日,校毕《涑水纪闻》,覆核,撰一跋。(《日记》页3292)

先生致孙毓修南京一札,谈用铁琴铜剑楼底本影印《四部丛刊》,及托办《荛圃藏书题识》版权事:"奉手书,悉一切。九十多种恐需时日,罟里瞿氏不甚愿意,借印条件可笑。鞠兄回言缓商,因近日谋得议员,自与平日不同矣。荛圃跋事承陶惺翁送来。馆中抄得具呈式子,何以如此不通?真是民国政体。颇难照办。本无此书,四十年一篇一篇辑得三百余篇,交潘吴县刻之后,又辑得百余篇。江建椵借去一册即刻之,还有一册与邓秋湄,印入丛刻。后又排至一处,与章式之、吴印臣同辑得六百余篇,现列三人名,呈列一人必驳,列三人无图书。实是发自荃一人。因印臣想刻而无现资,荃又日薄崦嵫,想见其成,独出千元刻之。而此书至多不过售百十部,新人物决不要。亦不能谷刻赀,何必强掠得无主著作。如荛圃元孙为他人怂恿出名,荃转为强掠之名矣。太不甘心。扫叶云只要书业公所高翰卿先生。呈一书,上一告白,亦可略止翻印。主者亦在馆中,仍须托吾兄照应。荃书候回沪再阅。极容易,第须先知照。书非一处,须先取出也。"又欲借商务印书馆藏《涑水纪闻》:"闻贵馆新校十三种,乞示目。《周南集》想在内。弟现校《涑水纪闻》,王雪丞言在内,此书无善本,聚珍本亦不佳,旧抄重复杂乱,无旧本只宜重定,聚珍已近重定。又不一律,如有湖北新刻亦望一校。现逐日校书长功夫,极有趣也。"又列一书单,盖先生近期所校者:"旧校《宣德志》,辑佚一册。新校《黄文献公集》四十三卷,《续古怪录》,《查初白逸诗》一厚册,著作本少。《庆湖遗老集》,《胡稚威佚文》一册,《会稽掇英总集》二十卷,《吴师道诗话》一册,《诗话总龟》一百卷,新从《员半千集》抄出'宋事'一卷,与《后村集》相配。"(《日记》页3292,《艺风堂书札》页547致孙毓修第四十三札)

是日,先生赋诗一首:"东方三大冠神州,无限奇观眼底收。立志便应轻万里,置身先已定千秋。搜扬图籍物开新,阅历关河要壮游。不畏艰难从中寻。风风雨雨未曾休。"(《日记》页3292)

六月三日,先生读江阴旧志,以《崇祯冯志》极佳,较新志高百倍。道光《志》坏起,新志止添数人,旧志之病,不能拯耳。(《日记》页3292)

是日,得顾燮光寄碑。(《日记》页3292)

六月四日,吴士鉴致先生一札,谈先生所作王先谦家传,呈先生夫人夏镜涵寿诗、寿幛:"日前敬奉惠复,欣悉尊体眠食如常,惟肌肤消瘦,力尚不足,此宜静摄数月,勿再构思作文,必可完全康健也。江苏金石得长者网罗该备,突过前人,后有作者,恐亦未能有所补掇矣。葵园传文,大文能于光绪初年朝局,综论大凡,洵是信史。特清流遗派,未必尽以为然,然时至今日,非长者无知当年情事者矣。家君所撰志铭,已属草,而夏间患腿肿不能久坐,重以意兴颓唐,犹未完竣寄湘也。《经训堂丛书》顷从肆中得二铭草堂张氏旧藏一帙,尚可收。尊处《晋志新校正》请勿远寄,恐邮递究不免磨损耳。本月十三日,为伯母大人华诞,得信较迟,仅赋小诗一章,附以缎幛一悬,时期匆促,愧不恭也。"又言史馆事:"史馆事暂不能过问,变故纷乘,今年尚有八个月,不知如何扰乱耳。"(《友朋书札》页469吴士鉴第四十札)

六月六日,刘承幹来访,谈良久,见示《沈权斋年谱》,先生以为"无甚可取"。(《日记》页3293,《嘉业堂藏书日记抄》页369)

是日,周庆云约十一日夜饮,辞之。又来约,只可权留下。(《日记》页3292)

六月七日,接李详诗。(《日记》页3294)

六月八日,诣徐乃昌、周庆云、丁福保,到兴华小饮,半年不尝此美味矣。(《日记》页3293、页3294)

是日,接陈三立诗。(《日记》页3294)

六月十日,早大雨倾盆。缪禄保夫妇、二妞冒雨归,所携尽湿。寿屏两堂、诗屏对联甚多。(《日记》页3294)

是日,阅《诗话总龟》,又得逸文两条。(《日记》页3294)

是日,得陈邦福信,寄《演连珠》十二首。(《日记》页3294)

是日,致刘承幹一笺,还《权斋年谱》,并指示可选刻之书。笺云:"《权斋年谱》止宜家刻。《说文集笔记》业已刊行,何必再行求益?内与东甫谋干保荐,亦不宜示人。如《水经注释订讹》文澜不全。抄到,《四库》收。则劝刻矣。湖州先哲书,如《两山墨谈》《湘烟录》,皆可刻之书也。"又言:"陈洪谟《皋吾诗集》,武陵人,弘治丙辰进士,兵部左侍郎。《千顷堂书目》作《静芳堂摘稿》。诗劣甚,不足录。"(《日记》页3294,《艺风堂书札》页661致刘承幹第二百十七札)

六月十一日,先生寿辰,收礼甚多。淞社同人公祝先生七十晋六及夫人夏镜涵六十双寿,周庆云、刘承幹、张钧衡、宗舜年、李详、李宝洤、费寅、沈焜、吴昌硕、姚文栋、白曾然、潘飞声、杨钟羲、朱锟、恽毓龄、恽毓珂、陶葆廉、钱绥桀同请,至者二十余人。(《日记》页3295,《嘉业堂藏书日记抄》页370)

是日晚,吴庆坻致先生一束祝诞:"年嫂夫人华诞,不获与称觞之列,昨撰联语,命鉴儿书就先寄,聊申祝延之意。病躯诗思钝涩,顷甫成长句二章邮呈,虽未侍华筵,亦幸免金谷之罚也。敬贺大喜,并颂德门咸庆。"其诗一:"高门江左并巍峨,安喜珩璜应佩珂。说礼旧传三世学,赁春犹答五噫歌。横云史笔阳秋续,渊雅才名福慧多。偕老沧洲真大隐,隐括权文公诗语。更铭佳镜照双皤。"其二:"牙签十万载珠船,海上重安百宋廛。精鉴争推特健药,晴窗同写衍波笺。胡麻宿饱忘尘劫,宝树成行祝引延。愿谱房中寿人曲,敢侪群雅奏钟县。"(《友朋书札》页228吴庆坻第十八札)

六月十三日,先生夫人夏镜涵六十岁,贺客来。陈衍、孙毓修、刘世珩上楼长谈。孙毓修借影抄《孝经》、明刻《子华子》、《亢仓子》、《鹖冠子》、新抄《慎子》五种。刘世珩借影抄元《草堂雅集》去。(《日记》页3295)

是日,先生点《陈书》一卷。咏萧摩诃、虞寄各一律。(《日记》页3295)

六月十七日,校《薛史》唐家人传、宗室传两卷。写咏史三诗。(《日记》页3297)

是日,傅增湘自苏来,谈良久,借《白下琐言》去,留下影宋本《韵语阳秋》。又见其高丽版《韵会举要》、日本翻宋版《黄山谷诗》、宋本《晋书》大字本、《魏志》大字本。(《日记》页3297)

是日,甘作藩以明活字本《韦应物诗》来问价,复之。(《日记》页3297)

是日,先生校《韵语阳秋》,近日即以此为日课。(《日记》页3297)

六月十八日,送《扪虱新语》汲古本六册、《儒学警悟》三册与夏敬观。(《日记》页3297)

六月十九日,沈焜送书第三十二单来,带施注《苏诗》《清虚杂著》《伯生诗续编》三种去。(《日记》页3298)

六月二十日,跋《二程全书》《包孝肃奏议》《唐伯虎集》《宋名臣言行录》。(《日记》页3298)

是日,费寅来交张钧衡《太翁事略》,求作传,润笔百金。(《日记》页

3298)

六月二十一日,祖母讳日,家祭,见背六七十年矣。今年孙一人率曾孙二人、玄孙六人、孙女四人、外孙孙二人同叩祭。惜伯父房在常州耳。(《日记》页 3299)

是日,跋《魏法师碑》。(《日记》页 3299)

六月二十二日,撰《江苏金石记例》。(《日记》页 3299)

六月二十四日,跋《两山笔谈》《水南集》。(《日记》页 3300)

六月二十五日,交陈宝琛信、赵尔巽信,定《康熙朝臣》十卷目与缪禄保带京。(《日记》页 3300)

是日,先生致沈焜一柬,谈刻书选本:"书已阅毕,《两山墨谈》《水南集》均跋好。凌氏丛书无一可取。《凌史介奏议》是光绪四年所刻,板子恐在,不必再刻。止郑氏一册可用。抄本《传是楼书目》极佳(与王子展本对校再刻,胜之十倍)。《曲洧遗闻》尚可。《绛云楼》,有陈景云批本。《山志》《吴越备史》均不完。高兆两种亦不必入录,是劣贾杂抄惑人者。校本书,须校完有用,手一二卷,即劣贾所为。弟有何义门校书,王鏊校书,桂未谷校书,沈□校书,均恭校到底者。无事可来观也。"(《日记》页 3300,《艺风堂书札》页 562 致沈焜第三十三札)

是日,致傅增湘一信,还《韵语阳秋》一册,送其《宋元书影》一册。(《日记》页 3300)

六月二十六日,傅增湘在扬州,其信来并寄来《韵语阳秋》次册。(《日记》页 3300)

是日,发吴庆坻信、吴士鉴信,寄《王一梧先生传》。(《日记》页 3300)

是日,撰《雨山墨谈》《水南集》《台湾郑氏始末》三跋。(《日记》页 3300)

是日,先生得邵松年本月二十四日一札,寄寿诗并谈《瓶庐诗稿》校改问题:"双寿未得趋祝,俚言两章,谅承清鉴。轮停未开,幛犹未寄,至歉至歉。《瓶庐诗稿》已由叕夫寄还,校勘极详,自当照签修补,尚不为难。惟其中有须改易数字,则必铲去重嵌再镌,易不匀净,须嘱星舫审其字之大小,写给付刊。又中有更易三首,有八行之多,如不将两版重刻,即须削去重拼,凡此望与星舫熟商,俾成后不至参差难看。如此精刻,不得不处处求其完善也。版已否到沪,抑须仍寄汉修。如沪上尚有此种刻手,似可商之星舫,将板寄来,由星舫监督修补,尤为妥当,均望酌之。再修完后,尚须将改正之处印样,粘于眉上,寄下覆勘,再行付印。统计全部二百九十三页,用连泗六开印,连装订一包在内,不知一部须价若干。如在沪印,不至盗印否?均乞示知,以便定夺。手此奉布,书另包寄,敬请颐安。"(《日记》页3300,《友朋书札》页200邵松年第十三札)

是日,先生作《寄题片石孤松》:"片石青临水,孤松翠拂云。虚堂最岑寂,相与细论文。论难偕今雨,诗篇挹古芬。壁间嵌荆川诗刻。荆川遗迹在。结构遘人群。"(《日记》页3300)

六月二十七日,是日,先生撰《张封翁家传》。(《日记》页3301)

是日,先生谓:"杨星吾文不足道,多武断,去罗叔蕴甚远。"(《日记》页3301)

六月二十八日,接邵松年二十七日一柬,谈《瓶庐石稿》:"日前寄件当到,昨晤秉衡,知呈诗尚承齿及,愧愧。翁诗凤低二字,见之于它处亦然,可不致疑。卷七廿四页下七行菅字,自应改竹头,见于鉴目。宋贬谪有编管字样,非无来历,乞将签上朱字涂去,照改可也。余详前函。"(《日记》页3302,《友朋书札》页201邵松年第十四札)

是日,吴士鉴致先生一札,谈办史传、治学等,力赞先生《江苏金石记》,又及黄遵宪《日本国志》,并答先生问统万故址:"史馆事非长者多办列传若干篇,不足以矜式同人,闻之欣慰。侄消停半年,俟时局略定,到京一行,既为家事,兼为史事,惟薪糈仅有此数,实难敷旅中之用耳。《江苏金石记》大稿已经告成,此书无论学行与列入通志,均空前之作,能先单刻一种,以慰学者之望尤善。侄早岁有向学之志,而得功名太早,妄思述造,旋作旋辍,洎入内廷,尤少余暇。自壬子以后,复理故业,顷幸大体告成,或可出面问世。前年有句云归耕天予箸书年,自道其实。尝有友人云,君从前如唱戏,只唱一半,可惜后半未唱。侄笑应之曰,前半之戏,犹如古调昆腔,与今之唱戏者不同,故后半出不能再唱,亦无人要我唱也。今读赐书,奖借太过,未免汗颜。惟云若使回翔馆阁,未必成此巨帙,此真知我之言,良可感戢。黄公度年丈《日本国志》刊行未久,即遭政变,故分送不多。大板专刻。此公办理新政,为世诟病,而著书之才则不可及,文章亦极俊伟,真霸才也。统万故址系徐星伯为榆林府时,饬怀德知县亲勘,所呈甚详。张石洲《蒙古游牧记》注中全录之,虽不敢据为定论,然既有此节,不能不采入注内,以示存疑耳。家君近日失眠,心气甚虚,服药尚有效。不敢过劳。前呈两诗,奉祝眉寿,未知邮递无误否?肃此,敬请台安。侄制士鉴启。"(《日记》页3302,《友朋书札》页466吴士鉴第三十七札)

六月二十九日,沈焜送三十三单书来,取三十二单书去。先生感慨:"翰怡于好书不能自决,专受书贾蒙蔽,可惜。"(《日记》页3302)

七月初,吴庆坻致先生一札,复先生寄王先谦传,并再言及六月先生双寿:"前月十一日寄上一笺,并奉呈寿诗二律,方以不获跻堂称祝为嗛,昨奉手函,辱以前者不腆之将,转劳齿及,弥用愧仄。伏承端居撰述,动履吉康。不朽盛业,传之其人,即论金石颛家,已足征江南北文献之盛,回视吾浙,瞠乎后矣。两浙金石虽有专书,而遗漏尚多,后出者亦不少,竟无人搜访,亦无此财力广搜拓本,诚憾事也。大著长沙祭酒师传文,翔实之至。此史家直笔,后之读者,可以知人论世矣。吾师进书一事,乃侍一手办理,外则请于岑抚,内则南斋赞助之。差幸表章名德,垂辉方来,当时不敢居其名,故请于师门,于日记中勿道及兹事之缘起也。惟当日进呈,由岑抚专疏上陈,疏稿为幕府陈仰山直牧所拟,似无陈督会衔之事,大文中并及陈督,必有所据,尚乞示知。侍撰拟墓志铭,以病怔忡,屡次削稿,未能完善。世兄书来,云今冬始能安窆,属可略迟,容俟缮定,再行呈正。迩来耳鸣少寐,心忡忡然,精力疲苶。视公之聪强,相去远矣。"(《友朋书札》页229吴庆坻第十九札)

七月二日,叶德辉来,长谈,知其与刘承幹抵押之账未清。叶氏强以九行本《盐铁论》为徐祯本,又云得明刻本《自堂存稿》十六卷,大奇。(《日记》页3302)

是日,送《张封公家传》与张钧衡。(《日记》页3302)

是日,先生致孙毓修一柬,托请《荛圃藏书题识》板权:"遵嘱致书业公所一函,是否如此措词?并送红样一部存案,俟开印再呈。沅叔回京否?"又言:"可否由本馆出面,为之请领著作权?"又言:"明日欲作致书业一函,下笔不成,乞代拟一稿,并会长号亦忘记,可笑。费神再谢。"(《日记》页3302,《艺风堂书札》页548致孙毓修第四十四札)

七月三日,《江苏金石记》写成。(《日记》页3303)

七月五日,与沈焜一信,荐夏炳泉,谈叶德辉欠抵押款事:"翰翁书多,清理补缀,总须一人,炳泉尚能充任。旧刻每多缺少,亦须仿原书影写(请饶先生写,补入即成完书),炳泉亦善于查也。弟病后,万念俱灰,断不收书,旧抄、旧刻即须出售。工钱十二元,已比弟处加二元。兔彬晤面,方知前款未交,又促之。明《滑县志》一册,《刘后村集》一册,乞奉翰翁,乞哂存。"由此柬知先生不再收书,而谋售书。(《日记》页3304,《艺风堂书札》页562致沈焜第三十四札)

是日,致饶心舫一条,取回《艺风堂诗》,校诗,知错误甚多,须改。(《日记》页3304)

是日,缪僧保又欲读西语,不知其意。(《日记》页3304)

七月六日,接老友沈玉麒病殁信。(《日记》页3304)

七月七日,张元济送书来,大半先生所校过,摆刻亦雅。(《日记》页3305)

七月九日,邵松年复先生一札,谈《瓶庐诗稿》刷印事:"来示敬悉。意见相合,自无异议。俟版刻完全,到沪再商印刷事。能将印订并纸价,合计每部需银若干,则可定印若干部,先行示知,最妙。诗稿末本奉上。"(《日记》页3305,《友朋书札》页200邵松年第十二札)

七月十日,孙毓修来,为想出黄跋办法归商务印书馆经理,并挈《秦淮广记》稿本以去。(《日记》页3305)

是日,接张元济一札,还《扪虱新话》三种,并谈先生藏《儒学警悟》本之佳,及商务印书馆排印之法:"奉覆示,敬悉。《类说》刻本未之见,不审较抄本如何。敝处所有亦旧抄,恐不及明本也。《龙川》《志林》《仇池》均在排印中,容再呈政。前奉假《儒学警悟》三本,校抄《扪虱新话》二本,又目一本,汲古刻《扪虱新话》六本,特奉还,祈察收。《儒学警悟》至佳,凡《新话》所引经籍皆与宋本合,毛刻固远逊,即尊校朱笔所据旧抄十五卷本亦相去千里。此书卷首当有各书目录,《新话》卷二、卷六均有脱叶,适缺七则,不知其次第,谨另纸写上,祈暇时查出批示,敝处拟仍照毛刻排印,将《儒学》本目录卷第注于毛刻目录之下,庶阅者知《儒学警悟》之佳,想见人间孤本尚在云轮阁中也。再《新话》,《宋志》作八卷,与此适符,并可证《宋志》之不误。"(《日记》页3305,《张元济致缪荃孙函札释读》第五札)

七月十一日,《江苏金石记》缴冯煦,并取收条。(《日记》页3306)

七月十二日,写定《瓶庐诗稿序》。先生本月二日撰该序,今日乃定稿。序述翁氏辅佐之功,并记先生与其交游始末云:"若荃孙之于公也,同治甲戌入张文襄公幕,辑《书目答问》,谈及京师泰斗,莫如翁、潘二公,愿与一缄以为介绍。荃孙持函进谒，优待逾恒，适厕庶常，例称弟子，因之立雪程门，执经刘学，屡陪饮燕，亦侍茗谈，景定之《苏集》能窥，《娄寿》之遗碑获睹。后与掌院不合，去官归田，公自挽留之，又托顺德师再三达意，至今心感。"(《日记》页 3303、3306,《瓶庐诗稿》卷首缪荃孙序)

是日，诣刘承幹、沈焜、刘富曾谈，看书，无佳者。(《日记》页 3306)

七月十三日，柳诒徵来长谈。(《日记》页 3307)

是日，接邓嘉缉信，即复之，述缪僧保行为，何其受人愚弄至此。(《日记》页 3307)

是日，沈焜送三十四单书来，取三十三单去。(《日记》页 3307)

七月十五日，孙毓修来看书。前此先生曾致其柬相约："书已清出，如有暇即过我一观。单上所无、弟所爱者，亦顺便携出赏鉴。乞早临，天气将热，郁久必炽也。"(《日记》页 3307,《艺风堂书札》页 545 致孙毓修第三十七札)

七月十六日，游半淞园，地颇幽静，堆山辟河，惟少大树，应种竹莳，杨柳补之。壁上无佳诗。十七日，有诗咏之。(《日记》页 3308)

是日，先生接傅增湘在扬州本月十五日一信，告以新移居石老娘胡同，并谈其新得之书："自杭州回扬奉手示，敬悉带京之书，印臣已有函来。《阳秋》又收得明抄残本，乃下半也。《稽古日抄》存者有限，别纸录之。杭州得明正嘉间刻《义山诗集》，乃单刻本，极少见。又得明抄大字本《史记集解》，九行，行十五六字不等，皮纸润廉，极古旧，疑是宋纸，抄手亦在明初。《历书》第四后有官衔两行'左迪功郎充无为军军学教授潘旦校对右承直郎充淮南路转运司干办公事石蒙正监雕'，此书似蜀大字本，而官衔乃淮南路，岂该路曾翻刻耶？敬希考示。尚缺二十卷。商务印《宋人说部》，见否？夏剑丞校书亦不甚内行也。"(《日记》页 3308，严正道《傅增湘致缪荃孙未刊函札释读》第三札)

七月十九日，写沈玉麒挽联；办《嘉业堂藏书记》毕。(《日记》页 3309)

七月二十日，致孙毓修一柬，谈《徐骑省集》等书："手字敬悉。沅叔在扬州又有信来，云得《稽古日抄》零种，弟亦有零种十一书，不知照《汇刻目》收得全否？然弟有《史别》一种，即《汇刻》所不载。《鸿庆居士集》荃孙曾校抄周序，四十卷改'四十'为'十四'，明人之惯技，明人序又为劣贾撤去耳。《徐骑省集》,刻书以授经所得为佳,抄本以积馀所得为佳,大字影写。荛圃亦未见也。荃孙得金亦陶本改易行款。京师见授经本而不能校,至前藏卢抱经校本即存斋著录,后为徐梧生换矣。亦然,非出于宋矣。来青阁以三千元收得木渎冯氏书,不知有好书否?"(《日记》页3309,《艺风堂书札》页545致孙毓修第三十六札)

　　七月二十二日,孙毓修来看书。前此先生曾致其一札相约,并为其"宋三装"讲授:"来示谨悉,礼拜日早来。现日日清书,过吴校《嵇中散》。吴元恭《尔雅》找不着,宋三装已知之,虞山有毛、钱两装,钱景开所谓'一见纸面线角,便知何家之书'。毛氏书已无。毛乃一抄,钱罄室父子手抄均归翰怡。尚有《隶释》一种见诸《敏求记》者。如今书估改旧装,太不懂事也。如《联珠集》,'宣绫包角藏经笺'者,惜归翰怡。鲍抄杨装郁日均在,尚可赏鉴。"(《日记》页3309,《艺风堂书札》页545致孙毓修第三十八札)

　　七月二十四日,诣丁福保押书,交去宋版《圣宋文选》《左传》,元版《小尔雅》《辽史》,明抄《薛氏钟鼎款识》《武林旧事》,明版《武经总要》、秦藩《史记》,凡押一千元。这些书先生于八月八日赎回。盖此欲为缪僧保筹集五千元之故。(《日记》页3310、3324,《畴隐居士自订年谱》"民国八年"条)

　　七月二十五日,偕徐乃昌赴盐业银行,语倪远甫以四千两大生股票押三千两,息一分,即成交。(《日记》页3310)

　　七月二十八日,孙毓修来,取《白虎通》、明板《戴表元集》、《直说素书》、元板《西湖书院文类》、《徐节孝集》。(《日记》页3312)

　　是日,先生撰《申港志》。(《日记》页3312)

　　七月二十九日,撰《申港志》。(《日记》页3312)

　　闰七月一日,校《直斋书录解题》,近日先生以此为日课。(《日记》页3312)

　　闰七月三日,送《增修复古编》《濯缨亭笔记》与孙毓修:"昨诵手示,今以《续复古编》、《濯缨亭笔记》《古乐府》一时寻不着。两种呈阅,乞将新得书目交下,欲一查也。"又言:"价似不便再让,此时尚不急。前借款开拓实业,非为发饷也,一笑。此纸决不能存入字簏,可乎?"盖先生售书与商务印书馆。(《日记》页3313,《艺风堂书札》页546致孙毓修第三十九札)

　　闰七月四日,孙毓修还《濯缨亭笔记》,以明抄《东轩笔记》《洪武犁眉

公集》属跋。(《日记》页 3313)

闰七月五日,致刘承幹一札,以其昨日来,言《韦苏州集》非宋,又索跋《左传单疏》,须取原书之故。札云:"昨晚幸接麈谈,然犹未尽。《韦苏州集》,宋刻书棚本。明翻即从书棚本出,然神气差矣。宋刻,纸色不匀即略染,字画不清则略描,是旧人之病,国初即然。不比今一望而知。劣贾之乱来。尊藏似佳,近人有自藏则推之为至宝,他人藏则诋之为伪本,实则并无真赏鉴眼孔。昨翻《天禄琳琅》《海源书目》,两种均无拾遗。去冬,如皋携来《韦集》则明翻,许以四十,后未来,似不如尊藏。昨日所谈恐即此本,闻袁藏甚佳。劣贾则乱衬新补抄假前人跋,伪图书,假充内行跋,钩结说假话,实属可恨,阁下须防之。《万宝诗山》,各书目载者甚多,均云宋本,独岛田以为正德本。又,《四库》未收耳。《左传单疏》跋,非全见原书不能下笔,恐刘谦甫翁必有底稿,谦甫向不乱来也。"(《日记》页 3313,《艺风堂书札》页 664 致刘承幹第二百二十六札)

是日,先生读《一山文集》,一味虚矫之气,非能细心读书者。(《日记》页 3313)

闰七月六日,跋《鸟鼠山人集》。(《日记》页 3314)

闰七月七日,孙毓修来,取《初白逸稿》一册去。(《日记》页 3314)

是日,先生为孙毓修撰《犁眉公集》跋:"此明刘文成公《犁眉公集》五卷,刻于永乐初年,字形纸墨与元刻无异,至精之品也。所著有《翊运录》二卷,《覆瓿集》十四卷,《郁离子》四卷,《写情集》二卷,《犁眉公集》二卷,《春秋明注》二卷,翰林学士王景叙之,各自为书。正德己卯,处州府知府林富刻二十卷本,卷一《翊运录》,卷二、三《郁离子》二卷,卷四至卷十四《覆瓿集》十一卷,卷十五、六《写情集》二卷,卷十七、八《春秋明注》二卷,卷十九、二十《犁眉公集》二卷,虽并而体仍分,后有嘉靖戊子一跋,己卯去戊子止八年,盖刻完加跋。丁氏称'嘉靖丙辰缙云樊献科合诸集重编为十八卷',刊于真定,'不知若何并省',又记云'不可得见',只有隆庆六年陈烈重刻樊本,以为最古,如见此编又当如何赞叹也。己未七月缪荃孙借读并跋于艺风堂。"此本《犁眉公集》五卷,为该集最初刻本,至为罕见,先生此跋考此书版本源流,道出其版本价值。(《日记》3314,国家图书馆藏明初刊本《犁眉公集》卷末缪荃孙手跋)

是日,先生又为孙毓修新得《东轩笔录》撰跋:"此天一阁写本《东轩笔录》十五卷,绵纸蓝格,字迹古朴,明抄也。'敦'字缺笔,源出于宋。适箧衍有《稗海》本,又一旧抄本,对校无甚出入,止旧抄本编次极正,天一本九条杂出,盖《笔录》先太祖后太宗、真宗、仁宗、英宗,各朝事迹略有次第,不混杂也。是书与《稗海》本合,特《稗海》有落行耳。是《稗海》脱序,各书如此。抄本讹字辄与更正。宋人著述往往与同时人同记一事,或同或异,本书前后记亦不同,须与正史折衷。魏虽与曾布姻戚,《提要》以为回护荆公,略有巧诋,然大致尚属公平也。"(《日记》页 3314,南京图书馆藏明抄本《东轩笔录》卷末缪荃孙手跋)

是日,先生阅《粤东金石略》,谓:"其乱与《天一阁书目》等。"(《日记》页 3314)

闰七月八日,致徐乃昌一笺,还《续江宁府志》,并谈及代其刷印翁集部数。笺云:"审言为人控告,奇甚。兄知其事否?《续江宁府志》一册缴。又翁师一册,式样如此,兄印连泗十部,朱印一部,是否此数?"邵松年刻《瓶庐诗稿》,实先生代为校刻,徐氏请先生代刷印,故有此问。(《日记》页 3315,《艺风堂书札》页 513 致徐乃昌第四百八十七札)

闰七月九日,先生致刘承幹一札,再谈《韦苏州集》版本鉴定事:"《韦苏州集》考定否?《万宝诗山》,《绛云楼书目》《延令书目》《宜稼堂书目》《莫氏经眼录》均载之,何得云他书目罕见?刻于明宣德四年,莆田余性初序,书林叶景逵刻本,皆明人,何得云宋。《经眼录》载序,空白四字即"宣德四年"耳。书是可收之书,劣贾瞎说可恨耳。价大是其本色,转不足怪。"(《日记》页 3314,《艺风堂书札》页 662 致刘承幹第二百二十札)

闰七月十一日,以昨日刘承幹送至书款,故致刘承幹一札,告以书款收讫,并索校办之书。札云:"昨日书款俱收讫,费神之至。弟亦以今年入少出多为难也,极须再设法。格纸付三百张来,再检前次《张曲江诗》二卷来。此次有《张燕公诗》四卷,即是二张先生诗全部,一题《张曲江集》,一题《张燕公集》。非《曲江集》十卷、《燕公集》三十卷也。二集兄均有之。又,《梧山集》王缜。十二册,来二册。乞将全部交下,以查其人。"(《日记》页 3316,《艺风堂书札》页 664 致刘承幹第二百二十七札)

是日,孙毓修交款一千五百元,取书去。(《日记》页 3316)

闰七月十二日,傅增湘复先生一札,请先生还《韵语阳秋》下册,并告诉先生《儒学警悟》已劝陶湘收下:"连奉手示,敬悉《阳秋》首册及书影均收到,其下册得信希付还。《儒学警悟》已劝兰泉收之,刻成即赠二部,公似可不必抄副也。"又言其欲购董康藏元本《中州集》:"《中州集》元本在授金处见之,晚拟留藏,以元著各种皆有旧本,独缺此耳,其值八月节前奉上,想不误。"又言及其所见明抄本《夷坚志》,购得明抄本《史记》,等等:"顷见一明抄本《夷坚志》(要贰百元)分十集,与清平山堂本同,但文字颇有异(次第同),有人校过,实明人卷后或添数条,则清平本所无也。公于此书致力甚勤,曾见有明抄本否?晚则以为此最善也。明抄本《史记》已购得,价百十元,尚欠廿卷,可谓贵矣。公谓其为宋刻,见《容斋》何笔、何卷,乞示悉范本。侍有钱牧斋校本,但校例不明耳。"(严正道《傅增湘致缪荃孙未刊函札释读》第四札)

闰七月十四日,撰《直斋书录解题》校勘记,多日乃成。(《日记》页 3317)

闰七月十七日,诣沈曾植谈,送阅《史例》《四传》。(《日记》页 3318)

是日,诣刘承幹,并晤沈焜,交还《戴剡源集》与再校本《柴庵忆语》。商务印书馆送还《孝经》《孔丛子》,借校该馆藏明刻《孔丛子》。(《日记》页 3318)

闰七月十九日,致孙毓修一札,还商务印书馆明刻《孔丛子》,述该书版本:"《孔丛子》刻印俱佳,七卷原弟,又多淳熙一跋。《滂喜斋藏书记》有元翻宋本,宋咸注,先后皆有咸序,有嘉祐八年吕逢序,半叶十二行,行大二十三四字、小二十八九字。延令季氏藏书附释文,巾箱本,无后序。此本用着表序而无注,亦有删不尽处,与刻刘须溪评点本而无评点,同明人习气。包袱乞交来手,《孔丛子》四本缴。"(《日记》页 3319,《艺风堂书札》页 546 致孙毓修第四十札)

闰七月二十日,刘承幹来,以书属品定。(《日记》页 3319)

闰七月二十二日,刘承幹送阅各书以李文葆《隶释》、《隶序》、明板《侯鲭录》,抄本《宾退录》为佳,先生致其一札,详告书估柳蓉村及王仁权送其阅各书是否可购。札云:"前日为乡人点主,遂致失迓。来书皆寒云之下驷,然亦可留,谨开单呈阅,价可另议。各跋靠不住。柳蓉村充内行,可恶,即以子之矛攻子之盾,谅亦无辞以对。王来一单,如拆卖,弟拟留《晁具茨诗》一册,黄如嘉校刊。昔年为子培刻饶节,以五十金购厂肆一影写黄如嘉本,此本只二十元,可配上矣。《唐文粹》《国语》均批坏,即焦弱侯亦何益于书。"又云："《朱子语类》，明板也。柳引《皕宋目》作据，目明言每卷计若干条。有此一条，此本无之，尚云宋刊元修乎？如宋板，决不止二百元。厉樊谢近人，诗又何必校，岂云以宋板校乎？批是批，校是校，不能混称。正读不过六册，岂以衬纸为贵？亦藏有《钱箨石诗》，八家批本，甚精，不得云校。"附详列书单，注明《皇朝类编》系"新书"，《字雅》"靠不住元本，明本染纸"，《横塘集》"价高"，《孙明复小集》《刘给事集》《言行录》均"价太高"，《严州图经》是"新帙"，《宾退录》"一册改订四册，从前开六十元，现一百廿元"，《侯鲭录》"价太高，从前开六十元，现一百廿元"，等等。(《日记》页3320,《艺风堂书札》页665致刘承幹第二百二十八札)

闰七月二十五日，先生校《江苏金石记》卷二十毕，订五本。(《日记》页3321)

闰七月二十九日，顾燮光寄河北碑来。(《日记》页3322)

八月一日，晚又病，两次不适。(《日记》页3322)

是日，先生校《旧五代史》；阅《花笑庼杂笔》。(《日记》页3322)

是日，傅增湘致先生一札，谈明抄本《夷坚志》之佳："山老前辈大人阁下："奉示敬悉，兹由中原(？)银行先上洋叁百元，祈查收。明抄本《夷坚志》细肩(扁？)甚好，乃绛云楼藏，即分类本，分十集(甲至癸)五十一卷。与清平山堂本校，其胜于清平者甚多，又有前人以朱墨笔校过，加入各条，似可备公之考证也。刻《儒学警悟》据印臣言不过半年耳，《留真谱》复刻者如有散叶，亦可见赐示。"又言及《荛圃藏书题识》："荛跋刻好，盼寄一分。"又为苏州杨姓书估索寿诗："苏州书估杨馥堂年九月七十寿，印臣及晚等为诗以寿之，公与之亦有交，则请赐一诗何如？册页后寄上。"(《傅增湘致缪荃孙未刊函札释读》第五札)

八月三日，延黄应君诊脉，换方。(《日记》页3323)

是日，接邵松年信，并二百元，盖《瓶庐诗稿》印刷纸费。(《日记》页3323)

八月四日，接徐乃昌一柬，告以《瓶庐诗稿》附印部数，又告以新得三造像将拓以奉赠："久未晤教，甚念。翁集样本，早寄季直，尚未覆书，日内当作函促之。吴寄尘拟附印十部，属为转达，乞登记，将来印书时连同敝处十部，一并附印也。年来得齐天保二年、_{文叔明旧藏}。北周天和二年、隋大业四年_{皆吴愙斋旧藏}。三造像，拓以奉贻，乞审定为幸。"(《日记》页3323,

《友朋书札》页 745 徐乃昌第十四札）

八月六日，交昨日陶子麟寄至《瓶庐诗稿》板六捆与朱文海，留板头十块，交去印书单，又纸价二百元。(《日记》页 3324)

是日，清理嘉业堂书补单。(《日记》页 3324)

八月七日，诣丁福保，谈赎书事。(《日记》页 3324)

是日，诣刘承幹、沈焜谈，观《周易观象补义》。(《日记》页 3324)

八月八日，诣丁福保谈，交千元息二十元赎回宋版二部、元版二部、旧抄二部、明版二部。(《日记》页 3325)

八月九日，先生生辰，循例治馔，早面晚席。(《日记》页 3325)

八月十日，许之龙来，以其父行略索墓志。(《日记》页 3325)

是日，送黄跋价与孙毓修。先生曾致孙氏一柬请其定黄跋价，并告以将《儒学警悟》交陶湘刻："奉书承问，心感之至。弟无大病，早已照常。安刻《鹤山集》，乞代弟一谈，愿得之，定价不嫌矣。黄跋乞定价，便开印壹百，壹百印去决不他处寄卖，以归划一。兰泉已归，《儒学警悟》留下发刻，头本王携归。阁下常见佳书，弟处书贾不上门矣。"(《日记》页 3325,《艺风堂书札》页 546 致孙毓修第四十一札）

八月十一日，致曹元忠一札，贺其嫁女之喜。札又谈近况及书籍流转云："近来医道大行，光景想略胜前，又得好书否。目录、考略文字见杂志外，想尚有多篇，乞代荃抄一分，抄赀示知即寄。荃多病不出门，藉新作以消永日。传沅叔一日千里，又强有力，南北好书归之甚多，据说已及百宋。寒云之书尽出，而图书累累不尽在行行跋语，拍马之观款题辞，实好书之厄也。现又大半归粤东富翁，将来何可问。沅叔得之尚可。荃处书贾不到门。尧圃老年亦有此叹，何况我辈印臣与荃等。陶兰泉又续《常州先哲遗书》，苏府何以无人，缘督收苏府遗文不少，今尚存否？书单在翰明处，其家何如？"(《日记》页 3326,《艺风堂书札》页 529 致曹元忠第三十八札）

是日，先生致沈焜一札，索束脩，近来奇窘故。笺云："弟恭候三日，书亦办好。何以不到？明早礼拜，有事出门，午后仍回家，或五六钟时亦可以。许多要言，非面谈不尽。前支四个月束脩系四月、五月、六月、七月，以完。闰月脩乞发下。今年奇窘，甚至押书于丁福保，押股票于盐业银行，为癸丑后弟一厄运。清史馆无款，即张孟劬亦然，京票不值钱，禄保须月月寄款故也。"(《日记》页 3326,《艺风堂书札》页 562 致沈焜第三十

五札)

八月十二日,阅《宰辅编年录》,引用《丁未录》最多,不知是何书,南宋李丙撰《丁未录》。(《日记》页3326)

八月十三日,交八册《儒学警悟》八册与陶湘并信,旋得复。先生欲将此书交陶湘付梓。(《日记》页3326)

是日,发常熟邵松年信,交《瓶庐诗稿》字账、板账,并催款尾。(《日记》页3326)

八月十四日,沈焜送三十七单书,取三十六单书去。(《日记》页3327)

是日,先生收徐乃昌一柬,送《元倪志》来,并送还《瓶庐诗稿》红样。柬又谈及《元倪志》《元显志》《阎虔福志》三志出处:"昨奉手教,敬悉种切。翁集样本,寄至通州,尚无复讯。日前函催,俟复到再奉闻也。《元倪志》检出送上,请采录。敝处只此一分,如有重者,前有一本,送况先生矣。即可奉赠。记得此志辛庵先送我公,想忘却庋至何所矣。至《元显》《阎虔福》两志,不能作为曾氏所藏。《江苏省志》亦不宜收录,另纸录呈,乞公审定。曾氏志石价目表检出奉阅。此石尚未售出,可收入苏志也。如借抄,再检呈,候示。又《瓶庐诗稿》红样一本奉缴,乞检收。"又附载:"《元显志》磁州出土,范鼎卿购送安阳保存所在,曾辛庵故后,此石发现。""《元显魏志》初为辛庵所得,后卸洛篆后为洛绅索回。""《阎虔福志》在洛阳存古阁。"(《日记》页3327,《友朋书札》页745徐乃昌第十三札)

八月十五日,先生感慨过节又用五十元,节难过。(《日记》页3327)

是日,先生跋《左传正义》《七国考》《味水轩日记》。(《日记》页3327)

八月十六日,跋明九行本《十三经》,跋《广州城曹考》。(《日记》页3327)

八月十七日跋《王翰集》。(《日记》页3328)

八月十八日,沈焜送至第三十八单书,又返回取先生所撰四跋。(《日记》页3328)

八月十九日,发广东蔡哲夫《广东砖考》并拓本。(《日记》页3328)

八月二十日,致一柬与刘承幹,索《味水轩日记》跋:"昨呈刻书跋四篇,内《味水轩日记》一篇乞发还重撰为荷。又得考据一条。醉愚行否?"是日,先生重跋《味水轩日记》。(《日记》页3329,《艺风堂书札》页666致

刘承幹第二百二十九札)

　　是日,致孙毓修一柬,借商务印书馆明抄《说郛》,并呈孙氏《癸甲稿》一帙,柬云:"拙著呈政,《乙丁》四卷亦付梓,久未讫功,亦不自知其丑矣。"又言:"旧抄《说郛》乞借一阅,想与翰怡、沅叔两本,京师图书馆有之,能互相抄呈否。"(《日记》页3329,《艺风堂书札》页547致孙毓修第四十一札)

　　八月二十二日,从商务印书馆借来明抄《说郛》二十七本,商务印书馆借去先生藏《杨诚斋集》。(《日记》页3329)

　　八月二十四日,见柯劭忞《新元史》,引书不载出处,不能阅、不能传之书。(《日记》页3330)

　　八月二十五日,致刘承幹一札,还《味水轩日记》并先生所重撰跋及为刘氏之父所撰像赞,又谈及刻书及经书选本事宜。札云:"《味水轩日记》跋已改好,又添一纸呈览。弟校书后所拟跋,均言书之得失原委,并非如明人之空跋。与兄交情重,他人校者亦拟一跋,然究不如自校之结实。《味水日记》,弟阅一过,又检啸园删节本,似有五卷见过,止五、六、七三卷未见,此书足本必可出现,补足可也。北监《十三经》先交,至于历数,苦未究心,不能拟矣。如《章氏遗书》,从前用过功,可以拟跋,《台学》则不能,未见过也。"又云:"嘉业堂刻单疏及《仪礼》,别人经学掺不进。如《吴兴先哲书》,则沈丞相该之《易》,陈友仁之《周礼》,姚舜牧之《四书疑问》,皆可刻,皆湖人。去年嘱题尊翁象,弟怕写多字,现还旧帐,谨题一赞报命,诗仍附上,可倩人书之,一撰一书可也。"又云:"校书如归一手经理,则前后字体画一,如分众手,一书前后总须画一。《味水轩日记》,如宁、上谕准作此。甯、寗、寍并有不缺笔者。'阅歷'之'歷','厤数'之'厤',忽全作'歴',忽全作'厤',均属不合。'㠯'讳亦有不避,作正字者,乞转告须留心。兄避讳最谨严,故敢以告。"(《日记》页3330,《艺风堂书札》页666致刘承幹第二百三十一札)

　　八月二十六日,孙毓修来,以景抄宋本《嘉祐集》《扣舷集》见视,佳。(《日记》页3330)

　　八月二十七日,刘承幹来访,示以宋刻《读史管见》三十卷,谈良久。(《日记》页3331,《嘉业堂藏书日记抄》页377)。

　　八月二十九日,到李锡海处,购得《春凫小集》《梁书》。(《日记》页3331)

是日,诣刘承幹,交《两汉文》。(《日记》页 3331)

九月一日,送大媳、二女回京,逯逊、逢迦同去,两外甥亦去。钱妈、黄毛随往。"虽未知能相见否,然不能不行,忍泪而别,情也"。(《日记》页 3333)

是日,丁夔声送阅《读史管见》宋版宋印;又《帝王经世图谱》八卷,海内孤,季振宜藏;又有朱大韶印《松江太史》。(《日记》页 3333)

九月二日,送《两汉文鉴》一函与刘承幹,取之潘宗周,昨夏炳泉携去两册,又自交一册,全书具矣。随书并致刘承幹一札,为其指示购书和刻书事,又借其藏《梁书》。札云:"邱三书一函附上,书全矣。价闻说定二百七十元,殊不为贵,乞附价与彼,荃不问矣。嘉兴两书,宋板宋印,一高出八十卷万倍,一孤本,《四库》十六卷,出于《大典》。福建板有之,十卷,明本。此《季沧苇目》有之,似不宜放过。再恳借南监本《梁书》一阅,全部。新得一部有缺叶。又,南中刻匠不满二百人,远不如京师,贵亦有限,况金石非他书可比,不能外行人校,何妨专托章、王二公,润笔以全部论,渠无可他推,必尽心校成一完善之书,荃为兄计,亦为书计。"札中所谓邱三,即扬州文富堂主人邱绍周。(《日记》页 3333,《艺风堂书札》页 667 致刘承幹第二百三十二札)

九月三日,致刘承幹一札,告以借《梁书》收到,又代邱绍周售刘氏之书价。札有云:"邱三已回扬州,持弟明板《通典》,明板《花间集》,明板《双槐岁抄》,来片嘱弟收回尊处书价,系二百六十元,非七十元,交家人捧归为荷,亦说再算可也。弟书尚未说明。"(《日记》页 3333,《艺风堂书札》页 667 致刘承幹第二百三十三札)

九月四日,邱绍周来,取二百六十元,又取王刻《史记》两册去,次日还先生。(《日记》页 3334)

九月六日,先生校《圣武亲征录》录毕。(《日记》页 3335)

九月七日,两接张元济信,又送《涵芬楼丛书》第七集。(《日记》页 3335)

是日,先生与徐乃昌逛五书铺。先生购《东莱博议》廿五卷与孙子缪通。(《日记》页 3335)

九月九日,赴周庆云永安公司大东酒楼登高之约,与章梫、潘飞声、杨钟羲登最高顶,同集者刘承幹、朱锟、白曾然、徐珂、李翰芬等。(《日记》页

3336,《嘉业堂藏书日记抄》页378)

九月十一日,请先生褚人获早饮,褚氏代书"朱念陶寿颂"。(《日记》页3337)

九月十二日,蔡哲夫自广东来,赠砚及图书,先带石印碑版一分去。(《日记》页3337)

是日,先生作《题明都指挥佥事李公墓》:"旧君不可见,风雨泣孤臣。堕地龙髯绝,空山马鬣新。空怀精卫志,甘与首阳邻。一样沧桑悕,终年东海滨。"又作《蔡哲夫赠研自铭》:"雪抄露纂,遄恃笔耕。贻我研田,晶以坚贞。藉炳烛之余光,课分年之日程。纵天荒兮地老,守小人之砰砰。"(《日记》页3337)

九月十三日,写《考说郛目》毕。(《日记》页3338)

是日,先生校《星伯先生小集》。(《日记》页3338)

九月十四日,到都益处请客,倪远甫、杨韵秋、冯煦、宗舜年、徐乃昌、钱绥槃、李宝淦同席,冯煦亦硬作主人。(《日记》页3338)

是日,交朱印二十部《瓶庐诗稿》与邵松年;朱印五部与丁国钧,面交宗舜年。(《日记》页3338)

是日,与徐乃昌、宗舜年、钱绥槃、李宝淦同往流通古书处,取《续表忠记》归。(《日记》页3338)

是日,钱绥槃送先生两墓志、一包砖拓。(《日记》页3338)

九月十五日,读《续表忠记》,先生以为佳书。(《日记》页3339)

九月十六日,发陈邦福信,寄《虢季子白盘》跋。(《日记》页3339)

九月十七日,冯煦送还《纪录江苏事书》八册,又借前《江南通志》二册、沈稿、王稿三册,不通之至,非重办不可。(《日记》页3340)

九月十八日,约李翰芬、蔡哲夫、甘作藩、潘宗周、邹寿祺、周庆云、潘飞声、王秉恩同集。(《日记》页3340)

是日,见周庆云新得泰山八十余字,向所未闻,存疑。先生谓:"《李昭碑》昔人亦有言其伪者,荃以为真,跋过。"(《日记》页3340)

是日,赴流通古书处,还《储麟趾诗》,取《铁桥漫稿》归。(《日记》页3340)

是日,先生覆勘《青衿录》《东林同难录》《辽文续存》,分交各刻字匠。(《日记》页3340)

九月十九日,孙毓修来,以李举刻《萨天锡诗》前后集见示。(《日记》页3341)

是日,撰励杜讷传、高士奇传。(《日记》页3341)

是日,先生取五千元,交缪僧保,又提五百元作月费。先生谓:"僧保能上进,不下流,其命如何,非所逆料。"(《日记》页3341)

是日,先生读缪重熙《乡里纪闻》,见其随笔尚记先生,阅之流涕。(《日记》页3341)

九月二十日,撰徐乾学传,附徐秉义。(《日记》页3341)

九月二十一日,冯煦来,面交其《金石记》十八卷,尚少二卷。(《日记》页3341)

九月二十二日,致孙毓修一柬,还商务馆二十八册《说郛》,并谈及《铁崖乐府》等书事:"送上《说郛》廿八册、《鹖冠子》一册,祈察收。杨《乐府》自去年与宗子岱元刻一对,一板渠本少明人序。书估撤去,即随手一放,不知何箱,找出即呈。近杭州携宋刻两种,有《太平经国之书》八卷,宋刻宋印。弟有明本十卷,遍寻不获,昨寻《乐府》忽得之,与宋全不合,无论《大典》本矣。"(《日记》页3342,《艺风堂书札》页547致孙毓修第四十二札)

是日,勘《书录解题》,交《宋版书考》与夏炳泉。(《日记》页3342)

九月二十三日,跋《董美人志》。(《日记》页3342)

是日,撰王鸿绪传。(《日记》页3342)

是日,周庆云嘱题"秦泰山八十字"。(《日记》页3342)

九月二十四日,约褚人获来写字,对饮。(《日记》页3342)

九月二十五日,撰牛钮传、哲尔肯传。(《日记》页3343)

是日,先生校《五代史》毕,惟末册须补字。(《日记》页3343)

九月二十六日,辑《申巷志》《青衿录》。(《日记》页3343)

九月二十八日,周庆云送元脱"泰山八十字"、"甲秀堂帖"、新辑《金石诗》、《琴史补》、《琴史续》刻本。(《日记》页3344)

是日,董康所荐刻字匠刘吉生至,得董康并刻《中州集》《元音桃花扇》及各样张,以及吴昌绶一札。(《日记》页3344)

是日,先生致刘承幹一札,转交董康之札及书。札云:"今得董寿经信,荐刻字匠,在琉璃厂。并有信又送书一包,亦望察入。刻工高于南边,价亦高于南边。意在《八琼室金石补正》一书,如此好书,南边万刻不好,即陶子麟亦逊之。亦合式之之意,必校好无旁推处也。乞酌示复。"又附言:"呈样本一包,阅后发还。《龚年谱》送,希留下。"(《日记》页3344,《艺风堂书札》页668致刘承幹第二百三十四札)

是日,张元济送先生书四种。(《日记》页3344)

是日,先生作《咏严光》:"桐庐江上一丝风,汉鼎沉薶系此中。欲振一朝忠节气,早辞三聘礼仪隆。狂奴故态轻天子,隐士高怀继妇翁。一样山高水长处,西台竹石恨无穷。"(《日记》页3344)

又作《咏杨凝式》:"手持印绶奉他人,老父闻言怒且嗔。甘附金壬为佐命,不嫌风子赠儿身。家声已堕羞唐代,病体难支卧洛宾。山水浪游无定见,止凭诗字寄精神。"(《日记》页3345)

九月二十九日,勘《河南志》拓本毕,校重订《潜邱札记》。(《日记》页3345)

是日先生作《咏萧琛》:"愤王先已让西吴。何况当朝利录(指王俭徒)。帝座初筵惟戢栗汉书真本亦胡庐。常言少壮矜三好。自悔衰颓剩一壶。同开旧恩相狎久。虽称宗老止狂奴。"(《日记》页3345)

十月一日,朱锟来,以所印诗词就正。同赴李瑞清处,见朱耷竹木、包世臣山水,均佳。(《日记》页3346)

是日,先生致刘承幹一札,谈刻《五代史》事及为刘氏编藏书目录之新规划:"醉翁来否?前月来书尚未能交。薛史校毕,俟醉翁来,此书即可付刊。照殿本式,照殿本添入名条方为完善,不必再问人也。考证不重者总刻于后,续考一卷,此次校出。亦刻于后,此与《南唐书补注》,与周注不可分开。均弟极用心之作,因两书仰慕已久。《五代十国》亦平日最用功之书也,撰有《五代史方镇表》十六卷,未付梓。《藏书记》,俟炳泉订好再呈。拟为兄另撰一"国朝人著作书目",另开一世界,名之曰《嘉业堂藏书记后编》。而刻前朝书则不列,以《千顷堂书目》为法,略有解题,仍与前编无异,第不知精神能做得到否。亦不必再问人,近来人只说人闲话,不知大局也。铁砚翁催书,即日可还。"又言:"闻管君已回去,此人识见何如?能作校勘记,更何能校书?书并非人人能校者,前后一律即不易,况能合各书校乎?张啸山校《史记》、齐次风校《汉书》,可为法。"是日晚,刘承幹来访,长谈,带殿板《五代史》两函、抄本《五代史》十七册去。(《日记》页3346,《艺风堂书札》页668致刘承幹第二百三十五札)

十月二日,写"泰山八十九字"跋。(《日记》页3346)

是日,撰范时勋传、王原祁传。(《日记》页3346)

是日,校《东山外纪》一卷。(《日记》页3346)

是日,先生作《示长孙阿通》二首:"送尔出门去。浩然还故乡。屋庐久销歇。墓道亦荒凉。祖惠殊难企。男儿贵自强。愿从今日始。岁岁奠椒装。""客程三万里。行舟又驾车。青山看迤逦。黄叶听萧疏。田陇时驱犊。江城尚足鱼。眼前真景物。无事竟吟诸。"(《日记》页3346)

十月三日,接王崇焕信,言王崇烈已故。文楷斋接得刘承幹《薛五代史》刻书之任,问多条而去。(《日记》页3347)

是日,朱文海送《瓶庐诗稿》连泗百部、赛连三十部来。(《日记》页3347)

十月四日,徐乃昌来谈,交去《瓶庐诗稿》十部,又吴兆曾二十部,朱祖谋十部。(《日记》页3347)

是日,徐乃昌以《徐公文集》刻本相商。(《日记》页3347)

是日,撰郭世隆传、韩菼传。(《日记》页3347)

是日,先生作《咏羊侃》:"北人冒死赴南陲,仰慕文明此一时。免胄仪同惊面目,衔簪妙伎折腰支。形如虩虎先惊帝,手刺弥猴幸有儿。一样江陵僧祐死,萧梁基业更阽危。"(《日记》页3347)

十月五日,送《莞圃藏书题识》一部与张元济。(《日记》页3348)

是日,与钱绥槃一条,索邵懿辰书目。(《日记》页3348)

是日,撰昆明缪氏谱。(《日记》页3348)

是日,寄常熟《瓶庐诗稿》连泗四十部,赛连二十部,丁国钧十部装箱。(《日记》页3348)

是日,傅增湘寄来《说郛书目》,与张元济藏本缺卷相同。(《日记》页3348)

十月七日,致冯煦一柬,交《江苏金石记》末二卷,谢沿革表弗办,借与其上四府地图一卷,又还旧《通志》二册,沈王不通"新稿"三册。(《日记》页3349)

十月八日,致周庆云一札,还《甲秀堂帖》《金石诗》,并呈先生自撰新跋。札云:"《甲秀堂帖》奉还,希察入。拟跋乞正。礼堂跋太混,魏道武止排峄山,并非尽排秦石。此拓的是孤本。刘斯立零星凑合《甲秀》,辗转钩摹,仍以拓本为是。金石诗魄力太大。无所不包,亦无尽期,弟据所知者,酌录十余篇,亦难尽翻古今集也。天寒,病又作怪,未能诣谈。"又言:"今年消寒不能预矣。乞每次赐一题。"(《日记》页3349,《艺风堂书札》页516致周庆云第八札)

是日,先生作《次远前辈、湉生、诵先约同游城外古舣舟亭后至古香轩小坐用壁间韵》二首:"独爱清寒境,来招澹荡人。凄凉今日泪,醖酿古时春。荆棘犹□晋①,文词陋美新。四翁三百岁,行乐及芳辰。""华表归来鹤,如逢古僧人。老梅三径绕,修竹四时春。岁月真虚度,江山忽斩新。小诗谁阅点,我欲访潘辰。宋潘辰为苏子美近邻。"(《日记》页3349)

十月九日,写《申浦小志》《青衿录》。(《日记》页3350)

是日,撰缪嘉惠传,写《书录解题》校语。(《日记》页3350)

十月十日,交《瓶庐诗稿》十部与钱绥槃,收回印资。(《日记》页3350)

是日,谷瑛来,先生嘱绘"季墓图""伍相祠图""东庵图"。(《日记》页3350)

是日,先生与钱恂一柬,告以《潜邱札记》已请刘承幹转交。前此先生曾致刘承幹一柬,交于刘承幹是书:"天寒不敢出门,未能诣谈,歉甚。奉还《潜邱札记》一部,乞转寄钱念劬兄为荷。醉愚兄来否?夏炳泉来否?书已月余未发下矣。"(《日记》页3350,《艺风堂书札》页669致刘承幹第二百三十六札)

是日,先生咏欧阳修、范仲淹。(《日记》页3350)

十月十一日,寄《片玉词》与董康。(《日记》页3351)

是日,孙毓修送明刻校元《江文通集》,叶树廉跋,极佳。(《日记》页3351)

是日,先生咏狄青、王安石。(《日记》页3351)

十月十三日,校《江文通集》毕,撰跋。(《日记》页3351)

是日,先生咏李清照、韩世忠。(《日记》页3351)

十月十四日,撰吴仲安封翁墓志。(《日记》页3352)

---

① "晋"前原文夺一字。

是日,与陈庆年《瓶庐诗稿》一部。(《日记》页 3352)

是日,缪延之一束,缪嘉惠一传。(《日记》页 3352)

十月十五日,饶心舫来,带来《宋元书影》三十册。(《日记》页 3352)

是日,先生规划辑今在古书目,至明止,"亦一大题,未必成也,先试经部易类"。(《日记》页 3352)

十月十六日,孙毓修来,赠以王懿荣七试朱卷。托请《莐圃藏书题识》板权,又索《莐圃藏书题识》两部去。(《日记》页 3352)

是日,瞿善同来,言欲葬父母,告助,允之。先生谓:"母亲面上,只此表弟,万不能不勉力。"(《日记》页 3353)

是日,先生改《吴仲安墓志》。(《日记》页 3353)

是日,至柳蓉村处取《汾湖小识》归,书佳。(《日记》页 3353)

是日,先生致刘承幹一束,谈《句解土音注》:"此书是《土音》及《诗集》两种合并,并有诗集所未收,注亦详明可喜。荃孙愿意分校一遍。乞告朱文海转送为荷。"次日,朱文海携至《句解土音注》。(《日记》页 3353,《艺风堂书札》页 669 致刘承幹第二百三十七札)

十月十七日,朱文海取《瓶庐诗稿》八十五部来,拟日分送。(《日记》页 3353)

是日,先生撰赵申乔传、席尔达传。(《日记》页 3353)

十月十八日,校《任氏尚书》二卷。(《日记》页 3354)

是日,发吴增甲信,寄其封翁墓志。(《日记》页 3354)

是日,送《翁集》二十部与宗舜年。又《莐圃藏书题识》三部送宗舜年与瞿启甲、丁国钧,又寄售七部白一(三元六角)、赛六(二元五角、共十六元六)。(《日记》页 3354)

是日,商务馆送板权呈来,押印仍持去。先生致孙毓修一束:"手示敬悉,费神之至,已照盖印矣。《秦淮广记》昨已有信,仍照前议,不必再商。《逸周书》即日奉上,因今日未下楼也。"(《日记》页 3354,《艺风堂书札》页 544 致孙毓修第三十五札)

十月十九日,校任氏《尚书》三卷。(《日记》页 3354)

是日,送明章糵《逸周书》明嘉靖本与孙毓修。(《日记》页 3354)

是日,撰范时崇传。(《日记》页 3354)

是日,延恽铁樵诊脉。(《日记》页 3354)

十月二十日，缪焕章讳日，家祭。先生谓："见背三十四年矣，思之泫然，坟亦不能上，衰颓至此，可叹。"(《日记》页3354)

是日，题《黄小松石桃图》。(《日记》页3354)

是日，撰翁叔元传。(《日记》页3354)

是日，先生赋诗："风急雨冥冥，秋声不可听。云沉三径黑，灯灭一簾青。天似无清气，人如中宿醒。乡心何处寄，归梦亦零星。"颇见其心态。(《日记》页3354)

十月二十一日，接傅增湘、董康信，谈黄跋事。(《日记》页3355)

是日，接江阴志局信并志，然束脩杳然。(《日记》页3355)

是日，先生病重，送刘氏《嘉业堂藏书记》十三册，交夏炳泉。此亦先生心力所聚者。先生为刘氏撰《嘉业堂藏书志》，自戊午年(1918)二月起专力于此，直至今日，其间几无虚日，凡作一千二百余篇。然终未完成，后吴昌绶、董康续作约五百篇。先生自是日起日记不复记。(《日记》页3355，《嘉业堂藏书志》卷首刘承幹序)

十月二十三日，刘承幹来访，知先生病重，医生云颇危险，甚忧。(《嘉业堂藏书日记抄》页381)

十月三十日，刘承幹探望先生，先生病势极重，万分危险，家人已豫备后事。刘氏不得见先生而罢。(《嘉业堂藏书日记抄》页381)

是日晨，张元济来问先生疾，先生家人以垂危告。见门内置纸糊轿马多件，似已准备后事。(《张元济书札》页488)

十一月一日，先生于午后二时在沪辞世。(《嘉业堂藏书日记抄》页382)

十一月三日，先生大殓，诸客行礼。(《嘉业堂藏书日记抄》页382)

是月①，张元济与王秉恩等二十五人撰定《印行〈四部丛刊〉启》，其末题："缪荃孙先生提倡最先，未观厥成，遽归道山，谨志于此，以不没其盛心。"(《张元济古籍书目序跋汇编》页857《印行〈四部丛刊〉启》)

是年，先生藏书为缪禄保售于上海古书流通处。所余抄校本及刻本

---

① 按，《印行〈四部丛刊〉启》末题"己未十月"，先生卒于十一月一日，观其末句语气可知其发布在先生卒后，题"己未十月"必系大致时间，此事古时撰序跋札启等，亦是常例，故系之十一月。

之罕见者尚不少,并家稿为其携之入都,十余年间,零售略尽。(伦明《辛亥以来藏书纪事诗》页33)

是年四月五日,"五四运动"爆发。四月十日,蔡元培抗议镇压学生,离开北京大学。

是年六月十七日(7月14日),毛泽东主编的《湘江评论》创刊。

是年,李大钊在公历九月出版的《新青年》上发表了《我的马克思主义观》,完整介绍了马克思主义。

是年八月十七日(10月10日),孙中山改组国民党。

附录一　缪荃孙著述

一、文集之属
艺风堂文集七卷外篇一卷
艺风堂文续集八卷外集一卷
艺风堂文漫存十二卷(包括《辛壬稿》三卷《癸甲稿》四卷《乙丁稿》五卷)
艺风先生文一卷
缪筱珊先生家书不分卷
艺风堂书札不分卷
艺风堂赋稿二卷
艺风堂诗存四卷碧香词一卷
缪荃孙四川乡试朱卷一卷
缪荃孙会试朱卷一卷

二、总集之属
金文抄一卷
辽文存六卷附辽艺文志一卷辽金石目一卷
旧德集十四卷
南菁讲舍文集六卷
常州词录三十一卷
艺风堂词话一卷

三、史表、史传之属
补五代史方镇表五卷
后凉百官表一卷北凉百官表一卷南凉百官表一卷西凉百官表一卷夏

百官表一卷北燕百官表一卷

 国史五传、清史稿

 史儒林传序录二卷

 国朝名人小传不分卷

  以上撰著

 羽琌山民逸事一卷

 续碑传集八十六卷

 续碑传集补不分卷

  以上纂辑

四、日记、年谱、家谱之属

 艺风老人日记不分卷

 艺风老人年谱一卷

 孔北海年谱一卷

 魏文靖公年谱一卷

 韩翰林诗谱略一卷

 补辑李忠毅年谱一卷

  以上撰著

 顾亭林年谱校补一卷

 厉樊榭年谱一卷附录一卷

  以上订补

 申浦缪氏族谱二十卷首一卷末一卷

 兰陵缪氏世谱不分卷

 缪氏考古录不分卷

  以上纂辑

五、方志之属

 光绪顺天府志一百三十卷附录一卷

 光绪昌平州志十八卷

 光绪湖北通志二百〇六卷

 宣统江苏通志

江阴县续志二十八卷近事录三卷
　　以上纂修
京师坊巷志十卷
　　以上增补
泺源书院小志一卷
　　以上附录

六、目录之属
艺风藏书记八卷
艺风藏书续记八卷
艺风堂藏书再续记不分卷
清学部图书馆善本书目五卷
清学部图书馆方志目一卷
艺风堂题跋一卷
天一阁失窃书目不分卷
词小说谱目不分卷
宋元书影不分卷
湖北通志艺文志残稿不分卷
日本访书记一卷
拟清史艺文志稿不分卷
唐书艺文志注四卷
嘉业堂藏书志四卷
琉璃厂书肆后记一卷
　　以上撰著
红雨楼题跋二卷
士礼居藏书题跋续记二卷
士礼居藏书题跋再续记二卷
荛圃藏书题识十卷补遗一卷刻书题识一卷补遗一卷
五家宋元书目六种
读画斋印谱不分卷
　　以上纂辑

七、金石目录之属

艺风堂金石文字目十八卷

艺风堂金石文字续目三卷

金石分地编目三十二卷

再补寰宇访碑录三册

寰宇访碑续录不分卷

金碑目一卷

云自在龛金石目初不分卷续编不分卷

云自在龛金石目杂稿不分卷

江西金石目不分卷

江苏金石志二十四卷待访目二卷

湖北金石志十四卷

金石录今存碑目一卷

　　以上撰著

直隶金石文抄一卷

　　以上纂辑

八、笔记之属

云自在龛随笔四卷

云自在龛笔记六卷

随笔不分卷

云自在龛笔记不分卷

艺风堂笔记不分卷

艺风阁校书随笔不分卷

秦淮广纪三卷

　　以上撰著

艺风堂杂抄八卷

艺风堂杂抄二辑十二卷

艺风堂杂抄补五卷

艺风堂别抄不分卷

　　以上杂纂

九、校记之属
蜀石经校记一卷
孟子音义札记一卷
东都事略校记一卷
大金集礼校勘记一卷
安禄山事迹校记一卷
南朝史精语札记一卷
雪韬堂绍陶录校记一卷
蜀梼杌校记一卷
中吴纪闻校勘记一卷
九国志校记一卷
金石录札记一卷
苍崖先生金石例札记一卷
宋台州本荀子与熙宁本同异记一卷
邵氏闻见录校记一卷
欧阳行周集校记一卷
皇甫持正集校记一卷
司空表圣文集校记一卷
乐章集校勘记一卷逸词一卷
文潞公集校勘记一卷
东坡集校记二卷
剡源集校记一卷逸文一卷

十、辑佚之属
宋校勘五经正义奏请雕版表一卷
建炎以来朝野杂记逸文一卷
中曾公遗录九卷
集古录目十卷原目一卷
吴兴山墟名一卷
吴兴记一卷
九国志遗文一卷

元和郡县志图志逸文三卷
华阳国志巴郡士女逸文一卷
荆州记一卷
永乐泸州志残本二卷
顺天府志存八卷
慎子补遗一卷逸文一卷
国清百录不知卷数
宣室志补遗二卷
风俗通义逸文一卷
广陵妖乱志逸文一卷
三水小牍逸文一卷
北梦琐言逸文四卷
旧闻证误补遗一卷
敬斋古今黈补遗二卷附录一卷
张说之文集补遗五卷
蒋颖叔集二卷
鸿庆居士集补遗二十卷
二妙集逸文一卷
拙轩集补遗一卷
丹邱生集五卷附录一卷
圭斋集补遗一卷
疏斋集补遗一卷
静轩集五卷附录一卷
清河文集七卷附录一卷
菊潭集四卷
徐星伯先生小集一卷

十一、代人撰著之属
周易正义校勘记二卷
　　代刘承幹撰。
尚书注疏校记一卷

　　　　代张钧衡撰。
尚书正义校勘记二卷
　　　　代刘承幹撰。
毛诗正义校勘记三卷
　　　　代刘承幹撰。
礼记正义校勘记一卷
　　　　代刘承幹撰。
谷梁疏校勘记二卷
　　　　代刘承幹撰。
论语注疏解经札记一卷
　　　　代刘世珩撰。
唐书直笔校记一卷
南唐书补注十八卷
　　　　代刘承幹撰。
吴越春秋札记一卷逸文一卷
　　　　代徐乃昌撰。
国朝事略八卷
　　编译局出版的教材之一
启祯两朝剥复录札记一卷
　　　　代刘世珩撰。
吴次尾年谱一卷刘宗伯年谱一卷
傅青主年谱一卷
书目答问四卷
　　　　代张之洞撰。
士礼居藏书题跋记六卷
　　　　代潘祖荫辑。
适园藏书志十六卷
　　　　代张钧衡撰。
愚斋图书馆藏书目录十八卷附录二卷
　　　　代盛宣怀撰。
壬寅消夏录四十卷

先生与樊增祥、李保恂等代端方撰。

铁书三卷

代吴隐编撰。

孔子家语札记一卷

代刘世珩撰。

剧谈录逸文一卷

代刘世珩撰。

云仙散录札记一卷

代徐乃昌撰。

重刊湖海新闻夷坚续志补遗一卷

代张钧衡撰。

梁昭明太子集补遗一卷

代盛宣怀撰。

文恭集补遗一卷

代盛宣怀撰。

春卿遗稿补遗一卷

代盛宣怀撰。

蒋之翰、之奇遗稿一卷

代盛宣怀辑。

毗陵集补遗一卷

代盛宣怀辑。

归愚集补遗一卷

代盛宣怀辑。

荆川集补遗一卷

代盛宣怀辑。

从野堂集补遗一卷

代盛宣怀辑。

经世文续编一百二十卷

代盛宣怀辑。

附录二 缪荃孙传记资料

1. 缪艺风先生行状　夏孙桐

先生讳荃孙,字炎之,一字筱珊,晚号艺风。江阴缪氏先世自宋南渡时宏毅公官统制,驻兵毗陵,遂家焉。历十一世至讳仁者,于明中叶始居江阴申港镇。又九传讳燧,康熙中官浙江定海县知县,有惠政,殁祀名宦,先生六世祖也。曾祖讳秉奎,邑庠生。祖讳庭槐,嘉庆乙丑进士,官至甘肃平凉府知府。考讳焕章,道光丁酉顺天举人,官贵州候补道。

先生生而颖异,十一岁毕《五经》,十二岁遭母瞿太恭人丧,哀毁如成人。事继母薛太恭人能尽孝。观察公连试礼闱不得志,从张忠武公国梁军,既而入蜀,省兄伯康公酉阳州任所,兵乱阻隔,久不相闻。咸丰庚申,粤寇陷江阴,先生奉母渡江,避乱居淮安,肄业丽正书院,为漕帅吴勤惠公所识拔,从院长丁俭卿先生受经学、小学。久之,观察公已得官,佐黔抚田公兴恕幕,遣人迎眷,中途闻田公去黔,观察公牵注罢官,复游蜀,遂至成都。

时先生年二十有一,从阳湖汤秋史先生研究文史,始为考订之学。会四川举行丁卯正科,并补壬戌恩科,寄籍华阳,应试获举,改归原籍。先后入将军崇文勤公、总督吴勤惠公、川东道姚彦士方伯幕,遍历川东北诸郡,搜拓石刻,始为金石之学。张文襄公视蜀学,执贽门下,为撰《书目答问》,始为目录之学。盖先生未通籍之先,一时耆硕咸以著作之才相推重矣。光绪丙子,恩科成进士,改庶吉士。开馆大课,以重修庶常馆赋命题,擢第一。次年散馆一等,授职编修。在馆职,殚心著述,暇即日涉海王村书肆,搜访异本,典衣购取,知交通假,钞校考订,日益博通。张文襄总纂《顺天府志》,招之相助。明志简略,二百余年未有续修,乃与文襄发凡起例,以宋《临安》两志为法,加恢扩焉。既而文襄出任晋抚,遂继为总纂,历七年而告成，时推巨制。

己卯，分校顺天乡试，得士最盛。福山王文敏公懿荣以经策补荐获售，众尤称之。历充本衙门撰文，教习庶吉士，国史馆纂修、总纂，京察一等。吴县潘文勤公为国史总裁，疏请编辑《儒林》《文苑》《循吏》《孝友》《隐逸》五传，赓续阮文达公所未竟，先奏派为分纂，寻偕南海谭叔裕先生同为总纂。后谭公外任，遂独任其事。文勤以忧去，掌院徐荫轩相国继为总裁，初亦甚相推挹，既而相国示以纪大奎《易说》，命编入《儒林传》。先生谓《易》有经学之《易》，有术数之《易》，朱子注《参同契》，《四库》列之道家，而不入经部，大奎未可补入《儒林》。相国亦首肯。后有相忌者，潜言先生恃才独断，遂相龃龉。

戊子，丁继母忧，居庐数月，整理五传告成，缮稿呈馆，始奉柩归里。主讲南菁书院，分经学、词章，与定海黄元同先生分任之。服阕，起复京察，覆带引见，记名以道府用。未几，复奉观察公讳，主讲山东泺源书院。张文襄招主湖北经心书院，未赴，归里营葬。服阕，充国史馆提调。甲午，大考翰詹，原列三等一名，已拆卷露名，徐、张两相国、翁协揆奉命覆阅，以题字笔误，改置三等一百二十四名。先生以徐相国史馆宿嫌，有意求疵，遂浩然有归志矣。张文襄闻而招之，重修《湖北通志》。逾年，文襄移督两江，聘主江宁钟山书院。自丙申至辛丑，主讲凡六年，复遥领常州龙城书院。课士之暇，一意刻书，日事校勘，丛书数集，陆续告成。金陵为东南都会，故家藏庋，时时散出。苏、沪密迩，估客奔辏，所收旧籍金石、书画乃益富。庚子之变，海内震扰，江南幸稍安。及和议成，朝廷锐意变法，张文襄集东南名流于武昌，以资讨论，先生应招往，遂领江楚编译书局。在江宁举其事，改钟山书院为高等学堂，充监督，兼领中小学堂。亲赴日本考察学务，归乃酌定课程，编辑课本，一切草创，中西之学兼重；访聘教员，皆取淹通笃实之士；讲求教授管理之法，实事求是，力戒袭取皮毛陋习。第一届毕业诸生，颇有明达通才，后膺政治教育之选者。疆吏援故事，疏陈绩学硕儒，士林矜式，诏加四品卿衔。寻辞学堂监督，专办江南图书馆事。时江浙藏书家，常熟瞿氏、归安陆氏、钱塘丁氏，号为鼎足。陆氏书为日本购去，而丁氏亦中落。时论颇惧蹈陆氏覆辙，流落外邦，急赴浙与议，以七万金全购善本书室所藏，益之捐购之本。至今海内各省图书馆美富以江南为冠。戊申，张文襄疏荐，特旨征召，以图书馆事未竟，请缓行。

宣统纪元,学部奏充京师图书馆监督。馆犹未建,暂借城北积水潭广化寺为储书之所。既任事,先分类清理书籍。内阁大库检出元、明旧帙,其中宋本犹为元师平宋时由临安秘阁所收,一鳞片甲,有自来藏书家所未睹者。集刻为《宋元本留真谱》,牒文、牌子、序跋述源流者均著之,加考一篇。又编本馆善本书目八卷,各省志书目四卷。初,江苏议修通志,延为总纂,当事屡更,迄无端绪。至是始重定条例,分授协纂诸人,尅期编辑,意俟京师图书馆规模略具,书目编成,即乞长假,专办志事。无何,湖北兵变,东南诸省应之,诏下逊位,海内云扰,先生亦辞职归矣。自是卜居沪上,慨叹沧桑,杜门不出,惟以书籍遣日,整理旧著。四方知旧,大都避乱来沪,访书问字,踵接于门。国变后,文献凋零,咸惧国粹湮没,购书刻书之风转盛。吴兴刘翰怡、张石铭两君并裒集丛书,咸向就正。武进盛氏自建图书馆,虽无秘册,通行精本甚备,亦请编书目。寓沪遗老结诗社,先生年最高,称祭酒焉。

甲寅,清史馆开,赵次珊尚书聘为总纂。先生身为旧史,生平网罗文献,有遗山、石园之志,欣然应招,先为条举大纲,贻书商榷。及至馆,与同人集议,开馆之始,多所赞书。因不能久居京师,赵尚书许携书自随,以《国史》《儒林》《文苑》《循吏》《孝友》《隐逸》五传初稿原出手纂,后经他人增改,仍愿引为己任。阅两年,除《循吏》一传让归他手,余四传皆脱稿,又成《土司传》《明遗臣传》,则国史所未具而创辑者也。又拟全书凡例一卷,又遍阅《明史》列传一过,发明其每卷编次义法,笔录寄馆,以备印证。甲辰、戊午两次至京商办史事,力主先拟定传目,以时代为段落,择人分任,久之乃定议,自任康熙一朝,而时局日纷,牵于生计,遂分日力于所任。史传仅脱稿十之六七,每自引以为憾。《江苏通志》重议开局,冯梦华中丞主之。以"金石"一门,非专家莫办,先生命子僧保预其事,自发家藏拓本,编录考订,一手成之。江阴续修县志,先生为定大纲,延里中耆旧通才任分纂,而自总其成焉。

先生三十通籍,早负时望,以性刚不能谐俗,弃官时甫逾五十,取竹垞语以"七品官归田"刻小印,用识微尚。后勉应召一出,本拟即赋遂初,寻遘世变,终隐海滨湖。二十年来,名山坛坫,著述自娱,自谓不以富贵易其乐也。己未春,感疾寻愈,犹铅椠不辍。《江阴》志及《通志·金石》皆于是秋告成。十一月初一日,卒于上海寄庐,年七十有六。

先生恪守乾嘉诸老学派，治经以汉学为归，有清一代经说，搜罗甚勤。王葵园先生续刻《经解》，多所取资。早膺史职，于乙部致力最深，拾遗订误，悉本钱氏《考异》、王氏《商榷》家法。于当代掌故，征求讨论，心得甚多。为文私淑全氏《鲒埼亭》内外编，以翔实为主，不尚空言。凡考古述今，论治论学，生平蕴蓄，皆于文集中见焉。骈体少喜《小仓山房》，后乃取法北江，出入覃轩，亦归纪实而戒浮靡。诗多指事类情，主雅赡不矜格调。晚好辑词，而不多作。酷嗜金石，先后得刘燕庭、韩小亭、马砚孙、瑛兰坡、崇雨舲、樊文卿、沈韵初诸家所藏拓本，宦游所至，又得打碑人李云从、聂明光等，并善搜访，于畿辅、山右、山左、大江南北及皖中石刻，椎拓几遍。所编收藏目录，共得一万有八百余种。凡伪造摹刻无时地可考者皆不录，砖与瓦亦不预。后续得复千余种。藏本之富，为前此金石家所未有。又补正孙、赵两家《访碑录》，为《金石分地录》。初拟续《金石萃编》，先就辽、金、元辑录，以非独力能成，辍而未作，考证未有专书，散见文集、笔记及顺天、湖北、江苏金石志中。

目录之学，贯串古今，尤慕士礼居黄氏，早年助潘文勤公搜辑黄氏题跋，编刻行世。续得者江建霞及邓秋湄分为刻印。后复有得，经章式之、吴印丞两君荟萃诸本，各将所得增入，合为一编，晚乃索稿刊成。海内藏书，瞿、杨、丁、陆诸家，皆至契，互通借阅，资以钞校。自编《藏书记》，歉然谓限于力，仅可与阳湖孙氏五松园相颉颃。《续记》及《再续记》较初编数且过之。所校刻古书，详溯源委，剖析异同，具载于序跋，论者谓与荛圃书跋允称同调。秘籍孤稿，以力薄不能多刊，每贻同志好事者，如张文襄、王葵园、刘聚卿、刘翰怡、张石铭诸人所刻丛编，每有赞助。盛愚斋刻《常州先哲遗书》，则全出先生藏本，编校亦一手所成。原拟分为三集，写定目录，因辛亥之变，就已刻者结束，尚余二十种，存俟同郡后来者赓续之。笔记积数十册，皆关掌故。晚年志在理董，略创类例，拟删去重复琐屑及习见者，未及编成，藏待来者。

其著述已刻者《艺风堂文集》八卷、《续集》八卷、《辛壬稿》三卷、《癸甲稿》三卷、《乙丁稿》五卷、《金石目》十八卷、《读书记》四卷、《藏书记》八卷、《续藏书记》八卷、《辽文存》六卷、《续国朝碑传集》八十六卷、《常州词录》三十一卷，孔北海、魏文靖、韩致尧、李忠毅年谱各一卷。未刻者《诗存》四卷、《词》一卷、《尺牍》二卷、《五代史方镇表》十卷、《金石分地录》二十四卷,《再续藏书记》不分卷,《碑传集补遗》十四卷,《秦淮广纪》十二卷,代端陶斋撰《壬寅消夏录》若干卷。所编刻丛书《云自在龛丛书》五集共十九种,《对雨楼丛书》五种,《藕香零拾》三十八种,《烟画东堂小品》二十五种,自辑古书及国朝人小集、家集皆在其中。《对雨楼》刻成赠友,余版并藏于家。孙桐同乡里,申之以婚姻,在词馆为后进,熟闻绪论,知先生有经世才,生平遇奇,仕宦不达,以著述终老。晚预修史,亦未能行其志,不得继美石园,世所同惜。身后未十年,藏书已散,则尤深慨叹者也。曩曾据自编年谱,兼证著述,代其家草行述。兹复为要删,略具学行梗概,俾后之传儒林、文苑者,有所采择焉。

辛未季秋,夏孙桐谨状。

(缪荃孙.艺风老人年谱,民国十五(1936)文禄堂刻本:附录)

2. 缪荃孙传　柳诒徵

缪荃孙,字炎之,号筱珊,晚榜所居堂曰"艺风",世称为艺风先生。祖廷槐,嘉庆乙丑进士,甘肃平庆泾兵备道,父焕章,道光丁酉举人,贵州候补道。荃孙少随父居蜀,以华阳县籍举同治丁卯乡试,登光绪丙子进士第,授编修,记名以道府用,加四品卿衔,宣统中以学部参议候补。性直而和,好学若命,工文词与诗及骈体文,均能抗中晚唐人。貌丰朴,能饮酒,善谈谑,豁如也。

同、光间,海内艾平,朝士盛说学,常熟翁同龢、吴县潘祖荫、南皮张之洞、顺德李文田,咸以博涉嗜古起翰林至大官。荃孙从之游,专攻考证、碑板、目录之学,旁罗山经地志,洽闻有清一代朝野人物政坛逸事、故其学博贯衡综,洪纤毕洞,继朱彝尊、全祖望、纪昀、阮元、王昶、黄丕烈、顾千里、钱仪吉之绪而恢溢之。收藏宋、元、明、清旧钞旧刻书十余万卷,周秦讫元石刻一万八百余种,皆手自校勘题识,得一秘籍新碑,欣然忘饮馔,飞书千里诧朋好。馆阁故家孤本佚文,海内不经见者,必钩取迻钞始快。都贾海客氍椎线装之匠,日奔走其门,举世服其赡博无异词。法兰西、日本人治汉学者,胥崇礼之,时时称举其所考订焉。

初,荃孙在翰林,充国史馆提调、总纂,以论学忤总裁徐桐,偃蹇不得志,遂出都,历主江阴南菁书院、常州龙城书院、江宁钟山书院,士尊之,匹卢文弨、姚鼐。庚子,徐桐等以右拳民祸国。各省竞兴学堂,张之洞督两江,奏改钟山书院为江南高等学堂,荃孙率学者之日本考察其学制,归订规章甚备。端方督两江,荃孙说之购杭州丁氏善本书,倡立江南图书馆。寻京师议立图书馆,张之洞管学部,奏以荃孙主之,发内阁书庋之馆,复辇敦煌石室唐写卷子,购归安姚氏藏书,都十余万卷。当是时,新学小生苴葛故籍,诸老先生流风寝衰矣。而南北二馆,后先巍立,号为册府,笃古之士犹得钻仰胝沫其间,不令中国历代巨刻珍钞、万国希觊之瑰宝,流放沽鬻于东西都市者,荃孙力也。辛亥国变,避居上海,为富家校刊丛书以自给。赵尔巽延为清史馆总裁,审定目例,独任儒学、文学、隐逸、土司诸传及康熙朝大臣传,信核有法。己未冬十月卒,年七十有六。

荃孙生平为人编刻之书甚多,率署他人名,若张之洞之《书目答问》,其少作也。所自为书,有《艺风堂文集》八卷、《续集》八卷、《外集》一卷、《辛壬稿》三卷、《藏书记》八卷、《续记》八卷、《金石目》十八卷、《日记》若干卷、《读书记》若干卷;所撰刻有《常州词录》三十一卷、《续碑传集》八十六卷、《辽文存》八卷。所校辑有《云自在龛丛书》五集百有五卷、《藕香零拾》九十卷。所总纂地志有《顺天府志》若干卷、《湖北通志》若干卷、《江苏通志》若干卷,而《江阴县志》为最后,未及成。

(卞孝萱,唐文权.民国人物碑传集.北京:团结出版社,1995:537-538)

参 考 文 献

缪荃孙著述

1. 《艺风堂文集》,清光绪二十六年(1900)艺风堂刻本
2. 《艺风堂文续集》,宣统二年(1910)艺风堂刻本
3. 《艺风堂文漫存》,民国间艺风堂刻本
4. 《艺风堂诗存》,民国间缪子受刻,民国二十八年(1939)燕京大学图书馆印行本
5. 《碧香词》,与民国间缪子受刻《艺风堂诗存》合刻,民国二十八年(1939)燕京大学图书馆印行
6. 《艺风堂赋稿》,南京图书馆藏缪九畴光绪间抄本
7. 《永乐大典考》,《国粹学报》光绪三十四年(1908)第四卷12期
8. 《四川乡试朱卷》,清同治间刻本
9. 《艺风藏书记》,清光绪庚子(1900)、辛丑(1901)间艺风堂刻本
10. 《艺风藏书续记》,民国二年(1913)艺风堂刻本
11. 《艺风藏书再续记》,民国二十九年(1940)燕京大学排印本
12. 《清学部图书馆善本书目》,民国元年(1912)国粹学报社《古学汇刊》排印本
13. 《愚斋图书馆藏书目录》,缪荃孙等编,山东大学图书馆藏民国二十六年(1937)许仲夫抄本
14. 《嘉业堂藏书志》,缪荃孙、吴昌绶、董康编,吴格整理本,复旦大学出版社1997年版
15. 《天一阁失窃书目》,国家图书馆藏民国间抄本
16. 《宋元书影》,民国间刻本

17. 《拟清史艺文志稿》,国家图书馆藏手稿本
18. 《唐书艺文志注》,国家图书馆藏邓之诚跋残稿本
19. 《唐书艺文志注》,中国科学院图书馆藏清稿本
20. 《琉璃厂书肆后记》,见张静庐辑注《中国近现代出版史料》现代甲编,上海书店出版社 2003 年版
21. 《艺风老人年谱》,民国二十五年(1936)文禄堂刻本
22. 《艺风老人日记》,北京大学出版社 1986 年影印本
23. 《缪氏考古录》,缪荃孙编,民国二十四年(1935)铅字排印本
24. 《兰陵缪氏世谱》,缪荃孙编,清宣统三年(1911)刻本
25. 《艺风堂金石文字目》,清光绪三十二年(1906)刻本
26. 《江苏金石记》,民国十六年(1927)石印本
27. 《江苏金石记》,北京大学图书馆藏稿本
28. 《江西金石目》,《顾氏金石舆地丛书》本
29. 《金石分地编目》,北京大学图书馆藏稿本
30. 《云自在龛金石目初续编》,上海图书馆藏稿本
31. 《补五代史方镇表》,《稿本丛书》第九册,天津古籍出版社 1996 年版
32. 《词小说谱录》,民国间绿格抄本,今藏国家图书馆
33. 《国朝名人小传》,北京大学图书馆藏手稿本
34. 《国史儒林传序录》,民国间《古学汇刊》排印本
35. 《秦淮广纪》,民国元年(1912)铅印本
36. 《云自在龛笔记》,北京大学图书馆藏稿本
37. 《云自在龛随笔》,商务印书馆 1958 年版
38. 《云自在龛随笔》,山西古籍出版社 1996 年版
39. 《艺风钞书》,清光绪宣统间缪氏艺风堂抄本
40. 《艺风堂杂钞补》,缪禄保编,山东大学图书馆藏抄本
41. 《艺风堂杂著三种》,北京大学图书馆藏稿本
42. 《随笔》,国家图书馆藏稿本
43. 《蜀石经校记》,《古学汇刊》排印本
44. 《蜀石经校记》,中国科学院图书馆藏稿本
45. 《苍崖先生金石例札记》,清光绪三十四年(1908)南陵徐乃昌刻本
46. 《艺风读书记》,光绪、民国间刻本

47.《艺风阁校书随笔》,北京大学图书馆藏手稿本

48.《东都事略校记》,《适园丛书》民国二年(1913)刊本

49.《东都事略校记》,上海图书馆藏稿本

50.《风俗通义逸文》,北京大学图书馆藏稿本

51.《鸿庆居士集补遗》,缪荃孙辑,《常州先哲遗书后编》光绪戊申年(1908)刻本

52.《重编红雨楼题跋》,缪荃孙编,宣统、民国间昆山赵氏刊《峭帆楼丛书》本

53.《重编红雨楼题跋》,缪荃孙编,北京大学图书馆藏稿本

54.《魏文靖公年谱》,光绪二十八年(1902)烟画东堂刻本

55.《顾亭林年谱校补》,《嘉业堂丛书》本

56.《烟画东堂四谱》,光绪二十八年(1902)南陵徐氏刻本

57.《光绪顺天府志》,周家楣、缪荃孙等编纂,北京古籍出版社2001年版

58.《光绪昌平州志》,缪荃孙、刘万源等纂,光绪十二年(1886)刻本

59.《直隶金石文钞》,北京大学图书馆藏稿本

60.《常州词录》,缪荃孙编,光绪二十二年(1896)云自在龛刊本

61.《辽文存》,缪荃孙编,光绪十二年(1886)刻本

62.《续碑传集》》,缪荃孙编,清宣统二年(1910)江楚编译局刊本

63.《缪艺风先生书札》,李稚甫整理,《学土》第二卷页162—174,广东高等教育出版社1996年版

64.《二家书札》,缪荃孙、陆心源撰,国家图书馆藏稿本

65.《缪筱珊先生家书》,国家图书馆藏稿本

66.《缪荃孙手札》,上海图书馆藏手稿本

67.《艺风堂书札》,张廷银、朱玉麒主编《缪荃孙全集(诗文)》第2册,凤凰出版社2014年版

68.《缪荃孙手札》,王翠兰整理,上海图书馆历史文献研究所编《历史文献》第一辑,上海社会科学院出版社1999年版

69.《缪荃孙致潘祖荫函稿辑释》,颜建华整理,《文献》2012年第3期

70.《缪荃孙致陶湘宣手札七通辑考》,张慧禾辑考,《文献》2012年第1期

71.《缪荃孙致王秉恩函稿释读》,颜建华释读,《文献》2014年第1期

72.《缪荃孙与王懿荣六札考释》,杨洪升考释,《文献》2006年第3期
73.《缪荃孙致吴士鉴信札考释》,陈东辉、程惠新考释,《文献》2017年第1期
74.《致柳诒谋书》,柳曾符注,《学术集林》卷七,上海远东出版社1996年版

他 人 著 述

日记、年谱

1. 《翁同龢日记》,翁同龢著,陈义杰整理,中华书局1992年版
2. 《箑斋日记》,张佩纶撰,《历代日记丛钞》本,学苑出版社2006年版
3. 《湘绮楼日记》,王闿运著,岳麓书社1997年版
4. 《复堂日记》,谭献著,范旭仑等整理,河北教育出版社2001年版
5. 《傅云龙日记》,清傅云龙著,傅训成整理,浙江古籍出版社2005年版
6. 《缘督庐日记》,叶昌炽,广陵书社2002年影印手稿本
7. 《云山日记》,郭昇著,民国间陈庆年横山草堂刊本
8. 《〈横山乡人日记〉选摘》,陈庆年撰,《镇江文史资料》第十三辑,江苏省镇江市委员会文史资料研究会1987年编辑出版
9. 《翁斌孙日记》,翁斌孙著;张剑整理,凤凰出版社2015年版
10. 《贺葆真日记》,贺葆真著;徐雁平整理,凤凰出版社2014年版
11. 《慎宜轩日记》,姚永概撰,沈寂等标点,黄山书社2010年版
12. 《恽毓鼎澄斋日记》,恽毓鼎著,浙江古籍出版社2004年版
13. 《庄宝澍日记》,庄宝澍著,叶舟点校,《晚清常州明贤日记四种》本,凤凰出版社2013年版
14. 《郑孝胥日记》,郑孝胥著,劳祖德整理,中华书局1993年版
15. 《蔡元培日记》,蔡元培撰,王世儒编,北京大学出版社2010年版
16. 《傅青主年谱》,丁宝铨等撰,宣统三年(1911)《霜红龛集》附刊本
17. 《莫友芝年谱长编》,张剑著,中华书局2008年版
18. 《清王葵园先生先谦自定年谱》王先谦撰,台湾商务印书馆1978年版
19. 《张之洞年谱长编》,吴剑杰著,上海交通大学出版社2009年版
20. 《李慈铭年谱》,张桂丽著,上海古籍出版社2016年版
21. 《粟香行年录》,金武祥撰,《江阴名人年谱》本,黄山书社2005年版

22.《清末沈寐叟先生曾植年谱》,王蘧常撰,台湾商务印书馆1982年版
23.《沈曾植年谱长编》,许全胜著,中华书局2007年版
24.《刘鹗年谱》,蒋逸雪著,齐鲁书社1981年出版
25.《吴愙斋先生年谱》,顾廷龙著,文海出版社1965年出版
26.《畴隐居士自订年谱》,丁福保著,民国十八年(1929)丁氏排印本
27.《兴化李审言先生年谱长编稿》,柳向春撰,《传统中国研究集刊》第九、十合辑,上海人民出版社2012年版
28.《藏园居士六十自述》,傅增湘著,《天津文史资料选辑》总第七十二辑,天津人民出版社1996年版

书目、题跋

1.《郡斋读书志》,晁公武著,清光绪十年(1884)长沙王氏刻本
2.《持静斋书目》,丁日昌撰,路子强、王雅新标点,上海古籍出版社2008年版
3.《滂喜斋藏书记》,潘祖荫编,翁彦焱标点,上海古籍出版社2007年版
4.《皕宋楼藏书志》,陆心源撰,光绪八年(1882)归安陆氏十万卷楼刻本
5.《古书经眼录》,王颂蔚著,民国四年(1915)《写礼庼遗著四种》刊本
6.《雁影斋题跋》,李希圣撰,上海古籍出版社2009年出版
7.《适园藏书志》,张钧衡编,民国五年(1916)南林张氏家塾刻本
8.《郋园读书志》,叶德辉撰,民国十七年(1928)南阳叶氏铅印本
9.《章氏四当斋藏书目》,顾廷龙编,燕京大学图书馆1938年排印本
10.《明吴兴闵板书目》,陶湘编,故宫博物院民国二十三年(1934)排印《书目丛刊》本
11.《峭帆楼善本书目》,赵诒琛藏并编,民国十五年(1926)昆山赵氏铅印本
12.《文禄堂访书记》,王文进著,柳向春校点,上海古籍出版社2007年版
13.《铜井文房书跋》,莫棠撰,陈乃乾辑,《国家图书馆藏古籍题跋丛刊》第二十六册,国家图书馆出版社2002年影印本
14.《宝礼堂宋本书录》,潘宗周、张元济编,柳向春标点,上海古籍出版社2007年版
15.《积学斋藏书记》,徐乃昌编,国家图书馆藏抄本
16.《箧书剩影录》,林钧著,1957年油印本

17. 《藏园群书题记》，傅增湘著，上海古籍出版社 1989 年版
18. 《藏园群书校勘跋识录》，傅增湘著，中华书局 2012 年版
19. 《藏园群书经眼录》，傅增湘撰，中华书局 2009 年版
20. 《张元济古籍书目序跋汇编》，张人凤编，张元济著，商务印书馆 2003 年版
21. 《"国家图书馆"善本书志初稿》经部，"国家图书馆"编印，1996 年
22. 《"国家图书馆"善本书志初稿》子部，"国家图书馆"编印，1998 年
23. 《书林掇英》，魏隐儒著，李雄飞整理校订，国家图书馆出版社 2010 年版
24. 《上海图书馆善本题跋选辑·史部》，见《历史文献》第二辑，郭立暄等整理，上海科学技术文献出版社 1999 年版
25. 《上海图书馆善本题跋真迹》，上海图书馆编，上海辞书出版社 2013 版
26. 《上海图书馆善本题跋辑录》，陈先行、郭立暄编，上海辞书出版社 2017 版

书札

1. 《艺风堂友朋书札》上册，顾廷龙校阅，上海古籍出版社 1980 年版
2. 《艺风堂友朋书札》下册，顾廷龙校阅，上海古籍出版社 1981 年版
3. 《赵凤昌藏札》，国家图书馆善本部编，国家图书馆出版社 2009 年版
4. 《汪康年师友书札》，上海图书馆编，上海古籍出版社 1986—1989 年版
5. 《函锦尺素——沈曾植往来信札》，嘉兴博物馆编，中华书局 2012 年版
6. 《张元济书札》(增订本)，张树年、张人凤编，商务印书馆 1997 年版
7. 《张元济傅增湘论书尺牍》，商务印书馆 1983 年版
8. 《俞曲园致缪筱珊手札六通考实》，柳向春整理，《版本目录学研究》第四辑
9. 《姚觐元致缪荃孙尺牍》，陈子凤整理，《收藏家》2007 年第 6、7 期
10. 《张元济致缪荃孙函札释读》，何毅、李天道释读，《文献》2011 年第 3 期
11. 《刘承幹致缪荃孙函札考释》，吴青考释，《文献》2017 年第 2 期

12.《傅增湘致缪荃孙未刊函札释读》,严正释读,《文献》2016年第2期
13.《丁国钧致缪荃孙函札五通辑释》,马国栋辑释,《文献》2017年第6期

别集、总集

1.《唐翰林李太白诗集》,李白撰,清华大学图书馆藏元刻本,缪荃孙题识
2.《柳柳州外集》,国家图书馆藏宋乾道刊本,莫绳孙手跋
3.《范文正公集》,上海图书馆藏缪荃孙手跋明万历三十七年(1609)康丕扬刻《韩范二公集》本
4.《乐章集》,柳永撰,光绪二十七年(1901)海丰吴氏刻《山左人词》本
5.《鄮峰真隐漫录》,史浩撰,北京大学图书馆藏清抄本,缪荃孙手跋
6.《江西诗派韩饶二集》,韩驹、饶节撰,民国初年沈曾植刻本
7.《遗山新乐府》,元好问撰,光绪三十二年(1906)海丰吴氏刻《石莲庵汇刻九金人集》本
8.《双溪醉隐集》,耶律铸撰,清李文田笺,光绪十八年(1892)顺德龙氏知服斋刊本
9.《剡源逸稿》,戴表元撰,上海图书馆藏藕香簃抄本,缪荃孙手跋
10.《圭斋集补遗》,欧阳玄撰,缪荃孙辑,国家图书馆藏抄本
11.《说学斋稿》,危素撰,上海图书馆藏艺风堂抄本
12.《云林集》,危素撰,上海图书馆藏艺风堂抄本
13.《丹丘生集》,柯九思撰,清光绪三十四年(1908)柯逢时息园刻本
14.《犁眉公集》,刘基著,国家图书馆藏明初刊本,缪荃孙手跋
15.《四溟集》,谢榛撰,清华大学图书馆藏明万历二十四年(1596)赵府冰玉堂刻本,缪荃孙跋
16.《戆叟诗钞》,纪映钟著,中国科学院图书馆藏艺风堂抄本,缪荃孙、邓之诚题记
17.《落帆楼文遗稿》,沈垚著,上海图书馆藏清抄本
18.《听云仙馆俪体文续集》,汤成彦撰,同治八年(1869)成都刊本
19.《瓶庐诗稿》,翁同龢著,民国八年(1919)邵氏刻本
20.《张之洞全集》,苑书义等编,河北人民出版社1998年版
21.《虚受堂文集》,王先谦著,光绪二十六年(1900)刊本
22.《敬孚类稿》,萧穆著,黄山书社1992年版

23.《陶庐六忆》,金武祥撰,民国间粟香室刻本
24.《王懿荣集》,吕伟达主编,齐鲁书社1993年版
25.《梅阳江侍御奏议》,江杏邨著,民国八年(1919)排印本
26.《于湖小集》,袁昶撰,清光绪间袁氏水明楼刻本
27.《安般簃诗续钞》,袁昶撰,商务印书馆1937年排印本
28.《刘葆真太史文集》,宣统二年(1910)刻本
29.《悔庵词笺注》,夏孙桐著,夏志兰、夏武康注,内蒙古大学出版社2001年版
30.《四当斋集》,章钰著,民国二十六年(1937)排印本
31.《横山乡人类稿》,陈庆年撰,丹徒横山草堂民国间刻本
32.《笺经室遗集》,曹元忠撰,民国三十年(1941)吴县王氏学礼斋排印本
33.《陈乃乾文集》,国家图书馆出版社2009年出版
34.《王国维全集》,王国维著,浙江教育出版社2010年版
35.《花间集》,王鹏运光绪间刊《四印斋所刻词》本
36.《二妙集》,光绪三十二年(1906)海丰吴氏刻《石莲庵汇刻九金人集》本
37.《南菁讲舍文集》,黄以周、缪荃孙辑,光绪十五年(1889)刻本
38.《晚晴簃诗汇》,徐世昌编,闻石点校,中华书局2018年版

其他著述

1.《孟子注疏》,赵岐注、孙奭疏,中国国家图书馆藏残宋本
2.《诗传旁通》,元梁益撰,山东大学图书馆藏缪荃孙手跋抄本
3.《古史》,苏辙撰,国家图书馆藏宋刻元明递修本,缪荃孙手跋
4.《黑鞑事略》,宋彭大雅著,上图藏沈曾植钞本
5.《运使复斋郭公言行录》,徐东著,国家图书馆藏清张蓉镜家影元抄本,缪荃孙手跋
6.《敬乡录》,吴师道撰,国家图书馆藏章小雅抄本,缪荃孙跋
7.《东林本末》,明吴应箕撰,缪荃孙校跋清钞本,国家图书馆藏
8.《顺治十五年戊戌科进士履历便览》,国家图书馆藏抄本
9.《清实录》,中华书局影印本,1987年版
10.《光绪东华录》,朱寿朋著,张静庐等校,中华书局2016年版
11.《清史稿》,赵尔巽等著,中华书局1972年版

12. 《清秘述闻三种》,法式善等,中华书局1982年版
13. 《碑传集补》,闵尔昌编,民国十二年(1923)燕京大学国学研究所排印本
14. 《芜城怀旧录》,董玉书撰,江苏古籍出版社2002年版
15. 《新斠注地理志集释》,钱坫著、徐松集释,同治十三年(1874)章寿康成都刊本
16. 《重修荆州府志》,清倪文蔚等修,顾嘉衡等纂,光绪六年(1880)湖北刻本
17. 《京师坊巷志稿》,朱一新撰,清光绪二十三年(1897)义乌葆真堂刻本
18. 《湖北通志》,张仲炘等纂,民国十年(1921)湖北刻本
19. 《贵州通志》,刘显世修,杨恩元纂,民国三十七年(1948)铅印本
20. 《山樵书外纪》,张开福撰,光绪三十四年(1908)端方刻本
21. 《集古录目》,欧阳棐撰,缪荃孙校辑,清光绪间缪荃孙刊《云自在龛丛书》本
22. 《台州金石录》,黄瑞编,天津图书馆藏凌氏抄本,缪荃孙手跋
23. 《涪州石鱼文字所见录》,姚觐元、钱保塘著,《古学汇刊》民国元年排印本
24. 《山右石刻丛编》,清胡聘之纂,光绪二十七年(1901)金陵刊本
25. 《语石》,叶昌炽撰,宣统元年(1909)刻本
26. 《石庐金石书志》,林钧著,民国十二年(1923)南昌刻本
27. 《藏书纪事诗》,叶昌炽撰,上海古籍出版社1999年版
28. 《书林清话》,叶德辉撰,民国九年(1920)湘潭叶氏观古堂印本
29. 《上海书林梦忆录》,陈乃乾撰,见《蠹鱼篇》,辽宁教育出版社1998年版
30. 《剧谈录》,康骈著,国家图书馆藏明崇祯毛氏汲古阁刻《津逮秘书》本,缪荃孙朱笔手校
31. 《梦溪笔谈》,沈括撰,民国间《四部丛刊续编》影印本
32. 《东轩笔录》,南京图书馆藏明抄本,缪荃孙手跋
33. 《丹溪先生医书纂要》,卢和编注,上海图书馆藏缪荃孙手跋明刊本
34. 《装馀偶记》,文物出版社2007年影印本
35. 《粟香随笔》,清金武祥撰,光绪七年(1881)广州刊本

36. 《粟香五笔》,金武祥撰,光绪二十四年(1898)序刻本
37. 《顾黄书寮杂录》,王献唐撰,齐鲁书社 1984 年版
38. 《苏轼著作版本论丛》,刘尚荣著,巴蜀书社 1988 年版
39. 《中国古代藏书与近代图书馆史料(春秋至五四前后)》,李希泌、张椒华编,中华书局 1982 年版
40. 《北京图书馆馆史资料汇编》,北京图书馆业务研究委员会编,书目文献出版社 1992 年版
41. 《晚清经济史事编年》,上海社会科学院经济研究所编,李允俊主编,上海古籍出版社 2000 年版
42. 《清代经学学术编年》,杨峰、张伟著,凤凰出版社 2015 年版
43. 《缪荃孙研究》,杨洪升撰,上海古籍出版社 2008 年版

丛书

1. 《云自在龛丛书》,缪荃孙辑,光绪间缪氏云自在龛刻本
2. 《藕香零拾》,缪荃孙辑,中华书局 1999 年影印版
3. 《对雨楼丛书》,缪荃孙辑,光绪三十三年(1907)缪氏艺风堂刻本
4. 《烟画东堂小品》,缪荃孙辑,民国八年(1919)前后缪氏艺风堂刻本
5. 《五家宋元书目六种》,缪荃孙辑,北京大学图书馆藏民国二十七年(1938)燕京大学抄本
6. 《宋元金明人词十七种》,缪荃孙辑,光绪三十四年艺风堂抄,藏国家图书馆
7. 《咫进斋丛书》,姚觐元辑,归安姚氏同治光绪间刊本
8. 《常州先哲遗书》,盛宣怀辑,清光绪二十年(1894)至二十五年(1899)间常州盛氏刻本
9. 《常州先哲遗书续编》,盛宣怀辑,清光绪三十四年(1908)至宣统三年(1911)常州盛氏刻本
10. 《粟香室丛书》,金武祥辑,光绪江阴金氏刻本
11. 《玉海堂景印宋元丛书》,刘世珩辑,清光绪宣统三年(1911)至民国二年(1913)贵池刘氏玉海堂刻本
12. 《贵池先哲遗书》,刘世珩辑,光绪、民国间贵池刘氏刻本
13. 《随庵徐氏丛书》,徐乃昌辑,光绪、民国间南陵徐氏刻本
14. 《古学汇刊》,邓实等辑,民国间排印本

15. 《适园丛书》,张钧衡辑,民国间南林张氏刊本
16. 《择是居丛书》,张钧衡辑,民国间南林张氏刻本
17. 《嘉业堂丛书》,刘承幹辑,民国间吴兴刘氏刻本
18. 《四印斋汇刻宋元三十一家词》,王鹏运辑,临桂王氏四印斋清光绪 19 年(1893)刊本
19. 《景刊宋金元明本词》,吴昌绶、陶湘辑,清宣统三年(1911 年)至民国六年(1917 年)仁和吴氏双照楼景刊、民国六年(1917 年)到十二年(1923 年)陶湘续刊本

论文、报纸、档案

1. 《北京大学图书馆藏缪荃孙稿本〈泺源书院小志〉》,姚伯岳撰,《大学图书馆学报》2019 年第 3 期
2. 《如皋冒鹤亭江阴缪小山两先生往还纪实》,柳向春撰,《国家图书馆馆刊》2009 年第 2 期
3. 《缪荃孙与泺源书院》,杨洪升撰,《山东图书馆季刊》2006 年第 3 期
4. 《缪荃孙著〈唐书艺文志注〉考》,杨洪升撰,《文献》2005 年第 3 期
5. 《江苏国民代表缪荃孙等奏》,《政府公报》民国五年一月二十日第十五号
6. 《江苏国民代表缪荃孙等正式推戴书》,《政府公报》民国四年十二月二十六日第一千三百五号
7. 《江苏国民代表大会纪事》,《时报》旧历民国乙卯年(1915)九月二十五日号第三张
8. 《呈中央教育会章程清单》,奕劻撰,中国历史第一档案馆 03-9302-003
9. 《中央教育会开会续志》,《申报》宣统三年(1911)年六月二十七日第一张

人名索引(按姓氏拼音排序)

A

阿多广介 415

阿鲁特·崇绮(崇绮) 30,351

艾元徽 885

爱德华·霍巴特·西摩尔(西摩尔) 367

爱新觉罗·宝熙(宝熙、宝瑞臣、瑞臣、宝瑞、宝侍郎、宝瑞翁) 187,536,565,572,728,730,766,785,813,831,832,844,848,863,864

爱新觉罗·端华(端华) 9,906

爱新觉罗·福喇塔(惠献贝子) 906

爱新觉罗·弘昿 536

爱新觉罗·麟书(麟书) 190

爱新觉罗·满保(满保) 839

爱新觉罗·溥良(溥玉岑、玉岑) 166,169,171,172,212,485,488

爱新觉罗·溥仪(溥仪、清室逊帝、宣统帝) 581,582,628,668,687,825,853

爱新觉罗·盛昱(盛昱、郁华阁、盛伯羲、伯兮) 4,32,72,81,85,87,91,179,180,191,204,206－209,211,214,219,221,291,350－352,361,486,547,553,605,607,619,621－623,706,714,842

爱新觉罗·世铎(世铎) 808

爱新觉罗·舒尔哈齐(舒尔哈齐) 849

爱新觉罗·肃顺(肃顺) 906

爱新觉罗·奕劻(奕劻) 565,583,808,906

爱新觉罗·奕訢(奕訢、恭忠亲王) 12,597,808,906

爱新觉罗·奕譞(醇贤亲王、醇邸) 848,850,906

爱新觉罗·奕詝(咸丰) 1,5－9,11,16,34,90,117,118,201,260,287,302,452,459,460,473,483,498,510,658,668,728,754

爱新觉罗·胤祥(怡贤亲王) 808

爱新觉罗·永瑆(永瑆、皇十一子) 644

爱新觉罗·毓朗(朗贝勒) 844,848

爱新觉罗·毓隆(绍岑、毓隆) 569,628,629

爱新觉罗·岳端 536

爱新觉罗·载澧(载澧) 808

爱新觉罗·载湉(光绪) 89,150,333,500,501

爱新觉罗·载垣(载垣) 9,906

安国 150,632,642,645,649,662

安默庵 383,384

安焘 628

B

巴兰德 163

白河鲤洋 414,415,417,431,445

白居易(白傅) 807,837
白石 193,196,364,401,403,553,593
白玉蟾 881,912
白曾然(白也诗) 688,689,761,769,787,792,800,807,887,888,893,919,933
白曾燏 688,689
柏葰 9
班固(班孟坚) 685,723
班毓琛 43
包世臣(包安吴) 134,224,365,375,503,936
包文在 104,525
包祖同(祖同) 114,115
宝昆臣 864
宝希濂 565
保罗·伯希和(伯希和) 500,501,512,531,536,540,821,833
保圻 731
鲍恩绶 71
鲍康(鲍子年) 264
鲍临 33,40,51,89,205,206,209,211
鲍抡魁 339,341,344,353,363,372
鲍廷博(鲍渌饮、鲍以文) 510,544,575,585,607,635,643,665,673,771,909
鲍廷爵(叔衡、鲍叔衡,按,经营抱芳阁书店) 73,85,123,124,135,138,147,155,176,349
鲍印高 24
鲍毓东(鲍紫来、鲍紫翁) 483,484,507,508,514,516
鲍云壑 285
鲍照(鲍参军、鲍明远) 664
字术鲁翀(翀) 178,236
毕道远 71,82
毕晋川 119
毕沅 183

卞绪昌 539
伯度 57
伯绅 68

C

蔡尔康 448
蔡赓年 44,71
蔡恭人 17,359
蔡钧 415
蔡戡(定夫) 298
蔡銮扬(銮扬) 610
蔡茂秩(联裳) 181
蔡乃煌 467
蔡璞如 610
蔡千禾 124
蔡氏(江西蔡氏) 27
蔡崧夫 72
蔡显 780-782
蔡襄 101
蔡砚孙 243
蔡邕(中郎) 27
蔡有骍 313
蔡右年(蔡松生、右年) 94,113,132,136,137,223,268
蔡元培(元培) 176,220,580,587,941
蔡哲夫 882,883,909,931,934
蔡芝斋 321
仓颉 725
曹曾涵 688,689,893,900
曹昌祐 333
曹昌祚 283
曹登瀛 376
曹艮三 869
曹鸿勋 31,110
曹惠斋 184
曹君石 413

曹钧 248,307,308

曹堃泉 110,123

曹南生 763,764,779

曹溶(曹倦圃、曹洁躬) 128,267,687,723,771

曹肃孙 93

曹倜 161,863

曹廷杰 101

曹文埴 235,237,243

曹文郅 232,241

曹学闵 151

曹恂卿 787

曹巽甫 279,307

曹寅(楝亭) 31,420,840

曹毓瑛(曹恭悫、子瑜、琢如) 401,867

曹豫谦 794

曹元弼(曹复礼、叔彦) 174,176,504,505,829

曹元忠(元忠、曹君直、君直、揆一) 16,81,87,235,249,337,387,397—407,411,412,414,419,432,440,444,488,489,496,510,520—523,536,543,546,547,549—551,554,557,558,564,569,570,588,589,593,595,607,612—614,617—619,624—630,632,669,670,672,675,676,678—681,683,684,694,697,698,700,701,703,707,721,726,727,729—733,741,742,769,773,807,811,819,829,834,835,839,851,879,930

曹允源(曹庚生) 723

曹再涵 206,351

曹贞吉(曹珂雪、曹实庵) 343,380

曹贞秀(曹墨琴) 296,315

曹振镛 36

曹植(曹子建) 664

曹钟彝 401

曹子涵 512

册庵 293

岑春蓂(岑抚) 217,222,225,542,922

岑春煊 187,335,668

岑三 669

柴荣(周世宗) 347

常佶 107,312

长谷川信了 360

长禄 329,341

长尾雨山 624,631,657,688

长珍田君 415

常茂徕 105

常穆 142

常永祥 111

常璋(埗璋) 488

畅华 662

晁补之(晁无咎) 380,647

晁公武(昭德) 404

巢光翰 145

陈安园 302,303

陈八郎 466

陈白石 478,507

陈白阳 165

陈邦福(陈墨逐) 915,918,934

陈宝琛(陈弢庵) 48,132,391,531,569,628,736,737,748,863,920

陈宝箴(陈佑老) 170,171,178,217,222,238,333,367,388

陈炳焕 227,229,230,243

陈伯平 480

陈伯陶(陈子励、子励) 379,479,520,766,774,779

陈步云(陈先生) 754,802

陈曾寿(仁先、陈仁先) 347,560,608,799,859

陈昌绅(陈杏生) 261,301

陈常 293
陈焯(陈先生) 26
陈诚(虚中) 731
陈慈首 846,883,884,896
陈次亮 144
陈达斋 131
陈丹赤 856
陈登(元龙) 489
陈鼎(留溪) 186,268,288,334,345,347,
　348,350,353,367,387,902,903
陈独秀 904
陈法 65,78,79
陈芾 681
陈凤梧 587
陈福 847
陈阜(祜曾) 278
陈陔(字孝兰) 26
陈镐 496
陈恭尹 778
陈光昌 243
陈光宇 266,390
陈桂青 232
陈汉第(陈仲恕) 721,801,863
陈翰屏 814,863
陈豪 311
陈衡父 693
陈衡恪 414
陈洪谟 918
陈洪绶 608
陈厚耀 751,756
陈奂(甫甫、硕甫、陈硕甫、陈南园) 14,44,54,93,
　172,301,402,897
陈焕章 634
陈基 510
陈季鸣 846
陈季同 469

陈济明 656
陈济之 239,243
陈介祺(陈介丈、陈寿老) 64,66,223,278
陈玠 243
陈经(陈鲤庭) 889,890,903,910
陈景韩 341
陈景云 625,897,920
陈敬璋 666
陈居一 725
陈楷 776
陈璚 85
陈考绩 229,230
陈珂 831
陈夔龙(筱石、小石) 754,755,761,767,
　783,815,885,904
陈兰洲 294
陈澧(陈先生) 56,94,122,199
陈立夫 554
陈立言(陈立园) 816－818
陈莲舫 512
陈良甫 626
陈烈 926
陈旅 575
陈甿 81
陈懋侯 60
陈梦麟 65,89
陈名发(仲翔) 346
陈名侃(陈梦陶) 220,350,813,863
陈名珂 845,846,869
陈名珍(陈聘臣、聘臣) 53,92,96,98,101,
　104,109,139,142,176,206,240,353,413
陈名倬(幼怀) 378
陈乃乾 512,813
陈念修 869
陈聂恒(栩园) 754
陈农 516

陈培之 45

陈岐 681,682

陈其荣 123

陈启泰 46,466,845,846,856,869

陈起 670

陈乔枞 20

陈卿云 246

陈庆年(陈善馀、善馀、横山) 13,118,132,180,249,268,300,316,322,323,325—327,330,331,341,344,354,355,358,362,365,367,380,385,386,404,430,468,478—480,488,497,508,512,516,523,524,528,532,553,556,566,577,583,635,636,793,939

陈庆镛(陈颂南) 582,587

陈确(陈乾初、乾初) 789,793,846

陈容叔 232

陈如升(陈同叔) 241

陈锐 417

陈三立(伯严、陈伯严、陈百年) 6,60,84,136,170—172,218,222,224,225,228,235,237,307,379,383,384,388,396,407,428,461,467,472,490,495,520,523,526,529,531,532,549,647,657,668,674,685,688,708,709,729,748,754,757,761,794,799,847,918

陈师曾 202

陈师道(陈无己) 647

陈世辅 409

陈式金(寄舫) 237,696

陈寿祺(陈左海) 103,485,778,779

陈寿田 71

陈叔遗 488

陈树涵(陈小山) 369,375

陈思 670

陈棠 772

陈田(松山、陈松山) 4,84,192,196,201,206,208,209,211,233,235

陈廷敬(午亭) 753,898

陈同甫 107

陈同礼 203,215

陈惟彦(陈劭吾) 554

陈维崶(半雪) 197

陈维崧(迦陵、其年) 197,351,356,537,567

陈维岳(维岳、纬云) 197,257

陈文山 884

陈文叔 725

陈西庚 176

陈希濂 451

陈锡卿 372

陈爔唐(少和、燮卿、爔唐) 53,108,555,696

陈翔翰 128

陈小峰 41,49

陈小兰 121

陈星南 831

陈琇莹 111

陈学菜 212

陈埙(伯雅、伯稚) 338,357,367

陈延骅 764

陈衍(叔伊) 330,560,569,766,772,905,919

陈旸 681

陈仰山 922

陈养才 914

陈养原 45

陈业炳 239

陈诒仲 383

陈诒重 740,846

陈宜甫 814

陈彝(六舟先生) 764

陈谊甫 426

陈毅(陈仕可、陈士可) 376,377,509,543,

556,560,574,616,697
陈吟钵　288,323
陈寅生　788
陈应翔　790
陈友仁　932
陈于邦　863
陈禹谟　812
陈玉堪(椒峰)　152,186,197
陈玉树　114,115
陈通声(陈蓉曙、通声)　180,184,191,297,678
陈元颐　221
陈云裳　80
陈允颐　310
陈韫山　582
陈则汪　232
陈鳣(陈仲鱼)　49,121,409,494,597,806
陈贞慧(陈定生、定生)　258,360
陈珍　111
陈振孙(陈直斋、直斋、振孙)　263,276,404,567,681,698
陈志新　381
陈忠倚(鹤甫)　320,321
陈钟毓(陈生钟毓)　429
陈仲恂　517,520,526,529,531
陈重威　168,881
陈翥　71
陈撰　224
陈倬　31,42
陈子龙(陈忠裕公)　678
陈子受　131
陈子元　167
陈紫珊　130
陈宗侃　84,93
陈宗石(宗石)　257,258
陈宗彝(陈雪峰)　373

陈作霖(陈雨翁)　266,272,339－341,344,348,355,357,359,363,372,375,377,388,405,518,524,527,562,563,809,847,896
陈作求　256,322
成端甫　171
成琦　18
承龄　347
承培元　80,128,140,145
程宝炎　255
程冰泉　645
程秉钊(程蒲孙)　145,151
程炳泉　587
程灿琳　201
程大约(君房、程君房)　490
程恩　263,264
程鹄云　201
程光昌　235,239,241
程光裕　435
程景伊(程文恭景伊)　348
程乐庵(程菉庵)　468,490,611,858
程林(程云来)　725
程穆衡(程，即程笺《吴诗》之程)　716,718
程荣　493,746
程尚翁　88
程绳武　163
程颂芬(牧庄)　31,36
程颂万(程子大)　477,678,688,689,822
程邃(程穆倩)　340,725
程苏石　168
程文龙　809
程文藻　227
程先甲　248,249,252,255,258,260,265－267,276,283,286,293,300,318,322,329,332,333,353,422,435,449
程小沄　47

人名索引

程孝直 725
程仪洛(雨亭) 702,706,789
程原(程孟长) 725
程远(彦明、远) 725
程兆相 914
程忠 29
程佐衡(程又伊) 342,343
崇朴(崇质堂) 388,405,440,583
崇绮 30,351
崇藻 263
褚成博(百约) 303,307,319,338,340,367,368
褚德彝(礼堂、礼堂兄) 459,551,680,681,688,689,704,709,718,734,744,757,761,769,777,778,787,792,805,811,887,900,937
褚德舆 241
褚里堂 911
褚莫塘 904
褚人获 363,805,885,934,935
褚稚超 689
春姬 272
淳于鸿恩 552
慈禧 12,75,221,235,242,323,324,333,385,437,501,523
崔朝聘(崔聘臣、聘臣) 413,421,423,722
崔光庭 226
崔敬邕 595
崔述(崔东壁) 106,771
崔惟清 264
崔文献公 120
村上惠遵 417,418

D

大兴先生 840
戴表元(戴帅初) 852,925
戴德生 19
戴福 127
戴复古(戴石屏) 350
戴鸿慈(少怀) 288,293,408,454,461
戴杰(澍人) 165
戴觉民(希尹) 579,580
戴立仪 282
戴鹿芝 13
戴鸾翔 112
戴名世(潜虚) 585,824
戴齐柱 235
戴启文 687-689,693,696,699,702,704,718,728,734,741-743,745,758,761,773,899,901
戴书生 626
戴望 24,44,46,54,60,102
戴熙 217
戴洵 450,853
戴震(戴东原) 69,81,84,213,460,644,756
戴埴 734
戴子立 523
岛田翰(岛田君、岛田彦桢、彦桢、岛田) 449,450,486,490,491,494,505,601,603,604-606,608,609,639,643,646,695,884,886,926
德庇时 2
德寿 314
邓邦述(邓孝先、孝先) 336,597,603,673,721,723,737,844,848,850,859
邓保之 171
邓弁 624
邓琛 146
邓傅若(傅若) 620,624
邓嘉缉 272,292,307,339,396,405,408,617,863,924
邓梦侨(梦侨) 339

邓牧心　837

邓石如(铁砚翁)　725,936

邓实(邓秋枚、邓秋湄、秋湄)　557,587,589,
　　590,593,594,598,603,611,612,614,
　　636,659,683,687,751,882,912,917

邓肃(邓枡樃)　193,602

邓熙之(熙之)　293

邓显鹤(湘皋)　772,778

邓小竹(小竹)　860

邓耀(邓彰甫)　907

邓之诚　860,862,863

邓仲可　243

狄青　938

丁宝臣　628

丁宝铨　350,351,559,560,905

丁丙(丁松生)　35,295,308

丁柴桑　642

丁朝佐　568

丁传靖　313,329,333

丁春源　174

丁次郁(次郁)　20,135,153,154

丁德洲　69,394,425,426,432,434

丁福保　25,733,785,822,837,839,879,
　　880,895,918,925,930

丁黼　489

丁艮善　332

丁国钧(丁秉衡、秉衡、丁秉兄、丁秉翁)
　　225,235,239,288,374,450,451,460,
　　461,464,490,511,518,524,527,554,
　　562,595,613,617,618,626,627,629-
　　631,759,760,773,780,816,825,826,
　　829,833,837,855,857,886,896,913,
　　921,934,937,939

丁黄　389

丁惠康　363

丁杰　757

丁敬(丁敬身、丁钝丁、钝丁)　490,725

丁孔章　164

丁夔声(丁燕钊)　933

丁立诚(修甫、丁修甫、立诚)　4,35,51,229,
　　248,250,251,258,261,267,270,279,
　　281,283,301,307,308,310,311,313,
　　324,329,331-336,344,347,353,354,
　　357,358,361,363-365,367,370,374-
　　378,385,404,406,419,426,430,435,
　　439,443,445,455,460,462,467,474,
　　478-480,487,494,525,533,578

丁立钧(叔衡)　205,206,208,209,211,214,
　　221,289,338,364

丁立中(礼民)　339,341,344,348,363,372,
　　479,518,524,535,586

丁良翰　83

丁林　11,12

丁麟年　142

丁谦　857

丁日昌　601

丁善之　533

丁上左　578

丁绍基(听彝、汀鹭、汀丈)　35,69,70,75,
　　93,97,192,216,269,317,347,431

丁绍裘(丁少裘)　510,564,607,718,771

丁绍仪(丁先生)　242,301,910

丁绍周(丁濂甫)　717

丁申　35

丁思孔　888

丁同　183,431

丁文瀚　169

丁文琥　520

丁小山　658

丁心斋　63

丁晏(丁俭卿、俭卿、俭老)　2,13,28,135,
　　153,178,201,328,703,760

人名索引

丁义杰　243

丁义修　243

丁虞(丁敬礼)　396

丁墉(丁枚卿)　353

丁佑申(丁副贡佑申)　151

丁祖荫(芝生)　515,796,816,837

鼎丞　413

董夫人(周庆云母)　704,706

董恭人(董太夫人、董夫人)　4,5,7,8

董基诚　49

董景苏　132

董楷　612

董康(董授经、授经、董绶金、董受经、绶经、董绶经、董大理、授公、授兄)　18,58,210,290,296,309,349,478,490,491,498,509,513,517,522,531,543,550,552,554,557,558,564—567,570—575,581,588,591,593,597,604,605,608—621,624—626,629,630,634,636—639,642,643,645,646,649,652,653,658,668,680,683,684,687,697,699,708,735,736,744,747,749,751,762,769,771,813,814,824,831,833,835,838,859,863—866,875,889,925,928,935,938,940

董坤　241,243

董其昌　340,465,739,821

董若洵(若洵)　87

董士锡(董晋卿、晋卿)　197,347,357,523,796

董氏昆仲　25

董斯张　631,756

董文骥(玉虬)　197

董锡熊　135

董孝廉　489

董效曾(效曾)　191,435,473

董学周　20

董洵　30

董耀曾　99,351

董贻清　15

董毅(董思诚)　357

董祐诚　19

董元恺(舜民)　197

董兆熊　819

董子冼　114

董子中　20,523

都穆(都玄敬)　272,489

都俞(都小蕃)　781

窦昀　252,256,267,281,293,313,318

杜葆光　114

杜甫　650,810,812

杜桓　798

杜祁　165

杜庭荣　43

杜勋　260

杜荀鹤　427

杜衍　535

杜俞　379

杜召棠(伯憩)　309

端木沆　275

端木楷　329

端木锡保　248,249,252,255,256,258

端木锡祚　279

端绪(端仲纲)　550,556,813,863

段朝端(笏林)　559

段玉裁(南段)　31,658,757

段智渊　890

多尔衮(睿王)　850,914

E

遏必隆　843

恩铭　457

恩寿(恩方伯、艺棠) 341,355,382,388－390,391,393

F

二妞 918
法式善(法时帆) 458,459,544,862,868
法伟堂(法小山) 162,890
樊棻 407,481
樊恭煦 310,391,480,481
樊稼翁 153
樊献科 926
樊增祥(樊山、樊云门、云门、云翁) 3,37－39,43,62,138,139,146,152,153,350－352,461,464,493,499,502,513,517,518,520,523,524,526,529,531,533,545,546,548,550,554,574,580,584,647,657,662,666,668,669,672,674,675,685－687,700,708－711,717,719,720,724,729,731,738,744,745,748,749,751,755,760,765,766,779,785,787,804,813,863,865
范臣卿 617
范纯甫 184
范当世 6,407,426
范德培(范季远、德培) 314,358,360,376,377
范肯堂 115
范某善 133
范钦(四明司马) 489
范时崇 939
范时勋 937
范寿铭(范鼎卿) 931
范绪曾 279
范晔(范蔚宗) 911
范应元 622,624
范玉森 707

范兆经(范纬兄、纬兄、范纬翁、范维君) 605,609,699,700,708,711,788,795,809
范兆渊 707
范志熙 314
范仲淹(范文正公、范文正) 491,689,938
范子恒 863
范子衡 813
范祖禹 628
方苞(望溪) 19,585,812
方宾穆(方夑尹) 274,752
方道济(方谦初) 379
方东树 5,213,260,796
方尔谦 813,814
方尔咸 707
方功惠(庆龄、柳桥、方柳桥、方太守) 93,121,122,125,140,339,349,350,653,840,846
方恒 210
方可中 286
方连轸(方堃吾) 294
方履篯(方彦闻) 211,285,347,878
方履中 429,437,442
方冕甫 171
方启南(方硕辅) 211,239,363
方若蘅(若蘅、叔芷、芷湄) 566
方氏父子 124
方守六 342
方望溪 812
方维甸(方勤襄公) 566
方孝通 289
方笑尹 774
方煦 201
方濬颐 38,131
方彦忱(彦忱) 422
方燕廉 334
方玉润 21

方岳(巨山)　837

方长孺(长孺)　77,84,85,103

方子鲁　269

费邦屏(费云卿)　653,667

费庚吉(庚吉、耕亭)　93,98,99,103,106

费季香　47

费堃　204

费莫文良(文良、费莫氏、文冶庵)　31,32,469,861

费念慈(屺怀、费氏、屺老)　7,18,41,42,45—49,51,52,54—60,62,63,65—67,69,70,72,73,75,77—81,83—87,90—93,95,97—100,103,106,112—120,126,128,133—139,148,150—153,156,161,171—174,176,177,179—182,184,185,187—194,196—201,203—205,210—212,215,220,221,223,228,230,231,233,235,236,238,241,242,244,247,248,250,253,257,268—271,273,275,276,284—286,289,290,292—294,296,304,305,316—318,324—326,328,329,333,354,365,375,386—390,402,403,448,449,473,590,636,692,779,835

费起云　47

费绍训　230

费惕臣　387

费学曾(幼亭)　18,49,61,73,79,81,93,103,107,108,112,113,116,135,163,168,174,230,241,318,324,326

费延釐(费芸舫)　133,232

费荫棠　169

费寅(费景韩、景韩、费景涵、费景翁、费先生)　645,652,657,661,672,681,684,688,689,704,709,719,723,734,744,757,761,773,775,776,778—780,792,802,806,808,817,831,832,835,843,845,852,869,872,898,900,901,918,919

费毓桂(毓桂、费子彝)　284,287,289,290,466,480,807

费兆钺　23,39

丰坊(丰人翁)　639

峰屏和尚　514

冯盎　642

冯班　773

冯补之　584

冯登府(柳东)　533

冯尔昌　74

冯尔绳　589

冯恭人(冯太夫人)　5,6,8

冯光勋(冯伯申)　128,129

冯光遹(仲芷、仲梓)　192,326,328

冯桂芬　12,14,25,93

冯骥　339

冯金鉴　31

冯开第　216

冯夔飏　566

冯立甫　416

冯联棠　212

冯铭(冯征若)　113,114,124,128,131,140,154,169,372,451

冯汝骙　60,527—529

冯润田　110,148,176,178,209,304,349,735

冯申甫　212

冯升　392

冯时行(缙云)　278,926

冯舒　512

冯崧生　31,44

冯惟德　574

冯文蔚(修盦、联棠)　31,212,589

冯煦(冯梦华、梦华、冯孟华、冯大中丞)　2,83,84,142,148,176,178,180,183,191,

214,221,282,325,674,702,709,754,
757,761,762,780,783,795,826,845,
863,880,885,886,892,895,904,914,
923,934,935,937

冯云鹏(晏海) 244,254

冯箴翁 134

逢迦 933

凤公 351

凤先生 68

伏生 595

福康安(福文襄郡王) 15

福润 159,160,166,169,171

傅春官(苕生、傅苕生、苕溪傅君) 19,260,
261,264,276,285,305,307,309,310,
312,314,328,338—342,344,347,348,
352,357—359,362—364,369,372,377,
380,381,425,437,472,487,769

傅鼎(鹏秋) 17,18,20

傅观察 388,389

傅集文 285

傅立斋(傅掌柜) 279,281

傅良弼 238,249,252,275,286

傅茂文 420

傅山(傅青主) 808

傅绳勋 4

傅栻(傅节子、傅子式) 725,872

傅松生 264

傅桐 114

傅霄 776

傅云龙(懋元、懋垣、傅懋元) 17,20,24,44,
54,58,71,93,94,103,137,138,142,143,
167,194,206,217,294,375

傅增湘(傅沅叔、沅叔、沅、增湘) 23,444,
556,558,560,565,567,575—577,581—
587,589—591,597—599,601,603,605,
606,608,612,619,621—625,627,628,

636,640,641,643,644,646,647,652,
664,665,671,672,676,677,679,682,
683,686,689,694,697,698,700,706,
707,711,714,718,735—738,750,758,
759,762,790,791,794,809—811,813—
817,826,828,829,833—835,838,850,
851,854,856,863—865,867,869—871,
873,876,884,889,919,920,922,924,
927—930,932,937,940

傅子蕺 560

傅梓人 238

富冈谦藏(富冈君) 579,844

G

改琦(改七芗) 272,315,345,363,468

盖中宝 626

甘甫 725

甘鹏云 229,230,235,241,243

甘文焜 855

甘元焕 246

甘钟 340

甘作蕃(甘翰臣、翰臣、甘翰翁) 586,592—
594,600,901,904,907

冈田良平 415

刚毅(愎公) 135,342,344,348,373

高伯平 61

高承埏 418

高翀 662

高东川 25

高凤翰(高南阜) 340

高翰清 220

高翰卿 917

高鸿裁(高翰生) 573,676,914

高其佩(高且园) 307

高儒 592

高士奇(高江村、江村) 363,592,935

人名索引

高寿农　432

高维烈(高仿青)　232,234,236,237,364

高星五　25

高邕之　138,145

高允　642

高兆　920

邰怀泌(仰源)　249,268,279,281,318,333

邰云鹄　313

戈宙襄(戈小莲)　502

葛宝华(葛振卿)　379

葛刚正(德卿)　278

葛海如(葛幹庭)　375

葛金烺(金烺)　591,598

葛立方　102,259

葛绍裔(子贤)　13

葛胜仲(葛文康公)　113

葛士俊(葛君)　101

葛嗣浵(嗣浵)　591,598,633,801

葛味荃(味荃)　24,173

葛直卿　363

葛仲胜　263

阁庆萱　235

耿伯齐　557

耿仲明　845

龚端礼　134

龚乃保(龚霭堂)　528,896

龚贤(龚半千)　477,503

龚照瑗　145,150

龚自珍(龚定盦、钱塘龚氏、定庵、龚定庵)　176,261,535,554,604,609,673,715,805

贡成绶　357

顾保畴　77

顾抱冲(顾之逑)　723

顾陈埰　788

顾莼(顾吴羹)　669

顾黼臣　737

顾观光(顾尚之)　670

顾光宠　343

顾广圻(涧滨、涧蘋、顾思适、顾千里、顾涧蘋)　62,102,195,226,300,486,570,582,591,592,615,763,771,897,911

顾鹤逸(鹤逸、顾受业、受业)　213,241,358,362,398－401,406,407,447,488,489,505,521,522,549,601,604,605,607,618,619,626,628,630,631,669,670,675,697,698,700－703,732,742,816,825

顾璜　557,865,866

顾家相(辅卿)　738,802,874

顾楗(善耕顾氏)　503

顾恺之　465,471

顾莲(顾香远)　543,731

顾麟辂　173

顾翎　194

顾朴基　260

顾奇云　725

顾仁效(仁效)　622

顾汝修　725

顾师竹(仲雅、倚山、顾倚山)　141

顾嗣立　510

顾太清　556

顾昕(顾元方)　725

顾文彬　66

顾孝珣　281,282,308,322,328,329,847

顾燮光(顾鼎梅、顾澋堪、燮光)　738,797,800,802,808,809,823,827,829,838－840,843,847,849,852,856,874,880,884,889,899,901,903,917,929

顾炎武(顾亭林、亭林)　47,93,286,337,589,645,742,747,800,802,803,823

顾野王　56

顾逸农　797,808

顾印愚　215

顾瑛(顾阿瑛、瑛)　379,398,510,586

顾咏铨(顾咏兄)　606

顾元庆(大有、大石先生)　622

顾瑗(亚蘧)　736,772

顾云(顾石翁、石公)　248－251,253－255,261,266,272,276,279,292,295,303,305,307,309,311,319,332,352,357－359,366,377,381,396,397,424,427,431,441,444,458

顾云美　725

顾允成　281

顾肇熙(顾缉庭)　315

顾贞观(顾梁汾、梁汾)　194,197,351,725,796

顾仲瑛　693

顾子田　141

顾祖禹(顾宛溪)　330

关汉卿　605

关咏之　736

冠贤　175,177

管礼耕(申季)　48,54－58,60,65,66,81,85,87,90,91,93,97,99,103,114

管廷献(管士修,近仁先生)　60,203,347,350,351

管庭芬(管芷湘)　32,849

归曾祁　450

归昌世(归文休)　725

归有光　503

皮生　203

桂斌　43

桂殿华　279,295

桂馥(桂未谷、北桂)　5,27,61,658,920

桂培森　256,258,260

桂培源　256

桂文灿　13,69,102,108

郭宝铭　524

郭曾炘(春榆)　736,785

郭道直　340,397

郭定钧　235

郭桂林　232,237,239,243

郭河阳　472

郭佳·穆彰阿(穆彰阿)　622,862

郭京　543

郭麐(郭频伽)　353

郭人漳　900

郭世隆　937

郭嵩焘　138,174

郭天阳　475

郭文辙　896

郭象　339,750

郭忠恕　104,476

H

哈璜　279

哈同　802,855,888

哈韵松　677

韩崇(韩履卿)　270,447

韩醇　172

韩大任　839

韩道昭　278

韩德钧(德钧、子谷、韩氏小门生、韩世兄、韩生)　670,729

韩金鳌　43

韩驹(韩子苍)　674

韩俊华(星垣、小韩)　59,205,229,240,599,605,621,636,639

韩兰英　805

韩世忠　938

韩泰华(韩小亭、小亭)　35,483

韩炎(韩文懿炎)　224,937

韩文俊　264

人名索引

韩偓(韩相偓) 224,422

韩应陛(绿卿、应陛、绿翁、韩绿卿、绿卿前辈) 670,728,729

韩愈(韩昌黎、昌黎) 43,172,296,312,421,745,882

韩元吉 644

韩子元 461,912

杭世骏(杭大宗) 32,33,540,839,841,842

郝梁 656

郝卿云 43

郝惟讷 884

郝懿行 64

何邕盛 785

何焯(义门、何义门、何屺瞻) 484,584,587,597,614,639,650,680,782,909,920

何道生(道生) 459,868

何桂清 12,754

何敬夫 423

何良栋 399,407,432

何乃莹 180,557

何秋涛 13,111,866

何日愈 282

何汝翰 164

何绍基(何子贞、道州、东洲) 25,164,196,300,626,822,885

何栻(何莲舫) 353

何寿轩 180

何书城 877

何书农 904

何恕 455

何嗣焜(何梅生、眉苏) 309,345,364,369,375

何通(何不违) 725

何维朴(何诗孙) 357,407,461,904

何文焕 273

何小山 101,603

何彦升(何秋辇、秋辇) 77,167,421

何荫楠 196

何允恕 295,311

何长卿 725

何震彝 460,465,813,814

何仲霖 407

河野广中 589

贺玠 734

贺裳(贺黄裳) 799

贺双卿 426

贺涛(贺松坡) 808

贺贻孙 794

贺长龄(耦耕) 84,97

贺知章(柳汀) 489

赫德 233

赫寿 885

恒年 43

恒裕 190

洪承畴 852,888

洪恩波(晴川) 146,272,431

洪尔振 761,769,773,787,791,792,802,805,807,812

洪符孙 7

洪庚虞 45

洪钧(洪文卿、洪侍郎) 120,124,126,130,187,188,194,200,201,315,350,866

洪良品(洪右丞) 44,71,136,327,384

洪亮吉(北江、洪北江) 7,37,49,54,458,459,631,907

洪鲁艻 527

洪鹭汀(鹭汀) 758,812

洪迈(洪容斋) 698

洪棨(洪幼琴、幼琴) 363,506,508,583,594,757,805,824,847,852,884,896,904

洪品九 388

洪仁玕 9

洪汝奎(琴西) 46,506
洪述祖 375
洪锡爵(洪桐云) 523
洪秀全 2,4,5,16
洪炎(洪玉甫) 384
洪用舟 159
洪月舫(月舫) 122,123
洪子彬 260,261,313
洪子霖 122
鸿渐 300
侯芭 839
侯方域(侯壮悔) 773,778
侯鸿鉴 505
侯克昌 252,256,258,260,267,268,282
侯念椿 42
侯其昌 260
侯驼 169,174
侯苇生 357
侯巽 300,414
侯尧昌 249
侯真(侯彦周) 380
胡碧澄 527
胡炳益 876
胡承珙 383
胡承诺 794
胡定臣 688,689
胡东翘 127
胡璠 237
胡凤藻 159
胡荄甫 819
胡公克 284
胡惠孚(篔江、胡篔江) 361,592
胡景堂 118,127
胡巨瑗(荫臣) 698
胡开元 170
胡林翼(胡署藩) 222,342

胡念修 472,474,480,498,523,688,689,
704,734,761,787,792,797
胡培翚(竹邨、培翚) 4,402
胡聘之(蕲帅、胡中丞) 299,312,332,337,
341
胡琴庵(琴庵) 250
胡瑞霖 229,230,232,235,237,239
胡三省(梅涧) 241,489,656
胡森(胡香海) 768
胡瘦篁 703
胡思敬 703
胡嗣芬(胡公武、胡宗武) 877,880,896,904
胡宿(胡文恭) 274
胡廷干 434,438
胡廷桢 221
胡珽 510
胡惟德 391
胡渭(胡朏明) 678,745
胡文骐 425
胡咸福 241
胡雪崖(胡雪岩) 751
胡延(胡砚孙、砚生、研生、胡粮储) 299,
312,330－332,338,350,352,355,361,
390,392,403,404,406,411,414,417,
419,420,422,424－426,430,431,435,
442,448
胡应麟(少室山人) 497
胡幼嘉(胡幼阶) 492
胡玉缙(胡绥之) 166,488,552
胡玉麟 71
胡燏棻 167
胡云楣 112
胡仔(胡渔隐) 674
胡震亨 214,641
胡正言(曰从) 725
胡子威 327

人名索引

湖北卜君　485
花蕊夫人　497
华珵(汝德)　312
华衡芳(华若汀)　227,429,452
华世芳(华若溪)　6,293,299,364,387,410,
　　423,429
华夏(无锡华氏)　579,828
华岩(华新罗)　340
华岳(子西华先生)　87,205,314
华云　674
桓温　902
黄本骥(黄虎痴)　67,373,383
黄表圣　725
黄宾虹　557
黄伯思　443,815
黄伯雨　659,886
黄曾源(曾源、黄石荪)　747,784,830,831
黄道周　398
黄鼎(黄尊古)　340
黄傅修　869
黄公望　468
黄桂兰(黄卉亭、卉亭)　63
黄国瑾(再同)　4,32,44,70,110,113,150-
　　153,160,500,762,837
黄鹤　190,579
黄玑　159,160
黄建莞　419,420,430,435,438
黄节　882
黄介夫　307
黄觐虞　735
黄景昉　469
黄景仁(黄仲则)　57,521,783
黄隽　399
黄麓泉　101
黄履　289
黄枚岑(枚岑)　100

黄培　560
黄培芳　122
黄彭年　33,133,144
黄丕烈(黄荛圃、尧圃、复翁、尧老、荛翁、荛
　　夫)　55,116,119,134,146,195,205,
　　244,261,296,336,345,413,442,449,
　　462,486,487,495,497,565,568,575,
　　578,584,600,605,614,618,638,654,
　　659,661,662,668,669,707,723,728,
　　758,770,771,795,835,837,838,845,
　　849,850,873,876,880,897,903,911,930
黄讱　815
黄如嘉　928
黄瑞(黄子珍)　332
黄善夫　653
黄裳治　388,406,417,426
黄绍第　148,209,211,258
黄绍箕(仲弢、黄仲弢、弢公、仲韬)　6,33,
　　62,68,79,81,87-90,93,96,100,148,
　　151,152,153,178,180,182,189,191,
　　199,202,204,206,208-211,221,233,
　　235,255,258,284,286,382,391,397,
　　409,429,498,508,809,879
黄绍宪(叔容)　178,233,235
黄士林　161,164
黄式三　13
黄绶芙　20
黄树谷(黄松石)　183,878
黄思永　180
黄唐　291,547,640
黄体芳(瑞安师、漱老、黄漱兰、黄漱老)　2,
　　47,55,90,93,129,135,142,150,152,
　　153,171,191,204-206,208,209,211,
　　215,233,257,258,346
黄廷鉴(黄琴六)　395,665
黄廷燮　237

黄庭坚(山谷、黄山谷、黄文节公、黄鲁直)
239,421,438,567,647,668,674,797,870

黄希 579

黄熙亭 123

黄象栻 169

黄晓损 20,24

黄夒清 196

黄兴 676,876

黄仪 788

黄彝年 31

黄以周(黄以周父子、黄元同、元同) 78,80,
81,85,86,103,114,124,137,139,140,
148,150,152,169,172,189,219,239,
301,316,343,359,363,394

黄易(黄小松、小松先生、小松) 134,241,
247,286,340,438,539,725,814,815,878

黄翼升(黄提督翼升) 223

黄应君 929

黄应龙 272

黄永 202

黄与坚 778

黄兆桢 237

黄钟 906

黄壮猷 513

黄准 681

黄倬 30

黄子隽 504

黄宗幹 265,268,293,308,311,313,318,
322

黄宗羲(黄太冲、南雷、梨洲、黄梨洲) 265,
482,489,592,626,731,771,793,800

黄祖络 216

黄尊素 653

黄遵宪(黄公度) 228,921

惠栋 379

惠江戴钱诸家(惠栋、江声、戴震、钱大昕)
69,81,84,102,213,266,379,460,502,
755,756,796

惠树滋 436

慧琳 66,84,91,600

浑瑊(浑公) 226

霍为懋 144

J

姬觉弥(姬佛陀、姬日晶) 782,802,848,
855,877,888

姬志真(姬知常) 619

嵇康(嵇中散) 664,890

吉城 475

计东 777

计西峰 587

纪大奎 213,277

纪钜维(香骢、伯驹、悔轩) 164,216,221,
792

纪磊 641

纪昀 164

季邦桢 167,168,216

季路 124,165

季士周(士周) 53,68,316

季幼梅 514

季真 698

季振宜(季沧苇、沧苇、扬州季氏、振宜、沧苇
季) 153,479,495,579,622,714,786,
806,933

继昌 457,463,464,467,491−493

蓟子训 365

嘉纳治五郎(嘉纳) 406,414−416,431,
441,450,696

贾九 626

贾秋壑 731

贾升 265

贾似道 731,870

贾桢 18

江标(江建椴、江建霞、建霞、剑霞、佑遐)
　　11,81,85,95,114－116,126,137,138,
　　148,167,177,178,181,184,185,191,
　　193－196,199,203,204,206,210,214,
　　215,219,220,222,223,228,229,238,
　　268,280,281,285,306,309,322,324,
　　329,339,449,462,514,530,590,598,
　　687,849,912,917

江春霖(江御史)　527－529,533,534,539,
　　788,789

江瀚(叔澥、江叔澥、江叔海、叔海)　140,
　　167,170,396,407,440,597,615,619,
　　697,708,736,737,863

江衡　114,115

江闓　65

江老　342

江明初　725

江全　805

江人镜(江蓉舫)　147,524

江士瑶　249,252

江澍昀(韵涛)　142,143

江万里　580

江细大　130

江淹(江文通)　284

江有诰　151,806

江云龙　363

江忠源(江忠烈)　778

江子涛　524

姜宸英(姜西溟)　782,826

姜夔(姜白石)　914

姜汝谟　222

姜渭渔　342

姜文卿(姜文清、江文卿)　69,497,532,561,
　　577,600,601,680,843,851,861,906,911

蒋春霖　347

蒋德盛　395

蒋萼　423

蒋凤藻(香生)　66,91,98,115,201,335,
　　336,349,350,358,786

蒋斧　296,307,309,580,695

蒋桂名　256

蒋果　882

蒋慕莲(慕莲)　451,883

蒋庆第　177

蒋仁(蒋山堂)　725

蒋汝藻(蒋孟蘋、蒋孟平、孟平、孟苹、梦苹)
　　54,459,512,758,760,763,764,771,777,
　　791,805－807,817,821,832,845,853,
　　859,860,892

蒋士铨　783

蒋式珵(蒋星甫、星甫)　177,180

蒋寿山(蒋小驴子)　708,709

蒋廷黻　64

蒋锡震(蒋岂潜)　241,356

蒋湘南　152

蒋煦　382

蒋一冰　116

蒋玉棱(公颇、浦卿、颓青、苦壶)　271,318,
　　453

蒋玉龙　8

蒋泽山(泽山)　51,64

蒋之翰(之翰)　42,226

蒋之奇(之奇)　226,275

蒋稚鹤(稚鹤)　64

焦竑(焦弱侯)　265,928

焦炕　277,282

焦廷瑞　884

焦循　757,779

介可(绥甫)　199

金葆桢　736

金堡(金道隐)　728

金秉善　264

金伯豫　846,883

金得顺　2

金调生　444

金谔(一士)　232,712

金鹗(金诚斋)　172

金国琛(国琛、逸亭)　124,222

金和(金亚匏)　114,844

金缉甫　98,114,115,200

金家幹(翰如)　378

金絨三　19

金夔伯　448

金梁(金君梁)　848,850

金农(金冬心)　296

金荣选　329

金蓉镜(甸臣)　784

金绍城(金巩伯、巩伯)　565,575,681,749,833

金世和　249,256,259,267,268,272,285

金式玉　347

金诵清　791,793,802

金台什　79

金檀(星轺)　280,592

金廷标　598

金文征　335

金武祥(溎生、粟老、金溎兄、粟香、溎翁、溎老)　2,44,45,49,51,53,66,68,76－78,82,83,86,100,104,108,109,111,120,121,125,129,142,149,155－158,170,173,178－180,182,188,207,210,214,222,230,232,242,244,245,249,269,272,277,280,281,285,287,302,305,306,311－313,315－317,322,323,326－328,330,333,335－338,340,346－349,352,353,359,360,364,370－376,378,381,382,387,388,396,397,402,403,405,410,420,421,423,424,431,434－436,438,439,441,444,445,448,449,462,463,470,473,474,480,485,491,492,494－496,509,510,517,518,523,524,537,541,548,550,552,562,574,576,578,659,660,669,674,675,694,708,709,712,713,719,720,729,751,753－755,769,770,790,826,839,846,883,884,894,896,938

金锡龄　123

金心香　121

金铉　260

金韬　173

金遗　295

金亦陶　564,925

金元鼎　339,341,344,348,363,372

金章　659

金兆蕃(金篯孙、篯孙)　730,731,755,758,804,813,832,848,850,859,863,869

金兆芝　724

金正喜(秋史)　264

金仲清　701

靳健伯　207

井升　252,253,353,358

景朴孙(朴孙)　513,621,637,642,737,749

敬孙　90

且丁　538

且庚　538

且甲　538

且辛　538

且乙　538

鞠之　223

君坚　200,201

K

开若　799

康广仁　333
康际清(康达夫)　183
康丕扬　688—690
康骈　298
康有为　9,33,56,174,210,213,223,239,240,243,271,323,334,342,720,842
柯丹邱　367
柯逢时(逊庵、柯太史、逊安、柯中丞)　2,37,92,104,106,111,177,179—182,202,203,209,210,220,239,257,274,282,290,336,340,342,349,356,357,368,373,374,404,419,432,440,446,476,477,483,485,549,550,554,557,559,600,737
柯蘅(柯君、柯先生)　778,779,783,787
柯九思　368,374,510
柯劭忞(凤荪、风苏丈、柯凤荪、凤生、柯凤翁、凤翁、柯凤孙)　4,378,551,552,564—566,591,697,708,758,785,778,822,823,863,932
孔斐轩　171
孔广森(顨轩、孔顨轩)　52,101,132,644,757
孔继涵(孔荭谷)　183,263,909
孔宁子　642
孔四贞(四贞)　805
孔天胤　835
孔宪教(孔静皆、静皆)　735,736
孔宪彝　308
孔绣谷　196
孔宗翰　532
蒯德标　229
蒯德模(蒯子范)　44,474
蒯光典(蒯礼卿、礼卿、礼公、蒯礼翁、礼翁、蒯观詧、履卿)　8,91,99,104,106,139,148,150,152,157,168,178,180,181,

183,189,191,196,197,200,203,208,214,215,220,233,235,248,249,254,256—258,261,268,300—305,314,321—323,325,330,334—336,339,344,346,358,362,369,376—379,382,385,389,391,392,429,430,449—451,453,454,457,460,461,468,473,474,476—479,481,507,518,520,523,541,556,562,713
况周颐(夔生、况先生、夔)　186—196,198—202,206—208,211,236,237,240,242,246,248,249,251,252,254,257,260,266,296,308,328,329,332,340,346,431,433,434,437,438,448,456,457,459,462,463,465,469,472,476,481,491,512,516,596,602,604,629,684—686,688,718,726,783,800,803,806,807,818,827,840,841,856,861,862,884,893,904,931
奎俊　314
逵逊　933
揆叙(揆恺功)　826
髡残(石溪)　340
阔安甫　557

L

赖丰熙　131,133
兰村　100,175
蓝理　839
蓝廷珍　839
郎仁谱　89
郎晔(盐官郎、晦之)　78,806
劳崇光　14
劳格(劳季言、劳氏昆仲)　102,110,259,395,638,697,847
劳乃宣(劳玉初、玉初、劳玉老)　435,481,549,552,573,607,657,737,751,795

劳权(劳舞卿,劳氏昆仲)　567,585,638,
　　815,829
劳识云　520
劳钺　47
劳肇光(次芗)　152,153
雷奋　496
雷珹(雷君曜、曜)　728,872,892
雷学淇(通州雷)　771
雷以诚　149
雷再浩　3
黎桂坞　415
黎经诰　482
黎庶昌(黎莼斋、遵义黎氏)　56,59,71,103,
　　303,422,486,679
黎维枞　123
黎永椿　120
礼之　188
李皐　298
李白(李太白)　443,579
李柏　540
李宝泉　587
李宝诠(李经宜、李宝淦、经彝)　118,160,
　　178,712,809,885,893,918,934
李宝章(李谷宜、谷宜)　574,660,674,712
李葆恂(宝卿、文石、李文石)　356,410－
　　412,419,437,448,516,528
李本方　224
李壁　530,806
李滨石　57
李秉衡(李鉴堂)　235,362,368
李伯生　762,767
李超琼　133,134,169,173,269,328
李超孙　105
李传元(橘农、李橘农、桔农)　116,126,133,
　　144,171,349,367,369,370,403,478,
　　480,535,674,675,680,700,705,720,

723,738,757,782,806
李纯(宪宗)　837
李慈铭(李莼客、莼客、莼翁、莼师、李越缦、越
　　缦、李莼老、越缦生、李世兄)　2,24,31－
　　44,46,47,50－52,54,57,58,60－62,
　　64－68,71,74,76－90,93－99,106,111,
　　139,142,148,152,154,167,189,191,
　　202,204－206,208,209,210,211,212,
　　216,220,221,223,224,231,235,262,
　　411,492,570,590,606,765,766,789,796
李萃吉　98
李澹然　896
李道坦(坦之)　837
李殿林　372,393,423
李东阳　575
李端棻　212
李端遇　173
李方豫　146,217
李福青　864
李复言　790
李赓猷　113,123,169
李赓芸(李鄦斋)　701
李工部　782
李公焕　674
李公麟(李伯时)　837
李估　39
李固松　235
李观涛　218
李光　94,95,209,718
李光地　898
李光焕　712
李光明　354
李广业　699
李圭　482
李桂林　192,193,240,285,307
李国贤(李司马)　15

李含春　102

李含光　277,381

李翰芬　933,934

李瀚　256

李瀚章(合肥)　47,80,149,150,218,233,235,250,369

李贺(李长吉、昌谷)　279,646,854

李弘孝　264

李鸿才　311,313

李鸿藻(高阳)　144,204,235,257,287,292

李鸿章(合肥、李文忠、李中堂)　2,9,14,16,17,20,37,39,74,95,100,112,135,150,156,159,162,167,168,216,218,223,233,235,250,344,369,421,503,747,848,850,851

李华耀(李挺之、李挺翁)　391,399,403,405

李吉甫　911

李佳　256

李家驹(柳溪)　785

李家玓　227,230,232,235,241,243

李绛　837

李经　612

李经畬(新吾)　80,149,194,233,736,766,863

李经熙　256,265,268

李经羲(李仲轩)　196,735

李俊民　98,158

李奎报　264

李兰甫　488

李老雨　876

李笠茵　312

李莲英(皮李)　86,235

李联琇(李小湖)　102,108,287,886

李流芳(李长蘅)　725,783

李孟传　622

李泌　837

李南涧　190,205,817

李农华　388

李攀龙(于鳞)　914

李勤伯　205

李清(映碧)　417,500

李清照(李易安)　343,380,938

李仁明　223

李仁圃(仁甫、李毅求、仁圃、李仁甫)　22,26,457,574,577,580,583,586,593,728

李如一　82,244,283

李儒懋(李如茂、李儒茂)　296,314,315,331,366,406

李瑞清(梅庵、李道士、枚庵)　18,425,445,446,465,471,490,492,493,495,523,526,531,550－552,563,570,631,636,651,704,715,768,786,821,869,871,892,901,904,936

李若容　266

李森先　536

李山民　594

李善兰(李仁叔)　787

李商隐(玉溪生)　295

李少梅(少梅)　173－175,241,269,387

李绍　488

李神符　699

李升兰　77

李盛铎(李木师、木斋、木斋师、李木斋、李木斋师)　9,61－63,72,75,78,88,90,126,128,161,180,182,183,185－187,189,191,193,194,211,214,216,233,235,240,243,268,322,391,547,624,636,682,736,737,813,814,840

李时敏　243,285

李士瓒(李玉舟、玉舟)　56,514

李适(德宗)　226

李霜回　878

李思本　863

李松年　255

李嵩　586

李素(李少白)　272,785,787

李焘(李仁甫)　66,80

李天馥　898

李天根　760

李廷相(李文敏公、濮阳李氏)　647

李廷箫　246

李维翰　377

李文田(顺德师、李芍翁、仲约、若农师、李侍郎、李顺德师、李芍农)　2,17,18,81,82,87-90,95,100,102,104,108,109,114,136,148-156,159,160,166,167,180,181,186-189,193,199-202,216,220,242,250,251,291,353,866,885,897,924

李文藻(李南涧)　190,205,227,229,230,241,817

李武曾　272

李希圣(李亦元、亦元)　121,176,308,384-386,448,846

李锡海(李子冬)　843,844,932

李玺(李命官)　278,279

李详(李审言、审言、李审翁)　9,409,424,427,447,455,457,469,471,472,482,488,490,500,502,503,505,507,511,514,519,533,544,548,550,562,563,593,627,630,631,640,641,651,654,659,660,686,702,704,709,760,770,771,778,780,789,832,835,863,869,872,880,885,887,900,918,927

李孝同　699

李新甫　390

李新吾　80

李星桥　748

李星五　344

李兴锐(李督)　434,435,440

李秀成　16

李诩　274

李宣龚　869,871,877,880,889,904

李玄静　476

李洵伯　171

李逊之(逊之)　246

李阳宾　365

李一晴　225

李一山(一山)　795,808,814,815,824,863,865,877,881

李一阳　662

李怡亭　66

李贻和(李义和)　353-355,369,389,391,393,394,408,410,427,428,475,488,547,554,600,601,608,646,676,837,852,885,896,911

李艺渊　702,718,721

李翊灼(李证刚、李振刚)　563,572,588

李翼清　159

李应昇(仲达)　246,273

李邕(李北海)　34

李永贞　227,232

李有棻(李方伯、李湘远)　335,399,402,408,419

李遇孙　105

李渊硕(渊硕、孔曼)　250

李元　645

李元春　108

李元度(李次青)　779

李元复　394

李元昊　301

李元阳　236,587

李远臣　119

李岳瑞　723,728

李云从　100,103,149,150,159,255,264,

273,280,283,285,286,288,289,294,303
李云生 485
李愷 626
李詹事 148
李璋煜(李方赤) 658
李兆洛(李申耆、兆洛、申耆) 116,126,141,148,271,603,625,638,671,690
李兆勋 60
李徵棠 246
李正光 306
李之鼎 795,892
李之芳 852
李之茂 264
李之仪(李端叔、李姑溪) 343,380
李芝绶(芝绶) 49,51,54,55,883
李徵庸 122,123
李治(李仁卿) 395,417
李贽(李卓吾) 586
李智俦(李洛才) 296,334,344
李廌(李方叔) 647
李钟钰 631
李仲霖 388,479
李庄靖 459
李子丹 203,215
李子德 103
李子华 144
李子文 670
李子仙 849
李子徐 292
李祖章 221
李佐贤 165
李佐周 110
厉鹗(厉樊榭、樊榭、厉樊谢、厉征君) 165,635,733,755,760,820,859,929
励杜讷 935
郦道元(郦元) 732

连荷生(荷生) 546
练恕 427
梁鼎藩 228
梁鼎芬(梁节庵、星海、梁心海、梁星海、节庵、心海、壬老、梁节厂、梁心老) 9,46,62,74,83,84,93,94,100,106,123,131,132,134,136,138,139,143,145,170,173,174,212－214,217,218,221,224,225,228,239,242,243,246,252,254,268,281,296,300,302,303,309,320,330,333,362,382,409,423,429,442,476－478,520,550,556,582,583,585,592,594,606,607,616－618,629,657,668,674,675,676,687,688,706,708,720,737,762,799,800,803,811,832,863,865
梁亨吉(会亭) 181,184
梁鸿(梁伯鸾) 297
梁景先(曦初) 30,214
梁启超(梁任公、任公) 730,731
梁清标(梁蕉林) 683,768,852
梁绍壬(梁晋竹) 254
梁焱(梁慕韩) 248,249,255,256,258,260,266－268,348,372,405,409,417,426,433,449,794,847,896
梁濬甫 190
梁衍若 218
梁耀枢 128
梁益 297
梁有誉(公实) 732,733,914
梁于渭(梁杭雪、航雪、梁杭叔、杭叔) 55,58,77,81,126,128,132,184,186,211,255,317,373
梁玉绳 50
梁豫熙 43
梁载 264
梁章钜 4

梁肇煌　42,44

梁芷麟　768

梁裦(梁千秋)　725

梁仲衡　212

廖谷似(廖寿丰、寿丰)　49,103,310

廖平(廖季平、廖际平)　5,82,85,121,122,
　126,142,180,378

廖寿恒(廖仲山、廖尚书)　132,344

廖廷相(廖泽群)　44,71,123,212,316,811

廖莹中　731

廖樾衢　103

廖正寅　230,232

林伯桐　41

林逋(林处士)　310

林昌彝　16,33

林春溥　41,106

林董　235

林富　926

林光大　682

林佶(林佶人、吉人)　300,469,861

林绛雪　334

林晋霞　199

林钧　823

林开謩(林贻书、贻书)　204,211,548,561,
　647,657,662,668,674,685,688,708,
　709,741,748,754,757,767,783,795,894

林兰生　363,390

林联桂　70

林绍年(赞虞)　137,191,205,208,209,211,
　657

林世鑫　349

林希　628

林兴珠　900

林旭　333

林雪　363

林右　335

林宇冲　681,682

林则徐(林文忠公)　2,748

林之洛　22

林之祺　169

林之望　25

林志道　435

林卓如　681

凌焯　173,269

凌廷堪　757

凌霞(凌塵遗、塵遗)　75,112,123,137,
　182－184,189－192,200,202,203,211,
　228,233,234,239,243,244,248－250,
　254,255,289,290,293,294,299,307,
　309,313,329,331－333,336,341,343,
　346,354－356,368,378,379,382,810

凌心坦(东甫)　181,184,215,181,918

凌云翰(彦翀)　452

凌兆熊　17

凌仲桓　146

刘安澜(紫回)　736,738,739,741

刘攽　628

刘邦骏　227,230,232,241,243

刘宝楠　7,20,40

刘保林　222

刘秉璋　580

刘昺燮　60

刘炳　43

刘炳曧　227,229,232,235,237,239

刘炳照(刘光珊、光珊、炳照、语石、语丈、语
　老)　237,241,242,246,269,290,323,
　336,337,346,359,360,364,365,370,
　371,382,404,407,409,448,450,454,
　461,465,494－496,510－513,516,517,
　520－522,524,529,532,534,535,551,
　574,586,613,624,629,631,636,645,
　647,651,653,657,661,665,676,678,

681,686－689,692－694,696,699,702,
704,712,718,720,721,727,728,734,
738,741－743,745,749,751,756,758,
761,769,770,787,792,800,802,805,
807,811,835－837,839,840

刘博泉　71

刘曾骙　165

刘辰翁(刘须溪)　466,928

刘诚印(印刘)　235

刘承幹(刘翰怡、翰怡、求恕、翰翁、刘翰翁、刘
汉怡、刘瀚怡、瀚怡、翰兄、刘君翰怡)
53,503,624,627,629,631－636,638,
641,642,645－647,649－652,654－657,
660－670,673－675,677,678,680,682,
684－690,692,695,696,698－708,710－
713,715－723,726－731,733－746,749,
750,752－770,773,775－782,784－795,
797－803,805－812,816－820,822,825,
827,829－832,834－841,843－845,847,
848,851,853－858,860－868,870－874,
876－878,880－883,886－888,890－
895,898－904,906－908,910－913,918,
922－933,935－940

刘承基　224

刘承儒　624

刘城(刘伯宗)　305,307,317,366,369,433

刘传福　67

刘慈民　136

刘大櫆　259

刘大绅　763,778

刘端临　757

刘鹗　162,763

刘恩溥　44,66

刘恩源　43

刘逢禄(申受)　56,62,139,140,144,145,
186,197

刘奉璋　115

刘佛青(佛青)　97,106,107,180

刘福姚(伯崇)　766

刘富曾(刘谦甫、谦甫、谦翁)　114,115,734,
743,754－757,760,761,769,789,836,
867,871,880,887,924,926

刘镐仲　84

刘恭冕(叔俛)　61,80,172,394

刘观澜　239

刘光第　333

刘贵曾(良甫、刘良甫、贵曾)　57,63,88,
126,136,138,143,147

刘国鉴　232

刘国英　227,239,243

刘含芳　112

刘鹤龄　222

刘焕　863

刘基(刘文成公、刘文成)　687,926

刘吉生　935

刘继范　160

刘嘉模　229,230,237,239,241

刘嘉谋　248

刘建伯　188,201

刘将孙　466

刘椒云　61

刘介臣　31

刘锦棠(刘中丞锦棠、锦棠)　223

刘锦藻　720,806

刘景舟　681

刘钜(笏云)　735,736

刘可毅(刘葆真、刘葆珍、可毅、葆真)　136,
176,180,215,349,541,819,820

刘克庄(刘后村、后村)　280,534,674

刘宽裕　656

刘坤一(岘帅、刘岘庄)　2,163,245,246,
250,264,284,293,302,332,335,340,

刘琨　343,344,355,356,361,368,388,391,
　　392,397,404,405,407
刘琨　904
刘良父　115
刘林模　243
刘伶(刘伯伦)　205,253,650
刘令桐　184
刘履芬(泖翁)　42
刘猛进　718
刘名广　626
刘名誉(嘉树)　144,275,319,325,340
刘跂(刘斯立)　938
刘谦山　269
刘铨福(刘子重)　768
刘融斋　752
刘汝謩　241
刘瑞芬(刘中丞)　76,78,210,214,223,262,
　　280,444
刘若曾　565,572,863
刘尚荣　712
刘省三　63
刘师苍(师苍、张侯)　147,294
刘师培(师培、申叔、刘笙叔、左庵)　63,69,
　　131,406,408,470,512,748,758
刘世安(静阶)　152,153,180,183,191,196,
　　202
刘世珩(刘聚卿、聚卿、聚兄、聚公、葱石、世
　　珩)　25,239,246,247,252,254,257,
　　259,260,262,264,266,276,279,280,
　　282,288,290,291,294－296,300,301,
　　303,305,306,309,311,314,315,317,
　　324,337,338,340,342,344,345,347,
　　352,354,357－359,361－363,366－372,
　　374－380,382,388,389,393,396－398,
　　401－403,407－410,416,418,422,423,
　　425－428,433,435,436,438,441,444,
　　446,447,454,456,458,468,469,496,
　　505,506,508,511,512,518,521,523,
　　527,528,538,546,551,554,555,558,
　　559,574,579,585,587,607,612,619,
　　620,624－630,640－642,644,646,647,
　　651,652,659,669,674,679,682,685,
　　686,688,689,695,704,707,713,717,
　　718,723,727,734,742,745,751,753,
　　760,761,762,767,773,780,787,790－
　　792,795,800,802,805,807,811,822,
　　825,835,837,838,849,856,888,904,
　　905,919
刘世玮　246
刘世瑗(刘蘧六、蘧六)　511,531,550,594,
　　595,609,612,614,618,619,814
刘寿曾(恭甫)　46,56,63,147,294
刘叔培　492
刘树农　712
刘树屏(树屏、葆良、刘葆良)　114,186,202,
　　215,349,375,387,388,389,407,424,
　　432,509,522,541,548,688,813,817
刘树松　229,232
刘树棠　133
刘恕　628
刘硕甫　723
刘四(老刘)　22,29
刘嗣富　241
刘嗣绾(芙初)　197
刘体乾(健之)　580,582－585,587,607,
　　729,832,871,877,886,901,902,905
刘体智(晦之)　729,795,806,832,869,871
刘廷琛　737
刘彤光　169
刘蜕(文泉子)　295
刘卫卿　725
刘文淇　6,63

人名索引　995

刘五　301

刘熙载　102,108

刘喜海(刘燕庭、刘燕亭、燕庭)　40,183,
　　247,264,268－271,273,277,286,443,
　　444,673,771,811,843,898,899,909,911

刘仙槎　738

刘显曾　114,131,214,221,867

刘献庭　773

刘湘石　904

刘向　516

刘小石　20

刘翾(镏舍人)　518

刘弇(刘云龙)　541

刘彦清　61

刘尧年　120

刘耀曾　478

刘烨大　724

刘怪　143

刘绎　102,108

刘翊宸　49,52,143

刘墉(刘石庵)　300,340

刘永福(刘义、刘帅)　63,363

刘永绥　43

刘泳如　143

刘有光　169,219

刘幼翁　732

刘禹锡(刘宾客)　439,457,549

刘玉霖　219,224

刘毓崧　18,63,131,152,887

刘渊材(渊材)　609

刘岳申(刘申斋)　541

刘岳云　142,214

刘樾仲　201

刘云卿　43

刘泽源　503,686,778

刘召扬　315

刘肇基　230,232

刘贞(刘庭幹、庭幹)　526,640,644

刘知幾　822,830

刘准(安成王)　642

刘子函　836

刘子和　681

刘子雄　116

刘宗藩　143

刘宗周(刘蕺山、蕺山先生)　600,913

刘作钟　229,237

柳大中　512

柳公权(柳诚悬)　870

柳敬亭　487

柳蓉村　597,816,817,928,939

柳润之　144

柳兴恩(柳宾叔)　327

柳诒徵　385,386,388,390,400,404,405,
　　412,414,417,426,449,453,814,896,924

柳永(柳耆卿)　380

柳咏春　597

六舟和尚　286

龙凤镳(龙伯鸾、伯銮)　290,315

龙继栋(松岑、淞岑、檕叟)　141,257,259,
　　260,264,303,305,308,319,321,361,
　　365,369

龙锡庆　225

龙跃衢　249

龙湛霖　212,219,230,269

聋公　326

隆裕太后(隆裕皇太后)　636,637,648

楼钥(大防)　681

漏霜和尚　664

卢辨　644

卢殿虎　738,863

卢和　345

卢洪昶　216

卢见曾(卢雅雨) 287
卢鉴(卢寅谷) 76
卢鸣玉 653
卢楠 914
卢少柳 847,863
卢文弨(卢抱经、抱经) 166,219,287,303,
　　452,532,584,590,641,746,763,803,
　　820,925
卢襄 577
卢熊 357,663,670
卢重庆 249,255,258,268,281,283,286,
　　293,308
鲁纯伯 815
鲁国寿(介朋) 345,363
鲁琪光 159
鲁訔 579
鲁应奎 275,282
陆宝忠 31,87,187,349,372
陆葆霖 164
陆长祐 455
陆敕先 284
陆春官(张承沅) 248,249,252,255,256,
　　265,283,286,300
陆次云(陆士云) 335
陆德明(元朗) 81
陆鼎翰(陆彦和) 269,322
陆尔昭 143
陆和翁 328
陆恒 252
陆厚基(安山) 339,341,344,348,358,363
陆恢(廉夫) 173,180,250
陆继辉(蔚廷、蔚庭) 68,99,100,104－108,
　　157,176,189,215,216,220,228,235,
　　240,268,289,304,309,317,326,329,
　　332,456
陆继炘 293

陆嘉谷 241
陆建瀛 4,5
陆敬轩 123
陆懋宗 514
陆祁生 720
陆圻 777
陆其清(陆澪) 723
陆屺堂 222
陆清臣(清臣) 271,272
陆清献 802,884
陆蓉佩 252
陆润庠(凤石、元和师、陆中丞) 2,193,235,
　　269,350,667,736,809
陆善堂 107
陆申甫 480
陆世仪(陆桴亭) 823
陆树藩(陆纯伯、纯伯) 130,180－182,184,
　　186,192,196,202,211,238,269,296,
　　322,346,349,363,375－378,387,398,
　　405,458,460,631,636,651,657,678,
　　689,706,718,760,768,815
陆树声 471,472,475,476
陆廷黻(陆渔生) 489,491
陆维炘 249,256
陆文圭 104
陆心源(存斋、陆存斋、心源、潜园老人、刚父、
　　陆诚斋、湖州陆氏、陆伯刚) 2,51,101,
　　106,108,129,130,135,159－162,165,
　　166,171,173,182,184,186,189,193,
　　194,202,219,223,230,361,425,460,
　　471,487,564,590,639,695,705,706,
　　708,762,842,875,925
陆秀夫(陆枢密) 120
陆学源(学源、笃斋) 106,186,203
陆恂 265
陆贻典(陆勅先、敕先) 284,583,584

陆游(放翁、陆务观) 68,251,266,500,567,
    568,609,613,615
陆元鼎 269,356,437,440
陆云僧 681
陆增祥(陆心农) 2,68,332,456
陆长祐 456
陆志渊(陆静夫、静夫) 207,208,347
陆钟琦 807
陆子翁 353
陆子遹 876
鹿传霖 356,373,475
栾子年 883
罗伯伦 725
罗诚伯 334
罗大猷 338
罗惇曧(罗㧑东) 736,848
罗缙绅 146
罗椠(罗椠臣、椠臣、罗椠老) 310,577,580,
    653,667
罗椠亭 480,535,554,574
罗泌 568
罗聘(罗山人) 122
罗千秋 537,539
罗青泉(春泉、清泉、罗清泉) 611,617,620,
    623,642,646,749
罗少杰 430,457
罗士琳 6
罗淑亚 19
罗天池 586
罗运经 293
罗振常(罗子敬、罗三) 645,683,686,700,
    709,711,763,778,788,793,795,801,
    806,808－810,831,856,879,895
罗振玉(罗叔蕴、叔蕴、叔言、叔韫、叔翁、蕴
    公、韫公、唐风楼) 17,129,296,299,
    307,309,322,349,357,373,375,382,

383,388－392,397,399,407,408,414,
    501,504,509,518,520,527,531,535,
    536,538－541,543,545,551－555,557－
    559,561,564－566,569－574,578,579,
    581,585,588,591,593,594,605,609,
    611,616,623,634,636,639,640,642－
    646,668,669,677,680,685,694,695,
    699,701,708,710,711,714,715,718,
    719,749,761,763,775,788,790,791,
    794,795,797,799,801,806,807,809,
    810,833,848,883,892,895,910,911,
    913,921
骆宾王 443
骆秉章 31
骆景宙 60
吕葆中(吕无党) 502
吕迪甫 813
吕逢 928
吕溉钰(根) 629
吕海寰 268,416,564,738
吕景端(吕幼舲、幼舲、幼龄) 292,306,387,
    432,461,463,465,481,492,496,511,
    517,522,564,571,600,653,654,667,
    669,688,689,696,699,702,713,716,
    718,720,752,775,809,811,826,835,
    884,887,900,904
吕烈嘉 23
吕留良(吕庄生、庄生) 265,786
吕迈夫 229
吕懋蕃 67
吕佩芬 150
吕耀鼎 166
吕耀斗(鹤缘、庭芷) 81,82,101,112,167,
    194,198,216,238
吕夷简 101
吕用宾 243

绿儿 638,646

M

马秉彝 131
马得臣 256
马调元 559
马恩培 263
马夫人 106
马哥博罗 867
马估 472
马国翰 8
马鸿翔(仞千) 9
马吉樟 60,183,351,736
马君寔 286
马其昶 7,863
马融 642
马瑞辰 6
马守真 179,363
马思赞(马寒中、仲安) 409,533
马天祥 539,601
马通伯 831,840
马伟 610
马湘伯(马先生) 580
马雄镇 856
马燕郊 670
马玉堂(笏斋) 856
马援(汉新息侯) 15
马长孺 534,537,539
马振彪 300
马振德 283
马振理 295
马征庆(马钟山) 358
马宗琏 794
马祖常(马伯庸) 227
麦孟华 720
毛昶照 867

毛承霖(毛稚云) 813,830
毛澂 171
毛凤枝 179,181
毛晋(毛子晋、子晋、汲古、隐湖) 23,102,
　　129,168,172,200,241,259,263,272,
　　349,363,412,418,497,501,510,542,
　　549,564,566,569,584,642,665,666,
　　671,679,680,682,694,701,702,714,
　　731,760,773,827－829,911,919,923
毛隆恩(字季彤) 18
毛乃一 925
毛奇龄(西河) 224,499,655,779
毛庆藩(毛石君、毛方伯) 222,536
毛绥万 172
毛一鹭 871
毛扆(毛斧季、斧季、毛季斧) 495,584,599,
　　654,655,711,773,859
毛玉麟 180
毛岳生(毛先生) 97,301,342
茅乃登(茅春台、春台) 275,282,405,479,
　　896
茅乃封 275,318
茅谦(茅子贞、茅君) 266,275,334,386,
　　388,524,527,580,583,674
茅中丞 537
冒广生(冒鹤亭、鹤亭、鹤庭) 517,556,557,
　　568,569,770,779,780,788,789,817,912
眉山程舍人 64
梅曾亮(梅柏岘) 292
梅鼎祚(梅禹金) 398,400
梅光远 461
梅济和 381
梅清 777
梅荬 319,321
梅文明 99,372
梅毓 101

梅植之(梅氏蕴生)　345

梅子肇　472

孟郊(东野)　890

孟勉　839

孟森　405

孟舆　420,431,462,468,480,481

孟昭常　496

糜师旦　663

米芾(米元章、米海岳)　468,500,870

苗夔(肃宁苗)　57,771

缪保孙(保孙)　176

缪葆忠(秋坪、葆忠、缪秋坪)　24,25,32,41－43,87,106,118,119,132,141,236

缪秉奎　2,950

缪伯年(族长、伯年)　3,765,790,831

缪曾孝(吟南)　119

缪昌期(文贞公)　245,880

缪朝荃(荺甫、缪衡甫、荃员)　49,50,68,87,133,336,344,348,353,356,357,360,417,421,439,448,456,460－464,466,472,475,482,483,487,504,505,524,700,709－711,721,765,766,770

缪承祖(德丰)　182,323,328,376

缪墀(翀飞)　4－7

缪淳(金和公)　114

缪鼎臣　351

缪纺同(纺同)　178

缪凤祥(季昌)　119

缪佛保(佛保)　100,467

缪福保(福保)　20,89,145,170,175,217,449,910

缪镐(缪少村)　511,894

缪鞏(坚士)　46

缪谷瑛(谷瑛、莆孙)　486,499,675,826,873,938

缪光佐　158

缪国璋　122

缪宏毅公　1

缪焕章(焕章、家严、仲英)　1,4,6－10,11,13－17,19,21,22,25,38,47,49－51,65,68,74,75,118,119,137,148,150,151,153－155,157,166,167,169,173,174,178,238,249,359,364,810,831,843,847,940

缪芰孙　78

缪嘉惠(缪素筠)　81,938,939

缪嘉谟　2

缪鉴(君实、苕石)　121

缪介臣　187

缪晋初　265

缪晋卿(晋卿先生、晋卿)　118,127,197,796

缪景寿(字荣福)　118,119

缪敬伯　138

缪九畴(九畴、书屏、书坪)　100,101,171,175,217,381,457,519,675,769,789,906

缪矩卿　27

缪恺保(恺保)　255,495,499,563,569

缪联洲　138

缪禄保(禄保、子受)　97,162,208,354,370,372,410,441,445,474,487,495,496,498,505,529,530,556,569,628,735,737,744,762,801,804,807,814,824,831,835,836,839,840,849,850,854,859,863,864,884,906,918,920,930,940

缪迈仁　141

缪民坊　1

缪民垣　1

缪玠(仁域、禄田、缪禄田)　4,24,62,103,106,113,118,119,126,138,143,176,219,283,328,372,378,534,550,559,690

缪秋舫　3

缪荣吉　6,8,10,65,121,178,305
缪荣绶　4
缪蓉照　4
缪镕素　153
缪僧保(子彬、僧保、庆保、阿三)　203,457,
　　488,494,495,499,518,524,548,558,
　　573,616,630,673,695,734,737,751,
　　763,777,781,797,810,812,816,826,
　　839,841,862,863,871,880－882,891,
　　907,910,913,916,923－925,935
缪尚诘(芷卿)　141,142
缪申保　259
缪士杰　122
缪寿保　208
缪树芳　4
缪㸂(缪蓉浦,蓉浦公)　114,177,795
缪坦　122
缪庭槐(庭槐)　1
缪庭楷(哲堂)　4,6,142
缪通　933
缪同书(耀文)　4
缪桐孙　41
缪熙之(熙之)　495,499,588,609,769
缪象宾　882
缪筱雅(啸崖)　111,219,243,620
缪心范(心范)　114
缪星联(星联)　178
缪虚白(虚白)　245
缪延曦(字莲舟)　119
缪养舍(字伯绅)　119
缪彝　46,65,92,162,167,238
缪荫孙　15,21
缪应祥　1
缪莹(字介三)　119
缪永裕　158
缪祐孙(柚岑、佑岑)　5,14,16,25,30,31,

41,45－47,49,52,53,55－65,67,69－
72,74－77,79,80,82－84,86,88－91,
93－95,102,103,107－109,115,116,
119,120,124－133,135,137－140,142－
144,148－157,160,162－164,170,171,
192,197,208,219－221,228,232,282,
332,395,471,523,696
缪禹臣　129
缪煜(季光)　1
缪曰藻(文子)　509
缪钺　46
缪云孙　27,752
缪增　4
缪长恩　355
缪长庚　121
缪长龄　21,142
缪鈊　4
缪之镕(之镕)　245
缪植　177
缪祉保(祉保)　272
缪志名(永禄,子许、志名)　138,141,151,
　　159,175,220,265,277,280,281,304,
　　348,349,351,355,366,371,376,436
缪志文　65
缪志选(志选、子明)　142
缪仲诰(若芳)　20,141
缪重熙(星熊、心农、息纯)　6,7,10,12,18,
　　24,140,935
缪子珉　372
缪子勤(子勤)　14
缪子香(子香)　769
缪祖保(永贤)　85,87,155,175－178,217,
　　295,549,550,611
莫绳孙(莫仲武、仲武)　14,56,57,59,62,
　　65,71,72,74－76,78,79,92,103,131,
　　132,162,260,263－265,361,363,428,

545,548,647,651,652,703,763
莫棠(莫楚生、楚生) 74－76,149,155,548,
  589－591,595－597,607,608,612,634,
  652,703,707,761,869,871,877,885
莫小农(小农) 71,72,74－76,78,100,103,
  135,170,363,365,819
莫友芝(子偲、芝舅、莫偲老、子偬) 14,21,
  44,65,71,74,363,586,594,788,909
慕容彦逢 298
穆克登布(穆观察、穆少翁) 435,438,439
穆图善 67
穆子含 731
穆子美(子美) 638,646,652,654,656,662,
  664,666,674,677,688,703,706,716,
  719,727,739,741,749,756,760,767,
  768,789,803,808,812,818,834,836,
  844,851,875

N

那珂通世 367
纳兰成德 796
纳兰明珠(明珠) 851
纳兰容若(成容若) 79,486
南栖老人 191
内藤湖南(炳卿、内藤博士) 250,623,638
倪恩龄 31
倪田(墨耕、倪宝田) 173,247
倪文昶 258
倪远甫 925,934
倪瓒(倪云林) 260,274,473,586
聂缉椝 216
聂明山(老聂) 246,255,263,265,267,282,
  290,293,303,318,324,328,337,342,
  344,348,361,373,399
牛钮 935
牛僧孺 790

钮祜禄氏(慈安皇太后) 12
钮永建(永建、惕生、铁生) 341,676
钮玉树 51

O

欧景芬 153
欧阳霖(欧阳润生、欧阳观察) 309,342
欧阳铬(欧阳铜东) 199,205
欧阳修(六一、欧公、欧阳文忠公) 27,67,
  415,566,569,811,938
欧阳玄(圭斋) 568

P

潘昂霄 476
潘陛(寿培) 425,431,583,585
潘辰 938
潘德舆(潘四农) 61,105,794
潘敦俨 266
潘飞声(潘兰史) 624,631,678,688,689,
  702,704,711,718,734,741－743,745,
  752,761,769,787,792,800,802,805,
  807,824,835,851,862,877,893,899,
  901,902,919,933,934
潘光藻(滨石) 55
潘怀民 479
潘江 585
潘介祉(玉筍、叔润) 134
潘耒 777
潘眉 105
潘民表(潘振声) 349,371,751
潘谱琴 133
潘清荫 138
潘任(师郑、潘毅远) 288,385,659,704,755
潘侍御 381
潘伟如 223
潘希郑 179

潘锡恩(潘芸阁) 223

潘学祖 334,363,390,391,407

潘遹 44,65,71

潘志万(潘笏庵) 270

潘仲午 650

潘宗周(潘明训、明训) 663,724,877,898,
   901,907,908,933,934

潘总办 405

潘祖年 832

潘祖荫(文勤师、潘文勤、潘郑盦、郑盦、郑庵、
   滂喜、潘尚书) 29,44,48,49,54－57,
   62,66,69,72,81,85,124,136,148,150,
   213,215,248,278,280,449,458,462,
   493,511,513,592,669,679,687,771,
   783,876,878,879,911

潘遵祁(西圃) 55

盘庚 538

庞大堃 101

庞鸿书(庞劬老) 78,80,84,85,87－89,96,
   139,446,631,659,760

庞鸿文(炯堂) 44,78,80,81,84,85,88,89,
   96,119,189,219,222,349,514,516,759,
   786

庞元济 760,791

庞钟璐(庞文恪) 867

庖牺氏 725

裴大中 145

裴景福 184

裴庭裕 502

彭邦桢 232

彭登焯 160

彭辑 139

彭世华 238

彭述 208

彭孙遹 782

彭维年 227,239

彭寅翁 648

彭玉麟 310

彭元瑞(彭文勤公) 443,457,483,761

彭蕴章(彭文敬公) 821

彭兆荪 50,87

彭祖贤 (芍庭、彭君) 2,36,37,39,47,50,92

皮锡瑞 471,504

皮宗瀚(筱舲) 323,328

濮文暹(青耜) 282,361,363,372,379,405,
   426

濮子潼 65

普觉禅师 625

Q

栖霞牟氏 46

戚光 728

戚学标 757

齐普松武 43

齐耀琳(齐省长、巡按使) 794,836,847,896

齐召南(齐次风) 936

祁承爜(祁夷度) 265,592

祁寯藻(祁文端) 196,229

祁世长(祁子禾) 128

祁韵士(祁鹤皋) 840

耆龄(耆寿民、寿民) 558,597,813,844,848

耆英 1,2

钱宝廉 58

钱宝宣(圆山、钱圆山、钱徐山) 19,20,26,
   35,40,462,632,705,911

钱保塘(兰陂、铁江、钱铁江、保塘) 22,25－
   27,38,40,85,170,232,620,628,629,
   632,655

钱步文 160

钱曾(钱遵王、遵王) 145,571,592,596,
   866,909,925

钱澄之(钱田间) 99,743

人名索引

钱大昕(钱竹汀、辛楣、钱辛楣、大昕) 253,
262,266,282,408,502,508,582,596,
662,699,755,786,796,798

钱大昭 42

钱德培 340

钱坫 25,31

钱鼎铭(新之、调甫、号定舫) 421

钱东垣 259

钱杜(钱叔美) 345

钱谷(钱馨室、钱叔宝) 31,768,856,890,
925

钱冠 722

钱桂森(馨伯、钱犀盦) 30,567,635

钱国镙 620

钱国镕 655

钱鸿保 313

钱骏祥(新甫) 49,77,128

钱陆灿(钱湘灵) 596

钱懋熙 160

钱南园 675

钱谦益(钱牧斋、牧斋、东涧、绛云、牧翁、虞
山) 339,405,510,513,566,571,596,
622,627,655,665,666,722,728,758,
775,828,842,925,928,929

钱求赤 172,532

钱少云 164－166,421

钱时霁(钱景开、钱听默) 876,925

钱史才(子授、子绶、钱子受) 521,539

钱舜举 472,725

钱诵清 143

钱溯耆(伊臣) 49,50,133,344,356,410,
411,421,438,439,453,455,456,624,
629,631,636,645,673,678,680,681,
687－689,693,696,699,702,704,711,
723,728,734,741－743,745,758,761,
762,769,773,792,795,800,802,805,
807,821,852,853

钱绥檠(钱履檠、履檠兄、绥檠) 631,681,
688,689,718,723,734,745,758,761,
769,787,792,800,802,805,807,838,
840,853,887－889,892－894,896,899－
902,913,919,934,937,938

钱泰吉(警石先生、警石、钱警石) 49,473,
681,754,756,843,908

钱唐(藕衫、偶山) 355,356,365,452,460,
635

钱天树(天树) 592

钱听邠(听邠) 524

钱同寿(钱复初) 510,728

钱维城 217

钱维乔 217

钱文子 784

钱祥保(瑞生) 355

钱象祖 663

钱星征 58

钱熊祥(钱聪甫) 754,894

钱旭寅(旭寅) 809

钱恂(钱念劬、钱彦劬、彦劬) 57,198,199,
415,736,738,761,819,863,866,871,
872,883,884,938

钱仪吉(衎石,钱衎石,给谏公) 4,19,32,
40,64,123,134,473,700,705,809

钱应溥 32,49,194

钱泳 394

钱允治(功甫、钱功甫) 165,497,856,890

钱藻 628

钱长美 820

钱振常(笤仙) 31,35,43,52,60,64,66,84,
85,87,116,117,119,134,136,168,173,
232,269

钱振声 473,480

钱铮 823,826

钱倬　455

乔道元　768

乔树栯(乔树楠、乔比部)　83,103,111,155,
　　167,199,211,291,403,472,496,523,
　　546,549,550,737

钦兰(钦序三、兰)　725

秦伯敦　226

秦代馨(剑香)　17,20

秦恩复(敦夫)　430,573

秦更年　783

秦观(淮海、秦少游)　567,647

秦焕尧(秦伯虞、伯虞、秦伯翁)　253,266,
　　272,287,307,319,321,339,344,345,
　　348,357,363,372,491,495,720

秦汇生　252

秦年丈　839

秦石公　470

秦绶章　60,127,209,351

秦树声　720-723,735,813

秦松龄(汉石)　197

秦宪文　164

秦绷　227

秦瀛　117

秦幼衡(幼衡)　838,839

秦柚衡　748

秦毓麒(芍舲)　56

秦臻(秦萃峯、萃峯、苴风)　117,136,267

秦祖龙　725

琴川公　114

庆善　807,814

庆章　367

丘机山　626

丘太夫人　738

邱令和　725

邱绍周(邱三)　768,933

裘廷梁(裘可桴)　299

仇英　146,473

屈曹发　772

璩之璞(璩元玙)　725

瞿炳孙(瞿丙生)　112,119,126,134,135,
　　168,169

瞿炳堂　217

瞿曾辑(瞿秩山)　282

瞿恭人　1,3-7,98

瞿光藻(丽孙)　51

瞿鸿禨(止相、子玖、瞿子玖)　52,70,150,
　　153,299-302,305,312,325,411,647,
　　650,657,662,668,674,685,688,692,
　　707-709,718,720,723,729,738,740,
　　741,744,748,754,755,757,761,783,
　　795,801,806,826,854,882,904

瞿敬邦(瞿绶伯、敬邦)　1,4

瞿念慈(丽生)　52,58,83,217,222,452

瞿启甲(瞿良士、良士)　515,563,759,760,
　　849,885,912,915,939

瞿溶(瞿丽江)　7

瞿世珪　110

瞿世琨　272

瞿世玮　423

瞿世瑄(瞿世琥、薛斋)　143,146,159,167,
　　170,207,238,246,283,306,805

瞿世瑛(瞿颖山)　625

瞿式耜(瞿忠宣公)　596

瞿廷韶(瞿畊甫、耕甫、瞿赓甫、赓甫、瞿观察)
　　8,20,25,47,54,105,145,146,170,171,
　　175,176,178,217,225,229,230,283,
　　295,300,304,322,323,349,382,420,423

瞿廷仪(瞿贞甫、贞甫)　8,31,33,54,805

瞿熙生　210

瞿中溶(瞿木夫)　302,638,690,784,789,
　　820,911

权德舆(权文公)　919

权汉功 264
全祖望(全谢山) 112,753,775,816,891
铨林 414

R

冉崇文(冉右之) 20
冉有 124
饶节 674,928
饶心舫(饶星舫、星舫、心舫) 564,637,672,
 673,675,680,710,729,731,761,764,
 765,767,768,836,841,844,862,884,
 899－921,923,939
饶智元 737
任葆堂 371
任福 301
任广儒 356
任小堂 735
任小园 116,173
任渊 806
任源祥(任之谷) 356
任瑗(任东涧) 61
任之骅 169
荣成 97,98
荣庆(荣华卿、荣相) 503,517,519－521,
 535－537
荣铨 473
阮昆甫 902
阮惟和(阮子衡) 543
阮孝绪(孝绪) 591
阮尧恩 24
阮元(阮文达、文达、阮文达公) 4,61,87,
 122,185,226,310,365,420,489,497,
 542,566,591,673,722,726,732,749,
 774,822
闰心 512

S

赛士文 230
桑春荣 30
僧悟寻 356
僧荫可 20
沙从心(沙循矩) 113,114,134,149,163,
 169,349,372
沙季宾 863
沙门了洙 256
沙士璘 134
沙畹 540
沙彦采 863
沙元炳 130
沙张白(沙定峰) 525
山本梅涯 417,418
山谦 48
山涛 890
杉田定一 589
善溥 300
善润 295
商维濬 502
单步青 169
单人清 243
单蓉镜 43,169
尚可喜 845
尚其亨 436
邵浩(叔义) 646,647
邵介生 91,95,97,98
邵晋涵(邵二云、二云) 32,50,145,408,
 690,699,757
邵晋仁 103
邵廉 597
邵潜(邵潜夫) 725
邵松年(邵伯英) 450－455,457,464,514,
 515,563,759,856－858,862,894,920,

921,923,927,929,931,934

邵心芳 535

邵懿辰(邵位西) 12,32,61,428,498,577,
603,715,716,937

邵咏 70

邵章 428,498

邵长蘅(青门) 197

邵子桐 345

劭予 235

绍英(绍樾千) 849

佘昌宇 167

申涵光 778

沈邦宪 490

沈宝森(宝森) 34,43

沈保靖 112

沈葆桢(沈文肃、幼丹) 102,251,498,733

沈秉成 44,70,71,162,247

沈炳照 528

沈曾桊 80,82,87－89

沈曾桐(沈子封、子封、封弟) 6,78,79,81－
84,87,88,90,127,166,176,178,180,
182,189,191,192,199,202,204－206,
208,209,211,214,221,235,256,375,
479,490,505,563,572,574,619,677,
737,766,769,832,864

沈曾樾(舍六弟) 149,150,563

沈曾植(乙庵、子培、沈增植、沈中丞、培老、乙
盦、沈子培、乙老、沈方伯、沈乙厂) 4,
46,68,76,79,80,82,88－90,94,96,111,
142,148－150,152,153,160,176－178,
180,182,183,189,191,192,199－202,
204,206－211,215,221,256,273,311,
367,374,375,377,378,386－391,411,
453,467,469,470,473,478,480,534,
537－539,541,542,544－550,553,554,
563,572,574,575,579－581,586,587,

589,590,592,594,600,601,604,605,
607,610－612,614,615,619,623,624,
627,631,633,634,639,641,644,647－
649,656,659,662,668,674,680,682,
683,688,689,704,707－709,715,720,
726－729,738,744,748,753,754,757,
759,763,765,766,768,772,775,776,
780,783,787,795,801,806,821,823,
826,831,842,855,859,873,879－891,
894,895,905,908,928

沈赤然 213

沈大成(沈沃田) 906

沈该(沈丞相该) 911,932

沈公治 167

沈国元 102

沈寄凡 32

沈家本(沈子惇、沈敦老、沈敦翁) 2,80－
82,216,534,621,642,643,659,793

沈嘉树(沈嘉澍) 115,116,133,134,173

沈君攸 642

沈焜(沈醉愚、醉愚、沈醉翁、醉翁) 624,
633－636,639－642,645－647,649,652,
656,657,661,664,665,667,669,677,
678,680,681,684,685,687－689,696,
699,700,702,704,709,718,726,728,
734,741,742,744,745,749,757,758,
761,769,777,780,787,791,792,800,
802,805,807－809,817,819,822,827,
831,832,835,836,840,845,851,854,
856,858,860,861,863,865,870,871,
874,875,878,880,882－888,891－902,
908－914,918－920,922－924,928,930,
931,936,938

沈老喜 141

沈乐庭 57

沈懋(沈子宜) 20

沈铭昌 886
沈能虎 216
沈平喆 227,229,235
沈其谷 101,103
沈淇泉 432
沈钦韩 45,54,104,144,154,171,494,794
沈庆瑜 662,708,741,767,894,895
沈琼莲 805
沈讱庵 276
沈守谦 432
沈树德 819
沈树人 156
沈树镛(沈韵初、沈均初) 44,347,268,270,
　　273,277,285－287,373,613,819,879
沈塘(雪庐) 221,241,250
沈涛 55,383
沈廷瑜 221
沈同芳 465,481,840
沈彤 753
沈桐 212,213,443－445
沈维骥(沈子良) 339,341,344,348,353,
　　363,518,524,896
沈卫 216
沈贤修 20,101
沈燮泽(子焌) 613
沈垚 910
沈宜修(沈夫人) 664
沈吟樵 254
沈用熙(沈石坪) 503
沈瑜庆(沈涛园、沈爱沧) 218,250,251,
　　363,375,657,668,674,708,709,754,
　　757,792,826,877
沈玉麒(沈旭初) 116,126,134,168,173,
　　369,387,388,438,467,480,839,923,924
沈毓庆(肖均) 247,270,271,284
沈曰富 106

沈云沛 423
沈韵沧 756
沈湛钧 480
沈兆奎 813,814,863
沈芝楣 268
沈芝田(鹤农) 17,20,21,31
沈质甫 813
沈仲复 223
沈子湄 52
沈子桐 77
沈子云 725
沈自芳 72
沈作霖 133
盛柏荪 47
盛炳纬 489
盛伯熙 151
盛昌颐(揆丞、盛揆丞、逵臣) 195,516,517,
　　518,522
盛春颐(盛我彭、我彭、盛提调) 222,225,
　　244,267,327,492,496,499
盛菊荪 120
盛康 104
盛时泰 504
盛心泉 491
盛旭人(盛旭丈) 241
盛宣怀(杏荪、孝章、盛太常、盛宫保、杏公、盛
　　大臣、杏生、杏翁、杏孙、愚斋、盛杏翁、盛
　　氏宫保) 2,24,57,84,87,90－92,96－
　　98,104－106,109,110,112,137,138,
　　147,149,151,155,158,159,167,168,
　　176,182－188,194,195,197,198,200,
　　201,209,210,215,216,220－222,226,
　　229,231,235,238,241,244－246,248,
　　253,255,257－260,263,265,267,268,
　　270－278,280,281,283－286,293,297,
　　298,300－302,304,309,318,322－324,

327,328,332—336,348,375,386,387,
389,402,430,432,450,452,461,463,
465,492—494,496,506,508,509,512,
516,518,519,522,523,529,530,534,
535,539,542,551,552,564,565,573,
575,577,578,585,602,606,642,643,
653,654,657,666—668,685,709,712,
713,716,719,751,760,799,807,812,
826,829,830,850,851,876

盛以进　291
盛子昭　165
施炳燮(施励卿、理卿)　391,392,394
施补华(施均甫)　78,79,262
施国祁(施北研)　50,395,911
施纪云　222
施琅　839
施闰章　773
施世骠(世骠)　839
施世纶(世纶)　839
施元之　876
石椿　437
石达开　8,13,222,249
石介　535
石兰生　357
石凌汉　275,281
石渠(书舫)　181,184,586
石瞿　337,346
石涛　165,191,340
石曜　766
石云轩　896
石韫玉(石琢堂)　152,157,459,576
石作桢　524,527
时庸劢(时吉臣)　273
史蕴若　225
史佳若　143
史弥宁　361

史汝楫　610
史申义　65,782
史耜孙　586
史心铭　610
史幼润　106
史逷定　143
史越裳　170
史致谟　143
史仲平　198
史子青　387
士夫　23
士魁　722
世杰　310
世锡　58,61,64
释敬安(寄禅、八指头陀)　491
释来復(蒲庵)　676
释昙林　870
寿子年　183
狩谷望之　538
狩野直喜(狩野、狩野博士)　579,613,615,
　　617
书估老顾　305
书估刘姓(刘估)　600,613
书轩陈氏　506,670
舒观察　433
舒广元　414
帅元镇　227,230,232,237,239
司空群　43
司空图(司空表圣)　439,456,457,549,656,
　　831
司马绍统　911
司马湘(司马晴江)　339—341,344,348,
　　363,372,507
司马允宽　282,283,286,295
司坦因　695
松寿　260,314

人名索引

松溪　83
嵩申　30,67
宋宝槭(字萸湾)　16
宋葆淳　635
宋宾王　576
宋伯仁　760
宋澄之　518
宋徽宗(赵佶)　725
宋教仁　660,691
宋濂(宋潜溪、宋景濂)　272,503,796,798
宋荦(商丘宋氏)　513,579,762
宋敏求(宋次道、次道)　490
宋钦　642
宋氏姊妹　805
宋绶　628
宋廷佐　227
宋琬(宋荔赏、宋玉叔)　343,380,773
宋望坡　109
宋咸　680,928
宋翔凤(于廷、宋于庭)　11,41,44,102,347,897
宋小娘子　626
宋玉峰　451
宋育仁(宋芸子)　83,127,171,185,191,203－205,208,258,351,444,451,488,737
苏伯衡(苏平仲)　612
苏城　295,317,417,667,679,842
苏潢　914
苏克萨哈　843
苏轼(和仲、东坡、玉局、坡公、苏文忠公、坡翁)　27,34,79,173,184,259,292,357,399,476,484,487,488,498,504,508,515,527,529,532,554,557,559,567,615,627,631,647,671,674,686,689,698,712,737,745,802,805,806,825,836,856,870,871,901,902
苏舜钦(苏子美)　938
苏天爵　236,575,601
苏宣(苏尔宣)　725
苏舆(苏厚康)　842
苏辙(苏颍滨、子由)　10,549,621,647,712
苏中丞　452
速不台(雪不台)　274
溯源和尚　360
孙嗌翁　908
孙宝谷　338,375
孙宝琦　199,209
孙葆田(孙京卿、京卿、葆田、孙佩南、佩南、孙佩翁)　56,159－162,164－166,174,292,322,554,559,583,747,748,781,784－787,813,830
孙伯恒　621
孙伯南　827
孙承　674,693
孙承泽(孙退谷)　300,592,598
孙从添　543
孙大雅(东家子)　272
孙得枝　136
孙德功(孙生德功)　422
孙德谦(益庵)　678,680,681,688,689,695,699,704,709,718,726,744,761,762,769,787,792,807,835,887,888,900
孙德之　811
孙德祖　31,34,36
孙觌　296
孙鼎烈(鼎烈)　804
孙端甫(端甫)　613,615,616,645,702,757
孙藩圻　804
孙凤钧(孙铨伯、孙瘪嘴)　153,879,908
孙翰香　244
孙宏烈　269

孙厚理　567

孙楫(孙驾航)　805,903,905

孙季芰(季艾)　736,737

孙家湘(蜗庐主人)　418

孙家鼐(燮臣)　161,212,344

孙觉　628

孙君裴　206

孙莱公　76

孙铃伯　469

孙禄增　51

孙孟延　215,375

孙沔　101

孙明廉　276

孙朋吉　587

孙启椿　279,281,283,300

孙启懋　329

孙谦益　568

孙潜(潜夫)　615

孙锵鸣(锵鸣、蕖田先生、韶甫、渠田)　737,862

孙秋帆　501

孙少山　42

孙寿松　483

孙泰云　152

孙廷翰(孙问青、问青、孙问卿)　175,205,206,375,432,454,461,465,663,705,706,707,710,843,849

孙廷铨　847

孙同康　186,565,573

孙洨民　115

孙星衍(孙渊如、渊如、伯渊)　52,57,73,87,134,247,250,286,296,300,339,340,373,549,573,584,762,777,782,812

孙雄　496

孙延龄　805

孙衣言(孙琴西)　224

孙诒让(孙仲容、中容)　20,23,211,257,271,325,359,481,498,504,736,766,862

孙诒绅　140

孙诒棫(孙季芃)　862

孙渔笙　80

孙裕　630

孙毓骏　328

孙毓汶(济宁)　17,18,148,163,164,187,188,194,196,202,204,212,220,221,233,235,340

孙毓修(莘如、益庵、莘翁)　455,530,533—535,538,539,542,545,547,549,550,554,555,559,562,565,575,577,580,583,587,588,699,704,709,786,820,827,854,867,871,872,876,878—880,885,886,888,889,898,899,903,905,907,908,915—917,919,922—928,930,932,935,938,939

孙岳颁　196

孙筠(蘐蔼、孝蔼)　391,407,414,441,445

孙枝蔚(孙豹人)　103

孙志祖　763

孙中山　583,634,676,941

孙钟杰　225

孙洙　628

孙宗策　164,166,171

孙宗翰　349

索额图　847

索靖　465,471

索尼　847

T

太丁　538

太甲　538

太戊　538

谈迁(谈孺木)　848,850

谈钥　64,631,677

覃园　109

谭淡子　626

谭继洵　222

谭君常　725

谭钧培(谭中丞、钧培)　223

谭嗣同　281,285,288,333

谭锡庆(笃生、老谭、谭贾)　185,200,207,221,574,599,605,611,613,617,618,621,622,643,646,761

谭献(谭复堂、仲修、复堂、谭廷献)　2,20,136,146,147,172,200,217,225,226,230－237,242,245,257,276,281,310,311,316,337,346,359－362,492,513,570,742

谭新嘉(谭志贤)　574

谭延闿(谭延闿)　732

谭延闿(谭组安)　660,661

谭雍　241

谭宗俊(谭叔裕)　213,256

潭安善　593

汤宝荣(汤伯迟、伯迟)　292,294,303

汤斌(汤文正)　884

汤伯和　438

汤成彦(梅生、秋史)　8,15－17,19,898

汤谷原　896

汤汉(汤东涧)　674

汤金铭　225

汤金钊　35

汤闰之　143

汤世澍(汤润之)　365,375

汤似瑄(汤伯温)　20,21,104,230,233

汤寿潜(蛰仙)　176,375,378,407,450,480,481,522,525

汤芗铭　697,732

汤修年　762

汤贻汾(汤雨生、汤贞愍)　122,365,472,487,741

汤右曾　886

汤治平　673

唐才质　660

唐鉴(唐确慎)　292,794

唐金波　320,321

唐景崇(春卿、唐尚书、唐春卿)　153,184,195,196,328,423,425,437,451,536,546,551,572

唐锟华　279

唐蟒　707,732

唐梦赉(唐豹岩、唐济武)　333,380

唐穆如　321

唐绍仪　576

唐顺之(荆川)　225,244,287

唐孙华(唐东江)　826

唐廷扬　10

唐文治　177,192,206,221,256,481,796

唐晏(唐元素、震钧、在廷、震载廷)　508,550,552,677,678,680,688,689,702,709,721,727,728,730,731,762,805,847,862,881,893

唐寅(唐六如)　398,838

唐运溥(度周)　237

唐韫贞(唐太淑人、佩蘅)　210,252

唐甄　67,778,794

唐仲冕　544

陶葆廉(陶保廉、拙存、陶拙存)　490,520,549,631,636,645,652,657,661,665,681,688,689,704,709,718,720－723,741－743,745,749,758,760,761,769,784,787,800,802,805,807,835－838,840,862,879－881,887,888,893,899－901,913,919

陶碧(陶石公)　725

陶炳南　426,434
陶方琦(陶子缜)　40,65,68,134,283,789
陶福祥(春海、爱庐、陶春海)　122,123,126,
　　141,147,837
陶弘景(陶贞白)　664
陶怀　896
陶潜　642
陶森甲　340,345
陶少筼　121
陶升甫　55
陶世凤　342
陶澍(陶文毅)　878
陶锡祺　349
陶湘(陶兰泉、兰泉)　578,586,632,684,
　　688,711,712,751,752,775,791,823,
　　832,833,850,862,894,900,907,910,
　　914,927,928,930,931
陶惺翁　917
陶煦　577
陶塨　232,235,237,239
陶濬宣(陶心云)　128,551,552,612
陶渊明　182,296,674,680,712,734
陶在铭(仲彝、陶仲彝)　31,33,34,40,765,
　　766
陶珠琳(陶五柳)　876
陶子麟(陶子霖、陶子林、子麟、陶君、老陶)
　　209,210,217,222,225,227,229,231,
　　233,238,252,254,274,279,281,285,
　　307,311,313,326,327,332,334,338,
　　347,354,362,363,366,367,372,381,
　　383,385,397,409,428,445－447,451,
　　458,477,479,483,487,488,492,496,
　　499,506,508,527,528,549,550,606,
　　609,610,612,613,616,618,620,625,
　　626,628,633,637－639,650,652,653,
　　697,706,711,761－764,775,797,816,
　　823,834,844,863,912,914,930,936
藤田丰八(藤田、藤田君)　414,417,552,
　　602,604,605,609
天野恭太郎　406
田保(保、文烈)　748
田北湖　131
田朝元(子春)　131
田鼎臣　275
田恩厚　147
田六善　884
田普光　138
田汝成　489
田吴炤(田君)　559,806
田兴恕(田忠普)　13,246,249
田应全　246,249
田在田　380
田中宫相　695
田中庆太郎(田中)　265,579,585,604,609,
　　621,695
佟凤彩　888
桐泽　57,64
童德厚(童世兄)　489,491
童树棠　294
童祥熊　60,539
头山满　589
涂景涛　202
涂桢　670
屠寄(敬山、屠奇、屠静山、静三、屠静三)　8,
　　77,78,84,89,118－126,128,129,132,
　　134－142,144－154,171,172,174,176,
　　180,182,185,188,215,216,221,229,
　　230,233,235,238,269,294,295,353,
　　408,439,450,480,676,759,790,865
屠宽(元博)　269,523,554
屠隆(常卿)　261,267
屠仁守(梅君、屠梅君)　2,20,22,23,30,36,

59,65,101,136,142,143,154,191,217,
218,516,789

屠倬 149

吐突承璀 837

托忒克·端方(端方、端督、端忠敏、端午桥、
午帅、匋帅、陶斋、匋斋、午桥、午师、端匋
斋、端忠愍公) 12,208,211,214,356,
389,407,411,419,429－431,435－438,
440,441,446,448,449,454,461,463－
476,478－480,482,483,487,489－493,
496－499,501－504,506－508,510－
517,520,523,527,532,533,551－554,
557,561,563,588,595,605,616,617,
699,737,769,799,806,831,839

W

完颜崇实(崇实) 18－20,30,173,513

完颜景贤(景贤、亨父、朴孙、完颜氏、景朴孙、
景朴生) 173,512,513,621,637,642,
676,686,737,749

完颜亮(金主亮) 827,831

完颜庆麟(庆麟) 513

完者都(完者拔都) 274

万本端 351

万本教 351

万彬森 227,243

万经堪(经堪) 504

万林森 235

万霖 293

万青藜 39,42,44

万树(万红友) 220,230,398

万树滋 232

万斯同(万季野、季野) 427,714,723,731,
739,766,783,785

万苪生 863

万正色 839

万中立(梅厓) 340,363,425,448,450,458,
459,461,504

汪半樵 122

汪伯春 762,763

汪曾唯 28

汪慈聚 164

汪大钧 199

汪大燮 199

汪东甫(东甫) 918

汪凤鸣 138

汪凤瀛(汪荃台) 410,413,708

汪凤藻 71,391

汪纲 474,675

汪关(汪尹子) 725

汪洪度(汪于鼎) 898

汪浤(宏度) 725

汪辉祖 41

汪继培(苏潭) 41

汪嘉棠(汪叔苐) 187,425,436,465

汪康年(穰卿、汪穰卿) 11,171,180,227,
228,237,243,250－254,257,258,264,
268,270,274,275,296－298,303,309,
311,318－321,349,363,382,385,425,
498,500,570,574,580,592,708

汪谅 671

汪洛年 905

汪梅村 167

汪鸣銮(汪郋亭、郋亭、汪柳门、柳门、汪三、柳
翁) 2,34,35,48,49,51,54,55,57,59,
66,75,79,81,84,85,87,99,133,172,
185,194,242,244,263,269,284,365,
387,388,401,438,440,466,473,758－
763,765,771,803,819,843

汪启淑 590

汪璨 881

汪瑞曾 134

汪莘如　879

汪士铉　35

汪士贤　780

汪士钟(汪阆原、汪阆源、阆原)　153,495,
　512,558,584,669,758,897

汪颂虞　123

汪太尊　544

汪琬(汪钝翁、钝翁)　558,773,778,907

汪网　489

汪文盛　720,820

汪文枢(幹亭、汪幹廷)　153

汪文台　121

汪喜孙(汪孟慈)　3,479,658,783

汪先弼　229

汪谢城(谢城)　875,877

汪星台　470

汪煦　704,718,734,761,769,792,807,835

汪洵(汪子渊、子渊、渊若、渊公、汪渊若、子沅、渊老、汪渊老、汪子远、渊兄)　2,84,
　90—92,94,96—98,101,104—106,109—112,138,151,158,159,167,168,176,
　178,181—187,195,198,210,220,221,
　244,253,309,310,318,327,329,334,
　336,347,349,375,387,399,407,414,
　416,432,450,454,461,465,479,481,
　484,496,509,511,512,517,519,522,
　529,534,542,574,586,599,600,606,
　608,610,624,629,631,645,651,653,
　657,658,662,674,675,678,681,687—689,693,696,699,702,704,706,709,
　711—713,721,734,738,745,752,763,
　765,766,770,771,775

汪诒年　302,303,450

汪元量(汪水云、水云)　497,637

汪远孙　872

汪越(汪先生)　301,405,406,539,870

汪蔗生　78

汪振之　847

汪芝兰(竹堂)　13

汪志伊(汪稼门)　287,375

汪中(容甫、汪容甫)　51,164,479,644

汪仲徽　725

汪子容　311

汪宗伊　46

汪缵尧　318

王安国　628

王安节　485

王安石(王荆公、荆公、王介甫、介甫)　318,
　484,585,870,927,938

王鏊(王文恪)　622,663,670,920

王宝仁　105

王宝田　552

王保义　626

王葆心　227,229,230,239,241,243

王秉必　211,215

王秉恩(雪澄、雪橙、雪老、雪丞、王雪丞、雪城、息尘、王雪丞丈、王雪澄、王雪澄丈、王雪老、王雪翁、王息庵、王息麈)　2,17,
　84,93—95,107,108,111,120,122,128,
　129,132,136,137,139,140,142,145,
　152,154,159,168,300,301,340,342,
　346,382,578,584,585,588,594,595,
　606,608,612,617,623,634,645,647—654,661—663,677,680,682,705—707,
　710,711,719,722,729,740,741,757—760,767,770,771,783,795,799,811,
　816,826,832,838,847,855,869,871,
　873,874,877,885,886,892,894,898,
　900,904,905,916,917,934,940

王伯勉　889

王步瀛(仙洲、白麓、王仙舟、王太尊)　18,
　491,492,496,497,499

人名索引

王粲　27
王昶(述庵少寇、兰泉、王述庵)　50,133,
　　373,443,494,495,497,513,623,678
王承耀　232
王晟　500
王崇焕(王汉章)　937
王崇烈(王汉辅、汉辅)　177,380,810,878,
　　881,887,891,893,894,909,910,937
王崇文　165
王崇燕　164,165
王宠(王雅宜)　436,473,714,793
王楚乔　227,229,230,235,237,239,241,
　　243
王楚书　523
王次金　381
王存善(王子展、王祉展)　120,142,295,
　　313,334,335,583,599,600,603,606,
　　770,771,920
王大钧　863
王大炘　535,653,686
王导　902
王德楷(王木斋)　286,307,450,847,896
王敷　43,126
王鼎　256
王鼎臣　327
王东槐　151
王都转　877
王铎　398
王发桂　18
王棻(王子庄、子庄)　707,843,861
王夫之(王船山)　335,746,778,794,822,
　　834
王辅臣　845
王淦郑　303
王瓘(王孝禹)　203,470,490,512,550
王光敏(光敏、茀英)　128

王光宇　414
王光裕(问山)　17
王桂祥　321
王国维(王静庵、王静安、静安、静轩、王静翁、
　　国维)　38,543,545,555,558,559,565,
　　571－574,578,579,581,585,588,593,
　　602,604,605,608,609,611,617,620,
　　625,628,629,634,645,648,649,657,
　　658,669,680,683－685,695,714,715,
　　718,765,806－808,827,844,862,892－
　　894,900,905,913
王鹤年　169
王宏甫　558
王鸿甫　571
王鸿绪　907,935
王厚之(王顺伯)　725
王黄叶(秋史)　904
王翚(王石谷、石谷)　138,146,191,194,
　　340,364,490,492,509
王吉荣　311
王季烈(季烈)　811
王济人　248
王继香　138,204
王寄生　826
王寂　508
王冀凤　138
王家枚(吉臣、寅孙、家枚、王吉臣)　137,
　　246,274,329,373,451,525
王嘉禾　98
王建　497
王鉴　173
王巾(简栖)　828
王荩臣　51,52
王景　926
王敬哉　347
王珏　639

王君用 575

王钧如 43

王闿运(王壬秋、壬秋、湘绮) 21,40,52,85,
110,327,514,634,737,765,778

王康吉 317

王葵 662

王兰 78,79,81,82,87,88,204－206,208,
209

王理庵 199

王令(王广陵) 860

王六潭 262

王茂如 537

王蒙 468

王鸣盛(王西庄、西庄、凤喈) 70,628,755,
756,758,818

王铭西 135,139,145,147,149,199

王乃徵(屏山、屏珊、病山、聘珊、王聘珊)
720,728,754,757,760－764,767,783,
826,838,847,894,901,904,905,907

王念孙(王怀祖) 300,516,742,761

王磐(王文炳) 274

王鹏运(王幼霞、王佑遐) 4,188,190,191,
195,196,198,200,202,207,235,239,
280,307,308,351,352,357,362,380,
382,384,413,429,431,433,456

王聘珍(王实斋、聘珍) 58,644

王平三 329

王祁原(麓台) 172,173

王芑孙(王铁夫、惕甫) 315,413,675

王千秋(王锡老) 380

王潜明 913

王俅(王子弁) 725

王去疾 381

王髯 706

王人杰 225

王仁东(王旭庄、旭庄、王完巢、完巢先生)

184,202,273,276,280,375,392,461,
517,520,523,529,531,647,657,668,
674,685,688,709,731,741,754,757,
780,783,784,786,826,827,861,888

王仁俊(扞郑、王捍郑) 17,178,180,181,
445－447,505,554,573,889,903

王仁堪 87,109

王仁乾 414,425

王仁权 928

王融 264

王如意 2,3

王孺人 158

王瑞朗 241

王森文(王春林) 821

王韶之 47

王劭怐 229,230,235

王绍兰 639

王莘林 794

王升 312,336,353,366,467,485,729,839,
849,851,877

王十朋 579

王时敏 194

王士禄(王西樵) 331,343,380,775

王士模 159,167,372

王士祯 219

王士禛(王渔洋、渔洋、阮亭) 73,94,288,
343,372,380,458,459,647,677,721,
753,806,898,908,914

王世贞(王弇州、元美) 286,486,914

王式通(王书衡) 621,643,863

王守诚 575

王守晟 219,243

王守仁 438

王守训 127,152,214

王寿嵩 232,235,237

王受畴 249,255,256,260

人名索引

王书城　564,735

王书舫　170

王树云　315

王四先生　901

王松　102

王颂蔚(莆卿、王莆卿、蔚公、蒿隐、王蒿隐)　4,34,46,48,54,57,77,81—83,86,88—91,93,94,97,102,110,150—153,180—183,189,191,193,194,202,210,215,221,224,234,235,238,277,304,498,811

王提　642

王体仁　480,535

王廷桢　794

王庭干　674

王同愈(王胜之)　184,191,197,288,294,451,452,466

王惟俭(王损仲)　133,612

王文　575

王文锦　212

王文进(王晋卿丈、晋卿、王晋丈)　748,750,796,801

王锡蕃(季樵、王季樵)　31,97,98,109,110,158,159,176,177,180,184,191,219,333,573

王锡兰　772

王锡祺(小方壶主人)　501,538

王锡翁　808

王熙　852

王熙銮　43

王羲之(王逸少)　305,891

王先谦(长沙师、葵园师、葵园、葵师、遯、先谦、王一梧师、一梧师、王益吾、益吾、王师、益师、葵园老人、葵老、王葵园、王祭酒)　2,16,24,45,46,52,62,68,73,74,76—81,86,88,89,91,93,95,97,98,100,101,103,107—110,113—115,117,121,126—131,135,138,140,144,145,149,150,175,177,181,184,199,205,206,223,229,231,238,306,327,331,332,342,343,345,374,383,391,395,401,411,412,426,429,448,449,451,456,463,467,470,471,484,487,515,535,539,541,543,545,548,550,560,561,581,656,659,660,679,683,692,697,730—736,739—741,743,744,752,766,781,782,786,787,792,795,805,822,841,842,851—853,855,864—866,873,874,875,881,883,885,913,915,917,918,922

王先慎　842

王湘澄(湘澄)　110

王湘阁　915

王小廷　113

王燮(王少延)　769

王瀣　248,249,255

王信卿　228

王醒(王公赞、梓渔)　916

王绪祖　823

王萱龄(昌平王、王北堂)　771,778,861

王雅宜　714,793

王延纶(王合之)　753

王颜　39

王颜喜　626

王彦泓(王次回)　468

王彦威(弢夫)　31,33,36,37,79,81,85,87,284

王一鹤　165

王一松　631

王仪郑　631

王诒寿(王眉叔)　61,64

王亦曾(鹤琴)　301,338

王翊运　507

王懿荣(廉生、王文敏、王莲生、莲生、王廉生)　2,31,32,34,36,37,39—41,43—46,51,52,55,62—64,66—70,72,75,76,79,81,85,98,103,106,139,140,148,151—153,158,159,161,164,177,180,183,184,187,191,198,202,203,210,213,214,220,221,223,234,238,240,247,278,285,286,350,351,355,369,380,452,528,621,624,686,876,878,939

王引之(王伯申)　41,163,300

王应麟(王深宁)　27,292

王镛　265,275,295,300

王咏霓(六潭、子裳)　165,181,262,345,411,423,784

王俞　858

王禹偁　278

王玉唯　725

王豫熙　319

王原祁　937

王筠(王菉友、菉友)　6,46,56,143,164,658

王恽　151,173,395,450

王韵生　278,388

王兆麟　759,760

王贞仪　371

王缜　927

王之春　170,217

王芝兰　828

王志坚(王淑士)　510

王智兴(王侍中智兴)　298

王穉登(王百谷)　261

王仲光　58,60

王仲良　168

王灼　489,576

王子云　64

王宗炎(王晚闻)　610,875

王祖恭　230,237,239,243

王祖畬　133

王祖源　52

王佐　707

王作孚　159,160

危素(危氏、云林太朴)　503,564,649,731,798

卫青　11

魏道武　937

魏光焘　410,416,417,419,425,426,429,430,434

魏国鼎　227,239

魏国昇　230

魏了翁(魏鹤山)　64,428,650

魏锡曾(魏稼孙)　389,623,816,818

魏绦　418,426

魏源(默深)　8,84,99,261,418,772

魏徵(魏證)　590,627

魏仲立　140

温达　898,899

温彦博(温虞公)　247

文丁　538

文良(文冶翁、文冶庵)　62,469,861

文乃尔　13

文彭(三桥国博、文寿承、文博士寿承)　465,510,725

文叔明　929

文天祥(文信国)　120,707

文廷式(芸阁,道希)　8,78,83,98,128,131,134,148,150,151,174,178,180,181,185,187,189,191,210,213,214,235,279,296,304,309,360,363,430,435

文修承　165

文彦博　472

文云谷　191

文征明(文衡山)　211,714,768,821

人名索引

闻茂才　133

闻人诠　678

翁斌孙(翁弢夫、弢夫)　738,858,869,891,897,920

翁长芬　275,281,286,796

翁长森(翁铁梅)　307,310,311,374,481,604

翁方纲(苏斋、翁覃溪、覃溪、覃豁、翁复初斋、翁正三)　247,270,284,300,385,417,448,458,463,472,483,492,532,594,599,625,688,690,700,706,747,748,768,771,781,790,791,793,794,797,801,802,807,808,811,816,818,821,827,843,845,882

翁三郎　626

翁绶祺(印若、翁印若)　247,284,715,716,854,923

翁叔元　940

翁同龢(常熟、翁师、翁尚书、翁叔平、翁文恭、文恭、翁松禅、松禅)　2,44,47,69,74,82,89,99,136,144,150,154,159,172,181,192,194,195,202,206,212,213,215,216,220,221,235,242,256,284,313－316,326,356,450,454,626,631,726,856,857,927,937

翁幼申　179

翁允　248

倭聂尔　115

乌拉喜崇阿　67

乌斯道　567

吾六　681

吾丘衍(吾邱子行、吾子行)　725

吴邦镠　159

吴宝书　241

吴丙湘(次霄)　150,340,341

吴炳祥(吉甫)　74,131,221,240,472

吴昌绶(吴印臣、印臣、印丞、伯宛、甘遯、松邻、吴甘遯、甘遯、绶、吴印翁)　551,552,554－558,564－574,578,579,581,604,609,610,612－617,619,620,624－626,629,630,636－639,641,642,644－646,654,668,672,673,675,679,680,681,683,684,694,697,700,701,708,713,714,720,721,724,730,731,735,737,738,740,743,744,749,757,762,763,768,769,773－779,783,785,792,795,801,804－806,809－811,813－817,820,821,823－825,831－833,835,838－841,844－851,853,854,858,859,863－865,868－871,912,917,924,929,930,935,940

吴昌硕(吴俊卿)　2,138,145,210,382,483,488,624,629,631,645,651,657,673,678,681,688,689,693,702,711,734,743,752,758,761,787,802,805,807,835,838,874,877,879,881,887,888,893,900,910,913,919

吴昌言　693

吴长元　439

吴鬯初　696

吴承潞(广庵)　42,193,194,201,269

吴澄(吴伯清、吴文正公)　227,639

吴慈培(吴佩伯)　603,683,738,805,873

吴大澂(愙斋、吴愙斋、吴清卿)　181,199,275,284,476,511,715,929

吴道子　171,406

吴德溥(吴晓邨)　215,251,252

吴迪光　381

吴殿麟　260

吴栋成　400

吴枋　104,285

吴封　368

吴凤 662

吴公望 471,472

吴观礼 102,108

吴冠英 126

吴广霈（瀚涛、吴瀚涛） 439,440,453,454,
    456,462,479

吴积玺 216

吴吉甫 74,88,128,342

吴际昌 99

吴鉴堂 276

吴讲 51,65,89,94

吴颉鸿 241

吴介堂 235

吴晋（吴平子） 725

吴晋仁 92

吴景旭 633

吴景周 364

吴敬修（吴菊衣、菊衣） 206,376,518,675,
    863,864,866

吴静甫 85

吴静山 886

吴镜澄（幼岑、柚岑） 17,20,53,59,80,82,
    84,108,156,204,232,332,395,471,523

吴镜沅（吴月生、月笙） 17,20,62,121,133,
    167,353,376,534

吴琚 500

吴娟娟 363

吴堪（吴吾村） 211,633

吴侃（鹤生、谔生） 13,14

吴康伯 472

吴宽 614

吴兰庭（吴胥石） 875

吴历（吴渔山、墨井） 173,191,364,492

吴利彬（吴利宾） 229,230,241

吴懋清 70

吴孟思 725

吴勉学 540,558

吴敏树 199,205,796

吴鸣麒 283,286,293,313,329

吴南溪 563

吴讷 574

吴瓶花 483

吴骞（吴兔床、吴兔牀） 557,775,826

吴潜 662,718

吴樵 237

吴钦（吴闻生） 864

吴勤修 403

吴青 650,657,662,666,677,699,715,739,
    741,747,749,756,758,768,775,777,
    781,782,785

吴庆坻（子修、吴子修、止修） 3,150,191,
    288,423,548,584,631,647,656,657,
    662,668,674,677,678,685,687－689,
    692,693,699,700,702,704,706,708,
    709,711,718,720,722,727,728,730,
    731,733－735,738－742,754,758,760,
    761,763,767,769,780,783,786,789,
    790,792,795,809,833,910,919,920,922

吴让之 170,725

吴荣光（吴荷屋） 468

吴汝纶（吴挚甫、挚甫） 259,488,750,795,
    796,808

吴汝明 172

吴三桂 845

吴申甫 112,119,123,135,141,145,147,
    150,152,156,168,175－178,182,183,
    190,211,216,219,221,225,238,240,
    253,268,270,292,296,309,312,322,
    324,329,331,334,349,352,363,367,878

吴师道 539,671

吴士鉴（吴炯斋、䌹斋、炯㐌、炯斋、䌹老、䌹弟）
    9,19,202,204,209,351,372,641,643,

644,647,662,668,674,684,685,688,
708,721—723,727—731,736,738,740,
744,745,748,750,752,753,755—758,
764—766,770—772,774,778,779,782—
788,792—797,799,801,807,808,810,
815,818,819,821,841,858,859,865,
867,868,885,886,888—890,902,903,
905,906,916—918,920—922

吴式芬(吴子苾) 270,909

吴栻 413

吴树藩 257

吴树梅 31,44

吴睡 681

吴棠(吴勤惠、勤惠) 13,18,19,25,31,131,
240,471,472,647,650,663,777

吴棠延 26

吴闿生(闿生) 518,533,544,550

吴铁桥 228

吴廷栋 282

吴廷锡 332

吴廷燮(吴向之) 332,865,866

吴廷璋 295

吴同甲 539

吴伟业(吴梅村) 191,208,449,596,775

吴雯(吴莲洋) 904

吴小轩 77

吴燮臣 185

吴兴祚(伯成、吴伯成、兴祚) 596,607

吴修老 881

吴学廉(吴鉴泉) 279,343,369

吴彦侯 247

吴翊寅(孟荣、吴孟荣、吴孟萤) 118,126,
135—137,139,142,145,147,150,158,
176,181,271,335

吴翌凤(吴枚庵) 176,356,597

吴隐(吴石潜、石潜) 616,666,676,682,

685,706,725,751,760,763,764,777,
786,823

吴应箕(吴次尾) 305,369

吴英 839

吴永 480,643

吴友石 890

吴幼农 717

吴玉搢 35

吴郁生(蔚若、蔚老) 91,93,255,273,282—
284,286,288—290,294,304,326,607

吴育(吴山子) 126,725

吴棫(吴才老) 70,671,682

吴渊 662

吴元恭(元恭) 670,726,893,925

吴云(吴平斋) 889

吴增甲(吴达成) 565,845,846,873,883,
885,894,895,904,914,939

吴增仪 257

吴章 535

吴兆曾(吴寄尘) 929,937

吴肇嘉 126

吴振麟 415

吴振棫(振棫) 718,722,727,763,767

吴正阳(吴午叔) 725

吴正治 852

吴之振(孟举) 786

吴稚和 492

吴忠(吴孟贞) 725

吴仲安 938

吴仲铭 12,20

吴重憙(仲饴、仲贻、吴仲怡、吴仲诒、仲翁、
仲怿、石莲翁、吴布政、吴仲怿、吴仲翁)
247,272—274,278,286,329,333,334,
340,342,343,346,355—357,359,361,
364—366,368,376,379,380,382,389,
391,397,399,401,403—405,432,433,

435,436,438,440,442－444,450,452,
454,459,463,508,644,689,738,890,
899,909
吴卓信(吴顼儒)　762
吴咨(吴圣俞)　725
吴鼐(吴山尊)　624
吴祖椿(柚农)　17,35,36,75,93,157,167,
674
吴祖裕　381
伍步瀛　267
伍崇曜(伍氏)　57,58,185,256,262,443
伍宁方　193
伍乔　427
伍润　122,123
伍廷芳　391
伍元芝　524
伍芝荪　321
伍子胥(伍相)　359,938
武丁　538
武乙　538
武亿(武虚谷)　190,296,385,487,757

X

西村时彦　302,360,361,366,380
奚冈(奚铁生)　315,725
奚绍声　191
锡缜　32
席尔达　939
席淦　71
席鉴(席玉照)　655
霞师和尚(霞卿)　600,601
夏炳泉(炳泉、老夏)　607,610,611,760－
762,802,860,863,913,915,922,933,
935,936,938,940
夏曾佑　228
夏长倩　865

夏昶(夏仲昭)　340
夏道生　117,137,140,144,174
夏涤初(夏子沐)　115,126,127,243,328,
364,375
夏凤生　576
夏馥　890
夏贵　722
夏敬观(夏映庵、鉴翁)　625,767,869,871,
877,887,888,893,919
夏镜涵(夏镜函)　66,70,255,354,370,439,
488,515,668,888,917－919
夏屏周　113
夏勤邦(彦保、勤邦、夏彦保)　37,80,82,86,
113,114,149,185,188,231,240,245,
246,288,353,671,672,688,696,846,
853,869
夏勤保　410,671
夏仁虎　249,256,799
夏仁溥　279,300
夏润轩　157
夏时济　495
夏寿田　526,529,531
夏树芳(茂卿)　86
夏孙桐(闰枝、闰翁、闰兄、夏闰翁、闰老)
75,99,106,107,111,148,151,154,155,
157,176,177,204,207,208,211,221,
231,236,241,242,250－253,255,257,
268,277,280,282,283,286－289,292,
294,304,305,309,317,344,349,351,
352,362,367,369,373,408,421,474,
478,488,491,494,496,513,529,535,
537,542,574,576,577,583,635,639,
644,650,674－676,689,694,702,714,
718,735,752,766,772,779,783,785,
787,796,798,799,801,804,813,814,
821,827,831－833,835,838－840,848－

851,853,854,859,863,865,866,869,
872,876,878,886,888,890,891,900,
908,910

夏薇卿　93

夏炜如(夏永曦)　25,37,671,694

夏晓初　243

夏燮　314,370

夏诒霆(夏挺哉)　813,863,865,881

夏诒钰　66,70

夏饴谷　137

夏荫庭　117

夏寅官　184

夏永声　160

夏咏芝　708

夏允彝(夏忠节、允彝)　417,678

夏震武(夏涤庵)　786

夏子焜　160,162

夏子龄(字百初)　115

夏子塗　427

鲜于枢　468

祥和(煦舲)　9

祥清(伯山)　181

向荆山　755

向秀　339

项圣谟　340

萧伋　642

萧敷政(萧蒲村)　500,507

萧罕嘉努　256

萧宏　49

萧绩　49

萧逵　266

萧摩诃　919

萧穆(敬孚、敬甫、萧敬孚、萧丈)　2,147,
175,216,254,259－261,327,335,345,
392,406,417,436,453,456,469,473－
475,478,482,795

萧绍典(芳林、楷堂)　500

萧受镕(萧幼孚)　436,453,474,475,478,
482

萧廷琛　43

萧统(昭明太子)　674

萧文龄　311

萧文昭　222,351,535

萧永葆　898

萧贞敏(奭加斗)　236

小川平吉　589

小栗市太郎(小笠)　592,593

小杨(书估)　47,59,101,104,121,143,147,
156,167,172,174,177,180,185,190,
193,200,207,209,219,221,229,305,
337,420,426,428,438,461,513,519,
582,587,593,594,601,620,622,673,
698,699,716,741,743,750,756,760,
768,777,782,796,798,816－818,820,
848,875,876,925,928,929,935

谢安　904

谢昌年　133

谢昌渝　29

谢得龙　222

谢芳连(谢香祖)　356

谢光绮(谢方山)　204,316

谢隽杭　43,46,527

谢兰生　315

谢灵运　642

谢南川　735

谢彭发　120

谢聘璋　222

谢启昆　64

谢师元　120

谢玄　902

谢亦筬　45

谢鹰禧　37

谢榛(茂秦、四溟山人) 914
谢钟英 114,115,134,137,145
谢谘议 642
谢子芳 671,682
谢祖沅(祖沅) 195
辛安 751
辛从益(辛筠谷) 152
辛弃疾(辛稼轩) 343,380
馨吾 48
邢之襄(邢赞亭) 444
杏子 611
熊安生 694
熊翀 575
熊赐履 850
熊方遂 243
熊希龄 407
徐宝谦 80,88,90
徐北溟 459
徐本立(徐诚庵) 398
徐斌臣 438
徐秉义 935
徐炳 307
徐苍厓 205,876
徐昌绪 27
徐岱 226
徐德沅(徐芷帆、子帆、芷帆) 126,128,167,349
徐定超 89,205,206,208,209,211
徐东 566
徐坊(徐梧生、梧生) 16,191－194,202,206,208,210,215,220,267,282,283,286,291,292,305,517,520,521,550,552,561,573,574,577,591,602,658,813,824,825,842,858,914,925
徐逢科 237,241
徐福 623

徐郙(徐颂丈) 54,56,66,151
徐冠南 631
徐鸿宝(徐玉森) 814
徐鸿春 412,419
徐焕谟(徐叔雅、焕谟、绿沧、叔雅、乐沧) 672,673,681,709,717,718
徐会沣 212
徐家幹 224
徐家树 99
徐嘉炎 777
徐钧(徐晓沧、晓霞、徐晓霞) 426,672,681,709
徐锴 184,725
徐珂(徐仲可) 688,689,702,734,887,888,890,893,900,933
徐鲲(徐北溟) 588,597
徐梅仙 143
徐敏夫(徐敏甫) 466,480,535,760
徐明 626
徐慕邢 814
徐乃昌(徐积馀、积馀、南陵徐君、积公、乃昌、随盦、绩馀) 20,108,194,210,214,228,229,239,240,243,247,251,252,254－257,259－262,264－266,271,273－276,279－281,285,286,290,291,293,295,296,298,299,301－303,305－308,316,323,324,327,328,330,340－342,347,354,357,358,361,366,368,369,371,375,376,378,382,383,386,397,403－409,412－417,420,422－427,431－433,435,436,439－442,445,446,450－455,457,464－469,473,474,476,477,479－482,484－488,493,499－501,507,508,515,516,518,520,522－528,550,553,554,556,562,563,575－577,583,585－587,590,592－594,596,603,607,608,

610－612,617－620,623,624,631,632,
634,637,640,644,646,661,685,686,
695,707,711,718－720,727,729,740,
752,757－761,763,767,769,780,783,
786,788,791,795,800,802,805－807,
809,827,829,831－833,835－837,839,
840,845,862,863,869－871,874,877,
880,882－884,886－888,890,892－894,
899－902,904,910,918,925,927,929－
931,933,934,937

徐乃光　425,482,499

徐肅　13

徐琪　79－82,85,87－89,96,352,557,863

徐乾学(昆山徐氏)　259,479,503,513,579,
786,935

徐勤　297

徐仁陔　845

徐仁杰　624

徐三庚　725

徐森玉　565,830

徐少南　631

徐绍端　318

徐绍桢(固卿、徐固卿)　437,441,470,514,
580,916

徐石甫(石甫)　20,99,157,363

徐时浚　197

徐士庵　198

徐士恺(寿安、子静)　247,284,290,444,594

徐士培　681

徐士彦　217

徐世昌(东海、徐东海、菊人)　697,766,772,
792,808,809

徐寿基(徐桂瑶)　496

徐书识　423

徐书受　186

徐叔珽　441

徐树钧　52,201,360,430

徐树兰　83,89

徐树铭(寿衡、寿老)　284,292

徐松(徐星伯、星伯、徐先生)　23,25,31,32,
68,69,107,226,334,483,592,600,604,
659,759,809,838,840,869,872,875,
921,934

徐棠　624

徐天祐　474

徐廷幹　227,235,237,239,241,243

徐同柏(籀庄、徐籀庄)　511,625,638

徐桐(东海、徐掌院)　43,56,72,99,108,
144,190,212,213,216,277,370,534

徐伟三　169

徐玮文　142

徐渭仁　473

徐文佐　243

徐熙(徐翰卿、翰卿)　247,271,284,466,
480,489,522,917

徐小云　194

徐啸崖　391,417

徐星署　85

徐养吾　167

徐永成　115,143

徐用锡(徐坛长、圭美)　511

徐用仪(海盐)　235

徐元圃(徐元甫)　56,92,114,115,136,174,
200

徐元文　540

徐鋆　287

徐祯　922

徐正淳　204

徐芝孙　238

徐执庵　72,350

徐致靖(徐子静、子静)　203,247,284,290,
594

徐中行(子与) 704,914
徐仲和 725
徐铸庵 84
徐紫珊 540
许寀(许有介) 725
许诚斋 111,167
许鼎楷 235,243
许鼎霖 419,454
许高阳 725
许桂林 101
许淮祥(子颂) 624,633,647,651,652,657,
    661,665,678,681,688,689,693,702,
    704,709,723,726,769,781,800,834
许瀚(印林、许印林) 5,17,164,274,576,
    658,715
许景澄(景澄、竹篔) 2,40,45,62,123,139,
    146,153,351,367,383
许乃武 863
许珊林 658
许恕 82,104
许同莘 461
许星璧 375
许镛 173
许玉琢(许鹤巢、玉琢) 223,650
许增 310,311
许之龙 930
许钟璐 863
许子舒 118,130,134,140
许宗衡 225
许宗彦(周生) 301
续廉 722
溆浦陈君 906
宣哲(宣古愚) 788,809,831
薛昂 639
薛葆楹 269
薛传均 35

薛福成(薛庸庵) 82,216,906
薛恭人 1,7,9,11,14—16,98,169,174,790
薛光锜 814,865
薛华培(薛次升、次申) 146,238,244,245
薛焕(薛侍郎) 26,146
薛惠 49
薛缣 375
薛绍彭 781
薛绍元(薛嘉生) 322
薛斯濂 279
薛田(薛氏) 353,723,811
薛庭楠 1
薛幼梅 80
薛章宪(薛尧卿) 272
薛朱芸 712
荀伯 251
巽之 128

Y

延淦 329
严宾 279
严崇德 184,189
严复(幼陵、严几道) 517,536
严可均(严铁桥、严先生) 26,31,47,168,
    275,346,373,525,812,841,882
严绳孙(藕渔) 197
严纹玺 731
严信厚 375
严元照(元照) 191,502,520,587,588,591
严泽 275
严章福 910
严州 678
严子进 248,285,911
岩村成允 415,416
阎复 181,226,236
阎若璩 93

人名索引 1027

颜札景廉 30
砚香 452
晏孝传 232
晏振恪 184
晏知止 580
羊复礼 44
杨闇公 811
杨宝臣 583
杨保彝 314
杨葆光(杨古酝) 311,543
杨参 597
杨策卿 21
杨晨 89
杨承曾 407
杨承禧 92
杨崇伊 80,81,84,85,88,92,96,139
杨传弟 347
杨调元(龢甫、孝羹、和甫、调元) 38,45,717
杨定发 10
杨定敷 741,747
杨定甫 332
杨笃(乡宁杨氏) 304
杨芳灿(杨蓉裳) 175,257
杨芾 342
杨复吉 697
杨汉卿 725
杨鸿逵 198
杨厚庵 63
杨慧生 13,20
杨继盛(杨椒山) 514
杨继振(彦起、又云、莲翁、又翁、燕南学人、苏斋学人、星凤堂主人) 32,909
杨金龙(杨镜海) 379
杨晋 631,636,678,681,688,689,702,704
杨景薇 146
杨靖(绶臣) 152

杨垲 38
杨揆嘉 663
杨夔生 194
杨亮 138
杨履晋(杨康侯) 557
杨名世 268
杨模 221,296
杨墨林(墨林) 658
杨勤有 421
杨秋圃 478
杨荣 682
杨锐(杨叔峤、叔峤) 35,77,83,84,93,97,107,108,120,122,132,137－139,171,172,176,210,211,215,218,221,333
杨润庐 863
杨绍璧 211
杨绍和(杨勰丈) 223
杨深秀 333
杨慎 401
杨时 304
杨氏(杨恭人、杨宜人) 13,32,51,53,54,65,81,120,140,141,146,164,198,236,278,304,446,477,492,514,518,523,525,553,572,586,594,595,597,598,642,654,658,682,717,911
杨守敬(惺吾、邻苏老人、惺老、守敬、杨惺翁、星五、杨君、杨星吾、杨星五) 2,65,66,127,146,170,200,224,228,229,231,236,237,239,258,278,341,358,374,446,454,472,477,478,486,491,506,532,550,558,579,586,590,593－595,597－602,637,642,648,654,697,736,770,837,903,921
杨寿昌(葆初、杨葆初) 17,20,22－24,47,50,134,146,175,198,229,550,863
杨廷杲 432

杨廷枢　600

杨通俭(杨圣期)　333,380

杨同福(思赞、师载)　490

杨万里(诚斋)　681

杨维桢(抱遗老人、维祯、杨铁崖、杨铁厓)　272,610,687,692,693

杨维舟　461

杨文骢(杨龙友)　165,177

杨文鼎(杨俊卿)　437

杨文会(杨仁山)　279,344

杨文钧　462

杨文骏　196,258

杨文滢　310

杨文藻　313

杨希洛　442

杨熙昌　293,308,311,313,318,322,329

杨岘　54

杨肖岩　108

杨辛孟(觐尧、杨觐尧)　490,511

杨恂　628

杨炎昌　248,249,255,256,258,260,265,268,275,282,283,286,290

杨沂孙(濠叟)　184,490,511

杨宜治(虞裳)　181,184,215

杨颐(茂名师、茂名)　2,20,70,104,107,111,117,118,129,131,133,135,138,140,141,143,144,148,149,152,154,156,163,169－172,178

杨以增(杨至堂)　3,7,658

杨雍建　819

杨玉晖(杨叔夜)　725

杨远山　241

杨韵秋　934

杨政(吉水杨氏)　51

杨中立　626

杨钟羲(杨子勤、子勤、子勤、杨先生、芷性)　6,472,490,517,520,523,524,526,529,553,646,651,652,661,665,674,678,680,681,684,688,689,702－704,706,709,710,718,721,722,724,726,728－730,741－745,748,749,754,756,758,761,762,769,783,787,792,795,800,802,805,807,810,826,835,861,862,869,876,880,885,887,888,893,894,899－901,904,905,919,933

杨仲昭　735

杨仲庄　723,726

杨重雅(庆伯)　17

杨子达　24

杨子翁　645

杨子云　326

杨梓　605

杨宗道　725

杨宗濂　155

杨作霖(济生)　17,20,527

尧君素　617

姚宝勋(字伯庸)　36

姚炳(佐燧)　422

姚椿(姚春木)　678

姚大梅　383

姚代耕　216

姚华国　116

姚纪堂　524

姚晋圻(姚彦长)　505

姚觐元(姚彦侍、彦侍、彦老、彦师)　22－27,29－35,37－41,55－57,64,81,91,93,98,99,105,113,114,116,119,123,125,133,134,144,488,510,517,628,629,665,812

姚堃埏　388

姚肃(姚惜抱)　567,690,782

姚启圣　839

姚秦(姚叔仪) 725
姚日新 318,322
姚蓉第 174,175
姚汝说 235,237,243
姚舜牧 35,901,932
姚舜咨 629
姚燧(姚牧庵、姚文公燧) 227,236
姚慰祖 93,119,134,173
姚文栋 877,881,893,919
姚文楠 93,107,113,119
姚文然 884
姚文田(姚文僖) 183,911
姚锡光 554,557
姚彦鸿(彦鸿) 166,168,169,209,210,215
姚彦嘉(彦嘉) 116,175
姚彦立 171,173
姚晏 35
姚燕年 308,311
姚仪 839
姚永概(姚叔节、叔节) 397,411,419,422,539,562
姚永朴(姚仲实) 419,748,752
姚岳度 159,166
姚岳望 112,217
姚制荎 92
姚子湘 99
耶律孟简 256
叶昌炽(鞠常、叶鞠裳、叶缘督、菊裳、叶鞠兄、叶鞠公、鞠裳、菊常、鞠兄、缘督) 4,34,35,37－39,46,48,49,54,56－58,60,65,66,69,72－75,78,79,85,87,91,112,113,126,128,133,134,137,138,144,150－153,156－159,161,168,169,172,178,180－185,189－193,196,201－204,208,210－212,215,220,221,228,234,238,248,252,255,268,270,273,277,

280,282,283,285－290,292,294,304,305,309,311,314,316,317,325,326,329,337,339,349－352,367,373,425,431,466－468,470,474,476,505,506,516,527,542,545－547,554,580－582,600,607,627,631,635,637,641,650,659,661,665,679,681,684,698,744,762,771,818,821,829,832,3,864,867,881,897,917,930
叶春及(吴西公、初春) 818
叶大庄 201,221
叶德辉(叶奂彬、奂彬、焕彬、辉) 16,176,229,248,249,463,468,472,473,477,482,484－486,489,499,501,502,504－508,526,527,535,539－542,544,554,561,562,570,659－664,667,668,670－672,674,678,684,687,688,692,694,697,707,708,732,733,735,736,749,803,811,822－824,827－829,831,836,839,841－843,856,866,868,869,871－875,881,882,894,896－898,900,912,915,922,923
叶敦 578
叶尔恺(柏皋、叶孝廉伯皋) 153,180,199,466,772
叶方蔼(文敏) 828
叶恭焕 503
叶广勤 671
叶瀚(叶浩吾) 224,228,237,334
叶赫那拉氏(慈禧皇太后) 12,500
叶家琛 235,241,243
叶景达(景达) 670,671
叶景葵(叶揆初、揆初、葵初、叶景逵) 728,730,731,745,927
叶兰台 123
叶林(玄文) 837

叶梦得(石林、梦得) 499,526,570,578,
    660,663,664,733,842
叶名琛 8
叶清臣(清臣) 663
叶森(叶景修) 725
叶善镕 414,416
叶绍泰 276
叶绍颙(绍颙) 827
叶绍袁(天寥公、绍袁) 664,667,825,827—
    829
叶盛(文庄、盛) 828,837
叶树廉(叶石君) 501,576,615,776,938
叶廷琯(调翁) 484,667
叶廷琦 388,405
叶维翰 115,123
叶文忠 469
叶小鸾(小鸾) 664,827
叶燮(叶先生、叶、世倌、横山公、星期、横山)
    516,664,687,777,803,811,818,827,828
叶燮生 51
叶印濂(印濂) 664,667
叶映榴(映榴、忠节公) 828,856
叶颙(颙、靖山长) 828
叶昭敦(咏霓) 828
叶志诜(东卿、叶东卿) 234,247,264
叶子长 249
伊秉绶(伊墨卿) 768
伊藤博文(伊藤) 325
伊泽修二 415
易佩绅 455
易顺鼎(实甫、易实甫) 84,85,170,171,
    271,272,306,345,367,368,398,495,
    674,697,729,766
铁良 906
殷鸿畴 89
殷厚培 99,108

殷家彦(殷委员萃峰) 333
殷柯亭 91
殷文珪 427
殷亦平(殷亦坪、亦平) 289,295,316,675,
    694,751,754,811,826,936
殷兆镛 30
殷作霖(俊文) 118,130,143,847
尹福昌 237,239
尹公佗(尹公之他) 339
尹恭保 142
尹彭寿 161,166,169
应潜斋 752
应元 282
英洛 847
尤侗(尤西堂) 276,777
尤袤(延之,尤文简公) 257
尤玘 272
尤贞起 543,545
游侣 631,662
游明 153,640,664,665,671,873,886,890
友永传次郎(友永) 592,593
有庆 293,295,306
有泰 320
于成龙 845
于大猷 699
于德芳 699
于立政 699
于式棱 767,770
于式枚(于晦若、晦若、晦老、穗公) 100,
    167,450,565,607,668,721,722,728,
    740,747,757,760,766,767,770,772,
    774,779,780,782,783,785,789,791,799
于廷扬 252,258,260,265
于孝显 699
于佑任 839
于知微 699

人名索引

于志宁 699
于子元 170
余诚格 350,769
余澄清 227,229
余二郎 626
余国柱 852
余璜 283,308,311,313
余吉甫 170
余集 589,909
余摺珊 24
余靖安 670
余联沅 167,204,363
余秋室 690
余仁仲 670
余绳金 241,243
余寿平 157,201,723
余思诒 375
余性初 927
余宣教 626
余肇康(余尧衢) 218,224,225,300,507,886
俞陛云(阶青) 467,470,472,765
俞恒农 762
俞纪琦 794
俞廉三 660
俞明震(俞恪士) 363,377,381,526,900,901
俞五先生 754
俞莹 142
俞樾(荫甫、曲园、俞曲园、俞荫老、俞荫甫) 2,7,16,25,27,41,44,54,58,64,85,116,133,134,136,144,159,168,269－271,325,387,438,465－467,469,470,472,733,765,766,842
俞允 42,92
俞肇荣 142

俞贞木 269
俞正燮(俞理初) 626,722,897
俞钟銮 294
俞紫芝 379
渔溪 235
虞翻 121
虞集(虞伯生) 227,236,575,629,682
虞寄 919
虞炎(虞奉叔) 655
禹佐尧 267
喻春峰 464,479,487,528,549
喻鼎孙 262
喻长霖 678,680,681,688,689,702,704,706,718,720,723,728,734,742,835,836,840,888
御幡君 406
裕德 158,159,165,166
裕禄 92,106
裕长 324,327
元好问(元遗山) 440,459,510,611
元明善(明善、复初) 225,227,381
元善见(魏静帝) 527
元泰 121,882
元昭宗孛儿只斤·爱猷识理答腊(北元昭宗爱猷识理腊达) 157
袁宝璜 133,178,180
袁北海 543
袁昶(重黎、爽秋、于湖、袁爽秋) 3,35,43,76,81,82,88－90,93,94,96,139,142,149,153,160,177,183,191,192,224,225,234,239,243,244,257,284,287－289,292－295,303,313－318,322－324,329,337,350,351,355,356,363,365,367－369,383,410
袁芳瑛(袁漱六) 62,69,262,514,590
袁回回 203

袁绩震　23
袁嘉谷(袁树五)　424,505,535,748
袁㮅　134
袁桷　236
袁克文(袁抱存、寒云、袁二公子、袁二、袁公子)　547,759,773,785,814,817,818,823,825,826,832,833,835,839,849,854,856,898,908,928,930
袁了凡(了凡先生)　827
袁励源　421
袁励准(袁珏生)　864
袁枚(随园)　13,394,396,651,683,710
袁荣雯　410
袁少兰　100
袁世凯(项城)　668,679,691,696,794,799,800,804,822,876
袁世显　496
袁树勋(袁海观)　416,517
袁说友　276,283,284
袁思亮(袁伯夔、伯夔)　454,517,518,525,560,905
袁棠(袁湘湄)　175
袁汀鹭(汀鹭)　198
袁廷梼　682
袁希洛(叔畬)　316
袁学昌　428,433
袁榆生(袁渔生)　516
袁玉胜(珏生)　832
袁湛　414
岳飞(岳鄂王、鄂王)　447
岳珂(倦翁)　447
云敞　535
云栖袾宏(莲池)　310
云书　275,282
恽福成(恽履伯)　493,495
恽鹤生(恽皋闻)　596

恽鸿仪　143
恽积勋　164,210,287,296,306
恽季文(季文)　116,168,173,387,388,438,574
恽景夔(恽叔来)　116
恽敬　35
恽眉卿(眉卿)　449,876
恽日初　600,808
恽寿平(恽南田)　465,490,493
恽铁樵(铁樵)　907-909,939
恽彦彬(次远、次翁、彦叔)　68,82,98,186,197,206,212,242,323,391,402,424,438,441,445,449,451,452,458,492,496,674,675,694,709,713,720,751,790,896
恽彦琦　143
恽毓鼎(薇孙)　14,129,143,154,178,192,215,439,496,498,551,554,564,565,643,735-737,814,863
恽毓嘉(恽孟乐)　178,293,349,774,886,893
恽毓珂　688,689,704,718,734,741-743,745,752,758,761,769,787,792,800,802,805,807,821,835,838,862,881,887,888,893,900,913,919
恽毓良　89,90,92,132,145,182,217,254,583,906
恽毓龄(恽季生、季申、季老)　143,241,397,517,539,678,689,704,712,718,741-743,745,752,758,761,769,784,787,802,805,807,821,838,862,881,887,888,892,893,900,902,913,919
恽毓巽(季盦)　360
恽元复　229
恽仲山　335,336,364
恽竹坡　143

恽祖祁(心云、恽心云、恽心翁、恽八先生)
　　80,212,215,222,238,305,328,344,352,
　　405,444,454,461,491,509,523,634,702
恽祖翼(菘耘、菘云、叔谋、恽方伯) 2,47,
　　79,89,101,145,170,175,176,178,189,
　　190,217,231,239,248,263,276,310,
　　318,324,366,403,405,426,876

Z

臧琳　748
枣儿　626
曾丙熙　303
曾炳章(曾辛庵、辛庵)　823,827,931
曾布　168,330,507,927
曾福南　77
曾巩(子固)　585,628,900
曾光岷　180,184
曾广钧　148
曾国藩(曾文正)　6,8,9,11,16,20,23,32,
　　54,104,410,421,660,822
曾国荃　13,16,65,74,132
曾纪平　184
曾朴(曾梦朴、曾孟朴)　515,630,896
曾懿(朗秋、伯渊)　339,428,433,573
曾惜(曾端伯)　566,745
曾钊　6
曾兆锟(曾观察)　444,447,515
曾之撰　82
曾宗元　256,267
查继佐(查职方、查伊璜、查东山、东山)　5,
　　17,218,612,650,695,703,716,718,728,
　　730,733,734,747,754,756,775,777,
　　780,805,806,819,893,901,904,937
查慎行(查初白、他山)　510,560,587,638,
　　646,654,664,665,782,824,826,845,
　　897,917
查升(查声山)　196
查士标(查二瞻)　165,191
查嗣庭(润木)　901
查翼甫　116
翟灏　105
翟衡玑(翟荋侯)　520
翟文泉　164
詹大有　639
詹宏谟　44
詹淑正　725
詹印阶　153
湛富山　170
张百熙(冶秋)　284,397
张保慈(敬堂、补盦)　13,53,117,191
张弁群　631
张彬(篁楼、黄楼观察、张观察)　517,523,
　　526,529,531,561－563,566,574,575,
　　583,584,724,729,741,743,748,754,
　　757,761,806,826,847,854,861
张伯行　884
张曾敔　375,738
张宸(张青琱)　805
张楚宝　396
张楚生　104,151
张大轮　798
张丹铭　67
张稻孙　560
张德昇　22,23
张度　52
张端　209,335
张端卿　61,63,64,72,86
张敦仁(张古馀)　591,677
张敦颐　681
张尔岐(蒿庵)　748,799
张尔田(张孟劬、孟劬)　748,773,775,807,
　　827,835,858,859,862,863,865,868,930

张范阳　120

张夫人　34

张芙川(芙川)　172,412,566,626,798

张国纶　243

张海鹏　510

张蚝　889

张鹤年　132,222,285

张亨嘉　3,60,111,175,177,181,209,350,351

张鸿禄　139

张华奎(蔼青、蔼卿)　57,126,128

张怀初　157

张煌言(张苍水)　695,747,773,901

张惠言(皋文、茗柯、张皋文)　23,31,52,127,132,237,660,720,770

张伙　173

张继良　759

张俭　256

张謇(张季植、育才、謇、张季直、季直)　6,77,84,115,128,213,216,243,249,250,252,253,255,259,260,276,279,292,303,305,314,317,319,321,323,331,339－342,344,345,349,352,357,362,363,366,369,375,378,379,382,383,385,391,392,394,396,397,401,402,404－406,430,451,454,455,457,461,465,473,474,481,500,502,535,565,612,763,929

张鉴(张秋水)　32,910,911

张介侯　43,50,903

张金吾(张月霄、月霄)　57,96,232,256,525,526,626,702,724,726

张井(芥航河帅)　412

张景春　224

张景祜　285

张镜堂　20

张九成(横浦)　806

张九钺(陶园)　822

张居正(张太岳)　318

张爵　882

张君让　653

张钧　43

张钧衡(张石铭、石翁、石铭、石兄、适园主人)　431,476,631,633－637,639,645－648,651,656,657,659,661,665,666,673,678,680－682,684,686－689,695,696,699,701,703－705,707－709,718,719,723,731,733,738,740－743,745,746,757,758,760,761,766,769,771,773,775,785,791,792,797,802,805－807,812,818,820－822,827,832,836,838,839,844,845,852,870,876,877,880,885,888,900,904,911,918,919,922

张开福(石匏)　500

张揆兰(秀荪、张监察)　627,630

张阆峰　618

张耒(张文潜)　647

张连元　43

张灵　398

张令　503,663

张履(张渊甫)　232

张履祥(杨园、杨园)　603,793

张懋柔(字希仲)　18

张梅生(梅生)　452

张美和　612

张美翊(让山)　688,707,709,761,784,807,835,862,880,887,888,893,902,915

张名远　681

张鸣珂　36,37,193,194,196,204,315,328

张穆(张石洲、石洲、张石舟、石舟)　51,62,164,452,560,658,746,747,882,921

张楠　414,417,480,814,863

张佩纶(幼樵、张幼樵)　40,48,67,167,201,
　　216,220,221,246,847
张鹏翀　783
张溥(张天如)　541
张琦　60,127,347
张屺堂　72,77
张洽　538,542
张金事　279
张谦　670
张乔　427
张钦元　870
张渠田　735
张权(张君立、君立)　552,554,683,684,
　　737,863,864,916
张人端　17,19
张人骏(安帅)　3,394,513,516,523,528,
　　529,537,546,548,561,563,696,789
张仁黼　89,185,209
张仁卿　172,248
张荣　575
张容亭　51
张蓉镜　239,566
张森楷　214
张山涛　345
张少泉　883
张绍安　897
张绍华　327,329
张声驰　138
张诗舲　705,864
张十一　626
张式卿　211
张寿朋　112
张枢(子密)　146,419
张叔椿　647
张澍　43,44
张说(张燕公)　549

张松坪　234,899,909
张梯云　618
张天翔　161,162
张霆　160
张通典　237
张望徵(望徵)　665
张文光　27,29,30
张文虎(张啸山、啸山、孟彪)　58,64,78,79,
　　401,423,452,670,764,765,768,843,936
张文泉　43
张文远(张闻远、闻远)　488,521,612,614,
　　618,690,698,728
张五麻子　10
张锡恭(锡恭)　114,115,245,423,478,510,
　　543,670,675,678,700,726
张锡祜　10
张锡寿　363
张熙鸿　166
张熙载　131
张习　770,771
张祥龄(张子绂)　241
张小娘子　626
张小山　791
张孝楷　35
张忻木　232
张性善　243
张修爵　414
张旭　345
张萱　521,698
张玄之　47
张埙(张瘦铜埙、瘦铜)　178,183
张荀鹤　342
张砚芬(砚芬)　807
张砚云(砚云)　844
张养浩(张云庄)　227
张曜(张朗帅、朗翁、朗公)　2,158－162,

165,166
张一麐(张仲仁) 764,863
张宜泉(宜泉先生) 791
张颐庆 266
张彝宪 260
张义澍 296,414
张艺斋 118
张意溟 450
张荫椿(张砚孙、张砚荪) 807,862,900
张荫桓 202
张鉴(张夕庵) 269,305
张英 898
张英麟 158,159,813
张瑛 116
张虞箴 165
张宇楼 813
张预(张子虞、子虞) 20,82,96,429—431,439,536,537,544—546,548,561
张裕钊(张廉卿、张濂亭) 64,224,808,830
张元济(鞠生、菊生、元济、菊公、菊兄、菊翁、张菊翁) 18,176,303,387,407,450,461,509,510,514—519,522,525—527,529—533,545,554,559,562,565,569,572,575,583,590,591,593,597,599,601,605,606,608,612,614—616,618,620,623,624,629,636,638,640,642,643,648,652,653,655,656,661,663,671,672,702,709,711,714,724,727,738,762,768,791,810,821,831,832,843,880,881,884,888,889—893,898,899,907,915,923,933,936,937,940
张元燮 159
张云崿 161
张澐卿(霁丈) 59
张允亮 814
张载 642

张载华(载华、佩兼、张芷斋、芷斋) 575,826
张增熙 624
张之纯(张尔常) 281,291,451,539,826,835,845,846,869,890,892,894,895
张之洞(芗涛、张文襄、冰相、冰师、张制军、抱冰堂、南皮、香帅、香涛师、南皮师、芗帅、张孝达师、孝达师、香涛丈) 2,23,26,27,29,31,34,37,39,42—44,52,53,56,71,79,93—95,97,100,102,108,110,114,118—123,125,126,132—139,140,142,144,146,148,153,157,158,170—172,175,178,213,215,217—225,231,235,239,240,242—244,246,250,251,256—258,268,284,287,290,297,300—302,312,320,321,325,330,331,333,334,348,362,376,379,382,383,386,388,389,391,397,407—414,416,428—430,432,442,448,462,463,474—478,488,502,505,507,513,518—520,523,534,539,547,553,556,561,589,640,658,667,686,759,822,865,909,915,923
张之濂 146
张之万(青荫老、青老) 212,213
张志潜(仲炤) 847,881,885
张中达(张■达) 567
张仲穆(张是保) 518,524
张仲炘(张次山、次山) 351,405,448,594
张焘(蜕庵) 676
张子馥 116,126,144
张子翔 352
张子余 144
张子预 132
张子元 180
张宗苍(张篁村) 365
张宗泰 138
张祖庆 260,265,286,518,524,527,531

章邦直(西园)　342,358,405,408,413,429

章成信　219

章成义(章宜甫)　170

章惇(章子厚)　39

章灏(章云洲、云洲)　255,675,847,896

章华(曼仙)　314

章际治(章琴若)　115,240,423,425,450,
505,845,846,883,895

章良能(良能、达之、嘉林、文庄)　837

章蔓仙　276

章梫(章一山、一山、乙山)　652,657,665,
678,680,681,688,689,702－704,742－
745,747,749,758,761,769,772,774,
777,778,781,782,784,785,787,802,
805,807,811,835,837,838,847,861,
875,888,900,933

章寿康(硕卿、章贞、石卿、章硕卿、章氏)
20,23,25－27,31,32,35－37,39,40,44,
45,50,52,56,57,74,84,120,121,124,
128,136,139,145,147,170,171,211,
216,219,221,223－225,230,238,251,
262,268,271,296,309－311,322,330,
357,361,386,389,430,431,433,434,
442,443,464,477,478,528,552,717

章锡奎(章仰苏)　846

章小雅　52,58,100,138,145,147,168,174,
175,705

章学诚(章实斋、实斋、会稽章氏)　240,398,
604,614,699,830,895

章一峰　869

章一翁　756

章钰(章式之、式之)　16,136,466,495,506,
508,511－513,520,550,552,554,572,
573,592,593,595,602,603,607,612,
616,635,636,639－641,643,644,664,
668,669,672,673,675,676,678－681,
683,684,689,694,698,700,713,714,
720－722,724,726,728,730,735,738－
740,744,748,762,768,769,771－773,
776,778,783,785,804－806,810,814,
816,823,824,832,833,835,836,844,
847－849,854,857,858,863,864,867,
869－871,873,885,910,912,915－917,
936

章兆熊　127

章仲明　372

章宗元　47

章宗源　32

仉翼南　219

赵安仁(赵谏议、安仁)　750

赵宝殿　896

赵滨彦　146,218

赵曾藩　248

赵承炳　120

赵崇鉴(赵同舍、崇鉴、养大)　580,720

赵椿年(赵剑秋)　114,751

赵惇(光宗、惇)　843

赵尔巽(次老、次山、次珊、赵制军、天水、馆
长、赵公、松雪)　2,697,720,721,724,
726－728,730,736,737,740,745,749,
751,752,754,755,758,766,769－772,
774,776,778,783,787,792,793,796,
799,800,804,813,815,822,831,844,
848,849,857,859,863－866,868,888,
889,900,903,904,906,908,916,920

赵蹯老(赵渭师)　380

赵凤昌　96,97,110,119,123,125,138,153,
170,175,176,240,241,349,375,387－
389,399,407,416,432,450,461,481,
535,883

赵凤书　119

赵国华　159,160,166
赵寒山　714
赵恒(钦宗)　655
赵鸿举(雪堂)　192,206
赵怀玉　544
赵桓(宋钦宗)　712
赵浣荪(浣荪、赵浣兄、浣兄)　636,638,641
赵惠甫　253
赵惠襟　222
赵辑宁　635
赵九亨　626
赵君坚　184
赵开丞　896
赵宽(君闳、赵君闳)　511,548,896
赵括　11
赵烈文　511
赵孟坚　472
赵孟頫(赵文敏、松雪、赵松雪、赵子昂)　51,165,304,436,465,487,649,721,725,726
赵明诚(德父)　277,443
赵铭　24
赵南星(赵忠毅)　805
赵彭寿　192
赵聘卿　622
赵泉山　674
赵汝愚　526,540－542,544,579
赵森　268
赵上达　424,425
赵绍祖　177
赵申乔　939
赵昚(孝宗、睿)宋孝宗　145,564,843
赵世延　381
赵寿彭　160,192
赵舒翘　269
赵完　206

赵魏(赵晋斋)　123,247
赵曦明(赵敬夫)　335,348
赵㬎(宋瀛国公)　845
赵啸庐　815
赵秀才　408
赵勋禾(森甫)　268
赵彦(赵穆士)　537
赵彦若　628
赵一清　50
赵诒琛(赵学南、学南、诒琛)　496,500,503,509,510,522,564,576,577,584,587,614,615,669,675,690,829,861
赵诒书　393,403,454,461
赵饴翼　577
赵翼　251
赵寅永(云石)　264
赵元一　226
赵元益　115
赵远游　475
赵允中　43
赵震　119
赵之谦(赵撝叔、撝叔、赵大令、赵益甫)　73,373,747
赵执信(赵饴山)　380,778
赵植庭(赵寿庭)　499
赵仲固　186
哲尔肯　935
哲侯公　113,169
甄丰　725
甄后　891
郑昌英(郑君昌英)　469
郑成功　754,757,773
郑粹甫　869
郑大庆　788
郑尔同　896
郑谷口　247

人名索引

郑蕙(郑苕仙)　273
郑澧筠(郑澧翁)　135,143,150,154,163,169,173,219,230
郑立山　896
郑立仙　826
郑穆　628,786
郑乔迁(耐生)　533
郑受之　863
郑叔晋　676
郑文焯(文小坡、叔问、小坡)　8,56,236,241,337,373,376,604,609,683,692,769,881
郑文钦　43
郑羲　304
郑孝柽　249,276
郑孝胥　11,57,249,257,261,276,279,280,309,331,410,416,461,468,472,481,688,689,720,762,767,806
郑玄(郑氏、郑康成)　62,75,794
郑衍瑞　230
郑阳　833
郑一泉　161
郑颐　308
郑棫　361
郑元庆(郑芷畦)　47,911
郑元祐(元祐)　117,265,771,825
郑沅(郑叔进)　637
郑璪　243
郑珍(郑子尹)　16,17,59,102,772,778
郑知同(伯更、伯赓)　22,33,122,125,134,140,142,144,145,183
郑众(郑司农)　292,518
郑灼　703
郑作相(仲岩)　142
支宝楠　342
志锐　89,102,103,180,187,191,212

钟德祥(钟御史)　233
钟峻(仲山)　17,147,172
钟峦(吴宗伯)　653
钟桐山　40,100,222,224,225
钟伟臣(钟君伟臣)　145,147
钟文烝(钟子勤)　38,101,570
钟惺(钟伯敬)　586
周邦彦　558
周宝琦　528
周保氏　725
周必大(周益公)　568,893
周伯琦(周伯温)　186,272
周伯恬　720
周莼舫(莼舫)　134,169,173
周达武(周提督达武、梦熊、渭臣)　15,20,156,205,223
周昉　340
周福清　89
周馥(玉帅)　435,437,438,443,445,448,452,453,457,463,465,696
周广业　230
周翰怡　702
周济(止庵)　197,237,524
周家驹　298
周家锴　184
周家楣　39,42,53,58,60,67,71,149,155,211,230
周进士　626
周景镐　249,252,255,258,265,267,268,275,279,281,282,300,308,311
周景亭　47
周立可　149,215,238,241
周莲(周子迪)　379
周林(周桂溪)　230
周龄　204
周茂侯　157,167,211

周孟侯　349

周梦非　164

周密(草窗、潜夫、周公谨)　285,343,380,
　　497,897

周冕服　248

周南　662

周起渭　65

周青　347

周庆云(周湘舲、湘舲、周梦坡、梦坡、周相舲)
　　16,624,631－634,645,647,651,657,
　　661,665,678,684,687－689,696,699,
　　702,704,706,713,718,720,723,728,
　　729,734,739,742,743,745,751,752,
　　758,760,761,768,769,776,784,785,
　　787,792,798－800,802,805,807,809－
　　811,817,820,821,823,829,835,836,
　　838,839,854,856,862,877,887,888,
　　893,895,899,901,902,913,918,933－
　　935,937,938

周荣植　133,134,144

周少朴　751

周盛传　298

周寿昌　36,60,130

周寿彝　319,321

周受　681

周树模(泊园、少璞、少朴)　647,657,662,
　　668,674,685,688,708,709,751,766,792

周松蔼　256

周文桂　363,375

周小山　894

周心藩　311

周星诒(周季贶、星诒)　147,498

周绪益　310,314

周衍龄　246

周繇　433

周以藩　318

周应琦　347

周永济　249,256,258

周永年　202,544,852

周瑜　890

周毓棠　227,229,239,243

周在浚(雪客)　727,789

周肇祥　721

周志钧　227

周中孚　151

周子谦　20,24

周子中　579

朱百度　139

朱宝奎　767,769,772

朱宝莹(朱琇甫)　782

朱宝瑜　783,843

朱秉成(文川)　305

朱伯房　885

朱朝江　99

朱承爵(朱子儋)　283,723,915

朱澂(朱子清、子清)　20,601,665

朱崇绎　57,59,60

朱次琦(朱子襄)　33,53,56

朱耷(八大山人)　514,936

朱大韶(文石太史、华亭朱氏、文石、朱虞钦)
　　64,579,622,678,933

朱德润　475

朱董　475

朱敦儒　356

朱尔迈(朱日观)　533

朱凤毛(济美、竹卿)　141

朱福诜(朱桂卿)　79－82,88,89,96,119,
　　181,182,205,702

朱恭人　1

朱国桢(朱文肃)　758

朱珩　241

朱厚熤(赵康王、康王)　291,914

人名索引

朱怀新(苗生) 99,126,135,383,820

朱槐卿 112

朱记荣(朱槐庐) 500

朱家宝 176,528,529,533－536,539,788,789

朱珩(兰坡) 315

朱瑾甫 902

朱潜(朱子涵、子涵、二楞观察) 32,87,342,431－433,436,439,440,445,448,457,458,461,477,483,549

朱敬亭(敬亭) 1

朱骏声 5,9

朱克柔(朱强甫) 330

朱孔彰(朱仲我) 257,458,518,524,527,796

朱锟(朱念陶、念陶) 645,689,693,761,769,787,792,802,805－807,862,870,874,885,886,888,893,900,904,919,933,934,936

朱霖 566

朱麟泰 17

朱纶 528

朱其煊 225

朱锜 475

朱启凤 310,720

朱启勋(启勋、朱又笏) 513

朱庆云 229,237,239

朱仕琇 783

朱式仪 295

朱叔基 191

朱淑真 524

朱思衷(侄孙思) 852

朱松 568

朱天贵 839

朱为弼 51

朱文炳 79

朱文海 634,649,652,664,672,677,688,703,710,719,739,754,756,760,777,781,789,793,794,800,803,811,812,817,818,836,837,863,875,878,886,930,937,939

朱文藻 749

朱锡庚 439,440

朱熹(朱子、晦庵) 61,297,316,622,708

朱绪曾 700

朱学勤(修伯) 20,32,48,440,483,549,771,816

朱一新(朱蓉生、蓉生、朱鼎父、朱鼎甫、一新) 3,24,34,40,60,68,71,82,86,87,120,129,130,132,134－137,140,175,223,224,231,259,262,306,383,395,505,669,789,820,863

朱仪训 143

朱彝尊(朱竹垞、竹垞,醖舫) 102,223,224,276,300,361,363,383,384,398,411,442,499,592,611,737,739,775,814,826

朱益藩(朱艾卿) 832

朱咏裳 111

朱迪然 31,885

朱友贞 583

朱右曾 138

朱幼拙 315

朱虞卿 698,701,703,742

朱元璋(明太祖) 555

朱岳寿(岳寿) 852

朱筠(朱竹君、笥河) 444,592,755－758

朱长文 816,852

朱兆春 227

朱正元(朱稷臣) 390

朱之榛(之榛) 469,480,543,772

朱质 622

朱竹石 347

朱子韩　544
朱紫贵　639
朱自然　381
朱宗溙　886
朱宗峄　63
朱祖谋(朱彊翁、古微、沤尹、朱古微)　8,
　　183,351,352,380,454,513,520,521,
　　541,542,556,574,594,607,609,613－
　　616,625,636－639,644,657,694,697,
　　698,701,702,714,720,721,723,735,
　　736,744,746,754,755,757,760,767,
　　768,772－774,783,795,799,807,808,
　　823,825,835,836,838,840,846,847,
　　854,856,861,878,881,885,894,901,
　　902,904,905,907,937
诸葛亮　890
诸可宝(迟菊)　772
诸竹卿　113
竹添光鸿　416,431
祝恒之　357
祝少英(少英)　235,247
祝廷华(祝丹卿)　846,883
祝允明　458
庄宝澍　75,76
庄调甫　389
庄凤威　143
庄福基　187
庄恭人　7,8,10,33,54,805
庄亨阳　794
庄揭阳　132
庄隽甫(隽甫)　143,492
庄士全　805
庄守一　354,358
庄述祖(珍艺宧)　66,263,757
庄思瑊(庄氏、庄宜人、思瑊)　17,18,58,63,
　　65,67,69,177,178,359,364,376

庄诵先(庄庆良)　492,712,896
庄心安(庄方伯、心安方伯)　669,674,675,
　　709,713
庄心阶　198
庄裕崧　17,359
庄裕筠　17,358,359,674
庄允懿(庄心嘉、心佳)　578
庄蕴宽(庄思缄、思缄)　126,127,150,583,
　　585,764,832,863
卓从乾　227,232,241
子安　828
子光　403,439
子梅　137
子裴　367
紫宿公　114
紫霞翁　513
宗臣(子相)　914
宗泐　587
宗舜年(宗子岱、子戴)　472,515,576,584,
　　595,654,659,660,662,668,685,694,
　　723,727,755,760,766,769,771,796－
　　798,800,802,805－807,831,837,857,
　　880,892－894,918,934,935,939
宗源瀚(宗湘文、湘文观察)　292,294,723
邹代钧(沅帆、邹沅帆)　224,228,237,341,
　　384
邹福保(咏春)　607,697
邹汉勋(邹叔绩、叔绩)　772,774
邹嘉来(紫东)　549,551,556,557,607,720,
　　723,729,751,904
邹隽　557
邹寿祺(邹适庐)　906,934
邹文卿　549
邹漪(邹流绮、漪)　596
邹振青　414
邹钟俊　556

邹祖堂　557
左登瀛　142
左辅　194
左圭(左禹锡)　262
左克明　574

左绍佐(左笏卿、笏卿)　136,172,176,177,
　　179,181,182,185,186,352,647,766,865
左锡嘉(左冰如)　18,60,69,252,375,433
左孝同　767,807,904
左宗棠(左文襄)　11,17,18,60,301

后　　记

　　我对缪荃孙的研究，已有多年了。读硕士研究生的时候，喜欢逛书店，一次偶然的机会买到缪荃孙所刻《藕香零拾》，从中发现金人李庭的《寓庵集》，并撰写了学术生涯的第一篇学术论文，可谓是与缪荃孙结缘之始。读博士阶段，徐师有富先生命我以"缪荃孙文献学研究"作为博士论文课题，此后三年的时间便沉湎于此。后来从事博士后研究，杜师泽逊先生又命扩大为"缪荃孙研究"。那个时期，学术界对晚清的学术研究尚处于初步探索阶段，远不如今天这么热闹，而我对学术的认知，是服膺乾嘉考据学，并对民国诸大师的"科学考据"充满景仰，尚停留在辨章学术、考镜源流的文献学视角，对缪荃孙的学术及其时代的认知，眼界尚窄。

　　在山东大学期间，有一天捧读《闲堂书简》，读及程千帆先生写给王绍曾先生的一札，谈到王先生欲编"缪荃孙年谱长编"之事，程先生大加赞赏，认为相关文献丰富，时机成熟，甚是欣喜。时王先生已九秩有余，此课题盖出于其作为江阴人不忘乡贤之意。不幸的是，王先生不及着笔便离世了，而此课题便落到了我心里。后数年，在南开大学教书期间，顺势申请了教育部的"一代宗师缪荃孙年谱长编"的研究课题，随后展开了年谱的撰写。

　　年谱之编，始于宋代，或士人自订，或门生故旧所撰，述其一生之行谊，往往载于别集之末刊行。迨至民国，受西方史学的影响，年谱性质略发生变化，研究者更注重求真与系年，成为展现传主乃至时代的一个著述方式。随着时间的推移，我对中国古典文化以及东西方文明的认知日益深入，对读书治学、著书立说的本意有了更多的思索，读书治学便有了新的关照，其范围也在不断地拓展与变化。"缪荃孙年谱长编"在我完成60万字交付课题结项以后，一时间并没有再思考进一步完善并出版的计划。2018年受师友之托，我接受了"江苏文脉工程"中《缪荃孙传》的撰写任务，再三迁延之后，不得已发旧箧理旧稿，计划在"年谱长编"的基础上完成《缪荃孙传》的撰写。《缪荃孙传》的撰写，让我对缪荃孙的学术及其所处时代的关联有了更多思考，在撰写它的同时，也在不断订补"年谱长编"，并最终形成了目前的形态。

  对于该书的撰写，我先后受到不少友人的帮助与督促。2011年前后，我参加《缪荃孙全集》的部分整理工作，张廷银先生曾将其所得缪荃孙尺牍的影印件交付与我，对我来说，这弥足珍贵。南京大学的张宗友兄知道我有此书之作，曾屡次督促我将该书出版。复旦大学出版社的胡春丽编审，则不断地对我施以友善的压力，督促我将此书最终完成。张添锦、冯铃珊、孙荣望、王洁纯、李东岳、周平卓诸位同学，则为核对文献及提取索引人名付出了辛苦的劳动。以上诸位先生、女士及同学均是促进我完成该书的重要力量，我向他们致以诚挚的感谢！

  年谱长编的编写，文献资料是最基本的材料。随着近些年电子文献的发展，陆续有新的文献被发现，这为本谱的撰写提供了很多的便利，但由于笔者见闻所限，应该还有很多的资料未被充分利用。此外，对传主研究的深入程度也影响着年谱长编的编写深度，近年来学术界关于缪荃孙的研究成果日益丰富，笔者囿于见闻与时间，也必定有利用不够充分之处，凡此种种，均请读者多批评指正，以便于将来补正。

图书在版编目(CIP)数据

缪荃孙年谱长编/杨洪升著. —上海：复旦大学出版社,2024.6
(江南历史名人年谱丛刊)
ISBN 978-7-309-16590-6

Ⅰ.①缪… Ⅱ.①杨… Ⅲ.①缪荃孙(1844-1919)-年谱 Ⅳ.①K825.81

中国版本图书馆 CIP 数据核字(2022)第 204564 号

缪荃孙年谱长编
杨洪升 著
责任编辑/胡春丽

复旦大学出版社有限公司出版发行
上海市国权路 579 号 邮编：200433
网址：fupnet@fudanpress.com　http://www.fudanpress.com
门市零售：86-21-65102580　团体订购：86-21-65104505
出版部电话：86-21-65642845
上海盛通时代印刷有限公司

开本 890 毫米×1240 毫米　1/32　印张 33.375　字数 1026 千字
2024 年 6 月第 1 版
2024 年 6 月第 1 版第 1 次印刷

ISBN 978-7-309-16590-6/K·799
定价：268.00 元

如有印装质量问题,请向复旦大学出版社有限公司出版部调换。
版权所有　侵权必究